CODE COMPLETE 코드 컴플리트 2:
더 나은 소프트웨어 구현을 위한 실무 지침서

CODE COMPLETE 코드 컴플리트 2:
더 나은 소프트웨어 구현을 위한 실무 지침서

지은이 스티브 맥코넬
옮긴이 박찬규
펴낸이 서우석 | 엮은이 전이주, 이대엽 | 표지디자인 Arowa & Arowana

펴낸곳 위키북스 | 전화 031-955-3658, 3659 | 팩스 031-955-3660
주소 경기도 파주시 문발로 115, 311호 (파주출판도시, 세종출판벤처타운)

가격 48,000 | 페이지 1000 | 책규격 188x240mm

초판 발행 2017년 07월 28일
2쇄 발행 2020년 05월 15일
3쇄 발행 2023년 07월 28일
ISBN 979-11-5839-060-0 (93500)

등록번호 제406-2006-000036호 | 등록일자 2006년 05월 19일
홈페이지 wikibook.co.kr | 전자우편 wikibook@wikibook.co.kr

Authorized translation from the English language edition, entitled CODE COMPLETE, 2nd Edition,
9780735619678 by MCCONNELL, STEVE, published by Pearson Education, Inc,
publishing as Microsoft Press, Copyright © 2004

All rights reserved. No part of this book may be reproduced or transmitted in any form or
by any means, electronic or mechanical, including photocopying, recording or
by any information storage retrieval system, without permission from Pearson Education, Inc.
KOREAN language edition published by WIKIBOOKS PUBLISHING CO., Copyright © 2017

이 책의 한국어판 저작권은 저작권자와 독점 계약한 위키북스에 있습니다.
신저작권법에 의해 한국 내에서 보호를 받는 저작물이므로 무단 전재와 복제를 금합니다.
이 책의 내용에 대한 추가 지원과 문의는 위키북스 출판사 홈페이지 wikibook.co.kr이나
이메일 wikibook@wikibook.co.kr을 이용해 주십시오.

이 도서의 국립중앙도서관 출판시도서목록 CIP는
e-CIP 홈페이지 http://www.nl.go.kr/cip.php에서 이용하실 수 있습니다.
CIP제어번호 CIP2017017153

CODE COMPLETE 2
Second Edition

코드 컴플리트 2
더 나은 소프트웨어 구현을 위한 실무 지침서

스티브 맥코넬 지음 / 서우석 옮김

추천사

"프로그래밍 스타일 및 소프트웨어 구축에 대한 훌륭한 가이드"
– 마틴 파울러(Martin Fowler), 《Refactoring》

"스티브 맥코넬의 《Code Complete》는 지혜로운 개발자가 되기 위한 지름길을 제공합니다. 그의 책은 재미있게 읽을 수 있으며, 그가 어렵게 체득한 개인적인 경험으로 말한 것을 잊지 못할 것입니다."
– 존 벤틀리(Jon Bentley), 《Programming Pearls》 2판

"이 책은 제가 읽은 소프트웨어 구축에 관한 최고의 책입니다. 모든 개발자는 이 책을 소장해야 하며 매년 읽어야 합니다. 9년 동안 매년 읽었지만 여전히 이 책을 통해 배우고 있습니다!"
–존 로빈스(John Robbins), 《Debugging Applications for Microsoft .NET and Microsoft Windows》

"오늘날의 소프트웨어는 견고하고 복원력이 있어야 하며, 안전한 코드는 체계적인 소프트웨어 구축으로부터 시작됩니다. 10년 후에도 《Code Complete》보다 더 권위 있는 책은 없을 것입니다."
– 마이클 하워드(Michael Howard), 《Writing Secure Code》의 공동 저자, 마이크로소프트의 보안 엔지니어

"잘 설계된 프로그램을 만드는 전술적 문제에 대한 포괄적 검토. 맥코넬의 저작은 아키텍처, 코딩 표준, 테스트, 통합 및 소프트웨어 장인 정신의 특성과 같은 다양한 주제를 다루고 있습니다."
– 그래디 부치(Grady Booch), 《Object Solutions》

"스티브 맥코넬의 《Code Complete》는 소프트웨어 개발자를 위한 궁극적인 백과사전입니다. '소프트웨어 구축에 관한 실용적인 핸드북'이라는 부제의 850페이지짜리 책은 제목 그대로의 책입니다. 그 목표는 '업계 전문가 및 교수(이를테면, 요든이나 프레스만)'의 지식과 산업계의 실천법 사이의 격차를 좁히고 '적은 시간에 더 적은 노력으로 더 나은 프로그램을 작성할 수 있도록 돕는' 것입니다. 모든 개발자는 맥코넬의 책을 소유하고 있어야 합니다. 이 책의 스타일과 내용은 철저히 실용적입니다."
– 크리스 루즐리(Chris Loosley), 《High-Performance Client/Server》

"스티브 맥코넬의 책 《Code Complete》는 소프트웨어 개발 방법을 자세히 논의하는 가장 접근하기 쉬운 작품 중 하나입니다."
– 에릭 베스케(Erik Bethke), 《Game Development and Production》

"훌륭한 소프트웨어를 설계하고 제작하는 과정에서 광범위한 문제에 대한 유용한 정보와 조언을 제공합니다."
– 존 뎀스터(John Dempster), 《The Laboratory Computer: A Practical Guide for Physiologists and Neuroscientists》

"프로그래밍 기술을 향상시켜야 한다면 스티브 맥코넬의 《Code Complete》를 읽어야 합니다."
– 진 J. 라브로스(Jean J. Labrosse), 《Embedded Systems Building Blocks: Complete and Ready-To-Use Modules in C》

"스티브 맥코넬은 컴퓨터 환경에 독립적인 소프트웨어 개발에 관한 최고의 책을 썼습니다. 바로 《Code Complete》입니다."
– 케네스 로젠(Kenneth Rosen), 《Unix: The Complete Reference》

"반세기마다 경험을 압축적으로 전달하고 수년간의 지옥 같은 시간으로부터 자신을 구해주는 책을 발견하게 됩니다… 저는 이 책이 실제로 얼마나 좋은지를 적절하게 표현할 수 없습니다. 《Code Complete》는 탁월한 저작을 표현하는 매우 절묘한 제목입니다."
– 제프 둔트만(Jeff Duntemann), 《PC Techniques》

"마이크로소프트 프레스에서 소프트웨어 구축에 관한 궁극의 책을 출판했습니다. 이 책은 모든 소프트웨어 개발자의 책장에 있어야 하는 책입니다."
– 워런 코펠(Warren Keuffel), 《Software Development》

"모든 프로그래머는 이 뛰어난 책을 읽어야 합니다."
– T. L. 프랭크 파파스(Frank Pappas), 《Computer》

"전문 프로그래머가 되고 싶다면 이 책은 현명한 35달러의 투자일 것입니다. 이 리뷰의 나머지 부분을 읽으려고 하지 말고 그냥 당장 구입하세요. 맥코넬이 명시한 이 책의 목적은 업계 전문가의 지식과 업계의 공통적인 실천법 사이의 격차를 좁히는 것입니다. 놀랍게도 이 일을 그가 해냈습니다."
– 리처드 마테오션(Richard Mateosian), 《IEEE Micro》

"《Code Complete》는 소프트웨어 개발 분야에 종사하는 누구나 읽어야 합니다."
– 토미 어셔(Tommy Usher), 《C Users Journal》

"진심으로 스티브 맥코넬의 《Code Complete》를 권하고 싶습니다. 이 책은 직장에서 API 참조 설명서보다도 내 키보드에 가장 가까이에 있는 책입니다."
– 짐 카일(Jim Kyle), 《Windows Tech Journal》

"잘 쓰여진 방대한 내용의 이 책은 틀림없이 소프트웨어 구현의 실제 측면에서 쓰여진 최고의 단행본입니다."
– 토미 어셔(Tommy Usher), 《Embedded Systems Programming》

"이 책은 제가 읽은 소프트웨어 공학에 관한 최고의 책입니다."
– 에드워드 켄워스(Edward Kenworth), 《EXE Magazine》

"이 책은 고전이 될 자격이 있고, 모든 개발자와 그들을 관리할 책임이 있는 사람들을 위한 필독서입니다."
– 피터 라이트(Peter Wright), 《Program Now》

컴퓨터 프로그래밍과는 크게 관계가 없지만 내가 표현할 수 있는 것 이상으로 다양하게 내 인생의 나머지 부분을 풍성하게 해준 나의 아내 애쉴리에게 이 책을 바친다.

옮긴이의 글

《Code Complete》 2판은 전 세계적으로 가장 사랑받는 개발자의 필독서입니다. 개발 환경은 이 책이 처음 나온 15년 전보다 엄청나게 변해왔습니다. 윈도우와 리눅스가 주요 개발 환경이었다면 지금은 웹과 모바일 앱이 가장 각광받고 있습니다. 또한 언어적 측면에서도 여전히 자바는 주류를 이루고 있지만, 그에 못지 않게 자바스크립트와 파이썬 같은 언어도 많이 사용되고 있습니다. 하지만 무슨 언어를 사용하느냐에 상관없이 구현 단계에서 개발자가 고민해야 하는 고민의 깊이와 기본기는 예전과 크게 다르지 않습니다. 좋은 개발도구와 프레임워크의 도움으로 더욱 품질 높은 코드를 빠르게 개발할 수 있지만 논리를 구현하기 위한 코드 작성 자체는 여전히 개발자의 몫이고 이전보다도 더욱더 많은 코드들이 협력에 의해 개발되고 있습니다. 저는 이 책이 전달하고자 하는 지식은 앞으로도 크게 변하지 않을 것이라고 생각합니다. 따라서 이 책에서 소개하는 다양한 통계나 수치적인 데이터는 현재와 비춰봤을 때 다소 다를 수 있으나 구체적인 수치보다는 그것이 의미하는 바에 좀 더 집중한다면 언어에 상관없이 더욱 많은 부분을 배울 수 있을 것입니다.

《Code Complete》 2판을 번역한 이후로 역자는 수많은 오프라인 강의를 통해 《Code Complete》에서 제공하는 개발과 관련된 기초 지식을 많은 사람들에게 공유해왔습니다. 대학과 기업의 신입사원들뿐만 아니라 오랜 경험을 가진 개발자들에게도 이 책은 다양한 형태로 도움되고 있습니다. 초보 개발자에게는 좋은 코드를 작성하는 데 필요한 다양한 경험과 고민의 시간을 제공하고, 중급 이상의 개발자에게는 자칫 구현에 너무 치중한 나머지 잃게 되는 기본기를 다시 한 번 생각할 수 있는 기회를 줍니다. 여러 추천사에도 적혀 있듯이 책장에 두고 매년 읽어야 하는 소중한 고전이 됐습니다.

《Code Complete》 2판의 번역본은 10년 전에 역자가 번역했던 원서의 내용과 크게 다르지 않지만 위키북스와 새롭게 번역하면서 많은 부분을 갱신하고 보충했습니다. 특히 완벽에 가까운 번역서를 출판하기 위해 도움을 주신 위키북스 관계자분께 깊은 감사를 드립니다. 저 역시 이전 판에서 발견된 오역 등을 면밀히 파악해서 고치기 위해 많은 노력을 기울였습니다. 이 책이 많은 분들의 사랑을 받을 수 있기를 기대합니다.

목차

옮긴이 서문 ··· VII
서문 ·· XIX
감사의 글 ··· XXVI
체크리스트 ··· XXVIII
표 ··· XXX
그림 ·· XXXII

1부

기초 확립

1장 소프트웨어 구현으로의 초대 ··· 2
  1.1 소프트웨어 구현이란 무엇인가? ······································ 2
  1.2 소프트웨어 구현이 중요한 이유는 무엇인가? ···················· 5
  1.3 이 책을 읽는 방법 ·· 6
    요점 정리 ··· 6

2장 소프트웨어 개발의 이해를 돕기 위한 비유 ······················ 7
  2.1 비유의 중요성 ·· 7
  2.2 소프트웨어 비유 사용법 ·· 10
  2.3 일반적인 소프트웨어 비유 ··· 11
    참고 자료 ··· 20
    요점 정리 ··· 21

3장 준비는 철저하게: 선행 조건 ··· 22
  3.1 선행 조건의 중요성 ·· 23
  3.2 작업 중인 소프트웨어의 종류 결정 ·································· 30
  3.3 문제-정의 선행 조건 ·· 36
  3.4 요구사항 선행 조건 ·· 37
  3.5 아키텍처 선행 조건 ·· 43
  3.6 선행 조건에 소요되는 시간 ·· 55
    참고 자료 ··· 56
    요점 정리 ··· 60

4장 구현 시 결정해야 할 핵심 사항 ··········· 61
    4.1 프로그래밍 언어 선택 ··········· 61
    4.2 프로그래밍 규약 ··········· 67
    4.3 기술 흐름 파악 ··········· 68
    4.4 구현 실천법 선택 ··········· 70
        요점 정리 ··········· 72

2부 고품질 코드 작성

5장 구현 설계 ··········· 74
    5.1 설계의 어려움 ··········· 75
    5.2 핵심 설계 개념 ··········· 78
    5.3 설계 빌딩 블록: 발견적 학습 ··········· 89
    5.4 설계 실천법 ··········· 116
    5.5 잘 알려진 방법론에 대한 의견 ··········· 125
        참고 자료 ··········· 126
        요점 정리 ··········· 130

6장 클래스 다루기 ··········· 131
    6.1 클래스의 토대: 추상 데이터형(ADT) ··········· 132
    6.2 좋은 클래스 인터페이스 ··········· 140
    6.3 설계와 구현 문제 ··········· 152
    6.4 클래스를 작성하는 이유 ··········· 162
    6.5 프로그래밍 언어와 관련된 이슈 ··········· 167
    6.6 클래스를 넘어서: 패키지 ··········· 167
        참고 자료 ··········· 169
        요점 정리 ··········· 170

7장 고급 루틴 ··········· 171
    7.1 루틴을 작성하는 이유 ··········· 174
    7.2 루틴 수준의 설계 ··········· 178
    7.3 좋은 루틴 이름 ··········· 181

7.4 루틴의 길이에 대한 문제·· 184
7.5 루틴 매개변수 처리·· 185
7.6 함수를 사용할 때 특별히 고려해야 할 사항······················ 192
7.7 매크로 루틴과 인라인 루틴·· 194
　　요점 정리·· 198

8장 방어적 프로그래밍 · 199
8.1 잘못된 입력으로부터 프로그램 보호·································· 200
8.2 어설션·· 201
8.3 오류 처리 기법··· 207
8.4 예외·· 211
8.5 오류로 인한 손상을 막기 위한 방책·································· 217
8.6 디버깅 보조 도구··· 218
8.7 제품 코드를 얼마나 방어적으로 프로그래밍할 것인지 정하기··· 223
8.8 방어적 프로그래밍에 대해서 한 번 더 고민하기··············· 225
　　참고 자료·· 226
　　요점 정리·· 227

9장 의사코드 프로그래밍 프로세스 · 228
9.1 클래스 및 루틴 개발 단계 요약·· 229
9.2 전문가를 위한 의사코드·· 231
9.3 PPP를 이용한 루틴 구현··· 233
9.4 PPP 대안·· 247
　　요점 정리·· 249

3부 변수

10장 변수 사용 시 고려할 사항 · 251
10.1 데이터 사용 능력·· 252
10.2 변수 선언을 쉽게 만드는 방법··· 253
10.3 변수 초기화 가이드라인··· 255
10.4 범위··· 259

10.5 지속성··· 267
10.6 결합 시점·· 268
10.7 데이터형과 제어 구조 사이의 관계······················· 270
10.8 변수를 한 목적으로만 사용하기···························· 271
요점 정리·· 274

11장 변수 이름의 기능··· 275
11.1 좋은 이름을 위한 고려 사항································· 275
11.2 특정 타입의 데이터 이름 짓기······························ 281
11.3 이름 규약의 효과··· 288
11.4 비형식적인 이름 규약·· 290
11.5 표준 접두사··· 298
11.7 피해야 할 변수 이름·· 305
요점 정리·· 309

12장 기본 데이터형··· 310
12.1 숫자 일반··· 311
12.2 정수·· 313
12.3 부동 소수점 수··· 314
12.4 문자와 문자열··· 317
12.5 불린 변수··· 321
12.6 열거형··· 323
12.7 이름 상수··· 329
12.8 배열·· 332
12.9 새로운 형 만들기(형 별명)··································· 333
요점 정리·· 340

13장 특이한 데이터형··· 341
13.1 구조체··· 341
13.2 포인터··· 346
13.3 전역 데이터··· 360
참고 자료·· 369
요점 정리·· 370

4부

명령문

14장 순차적 코드 구성하기 · 372
- 14.1 순서가 중요한 명령문 · 372
- 14.2 순서가 중요하지 않은 명령문 · 376
- 요점 정리 · 379

15장 조건문 사용 · 380
- 15.1 *if* 문 · 380
- 15.2 *case* 문 · 387
- 요점 정리 · 392

16장 반복문 제어 · 393
- 16.1 반복문 종류 선택 · 393
- 16.2 반복문 제어 · 400
- 16.3 반복문을 쉽게 작성하는 법 – 안에서부터 밖으로 · 414
- 16.4 반복문과 배열의 연관성 · 417
- 요점 정리 · 418

17장 특이한 제어 구조 · 419
- 17.1 여러 곳에서 반환하는 루틴 · 419
- 17.2 재귀문 · 422
- 17.3 *goto* 문 · 427
- 17.4 특이한 제어 구조에 대한 관점 · 440
- 참고 자료 · 440
- 요점 정리 · 442

18장 테이블 활용 기법 · 443
- 18.1 테이블 활용 기법에서 일반적으로 고려해야 할 사항 · 444
- 18.2 직접 접근 방식 · 445
- 18.3 인덱스 접근 방식 · 459
- 18.4 단계적 접근 방식 · 460
- 18.5 그 밖의 테이블 참조 방법 · 464
- 요점 정리 · 464

19장 제어와 관련된 일반적인 이슈 · 465
- 19.1 불린 표현식 · 465
- 19.2 복합문(블록) · 478
- 19.3 널 명령문 · 479
- 19.4 지나치게 깊은 중첩 구조 처리 · 481
- 19.5 프로그래밍의 기초: 구조적 프로그래밍 · 492
- 19.6 제어 구조와 복잡성 · 495
- 요점 정리 · 498

5부
코드 향상

20장 소프트웨어 품질 · 500
- 20.1 소프트웨어 품질의 특성 · 500
- 20.2 소프트웨어의 품질을 향상시키기 위한 기법들 · 503
- 20.3 품질 향상 기법의 상대적 효과성 · 507
- 20.4 품질 보증 활동 시기 · 511
- 20.5 소프트웨어 품질의 일반적인 원칙 · 511
- 참고 자료 · 514
- 요점 정리 · 515

21장 협력 구현 · 516
- 21.1 협력 개발 방법 개요 · 517
- 21.2 짝 프로그래밍 · 520
- 21.3 형식적인 정밀 검토 · 522
- 21.4 여러 가지 협력 개발 방법 · 530
- 참고 자료 · 534
- 요점 정리 · 535

22장 개발자 테스트 · 537
- 22.1 소프트웨어 품질에서 개발자 테스트의 역할 · 538
- 22.2 개발자 테스트에 대한 바람직한 접근 방법 · 541

22.3 여러 가지 교묘한 테스트 방법 543
22.4 전형적인 오류 556
22.5 테스트 지원 도구 562
22.6 테스트를 향상시키는 방법 568
22.7 테스트 기록을 보존하는 방법 569
참고 자료 571
요점 정리 573

23장 디버깅 575
23.1 디버깅 이슈 소개 575
23.2 결함 발견 581
23.3 결함 수정 593
23.4 디버깅에서 심리학적으로 고려해야 할 사항 597
23.5 디버깅 도구 – 분명한 도구와 그렇지 않은 도구 600
참고 자료 604
요점 정리 605

24장 리팩터링 606
24.1 소프트웨어 진화의 종류 607
24.2 리팩터링 소개 608
24.3 구체적인 리팩터링 615
24.4 안전한 리팩터링 방법 624
24.5 리팩터링 전략 627
참고 자료 629
요점 정리 629

25장 코드 튜닝 전략 631
25.1 성능이란? 632
25.2 코드 튜닝 소개 636
25.3 느리고 비대한 부분 643

- 25.4 측정 ··· 649
- 25.5 반복 ··· 651
- 25.6 코드 튜닝 단계 요약 ··· 653
  - 참고 자료 ··· 653
  - 요점 정리 ··· 655

26장 코드 튜닝 기법 ··· 656
- 26.1 논리 구조 ··· 657
- 26.2 반복문 ··· 664
- 26.3 데이터 변환 ··· 674
- 26.4 표현식 ··· 680
- 26.5 루틴 ··· 690
- 26.6 저급 언어를 이용한 재구성 ··· 691
- 26.7 변경이 많을수록 상태는 그대로 ··· 695
  - 참고 자료 ··· 696
  - 요점 정리 ··· 697

6부 시스템 고려 사항

27장 프로그램의 크기가 구현에 미치는 영향 ··· 699
- 27.1 의사소통과 크기 ··· 700
- 27.2 프로젝트 크기의 범위 ··· 701
- 27.3 프로젝트의 크기가 오류에 미치는 영향 ··· 702
- 27.4 프로젝트의 크기가 생산성에 미치는 영향 ··· 703
- 27.5 프로젝트의 크기가 개발 활동에 미치는 영향 ··· 704
  - 참고 자료 ··· 709
  - 요점 정리 ··· 711

28장 구현 관리 · 712
- 28.1 훌륭한 코딩 장려 · 713
- 28.2 형상 관리 · 716
- 28.3 구현 일정 예측 · 723
- 28.4 측정 · 731
- 28.5 개발자를 사람으로 대우하기 · 734
- 28.6 관리자 관리 · 741
- 요점 정리 · 743

29장 통합 · 744
- 29.1 통합 접근 방법의 중요성 · 744
- 29.2 통합 빈도−단계별 또는 점증적 접근 방법 · 746
- 29.3 점증적 통합 전략 · 749
- 29.4 일일 빌드와 스모크 테스트 · 757
- 참고 자료 · 764
- 요점 정리 · 765

30장 프로그래밍 도구 · 766
- 30.1 설계 도구 · 767
- 30.2 소스코드 도구 · 767
- 30.3 실행 코드 도구 · 774
- 30.4 도구 지향적인 환경 · 779
- 30.5 자신만의 프로그래밍 도구 개발 · 780
- 30.6 프로그래밍 도구에 대한 환상 · 781
- 참고 자료 · 783
- 요점 정리 · 784

7부

소프트웨어 장인정신

31장 레이아웃과 스타일 786
- 31.1 레이아웃 기초 지식 787
- 31.2 레이아웃 기법 794
- 31.3 레이아웃 스타일 796
- 31.4 제어 구조의 레이아웃 804
- 31.5 개별 명령문 레이아웃 812
- 31.6 주석 레이아웃 824
- 31.7 루틴 레이아웃 828
- 31.8 클래스 레이아웃 830
  - 참고 서적 837
  - 요점 정리 838

32장 스스로를 설명하는 코드 839
- 32.1 외부 문서 839
- 32.2 문서화를 위한 프로그래밍 스타일 840
- 32.3 주석을 작성할 것인가? 작성하지 않을 것인가? 843
- 32.4 효과적인 주석을 위한 핵심 사항 848
- 32.5 주석 스타일 856
- 32.6 IEEE 표준 879
  - 참고 자료 881
  - 요점 정리 884

33장 개발자의 성격 885
- 33.1 성격은 주제를 벗어난 것 아닌가? 886
- 33.2 지성과 겸손 887
- 33.3 호기심 888
- 33.4 지적인 정직함 892
- 33.5 의사소통과 협동 896
- 33.6 창의성과 훈련 896
- 33.7 게으름 897

33.8 덜 중요한 특성 ··· 898
33.9 습관 ··· 901
　　참고 자료 ··· 902
　　요점 정리 ··· 903

34장 소프트웨어 장인정신에 대한 주제 ···································· 904
34.1 복잡성 정복 ·· 904
34.2 자신에게 맞는 프로세스 선택 ·· 906
34.3 컴퓨터보다 사람을 위한 프로그램을 작성하라 ······················ 908
34.4 언어에 제약을 받지 않고 언어를 활용한 프로그래밍 ·············· 910
34.5 규약을 활용하여 핵심에 집중 ·· 911
34.6 문제 중심의 프로그래밍 ··· 913
34.7 낙석을 주의하라 ··· 916
34.8 반복, 반복, 또 반복 ··· 918
34.9 소프트웨어와 신조를 떼어 놓아라 ····································· 919
　　요점 정리 ··· 922

35장 더 많은 정보를 얻으려면 ·· 923
35.1 소프트웨어 구현에 관한 정보 ·· 924
35.2 구현 외의 주제 ··· 925
35.3 정기 간행물 ·· 928
35.4 소프트웨어 개발자의 독서 계획 ······································· 930
35.5 전문가 협회에 가입 ··· 932

서문

> *다른 공학 분야보다도 소프트웨어 공학은 특히 최고의 실천법과 평균 수준의 실천법 간의 차이가 꽤 크다. 그래서 좋은 기법을 널리 알리는 도구가 중요하다.*
>
> – 프레드 브룩스(Fred Brooks)

이 책을 쓰면서 주로 고민한 부분은 업계 전문가와 학자들의 지식과 현장에서 사용되는 실천법 사이의 격차를 줄이는 것이었다. 여러 유용한 프로그래밍 기법들이 수년 동안 저널이나 학술 논문 안에 묻혀있다가 프로그래밍 현장에 흘러 들어간다.

첨단 소프트웨어 기법은 근래 들어 매우 빠르게 발전해 왔지만 일반적인 기법은 그렇지 못했다. 많은 프로그램이 여전히 느리고 버그가 많고 예산을 초과하고 있으며 사용자의 요구를 충족시키지 못하기도 한다. 소프트웨어 업계나 학계의 연구자들이 1970년대 이후 널리 퍼진 프로그래밍 문제점의 대부분을 해결할 수 있는 기법을 알아냈다. 하지만 그러한 기법들이 매우 특화된 기술 저널에만 담겨있고 외부로 알려지지 않은 경우가 많아 현재 대부분의 프로그래밍 조직에서 아직도 그러한 기법을 활용하지 못하고 있다. 연구에 따르면, 일반적으로 어떠한 연구 결과를 실무에 적용하기 위해서는 5년에서 15년, 또는 그 이상의 시간이 걸린다고 한다(Raghavan and Chand 1989, Rogers 1995, Parnas 1999). 이 책은 그 적용 시간을 단축해 중요한 기법들을 일반 개발자들이 당장 사용할 수 있게 해준다.

누가 이 책을 읽어야 하는가?

이 책에서 소개하는 연구와 프로그래밍 경험은 더욱 질 높은 소프트웨어를 만들고 문제는 적게 발생시키면서 더 빠르게 작업할 수 있게 도와줄 것이다. 또한 과거에 왜 문제가 발생했는지 이해하고 앞으로 그러한 문제들을 피할 방법을 보여줄 것이다. 여기서 소개하는 프로그래밍 기법들은 큰 프로젝트를 관리하고 프로젝트의 요구사항이 바뀔 때 소프트웨어를 성공적으로 유지하고 수정하는 데 도움을 줄 것이다.

숙련된 개발자

이 책은 포괄적이고 손쉬운 소프트웨어 개발 방법을 원하는 숙련된 개발자들을 위한 것이다. 소프트웨어 개발 주기에서 가장 친숙한 단계인 구현에 초점을 맞추고 있어 정규 교육을 받은 개발자뿐만 아니라 독학으로 공부한 개발자도 강력한 소프트웨어 개발 기법을 이해할 수 있게 해준다.

책임 개발자

많은 책임 개발자가 상대적으로 경험이 부족한 개발 팀원을 가르칠 때 이 책을 활용한다. 자신의 부족한 지식을 채우는 데도 이 책을 사용할 수 있다. 숙련된 개발자들은 이 책의 내용에 전적으로 동의하지는 않겠지만(그랬다면 오히려 놀랐을 것이다), 책을 읽으면서 각 주제에 대해 생각해 보면 전에 다들 한 번쯤은 고민해 본 구현 이슈일 것이다.

독학으로 배운 개발자

정규 교육을 많이 받지 않았더라도 걱정할 필요는 없다. 해마다 약 5만 명의 새로운 개발자들이 이 분야에 들어서지만(미국노동통계국 2004, Hecker 2004), 그중 3만 5,000명 정도만이 소프트웨어 관련 학위를 받는다(미국교육부 통계청 2002). 이 수치만 보더라도 많은 개발자가 소프트웨어 개발에 대한 정규 교육을 받지 않는다는 결론을 쉽게 내릴 수 있다. 독학으로 터득한 개발자들은 자기 일의 일부로 프로그램을 개발하기는 하지만 딱히 자신을 개발자로 여기지는 않는 기술자나 회계사, 과학자, 교사, 중소기업 사장과 같은 신생 전문가 집단에서 찾을 수 있다. 이 책은 프로그래밍 교육을 얼마나 받았는지에 상관없이 효과적인 프로그래밍 기법을 이해할 수 있게 도와준다.

학생

정규 교육은 거의 받지 않았지만 실무 경험이 있는 개발자와 반대되는 입장에 있는 사람이 이제 갓 대학을 졸업한 학생이다. 갓 대학을 졸업한 학생은 이론에는 강하지만 제품을 개발하는 데 도움이 되는 실무적인 노하우가 부족하다. 좋은 코드를 위한 실용적인 지식은 종종 소프트웨어 아키텍트와 프로젝트 책임자, 분석가, 경험이 풍부한 개발자의 관행으로부터 천천히 전수된다. 그리고 그보다 각 개발자의 시행착오로 전해지는 경우가 훨씬 더 많다. 이 책은 전통 방식의 느린 전수 과정에 대한 일종의 대안이다. 주로 다른 사람들의 경험으로부터 얻은 유용한 팁과 효과적인 개발 전략을 제공하기 때문에 학생들이 아마추어에서 전문가로 거듭나는 데 도움을 줄 것이다.

그 밖에 관련 정보를 어디서 찾을 수 있을까?

이 책은 다양한 곳에서 얻은 구현 기법을 종합적으로 다루고 있다. 구현에 관한 축적된 지식 상당수는 널리 흩어져 있을 뿐만 아니라 오랫동안 문서로 작성되지도 않았다 (Hildebrand 1989, McConnell 1997a). 개발 전문가들이 사용하는 효과적이고 강력한 프로그래밍 기법에 대단한 비밀은 없다. 하지만 그들은 매일 바빠 프로젝트를 진행하기 때문에 자기가 터득한 것을 공유할 시간이 거의 없다. 그래서 일반 개발자들이 프로그래밍에 관한 좋은 정보를 찾기가 어려울 수도 있다.

여기서 소개하는 기법들은 프로그래밍 기초 서적과 고급 서적을 읽고 난 후의 공허함을 채워준다. 자바 초급, 중급, 고급 서적을 모두 읽고 난 후 프로그래밍에 대해 더 배우고자 할 때 어떤 책을 읽을 것인가? 인텔(Intel), 모토로라(Motorola) 하드웨어에 대한 상세 설명이나 마이크로소프트 윈도우(Microsoft Windows)나 리눅스(Linux) 운영체제 함수, 또는 다른 프로그래밍 언어에 관한 책을 읽어도 된다. 그러한 세부사항에 대해 제대로 설명해놓은 참고 자료가 없는 환경에서는 어떤 언어나 프로그램을 사용할 수 없을 것이다. 하지만 이 책은 프로그래밍 자체에 대해서 논의하는 몇 안 되는 책 중 하나다. 사실 프로그래밍에 가장 도움이 되는 것은 작업하고 있는 환경이나 언어에 상관없이 사용할 수 있는 기법이다. 바로 그 이유 때문에 다른 책에서 일반적으로 다루지 않는 그러한 기법들을 이 책에서 중점적으로 다루는 것이다.

이 책에 담긴 정보는 아래의 여러 가지 자료를 토대로 끌어낸 것이다. 다른 경로를 통해 이 책에서 소개하는 정보를 얻을 수 있는 유일한 방법은 책 더미와 수백 권의 기술 저널을 다 읽고 거기에 엄청난 양의 실무 경험을 더하는 것이다. 그 모든 것을 이미 한 사람이라도 모든 정보를 참고하기 쉽게 한곳에 모아 놓은 이 책이 도움될 것이다.

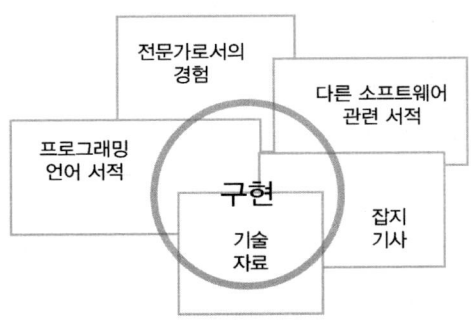

이 책의 주요 이점

경력에 상관없이 이 책은 더 짧은 시간에 더 적게 고민하면서 더 좋은 프로그램을 작성하는 데 도움을 줄 수 있다.

완전한 소프트웨어 구현 참고서 이 책은 소프트웨어 품질과 프로그래밍에 관한 사고방식과 같이 구현에 대한 일반적인 측면을 논의한다. 클래스 구축 단계, 데이터와 제어 구조 사용의 모든 것, 디버깅, 리팩터링, 코드 최적화 기법과 전략 같은 구현에 대한 중요한 세부 사항들을 소개한다. 관심이 가는 정보를 쉽게 찾을 수 있도록 구성되어 있으므로 관심 주제에 대해 알아보기 위해 모든 내용을 다 읽을 필요가 없다.

바로 사용 가능한 체크리스트 이 책에는 소프트웨어 아키텍처와 설계 접근법, 클래스와 루틴의 품질, 변수 이름, 제어 구조, 레이아웃, 테스트 케이스를 비롯해 여러 가지 사항을 평가하는 데 활용할 수 있는 수십 개의 체크리스트가 들어 있다.

최신 정보 이 책에는 활용 가능한 최신 기술도 일부 소개하고 있는데, 그 상당수는 아직 널리 사용되고 있지 않은 것들이다. 실무와 연구를 통해 얻은 내용이므로 그 기술들은 앞으로 수년 동안 유용할 것이다.

소프트웨어 개발에 대한 광범위한 조망 이 책은 매일 벌어지는 치열한 싸움에 굴하지 않고 무엇이 효과가 있고 무엇이 그렇지 않은지 알 기회를 제공할 것이다. 이 책에 모아놓은 수백 권의 책과 저널의 기사를 읽을 시간이 있는 실무 개발자는 거의 없다. 여기에 담긴 연구와 실무 경험이 프로젝트에 대한 정보를 제공하고 생각을 자극해 전략상 중요한 조치를 취하게 함으로써 같은 문제 때문에 반복해서 고생하지 않게 해줄 것이다.

사실만을 소개 어떤 소프트웨어 책들은 과장된 내용이 10이고 제대로 된 지식은 1에 불과하다. 이 책은 각 기술의 장단점을 적절한 비율로 다룬다. 프로젝트에 대한 요구사항을 가장 잘 아는 사람은 바로 자기 자신이다. 이 책은 각자가 처한 환경에서 올바른 결정을 내리는 데 필요한 실질적인 정보를 제공한다.

대부분의 언어에 적용 가능한 개념 이 책은 C++나 C#, 자바, 마이크로소프트 비주얼 베이직 등 어떤 언어를 사용하든 상관없이 적용할 수 있는 기법들을 소개한다.

방대한 예제 코드 이 책에는 좋은 코드와 나쁜 코드 예제가 500개 정도 있다. 이렇게 많은 예제 코드를 넣은 이유는 개인적으로 예제가 최고의 스승이라고 생각하기 때문이다. 다른 개발자들도 마찬가지일 것이라 생각한다.

하나 이상의 언어를 터득하는 것이 전문 개발자에게 있어 분수령이 되는 경우가 있어 예제에 여러 가지 언어를 사용했다. 개발자가 프로그래밍의 기본 원리는 특정 언어의 문법을 초월한다는 사실을 깨닫게 되면 품질과 생산성 면에서 진정 차별화할 수 있는 지식의 문이 활짝 열린다.

다양한 언어로 인한 부담감을 가능한 한 줄이기 위해 특별히 논의해야 하는 부분을 제외하고는 난해한 언어적 특성에 대한 언급은 가급적 피했다. 예제 코드에서 말하고자 하는 핵심 사항을 이해하기 위해 코드 전체를 완벽하게 이해할 필요는 없다. 설명하고 있는 핵심에 집중하면 언어에 상관없이 코드를 읽을 수 있을 것이다. 이해를 돕고자 중요한 부분에는 주석을 넣었다.

참고 자료 소개 소프트웨어 구현에 대한 많은 정보가 담겨 있기는 하지만, 이 책을 결정판이라고 하기는 어렵다. 각 장의 "참고 자료" 부분에 가장 관심 있는 주제에 대해 더 많은 내용을 참고할 수 있도록 책과 기사들을 소개했다.

cc2e.com/1234

도서 웹사이트 관련 웹사이트인 *cc2e.com*에서는 최신 체크리스트와 서적, 잡지 기사, 웹 링크를 비롯해 다양한 정보를 제공한다. ≪Code Complete≫ 제2판에 관련된 정보를 얻고 싶으면 왼쪽에 표시한 대로 *cc2e.com/* 다음에 네 자리 숫자를 입력하면 된다. 웹 사이트 정보는 책 곳곳에 표시해 두었다.

이 책을 쓴 이유

효과적인 개발 실천법에 대한 지식을 모아둔 개발 서적이 필요하다는 인식은 소프트웨어 공학계에 널리 퍼져 있다. 컴퓨터 과학 기술 위원회(Computer Science and Technology Board, CSTB)는 한 보고서에서 효과적인 소프트웨어 개발 방법에 관한 기존 지식을 문서로 만들고 통합한 후 배포하는 것이 소프트웨어 개발 품질과 생산성을 높이는 가장 좋은 실천법이라고 밝혔다(CSTB 1990, McConnell 1997a). 그 위원회는 그러한 지식을 널리 알리기 위한 전략이 소프트웨어 공학 서적이라는 생각을 바탕으로 해야 한다고 한다고 결론 내렸다.

구현이라는 주제에 대한 관심이 줄었다

한때는 소프트웨어 개발과 코드 작성을 같은 것으로 여겼다. 하지만 소프트웨어 개발 주기의 각 활동을 구분하게 되면서 현장의 일부 실력자들이 프로젝트 관리와 요구사항, 설계, 테스트 방법을 분석하고 토론하는 데 시간을 투자했다. 이 새로운 분야에 대한 연구가 활발하게 진행되면서 코드 구현은 소프트웨어 개발의 관심 대상에서 멀어졌다.

또한 구현에 관한 논의는 구현 과정을 별도의 소프트웨어 개발 활동으로 취급해야 한다는 제안, 즉 구현도 별도의 단계로 취급해야 한다는 제안으로 곤경에 빠지게 되었다. 실무에서는 소프트웨어 활동과 단계가 서로 특정한 관계를 맺을 필요는 없으며 구현 활동은 다른 소프트웨어 활동을 단계적으로 수행하든 반복적으로 수행하든 기타 다른 방법으로 수행하든 상관없이 논의해 보는 것이 좋다.

구현은 중요하다

구현이 연구자와 필자들에게 경시되어온 또 다른 이유는 다른 소프트웨어 개발 활동과 비교했을 때 상대적으로 기계적인 과정이며 개선의 여지가 거의 없다는 잘못된 생각 때문이다. 이는 사실과 완전히 다르다.

일반적으로 작은 프로젝트에서는 코드 구현이 개발 활동의 65%를 차지하고 중형 프로젝트에서는 50%를 차지한다. 오류의 경우, 작은 프로젝트에서는 75%가 구현에서 발생하고 중대형 프로젝트에서는 50~70% 정도가 구현에서 발생한다. 오류의 50~75%를 차지하는 활동이라면 분명 개선할 여지가 있다(27장에서 이 통계에 대해 자세히 다룬다).

일부 평론가들은 구현 오류가 전체 오류에서 차지하는 비중이 높다고 하더라도 구현 오류는 요구사항이나 아키텍처로 발생한 오류를 수정하는 데 드는 비용보다 대체로 저렴하기 때문에 중요성이 떨어진다고 지적했다. 구현 오류가 수정 비용이 적다는 말이 사실이기는 하지만, 이 오류를 수정하지 않으면 비용이 상당히 높아질 수 있기 때문에 이 말은 오해의 소지가 있다. 연구자들은 사소한 코딩 오류가 수억 달러를 쏟아부은 역대 가장 비용이 많이 든 소프트웨어 오류였다는 사실을 발견했다(Weinberg 1983, SEN 1990). 오류 수정 비용이 적다는 것이 그것을 수정하는 우선순위가 낮아져야 한다는 뜻은 분명 아니다.

구현에 대한 관심이 점차 멀어지는 데 반해 개발에 있어서 반드시 수행되어야 하는 유일한 활동이 구현이라는 점은 참으로 아이러니하다. 요구사항은 개발하는 대신 가정할 수 있고 아키텍처는 설계하는 대신 적당하게 바꿀 수 있으며 테스트는 완전히 계획해 실행하는 대신 간소화하거나 건너뛸 수 있다. 하지만 프로그램을 내놓으려면 반드시 구현 과정이 있어야 하며 그렇기 때문에 구현이 개발 실천법을 개선할 수 있는 독보적인 분야다.

이 책에 견줄 만한 책이 없다

이 명백한 구현의 중요성을 고려해 이 책을 계획했을 당시 누군가가 이미 효과적인 구현 실천법에 관한 책을 썼을 것이라고 확신했다. 효과적인 프로그래밍 방법에 대한 책이 분명 필요해 보였다. 하지만 구현에 대한 책이 몇 권에 불과하고 일부 주제만 다루고 있다는 사실을 알게 되었다. 어떤 책은 15년 이상 오래됐고 알골(ALGOL)이나 PL/I, 라트포(Ratfor), 스몰토크(smalltalk) 같이 비교적 난해한 언어를 사용했다. 어떤 것은 실무 코드를 작성해 보지 않은 교수들이 쓴 책이었다. 그들은 학생들이 진행하는 프로젝트에 맞는 기법에 대해 책을 쓰기는 했지만 그 기법들이 실제 개발 환경에서 어떻게 이용되는지 거의 알지 못했다. 다른 책들은 저자가 가장 좋아하는 최신 기법들에 대해 떠들어댈 뿐 시대를 초월해 효과성이 검증된 완성도 있는 실천법을 방대하게 다루지는 않았다.

> 미술 평론가들이 모이면 형태와 구조, 의미에 관해 이야기를 나눈다. 하지만 예술가들이 모이면 어디서 값싼 테레빈유를 살 수 있는지에 관한 이야기를 나눈다.
> – 파블로 피카소
> (Pablo Picasso)

결과적으로 전문적 경험과 업계 연구, 학문적 연구를 통해 얻은 실용적인 기법을 정리하려고 시도라도 한 책은 한 권도 찾을 수 없었다. 현재 사용되는 프로그래밍 언어와 객체지향 프로그래밍, 최신 개발 실천법에 대해 최신 내용을 제공할 수 있는 이야기가 필요했다. 프로그래밍 책은 이론적 지식을 갖고 있으면서 동시에 그 실천법들을 정확하게 평가할 수 있을 정도로 실무 코드를 작성할 수 있는 사람이 써야 한다는 것이 분명해 보였다. 이 책을 코드 구현에 대해 여러 프로그래머와 논의하는 장으로 생각했다.

피드백

이 책에서 다루는 주제나 오류 보고, 관련 내용에 대한 질문이 있으면 stevemcc@construx.com으로 메일을 보내거나 www.stevemcconnell.com을 방문하기 바란다.

2004년 전몰장병 추모일에, 워싱턴 주 벨뷰에서.

감사의 글

혼자만의 힘으로는 한 권의 책을 절대 완성할 수 없다(적어도 제가 쓴 책들은 모두 그랬다). 2차 개정판은 훨씬 더 다양한 분들의 도움을 받았다.

이 책의 검토에 공헌해주신 Hákon Ágústsson, Scott Ambler, Will Barns, William D. Bartholomew, Lars Bergstrom, Ian Brockbank, Bruce Butler, Jay Cincotta, Alan Cooper, Bob Corrick, Al Corwin, Jerry Deville, Jon Eaves, Edward Estrada, Steve Gouldstone, Owain Griffiths, Matthew Harris, Michael Howard, Andy Hunt, Kevin Hutchison, Rob Jasper, Stephen Jenkins, Ralph Johnson과 일리노이 대학교의 소프트웨어 아키텍처 그룹, Marek Konopka, Jeff Langr, Andy Lester, Mitica Manu, Steve Mattingly, Gareth McCaughan, Robert McGovern, Scott Meyers, Gareth Morgan, Matt Peloquin, Bryan Pflug, Jeffrey Richter, Steve Rinn, Doug Rosenberg, Brian St. Pierre, Diomidis Spinellis, Dave Thomas, Andy Thomas-Cramer, John Vlissides, Pavel Vozenilek, Denny Williford, Jack Woolley, Dee Zsombor에게 감사드린다.

수백 명의 독자가 초판에 대한 의견을 보내고 두 번째 판에 대한 더 많은 개인적인 의견을 보냈다. 다양한 형태로 시간을 내어 책에 대한 의견을 나눠주신 모든 분들에게 감사드린다.

전체 원고를 정식으로 검토해주신 컨스트럭스 소프트웨어의 검토자분들(Jason Hills, Bradey Honsinger, Abdul Nizar, Tom Reed, Pamela Perrott)에게 특별히 감사드린다. 나는 이분들의 검토가 얼마나 철저한지, 특히 얼마나 많은 사람들이 작업을 시작하기 전에 책을 자세히 조사했는지 생각해 보면서 놀랐다. cc2e.com 웹사이트에 기여한 Bradey, Jason, Pamela에게도 감사드린다.

이 책의 프로젝트 편집자인 Devon Musgrave와의 협력은 매우 특별했다. 나는 다른 프로젝트에서 수많은 뛰어난 편집자와 함께 일했으며, Devon은 특히 성실하면서도 편하게 작업할 수 있는 사람이었다. 고마워요, Devon! 제2판을 내도록 독려해준 Linda Engleman에게 감사드린다. 그녀가 없었다면 이 책은 출판되지 않았을 것이다. Robin Van Steenburgh, Elden Nelson, Carl Diltz, Joel Panchot, Patricia Masserman, Bill Myers, Sandi Resnick, Barbara Norfleet, James Kramer, Prescott Klassen을 비롯한 나머지 마이크로소프트 프레스 직원들에게도 감사드린다.

이 책의 초판에 도움을 준 Alice Smith, Arlene Myers, Barbara Runyan, Carol Luke, Connie Little, Dean Holmes, Eric Stroo, Erin O'Connor, Jeannie McGivern, Jeff Carey, Jennifer Harris, Jennifer Vick, Judith Bloch, Katherine Erickson, Kim Eggleston, Lisa Sandburg, Lisa Theobald, Margarite Hargrave, Mike Halvorson, Pat Forgette, Peggy Herman, Ruth Pettis, Sally Brunsman, Shawn Peck, Steve Murray, Wallis Bolz, Zaafar Hasnain 등 마이크로소프트 프레스 직원에게도 감사드린다.

Al Corwin, Bill Kiestler, Brian Daugherty, Dave Moore, Greg Hitchcock, Hank Meuret, Jack Woolley, Joey Wyrick, Margot Page, Mike Zevenbergen, Pat Forman, Peter Pathe, Robert L. Glass, Tammy Forman, Tony Pisculli, Wayne Beardsley 등 초판에 크게 기여한 검토자분들께도 감사드린다. 12년 동안 탁월한 수천 가지 검토 의견을 준 Tony Garland에게는 특별히 감사의 말을 전한다.

체크리스트

요구사항 42

아키텍처 54

선행 조건 60

주요 구현 방법 71

구현에서의 설계 130

클래스 품질 168

고급 루틴 197

방어적 프로그래밍 225

의사코드 프로그래밍 프로세스 248

데이터 사용 시 일반적으로 주의할 사항 273

변수 이름 308

기본 데이터 339

특이한 데이터형을 사용할 때 고려해야 할 사항 370

순차적인 코드 구성하기 379

조건문 사용 392

반복문 417

특이한 제어 구조 442

테이블을 활용한 기법 464

제어 구조와 관련된 문제 498

품질 보증 계획 514

효과적인 짝 프로그래밍 522

효과적인 정밀 검토 529

테스트 케이스 573

디버깅 관련 사항 603

리팩터링하는 이유 614

리팩터링 요약 622

안전한 리팩터링 방법 629

코드 튜닝 전략 654

코드 튜닝 기법 694

형상 관리 726

통합 767

프로그래밍 도구 788

레이아웃 840

스스로를 설명하는 코드 846

좋은 주석 작성 기법 887

표

표 3-1 결함이 추가된 시기와 발견된 시기에 따른 평균 해결 비용 28

표 3-2 일반적인 세 가지 종류의 프로젝트에 적합한 방법 31

표 3-3 순차적 프로젝트와 반복적 프로젝트에서 선행 조건을 무시했을 때의 효과 32

표 3-4 순차적인 프로젝트와 반복적인 프로젝트에서 선행 조건을 다룰 때의 효과 33

표 4-1 고수준 언어의 명령문을 그에 상응하는 C 언어로 표현할 때 필요한 코드의 비율 62

표 5-1 잘 알려진 디자인 패턴 109

표 5-2 설계의 형식화와 상세 수준 122

표 6-1 상속 루틴의 다양한 형태 154

표 8-1 예외에 대한 널리 사용되는 언어의 지원 211

표 11-1 좋은 변수 이름과 나쁜 변수 이름의 예 277

표 11-2 너무 길거나 너무 짧거나 적당한 길이의 변수 이름 279

표 11-3 C++와 자바를 위한 이름 규약 예제 296

표 11-4 C를 위한 이름 규약 예제 296

표 11-5 비주얼 베이직을 위한 이름 규약 예제 297

표 11-6 워드 프로세서를 위한 UDT 예제 299

표 11-7 의미적 접두사 299

표 12-1 서로 다른 정수형의 범위 313

표 13-1 전역 데이터에 직접 접근하는 방법과 접근 루틴을 통해 접근하는 방법 367

표 13-2 복잡한 데이터를 순차적으로 사용하는 방법과 병렬로 사용하는 방법 368

표 16-1 반복문의 종류 394

표 19-1 드모르간의 법칙을 이용한 논리 표현식의 변환 471

표 19-2 루틴에 있는 의사결정 지점을 세는 방법 496

표 20-1 목표에 대한 팀 순위 506

표 20-2 결함 감지 비율 507

표 20-3 익스트림 프로그래밍의 예상 결함 감지 비율 509

표 21-1 협력 구현 기법 비교 533

표 23-1 변수 이름 사이의 심리적인 거리를 보여주는 예 599

표 25-1 프로그래밍 언어의 상대적인 실행 시간 646

표 25-2 공통적인 연산의 비용 647

표 27-1 프로젝트 크기와 전형적인 오류의 밀도 707

표 27-2 프로젝트 크기와 생산성 708

표 28-1 소프트웨어 프로젝트의 노력에 영향을 미치는 요인 731

표 28-2 유용한 소프트웨어 개발 측정들 736

표 28-3 개발자들이 어떻게 시간을 보내는지에 대한 자료 739

그림

그림 1-1 구현 활동을 회색 원 안에 표시했다. 구현은 코드 작성과 디버깅을 중심으로 이뤄지며, 상세 설계, 단위 테스트, 통합 테스트를 비롯한 여러 활동을 포함한다. 3

그림 1-2 이 책은 코드 작성 및 디버깅, 상세 설계, 구현 계획 수립, 단위 테스트, 통합, 통합 테스트를 비롯한 여러 활동을 대략 그림과 같은 비율로 다루고 있다. 4

그림 2-1 편지 쓰기 비유는 소프트웨어 프로세스가 신중한 계획 수립과 설계보다는 비용이 많이 드는 시행착오에 달려 있다는 사실을 시사한다. 13

그림 2-2 농사 비유를 소프트웨어 개발로 적절하게 확장하기는 어렵다. 14

그림 2-3 간단한 구조에서의 실수로 인한 손해는 약간의 시간 낭비와 당황함 정도다. 16

그림 2-4 구조가 복잡할수록 더 주의 깊은 계획이 필요하다. 17

그림 3-1 결함이 발생한 시점에서 발견된 시점까지의 시간이 늘어남에 따라서 결함을 수정하는 데 드는 비용은 급격하게 증가한다. 이 결과는 프로젝트가 순차적이든지(미리 요구사항 수집과 설계 작업을 100% 수행하는 방법), 반복적이든지(요구사항 수집과 설계 작업의 5%만 미리 수행하는 방법) 상관없이 동일하다. 29

그림 3-2 전체적으로 순차적으로 진행되더라도 프로젝트에서 어느 정도는 활동이 서로 겹칠 것이다. 34

그림 3-3 이 프로젝트에서는 프로젝트가 진행되는 내내 활동이 겹칠 것이다. 구현 단계를 성공적으로 수행하기 위해서는 어느 선행 조건을 완료할지 이해하고 그에 맞게 접근법을 어떻게 할지 조절해야 한다. 34

그림 3-4 문제 정의는 나머지 프로그래밍 프로세스를 위한 기초 공사다. 36

그림 3-5 활을 쏘기 전에 무엇을 조준하고 있는지 알아야 한다. 37

그림 3-6 요구사항이 제대로 정의되지 않으면 특정 사항을 간과한 문제가 생길 수 있다. 39

그림 3-7 좋은 소프트웨어 아키텍처가 없다면 잘못된 방법으로 문제를 해결할 수도 있다. 그러면 성공적인 구현이 불가능할 수도 있다. 44

그림 5-1 타코마 다리 – 불명확한 문제의 예 76

그림 5-2 프로그램에서의 설계 수준. 우선 시스템(1)은 서브시스템(2)으로 구성된다. 서브시스템은 클래스(3)로 분할되고, 클래스는 다시 루틴과 데이터(4)로 나뉜다. 각 루틴의 내부(5)도 설계한다. 84

그림 5-3 6개의 서브시스템으로 구성된 시스템의 예 85

그림 5-4 서브시스템 사이의 커뮤니케이션에 제한이 없을 때 나타나는 현상의 예 85

그림 5-5 커뮤니케이션 규칙 몇 개로 서브시스템의 상호작용을 현저하게 줄일 수 있다. 86

그림 5-6   이 청구 시스템은 4개의 주요 객체로 구성되어 있다. 예를 들기 위해 객체를 실제보다 단순하게 나타냈다.   90

그림 5-7   추상화를 이용하면 복잡한 개념을 더 단순한 관점으로 바라볼 수 있다.   92

그림 5-8   캡슐화는 복잡한 개념을 더욱 단순한 관점으로 보게 해서 복잡한 개념의 세부 사항을 못 보게 한다. 여기서는 보이는 게 전부다!   93

그림 5-9   좋은 클래스 인터페이스는 빙산의 일각과 같아서 클래스 대부분을 노출하지 않는다.   96

그림 5-10 G. 폴리아는 수학 문제를 해결하는 접근 방법을 개발했는데, 이 방법은 소프트웨어 설계 시 문제를 해결하는 데도 유용하다(Polya 1957).   115

그림 8-1   시애틀에 있는 90번 고속도로 부교의 일부가 폭풍으로 가라앉았다. 부유 탱크의 뚜껑이 열려 물이 들어가는 바람에 다리가 떠 있을 수 없을 정도로 무거워졌기 때문이다. 구현 중에 작은 문제부터 방어하는 것은 생각보다 더 중요하다.   201

그림 8-2   더러운 데이터를 다루는 부분과 깨끗한 데이터를 다루는 부분을 정의하는 것은 데이터 유효성 검사가 필요한 코드의 상당 부분을 줄이는 효과적인 방법일 수 있다.   217

그림 9-1   클래스 구현의 세부 내용은 다양하지만, 그 작업은 일반적으로 그림과 같은 순서로 발생한다.   229

그림 9-2   이것은 루틴을 작성하는 데 필요한 주요 작업이다. 일반적으로 그림과 같은 순서로 수행된다.   230

그림 9-3   루틴을 설계할 때 모든 단계를 수행하겠지만, 반드시 정해진 순서대로 수행할 필요는 없다.   239

그림 10-1 "긴 수명"은 변수가 여러 명령에 거쳐 살아있다는 것을 의미한다. "짧은 수명"은 변수가 몇 개의 명령문 사이에만 살아있다는 것을 의미한다. "범위"는 변수에 대한 참조가 서로 얼마나 가까운지를 가리킨다.   261

그림 10-2 순차적 데이터는 정의된 순서대로 처리되는 데이터다.   270

그림 10-3 선택적 데이터를 이용하면 두 개 중 하나의 데이터를 사용할 수 있다.   270

그림 10-4 반복되는 데이터가 재사용된다.   271

그림 13-1 각 데이터형에 의해서 사용되는 메모리의 크기는 이중선으로 표시했다.   347

그림 13-2 포인터의 재연결에 필요한 단계를 생각하는 데 도움을 주는 그림   353

그림 14-1 코드가 잘 모여 있다면 관련 섹션 주위에 그린 상자가 겹치지 않는다. 상자는 관련이 있는 더 큰 단위로 중첩될 것이다.   378

그림 14-2 코드가 제대로 구성되어 있지 않다면 관련 섹션 주위에 그린 상자가 서로 겹친다.   379

그림 17-1	재귀문은 적합한 문제와 만나면 복잡한 문제를 해결할 수 있는 유용한 도구가 될 수 있다. 423
그림 18-1	이름처럼 직접 접근 방식을 이용하면 원하는 테이블 요소에 직접 접근할 수 있다. 445
그림 18-2	메시지가 저장되는 순서는 정해져 있지 않고 각 메시지는 메시지 ID로 구별한다. 450
그림 18-3	메시지 ID를 제외하면 메시지 종류마다 고유한 형식을 갖는다. 450
그림 18-4	인덱스 접근 방식은 직접 접근하지 않고 중간 인덱스를 통해서 접근한다. 459
그림 18-5	단계적 접근 방식은 계단에 따라서 수준을 결정하여 엔트리를 분류한다. "계단"이 곧 범주를 결정한다. 461
그림 19-1	숫자 크기 순서대로 불린 테스트를 작성한 예제 475
그림 20-1	소프트웨어 품질의 외적인 특성 하나에 초점을 맞추면 다른 특성에 긍정적으로나 부정적으로 영향을 미치거나 아무런 영향을 미치지 않을 수 있다. 503
그림 20-2	너무 빠르지도 너무 느리지도 않은 개발 접근 방법이 가장 결함이 많은 소프트웨어를 만든다. 513
그림 22-1	프로젝트의 크기가 증가할수록 전체 개발 시간에서 개발자 테스트가 차지하는 비중이 조금씩 감소한다. 프로그램의 크기가 미치는 영향은 27장 "프로그램의 크기가 구현에 미치는 영향"에서 더 자세히 소개한다. 540
그림 22-2	프로젝트의 크기가 증가할수록 구현 중에 발생하는 오류의 비율은 감소했다. 그런데도 불구하고 구현 오류는 가장 큰 프로젝트에서조차 전체 오류의 45~75%를 차지했다. 560
그림 23-1	오류의 원인이 무엇인지 정확하게 결정하기 위해서 여러 가지 방법으로 오류를 재현해 본다. 587
그림 24-1	약간의 변경이 많이 변경하는 것보다 오류 발생 가능성이 더 높은 경향이 있다(Weinberg 1983). 625
그림 24-2	현실 세계가 혼란스럽다고 해서 코드가 혼란스러울 필요는 없다. 자신의 시스템을 이상적인 코드, 이상적인 코드와 혼란스러운 실 세계를 연결하는 인터페이스, 그리고 혼란스러운 현실 세계의 결합으로 생각하라. 628
그림 24-3	제품 코드를 개선하기 위한 한 가지 전략은 엉성한 기존 코드를 리팩터링해서 "혼란스러운 현실 세계로의 인터페이스" 반대쪽으로 옮기는 것이다. 628
그림 27-1	의사소통 경로의 수는 팀원 수의 제곱에 비례하여 증가한다. 704
그림 27-2	프로젝트의 크기가 증가할수록 일반적으로 요구사항과 설계에서 발생하는 오류가 많아진다. 때로는 구현에서 주로 오류가 발생하기도 한다(Boehm 1981, Grady 1987, Jones 1998). 706

그림 27-3 작은 프로젝트에서는 구현 활동이 큰 비중을 차지한다. 큰 프로젝트가 성공하려면 더 많은 아키텍처, 통합 작업, 시스템 테스트가 필요하다. 요구사항에서의 노력은 다른 활동처럼 프로그램 크기에 직접 비례하지 않기 때문에 이 그림에서는 그 항목을 표시하지 않았다(Albrecht 1979; Glass 1982; Boehm, Gray, and Seewaldt 1984; Boddie 1987; Card 1987; McGarry, Waligora, and McDermott 1989; Brooks 1995; Jones 1998; Jones 2000; Boehm et al. 2000). 709

그림 27-4 소프트웨어 구현 작업의 양은 프로젝트 크기에 대해서 거의 선형 함수에 가깝다. 다른 작업은 프로젝트 크기가 증가함에 따라 비선형적으로 증가한다. 709

그림 28-1 이 장에서는 소프트웨어 구현 관리에 관한 주제를 다룬다. 716

그림 28-2 프로젝트 초기에 수행한 예측은 본질적으로 부정확하다. 프로젝트가 진행됨에 따라 예측은 더 정확해진다. 프로젝트 전반에 걸쳐 주기적으로 다시 예측하고 각 활동 중에 배운 것을 사용해 다음 활동에 대한 예측을 향상시킨다. 730

그림 29-1 워싱턴대학교에 추가로 설립하던 축구장이 공사 중 그 무게를 지탱하지 못하고 무너졌다. 완성되면 충분히 튼튼할 것으로 생각했지만, 잘못된 순서로 건설한 것이다. 그것이 바로 통합 오류다. 749

그림 29-2 단계별 통합을 "빅뱅" 통합이라고도 한다. 751

그림 29-3 점증적 통합은 언덕으로 굴러떨어지는 눈처럼 프로젝트를 빌드하는 속도를 높여준다. 752

그림 29-4 단계별 통합에서는 한 번에 너무 많은 컴포넌트를 통합하기 때문에 오류가 어디서 발생했는지 알아내기가 어렵다. 이때 오류의 원인은 어느 컴포넌트든 될 수 있고 어느 연결에서든 발생할 수 있다. 점증적 통합에서는 일반적으로 오류가 새로운 컴포넌트 혹은 새로운 컴포넌트와 시스템 사이의 연결에서 발생한다. 752

그림 29-5 하향식 통합에서는 상위 클래스를 먼저 추가하고 하위 클래스를 마지막에 추가한다. 754

그림 29-6 엄격하게 하향식으로 진행하는 대신 수직으로 나누어 하향식으로 통합할 수 있다. 756

그림 29-7 상향식 통합에서는 하위 클래스를 먼저 추가하고 상위 클래스를 마지막에 추가한다. 756

그림 29-8 순수하게 상향식으로 진행하는 대신 여러 부분으로 나누어 상향식으로 통합할 수 있다. 이 방법은 상향식 통합과 뒤에서 다룰 기능 지향적 통합 사이의 구분을 모호하게 한다. 757

그림 29-9 샌드위치 통합에서는 상위 수준과 널리 사용되는 하위 수준의 클래스를 우선 통합하고 중간 수준의 클래스는 나중을 위해 남겨둔다. 758

그림 29-10 위험 지향적인 통합에서는 가장 난해할 것 같은 클래스를 먼저 통합하고 쉬운 클래스는 나중에 구현한다. 759

그림 29-11 기능 지향적인 통합에서는 식별 가능한 기능을 구성하는 클래스를 그룹 단위로 통합한다. 항상 그렇지는 않지만, 일반적으로 한 번에 여러 개의 클래스를 통합한다. 760

그림 29-12 T-자형 통합에서는 아키텍처적인 가정을 검증하는 시스템 일부분을 빌드하고 통합한 다음, 나머지 기능을 개발하기 위한 프레임워크를 제공할 시스템의 나머지 부분을 빌드하고 통합한다. 761

그림 34-1 프로그램은 여러 추상화 수준으로 나뉠 수 있다. 좋은 설계는 오직 상위 계층에 집중하는 데 많은 시간을 보내고 하위 계층은 무시할 수 있도록 할 것이다. 917

1부

기초 확립

1장 소프트웨어 구현으로의 초대
2장 소프트웨어 개발의 이해를 돕기 위한 비유
3장 준비는 철저하게: 선행 조건
4장 구현 시 결정해야 할 핵심 사항

1장 소프트웨어 구현으로의 초대

cc2e.com/0178

내용

1.1 소프트웨어 구현이란 무엇인가?
1.2 소프트웨어 구현이 중요한 이유는 무엇인가?
1.3 이 책을 읽는 방법

관련 주제

- 누가 이 책을 읽어야 하는가?: 서문
- 이 책을 읽음으로써 얻는 혜택: 서문
- 이 책을 쓴 이유: 서문

영어로 'construction'이라는 용어가 소프트웨어 개발이 아닌 다른 분야에서 '건설'이라는 뜻으로 사용된다는 사실을 누구나 알 것이다. 건축가들이 집이나 학교, 고층건물을 지을 때 하는 일이 "건설"이다. 어렸을 때 색종이로 뭔가를 만들어 본 기억이 있을 것이다. 일반적으로 건설은 건물을 짓는 과정을 의미한다. 소프트웨어 개발에서는 이 용어를 "구현"이라고 한다. 개발에서 구현 과정에는 계획과 설계, 작업 내용 확인 등이 포함되지만, 대개 "구현"이라고 하면 뭔가를 만드는 실질적 작업을 의미한다.

1.1 소프트웨어 구현이란 무엇인가?

컴퓨터 소프트웨어 개발은 복잡한 과정일 수 있고 지난 25년 동안 연구원들이 소프트웨어 개발 과정에 다음과 같은 수많은 활동이 있다는 사실을 알아냈다.

- 문제 정의
- 요구사항 개발
- 구현 계획 수립
- 소프트웨어 아키텍처 또는 고급 수준 설계
- 상세 설계
- 코드 작성 및 디버깅
- 단위 테스트
- 통합 테스트
- 통합
- 시스템 테스트
- 유지보수

절차를 중요시하는 프로젝트에 참여한 경험이 없다면 앞에서 나열한 항목이 불필요한 절차로 보일지 모른다. 지나치게 형식을 중요시하는 프로젝트에 참여했던 사람들은 이 항목이 그야말로 형식적 절차라는 것을 알고 있을 것이다! 절차의 모자람과 지나침 사이에서 균형을 맞추기란 쉽지 않은데, 이 부분은 나중에 다시 언급하기로 한다.

독학으로 프로그래밍을 배웠거나 절차에 느슨한 프로젝트에 주로 참여했다면 소프트웨어 제품 제작에 들어가는 여러 활동을 따로 구분하지 않았을 것이다. 모든 제작 활동을 "프로그래밍"이라고 뭉뚱그려 생각했을 것이다. 그런 사람이 소프트웨어 제작을 떠올릴 때 생각나는 주요 작업은 아마 연구자들이 "구현"이라고 말하는 활동일 것이다.

"구현"에 대한 직관적 개념은 꽤 정확한 반면 다소 치중된 느낌을 지울 수 없다. 구현을 다른 활동과 함께 놓고 봄으로써 구현하는 동안 필요한 작업에 집중할 수 있고 구현 외의 다른 중요한 활동에 적절한 관심을 기울일 수 있다. 그림 1-1은 구현이 다른 소프트웨어 개발 활동과 어떻게 연관되어 있는지를 보여준다.

그림 1-1 구현 활동을 회색 원 안에 표시했다. 구현은 코드 작성과 디버깅을 중심으로 이뤄지며, 상세 설계, 단위 테스트, 통합 테스트를 비롯한 여러 활동을 포함한다.

KEY POINT

그림처럼 구현은 코드를 작성하고 디버깅하는 것이지만, 그와 더불어 상세 설계, 구현 계획 수립, 단위 테스트, 통합, 통합 테스트를 비롯한 다른 활동도 포함된다. 전반적인 소프트웨어 개발에 대한 책이었다면 개발 과정에 필요한 모든 작업을 적절하게 배분하여 소개했을 것이다. 하지만 이 책은 구현 기법에 관한 책이기 때문에 구현에 관해서만 집중적으로 다루고 관련된 주제에 관해서만 소개한다. 이 책을 강아지로 비유하자면 구현에게는 코를 비벼대고 디자인과 테스트에게는 꼬리를 흔드는 정도고 그 밖의 개발 활동에게는 짖는 정도라 할 수 있겠다.

구현을 "코드 작성"이나 "프로그래밍"이라고도 한다. "코드 작성"이라는 말은 기존 디자인을 컴퓨터 언어로 단순 변환한다는 의미를 내포하고 있어 사실상 최적의 표현은 아니다. 구현 활동에는 기계적인 작업만 있는 게 아니라 창의성과 판단력도 상당히 필요하기 때문이다. 이 책에서는 구현과 프로그래밍을 같은 의미로 사용했다.

그림 1-1이 평면적 관점에서 바라본 소프트웨어 개발이라면 그림 1-2는 이 책을 입체적 관점에서 바라본 모습이다.

그림 1-2 이 책은 코드 작성 및 디버깅, 상세 설계, 구현 계획 수립, 단위 테스트, 통합, 통합 테스트를 비롯한 여러 활동을 대략 그림과 같은 비율로 다루고 있다.

그림 1-1과 그림 1-2에서는 구현 활동을 거시적 관점에서 표현했는데, 자세히 살펴보면 어떨까? 다음은 구현 활동에 속하는 구체적인 작업 몇 가지를 정리한 것이다.

- 성공적인 구현 활동을 위한 기초 작업 검증
- 코드에 대한 테스트 방법 결정
- 클래스 및 루틴 설계와 작성
- 변수와 이름 상수(named constant) 생성 및 이름 부여
- 제어 구조 선택과 명령문 블록 구조화
- 코드에 대한 단위 테스트, 통합 테스트, 디버깅
- 저수준 설계와 코드를 다른 팀원과 교차 검토
- 조심스럽게 코드의 포맷을 맞추고 주석을 달아 코드를 정리
- 개별적으로 작성한 소프트웨어 컴포넌트의 통합
- 코드가 더 빨리 실행되고 더 적은 자원을 사용하도록 최적화

구현 활동에 대한 자세한 내용은 목차에서 확인할 수 있다.

구현에 이렇게 많은 활동이 있다니 이런 질문을 할 수도 있겠다. "좋아요, 잭. 구현에 포함되지 않는 활동은 무엇인가요?" 당연한 질문이다. 구현 외의 중요한 활동으로는 관리

와 요구사항 개발, 소프트웨어 아키텍처, 사용자 인터페이스 설계, 시스템 테스트, 유지 보수가 있다. 적어도 두세 명 이상이 필요하고 몇 주 이상이 걸리는 프로젝트에서는 이 활동들 하나하나가 성공적인 프로젝트를 끝내기 위해 구현만큼 중요하다. 각 활동에 대한 좋은 참고 서적이 많은데, 그 정보는 각 장에 있는 "참고 자료" 부분이나 마지막 35장 "더 많은 정보를 얻으려면"에 있다.

1.2 소프트웨어 구현이 중요한 이유는 무엇인가?

이 책을 읽고 있으니 소프트웨어 품질과 개발자 생산성을 향상하는 것이 중요하다는 점에 동의할 거라고 생각한다. 오늘날 많은 관심을 끄는 프로젝트는 대부분 소프트웨어를 광범위하게 사용한다. 인터넷, 영화 특수 효과, 생명 유지 장치, 우주 프로그램, 항공학, 고속의 금융 분석, 과학 연구 등이 몇 가지 예다. 이 프로젝트와 더 평범한 프로젝트 모두 기본적으로 같은 점이 많기 때문에 더 나은 실천법으로부터 혜택을 볼 수 있다.

소프트웨어 개발을 개선하는 것이 중요하다는 점에 동의한다면 왜 이 책은 구현에 초점을 맞췄을까? 이유는 다음과 같다.

관련 정보 프로젝트 크기와 구현에 걸리는 시간 비중 사이의 관계에 대한 자세한 내용은 27.5절의 "활동 비율과 크기"를 참고하라.

구현은 소프트웨어 개발에서 큰 비중을 차지한다 프로젝트의 크기에 따라 일반적으로 구현은 전체 프로젝트 기간의 30%에서 80%를 차지한다. 그 정도의 시간을 차지한다면 그게 무엇이든 프로젝트의 성공에 큰 영향을 미치게 되어 있다.

구현은 소프트웨어 개발 과정에서 중심적인 활동이다 요구사항 분석과 설계는 효과적인 구현을 위해 구현보다 앞서 이뤄진다. 시스템 테스트(독립적인 테스트라는 측면에서)는 구현이 제대로 되었는지를 검증하기 위해 구현 후에 수행한다. 구현은 소프트웨어 개발 과정의 중심에 있다.

관련 정보 프로그래머들 사이의 개인차에 대한 자료는 28.5절의 "개인 차이"를 참고하라.

구현에 집중함으로써 프로그래머의 생산성을 크게 향상할 수 있다 색만, 에릭슨, 그랜트의 연구에 따르면, 프로그래머 개인의 생산성은 구현하는 동안 10배에서 20배 정도 차이가 있다고 한다(Sackman, Erikson and Grant 1968). 그들이 연구한 후로 수많은 다른 연구(Curtis 1981, Mills 1983, Curtis et al 1986, Card 1987, Valett and 0 McGarry 1989, DeMarco and Lister 1999, Boehm et al 2000)에 의해 같은 결과가 입증되었다. 이 책은 모든 프로그래머가 프로그래밍 고수들이 사용한 기법을 배우는 데 도움을 준다.

구현의 결과물인 소스코드만이 소프트웨어를 정확하게 설명하는 경우가 많다 많은 프로젝트에서 개발자에게 허용된 유일한 문서는 코드 자체다. 요구사항 명세서와 설계 문

서는 최신 정보를 반영하지 못할 수 있지만, 소스코드는 항상 최신 내용이다. 따라서 소스코드는 항상 최고의 품질을 유지해야 한다. 소스코드의 품질을 향상시키기 위한 기법을 지속적으로 적용하는 것은 골드버그의 장치[1]와 세밀하고 정확하며, 따라서 유용한 프로그램 간의 차이를 만들어낸다. 그러한 기법들은 구현 중에 가장 효과적으로 적용할 수 있다.

KEY POINT

구현은 반드시 해야 하는 유일한 활동이다 이상적인 소프트웨어 프로젝트라면 구현을 시작하기 전에 신중하게 요구사항을 개발하고 아키텍처를 설계한다. 이상적인 프로젝트는 구현한 후에 통계를 기반으로 한 포괄적인 시스템 테스트를 거친다. 하지만 불완전한 현실에서 프로젝트는 종종 요구사항과 설계 단계를 건너뛰고 구현 단계로 곧장 넘어가기 일쑤다. 수정해야 하는 오류가 너무 많고 시간도 없기 때문에 테스트도 진행하지 않는다. 하지만 아무리 급하고 계획이 엉망인 프로젝트라도 구현 단계는 생략할 수 없다. 그것이 핵심이기 때문이다. 따라서 개발 과정이 얼마나 단축되든 상관없이 구현 과정을 향상시키는 것이 소프트웨어 개발에 들이는 수고를 더는 방법이다.

1.3 이 책을 읽는 방법

이 책은 처음부터 끝까지 쭉 읽어도 되고 주제별로 읽어도 된다. 통독을 하려면 2장 "소프트웨어 개발의 이해를 돕기 위한 비유"로 바로 넘어가고, 특정 프로그래밍 팁을 알고 싶다면 먼저 6장 "클래스 다루기"를 읽고 나서 관심이 있는 다른 주제에 관한 참고 자료를 찾아 읽는다. 뭐부터 읽어야 할지 모르겠으면 3.2절의 "작업 중인 소프트웨어의 종류 결정"부터 읽는다.

요점 정리

- 소프트웨어 구현은 소프트웨어 개발 과정의 중심적인 활동이다. 그리고 구현은 모든 프로젝트에서 반드시 수행해야 하는 유일한 활동이다.
- 구현 과정의 주요 활동은 상세 설계, 코드 작성, 디버깅, 통합, 개발자 테스트(단위 테스트와 통합 테스트)다.
- 구현은 흔히 "코드 작성" 또는 "프로그래밍"이라고 한다.
- 구현 품질은 소프트웨어의 품질에 많은 영향을 준다.
- 결국, 구현 방법을 얼마나 잘 이해하느냐가 얼마나 훌륭한 프로그래머인지를 결정하고 이 책의 나머지 내용도 그에 대한 것이다.

---

[1] (옮긴이) 모양이나 작동 방법은 아주 복잡하고 거창한데 하는 일은 보잘것없는 단순한 기계

2장 소프트웨어 개발의 이해를 돕기 위한 비유

cc2e.com/0278

내용

2.1 비유의 중요성
2.2 소프트웨어 비유 사용법
2.3 일반적인 소프트웨어 비유

관련 주제

- 설계에서의 발견적 학습: 5.1절의 "설계는 발견적 학습 과정이다."

컴퓨터 과학에서는 다른 어떤 분야보다 다채로운 표현을 사용한다. 다른 어떤 분야에서 무균실로 들어가 온도를 20°C로 조심스럽게 유지하며 바이러스와 트로이 목마, 웜(worm), 버그(bug), 폭탄(bomb), 크래시(crash)[2], 플레임(flame)[3], 성 변환(twisted sex changers,)[4], 치명적인 오류(fatal error) 등을 찾겠는가?

이와 같은 비유로 특정한 소프트웨어 현상을 설명할 수 있다. 마찬가지로 비유를 통해 좀더 넓은 개념을 설명할 수 있는데, 소프트웨어 개발 프로세스의 이해를 돕는 데 그러한 비유를 사용할 수 있다.

이 장에서 소개하는 비유 표현을 반드시 이해할 필요는 없다. 실무적인 내용으로 넘어가고 싶으면 이 장을 그냥 건너뛰어도 된다. 소프트웨어 개발에 대해 더 명확하게 알고 싶은 사람만 읽도록 한다.

2.1 비유의 중요성

유추를 통해 종종 중대한 발전이 이뤄지기도 한다. 어설프게 아는 주제를 더 잘 아는 비슷한 주제와 비교해 이해함으로써 결과적으로 덜 친숙한 주제를 잘 이해할 수 있다. 비유를 이렇게 사용하는 것을 "모델링"이라고 한다.

---

2 (옮긴이) 컴퓨터 오작동을 말함
3 (옮긴이) 중동지역에서 유행했던 멀웨어
4 (옮긴이) 암수 커넥터를 같은 암커넥터 또는 같은 수커넥터끼리 연결하기 위해 그 사이에 넣어 사용하는 반대 모양의 커넥터

과학의 역사는 비유라는 힘을 이용한 발견으로 가득하다. 화학자 케큘레(Kekule)는 꿈에서 자신의 꼬리를 입에 물고 있는 뱀을 보았다. 잠에서 깼을 때 그는 꿈에서 본 고리 모양과 비슷한 분자 구조가 벤젠의 특성을 설명할 수 있다는 사실을 깨달았다. 이후 실험을 통해 그 가설이 입증되었다(Barbour 1966).

기체 분자 이론은 "당구공" 모델을 바탕으로 했다. 기체 분자가 당구공처럼 질량을 갖고 있고 탄성 충돌을 하는 것으로 여겼고 이 모델로부터 유용한 이론이 많이 개발되었다.

빛의 파동 이론은 주로 빛과 소리 사이의 유사성을 관찰해 개발되었다. 빛과 소리는 진폭(밝기, 소리 크기)과 주파수(색, 소리의 높낮이), 그 밖의 다른 특성을 공통으로 갖는다. 소리의 파동 이론과 빛의 파동 이론 비교로 큰 도움을 받아 과학자들은 공기가 소리를 전파하는 것처럼 빛을 전달하는 매체를 찾기 위해 상당히 노력했다. 심지어 그 매체에 "에테르(ether)"라는 이름까지 붙였지만 결국 찾지는 못했다. 이 사례는 매우 유익한 유추 방법이 오해를 유발할 수 있다는 사실을 보여줬다.

일반적으로 모델은 생생하고 전체 개념의 윤곽을 잡을 수 있다는 장점이 있다. 모델은 특성과 관계, 추가적으로 연구할 영역을 제시해준다. 모델이 잘못된 연구 영역을 제시할 때도 있는데, 그런 경우 비유가 도를 넘어선 것이다. 과학자들이 에테르를 찾고 있을 때도 모델을 지나치게 확대 해석한 것이다.

예상했겠지만, 어떤 비유는 다른 비유보다 더 좋다. 좋은 비유는 단순하고 다른 관련 비유와 적절하게 연관되어 있으며 많은 실험적 증거와 다른 관찰 현상을 설명해준다.

줄에 매달려 앞뒤로 흔들리는 무거운 돌을 예로 들어보자. 갈릴레오가 지동설을 주장하기 전 시절, 흔들리는 돌을 바라보던 아리스토텔레스 학파의 한 학자가 무거운 물체는 자연적으로 높은 곳에서 낮은 곳으로 이동해 정지한다고 생각했다. 그는 사실 돌이 떨어지는 데만 힘을 쓰고 있다고 생각했을 것이다. 갈릴레오는 흔들리는 돌을 보고 진자를 떠올렸다. 그는 돌이 거의 완벽하게 같은 동작을 반복하고 있다고 생각했다.

이 두 가지 모델이 암시하는 능력은 상당히 다르다. 흔들리는 돌을 떨어지는 물체로 여긴 아리스토텔레스 학설의 신봉자는 돌의 무게와 올라간 높이, 정지하는 데 걸린 시간을 관찰했다. 갈릴레오의 진자 모델은 중요한 요소가 달랐다. 갈릴레오는 돌의 무게와 진자의 진동 반경, 각 변화량, 진동 주기를 관찰했다. 아리스토텔레스 신봉자들의 모델이 다른 현상을 바라보게 하고 다른 질문을 던지게 해서 발견하지 못했던 법칙을 갈릴레오는 발견했다.

과학적 질문을 이해하는 데 크게 기여했던 것처럼 비유는 소프트웨어 개발 문제를 이해하는 데도 크게 기여했다. 1973년 튜링상(Turing Award) 수상 연설에서 찰스 바크만(Charles Bachman)은 우세하던 지구 중심설에서 태양 중심설로 변화한 것에 대해 이야기했다. 프톨레마이오스의 지구 중심설은 큰 도전 없이 1400년 동안 지속되어 왔다. 그러다가 1543년 코페르니쿠스가 지구가 아니라 태양이 우주의 중심에 있다는 지동설을 소개했다. 이 심적 모형의 변화는 궁극적으로 새로운 행성을 발견하고 달을 행성이 아닌 위성으로 재분류하고 우주에서 인류의 위치를 다르게 이해하도록 만들었다.

바크만은 천문학의 천동설에서 지동설로의 변화를 1970년대 초반 컴퓨터 프로그래밍에서의 변화와 비교했다. 바크만이 그 비교를 했던 1973년에 데이터 처리는 컴퓨터 중심의 정보체계 관점에서 데이터베이스 중심의 관점으로 바뀌고 있었다. 바크만은 이전의 데이터 처리 방법에서 모든 데이터를 연속적으로 컴퓨터를 통과하는 카드로 보려고 한 점을(컴퓨터 중심적인 관점) 지적했다. 변화된 관점은 컴퓨터가 반응하는 데이터 저장소[5]에 초점을 맞추려고 했다(데이터 중심적인 관점).

오늘날 태양이 지구 주위를 돈다고 생각하는 사람은 없을 것이다. 마찬가지로 모든 데이터를 연속적인 카드의 흐름으로 볼 수 있다고 생각하는 개발자가 있을 거라고 생각하지 않는다. 두 경우에서 보듯이 오래된 이론을 버리고 나면 그 이론을 믿었던 사람이 있었다는 사실조차 믿기 어려워진다. 오래된 이론을 지금은 엉터리라고 생각하듯이, 당시에 오래된 이론을 믿었던 사람들은 새로운 이론이 엉터리라고 생각했다.

우주의 중심에 지구가 있다는 관점은 더 나은 이론이 나온 후에도 그 관점에만 매달렸던 천문학자들의 발목을 잡았다. 마찬가지로 컴퓨팅 세계에서 컴퓨터를 중심으로 보는 관점은 데이터베이스 중심 이론이 나온 후에도 오래된 관점에만 집착했던 컴퓨터 과학자들의 발목을 잡았다.

비유의 힘을 과소평가하기 쉽다. 앞에서 살펴본 사례를 보고 다음과 같이 말하는 것도 당연하다. "글쎄요, 물론 올바른 비유는 유용하겠지만, 틀린 비유들도 있었잖아요!" 당연한 반응이기는 하지만, 이는 너무 단순한 생각이다. 과학의 역사는 "잘못된" 비유에서 "올바른" 비유로 계속 바뀌는 것이 아니다. 오히려 "좋지 않은" 비유에서 "더 좋은" 비유, 덜 포괄적인 것에서 더 포괄적인 것, 어떤 분야를 암시하는 것에서 다른 분야를 암시하는 것으로 계속 바뀐다.

> 비유의 가치를 과소평가하면 안 된다. 비유는 모든 사람이 이해할 수 있는 당연한 행위라는 장점을 갖고 있다. 비유를 이용하면 불필요한 의사소통과 오해가 줄고 학습과 교육의 속도는 빨라진다. 실제로 비유는 개념을 내면화하고 추상화하는 한 가지 방법으로, 한층 수준 높게 생각하고 수준 낮은 실수를 하지 않게 해준다.
> – 페르난도 J. 코바토
> (Fernando J. Corbato)

---

[5] (옮긴이) 흘러가지 않고 어딘가에 저장되어 있다는 의미

사실상 더 나은 모델로 대체된 모델 상당수가 여전히 쓸모가 있다. 이론상 뉴턴 역학이 아인슈타인의 이론으로 대체되었지만, 공학자들은 여전히 뉴턴 역학을 사용해 대부분의 공학 문제를 푼다.

소프트웨어 개발은 다른 대부분의 과학 분야보다 역사가 짧다. 표준화된 비유를 가질 만큼 성숙하지 않았다. 그래서 부족하고 모순되는 비유들이 많다. 좋은 비유도 있고 그렇지 않은 비유도 있다. 비유를 얼마나 잘 이해하느냐가 소프트웨어 개발을 얼마나 잘 이해하느냐를 결정한다.

2.2 소프트웨어 비유 사용법

소프트웨어 비유는 지도라기보다는 탐조등이라고 할 수 있다. 답을 어디서 찾아야 하는지 말해주기보다는 어떻게 찾을지 알려준다. 비유는 알고리즘보다 발견적인 학습으로서 더 많은 역할을 담당한다.

알고리즘은 특정 작업을 수행하기 위한 잘 정의된 명령의 집합이다. 알고리즘은 예상 가능하고 결정적이며 바뀌지 않는다. 알고리즘은 A 지점에서 B 지점으로 갈 때, 돌아가지 않고 D나 E, F 지점을 거치지도 않으며 장미 향기를 맡거나 커피를 마시기 위해 멈추지 않고 바로 가는 방법을 알려준다.

발견적 학습은 답을 찾는 데 도움을 주는 기법이다. 발견적 학습은 무엇을 찾는지가 아니라 어떻게 찾는지를 말해주기 때문에 그 결과가 쉽게 바뀐다. 이 방법은 A 지점에서 B 지점으로 바로 가는 방법을 알려주지 않는다. 어쩌면 어디가 A 지점이고 B 지점인지도 모를 것이다. 실제로 발견적 학습은 광대 옷을 입고 있는 알고리즘과 같다. 예측하기는 더 어렵지만, 더 재미있고 30일 안에 환불해준다는 보장도 없다.

차로 누군가의 집을 찾아가는 알고리즘을 하나 소개한다. 퓨알럽(Puyallup)행 167번 고속도로를 남쪽으로 탄다. 사우스 힐 몰(South Hill Mall)에서 빠져 언덕길로 7.2km를 달린다. 식료품 가게 앞 신호등에서 오른쪽으로 가서 왼쪽 첫 번째 길로 방향을 돌린다. 진입로로 들어서면 왼쪽에 노스 시더(North Cedar) 714번지의 큰 갈색 집이 나온다.

이번에는 누군가의 집에 도착하기까지의 발견적 학습이다. 우리가 당신에게 보낸 마지막 편지를 찾는다. 차로 발송인 주소지의 마을로 간다. 마을에 도착하면 다른 사람에게 우리 집이 어디에 있는지 물어본다. 모든 사람이 우리 집을 알고 있고 기꺼이 도와줄 것이다. 주변에 아무도 없으면 공중전화로 전화하면 우리가 마중을 나가겠다.

> **관련 정보** 소프트웨어 설계에 발견적 학습을 사용하는 방법에 대한 자세한 내용은 5.1절의 "설계는 발견적 학습 과정이다"를 살펴본다.

알고리즘과 발견적 학습의 차이는 미묘하고 두 용어가 어느 정도 겹치는 부분이 있다. 이 책의 목적을 놓고 보면 이 두 용어의 주요 차이점은 해결책에 대한 직접성의 정도다. 알고리즘은 직접 방법을 알려준다. 발견적 학습은 그 방법을 스스로 찾는 방법을 알려주든지, 적어도 어디서 찾을 수 있는지를 말해준다.

프로그래밍 문제를 쉽게 해결할 방법을 정확하게 알려준다면 분명히 프로그래밍이 쉬워지고 그 결과도 더 예측하기 쉬울 것이다. 하지만 프로그래밍 과학은 아직 그 정도로 발전하지 않았고 어쩌면 아예 그렇게 되지 않을 것이다. 프로그래밍에서 가장 어려운 분야는 문제를 개념화하는 것이며 프로그래밍에서 발생하는 많은 오류가 개념적인 오류다. 프로그램은 저마다 개념적으로 고유하기 때문에 모든 경우에 대한 해결책을 얻을 수 있는 일반적인 방법을 만들기는 어렵거나 아예 불가능하다. 따라서 일반적으로 문제에 다가가는 방법을 아는 것이 특정 문제에 대한 구체적 해결책을 아는 것만큼이나 유용하다.

그렇다면 소프트웨어 비유를 어떻게 사용할 것인가? 그것을 프로그래밍 문제와 프로세스를 이해하는 데 활용하라. 프로그래밍 활동에 대해 생각하고 더 나은 작업 수행 방법을 생각해내는 데 도움을 받아라. 코드 한 줄을 보고 그것이 이 장에서 설명한 비유와 맞지 않는다고 말할 수는 없을 것이다. 그렇지만 시간이 지나면서 소프트웨어 개발 프로세스를 이해하기 위한 비유를 사용하는 사람은 비유를 사용하지 않는 사람보다 프로그래밍에 대해서 더 잘 이해하고 더 나은 코드를 더 빨리 작성하는 사람으로 여겨질 것이다.

2.3 일반적인 소프트웨어 비유

소프트웨어 개발에 대한 비유는 굉장히 다양하다. 데이비드 그리스는 소프트웨어 개발은 과학이라고 말한다(David Gries 1981). 도널드 커누스는 예술이라고 말한다(Donald Knuth 1998). 와츠 험프리는 프로세스라고 말한다(Watts Humphrey 1989). P. J. 플로거와 켄트 벡은 결국 서로 정반대의 결론에 이르기는 했지만, 둘 다 차를 운전하는 것과 같다고 말한다(Plauger 1993, Beck 2000). 알리스테어 콕번은 게임이라고 말한다(Alistair Cockburn 2002). 에릭 레이먼드는 시장과 같다고 말한다(Eric Raymond 2000). 앤디 헌트(Andy Hunt)와 데이브 토마스(Dave Thomas)는 원예와 같다고 말한다. 폴 헤켈은 『백설 공주와 일곱 난쟁이』 영화를 찍는 것과 같다고 한다

(Paul Heckel 1994). 프레드 브룩스는 농사를 짓거나 늑대 인간을 사냥하거나 타르 구덩이에 공룡과 함께 빠진 것과 같다고 말한다(Fred Brooks 1995). 어느 것이 가장 좋은 비유일까?

소프트웨어 글쓰기: 코드 작성

소프트웨어 개발에 대한 가장 기초적인 비유는 "코드 작성하기"라는 표현으로부터 발생했다. 소프트웨어 개발을 글쓰기 작업으로 비유하는 것은 프로그램을 개발하는 것이 마치 편지 쓰기와 같다는 말이다. 펜과 잉크, 종이를 들고 자리에 앉아서 처음부터 끝까지 쓰는 것이다. 정해진 형식 없이 작성하면서 말하고 싶은 것을 생각해 낸다.

쓰기 비유로 많은 아이디어를 얻을 수 있다. 존 벤틀리(Jon Bentley)는 "글을 쓰는 듯한 프로그래밍"을 즐기기 위해서는 좋은 소설을 읽을 때처럼 브랜디 한잔과 좋은 담배, 좋아하는 사냥개와 함께 난로 옆에 앉을 수 있어야 한다고 말한다. 브라이언 커니핸(Brian Kernighan)과 P. J. 플로거는 스트렁크(Strunk)와 화이트(White)의 《영어 글쓰기 원칙(The Elements of Style)》(블루프린트 출판, 2017)이라는 글쓰기 방식에 대한 책의 제목을 따라 프로그래밍 작성 방식에 대한 책의 이름을 《The Elements of Programming Style》(1978)로 지었다. 개발자들은 종종 "프로그램 가독성"에 대해 이야기한다.

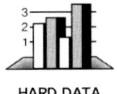

개인 작업이나 소규모 프로젝트인 경우에는 편지 쓰기 비유가 적절하겠지만, 다른 규모에서는 그것으로 소프트웨어 개발을 제대로 설명하기가 어렵다. 글쓰기는 대개 개인 활동인 반면, 소프트웨어 프로젝트는 대부분 다른 역할을 맡은 여러 사람이 참여하는 경우가 많다. 편지를 다 쓰고 나면 편지를 봉투에 담아서 보낸다. 그러고 나면 더는 편지 내용을 변경할 수 없고 사실상 완료된다. 소프트웨어는 변경하기가 어렵지 않고 완전히 완료되는 경우도 거의 없다. 일반적 소프트웨어 시스템에 대한 개발 활동의 90% 정도는 최초 배포 후에 이루어지며 전형적으로 그런 경우가 3분의 2를 차지한다(Pigoski 1997). 글쓰기에서는 가장 중요한 것이 독창성이다. 소프트웨어 구현에서는 완전히 독창적인 작품을 만드는 것보다 이전 프로젝트의 설계 아이디어와 코드, 테스트 사례를 재사용하는 데 초점을 맞추는 것이 더 효과적일 때가 많다. 간단히 말해서 글쓰기 비유는 너무 단순하고 제약이 많아 소프트웨어 개발 프로세스에 큰 도움이 되지 않는다.

2장 소프트웨어 개발의 이해를 돕기 위한 비유

> 버릴 수도 있다는 각오라면 어떻게 해서든지 하게 될 것이다.
> — 프레드 브룩스
>
> 만약 하나를 버릴 작정이라면 두 개를 버리게 될 것이다.
> — 크레이그 제로우니
> (Craig Zerouni)

안타깝게도 편지 쓰기 비유는 지구상에서 가장 유명한 소프트웨어 책인 프레드 브룩스의 《맨먼스 미신》(인사이트, 2015)에 영원히 기록되었다. 브룩스는 "버릴 수도 있다는 각오라면 어떻게 해서든지 하게 될 것이다."라고 말한다. 이 말은 그림 2-1에 있는 휴지통에 버려진 반쯤 쓰다만 초안 더미를 떠오르게 한다.

그림 2-1 편지 쓰기 비유는 소프트웨어 프로세스가 신중한 계획 수립과 설계보다는 비용이 많이 드는 시행착오에 달려 있다는 사실을 시사한다.

버릴 수 있다는 생각은 가까운 친척에게 정중한 안부 편지를 쓸 때나 유용할 것이다. 하지만 쓰고 버린다는 의미로써의 소프트웨어 "작성"에 대한 비유를 이미 10층짜리 사무실이나 원양 여객선만큼의 비용을 들인 시스템에 적용하기는 뭔가 석연치 않다. 끊임없이 도는 회전목마 위에 앉아 있을 수 있어야만 놋쇠 반지를 쉽게 잡을 수 있다.[6] 비법은 첫 회에 타거나 가격이 가장 저렴할 때 여러 번 시도해 보는 것이다. 목표 달성에는 다른 비유가 더 적절하다.

소프트웨어 농사: 시스템 키우기

융통성 없는 쓰기 비유와 대조적으로 어떤 소프트웨어 개발자들은 소프트웨어 구축을 씨를 심고 곡물을 기르는 것에 비유해야 한다고 말한다. 한 번에 조금씩 하나를 설계하고 코드를 작성하고 테스트한 다음 그것을 시스템에 추가한다. 조금씩 단계별로 수행함으로써 한 번에 발생할 수 있는 문제를 최소화하는 것이다.

KEY POINT

때로는 좋은 기법이 나쁜 비유로 기술되기도 한다. 그런 경우에는 기법은 유지하되 더 나은 비유를 생각하도록 한다. 이 경우에 단계별로 설명하는 기법은 유용하지만, 농사 비유는 최악이다.

---

6 (옮긴이) 회전목마가 처음으로 등장했을 때 회전목마를 타면서 여러 개의 쇠반지 속에서 놋쇠반지를 잡으면 공짜로 한 번 더 태워준 데서 유래된 말로서 힘들게 잡은 기회를 의미.

참고 자료 농사에 대한 비유를 소프트웨어 유지보수에 적용한 내용은 와인버그의 《Rethinking Systems Analysis and Design》(Dorset House Publishing Company, 1988)의 "디자이너 직관의 유래(On the Origins of Designer Intuition)" 장을 살펴본다.

한 번에 조금씩 수행한다는 개념은 곡물이 자라는 방식과 유사한 점이 있지만, 농사에 비유하는 것은 관련성이 약하고 많은 정보를 제공하지 못하며 다음 절에서 소개할 더 나은 비유로 쉽게 대체된다. 농사 비유는 한 번에 조금씩 수행한다는 간단한 개념 이상으로 확장하기가 어렵다. 그림 2-2에 묘사한 농사 비유를 채택한다면 시스템 계획에 비료를 주고 상세 설계를 솎아주고 효과적인 농지 관리를 통해 코드의 생산량을 증가시킨 다음 코드를 수확하는 것에 대해서 말하게 될 것이다. 보리 대신 C++를 돌려짓기하고 하드디스크에 질소 공급을 늘리기 위해 일 년 동안 땅을 놀리는 것에 관해 이야기할 것이다.

소프트웨어를 농사에 비유했을 때의 약점은 그것이 소프트웨어 개발 방법을 직접 통제하지 못한다는 사실을 암시한다는 점이다. 봄에 코드 씨를 심고 농부의 연감과 호박 대왕의 의지[7]가 있다면 가을에 풍작을 거둘 것이다.

그림 2-2 농사 비유를 소프트웨어 개발로 적절하게 확장하기는 어렵다.

소프트웨어 조개 양식: 시스템 증대

실제로는 소프트웨어 증대를 의미하면서 소프트웨어 기르기에 대해서 말하는 경우가 자주 있다. 두 가지 비유는 밀접한 관련이 있지만, 소프트웨어 증대가 좀 더 이해하기 쉽다. "증대(accretion)"의 사전적인 의미는 점진적으로 외부에서 첨가하거나 포함해 규모가 증가하거나 자라는 것이다. 증대는 소량의 탄화칼슘을 서서히 추가해 조개를 진주로 만드는 방식을 설명한다. 지질학에서 "증대"는 물에 의한 침전물이 쌓여서 땅에 천천히 더해지는 것을 의미한다. 법률 용어로 "증대"는 물에 의한 침전물의 퇴적으로 해안선을 따라서 토지가 확장되는 것을 의미한다.

---

7 (옮긴이) 할로윈 날 밤에 호박 밭에 나타나 하늘을 날아서 세상의 착한 아이들에게 장난감을 선물해준다. 여기에서는 원하는 것에 대한 강한 의지를 나타낸다.

관련 정보 점증적인 전략을 시스템 통합에 적용하는 방법에 대한 자세한 내용은 29.2절의 "통합 횟수—단계별 또는 점증적 접근 방법"을 살펴본다.

이것은 물에 의한 침전물을 이용해 코드를 만드는 방법을 배워야 한다는 의미가 아니라 어떻게 코드를 소프트웨어 시스템에 한 번에 조금씩 추가할 것인지 배워야 한다는 뜻이다. 증대와 밀접한 관련이 있는 다른 표현으로는 "점증적"이나 "반복적", "적응성 있는", "점진적" 등이 있다. 점증적으로 설계하고 구축하고 테스트하는 것이 활용 가능한 소프트웨어 개발 개념 중 가장 강력한 것이다.

점증적 개발에서는 우선 실행할 시스템을 가장 간단한 버전으로 만든다. 그것은 실제로 입력을 받아들일 필요가 없고 데이터를 처리하지 않아도 되며 실제 출력을 만들어내지 않아도 된다. 그저 개발될 실제 시스템을 유지할 수 있을 정도로 탄탄한 골격을 갖고 있기만 하면 된다. 그것은 식별된 기본 함수마다 더미(dummy)[8] 클래스를 호출할 것이다. 이 기초적인 시작은 굴이 작은 모래 알갱이에서 진주를 키우는 것과 같다.

골격을 만든 후에는 조금씩 근육과 피부를 붙인다. 더미 클래스를 실질적인 클래스로 바꾼다. 프로그램이 입력을 받는 척하는 대신 실제 입력을 받아들이는 코드를 넣는다. 프로그램이 출력하는 척하는 대신 실제 출력을 내는 코드를 넣는다. 완전히 작동하는 시스템이 될 때까지 한 번에 조금씩 코드를 추가한다.

이 방법을 뒷받침하는 근거가 되는 인상적인 일화가 있다. 1975년에 한 번 쓰고 버릴 것을 충고했던 프레드 브룩스는 《맨먼스 미신》을 집필한 이후로 10년 동안 자신의 실천법이나 그것의 효과를 점증적인 개발만큼 근본적으로 바꾼 것은 아무것도 없었다고 말했다(Fred Brooks 1995). 톰 길브(Tom Gilb)도 진화적 출시 모형(Evolutionary Delivery)을 소개하고 오늘날 애자일(agile) 프로그래밍 접근 방법의 기반을 다진 책 《Principles of Software Engineering Management》(Addison-Wesley Professional, 1988)에서 같은 주장을 했다. 오늘날 수많은 방법론이 이 개념을 기반으로 한다(Beck 2000, Cockburn 2002, Highsmith 2002, Reifer 2002, Martin 2003, Larman 2004).

점증적 비유의 장점은 허황되지 않다는 점이다. 농사 비유보다 부적절하게 확장하기가 더 어렵다. 굴이 진주를 만드는 그림은 점증적 개발이나 증대를 시각화하기에 좋다.

---

[8] (옮긴이) 아무것도 하지 않는 골격만 가진 구조

소프트웨어 건설: 소프트웨어 구축

소프트웨어를 "짓는(building)" 이미지는 소프트웨어 "쓰기"나 "기르기" 이미지보다 유용하다. 그것은 소프트웨어 증대라는 개념과 맞아떨어지고 더 상세한 지침을 제공한다. 소프트웨어 구축에는 무엇을 구축하고 있느냐에 따라 종류와 정도가 다른 여러 단계의 계획 수립과 준비, 실행이 수반된다. 이 비유를 연구해 보면 다른 유사점을 많이 찾을 수 있다.

1.2미터 탑을 쌓으려면 안정적인 손과 평평한 바닥, 멀쩡한 맥주 캔 10개가 있어야 한다. 이 100배 크기의 탑을 쌓는 데는 맥주 캔만 100배 개 더 있다고 되는 것은 아니다. 이때는 완전히 다른 계획과 구현이 요구된다.

개집 같은 간단한 구조물을 만들 거라면 목재소에 가서 나무와 못 몇 개만 사면 된다. 그 날 오후쯤에는 멍멍이를 위한 새 집이 완성될 것이다. 그림 2-3처럼 깜박 잊고 문을 안 만들었다거나 다른 실수를 했더라도 큰 문제는 아니다. 고치거나 처음부터 다시 만들면 되기 때문이다. 반나절의 시간만 낭비했을 뿐이다. 이 느슨한 접근 방법은 작은 소프트웨어 프로젝트에도 적합하다. 1,000줄짜리 코드에서 잘못된 설계를 사용한다면 리팩터링하거나 큰 피해 없이 완전히 처음부터 시작할 수 있다.

그림 2-3 간단한 구조에서의 실수로 인한 손해는 약간의 시간 낭비와 당황함 정도다.

집을 짓고 있다면 건축 프로세스는 좀 더 복잡해지고, 설계의 완성도가 떨어지면 더 복잡해진다. 우선 어떤 종류의 집을 짓고 싶은지를 결정해야 한다. 이것은 소프트웨어 개발에서의 문제 정의와 유사하다. 그리고 건축가든 개발자든 일반적인 설계를 하고 승인을 받아야 한다. 이는 소프트웨어의 아키텍처 설계와 유사하다. 상세한 청사진을 그리고 건설업체를 고용한다. 이는 상세 소프트웨어 설계와 유사하다. 건물의 부지를 준비하고 기초 공사를 하고 집의 골격을 세우고 벽과 지붕을 올리고 배관과 전기 공사를 한다. 이는 소프트웨어 구현과 유사하다. 거의 모든 부분이 완성되면 최고의 집으로 만들기 위해서 정원사와 도장공, 도배업자를 부른다. 이는 소프트웨어 최적화와 유사하다. 이 작업이 진행되는 동안 감독관이 부지와 기초 공사, 골조, 배선을 비롯해 여러 점검 사항을 확인한다. 이는 소프트웨어 검토 및 정밀 검사와 유사하다.

복잡성과 크기가 커질수록 두 활동의 중요성도 커진다. 집을 지을 때 재료도 비싸지만, 주된 지출은 인건비에서 일어난다. 있는 벽을 뜯어내고 15cm 정도 옮기는 데 비용이 많이 드는 이유는 못을 많이 써야 해서가 아니라 벽을 옮기는 데 걸리는 추가 시간에 대한 임금을 지급해야 하기 때문이다. 그림 2-4에서처럼 피할 수 있는 실수를 수정하느라 시간을 낭비하지 않도록 가능한 한 잘 설계해야 한다. 소프트웨어 제품 구축의 경우 재료는 훨씬 더 저렴하지만, 임금은 마찬가지로 비싸다. 보고서 서식을 바꾸는 것은 집 안의 벽을 옮기는 것만큼이나 비싸다. 왜냐하면 두 경우 모두 주요 지출이 사람들의 시간이기 때문이다.

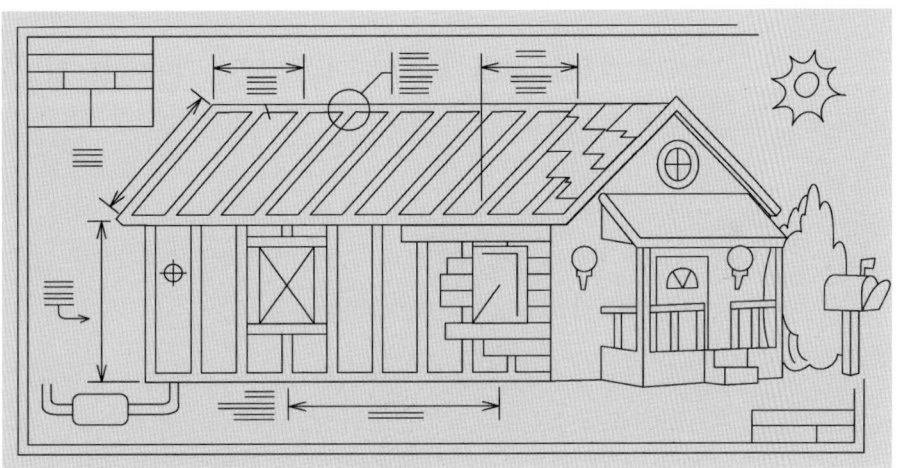

그림 2-4 구조가 복잡할수록 더 주의 깊은 계획이 필요하다.

집 짓기와 소프트웨어 구축 작업의 다른 유사점에는 뭐가 있을까? 집을 지을 때는 이미 만들어져 있어서 살 수 있는 것을 만들려고 하지 않을 것이다. 세탁기나 건조기, 식기세척기, 냉장고, 냉동고는 살 것이다. 기계 천재가 아니라면 이것들을 직접 만든다는 생각은 하지 않을 것이다. 또한 조립식 장식장, 조리대, 창문, 문, 욕실 설비도 구입할 것이다. 소프트웨어 시스템을 구축할 때도 마찬가지다. 운영체제 수준의 코드를 직접 작성하기보다는 고급 언어의 기능을 광범위하게 사용할 것이다. 또한 컨테이너 클래스, 과학에 관련된 함수, 사용자 인터페이스 클래스, 데이터베이스 조작 클래스는 기존 라이브러리를 이용할 것이다. 일반적으로 이미 만들어져 있어 살 수 있는 것을 코드로 작성하는 것은 무의미하다.

하지만 만약 최고급 가구를 갖춘 고급스러운 집을 짓고 있다면 주문 제작한 장식장을 넣을 것이다. 식기세척기와 냉장고, 냉동고도 나머지 장식장처럼 보이게 붙박이로 넣을 것이다. 이 주문제작 방식은 소프트웨어 개발과 유사점이 있다. 최고급 소프트웨어 제품을 만들고 있다면 더 나은 속도와 정확성을 위해 자신만의 과학 함수를 만들 것이다. 시스템의 모양과 기능을 완벽하게 일관성 있게 보이게 하려고 컨테이너 클래스와 사용자 인터페이스 클래스, 데이터베이스 클래스를 직접 작성할 것이다.

적당한 수준으로 계획을 수립하면 건물을 지을 때나 소프트웨어를 구현할 때 모두 이득을 얻을 수 있다. 소프트웨어를 잘못된 순서로 구축하고 있다면 코드를 작성하고 테스트하고 디버깅하기가 어렵다. 완료하는 데 더 오랜 시간이 걸릴 수도 있고 각자가 맡은 일이 너무 복잡해서 그것을 모두 결합할 때 너무 혼란스럽기 때문에 프로젝트가 엉망이 될 수 있다.

신중한 계획이 철저한 계획이나 과도한 계획을 의미하지는 않는다. 구조적 토대에 대한 계획을 세운 다음 바닥을 나무로 깔 것인지 양탄자를 깔 것인지, 벽을 어떤 색으로 칠할 것인지, 지붕의 재료로 무엇을 사용할 것인지는 나중에 결정할 수 있다. 잘 계획된 프로젝트는 세부 사항에 대한 내용을 나중에 변경할 수 있게 한다. 만들고 있는 소프트웨어에 대한 경험이 많을수록 상세 사항에 대해서는 소홀할 수 있다. 계획이 부족해 나중에 큰 문제를 만들지 않도록 해야 한다.

건설 비유는 서로 다른 개발 접근 방법이 서로 다른 소프트웨어 프로젝트에 왜 이득을 주는지 설명하는 데도 도움을 준다. 건물의 경우, 창고나 공구 창고를 지을 때와 의료 센터나 원자로를 지을 때 서로 다른 수준의 계획과 설계, 품질 보증을 사용한다. 또한 학교나 고층 건물, 침실 세 개짜리 집을 지을 때도 서로 다른 접근 방법을 사용할 것이다. 마찬가지로 소프트웨어에서도 일반적으로는 유연하고 가벼운 소프트웨어 접근 방법을 사용하겠지만, 때때로 안전성 목표와 다른 목표들을 달성하기 위해서 엄격하고 무거운 접근 방법이 필요할 것이다.

소프트웨어의 변경 또한 건축 공사와 공통점이 있다. 6인치짜리 벽을 옮길 때 벽이 단순히 방 사이에 있는 칸막이일 때보다 내력벽[9]일 때 더 큰 비용이 든다. 마찬가지로 프로

---

[9] (옮긴이) 건축물에서 지붕의 무게나 위층 구조물의 무게(하중)를 견디어 내거나 힘을 전달하기 위해 만든 건축물의 주요 구조 중 하나

그램에서 구조를 변경하는 것이 주변 기능을 추가하거나 삭제하는 것보다 더 큰 비용이 든다.

마지막으로 건설 유추는 매우 큰 소프트웨어 프로젝트를 이해하는 데 도움을 준다. 매우 큰 구조에서는 실패로 인한 손해가 심하기 때문에 엔지니어링에 많은 노력을 기울여야 한다. 건축업자는 계획을 신중하게 세우고 검사해야 한다. 안전성을 가장 중요하게 생각하며 지어야 한다. 고층 건물이 무너지는 것보다는 튼튼한 자재를 사는 데 10%의 비용을 더 지불하는 것이 낫다. 시간을 아주 중요하게 생각해야 한다. 미국 엠파이어 스테이트 빌딩(Empire State Building)을 지었을 때 15분 간격으로 납품 트럭이 들어왔다. 트럭이 제시간에 도착하지 않았다면 전체 프로젝트가 지연되었을 것이다.

마찬가지로 매우 큰 소프트웨어 프로젝트에서는 그냥 큰 프로젝트보다 훨씬 세밀한 계획이 필요하다. 캐퍼스 존스는 100만 줄짜리 소프트웨어 시스템은 평균적으로 69가지 종류의 문서가 필요하다고 보고했다(Capers Jones 1998). 그러한 시스템에 대한 요구사항 명세는 전형적으로 약 4,000~5,000페이지 정도이며 설계 문서는 보통 요구사항의 두세 배 정도 된다. 이 정도 크기의 프로젝트에 대한 완전한 설계는 개인이 이해하는 것은 물론 심지어 읽는 것도 불가능해 보인다. 더욱 많은 준비가 필요하다.

참고 자료 건설 비유의 확장에 대한 내용은 스타가 한 잡지에 기고한 "무엇이 지붕을 지탱하는가?"(Starr 2003)를 살펴본다. 다음 사이트에서 내용 전문을 볼 수 있다. *https://sites.google.com/site/danielcstarr/softwarearticles*

우리는 엠파이어 스테이트 빌딩의 경제적인 규모에 견줄 만한 소프트웨어 프로젝트를 구축하고 있고 유사한 수준의 기술상, 관리상 제어가 필요하다.

건축 공사 비유는 여러 가지 방향으로 확장될 수 있으며 이것이 바로 비유가 강력한 이유다. 소프트웨어 개발에서 일반적으로 사용되는 많은 용어(소프트웨어 아키텍처, 비계, 구현, 기초 클래스, 코드 분류)가 건축 공사 비유에서 나왔다. 이 밖에도 더 많은 용어를 듣게 될 것이다.

소프트웨어 기법의 적용: 지적 도구 상자

KEY POINT

고급 소프트웨어를 효과적으로 개발하는 사람들이 수많은 기법과 트릭, 노하우를 축적하는 데는 수년이 걸린다. 기법은 법칙이 아니라 분석 도구다. 훌륭한 장인은 일에 맞는 도구를 알고 그것을 제대로 사용하는 방법을 알고 있다. 개발자도 마찬가지다. 프로그래밍에 대해 더 많은 것을 배울수록 머릿속의 도구 상자는 더 많은 분석 도구로 가득 차고 그것들을 언제, 어떻게 사용할지에 대한 지식으로 채워질 것이다.

> **관련 정보** 설계 방법의 선택과 결합에 대한 자세한 내용은 5.3절의 "설계 빌딩 블록: 발견적 학습"을 살펴본다.

소프트웨어에서 때때로 컨설턴트는 다른 방법은 배제하고 특정 소프트웨어 방법만 받아들이라고 말한다. 이는 안타까운 일이다. 어느 한 가지 방법론을 100% 받아들이면 그 방법론의 관점으로만 세계를 볼 것이기 때문이다. 어떤 경우에는 현재의 문제에 더 적합한 다른 방법을 사용할 기회를 놓칠 것이다. 도구 상자 비유는 모든 방법과 기법, 팁을 언제든지 사용할 수 있도록 균형 잡힌 시각을 유지하는 데 도움을 준다.

비유 결합

KEY POINT

비유는 알고리즘적이기보다 발견적이기 때문에 상호 배타적이지 않다. 증대 비유와 건축 비유를 동시에 사용할 수 있다. 원한다면 쓰기 비유를 사용할 수 있고 쓰기 비유를 운전이나 늑대 인간의 사냥, 타르 구덩이에 공룡과 함께 빠지기 비유와 결합해도 된다. 생각을 자극하거나 팀원들과의 원활한 의사소통을 위해서 어떤 하나의 비유를 사용해도 좋고 여러 비유를 조합해서 사용해도 좋다.

비유를 사용하는 것은 모호한 일이다. 비유를 통해 발견적 학습에 근간을 둔 통찰력을 얻기 위해서는 개념을 확장해야 한다. 하지만 비유를 지나치게 확장하거나 잘못된 방향으로 확장하면 엉뚱하게 판단할 수 있다. 강력한 도구를 잘못 사용할 수 있는 것처럼 비유도 잘못 사용할 수 있다. 하지만 비유는 알아둘 만한 충분한 가치가 있다.

참고 자료

cc2e.com/0285

토마스 쿤(Thomas Kuhn)의 책은 비유, 모델, 패러다임에 대한 시금석이라 할 만하다.

토마스 S. 쿤(Thomas S. Kuhn). 《과학혁명의 구조》 4판(까치글방, 2013) 다원 주기의 과학 이론이 어떻게 출현하고 진화하고 다른 이론에 굴복하는지에 대한 쿤의 책은 1962년 처음 출판되었을 때 과학철학에 격변을 일으켰다. 이 책은 명료하고 간결하며 과학에서 비유와 모델, 패러다임의 흥망에 대한 흥미로운 사례들이 실려 있다.

로버트 W. 플로이드(Robert W. Floyd)의 튜링상 수상 연설문. "프로그래밍 패러다임(The Paradigms of Programming)"(미국 컴퓨터협회 저널 "Communications of the ACM", 1979년 8월호, 455~60페이지) 이 논문은 소프트웨어 개발에서 모델에 관한 흥미진진한 내용을 소개하고 있으며 플로이드는 쿤의 개념을 이 주제에 적용했다.

요점 정리

- 비유는 알고리즘이 아니라 발견적 학습이다. 그래서 다소 엉성한 경향이 있다.
- 비유는 소프트웨어 개발 프로세스를 이미 알고 있는 다른 활동과 관련 지음으로써 그것을 이해하는 데 도움을 준다.
- 어떤 비유는 다른 비유보다 낫다.
- 소프트웨어 구현을 건축 공사와 비슷하게 취급하면 신중한 준비 과정이 필요하다는 것을 알려주고 크고 작은 프로젝트 사이의 차이점을 보여준다.
- 소프트웨어 개발 실천법을 지적 도구 상자에 있는 도구로 생각하면 모든 개발자가 많은 도구를 갖고 있고 하나의 도구로 모든 일을 처리할 수 없다는 것을 말해준다. 문제마다 그에 맞는 도구를 선택하는 것이 효과적인 개발자가 되는 비결이다.
- 비유는 상호 배타적이지 않다. 상황에 맞게 비유를 조합해서 사용하라.

3장 준비는 철저하게: 선행 조건

cc2e.com/0309

내용

3.1 선행 조건의 중요성
3.2 작업 중인 소프트웨어의 종류 결정
3.3 문제-정의 선행 조건
3.4 요구사항 선행 조건
3.5 아키텍처 선행 조건
3.6 선행 조건에 소요되는 시간

관련 주제

- 핵심 구현 사항 결정: 4장
- 프로젝트의 크기가 구현과 선행 조건에 미치는 영향: 27장
- 달성하고자 하는 품질과 구현 작업 사이의 관계: 20장
- 구현 관리: 28장
- 설계: 5장

공사를 시작하기 전에 건축가는 설계도를 검토하고 모든 허가를 받았는지 확인하고 집의 지반을 조사한다. 건축가는 고층 빌딩을 지을 때와 주택을 지을 때, 강아지 집을 지을 때 각각 다른 방법으로 준비한다. 프로젝트가 무엇이든지 준비 작업은 프로젝트의 구체적인 요구사항에 맞춰 구현을 시작하기 전에 자세히 진행된다.

이 장에서는 소프트웨어 구현을 준비하기 위해서 꼭 수행해야 하는 작업을 설명한다. 건물을 지을 때와 마찬가지로 프로젝트가 성공할 것이냐 아니냐의 상당 부분은 구현을 시작하기 전에 이미 결정된다. 기초 공사가 잘 되지 않았거나 계획을 잘못 수립했을 때 구현 과정에서 할 수 있는 최선의 행동은 손해를 최소화하는 것이다.

목수들 사이에서 전해지는 "두 번 측정하고 한 번 잘라라."라는 말은 소프트웨어 개발에서 보면 전체 프로젝트 비용의 65% 정도를 차지하는 구현 작업과 상당히 연관성이 있다. 최악의 소프트웨어 프로젝트는 결국 구현 작업만 두 번이고 세 번이고 계속 반복한다. 다른 직종에서와 마찬가지로 소프트웨어 분야에서도 프로젝트에서 가장 비용이 많이 드는 작업을 두 번 해서는 안 된다.

이 장의 내용은 성공적인 소프트웨어 구현을 위한 토대를 제공하기는 하지만, 구현에 대해 직접적으로 설명하지는 않는다. 좀 더 실질적인 정보를 원하거나 이미 소프트웨어 공학 생명 주기를 잘 아는 사람은 5장 "구현에서의 설계"에서부터 나오는 구현 관련 정보

를 확인하라. 구현을 위한 선행 작업을 수행하는 일에 동의할 수 없다면 3.2절의 "작업 중인 소프트웨어의 종류 결정"을 읽고 상황에 따라 선행 조건을 어떻게 적용할지 확인한 후, 3.1절에서 선행 작업을 하지 않았을 때의 비용을 설명한 자료를 살펴본다.

3.1 선행 조건의 중요성

관련 정보 품질에 관심을 기울이는 것은 생산성을 향상시킬 수 있는 최상의 방법이기도 하다. 자세한 사항은 20.5절의 "소프트웨어 품질의 일반적인 원칙"을 살펴본다.

품질이 좋은 소프트웨어를 개발하는 개발자들은 공통적으로 자신만의 고급 실천법이 있다. 그러한 실천법은 프로젝트의 시작과 중간, 끝 단계에서 품질을 중요시한다.

프로젝트의 마무리 단계에서 품질을 강조하는 경우에는 시스템 테스트에 중점을 둔다. 테스트는 많은 사람이 소프트웨어의 품질 보증에 대해서 생각할 때 일반적으로 떠올리는 작업이다. 하지만 테스트는 전체 품질 보증 전략의 일부일 뿐 가장 영향력 있는 부분이 아니다. 테스트는 엉뚱한 제품을 개발하거나 원하는 제품을 잘못된 방법으로 개발하는 것과 같은 문제점을 발견할 수 없다. 그러한 문제점은 반드시 테스트하기 전, 즉 구현을 시작하기 전에 수행해야 한다.

KEY POINT

프로젝트 중간 단계에서 품질을 강조하는 경우에는 구현 방법에 역점을 둔다. 그러한 방법들이 이 책에서 중점적으로 다루는 내용이다.

프로젝트의 시작 단계에서 품질을 강조하는 경우에는 고급 제품을 계획하고 요구사항을 수집하고 설계한다. 폰티악 아즈텍[10]의 설계로 작업을 시작한다면 원하는 모든 것을 테스트한다고 하더라도 결코 롤스로이스[11]가 되지는 않을 것이다. 최고의 폰티악 아즈텍은 만들 수는 있겠지만, 롤스로이스를 원한다면 처음부터 다시 계획을 세워야 한다. 소프트웨어 개발에서도 문제를 정의할 때와 해결책을 명시할 때, 그리고 해결책을 설계할 때 그러한 계획을 세워야 한다.

구현 작업은 소프트웨어 프로젝트의 중간 단계라서, 구현 작업을 할 때는 이미 소프트웨어의 성패에 영향을 미치는 기초 작업이 어느 정도 진행된 상태다. 하지만 구현하는 동안 적어도 현재 상황이 어떤지 판단할 수 있어야 하며 실패의 먹구름이 보이면 작업을 되돌려야 한다. 이 장의 나머지 부분은 적절한 선행 작업이 중요한 이유를 자세히 설명하고 진정 구현을 시작할 준비가 되어 있는지 판단하는 방법을 알려준다.

---

10 (옮긴이) 자동차 평론가들로부터 '최악의 자동차'라고 혹평을 받고 있는 GM의 자동차
11 (옮긴이) 가장 우아하고 부드럽게 달린다는 자동차의 명품

선행 조건이 최신 소프트웨어 프로젝트에도 적용되는가?

> 프로젝트에 사용하는 방법론은 아무렇게나 선택하는 것이 아니라 최신이자 최고의 것을 선택해야 한다. 또한 오래되었지만 신뢰할 수 있는 것들도 넉넉히 가미해야 한다.
> — 할런 밀스(Harlan Mills)

아키텍처와 설계, 프로젝트 계획 수립 같은 선행 작업이 최신 소프트웨어 프로젝트에는 도움이 되지 않는다고 주장하는 사람들도 있다. 대부분 그러한 주장은 과거에도 그랬지만 요즘 수행되고 있는 연구에서도 타당성을 갖지 못한다(자세한 내용은 이 장의 이후 부분에서 살펴본다). 선행 조건을 반대하는 사람들은 주로 잘못된 선행 조건을 예로 들어 그 작업이 효과적이지 못하다는 점을 지적한다. 하지만 선행 작업은 잘 수행할 수 있으며 1970년대 이후로 나온 자료를 보면 본격적으로 구현을 시작하기 전에 적절한 준비 작업을 수행했을 경우 프로젝트를 가장 훌륭하게 진행할 수 있다는 점을 알 수 있다.

KEY POINT

준비 작업의 가장 중요한 목표는 위험 축소다. 훌륭한 프로젝트 기획자는 프로젝트가 매끄럽게 진행될 수 있도록 가능한 한 초기에 주요 위험 요소를 제거한다. 소프트웨어 개발에서 가장 흔히 발생하는 위험 요소는 단연코 불충분한 요구사항과 잘못된 프로젝트 계획이다. 따라서 선행 조건도 요구사항과 프로젝트 계획을 향상시키는 데 중점을 두는 경향이 있다.

구현을 위한 준비 작업은 엄밀히 말해서 과학이라고 할 수 없으며 위험 절감을 위한 구체적인 접근 방법은 프로젝트에 따라서 결정해야 한다. 구체적인 사항은 프로젝트마다 매우 크게 다를 수 있다. 자세한 내용은 3.2절을 참고한다.

불완전한 준비의 원인

모든 전문적인 개발자가 준비 작업의 중요성에 대해서 알고 있으며 구현 단계를 진행하기 전에 선행 조건들이 만족되었는지를 확인한다고 생각하겠지만 안타깝게도 그렇지 않다.

> 참고 자료 이와 같은 능력을 키우기 위한 전문성 개발 프로그램에 대한 내용은 맥코넬의 《Professional 소프트웨어 개발》(인사이트, 2005)의 16장을 살펴본다.

불완전한 준비의 일반적인 원인은 선행 작업에 투입되는 개발자가 자신의 작업을 수행할 수 있을 정도의 전문가적인 지식을 갖고 있지 않다는 점이다. 프로젝트를 계획하고 강력한 경영 사례를 만들고 포괄적이고 정확한 요구사항을 개발하고 훌륭한 아키텍처를 만드는 데 필요한 기술은 매우 중요하지만, 대부분의 개발자는 그러한 활동을 어떻게 수행할 것인지에 대한 교육을 받은 적이 없다. 개발자들이 선행 작업을 어떻게 수행할지 모르는데 "선행 작업을 더 많이 수행하라"고 권하는 것은 말이 안 된다. 애초에 선행 작업이 제대로 되어 있지 않다면 더 많이 한다고 해서 도움이 되지는 않을 것이다! 선행 작업을 어떻게 수행할 것인지에 대한 설명은 이 책이 다루고자 하는 내용이 아니지만, 이 장의 마지막에 있는 참고 자료에서 그와 관련한 정보를 얻을 수 있는 다양한 자료를 제공하고 있다.

cc2e.com/0316

선행 작업을 수행하는 방법은 알고 있지만, 코드를 작성하는 데 급급해 준비 작업을 하지 않는 개발자도 있다. 이렇게 작업을 진행하고 있다면 두 가지 제안을 하고자 한다. 첫째, 다음 절에서 소개하는 이야기를 읽어본다. 지금까지 생각해 본 적이 없는 몇 가지 내용을 알게 될 것이다. 둘째, 자신이 겪었던 문제를 생각해 본다. 커다란 프로그램 몇 개면 미리 계획하는 것만으로 많은 스트레스를 덜어낼 수 있다는 교훈을 얻을 것이다. 경험으로부터 교훈을 얻어라.

개발자가 선행 조건을 준비하지 않는 마지막 이유는 관리자들이 구현에 필요한 선행 조건을 수행하기 위해서 시간을 투자하는 개발자들을 못마땅하게 보기 때문이다. 배리 보엠(Barry Boehm), 그래디 부치(Grady Booch), 칼 위거스(Karl Weigers) 같은 사람들이 25년 동안 요구사항과 설계의 중요성에 대해서 외쳐왔으니 이제는 관리자들이 소프트웨어 개발을 코드를 작성하는 것 이상으로 이해하기 시작했을 것이라고 생각할지도 모르겠다.

> **참고 자료** 이 주제와 관련된 다양한 이야기는 제럴드 와인버그(Gerald Weinberg)의 《프로그래밍 심리학》(인사이트, 2014)을 읽어보라.

하지만 몇 년 전 국방성 프로젝트를 진행했는데, 요구사항 개발에 한창 집중하고 있을 때 프로젝트를 책임지고 있던 장군이 찾아왔다. 장군에게 지금은 요구사항을 개발하고 있는 중이며 주로 고객과 얘기하고 요구사항을 수집하고 설계의 윤곽을 잡고 있다고 말했다. 무슨 말을 하든지 상관없이 그는 코드를 보고 싶어 했다. 작성된 코드가 없다고 말하자 그는 100명 정도가 일하고 있던 작업장을 돌아보면서 프로그래밍을 하고 있는 사람을 찾아내려고 했다. 하지만 그렇게 많은 사람이 책상에서 코드를 작성하지는 않고 요구사항과 설계 작업을 하고 있는 것을 본 그는 결국 내 옆에 앉아 있던 엔지니어를 가리키며 소리쳤다. "지금 뭐하고 있는 겁니까? 당장 코드를 작성하세요." 사실 그 엔지니어는 문서 형식화 유틸리티 작업을 하고 있었지만, 장군이 어떻게든 코드를 보고 싶어 했고 그것이 코드처럼 보인다고 생각하는 데다 엔지니어가 코드 작업을 하고 있기를 원해서 그것이 코드라고 말해줬다.

이 현상을 WISCA(Why Isn't Sam Coding Anything?) 또는 WIMP(Why Isn't Mary Programming?) 신드롬이라고 한다.

프로젝트 관리자가 육군 준장이라도 되는 듯 당장 코드를 작성하라고 명령할 때 "예, 알겠습니다!"라고 말하는 것은 어려운 일이 아니다(문제될 게 있나? 나이 든 관리자라면 자기 일에 대해 누구보다 잘 알고 있을 것이다). 이것은 좋은 대답이 아니며 더 나은 대응 방법이 몇 가지 있다. 첫째, 효과적이지 않은 순서로 작업할 수 없다고 단호하게 거절하는 것이다. 물론 그렇게 말해도 될 정도로 상사와의 관계가 돈독하고 은행 잔고가 두둑하다면 말이다.

두 번째는 좀 꺼림칙한 대응 방법으로 코드를 작성하는 척하는 것이다. 이전에 만들었던 프로그램의 코드를 책상 한 켠에 둔 다음, 상사의 허락 여부와 상관없이 요구사항과 아키텍처를 개발하면 된다. 아마도 이렇게 하는 편이 프로젝트를 더 빨리 수행하고 더 우수한 제품을 만들 것이다. 어떤 사람들은 이 방법이 도덕적으로 옳지 않다고 생각하지만, 상사의 입장에서는 모르는 게 약이다.

세 번째 방법으로는 상사에게 기술 프로젝트의 미묘한 차이에 대해 가르쳐주는 것이다. 이 방법은 세상에 깨우친 관리자의 수가 늘어난다는 점에서 훌륭한 접근 방법이다. 구현하기 전에 시간을 내서 선행 작업을 해야 하는 이유가 하나 더 생기는 것이다.

마지막으로 다른 직장을 구하는 방법도 있다. 경제 상황이 오르락내리락 하긴 하지만, 좋은 개발자들은 항상 부족하고(BLS 2002) 좋은 대안들이 많이 있는데도 좋지 않은 환경에서 작업하기에는 인생이 너무 짧다.

구현 전에 선행 조건을 수행하기 위한 필수적인 논의

이미 문제 정의라는 산에 오르고 요구사항이라는 사람과 1마일을 걷고 아키텍처라는 분수에서 때문은 옷을 벗고 준비라는 깨끗한 물에서 목욕을 했다고 생각해 보라. 그러면 시스템을 구현하기 전에 시스템이 수행해야 하는 일이 무엇이며 어떻게 수행할 것인지를 이해해야 한다는 것을 알게 될 것이다.

KEY POINT

기술자로서 해야 하는 일 중에는 주위의 비기술자에게 개발 프로세스에 대해서 교육하는 것도 포함되어 있다. 이 절은 아직 빛을 보지 못한 관리자와 상사를 상대하는 데 도움을 줄 것이다. 여기에는 코드 작성과 테스트, 디버깅을 시작하기 전에 요구사항 분석 및 아키텍처 설계(매우 중요한 권리)에 대해 상사와 논쟁하는 과정이 포함된다. 그 후에 상사와 함께 앉아서 프로그래밍 프로세스에 대해서 허심탄회하게 얘기를 나눠보자.

논리적 설득

효과적인 프로그래밍의 핵심 개념 중 하나로 준비 작업의 중요성을 들 수 있다. 규모가 큰 프로젝트를 시작하기 전에 당연히 프로젝트를 계획해야 한다. 큰 프로젝트는 더 많은 계획 수립이 필요하고 작은 프로젝트는 상대적으로 덜 필요하다. 관리 측면에서 볼 때 계획 수립은 프로젝트에 필요한 시간과 인력, 장비의 수를 결정하는 작업이다. 기술적인 측면에서 보면 계획 수립은 잘못된 작업으로 인해 돈을 낭비하는 일이 없도록 자신이 만들고자 하는 것이 무엇인지 정확하게 이해하는 것이다. 사용자는 자기가 무엇을 원하는지 처음에 잘 모르는 경우가 있어 진정으로 원하는 것이 무엇인지 알아내기 위해서는 생각보다 더 많은 노력을 들여야 할 수도 있다. 그래도 잘못된 프로그램을 만들어 쓰레기통에 버리고 처음부터 다시 만드는 것보다는 비용이 적게 든다.

시스템도 실제로 구축하기 전에 어떻게 구축할 것인지 생각해 보는 것이 중요하다. 필요하지도 않고 돈이 더 드는 가망 없는 일을 하기 위해 수많은 시간과 돈을 낭비하고 싶지는 않을 것이다.

비유적 설득

소프트웨어 시스템을 구축하는 것은 인력과 돈이 필요한 다른 프로젝트와 같다. 집을 지을 때는 기초 공사를 시작하기 전에 설계도와 청사진을 만든다. 콘크리트를 붓기 전에 청사진을 검토받고 승인을 받을 것이다. 기술적인 계획 수립은 소프트웨어에서도 똑같이 중요하다.

스탠드에 나무를 꽂기 전에 크리스마스 트리를 장식하지는 않는다. 또한 연통을 열기 전에 불을 지피지 않는다. 휘발유 없이 긴 여행을 떠나지 않으며 목욕을 끝내기 전에 옷을 입지 않는다. 양말을 신기 전에 신발을 신지 않는다. 소프트웨어에서도 이와 같이 올바른 순서대로 일을 진행해야 한다.

개발자들은 소프트웨어 먹이 사슬의 최종 소비자다. 아키텍트는 요구사항을 먹고 설계자는 아키텍처를 먹고 코더(Coder)[12]는 설계를 먹는다.

소프트웨어 먹이 사슬과 자연의 먹이 사슬을 비교해 보자. 생태학적으로 정상적인 환경에서는 갈매기가 신선한 연어를 먹는다. 연어는 청어를 먹고 청어는 신선한 물속에 사는 곤충을 먹는다. 그 결과 건강한 먹이 사슬이 유지된다. 프로그래밍에서도 먹이 사슬의 각 단계가 건강하면 결과적으로 개발자도 행복해지고 그들이 작성한 코드의 질도 높아질 것이다.

오염된 환경에서는 물속 곤충들이 핵폐기물에서 헤엄치고 청어는 폴리염화 바이페닐(PCB)에 오염되며 연어는 바다로 유출된 석유 사이를 헤엄치는 청어를 먹는다. 불행하게도 먹이 사슬의 최종 소비자인 갈매기는 오염된 연어 안에 있는 석유뿐만 아니라 청어와 물속 곤충에 포함되어 있는 PCB와 핵폐기물도 함께 먹는다. 프로그래밍에서도 요구사항이 오염되면 아키텍처가 오염되고 결과적으로 구현도 오염된다. 이는 개발자를 지치게 하고 결점이 난무한 오염된 소프트웨어가 만들어진다.

---

[12] (옮긴이) 코드를 작성하는 개발자

반복적인 프로젝트를 계획하고 있다면 구현을 시작하기 전에 구현해야 하는 각 부분에 적용할 핵심 요구사항과 아키텍처 요소를 규명해야 할 것이다. 주택 단지를 짓는 건축가가 첫 번째 집을 짓기 전에 모든 집의 세부 사항에 대해서 알 필요는 없다. 하지만 건축 부지를 조사하고 하수도와 전선을 배치하는 것과 같은 작업은 해야 할 것이다. 건축가가 제대로 준비하지 않으면 이미 지어놓은 집에 하수도가 필요한 경우에 공사가 지연될 수 밖에 없다.

데이터에 근거한 설득

지난 25년간의 연구 결과에서 확실하게 증명된 사실은 처음부터 작업을 제대로 수행해야 한다는 것이다. 불필요하게 변경할 경우 추가 비용이 든다.

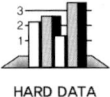

휴렛팩커드(Hewlett-Packard)와 휴즈 항공(Hughes Aircraft), TRW(글로벌 자동차 부품 기업)를 비롯한 여러 기관의 연구원들은 구현 초기 단계에서 결함을 제거하면 제품을 배포한 후나 시스템 테스트 단계에서 제거하는 것보다 10분의 1에서 100분의 1 정도까지 비용이 덜 든다는 사실을 알아냈다(Fagan 1976; Humphrey, Snyder, and Willis 1991; Leffingwell 1997; Willis et al. 1998; Grady 1999; Shull et al. 2002; Boehm and Turner 2004).

일반적 원칙은 결함을 가능한 한 빠른 시일 내에 발견하는 것이다. 결함이 소프트웨어 먹이 사슬에서 오래 머물수록, 사슬 아래로 내려갈수록 피해가 점점 커진다. 요구사항 수집이 가장 먼저 수행되는 작업이기 때문에 요구사항에서의 결함은 시스템에 가장 오래 남아있게 되어 광범위한 피해를 입힐 가능성이 있다. 또한 소프트웨어 개발 초기에 추가된 결함은 나중에 추가된 결함보다 광범위하게 영향을 미친다. 그리고 초기에 추가된 결함을 해결하는 데 비용이 더 많이 든다.

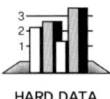

표 3-1은 결함이 추가된 시기와 발견된 시기에 따른 상대적인 해결 비용을 보여준다.

표 3-1 결함이 추가된 시기와 발견된 시기에 따른 평균 해결 비용

	검출 시기				
발생 시기	요구사항	아키텍처	구현	시스템 테스트	출시 후
요구사항	1	3	5–10	10	10–100
아키텍처	–	1	10	15	25–100
구현	–	–	1	10	10–25

> 출처: "프로그램 개발 오류를 줄이기 위한 설계 및 코드 검사(Design and Code Inspections to Reduce Errors in Program Development)"(Fagan 1976), "소프트웨어 결함 제거(Software Defect Removal)"(Dunn 1984), "휴즈 항공의 소프트웨어 프로세스 개선(Software Process Improvement at Hughes Aircraft)"(Humphrey, Snyder, and Willis 1991), "효과적인 요구사항 관리의 기대 수익 계산(Calculating the Return on Investment from More Effective Requirements Management)"(Leffingwell 1997), "소프트웨어 프로세스의 지속적인 개선을 위한 휴즈 항공의 노력(Hughes Aircraft's Widespread Deployment of a Continuously Improving Software Process)"(Willis et al. 1998), "경제학적 릴리스 결정 모델: 소프트웨어 프로젝트 관리의 통찰력(An Economic Release Decision Model: Insights into Software Project Management)"(Grady 1999), "결함 해결을 통해 무엇을 배웠는가(What We Have Learned About Fighting Defects)"(Shull et al. 2002), "기민함과 규율 간의 조율: 갈팡질팡하는 사람들을 위한 가이드(Balancing Agility and Discipline: A Guide for the Perplexed)"(Boehm and Turner 2004).

표 3-1에 있는 데이터를 통해서 다음과 같은 사실을 알 수 있다. 가령 아키텍처 상에서의 결함을 해결하는 데 100만원의 비용이 든다고 했을 때 이 결함을 시스템 테스트 단계에서 해결하는 데는 1,500만원이 든다. 그림 3-1은 그 같은 현상을 그림으로 나타낸 것이다.

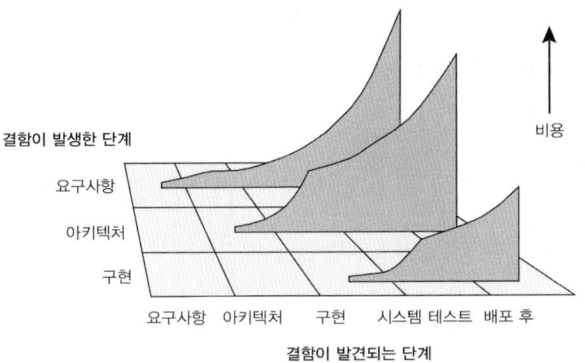

그림 3-1 결함이 발생한 시점에서 발견된 시점까지의 시간이 늘어남에 따라서 결함을 수정하는 데 드는 비용은 급격하게 증가한다. 이 결과는 프로젝트가 순차적이든지(미리 요구사항 수집과 설계 작업을 100% 수행하는 방법), 반복적이든지(요구사항 수집과 설계 작업의 5%만 미리 수행하는 방법) 상관없이 동일하다.

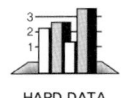

대부분의 프로젝트는 여전히 그림 3-1의 오른쪽 단계에서 대부분의 결함을 수정하려고 애쓴다. 다시 말하면, 디버깅 관련 재작업으로 일반 소프트웨어 개발 시간의 약 50%를 쓴다는 뜻이다(Mills 1983; Boehm 1987a; Cooper and Mullen 1993; Fishman 1996; Haley 1996; Wheeler, Brykczynski, and Meeson 1996; Jones 1998; Shull et al. 2002; Wiegers 2002). 많은 회사가 프로젝트 초기에 결함을 고치기 위해서 노력한다면 개발 비용과 일정을 두 배 이상 줄일 수 있다는 사실을 알아냈다(McConnell 2004). 이것은 가능한 한 빨리 문제를 찾고 해결하는 것이 좋다는 주장을 뒷받침한다.

상사의 준비성 테스트

구현으로 넘어가기에 앞서 상사가 선행 조건의 중요성을 이해한다고 생각될 때 다음 내용을 시험해 보자.

자기 만족을 위해 하는 말이 어떤 것이라고 생각하는가?

- 디버깅할 것이 많기 때문에 당장 코드를 작성하는 것이 낫다.
- 결함이 많이 발견되지 않을 것이므로 테스트에 많은 시간을 할애하지 않았다.
- 요구사항과 설계에 충분히 신중을 기했으니 코딩과 디버깅을 수행할 때 중요한 문제점이 발견되지 않을 것이다.

모든 항목이 자기 만족을 위한 것이다. 마지막 문장을 목표로 삼도록 한다.

아직도 선행 조건을 프로젝트에 적용할 것인지에 대해서 결정을 내리지 못했다면 다음 절의 내용이 결정을 내리는 데 도움을 줄 것이다.

3.2 작업 중인 소프트웨어의 종류 결정

소프트웨어 생산성 연구소(Software Productivity Research)의 최고 연구원을 지낸 캐퍼스 존스(Capers Jones)는 20년 동안의 소프트웨어 연구를 다음과 같이 요약했다. 요구사항을 수집하는 데 40가지 방법이 있고 소프트웨어 설계 작업을 하는 데 50가지 방법이 있으며 700개가 넘는 프로그래밍 언어로 진행하는 프로젝트에 적용할 수 있는 테스트 방법은 30가지가 있다(Jones 2003).

소프트웨어 프로젝트의 종류가 다르면 선행 작업과 구현 사이의 비율도 달라져야 한다. 프로젝트는 저마다 고유하지만, 모든 프로젝트는 일반적인 개발 형태로 나뉘는 경향이 있다. 표 3-2는 가장 일반적인 프로젝트의 종류 세 가지와 각 프로젝트 종류에 가장 적합한 방법을 보여준다.

표 3-2 일반적인 세 가지 종류의 프로젝트에 적합한 방법

	소프트웨어의 종류		
	비즈니스 시스템	특수임무용 시스템	임베디드 안전 필수 시스템
일반적인 응용 프로그램	인터넷 사이트 인트라넷 사이트 재고 관리 게임 정보 관리 시스템 급여 지급 시스템	임베디드 소프트웨어 게임 인터넷 사이트 패키지 소프트웨어 소프트웨어 도구 웹 서비스	항공전자 소프트웨어 임베디드 소프트웨어 의료기기 운영체제 패키지 소프트웨어
수명 주기 모델	애자일 개발(익스트림 프로그래밍, 스크럼, 타임박스 개발 등) 진화적 프로토타이핑	단계적 출시 진화적 출시 나선형 개발	단계별 출시 나선형 개발 진화적 출시
계획 및 관리	점증적 프로젝트 계획 필요에 따라 테스트 및 QA 계획 수립 비형식적인 변경 관리	기초적인 선행 계획 수립 기초적인 테스트 계획 수립 필요에 따라 QA 계획 수립 형식적인 변경 관리	광범위한 선행 계획 수립 광범위한 테스트 계획 수립 광범위한 QA 계획 수립 엄격한 변경 관리
요구사항	비형식적인 요구사항 명세	중간 수준의 정형화된 요구사항과 명세 필요에 따라 요구사항 검토	형식적인 요구사항 명세 형식적인 요구사항 정밀 검사
설계	설계 및 코드 작성의 병행	아키텍처 설계 비형식적인 상세 설계 필요에 따라 설계 검토	아키텍처 설계 형식적인 아키텍처 정밀 검사 형식적인 상세 설계 형식적인 상세 설계 정밀 검사
구현	짝 프로그래밍이나 개별적인 코드 작성 비형식적인 체크인 절차 또는 체크인 절차를 사용하지 않음	짝 프로그래밍이나 개별적인 코드 작성 비형식적인 체크인 절차 필요에 따라 코드 검토	짝 프로그래밍이나 개별적인 코드 작성 형식적인 체크인 절차 형식적인 코드 정밀 검사
테스트 및 QA	개발자가 자신이 작성한 코드를 테스트 테스트 우선 개발 별도의 테스트 그룹에 의한 테스트 부재	개발자가 자신이 작성한 코드를 테스트 테스트 우선 개발 별도의 테스트 그룹	개발자가 자신이 작성한 코드를 테스트 테스트 우선 개발 별도의 테스트 그룹 별도의 QA 그룹
배포	비형식적인 배포 절차	형식적인 배포 절차	형식적인 배포 절차

실제 프로젝트에서는 이 표에서 소개한 세 가지 종류에 대한 굉장히 많은 변형을 발견하겠지만, 이 표에서는 일반적인 사항만 설명하고 있다. 비즈니스 시스템 프로젝트에서는

계획 수립과 요구사항, 설계 작업과 구현 및 시스템 테스트, 품질 보증 작업이 교차되는 반복적인 접근 방법을 사용하는 것이 좋다. 안전 필수 시스템은 신뢰성을 높이기 위해서 요구사항이 변경되지 않아야 하기 때문에 순차적인 접근 방법이 좋다.

선행 조건에서 반복적인 접근 방법이 갖는 효과

반복 기법을 사용하는 프로젝트는 선행 조건을 그리 중점적으로 다룰 필요가 없다고 주장한 저자도 몇몇 있지만, 그러한 관점은 잘못된 것이다. 반복적인 접근 방법이 잘못된 선행 작업의 영향을 줄여줄 수는 있을지라도 완전히 제거하지는 못한다. 표 3-3에서 선행 조건을 다루지 않은 프로젝트의 예를 살펴보자. 한 프로젝트는 순차적으로 수행되었으며 결함을 발견하기 위해서 테스트에만 의존하고 있다. 한편 다른 프로젝트는 반복적으로 수행되었고 각 단계마다 결함을 발견한다. 전자의 경우에는 대부분의 결함을 나중에 수정하기 때문에 표 3-1처럼 비용이 많이 든다. 반복적인 방법은 프로젝트가 진행되는 과정에서 조금씩 재작업하기 때문에 전체적으로 드는 비용이 더 적다. 이 표와 다음에 소개할 데이터는 실례를 보여주기 위한 것이고 두 가지 접근 방법의 상대적인 비용의 차이는 이 장 앞에서 설명한 연구가 잘 뒷받침한다.

표 3-3 순차적 프로젝트와 반복적 프로젝트에서 선행 조건을 무시했을 때의 효과

프로젝트 완료 상태	접근 방법 #1: 선행 조건이 없는 순차적인 접근 방법		접근 방법 #2: 선행 조건이 없는 반복적인 접근 방법	
	작업 비용	재작업 비용	작업 비용	재작업 비용
20%	$100,000	$0	$100,000	$75,000
40%	$100,000	$0	$100,000	$75,000
60%	$100,000	$0	$100,000	$75,000
80%	$100,000	$0	$100,000	$75,000
100%	$100,000	$0	$100,000	$75,000
프로젝트 완료 시점에서의 재작업	$0	$500,000	$0	$0
합계	$500,000	$500,000	$500,000	$375,000
총계		$1,000,000		$875,000

선행 조건을 줄이거나 없앤 반복적인 프로젝트는 동일한 조건의 순차적 프로젝트와 두 가지 측면에서 다르다. 첫째, 결함 발생 후 상대적으로 빨리 발견될 것이므로 평균 결함 수정 비용이 더 적게 든다. 하지만 각 단계를 놓고 봤을 때는 결함이 각 단계의 마지막에 발견될 것이므로 결함을 수정하는 과정에서 소프트웨어의 일부분을 재설계하고 코드도

재작성하며 테스트도 다시 해야 할 것이다. 이는 필요 이상으로 결함 수정 비용이 커지게 한다.

둘째, 반복적인 접근 방법에서의 비용은 마지막에 한꺼번에 들지 않고 전체 프로젝트 과정에 조금씩 흡수된다. 모든 작업을 마치고 난 후의 총 비용은 비슷하지만, 비용을 한 번에 계산하지 않고 프로젝트가 진행되면서 할부 형식으로 조금씩 나눠 지불하기 때문에 그렇게 커 보이지 않을 것이다.

표 3-4처럼 선행 조건에 신경을 쓰면 반복적이거나 순차적인 방법에 상관없이 비용을 줄일 수 있다. 반복적인 접근 방법이 대개는 여러 가지 면에서 더 좋은 방법이지만, 선행 조건을 무시한 반복적인 접근 방법은 선행 조건을 다룬 순차적인 접근 방법보다 훨씬 많은 비용이 들 수 있다.

표 3-4 순차적인 프로젝트와 반복적인 프로젝트에서 선행 조건을 다룰 때의 효과

프로젝트 완료 상태	접근 방법 #3: 선행 조건을 다룬 순차적인 접근 방법		접근 방법 #4: 선행 조건을 다룬 반복적인 접근 방법	
	작업 비용	재작업 비용	작업 비용	재작업 비용
20%	$100,000	$20,000	$100,000	$10,000
40%	$100,000	$20,000	$100,000	$10,000
60%	$100,000	$20,000	$100,000	$10,000
80%	$100,000	$20,000	$100,000	$10,000
100%	$100,000	$20,000	$100,000	$10,000
프로젝트 완료 시점에서의 재작업	$0	$0	$0	$0
합계	$500,000	$100,000	$500,000	$50,000
총계		$600,000		$550,000

KEY POINT

표 3-4에서 알 수 있듯이 대부분 프로젝트는 완전히 순차적이지도, 반복적이지도 않다. 요구사항과 설계를 처음부터 100% 기술할 수는 없지만, 적어도 필수 요구사항과 설계상 요소는 초기에 정의하는 것이 대부분 프로젝트에 도움이 된다.

관련 정보 프로그램의 크기에 따른 개발 접근법 선택에 대한 자세한 정보는 27장 "프로그램의 크기가 구현에 미치는 영향"에서 자세히 살펴볼 수 있다.

경험상 추천하고 싶은 방법은 요구사항 중에서 80% 정도를 미리 명시하고 추가적으로 기술할 시간을 할당해둔 다음, 프로젝트를 진행하면서 가장 중요하다고 생각되는 새로운 요구사항들만 수용할 수 있도록 실제 구조 변화를 꾀하는 것이다. 다른 방법으로는 요구사항의 20% 정도만 명시한 다음 프로젝트를 진행해 나가면서 추가적인 요구사항과 설계를 기술할 수 있다. 그림 3-2와 그림 3-3은 이 두 가지 방법을 보여준다.

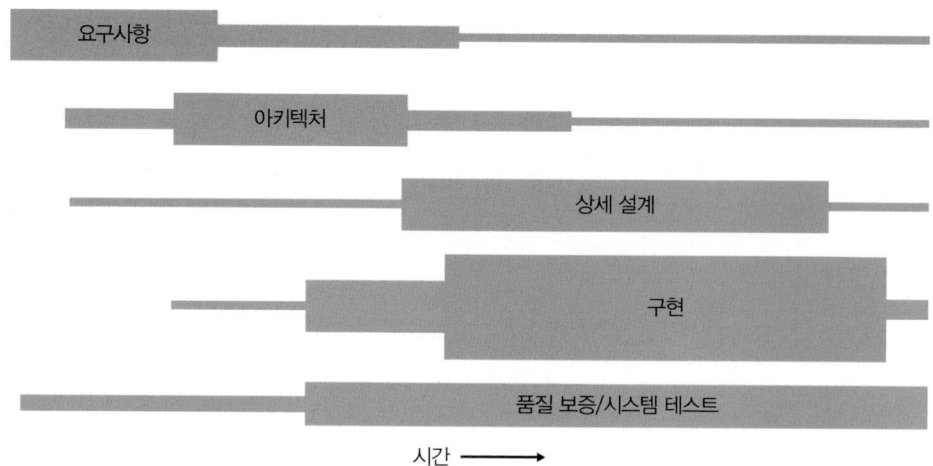

그림 3-2 전체적으로 순차적으로 진행되더라도 프로젝트에서 어느 정도는 활동이 서로 겹칠 것이다.

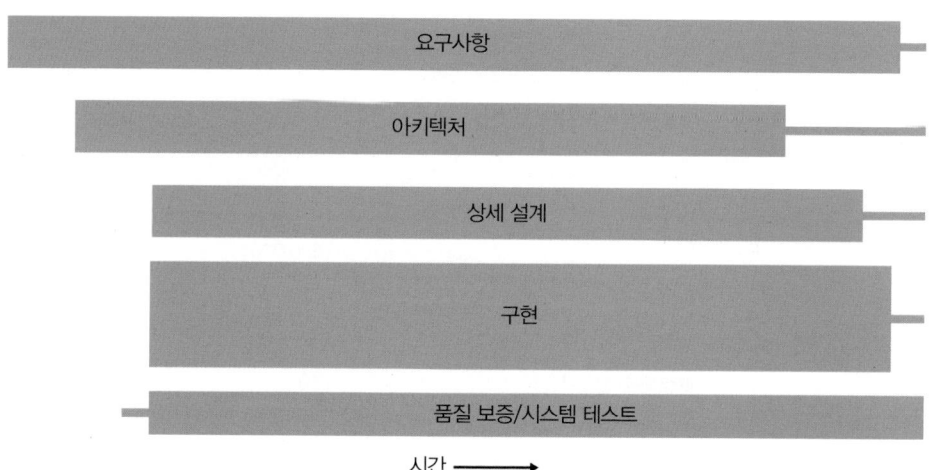

그림 3-3 이 프로젝트에서는 프로젝트가 진행되는 내내 활동이 겹칠 것이다. 구현 단계를 성공적으로 수행하기 위해서는 어느 선행 조건을 완료할지 이해하고 그에 맞게 접근법을 어떻게 할지 조절해야 한다.

반복적인 방법과 순차적인 방법의 선택

어떤 선행 조건들을 충족할지에 대한 범위는 표 3-2와 같이 프로젝트의 종류와 프로젝트의 형식, 기술적인 환경, 구성원의 능력, 프로젝트의 사업적 목표에 따라 달라진다. 다음의 경우 순차적인(선행) 접근 방법을 선호할 것이다.

- 요구사항이 상당히 안정적일 때
- 설계가 직관적이며 이해하기 쉬울 때
- 개발 팀이 해당 응용 분야에 익숙할 때
- 프로젝트의 위험 부담이 적을 때
- 장기적인 계획이 중요할 때
- 요구사항, 설계, 코드 변경 비용이 높을 것 같을 때

다음 경우에는 반복적인 접근 방법을 선호할 것이다.

- 요구사항을 제대로 이해할 수 없거나 다른 여러 가지 이유 때문에 변경될 가능성이 많을 때
- 설계가 복잡하거나 어려울 때
- 개발 팀이 해당 응용 분야에 대해 잘 모를 때
- 프로젝트의 위험 부담이 높을 때
- 장기적인 계획이 중요하지 않을 때
- 요구사항, 설계, 코드 변경 비용이 높지 않을 것 같을 때

소프트웨어의 특성상 반복적인 방법이 순차적인 방법보다 훨씬 유용한 경우가 많다. 반복적인 방법은 선행 조건의 형식적인 정도나 완성도를 조절함으로써 프로젝트에 적절하게 적용할 수 있다. 큰 프로젝트와 작은 프로젝트에 대한 서로 다른 접근 방법(형식적인 프로젝트와 비형식적인 프로젝트에 대한 서로 다른 접근 방법이라고도 한다)은 27장을 살펴본다.

구현 시 가장 먼저 할 일은 프로젝트에 가장 적합한 선행 조건이 무엇인가를 결정하는 것이다. 어떤 프로젝트에서는 선행 조건에 시간을 거의 할애하지 않아서 구현 시 불필요한 변경이 매우 많고 결과적으로 프로젝트를 일정대로 진행하는 데 차질이 생긴다. 선행 조건에 너무 많은 시간을 투자한 프로젝트에서는 나중에 쓸모 없다고 밝혀진 요구사항과 계획을 너무 고집해 결국 구현 과정에서 작업이 지연될 수 있다.

표 3-2를 통해 어떤 선행 조건들이 프로젝트에 적합한지 알았으니, 이 장의 나머지 부분에서는 구현을 위한 각 선행 조건이 꼭 필요한 것인지 판단하는 방법에 대해 설명하겠다.

3.3 문제-정의 선행 조건

"상자"가 제약 사항과 조건의 경계라면 해법은 "상자" 자체를 찾는 것이다. 상자의 외부에 대해 생각하지 않는다. 상자를 찾아라.
– 앤디 헌트와 데이브 토마스

구현에 들어가기에 앞서 완료해야 하는 첫 번째 선행 조건은 시스템이 해결해야 하는 문제를 명확하게 기술하는 것이다. 이를 "제품 비전"이나 "비전 설명서", "미션 설명서", 또는 "제품 정의"라고도 한다. 여기서는 "문제 정의"라고 하겠다. 이 책은 구현에 관한 것이므로 여기서 문제를 정의하는 방법을 설명하지는 않는다. 다만 문제 정의를 작성했는지와 구현에 필요한 기본적인 사항을 잘 작성했는지 알아보는 방법을 알려준다.

문제 정의는 해결책에 대해서는 언급하지 않고 문제가 무엇인지를 정의한다. 그것은 한두 장 분량의 간단한 문서이며 반드시 문제점에 대해서 언급해야 한다. "생산량을 기가트론의 주문 수량에 맞출 수 없다."라는 문장은 문제가 있는 것처럼 들려 좋은 문제 정의라고 할 수 있다. 반면 "기가트론의 주문 수량에 맞추기 위해서 자동화된 데이터 입력 시스템을 최적화해야 한다."라는 문장은 잘못된 문제 정의다. 그것은 문제점에 대한 것이라기보다는 해결책에 가깝다.

그림 3-4와 같이 문제를 깊이 있게 살펴보는 상세 요구사항 작업에 앞서 문제 정의가 수행된다.

그림 3-4 문제 정의는 나머지 프로그래밍 프로세스를 위한 기초 공사다.

문제 정의는 반드시 사용자의 언어로 작성해야 하며 문제는 사용자 관점에서 기술해야 한다. 대개 컴퓨터 전문 용어로 작성하는 것은 안 된다. 최고의 해결책이 컴퓨터 프로그램이 아닐 수도 있다. 연간 수익을 보여주는 보고서가 필요하다고 해 보자. 이미 분기별 이윤을 보여주는 보고서를 컴퓨터로 개발했다. 만약 개발자적인 생각으로 문제에 접근하면 분기별 보고서를 작성하는 시스템에 연간 보고서를 추가하는 것은 쉽다고 생각할 것이다. 그리고 나서 연간 이윤을 계산하는 프로그램을 작성하고 디버깅하기 위해 개발자를 고용할 것이다. 하지만 개발자적인 생각을 벗어난다면 비서에게 시켜 1분 만에 계산기로 분기별 이윤을 더해서 연간 이윤을 계산할 것이다.

이 규칙에 있어서 예외적인 사항은 문제가 컴퓨터에 있는 경우다. 예를 들어 컴파일 시간이 너무 느리거나 프로그래밍 툴에 버그가 많을 때 그렇다. 이 경우에는 컴퓨터 용어나 개발자 용어로 문제를 기술하는 것이 적당하다.

그림 3-5에서 설명하고 있는 것처럼 문제 정의를 제대로 하지 않으면 잘못된 문제를 해결하는 데 시간을 낭비할 수도 있다.

그림 3-5 활을 쏘기 전에 무엇을 조준하고 있는지 알아야 한다.

문제를 정의하는 데 실패하면 잘못된 문제를 해결하느라 많은 시간을 낭비한다. 이렇게 되면 그 시간 동안 정말 해결해야 할 문제를 해결하지 않았기 때문에 손해는 두 배가 된다.

3.4 요구사항 선행 조건

요구사항은 소프트웨어 시스템이 무엇을 수행해야 하는지에 대해 상세하게 기술하고 해결책을 구현하기 위한 첫 번째 과정이다. 요구사항을 수집하는 작업을 "요구사항 개발"이나 "요구사항 분석", "분석", "요구사항 정의", "소프트웨어 요구사항", "명세화", "기능 명세", "명세"라고 한다.

왜 명시적인 요구사항이 필요한가?

명시적인 요구사항은 다음의 여러 가지 이유 때문에 중요하다.

명시적 요구사항은 개발자 대신 사용자가 시스템의 기능을 주도하게 하는 데 도움이 된다. 요구사항이 명시적이면 사용자가 요구사항을 보고 동의할 수 있다. 그렇지 않으면 개발자가 프로그래밍하는 도중에 요구사항을 결정해 버리는 경우가 많다. 요구사항을 명시적으로 정의함으로써 사용자가 원하는 것이 무엇인지를 알 수 있다.

명시적 요구사항은 또한 논쟁을 피하게 해준다. 프로그래밍을 시작하기 전에 시스템의 기능을 결정한다. 프로그램의 기능에 대해서 다른 개발자가 동의하지 않는다면 작성된 요구사항을 살펴보면서 문제를 해결할 수 있다.

요구사항에 집중하면 개발을 시작하고 난 후 변경 사항을 최소화하는 데 도움을 준다. 코드를 작성하다가 코드 오류를 발견하면 코드를 약간 수정한 후 계속 작업할 수 있다. 그러나 코드를 작성하다가 요구사항에서 오류를 발견하면 바뀐 요구사항을 충족시키기 위해 설계를 변경해야 한다. 어쩌면 기존에 작성된 설계의 일부분을 버려야 할 수도 있고 기존에 작성된 코드를 수용해야 하기 때문에 새로 설계할 때 처음보다 시간이 더 오래 걸릴 것이다. 또한 요구사항 변경에 영향을 받는 코드와 테스트 케이스를 버리고 새로운 코드와 테스트 케이스를 작성해야 한다. 하지만 영향을 받지 않는 코드라고 할지라도 변경된 사항 때문에 새로운 오류를 발생시키지 않는지 확인하기 위해서 다시 테스트해야 한다.

표 3-1처럼 수많은 기관의 연구 자료를 보면 큰 프로젝트의 설계 단계에서 발견된 요구사항의 오류는 일반적으로 요구사항 단계에서 발견되었을 때보다 오류를 수정하는 데 3배나 많은 비용이 든다는 것을 알 수 있다. 코드를 작성하다가 그러한 오류를 발견하면 5배에서 10배 정도 더 많은 비용이 들고 시스템 테스트 시 발견하면 10배, 배포 후에는 10배에서 100배 정도의 비용이 더 든다. 관리 비용이 적은 작은 프로젝트에서는 배포 후 발견된 오류 때문에 드는 비용이 5배에서 10배 정도 된다(Boehm and Turner 2004). 어느 경우든지 불필요한 비용이다.

요구사항을 제대로 명시하는 것은 프로젝트 성공에 있어 효과적인 구현 기술보다 더 중요하다(그림 3-6 참고). 많은 좋은 책들이 제대로 된 요구사항을 명시하는 방법에 대해서 소개하고 있다. 따라서 다음 절의 내용은 요구사항을 잘 명시하는 방법에 대해서 소개하기보다는 요구사항이 잘 명시되었는지 판단하는 방법과 요구사항을 제대로 활용하는 방법에 대해서 설명한다.

그림 3-6 요구사항이 제대로 정의되지 않으면 특정 사항을 간과한 문제가 생길 수 있다.

견고한 요구사항에 대한 미신

요구사항은 물과 같아서 얼 었을 때 기반으로 삼기가 쉽다.
– 작자 미상

견고한 요구사항은 소프트웨어 개발의 성배와 같다. 요구사항이 견고하면 아키텍처부터 설계, 코드 작성, 테스트까지 순서에 따라 예상한대로 차분하게 프로젝트를 진행할 수 있다. 이러한 환경이 바로 개발자가 꿈꾸는 천국이다. 비용을 예측할 수 있으며 디버깅을 마칠 때까지 사용자가 새로운 기능에 대해 생각하지 않기 때문에 구현하는 데 100배 이상의 비용이 들 수 있는 새로운 기능에 대해서 생각할 필요가 없다.

일단 고객이 요구사항 문서를 받아들이고 나면 더 이상 변경할 필요가 없다고 기대해도 좋다. 하지만 일반적으로 고객은 코드가 작성되기 전까지 자기에게 필요한 사항을 확실하게 설명하지 못한다. 문제점은 고객의 수준이 떨어지는 것이 아니다. 프로젝트를 진행할수록 프로젝트에 대해서 더 많이 이해하듯이, 고객도 프로젝트가 진행될수록 더 잘 이해하게 된다. 개발 과정에서 고객은 자연스럽게 자신에게 필요한 요구사항을 더 잘 이해하게 되며 이러한 과정이 요구사항 변경의 주요한 원인이다(Curtis, Krasner, and Iscoe 1988; Jones 1998; Wiegers 2003). 엄격하게 요구사항을 따른다는 계획은 사실 고객의 요구에 대응하지 않는다는 계획이다.

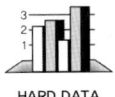

일반적으로 요구사항이 얼마나 변경될까? IBM과 다른 회사의 연구에 따르면 일반 프로젝트는 개발 시에 25% 정도의 요구사항 변경을 경험하는데(Boehm 1981, Jones 1994, Jones 2000), 그것이 일반적인 프로젝트에서 재작업하는 이유의 70%에서 85%를 차지한다(Leffingwell 1997, Wiegers 2003).

폰티악 아즈텍이 가장 훌륭한 자동차라고 생각하고 평평한 지구 학회(Flat Earth Society)[13]에 소속되어 있으면서 4년마다 뉴멕시코 주의 로즈웰에 있는 우주인 착륙 지역에 순례를 가는 사람을 생각해 보자. 그런 사람이라면 요구사항을 바꾸지 않을 것이라고 믿어도 좋다. 하지만 산타클로스와 이빨 요정(Tooth Fairy)[14]을 더 이상 믿지 않거나 인정하지 않는 사람이라면 요구사항 변경으로 받는 영향을 최소화하기 위해 여러 가지 조치를 취해도 된다.

구현 중에 요구사항 변경 다루기

KEY POINT

다음은 구현 중에 발생하는 요구사항의 변경을 잘 다루기 위한 몇 가지 방법이다.

이 절의 마지막에 있는 요구사항 체크리스트로 요구사항의 품질을 평가한다 요구사항이 충분하지 않다면 작업을 멈추고 백업한 다음 요구사항을 제대로 수정한 후 일을 진행한다. 물론 이 단계에서 코드 작성을 중단하면 뒤처지는 듯한 느낌을 받을 수 있다. 하지만 시카고에서 로스앤젤레스까지 운전을 하고 가는데 뉴욕 행이라고 표시된 표지판을 본다면 잠시 멈춰서 지도를 살펴보는 것이 시간 낭비일까? 전혀 그렇지 않다. 잘못된 방향으로 가고 있다면 일단 멈추고 앞으로 갈 방향을 확인해야 한다.

모든 사람이 요구사항 변경 비용에 대해서 알게 한다 고객은 새로운 기능을 생각했을 때 흥분하게 된다. 일단 흥분하고 나면 피가 솟구쳐 숨뇌[15]로 흘러 들어가 어지러워지면서 요구사항과 계약서 서명, 완성된 요구사항 문서에 대해 이야기를 나눴던 회의는 전부 잊어버린다. 그렇게 기능에 심취한 사람들을 다루는 가장 쉬운 방법은 다음과 같이 말하는 것이다. "오, 정말 괜찮은 생각이군요. 그런데 그 기능이 요구사항 문서에 없기 때문에 그 기능을 지금 추가할 것인지 아니면 나중에 추가할 것인지를 결정하기 위해서 일정을 변경하고 비용 추정을 다시 해야 할 것 같습니다." "일정"이나 "비용"은 커피나 냉수 마찰보다 정신이 바짝 들게 한다. "반드시 구현해야 한다."라고 했던 기능은 이내 "구현했으면 좋겠다."라는 말로 바뀐다.

현재 속한 조직에서 가장 먼저 다뤄야 한다는 요구사항의 중요성을 인식하지 못하고 있다면 요구사항 단계에서 변경하는 것이 나중에 변경하는 것보다 훨씬 비용이 적게 든다

---

13 (옮긴이) 지구가 평평하다고 믿는 미국의 단체
14 (옮긴이) 어린아이가 이가 빠지면 빠진 이를 베개 밑에다가 두고 잠을 자면 이빨요정이 와서 그 이를 가져가고 그 대신 돈을 두고 간다는 미국의 풍습
15 (옮긴이) 뇌의 한 가운데 있으면서 가장 아래쪽에 위치하면서 매우 중요한 기능을 하는 뇌줄기는 크게 중간뇌, 다리뇌, 숨뇌 등의 세 부분으로 나뉜다. 그 중 숨뇌는 가장 아래쪽에 위치한 부위

는 점을 강조한다. 이 장에서 소개하는 "구현 전에 선행 조건을 수행하기 위한 필수적인 논의"를 참고한다.

요구사항 변경 절차를 구축한다 고객이 계속해서 새로운 기능을 넣고 싶어 한다면 고객이 제안한 변경 사항을 검토할 수 있는 형식적인 변경 관리 위원회를 만들어 보는 것을 고려해 본다. 고객이 마음을 바꿔 더 많은 기능이 필요하다는 것을 깨닫는 것 자체는 아무런 문제가 없다. 문제는 그러한 요구를 받아들일 수 없을 정도로 너무 자주 변경 사항을 제안한다는 점이다. 변경 사항을 관리하기 위한 절차를 구축하면 모든 사람이 행복해진다. 개발자는 언제 변경 사항을 처리해야 하는지 알 수 있어서 좋고 고객은 자신이 제안한 변경 사항이 언제 적용될 것인지 알 수 있어서 좋다.

> **관련 정보** 설계와 코드에 대한 변경 사항 관리에 대해서는 28.2절 "형상 관리"를 살펴본다.

변경 사항들을 수용하는 개발 접근 방법을 사용한다 몇몇 개발 접근 방법은 요구사항 변경을 쉽게 반영할 수 있는 구조를 갖고 있다. 진화적 프로토타이핑 접근 방법을 사용하면 기능을 구현할 인력을 투입하기 전에 시스템의 요구사항을 살펴볼 수 있다. 진화적 출시는 시스템을 단계별로 출시하는 접근 방법이다. 작게 구축하여 사용자로부터 약간의 피드백을 받고 설계를 약간만 수정한 다음, 약간의 변경을 거친 후에 조금 더 만들어 나간다. 핵심은 사용자에게 빠르게 응답할 수 있도록 개발 주기를 짧게 가져가는 것이다.

> **관련 정보** 반복적인 개발 접근 방법에 대한 자세한 내용은 5.4절의 "반복"과 29.3절의 "점증적 통합 전략"을 살펴본다.

프로젝트를 취소한다 요구사항이 매우 형편없거나 변하기 쉽고 앞에서 제안한 어떤 사항도 사용할 수 없다면 그 프로젝트는 취소해야 한다. 실제 프로젝트 자체를 취소할 수는 없을지라도 프로젝트를 취소한다는 게 어떤 것일지 생각해 보라. 또한 프로젝트가 얼마나 더 나빠져야 취소할 건지 생각해 보라. 만약 프로젝트를 취소해야 한다면 자신이 처한 상황과 최악의 상황을 따져봐야 한다.

> **참고 자료** 융통성 있는 요구사항을 지원하는 개발 접근 방법에 대한 자세한 내용은 맥코넬의 《Rapid Development: 프로젝트 쾌속 개발 전략》(한빛미디어, 2003)을 살펴본다.

프로젝트의 사업성을 주시한다 요구사항 문제의 상당수는 프로젝트를 수행하는 사업상 목적을 고려하면 무의미해진다. 좋은 생각처럼 보였던 요구사항도 "기능"으로서 "점진적인 사업 가치"를 평가해 보면 터무니없는 아이디어로 보일 수 있다. 자신이 내린 결정이 사업에 미치는 영향을 고민하는 개발자라면 나 같은 전문가에게 자문을 구할 것이다. 그런 경우라면 기꺼이 도움을 줄 의향이 있다.

> **관련 정보** 형식적인 프로젝트와 비형식적인 프로젝트의 차이점(프로젝트의 크기에 따라 달라지는 경우가 많다)에 대한 자세한 내용은 27장 "프로그램의 크기가 구현에 미치는 영향"을 살펴본다.

cc2e.com/0323

체크리스트: 요구사항

요구사항 체크리스트는 프로젝트의 요구사항을 확인하기 위한 질문 목록이다. 이 책에서는 좋은 요구사항을 작성하기 위한 방법에 대해서 설명하고 있지 않으며, 다음 목록 역시 그 방법에 대해서 언급하지 않을 것이다. 다음 목록을 사용해 구현 시 얼마나 확실한 요구사항을 가지고 있는지 판단하라. 요구사항의 리히터 척도로 자신이 어디에 있는지 알게 될 것이다.

이 체크리스트의 질문을 프로젝트에 모두 적용할 수는 없을 것이다. 비형식적인 프로젝트를 진행 중이라면 생각할 필요조차 없는 질문도 있다. 생각할 필요는 있지만, 굳이 대답할 필요가 없는 질문도 있을 것이다. 하지만 형식을 중시하는 대형 프로젝트를 진행 중이라면 모든 사항을 고려해야 한다.

구체적인 기능 요구사항

- 출처와 정확도, 값의 범위, 빈도를 포함해 시스템에 들어가는 모든 입력을 명시했는가?
- 목적과 정확도, 값의 범위, 빈도, 형식을 포함해 시스템에서 나오는 모든 출력을 명시했는가?
- 웹 페이지와 보고서 등을 위한 모든 출력 형식을 명시했는가?
- 모든 외장 하드웨어와 소프트웨어 인터페이스를 명시했는가?
- 데이터 교환(hand shaking)[16]과 오류 검사, 통신 프로토콜을 포함한 모든 외부 통신 인터페이스를 명시했는가?
- 사용자가 수행하고자 하는 모든 작업을 명시했는가?
- 각 작업에 사용되는 데이터와 작업의 결과로 얻은 데이터를 명시했는가?

비기능적 (품질) 요구사항

- 모든 필수 연산에 대해서 예상 응답 시간을 사용자 관점에서 명시했는가?
- 처리 시간이나 데이터 전송률, 시스템 처리량과 같이 시간을 고려해야 하는 사항을 명시했는가?
- 보안 수준을 명시했는가?
- 소프트웨어 실패로 인한 결과와 실패 시 보호해야 하는 중요한 정보, 오류 검출과 복구를 위한 방법을 포함한 안정성에 대한 대책을 명시했는가?
- 최소 메모리와 디스크 공간을 명시했는가?
- 특정한 기능의 변경과 운영 환경의 변경, 다른 소프트웨어와의 인터페이스의 변경을 수용할 수 있는 능력을 포함한 시스템의 유지보수성을 명시했는가?
- 프로젝트의 성공이나 실패에 대해서 정의했는가?

요구사항의 품질

- 요구사항을 사용자의 언어로 작성했는가? 사용자도 동의하는가?
- 각 요구사항이 다른 요구사항들과 충돌하지 않는가?
- 견고하면서 변경이 쉬워야 하는 것처럼 서로 충돌하는 특성들 사이의 트레이드오프(trade-off)를 명시했는가?

---

16 (옮긴이) 특정 프로토콜에 따라 통신하는 주체가 서로 데이터를 주고받는 과정

- 요구사항에서 설계에 대한 명세를 피하고 있는가?
- 요구사항이 일관된 수준으로 기술되어 있는가? 더 구체적으로 기술해야 할 요구사항은 없는가? 덜 구체적으로 기술해야 할 요구사항은 없는가?
- 따로 구현할 수 있으면서 여전히 이해할 수 있을 정도로 요구사항이 명확한가? 개발자도 그렇게 생각하는가?
- 각 항목이 문제점과 해결책에 관련되어 있는가? 각 항목을 문제 환경에서 그 근원까지 추적할 수 있는가?
- 각 요구사항이 테스트 가능한가? 각 요구사항이 만족스러운지를 결정하기 위한 개별적인 테스트가 가능한가?
- 요구사항에 대한 가능한 모든 변경 사항을 명시했는가?

요구사항의 완성도
- 개발을 시작하기 전에 정보를 사용할 수 없다면 그 부분을 명시했는가?
- 제품이 모든 요구사항을 충족한다는 점에서 요구사항이 완비되었다고 생각하는가?
- 모든 요구사항에 만족하는가? 구현이 불가능한 요구사항과 고객과 상사에게 보여주기 위해 넣은 요구사항을 제거했는가?

3.5 아키텍처 선행 조건

관련 정보 모든 수준에서의 설계에 대한 내용은 5장부터 9장까지의 내용을 살펴본다.

소프트웨어 아키텍처는 소프트웨어 설계의 상위 부분에 속하며 설계 중에서 더 상세한 부분을 담은 틀이다(Buschman et al. 1996; Fowler 2002; Bass Clements, Kazman 2003; Clements et al. 2003). 아키텍처는 "시스템 아키텍처", "상위 수준 설계", "최상위 설계"라고도 불린다. 전형적으로 아키텍처는 "아키텍처 명세서" 또는 "최상위 설계"라고 하는 문서 하나로 작성한다. 아키텍처와 상위 수준 설계를 구분하여 아키텍처는 시스템 전반에 적용되는 설계상의 제약 사항을 가리키고 상위 수준 설계는 서브시스템이나 여러 클래스 수준에 적용 가능하지만 시스템 전반에 적용된다는 보장은 없는 설계상의 제약 사항을 가리킨다고 말하는 사람들도 있다.

이 책은 구현에 관한 책이므로 이 절에서는 소프트웨어 아키텍처를 작성하는 방법은 설명하지 않고 기존 아키텍처의 품질을 결정하는 방법을 중점적으로 다룬다. 하지만 아키텍처가 요구사항보다 구현에 더 가깝기 때문에 요구사항보다 아키텍처에 대해 더 자세히 설명한다.

KEY POINT

왜 아키텍처가 선행 조건에 포함될까? 그것은 아키텍처의 품질이 시스템의 개념적인 무결성을 결정하기 때문이다. 이는 곧 시스템의 궁극적인 품질을 결정한다. 고심해서 만든 아키텍처는 머리부터 발끝까지 시스템의 개념적인 무결성을 유지하는 데 필요한 구조를 제공한다. 그것은 개발자에게 필요한 기술과 당면한 일에 관련된 상세 내용을 제공한다. 그리고 여러 개발자와 개발 팀이 독립적으로 작업할 수 있도록 작업을 분배한다.

좋은 아키텍처는 구현을 쉽게 만든다. 나쁜 아키텍처는 구현을 거의 불가능하게 만든다. 그림 3-7은 나쁜 아키텍처의 또 다른 문제점을 보여준다.

그림 3-7 좋은 소프트웨어 아키텍처가 없다면 잘못된 방법으로 문제를 해결할 수도 있다. 그러면 성공적인 구현이 불가능할 수도 있다.

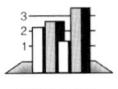
HARD DATA

아키텍처가 변경되면 구현이나 그 후의 작업에 많은 비용이 든다. 소프트웨어 아키텍처에서의 오류 수정은 코드 오류를 수정할 때가 아니라 요구사항 오류를 수정할 때 함께 진행해야 한다(Basili and Perricone 1984, Willis 1998). 아키텍처 변경은 겉으로 보기에는 작은 변경이 광범위한 영향을 미칠 수 있다는 점에서 요구사항 변경과 비슷하다. 아키텍처 변경이 오류 수정 때문이든 기능 향상 목적이든 상관 없이 무엇을 변경해야 하는지를 더 빨리 알아낼수록 좋다.

전형적인 아키텍처의 구성 요소

관련 정보 하위 수준에서의 프로그램 설계에 대한 자세한 내용은 5장부터 9장까지 살펴본다.

좋은 시스템 아키텍처에는 공통 요소가 많이 있다. 혼자서 전체 시스템을 만들고 있다면 아키텍처를 작성할 때 상세한 설계 부분까지 다루게 될 것이다. 그런 경우에는 적어도 각각의 아키텍처 구성 요소에 대해서 생각해 봐야 한다. 다른 사람이 설계한 시스템에서 작업하고 있다면 블러드하운드[17]나 탐정용 모자, 돋보기 같은 도구 없이도 중요한 요소를 찾아낼 수 있어야 한다. 다음은 어느 상황이든 고려해야 하는 아키텍처의 구성 요소다.

---

[17] (옮긴이) 추적용 개

프로그램 구조

> 6살짜리 꼬마에게 설명할 수 없다면 진정 이해한 것이 아니다.
> - 알버트 아인슈타인
> (Albert Einstein)

우선 시스템 아키텍처는 시스템을 일반적인 말로 기술한 개요가 필요하다. 그러한 개요가 없다면 1,000개가 넘는 세부 사항과 수십 개의 클래스로부터 전체적인 그림을 그리기가 어려울 것이다. 시스템이 12개의 조각으로 이루어진 작은 퍼즐이라면 1살짜리 꼬마가 이유식을 떠먹는 사이에 문제를 해결할 수 있을 것이다. 12조각짜리 서브시스템은 조합하기가 더 어렵고 이 퍼즐을 맞출 수 없다면 작성하고 있는 클래스가 시스템에 어떻게 기여하게 될지 이해하지 못할 것이다.

아키텍처에서 최종 구조에 대한 대안을 고려했던 근거와 다른 대안들 대신 지금의 구조를 선택한 이유를 찾아야 한다. 시스템에서 클래스의 역할이 명확하지 않은 것처럼 보이면 클래스를 작성하기가 어렵다. 구조적인 대안들을 기술함으로써 아키텍처가 현재의 시스템 구조에 대한 논리적 근거를 제공하고 각 클래스가 신중하게 고려되었음을 보여준다. 설계 방법에 대한 한 보고에 따르면 설계에 대한 논리적인 근거는 설계 자체만큼이나 유지보수에 중요하다(Rombach 1990).

관련 정보 설계에서 빌딩 블록의 다양한 크기에 대해서는 5.2절의 "설계 수준"을 살펴본다.

아키텍처는 프로그램 내의 중요한 빌딩 블록을 정의해야 한다. 프로그램의 크기에 따라 각 빌딩 블록은 하나의 독립된 클래스일 수도 있고 많은 클래스로 구성된 서브시스템일 수도 있다. 각 빌딩 블록은 하나의 클래스거나, 사용자와 상호작용하거나 웹 페이지를 보여주거나 명령을 해석하거나 비즈니스 규칙을 캡슐화하거나 데이터에 접근하는 것과 같이 상위 수준의 기능을 처리하는 클래스나 루틴의 집합이다. 빌딩 블록에 적어도 요구 사항에서 명시한 기능이 하나는 들어가야 한다. 두 개 이상의 빌딩 블록에서 처리되는 기능이 있다면 그것을 이용할 때 서로 충돌하지 않고 협력해야 한다.

관련 정보 한 빌딩 블록이 다른 빌딩 블록에 대해 아는 내용을 최소화하는 것이 정보 은닉의 핵심이다. 자세한 정보는 5.3절의 "비밀을 숨겨라(정보 은닉)"를 살펴본다.

각 빌딩 블록이 책임져야 하는 내용은 반드시 명확하게 정의해야 한다. 하나의 빌딩 블록은 반드시 한 분야를 책임져야 하며 다른 빌딩 블록에 대해서는 가능한 한 조금 알아야 한다. 한 빌딩 블록이 다른 빌딩 블록에 대해 아는 내용을 최소화함으로써 설계에 관한 정보를 단일 빌딩 블록으로 제한할 수 있다.

각 빌딩 블록에 대한 커뮤니케이션 규칙도 명확하게 정의해야 한다. 아키텍처는 직접적으로 사용할 수 있는 빌딩 블록, 간접적으로 사용할 수 있는 블록, 절대로 사용해서는 안 되는 블록이 무엇인지 기술해야 한다.

주요 클래스

> 관련 정보 클래스 설계에 대한 자세한 내용은 6장 "클래스 다루기"에서 확인한다.

아키텍처는 주요 클래스를 명시해야 한다. 각각의 중요한 클래스가 맡은 역할과 클래스 사이의 상호작용을 어떻게 할 것인지를 규명해야 한다. 클래스 계층 구조와 상태 전이, 객체 지속성에 대한 설명도 포함해야 한다. 시스템이 꽤 크다면 클래스들의 서브시스템에 대해서도 기술해야 한다.

아키텍처는 고려했던 다른 클래스 설계에 대해서 기술하고 왜 지금과 같은 구조를 선택하게 되었는지에 대한 이유를 설명해야 한다. 아키텍처가 시스템에 사용되는 모든 클래스를 명시할 필요는 없다. 80대 20 법칙을 따른다. 즉, 시스템 기능의 80%를 담당하는 20% 정도의 클래스만 명시한다(Jacobsen, Booch, and Rumbaugh 1999; Kruchten 2000).

데이터 설계

> 관련 정보 변수 사용에 대한 자세한 내용은 10장부터 13장을 살펴본다.

아키텍처는 중요한 파일과 테이블 설계를 기술해야 한다. 또한 고려했던 다른 대안들에 대해서 기술하고 현재의 방법을 선택한 이유를 설명해야 한다. 응용 프로그램이 고객 ID 목록을 유지하는데 이를 구현하기 위해서 설계자가 순차적 접근 리스트를 사용하여 ID 목록을 표현하는 방법을 선택했다면 왜 순차적 접근 리스트가 비순차 접근(random-access) 리스트나 스택, 해시 테이블보다 더 나은 선택인지를 설명해야 한다. 구현 시 그러한 정보들이 개발자가 설계자를 이해하는 데 도움을 준다. 유지보수할 때도 그러한 정보들은 상당한 도움을 준다. 그러한 정보가 없다면 자막 없이 외국 영화를 볼 때처럼 프로그램을 제대로 이해할 수 없게 된다.

데이터는 일반적으로 하나의 서브시스템이나 클래스에서만 직접 접근해야 한다. 이때 특별한 관리를 하거나 추상적인 방법으로 데이터를 접근하도록 허락된 접근 클래스나 루틴은 예외다. 자세한 내용은 5.3절의 "비밀을 숨겨라(정보 은닉)"에서 자세히 설명한다.

아키텍처는 모든 데이터베이스의 고수준 구조와 내용에 대해서 명시해야 한다. 아키텍처는 왜 단일 데이터베이스가 다중 데이터베이스보다 좋은지 설명해야 하고(그 반대의 경우에도 마찬가지), 왜 데이터베이스가 일반 파일보다 좋은지 설명해야 하며 동일한 데이터에 접근하는 다른 프로그램과의 상호 연동이 가능한지 규명하고 데이터에 대해서 생성한 뷰를 설명해야 한다.

비즈니스 규칙

아키텍처가 특정한 비즈니스 규칙을 따른다면 반드시 이를 규명하고 그러한 규칙들이 시스템 설계에 미친 영향을 기술해야 한다. 예를 들어 고객의 정보가 30초 이상 남아있으면 안 되는 비즈니스 규칙을 따라야 하는 시스템이 있다고 하자. 이 경우 고객의 정보를 최신 정보로 유지하고 동기화하기 위한 아키텍처 접근 방법에 그 규칙이 미치는 영향을 기술해야 한다.

사용자 인터페이스 설계

사용자 인터페이스는 종종 요구사항 작성 시 명시된다. 그게 아니라면 소프트웨어 아키텍처 작성 시 명시되어야 한다. 아키텍처는 웹 페이지 형식, GUI, 명령줄 인터페이스 등 주요 요소를 명시해야 한다. 사용자 인터페이스를 얼마나 신중하게 고려했는지에 따라 널리 사용되는 프로그램과 그렇지 않은 프로그램으로 나뉜다.

아키텍처는 비즈니스 규칙이나 프로그램의 결과에 영향을 미치지 않고 새로운 사용자 인터페이스로 대체할 수 있도록 모듈화되어야 한다. 예를 들면 아키텍처는 대화형 인터페이스 클래스를 삭제하고 명령줄 클래스를 넣기 매우 쉽게 만들어야 한다. 이러한 기능은 명령줄 인터페이스가 단위 혹은 서브시스템 수준에서의 소프트웨어를 테스트할 때 편리하기 때문에 유용할 때가 종종 있다.

cc2e.com/0393

사용자 인터페이스 설계만으로도 한 권의 책을 쓸 수 있지만, 이 책의 범위를 벗어난다.

자원 관리

아키텍처는 데이터베이스 연결과 스레드(thread), 핸들(handle)과 같이 부족한 자원을 관리하기 위한 계획을 기술해야 한다. 메모리 관리는 드라이버 개발이나 임베디드 시스템과 같이 메모리가 한정된 애플리케이션을 다룰 때 중요한 분야다. 아키텍처는 일반적인 상황과 최악의 상황에서 사용되는 자원을 측정해야 한다. 간단한 경우라면 그러한 평가 결과가 예상 구현 환경에서 필요한 자원이 충분하다는 것을 보여줘야 한다. 복잡한 경우에는 애플리케이션이 자원을 적극적으로 관리해야 할 수도 있다. 그렇다면 자원 관리 부분도 시스템의 다른 부분 못지 않게 신중하게 설계되어야 한다.

보안

아키텍처는 설계 단계와 코드 단계의 보안에 대한 접근 방법을 기술해야 한다. 위협 모델을 이전에 구성하지 않았다면 아키텍처 작성 시 구성해야 한다. 코드 지침서는 버퍼 처리 방법, 신뢰할 수 없는 데이터(사용자, 쿠키, 환경 설정 데이터, 외부 인터페이스로부터의 데이터 입력) 처리 규칙, 암호화, 오류 메시지에 포함될 내용의 상세함 정도, 메모리에 있는 중요 데이터 보호와 같은 보안 관련 사항을 염두에 두고 작성해야 한다.

> cc2e.com/0330
>
> **참고 자료** 소프트웨어 보안에 관한 설명은 하워드(Howard)와 르블랑(LeBlanc)의 《안전한 코드 작성 기술》(정보문화사, 2003)과 "IEEE 소프트웨어(IEEE Software, IEEE 컴퓨터 학회에서 격월로 발행하는 과학 저널—옮긴이)" 2002년 1월호를 살펴본다.

성능

성능을 염려한다면 요구사항에 원하는 성능을 명시해야 한다. 속도나 메모리, 비용 같은 자원 사이의 우선순위를 성능 목표에 명시해야 하는 경우라면 자원 사용도 그 내용에 포함해야 한다.

> **참고 자료** 성능을 위한 시스템 설계에 대한 추가적인 정보는 코니 스미스(Connie Smith)의 논문 "소프트웨어 시스템 성능 공학(Performance Engineering of Software Systems)" (1990)을 살펴본다.

아키텍처는 추정치를 제공해야 하며 설계자가 그러한 목표에 도달할 수 있다고 믿는 이유를 설명해야 한다. 어떤 영역이 목표를 달성하지 못할 위험에 처해 있다면 그러한 내용에 대해서도 언급해야 한다. 어떤 영역이 성능 목표를 달성하기 위해 특정 알고리즘이나 데이터 형식을 사용해야 한다면 그러한 내용에 대해서 언급해야 한다. 또한 아키텍처에는 각 클래스와 객체의 크기와 시간에 대한 예산도 들어갈 수 있다.

확장성

확장성은 추후의 요구를 충족시키기 위해 시스템이 확장할 수 있는 능력이다. 아키텍처는 사용자 수와 서버 수, 네트워크 노드의 수, 데이터베이스 레코드의 수, 데이터베이스 레코드 크기, 트랜잭션 용량 등의 증가를 시스템이 어떻게 처리할 것인지를 기술해야 한다. 시스템이 확장될 가능성이 없거나 확장성이 문제가 되지 않는다면 아키텍처는 그러한 가정에 대해서 명시적으로 언급해야 한다.

상호운용성

시스템이 다른 소프트웨어나 하드웨어와 함께 데이터나 자원을 공유할 거라고 예상된다면 아키텍처는 그러한 기능을 어떻게 구현할 것인지 기술해야 한다.

국제화와 지역화

"국제화"는 프로그램이 여러 나라를 지원하기 위한 기술적인 준비 작업이다. 국제화는 "I18n"이라고도 한다. "I"는 국제화(Internationalization)의 첫 글자를 나타내고 "N"은 마지막 글자, 그리고 18은 그 사이에 있는 글자 수를 의미한다. "지역화"(마찬가지 이유로 "L10n"이라고 한다)는 특정한 언어를 지원하기 위한 번역 작업이다.

국제화 이슈는 대화식 시스템을 위한 아키텍처 작성 시 주의해야 하는 부분이다. 대부분의 대화식 시스템에는 수십에서 수백 개의 안내 메시지와 상태 표시, 도움말 메시지, 오류 메시지가 들어 있다. 문자열을 사용하는 자원들은 미리 예측해야 한다. 상업용 프로그램이라면 아키텍처에서 문자열 집합(ASCII, DBCS, EBCDIC, MBCS, 유니코드, ISO 8859 등)과 문자열 종류(C 문자열, 비주얼 베이직 문자열 등), 코드를 변경하지 않고 문자열을 유지하는 방법, 그리고 코드와 사용자 인터페이스에 미치는 영향을 최소화하면서 외국어로 변환하기 위한 문자열 관련 문제들이 고려되어 있음을 명시해야 한다. 아키텍처는 필요한 코드에 직접 문자열을 입력할 것인지, 클래스에 보관하고 클래스 인터페이스를 통해서 문자열을 참조할 것인지, 아니면 문자열을 리소스 파일에 저장할 것인지를 결정할 수 있다. 아키텍처는 선택한 방법과 선택 이유를 설명해야 한다.

입력/출력

아키텍처에서 입력/출력(I/O)도 주의 깊게 살펴야 한다. 아키텍처는 입력 체계가 선행인지 후행인지, 아니면 상황에 따라 선택되는지 명시해야 한다. 그리고 필드나 레코드, 스트림, 파일 수준에서 어떤 입출력 오류가 검출되는지를 명시해야 한다.

오류 처리

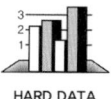

오류 처리는 현대 컴퓨터 과학에서 가장 어려운 문제 중 하나로 인식되고 있기 때문에 오류를 함부로 처리할 수 없다. 어떤 사람들은 프로그램 코드의 90% 정도가 예외적인 오류를 처리하거나 이를 정리하기 위한 것이고 나머지 10%만이 일반적인 경우를 위한 것이라고 추정하기도 한다(Shaw in Bentley 1982). 오류 처리를 위해서 굉장히 많은 코드가 작성되므로 오류를 처리하기 위한 일관된 방법이 아키텍처에 명시되어 있어야 한다.

오류 처리는 종종 코드 작성 관습 수준의 문제로 취급된다. 하지만 오류는 시스템에 전반적으로 영향을 미치므로 아키텍처 수준에서 다루는 것이 바람직하다. 다음은 고려해야 할 사항이다.

- 오류 처리가 오류 수정을 하는가, 단순히 검출만 하는가? 수정을 한다면 프로그램은 오류로부터 복구하기 위한 시도를 할 수 있다. 검출만 한다면 프로그램은 아무 일도 없던 것처럼 처리를 진행하거나 중단할 수 있다. 어느 경우든 오류를 검출했다는 사실을 사용자에게 알려줘야 한다.

- 오류 검출이 능동적인가, 수동적인가? 시스템은 가령 사용자 입력 값의 유효성 검사를 통해 오류를 능동적으로 예상하거나 사용자 입력 값에 오버플로가 발생했을 때처럼 오류를 피할 수 없을 때 오류에 수동적으로 대응할 수 있다. 시스템은 입력 방법을 명확하게 하거나 오류가 발생한 상황을 정리할 수 있다. 이번에도 마찬가지로 어느 경우를 선택하든 사용자 인터페이스와 밀접하게 관련되어 있다.

- 프로그램이 오류를 어떻게 전달하는가? 일단 오류를 검출하면 오류를 발생시킨 데이터를 곧바로 버리거나 오류를 처리하기 위해서 오류 처리 과정으로 넘어갈 수 있다. 그게 아니라면 프로그램의 모든 처리가 완료될 때까지 기다렸다가 어디에선가 오류가 검출되었다는 것을 사용자에게 알릴 수 있다.

- 오류 처리 메시지에 관한 규약이 있는가? 아키텍처가 하나의 일관된 방법을 명시하지 않는다면 사용자 인터페이스는 여러 부분에서 서로 다른 인터페이스가 뒤섞인 것처럼 보일 것이다. 이렇게 보이지 않도록 아키텍처는 오류 메시지에 대한 규약을 수립해야 한다.

- 예외를 어떻게 처리할 것인가? 아키텍처는 코드가 언제 예외를 던지고 어디서 처리되며 어떻게 기록되고 어떻게 문서화될 것인지에 대한 내용을 설명해야 한다.

> **관련 정보** 잘못된 매개변수를 처리하는 일관된 방법은 아키텍처 단계에서 기술해야 하는 오류 처리 전략의 또 다른 측면이다. 이에 대한 예는 8장 "방어적 프로그래밍"을 살펴본다.

- 프로그램 내부에서 어떤 수준에서 오류가 처리될 것인가? 오류는 검출 당시에 처리하거나 오류 처리 클래스로 전달하거나 호출 체인으로 전달할 수 있다.

- 입력 데이터를 검증하기 위해서 각 클래스가 어느 수준까지 책임져야 하는가? 각 클래스가 자신의 데이터를 검증해야 하는가, 아니면 시스템의 데이터를 검증하는 특정 클래스 집합이 있는가? 모든 수준의 클래스가 받은 데이터에 문제가 없다고 가정할 수 있는가?

- 사용자의 환경에서 기존에 제공하고 있던 오류 처리 방법을 사용할 것인가, 아니면 새로 만들 것인가? 사용자의 환경에 특정 오류 처리 방법이 있다고 해도 그것이 요구사항에 가장 적합한 방법은 아닐 수도 있다.

장애 허용

아키텍처는 예상되는 장애 허용의 종류 또한 지정해야 한다. 장애 허용은 오류를 검출하고 가능한 경우에는 오류로부터 복구하고 그렇지 않은 경우에는 시스템에 미치는 악영향을 방지함으로써 시스템의 신뢰도를 높이는 기술이다.

> **참고 자료** 장애 허용에 대한 소개는 *"IEEE 소프트웨어"*의 2001년 7월호를 살펴본다. 이 글은 해당 주제에 대한 많은 서적과 중요한 기사도 소개하고 있다.

가령 어떤 수의 제곱근을 구하는 데 있어서의 장애 허용은 다음과 같이 여러 가지 방법으로 구성할 수 있다.

- 오류를 발견했을 때 시스템이 자료를 백업하거나 다시 시도할 수 있다. 처음 구한 답이 틀렸다면 잘 된 부분까지 백업하고 그 부분부터 계속한다.

- 시스템은 주 코드에서 오류가 발견되었을 경우 보조 코드를 사용할 수 있다. 이 경우에는 첫 번째 답이 틀리면 시스템이 또 다른 제곱근 공식을 사용한다.

- 시스템은 투표 알고리즘을 사용할 수 있다. 시스템이 서로 다른 방법을 사용하는 세 가지 제곱근 클래스를 가지고 있다고 하면 각 클래스가 제곱근을 계산한 후 시스템이 결과를 비교한다. 시스템에 구축된 장애 허용 정도에 따라 시스템이 평균값이나 중간 값, 또는 세 값에서 가장 많이 나타난 값(최빈수)을 사용한다.

- 시스템은 잘못된 값을 시스템의 나머지 부분에 악영향을 끼치지 않는 가짜 값으로 대체할 수 있다.

다른 장애 허용 방법에는 오류를 발견했을 때 시스템을 부분 작업 상태나 기능 축소 상태로 전환하는 방법이 있다. 또한 전원을 끄거나 자동으로 재실행할 수 있다. 이러한 예들은 간단한 것들이다. 장애 허용은 흥미로우면서도 어려운 주제다. 하지만 애석하게도 이 내용도 이 책의 범위를 벗어나기 때문에 자세히 다루지 않는다.

구조적인 실행 가능성

설계자는 시스템이 성능 목표를 달성할 수 있는지, 자원의 한계 내에서 실행 가능한지, 또는 구현 환경에서 충분히 지원되는지에 대해서 관심을 가질 것이다. 아키텍처는 시스템이 기술적으로 실행 가능함을 보여줘야 한다. 특정 분야에서의 실행 불가능 때문에 프로젝트 전체가 실행 불가능해 보인다면 아키텍처는 기술 검증 프로토타입이나 조사, 기타 다른 방법을 통해서 그러한 문제점을 어떻게 조사했는지 설명해야 한다. 그러한 위험 요소는 전체 구현 작업을 시작하기 전에 해결되어야 한다.

과도한 엔지니어링

견고함은 시스템이 오류를 발견한 후에도 계속해서 실행할 수 있는 능력을 말한다. 종종 아키텍처는 요구사항에 명시된 것보다 더 견고한 시스템을 명시한다. 그 한 가지 이유는 최소한의 견고함을 갖고 있는 여러 부분으로 구성된 시스템은 전체적으로 봤을 때 요구된 것보다 견고함이 떨어질 수 있다는 것이다. 소프트웨어에서 각 부분 간의 연결 고리는 가장 약하게 연결되어 있는 링크보다도 약하기 때문에 여러 약한 고리로 연결된 프로그램은 그만큼 더 약해지게 된다. 아키텍처는 개발자의 잘못이 지나치게 엔지니어링을 수행한 것인지, 아니면 지나치게 일을 간소화한 것인지를 명확하게 지적해야 한다.

과도한 엔지니어링에 대한 대처법을 명시하는 것은 많은 개발자가 전문가라는 자부심이 지나쳐 자기도 모르게 클래스에 과도하게 엔지니어링을 하기 때문에 특히 중요하다. 아키텍처에서 명쾌하게 예측해놓으면 일부 클래스는 유난히 견고하고 다른 클래스는 거의 적정 수준도 못 미치는 현상을 피할 수 있다.

구입과 구현 결정

소프트웨어를 구현하는 가장 급진적인 해결책은 모든 것을 직접 구현하는 대신 사거나 무료로 제공되는 오픈소스 소프트웨어를 내려받는 것이다. GUI 컨트롤, 데이터베이스 관리자, 이미지 처리기, 그래픽과 차트 컴포넌트, 인터넷 통신 컴포넌트, 보안 및 암호 컴포넌트, 스프레드시트 도구, 테스트 처리 도구를 비롯해 나열하자면 끝없이 많은 제품

관련 정보 시장에서 판매되는 소프트웨어 컴포넌트와 라이브러리에 대해서는 30.3절의 "코드 라이브러리"를 살펴본다.

을 살 수 있다. 오늘날과 같은 GUI 환경에서의 프로그래밍이 갖는 최대 장점 중 하나는 자동으로 사용할 수 있는 기능이 많다는 데 있다. 그래픽 클래스, 대화상자 관리자, 키보드와 마우스 핸들러, 프린터와 모니터를 자동으로 처리하는 코드와 같은 기능이 이에 속한다.

아키텍처가 시장에서 판매하는 컴포넌트를 사용하지 않는다면 맞춤 제작하는 컴포넌트가 판매 중인 라이브러리와 컴포넌트의 기능을 어떤 부분에서 능가할 것인지 설명해야 한다.

재사용 결정

기존 소프트웨어나 테스트 케이스, 데이터 형식, 다른 요소들을 사용할 계획이라면 아키텍처는 재사용된 소프트웨어가 다른 아키텍처 목표에 어떻게 부합할 것인지를 설명해야 한다.

변경 전략

관련 정보 체계적 변경 처리에 대한 자세한 내용은 28.2절 "형상 관리"를 살펴본다.

소프트웨어 제품을 만드는 일은 개발자와 사용자 모두에게 배우는 과정이기 때문에 제품은 개발 내내 변경될 수 있다. 변경은 바꾸기 쉬운 데이터 유형과 파일 형식, 변경된 기능, 새로운 기능 등으로부터 발생한다. 계획된 기능 향상이나 시스템의 첫 번째 버전에서 구현하지 못했던 기능 보완을 위해 변경한다. 결과적으로 소프트웨어 설계자가 마주하고 있는 과제는 변경 사항을 수용할 수 있을 정도로 유연한 아키텍처를 만드는 것이다.

설계상에서의 버그는 종종 파악하기 힘들고 시스템에 새로운 기능이나 용도가 추가될 때 잊혀진 초기 가정이 진화하면서 생긴다.
— 페르난도 J. 코바토
(Fernando J. Corbato)

아키텍처는 변경을 처리하기 위한 전략을 명확하게 기술해야 한다. 아키텍처는 가능한 기능 향상을 고려했으며 해당 기능 향상을 쉽게 구현할 수 있음을 보여줘야 한다. 입출력 형식이나 사용자와의 상호작용 방식, 처리 요구사항이 변경될 것 같다면 아키텍처는 모든 변경 사항을 예상했고 한 가지 사항을 변경할 때마다 소수의 클래스에만 영향을 미친다는 점을 보여줘야 한다. 아키텍처의 변경 계획은 데이터 파일에 버전 번호를 추가하거나 나중에 사용할 목적으로 필드를 예약하거나 새로운 테이블을 추가할 수 있도록 파일을 설계하는 것처럼 간단할 수 있다. 코드 생성기를 사용하고 있다면 아키텍처는 변경 사항이 코드 생성기의 기능을 이용하여 구현 가능하다는 것을 보여야 한다.

관련 정보 작업 지연에 대한 자세한 설명은 5.3절의 "의식적으로 바인딩 시간 선택하기"를 살펴본다.

아키텍처는 작업을 지연하는 데 사용할 전략을 설명해야 한다. 예를 들면 아키텍처는 테스트를 위해서 코드에 직접 입력하는 대신 테이블 기반의 기법을 사용한다는 것을 명시해야 할 것이다. 테이블로 저장된 데이터는 프로그램 내부에 직접 입력되지 않고 외부

파일에 저장되기 때문에 프로그램을 재컴파일하지 않고도 프로그램을 변경할 수 있다는 점을 명시해야 한다.

일반적인 아키텍처 품질

> 관련 정보 품질 속성이 어떻게 상호작용하는지에 관한 자세한 정보는 20.1절 "소프트웨어 품질의 특성"을 살펴본다.

좋은 아키텍처 명세서는 시스템에 있는 클래스와 각 클래스에 숨어있는 정보, 가능한 모든 설계 대안을 포함하거나 제외한 근거를 다루고 있다는 특징이 있다.

아키텍처는 임의로 추가할 사항 없이 깔끔하고 개념적으로 완전해야 한다. 역사상 가장 유명한 소프트웨어 공학 책인 《맨먼스 미신》에서는 큰 시스템에서 발생하는 핵심적인 문제점은 개념적 무결성을 유지하는 것이라고 강조한다(Brooks 1995). 좋은 아키텍처는 문제에 적합해야 한다. 아키텍처를 봤을 때 감동적일 만큼 해결책이 자연스럽고 쉬워 보여야 한다. 문제와 아키텍처를 포장용 테이프로 억지로 붙여놓은 것처럼 보여서는 안 된다.

아마도 개발 시 아키텍처를 변경하는 방법에 대해서 알고 있을 것이다. 각 변경사항은 전체적인 개념과 명확하게 일치해야 한다. 아키텍처가 의원들의 자치 구역으로 들어가는 낭비성 예산이나 특혜로 가득한 미 의회의 지출 예산안처럼 보여서는 안 된다.

아키텍처의 목표는 명확하게 기술되어야 한다. 두 시스템이 동일한 기능을 제공하더라도 변경 가능성이 주요 목표인 시스템에 대한 설계와 아직 성능 목표가 정해지지 않은 시스템에 대한 설계는 다를 것이다.

아키텍처는 모든 주요 결정사항에 대한 동기를 기술해야 한다. "항상 그래왔다"라는 식으로 정당화해서는 안 된다. 이런 이야기가 있다. 태희는 시댁에서 전해 내려오는 고기찜 요리법대로 요리를 하려고 했다. 남편인 남식은 어머니가 우선 고기에 소금과 후추를 뿌린 후 고기 덩어리 양 끝을 잘라내고 냄비에 넣은 다음 뚜껑을 덮고 익힌다고 알려줬다. 태희가 남식에게 "왜 양 끝을 잘라내야 하죠?"라고 묻자 남식은 "나도 잘 모르겠는데 항상 그랬거든. 어머니께 여쭤볼게."라고 말했다. 그가 어머니에게 전화를 걸어 고기의 양 끝을 잘라내는 이유를 묻자 어머니는 "나도 잘 모르겠다. 항상 그래왔거든. 할머니께 여쭤보마."라고 말했다. 어머니가 할머니에게 묻자 할머니는 다음과 말했다고 한다. "난 네가 왜 그러는지 잘 모르겠구나. 난 그냥 고기가 너무 커서 그랬던 것뿐인데."

훌륭한 소프트웨어 아키텍처는 대부분 기계와 언어에 독립적이다. 물론 구현 환경을 무시할 수는 없다. 하지만 가능한 한 환경에 독립적일수록 시스템 아키텍처를 과잉으로 작성하거나 구현 단계에서도 충분히 할 수 있는 업무를 아키텍처 단계에서 수행하는 일을 피할 수 있다. 이 지침은 프로그램의 목적이 특정한 기계나 언어를 활용할 때는 적용되지 않는다.

아키텍처는 시스템을 명시할 때 지나치거나 모자라지 않게 선을 잘 그어야 한다. 아키텍처의 어느 부분도 지나치게 주의를 끌거나 과도하게 설계되어서는 안 된다. 아키텍처는 다른 부분을 희생하면서 특정 부분을 집중적으로 다루어서는 안 된다. 아키텍처는 필요 없는 요소는 넣지 말고 금으로 도금하지 않은 채 모든 요구사항을 나타내야 한다.

아키텍처는 명시적으로 위험 영역을 규명해야 한다. 그것이 왜 위험하고 위험을 최소하기 위해서 어떤 단계를 밟아야 하는지 설명해야 한다.

아키텍처에는 여러 가지 관점이 들어가야 한다. 집을 짓기 위한 계획서에는 높이, 바닥, 골조, 전선 설계도를 비롯해 집에 대한 여러 가지 관점을 포함할 것이다. 소프트웨어 아키텍처 설명서 또한 시스템에 대해 오류와 모순을 밝혀내는 다양한 관점을 제공함으로써 개발자가 시스템의 설계를 완전하게 이해하는 데 도움을 준다(Kruchten 1995).

끝으로 아키텍처에 대한 확신이 있어야 한다. 상사를 기쁘게 하려고 넣은 내용이 있어서는 안 된다. 이해하기 어려운 내용이 들어가서도 안 된다. 실제로 구현할 사람은 바로 자기 자신인데 이해할 수 없다면 어떻게 구현을 하겠는가?

cc2e.com/0337

> **체크리스트: 아키텍처**
>
> 다음은 훌륭한 아키텍처가 갖추어야 할 항목이다. 이 목록이 아키텍처에 대한 종합 안내서가 되지는 않겠지만, 개발자가 소프트웨어 먹이 사슬 끝 단계에서 얻는 영양분이 무엇인지를 평가하는 실용적인 방법은 될 수 있다. 이 체크리스트를 자신만의 리스트를 만드는 시작점으로 사용하라. 요구사항 체크리스트에서처럼 비형식적인 프로젝트를 진행 중이라면 고려할 필요조차 없는 항목도 있을 것이다. 큰 프로젝트를 진행 중이라면 대부분의 항목이 유용할 것이다.
>
> **구체적인 아키텍처 주제**
> - 좋은 아키텍처의 개요와 설명을 포함한 전체적인 프로그램 구조가 명확한가?
> - 주요 빌딩 블록을 그 책임 영역과 다른 빌딩 블록에 대한 인터페이스를 포함해 잘 정의했는가?
> - 요구사항에 있는 모든 기능을 적절한 수의 빌딩 블록으로 다루었는가?
> - 가장 중요한 클래스를 기술하고 정당성을 증명했는가?
> - 데이터베이스 구조와 내용을 명시했는가?
> - 핵심 비즈니스 규칙을 모두 명시하고 그 규칙이 시스템에 미치는 영향을 기술했는가?
> - 사용자 인터페이스 설계 전략을 기술했는가?
> - 사용자 인터페이스를 일부 변경해도 프로그램의 나머지 부분에 영향을 미치지 않도록 모듈화했는가?
> - I/O 처리 방법을 기술하고 정당성을 증명했는가?
> - 스레드와 데이터베이스 연결, 핸들, 네트워크 대역폭 등과 같이 부족한 자원에 대해서 자원 사용 예측 및 자원 관리 방법을 기술했는가?

- 아키텍처의 보안 요구사항을 기술했는가?
- 아키텍처가 각 클래스나 서브시스템, 기능 영역에 대한 공간과 속도를 설정했는가?
- 아키텍처가 확장성을 어떻게 구현할지 기술했는가?
- 아키텍처가 상호운용성을 다루는가?
- 국제화와 지역화를 위한 방법을 기술했는가?
- 일관된 오류 처리 방법을 제공했는가?
- 장애 허용에 대한 접근 방법을 정의했는가?(장애 허용이 필요한 경우)
- 시스템의 모든 부분에 대해서 기술적인 구현 가능성을 확인했는가?
- 과도한 엔지니어링에 대한 해결책을 명시했는가?
- 구입할 것인지 구현할 것인지에 대한 결정을 포함했는가?
- 재사용된 코드가 아키텍처의 다른 목표와 어떻게 부합할 것인지 기술했는가?
- 아키텍처가 가능성 있는 변경 사항을 수용할 수 있도록 설계했는가?

일반적인 아키텍처 품질

- 아키텍처가 모든 요구사항을 설명하고 있는가?
- 지나치거나 부족한 부분은 없는가? 이 부분에 대한 기대치를 명확하게 설정하고 있는가?
- 전체적인 아키텍처가 개념적으로 일관성을 갖는가?
- 최상위 설계가 구현에 사용될 기계와 언어에 독립적인가?
- 모든 중요한 결정에 대한 근거를 제공하는가?
- 시스템을 구현할 당사자로서 아키텍처에 만족하는가?

3.6 선행 조건에 소요되는 시간

관련 정보 선행 조건에 소요되는 시간은 프로젝트 종류에 따라서 다를 것이다. 프로젝트에 맞게 선행 조건을 변경하는 방법은 3.2절 "작업 중인 소프트웨어의 종류 결정"을 살펴본다.

문제 정의와 요구사항, 소프트웨어 아키텍처 작업에 소요하는 시간은 프로젝트의 필요에 따라 달라진다. 일반적으로 제대로 진행되는 프로젝트는 요구사항과 아키텍처, 사전 계획 수립을 위해서 전체 노력의 10%에서 20% 정도와 전체 시간의 20%에서 30% 정도를 투자한다(McConnell 1998, Kruchten 2000). 이 수치는 상세 설계를 위한 시간은 포함하지 않는다. 상세 설계는 구현의 일부다.

요구사항이 불안정하고 작업 중인 프로젝트의 규모가 크고 형식적인 프로젝트를 진행 중이라면 구현 초기에 발생하는 요구사항 문제점을 해결하기 위해 요구사항 분석가와 작업해야 할 수도 있다. 요구사항 분석가와 상담하고 요구사항 분석가가 요구사항을 교정하게 한 후 구현 가능한 요구사항을 확정 짓는다.

요구사항이 불안정하고 작업 중인 프로젝트의 규모가 작고 비형식적이라면 직접 요구사항 이슈를 해결해야 할 것이다. 요구사항을 정의하는 데 충분한 시간을 투입하여 요구사항의 변경이 구현에 미치는 영향을 최소화한다.

> **관련 정보** 요구사항 변경을 다루는 방법에 대한 설명은 이 장의 앞쪽 3.4절의 "구현 중에 요구사항 변경 다루기"를 살펴본다.

프로젝트가 형식적이든 비형식적이든 상관없이 요구사항이 불완전하다면 요구사항 수집 작업 자체를 하나의 프로젝트로 다룬다. 요구사항 작업을 마친 다음 프로젝트의 나머지 시간을 추정한다. 어느 누구도 무엇을 만들지 알기 전까지는 일정을 예측할 수 없으니 이렇게 하는 것이 현명하다. 집을 수리하기 위해 기술자가 고객을 방문한다고 하자. 고객이 "일을 하는 데 드는 비용이 얼마죠?"라고 묻는다면 기술자는 당연히 "무슨 일을 해야 하는데요?"라고 물을 것이다. 고객이 다시 "그건 잘 모르겠는데요. 어쨌든 얼마나 들까요?"라고 묻는다면 더 이상 시간 낭비하지 말고 집으로 돌아오는 게 상책이다.

빌딩을 예로 들면, 무엇을 지어야 하는지 말해주기 전에 가격부터 책정하는 일은 이치에 맞지 않는다. 고객은 목재나 망치, 톱을 보려고도, 설계자가 청사진을 그리기 전에 돈을 내려고도 하지 않을 것이다. 그런데 사람들은 목재나 석고 보드보다 소프트웨어 개발을 더 이해하지 못하는 경향이 있으므로 고객은 왜 별도의 프로젝트로 요구사항 개발을 진행하고자 하는지 바로 이해하지 못할 것이다. 어쩌면 고객에게 그 이유를 설명해야 할지도 모른다.

소프트웨어 아키텍처에 시간을 할당할 때도 요구사항 개발과 유사한 방법을 사용한다. 지금까지 한 번도 다루지 않은 소프트웨어라면 새로운 분야에서의 불확실한 설계에 대비하여 더 많은 시간을 할애한다. 좋은 아키텍처를 위해 소비하는 시간 때문에 다른 작업 영역에 지장을 주지 않도록 하라. 필요하다면 아키텍처 작업 역시 별도의 프로젝트로 진행한다.

참고 자료

cc2e.com/0344

다음은 요구사항에 관한 참고 서적이다.

cc2e.com/0351

요구사항

다음은 요구사항 개발에 대한 매우 상세한 정보를 제공하는 도서다.

칼 위거스(Karl Wiegers) 《*Software Requirement* 소프트웨어 요구사항 3》(위키북스, 2017). 이 책은 요구사항 도출, 요구사항 분석, 요구사항 명세, 요구사항 검증, 요구사항 관리를 포함해서 요구사항을 다루는 구체적인 사항을 기술하고 있는 실무 중심의 책이다.

수잔나 로버트슨(Suzanne Robertson), 제임스 로버트슨(James Robertson) 《Mastering the Requirements Process》(Addison-Wesley, 1999). 이 책은 좀 더 고급 요구사항 전문가를 위한 내용으로 위거스의 책을 대체할 만하다.

cc2e.com/0358

톰 길브(Gilb Tom) 《Competitive Engineering》(Addison-Wesley, 2004). 이 책은 "Planguage"[18]라고 알려진 길브의 요구사항을 기술하는 언어를 설명한다. 이 책은 요구공학과 설계 및 설계 평가, 진화적 프로젝트 관리에 대한 길브만의 방법을 다룬다. 이 책은 길브의 웹 사이트인 www.gilb.com에서 내려받을 수 있다.

"IEEE 표준 830-1998(IEEE Recommended Practice for Software Requirements Specifications)"(IEEE 컴퓨터 학회 출판부, 1998). 이 문서는 소프트웨어 요구사항 명세를 작성하기 위한 IEEE-ANSI(국제전기전자기술자협회-미국표준협회) 지침서다. 이 문서는 명세서에 반드시 포함되어야 하는 내용을 설명하고 다양한 초안을 제공한다.

cc2e.com/0365

알라인 아브란(Alain Abran) 외. "Swebok: Guide to the Software Engineering Body of Knowledge"(IEEE 컴퓨터 학회 출판부, 2001). 이 문서는 소프트웨어 요구사항 지식의 대부분을 상세하게 설명한다. 이 문서는 www.swebok.org에서 다운로드 할 수 있다.

다음 책들도 좋은 참고 서적이다.

소렌 루센(Soren Lauesen) 《Software Requirements: Styles and Techniques》(Addison-Wesley, 2002).

벤자민 코비츠(Benjamin L. Kovitz) 《Practical Software Requirements: A Manual of Content and Style》(Manning Publications Company, 1998).

알리스테어 콕번(Alistair Cockburn) 《유스케이스 바로 쓰기》(피어슨에듀케이션코리아, 2002).

cc2e.com/0372

소프트웨어 아키텍처

소프트웨어 아키텍처에 관한 수많은 책이 지난 몇 년간 출판되었다. 다음은 그중에서 가장 훌륭하다고 여기는 책이다.

---

[18] (옮긴이) planning language를 의미함

렌 배스(Len Bass), 폴 클레멘츠, 릭 캐즈먼(Rick Kazman) 《소프트웨어 아키텍처 이론과 실제》(에이콘출판사, 2015).

프랭크 부슈만(Frank Buschman) 외. 《패턴 지향 소프트웨어 아키텍처》(지앤선, 2008).

폴 클레멘츠 외. 《소프트웨어 아키텍처 문서화》(에이콘출판사, 2016).

폴 클레멘츠, 릭 캐즈먼, 마크 클레인(Mark Klein) 《소프트웨어 아키텍처 평가》(에이콘출판사, 2009).

마틴 파울러(Martin Fowler) 《엔터프라이즈 애플리케이션 아키텍처 패턴》(위키북스, 2015).

이바 야콥슨, 그래디 부치, 제임스 럼바우 《The UML User Guide(UML 실전 활용 테크닉)》(케이앤피IT, 2010).

"IEEE 표준 1471-2000(Recommended Practice for Architectural Description of Software-Intensive Systems)"(IEEE 컴퓨터 학회 출판부, 2000). 이 문서는 소프트웨어 아키텍처 명세서를 만들기 위한 IEEE-ANSI 지침서다.

일반적인 소프트웨어 개발 방법

소프트웨어 프로젝트를 수행하기 위한 다양한 방법에 대해 설명하는 책은 많다. 어떤 것은 순차적 방법에 치중하고 어떤 것은 반복적인 방법에 치중한다.

스티브 맥코넬 《소프트웨어 프로젝트 생존 전략》(인사이트, 2011). 이 책은 프로젝트를 수행하는 특별한 방법을 소개한다. 선행 계획 수립 및 요구사항 개발, 아키텍처 작업을 심사숙고한 후에 신중하게 프로젝트를 실행해야 한다는 점을 강조하는 접근법이다. 이 방법은 비용과 일정에 대한 장기적인 예측과 고품질, 어느 정도의 유연성을 제공한다.

필립 크루첸(Philippe Kruchten) 《The Rational Unified Process: An Introduction》(인터비전, 2003). 이 책은 "아키텍처 중심적이고 유스케이스 주도적인" 프로젝트 방법을 제공한다. 《소프트웨어 프로젝트 생존 전략》과 마찬가지로 비용과 일정에 대한 장기적인 예측과 고품질, 어느 정도의 유연성을 제공하는 선행 작업을 중점적으로 다룬다. 이 책에서 소개하는 방법은 《소프트웨어 프로젝트 생존 전략》과 《익스트림 프로그래밍》에서 설명한 방법보다 다소 정교하게 사용해야 한다.

이바 야콥슨, 그래드 부치, 제임스 럼바우 ≪The Unified Software Development Process≫(Addison-Wesley, 1999). 이 책은 ≪The Rational Unified Process: An Introduction≫에서 소개한 주제를 더 깊이 있게 다룬다.

켄트 벡(Kent Beck) ≪익스트림 프로그래밍≫(인사이트, 2006). 벡은 요구사항과 설계를 구현과 함께 반복적으로 개발하는 데 중점을 두는 매우 반복적인 방법을 설명하고 있다. 익스트림 프로그래밍 방법은 장기적인 예측을 제공하지는 못하지만 유연성이 매우 높다.

톰 길브(Tom Gilb) ≪Principles of Software Engineering Management≫ (Addison-Wesley, 1988). 길브의 방법은 정밀한 계획 수립과 요구사항, 아키텍처 이슈를 프로젝트 초기에 파악하고 프로젝트를 진행하면서 그러한 계획을 계속해서 변화시킨다. 이 접근 방법은 장기적인 예측과 고품질, 높은 유연성을 제공한다. 이 책의 접근 방법은 ≪소프트웨어 프로젝트 생존 전략≫과 ≪익스트림 프로그래밍≫에서 설명한 방법보다 정교하게 사용해야 한다.

스티브 맥코넬 ≪프로젝트 쾌속 개발 전략≫(한빛미디어, 2003). 이 책은 프로젝트 계획을 수립하기 위한 유용한 방법을 제공한다. 숙련된 프로젝트 계획자는 이 책에서 소개하는 방법을 사용해 프로젝트의 고유한 요구에 맞춰 프로젝트를 계획할 수 있다.

배리 보엠, 리처드 터너 ≪Balancing Agility and Discipline: A Guide for the Perplexed≫(Addison-Wesley, 2003). 이 책은 애자일 개발과 계획 주도적인 개발 방법 간의 차이를 보여준다. 이 책의 3장에서는 'PSP/TSP[19] 기반의 일상 업무'와 '익스트림 프로그래밍 기반의 일상 업무', 'PSP/TSP 기반의 긴급 업무', '익스트림 프로그래밍 기반의 긴급 업무[20]'에 관한 내용을 소개한다. 5장에서는 애자일 개발과 계획 주도적인 개발 방법을 선택하기 위한 지침을 제공하고 있는데, 이는 기민함을 유지하기 위하여 위험을 사용하는 방법에 관한 내용이다. 6장 "결론"도 균형 잡힌 내용으로 훌륭한 관점을 제공한다. 부록 E는 애자일 실천법에 대한 경험적인 자료를 소개한다.

크레이그 라먼(Craig Larman) ≪Agile and Iterative Development: A Manager's Guide≫(Addison-Wesley, 2004). 이 책은 유연하고 진화적인 개발 방법에 대해 제대로 연구한 입문서다. 이 책은 스크럼과 익스트림 프로그래밍, 통합 프로세스(Unified Process), Evo를 개략적으로 소개한다.

---

[19] (옮긴이) PSP는 Personal Software Process, TSP는 Team Software Process를 나타냄
[20] (옮긴이) 이 책은 PSP/TSP와 익스트림 프로그래밍 방식의 업무 방식이 상황에 어떻게 다른지를 설명하고 있음

> **체크리스트: 선행 조건**
>
> - 진행할 소프트웨어 프로젝트의 종류를 규명했고 적절한 접근 방법을 선택했는가?
> - 요구사항이 충분히 명확하게 정의되었으며 구현을 시작할 수 있을 정도로 안정적인가?(자세한 내용은 요구사항 체크리스트를 살펴본다.)
> - 아키텍처가 구현을 시작할 수 있을 정도로 충분히 명확하게 정의되었는가?(자세한 내용은 아키텍처 체크리스트를 살펴본다.)
> - 구현이 필요 이상으로 위험에 노출되어서는 안 된다는 사항과 같이 진행 중인 프로젝트에만 해당하는 다른 위험 요소에 대해 언급했는가?

요점 정리

- 구현을 준비할 때 가장 중요한 목표는 위험을 줄이는 것이다. 준비 작업이 위험을 증가시키는 게 아니라 감소시킬 수 있도록 한다.
- 품질이 뛰어난 소프트웨어를 개발하고 싶다면 처음부터 끝까지 소프트웨어 개발 과정 내내 품질에 관심을 가져야 한다. 품질에 대한 관심을 처음에 갖는 것이 나중에 갖는 것보다 제품의 품질에 훨씬 큰 영향을 미친다.
- 프로그래밍을 시작하기 전 적절한 준비의 중요성을 포함한 소프트웨어 개발 과정에 대해 상사와 동료를 교육하는 일도 개발자의 몫이다.
- 프로젝트의 종류가 구현 선행 조건에 중대한 영향을 미친다. 반복적으로 진행해야 하는 프로젝트도 많지만, 순차적으로 진행해야 하는 프로젝트도 있다.
- 문제 정의가 명시되어 있지 않다면 구현 시에 잘못된 문제를 풀게 될 것이다.
- 요구사항 개발이 제대로 이루어지지 않았다면 문제의 중요한 사항을 놓칠 수 있다. 구현 다음 단계부터는 요구사항을 변경할 때 처음보다 20배에서 100배 정도로 비용이 더 들기 때문에 프로그래밍을 시작하기 전에 요구사항이 맞는지 확인해야 한다.
- 아키텍처 설계가 제대로 이루어지지 않았다면 구현 시에 올바른 문제를 잘못된 방법으로 해결할 수 있다. 잘못된 아키텍처로 작성된 코드가 증가할수록 구조적인 변경 비용이 증가하므로 아키텍처가 맞는지 확인해야 한다.
- 프로젝트에서 구현 선행 조건에 어떤 접근 방법을 적용했는지 알고 그에 따라 적절한 구현 방법을 선택한다.

4장 구현 시 결정해야 할 핵심 사항

cc2e.com/0489

내용

4.1 프로그래밍 언어 선택
4.2 프로그래밍 규약
4.3 기술 흐름 파악
4.4 구현 실천법 선택

관련 주제

- 선행 조건: 3장
- 작업 중인 소프트웨어의 종류 결정: 3.2절
- 프로그램의 크기가 구현에 어떤 영향을 미치는가: 27장
- 구현 관리: 28장
- 소프트웨어 설계: 5장부터 9장까지

일단 구현을 위한 준비작업이 끝났다면 구현과 관련된 구체적인 사항을 결정할 단계다. 3장 "준비는 철저하게: 선행 조건"에서는 소프트웨어에서의 설계도와 건축 허가에 해당하는 내용을 설명했다. 직접 그러한 준비 과정에 관여할 수 있는 부분이 많지 않을 것이기 때문에 3장에서는 구현을 시작했을 때 무슨 작업을 하는지 가늠해보는 데 집중했다. 이 장에서는 개발자와 개발팀장이 간접적으로나 직접적으로 담당하게 될 업무에 대해 중점적으로 다룬다. 여기서는 일하러 가기 전에 공구 벨트에 착용할 공구를 선택하는 방법과 트럭에 짐 싣는 방법을 소프트웨어 관점에서 설명한다.

이미 구현 준비 과정에 대해서 충분히 이해하고 있다면 5장 "구현 설계"로 넘어가도록 한다.

4.1 프로그래밍 언어 선택

> 훌륭한 표기법은 불필요한 작업에 신경 쓰지 않게 함으로써 더 어려운 문제에 집중하게 해주고 결과적으로 정신력을 강하게 해준다. 아라비아 표기법이 알려지기 전에는 곱셈이 어려웠으며 나눗셈을 가장 어려운 수학으로 여겼다. 그리스 시대의 수학자들이 오늘날 서유럽에 있는 대부분의 사람이 큰 수로 나눗셈을 할 수 있다는 것을 알게 된다면 엄청난 충격을 받았을 것이다. 이러한 사실을 그리스 수학자들은 도저히 불가능하다고 여겼으니까…… 현대에서 십진수로 된 분수를 쉽게 계산하는 능력은 거의 기적적으로 완벽한 기수법을 점진적으로 발견한 결과다.
>
> – 알프레드 노스 화이트헤드(Alfred North Whitehead)

앞으로 구현할 시스템에 사용할 개발 언어에 민감할 수밖에 없는 이유는 구현을 시작할 때부터 끝날 때까지 언어가 상당히 많은 영향을 주기 때문이다.

연구에 따르면 개발 언어가 여러 면에서 생산성과 코드의 품질에 영향을 준다고 한다.

개발자는 친숙한 언어를 사용할 때 그렇지 않은 경우보다 생산성이 높다. 코코모 II[21] 예측 모델에서 얻은 데이터를 보면 3년 이상 사용해온 언어로 개발하는 경우가 그렇지 않은 경우보다 생산성이 30% 더 높다는 사실을 보여준다(Boehm et al. 2000). 이보다 앞선 IBM의 연구 결과를 보면 어떤 프로그래밍 언어를 사용한 경험이 풍부한 개발자는 그러한 경험이 적은 개발자보다 3배 이상 생산성이 높다고 한다(Walston and Felix 1977)(앞의 두 연구 결과가 다소 차이가 나는 이유는 코코모 II는 개인의 능력이 미치는 영향을 최대한 배제하기 위해 모델에 많은 주의를 기울였기 때문이다).

고수준 언어를 사용하는 개발자가 저수준 언어를 사용하는 개발자보다 생산성과 품질이 높다. C++, 자바, 스몰토크, 비주얼 베이직과 같은 언어가 생산성, 신뢰성, 명료성, 이해성에 있어서 어셈블리나 C 같은 저수준 언어보다 5배에서 15배 정도 높다고 알려져 있다(Brooks 1987, Jones 1998, Boehm 2000). C 언어로 작성한 코드가 제대로 동작할 때마다 매번 축하할 필요가 없으니 시간을 버는 셈이다. 게다가 고수준 언어는 저수준 언어보다 많은 것을 표현할 수 있고 코드 한 줄로 더 많이 표현할 수 있다. 표 4-1은 다른 고수준 언어를 C 코드로 표현할 때 상대적으로 필요한 코드의 비율이다. 비율이 높을수록 그 비율만큼 해당 언어로 작성한 코드 한 줄이 C 언어로 작성한 코드 한 줄보다 더 많은 일을 한다는 뜻이다.

표 4-1 고수준 언어의 명령문을 그에 상응하는 C 언어로 표현할 때 필요한 코드의 비율

언어	C에 대한 상대적인 수준
C	1
C++	2.5
포트란 95	2
자바	2.5
펄	6
파이썬	6
스몰토크	6

---

21 (옮긴이) Cocomo, constructive cost model의 약자로 소프트웨어 개발의 공정 개발 기간의 견적 방법 중 하나이며 프로젝트에 영향을 줄 수 있는 다양한 특성을 변수로 회귀공식을 만들어 소프트웨어 개발 비용을 산정

언어	C에 대한 상대적인 수준
마이크로소프트 비주얼 베이직	4.5

출처: 《Estimating Software Costs 2ED》(Jones 1998), 《Software Cost Estimation with Cocomo II》(Boehm 2000), "An Empirical Comparison of Seven Programming Languages"(Prechelt 2000).

어떤 언어는 다른 언어보다 프로그래밍 개념을 표현하기가 좋다. 영어 같은 자연어를 자바와 C++ 같은 프로그래밍 언어에 비유해서 생각해 볼 수 있다. 언어학자인 사피어(Sapir)와 워프(Whorf)는 자연어의 경우 특정 언어가 가진 표현력과 해당 언어를 사용하는 사람들의 사고 능력이 서로 관련이 있다는 가설을 세웠다. 사피어-워프 가설에 따르면 '특정한 개념을 생각할 수 있는 능력은 그러한 개념을 표현할 수 있는 단어를 알고 있느냐에 달려있다'고 한다. 그러한 단어를 모른다면 개념을 표현할 수 없을 뿐만 아니라 개념적으로 정리할 수도 없을 것이다(Whorf 1956).

개발자도 이와 유사하게 프로그래밍 언어에 의해서 영향을 받는다. 프로그래밍 개념을 표현하는 데 사용할 수 있는 명령어가 존재하는지 여부는 프로그래밍 개념을 어떻게 표현할 것인지를 결정할 뿐만 아니라 무슨 개념을 표현할 수 있는지도 결정할 수 있다.

개발자의 사고에 프로그래밍 언어가 미치는 영향에 대한 예를 찾는 일은 그리 어렵지 않다. 예를 들면 이렇다. 새 시스템을 C++로 작성하고 있었는데 대부분의 개발자가 C++를 사용해 본 경험이 많지 않았다. 그들 대부분은 포트란 개발자였다. C++로 컴파일되는 코드를 작성하고 있었지만, 실상은 C++를 가장한 포트란 코드를 작성하고 있었던 것이다. 그들은 포트란의 나쁜 기능들(GOTO 문이나 전역 변수)을 실행하기 위해서 C++를 악용하고 있었고 C++의 객체지향 기능은 전혀 사용하지 않았다. 이러한 현상은 수년 동안 업계 전반에 보고되었다(Hanson 1984, Yourdon 1986a).

언어 소개

몇몇 언어의 발전사와 일반적인 기능을 보면 흥미로운 내용이 많다. 다음은 오늘날 가장 널리 사용되는 언어에 대한 설명이다.[22]

---

[22] (옮긴이) 이 책의 원서가 쓰인 시기가 2004년이라는 점을 감안해야 한다.

에이다

에이다(Ada)는 파스칼(Pascal)을 기반으로 하는 범용 고수준 프로그래밍 언어다. 에이다는 미국 국방성의 지원 아래 개발되었으며, 특히 실시간 시스템과 임베디드 시스템에 적합하다. 에이다는 데이터 추상화와 정보 은닉을 중점으로 각 클래스와 패키지의 공적 부분과 사적 부분을 구분하게 해준다. 에이다라는 이름은 최초의 개발자로 알려진 수학자 에이다 러브레이스(Ada Lovelace)의 이름을 딴 것이다. 오늘날 에이다는 주로 군용 시스템과 우주 시스템, 항공 전자 공학 시스템에서 사용된다.

어셈블리어

어셈블러(Assembler)라고도 하는 어셈블리어(Assembly Language)는 각 표현식이 하나의 기계 명령에 해당하는 저수준 언어다. 표현식이 특정 기계 명령을 사용하기 때문에 어셈블리어는 인텔이나 모토로라 CPU 같은 특정 프로세서에 종속적이다. 어셈블러는 2세대 언어로 여긴다. 대부분의 개발자는 실행 속도나 코드 크기에 제한을 두는 경우를 제외하고는 어셈블리어를 사용하지 않는다.

C

C는 원래 유닉스(UNIX) 운영체제에 사용되던 범용 중간 수준의 언어다. C는 구조적 데이터와 구조적 제어 흐름, 기계 독립성, 풍부한 연산자와 같은 고수준 언어의 특성을 갖고 있다. C는 포인터와 메모리 주소를 광범위하게 사용해 "이식 가능한 어셈블리어"라고도 불리며 비트 처리와 같은 저수준 구문을 제공하고 타입 제약이 약하다.

C는 1970년대 벨 연구소에서 개발되었다. 원래는 DEC PDP-11[23]용으로 설계되고 사용되었다. 이 시스템의 운영체제와 C 컴파일러, UNIX 애플리케이션 모두 C로 작성되었다. 1988년 ANSI 표준 협회는 C 언어를 표준화하였으며 그 내용은 1999년에 개정되었다. C는 1980년대와 1990년대에 마이크로컴퓨터와 워크스테이션 프로그래밍의 실질적인 표준이었다.

C++

C++는 C를 기반으로 한 객체지향 언어이며 1980년대 벨 연구소에서 개발했다. C 언어와 호환되고 클래스, 다형성, 예외 처리, 템플릿을 제공하며 C보다 견고한 타입 검사 기능을 제공한다. 또한 광범위하고 강력한 표준 라이브러리를 제공한다.

---

23 (옮긴이) 디지털 이큅먼트 코퍼레이션(DEC)이 1970년부터 1990년대까지 판매했던 16비트 미니컴퓨터 시리즈

C#

C#은 마이크로소프트에서 C와 C++, 자바와 비슷한 문법으로 개발한 범용 객체지향 언어이자 프로그래밍 환경이다. 이 개발 환경은 마이크로소프트 플랫폼(윈도우)에서 개발할 때 도움을 주는 많은 툴을 제공한다.

코볼

코볼(Cobol)은 미국 국방성에서 사용할 목적으로 1959년부터 1961년까지 개발한 영어와 비슷한 프로그래밍 언어다. 코볼은 주로 비즈니스 분야에서 사용되고 있으며 오늘날까지도 비주얼 베이직 다음으로 가장 널리 사용되는 언어 중의 하나다(Feiman and Driver 2002). 코볼은 수학 함수와 객체지향적인 기능을 넣기 위해 수년 동안 갱신되었다. 코볼은 "COmmon Business-Oriented Language"의 약어다.

포트란

포트란(Fortran)은 변수와 고급 루프에 대한 개념을 도입한 최초의 고급 컴퓨터 언어다. 포트란은 "FORmula TRANslation"을 나타낸다. 포트란은 1950년대에 개발되었으며, if-then-else 블록 표현식과 문자열 처리 기능이 추가된 여러 가지 개정판이 있다. 1977년에 개발된 포트란 77도 이에 속한다. 포트란은 주로 과학과 공학 분야에 사용된다.

자바

자바(Java)는 썬마이크로시스템즈(Sun Microsystems)에서 개발했으며 C나 C++와 유사한 문법을 가진 객체지향 언어다. 자바는 자바 소스를 바이트 코드로 변환하고 이 코드를 가상 머신(virtual machine)이라고 하는 특별한 환경 내에서 실행함으로써 모든 플랫폼에서 실행되도록 설계되었다. 자바는 웹 애플리케이션 프로그래밍에 널리 사용된다.

자바스크립트

자바스크립트(JavaScript)는 이름과 달리 자바와 연관성이 별로 없는 인터프리트 스크립트 언어다. 주로 웹 페이지에 간단한 기능이나 온라인 애플리케이션을 추가하는 것과 같은 클라이언트 측 프로그래밍에 사용된다.

펄

펄(Perl)은 C와 여러 가지 UNIX 유틸리티를 기반으로 하는 문자열 처리 언어다. 펄은 보고서 생성과 처리뿐만 아니라 빌드 스크립트 생성과 같은 시스템 관리자 작업에 종종 사용된다. 또한 슬래시닷(Slashdot)[24]과 같은 웹 애플리케이션을 만드는 데 사용되기도 한다. 펄은 "Practical Extraction and Report Language"를 의미한다.

PHP

PHP는 펄, 본 셸(Bourne Shell)[25], 자바스크립트, C와 유사한 문법을 가진 오픈소스 스크립트 언어다. PHP는 서버 측 대화식 기능을 실행할 수 있는 거의 모든 운영체제에서 작동한다. 이 언어는 웹 페이지에 포함되어 데이터베이스 정보에 접근하고 처리할 수 있다. PHP는 원래 "Personal Home Page"를 의미했지만, 이제는 "PHP: Hypertext Processor"를 의미한다.

파이썬

파이썬(Python)은 다양한 환경에서 실행되는 인터프리트 방식의 대화식 객체지향 언어다. 스크립트와 간단한 웹 애플리케이션을 작성하는 데 가장 널리 사용되며 규모가 큰 프로그램을 만들 수 있는 기능도 몇 가지 있다.

SQL

SQL은 관계형 데이터베이스를 질의하고 갱신하고 관리하는 사실상의 표준 언어다. SQL은 "Structured Query Language"를 의미한다. 이 장에서 소개한 다른 언어와 달리, SQL은 "선언형 프로그래밍 언어"다. 즉, 연산의 순서(방법)를 정의하기보다는 작업의 결과(무엇)를 정의한다.

비주얼 베이직

베이직은 원래 1960년대에 다트머스 대학에서 개발된 고급 프로그래밍 언어였다. BASIC은 "Beginner's All-purpose Symbolic Instruction Code"를 의미한다. 비주얼 베이직은 마이크로소프트 윈도우 애플리케이션을 개발하기 위해서 설계된 베이직의 고급 객체지향 비주얼 프로그래밍 버전이다. 그 이후로 비주얼 베이직은 마이크로소프

---

24 (옮긴이) 다양한 관심사항을 공유하는 커뮤니티 사이트
25 (옮긴이) 스티브 본이 만든 리눅스 시스템의 가장 기본적인 셸

트 오피스 같은 데스크톱 애플리케이션의 커스터마이즈를 비롯해 웹 프로그램 및 기타 애플리케이션을 제작하는 데까지 확장되었다. 전문가들은 2000년 초까지 상당수의 개발자가 비주얼 베이직으로 개발했다고 보고했다(Feiman and Driver 2002).

4.2 프로그래밍 규약

관련 정보 규약의 장점에 대한 자세한 정보는 11.3절부터 11.5절까지의 내용을 살펴본다.

품질이 우수한 소프트웨어는 아키텍처의 개념적 무결성과 저수준 구현 사이의 관계가 명확하다. 구현은 반드시 아키텍처와 일관성을 유지해야 하며 내부적으로도 일관성을 유지해야 한다. 그것이 바로 변수 이름과 클래스 이름, 루틴 이름, 형식 규약, 주석 규약에 대한 구현 가이드라인의 핵심이다.

복잡한 프로그램에서는 아키텍처 가이드라인을 통해 프로그램의 구조적인 균형을 유지하고 구현 가이드라인을 통해 각 클래스가 전체적인 설계의 구성원으로서 각각의 역할을 수행할 수 있도록 프로그래밍 수준의 통일성을 유지한다. 규모가 큰 프로그램은 전체적인 구조를 통해 프로그래밍 언어의 세부 사항들의 일관성을 유지한다. 하나의 큰 구조를 유지함으로써 세부 구성 요소들이 전체 아키텍처를 나타낼 수 있도록 한다. 통일된 규칙이 없다면 코드가 엉망이 될 것이다. 코드가 일관된 형태로 작성되지 않으면 멋대로 작성된 코드 스타일의 차이를 이해하기 위해서 시간을 낭비하게 된다. 성공적인 프로그래밍을 위해서 일관성 없는 변형을 최소화하여 필요한 부분에 좀더 집중할 수 있게 해야 한다. 이에 대한 자세한 내용은 5.2절의 "소프트웨어의 주요 기술적 의무: 복잡성 관리"를 살펴본다.

멋진 밑그림을 그렸는데 한 부분은 고전파 풍으로 다른 부분은 인상파 풍으로 또 다른 부분은 입체파 풍으로 그린다면 그림이 어떻게 될까? 아무리 밑그림을 잘 따라 그렸다고 하더라도 개념적으로 일관성이 없어 콜라주처럼 보일 것이다. 프로그램도 저수준에서의 일관성이 필요하다.

KEY POINT

구현을 시작하기 전에 사용할 프로그래밍 규약을 작성한다. 코드 작성 규약의 세부 사항들은 매우 정밀하게 작성되어 일단 작성하고 나서 소프트웨어에 적용되면 고치기가 거의 불가능하다. 이 책 전반에 걸쳐 규약에 대해 자세히 설명하고 있다.

4.3 기술 흐름 파악

지금까지 살아오면서 PC가 뜨고 메인프레임이 쇠락하는 것을 지켜봤다. 그리고 GUI 프로그램이 문자 기반의 프로그램을 대체하는 것도 봤다. 또한 윈도우가 쇠퇴하고 웹이 부상하는 것도 봤다. 예상컨대 앞으로도 새로운 기술이 세상을 지배할 것이며 지금 알고 있는 웹 프로그래밍은 쇠퇴할 것이다. 이러한 기술의 반복이나 기복이 있기 때문에 현재 기술적 흐름이 무엇이냐에 따라 프로그래밍 방법도 달라져야 한다.

2000년대 중반의 웹 프로그래밍처럼 완전히 성장한 기술 환경에서는 풍부한 소프트웨어 개발 환경의 도움을 받을 수 있다. 덕분에 다양한 프로그래밍 언어와 프로그래밍 언어로 작성한 코드에 대한 종합적인 오류 검사 기능, 강력한 디버깅 툴, 자동화되고 신뢰할 수 있는 성능 최적화 등을 사용할 수 있다. 컴파일러도 거의 완벽하다. 그러한 툴들은 툴을 만든 회사나 책과 기사, 웹 리소스에 문서화되어 있다. 툴은 통합되어 있으므로 UI, 데이터베이스, 보고서 작성, 비즈니스 로직 등을 단일화된 환경에서 구현할 수 있다. 문제에 부딪히면 FAQ(자주 묻는 질문)에서 툴의 이상한 점을 쉽게 찾을 수 있다. 수많은 컨설턴트와 교육 과정도 활용할 수 있다.

가령 1990년대 중반의 웹 프로그래밍처럼 초기 환경에서는 상황이 정반대다. 선택할 수 있는 프로그래밍 언어도 많지 않고, 언어 자체에 버그가 많을 뿐만 아니라 문서화도 제대로 되어 있지 않다. 개발자들은 코드를 작성하기보다는 언어를 어떻게 사용하는지 이해하는 데 매우 많은 시간을 보낸다. 또한 해당 언어로 개발한 제품과 기반 운영체제, 다른 툴에 있는 버그를 해결하는 데 많은 시간을 보낸다. 초기 환경의 프로그래밍 툴은 원시적인 수준이다. 디버거는 아예 존재하지도 않고 컴파일러 최적화 도구도 몇몇 개발자에게만 보일 뿐이다. 벤더들이 컴파일러를 계속해서 수정하기 때문에 새로운 버전이 기존에 작성한 코드를 망치기도 한다. 또한 각 툴이 통합되어 있지 않아 UI와 데이터베이스, 보고서 작성, 비즈니스 로직에 서로 다른 툴을 사용해야 한다. 툴이 서로 호환되지도 않고 컴파일러와 라이브러리가 계속 출시될 때마다 하위 호환성을 유지하는 데만 엄청난 노력을 들여야 한다. 문제가 발생했는데 참고할 만한 서적이 안내서 수준이라면 문제가 발생할 때마다 직접 해결해야 할 것이다.

방금 설명한 내용만 보면 마치 시작 단계의 프로그래밍을 피하는 것이 좋다는 것처럼 보이지만, 말하고자 하는 바는 그게 아니다. 가장 혁신적인 애플리케이션 중 몇 가지는 초기 단계에 나왔다. 터보 파스칼(Turbo Pascal), 로터스(Lotus) 123, 마이크로소프트 워드, 모자익 브라우저(Mosaic Browser) 등이 이에 해당한다. 여기서 말하는 핵심은 어떻게 프로그래밍할 것인지가 기술적인 흐름에 좌우된다는 것이다. 기술적으로 성숙 단계에 있다면 새로운 기능을 작성하는 데 대부분 시간을 보내도록 계획을 수립할 수 있다. 기술적으로 초기 단계에 있다면 프로그래밍 언어의 문서화되어 있지 않은 기능을 알아내고 라이브러리 코드의 결함으로 생긴 오류를 디버깅하고 다른 벤더들이 만든 라이브러리를 사용하기 위해 코드를 수정하는 데 상당한 시간을 보내야 할 것이다.

원시 환경에서 개발하고 있다면 이 책에서 소개하는 프로그래밍 방법이 성숙기보다 더 많은 도움이 된다는 사실을 알아두자. 데이비드 그리스가 지적했듯이 프로그래밍 도구가 프로그래밍에 대한 사고방식을 결정해서는 안 된다(David Gries 1981). 그리스는 언어에 *의한* 프로그래밍과 언어를 *활용한* 프로그래밍을 구분한다. 언어에 의한 프로그램을 작성하는 개발자는 자신의 사고를 프로그래밍 언어가 지원하는 기능으로 제한한다. 언어 도구가 원시적이면 개발자의 생각도 원시적일 것이다.

언어를 활용한 프로그램을 개발하는 개발자는 표현하고자 하는 생각이 무엇인지를 결정하고 나서 특정 언어가 제공하는 툴을 사용해 그러한 생각을 어떻게 표현할 것인지 결정한다.

언어를 활용한 프로그래밍 사례

비주얼 베이직이 처음 나왔을 때 개발하고 있던 제품에서 비즈니스 로직과 UI, 데이터베이스를 구분하고 싶었는데 비주얼 베이직에 그러한 기능이 없어 어려움을 겪었던 경험이 있다. 주의하지 않으면 어떤 비주얼 베이직 폼에는 비즈니스 로직이 들어가고 어떤 폼에는 데이터베이스 코드가 들어가고 어떤 폼에는 아무 것도 들어가지 않게 되어 결국 어느 코드가 어디에 있는지 절대로 알 수 없게 되어버릴 거라는 사실을 알고 있었다. 이미 그와 같은 경험을 C++ 프로젝트에서 경험했기 때문에 다른 언어를 이용할 때 같은 문제로 스트레스를 받고 싶지 않았다.

결과적으로 .frm 파일(폼 파일)에서는 데이터를 데이터베이스에서 가져오고 다시 데이터베이스에 저장하는 기능만 가능하도록 설계 규칙을 적용했다. 데이터가 프로그램의 다른 부분에서 사용될 수 없도록 했다. 각 폼은 IsFormCompleted() 루틴을 지원했는데, 이 루틴은 활성화된 폼이 데이터를 저장했는지 확인하는 데 사용했다. IsFormCompleted()는 폼이 가질 수 있는 유일한 공용 루틴이었다. 그리고 폼에는 비즈니스 로직에 관련된 부분은 들어가지 못하게 했다. 폼의 입력 항목에 대한 유효성 검증과 같은 그 밖의 다른 코드는 관련 파일인 .bas 파일에 넣어야 했다.

비주얼 베이직은 이러한 접근 방법을 권장하지 않았다. 개발자들이 가능한 한 많은 코드를 .frm 파일에 작성하도록 권장하고, .frm 파일에서 .bas 파일에 있는 루틴을 호출하는 것을 쉽지 않게 만들었다.

매우 간단한 규약이었지만 프로젝트에 깊이 들어갈수록 이와 같은 규칙이 없었다면 코드가 엉망이 됐을 거라는 사실을 알게 되었다. 폼을 로딩하면서 숨겨두는 바람에 내부에서 데이터 유효성 검증 루틴을 호출하거나 폼에서 다른 위치로 코드를 복사해 같은 코드를 여러 곳에서 관리해야 했을 것이다. 또한 IsFormCompleted() 규약 덕분에 작업을 단순하게 할 수 있었다. 모든 폼이 정확하게 동일한 방법으로 작동했기 때문에 IsFormCompleted()의 의미에 대해서 생각할 필요가 없었다. 즉, 항상 같은 기능을 수행했다.

비주얼 베이직은 이러한 규약을 직접적으로 지원하진 않았지만, 언어를 활용한 프로그래밍이라는 간단한 프로그래밍 규약을 사용함으로써 당시 프로그래밍 언어의 부족한 기능을 보충하고 프로젝트를 현명하게 관리하는 데 도움을 받았다.

KEY POINT

언어에 의한 프로그래밍과 언어를 활용한 프로그래밍의 차이점을 이해하는 것은 이 책의 내용을 이해하는 데 매우 중요하다. 가장 중요한 프로그래밍 원칙 대부분은 언어가 아니라 사용 방법과 관련이 있다. 사용하는 언어에서 원하는 구성 요소를 지원하지 않아 다른 문제가 발생할 수 있다면 그러한 기능을 보충하도록 한다. 자신만의 코드 작성 규약, 표준, 클래스 라이브러리, 그 밖의 사항들을 만들어 본다.

4.4 구현 실천법 선택

구현을 준비하는 단계에서는 여러 훌륭한 방법 중 어느 것을 집중적으로 사용할지를 결정한다. 어떤 프로젝트에서는 짝 프로그래밍과 테스트 우선 개발 방법을 사용하는 반면, 어떤 프로젝트에서는 개인 프로그래밍과 공식 검토(formal inspection)[26]를 사용한다. 프로젝트에 따라 이러한 방법론들을 섞어서 사용할 수도 있다.

다음 체크리스트는 구현 시에 포함할 것인지 아닌지를 결정해야 하는 사항을 요약한 것이다. 이러한 방법에 대한 자세한 내용은 이 책 전체에서 다루고 있다.

---

[26] (옮긴이) Software Inspection이라는 용어가 더 널리 사용되고 있으며 코드 리뷰가 구현 단계에서는 더욱 현실적인 예

cc2e.com/0496

> **체크리스트: 주요 구현 방법**
>
> **코드 작성**
>
> - 설계를 몇 퍼센트 미리 해놓고 몇 퍼센트를 개발 중에 할 것인가?
> - 이름과 주석, 배치에 대한 코드 작성 규약을 정의했는가?
> - 오류 조건을 처리하는 방법이나 보안 문제를 해결하는 방법, 클래스 인터페이스에 사용될 규약, 재사용된 코드에 적용될 기준, 코드를 작성하면서 성능을 얼마나 고려할 것인지 등 구체적인 코드 작성 방법을 정의했는가?
> - 현재 기술적으로 어느 단계에 있는지 파악하고 그에 따라 접근 방법을 적절하게 조절했는가? 필요한 경우, 언어에 *의한* 프로그래밍 때문에 제약을 받기보다 어떻게 하면 언어를 *활용하여* 프로그래밍할 것인지를 살펴봤는가?
>
> **협동 작업**
>
> - 통합 절차를 정의했는가? 즉, 코드를 마스터 소스에 체크인(check-in)[27]하기 전에 개발자가 거쳐야 하는 구체적인 단계를 정의했는가?
> - 개발자가 프로그램 작업을 할 때 짝을 지어서 할 것인가, 혼자서 할 것인가? 아니면 두 가지 방법을 어느 정도 결합해서 할 것인가?
>
> **품질 보증**
>
> - 개발자가 코드를 작성하기 전에 코드에 대한 테스트 케이스를 작성할 것인가?
> - 처음에 하든 나중에 하든 상관없이 개발자가 코드에 대한 단위 테스트를 작성할 것인가?
> - 개발자가 코드를 체크인하기 전에 디버거로 코드를 살펴볼 것인가?
> - 개발자가 코드를 체크인하기 전에 통합 테스트를 할 것인가?
> - 개발자끼리 서로 코드를 리뷰할 것인가?
>
> **도구**
>
> - 버전 관리 도구를 선택했는가?
> - 사용할 프로그래밍 언어와 버전 또는 컴파일러 버전을 선택했는가?
> - J2EE나 마이크로소프트 .NET과 같은 프레임워크를 선택했든지 프레임워크를 사용하지 않기로 확실하게 결정했는가?
> - 표준에 맞지 않는 언어의 기능을 사용할지 결정했는가?
> - 편집기, 리팩터링 툴, 디버거, 테스트 프레임워크, 문법 검사기와 같이 앞으로 사용할 툴을 정하고 갖췄는가?

관련 정보 품질 보증에 관한 자세한 내용은 20장 "소프트웨어 품질"을 살펴본다.

관련 정보 도구에 대한 자세한 정보는 30장 "프로그래밍 도구"를 살펴본다.

---

27 (옮긴이) Git에서의 merge와 같음

요점 정리

- 모든 프로그래밍 언어에는 장단점이 있다. 사용하는 언어의 장단점을 알아둔다.
- 프로그래밍을 시작하기 전에 프로그래밍 규약을 만든다. 나중에 이 규약을 적용하기 위해서 코드를 변경하기란 거의 불가능하다.
- 단일 프로젝트에서 사용할 수 있는 것보다 더 많은 구현 실천법이 존재한다. 프로젝트에 가장 적합한 방법을 신중하게 선택한다.
- 사용하고 있는 프로그래밍 방법이 언어를 사용하기 위한 것인지 아니면 언어에 의해서 제어 당하고 있는지를 스스로 물어보라. 언어에 *의한* 프로그래밍이 아닌 언어를 *활용한* 프로그래밍이 중요하다는 점을 명심하자.
- 기술적인 흐름에서의 위치에 따라서 어떠한 접근 방법이 더 효과적인지, 또는 가능한 방법인지를 판단한다. 기술적인 흐름에서의 위치를 확인하고 그에 따라 앞으로의 계획과 예상되는 상황을 조율한다.

2부

고품질 코드 작성

5장 구현 설계
6장 클래스 다루기
7장 고급 루틴
8장 방어적 프로그래밍
9장 의사코드 프로그래밍 프로세스

5장 | 구현 설계

cc2e.com/0578

내용

5.1 설계의 어려움
5.2 핵심 설계 개념
5.3 설계 빌딩 블록: 발견적 학습
5.4 설계 실천법
5.5 잘 알려진 방법론에 대한 의견

관련 주제

- 소프트웨어 아키텍처: 3.5절
- 클래스 다루기: 6장
- 고급 루틴의 특징: 7장
- 방어적 프로그래밍: 8장
- 리팩터링: 24장
- 프로그램의 크기가 구현에 미치는 영향: 27장

설계[1]가 실질적인 구현 작업이 아니라고 말하는 사람도 있지만, 작은 프로젝트에서는 설계를 포함한 많은 작업이 구현의 범위에 들어간다고 여긴다. 일부 대형 프로젝트에서는 형식적인 아키텍처 작업에서 시스템 수준의 사항만 다루고 의도적으로 설계 작업의 상당 부분을 구현 과정으로 미룬다. 물론 다른 큰 프로젝트에서는 코드를 입력하기만 해도 프로젝트를 마칠 수 있을 정도로 자세히 설계하는 경우도 있지만, 설계가 그 정도로 완벽하기란 거의 불가능하다. 개발자들은 보통 공식적이든 아니든 프로그램 일부를 설계한다.

관련 정보 큰 프로젝트와 작은 프로젝트에 필요한 서로 다른 형식상의 절차에 대한 자세한 내용은 27장 "프로그램의 크기가 구현에 미치는 영향"을 살펴본다.

작고 비형식적인 프로젝트에서는 설계의 상당 부분이 개발자가 키보드 앞에 앉아있는 동안에 진행된다. "설계"란 단순히 상세 부분을 작성하기 전에 의사코드(pseudo code)로 클래스 인터페이스를 작성하는 것일 수도 있고, 코드로 구현하기 전에 몇몇 클래스 사이의 관계를 다이어그램으로 그리는 것일 수도 있고, 다른 개발자에게 어떤 디자인 패턴이 더 좋은지 물어보는 것일 수도 있다. 설계를 어떻게 하든 상관없이 큰 프로젝트가 그렇듯 작은 프로젝트도 신중하게 설계하면 좋은 점이 있고 설계를 명백하게 수행해야 하는 작업으로 인식하고 진행하면 그로부터 얻는 혜택이 최대화될 것이다.

설계는 매우 광범위한 주제라서 이 장에서는 그 일부만 다루고 있다. 훌륭한 클래스와 루틴 설계의 상당 부분이 시스템 아키텍처로 결정되기 때문에 3.5절에서 다룬 아키텍처 선행 조건들을 만족하는지 확인해야 한다. 클래스와 루틴을 개발하는 중에도 훨씬 더 많은 설계 작업을 수행할 수 있다. 이 내용은 6장 "클래스 다루기"와 7장 "고급 루틴"에서 다룬다.

---

1 (옮긴이) 이 장에서는 Design을 '설계'로 번역하였으나 Design Pattern에 대해서는 이미 널리 사용되고 있는 '디자인 패턴'으로 번역했다.

소프트웨어 설계에 관한 내용을 잘 알고 있다면 5.1절의 설계의 어려움에 관한 핵심 내용과 5.3절의 발견적 학습에 관한 내용만 살펴본다.

5.1 설계의 어려움

관련 정보 발견적 학습과 결정적인 프로세스 사이의 차이점에 대해서는 2장 "소프트웨어 개발의 이해를 돕기 위한 비유"에서 설명한다.

"소프트웨어 설계"는 컴퓨터 소프트웨어에 대한 명세를 동작 가능한 소프트웨어로 변환하기 위한 계획에 대한 구상이나 창작, 도구를 뜻한다. 설계는 요구사항을 코드 작성과 디버깅에 연결하는 작업이다. 훌륭한 상위 수준 설계는 여러 개의 하위 수준 설계를 무리 없이 담을 수 있는 구조를 제공한다. 훌륭한 설계는 규모가 큰 프로젝트에서는 꼭 필요한 작업이며 작은 프로젝트에서도 유용하다.

이 절에서 설명할 여러 가지 어려움을 통해 설계의 특징을 이해할 수 있을 것이다.

설계는 불명확한 문제다

소프트웨어 설계자가 요구사항 문서로부터 합리적이고 오류 없이 설계하는 상황은 극히 비현실적이다. 어떠한 시스템도 그러한 방법으로 개발된 적이 없으며 앞으로도 그럴 것이다. 책이나 논문에서 보여주는 작은 프로그램 개발조차도 현실과는 거리가 있다. 그러한 예제는 저자가 원하는 형태로 수정해 우리에게 보여주는 것이지 실제로 만든 것이 아니다.
— 데이비드 파르나스
(David Parnas)와
폴 클레멘츠
(Paul Clements)

호스트 리텔과 멜빈 웨버는 "불명확한" 문제란 전체 혹은 일부를 해결해야만 정의할 수 있는 문제라고 정의했다(Horst and Melvin 1973). 본질적으로 이 역설적인 말은 문제를 명확하게 정의하려면 문제를 한 번 "해결"해야 하며, 작동하는 솔루션을 만들기 위해서 다시 문제를 해결해야 한다는 의미를 담고 있다. 이러한 프로세스는 소프트웨어 개발에서 수십 년 동안 내려온 오랜 관습이다(Peters and Tripp 1976).

그러한 불명확한 문제의 가장 극단적인 예로 무너진 타코마 다리(Tacoma Narrows bridge)[2] 설계 사례를 들 수 있다. 다리를 지을 당시 가장 중요하게 고려했던 설계 시 고려 사항이 예상 무게를 견딜 수 있을 정도로 견고함을 유지하는 것이었으나 바람이 예상보다 많이 불어 다리가 좌우로 물결치듯 요동쳤다. 바람이 몹시 불던 1940년 어느 날, 그림 5-1처럼 다리는 제어할 수 없을 정도로 요동치다가 결국 무너졌다.

이 예는 불명확한 문제 규명의 대표적인 예라고 할 수 있다. 왜냐하면 다리가 붕괴될 때까지 엔지니어는 공기 역학을 그 범위까지 적용해야 했었는지 알지 못했기 때문이다. 결국, 다리를 짓고서야(문제 해결) 다리를 다시 짓게 만든 문제를 추가로 고려해야 한다는 사실을 배웠다.

---

2 (옮긴이) 1940년 미국 워싱턴 주에 건설된 타코마 다리는 53m/s의 바람에도 견딜 수 있도록 설계되었지만, 개통 4개월 만에 겨우 19m/s의 바람에 무너져 버렸다.

그림 5-1 타코마 다리 – 불명확한 문제의 예

학교에서 개발하는 프로그램과 전문가로서 개발하는 프로그램의 주요 차이점 중 하나는 학교에서 작성하는 프로그램은 해결하고자 하는 설계상의 문제점이 명확하다는 점이다. 학교의 프로그래밍 과제는 처음부터 끝까지 똑바로 진행할 수 있게 만든다. 프로그램 과제를 내주고는 설계를 끝내자마자 과제를 바꾸고 프로그램을 완성해 제출하려는 순간 다시 과제를 바꿔 버리는 교수가 있다면 화가 날 것이다. 하지만 이런 일이 실무 프로그래밍 세계에서는 매일 일어나는 현실이다.

설계는 엉성한 프로세스다(결과는 정돈되었을지라도)

완성된 소프트웨어 설계는 정돈되어 있고 깔끔해 보여야 하지만, 설계 과정은 최종 결과물만큼 깔끔하지 않다.

참고 자료 이러한 관점에 대한 자세한 설명은 *"A Rational Design Process: How and Why to Fake It"*(Parnas and Clements 1986)을 살펴본다.

설계하면서 잘못된 길로 들어서는 경우도 많고 실수도 많이 하기 때문에 설계는 뭔가 좀 엉성하다. 사실 실수를 하는 것이 설계의 핵심이다. 설계 단계에서 실수하고 고치는 것이 똑같은 실수를 코드 작성 후에 발견하여 코드를 수정하는 것보다 비용이 적게 든다. 설계는 훌륭한 해결책과 그렇지 않은 해결책의 차이가 크지 않은 경우가 많아서 설계를 엉성하다고 말하기도 한다.

관련 정보 이 질문에 대한 더 나은 대답은 이 장의 뒷부분에 있는 5.4절의 "설계를 얼마나 해야 할까?"를 살펴본다.

설계는 또한 "충분"한 상태를 알기 어렵기 때문에 엉성해 보이기도 한다. 설계는 얼마나 구체적이어야 할까? 설계를 공식 설계 표기법을 얼만큼 적용해 작성하고, 얼마나 코드 작성의 몫으로 남겨둬야 할까? 설계를 언제 끝낼 것인가? 설계는 완성되는 시점이 분명하지 않으므로 이 질문의 가장 흔한 대답은 "더 이상 시간이 없을 때"까지다.

설계는 절충과 우선순위의 문제다

이상 세계라면 모든 시스템이 즉시 실행할 수 있고 저장 공간을 사용하지 않으며 네트워크 대역폭을 사용하지 않고 오류도 없는 데다 구축하는 데 드는 비용도 없을 것이다. 현실 세계에서는 설계자의 주요 업무 중 하나가 서로 상충하는 설계 특징을 비교하여 그 특성들 사이의 균형을 맞추는 일이다. 빠른 응답 속도가 개발 시간을 최소화하는 것보다 중요하다면 설계자는 그에 맞는 설계를 선택할 것이다. 개발 시간을 최소화하는 것이 가장 중요하다면 좋은 디자이너는 그 목적에 맞게 다른 설계를 작성할 것이다.

설계에는 제약이 따른다

설계의 핵심은 어느 정도는 가능성을 만들고 어느 정도는 *가능성을 제한*한다는 데 있다. 물리적으로 어떤 구조물을 짓는 데 필요한 시간과 자원, 공간이 무제한 있었다면 신발 한 짝마다 보관할 방을 하나씩 만들고 방이 수백 개인 엄청나게 넓은 빌딩을 지었을 것이다. 계획적으로 제약 사항을 두지 않으면 소프트웨어 역시 이와 같은 결과를 낳을 것이다. 빌딩을 지을 때 자원이 제한적이라는 제약 사항 덕분에 좀 더 간결한 해결방안을 고안할 수밖에 없고 그 결과 더 나은 해결책이 나온다. 소프트웨어 설계의 목표도 마찬가지다.

설계는 비결정적이다

세 사람에게 같은 문제를 설계하도록 하면 서로 완전히 다른 설계를 내놓겠지만, 모두 충분히 쓸만할 것이다. 어떤 목적을 달성하는 방법은 한 가지 이상일 수 있지만 컴퓨터 프로그램을 설계하는 방법은 보통 수십 가지에 이른다.

설계는 발견적 학습 과정이다

KEY POINT

설계는 비결정적이기 때문에 설계 기법은 예상된 결과를 만들어내는 반복적인 처리 과정이라기보다 발견적 학습("경험 법칙" 또는 "작동하는지 시도해 보는 것")이라고 할 수 있다. 설계에는 시행착오가 따른다. 어떤 작업에서 효과가 있던 설계 툴이나 기법이 다음 프로젝트에서는 효과가 없을 수도 있다. 만능인 도구는 없다.

설계는 창발적이다

cc2e.com/0539

설계의 이런 특성들은 설계가 "창발적"이라는 말로 깔끔하게 요약할 수 있다. 설계는 누군가의 머릿속에서 완전한 형태로 갑자기 솟아 나오지 않는다. 설계는 설계 검토와 격식 없는 토론, 코드 작성 경험 자체, 코드 수정 경험을 통해 진화하고 발전한다.

참고 자료 시간의 흐름에 따라 변하는 것이 소프트웨어 구조만은 아니다. 물리적인 구조도 역시 진화한다. 스튜어트 브랜드(Stewart Brand)의 《How Buildings Learn》(Brand 1995) 참고.

실질적으로 모든 시스템은 초기 개발 과정에서 어느 정도의 설계 변경을 거치게 되고, 그 후에 보통 애초에 예상했던 것보다 훨씬 많은 내용이 변경된다. 어느 정도까지 변경하는 것이 이로운지 혹은 타당한지는 만드는 소프트웨어의 종류에 따라 달라진다.

5.2 핵심 설계 개념

핵심 개념을 잘 이해하고 있어야 훌륭한 설계가 가능하다. 이 절에서는 복잡성 관리, 바람직한 설계의 특징, 설계 수준에 대해 소개한다.

소프트웨어의 주요 기술적 의무: 복잡성 관리

관련 정보 복잡성이 설계가 아닌 프로그래밍에 미치는 영향에 대한 자세한 내용은 34.1절 "복잡성 정복"을 살펴본다.

복잡성 관리의 중요성을 이해하려면 프레드 브룩스의 대표적 논문인 *"No Silver Bullets: Essence and Accidents of Software Engineering"*(Brooks 1987)을 읽어본다.

본질적 어려움과 비본질적 어려움

브룩스는 소프트웨어 개발이 어려운 이유는 본질적이고 우연에 기인하는 서로 다른 종류의 문제 때문이라고 주장했다. 브룩스는 아리스토텔레스 시절의 철학에서 두 용어를 가져왔다. 철학에서 본질적인 속성은 어떠한 사물이 그러한 사물이 되기 위해서 반드시 가져야 하는 속성이다. 예를 들어 자동차는 자동차가 되기 위해서 엔진, 바퀴, 문이 있어야 한다. 본질적인 속성 중 하나라도 없으면 그것은 자동차라고 할 수 없다.

비본질적인 속성은 특정 사물을 일컬을 때 그것이 무엇이라고 결정하는 데 영향을 끼치지 않는 우연의 산물이다. 4기통 터보 엔진 V8 자동차든 다른 엔진이 장착된 자동차든 엔진의 종류와 상관없이 자동차라고 말할 수 있다. 자동차는 문이 2개 또는 4개일 수 있고, 바퀴는 스키니 휠(skinny wheel)[3]이거나 매그 휠(mag wheel)[4]을 가질 수 있다. 이와 같은 세부 사항들은 모두 비본질적인 속성이다. 비본질적인 속성은 *부수적이고 임의적이며 추가적이고 우연한* 것으로 생각할 수도 있다.

브룩스는 소프트웨어에서의 중요한 비본질적인 어려움이 오래 전에 해결되었음을 발견했다. 예를 들어 쓰기 불편한 언어 문법과 관련된 비본질적인 어려움은 어셈블리어에서 3세대 언어로 진화하는 과정에서 급격하게 줄어들었다. 비대화식 컴퓨터와 관련된 비본질적인 어려움은 시분할 운영체제가 배치 모드 시스템을 대체했을 때 해결되었다. 통합 프로그래밍 개발 환경 덕분에 따로 놀던 툴을 사용할 때 발생했던 비효율성도 해결되었다.

> **관련 정보** 비본질적인 어려움은 개발 후기보다는 초기 과정에서 중요하다. 자세한 내용은 4.3절 "기술 흐름 파악"을 살펴본다.

브룩스는 소프트웨어에 남아있는 본질적인 어려움은 느리게 해결될 수밖에 없다고 주장한다. 그 이유는 소프트웨어 개발이 본질적으로 매우 복잡하고 서로 연관된 개념들에 관한 세부 사항들을 해결하는 작업이기 때문이다. 소프트웨어 개발이 갖는 본질적인 어려움은 복잡하고 무질서한 현실 세계와 상호작용하고, 종속 관계와 예외 상황들을 정확하고 완벽하게 규명하며, 대충이 아니라 정확히 맞는 솔루션을 설계해야 하기 때문에 발생한다. 실제 세계의 문제점과 정확하게 같은 용어를 사용하는 프로그래밍 언어를 개발한다고 하더라도 실제 세계가 어떻게 돌아갈지 정확하게 판단하는 문제 때문에 프로그래밍은 여전히 어려울 수밖에 없다. 소프트웨어가 매우 큰 실제 세계의 문제를 해결하고 있고 현실 세계에서 사물 간의 상호작용이 매우 복잡해짐에 따라 소프트웨어 솔루션의 본질적인 어려움 또한 증가했다.

이 모든 본질적인 어려움의 근원은 본질적이고 비본질적인 복잡성 때문이다.

복잡성 관리의 중요성

> 소프트웨어 설계를 구현하는 방법에는 두 가지가 있다. 하나는 어느 누가 봐도 문제가 없을 정도로 간단하게 만드는 것이고 다른 하나는 누구도 문제를 찾을 수 없을 정도로 복잡하게 만드는 것이다.
> – C. A. R. 호어(Hoare)

소프트웨어 프로젝트 보고서에서 프로젝트 실패의 원인을 보고할 때 기술적인 이유로 프로젝트가 실패했다고 보고하는 경우는 거의 없다. 대부분 실패한 프로젝트는 요구사항이나 계획 수립, 관리가 부족해서 실패한다. 하지만 프로젝트가 기술적인 이유로 실패한 경우에는 그 원인을 복잡성 관리 부족에서 찾을 수 있다. 소프트웨어는 무슨 일이 일어나는지 아무도 모를 정도로 복잡성이 증가할 수 있다. 프로젝트에서 한 영역의 코드를 변경했을 때 다른 부분에 어떤 영향을 미치는지 완벽하게 이해하는 사람이 없을 정도라면 더 이상 개발을 할 수 없는 지경에 이른 것이다.

---

3 (옮긴이) 일반 자동차용 바퀴
4 (옮긴이) 스포츠카 등에서 사용되는 마그네슘 합금제 자동차 바퀴

KEY POINT

복잡성 관리는 소프트웨어 개발에서 가장 중요한 기술적 주제다. 개인적으로 소프트웨어의 주요 기술적 의무는 *복잡성을 관리하는 것*이라고 생각한다.

복잡성은 소프트웨어 개발의 새로운 특징이 아니다. 컴퓨터 분야의 선구자인 에츠허르 데이크스트라(Edsger Dijkstra)는 컴퓨팅은 그저 1비트에서 수백 메가 비트(또는 1부터 10^9의 비율) 차이에 온통 집중해야 하는 직업이라고 지적했다(Dijkstra 1989). 이 비율은 정말 어마어마한 값이다. 데이크스트라는 다음과 같이 설명했다. "의미적 층위 측면에서 보면 보통의 수학 공식은 거의 층위가 없다. 심오한 개념적인 계층 구조에 대한 필요로 인해 컴퓨터는 인류에게 유례 없는 새로운 본질적인 문제들을 제시했다." 물론 소프트웨어는 1989년 이래 훨씬 더 복잡해졌고 데이크스트라가 언급한 1대 10^9의 비율은 이제 1대 10^{15}의 비율이 되었다.

> 지나친 복잡성에 빠져들었을 때 나타나는 한 가지 증상은 객관적으로 보면 명백하게 말이 안 되는 방법을 어떻게 해서든지 적용하려는 자신을 발견하는 것이다. 이는 마치 기계를 다룰 줄 모르는 사람이 자동차가 고장 났을 때 배터리에 물을 붓고 재떨이를 비우는 것과 같다.
> — P.J. 플로거(Plauger)

데이크스트라는 현대 컴퓨터 프로그램을 보관할 수 있을 정도의 큰 두뇌를 가진 사람은 아무도 없다고 지적했는데(Dijkstra 1972), 이 말은 곧 소프트웨어 개발자가 전체 프로그램을 억지로 한 번에 머릿속에 밀어 넣으려고 해서는 안 된다는 뜻이다. 따라서 한 번에 한 부분을 제대로 집중할 수 있게 프로그램을 구성하도록 노력해야 한다. 목표는 한 번에 생각해야 하는 프로그램의 크기를 최소화하는 것이다. 마치 공이나 접시로 저글링을 하는 것과 같다고 생각하면 된다. 한 번에 다뤄야 하는 공의 개수가 많아지면 많아질수록 공을 떨어뜨릴 확률도 높아지고, 결국 이는 설계 또는 코드에서의 오류를 일으킨다.

소프트웨어 아키텍처 수준에서는 시스템을 서브시스템으로 나누어 문제의 복잡성을 줄인다. 인간은 하나의 복잡한 부분보다 여러 개의 간단한 정보를 더 빠르게 이해한다. 모든 소프트웨어 설계 기법의 목표는 복잡한 문제를 간단한 문제로 나누는 것이다. 서브시스템이 독립적일수록 한 번에 복잡한 부분의 일부에 집중하기가 더 쉽다. 객체를 신중하게 정의함으로써 한 번에 하나의 기능에만 집중할 수 있도록 작업을 나눈다. 패키지도 더 높은 수준의 통합이라는 같은 장점을 제공한다.

루틴을 짧게 유지하면 신경 쓸 부분이 줄어든다. 저수준의 상세 구현보다는 문제 범위 면에서 프로그램을 작성하고 추상성을 최대화하여 작업하면 뇌에 부담이 줄어든다.

결론적으로 인간의 선천적인 한계를 보완할 줄 아는 개발자는 자신뿐만 아니라 다른 사람도 이해하기 쉽고 오류가 적은 코드를 작성한다.

복잡성을 해결하는 방법

비용이 지나치게 많이 드는 비효과적인 설계는 다음과 같은 상황에서 발생한다.

- 간단한 문제를 복잡하게 해결할 때
- 복잡한 문제를 단순하고 잘못된 방법으로 해결할 때
- 복잡한 문제를 부적절하고 복잡하게 해결할 때

데이크스트라가 지적했듯이 오늘날의 소프트웨어는 태생적으로 복잡하고 아무리 노력해도 결국 현실 세계의 문제가 내포하는 본질적인 복잡성과 마주하게 된다. 다음은 복잡성을 관리하는 두 가지 접근 방법이다.

KEY POINT

- 두뇌가 한 번에 처리해야 하는 본질적인 복잡성의 양을 최소화한다.
- 비본질적인 복잡성이 불필요하게 증가하지 않도록 한다.

일단 소프트웨어에서 복잡성을 관리하는 것이 다른 기술적인 목표를 달성하는 것보다 중요하다는 점을 이해하고 있다면 설계 시 무엇을 고려할지 분명해진다.

바람직한 설계의 특징

> 나는 어떤 문제를 다룰 때 결코 아름다움에 대해 생각하지 않는다. 오로지 문제를 해결하는 방법만 생각한다. 하지만 문제를 해결했으나 그 해법이 아름답지 않다면 그것이 틀렸다는 것을 안다.
> – R. 버크민스터 풀러
> (R. Buckminster Fuller)

관련 정보 이 특징들은 일반적인 소프트웨어 품질 특성과 관련이 있다. 좋은 특성에 관한 자세한 내용은 20.1절 "소프트웨어 품질의 특성"을 살펴본다.

뛰어난 설계는 몇 가지 공통적인 특징이 있다. 다음의 목표들을 모두 충족한다면 사실 매우 훌륭한 설계라고 할 수 있다. 몇 가지 목표는 다른 목표와 상충하기 때문에 설계 단계에서 적절하게 균형을 맞추기 위한 방안을 마련해야 하는 어려움이 따른다. 신뢰성이나 성능과 같은 설계의 품질에 대한 몇 가지 특징은 훌륭한 프로그램이 갖는 특징이기도 하다. 다른 것들은 설계의 내부적 특징이다.

다음은 내부 설계의 특징들을 나열한 것이다.

복잡성 최소화   설계의 일차적인 목표는 앞에서 설명한 것과 같이 복잡성을 최소화하는 것이어야 한다. "재치 있는" 설계는 피한다. 재치 있는 설계는 일반적으로 이해하기 어렵다. 대신 "간단"하고 "이해하기 쉬운" 설계를 만들어라. 특정한 부분을 살펴보고 있을 때 다른 부분에 대해서도 함께 살펴봐야 한다면 잘못된 설계라고 말할 수 있다.

유지보수의 편리함   유지보수가 편리하다는 것은 유지보수 개발자를 위해 고려한 설계라는 뜻이다. 유지보수 개발자가 작성한 코드에 대해서 물어볼 만한 질문을 계속 떠올려 본다. 유지보수 개발자를 청중이라고 생각하고 시스템을 쉽게 이해할 수 있도록 설계한다.

느슨한 결합 느슨한 결합은 프로그램의 각 부분 사이의 연결을 최소화하도록 설계하는 것을 의미한다. 클래스 사이의 연결을 최소화하기 위해 클래스 인터페이스에서의 추상화, 캡슐화, 정보 은닉과 같은 방법을 사용한다. 연결을 최소화하면 통합이나 테스트, 유지보수할 때 작업을 최소화할 수 있다.

확장성 확장성은 내부 구조를 해치지 않고 시스템의 기능을 개선할 수 있다는 뜻이다. 다른 부분에 영향을 미치지 않고 시스템 일부분을 변경할 수 있다. 예측 가능한 변경 사항을 미리 고민하면 시스템에 입히는 충격을 최소화할 수 있다.

재사용성 재사용성은 현재 시스템의 일부를 다른 시스템에 사용할 수 있도록 시스템을 설계하는 것을 의미한다.

높은 팬인(fan-in) 높은 팬인은 특정 클래스를 사용하는 클래스의 수가 많다는 것을 의미한다[5]. 높은 팬인은 시스템이 유틸리티 클래스를 잘 활용하도록 설계되었다는 것을 의미한다.

낮은 팬아웃(fan-out) 낮은 팬아웃은 특정 클래스가 다른 클래스를 적게 사용한다는 것을 의미한다. 높은 팬아웃(7 이상)은 한 클래스가 다른 클래스를 여러 개 사용한다는 것을 가리키며 아마도 그래서 지나치게 복잡할 것이다. 연구원들은 낮은 팬아웃 법칙이 루틴 내에서 호출되는 루틴 수나 클래스 내에서 사용되는 클래스의 수를 계산할 때 유용하다는 것을 발견했다(Card and Glass 1990; Basili, Briand, and Melo 1996).

이식성 이식성은 시스템을 다른 환경으로 쉽게 이동시킬 수 있도록 설계하는 것을 의미한다.

간결성 간결성은 불필요한 부분이 없게 시스템을 설계하는 것을 의미한다(Wirth 1995, McConnell 1997). 볼테르는 한 권의 책이 완성되는 시점은 더 이상 추가할 내용이 없을 때가 아니라 더 이상 뺄 내용이 없을 때라고 말했다. 이 말은 소프트웨어에도 그대로 적용된다. 어떤 코드를 수정하면 나머지 코드를 다시 개발하고 검토하고 테스트하고 확인해야 한다. 소프트웨어의 차기 버전은 반드시 나머지 코드와 하위 호환성을 유지해야 한다. "기능을 추가하기는 쉬운데 어떤 문제가 발생하게 될까?"에 대해서 답할 수 있어야 한다.

---

[5] (옮긴이) 팬인은 회로 설계에서 하나의 논리 게이트에 접속할 수 있는 최대 입력의 수를 의미함

계층화 계층화는 시스템에 대해 특정한 계층에서 바라보고 일관되게 이해할 수 있도록 분산 계층을 유지하는 것을 의미한다. 시스템을 다른 계층을 보지 않고도 특정 계층에서 볼 수 있도록 설계해야 한다.

관련 정보 낡은 시스템을 다루는 것에 관한 자세한 정보는 24.5절 "리팩터링 전략"을 살펴본다.

예를 들어 오래되고 잘못 설계된 코드를 많이 사용해야 하는 시스템을 개발하고 있다면 새 시스템에 대해 이전 코드와 조화를 이룰 수 있는 계층을 만들어야 한다. 이전 코드의 잘못된 점을 감출 수 있도록 해당 계층을 설계해 새로 만든 계층에 일관성 있는 서비스를 제공한다. 그리고 시스템의 나머지 부분에서는 이전 코드가 아닌 새로운 클래스를 사용하게 한다. 이처럼 설계를 계층적으로 구성하면 우선 (1) 잘못된 코드가 가져오는 혼란을 막을 수 있고, (2) 이전 코드를 버리거나 재구성할 수 있는 여건이 되었을 때 해당 인터페이스 계층을 제외한 어떠한 코드도 변경할 필요가 없다.

관련 정보 특히 유용한 표준화 방법은 디자인 패턴을 사용하는 것이다. 이 내용은 5.3절의 "일반적인 디자인 패턴 찾기"에서 소개한다.

표준 기법들 시스템이 색다른 방법에 의존하면 할수록 다른 사람이 처음에 코드를 이해하기가 더 어려워질 것이다. 표준화되고 일반적인 접근 방법을 사용해 전체 시스템이 친숙하다고 느껴지게 만들려고 노력해야 한다.

설계 수준

하나의 시스템에도 여러 상세 수준이 있는데, 각 상세 수준마다 설계가 필요하다. 몇몇 설계 기법은 모든 수준에 적용할 수 있고 몇몇은 한두 가지 경우에만 적용할 수 있다. 그림 5-2는 각 수준을 그림으로 표현한 것이다.

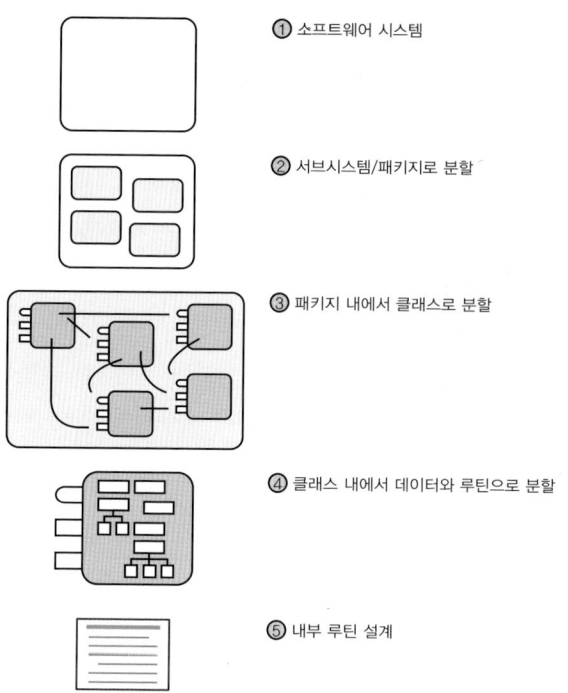

그림 5-2 프로그램에서의 설계 수준. 우선 시스템(1)은 서브시스템(2)으로 구성된다. 서브시스템은 클래스(3)로 분할되고, 클래스는 다시 루틴과 데이터(4)로 나뉜다. 각 루틴의 내부(5)도 설계한다.

수준 1: 소프트웨어 시스템

첫 번째 수준은 전체 시스템이다. 어떤 개발자들은 시스템 수준에서 곧바로 클래스 설계로 넘어가기도 하지만, 시스템 수준은 서브시스템이나 패키지 같이 상위 수준의 클래스 조합을 충분히 생각하는 데 도움을 준다.

> 달리 말하자면, 이 기업[6]의 전 우주적인 성공을 가능하게 한 기본 원칙은 근본적인 설계상의 문제를 표면적인 설계상의 문제로 완벽하게 감춰버린 데 있다.
> – 더글라스 애덤스
> (Douglas Adams)

수준 2: 서브시스템이나 패키지로 분할

이 수준의 설계에서 얻는 주요 산물은 모든 중요한 서브시스템을 식별하는 것이다. 서브시스템은 데이터베이스나 사용자 인터페이스, 비즈니스 규칙, 명령 해석기, 보고서 엔진과 같이 클 수도 있다. 이 수준에서는 프로그램을 주요 서브시스템으로 어떻게 나눌 것인지, 각 서브시스템이 다른 서브시스템을 어떻게 사용하게 할 것인지를 결정하는 것이 주요 설계 작업이다. 이 수준의 분할은 일반적으로 몇 주 이상 소요되는 모든 프로젝트에 필요하다. 시스템의 각 부분에 가장 적합한 방법을 선택해 서브시스템마다 서로 다른 설계 방법을 사용할 수 있다. 이것은 그림 5-2에서 수준 2로 표시되어 있다.

6 (옮긴이) 《은하수를 여행하는 히치하이커를 위한 안내서》에 나오는 시리우스 사이버네틱스 주식회사

이 수준에서는 서로 다른 서브시스템이 서로 어떻게 소통할 것인지에 대한 규칙을 정하는 것이 중요하다. 모든 서브시스템이 다른 모든 서브시스템과 소통할 수 있다면 그것들을 나눔으로써 얻는 장점이 없어질 것이다. 커뮤니케이션을 제한하여 각 서브시스템을 의미 있게 만들어라.

그림 5-3과 같이 6개의 서브시스템이 있는 시스템을 정의하는 예제를 생각해 보자. 규칙이 없으면 열역학 제2법칙에 의해 시스템의 엔트로피가 증가할 것이다. 엔트로피가 증가하는 한 가지 예로 서브시스템 간의 커뮤니케이션에 제약이 없다면 그림 5-4와 같이 막무가내로 커뮤니케이션이 발생할 것이다.

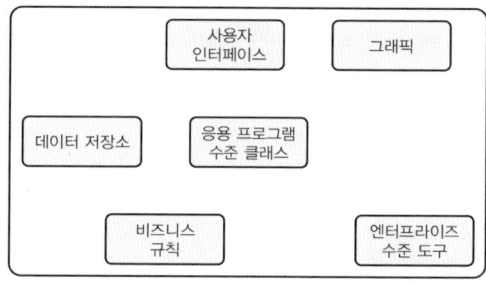

그림 5-3 6개의 서브시스템으로 구성된 시스템의 예

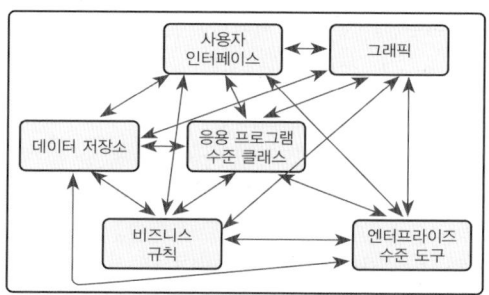

그림 5-4 서브시스템 사이의 커뮤니케이션에 제한이 없을 때 나타나는 현상의 예

그림과 같이 모든 서브시스템이 다른 모든 서브시스템과 직접 커뮤니케이션한다. 이런 상황에서는 몇 가지 고민거리가 생긴다.

- 개발자가 그래픽 서브시스템에서 무언가를 변경하기 위해서 전체 시스템에서 얼마나 많은 부분을 이해하고 있어야 할까?
- 다른 시스템에서 비즈니스 규칙을 사용하려고 할 때 무슨 일이 발생할까?

- 시스템에 테스트를 위한 명령줄 UI 같은 새로운 사용자 인터페이스를 추가하고자 할 때 무슨 일이 발생할까?
- 원격 기기에 데이터를 저장하고 싶을 때 무슨 일이 발생할까?

서브시스템끼리 연결된 선을 물이 흐르는 호스로 생각해 보자. 서브시스템 하나를 제거하려고 손을 뻗으려 할 때 그 서브시스템에는 이미 몇 개의 호스가 연결되어 있을 것이다. 뺐다가 다시 연결해야 하는 호스가 많아질수록 더 많이 젖게 될 것이다. 따라서 다른 곳에서 사용하기 위하여 서브시스템을 빼내려고 할 때 다시 연결해야 하는 호스의 수는 적으면서 쉽게 연결할 수 있게 설계하고 싶을 것이다.

사전에 고민하면 이러한 문제점들은 쉽게 해결할 수 있다. 당연한 말이지만, 서브시스템 간의 커뮤니케이션은 "서로 알 필요"가 있을 때만 가능하게 만든다. 확신이 안 서면 처음에는 커뮤니케이션을 제한하고 나중에 필요한 경우 완화하는 것이 서브시스템 간에 수백 개의 호출 코드를 작성하고 나서 이를 제한하는 것보다 더 쉽다. 그림 5-5는 이러한 몇 가지 커뮤니케이션 규칙 아래 그림 5-4의 시스템을 변경한 결과다.

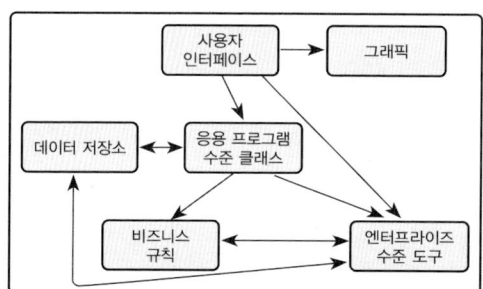

그림 5-5 커뮤니케이션 규칙 몇 개로 서브시스템의 상호작용을 현저하게 줄일 수 있다.

상호 연결관계를 이해하고 유지하기 쉽게 하려면 내부 서브시스템의 관계를 간단하게 만든다. 가장 간단한 관계는 하나의 서브시스템이 다른 서브시스템에 있는 루틴을 호출하는 것이다. 가장 복잡한 관계는 한 서브시스템에 있는 클래스가 다른 서브시스템에 있는 클래스를 상속받는 경우다.

범용적으로 적용할 만한 규칙은 그림 5-5와 같은 시스템 수준의 다이어그램이 순환 구조를 갖지 않는 것이다. 즉, 프로그램에서 클래스 A가 클래스 B를 사용하고 클래스 B가 클래스 C를 사용하고 클래스 C가 클래스 A를 사용하는 순환 관계가 없어야 한다.

규모가 큰 프로그램이나 프로그램군에서는 서브시스템 수준의 설계가 중요한 차이를 만든다. 서브시스템 수준의 설계를 건너뛰어도 좋을 정도로 프로그램이 작다고 생각한다면 적어도 그 수준의 설계를 건너뛴다는 결정을 명확하게 인지하고 있어야 한다.

공통적인 서브시스템 몇 가지 서브시스템은 서로 다른 시스템에서 계속 나타난다. 흔히 볼 수 있는 서브시스템 몇 가지를 살펴보자.

비즈니스 규칙 비즈니스 규칙은 컴퓨터 시스템에 입력하는 법률과 규칙, 정책, 절차를 말한다. 급여 시스템을 구축하고 있다면 국세청에서 얻은 원천세 공제와 예납 세율에 대한 규칙을 입력할 것이다. 급여 시스템에 필요한 그 밖의 규칙은 초과 근무 수당, 휴일과 공휴일 수당 등을 명시한 조합규약에서 가져올 수 있다. 자동차 보험료를 계산하는 프로그램을 개발하고 있다면 필수 책임 보험이나 보험 통계 비율표, 인수 제한 사항을 정부 규정에서 가져올 것이다.

> **관련 정보** 테이블을 이용하여 비즈니스 로직을 단순화하는 방법에 대한 내용은 18장 "테이블을 사용하는 기법들"을 살펴본다.

사용자 인터페이스 사용자 인터페이스가 프로그램의 나머지 부분에 지장을 주지 않고 발전할 수 있도록 사용자 인터페이스 컴포넌트를 고립시키는 서브시스템을 개발한다. 대부분의 경우, 사용자 인터페이스 서브시스템은 GUI 인터페이스와 명령줄 인터페이스, 메뉴 처리, 윈도우 관리, 도움말 시스템 등에 대한 여러 개의 종속적인 서브시스템이나 클래스를 사용한다.

데이터베이스 접근 데이터베이스 접근에 대한 구현 세부 사항을 감춰 프로그램 대부분이 저수준 구조체를 다루기 위한 복잡한 세부 사항에 대해서 걱정할 필요가 없게 만들고 비즈니스 수준에서 사용되는 형태로 데이터를 처리할 수 있다. 구현 세부 사항을 감춘 서브시스템은 프로그램의 복잡성을 줄여주는 유용한 추상화 수준을 제공한다. 이런 서브시스템은 데이터베이스 연산을 한곳에 집중시키고 데이터를 다룰 때의 오류 발생 가능성도 줄인다. 또한 프로그램 대부분을 변경하지 않고도 데이터베이스 설계 구조를 쉽게 바꿀 수 있다.

시스템 의존성 하드웨어의 의존성을 패키지화하는 것과 같은 이유로 운영체제에 대한 의존성을 서브시스템으로 패키지화한다. 가령 마이크로소프트 윈도우용 프로그램을 개발 중이라면 윈도우 환경으로만 제한할 이유가 있는가? 윈도우 API에 대한 호출을 윈도우 인터페이스 서브시스템으로 고립시킨다. 나중에 이 프로그램을 맥 OS나 리눅스로 이식하고 싶다면 인터페이스 서브시스템만 변경하면 된다. 인터페이스 서브시스템을 직접 구현하자면 지나치게 큰 비용이 들겠지만, 상용 코드 라이브러리에서 쉽게 구할 수 있다.

수준 3: 클래스로 분할

이 수준의 설계에는 시스템에 필요한 모든 클래스를 구체화하는 작업이 들어간다. 예를 들면 데이터베이스-인터페이스 서브시스템은 데이터베이스 메타데이터뿐만 아니라 데이터 접근 클래스와 지속성 프레임워크 클래스로 추가로 나뉠 수 있다. 그림 5-2의 수준 3은 수준 2의 서브시스템 하나가 어떻게 클래스로 나뉘는지 보여주며, 그것은 곧 수준 2에 있는 다른 세 개의 서브시스템도 클래스로 분리된다는 의미다.

참고 자료 데이터베이스 설계에 대한 내용은 《*Agile Database Techniques*》(Ambler 2003)를 살펴본다.

각 클래스가 시스템의 나머지 부분과 상호작용하는 방법에 대한 세부적인 사항도 클래스에 명시되어야 한다. 특히 클래스의 인터페이스가 정의된다. 전반적으로 이 단계에서 가장 중요한 작업은 개별적인 클래스로 구현할 수 있을 만큼 자세한 수준으로 모든 서브시스템을 확실하게 분해하는 것이다.

관련 정보 고급 클래스의 특성에 대한 자세한 내용은 6장 "클래스 다루기"를 살펴본다.

일반적으로 며칠 이상 걸리는 프로젝트라면 서브시스템을 클래스로 나누는 작업이 필요하다. 프로젝트의 규모가 크다면 수준 2에서 해야 할 일이 좀 더 분명해지겠지만, 프로젝트가 작다면 수준 1의 전체 시스템에 대한 부분만 명시하고 곧바로 수준 3인 클래스 뷰 구현으로 넘어갈 수도 있다.

클래스와 객체 객체지향 설계에서 가장 핵심적인 개념은 객체와 클래스의 차이를 이해하는 데 있다. 객체는 실행 중인 프로그램에 존재하는 구체적인 엔티티(entity, 개체)다. 클래스는 프로그램 코드로 정적이지만, 객체는 프로그램을 실행할 때 생성되는 특정한 값과 속성을 갖는 동적인 것이다. 예를 들면 이름, 나이, 성(性)과 같은 속성을 가진 *Person* 클래스를 선언할 수 있다. 실행 시 *nancy*, *hank*, *diane*, *tony* 같은 객체 즉, 클래스의 구체적 인스턴스를 가지게 된다. 데이터베이스 용어에 익숙하다면 "스키마"와 "인스턴스"의 차이를 떠올리면 된다. 클래스를 쿠키 틀, 객체를 쿠키라고 생각해도 된다(틀로 쿠키를 찍어낸다고 생각하라). 이 책에서는 두 용어를 엄격하게 구분하지 않고 클래스와 객체를 번갈아 가면서 사용한다.

수준 4: 루틴으로 분할

이 단계에서는 클래스를 루틴으로 나눈다. 수준 3에서 정의한 클래스 인터페이스가 몇 가지 루틴을 정의할 것이다. 수준 4에서는 클래스의 비공개(private) 루틴을 상세히 설계한다. 클래스 내부에 있는 루틴의 상세 부분을 살펴보면 간단한 루틴도 많지만, 계층적으로 구성되어 있어 좀 더 자세한 설계가 필요한 루틴도 있는 것을 알 수 있다.

클래스의 루틴을 완전하게 정의하는 작업을 통해서 클래스의 인터페이스에 대해 더 잘 이해하게 되면 인터페이스도 그것에 맞게 변경해야 하는 경우가 생긴다. 다시 말하면 수준 3으로 돌아가 수정해야 한다는 뜻이다.

이 수준의 분할과 설계는 종종 개별 개발자가 수행하는 몇 시간 정도 걸리는 프로젝트에서도 필요한 작업이다. 공식적으로 할 필요가 없다면 적어도 머릿속에서라도 해야 한다.

수준 5: 내부 루틴 설계

관련 정보 고급 루틴의 작성에 대한 자세한 내용은 7장 "고급 루틴"과 8장 "방어적 프로그래밍"을 살펴본다.

이 단계의 설계에서는 각 루틴의 상세한 기능을 구현한다. 내부 루틴 설계는 일반적으로 개별적인 루틴을 개발하는 개발자의 몫이다. 설계는 의사코드를 작성하고 참고 서적에서 알고리즘을 살펴보고 루틴 내의 코드 단락을 어떻게 구성할 것인지를 결정하고 프로그래밍 언어로 코드를 작성하는 활동으로 구성된다. 이 단계는 항상 수행되기는 하지만, 의식적으로 잘하기보다는 무의식적으로 엉터리로 하는 경우가 많다. 그림 5-2에서 이 수준에서의 설계는 5번에 해당한다.

5.3 설계 빌딩 블록: 발견적 학습

소프트웨어 개발자들은 다음과 같이 틀에 박힌 답변을 좋아하는 경향이 있다. "A와 B와 C의 결과는 언제나 X와 Y와 Z일 것이다." 개발자는 기대하는 결과를 만들어내는 비밀스러운 단계를 학습하는 것에 큰 자부심을 느끼고 있고 어떤 명령이 배운 대로 작동하지 않으면 짜증을 낸다. 이와 같은 결정론적인 사고방식은 상세 프로그래밍에 매우 적합해서 상세 사항에 엄격한 주의를 기울이냐에 따라 프로그램이 작동할 수도, 작동하지 않을 수도 있다. 하지만 소프트웨어 설계는 이와 상당히 다르다.

설계에는 정답이 없으므로 좋은 소프트웨어 설계를 위해서 발견적 학습을 효과적으로 적용해야 한다. 다음 절에서는 어떻게 하면 좋은 설계 작업을 할 수 있을지에 대해서 고민해 볼 수 있는 여러 가지 발견적 학습 방법을 설명한다. 발견적 학습을 "시행착오"에서 "시행"에 대한 지침으로 생각할지도 모르겠다. 이 가운데 몇 가지는 분명히 예전에 경험해 봤을 것이다. 이어지는 내용은 '소프트웨어의 주요 기술적 임무: 복잡성 관리' 측면에서 각 발견적 학습을 설명한 것이다.

현실 세계의 객체를 찾아라

> 시스템이 무엇을 하는지 묻기 전에 무엇을 해야 하는지를 물어라!
> – 베르트랑 메이어
> (Bertrand Meyer)

관련 정보 클래스 사용 설계에 대한 자세한 내용은 6장 "클래스 다루기"를 살펴본다.

설계의 대안을 규명하는 최초이자 가장 널리 알려진 접근 방법은 "정석대로의" 객체지향적 접근 방법으로, 현실 세계의 객체와 가상의 객체를 찾는 것에 초점을 맞춘다.

객체를 설계하는 단계는 다음과 같다.

- 객체와 객체의 속성(메서드와 데이터)을 식별한다.
- 각 객체에 무엇을 할 수 있는지 결정한다.
- 각 객체가 다른 객체에 무엇을 할 수 있는지 결정한다.
- 각 객체에서 다른 객체에 보일 부분을 결정한다. 즉, 공개되는 부분과 비공개되는 부분을 결정한다.
- 각 객체의 공개 인터페이스를 정의한다.

이 단계는 반드시 언급한 순서대로 수행되지는 않으며 종종 반복 수행된다. 반복은 중요하다. 각 단계에 대해서 간단하게 설명하면 다음과 같다.

객체와 객체의 속성을 식별한다 컴퓨터 프로그램은 대개 현실 세계의 엔티티에 기반을 둔다. 예를 들면 시간별 청구 시스템은 현실 세계의 직원(employee)과 고객(client), 근무시간 기록표(timecard), 청구서(bill)에 기반을 둔다. 그림 5-6은 그러한 청구 시스템을 객체지향적인 관점에서 표현한 것이다.

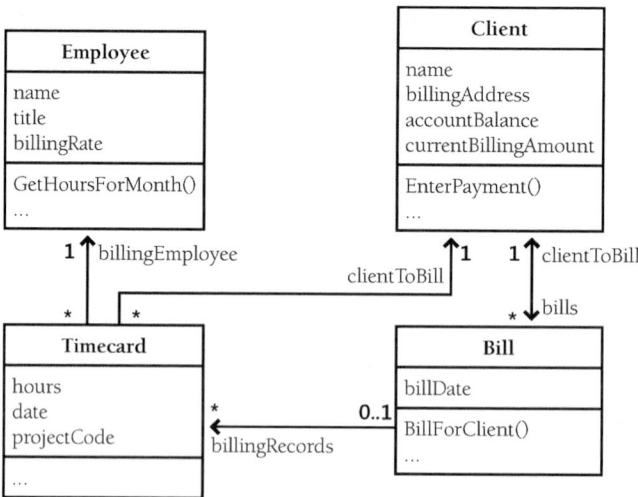

그림 5-6 이 청구 시스템은 4개의 주요 객체로 구성되어 있다. 예를 들기 위해 객체를 실제보다 단순하게 나타냈다.

객체를 식별하고 나면 객체의 속성을 찾는 것은 크게 어렵지 않다. 각 객체는 컴퓨터 프로그램과 관련된 속성을 갖는다. 예를 들어 시간별 청구 시스템에서 직원(employee)

객체는 속성으로 이름, 직위, 청구율을 갖는다. 고객(client) 객체는 이름, 청구서 발송지, 계좌 잔액을 갖는다. 청구서(bill) 객체는 청구 금액, 고객 이름, 청구 날짜를 속성으로 갖는다.

그래픽 사용자 인터페이스 시스템에는 윈도우와 대화상자, 버튼, 폰트, 그리기 도구가 객체에 포함될 것이다. 문제 영역에 대해 더 조사하면 현실 객체와 일대일로 매핑하는 것보다 더 좋은 소프트웨어 객체를 선택할 수 있겠지만, 현실 세계의 객체로 시작하는 것도 좋은 방법이다.

각 객체에 무엇을 할 수 있는지 결정한다 각 객체에서 다양한 작업을 수행할 수 있다. 그림 5-6의 청구 시스템에서 직원 객체는 직함이나 청구율을 변경할 수 있으며, 고객 객체는 이름이나 청구서 배달 주소 등을 변경할 수 있다.

각 객체가 다른 객체에 무엇을 할 수 있는지 결정한다 이 단계는 말 그대로 받아들이면 된다. 통상 객체가 서로에게 할 수 있는 두 가지 사항은 포함과 상속이다. 어떤 객체가 어떤 객체를 포함할 수 있는가? 어떤 객체가 어떤 객체로부터 *상속받을* 수 있는가? 그림 5-6에서 시간 기록표는 직원 객체와 고객 객체를 포함할 수 있으며, 청구서 객체는 하나 이상의 시간 기록표 객체를 포함할 수 있다. 아울러 청구서 객체는 고객에게 청구할 수 있고, 고객은 해당 청구서에 대한 요금을 지불할 수 있다. 더 복잡한 시스템에는 상호작용이 추가로 들어갈 것이다.

> **관련 정보** 클래스와 정보 은닉에 대한 자세한 내용은 5.3절의 "비밀을 숨겨라: 정보 은닉"를 살펴본다.

각 객체에서 다른 객체에 보일 부분을 결정한다 설계 시 객체의 어느 부분을 공개하고 어느 부분을 비공개로 유지해야 하는지를 파악하는 것은 가장 중요한 결정 중 하나다. 데이터와 메서드 모두에 대해 이러한 사항을 결정해야 한다.

각 객체의 인터페이스를 정의한다 각 객체에 대해 형식적이고 이해하기 쉬운 프로그래밍 언어 수준의 인터페이스를 정의한다. 해당 객체가 다른 모든 객체에 노출하는 데이터와 메서드를 객체의 "공개(public) 인터페이스"라고 한다. 객체가 상속을 통해서 파생된 객체에 노출하는 부분을 객체의 "보호(protected) 인터페이스"라고 한다. 서로 다른 인터페이스의 차이점을 잘 이해해야 한다.

최상위 수준의 객체지향 시스템을 구성하기 위해서 앞서 소개한 단계를 마치고 나면 두 가지 과정을 반복하게 될 것이다. 우선 더 나은 클래스 구성을 얻기 위해서 최상위 수준의 시스템 구성을 반복하여 진행할 테고, 지금까지 정의한 각 클래스를 더 상세하게 설계하는 작업을 반복할 것이다.

일관성 있게 추상화하라

다른 수준에 있는 서로 다른 세부 사항을 다루지만, 세부 사항을 무시해도 문제가 없는 개념과 맞물리는 능력을 추상화라고 한다. 집합체(aggregate)라는 개념을 도입해 작업할 때 추상화를 통해 작업하고 있다고 말할 수 있다. 어떤 물체를 유리, 나무, 못의 결합이라고 하지 않고 "집"이라고 부른다면 추상화를 한 것이다. 집이 모여있는 집합을 "마을"이라고 한다면 그 또한 추상화한 것이다.

기초(Base) 클래스는 기초 클래스에 대해 작업할 때 상속받는 클래스가 갖는 공통 특성들에 집중하고 다른 세부 사항은 무시하기 위해 만들어진 추상화다. 좋은 클래스 인터페이스는 클래스의 내부 작업에 신경 쓰지 않고 인터페이스에 집중할 수 있게 해주는 추상화다. 잘 설계된 루틴에 대한 인터페이스는 저수준 세부 사항과 동일한 혜택을 제공하며 잘 설계된 패키지나 서브시스템에 대한 인터페이스는 고수준 세부 사항의 이득을 제공한다.

복잡성 관점에서 보면 추상화의 가장 큰 장점은 관련 없는 세부 사항을 무시할 수 있다는 것이다. 대부분의 현실 객체는 이미 어느 정도 추상화되어 있다. 방금 전에 언급했듯이 집은 창문, 문, 외장용 자재, 배선, 배관, 단열재라는 구성 요소와 그러한 구성 요소들을 구조화하는 방법에 대한 추상체다. 문은 돌쩌귀와 손잡이가 있는 사각형 물체를 특별한 방법으로 배치한 추상체다. 그리고 손잡이는 놋쇠나 니켈, 철, 강철을 특정 모양으로 만든 추상체다.

사람들은 끊임없이 추상화를 사용한다. 문을 사용할 때마다 개별적인 목질 섬유와 니스 분자, 철 분자 하나하나를 신경 써야 한다면 문을 사용하는 게 거의 불가능할 것이다. 그림 5-7의 그림처럼 추상화는 현실의 복잡성을 다루는 주요한 방법이다.

그림 5-7 추상화를 이용하면 복잡한 개념을 더 단순한 관점으로 바라볼 수 있다.

관련 정보 클래스 설계에서의 추상화에 대한 자세한 내용은 6.2절의 "좋은 추상화"를 살펴본다.

때로는 소프트웨어 개발자가 목질 섬유와 니스 분자, 철 분자 수준으로 시스템을 구축하기도 한다. 그렇게 하면 시스템이 지나치게 복잡해지고 논리적으로 관리하기 어려워진다. 개발자가 더 큰 프로그래밍 추상화를 제공하지 못하면 집은커녕 문조차도 만들 수 없게 되는 경우도 있다.

훌륭한 개발자는 루틴 인터페이스 수준, 클래스 인터페이스 수준, 패키지 인터페이스 수준, 달리 말하면 손잡이 수준, 문 수준, 집 수준의 단계적인 추상화를 제공함으로써 더 빠르고 안전하게 프로그래밍할 수 있게 해준다.

구현 세부 사항을 캡슐화하라

추상화 다음으로 캡슐화를 진행한다. 추상화는 객체를 높은 수준에서 볼 수 있도록 하고 캡슐화는 다른 수준에서 해당 객체를 특정 수준 이상으로 볼 수 없도록 하는 것이다.

이번에는 집을 짓는 재료를 통해 개념을 설명해 보겠다. 캡슐화는 집의 외관을 볼 수는 있지만, 문의 재료가 무엇인지 알 수 있을 만큼 가까이 접근할 수는 없다는 개념이다. 집에 문이 있는지, 문이 열려있는지 닫혀있는지는 알 수 있지만, 문이 나무로 만들어졌는지, 유리섬유나 강철, 또는 다른 재료로 만들어졌는지는 알 수 없고 목질 섬유 하나하나를 살펴보는 것은 당연히 허용되지 않는다.

그림 5-8과 같이 캡슐화는 복잡한 부분을 보지 못하게 함으로써 복잡성을 관리하는 데 도움을 준다. 6.2절에 있는 "좋은 캡슐화"에서는 클래스 설계에 적용되는 캡슐화에 대한 더 기본적인 내용을 제공한다.

그림 5-8 캡슐화는 복잡한 개념을 더욱 단순한 관점으로 보게 해서 복잡한 개념의 세부 사항을 못 보게 한다. 여기서는 보이는 게 전부다!

상속이 설계를 단순화할 수 있을 때 상속하라

소프트웨어 시스템을 설계할 때 약간 다를 뿐 다른 객체들과 상당히 비슷한 객체를 종종 발견하게 될 것이다. 회계 시스템을 예로 들면 정규직과 계약직 직원이 있을 것이다. 두 종류의 직원에 관련된 데이터 대부분은 같지만, 일부는 다르다. 객체지향 프로그래밍에서는 직원이라는 일반적인 타입을 정의한 다음, 일반 직원에 속하면서 몇 가지 다른 점을 가진 정규 직원과 역시 일반 직원에 속하면서 몇 가지 다른 점을 가진 계약 직원으로 정의할 수 있다. 직원에 대한 어떤 작업을 구현할 때 해당 작업이 고용형태와 무관하면 직원을 일반 직원으로 보고 처리한다. 직원이 정규직인지 계약직인지에 따라 작업을 다르게 수행해야 한다면 서로 다르게 작업을 처리한다.

여기서 정규직과 계약직 직원이 일반 직원 타입의 특성을 상속받기 때문에 그러한 객체 사이의 유사성과 차이점을 정의하는 것을 "상속"이라고 한다.

상속은 추상화와 시너지 효과가 있다. 추상화는 서로 다른 수준에서 객체를 다룬다. 앞에서 예로 든 문을 어떤 수준에서 생각하면 특정 분자의 집합으로, 다음 수준에서는 목질 섬유의 집합으로, 그다음 수준에서는 도둑이 집으로 침입하지 못하게 하는 존재로 인식한다. 목재는 확실한 특성을 갖고 있고(예를 들어 목재는 톱으로 자르거나 아교로 붙일 수 있다), 단면 2×4인치의 재목[7]과 시다 슁글[8]은 각자의 특성뿐만 아니라 목재의 일반적인 특성도 갖는다.

상속은 프로그래밍을 단순화한다. 우선 문의 일반적 특성에 의존하는 것을 처리하는 일반 루틴을 작성하고 나서 특정 종류의 문에 대한 특정 작업을 처리하는 구체적인 루틴을 작성하면 되기 때문이다. *Open*()이나 *Close*()와 같은 연산은 문이 현관문이든 실내문, 실외문, 유리문, 미닫이문이든 상관없이 적용될 것이다. 문의 종류에 상관없이 *Open*()이나 *Close*()와 같은 연산을 지원하는 언어의 능력을 "다형성"이라고 한다. C++와 자바, 마이크로소프트 비주얼 베이직 최신 버전 같은 객체지향 언어는 상속과 다형성을 지원한다.

상속은 객체지향 프로그래밍에서 가장 강력한 도구의 하나다. 잘 사용하면 엄청난 이점이 있고 제대로 사용하지 못하면 큰 손해를 입을 수 있다. 자세한 사항은 6.3절의 "상속("is a" 관계)"를 참고한다.

7　(옮긴이) 목조주택 건축 시 보편적으로 사용하는 목재
8　(옮긴이) 지붕 재료로 주로 사용하는 삼나무 목재

비밀을 숨겨라(정보 은닉)

정보 은닉은 구조적 설계와 객체지향 설계 모두에 있어 기본적인 부분이다. 구조적인 설계에서는 "블랙박스"라는 개념이 정보 은닉에 해당한다. 객체지향적인 설계에서는 정보 은닉을 위해 캡슐화와 모듈성 개념이 생겼고 추상화 개념과 연결된다. 정보 은닉은 소프트웨어 개발에 있어 중대한 개념이기 때문에 이 절에서 정보 은닉에 대해 깊이 있게 다루고 있다.

정보 은닉은 데이비드 파르나스가 1972년에 발표한 *"On the Criteria to Be Used in Decomposing Systems Into Modules"*라는 제목의 논문이 출판되면서 처음 대중의 관심을 받기 시작했다. 정보은닉은 "비밀"이라는 개념을 특징으로 하는데, 그 비밀이라는 게 소프트웨어 개발자가 설계나 구현에서 나머지 프로그램으로부터 한 부분을 숨기기로 결정하는 것이다.

≪맨먼스 미신≫의 20주년 기념판에서 프레드 브룩스는 정보 은닉에 대한 비평이 초판에서 잘못된 몇 가지 사항 중의 하나였다고 결론을 내렸다. 그는 "정보 은닉에 대해서 파르나스가 맞고 나는 틀렸다."라고 선언했다(Brooks 1995). 배리 보엠은 정보 은닉이 재작업을 없애는 강력한 기법이라고 밝혔으며 점증적이고 변화가 많은 환경에서 특히 효과적이라고 지적했다(Boehm 1987).

정보 은닉은 *복잡성을 감추는 데* 중점을 두고 있기 때문에 소프트웨어의 주요 기술적 의무(복잡성 관리)에 특히 강력한 발견적 기법이다.

비밀과 프라이버시

정보 은닉 관점에서 각 클래스(또는 패키지나 루틴)는 그것을 다른 클래스로부터 숨기는 설계 결정이나 구현 결정으로 특징지어진다. 그 비밀은 바뀌기 쉬운 영역일 수도 있고, 파일의 포맷이나 데이터 타입이 구현되는 방법, 어떤 영역에서의 오류가 가능한 한 프로그램에 입히는 피해가 작도록 프로그램의 다른 부분으로부터 차단될 필요가 있는 영역이 될 수도 있다. 클래스의 역할은 이러한 정보들을 숨기고 프라이버시를 보호하는 것이다. 시스템에서 사소하게 변경된 사항이 클래스 내부의 여러 루틴에 영향을 미칠 수는 있지만, 클래스 인터페이스를 벗어나는 범위까지 영향을 미쳐서는 안 된다.

> 완전하고 최소한의 클래스 인터페이스를 작성하려고 노력하라.
> – 스콧 마이어스(Scott Meyers)

클래스 설계에서 가장 중요한 작업 중 하나는 어떤 기능을 클래스 외부로 알리고 어떤 기능을 비밀로 남길지 결정하는 것이다. 어떤 클래스가 25개의 루틴을 사용할 때 다섯 개만 외부로 노출하고 나머지 20개는 내부적으로 사용할 수 있다. 어떤 클래스는 여러 가지 데이터 타입을 사용하지만, 데이터 타입에 대해 어떠한 정보도 노출하지 않을 것이다. 클래스 설계의 이러한 측면을 "가시성"이라고도 한다. 클래스의 어떤 기능이 클래스 외부에 "보이는지" 또는 "노출되는지"와 관련이 있기 때문이다.

클래스에 대한 인터페이스는 가능한 한 내부 작업을 드러내지 않아야 한다. 그림 5-9에서 볼 수 있듯이 클래스는 빙산과 매우 비슷하다. 빙산의 8분의 7은 수면 아래에 있고 수면 위에 있는 8분의 1만 볼 수 있기 때문이다.

그림 5-9 좋은 클래스 인터페이스는 빙산의 일각과 같아서 클래스 대부분을 노출하지 않는다.

클래스 인터페이스 설계도 다른 설계 작업처럼 반복적인 과정이다. 처음에 인터페이스를 제대로 만들지 못했다면 완벽해질 때까지 몇 번을 더 시도한다. 그래도 만족스럽지 않다면 다른 접근 방법을 시도해 볼 필요가 있다.

정보 은닉의 예

각 객체가 *id*라는 멤버 변수에 저장된 고유한 ID를 가진 프로그램이 있다고 하자. 한 가지 설계 방법은 ID로 정수를 사용하고 *g_maxId*라는 전역 변수에 할당된 가장 높은 ID 값을 저장하는 것이다. 새로운 객체가 할당될 때마다 각 개체의 생성자에 간단히 *id = ++g_maxId* 문을 사용해 계속 증가하는 고유한 ID를 갖게 할 수 있고 그것으로 객체가 생성된 곳마다 확실히 최소한의 코드를 추가하게 될 것이다. 이러한 접근 방법에서는 어떤 문제가 발생할 수 있을까?

많은 문제가 발생할 수 있다. 특별한 목적으로 특정 ID 범위를 잡아두고 싶거나 보안 향상을 위해 비순차적인 ID를 사용하고 싶다면 어떻게 하겠는가? 또 삭제한 객체의 ID를 다시 사용하고 싶거나 예상한 최댓값보다 큰 ID 값을 할당할 때 오류를 발생시키는 어설션을 추가하고 싶다면 어떻게 하겠는가? id = ++g_maxId 명령문을 프로그램 전체에 뿌려 놓는 방법으로 ID를 할당했다면 이 명령문과 관련된 모든 코드를 변경해야 할 것이다. 그리고 프로그램을 다중 스레드로 작성했다면 이 접근 방법은 스레드에 안전하지 않을 것이다.

새로운 ID가 생성되는 방법은 무조건 감춰야 하는 설계 사항이다. 프로그램 전체에 ++g_maxId 명령을 사용하고 있다면 새로운 ID가 g_maxId의 값을 하나 증가시켜 생성된다는 사실을 외부에 노출하게 된다. 그 대신 전체 프로그램에 id = NewId() 명령문을 사용하면 새로운 ID가 어떻게 생성되는지 숨길 수 있다. NewId() 루틴 안에는 여전히 return (++g_maxId) 또는 이와 같은 기능을 수행하는 한 줄의 코드만 있겠지만, 나중에 특별한 목적으로 특정 ID 영역을 예약하거나 오래된 ID를 재사용하기로 했을 때 수백 개의 id = NewId() 명령문을 건드리는 대신에 NewId() 루틴 안에서만 변경하면 된다. NewId() 내부의 코드가 얼마나 복잡하든 상관없이 이 코드는 프로그램의 다른 부분에는 영향을 미치지 않을 것이다.

이번에는 ID의 타입을 정수에서 문자열로 변경해야 한다고 가정해 보자. int id와 같은 변수 선언문이 프로그램 전체에 퍼져 있다면 NewId() 루틴을 사용해도 도움이 안 될 것이다. 프로그램을 전체적으로 살펴보면서 수십 개나 수백 개의 코드를 변경해야 할 것이다.

추가로 숨겨야 하는 비밀은 ID의 타입이다. ID가 정수라는 사실이 노출되면 개발자는 >, <, =과 같은 정수 연산을 더 많이 수행하려고 할 것이다. C++에서는 간단히 typedef를 사용해 ID의 타입을 IdType으로 만들 수 있다. IdType은 int 형으로 직접 선언하는 대신 int로 변경되는 사용자 정의 타입이다. C++와 다른 언어에서는 간단한 IdType 클래스를 생성해도 된다. 이 경우에도 의도적으로 설계에 관한 구체적인 내용을 감춤으로써 다음에 변경으로 인해 영향을 받는 코드의 양을 크게 줄일 수 있다.

정보 은닉은 숫자 상수 대신 이름 상수(named constant)를 사용하는 것부터 데이터 타입의 생성을 비롯해 클래스 설계, 루틴 설계, 서브시스템 설계에 이르기까지 모든 설계 수준에서 유용하다.

은닉의 두 가지 부류

정보 은닉에서의 비밀은 다음과 같은 두 개의 일반적인 그룹으로 나뉜다.

- 특별하게 관심이 없는 경우에 고민할 필요가 없도록 복잡성을 감추는 것
- 변경이 발생했을 때 그 효과가 일부에만 영향을 미치도록 변경의 원인을 감추는 것

복잡한 데이터 타입, 파일 구조, 불린 테스트, 알고리즘 등이 복잡성의 원인이다. 변경의 원인에 대한 전체적인 목록은 이 장의 뒷부분에 소개되어 있다.

정보 은닉의 장애물

> **참고 자료** 이 절 내용의 일부는 "Designing Software for Ease of Extension and Contraction"(Parnas 1979)의 내용을 참고했다.

상황에 따라 정보 은닉이 불가능한 경우가 있지만, 정보 은닉을 어렵게 만드는 장애물 대부분은 다른 기법을 사용하던 관행으로부터 형성된 정신적인 장벽이다.

정보의 지나친 배분 정보 은닉의 한 가지 일반적인 장애물은 시스템 전체에 정보를 지나치게 배분하는 것이다. 시스템 전체에 상수 *100*을 코드로 직접 입력했을 수 있다. *100*을 상수로 사용하면 100에 대한 참조가 여기저기서 사용된다. MAX_EMPLOYEEE와 같은 상수에 이 정보를 숨겨서 한 곳에서만 값이 바뀌도록 하는 것이 좋다.

정보 과다분배에 대한 또 다른 예는 시스템 전체에 사용자와 상호작용하는 기능을 끼워 넣는 것이다. 가령 GUI 인터페이스에서 명령줄 인터페이스로 바뀌듯 상호작용 방식이 바뀌면 사실상 모든 코드를 수정해야 한다. 사용자 상호작용을 단일 클래스나 패키지, 서브시스템에 모아 전체 시스템에 영향을 미치지 않고 변경하게 하는 것이 좋다.

> **관련 정보** 클래스 인터페이스를 통해 전역 데이터에 접근하는 것에 대한 자세한 내용은 13.3절의 "전역 데이터 대신 접근 루틴의 사용"을 살펴보라.

또 다른 예로는 전역 데이터 값이 있다. 예를 들면 프로그램 전체에서 접근하는 최대 1,000개의 요소가 들어가는 직원 데이터 배열이 여기에 해당한다. 프로그램이 전역 데이터를 직접 사용하면 데이터가 배열이고 최대 1,000개의 요소를 가진다는 데이터 항목의 구현에 대한 정보가 프로그램 전체에 퍼질 것이다. 프로그램이 접근 루틴을 통해서만 데이터를 사용한다면 접근 루틴만이 구현 세부 사항을 알 것이다.

순환 의존성 순환 의존성도 정보 은닉을 불가능하게 만든다. 이는 클래스 A에 있는 루틴이 클래스 B에 있는 루틴을 호출하고 클래스 B에 있는 루틴이 클래스 A에 있는 루틴을 호출할 때 발생한다.

그러한 의존성의 순환을 피해야 한다. 그러한 구조는 다른 쪽의 일부가 준비될 때까지 클래스 A나 클래스 B 둘 다 테스트할 수 없기 때문에 시스템을 테스트하기 어렵게 만든다.

전역 데이터로 오해받는 클래스 데이터 성실한 개발자의 경우 효과적인 정보 은닉을 방해하는 것 중 하나는 클래스 데이터를 전역 데이터로 생각해서 전역 데이터와 관련된 문제를 피하고자 클래스 데이터를 사용하지 않는 것일 수 있다. 전역 변수를 사용하면 말 그대로 지옥으로 가는 급행열차를 타는 것과 같은 데 반해, 클래스 데이터는 위험 요소가 훨씬 적다.

전역 데이터는 일반적으로 두 가지 문제를 유발하기 쉽다. 다른 루틴이 전역 데이터를 다루고 있다는 사실을 알지 못한 채 전역 데이터에 접근하는 경우와 다른 루틴이 전역 데이터를 다루고 있다는 것을 알고 있지만 정확하게 무엇을 하는지 알지 못하는 경우가 그것이다. 클래스 데이터에는 이러한 문제가 없다. 데이터에 대한 직접적인 접근은 단일 클래스로 구성된 일부 루틴으로 제한된다. 그 루틴들은 다른 루틴이 데이터를 다루고 있다는 사실을 알고 있으며 그 루틴이 어떤 루틴인지도 정확하게 알고 있다.

물론 이것은 시스템이 잘 설계되고 작은 클래스를 사용하고 있다고 가정했을 때의 내용이다. 프로그램이 10개 정도의 루틴이 들어 있는 큰 클래스를 사용하도록 설계되어 있다면 클래스 데이터와 전역 데이터 사이의 구분이 불분명해지고 클래스 데이터가 전역 데이터와 비슷한 문제를 유발하기 쉽다.

관련 정보 코드 수준에서의 성능 최적화는 25장 "코드-튜닝 전략"과 26장 "코드-튜닝 기법"에서 설명한다.

성능 손해 정보 은닉에 대한 마지막 장애물은 아키텍처 수준과 코드 작성 수준에서 성능 손해를 피하기 위한 시도일 것이다. 어느 경우에도 걱정할 필요가 없다. 아키텍처 수준에서는 정보 은닉을 위한 시스템 설계가 성능을 위한 설계와 충돌하지 않기 때문에 걱정할 필요가 없다. 정보 은닉과 성능에 대해 충분히 고려하면 두 가지 목표를 모두 달성할 수 있다.

아키텍처 수준보다는 코드 작성 과정에서 이 걱정을 더 많이 한다. 데이터 항목에 간접적으로 접근하면 객체 생성과 루틴 호출이라는 추가적인 수준 때문에 실행 시 성능 손해가 발생할 것이라는 걱정이다. 이러한 걱정은 너무 성급한 것이다. 시스템의 성능을 측정하여 병목이 발생하는 위치를 정확하게 찾기 전까지 코드 수준에서의 성능 개선을 미리 준비하는 가장 좋은 방법은 코드를 가능한 한 모듈화하는 것이다. 그러면 나중에 과열지점(hot spot)을 발견했을 때 시스템의 다른 부분에는 영향을 주지 않고 개별적인 클래스와 루틴을 최적화할 수 있다.

정보 은닉의 가치

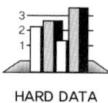

정보 은닉이 실무에서 그 가치가 분명하게 증명된 몇 안 되는 이론적인 기법의 하나라는 점은 오래 전부터 이미 알려진 사실이다(Boehm 1987a). 수년 전에 정보 은닉을 사용한 큰 프로그램이 그렇지 않은 프로그램보다 4배나 수정하기 쉽다는 게 밝혀졌다(Korson and Vaishnavi 1986). 게다가 정보 은닉은 구조적인 설계와 객체지향적인 설계 모두에 있어서 기본적인 부분이다.

정보 은닉은 고유한 특성에 기반을 두고 발견적인 방법으로 좋은 설계를 돕는다. 전형적인 객체지향적인 설계는 객체로 현실 세계를 모델링할 수 있는 발견적인 능력을 제공하지만, 객체지향적인 사고가 ID를 *IdType* 대신 *int*로 선언하지 않게 하는 데 도움을 주지는 않는다. 객체지향적인 설계자는 "ID가 객체로 다루어져야 하는가?"라고 물을 것이다. 프로젝트의 코드 작성 표준에 따라 다르겠지만 "그렇다"라고 대답하면 생성자와 소멸자, 복사 연산자, 할당 연산자를 작성하고 모든 코드에 주석을 작성한 다음 코드를 코드 저장소에 저장해야 한다. 대부분의 개발자는 "아니다. ID만을 위해서 클래스 하나를 따로 생성할 필요는 없나. 그냥 *int*를 사용할 것이다"라고 결정할 것이다.

방금 무슨 일이 일어났는지 다시 생각해 보라. ID의 데이터 타입을 간단하게 숨길 수 있는 유용한 설계 방식은 고려조차 하지 않았다. 설계자가 "ID를 감추는 문제는 어떻게?"라고 물었다면 개발자는 *int* 대신 *IdType*으로 대체하는 간단한 타입을 선언하여 ID의 타입을 숨기기로 할 것이다. 이 예제에서 객체지향적인 설계와 정보 은닉의 차이는 명시적 규칙과 규정이 충돌하는 것보다 구분하기 어렵다. 객체지향적인 설계도 정보 은닉처럼 이러한 설계 결정을 받아들일 것이다. 이 경우의 차이점은 정보 은닉에 대한 발견적인 사고가 객체지향적인 사고가 하지 않는 설계 결정을 돕는다는 데 있다.

또한 정보 은닉은 클래스의 공개 인터페이스를 설계할 때 유용할 수 있다. 클래스 설계에서 이론과 실제 사이의 차이가 크고 많은 클래스 설계자들 사이에서 클래스의 공개 인터페이스에 무엇을 놓아야 하는지에 대한 결정은 어떤 인터페이스가 가장 사용하기 편리한지를 결정하는 것과 같다. 이것은 대개 클래스를 가능한 한 많이 노출하는 결과를 가져온다. 열 줄만 추가로 작성하면 클래스의 비밀을 보호할 수 있었는데도 클래스의 모든 비공개 데이터를 노출한 개발자도 본 적이 있다.

"이 클래스에서 무엇을 숨겨야 하는가?"라고 묻는 것이 인터페이스 설계 문제를 해결하는 데 가장 중요하다. 클래스의 비밀을 훼손하지 않고 함수나 데이터를 공개 인터페이스에 놓을 수 있다면 그렇게 하라. 그렇지 않다면 하지 말라.

무엇을 숨겨야 하는지에 대한 질문은 모든 수준에서 좋은 설계 결정에 도움을 준다. 구현 수준에서 리터럴 대신 이름 상수를 사용하도록 하면 클래스 내부에서 좋은 루틴과 좋은 매개변수 이름을 생성하는 데 도움이 된다. 시스템 수준에서는 그 질문이 클래스와 서브시스템의 분해 및 상호 연결에 대한 결정에 도움을 줄 것이다.

KEY POINT

"무엇을 숨겨야 하지?"라고 질문하는 습관을 갖자. 설계에 관한 결정하기 어려운 문제의 상당수가 해결될 것이다.

변경될 것 같은 영역을 찾아라

참고 자료 이 절에서 설명한 접근 방법은 *"Designing Software for Ease of Extension and Contraction"* (Parnas 1979)에서 발췌했다.

훌륭한 설계자에 대한 연구에서 그들이 변경을 예측할 수 있는 능력을 공통으로 갖고 있다는 사실을 발견했다(Glass 1995). 변경 사항을 수용하는 것은 좋은 프로그램 설계에서 가장 어려운 부분이다. 변경의 효과가 한 루틴이나 클래스, 패키지에 제한되도록 불안정한 영역을 고립시키는 것이 목표다. 다음은 그러한 변화에 대비하기 위해서 따라야 하는 단계다.

1. **변경될 것처럼 보이는 항목을 찾는다.** 요구사항 개발을 잘했다면 그 안에 변경 가능성이 있는 것의 목록과 각 변경이 일어날 확률을 담고 있을 것이다. 그런 경우에는 변경 가능성이 있는 것을 파악하기가 쉽다. 하지만 요구사항 분석에서 변경 가능성이 있는 것을 다루지 않았다면 어느 프로젝트에서나 변경될 가능성이 큰 영역에 대한 이어지는 내용을 살펴본다.

2. **변경될 것 같은 항목을 분류한다.** 1단계에서 찾은 변경되기 쉬운 요소를 고유한 클래스로 분류하거나 함께 변경될 수 있는 다른 요소들과 함께 고유한 클래스로 분류한다.

3. **변경될 것처럼 보이는 항목을 고립시킨다.** 잠재적인 변경에 영향을 받지 않는 상호 클래스 인터페이스를 설계한다. 그리고 그러한 변화가 해당 클래스의 내부에 제한되어 외부는 영향을 받지 않도록 인터페이스를 설계한다. 변경된 클래스를 사용하는 클래스는 변경이 발생했다는 사실을 몰라야 한다. 클래스의 인터페이스가 자신의 비밀을 보호해야 한다.

다음은 변경될 가능성이 큰 영역이다.

관련 정보 변경을 예상하는 가장 강력한 기법의 하나는 테이블을 활용한 기법이다. 이에 대한 자세한 내용은 18장 "테이블을 활용한 기법"을 살펴본다.

비즈니스 규칙 비즈니스 규칙으로 인해 종종 소프트웨어가 변하게 된다. 국회는 조세 구조를 변경하고 기업은 계약을 재협상하고 보험 회사는 보험요율표를 변경한다. 정보 은닉의 기본 원칙을 따른다면 이러한 규칙에 기반을 둔 로직은 프로그램 전체에 영향을 미치지 않을 것이다. 그러한 로직은 변경될 필요가 있을 때까지 시스템의 한구석에 조용히 숨어있을 것이다.

하드웨어 의존성 화면, 프린터, 키보드, 마우스, 디스크 드라이브, 음향 장치, 장치 사이의 의사소통에 대한 인터페이스가 하드웨어 의존성의 예다. 하드웨어 의존성을 자체적인 서브시스템이나 클래스로 고립시킨다. 그러한 의존성을 고립시키면 프로그램을 새로운 하드웨어 환경으로 옮길 때 도움이 된다. 또한 변하기 쉬운 하드웨어를 위한 프로그램을 처음 개발할 때도 도움이 된다. 특정 하드웨어와의 상호작용을 흉내 내는 소프트웨어를 작성하고 하드웨어가 불안정하거나 사용 불가능할 때 하드웨어 인터페이스의 서브시스템을 시뮬레이터로 사용하게 만들고 나서 하드웨어를 사용할 준비가 되면 시뮬레이터에서 하드웨어 인터페이스 서브시스템을 빼고 그 서브시스템을 하드웨어에 연결하면 된다.

입력과 출력 초기 하드웨어 인터페이스보다 약간 더 높은 수준의 설계에서는 입력과 출력이 변하기 쉬운 영역이다. 응용 프로그램이 자신만의 데이터 파일을 생성하는 경우 응용 프로그램이 정교해짐에 따라 파일 포맷도 변할 것이다. 페이지에서 필드의 위치나 번호, 순서 등 사용자 수준의 입력과 출력 포맷도 변할 것이다. 일반적으로 외부 인터페이스에 대해 변경이 일어날 수 있는 모든 사항을 조사하는 것이 좋다.

표준을 따르지 않는 언어 기능 대부분의 언어 구현체는 편리하지만 표준을 따르지 않는 확장 기능을 포함한다. 그러한 확장 기능은 환경에 따라 지원되지 않을 수도 있기 때문에 양날의 검과 같다. 여기서 다른 환경이란 다른 하드웨어, 다른 회사의 언어 구현, 같은 회사에서 나온 언어의 새로운 버전이 될 수 있다.

현재 사용 중인 프로그래밍 언어에서 표준을 따르지 않는 확장 기능을 사용하고 있다면 다른 환경으로 옮겨갔을 때 해당 확장 기능을 새로운 코드로 대체할 수 있도록 확장 기능을 별도의 클래스 내에 숨기도록 한다. 마찬가지로 환경에 따라 사용이 불가능한 라이브러리 루틴을 사용하고 있다면 실질적인 라이브러리 함수를 다른 환경에서도 작동하는 인터페이스 뒤에 감춘다.

어려운 설계 및 구현 부분 어려운 설계와 구현 부분은 잘못 구현될 가능성이 있고 나중에 다시 구현할 필요가 있을지도 모르기 때문에 숨기는 것이 좋다. 기능을 분류하여 나쁜 설계나 구현이 나머지 시스템에 미치는 영향을 최소화한다.

상태 변수 상태 변수는 프로그램의 상태를 나타내고 다른 데이터보다 자주 변경되는 경향이 있다. 전형적인 예로, 처음에는 오류 상태 변수를 불린 변수로 정의했다가 나중에 그 변수를 *ErrorType_None*, *ErrorType_Warning*, *ErrorType_Fatal*과 같은 열거형 변수로 구현하는 게 더 낫다고 결정할 수도 있다.

상태 변수를 사용할 때는 유연성과 가독성을 고려한다.

- 불린 변수를 상태 변수로 사용하지 말라. 대신 열거형을 사용하라. 상태 변수에 새로운 상태를 추가하는 일은 흔히 발생하며 열거형에 새로운 타입을 추가하면 변수를 검사하는 모든 코드를 검토하는 대신 컴파일만 다시 하면 된다.
- 변수에 직접 접근하지 말고 접근 루틴을 사용하라. 변수 대신 접근 루틴을 검사함으로써 더욱 정교하게 상태를 검사할 수 있다. 가령 오류 상태를 나타내는 변수와 현재 함수의 상태를 나타내는 변수의 조합을 검사하고 싶을 때 검사 코드가 루틴에 숨어 있다면 그 작업이 쉬워지겠지만, 프로그램 전체에 복잡한 검사 코드가 작성되어 있다면 작업이 어려워질 것이다.

데이터 크기 제약 배열의 크기를 100으로 선언하면 불필요한 정보가 노출된다. 프라이버시를 보호해야 한다! 정보 은닉이 언제나 완전한 클래스를 구현하는 것만큼 복잡한 것은 아니다. 100을 숨기기 위해서 *MAX_EMPLOYEES*와 같은 이름 상수를 사용하는 것처럼 때로는 매우 간단하다.

변경의 정도 예측하기

관련 정보 변경 예상에 대한 이 절의 접근 방법은 설계나 코드 작성을 먼저 해야 한다는 조건을 수반하지 않는다. 그러한 습관에 대한 논의는 24.2절의 "프로그램이 언젠가 필요할 것 같은 코드를 포함하고 있다"를 살펴본다.

참고 자료 이 논의는 *"On the design and development of program families"*(Parnas 1976)에 소개된 접근 방법에서 가져왔다.

시스템에 대한 잠재적인 변경에 대해서 생각할 때 변경의 효과나 범위가 변경이 발생할 가능성에 비례하도록 시스템을 설계한다. 변경이 발생할 것 같다면 시스템이 그러한 변경을 쉽게 수용할 수 있는지 확인한다. 절대로 변경되지 않을 것 같은 부분만 시스템에서 하나 이상의 클래스에 큰 영향을 미치도록 허용해야 한다. 좋은 설계자는 변경을 예상하는 데 드는 비용도 고려한다. 변경 가능성은 희박하지만 대책 수립이 쉬운 경우라면 변경 가능성이 크고 대책 수립이 어려운 경우보다 더 많이 고민해야 한다.

변경될 것 같은 영역을 식별하는 좋은 기법은 우선 프로그램에서 사용자에게 쓸모가 있는 최소한의 부분을 파악하는 것이다. 그 부분이 시스템의 핵심을 이루고 변경될 가능성이 작다. 다음으로 시스템에 대한 최소한의 변경 사항이 무엇인지 정의한다. 그러한 부분은 너무 작아서 중요하지 않은 것처럼 보일 수 있다. 기능적인 변경을 고려할 때는 프로그램을 스레드에 안전하게 만들고 변경을 지역화하는 등 질적인 변경도 고려해야 한다. 개선 가능성이 있는 부분은 시스템의 잠재적인 변경으로 이어진다. 그래서 그러한 변경은 정보 은닉의 원칙을 사용해 설계한다. 핵심적인 부분을 먼저 식별함으로써 어떤 컴포넌트가 추가되는 부분인지 알 수 있고 거기서부터 개선할 내용을 추정하고 숨길 수 있다.

결합을 느슨하게 유지하라

결합은 클래스나 루틴이 다른 클래스나 루틴과 얼마나 밀접하게 연관되어 있는지를 기술한다. 목표는 다른 클래스나 루틴과 작고 직접적이며 눈에 띄고 유연한 관계를 갖는 클래스와 루틴을 생성하는 것으로, 이를 "느슨한 결합(loose coupling)"이라고 한다. 결합의 개념은 클래스와 루틴 모두에 동일하게 적용되기 때문에 이후 내용에서는 클래스와 루틴을 가리키는 데 "모듈(module)"이라는 단어를 사용할 것이다.

하나의 모듈이 다른 모듈에 의해 쉽게 사용될 수 있을 정도로 느슨한 상태가 훌륭한 결합이다. 철도 차량 모형은 갈고리를 걸어서 결합한다. 두 철도 차량을 연결하는 방법은 간단하다. 그냥 차량을 서로 밀어주면 된다. 나사못으로 고정해야 하거나 철사로 연결하거나 같은 종류의 차량끼리만 연결할 수 있다면 이 일이 얼마나 어려워질지 상상해 보라. 모형 차량의 결합은 방법이 매우 간단하기 때문에 가능하다. 소프트웨어의 경우에도 모듈 사이의 연결은 될 수 있는 한 단순해야 한다.

다른 모듈에 거의 의존하지 않는 모듈을 생성하려고 노력하라. 샴쌍둥이처럼 붙어 있기보다는 동업자처럼 떼어 놓아라. *sin()*과 같은 루틴은 이 루틴이 알아야 하는 모든 정보가 각도를 나타내는 값으로 루틴에 전달되기 때문에 느슨한 결합이다. *InitVars(var1, var2, var3, ..., varN)*와 같은 루틴은 호출 모듈이 전달해야 하는 모든 매개변수와 함께 실제로 *InitVars()* 내부에서 무슨 일이 벌어지는지 알아야 하기 때문에 더욱 강하게 결합되어 있다. 두 클래스가 동일한 전역 데이터를 사용하는 경우에는 서로 훨씬 더 긴밀하게 결합된다.

결합의 기준

다음은 모듈 사이의 결합을 평가하는 데 사용하는 몇 가지 기준이다.

크기 크기는 모듈 사이의 연결 횟수를 의미한다. 결합에서는 작은 인터페이스를 갖는 모듈이 다른 모듈에 연결하기가 상대적으로 쉽기 때문에 가능하면 작은 것이 좋다. 매개변수를 하나만 받는 루틴이 여섯 개의 매개변수를 받는 루틴보다 그것을 호출하는 모듈에 느슨하게 결합되어 있다. 잘 정의된 네 개의 공개 메서드를 갖는 클래스는 37개의 공개 메서드를 노출한 클래스보다 그 클래스를 사용하는 모듈에 느슨하게 결합되어 있다.

가시성 가시성은 두 모듈 간의 연결이 얼마나 명시적인지를 의미한다. 프로그래밍은 미국 중앙정보국(CIA)에서 근무하는 것과는 다르다. 다시 말해 남을 잘 속인다고 인정해

주지 않는다. 오히려 광고와 더 비슷하다. 가능한 한 연결 부분을 눈에 띄게 만들어야 더 많은 명성을 얻을 수 있다. 매개변수 목록에 데이터를 전달하는 것은 분명하게 연결하는 것이기 때문에 좋다. 다른 모듈이 데이터를 사용할 수 있도록 전역 데이터를 수정하는 것은 교묘한 연결이기 때문에 나쁘다. 전역 데이터 연결에 대한 내용을 문서로 작성하면 연결이 좀 더 분명해지므로 그나마 낫다.

유연성 유연성은 얼마나 쉽게 모듈 사이의 연결을 변경할 수 있는지를 의미한다. 이상적으로는 피복 전선과 인두 같은 것보다는 컴퓨터에 있는 USB 연결 장치 같은 것을 원할 것이다. 유연성은 다른 결합 특징의 산물을 어느 정도 갖고 있지만, 다른 점도 약간 있다. 입사 날짜와 직무 정보를 주고 직원이 1년 동안 받는 휴가 일수를 조회하는 루틴이 있다고 가정해 보자. 루틴의 이름을 *LookupVacationBenefit()*이라고 하자. 또 다른 모듈에 다른 정보와 함께 입사 날짜와 직무 정보가 담긴 *employee* 객체가 있고 모듈이 그 객체를 *LookupVacationBenefit()*에 전달한다고 해 보자.

다른 기준으로 보면 이 두 모듈이 느슨한 결합인 것처럼 보일 것이다. 두 모듈 사이가 *employee* 객체로 연결됐지만, 연결은 하나뿐이다. 이번에는 *employee* 객체를 갖고 있지는 않지만, 입사 날짜와 직무 정보를 가진 세 번째 모듈에서 *LookupVacationBenefit()* 모듈을 사용해야 한다고 가정해 보자. 이번에는 *LookupVacationBenefit()*을 호출하는 게 좀 어색하다.

세 번째 모듈이 *LookupVacationBenefit()*을 사용하려면 *Employee* 클래스에 대해 알아야 한다. *employee* 객체에서 두 개의 필드만 채울 수 있지만, 그렇게 하기 위해서는 *LookupVacationBenefit()*에 대한 내부 지식이 있어야 한다. 즉, 이 루틴이 두 필드만 사용한다는 사실을 알아야 한다. 그러한 방법은 엉터리고 보기에도 좋지 않다. 두 번째 선택 사항은 *employee* 객체 대신 입사 날짜와 직종을 받도록 *LookupVacationBenefit()*을 수정하는 것이다. 어느 경우든지 최초에 만든 모듈은 처음보다 유연성이 많이 떨어질 것이다.

이 이야기의 행복한 결말은 친화력이 떨어지는 모듈이 유연해질 의사만 있다면 *employee* 대신 입사 날짜와 직종 정보를 받게 변경함으로써 쉽게 접근할 수 있게 만들 수 있다는 것이다.

한마디로 말하자면 어떤 모듈이 다른 모듈을 호출하는 게 쉬울수록 결합은 더 느슨해지는데, 그렇게 하면 유연성도 커지고 유지보수하기도 쉽기 때문에 좋다. 시스템 구조를 만들 때는 상호 연결을 최소화하도록 프로그램을 나눠라. 프로그램이 나무토막 하나라면 나무를 깨알같이 쪼개도록 한다.

결합의 종류

다음은 가장 일반적인 결합의 종류다.

간단한 데이터 매개변수 결합 두 모듈 사이에서 전달되는 모든 데이터가 기본 데이터형이고 모든 데이터가 매개변수로 전달된다면 두 모듈은 단순-데이터-매개변수로 결합된 것이다. 이러한 종류의 결합은 자연스럽고 허용할 수 있다.

간단한 객체 결합 모듈이 객체를 인스턴스화한다면 그 모듈은 객체에 단순-객체로 결합된 것이다. 이러한 종류의 결합은 좋다.

객체 매개변수 결합 Object1이 Object2에게 Object3을 넘겨달라고 요구한다면 두 모듈은 서로에 대해서 객체-매개변수로 결합한 것이다. 이러한 종류의 결합은 Object2가 Object3에 대해서 알아야 하기 때문에 Object1이 Object2에게 기본 데이터형을 넘기라고 하는 것보다 결합이 좀 더 강하다.

의미론적인 결합 한 모듈이 다른 모듈의 프로그래밍 요소를 이용하지 않고 다른 모듈의 내부 작동에 대한 논리적인 지식을 사용할 때 가장 발견하기 어려운 종류의 결합이 발생한다. 다음은 몇 가지 예다.

- *Module1*이 *Module2*에게 무엇을 할지 지시하기 위해서 *Module2*에 제어 플래그를 전달한다. 이 접근 방법에서는 *Module1*이 *Module2*의 내부 작동 즉, *Module2*가 전달받은 제어 플래그로 무엇을 할지 반드시 알아야 한다. *Module2*가 제어 플래그에 대해 특정 데이터형을 정의한다면(열거형이나 객체) 이러한 방법을 사용해도 문제가 없을 것이다.

- *Module1*이 전역 데이터를 수정한 후에 *Module2*가 그 전역 데이터를 사용한다. 이러한 접근 방법은 *Module2* 입장에서 *Module1*이 *Module2*가 원하는 방법대로 전역 데이터를 수정했고 *Module1*이 적절한 시간에 호출되었다는 가정이 필요하다.

- *Module1*의 인터페이스는 *Module1.Routine()*이 호출되기 전에 *Module1.Initialize()* 루틴이 호출되어야 한다는 것을 말해주고 있다. *Module2*는 *Module1.Routine()*가 *Module1.Initialize()*를 호출한다는 것을 알고 있기 때문에 *Module1*의 인스턴스를 만든 다음에 *Module1.Initialize()*를 먼저 호출하지 않고 곧바로 *Module1.Routine()*를 호출한다.

- *Module1*이 *Object*를 *Module2*에 전달한다. *Module1*은 *Module2*가 *Object*의 7개 메서드 중에서 세 개만 사용한다는 것을 알고 있기 때문에 *Object*에서 세 개의 메서드에 필요한 데이터만 부분적으로 초기화한다.

- *Module1*이 *BaseObject*를 *Module2*에 전달한다. *Module2*는 *Module1*이 실제로는 *DerivedObject*를 전달한다는 것을 알고 있기 때문에 *BaseObject*를 *DerivedObject*로 변환하여 *DerivedObject*의 메서드를 호출한다.

사용된 모듈의 코드를 변경하면 모듈을 사용하는 코드가 컴파일러로 절대 감지할 수 없게 망가질 수 있기 때문에 의미론적 결합은 위험하다. 이런 코드가 문제를 일으키면 사용된 모듈에서 변경된 것과는 관련이 없어 보이는 미묘한 방법으로 망가질 수 있어 디버깅이 시시포스의 과업[9]이 되어 버린다.

효과적인 모듈이 추가적인 추상화 수준을 제공하는 것이 느슨한 결합의 핵심이다. 한 번 작성하고 나면 이 말이 당연하게 들릴 것이다. 전체적인 프로그램의 복잡성을 줄이고 한 번에 한 가지만 집중할 수 있게 한다. 하지만 어떤 모듈을 사용하기 위해서 한 번에 하나 이상의 것(내부 작업에 대한 이해, 전역 데이터의 수정, 불확실한 기능)에 집중해야 한다면 추상적인 효과는 사라지고 복잡성을 관리하는 데 도움을 주는 모듈의 능력은 줄어들거나 사라져버린다.

KEY POINT

클래스와 루틴은 복잡성을 줄이기 위해서 가장 먼저 사용하는 지능적인 도구다. 클래스와 루틴이 일을 더 단순하게 만들고 있지 않다면 제 역할을 못 하고 있는 것이다.

일반적으로 널리 사용되는 디자인 패턴을 찾아라

cc2e.com/0585

디자인 패턴은 소프트웨어에서 가장 흔히 발생하는 많은 문제를 해결하는 데 사용할 수 있는 이미 만들어진 솔루션의 핵심적인 부분을 제공한다. 어떤 소프트웨어 문제는 제일원리[10]로부터 끌어낸 해결책이 필요하다. 하지만 대부분 문제는 과거의 문제와 유사하고, 비슷한 해결책이나 패턴을 사용해 해결할 수 있다. 일반적으로 널리 사용되는 패턴에는 어댑터(Adapter), 브리지(Bridge), 데코레이터(Decorator), 파사드(façade), 팩토리 메서드(Factory Method), 옵저버(Observer), 싱글턴(Singleton), 스트래티지(Strategy), 템플릿 메서드(Template Method)가 있다. 에릭 감마(Erich Gamma), 리처드 헬름(Richard Helm), 랠프 존슨(Ralph Johnson), 존 블라시디스(John Vlissides)가 집필한 ≪GoF의 디자인 패턴: 재사용성을 지닌 객체지향 소프트웨어의 핵심요소≫(프로텍미디어, 2015)에 디자인 패턴에 대해 명확하게 설명되어 있다.

패턴은 완전히 직접 작성한 설계로는 얻을 수 없는 여러 가지 이점을 제공한다.

패턴은 이미 만들어진 추상화를 제공함으로써 복잡성을 줄인다. "이 코드는 파생된 클래스의 인스턴스를 생성하기 위해서 팩토리 메서드를 사용한다."라고 말한다면 프로젝

---

9   (옮긴이) 코린트의 사악한 왕으로, 사후에 지옥에 떨어져 큰 바위를 산 위로 밀어 올리는 벌을 받아 이 일을 한없이 되풀이했다.
10 (옮긴이) first principles, 제일원리법은 'Ab initio'법이라고도 하며 '처음부터'라는 의미가 있다.

트에 참여하는 다른 개발자들은 해당 코드에 상당히 많은 상호 관계와 프로그래밍 프로토콜이 들어간다는 것을 알게 된다. 그러한 사실들이 모두 팩토리 메서드라는 디자인 패턴을 언급할 때 거론되는 내용이기 때문이다.

팩토리 메서드는 팩토리 메서드를 제외한 다른 개별적인 파생 클래스를 파악하지 않고도 특정한 기본 클래스로부터 파생 클래스의 인스턴스를 만들 수 있는 패턴이다. 팩토리 메서드 패턴에 대한 자세한 설명은 마틴 파울러의 《리팩토링》(한빛미디어, 2012)의 "생성자를 팩토리 메서드로 전환" 부분(10장)을 살펴본다. 다른 개발자들에게 코드에 있는 설계 접근 방법을 이해시키려고 모든 코드에 관해서 설명할 필요가 없다.

패턴은 일반적으로 널리 사용되는 해결책의 세부 사항들을 규정함으로써 오류를 줄인다. 소프트웨어 설계 문제는 문제가 한두 번(또는 서너 번이나 그 이상) 해결되고 난 후 완전하게 보이는 특징이 있다. 패턴은 일반적인 문제를 해결하는 표준화된 방법을 나타내기 때문에 그러한 문제를 해결하려고 노력하며 수년간 축적된 지혜가 담겨 있고 사람들이 그러한 문제를 해결하기 위해 했던 잘못된 시도를 바로잡은 내용도 들어 있다.

따라서 디자인 패턴을 사용하는 것은 코드를 직접 작성하는 대신 라이브러리 코드를 사용하는 것과 개념적으로 유사하다. 모든 사람이 몇 번에 걸쳐 자신만의 퀵소트(Quicksort)를 작성하지만, 처음으로 직접 개발한 프로그램이 완벽하게 정확할 확률이 얼마나 되겠는가? 마찬가지로 수많은 설계 문제가 과거에 겪었던 문제와 유사해서 새로운 솔루션을 생성하는 것보다 기존에 만들어진 설계 솔루션을 사용하는 것이 더 낫다.

패턴은 대안을 제안함으로써 발견적 학습의 가치를 제공한다. 일반적으로 널리 사용되는 패턴을 잘 아는 설계자는 패턴 목록을 한 번 살펴보고 "내 설계 문제에 적합한 패턴이 어느 것이지?"라고 물을 수 있다. 잘 알고 있는 대안을 살펴보는 것은 옷을 디자인할 때 직접 디자인하는 것과는 비교할 수 없을 만큼 쉽다. 그리고 익숙한 패턴을 이용해 작성한 코드는 완전히 직접 작성한 코드보다 다른 사람이 이해하기도 더 쉬울 것이다.

패턴은 설계에 대해 수준 높은 논의를 할 수 있게 해서 의사소통을 원활하게 한다. 복잡성 관리라는 이점과 더불어 디자인 패턴은 설계자들이 더 거시적으로 생각하고 논의할 수 있게 함으로써 설계 논의를 촉진한다. "이 상황에서 크리에이터(Creator)를 사용해야 할지 팩토리 메서드를 사용해야 할지 결정을 못 하겠습니다."라고 말한다면 몇 단어만으로 이미 상당히 많은 이야기를 한 것이다. 물론 말하는 사람과 듣는 사람 모두 그 패턴을 잘 알고 있으면 그렇다. 크리에이터 패턴과 팩토리 메서드 패턴의 세부적인 코드를 살펴보고 두 접근 방법을 비교하고 대조한다면 얼마나 더 많은 시간이 걸릴지 상상해 보라.

디자인 패턴에 대해서 잘 모르는 독자를 위해 가장 널리 사용되는 패턴 중 몇 가지를 표 5-1에 정리했다.

표 5-1 잘 알려진 디자인 패턴

패턴	설명
추상 팩토리(Abstract Factory)	구체적인 클래스를 지정하는 것이 아니라 집합의 종류를 지정함으로써 관련 객체의 집합을 생성하는 기능을 제공한다.
어댑터(Adapter)	클래스의 인터페이스를 다른 인터페이스로 변환한다.
브리지(Bridge)	인터페이스와 구현을 분리하여 각각을 독립적으로 변형할 수 있게 한다.
컴포지트(Composite)	고유한 타입의 추가 객체가 담긴 객체로 구성되어 클라이언트 코드가 최상위 수준 객체를 사용하지만, 세부적인 객체에는 관여하지 않는다.
데코레이터(Decorator)	책임 설정 시 서브클래스를 생성하지 않고 객체에 동적으로 책임을 추가한다.
파사드(facade)	원래는 일관된 인터페이스를 갖지 않는 코드에 일관된 인터페이스를 제공한다.
팩토리 메서드(Factory Method)	팩토리 메서드를 제외하고는 다른 개별 파생 클래스에 대해 알 필요 없이 특정 기본 클래스로부터 파생된 클래스의 인스턴스를 만든다.
이터레이터(Iterator)	집합에 있는 각 요소에 순차적으로 접근하는 기능을 제공하는 서버 객체
옵저버(Observer)	집합의 멤버가 변경되었다는 것을 관련 객체에 알리는 객체를 만들어 여러 객체가 동기화 상태에 있도록 한다.
싱글턴(Singleton)	오직 하나의 인스턴스만 갖는 클래스에 대한 전역적인 접근을 제공한다.
스트래티지(Strategy)	동적으로 상호 교환이 가능한 알고리즘이나 행위를 정의한다.
템플릿 메서드(Template Method)	상세한 구현 일부를 서브클래스에 남겨두고 알고리즘의 구조를 정의한다.

이전에 디자인 패턴을 본 적이 없다면 표 5-1의 설명을 보고 다음과 같이 반응할 것이다. "이미 이런 개념 대부분을 알고 있습니다." 그러한 반응은 디자인 패턴이 유용한 이유의 큰 부분을 차지한다. 패턴은 숙련된 개발자 대부분이 알고 있는 내용에 능률적이고 효과적인 대화가 가능하도록 이름을 붙인 것뿐이다.

패턴을 사용할 때 코드를 억지로 패턴에 끼워 맞추지 않아야 한다. 잘 알려진 패턴에 따라 코드를 약간 바꾸면 코드를 이해하기가 더 쉬워지는 경우가 있다. 하지만 그 작업이 지나치면 패턴과 비슷하게 보이게 하려는 작업이 오히려 코드를 더 복잡하게 만들 수 있다.

또 다른 주의 사항은 기능에 집착하는 것이다. 다시 말해 패턴이 적절한 설계 솔루션이라서 사용한 게 아니라 패턴을 사용해 보기 위해 패턴을 사용하는 것이다.

전반적으로 디자인 패턴은 복잡성을 관리하기 위한 강력한 도구다. 이 장의 끝에서 소개하는 추천 도서를 통해 더 상세한 설명을 읽을 수 있다.

다른 발견적 학습

지금까지 소프트웨어 설계의 주요한 발견적 학습에 관해 설명했다. 지금부터는 항상 유용하지는 않지만, 여전히 언급할 가치가 있는 몇 가지 발견적 학습을 소개한다.

응집력을 강하게 하라

응집력은 구조적인 설계의 결과로 얻을 수 있고 대개 결합과 같은 맥락으로 다룬다. 응집력은 클래스에 있는 모든 루틴이나 루틴에 있는 모든 코드가 얼마나 밀접하게 중심 목적을 지원하고 있는지, 그 클래스가 얼마나 집중되어 있는지를 나타낸다. 매우 연관성이 높은 기능을 포함하는 클래스를 응집력이 강하다고 말하며, 발견적 학습의 목표는 가능한 한 응집력을 강하게 만드는 것이다. 응집력은 복잡성 관리에 유용한 도구다. 클래스의 코드가 중심 목표를 더 많이 지원할수록 코드가 수행하는 모든 것을 더 쉽게 기억할 수 있기 때문이다.

루틴 수준의 응집력에 대해서 생각하는 것은 지난 수십 년 동안 유용한 발견적 학습이었으며 오늘날에도 여전히 유용하다. 클래스 수준의 응집력은 이 장의 앞부분과 6장에서 설명한 잘 정의된 추상화 기법에 의해 널리 적용됐다. 추상화도 루틴 수준에 유용하지만, 루틴 수준에서는 응집력이 더 어울린다.

계층을 만들어라

계층은 단계식 정보 구조로, 가장 일반적이거나 추상적인 항목이 최상위에 위치하고 점차 상세하고 구체적인 항목이 낮은 수준에 위치한다. 소프트웨어에서는 클래스 계층과 그림 5-2의 수준 4처럼 루틴 호출 계층에서도 계층을 확인할 수 있다.

계층은 적어도 2,000년 이상 정보의 복잡성을 다루기 위한 중요한 도구였다. 아리스토텔레스는 계층을 이용해 동물의 왕국을 체계화했다. 인간은 이 책처럼 복잡한 정보를 체계화하는 데 개요를 자주 사용한다. 연구원들에 따르면 사람들은 복잡한 정보를 체계화하기 위해 계층 구조를 파악한다. 집과 같은 복잡한 물체를 그릴 때 계층적으로 그린다. 우선 집의 모양을 대충 그리고 문과 창문, 그리고 더 세부적인 부분을 그린다. 집을 그릴 때 벽돌이나 판자, 못 하나하나를 그리는 사람은 없다(Simon 1996).

계층은 소프트웨어의 주요 기술적 의무(복잡성 관리)를 달성하는 데 유용한 도구다. 계층을 이용하면 현재 다루고 있는 수준에만 집중할 수 있기 때문이다. 그렇다고 세부 사항이 완전히 사라지는 것이 아니라 모든 것을 동시에 생각하는 대신 원할 때만 생각할 수 있도록 세부 사항을 다른 수준으로 옮기는 것뿐이다.

클래스 계약을 형식화하라

관련 정보 계약에 대한 자세한 내용은 8.2절의 "선행 조건과 후행 조건을 문서화하고 검증하기 위해서 어설션을 사용하라"를 살펴본다.

더 상세한 수준에서는 각 클래스의 인터페이스를 나머지 프로그램과의 계약으로 생각하는 것이 이해하는 데 도움이 된다. 전형적으로 계약은 다음과 같은 것이다. "데이터 x, y, z를 제공하기로 약속하고 그 데이터들이 a, b, c라는 특성을 갖는다는 것을 약속한다면 8, 9, 10이라는 제약 내에서 1, 2, 3의 연산을 수행할 것을 약속합니다." 클래스의 클라이언트가 클래스와 맺는 그러한 계약을 전형적으로 "선행 조건"이라고 하며 객체가 클라이언트와 맺는 계약을 "후행 조건"이라고 한다.

계약은 적어도 이론상으로는 객체가 계약에 없는 행위를 무시해도 되기 때문에 복잡성을 관리하는 데 유용하다. 실무에서는 이러한 문제가 훨씬 더 어렵다.

책임을 할당하라

또 다른 발견적 접근 방법은 객체에 어떻게 책임을 할당할 것인가를 생각하는 것이다. 객체가 무엇을 책임져야 하는지 묻는 것은 어떤 정보를 감추어야 하는지 묻는 것과 유사하지만, 개인적으로는 책임을 묻는 것이 더 광범위한 답을 제공해 특별한 발견적 가치를 부여한다고 생각한다.

테스트가 가능하도록 설계하라

테스트가 용이한 시스템은 무엇인지를 고민하면 흥미로운 설계를 만들 수 있다. 사용자 인터페이스를 독립적으로 조사할 수 있도록 코드의 나머지 부분과 구별할 필요가 있는가? 다른 서브시스템과의 의존성을 최소화하기 위하여 각 서브시스템을 구성할 필요가 있는가? 테스트가 가능하도록 설계하면 더 규격화된 클래스 인터페이스가 만들어지는 경향이 있으며 이는 일반적으로 도움이 된다.

실패를 피하라

토목공학과 교수인 헨리 페트로스키(Henry Petroski)는 《*Design Paradigms: Case Histories of Error and Judgment in Engineering*》(Cambridge University Press,

1994)이라는 흥미로운 책을 썼다. 이 책은 교량 설계의 실패에 대한 역사가 연대순으로 담겨 있다. 페트로스키는 대부분이 이전의 성공 사례를 참고하여 일을 진행했을 뿐 실패할 수 있는 경우를 적절하게 고려하지 않았기 때문에 많은 교량 설계들이 실패했다고 주장했다. 그는 설계자가 다른 성공적인 설계의 특성을 단순히 따르지 않고 다리가 무너질 수 있는 경우를 주의 깊게 고려했다면 타코마 다리와 같은 실패는 피할 수 있었을 것이라고 주장했다.

과거 몇 년 동안의 여러 유명한 시스템 보안 문제를 분석해 보면 페트로스키의 설계 실패에 대한 통찰력을 소프트웨어 분야에도 적용해야 한다는 것을 부정할 수가 없다.

결합 시점을 의식적으로 선택하라

> **관련 정보** 결합 시점에 관한 자세한 내용은 10.6절 "결합 시점"을 살펴본다.

결합(binding) 시점은 특정 값이 변수에 결합하는 시점을 말한다. 초기에 결합하는 코드는 간단하지만 유연성이 떨어지기 쉽다. 때때로 다음과 같은 질문을 통해 좋은 설계에 대한 통찰력을 얻을 수 있다. 이 변수를 초기에 결합한다면 어떻게 될까? 이 값들을 나중에 결합한다면 어떻게 될까? 이 테이블을 코드에서 조기화하거나 실행 시 사용자로부디 변수의 값을 읽는다면 어떻게 될까?

제어 지점을 정하라

P.J. 플로거는 "정확한 장소의 법칙 – 중요한 코드를 찾기 위한 정확한 장소와 유지보수 변경을 수행하기 위한 정확한 장소가 있어야 한다"고 말했다(Plauger 1993). 제어는 클래스와 루틴, 전처리기 매크로, #include 파일에 집중될 수 있고, 이름 상수도 제어 지점의 예가 될 수 있다.

복잡성이 줄어들면 찾아야 하는 장소가 줄고 더 쉽고 안전하게 변경할 수 있다는 이점을 얻는다.

주먹구구식 기법의 사용을 고려하라

> 의심스러울 때는 주먹구구식의 방법을 사용하라.
> – 버틀러 램슨
> (Butler Lampson)

가장 강력한 발견적 학습 도구 중 하나는 주먹구구식 기법(단순 무식한 방법)이다. 이 방법을 과소평가하지 말라. 효과가 있는 주먹구구식 해결책이 효과 없는 우아한 해결책보다 낫다. 우아한 해결책으로 문제를 해결하려면 시간이 오래 걸릴 수 있다. 일례로 도널드 커누스(Donald Knuth)는 검색 알고리즘의 역사를 설명하면서 이진 검색 알고리즘이 1946년에 처음으로 공개되었는데 누군가가 리스트의 크기에 상관없이 정확하게 검색되는 알고리즘을 공개할 때까지 16년이 걸렸음을 지적했다(Knuth 1998). 이진 검색이 더 우아한 방법이지만, 주먹구구식의 순차 검색만으로도 충분할 때가 많다.

다이어그램을 그려라

다이어그램은 또 다른 강력한 발견적 학습 도구다. 천 마디 말보다 그림 한 장이 낫다. 실제로 그림을 사용하면 더욱 높은 추상화 수준에서 문제를 표현할 수 있기 때문에 천 마디 말을 사용하지 않아도 된다. 때로는 문제를 상세하게 다루어야 하지만, 더 일반성을 갖고 다루고 싶을 때도 있다.

모듈화를 유지하라

모듈화의 목표는 각 루틴이나 클래스를 "블랙박스"처럼 만드는 것이다. 무엇이 들어가고 나오는지 알지만, 안에서 무슨 일이 일어나는지는 알지 못한다. 블랙박스는 단순한 인터페이스와 잘 정의된 기능성 덕분에 어떤 입력이 들어와도 그에 따른 출력을 정확하게 예상할 수 있다.

모듈화 개념은 정보 은닉과 캡슐화, 다른 설계에서의 발견적 학습 방법과 관련이 있다. 하지만 때로는 시스템을 어떻게 블랙박스의 집합으로 구성할 것인지에 대한 고민이 정보 은닉과 캡슐화가 제공하지 않는 통찰력을 제공하기 때문에 이 개념도 알아둘 가치가 있다.

설계의 발견적 학습에 대한 요약

> 더욱 놀라운 사실은 개발자가 코드를 변경할 때 같은 작업을 무의식적으로 두세 가지 방법으로 구현할 수 있다는 점이다.
> – A. R. 브라운(Brown), W. A. 샘슨(Sampson)

다음은 주요한 설계의 발견적 학습에 대한 요약이다.

- 현실 세계의 객체를 찾아라.
- 일관성 있는 추상화를 구성하라.
- 세부 사항을 캡슐화하라.
- 가능할 때 상속하라.
- 비밀을 숨겨라(정보 은닉).
- 변경될 것 같은 영역을 규명하라.
- 느슨한 결합을 유지하라.
- 일반적으로 널리 사용되는 디자인 패턴을 찾아라.

다음 발견적 학습 기법 역시 때때로 유용하다.

- 응집력을 강하게 하라.
- 계층을 만들어라.
- 클래스 계약을 형식화하라.
- 책임을 할당하라.
- 테스트가 가능하도록 설계하라.
- 실패를 피하라.
- 결합 시점을 의식적으로 선택하라.
- 제어 지점을 정하라.
- 주먹구구식 기법의 사용을 고려하라.
- 다이어그램을 그려라.
- 모듈화를 유지하라.

발견적 접근 방법을 위한 지침

소프트웨어에서의 설계 방법은 다른 분야의 설계 방법으로부터 배울 수 있다. 문제 해결을 위한 발견적 학습에 대한 초창기 책 중 하나로 G. 폴리아(Polya)의 ≪어떻게 문제를 풀 것인가≫(교우사, 2005)가 있다. 폴리아의 일반화된 문제 해결 접근 방법은 수학 문제를 해결하는 데 초점을 맞추었다. 그림 5-10은 그의 접근 방법을 요약한 것으로, 그의 책에 있는 내용을 인용한 것이다.

cc2e.com/0592

> 1. **문제의 이해** 문제를 이해해야 한다.
> 모르는 것이 무엇인가? 데이터가 무엇인가? 조건이 무엇인가? 조건을 만족하게 할 수 있는가? 모르는 것을 알 수 있을 만큼 조건이 충분한가? 또는 불충분한가? 중복되는가? 모순되는가?
> 그림을 그려라. 적절한 표기법을 도입하라. 조건을 여러 부분으로 분리하라. 그것들을 적어둘 수 있는가?
>
> 2. **계획의 고안** 데이터와 모르는 것과의 관계를 찾아라. 연결 고리를 찾을 수 없다면 부차적인 문제를 고려해야 할지도 모른다. 결국에는 해결책에 대한 계획을 세워야 한다.
> 그 문제를 이전에 본 적이 있는가? 또는 형태는 약간 다르지만 비슷한 문제를 본 적이 있는가? *연관된 문제를 알고 있는가?* 도움이 될만한 공식을 알고 있는가?
> *모르는 부분을 찾아라!* 그리고 모르는 부분과 동일하거나 유사한 문제를 갖고 있는 문제를 생각해 보라. *다루고 있는 문제와 관련이 있고 전에 풀었던 문제가 여기에 있다. 그 문제를 사용할 수 있는가? 그 문제의 결과를 사용할 수 있는가? 그 문제를 푸는 데 사용한 방법을 활용할 수 있는가? 사용하기 위해서 다른 보조적인 요소를 도입해야 하는가?*
> 문제를 다시 기술할 수 있는가? 문제를 또 다르게 기술할 수 있는가? 정의 부분으로 돌아가라.
> 제시된 문제를 해결할 수 없다면 우선 관련된 문제를 해결해 보도록 한다. 좀 더 접근하기 쉬운 문제를 떠올릴 수 있는가? 더 일반적인 문제나 더 특수한 문제, 유사한 문제를 떠올릴 수 있는가? 문제의 일부를 해결할 수 있는가? 조건의 일부만 유지하고 나머지 부분은 제거하라. 그러면 모르는 부분을 알아내는 데 얼마나 더 걸리는가, 얼마나 달라지는가? 데이터로부터 유용한 무언가를 추론할 수 있는가? 모르는 부분을 알아내는 데 도움을 주는 다른 데이터를 생각할 수 있는가? 모르는 부분이나 데이터, 가능하다면 두 가지 모두를 변경하여 새로운 모르는 부분과 새로운 데이터가 더 근접하도록 할 수 있는가?
> 모든 데이터를 사용했는가? 전체 조건을 사용했는가? 문제와 관련된 핵심적인 사항을 모두 고려했는가?
>
> 3. **계획의 실행** 계획을 실행하라.
> 문제 해결을 위한 계획을 실행할 때 *각 단계를 검사한다.* 각 단계가 옳은지 분명히 알 수 있는가? 그것이 옳다는 사실을 증명할 수 있는가?
>
> 4. **검토** 해결책을 *검토하라.*
> 결과를 확인할 수 있는가? 논거를 검사할 수 있는가? 결과를 다르게 유추할 수 있는가? 한눈에 알아볼 수 있는가?
> 다른 문제에 대해서 그 결과나 방법을 사용할 수 있는가?

그림 5-10 G. 폴리아는 수학 문제를 해결하는 접근 방법을 개발했는데, 이 방법은 소프트웨어 설계 시 문제를 해결하는 데도 유용하다(Polya 1957).

가장 효과적인 지침 중 하나는 한 가지 접근 방법에 매달리지 않아야 한다는 것이다. 설계를 UML로 표현할 수 없다면 영어나 그 밖의 자연어로 작성한다. 간단한 테스트 프로그램을 작성한다. 완전히 다른 접근 방법을 시도해 본다. 주먹구구식의 해결책을 생각해 본다. 계속 펜으로 개요와 밑그림을 그리면 자연스럽게 이해할 수 있을 것이다. 모든 방법이 실패한다면 문제에서 잠시 손을 뗀다. 정말 산책을 하거나 문제로 돌아가기 전에 다른 것에 대해 생각해 본다. 최선을 다했는데도 방법을 찾을 수 없을 때는 잠시 문제에서 손을 놓는 것이 끝까지 잡고 늘어지는 것보다 더 빨리 해결되는 경우가 종종 있다.

설계 문제 전체를 한 번에 해결할 필요는 없다. 작업이 막히면 풀어야 하는 중요한 사항이 무엇인지 명심하되 아직 구체적인 문제를 해결하기에는 충분한 정보가 없다는 점을 인식하도록 한다. 나중에 쉽게 해결될 수 있는데 왜 설계의 마지막 20% 때문에 싸우고 있는가? 왜 나중에 좀 더 경험을 쌓아서 더 나은 결정을 할 수 있는데도 제한된 경험을 바탕으로 나쁜 결정을 하는가? 한 번의 설계로 작업을 끝내지 못하면 초조해하는 사람도 있지만, 문제를 일찍 해결하지 않고 설계를 몇 번 해보면 더 많은 정보를 갖게 될 때까지 문제를 해결하지 않은 채로 남겨두는 것이 당연하게 보일 것이다(Zahniser 1992, Beck 2000).

5.4 설계 실천법

지금까지는 설계 특성(완성된 설계의 모습)과 관련된 발견적 학습 방법을 중점적으로 소개했다. 이 절에서는 종종 좋은 결과물을 산출할 수 있는 단계인 경험적 설계 방법을 소개한다.

반복

어떤 프로그램을 처음으로 작성했을 때 깨달은 점을 바탕으로 프로그램을 다시 작성하면서 많은 것을 배운 경험이 있을 것이다. 그 같은 현상이 설계에도 적용되지만, 설계 주기는 더 짧고 다음 수준의 작업에 미치는 영향도 더 커서 설계 과정을 몇 번 반복할 수 있는 여유가 필요하다.

설계는 반복적인 프로세스다. A 위치에서 B 위치로 가고 끝나는 게 아니라 A에서 B로 가고 다시 A로 돌아오는 경우가 많다.

설계 후보를 여러 번 훑어보고 여러 가지 방법을 시도해 보면 상위 수준과 하위 수준 관점에서 모두 바라보게 될 것이다. 상위 수준 문제를 다루면서 얻는 큰 그림은 거시적 관점에서 하위 수준의 세부 사항을 기재하는 데 도움될 것이다. 하위 수준 문제를 다루면서 얻게 되는 세부 사항은 더 현실적인 상위 수준 설계를 가능하게 한다. 최상위 수준과 최하위 수준의 고려 사항을 조율하는 것은 바람직한 활동이다. 이는 전체를 하향식 또는 상향식으로만 만드는 것보다 안정적인 강화 구조를 만든다.

이 문제에서는 많은 개발자가 상위 수준의 고려 사항과 하위 수준의 고려 사항 사이의 범위를 정하는 데 어려움을 겪는다. 시스템의 한 관점에서 다른 관점으로 전환하는 것이 정신적으로는 힘든 노동이지만, 효과적인 설계를 작성하는 데는 필수적이다. 정신적인 유연성을 강화하는 재미있는 훈련에 대한 정보는 이번 장 끝에 있는 "참고 자료"에 소개된 제임스 애덤스의 《아이디어 대폭발》(21세기북스, 2012)을 읽어본다.

관련 정보 리팩터링은 코드에서 다른 대안을 시도해 볼 수 있는 안전한 방법이다. 이에 대한 자세한 내용은 24장 "리팩터링"을 살펴본다.

처음으로 작성한 설계가 충분히 좋아 보여도 멈추지 말라! 두 번째 시도는 첫 번째보다 거의 항상 더 좋고, 설계를 되풀이할 때마다 전체 설계를 향상시킬 수 있다는 것을 배우게 된다. 재료를 바꿔가며 수천 번이나 전구의 필라멘트를 만들려고 했지만 한 번도 성공하지 못했던 토머스 에디슨이 아무것도 발견하지 못해서 시간을 낭비했다고 느끼지 않느냐는 질문을 받았다고 한다. 에디슨은 "전혀 그렇지 않습니다. 작동하지 않는 수천 가지를 발견했잖아요"라고 대답했다. 한 가지 접근 방법으로 문제를 해결하면 문제를 더 잘 해결할 수 있는 다른 접근 방법에 대한 통찰력을 제공하는 경우가 많다.

분할과 정복

에츠허르 데이크스트라가 지적했듯이 복잡한 프로그램의 모든 세부 사항을 기억할 만큼 두뇌가 큰 사람은 아무도 없으며 설계에서도 그것은 마찬가지다. 프로그램을 서로 다른 관심 영역으로 나누고 각 부분을 개별적으로 처리하도록 한다. 어떤 영역에서 막다른 길을 만난다면 반복한다!

점증적인 개선은 복잡성을 다루는 강력한 도구다. 폴리아가 수학 문제를 해결하는 방법에서 제시했듯이 문제를 이해하고 계획을 수립하여 수행하고 어떻게 했는지를 검토하도록 한다(Polya 1957).

하향식과 상향식 설계 접근 방법

"하향식(Top down)"과 "상향식(Bottom up)"이라는 말이 구식인 것처럼 들릴지 모르겠지만 이 접근 방법은 객체지향적인 설계를 작성하는 데 도움이 되는 통찰력을 제공한다. 하향식 설계는 높은 추상화 수준에서 시작한다. 기본 클래스나 구체적이지 않은 다른 설계 요소를 정의한다. 설계를 하면서 파생 클래스 규명하기와 클래스 공동 작업, 다른 세부적인 설계 요소 등 상세화 수준을 높인다.

상향식 설계는 구체적인 것에서 시작해 일반적인 쪽으로 작업한다. 전형적으로 구체적인 객체를 규명하는 것부터 시작하고 그 내용으로부터 객체와 기본 클래스 집합을 일반화한다.

일반적인 것부터 시작해서 구체적인 쪽으로 작업을 진행하는 것이 가장 좋은 방법이라고 주장하는 사람이 있고 실제로 세부적인 사항을 작업하기 전까지는 일반적인 설계 원칙을 식별할 수 없다고 주장하는 사람도 있다. 다음은 양측 주장이다.

하향식 접근 방법을 지지하는 주장

하향식 접근 방법의 기본 원칙은 인간의 두뇌가 한 번에 집중할 수 있는 양에 한계가 있다는 개념이다. 일반적인 클래스부터 시작해 단계별로 클래스를 더 구체적인 클래스로 분해한다면 두뇌가 한 번에 너무 많은 세부 사항을 처리하지 않아도 될 것이다.

분할-정복 프로세스는 두 가지 면에서 반복적이다. 첫째, 일반적으로 한 수준만 분해하고 작업을 중단하지 않기 때문에 반복적이다. 계속해서 여러 수준으로 진행한다. 둘째, 일반적으로 첫 번째 시도에 만족하지 않기 때문에 반복적이다. 프로그램을 한 방향으로 분해한다. 분해하는 중에 어떤 방향으로 서브시스템을 분해하고 상속 트리를 배치하고 객체의 구조를 구성할 것인지 선택해야 할 때가 여러 번 있을 것이다. 선택한 후에 무슨 일이 일어나는지 본다. 그리고 나서 처음부터 다시 다른 방법으로 분해하고 그 방법이 더 효과적인지 본다. 몇 번 시도한 후에 어떤 방법이 효과적이고 왜 그런지 확실하게 이해하게 될 것이다.

프로그램을 어디까지 분해할 것인가? 분해보다 코드 작성이 더 쉬워 보일 때까지 계속 분해한다. 설계가 너무 분명하고 쉬워 보여 안절부절못할 정도가 될 때까지 작업한다. 그런 시점이 되면 작업이 완료된 것이다. 확신이 안 서면 더 작업하라. 만일 이 솔루션이 지금은 약간 이해하기 어렵다고 하더라도 나중에 이 코드를 다룰 사람에게는 큰 도움이 될 것이다.

상향식 접근 방법을 지지하는 주장

때때로 하향식 접근 방법은 너무 추상적이어서 시작하기가 어렵다. 더 가시적으로 작업해야 한다면 상향식 설계 접근 방법을 시도하라. "이 시스템이 무엇을 해야 하는지에 대해서 얼마나 알고 있지?"라고 스스로 질문해 본다. 틀림없이 이 질문에 답할 수 있을 것이다. 구체적인 클래스에 할당할 수 있는 저수준 책임을 식별할 수도 있다. 예를 들면 특정 보고서 양식을 만들고 보고서를 위한 데이터를 계산하고 보고서 제목을 중심에 맞추고 화면에 보고서를 표시하고 프린터로 보고서를 출력하는 등의 작업이 시스템에 필요하다는 사실을 알게 될 것이다. 여러 가지 하위 수준의 책임을 식별한 후에는 일반적으로 상위 수준을 편하게 볼 수 있게 된다.

때에 따라서는 설계 문제의 주요한 특성이 하위 수준에서 결정되기도 한다. 하드웨어의 인터페이스 요구사항이 설계의 큰 부분을 차지할 때는 그 하드웨어 장치와 접속해야 할 수도 있다.

다음은 상향식 구성을 할 때 기억해야 할 사항이다.

- 시스템이 무엇을 해야 하는지 알고 있는지 스스로 묻는다.
- 그 질문으로부터 구체적인 객체와 책임을 파악한다.
- 공통적인 객체를 식별하고, 서브시스템 구조나 패키지, 객체 내에서의 합성, 상속 등 적합한 것을 사용해 그 객체들을 그룹 짓는다.
- 다음 상위 수준에서 작업을 계속하거나 최상위로 돌아가 다시 하위 수준으로 작업을 진행한다.

사실상 논쟁은 없다

하향식과 상향식 전략의 가장 중요한 차이는 전자는 분해 전략이고 후자는 결합 전략이라는 것이다. 전자는 일반적인 문제에서 시작해 관리할 수 있는 조각으로 나누고, 후자는 관리할 수 있는 부분에서 시작해 일반적인 솔루션을 구축한다. 두 접근 방법 모두 설계 문제에 적용할 때 고려해야 하는 장단점이 있다.

하향식 설계의 장점은 쉽다는 것이다. 사람들은 큰 것을 작은 요소로 분해하는 것에 능숙하며, 개발자들은 특히 그렇다.

하향식 설계의 또 다른 장점은 세부 사항 구현을 미룰 수 있다는 것이다. 시스템은 종종 구현 세부 사항의 변화로 인해 혼란스러워지므로(예: 파일 구조나 보고서 형식의 변경) 계층의 최하위 부분에 있는 클래스에 숨겨야 하는 세부 사항에 대해서 미리 아는 것이 유용하다.

상향식 접근 방법의 한 가지 장점은 일반적으로 필요한 유틸리티 기능을 초기에 파악할 수 있어서 간결하고 잘 구성된 설계가 만들어진다는 것이다. 유사한 시스템이 이미 개발되어 있을 때 상향식 접근 방법을 사용하면 이전 시스템을 살펴보고 무엇을 재사용할 수 있는지 살펴본 후 새로운 시스템의 설계를 시작할 수 있다.

상향식 결합 접근 방법의 약점은 이 접근 방법만 사용해서 개발하기는 쉽지 않다는 것이다. 대부분의 사람은 작은 개념으로 큰 개념을 만드는 것보다는 큰 개념을 가져다가 작은 개념으로 나누는 것을 더 잘한다. 이는 예전 조립식 장난감이 갖는 문제와 같다. 다 했다고 생각했는데 왜 상자 안에 아직도 부품이 남아있는 걸까? 다행히도 상향식 결합 접근 방법만 사용할 필요는 없다.

상향식 설계 전략의 또 다른 약점은 이미 시작한 조각으로 프로그램을 만들 수 없다는 사실을 알게 되는 경우가 있다는 것이다. 벽돌로 비행기를 만들 수 없고, 최상위 수준에서 작업해야만 하위 수준에서 어떤 조각이 필요한지 알게 될 수도 있다.

요약하면 하향식 접근 방법은 시작이 간단한 경향이 있지만, 저수준에서의 복잡성이 최상위 수준에도 영향을 미치게 되어 필요 이상으로 복잡해질 수 있다. 상향식 접근 방법은 시작이 복잡한 경향이 있지만, 초기에 복잡성을 식별함으로써 전체 시스템이 부서지지 않는다면 높은 수준의 클래스 설계를 할 수 있다.

결론적으로 말하면 하향식 설계와 상향식 설계는 배타적인 전략이 아니고 상호 보완적이다. 설계는 발견적 학습 과정이고, 이 말은 곧 매번 옳은 솔루션은 없다는 뜻이다. 설계는 시행착오를 포함한다. 가장 효과적인 해결책을 찾을 때까지 여러 가지 접근 방법을 시도해 본다.

실험적인 프로토타이핑

cc2e.com/0599

때로는 구현 세부 사항을 제대로 이해하기 전에는 설계가 적합한지 실제로 알 수 없는 경우가 있다. 성능 목표를 만족하는지 알기 전에는 특정한 데이터베이스 구조가 작동하는지 알 수 없을 것이다. 또한 작업할 특정 GUI 라이브러리를 선택하기 전에는 특정한 서브시스템 설계가 작동하는지 알 수 없을 것이다. 이들은 모두 소프트웨어 설계의 본질적 성격인 "사악함"의 예다. 즉, 최소한 부분적으로라도 문제를 해결하기 전까지는 설계 문제를 완전하게 정의할 수 없다.

적은 비용으로 이러한 문제를 해결하는 일반적인 기법이 실험적인 프로토타이핑이다. "프로토타이핑"이라는 단어는 사람에 따라서 의미가 서로 많이 다르다(McConnell 1996). 이 상황에서 프로토타이핑은 특정한 설계 질문에 답하는 데 필요한 최소한의 임시(쓰고 버리는) 코드를 작성하는 것을 의미한다.

프로토타이핑은 개발자가 질문에 답하는 데 필요한 *최소한의* 코드를 작성해야 한다는 원칙을 지키지 않으면 제대로 작동하지 않는다. "선택한 데이터베이스 프레임워크가 필요한 트랜잭션 양을 지원할 수 있는가?"라는 설계 질문이 있다고 가정해 보자. 이 질문에 답하기 위해서 제품 코드를 작성할 필요는 없다. 심지어 데이터베이스에 관련된 내용을 알 필요도 없다. 문제 공간(테이블의 수, 테이블 안에 있는 엔트리의 수 등)을 어림잡을 수 있는 정도의 정보만 알면 된다. 그러면 *Table1*, *Table2*와 같은 이름을 갖는 테이블과 *Column1*, *Column2*를 사용하는 매우 간단한 프로토타이핑 코드를 작성하고 쓰레기 데이터로 테이블을 만들고 성능 테스트를 수행할 수 있다.

프로토타이핑은 설계 질문이 *구체적이지* 않을 때도 효과가 없다. "이 데이터베이스 프레임워크가 작동할 것인가?"와 같은 설계 질문은 프로토타이핑을 위한 충분한 정보를 제공하지 않는다. "이 데이터베이스 프레임워크가 X, Y, Z를 가정했을 때 초당 1,000개의 트랜잭션을 지원할 것인가?"와 같은 설계 질문이 프로토타이핑을 위한 더 타당한 근거를 제공한다.

프로토타이핑은 개발자가 프로토타이핑에 사용한 코드를 쓰고 버리는 코드로 취급하지 않았을 때도 효과를 발휘하지 않는다. 프로토타이핑을 위해서 작성한 코드가 언젠가는 제품 시스템에 들어갈 것으로 생각하는 개발자라면 질문에 답하기 위해서 최소한의 코드를 작성하는 것이 불가능하다고 생각한다. 그런 개발자는 프로토타입이 아닌 시스템을 구현해버린다. 질문에 대한 답을 얻는 즉시 코드를 버릴 것이라는 태도를 취함으로써 이러한 위험을 최소화할 수 있다. 이러한 문제를 피하기 위한 한 가지 접근 방법은 제품 코드와 다른 언어로 프로토타이핑 코드를 작성하는 것이다. 파이썬에서 자바 설계로 프로토타이핑하거나 마이크로소프트 파워포인트에서 사용자 인터페이스 모형 작업을 할 수 있다. 제품에 사용할 언어로 프로토타이핑한다면 프로토타이핑 코드에서 클래스 이름이나 패키지 이름에 prototype이라는 접두사를 붙이는 방법이 도움이 된다. 그렇게 하면 개발자가 최소한 프로토타이핑 코드를 확장하려고 하기 전에 한 번 더 생각하게 된다(Stephens 2003).

제대로 사용하면 프로토타이핑은 설계의 사악함과 싸워야 하는 설계자에게 유용한 도구다. 하지만 원칙 없이 사용하면 프로토타이핑으로 인해 더 힘들어진다.

협력적인 설계

관련 정보 협력적인 개발에 대한 자세한 내용은 21장 "협력적인 구현"을 살펴본다.

설계에서는 조직 구성이 공식적이든 비공식적이든 상관없이 두 명이 한 명보다 낫다. 협력은 다음과 같이 다양한 형태를 취할 수 있다.

- 비공식적으로 동료에게 다가가 아이디어를 생각해 보자고 요청한다.
- 동료와 함께 회의실에 앉아서 화이트보드에 여러 가지 설계 아이디어를 그린다.
- 동료와 함께 키보드 앞에 앉아 사용하는 프로그래밍 언어로 세부적인 설계를 수행한다. 이렇게 21장 "협력적인 구현"에서 설명한 짝 프로그래밍을 수행할 수 있다.
- 한 명 이상의 동료와 디자인 아이디어를 검토할 수 있게 회의 일정을 잡는다.

- 21장에서 설명한 모든 방법을 사용하여 공식 검토 일정을 잡는다.
- 자신의 작업을 검토해줄 수 있는 동료가 없다면 초기 설계 작업을 서랍 속에 넣어 놓고 일주일이 지난 후 다시 살펴본다. 이전에 작업했던 내용을 잊어버려 스스로 잘 검토할 수 있을 것이다.
- 조직 외부에 도움을 요청한다. 특별한 포럼이나 뉴스그룹에 질문을 올린다.

품질 보증이 목표일 때는 21장에서 설명한 여러 가지 이유로 가장 잘 구성된 검토 방식인 형식적인 정밀 검토를 추천한다. 하지만 단순한 오류 검색이 아니라 창조성 함양과 설계 아이디어를 더 많이 시도해 보는 것이 목표라면 좀 더 유연한 접근 방법이 효과적이다. 구체적인 설계를 정한 후에는 프로젝트의 성격에 따라서 더 형식적인 정밀 검토로 바꾸는 게 적합하다.

설계를 얼마나 해야 할까?

> 보통 설계 프로세스를 빨리 해치움으로써 문제를 해결하려고 한다. 그렇게 해야 프로젝트가 끝날 때쯤 설계 프로세스를 빨리 진행해서 발생한 오류를 찾아내기 위한 시간을 확보할 수 있기 때문이다.
> – 글렌포드 마이어스
> (Glenford Myers)

때때로 코드 작성을 시작하기 전에 대략적인 아키텍처만 준비하기도 한다. 또는 거의 기계적으로 코드를 작성하면 될 정도로 세부적인 수준의 설계를 작성하는 팀도 있다. 그렇다면 코드 작성을 시작하기 전에 설계를 얼마나 해야 할까?

이와 관련하여 설계를 얼마나 형식적으로 만들지도 고민해야 한다. 형식적이고 다듬어진 설계 다이어그램이 필요한가? 아니면 화이트보드에 그려진 그림 몇 개만으로도 충분한가?

코드 작성을 시작하기 전에 설계를 얼마나 해야 하는지, 설계를 문서화하기 위해서 설계를 얼마나 형식화해야 하는지 결정하는 공식은 없다. 팀의 경험과 시스템의 예상 수명, 적정한 신뢰도, 프로젝트와 팀의 크기가 모두 고려되어야 한다. 표 5-2는 이러한 요소들이 설계 접근 방법에 어떤 영향을 미치는지를 요약한 것이다.

표 5-2 설계의 형식화와 상세 수준

요소	구현하기 전에 설계에서 필요한 상세 수준	문서화 형식
설계/구현 팀이 응용 프로그램 분야에 대한 경험이 많다.	낮은 수준	낮은 수준
설계/구현 팀이 경험은 많지만, 해당 프로그램 분야에 경험이 많지 않다.	중간 수준	중간 수준
설계/구현 팀이 경험이 많지 않다.	중간에서 높은 수준	낮은/중간 수준
설계/구현 팀의 이직률이 중간 수준에서 높은 수준이다.	중간 수준	–

요소	구현하기 전에 설계에서 필요한 상세 수준	문서화 형식
응용 프로그램이 높은 안정성을 요구한다.	높은 수준	높은 수준
응용 프로그램이 특수 업무용이다.	중간 수준	중간/높은 수준
프로젝트가 작다.	낮은 수준	낮은 수준
프로젝트가 크다.	중간 수준	중간 수준
소프트웨어의 예상 수명이 짧다(몇 주 또는 몇 달).	낮은 수준	낮은 수준
소프트웨어의 예상 수명이 길다(몇 달 또는 몇 년).	중간 수준	중간 수준

두 개 이상의 요소가 어느 프로젝트든 나타날 것이고, 때에 따라서 그 요소가 서로 상충할 것이다. 예를 들면 안정성이 중요한 소프트웨어를 작업하는 숙련된 팀이 있다고 가정해 보자. 그런 경우에는 아마도 높은 수준의 상세 설계와 형식화에 치중하고 싶을 것이다. 하지만 그 경우에는 각 요소의 중요성을 따져봐서 무엇이 가장 중요한지 판단해야 한다.

설계를 어느 수준으로 할지를 각 개인에게 정하라고 하면 이전에 수행한 작업과 비슷한 수준이거나 간단하게 변경하거나 확장하는 수준의 설계에서는 설계를 중단하고 코드 작성을 시작하려는 사람이 많다.

개인적으로 코드 작성을 시작하기 전에 얼마나 깊게 설계를 조사해야 하는지를 결정할 수 없을 때는 가능하면 더 상세한 수준으로 설계하는 경향이 있다. 이 경우에 발생할 수 있는 가장 큰 설계 오류는 충분히 설계했다고 생각했지만, 다른 설계 문제가 있다는 것을 깨달을 수 있을 정도로 충분하지는 않을 수 있다는 점이다. 다시 말해 설계의 가장 큰 어려움은 어려워서 설계를 잘못했다고 알고 있을 때가 아니라 너무 쉬워서 설계할 필요가 없다고 생각하는 순간에 발생하는 경향이 있다. 경험상 설계 작업이 너무 많아 어려움을 겪은 프로젝트는 거의 없었다.

> 1만 7,000쪽짜리 문서를 읽고 싶어 하는 사람은 지금까지 한 명도 만나지 못했다. 혹시라도 있다면 인간의 유전자풀에서 빼내기 위해 그를 죽일 것이다.
> – 조셉 코스텔로
> (Joseph Costello)

반면 설계 관련 문서작업이 지나쳐서 어려움을 겪는 프로젝트는 종종 봤다. 그레셤의 법칙은 "계획된 활동은 계획되지 않은 활동을 쫓아내는 경향이 있다."라고 말한다(Simon 1965). 너무 성급하게 설명 문서를 다듬는 것이 이 법칙의 좋은 예다. 그저 그런 설계 대안을 살펴보기 위해서 20%의 노력을 들이고 그렇게 훌륭하지도 않은 설계 문서를 다듬는 데 80%의 노력을 들이는 것보다 수많은 설계 대안을 작성하고 조사하는 데 80%의 노력을 들이고 설계 문서 작업에는 20%의 노력만 들이는 편이 낫다.

설계 작업 기록하기

cc2e.com/0506

설계 작업을 기록하는 전형적인 접근 방법은 형식적인 설계 문서에 설계를 작성하는 것이다. 하지만 규모가 작은 프로젝트나 비형식적인 프로젝트, 가볍게 설계를 기록해도 되는 프로젝트에서는 여러 가지 방법으로 설계를 기록할 수 있다.

> 안타깝게도 현자의 돌 같이 완전한 도구는 찾지 못할 것이다. 완벽하게 합리적인 방법으로 소프트웨어를 설계할 수 있는 프로세스는 절대 발견하지 못할 것이다. 좋은 소식은 그렇게 보이도록 날조할 수 있다는 사실이다.
> — 데이비드 파르나스, 폴 클레멘츠

설계 문서를 코드 자체에 넣어라. 가장 핵심적인 설계 결정 사항은 코드 주석(전형적으로 파일이나 클래스 헤더)으로 문서화한다. JavaDoc과 같은 문서 생성기를 사용하면 그 코드를 작업하는 개발자가 쉽게 설계 문서에 접근할 수 있기 때문에 설계 문서를 최신으로 유지할 가능성도 커진다.

설계에 대한 논의와 결정을 위키(Wiki)에 기록하라. 설계에 대한 논의를 프로젝트 위키(프로젝트 팀원이면 누구나 웹 브라우저를 통해 쉽게 편집할 수 있는 웹 페이지 모음)에 작성한다. 말하는 것보다는 키보드로 입력해야 하는 부담이 있지만, 이것이 자동으로 설계 논의와 결정을 기록할 것이다. 또한 위키를 사용해 문자로 토론한 내용을 보충하기 위한 디지털 사진이나 설계 논의를 뒷받침하는 웹 사이트에 대한 링크, 백서, 그 밖의 다른 자료를 기록할 수 있다. 이 기법은 개발팀이 지리적으로 분산되어 있을 때 특히 유용하다.

이메일로 요약하라. 설계 논의를 끝낸 후 누군가가 설계에 대한 요약(특히 결정한 내용)을 작성하여 프로젝트 팀원에게 이메일을 보내라. 이메일 복사본은 프로젝트의 공용 이메일 폴더에 저장한다.

디지털카메라를 사용하라. 설계를 문서화할 때 인기 있는 그리기 도구를 이용해 설계 그림을 그리기가 쉽지 않다. 하지만 설계 문서를 작성하는 데 있어 "잘 정해진 포맷으로 정식 표기법을 쓴 설계 기록"과 "설계 문서가 아예 없음"이라는 두 가지 선택 사항만 있는 것은 아니다.

디지털카메라로 화이트보드에 있는 그림을 찍고 그 그림을 문서에 넣는 방법은 그리기 도구를 사용했다면 들였을 노력의 1%만으로 설계 그림을 저장하는 작업의 80% 혜택을 얻을 수 있다.

설계 플립 차트를 보관하라. 설계 문서가 표준 용지 크기여야 한다는 법은 없다. 설계 그림을 큰 플립 차트에 그렸다면 그 플립 차트를 편한 곳에 보관하거나, 더 좋은 방법으로 사람들이 그 플립 차트를 쉽게 참조하고 필요할 때 갱신할 수 있도록 벽에 붙여도 된다.

cc2e.com/0513

CRC(클래스, 책임, 협력자) 카드를 사용하라. 설계를 문서화하는 또 다른 기법은 색인 카드를 사용하는 것이다. 각각의 카드 위에 설계자가 클래스의 이름과 클래스의 책임, 협력자(해당 클래스와 협력하는 다른 클래스)를 기록한다. 그리고 나서 설계 그룹은 설계를 잘했다고 만족할 때까지 그 카드를 가지고 작업할 것이다. 그 시점이 되면 나중에 참조하기 위해 카드를 보관해도 된다. 색인 카드는 저렴하고, 친근하며, 휴대할 수 있으며 그룹의 상호작용을 장려한다(Beck 1991).

적절한 상세 수준에서 UML 다이어그램을 작성하라. 설계를 도형으로 나타내는 잘 알려진 기법 중 하나인 UML(Unified Modeling Language)은 오브젝트 운영 그룹(Object Management Group)에 의해 정의되었다(Fowler 2004). 이 장의 앞에서 소개한 그림 5-6이 UML 클래스 다이어그램의 한 예다. UML은 설계 엔티티와 관계에 대한 형식적인 표현 방법을 풍부하게 제공한다. 설계 접근 방법을 조사하고 논의하기 위해서 UML을 비형식적으로 사용할 수 있다. 우선 최소한의 밑그림부터 시작하고 최종 설계 솔루션에 대해서 집중적으로 토론한 후에만 세부적인 사항을 추가하도록 한다. UML은 표준화되었기 때문에 설계 아이디어를 교류할 때 공통적으로 이해하는 데 도움을 주고 그룹으로 모여 일을 하는 경우 설계 대안에 대한 논의를 빠르게 진행하는 데 도움을 준다.

이러한 기법들은 다양한 조합으로 작동할 수 있으므로 프로젝트에 따라 또는 단일 프로젝트 내의 여러 영역에서 이 접근 방법을 혼합하여 사용한다.

5.5 잘 알려진 방법론에 대한 의견

소프트웨어에서 설계의 역사는 상반되는 설계 접근 방법의 옹호자들에 의해서 기록되었다. 저자가 1990년대 초반에 이 책의 초판을 출판했을 때 설계 광신자들은 코드 작성을 시작하기 전에 모든 것을 상세하게 기술하는 방법을 옹호하고 있었다. 그러한 방법은 이치에 맞지 않았다.

저자가 2000년대 중반에 이 책의 개정판 작업을 하고 있을 때 설계를 하지 말 것을 주장하는 학자들도 있었다. 지나친 선행 설계를 BDUF(Big Design Up Front)라고 하는데, "BDUF는 나쁘다. 코드를 작성하기 전에 설계 작업을 하지 않는 편이 낫다!"라고 그들은 말한다.

10년 동안 분위기는 "모든 것을 설계하라"에서 "아무것도 설계하지 말라" 쪽으로 이동했다. 하지만 BDUF의 대안은 선행 설계를 하지 않는 것이 아니라 선행 설계를 적게 하거나(Little Design Up Front; LDUF) 충분한 선행 설계(Enough Design Up Front; ENUF)를 하는 것이다.

어느 정도가 충분한지 어떻게 알 수 있을까? 그것은 스스로 결정해야 하며 누구도 완벽하게 결정할 수 없다. 얼마만큼 설계해야 하는지는 확실하게 알 수 없지만, 다음 두 가지 설계는 분명 잘못된 것이다. 하나는 모든 세부 사항까지 설계하는 것이고 다른 하나는 설계를 전혀 하지 않는 것이다. 극단주의자들이 옹호하는 이 두 가지 방법은 언제나 틀린 방법임이 증명되었다!

P. J. 플로거가 말했듯이 "설계 방법을 적용하는 데 있어 독단적일수록 해결할 수 있는 문제는 적어진다."(Plauger 1993) 설계를 다루기 힘들고 엉성한 발견적 학습 프로세스로 취급하라. 첫 번째 설계에 안주하지 말라. 협력하라. 단순함을 추구하라. 필요할 때 프로토타입을 만들어라. 반복하고 반복하고 또 반복하라. 그러면 설계에 만족하게 될 것이다.

> 소프트웨어 설계를 체계적인 활동으로 설명하는 사람들은 우리에게 죄책감을 느끼게 하려고 상당한 에너지를 낭비하고 있다. 우리는 절대 해탈의 경지에 이를 만큼 구조적일 수도 객체지향적일 수도 없다. 감수성이 예민한 나이에 베이직(BASIC) 언어를 배움으로써 모두가 원죄를 짊어지고 있다. 하지만 대부분은 순수주의자가 인정하는 것보다 더 훌륭한 설계자가 될 수 있다고 장담한다.
> – P. J. 플로거(Plauger)

참고 자료

cc2e.com/0520

소프트웨어 설계는 풍부한 자료가 많은 분야다. 문제는 어떤 자료가 가장 유용한지 규명하는 것이다. 다음에 몇 가지 추천 자료를 소개한다.

일반적인 소프트웨어 설계

맷 와이스펠드(Matt Weisfeld) 《객체지향적으로 생각하라!》(정보문화사, 2009). 이 책은 객체지향 프로그래밍을 소개하는 읽기 쉬운 책이다. 객체지향 프로그래밍에 대해서 잘 알고 있다면 더 고급 서적을 원할 것이다. 하지만 객체지향 프로그래밍에 첫발을 내디딘 사람이라면 이 책이 객체, 클래스, 인터페이스, 상속, 다형성, 오버로딩, 추상 클래스, 통합 및 조합, 생성자/소멸자, 예외 등을 포함한 기초 객체지향 개념을 소개하고 있어 도움이 많이 될 것이다.

아서 리엘(Arthur J. Riel) 《Object-Oriented Design Heuristics》(Addison-Wesley, 1996). 이 책은 클래스 수준에서의 설계에 초점을 맞춘 읽기 쉬운 책이다.

플로거(P. J. Plauger) 《Programming on Purpose: Essays on Software Design》 (Prentice Hall, 1993). 지금까지 읽었던 어떤 책보다도 이 책을 통해 훌륭한 소프트웨어 설계에 대한 많은 팁을 얻을 수 있었다. 플로거는 다양한 설계 접근 방법에 정통하고 실용주의자이자 훌륭한 작가다.

베르트랑 메이어(Bertrand Meyer). 《Object-Oriented Software Construction》 (Prentice Hall, 1997). 메이어는 객체지향 프로그래밍을 적극 지지한다.

에릭 레이먼드(Eric S. Raymond) 《Art of UNIX Programming》(정보문화사, 2004). 이 책은 유닉스(UNIX)라는 색안경을 끼고 소프트웨어 설계를 바라보는 책이다. 1.6절에서는 12페이지에 걸쳐 유닉스의 핵심적인 설계 원칙 17개에 관해 설명한다.

크레이그 라먼(Craig Larman). 《UML과 패턴의 적용》(홍릉과학출판사, 2005). 이 책은 통합 프로세스 환경에서 객체지향 설계를 소개하는 유명한 책이다. 또한 객체지향적인 분석도 설명한다.

소프트웨어 설계 이론

데이비드 파르나스, 폴 클레멘츠 "A Rational Design Process: How and Why to Fake It." (IEEE Transactions on Software Engineering SE-12, no. 2(1986년 2월): 251~57쪽). 이 고전적인 글은 프로그램이 실제로 어떻게 설계되고 어떻게 설계되기를 바라는지의 차이에 관해서 설명한다. 핵심은 합리적이고 정돈된 설계 프로세스를 실제로 따르는 사람은 아무도 없지만, 최종적으로 더 나은 설계를 얻기 위해서 노력한다는 것이다.

아직까지 정보 은닉에 대해서 포괄적으로 소개하는 책은 발견하지 못했다. 대부분의 소프트웨어 공학 책은 정보 은닉을 객체지향적인 기법과 관련해서 간단하게 소개한다. 다음에 소개하는 파르나스의 논문 세 편은 정보 은닉을 독창적으로 설명하고 있고 모르긴 해도 정보 은닉에 대한 가장 훌륭한 자료일 것이다.

데이비드 파르나스 "On the Criteria to Be Used in Decomposing Systems into Modules." (Communications of the ACM 5, no. 12(1972년 12월): 1053~58쪽).

데이비드 파르나스 "Designing Software for Ease of Extension and Contraction." (IEEE Transactions on Software Engineering SE-5, no. 2(1979년 3월): 128~38쪽).

데이비드 파르나스, 폴 클레멘츠, 바이스(D. M. Weiss) "The Modular Structure of Complex Systems." (IEEE Transactions on Software Engineering SE-11, no. 3(1985년 3월): 259~66쪽).

디자인 패턴

에릭 감마(Erich Gamma) 외. ≪GoF의 디자인 패턴: 재사용성을 지닌 객체지향 소프트웨어의 핵심요소≫(프로텍미디어, 2015). 이 책은 디자인 패턴에 대한 독창적인 책이다.

앨런 섈로웨이(Alan Shalloway), 제임스 트로트(James R. Trott) ≪알기 쉬운 디자인 패턴≫(피어슨에듀케이션코리아, 2003). 이 책은 디자인 패턴에 대해서 알기 쉽게 소개한다.

일반적인 설계

제임스 애덤스 ≪아이디어 대폭발≫(21세기북스, 2012). 소프트웨어 설계에 관한 책은 아니지만, 이 책은 스탠퍼드 대학교에서 공대생들에게 설계를 가르치기 위해서 쓰였다. 설령 절대로 설계할 일이 없는 사람에게도 창조적인 사고 프로세스에 관해서 설명한 흥미로운 책이다. 또한 효과적인 설계를 위해서 필요한 사고의 종류에 대한 많은 예제를 포함한다. 설계와 창조적인 사고에 대해서 주석이 잘 달린 참고 문헌 일람표도 포함한다. 문제를 해결하는 것을 좋아한다면 이 책을 좋아할 것이다.

폴리아(G. Polya) ≪어떻게 문제를 풀 것인가≫(교우사, 2008). 발견적 학습과 문제 해결에 대해서 논의하는 이 책은 수학에 초점을 맞추고 있지만, 소프트웨어 개발에도 적용할 수 있다. 폴리아의 책은 수학적인 문제를 해결할 때 발견적 학습을 사용하는 방법에 대해서 처음으로 쓰인 책이다. 이 책은 해결책을 발견하기 위해서 사용되는 어지러운 발견적 학습 방법과 일단 발견된 것들을 표현하기 위해서 사용되는 정돈된 기법을 명확하게 구분한다. 읽기가 어렵긴 하지만, 발견적 학습 방법에 관심이 있다면 원하든 원치 않든 언젠가는 이 책을 읽게 될 것이다. 폴리아의 책은 문제 해결이 결정적이지 않은 활동이라는 것과 한가지 방법론에만 집착하는 것은 말에 족쇄를 채우고 걷는 것과 같다는 점을 분명히 한다. 마이크로소프트에서는 신입 개발자들에게 이 책을 나눠준 적도 있었다.

즈비그뉴 미셸위츠(Zbigniew Michalewicz), 데이비드 포겔(David B. Fogel) 《How to Solve It: Modern Heuristics》(Springer-Verlag, 2000). 이 책은 매우 읽기 쉽고 비수학적 예제를 포함시켜 폴리아의 책을 향상된 방법으로 다루고 있다.

허버트 사이먼(Herbert Simon) 《The Sciences of the Artificial》 3판(MIT Press, 1996). 이 흥미로운 책은 자연 세계를 다루는 과학(생물학, 지질학 등)과 인간에 의한 인공적인 세상을 다루는 과학(경제학, 건축학, 컴퓨터 과학)을 구별한다. 그리고 나서 설계 과학에 중점을 두면서 인공 과학의 특징에 관해서 설명한다. 이 책은 학술적인 어조를 쓰고 있으며 소프트웨어 개발이나 "인공적인" 분야에서 종사하는 사람들이 읽을 만한 가치가 있다.

로버트 글래스(Robert L Glass) 《소프트웨어 크리에이티비티 2.0》(위키북스, 2009). 소프트웨어 개발의 통제가 이론에 의존하는가, 실제에 의존하는가? 소프트웨어 개발은 본질적으로 창조적인가, 결정적인가? 소프트웨어 개발자에게 필요한 지적 능력은 무엇인가? 이 책은 설계를 중심으로 소프트웨어의 본질에 대해서 흥미롭게 논의한다.

헨리 페트로스키(Henry Petroski) 《Design Paradigms: Case Histories of Error and Judgment in Engineering》(Cambridge University Press, 1994). 이 책은 과거의 성공 못지 않게 실패를 통해서도 성공적인 설계를 많이 배운다는 주장을 설명하기 위해서 토목 공학(특히, 교량 설계) 분야로부터 결론을 끌어낸다.

표준

IEEE Std 1016-1998, "Recommended Practice for Software Design Descriptions". 이 문서는 소프트웨어 설계 기술에 대한 IEEE-ANSI 표준을 포함한다. 이 문서는 소프트웨어 설계 문서에 무엇이 포함되어야 하는지 기술한다.

IEEE Std 1471-2000, "Recommended Practice for Architectural Description of Software Intensive Systems"(IEEE 컴퓨터 학회 출판부). 이 문서는 소프트웨어 아키텍처 명세를 생성하기 위한 IEEE-ANSI 지침이다.

cc2e.com/0527

> **체크리스트: 구현에서의 설계**
>
> ### 설계 실천법
>
> - 한 번만 시도하지 말고 여러 번 시도하여 최고의 설계를 선택하기 위해서 반복했는가?
> - 가장 효과적인 방법이 무엇인지 확인하기 위해서 시스템을 여러 가지 방법으로 분해해 보았는가?
> - 설계 문제에 상향식과 하향식 방법을 사용하여 접근했는가?
> - 특정한 질문에 답하는 데 필요한 쓰고 버릴 최소 코드를 작성하여 잘 알지 못하거나 위험 요소가 있는 부분을 프로토타이핑했는가?
> - 설계가 공식 또는 비공식적으로 다른 사람에 의해서 검토되었는가?
> - 구현이 분명해 보이는 시점까지 설계를 진행했는가?
> - 위키나 이메일, 플립 차트, 디지털 사진, UML, CRC 카드, 코드 내 주석 등 적절한 기법을 사용하여 설계 작업을 기록했는가?
>
> ### 설계 목표
>
> - 설계가 아키텍처 수준에서 식별하고 연기했던 문제를 적절하게 해결하는가?
> - 설계가 계층화되었는가?
> - 프로그램이 서브시스템이나 패키지, 클래스로 분해되는 방법에 만족하는가?
> - 클래스가 다른 클래스와의 상호작용을 최소화하도록 설계되었는가?
> - 클래스와 서브시스템이 다른 시스템에 사용할 수 있도록 설계되었는가?
> - 프로그램이 유지보수하기 쉬운가?
> - 설계가 군살이 없는가? 모든 부분이 엄격하게 필요한가?
> - 설계가 표준 기법을 사용하고 특이하거나 이해하기 어려운 요소를 피하고 있는가?
> - 전체적으로 설계가 비본질적이고 본질적인 복잡성을 최소화하는 데 도움을 주는가?

요점 정리

- 소프트웨어의 주요 기술적 의무는 복잡성을 관리하는 것이다. 이것은 단순함에 초점을 맞춘 설계로 큰 도움을 받을 수 있다.
- 단순함은 두 가지 일반적인 방법으로 달성할 수 있다. 한 번에 뇌에서 처리해야 하는 본질적인 복잡성의 양을 최소화하는 것과 부수적인 복잡성이 불필요하게 증가하지 않도록 하는 것이 그것이다.
- 설계는 발견적 학습이다. 한 가지 방법론에만 독단적으로 집착하면 독창성과 프로그램에 해가 된다.
- 좋은 설계는 반복적이다. 여러 번 시도할수록 최종 설계는 더 좋아질 것이다.
- 정보 은닉은 매우 유용한 개념이다. "무엇을 숨겨야 하지?"라는 질문이 해결하기 어려운 설계상의 문제를 해결해준다.
- 설계에 대한 수많은 유용하고 흥미로운 정보를 다른 자료에서도 구할 수 있다. 이 책에 소개된 내용은 빙산의 일각에 불과하다.

6장 | 클래스 다루기

cc2e.com/0665

내용

6.1 클래스의 토대: 추상 데이터형(ADT)
6.2 좋은 클래스 인터페이스
6.3 설계와 구현에 관한 이슈
6.4 클래스를 작성하는 이유
6.5 프로그래밍 언어에 특화된 이슈
6.6 클래스를 넘어서: 패키지

관련 주제

- 구현 설계: 5장
- 소프트웨어 아키텍처: 3.5절
- 고급 루틴: 7장
- 의사코드 프로그래밍 프로세스: 9장
- 리팩터링: 24장

초창기 개발자들은 프로그래밍을 명령문 수준으로 생각했다. 1970년대와 1980년대를 거치면서 개발자들이 루틴 관점에서 프로그래밍을 생각하기 시작했다. 21세기에는 클래스 관점에서 프로그래밍을 이해하고 있다.

KEY POINT

클래스는 연관성이 높고 잘 정의된 기능을 공유하는 데이터와 루틴의 모음이다. 또한 클래스는 공통 데이터가 없더라도 관련 서비스를 제공하는 루틴의 집합이 될 수도 있다. 앞서 설명했듯이 능력 있는 개발자가 되려면 현재 작업 중인 코드에 집중할 수 있게 프로그램에서 무시할 수 있는 부분을 최대화할 수 있어야 한다. 클래스는 그러한 목표를 달성하기 위한 일차적인 도구다.

이 장은 고급 클래스를 만드는 데 필요한 핵심적인 조언을 소개한다. 객체지향 개념을 충분히 이해하고 있지 못하다면 이 장의 내용이 너무 부담스러울 수도 있다. 5장 "구현 설계"를 읽은 다음 6.1절 "클래스 토대: 추상 데이터형(ADT)"부터 시작하면 나머지 내용을 쉽게 이해할 수 있다. 이미 클래스에 관한 기본적인 내용을 이해하고 있다면 6.1절을 건너뛰고 곧바로 6.2절에 있는 클래스 인터페이스에 대한 이야기부터 보면 된다. 이 장의 마지막에 있는 "참고 자료"에서는 기초 학습 자료와 고급 학습 자료, 프로그래밍 언어에 특화된 자료를 소개한다.

6.1 클래스의 토대: 추상 데이터형

추상 데이터형(Abstract Data Type, ADT)은 데이터와 데이터를 처리하는 연산의 집합이다. 연산은 프로그램의 나머지 부분에 데이터가 무엇인지를 설명해주는 역할과 나머지 프로그램에서 그 데이터를 변경할 수 있게 해주는 역할을 한다. "추상 데이터형"에서의 "데이터"는 다양한 의미로 사용된다. 추상 데이터형은 사용되는 모든 연산이 포함된 그래픽 윈도우일 수도 있고, 파일과 파일 연산이거나 보험요율표와 거기에 필요한 연산 등 여러 가지가 될 수 있다.

관련 정보 ADT를 먼저 생각하고 클래스를 그다음으로 고민하는 것은 언어에 *의한* 프로그래밍과 언어를 *활용한* 프로그래밍의 한 예다. 4.3절 "기술 흐름 파악"과 34.4절 "언어에 제약을 받지 않고 언어를 활용한 프로그래밍"을 살펴본다.

객체지향 프로그래밍을 이해하기 위해서는 ADT를 반드시 이해해야 한다. ADT를 이해하지 못하고서는 이름만 "클래스"인 클래스를 작성하게 될 것이다. 그런 클래스는 실제로는 연관성이 높지 않은 데이터와 루틴을 편의를 위해 보관하는 상자와 다를 게 없다. ADT를 이해한다면 처음에 구현하기 쉽고 나중에 변경하기 쉬운 클래스를 만들 수 있다.

전통적으로 프로그래밍 책에서는 추상 데이터형을 소개할 때 수학적으로 설명한다. "추상 데이터형은 연산자들을 정의해놓은 수학적 모델로 생각할 수 있다."와 같이 표현하는 경향이 있다. 그러다 보니 추상 데이터형만 생각하면 그냥 졸리기만 하고 실제로 활용할 일이 없다.

이처럼 재미없는 추상 데이터형 소개는 완전히 핵심을 놓친 것이다. 추상 데이터형을 이용해 저수준의 구현 엔티티가 아닌 실제 세계에 존재하는 엔티티를 조작할 수 있으니 얼마나 흥미로운가! 링크드 리스트에 노드를 삽입하는 대신 스프레드시트에 셀을 추가하거나 윈도우 유형 목록에 새로운 윈도우 유형을 추가하거나 열차 시뮬레이션에 새로운 객차를 연결할 수 있다. 저수준의 구현 영역에서가 아니라 문제 영역을 다룰 수 있는 힘을 이용할 수 있다.

ADT가 필요한 예

우선 ADT가 유용하게 쓰이는 예를 살펴보자. 이 예제에 관해서 설명한 후 세부적인 내용을 다룰 것이다.

여러 가지 글꼴과 크기, 폰트 특성(예: 굵은 글씨나 기울임꼴)을 사용해 화면에 출력되는 텍스트를 제어하는 프로그램을 작성한다고 가정하자. 프로그램 일부는 텍스트의 폰트를 처리한다. ADT를 사용한다면 데이터(글꼴 이름, 크기, 폰트 특성)와 이 데이터를 다루는 일련의 폰트 루틴을 작성할 것이다. 이 폰트 루틴과 데이터의 집합이 ADT다.

ADT를 사용하지 않는다면 폰트를 다루기 위해서 임시방편의 접근 방법을 취할 것이다. 예를 들어 폰트 크기를 12포인트(16픽셀에 해당하는)로 바꿔야 한다면 다음과 같은 코드를 작성해야 할 것이다.

```
currentFont.size = 16
```

라이브러리 루틴을 미리 구축해 놓았다면 이 코드는 아마도 다음과 같이 좀 더 읽기 쉬운 코드로 작성할 수도 있다.

```
currentFont.size = PointsToPixels( 12 )
```

또는 다음과 같이 특성에 대해 좀 더 구체적인 이름을 쓸 수도 있다.

```
currentFont.sizeInPixels = PointsToPixels( 12 )
```

하지만 *currentFont.sizeInPixels*와 *currentFont.sizeInPoints* 두 멤버를 모두 가질 수는 없다. 왜냐하면 두 데이터 멤버가 모두 사용될 때 *currentFont*가 둘 중 어느 것을 사용해야 할지 알 방법이 없기 때문이다. 그리고 프로그램 여러 곳에서 폰트 크기를 변경하고 있다면 프로그램 전체에 비슷한 코드를 갖게 된다.

폰트를 굵게 설정할 때는 논리 연산자 *or*와 16진수 상수 *0x02*를 사용하는 다음과 같은 코드를 작성할 수 있다.

```
currentFont.attribute = currentFont.attribute or 0x02
```

운 좋게 이 코드를 더 깔끔하게 작성할 수는 있겠지만, 그나마 가장 괜찮은 코드가 아래 정도 수준이다.

```
currentFont.attribute = currentFont.attribute or BOLD
```

또는 다음과 같이 작성할 것이다.

```
currentFont.bold = True
```

폰트 크기의 경우와 마찬가지로 클라이언트 코드가 데이터를 직접 제어해야 한다는 제약 사항이 있어 *currentFont*를 사용하는 데 제한이 있다.

이와 같은 방법으로 프로그램을 작성한다면 유사한 코드가 프로그램 여러 곳에서 사용될 것이다.

ADT를 사용할 때 좋은 점

임시방편적인 접근 방법이 나쁜 프로그래밍 관행이라는 점은 문제가 아니다. 다만 아래와 같은 장점이 있는 더 좋은 프로그래밍 방식을 사용할 수 있다는 걸 소개하고 싶을 뿐이다.

구현 세부 사항을 감출 수 있다. 폰트 데이터 유형에 대한 구체적인 정보를 숨기면(정보 은닉) 데이터 유형이 바뀌어도 프로그램 전체에 아무런 영향을 미치지 않고 어느 한 곳에서 변경할 수 있다. 예를 들어 ADT를 통해 구현 세부 사항을 감추지 않았다면 폰트의 굵기를 변경할 때 한 곳이 아니라 이전 값으로 설정된 모든 곳에서 코드를 변경해야 한다. 또한 세부 구현을 감추면 해당 정보를 메모리가 아닌 외부 저장소에 저장할 때나 폰트 처리 루틴을 다른 프로그래밍 언어로 구현하고자 할 때도 다른 부분을 변경할 필요가 없다.

변경이 전체에 영향을 미치지 않는다. 폰트를 추가하고 더 많은 속성(예를 들면, 작은 대문자, 어깨 문자, 취소선 등)을 지원하고자 할 때도 한 곳에서 프로그램을 변경할 수 있다. 당연히 프로그램의 나머지 부분에는 영향을 미치지 않을 것이다.

인터페이스가 더 많은 정보를 제공하도록 만들 수 있다. currentFont.size = 16과 같은 코드는 16이 픽셀이 될 수도 있고 포인트가 될 수도 있기 때문에 모호하다. 코드만 봐서는 어떤 값인지 알 수 없다. 유사한 모든 연산을 하나의 ADT에 모아 놓으면 전체 인터페이스를 일괄적으로 포인트나 픽셀 형태로 정의하거나 둘을 분명하게 구별하여 혼란을 피할 수 있다.

성능을 향상시키기 쉽다. 폰트의 성능을 향상시켜야 할 때 전체 프로그램을 건드리기보다는 잘 정의된 루틴을 다시 작성하면 된다.

프로그램이 명백하게 정확해진다. currentFont.attribute = currentFont.attribute or 0x02와 같은 코드로 확인 작업을 하는 것보다 currentFont.SetBoldOn()과 같은 함수를 호출하여 확인 작업을 하도록 고친다. 첫 번째 명령문을 사용하면 잘못된 구조체 이름이나 필드 이름, 잘못된 연산(or 대신 and 사용), 잘못된 속성값(0x02대신 0x20 사용)을 가질 수 있다. 두 번째의 경우, currentFont.SetBoldOn()을 호출하는 루틴에서 틀릴 수 있는 유일한 부분은 호출하는 루틴의 이름이 틀리는 경우뿐이므로 옳은지 판별하기가 더 쉽다.

프로그램의 가독성이 높아진다. currentFont.attribute or 0x02와 같은 명령문에서 0x02를 BOLD와 같은 값으로 바꿔 코드를 개선할 수 있지만, currentFont.SetBoldOn() 같은 루틴 호출의 가독성과는 비교가 안 된다.

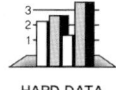
HARD DATA

우드필드와 던스모어, 센은 컴퓨터학과 대학원생과 학부 4학년생에게 두 가지 프로그램에 대한 질문에 답하는 연구를 수행했다. 한 프로그램은 8개 루틴으로 구성된 코드였고 다른 프로그램은 8개 추상 데이터형 루틴으로 구성된 프로그램이었다(Woodfield, Dunsmore, and Shen 1981). 추상 데이터형 프로그램을 사용한 학생들이 루틴으로 구성된 프로그램을 사용한 학생들보다 30% 높은 점수를 받았다.

전체 프로그램에 데이터를 넘길 필요가 없다. 바로 앞에서 소개한 예제에서는 currentFont를 직접 변경하거나 폰트를 다루는 모든 루틴에 이 값을 전달해야 한다. 추상 데이터형을 사용하면 currentFont를 프로그램 전체에 전달할 필요가 없으며 전역 변수로 변환할 필요도 없다. ADT는 currentFont의 데이터를 보관할 수 있는 구조로 되어 있다. 그 데이터는 ADT의 일부인 루틴에 의해서만 직접 접근할 수 있다. ADT에 속하지 않은 루틴은 그 데이터를 신경 쓸 필요가 없다.

저수준 구현 구조체 대신 현실 세계의 개체를 다룰 수 있다. 폰트를 다루는 연산들을 정의하면 프로그램 대부분이 배열 접근이나 구조체 정의, *True*와 *False* 같은 형태가 아닌 폰트의 관점에서 돌아간다.

이 경우에는 추상 데이터형을 정의하기 위해서 다음과 같이 폰트를 제어하는 몇 개의 루틴을 정의할 것이다.

```
currentFont.SetSizeInPoints( sizeInPoints )
currentFont.SetSizeInPixels( sizeInPixels )
currentFont.SetBoldOn()
currentFont.SetBoldOff()
currentFont.SetItalicOn()
currentFont.SetItalicOff()
currentFont.SetTypeFace( faceName )
```

KEY POINT

각 루틴의 내부 코드는 짧을 텐데, 이는 앞에서 ADT를 적용하지 않고 구현했던 코드의 길이와 비슷할 것이다. 차이점은 폰트 처리를 루틴의 집합으로 제한했다는 것이다. 덕분에 폰트 처리에 있어서 더 나은 추상화 수준을 제공하고 폰트 변경 시 보호막이 생긴다.

ADT의 또 다른 예제

원자로의 냉각 시스템을 제어하는 소프트웨어를 작성하고 있다고 가정해 보자. 다음과 같은 연산을 정의함으로써 냉각 시스템을 추상 데이터형으로 취급할 수 있다.

```
coolingSystem.GetTemperature()
coolingSystem.SetCirculationRate( rate )
coolingSystem.OpenValve( valveNumber )
coolingSystem.CloseValve( valveNumber )
```

실질적인 구현은 이 코드가 어떤 환경에서 사용될 것인지에 따라 결정될 것이다. 프로그램의 나머지 부분은 ADT를 통해 냉각 시스템을 다룰 수 있으며 데이터 구조의 구현 사항과 제약 조건, 변경 사항 등에 대해서 신경 쓰지 않아도 될 것이다.

다음은 추상 데이터형과 그에 따른 연산을 예로 든 것이다.

선박 제어	믹서기	연료 탱크
속력을 설정한다	켠다	탱크를 채운다
현재 설정을 얻는다	끈다	탱크를 비운다
이전 속력으로 달린다	속력을 설정한다	탱크 용량을 얻는다
사용을 중지한다	"즉석 분쇄"를 시작한다	탱크 상태를 얻는다
	"즉석 분쇄"를 중단한다	

리스트	전구	스택
리스트를 초기화한다	켠다	스택을 초기화한다
리스트에 항목을 삽입한다	끈다	스택에 항목을 입력한다
리스트에서 항목을 제거한다		스택에서 항목을 꺼낸다
리스트의 다음 항목을 읽는다		스택의 최상위 항목을 읽는다

도움말 화면	메뉴	파일
도움말 주제를 추가한다	새로운 메뉴를 시작한다	파일을 연다
도움말 주제를 제거한다	메뉴를 삭제한다	파일을 읽는다
현재 도움말 주제를 설정한다	메뉴 항목을 추가한다	파일을 쓴다
도움말 화면을 표시한다	메뉴 항목을 제거한다	현재 파일의 위치를 설정한다
도움말 화면을 제거한다	메뉴 항목의 사용을 활성화한다	파일을 닫는다
도움말 색인을 표시한다	메뉴 항목의 사용을 중지한다	
이전 화면으로 돌아간다	메뉴를 표시한다	
	메뉴를 감춘다	
	메뉴 선택을 얻는다	

포인터
새로운 메모리에 대한 포인터를 얻는다
기존 포인터로부터 메모리를 정리한다
할당된 메모리의 크기를 변경한다

엘리베이터
한 층 위로 이동한다
한 층 아래로 이동한다
특정 층으로 이동한다
현재 층을 보고한다
현관 층으로 돌아간다

이 예제를 통해서 다음과 같은 몇 가지 원칙을 끌어낼 수 있다.

전형적인 저수준 데이터형을 저수준 데이터형이 아닌 ADT로 만들거나 사용하라. ADT에 대한 대부분의 논의는 전형적인 저수준 데이터형을 ADT로 표현하는 데 초점을 두고 있다. 앞서 소개한 예제를 통해 알 수 있듯이 스택이나 리스트, 큐뿐만 아니라 사실상 모든 전형적인 데이터형을 ADT로 표현할 수 있다.

이런 궁금증이 생겨야 한다. "지금 사용 중인 스택이나 리스트, 큐가 무엇을 표현하는 거지?" 스택이 직원 집합을 나타낸다면 ADT를 스택이 아닌 직원들로 이해하자. 리스트가 청구 내용을 나타낸다면 ADT를 리스트가 아닌 청구 내용으로 취급하자. 큐가 스프레드시트에 있는 셀을 표현한다면 ADT를 큐에 있는 항목이 아닌 셀의 집합으로 취급하라. 가능한 높은 추상화 수준에서 이해하려고 하라.

파일과 같은 일반적인 객체를 ADT로 취급하라. 대부분의 언어는 이미 친숙하지만, ADT로 생각하지 않은 몇 가지 추상 데이터형을 포함하고 있다. 파일 연산이 좋은 예다. 디스크에 쓰는 동안 운영체제는 특정한 물리적 주소에 읽기/쓰기 헤드를 옮겨 놓고 새로운 디스크 섹터를 할당하고 수수께끼 같은 오류 코드를 해석하는 기능을 제공한다. 운영체제는 추상화가 잘 되어 있는 ADT를 제공한다. 고급 언어는 운영체제를 호출하고 데이터 버퍼를 조작하는 등의 복잡한 세부 사항에 신경 쓰지 않도록 해준다. 덕분에 일련의 디스크 공간을 "파일"로 처리할 수 있다.

이와 유사하게 ADT를 계층화할 수 있다. 우선은 데이터 구조 수준의 연산(스택에 데이터를 넣거나 꺼내기)을 제공하는 수준에서 ADT를 사용하는 것만으로도 충분하지만, 더 나아가 현실 세계를 반영하는 ADT 계층을 높은 수준으로 구현할 수 있다.

간단한 객체도 ADT로 취급하라. 굉장히 큰 데이터를 다룰 때만 추상 데이터형을 사용할 필요는 없다. 앞서 소개한 ADT 중 전구는 켜고 끄는 두 가지 기능만 지원한다. 켜거나 끄는 것과 같이 간단한 연산을 루틴으로 분리하는 것이 낭비라고 생각할지도 모른

하지만 간단한 연산일지라도 ADT를 사용함으로써 혜택을 얻을 수 있다. 전구와 전구의 연산을 ADT에 입력하면 코드를 쉽게 이해하고 변경할 수 있다. 또한 *TurnLightOn()* 과 *TurnLightOff()* 사이의 상태 변화 순서를 제한할 수도 있으며(꺼진 상태에서 다시 끌 수는 없다) 전달해야 하는 데이터 항목의 수도 줄일 수 있다.

ADT가 저장된 매체와 독립적으로 ADT를 참조하라. 데이터의 크기가 너무 커서 항상 디스크에 저장해야 하는 보험료 테이블이 있다고 가정해 보자. "보험료 파일"에서 보험료 테이블 정보를 읽는 *RateFile.Read()* 와 같은 접근 루틴을 생성하고 싶을 것이다. 하지만 이 테이블에 파일로서 접근하면 필요 이상으로 정보를 노출하게 된다. 디스크 대신 메모리에 테이블을 저장하도록 프로그램을 변경하면 테이블을 파일로 처리한 코드가 오작동하고 혼란을 초래할 것이다. "RateFile"처럼 "File"이라는 이름을 사용하는 대신 클래스와 접근 루틴의 이름을 데이터 저장 방식과 연관이 없도록 작성하고 보험료 테이블과 같은 추상 데이터형으로 표현해 보라. 그러면 *rateTable.Read()* 나 좀 더 간단하게 *rates.Read()* 같은 클래스 및 접근 루틴의 이름을 만들 수 있을 것이다.

비객체지향 프로그래밍 환경에서 ADT로 여러 개의 데이터 인스턴스를 다루기

객체지향 언어는 기본적으로 여러 개의 ADT 인스턴스를 처리할 수 있는 기능을 제공한다. 객체지향 프로그래밍 환경에서만 개발해서 여러 개의 인스턴스에 대한 구현 세부 사항을 직접 처리할 일이 없었다면 운이 좋았다고 생각하라(그렇다면 바로 다음 절인 "ADT와 클래스"로 넘어가도 된다)!

C 언어와 같은 객체지향이 아닌 환경에서 작업하고 있다면 다중 인스턴스를 지원하는 기능을 직접 구현해야 한다. 일반적으로 ADT가 인스턴스를 생성하고 삭제할 수 있으며 여러 개의 인스턴스를 처리할 수 있게 구현해야 한다.

원래의 폰트 ADT는 다음과 같은 서비스를 제공했다.

```
currentFont.SetSize( sizeInPoints )
currentFont.SetBoldOn()
currentFont.SetBoldOff()
currentFont.SetItalicOn()
currentFont.SetItalicOff()
currentFont.SetTypeFace( faceName )
```

비객체지향 환경에서는 이 함수들을 클래스에 연결하지 않고 다음과 같이 구현한다.

```
SetCurrentFontSize( sizeInPoints )
SetCurrentFontBoldOn()
SetCurrentFontBoldOff()
SetCurrentFontItalicOn()
SetCurrentFontItalicOff()
SetCurrentFontTypeFace( faceName )
```

만약 한 번에 하나 이상의 폰트를 다루고 싶다면 폰트 인스턴스를 생성하고 삭제하기 위한 서비스를 다음과 같이 추가해야 한다.

```
CreateFont( fontId )
DeleteFont( fontId )
SetCurrentFont( fontId )
```

여러 개의 폰트를 생성하고 사용할 때 폰트를 추적하기 위한 방법으로 *fontId*라는 개념이 추가되었다. 다른 작업에 대해서 ADT 인터페이스를 다루는 방법에는 다음과 같이 세 가지가 있다.

- **방법 1**: ADT 서비스를 사용할 때마다 명시적으로 인스턴스를 식별한다. 이 경우에는 "지금 사용 중인 폰트"라는 개념이 없다. 폰트를 다루는 모든 루틴에 *fontId*를 전달한다. 폰트 함수들이 내부 데이터를 유지하고 폰트 함수를 사용하는(클라이언트라고 하자) 코드는 *fontId*만 추적해야 한다. 이 방법을 사용하기 위해서는 모든 폰트 루틴의 매개변수에 *fontId*를 추가해야 한다.

- **방법 2**: ADT 서비스에서 사용되는 데이터를 명시적으로 제공한다. 이 접근 방법에서는 ADT 서비스를 사용하는 루틴마다 ADT가 사용하는 데이터를 선언한다. 즉, ADT 서비스 루틴에 전달할 폰트 데이터형을 생성한다. ADT 서비스가 매개변수로 넘어온 *Font* 데이터를 사용할 수 있도록 ADT 서비스를 설계해야 한다. 이 접근 방법을 사용하면 클라이언트 코드가 직접 폰트 데이터를 관리하기 때문에 폰트 ID는 필요 없다(폰트 데이터를 *Font* 데이터형에서 속성값으로 직접 가져올 수 있어도 ADT 서비스 루틴을 사용하여 접근해야 한다. 이와 같은 방식을 "닫힌" 구조라고 한다).
이 접근 방법의 장점은 ADT 서비스 루틴이 폰트 ID를 토대로 폰트 정보를 검색할 필요가 없다는 점이다. 단점은 폰트 데이터를 프로그램의 나머지 부분에 노출해 클라이언트 코드가 ADT의 내부에 감춰야 하는 구현 세부 사항을 사용할 가능성이 높아진다는 점이다.

- **방법 3**: 암시적인 인스턴스를 사용하라(각별한 주의가 요구된다). *SetCurrentFont(fontId)*와 같은 새로운 서비스를 설계하여 특정한 폰트 인스턴스를 현재의 폰트로 설정한다. 현재 폰트를 설정한 후 호출 시 다른 모든 서비스가 현재 폰트를 사용하도록 한다. 이 방법을 사용하면 *fontId*를 다른 서비스에 매개변수로 전달할 필요가 없다. 간단한 애플리케이션에서는 이 방법으로 다중 인스턴스를 능률적으로 사용할 수 있다. 복잡한 애플리케이션에서는 이와 같이 어떠한 상태에 시스템이 전반적으로 의존하게 되면 *Font* 함수를 사용하는 코드에서 현재 폰트의 인스턴스를 추적해야 한다. 이 경우 일반적으로 복잡성이 증가하게 되어 더 나은 대안을 찾게 된다.

추상 데이터형의 내부에서는 다중 인스턴스를 처리하는 방법이 다양하겠지만, 외부에서는 객체지향적이지 않은 프로그래밍 언어로 작업할 경우 이 정도가 선택할 수 있는 최선일 것이다.

ADT와 클래스

추상 데이터형은 클래스의 기본 개념의 바탕을 이룬다. 프로그래밍 언어가 클래스를 지원하면 추상 데이터형을 클래스로 구현할 수 있다. 클래스는 일반적으로 상속과 다형성이라는 개념도 추가로 지원한다. 따라서 추상 데이터형에 상속과 다형성을 더한 것을 클래스로 생각해도 된다.

6.2 좋은 클래스 인터페이스

고급 클래스를 만들기 위한 가장 중요한 단계는 좋은 인터페이스를 만드는 것이다. 이 단계에서 표현하고자 하는 인터페이스를 잘 추상화하여 구현 세부 사항이 외부에 드러나지 않도록 한다.

좋은 추상화

5.3절의 "일관성 있게 추상화하라"에서 설명했듯이 추상화는 복잡한 연산을 단순한 형태로 보여주는 능력이다. 클래스 인터페이스는 인터페이스 내부에 숨겨져 있는 구현 세부 사항에 대한 추상화를 제공한다. 클래스 인터페이스는 서로 밀접한 루틴들을 제공해야 한다.

직원(employee)을 구현하는 클래스가 있다고 하자. 이 클래스에는 직원의 이름, 주소, 전화번호 등을 나타내는 데이터가 들어 있을 것이다. 직원 정보를 초기화하고 사용하는 서비스를 제공할 것이다. 다음은 이 클래스를 구현한 코드다.

관련 정보 이 책에 있는 예제 코드는 언어에 상관없이 일관되게 적용할 수 있는 코드 규약을 따르고 있다. 코드 규약에 대한 자세한 내용(여러 가지 코드 작성 방식에 대한 논의)은 11.4절의 "여러 언어로 개발할 때 고려할 사항"을 살펴본다.

추상화를 잘 나타낸 클래스 인터페이스를 C++로 작성한 예제
```cpp
class Employee {
public:
    // 공개 생성자와 소멸자
    Employee();
    Employee(
        FullName name,
        String address,
```

```
        String workPhone,
        String homePhone,
        TaxId taxIdNumber,
        JobClassification jobClass
    );
    virtual ~Employee();
    // 공개 루틴
    FullName GetName() const;
    String GetAddress() const;
    String GetWorkPhone() const;
    String GetHomePhone() const;
    TaxId GetTaxIdNumber() const;
    JobClassification GetJobClassification() const;
    ...
private:
    ...
};
```

이 클래스는 외부에 노출된 인터페이스 외에도 내부적인 작업을 처리하기 위해 여러 루틴과 데이터를 가지고 있겠지만, 클래스의 사용자는 그러한 부분에 대해 전혀 알 필요가 없다. 인터페이스에 있는 모든 루틴이 긴밀하게 연관되어 있어서 훌륭한 추상화를 제공하고 있다.

이제 잡다한 함수를 포함하고 있는 클래스를 통해 잘못된 추상화의 예를 살펴보자.

잘못된 추상화를 표현하는 클래스 인터페이스를 C++로 작성한 예제

```
class Program {
public:
    ...
    // 공개 루틴
    void InitializeCommandStack();
    void PushCommand( Command command );
    Command PopCommand();
    void ShutdownCommandStack();
    void InitializeReportFormatting();
    void FormatReport( Report report );
    void PrintReport( Report report );
    void InitializeGlobalData();
    void ShutdownGlobalData();
    ...
private:
    ...
};
```

클래스가 스택 명령(push, pop)을 처리하고 보고서를 만들고 출력하며 전역 데이터를 초기화하는 루틴을 포함하고 있다고 해 보자. 보고서 루틴이나 전역 데이터와 명령 스택 사이에 어떤 연관성도 찾기가 어렵다. 이 클래스 인터페이스는 일관된 추상화를 표현하고 있지 않아서 클래스의 응집력이 떨어진다. 이 루틴들은 별도의 인터페이스를 통해 더 좋은 추상화를 제공하는 클래스로 재구성해야 한다.

이 루틴들이 *Program* 클래스의 일부였다면 다음과 같이 변경하여 일관성 있는 추상화를 제공할 수 있다.

```
더 나은 추상화를 표현하는 클래스 인터페이스를 C++로 작성한 예제
class Program {
public:
    ...
    // 공개 루틴
    void InitializeUserInterface();
    void ShutDownUserInterface();
    void InitializeReports();
    void ShutDownReports();
    ...
private:
    ...
};
```

인터페이스를 이렇게 정리할 수 있었던 것은 원래 있던 몇 개의 루틴을 용도에 맞는 다른 클래스로 옮기고 일부 루틴은 *InitializeUserInterface()*나 다른 루틴에서 사용할 수 있도록 비공개 루틴으로 변환했기 때문이다.

클래스 추상화에 대한 평가는 공개 루틴의 집합, 즉 클래스의 인터페이스를 기초로 한다. 전체 클래스가 좋은 추상화를 표현한다고 해서 클래스 내부에 있는 루틴들까지 좋은 추상화를 표현한다는 보장은 없지만, 내부의 루틴도 좋은 추상화를 나타내도록 설계해야 한다. 이에 대한 내용은 7.2절 "루틴 수준의 설계"를 살펴본다.

좋은 추상 인터페이스를 작성하는 것 자체가 클래스 인터페이스를 생성하는 데 여러 가지 도움을 준다.

클래스 인터페이스가 일관된 추상화 수준을 갖도록 한다. 클래스는 한마디로 6장 1절에서 설명한 추상 데이터형을 구현하는 메커니즘으로 보면 이해하기 쉽다. 각 클래스는 오직 하나의 ADT만 구현해야 한다. 하나 이상의 ADT를 구현한 클래스를 발견하거나

클래스가 구현한 ADT가 무엇인지 확신할 수 없다면 클래스를 잘 정의된 하나 이상의 ADT로 재구성해야 할 때가 된 것이다.

다음 예는 추상화 수준이 일정하지 않아서 클래스 인터페이스의 일관성이 떨어진다.

추상화 수준이 뒤섞인 클래스 인터페이스를 C++로 작성한 예제

```cpp
class EmployeeCensus: public ListContainer {
public:
   ...
   // 공개 루틴
   void AddEmployee( Employee employee );
   void RemoveEmployee( Employee employee );

   Employee NextItemInList();
   Employee FirstItem();
   Employee LastItem();
   ...
private:
   ...
};
```

— 이 루틴들의 추상화는 "직원"을 다룬다.

— 이 루틴들의 추상화는 "리스트"를 다룬다.

이 클래스는 두 개의 ADT, *Employee*와 *ListContainer*를 표현하고 있다. 이처럼 추상화 수준이 다른 상황은 컨테이너 클래스나 다른 라이브러리 클래스를 내부적으로 사용했지만 라이브러리 클래스가 사용됐다는 사실을 감추지 않은 경우에 발생한다. 컨테이너 클래스가 사용됐다는 사실이 추상화의 일부여야 하는지 고민해 보라. 보통은 다음과 같이 구현 세부 사항을 프로그램의 나머지 부분으로부터 감춘다.

추상화 수준이 일관성 있는 클래스 인터페이스를 C++로 작성한 예제

```cpp
class EmployeeCensus {
public:
   ...
   // 공개 루틴
   void AddEmployee( Employee employee );
   void RemoveEmployee( Employee employee );
   Employee NextEmployee();
   Employee FirstEmployee();
   Employee LastEmployee();
   ...
private:
   ListContainer m_EmployeeList;
   ...
};
```

— 이제 이 루틴들의 추상화가 "직원"을 다룬다.

← 클래스가 *ListContainer* 라이브러리를 사용한다는 사실이 외부에 노출되지 않는다.

개발자들은 *ListContainer*로부터 상속받는 것이 더 편리하다고 주장할지도 모른다. 그것이 다형성을 지원해 외부의 검색이나 정렬 함수가 *ListContainer* 객체를 받아들일 수 있게 허용하기 때문이다. 그러한 주장은 "상속이 'is a' 관계를 위해서만 사용되었는가?"라는 주요 질문에 비추어볼 때 "아니오"로 귀결된다. *ListContainer*로부터 상속받는다는 것은 곧 *EmployeeCensus*가 *ListContainer* "이다(is a)"라는 것을 의미하는데, 이것은 분명 사실이 아니다. *EmployeeCensus* 객체가 검색되거나 정렬될 수 있도록 추상화하고 싶다면 클래스 인터페이스에 명시적이고 일관성 있게 제공되어야 한다.

클래스의 공개 루틴을 잠수함에 물이 들어가는 것을 막는 공기 차단기로 비유한다면 일관성 없는 공개 루틴은 클래스에서 물이 새는 구멍이라고 할 수 있다. 물이 새는 구멍들은 공기 차단기가 없는 것만큼 빠르게 물을 들여보내지는 않겠지만, 그대로 오래 내버려둔다면 잠수함은 가라앉게 될 것이다. 실제로 추상화 수준이 뒤죽박죽일 때 이와 같은 일들이 발생한다. 코드를 변경하면 할수록 뒤섞인 추상화 수준 때문에 프로그램을 점점 더 이해하기 어렵고 유지보수할 수 없게 된다.

KEY POINT

클래스가 구현하고 있는 추상화가 무엇인지 이해해야 한다. 어떤 클래스들은 너무나 비슷해서 클래스 인터페이스가 어떤 추상화를 구현하고 있는지 이해하기가 어렵다. 예전에 테이블로 제공되는 정보를 편집할 수 있는 프로그램을 작성한 적이 있었다. 간단한 기능의 그리드 컨트롤을 원했지만, 사용 중이던 그리드 컨트롤이 데이터 셀의 색상을 변경하는 기능을 제공하지 않아서 그 기능을 제공하는 스프레드시트 컨트롤을 사용하기로 했다.

스프레드시트 컨트롤은 간단한 그리드 컨트롤보다 훨씬 더 복잡했다. 그리드 컨트롤은 15개의 루틴만 제공했던 반면 스프레드시트 컨트롤은 150개의 루틴을 제공했다. 스프레드시트 컨트롤이 아니라 그리드 컨트롤이 필요했기 때문에 개발자에게 그리드 컨트롤 대신 스프레드시트 컨트롤을 사용한다는 사실을 감출 수 있게 래퍼(wrapper) 클래스를 작성해달라고 부탁했다. 개발자는 그 요구사항이 지나치다고 생각했는데, 그래서 그랬는지 이틀 만에 스프레드시트 컨트롤의 루틴 150개를 그대로 노출하는 래퍼 클래스를 개발했다.

그 클래스는 원하던 결과물이 아니었다. 훨씬 복잡한 스프레드시트 컨트롤을 사용하고 있다는 사실을 내부적으로 캡슐화하는 그리드 컨트롤 인터페이스를 원했다. 그 개발자는 기존 15개의 그리드 컨트롤 루틴에 셀의 색상을 변경하기 위한 16번째 루틴만 노출시켜야 했다. 하지만 150개의 모든 루틴을 노출시켰기 때문에 내부 구현의 일부를 변경했을 때 150개의 공개 루틴에 미치는 영향을 모두 살펴봐야 했다. 그 개발자는 우리가 원했던 캡슐화를 만족시키지 못했을 뿐만 아니라 필요 이상으로 많은 일을 만들고 있었다.

상황에 따라서 스프레드시트 컨트롤이나 그리드 컨트롤 중에서 한 가지 추상화를 선택해야 할 것이다. 자신이 정확하게 원하는 것이 무엇인지 알고 있는 상태에서 유사한 두 추상화 중에서 한 가지를 선택해야 한다.

서로 반대되는 기능을 갖는 서비스 쌍(pair)을 제공하라. 대부분의 연산은 유사하거나 같거나 정반대의 연산을 갖고 있다. 불을 켜는 연산이 있으면 끄는 연산도 필요할 것이다. 리스트에 항목을 추가하는 연산이 있다면 리스트에서 항목을 제거하는 연산이 필요할 것이다. 메뉴를 활성화하는 연산이 있다면 메뉴를 비활성화하는 연산이 필요할 것이다. 클래스를 설계할 때 각 공개 루틴에 반대되는 기능이 필요한지 확인한다. 불필요하게 반대되는 기능을 만들어서는 안 되지만, 꼭 필요한지 확인해야 한다.

관련이 없는 정보를 다른 클래스로 옮겨라. 예를 들면 한 클래스 내에서 루틴의 반이 일부 데이터를 다루고 나머지 루틴이 나머지 데이터를 처리하는 경우가 있다. 이러한 경우에 물리적으로는 하나의 클래스지만, 실제로는 두 개의 서로 다른 클래스나 마찬가지다. 둘로 나누어라!

가능하면 인터페이스를 의미론적이기보다는 프로그래밍적으로 만들어라. 각 인터페이스는 프로그래밍적인 부분과 의미론적인 부분으로 구성된다. 프로그래밍적인 부분은 인터페이스에서 컴파일러로 강제화할 수 있는 데이터형이나 특성으로 구성된다. 의미론적인 부분은 인터페이스가 어떻게 사용될 것인지에 대한 가정으로 구성된다. 이 부분은 컴파일러에 의해서 강제화할 수 없는 부분이다. 의미론적인 인터페이스는 "*RoutineA*는 반드시 *RoutineB*보다 먼저 호출되어야 한다." 혹은 "*dataMember1*이 *RoutineA*에 전달되기 전에 초기화되어 있지 않다면 *RoutineA*는 충돌할 것이다."와 같은 고려 사항을 포함한다. 의미론적인 인터페이스는 주석으로 설명해야 하지만, 가능하다면 인터페이스에 대한 문서는 적을수록 좋다. 컴파일로 강제화할 수 없는 부분은 제약이 없기 때문에 잘못 사용될 수 있다. *Assert*나 다른 기법을 사용해 의미론적인 부분을 프로그래밍적인 인터페이스 요소로 강제화하는 방법을 모색해 본다.

관련 정보 코드를 변경할 때 코드의 품질을 유지하는 방법에 대한 내용은 24장 "리팩터링"을 살펴본다.

코드 변경 시 인터페이스의 추상화가 망가지지 않도록 주의한다. 클래스를 변경하거나 확장하다 보면 원래의 클래스 인터페이스에는 잘 맞지 않지만, 다른 방법으로 구현하기에도 애매한 기능을 추가해야 하는 상황이 발생한다. 예를 들면 *Employee* 클래스에 다음과 같은 기능을 추가할 수 있다.

유지보수 중에 추상화가 손상되고 있는 클래스 인터페이스를 C++로 구현한 예제

```cpp
class Employee {
public:
    ...
    // 공개 루틴
    FullName GetName() const;
    Address GetAddress() const;
    PhoneNumber GetWorkPhone() const;
    ...
    bool IsJobClassificationValid( JobClassification jobClass );
    bool IsZipCodeValid( Address address );
    bool IsPhoneNumberValid( PhoneNumber phoneNumber );

    SqlQuery GetQueryToCreateNewEmployee() const;
    SqlQuery GetQueryToModifyEmployee() const;
    SqlQuery GetQueryToRetrieveEmployee() const;
    ...
private:
    ...
};
```

이전 예제 코드에서는 추상화가 분명했는데 지금은 연관성이 그다지 없어 보이는 뒤죽박죽 함수가 되어버렸다. 우편번호나 전화번호, 직무를 확인하는 루틴과 직원 사이에 논리적인 연관성이 없다. SQL 쿼리를 노출하는 루틴은 *Employee* 클래스보다 추상화 수준이 너무 구체적이고 그것들이 *Employee* 클래스의 추상화를 망가뜨린다.

인터페이스 추상화에 맞지 않는 공개 멤버를 추가하지 말라. 클래스 인터페이스에 루틴을 추가할 때마다 "이 루틴이 기존 인터페이스가 제공하는 추상화와 일관성이 있는가?"를 질문해 보도록 한다. 그렇지 않다면 다른 방법을 찾아 추상화의 무결성을 유지한다.

추상화와 응집도를 함께 고려하라. 추상화와 응집도는 개념적으로 밀접한 연관이 있다. 좋은 추상화를 제공하는 클래스 인터페이스는 일반적으로 강한 응집도를 갖는다. 무조건 그렇다고 볼 수는 없으나 응집도가 강한 클래스는 좋은 추상화를 제공하는 경향이 있다.

클래스 인터페이스를 응집력이라는 관점보다 추상화 관점으로 바라보면 클래스에 대해 좀 더 깊이 있게 이해할 수 있다. 클래스의 응집력이 약해서 클래스를 어떻게 개선해야 할지 잘 모르겠다면 그 대신 추상화 관점에서 일관성을 갖도록 노력하면 된다.

좋은 캡슐화

관련 정보 캡슐화에 대한 자세한 내용은 5.3절의 "구현 세부 사항을 캡슐화하라"를 살펴본다.

5.3절에서 설명했듯이 캡슐화는 추상화보다 더 강력한 개념이다. 추상화는 구현 세부 사항을 무시할 수 있는 모델을 제공함으로써 복잡성 관리에 도움을 준다. 캡슐화는 세부 사항을 알고 싶어 할 때조차 이를 원천적으로 봉쇄해버리는 더 강력한 방법이다.

캡슐화 없이는 추상화가 깨질 수 있기 때문에 이 두 개념은 연관되어 있다. 경험상 추상화와 캡슐화 모두 갖고 있든지 둘 다 없든지 둘 중 하나다. 중간은 없다.

잘 설계된 모듈과 엉망으로 설계된 모듈을 구분하는 가장 중요한 요소는 모듈이 얼마나 내부 데이터와 다른 구현 세부 사항을 다른 모듈로부터 감추고 있는지다.
– 조슈아 블로크(Joshua Bloch)

클래스와 멤버의 접근성을 최소화하라. 접근성의 최소화는 캡슐화를 장려하기 위해서 고안된 여러 가지 규칙 중 하나다. 어떤 루틴을 public으로 선언해야 할지 private 또는 protected로 선언해야 할지 고민하고 있다면 가능한 한 엄격한 프라이버시 수준을 선택하는 것이 좋다고 주장하는 학자들도 있다(Meyers 1998, Bloch 2001). 이것도 좋은 지침이라고 생각한다. 하지만 더 중요한 지침은 "어떻게 해야 인터페이스 추상화의 무결성을 최상으로 유지할 수 있는가?"다. 노출시키는 루틴이 추상화와 일관성이 있다면 노출시켜도 크게 문제가 없을 것이다. 확신이 서지 않으면 일반적으로 숨기는 것이 숨기지 않는 것보다 낫다.

멤버 데이터를 public으로 노출하지 말라. 멤버 데이터 노출은 캡슐화에 위반되고 추상화를 어렵게 만든다. 아서 리엘(Arthur Riel)이 지적했듯이 다음과 같은 멤버 데이터를 노출하는 *Point* 클래스는 캡슐화를 위반하고 있다. 왜냐하면 클라이언트 코드가 *Point* 의 데이터를 직접 조작할 수 있고 *Point* 클래스는 이 값들이 변경되었는지조차 모를 것이기 때문이다(Riel 1996).

```
float x;
float y;
float z;
```

하지만 다음과 같은 멤버 함수를 노출하는 *Point* 클래스는 완벽하게 캡슐화를 유지하고 있다. 내부 구현이 *float x, y, z* 형태로 되어 있는지, *Point* 클래스가 *double*로 저장하고 *float*로 변환하는지, *Point* 클래스가 이 값들을 달에 저장하고 우주에 있는 인공위성에서 값을 얻는지 전혀 알 수가 없다.

```
float GetX();
float GetY();
float GetZ();
void SetX( float x );
void SetY( float y );
void SetZ( float z );
```

내부 구현 세부 사항을 클래스의 인터페이스에 입력하지 말라. 진정한 캡슐화는 개발자가 구현 세부 사항을 전혀 볼 수 없다. 글자 그대로 모든 것을 감춘다. 하지만 C++를 포함한 가장 널리 사용되는 프로그래밍 언어에서는 개발자가 클래스 인터페이스에서 구현 세부 사항을 노출시키도록 하고 있다. 다음 예제를 살펴보자.

클래스의 구현 세부 사항을 노출하고 있는 C++ 예제
```
class Employee {
public:
    ...
    Employee(
        FullName name,
        String address,
        String workPhone,
        String homePhone,
        TaxId taxIdNumber,
        JobClassification jobClass
    );
    ...
    FullName GetName() const;
    String GetAddress() const;
    ...
private:
    String m_Name;
    String m_Address;      ┐
    int m_jobClass;        ├─ 구현 세부 사항이 노출되고 있다.
    ...                    ┘
};
```

클래스의 헤더 파일에 *private* 선언부를 포함하는 것이 캡슐화에 크게 위반되지 않는 것처럼 보이겠지만, 이렇게 작성된 코드는 다른 개발자들이 접근은 못 하겠지만 구현 세부 사항을 볼 수 있다. 이 경우 클라이언트는 *JobClassification* 타입을 사용해야 하지만 헤더 파일을 보면 *jobClass*가 정수형으로 저장되고 있다는 구현 세부 사항을 확인할 수 있다.

스콧 마이어스가 《이펙티브 C++》(프로텍미디어, 2015)의 34번 항목에서 이러한 문제를 해결하기 위한 일반적인 방법을 소개했다(Meyers 1998). 이 방법에 따르면 클래스 구현부와 클래스 인터페이스를 분리한다. 클래스 선언부에 해당 클래스의 구현에 대한 포인터를 넣고 구현 세부 사항은 포함하지 않는다.

클래스의 구현 세부 사항을 감추고 있는 C++ 예제
```
class Employee {
public:
    ...
    Employee( ... );
    ...
    FullName GetName() const;
    String GetAddress() const;
    ...
private:
    EmployeeImplementation *m_implementation;   ← 구현 세부 사항이 이 포인터 내부에 감추어져 있다.
};
```

이제 *EmployeeImplementation* 클래스에 구현 세부 사항을 입력할 수 있다. 이 클래스는 *Employee* 클래스에만 보이며 *Employee* 클래스를 사용하는 코드에는 보이지 않는다.

이런 방법을 사용하지 않은 코드를 이미 많이 작성한 상태라면 굳이 이런 방법으로 기존에 작성한 많은 코드를 변환할 필요는 없다고 생각할 것이다. 그렇다면 구현 단서를 찾기 위해서 클래스 인터페이스의 *private* 부분을 뒤지는 충동을 억제할 각오가 되어 있어야 한다.

클래스의 사용자를 가정하지 말라. 클래스는 클래스 인터페이스에 수반된 계약대로 설계하고 구현해야 한다. 인터페이스 문서에 적혀 있는 것 외에는 인터페이스가 어떻게 사용될 것인지 또는 어떻게 사용되지 않을 것인지에 대해서 어떠한 가정도 해서는 안 된다. 다음과 같은 주석은 클래스가 사용자를 지나치게 의식하고 있다는 것을 의미한다.

```
-- x, y, z 값을 0.0으로 초기화하면 DerivedClass에 문제가 생기기 때문에
-- x, y, z를 1.0으로 초기화한다.
```

프렌드(friend) 클래스를 피하라. 상태(State) 패턴과 같은 특정 환경에서는 복잡성을 관리하기 위해 프렌드 클래스[11]를 사용한다(Gamma et al. 1995). 하지만 일반적으로

---

11 (옮긴이) 서로 다른 클래스가 비공개 함수에 접근할 수 있도록 friend 키워드를 사용하여 선언한 클래스

프렌드 클래스는 캡슐화를 위반한다. 프렌드 클래스는 한 번에 생각해야 하는 코드의 양을 늘려 복잡성을 증가시킨다.

어떤 루틴이 공개 루틴만 사용한다고 해서 public 인터페이스에 두지 말라. 루틴이 공개 루틴만 사용한다는 사실은 중요한 고려 사항이 아니다. 대신 그 루틴을 노출하는 것이 인터페이스에 의해서 표현된 추상화와 일관성이 있는지를 확인하라.

코드를 작성할 때의 편의성보다 가독성이 높은 코드를 작성하라. 코드는 작성하는 것보다 읽는 데 훨씬 오래 걸린다. 초기 개발 단계에서조차도 그렇다. 가독성을 떨어뜨리면서 쉽게 개발하는 방법은 실제로 별 도움이 안 된다. 특히 클래스 인터페이스를 생성할 때는 루틴이 인터페이스의 추상화에 적합하지 않은데도 불구하고 현재 작업 중인 특수한 상황에서 편의를 위해 루틴을 인터페이스에 추가하고 싶을 때가 있다. 하지만 그 루틴을 추가하는 것은 미끄러운 경사로 떨어지는 첫걸음이기 때문에 한 발자국도 내딛지 않는 것이 좋다.

> 작동 방식을 이해하기 위해서 구현 세부 사항을 봐야 한다면 그것은 추상화가 아니다.
> — P. J. 플로거

캡슐화의 의미론적인 위반을 각별히 주의하라. 예전에는 문법적으로 완벽한 코드만 작성할 수 있다면 모든 게 해결될 줄 알았다. 하지만 코드가 문법적 오류를 막는 데만 치중하면 곧 전혀 다른 형태의 오류가 발생한다는 것을 깨닫게 되었다. 이런 오류는 문법적인 오류보다 파악하고 해결하기가 훨씬 어렵다.

의미론적인 캡슐화는 구문적인 캡슐화만큼 어렵다. 구문적으로 다른 클래스의 내부 동작을 못 보게 하고 싶다면 클래스의 내부 루틴과 데이터를 *private*으로 선언하는 것만으로 비교적 쉽게 구현할 수 있다. 의미론적인 캡슐화를 달성하는 것은 완전히 다른 문제다. 다음 예는 클래스의 사용자가 의미론적 캡슐화를 망가뜨리는 몇 가지 방법이다.

- 클래스 A의 *PerformFirstOperation()* 루틴이 *InitializeOperations()* 루틴을 자동으로 호출하는 것을 알고 있기 때문에 클래스 A의 *InitializeOperations()* 루틴을 호출하지 않는다.
- *employee.Retrieve()* 함수가 데이터베이스에 연결되어 있지 않을 때 데이터베이스에 연결한다는 것을 알고 있기 때문에 *employee.Retrieve(database)* 함수를 호출하기 전에 *database.Connect()* 루틴을 호출하지 않는다.
- 클래스 A의 *PerformFinalOperation()* 루틴이 이미 호출되었다는 것을 알고 있기 때문에 클래스 A의 *Terminate()* 루틴을 호출하지 않는다.
- *ObjectA*가 *ObjectB*를 정적 공간에 보관해서 *ObjectB*는 계속해서 접근할 수 있다는 것을 알고 있기 때문에 *ObjectA*에 의해서 생성된 *ObjectB*에 대한 포인터나 참조를 *ObjectA*가 영역을 벗어난 후에도 사용한다.
- 두 상수의 값이 같다는 것을 알고 있기 때문에 *ClassA.MAXIMUM_ELEMENTS* 대신 클래스 B의 *MAXIMUM_ELEMENTS* 상수를 사용한다.

이 예시의 문제는 클라이언트 코드가 클래스의 public 인터페이스에 의존하지 않고 private 구현에 의존하고 있다는 점이다. 클래스를 어떻게 사용해야 하는지 알기 위해 클래스가 어떻게 구현되었는지를 확인하고 있다면 이는 인터페이스를 기반으로 프로그래밍하고 있다기보다는 구현부를 호출하기 위한 용도로만 인터페이스를 사용하고 있는 것이다. 그 결과 캡슐화가 깨지고, 캡슐화가 깨지기 시작하면 추상화도 곧 깨질 것이다.

인터페이스 문서만으로 클래스를 어떻게 사용해야 할지 알아낼 수 없을 때 소스코드를 꺼내서 구현부를 보는 것은 올바른 대처가 아니다. 클래스의 개발자에게 연락해서 "클래스를 어떻게 사용해야 할지 잘 모르겠습니다."라고 말해야 한다. 클래스 개발자는 질문을 한 사람에게 가서 왜 그런지 물어보는 대신 클래스 인터페이스 파일을 체크아웃하고 클래스 인터페이스 코드를 수정한 다음 파일을 다시 체크인하고 나서 질문한 사람에게 "이제 작동 방법을 이해할 수 있는지 확인해주시기 바랍니다."라고 말하면 된다. 이와 같은 대화는 인터페이스를 지속해서 개선하기 위한 노력으로 진행되어야 하고 인터페이스에 그 결과가 반영되어야 한다. 코드를 작성한 사람만 이해하고 있어서 클래스를 사용하는 사람이 이해하기 어려워서도 안 되며 질문한 사람과 대화로 해결한다면 그 누구도 코드를 제대로 사용할 수 없게 된다.

지나치게 밀접한 결합을 주의하라. "결합"은 두 클래스 사이의 연결이 얼마나 밀접한지를 가리킨다. 일반적으로 결합은 느슨할수록 좋다. 이 기본적인 개념으로부터 여러 가지 일반적인 지침이 생겨났다.

- 클래스와 멤버의 접근성을 최소화하라.
- 프렌드 클래스는 너무 밀접하게 결합되기 때문에 피하라.
- 파생 클래스와 기본 클래스가 느슨하게 연결되도록 기본 클래스의 데이터를 *protected*가 아닌 *private*으로 선언하라.
- 클래스의 공개 인터페이스에서 멤버 데이터를 노출하지 말라.
- 의미론적인 캡슐화를 유지하라.
- "데미테르의 법칙"을 준수하라(이 장의 6.3절에서 소개한다).

결합은 추상화와 캡슐화와 관련이 깊다. 추상화에 구멍이 있거나 캡슐화가 망가질 때 강한 결합이 발생한다. 클래스가 완전하지 않으면 다른 루틴이 내부 데이터를 직접 읽거나 써야 한다. 그러면 클래스가 개방되고 블랙박스는 유리 상자가 되고 사실상 클래스의 캡슐화가 사라진다.

6.3 설계와 구현 문제

좋은 클래스 인터페이스를 정의하는 것은 고급 프로그램을 만드는 데 큰 도움을 준다. 내부적인 클래스 설계와 구현도 중요하다. 이 절에서는 포함, 상속, 멤버 함수와 데이터, 클래스 결합, 생성자, 값/참조 객체와 관련된 문제를 논의한다.

포함("has a" 관계)

KEY POINT

포함(containment)은 클래스가 데이터 요소나 객체를 포함한다는 간단한 개념이다. 많은 글에서 포함보다는 상속을 언급하는 것은 상속이 더 좋아서가 아니라 상속이 좀 더 까다롭고 오류가 발생하기 쉽기 때문이다. 포함은 객체지향 프로그래밍에서 많은 부분을 쉽게 처리할 수 있는 좋은 기법이다.

포함을 통해서 "갖다"를 구현하라. 포함은 간단하게 "갖는(has a)" 관계다. 예를 들면 직원은 이름을 "갖고" 전화번호를 "갖고" 세금 ID 등을 "갖는"다. 이때 이름과 전화번호, 세금 ID를 *Employee* 클래스의 멤버 데이터로 만들어 포함을 구현할 수 있다.

최후의 수단으로 비공개 상속을 통해서 "has a"를 구현하라. 때로는 한 객체를 다른 객체의 멤버로 선언하는 것만으로는 포함을 구현할 수 없다. 이를 위해 전문가들은 포함되는 객체로부터 비공개적으로 상속을 받는 방법을 제안했다(Meyers 1998, Sutter 2000). 이렇게 하는 주된 이유는 포함하는 클래스가 포함되는 클래스의 보호(protected) 멤버 함수와 멤버 데이터에 접근할 수 있도록 구성하기 위해서다. 실무에서는 이 방법이 부모 클래스와 지나치게 밀접한 관계를 만들고 캡슐화를 위반한다. 나중에 비공개 상속이 아닌 다른 방법으로 해결해야 하는 설계상의 오류에 부딪힐 수도 있다.

약 7개 이상의 데이터 멤버를 포함하는 클래스를 주의하라. "7±2"라는 숫자는 개인이 다른 작업을 수행하고 있을 때 기억할 수 있는 개별적인 항목의 수다(Miller 1956). 클래스가 7개 이상의 데이터 멤버를 포함한다면 클래스를 더 작은 클래스로 나눌 수 있는지 고민해 보자(Riel 1996). 데이터가 정수나 문자열과 같은 단순한 데이터형이라면 7±2의 최대치인 9개까지 허용하고 복잡한 데이터라면 7±2의 최소치인 5개 정도로 허용할 수 있다.

상속("is a" 관계)

상속은 한 클래스가 다른 클래스의 특별한 형태라는 개념이다. 상속의 목적은 두 개 이상의 파생 클래스에서 공통으로 사용되는 요소를 갖는 기본 클래스를 정의하여 더 간단한 코드를 작성하는 데 있다. 공통적인 요소는 루틴 인터페이스나 구현부, 데이터 멤버, 데이터형이 될 수 있다. 상속은 코드와 데이터를 기본 클래스에 집중시킴으로써 여러 위치에서 반복적으로 사용하는 것을 피하게 해준다. 상속을 사용하기로 했다면 다음 사항을 결정해야 한다.

- 각 멤버 루틴의 경우, 루틴이 파생 클래스에서 보일 것인가? 기본 구현을 포함할 것인가? 기본 구현의 *오버라이드(override)*가 가능할 것인가?
- 각 데이터 멤버(변수, 이름 상수, 열거형 등 포함)의 경우, 데이터 멤버가 파생 클래스에서 보일 것인가?

이러한 결정의 구체적인 내용은 다음과 같다.

> C++를 사용한 객체지향 프로그래밍에서 가장 중요한 한 가지 규칙은 공개 상속이 "is a"를 의미한다는 것이다. 이 규칙을 항상 기억하라.
> —스콧 마이어스

공개 상속을 통해 "이다(is a)"를 구현하라. 개발자가 기존 클래스를 상속하여 새로운 클래스를 작성하기로 결정할 때 새로운 클래스는 기존 클래스의 특수화된 버전 "이다". 기본 클래스는 파생 클래스가 어떻게 작동할 것인지를 예측하고 파생 클래스가 작동하는 방법에 제약을 가할 수 있다(Meyers 1998).

파생 클래스가 기본 클래스에 정의된 인터페이스 계약을 완벽하게 따르지 않는다면 상속은 올바른 구현 기법이 아니다. 포함이나 상속 계층 변경을 고려해 보라.

상속을 고려해서 설계하고 문서화하라. 그게 아니면 상속을 금지하라. 상속은 프로그램을 복잡하게 만들기 때문에 위험한 기법이다. 자바 전문가인 조슈아 블로크가 말했듯이 "상속을 고려해서 설계하고 문서화하라. 그게 아니면 상속을 금지하라." 클래스를 상속이 가능하도록 설계하지 않으면 멤버들이 C++에서는 비가상(non-virtual)으로, 자바에서는 final로, 마이크로소프트 비주얼 베이직에서는 오버라이드 불가능으로 만들어 상속받을 수 없게 된다.

리스코프 치환 원칙(LSP: Liskov Substitution Principle)을 따르라. 바바라 리스코프(Barbara Liskov)는 객체지향 프로그래밍에 관한 그의 논문에서 파생 클래스가 기본 클래스의 특수화된 버전("is a")이 아니라면 기본 클래스로부터 상속받아서는 안 된다고 주장한다(Liskov 1988). 앤디 헌트(Andy Hunt)와 데이브 토마스(Dave Thomas)는 LSP를 다음과 같이 요약했다. "서브클래스는 사용자가 그 차이점을 모른 채 기본 클래스의 인터페이스를 통해서 사용할 수 있어야 한다."(Hunt and Thomas 2000).

다시 말하면 기본 클래스에 정의된 모든 루틴은 파생 클래스에서 사용될 때도 의미가 같아야 한다.

Account라는 기본 클래스가 있고 *CheckingAccount*, *SavingsAccount*, *AutoLoad Account*라는 파생 클래스가 있다면 개발자는 *Account* 객체의 상속 클래스가 무엇이든 *Account* 클래스로부터 파생된 모든 루틴을 호출할 수 있어야 한다.

프로그램이 LSP에 따라 작성되었다면 개발자들이 세부 사항에 대해서 걱정하지 않고 객체의 일반적인 특성에 중점을 둘 수 있기 때문에 상속을 통해 복잡성을 줄일 수 있다. 하지만 개발자가 서브클래스를 구현할 때 의미적인 차이점에 대해서 끊임없이 생각해야 한다면 상속이 복잡성을 줄이기보다 늘리는 격이 된다. 개발자가 다음과 같이 생각해야 한다고 가정해 보자. "*CheckingAccount*나 *SavingsAccount*에 있는 *InterestRate()* 루틴을 호출한다면 이 루틴은 은행이 지불하는 이자율을 리턴한다. 하지만 *AutoLoanAccount*에 있는 *InterestRate()*를 호출한다면 이 루틴은 고객이 은행에 지불해야 하는 이자율을 리턴하기 때문에 부호를 변경해야 한다." LSP에 따르면 *AutoLoadAccount*는 *InterestRate()* 루틴이 기본 클래스의 *InterestRate()* 루틴과 동일한 의미를 갖지 않기 때문에 이 예제에서는 *Account* 기본 클래스를 상속받아서는 안 된다.

상속받고 싶을 때만 상속받게 하라. 파생 클래스는 멤버 루틴 인터페이스나 구현, 또는 둘 다 상속받을 수 있다. 표 6-1은 루틴이 상속되고 오버라이드될 수 있는 다양한 형태를 보여준다.

표 6-1 상속 루틴의 다양한 형태

	오버라이드 가능	오버라이드 불가능
구현: 기본 제공	오버라이드 가능한 루틴	오버라이드가 불가능한 루틴
구현: 기본 제공되지 않음	오버라이드 가능한 추상 루틴	사용되지 않음(루틴을 정의하지도 않고 오버라이드가 불가능한 것은 말이 안 된다)

표에서 설명하고 있듯이 상속 루틴은 세 가지 기본 형태를 갖는다.

- *오버라이드 가능한 추상 루틴*은 파생 클래스가 루틴의 인터페이스를 상속받지만 구현부는 상속받지 않는다는 것을 의미한다.
- *오버라이드 가능한 루틴*은 파생 클래스가 루틴의 인터페이스와 기본 구현을 상속받으며 기본 구현을 오버라이드할 수 있다는 것을 의미한다.

- *오버라이드가 불가능한 루틴*은 파생 클래스가 루틴의 인터페이스와 기본 구현을 상속받지만 루틴의 구현을 오버라이드할 수 없다는 것을 의미한다.

인터페이스를 통해서 새로운 클래스를 구현하고자 할 때 각 멤버 루틴에 대해서 원하는 상속의 종류를 고민해야 한다. 인터페이스를 상속받고 있을 때는 구현 상속을 주의하고 구현을 상속받고 싶을 때는 인터페이스 상속을 주의한다. 인터페이스는 필요 없고 구현만 사용하고 싶다면 상속 대신 포함을 사용하라.

오버라이드가 불가능한 멤버 함수를 "오버라이드"하지 말라. C++와 자바에서는 개발자가 오버라이드가 불가능한 멤버 루틴을 오버라이드할 수 있다. 어떤 함수가 기본 클래스에서 private이면 파생 클래스에서 같은 이름으로 함수를 생성할 수 있다. 파생된 클래스의 코드를 읽는 개발자에게는 그런 함수가 혼란을 초래할 수 있다. 왜냐하면 그것이 다형성인 것처럼 보이지만 실제로는 그렇지 않고 이름만 같을 뿐이기 때문이다. 이 지침을 다르게 말하면 다음과 같다. "오버라이드가 불가능한 기본 클래스 루틴의 이름을 파생 클래스에서 재사용하지 마라."

공통으로 사용되는 인터페이스와 데이터, 행위를 상속 단계에서 가능한 한 가장 높은 곳으로 옮겨라. 인터페이스와 데이터, 행위를 더 높은 수준으로 옮길수록 파생 클래스가 그것들을 더 쉽게 사용할 수 있다. 그렇다면 얼마나 높아야 높다고 할 수 있는 걸까? 이럴 때는 추상화를 기준으로 삼아라. 루틴을 더 높이 옮겼을 때 해당 객체의 추상화를 깬다면 거기서 멈춘다.

인스턴스가 하나뿐인 클래스를 의심하라. 생성한 인스턴스가 하나뿐일 때는 객체를 클래스로 잘못 알고 설계했을 수 있다. 새로운 클래스 대신 객체를 생성할 수 있는지 고려하라. 파생 클래스를 별개의 클래스가 아니라 데이터로 표현할 수 있는가? 싱글턴 패턴은 다분히 의도적인 형태이므로 예외적인 경우로 봐야 한다.

파생 클래스가 하나뿐인 기본 클래스를 의심하라. 파생 클래스가 하나뿐인 기본 클래스를 보면 개발자가 "너무 앞서 나가서 설계"하고 있다는 생각이 든다. 미래에 무엇이 필요한지 제대로 이해하지 못하고 미래에 필요한 것을 예상하려고 애쓰는 것 같다. 앞으로 진행될 작업을 준비하는 가장 좋은 방법은 "언젠가는 구현될지도 모르는" 기본 클래스의 추가적인 계층을 설계하는 것이 아니라 가능한 한 현재의 작업을 분명하고 직관적이며 단순하게 만드는 것이다. 이 말은 꼭 필요한 것 이상으로 상속 구조를 만들어서는 안 된다는 것을 의미한다.

루틴을 오버라이드했는데 파생된 루틴 내부에서는 아무것도 하지 않는 클래스들을 의심하라. 이는 일반적으로 기본 클래스의 설계에 오류가 있다는 것을 암시한다. 예를 들어 Cat 클래스와 *Scratch()* 루틴이 있는데 발톱이 없어서 긁을 수 없는 고양이가 있다는 것을 알았다고 가정해 보자. 모르긴 해도 *Cat*으로부터 파생된 *ScratchlessCat* 이름의 클래스를 만들고 *Scratch()* 루틴에서 아무것도 하지 않도록 오버라이드하고 싶을 것이다. 이러한 접근 방법은 여러 가지 문제점을 발생시킨다.

- 인터페이스의 의미를 변경함으로써 *Cat* 클래스에 있는 추상화(인터페이스 계약)를 위반한다.
- 이러한 접근 방법은 다른 파생 클래스로 확장했을 때 걷잡을 수 없게 된다. 꼬리가 없는 고양이를 발견했을 때는 어떻게 될까? 쥐를 잡지 않는 고양이는 또 어떤가? 우유를 마시지 않는 고양이도 있을 수 있다. 결국에는 *ScratchlessTaillessMicelessMilklessCat*과 같은 파생 클래스가 만들어질 것이다.
- 시간이 지나면 이 접근 방법은 유지보수하기 어려운 코드를 만들어 낸다. 부모 클래스의 인터페이스와 행위가 자손 클래스의 행위와 거의 아무런 연관성이 없기 때문이다.

이러한 문제를 해결하는 곳은 기본 클래스가 아니라 원래의 *Cat* 클래스다. *Claws* 클래스를 생성하고 그 클래스를 *Cat* 클래스 내에 포함하라. 근본적인 문제는 모든 고양이가 긁는다는 가정에서 시작되므로 문제가 발생한 곳보다는 근원지에서 문제를 수정하도록 한다.

깊은 상속 구조를 피하라. 객체지향 프로그래밍은 복잡성을 관리하기 위한 수많은 기법을 제공한다. 하지만 모든 강력한 도구에는 위험 요소가 존재하며 일부 객체지향적인 기법은 복잡성을 줄이기보다 증가시키는 경향이 있다.

아서 리엘은 《*Object-Oriented Design Heuristics*》(Addison-Wesley, 1996)에서 상속 계층을 최대 6단계로 제한할 것을 제안한다. 리엘은 "매직 넘버 7±2"를 토대로 제안했지만, 개인적으로는 이 제안이 지나치게 낙관적이라고 생각한다. 내 경험으로는 대부분의 사람이 상속 구조가 두세 단계 이상 되면 머리에서 한 번에 처리하는 데 어려움을 겪었다. "매직 넘버 7±2"는 아마도 상속 트리에서 수준의 수보다는 기본 클래스에서 파생된 서브클래스의 총 개수에 대한 한계 값으로 적용하는 것이 좋을 것이다.

깊은 상속 구조는 오류의 증가와 깊이 연관되어 있다고 밝혀졌다(Basili, Briand, and Melo 1996). 복잡한 상속 계층 구조를 디버깅하려고 시도해 본 적이 있는 사람이라면 그 이유를 알 것이다. 깊은 상속 구조는 복잡성을 증가시켜 애초에 상속을 사용하는 목적을 무색하게 만든다. 가장 중요한 기술적 임무를 명심하라. 중복된 코드를 피하고 복잡성을 *최소화*하기 위해서 상속을 사용하고 있는지를 확인하라.

광범위한 타입 검사보다 다형성을 택하라. 항상 그렇지는 않지만, 자주 반복되는 *case* 문을 보면 상속을 적용하는 게 낫지 않을까 생각하게 된다. 다음 예제는 객체지향적인 접근 방법이 절실히 필요한 코드다.

다형성으로 대체해야 할 case 문을 C++로 작성한 예제
```
switch ( shape.type ) {
    case Shape_Circle:
        shape.DrawCircle();
        break;
    case Shape_Square:
        shape.DrawSquare();
        break;
    ...
}
```

이 예제에서 *shape.DrawCircle()*과 *shape.DrawSquare()* 함수는 도형이 원인지, 정사각형인지에 상관없이 호출할 수 있는 *shape.Draw()*와 같은 단일 루틴으로 대체해야 한다.

하지만 때로는 *case* 문이 완전히 서로 다른 객체나 행위를 구분하는 데 사용되기도 한다. 다음은 객체지향 프로그램에서 *case* 문이 적절하게 사용되고 있는 예제다.

다형성으로 대체해서는 안 되는 case 문을 C++로 작성한 예제
```
switch ( ui.Command() ) {
    case Command_OpenFile:
        OpenFile();
        break;
    case Command_Print:
        Print();
        break;
    case Command_Save:
        Save();
        break;
    case Command_Exit:
        ShutDown();
        break;
    ...
}
```

이 경우에는 기본 클래스를 생성하여 각 명령에 대한 다형적 *DoCommand()* 루틴을 만들 수 있다(커맨드(Command) 패턴). 하지만 이처럼 간단한 경우에는 *DoCommand()*의 의미가 너무 명백하지 않아서 *case* 문을 사용하는 것이 더 쉽게 이해할 수 있는 해결책이다.

모든 데이터를 보호가 아닌 비공개로 만들어라. 조슈아 블로크가 말했듯이 "상속은 캡슐화를 망가뜨린다."(Bloch 2001) 어떤 객체로부터 상속을 받을 때는 객체의 보호 루틴과 데이터에 대한 접근 권한을 얻게 된다. 정말로 파생 클래스에서 기본 클래스의 특성에 접근해야 한다면 protected로 선언된 함수를 대신 제공하라.

다중 상속

> C++에서의 다중 상속에 대한 한 가지 명백한 사실은 단일 상속에는 존재하지 않는 차원이 다른 복잡성이 생긴다는 점이다.
> — 스콧 마이어스

상속은 강력한 도구다. 상속은 나무를 자르기 위해서 수동 톱 대신 전기톱을 사용하는 것과 같다. 상속은 주의해서 사용한다면 굉장히 유용할 수 있지만, 주의 사항을 잘 지키지 않는 사람이 사용하면 위험한 기법이다.

상속이 전기톱이라고 하면 다중 상속은 덮개도 없고 자동 전원 차단기도 없고 엔진도 사용하기 까다로운 1950대식 전기톱과 같다. 그런 도구가 유용했던 시절이 있었지만, 더 이상은 해가 되지 않게 창고에 두는 것이 좋다.

다중 상속을 광범위하게 사용하라고 권장하는 전문가들도 있기는 하지만(Meyer 1997), 경험에 비추어 볼 때 다중 상속은 객체에 일련의 속성을 추가하는 데 사용하는 간단한 클래스인 "믹스인(mixin)"을 정의할 때 주로 쓸모가 있다. 믹스인은 "혼합물(mixins)"이라고도 불리는데 특성들이 파생된 클래스에 혼합될 수 있기 때문이다. *Displayable*나 *Persistant*, *Serializable*, *Sortable*과 같은 클래스가 믹스인 클래스일 것이다. 믹스인은 거의 추상적이며 그 자체를 다른 객체의 인스턴스로 사용하기 위한 것은 아니다.

믹스인을 위해서는 다중 상속을 사용해야 하지만, 모든 믹스인이 서로 완벽하게 독립적이기만 하면 다중 상속과 관련된 다이아몬드 상속 문제[12]를 만들지는 않는다. 또한 특성을 "청킹(chunking)"함으로써 설계를 이해하는 데 도움을 준다. 개발자는 11개의 구체적인 루틴을 사용하는 객체보다 *Displayable*과 *Persistent* 믹스인을 사용하는 객체를 더 쉽게 이해한다.

---

12 (옮긴이) 하나의 클래스가 서로 다른 두 클래스로부터 상속받을 때 동일한 이름의 함수를 상속받아 충돌이 발생하는 문제

자바와 비주얼 베이직은 인터페이스의 다중 상속을 허용하되 단일 클래스 상속만 허용함으로써 믹스인의 가치를 인정하고 있다. C++는 인터페이스와 구현의 다중 상속을 지원한다. 개발자들은 다른 대안들을 신중하게 고려하고 시스템의 복잡성과 시스템을 이해하는 데 미치는 영향을 평가한 후에만 다중 상속을 사용해야 한다.

상속에 관한 규칙이 왜 이렇게 많은 것일까?

KEY POINT

이 절에서는 상속과 관련된 문제를 겪지 않기 위한 수많은 규칙을 소개했다. *상속을 사용하면 그만큼 복잡성을 관리하기가 어렵기 때문이다.* 복잡성을 관리하고 싶다면 상속을 최대한 멀리해야 한다. 다음은 언제 상속을 사용하고 언제 포함을 사용할지를 요약한 내용이다.

- 다중 클래스가 공통 데이터는 공유하지만 행위를 공유하지 않는다면 그 클래스가 포함할 수 있는 공통 객체를 만든다.
- 다중 클래스가 공통 행위는 공유하지만 데이터를 공유하지 않는다면 공통적인 루틴을 정의한 기본 공통 클래스를 상속받는다.
- 다중 클래스가 공통 데이터와 행위를 공유한다면 공통적인 데이터와 루틴을 정의한 기본 공통 클래스를 상속받는다.
- 인터페이스를 제어하기 위한 기본 클래스가 필요할 때는 상속을 하고 인터페이스를 제어하고 싶다면 포함한다.

관련 정보 복잡성에 대한 자세한 내용은 5.2절의 "소프트웨어의 주요 기술적 의무: 복잡성 관리"를 살펴본다.

멤버 함수와 데이터

관련 정보 일반적인 루틴에 대한 자세한 논의는 7장 "고급 루틴"을 살펴본다.

다음은 멤버 함수와 멤버 데이터를 효과적으로 구현하기 위한 몇 가지 지침이다.

클래스에 가능한 한 적은 수의 루틴을 유지하라. C++ 프로그램에 대한 한 연구에서는 클래스당 루틴의 수가 늘어나는 것이 오류율 상승과 연관되어 있다는 사실을 발견했다(Basili, Briand, and Melo 1996). 하지만 깊은 상속 트리나 클래스 내에서 호출되는 수많은 루틴, 클래스 사이의 밀접한 결합과 같이 다른 요소들이 미치는 영향이 더 크다는 사실도 밝혀졌다. 루틴의 수를 최소화하는 것과 다른 요인 중 무엇이 더 중요한지 평가하라.

원하지 않는 멤버 함수와 연산자가 암묵적으로 생성되지 않도록 하라. 때때로 특정 함수를 허용하고 싶지 않을 때가 있을 것이다. 할당문을 허용하지 않거나 객체가 생성되지 못 하게 하고 싶을 때도 있을 것이다. 컴파일러가 연산자를 자동으로 생성하기 때문에 어쩔 수 없이 접근을 허용할 수밖에 없다고 생각할지도 모른다. 하지만 그런 경우에는 생성자나 할당 연산자, 또는 다른 함수나 연산자를 비공개로 선언하여 클라이언트가 이 함수에 접근하지 못하도록 막음으로써 사용하지 못 하게 할 수 있다(생성자를 비공개로 만드는 방법은 싱글턴 클래스를 정의하기 위한 전형적인 기법이다. 싱글턴 클래스는 이 장의 뒷부분에서 소개한다).

클래스에서 호출되는 루틴의 수를 최소화하라. 한 연구에서 클래스에서 발견된 오류의 수가 루틴 내에서 호출되는 루틴의 수와 통계적으로 관련이 있음을 발견했다(Basili, Briand, and Melo 1996). 같은 연구에서 클래스가 사용한 클래스가 많을수록 오류도 증가하는 경향이 있다는 것을 발견했다. 이러한 개념을 "팬 아웃"이라고 한다.

참고 자료 데미테르의 법칙에 대한 자세한 설명은 헌트, 토마스의 《실용주의 프로그래머》(인사이트, 2014)와 라먼의 "UML과 패턴의 적용》(홍릉과학출판사, 2003), 페이지-존스의 《*Fundamentals of Object-Oriented Design in UML*》(Addison-Wesley, 1999)에서 찾을 수 있다.

다른 클래스에 대한 간접적인 루틴 호출을 최소화하라. 직접적인 연결은 매우 위험하다. 하지만 *account.ContactPerson().DaytimeContactInfo().PhoneNumber()* 와 같은 간접적인 연결은 훨씬 더 위험할 수 있다. 학자들은 "데미테르의 법칙"으로 불리는 규칙을 고안했다(Lieberherr and Holland 1989). 이 규칙은 객체 A가 자신의 루틴은 어느 것이든 호출할 수 있다는 것이 핵심이다. 객체 A가 객체 B의 인스턴스를 만들었다면 객체 B의 루틴은 모두 호출할 수 있다. 하지만 객체 B가 제공하는 객체의 루틴은 호출하지 않아야 한다. 앞에서 살펴본 Account 예제를 생각해 보면 *account.ContactPerson()* 은 문제가 없지만, *account.ContactPerson().DaytimeContactInfo()* 는 문제가 있다.

지금까지 간단하게 설명했다. 자세한 내용은 이 장의 끝에 소개한 "참고 자료"를 살펴본다.

일반적으로 클래스가 다른 클래스와 협력하는 정도를 최소화하라. 다음을 모두 최소화하도록 노력하라.

- 인스턴스로 만드는 객체의 수
- 인스턴스로 만든 객체에 대한 서로 다른 직접적인 루틴 호출의 수
- 인스턴스로 만든 다른 객체가 반환하는 객체에 대한 루틴 호출의 수

생성자

다음은 생성자에 적용되는 지침이다. 생성자에 대한 지침은 프로그래밍 언어에 상관없이 상당히 비슷하다(C++, 자바, 비주얼 베이직, 그 밖의 어떤 언어든지). 소멸자는 좀 더 다양하기 때문에 "참고 자료"에서 소멸자에 관한 참고 자료를 확인해야 한다.

가능하다면 모든 멤버 데이터를 모든 생성자에서 초기화하라. 모든 데이터 멤버를 모든 생성자에서 초기화하는 것은 어렵지 않은 방어적 프로그래밍 습관이다.

비공개 생성자를 사용해 싱글턴 속성을 구현하라. 특정 클래스에 대해 오직 하나의 객체만 인스턴스로 만들 수 있도록 제한하고 싶다면 클래스의 모든 생성자를 숨기고 단일 인스턴스에 접근하기 위한 *static GetInstance()* 루틴을 제공하는 방법으로 구현할 수 있다. 다음은 이를 구현한 예제다.

참고 자료 C++에서 이와 같은 기능을 구현하는 코드는 비슷하다. 자세한 내용은 스콧 마이어스 《More Effective C++》(정보문화사, 2007)의 '항목 26: 클래스 인스턴스의 개수를 의도대로 제한하는 방법'을 살펴본다.

비공개 생성자로 싱글턴을 구현한 자바 예제
```java
public class MaxId {
    // 생성자와 소멸자
    private MaxId() {        ← 이것이 비공개 생성자다.
        ...
    }
    ...

    // 공개 루틴
    public static MaxId GetInstance() {   ← 이것이 단일 인스턴스에 대한 접근을 제공하는 공개 루틴이다.
        return m_instance;
    }
    ...

    // 비공개 멤버들
    private static final MaxId m_instance = new MaxId();   ← 이것이 단일 인스턴스다.
    ...
}
```

비공개 생성자는 *static* 객체인 *m_instance*가 초기화될 때만 호출된다. 이 접근 방법에서 *MaxId* 싱글턴을 참조하고 싶다면 간단히 *MaxId.GetInstance()*를 호출하면 된다.

다른 사실이 증명될 때까지 얕은 복사보다 깊은 복사를 택하라. 복잡한 객체에서 결정해야 하는 중요한 사항 중 하나는 객체에 대해서 깊은 복사(deep copy)를 구현할 것인지 얕은 복사(shallow copy)를 구현할 것인지를 결정하는 것이다. 객체의 깊은 복사는 객체의 멤버 데이터를 복사하는 것이며 얕은 복사는 일반적으로 참조 복사를 의미한다.

얕은 복사를 하는 이유는 보통 성능 향상을 위해서다. 큰 객체의 복사본을 생성하는 것이 외형적으로는 문제가 있어 보이겠지만, 정작 성능 면에서 큰 문제를 발생시키는 경우는 거의 없다. 일부 객체가 성능에 문제를 유발할 수도 있지만, 개발자들은 어떤 코드가 실제로 문제를 일으키는지 쉽게 찾지 못한다(자세한 내용은 25장 "코드 튜닝 전략"을 살펴본다).

확실하지도 않은 성능 이득을 위해서 복잡성을 추가하는 것보다는 특별한 이유가 없다면 깊은 복사를 선택하는 것이 좋다.

깊은 복사는 얕은 복사보다 코드를 작성하고 유지보수하기가 편리하다. 얕은 복사는 객체가 포함하고 있는 코드뿐만 아니라 참조를 계산하고 안전한 객체 복사와 안전한 비교, 안전한 삭제 등을 보장하는 코드를 추가한다. 이 코드는 오류를 발생시키기가 쉽기 때문에 얕은 복사를 생성해야 하는 특별한 이유가 없다면 사용하지 말아야 한다.

얕은 복사 접근 방법을 사용해야 한다면 C++에서 발생할 수 있는 문제를 자세히 설명하고 있는 스콧 마이어스의 《*More Effective C++*》 항목 29를 읽어보자. 마틴 파울러의 《*리팩토링: 코드 품질을 개선하는 객체지향 사고법*》(한빛미디어, 2012)은 얕은 복사를 깊은 복사로 바꾸고 깊은 복사를 얕은 복사로 바꾸는 데 필요한 구체적인 단계를 설명한다(파울러는 이 두 복사 방법을 참조 객체와 값 객체라고 불렀다).

6.4 클래스를 작성하는 이유

관련 정보 클래스를 생성해야 하는 이유와 루틴을 생성해야 하는 이유는 서로 겹친다. 7.1절을 살펴본다.

지금까지 읽은 내용대로라면 클래스를 생성해야 하는 유일한 이유는 현실 세계의 객체를 모델링하기 위한 것이라고 생각할 것이다. 실제로는 그보다 다양한 이유로 클래스를 작성한다. 다음에 클래스를 생성해야 하는 타당한 이유를 정리했다.

관련 정보 현실 세계의 객체 식별에 관한 자세한 내용은 5.3절의 "현실 세계의 객체를 찾아라"를 살펴본다.

현실 세계의 객체를 모델링한다. 현실 세계의 객체를 모델링하는 것이 클래스를 생성하는 유일한 이유는 아니지만, 그래도 중요한 이유 중 하나다! 프로그램이 모델링하는 현실 세계의 모든 객체 타입에 대한 클래스를 생성하라. 객체에 필요한 데이터를 클래스에 입력하고 객체의 행위를 모델링하는 서비스 루틴을 구축한다. 이에 대한 예제는 6.1절의 ADT에 대한 논의를 살펴본다.

추상 객체를 모델링한다. 또 다른 목적은 추상 객체, 즉 실체는 없지만 다른 실질적인 객체의 추상화를 제공하는 객체를 모델링하기 위함이다. *Shape* 객체가 좋은 예다. *Circle* 과 *Square* 는 실제로 존재하지만, *Shape* 는 다른 구체적인 도형들에 대한 추상화다.

프로젝트를 진행할 때 추상화는 *Shape*처럼 현실 세계에 존재하지 않으므로 구체적인 추상화를 끌어내기 위해서 많은 노력이 필요하다. 현실 세계의 엔티티로부터 추상적인 개념을 만들어내는 과정에는 정답이 없고 설계하는 사람마다 서로 다른 형태로 추상화할 것이다. 가령 원이나 정사각형, 삼각형 같은 기하학적인 모양을 모른다면 호박 모양, 순무 모양, 폰티악 아즈텍 모양과 같이 특이한 모양을 떠올릴 것이다. 적절한 추상화 객체를 생각해내는 것은 객체지향 설계에서 가장 어려운 문제 중 하나다.

KEY POINT

복잡성을 줄인다. 클래스를 생성하는 가장 중요한 이유는 프로그램의 복잡성을 줄이는 것이다. 클래스를 생성하여 정보를 감추면 그러한 정보에 대해서 생각하지 않아도 된다. 물론 클래스를 작성할 때 어떤 정보를 다룰 것인지 고민해야 한다. 하지만 클래스를 작성하고 난 후에는 세부 사항을 잊고 내부 작동 방식에 대해 몰라도 클래스를 사용할 수 있게 된다. 클래스를 생성하는 또 다른 이유는 코드의 크기를 최소화하거나 유지보수를 쉽게 하거나 정확성을 향상시키는 것이다. 하지만 클래스의 추상적인 능력이 없다면 복잡한 프로그램을 관리하는 것이 불가능해진다.

복잡성을 고립시킨다. 복잡한 알고리즘, 큰 데이터 집합, 뒤얽힌 통신 프로토콜 등 어떤 형태든 복잡할수록 오류 발생 가능성이 높다. 오류가 발생했을 때 오류가 코드 전체에 퍼져 있지 않고 어떤 클래스 안에만 있다면 훨씬 찾기 쉬울 것이다. 오류를 수정해도 해당 클래스만 수정하면 되고 다른 코드는 손을 대지 않기 때문에 다른 코드에 영향을 미치지 않을 것이다. 더 좋고 간단하며 신뢰할 수 있는 알고리즘을 발견했을 때도 해당 알고리즘을 특정 클래스에서만 구현하고 있다면 기존 알고리즘을 대체하기가 더 쉬울 것이다. 개발 도중에도 다양한 설계를 쉽게 시도해 볼 수 있고 그중에서 가장 좋은 설계를 선택할 수 있다.

구현 세부 사항을 숨긴다. 구현 세부 사항이 난해한 데이터베이스에 대한 접근처럼 복잡하거나 특정한 데이터 멤버에 숫자나 문자열을 저장하는 것처럼 간단한지에 상관없이 클래스를 생성하면 구현 세부 사항을 감출 수 있다.

변경의 효과를 제한한다. 변경할 가능성이 있는 부분을 고립시켜서 변경의 효과를 단일 클래스나 소수의 클래스로 제한한다. 변경될 가능성이 가장 높은 부분을 가장 쉽게 변경할 수 있도록 설계하라. 변경할 가능성이 있는 부분으로는 하드웨어에 의존적인 부분, 입력/출력, 복합 데이터형, 비즈니스 규칙이 있다. 5.3절 "비밀을 숨겨라(정보 은닉)"에서 여러 가지 일반적인 변경의 원인을 설명하고 있다.

관련 정보 전역 데이터 사용과 관련된 문제점에 대한 설명은 13.3절 "전역 데이터"를 살펴본다.

전역 데이터를 숨긴다. 전역 데이터를 사용할 필요가 있다면 구현 세부 사항을 클래스 인터페이스 뒤에 숨길 수 있다. 접근 루틴을 통해서 전역 데이터를 다루면 전역 데이터를 직접 다루는 것에 비해 여러 가지 이점을 제공한다. 프로그램을 변경하지 않고 데이터의 구조를 변경할 수 있으며 데이터에 대한 접근을 감시할 수 있다. 또한 접근 루틴을 사용하는 원칙을 지키면 그 데이터가 정말로 전역으로 선언되어야 하는지 알 수 있다. 실제로 "전역 데이터"가 단순한 객체 데이터일 뿐이라는 점이 명백해지는 경우가 종종 있다.

매개변수 전달을 간소화한다. 어떤 매개변수가 여러 루틴 사이에서 전달되고 있다면 매개변수를 객체 데이터로 공유하는 클래스에 여러 루틴이 필요하다는 뜻일 수도 있다. 매개변수 전달을 간소화하는 것 자체가 목표는 아니지만, 수많은 데이터를 전달하는 것보다 클래스를 만드는 편이 더 나은 방법일 수 있다.

관련 정보 정보 은닉에 대한 자세한 내용은 5.3절 "비밀을 숨겨라(정보 은닉)"를 살펴본다.

중앙 집중 관리한다. 한 곳에서 작업을 처리하는 것은 좋은 아이디어다. 제어는 다양한 방식으로 수행할 수 있다. 테이블에 있는 항목의 수를 아는 것도 제어다. 장치 제어(파일, 데이터베이스 연결, 프린터 등)도 제어에 속한다. 클래스 하나를 사용해 데이터베이스로부터 읽고 쓰는 것도 중앙 집중화된 관리 방법이다. 데이터베이스가 아닌 파일이나 메모리 내의 데이터로 변환해야 하는 경우에 한 클래스에만 영향을 미칠 것이다.

중앙 집중화된 관리의 기본 개념은 정보 은닉과 유사하지만 알아둘 만한 개념이다.

코드 재사용을 돕는다. 잘 분리된 클래스에 코드를 작성하면 하나의 큰 클래스에 코드가 포함되어 있을 때보다 쉽게 다른 프로그램에서 재사용될 수 있다. 어떤 코드가 프로그램 내의 한 곳에서만 호출되고 큰 클래스로도 이해하기 쉽다고 하더라도 해당 코드 부분이 다른 프로그램에서 사용될 것 같다면 별도의 클래스로 작성하는 것이 좋다.

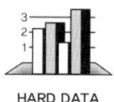
HARD DATA

나사(NASA)의 소프트웨어공학 연구소는 적극적으로 재사용을 도입한 10개 프로젝트에 대해 연구를 진행했다(McGarry, Waligora, and McDermott 1989). 객체지향적인 방법과 기능 지향적인 방법 모두 초기 프로젝트는 이전 프로젝트에 충분한 코드 베이스가 구축되어 있지 않아 코드를 그다지 많이 사용할 수가 없었다. 그다음 프로젝트에서 기능 지향적인 설계를 사용했던 프로젝트는 이전 프로젝트에 있는 코드의 약 35%를 사용할 수 있었다. 객체지향적인 방법을 사용했던 프로젝트는 이전 프로젝트에서 70% 이상의 코드를 사용할 수 있었다. 미리 계획해서 코드의 70%를 작성하지 않아도 된다면 그렇게 하라!

관련 정보 최소한의 필요한 기능 구현에 대한 추가적인 내용은 24.2절의 "프로그램이 언젠가 필요할 것 같은 코드를 포함하고 있다"를 살펴본다.

재사용 가능한 클래스를 만들기 위한 나사의 접근 방법의 핵심은 "재사용을 위한 설계 작업"을 포함하지 않는 것이었다. 나사는 프로젝트가 끝나는 시점에서야 비로소 무엇을 재사용할지 결정했다. 그리고 메인 프로젝트의 마지막에 특별 프로젝트로 넣거나 새 프로젝트의 첫 단계로 재사용할 클래스를 만드는 데 필요한 작업을 수행했다. 이러한 접근 방법은 불필요하게 복잡성을 증가시키는 기능을 생성하는 "골드 플레이팅(gold-plating)"을 예방하는 데 도움을 준다.

프로그램 전체를 고려한다. 프로그램이 변경될 것으로 예상하고 있다면 그러한 부분을 별도의 클래스에 입력하여 고립시키는 것이 좋다. 그러면 프로그램의 나머지 부분에 영향을 미치지 않고 클래스를 변경하거나 그 대신에 완전히 새로운 클래스를 구현할 수 있다. 하나의 프로그램만 생각하지 말고 여러 프로그램을 하나의 덩어리로 생각하면 전체적인 변경 내용을 예상하는 데 큰 도움이 된다(Parnas 1976).

몇 년 전 보험을 판매하는 영업팀이 사용할 일련의 프로그램을 개발하는 팀을 관리한 적이 있다. 각 프로그램을 고객의 보험요율과 보고서 양식 등에 맞춰야 했다. 하지만 프로그램의 많은 부분이 유사했다. 잠재적인 고객에 대한 정보를 입력하고 고객 데이터베이스에 정보를 저장하고 보험요율을 검색하고 특정 그룹의 전체 보험료를 계산하는 클래스가 그랬다. 초기 프로그래밍 작업에는 석 달 정도 걸렸던 것 같은데 새로운 고객이 생겼을 때는 새로운 고객에 대한 새로운 클래스를 몇 개만 작성하여 나머지 코드 부분에 추가했다. 며칠 동안 작업을 한 다음 소프트웨어 완성!

연관된 기능을 패키지로 구성한다. 정보를 숨기거나 데이터를 공유하거나 확장 가능한 형태로 설계할 수 없다면 관련된 기능을 삼각함수, 통계 함수, 문자열 처리 루틴, 비트 처리 루틴, 그래픽 루틴과 같이 적당한 그룹으로 패키지화하면 된다. 클래스는 연관된 기능을 결합하는 한 가지 수단이다. 프로그래밍 언어에 따라서 패키지나 네임스페이스, 헤더 파일을 사용할 수 있다.

특정한 리팩터링을 수행한다. 24장 "리팩터링"에서 설명하는 특정 리팩터링을 수행하면 하나의 클래스를 두 개의 클래스로 변환하고 위임(delegate)을 감추고 중간자(middle man)를 제거하고 확장 클래스를 만드는 방법으로 새로운 클래스를 만들 수 있다. 앞서 소개한 방법 중 어느 것이든 리팩터링을 통해 더 잘 완성할 수 있다.

피해야 할 클래스

일반적으로 클래스를 사용하는 것은 좋지만, 몇 가지 문제가 있을 수 있다. 다음은 피해야 하는 클래스 유형이다.

신(神, god) 클래스를 생성하지 말라. 모든 것을 알고 있고 모든 것을 할 수 있는 전지전능한 클래스를 생성하지 말라. 어떤 클래스가 $Get()$과 $Set()$ 루틴을 사용하여 다른 클래스로부터 데이터를 가져오고 있다면(즉, 다른 사람의 일에 끼어들어 무엇을 해야 할지 말하고 있다면) 그 기능을 다른 클래스로 구성하는 방법을 고려해 보자(Riel 1996).

관련 정보 이러한 종류의 클래스를 보통 구조체라고 한다. 구조체에 대한 자세한 내용은 13.1절 "구조체"를 살펴본다.

관련이 없는 클래스를 제거하라. 클래스가 행위는 없이 데이터로만 구성된다면 그 클래스가 정말로 클래스인지 생각해 보고 그 클래스를 없애서 클래스의 멤버 데이터가 다른 클래스의 속성이 될 수 있을지 고려해 본다.

동사를 뒤에 붙이는 클래스를 피하라. 데이터는 없이 행위로만 구성된 클래스는 일반적으로 클래스가 아니다. $DatabaseInitialization()$이나 $StringBuilder()$와 같은 클래스를 다른 클래스의 루틴으로 변환할 것을 고려해 본다.

클래스를 작성하는 이유 요약

다음은 클래스를 만들어야 하는 타당한 이유를 요약한 것이다.

- 현실 세계의 객체를 모델링한다.
- 추상 객체를 모델링한다.
- 복잡성을 줄인다.
- 복잡성을 고립시킨다.
- 구현 세부 사항을 숨긴다.
- 변경의 효과를 제한한다.
- 전역 데이터를 숨긴다.
- 매개변수 전달을 간소화한다.
- 중앙 집중 관리한다.
- 코드 재사용을 돕는다.
- 프로그램 전체를 고려한다
- 연관된 기능을 패키지로 구성한다.
- 특정한 리팩터링을 수행한다.

6.5 프로그래밍 언어와 관련된 이슈

프로그래밍 언어마다 클래스에 대한 접근 방법은 매우 다양하다. 파생 클래스에서 다형성을 구현하기 위하여 멤버 루틴을 어떻게 오버라이드하는지를 생각해 보자. 자바에서는 모든 루틴이 기본적으로 오버라이드가 가능하며 파생 클래스에서 오버라이딩하는 것을 막기 위해서는 루틴을 *final*로 선언해야 한다. C++에서는 기본적으로 루틴이 오버라이드가 불가능하다. 오버라이드가 가능하기 위해서는 기본 클래스에서 *virtual*로 선언해야 한다. 비주얼 베이직에서는 기본 클래스에서 *overridable*로 선언되어 있어야 하며 파생 클래스는 *override* 키워드를 사용해야 한다.

클래스와 관련하여 프로그래밍 언어마다 크게 다른 점은 다음과 같다.

- 상속 트리에서 오버라이드된 생성자와 소멸자의 작동 방식
- 예외 처리 조건에서 생성자와 소멸자의 작동 방식
- 기본 생성자(인자가 없는 생성자)의 중요성
- 소멸자나 종결자(finalizer)가 호출되는 시기
- 할당과 동치(equality) 연산자와 같이 프로그래밍 언어에서 기본으로 제공하는 연산자들을 오버라이드하는 방법
- 객체가 생성되고 소멸될 때나 객체가 선언되고 범위를 벗어날 때 처리되는 메모리 처리 방식

이러한 문제에 대한 자세한 내용은 이 책의 범위를 벗어난다. 하지만 "참고 자료" 절에서 언어에 특화된 좋은 자료들을 소개하고 있다.

6.6 클래스를 넘어서: 패키지

관련 정보 클래스와 패키지의 구분에 대한 자세한 내용은 5.2절의 "설계 수준"을 살펴본다.

클래스는 현재 모듈화를 달성하기 위한 최고의 방법이다. 하지만 모듈화는 범위가 큰 주제이며 클래스를 넘어선다. 지난 수십 년 동안 소프트웨어 개발은 결합을 늘림으로써 많은 부분에서 발전했다. 우리가 갖고 있던 최초의 결합은 명령문이었다. 당시에는 명령문이 기계어 명령에 비하면 큰 발전처럼 보였다. 그리고 나서 서브루틴이 나왔으며 나중에 클래스가 나왔다.

객체의 결합을 관리하는 좋은 툴이 있다면 분명히 추상화와 캡슐화를 더 쉽게 달성할 수 있을 것이다. 에이다(Ada)는 이미 십 년 전부터 패키지라는 개념을 지원했고 자바도 패키지를 지원하고 있다. 패키지를 직접 지원하지 않는 프로그래밍 언어를 사용 중이라면 직접 패키지를 만들어 다음과 같은 프로그래밍 표준을 지키게 만들 수 있다.

- 어떤 클래스가 public이고 어떤 클래스가 패키지 내부에서 사용되기 위한 것인지를 구별하는 이름 규약
- 각 클래스가 어떤 패키지에 속하는지를 식별하는 이름 규약이나 코드 구성 규약(프로젝트 구조), 또는 둘 다
- 어떤 패키지가 다른 패키지를 사용할 수 있는지와 상속이나 포함 또는 두 가지 방법으로 사용할 수 있는지 정의하는 규칙

이러한 해결 방법은 언어를 활용하는 프로그래밍과 언어에 종속되는 프로그래밍을 구별하는 좋은 예다. 이러한 구별에 대한 자세한 내용은 34.4절 "언어에 제약을 받지 않고 언어를 활용한 프로그래밍"을 참고한다.

cc2e.com/0672

관련 정보 이 내용은 클래스의 품질에 관한 고려 사항을 나열한 것이다. 클래스를 작성하기 위한 단계는 9장 "의사코드 프로그래밍 프로세스"에 있는 체크리스트를 살펴본다.

체크리스트: 클래스 품질

추상 데이터형
- 프로그램에 있는 클래스를 추상 데이터형으로 생각하고 그러한 관점에서 클래스의 인터페이스를 평가했는가?

추상화
- 클래스에 핵심적인 목적이 있는가?
- 클래스의 이름이 잘 지어졌고 클래스의 이름이 핵심적인 목적을 설명하고 있는가?
- 클래스의 인터페이스가 일관성 있는 추상화를 제공하는가?
- 클래스의 인터페이스가 클래스의 사용 방법을 분명하게 만들고 있는가?
- 클래스의 구현 세부 사항을 전혀 알 필요가 없을 정도로 클래스의 인터페이스가 추상적인가? 클래스를 블랙박스로 취급할 수 있는가?
- 다른 클래스들이 클래스의 내부 데이터를 쓸데없이 간섭할 필요가 없을 만큼 클래스의 서비스가 완전한가?
- 관련 없는 정보를 클래스에서 제거했는가?
- 클래스를 컴포넌트 클래스로 분할하는 것에 대해서 생각해 봤는가? 그리고 최대한 분할했는가?
- 클래스를 수정할 때 클래스 인터페이스의 무결성을 유지하고 있는가?

캡슐화
- 클래스가 멤버에 대한 접근성을 최소화하고 있는가?
- 클래스가 멤버 데이터의 노출을 피하고 있는가?
- 클래스가 프로그래밍 언어가 허용하는 만큼 다른 클래스로부터 구현 세부 사항을 감추고 있는가?
- 클래스가 파생 클래스를 포함해 그 사용자에 대한 가정을 피하고 있는가?
- 클래스가 다른 클래스에 독립적인가? 느슨하게 결합됐는가?

상속

- 상속이 "is a" 관계를 모델링하기 위해서만 사용됐는가? 다시 말해 파생 클래스가 LSP를 따르고 있는가?
- 클래스의 설명 문서가 상속 전략을 기술하고 있는가?
- 파생 클래스가 오버라이드 불가능한 루틴에 대해서 "오버라이딩"을 피하고 있는가?
- 공통적인 인터페이스, 데이터, 행위가 상속 트리에서 최대한 높은 곳에 있는가?
- 상속 단계가 적절한 수준인가?
- 기본 클래스에 있는 모든 데이터 멤버가 protected가 아닌 private인가?

그 밖의 구현 문제

- 클래스가 7개 이하의 데이터 멤버를 포함하고 있는가?
- 클래스가 다른 클래스에 대한 직접적이고 간접적인 루틴 호출을 줄였는가?
- 클래스가 꼭 필요한 범위에서만 다른 클래스와 협동 작업하는가?
- 모든 멤버 데이터를 생성자에서 초기화했는가?
- 얕은 복사를 해야 하는 합당한 이유가 없다면 얕은 복사 대신 깊은 복사로 사용되도록 클래스를 설계했는가?

언어에 따른 문제

- 사용 중인 프로그래밍 언어에서 클래스에 관한 이슈를 조사했는가?

참고 자료

일반적인 클래스

cc2e.com/0679

베르트랑 메이어 ≪Object-Oriented Software Construction≫ 2판(Prentice Hall, 1997). 이 책은 추상 데이터형에 대해 깊이 있게 설명하고 그것들이 어떻게 클래스의 토대를 이루는지에 대해서 설명한다. 14장에서 16장까지는 상속에 대해서 깊이 있게 설명한다. 메이어는 15장에서 다중 상속을 지지하는 주장을 펼치고 있다.

아서 리엘 ≪Object-Oriented Design Heuristics≫(Addison-Wesley, 1996). 이 책은 프로그램의 설계를 클래스 수준에서 개선하기 위한 수많은 방법을 제안한다. 개인적으로는 이 책이 온실 속에 사는 사람들에 대한 얘기를 너무 많이 하는 것처럼 보여 수년 동안 이 책을 읽지 않았다. 하지만 200쪽밖에 안 되는 짧은 내용으로, 읽기 쉽고 재미있다. 전달하고자 하는 내용이 잘 정리되어 있고 실용적이다.

C++

cc2e.com/0686

스콧 마이어스 《이펙티브 C++》(프로텍미디어, 2015).

스콧 마이어스 《More Effective C++》(정보문화사, 2007). 마이어스가 쓴 이 두 책은 C++ 개발자를 위한 필독서다. 재미있고 C++를 이해하는 데 도움이 된다.

자바

cc2e.com/0693

조슈아 블로크 《이펙티브 자바》(인사이트, 2014). 블로크의 책은 일반적이고 훌륭한 객체지향적인 습관을 소개할 뿐만 아니라 자바에 특화된 여러 가지 조언을 제공한다.

비주얼 베이직

cc2e.com/0600

다음에 소개하는 책들은 비주얼 베이직의 클래스에 대한 좋은 참고 자료다.

제임스 폭스올(James Foxall) 《Practical Standards for Microsoft Visual Basic .NET》(Microsoft Press, 2003).

게리 코넬(Gary Cornell), 조너선 모리슨(Jonathan Morrison) 《전문 개발자를 위한 PROGRAMMING 한글 VISUAL BASIC .NET》(인포북, 2002).

프레드 바웰(Fred Barwell) 외. 《Professional Visual Basic .NET》 2판(정보문화사, 2003).

요점 정리

- 클래스의 인터페이스는 일관성 있는 추상화를 제공해야 한다. 이 규칙을 어기면 많은 문제가 발생한다.
- 클래스 인터페이스는 시스템 인터페이스나 설계 결정, 구현 세부 사항을 숨겨야 한다.
- "is a" 관계를 모델링하고 있지 않다면 상속보다 포함을 선택하는 것이 좋다.
- 상속은 유용한 도구지만, 복잡성을 증가시키며 그로 인해 복잡성 관리가 어려워진다.
- 클래스는 복잡성을 관리하기 위해서 사용할 수 있는 기본적인 도구다. 복잡성을 관리할 수 있도록 설계에 많은 주의를 기울여라.

7장 | 고급 루틴

cc2e.com/0778

내용

7.1 루틴을 작성하는 목적

7.2 루틴 수준의 설계

7.3 좋은 루틴 이름

7.4 루틴은 얼마나 길어야 할까?

7.5 루틴 매개변수 처리

7.6 함수를 사용할 때 특별히 고려해야 할 사항

7.7 매크로 루틴과 인라인 루틴

관련 주제

- 루틴 구현 단계: 9.3절
- 클래스 다루기: 6장
- 일반적인 설계 기법: 5장
- 소프트웨어 아키텍처: 3.5절

6장에서는 클래스 생성에 관한 세부적인 내용을 설명했다. 이 장에서는 좋은 루틴과 나쁜 루틴의 차이를 만드는 특성을 중심으로 루틴에 대해 자세히 살펴본다. 세부적인 사항을 살펴보기 전에 루틴의 설계에 영향을 미치는 이슈에 대해 알고 싶다면 5장 "구현 설계"를 먼저 읽고 난 후 이 장으로 돌아오도록 한다. 고급 루틴의 몇 가지 중요한 특성은 8장 "방어적 프로그래밍"에도 소개되어 있다. 루틴과 클래스를 작성하는 단계가 궁금하다면 9장 "의사코드 프로그래밍 프로세스"를 읽어보자.

고급 루틴에 대한 세부 사항을 살펴보기 전에 두 가지 기본 용어를 확실하게 이해하고 넘어가자. "루틴"이란 무엇인가? 루틴은 한 가지 목적을 위해서 호출할 수 있는 개별 메서드나 프로시저를 말한다. C++에서의 함수, 자바에서의 메서드, 마이크로소프트 비주얼 베이직에서의 함수나 서브 프로시저가 루틴이다. 사용하기에 따라 C와 C++의 매크로도 루틴으로 생각할 수 있다. 앞으로 이 장에서 소개할 고급 루틴을 생성하는 여러 가지 기법을 다양한 루틴에 적용할 수 있다.

고급 루틴이란 무엇인가? 이 질문은 좀 더 어렵다. 고급 루틴이 아닌 예를 통해 적어도 고급 루틴이 이래서는 안 된다는 힌트는 얻을 수 있을 것이다. 다음은 저급 루틴을 작성한 예다.

저급 루틴을 C++로 작성한 예제

```cpp
void HandleStuff( CORP_DATA & inputRec, int crntQtr, EMP_DATA empRec,
   double & estimRevenue, double ytdRevenue, int screenX, int screenY,
   COLOR_TYPE & newColor, COLOR_TYPE & prevColor, StatusType & status,
   int expenseType )
{
int i;
for ( i = 0; i < 100; i++ ) {
   inputRec.revenue[i] = 0;
   inputRec.expense[i] = corpExpense[ crntQtr ][ i ];
   }
UpdateCorpDatabase( empRec );
estimRevenue = ytdRevenue * 4.0 / (double) crntQtr;
newColor = prevColor;
status = SUCCESS;
if ( expenseType == 1 ) {
    for ( i = 0; i < 12; i++ )
        profit[i] = revenue[i] - expense.type1[i];
    }
else if ( expenseType == 2 ) {
        profit[i] = revenue[i] - expense.type2[i];
        }
else if ( expenseType == 3 )
        profit[i] = revenue[i] - expense.type3[i];
        }
```

이 코드는 무엇이 문제일까? 힌트를 주자면 이 코드에서 적어도 문제점을 10개는 찾을 수 있어야 한다. 우선 직접 문제점을 찾아본 후 다음 목록을 확인하라.

- 루틴 이름이 좋지 않다. *HandleStuff()*는 루틴이 무엇을 하는지 아무것도 말해주지 않는다.

- 루틴에 대한 설명이 없다(문서화를 주제로 한 내용은 32장 "스스로를 설명하는 코드"에서 설명한다).

- 루틴의 레이아웃이 엉망이다. 이 코드를 보고 논리적인 구조를 이해하기가 쉽지 않다. 코드 레이아웃이 원칙 없이 서로 다른 부분에서 서로 다른 방식으로 사용되었다. *expenseType == 2* 부분과 *expenseType == 3* 부분의 방식을 비교해 보라(배치는 31장 "레이아웃과 스타일"에서 소개하고 있다).

- 루틴의 입력 변수인 *inputRect*가 변경되었다. 입력 변수의 값은 변경되지 않아야 한다(그리고 C++에서는 *const*로 선언해야 한다). 변수의 값을 변경할 생각이라면 이름이 *inputRect*여서도 안 된다.

- 루틴이 전역 변수를 읽고 쓴다. 이 루틴은 *corpExpense* 값을 읽고 *profit*에 쓴다. 루틴이 직접 전역 변수를 읽고 쓰는 대신 해당 기능을 제공하는 다른 루틴을 호출해야 한다.

- 루틴의 목적이 하나가 아니다. 여기서 사용된 루틴은 변수를 초기화하고 데이터베이스에 기록하고 몇 가지 계산을 수행하는데, 이러한 기능은 아무런 연관성이 없는 것처럼 보인다. 루틴은 분명하게 정의된 하나의 목적만 가져야 한다.

- 루틴이 잘못된 데이터로부터 자신을 방어하지 않는다. *crntQtr*이 0이면, *ytdRevenue * 4.0 / (double) crntQtr* 표현식은 0으로 나누기 오류를 발생시킨다.
- 루틴이 여러 가지 매직 넘버(*100*, *4.0*, *12*, *2*, *3*)를 사용하고 있다. 매직 넘버는 12.1절의 "숫자 일반"에 소개되어 있다.
- 루틴의 매개변수 중 몇 개를 사용하지 않았다. *screenX*와 *screenY*를 루틴에서 참조하지 않는다.
- 루틴의 매개변수 중 하나가 잘못 전달되었다. *prevColor*는 루틴에서 값을 할당하지 않는데도 참조 매개변수(&)로 표시되어 있다.
- 루틴의 매개변수가 너무 많다. 사람들이 이해할 수 있는 매개변수의 최대 한계는 7개다. 하지만 이 루틴의 매개변수는 11개다. 매개변수의 배치도 대부분의 사람이 자세히 살펴보거나 세어 보고 싶지 않게 잘 안 읽히는 방식으로 배치되어 있다.
- 루틴의 매개변수가 잘못 정렬되어 있으며 문서화도 되어 있지 않다(매개변수의 정렬은 이 장에 소개되어 있다. 문서화는 32장에서 설명한다).

cc2e.com/0799

관련 정보 클래스도 컴퓨터 과학에서 가장 위대한 발명으로 꼽을 만하다. 클래스의 효과적인 사용에 관한 자세한 내용은 6장 "클래스 다루기"를 살펴본다.

루틴은 컴퓨터 과학 역사상 컴퓨터 다음으로 가장 위대한 발명이다. 루틴은 프로그래밍 언어의 다른 어떤 기능보다도 프로그램을 읽고 이해하기 쉽게 만든다. 따라서 앞에서 살펴본 예제와 같은 코드로 루틴을 남용하는 것은 범죄나 마찬가지다.

루틴은 공간을 절약하고 성능을 향상하기 위해 발명된 가장 훌륭한 기법이기도 하다. 루틴을 연결하는 대신 루틴에 있는 코드를 반복해서 작성해야 한다면 코드가 얼마나 길어질지 상상해 보라. 같은 코드를 한 루틴으로 작성하는 대신 여러 곳에서 사용한다면 성능을 향상하기가 얼마나 어려울지 상상해 보라. 루틴이 있어 현대적인 프로그래밍이 가능하다.

어쩌면 이렇게 생각하는 사람도 있을 것이다. "좋습니다. 저는 이미 루틴이 위대하다는 것을 알고 있고 항상 루틴으로 프로그램을 작성합니다. 사실 이 정도는 일반적인 설명으로 보이는데 이제 뭘 해야 하죠?"

일단 루틴을 만드는 데는 여러 가지 목적이 있고 루틴을 올바르게 사용할 수도, 잘못 사용할 수도 있다는 사실을 이해할 필요가 있다. 내가 컴퓨터과학과 학생이었을 때는 코드의 중복을 피하고자 루틴을 만든다고 생각했다. 당시 읽었던 서적들도 코드를 중복해서 작성하지 않으면 프로그램을 더 쉽게 개발하고 디버깅하고 문서화하고 유지보수할 수 있기 때문에 루틴이 좋다고 말하곤 했다. 매개변수와 지역 변수를 사용하는 방법에 대한 구체적인 내용을 제외하면 그 정도 설명뿐이었다. 그 정도 가지고는 루틴에 대한 이론과 사용법에 관한 설명이 충분하지도 완전하지도 않다. 이제부터 훨씬 자세히 설명하려 한다.

7.1 루틴을 작성하는 이유

여기에서는 루틴을 작성하는 목적을 설명한다. 중복되는 내용이 있고 딱히 구분 지으려고 하지도 않았다.

KEY POINT

복잡성을 줄인다. 프로그램의 복잡성을 줄이는 것이 루틴을 작성하는 가장 중요한 목적이다. 데이터를 처리하는 루틴을 작성하면 더는 해당 데이터를 어떻게 처리할지 고민하지 않아도 된다. 물론 루틴을 작성할 때는 루틴에 관해 생각해야겠지만 일단 루틴을 작성하고 나면 루틴의 내부 동작 방식을 몰라도 해당 루틴의 구현 사항에 신경 쓰지 않고 루틴을 사용할 수 있을 것이다. 작성해야 하는 코드의 양을 줄이고 유지보수가 쉽고 더 정확하게 작동하는 코드를 만들기 위해 루틴을 작성하기도 하지만, 루틴이 기본적으로 제공하는 추상화의 도움 없이는 복잡한 프로그램을 이해하기란 사실상 불가능할 것이다.

내부 루프나 조건문이 깊게 중첩되어 있다면 루틴을 서브 루틴으로 나누어야 한다. 루틴을 더 이해하기 쉽게 중첩된 부분을 별도의 루틴으로 작성해야 한다.

이해하기 쉬운 중간 단계의 추상화를 도입한다. 코드의 일부를 이해하기 쉬운 이름의 다른 루틴으로 작성하는 것이 좋다. 다음은 명령문을 펼쳐 놓은 읽기 어려운 코드다.

```
if ( node <> NULL ) then
    while ( node.next <> NULL ) do
        node = node.next
        leafName = node.name
    end while
else
    leafName = ""
end if
```

위 코드는 다음 루틴으로 대체할 수 있다.

```
leafName = GetLeafName( node )
```

새로 작성한 루틴은 간략해서 이름만으로도 별도의 문서가 필요 없을 정도다. 좋은 이름 덕분에 원래 있던 여덟 줄의 코드보다 읽고 이해하기 쉬워졌으며 루틴의 복잡도도 줄어들었다.

중복 코드를 피한다. 코드가 반복되면 루틴을 작성해야 한다. 실제로 두 루틴에 비슷한 코드를 작성하면 오류가 발생하게 마련이다. 두 루틴에서 중복되는 코드를 좀 더 일반화된 형태로 변경하여 기본 클래스에 넣은 다음, 각 서브클래스에 별도 루틴을 작성한다. 그게 아니라면 공통된 코드를 별도의 루틴으로 작성한 다음, 두 루틴에서 새로운 루틴에

매개변수를 전달하여 호출하게 할 수도 있다. 중복되는 코드를 하나의 공통된 코드로 작성하면 공간을 절약할 수 있다. 변경이 필요하면 공통 코드만 변경해도 되기 때문에 변경도 쉽다. 또한 코드가 옳은지 한 곳에서만 검사하면 되므로 코드를 더 신뢰할 수 있을 것이다. 코드를 똑같이 작성했다는 잘못된 가정하에 연속해서 조금씩 다르게 수정할 일이 없기 때문에 수정 사항도 더 신뢰할 수 있다.

서브클래싱을 지원한다. 길고 구조화가 덜 된 루틴보다 길이도 짧고 구조적으로 완성도 높은 루틴을 오버라이드하면 변경할 내용이 많지 않다. 또한 오버라이드가 가능한 루틴을 간단하게 유지하면 서브클래스 구현에서 오류가 발생할 확률도 줄어들 것이다.

코드의 실행 순서를 감춘다. 이벤트가 처리되는 순서를 숨기는 것이 좋다. 가령 프로그램이 사용자로부터 정보를 입력받은 후 추가 정보를 파일에서 가져와야 한다면 두 가지 작업을 별도의 루틴으로 작성할 수 있다. 이 경우 두 루틴이 상대 루틴의 호출 순서에 영향을 받지 않아야 한다. 다른 예로, 스택의 *pop*을 구현하기 위해 스택의 최상위에 있는 값을 읽고 *stackTop* 변수의 값을 줄이는 코드가 있다고 하자. 이 두 코드를 *PopStack()* 루틴에 작성하면 두 연산이 수행되는 순서에 대해 고민하지 않아도 된다.

포인터 연산을 감춘다. 포인터 연산은 처리하기 까다로워 오류가 발생할 가능성이 높다. 포인터 연산 작업을 루틴에 구현함으로써 복잡한 포인터 연산에 대한 고민 없이 개발에만 집중할 수 있다. 또한 포인터 연산을 한 곳에서 처리함으로써 더욱 안전한 코드를 개발할 수 있다. 이후에 포인터보다 더 나은 새로운 데이터형을 사용하고 싶을 때도 루틴을 변경함으로써 모든 코드에 적용할 수 있다.

이식성을 높인다. 루틴을 사용하면 미래에 이식이 가능한 기능과 그렇지 않은 기능을 구분할 수 있다. 이식이 불가능한 기능에는 표준이 아닌 언어의 기능, 하드웨어 의존성, 운영체제 의존성 등이 포함된다.

복잡한 불린 테스트를 단순화한다. 프로그램의 흐름을 이해하기 위해서 복잡한 불린(참/거짓) 테스트를 상세하게 이해할 필요는 없다. 그러한 테스트를 함수로 작성하면 코드를 좀 더 쉽게 이해할 수 있다. (1) 테스트의 상세 부분은 프로그램의 흐름과 관련이 없고 (2) 함수의 이름으로부터 테스트의 목적을 쉽게 이해할 수 있기 때문이다.

테스트의 중요성을 강조하기 위해서 테스트를 함수로 제공한다. 이를 위해서 테스트 함수 내에서 테스트의 세부 사항을 읽기 쉽게 만들기 위한 추가적인 노력이 필요하다. 그렇게 하면 코드를 이해하는 데도 도움이 되고 테스트도 더 명확해진다. 불린 테스트를 단순화하여 복잡성을 줄일 수 있는데 이에 대해서는 앞에서 설명했다.

성능을 개선한다. 여러 곳에 있는 코드 대신 하나의 루틴에 있는 코드를 최적화할 수 있다. 코드를 한 곳에 작성해 놓으면 비효율적인 부분을 찾기 위해 더 쉽게 분석할 수 있을 것이다. 코드를 한 루틴에 모아놓으면 한 번의 최적화를 통해 그 루틴을 사용하는 모든 코드에 도움을 줄 수 있다. 효율적인 알고리즘이나 빠르고 효율적인 언어로 해당 루틴을 재작성할 수도 있다.

관련 정보 정보 은닉에 대한 자세한 내용은 5.3절의 "비밀을 숨겨라(정보 은닉)"를 살펴본다.

모든 루틴의 길이를 짧게 만들기 위해서? 아니다. 코드를 루틴으로 작성해야 하는 타당한 이유가 많지만, 이 이유는 불필요하다. 사실 크기가 큰 하나의 루틴 내에서 처리하는 것이 좋은 경우도 있다(가장 적합한 루틴의 길이는 7.4절의 "루틴의 길이에 대한 문제"에 소개되어 있다).

루틴으로 작성하기에는 너무 단순해 보이는 연산

KEY POINT

효과적인 루틴을 작성할 때 심적으로 주저하는 상황이 생기는데, 바로 간단한 작업을 처리하는 단순한 루틴을 만들 때가 그렇다. 코드가 두세 줄뿐인 루틴을 작성하면 너무 지나쳐 보일 수도 있지만, 경험상 작은 루틴도 매우 유용하다.

길이가 짧은 루틴은 몇 가지 장점이 있다. 하나는 가독성을 향상시킨다는 것이다. 예전에 개발했던 프로그램에서 다음과 같은 한 줄짜리 코드를 여러 곳에서 사용한 적이 있다.

계산을 수행하는 의사코드 예제
```
points = deviceUnits * ( POINTS_PER_INCH / DeviceUnitsPerInch() )
```

이 코드는 매우 이해하기 쉽다. 대부분의 사람은 이 코드가 장치 유닛에서 측정한 값을 포인트 값으로 변환한다는 것을 알 것이다. 그리고 같은 일을 수행하는 코드를 이곳저곳에서 보게 될 것이다. 하지만 이름이 명확한 루틴을 생성해 한 번에 코드를 변경하고 코드를 좀 더 이해하기 쉽게 개선할 수 있다.

함수로 변환된 계산을 의사코드로 작성한 예제
```
Function DeviceUnitsToPoints ( deviceUnits Integer ): Integer
    DeviceUnitsToPoints = deviceUnits *
        ( POINTS_PER_INCH / DeviceUnitsPerInch() )
End Function
```

루틴을 생성하여 코드를 변경하면 기존 코드는 다음과 같이 변경된다.

계산 함수를 호출하는 의사코드 예제
```
points = DeviceUnitsToPoints( deviceUnits )
```

이 코드는 어떤 기능을 처리하는 루틴인지 이름만 봐도 쉽게 이해할 수 있다.

지금 살펴보는 예제는 단순한 연산이더라도 루틴으로 작성해야 하는 다른 이유도 설명해준다. 단순한 작업이 점차 복잡한 작업이 되는 경향이 있기 때문이다. 처음 이 루틴을 작성할 당시에는 몰랐지만, 특정한 환경에서 특정한 장치를 사용할 때 *DeviceUnitsPerInch()*는 0을 리턴한다. 0으로 나누기 오류가 발생하기 때문에 이를 해결하기 위해서 다음과 같이 코드 세 줄을 더 추가해야 한다.

유지보수 시 확장한 계산을 의사코드로 작성한 예제
```
Function DeviceUnitsToPoints( deviceUnits: Integer ) Integer;
    if ( DeviceUnitsPerInch() <> 0 )
        DeviceUnitsToPoints = deviceUnits *
            ( POINTS_PER_INCH / DeviceUnitsPerInch() )
    else
        DeviceUnitsToPoints = 0
    end if
End Function
```

원래 있던 코드가 열두 곳에서 사용되고 있었다면 새로운 조건을 모든 곳에 추가해야 하므로 총 36줄의 새로운 코드가 열두 번 반복된다. 간단한 루틴으로 새로 추가해야 하는 36줄의 코드를 세 줄로 줄일 수 있다.

루틴을 작성하는 이유 요약

다음은 루틴을 작성하는 타당한 이유를 요약한 것이다.

- 복잡성을 줄인다.
- 이해하기 쉬운 중간 단계의 추상화를 도입한다.
- 코드의 중복을 피한다.
- 서브클래싱을 지원한다.
- 코드의 실행 순서를 감춘다.
- 포인터 연산을 감춘다.

- 이식성을 높인다.
- 복잡한 불린 테스트를 단순화한다.
- 성능을 개선한다.

추가로 다음과 같이 클래스를 작성하는 이유의 상당수가 루틴을 작성하는 이유이기도 하다.

- 복잡성을 고립시킨다.
- 구현 세부 사항을 숨긴다.
- 변경의 효과를 제한한다.
- 전역 데이터를 숨긴다.
- 중앙 집중 관리한다.
- 코드의 재사용을 돕는다.
- 특정한 리팩터링을 수행한다.

7.2 루틴 수준의 설계

응집성(cohesion)이라는 개념은 웨인 스티븐스와 글렌포드 마이어스, 래리 콘스탄틴이 쓴 논문에서 소개되었다(Wayne Stevens, Glenford Myers, and Larry Constantine 1974). 추상화나 캡슐화와 같은 개념은 클래스 수준에서 고려해야 할 사항이지만(그리고 실제로 클래스 수준에서의 응집성을 대체해왔다), 개별적인 루틴 수준에서는 응집성이라는 개념을 통해 설계에 도움을 받을 수 있다.

관련 정보 전반적인 응집성에 대한 논의는 5.3절의 "응집력을 강하게 하라"를 살펴본다.

루틴에서의 응집성은 루틴에 있는 연산들이 얼마나 밀접하게 연관되어 있는지를 나타낸다. 어떤 개발자들은 "강한 연결(strength)"이라는 말을 선호한다. 즉, 루틴 내의 연산들이 얼마나 강하게 연결되어 있는지를 나타낸다. Cosine()과 같은 함수는 전체 루틴이 한 가지 기능만 수행하므로 응집성이 강하다. CosineAndTan()과 같은 함수는 한 가지 이상의 작업을 수행하기 때문에 응집성이 약하다. 루틴을 작성하는 목적은 한 가지 일을 잘하도록 하는 것이지 여러 가지 일을 처리하는 데 있지 않다.

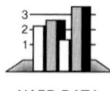

응집성이 높을수록 코드의 오류가 적다. 450개의 루틴을 대상으로 한 연구에서 응집성이 높은 루틴의 50%는 오류가 없었던 반면, 응집성이 낮은 루틴에서는 18%만이 오류가 없었다(Card, Church, and Agresti 1986). 또 다른 450개의 루틴에 대한 연구에서는(연구 대상 수가 같은 건 우연의 일치일 뿐이다) 응집도 대비 결합도(coupling-tocohesion) 비율이 가장 높은 루틴이 가장 낮은 비율의 루틴보다 오류가 7배나 많았으며 변경 비용도 20배나 더 들었다(Selby and Basili 1991).

응집성은 일반적으로 몇 가지 레벨로 나누어 설명할 수 있다. 용어를 기억하는 것보다는 그 개념을 이해하는 것이 중요하다. 개념을 이해하면 어떻게 하면 강한 응집성을 갖는 루틴을 만들 수 있을지 생각하는 데 도움이 된다.

*기능적 응집성*은 루틴이 오직 하나의 연산만 처리하는 경우처럼 가장 강하고 바람직한 응집성이다. 응집성이 높은 루틴의 예로는 *sin()*, *GetCustomerName()*, *EraseFile()*, *CalculateLoanPayment()*, *AgeFromBirthdate()*가 있다. 물론 이 루틴들이 그 이름에서 설명하고 있는 기능을 처리하고 있을 때만 응집성이 강하다고 할 수 있다.

다음과 같이 완벽하지는 않지만 알아둘 만한 응집성도 있다.

- *순차적 응집성*은 루틴이 특정한 순서대로 수행되어야 하고 단계마다 정보를 공유하며 동시에 수행될 때 완전한 기능을 제공하지 못하는 연산을 포함할 때 존재한다.

  순차적 응집성의 한 가지 예는 생일로부터 직원의 나이와 퇴직일을 계산하는 루틴이다. 루틴이 우선 나이를 계산한 후 나이로부터 퇴직일을 계산하면 이 루틴은 순차적 응집성을 갖는다. 루틴이 생일 정보를 사용해 나이와 퇴직일을 각각 계산한다면 이 루틴은 통신적 응집성만 갖는다.

  이 루틴을 어떻게 기능적으로 응집성을 갖게 만들 수 있을까? 생일로부터 직원의 나이와 퇴직일을 계산하는 루틴을 각각 생성한다. 퇴직일을 계산하는 루틴이 나이를 계산하는 루틴을 호출할 수 있을 것이다. 두 가지 루틴 모두 기능적 응집성을 갖는다. 다른 루틴들이 이 루틴을 따로 호출하거나 동시에 호출할 수 있다.

- *통신적 응집성*은 루틴에 있는 연산들이 같은 데이터를 사용하지만, 서로 아무런 연관성이 없을 때 발생한다. 어떤 루틴이 요약 보고서를 출력하는 기능과 루틴에 전달된 데이터를 초기화하는 기능을 구현하고 있다면 이 루틴은 통신적 응집성을 갖는다. 두 연산이 같은 데이터를 사용한다는 점을 제외하면 아무런 관계가 없다.

  이 루틴에 더 나은 응집성을 제공하기 위해서는 보고서 출력 루틴이 아니라 요약 데이터를 생성한 루틴에서 초기화 작업을 수행해야 한다. 이 연산들을 개별적인 루틴으로 나누어라. 첫 번째 루틴은 보고서를 출력한다. 두 번째 루틴은 데이터를 다시 초기화한다. 이 루틴은 데이터를 생성하거나 변경하는 코드에 가깝게 있어야 한다. 원래 통신적 응집성 루틴을 호출했던 고급 루틴에서 이 루틴들을 호출하라.

- *시간적 응집성*은 여러 연산이 동시에 수행되어야 해서 하나의 루틴으로 결합할 때 발생한다. 전형적인 예로 *Startup()*과 *CompleteNewEmployee()*, *Shutdown()*을 들 수 있다. 어떤 개발자들은 시간적 응집성이 *Startup()* 루틴에 엉망진창인 코드를 구현하는 식의 프로그래밍 습관과 관련이 있어 받아들일 수 없는 것으로 여기기도 한다.

  이 문제를 피하기 위해서는 다른 이벤트의 구성자로서 시간적 루틴을 생각하라. 예를 들어 *Startup()* 루틴은 구성 파일을 읽고 임시 파일을 초기화하고 메모리 관리자를 설정하고 초기 화면을 보여줄 것이다. 이 루틴을 가장 효과적으로 만드는 방법은 일시적으로 응집된 루틴이 연산을 직접 수행하기보다는 특정한 작업을 수행하기 위한 다른 루틴을 호출하도록 하는 것이다. 그렇게 하면 루틴의 핵심이 연산을 직접 수행하는 것보다 일련의 작업을 한꺼번에 처리하기 위한 것임이 분명해질 것이다.

루틴을 추상화 수준에 맞게 설명하는 이름을 선택해야 하는 예를 하나 살펴보자. *ReadConfigFileInitScratchFileEtc()* 와 같은 루틴이 있다고 하자. 이름만 보면 해당 루틴이 특별한 연관성 없는 기능을 모아 놓았다고 생각할 것이다. 하지만 루틴 이름을 *Startup()* 이라고 변경하면 서로 다른 기능을 포함하고 있더라도 그 작업이 결국에는 '초기화'를 수행하기 위해 기능적 응집성을 갖고 있다는 점이 분명해진다.

나머지 응집성에 해당하는 예들은 지양해야 한다. 이 응집성을 따르면 코드의 구조도 엉망이 되고 디버깅과 변경도 어려워진다. 루틴의 응집성이 나쁘다면 문제가 발견된 지점에 시간을 투자하기보다는 좋은 응집성을 갖도록 코드를 다시 작성해야 한다. 피해야 할 것을 알아두는 것이 좋으므로 여기서 절대로 해서는 안 되는 응집성을 소개한다.

- *절차적 응집성*은 루틴에 있는 연산들을 정해진 순서대로 처리할 때 발생한다. 직원의 이름을 입력받은 후 주소와 전화번호 순으로 입력받는 루틴이 있다고 하자. 이와 같은 순서는 사용자가 입력 화면에서 데이터를 입력해야 하는 순서와 일치할 때만 중요하다. 추가적인 정보는 다른 루틴을 통해서 입력받는다. 이 루틴은 기능을 순차적으로 처리하는 것 외에는 결합할 필요가 없기 때문에 절차적 응집성을 갖는다.

  응집성을 개선하기 위해서 독립적인 기능을 별도의 루틴에 구현한다. *GetFirstPartOfEmployeeData()* 대신 *GetEmployee()* 처럼 호출하는 루틴이 하나의 온전한 기능을 갖도록 한다. 아마도 추가 정보를 가져오는 나머지 루틴도 변경해야 할 것이다. 기능적 응집성을 달성하기 위해서는 일반적으로 두 개 이상의 루틴을 변경해야 한다.

- *논리적 응집성*은 여러 가지 기능을 한 루틴에서 수행할 때 루틴에 전달되는 조건에 따라 수행하는 기능이 다른 경우에 발생한다. 루틴의 논리적인 흐름에 의해서 각 기능을 처리한다고 해서 논리적 응집성이라고 한다. 각 기능이 하나의 큰 *if* 문이나 *case* 문 안에 있기 때문에 그렇게 부르는 것이지, 각 기능(코드 블록)이 논리적으로 서로 연관이 있기 때문이 아니다. 처리하는 작업이 서로 아무 연관이 없다는 점을 고려하면 "비논리적인 응집성"이라고 말하는 편이 더 나을 것이다.

  한 예로 루틴에 어떤 타입을 전달하느냐에 따라 고객의 이름이나 직원의 근무 시간 정보, 재고 정보를 입력하는 *InputAll()* 루틴을 들 수 있다. 다른 예로는 *ComputeAll()* 과 *EditAll()*, *PrintAll()*, *SaveAll()* 을 들 수 있다. 이러한 루틴의 가장 큰 문제점은 다른 루틴을 호출하기 위해 플래그를 전달해서는 안 된다는 점이다. 루틴이 매개변수로 넘어온 조건에 따라 세 가지 작업 중 하나를 선택하는 대신 독립적인 연산을 수행하는 세 개의 루틴을 만들어야 한다. 각 연산이 서로 다른 조건임에도 불구하고 부분적으로 같은 코드를 사용하거나 데이터를 공유한다면 해당 코드를 별도의 루틴으로 작성하여 별도의 클래스에 포함시켜야 한다.

  하지만 일반적으로 코드가 *if* 나 *case* 문의 연속으로 구성되어 있고 다른 루틴을 호출하고 있다면 논리적으로 응집된 루틴을 생성해도 별문제는 없다. 이 경우, 루틴의 유일한 기능이 정해진 명령을 처리하는 것일 뿐 자체적으로 아무것도 실행하지 않는다면 일반적으로 좋은 설계라고 할 수 있다. 이러한 종류의 루틴을 기술적인 용어로 "이벤트 핸들러(event handler)"라고 한다. 이벤트 핸들러는 종종 애플 매킨토시와 마이크로소프트 윈도우 같은 대화식 환경에서 사용된다.

관련 정보 어떤 루틴이 좀 더 나은 응집성을 갖는다고 하더라도 다형성 대신 *case* 문을 사용하는 것이 맞는지에 대한 문제는 좀 더 높은 수준에서의 설계 이슈에 가깝다. 이 문제에 대한 자세한 내용은 24.3절의 "조건문을 다형성으로 대체하라(특히 반복되는 *case* 문)"를 살펴본다.

- *우연적 응집성*은 루틴에 있는 연산이 특별한 연관 관계를 맺지 않을 때 발생한다. 다른 이름으로는 "응집성 없음"이나 "혼란스러운 응집성"이라고 할 수 있다. 이 장의 시작 부분에서 소개한 저급 C++ 루틴이 우연적 응집성을 갖는다. 우연적 응집성은 더 좋은 다른 응집성으로 개선하기가 어렵다. 보통 다시 설계하고 구현해야 한다.

KEY POINT

용어에 너무 얽매일 필요는 없다. 용어보다는 개념을 이해하라. 대부분의 경우 기능적 응집성을 갖는 루틴을 작성할 수 있기 때문에 가급적이면 기능적 응집성을 추구하는 데 목표를 두자.

7.3 좋은 루틴 이름

관련 정보 변수 이름을 짓는 것과 관련된 내용은 11장 "변수 이름의 기능"을 살펴본다.

루틴 이름을 잘 지으면 루틴이 무슨 일을 하는지 분명하게 이해할 수 있다. 다음은 효과적인 루틴 이름을 만들기 위한 지침이다.

루틴이 하는 모든 것을 표현하라. 루틴 이름에 모든 출력과 부수적인 효과를 설명하라. 루틴이 전체 보고서를 계산하고 출력 파일을 연다면 *ComputeReportTotals()*는 적절한 이름이라고 보기 어렵다. 그 대신 *ComputeReportTotalsAndOpenOutputFile()*이 적절하겠지만, 너무 길고 우스꽝스럽다. 루틴이 부수적인 영향을 미치고 있다면 그 영향을 기술하느라 지나치게 길고 우스꽝스러운 이름을 갖게 될 것이다. 이 경우 더 나은 이름을 갖기 위해 노력하는 대신 루틴이 가급적이면 부수적인 영향을 갖지 않도록 코드를 작성해서 루틴의 역할을 좀 더 분명하게 해야 한다.

의미가 없거나 모호하거나 뚜렷한 특징이 없는 동사를 사용하지 말라. 어떤 동사는 포괄적이고 유연해서 많은 뜻을 포함하고 있다. *HandleCalculation()*이나 *PerformServices()*, *OutputUser()*, *ProcessInput()*, *DealWithOutput()*과 같은 루틴 이름은 루틴이 무슨 일을 하는지 말해주지 않는다. 루틴이 계산이나 서비스, 입력과 출력에 관련된 무언가를 하고 있다는 정도만 알려준다. 예외적으로 동사 "handle"은 이벤트를 처리한다는 기술적인 의미로 사용될 때가 있다.

KEY POINT

실제로 루틴은 잘 설계해놓고 루틴 이름을 잘못 지어 문제가 되는 경우도 있다. 예를 들어 *HandleOutput()*을 *FormatAndPrintOutput()*으로 변경하면 루틴이 무엇을 하는지 상당히 정확하게 이해할 수 있다.

다른 경우로 루틴이 처리하는 연산이 모호해서 동사를 모호하게 사용하기도 한다. 루틴의 목적이 불분명하다는 점이 원인이고 그 결과로 루틴 이름이 모호해진다. 그런 경우라면 해당 루틴과 관련된 루틴들을 재구성하여 모든 루틴이 분명한 목적을 갖고 루틴의 기능을 정확하게 설명하는 이름을 갖도록 재구성하는 것이 가장 좋은 해결책이다.

루틴 이름을 숫자만으로 구분하지 말라. 어떤 개발자가 큰 함수 하나에 모든 코드를 작성했다. 그러고는 15줄씩 가져다가 *Part1*, *Part2*와 같은 이름의 함수를 만들었다. 그리고 나서 각 부분을 호출하는 상위 수준 함수 하나를 만들었다. 이처럼 루틴을 생성하는 것은 정말 터무니없는 방법이다. 하지만 때때로 개발자들은 *OutputUser*, *OutputUser1*, *OutputUser2*와 같은 이름으로 숫자를 사용해 루틴을 구분하기도 한다. 루틴 이름 끝에 있는 숫자는 루틴이 표현하는 서로 다른 추상화에 대해서 아무런 정보도 제공하지 않고, 따라서 이런 루틴 이름은 잘못 지은 것이다.

루틴 이름의 길이에 신경 쓰지 마라. 연구에 의하면 루틴 이름의 적절한 길이는 문자로 9자에서 15자 사이다. 루틴이 하는 일은 변수보다 복잡하기 때문에 이름도 좀 더 복잡하고 길다. 한편 루틴이 특성 객체와 연관된 직업을 치리할 경우에는 개체 이름까지 들어가야 한다. 전반적으로 루틴 이름은 "명료함"에 초점을 맞춰야 하고, 따라서 이름의 길이에 제약을 받지 않고 이해하기 쉽게 이름을 지어야 한다.

관련 정보 프로시저와 함수의 구분에 대한 내용은 7.6절 "함수를 사용할 때 특별히 고려해야 할 사항"을 살펴본다.

함수의 이름을 지을 때는 리턴 값에 관해서 설명하라. 함수는 값을 리턴하므로 리턴 값에 대한 내용이 이름에 포함되어야 한다. 예를 들면 *cos()*, *customerId.Next()*, *printer.IsReady()*, *pen.CurrentColor()*는 함수가 리턴하는 것을 정확하게 보여주고 있기 때문에 모두 좋은 이름이다.

프로시저의 이름을 지을 때 확실한 의미가 있는 동사를 객체 이름과 함께 사용하라. 기능적 응집성을 갖는 프로시저는 일반적으로 하나의 객체에 대해서 한 가지 연산을 수행한다. 프로시저의 이름은 프로시저가 무슨 일을 하는지 반영해야 하기 때문에 객체에 대한 연산은 동사에 객체 이름을 붙여 쓴 형태의 이름을 갖는다. *PrintDocument()*, *CalcMonthlyRevenues()*, *CheckOrderInfo()*, *RepaginateDocument()*는 모두 좋은 프로시저 이름이다.

객체지향 언어에서는 객체 자체가 호출에 포함되어 있기 때문에 프로시저에 객체의 이름을 포함시킬 필요가 없다. *document.Print()*, *orderInfo.Check()*, *monthlyRevenues.Calc()* 같은 명령문으로 루틴을 호출할 수 있다. *document.PrintDocument()*와 같은 이름은 중복된 내용이 있고 클래스의 파생 클래스로 이동하면 세부 객체에 대한 설명이 틀릴 수도 있다. *Check*가 *Document*에서 파생된 클래스라면 *check.Print()*가 수표를 출력하고 있는 것처럼 보이는 반면, *check.PrintDocument()*는 마치 수표장 등록기나 월별 청구서를 출력하는 것처럼 보이지, 수표를 출력하는 것처럼 보이지는 않는다.

> **관련 정보** 변수 이름의 반의어 목록은 11.1절의 "일반적인 변수명의 반의어"를 살펴본다.

반의어를 정확하게 사용하라. 반의어에 대한 이름 규약을 사용하면 일관성을 유지하는 데 도움을 주고 이해하기가 쉽다. 처음/끝(*first/last*)과 같이 서로 반대되는 짝은 이해하기 쉽다. 하지만 *FileOpen()*과 *_lclose()*와 같은 짝은 구조가 대칭적이지 않아 이해하기 어렵다. 다음은 많이 사용하는 반의어다.

add/remove	increment/decrement	open/close
begin/end	insert/delete	show/hide
create/destroy	lock/unlock	source/target
first/last	min/max	start/stop
get/put	next/previous	up/down
get/set	old/new	

공통적인 연산을 위한 규약을 만들어라. 시스템 환경에 따라 각 연산을 명확하게 구분하는 일은 매우 중요하다. 이름 규약은 그러한 차이를 표현하기 위한 가장 쉽고 신뢰할 만한 방법이다.

예전에 참여했던 프로젝트에서는 각 객체에 고유한 식별자를 할당했다. 안타깝게도 객체의 식별자를 반환하는 루틴에 대한 규칙이 없었기 때문에 다음과 같은 루틴이 만들어졌다.

```
employee.id.Get()
dependent.GetId()
supervisor()
candidate.id()
```

Employee 클래스는 자신의 *id* 객체를 노출하고 그에 따라 *id* 객체는 *Get()* 루틴을 노출했다. *Dependent* 클래스는 *GetId()* 루틴을 노출했다. *Supervisor* 클래스는 *id*를 기본 리턴값으로 만들었다. *Candidate* 클래스는 *id* 객체의 기본 리턴값이 *id*라는 사실을 이용하여 *id* 객체를 노출했다. 프로젝트를 중간 정도 진행했을 때 객체의 *id*를 얻기 위해 어떤 객체의 루틴을 어떻게 사용해야 할지 기억하는 사람이 아무도 없었지만, 이미 처음으로 되돌아가서 통일된 방식으로 *id*를 반환하는 코드로 만들기에는 너무 많은 코드를

작성해버린 후였다. 그 결과 모든 팀원이 어떤 클래스의 *id*를 얻기 위해서 어떤 문법을 사용해야 하는지에 대한 일관성 없는 세부 사항을 기억하느라 시간을 낭비해야 했다. *id*를 가져오는 이름 규약이 있었다면 이 같은 번거로움은 없었을 것이다.

7.4 루틴의 길이에 대한 문제

영국 청교도들이 미국으로 향하는 내내 최적의 여행 경로에 대해 논의했다. 그러던 중 플리머스 록(Plymouth Rock)에 도착했고 메이플라워 협약[13]의 초고를 작성하기 시작했다. 여전히 여행 경로에 대해서 합의가 이뤄지지 않았고 협약에 서명할 때까지 플리머스에 상륙할 수 없었기 때문에 결국 그 문제를 포기하고 넣지 않았다. 그 결과 그때 이후로 여행 경로(루틴)의 길이에 대해 끝없는 논쟁을 벌이게 되었다는 이야기도 있다.

이론적으로 코드의 가장 적합한 최대 길이는 한 화면에 꽉 찰 정도나 출력했을 때 한두 페이지 분량인 대략 50줄에서 150줄 정도다. 이에 대해서 IBM은 루틴의 길이를 50줄로 제한한 적도 있고 TRW는 두 페이지로 제한했다(McCabe 1976). 요즘에는 길이가 매우 짧은 루틴 여러 개를 긴 루틴 몇 개와 혼합하는 경향이 있다. 그렇다고 해서 긴 루틴이 사라지지는 않을 것이다. 이 책을 마무리하기 바로 전에 두 개의 고객 사이트를 방문했다. 한 사이트에 있는 개발자들은 길이가 4,000줄 정도 되는 루틴과 씨름하고 있었고 다른 사이트에 있는 개발자들은 1만 2,000줄도 넘는 루틴을 처리하기 위해서 애쓰고 있었다!

루틴의 길이에 대한 수많은 연구가 수년 동안 진행되었으며 그중 몇몇은 오늘날 적용이 가능하지만, 나머지는 요즘 환경에 맞지 않는다.

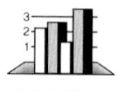
HARD DATA

- 바실리와 페리콘이 진행한 한 연구에서는 루틴의 크기와 오류가 반비례 관계를 갖는다는 것을 발견했다. 즉, 루틴의 길이가 길어질수록(최대 200줄) 한 줄당 오류의 수는 감소한다(Basili and Perricone 1984).
- 또 다른 연구에서는 구조적 복잡성과 데이터의 양은 오류와 연관 관계가 있지만, 루틴의 크기는 오류와 관련이 없다는 사실을 발견했다(Shen et al. 1985).
- 1986년의 한 연구에서는 루틴이 작다고 해서(32줄 이하의 코드) 비용이 적게 들거나 오류 발생이 적지 않다는 것을 발견했다(Card, Church, and Agresti 1986; Card and Glass 1990). 또한 연구 결과는 상대적으로 큰 루틴(65줄 이상의 코드)이 한 줄당 개발 비용도 더 저렴하다는 것을 말해줬다.

---

[13] (옮긴이) 1620년 11월 11일 메이플라워 호 위에서 청교도들에 의해 맺어진 정부 수립의 협약

- 450개의 루틴을 대상으로 한 실험적인 연구에서는 작은 루틴(주석을 포함하여 명령문의 수가 143개 이하)은 큰 루틴보다 한 줄당 오류의 수가 23%가 높았지만, 오류를 수정하는 비용은 2.4배 낮다는 것을 발견했다(Selby and Basili 1991).
- 또 다른 연구에서는 루틴의 길이가 평균 100줄에서 150줄일 때 코드가 변경될 확률이 가장 낮다는 사실을 발견했다(Lind and Vairavan 1989).
- IBM의 한 연구에서는 오류를 발생시킬 가능성이 가장 높은 루틴은 500줄보다 큰 루틴이라는 사실을 발견했다. 500줄이 넘어가면 오류율이 루틴의 크기에 따라서 비례하는 경향이 있었다(Jones 1986a).

객체지향 프로그래밍에서의 루틴 길이에 대한 문제는 무엇과 관련이 있을까? 객체지향 프로그램에서 많은 부분을 차지하는 루틴은 접근자 루틴이며 이 루틴은 매우 짧다. 때때로 복잡한 알고리즘으로 인해 긴 루틴이 만들어지기도 하는데, 그러한 환경에서는 루틴의 길이를 100줄에서 200줄까지 유기적으로 커질 수 있도록 허용해야 한다(주석과 공백을 제외한 소스코드를 한 줄로 본다). 수십 년 동안 밝혀진 바에 따르면 그 정도의 길이를 갖는 루틴의 오류 발생 가능성이 더 짧은 루틴과 다를 게 없다. 그리고 루틴은 응집성, 중첩 깊이, 변수의 개수, 결정점(조건문)의 수, 주석의 수와 같은 내용을 포함하여 포괄적으로 논의되어야 하고 복잡성에 대한 다른 요소는 루틴의 길이와 연관되어 있다.

결과적으로 200줄 이상의 긴 루틴을 작성하고자 할 때는 주의해야 한다. 200줄 이상의 큰 루틴에서 비용이 절감된다거나 오류 발생률이 감소한다거나, 또는 두 가지 경우가 모두 생긴다고 밝혀진 연구는 없었고 코드의 길이가 200줄을 넘어가면 이해하기도 쉽지 않을 것이다.

7.5 루틴 매개변수 처리

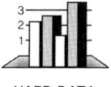

루틴 간의 인터페이스는 프로그램에서 가장 오류가 발생하기 쉬운 영역 중 하나다. 바실리와 페리콘이 수행한 연구에서는 전체 오류의 39%가 내부 인터페이스 오류 즉, 루틴끼리 서로 호출할 때 발생하는 오류였다(Basili and Perricone 1984). 다음은 인터페이스 문제를 최소화하는 몇 가지 지침이다.

관련 정보 루틴 매개변수의 문서화에 대한 자세한 내용은 32.5절의 "주석 작성 기법"을 살펴본다. 매개변수의 형식화에 대한 자세한 내용은 31.7절 "루틴 레이아웃"을 살펴본다.

매개변수를 입력-수정-출력 순서로 입력한다. 매개변수를 무작위로나 알파벳 순으로 정렬하는 대신 입력만 가능한 것을 첫 번째로, 입출력이 가능한 것을 두 번째로, 출력만 가능한 것을 세 번째로 나열한다. 이러한 순서는 루틴이 연산을 처리할 때 데이터를 입력받고 변경한 다음 결과를 반환하는 순서로 진행되기 때문이다. 다음은 에이다(Ada)로 매개변수 목록에 대해서 작성한 예다.

```
매개변수가 입력-수정-출력 순서인 에이다 예제
procedure InvertMatrix(
    originalMatrix: in Matrix;      ← 에이다에서는 입력 매개변수와 출력 매개변수를 구분하기
    resultMatrix: out Matrix           위해 in과 out이라는 키워드를 사용한다.
);
...

procedure ChangeSentenceCase(
    desiredCase: in StringCase;
    sentence: in out Sentence
);
...

procedure PrintPageNumber(
    pageNumber: in Integer;
    status: out StatusType
);
```

하지만 이처럼 순시대로 매개변수를 전달하는 방식은 변경되는 매개변수를 앞에 두는 C 라이브러리의 규약과 상충한다. 입력-수정-출력 규약이 더 논리적이라는 게 개인적 의견이지만 어떤 방식이든 매개변수를 일관성 있게 정렬한다면 작성한 코드를 읽는 사람들에게 도움이 될 것이다.

고유한 in과 out 키워드의 사용을 고려한다. 다른 언어는 에이다가 제공하는 *in*과 *out* 키워드를 지원하지 않는다[14]. *in*과 *out* 키워드를 지원하지 않는 언어에서는 전처리기를 사용하여 직접 만들 수 있다.

```
IN과 OUT 키워드를 정의하는 C++ 예제
#define IN
#define OUT
void InvertMatrix(
    IN Matrix originalMatrix,
    OUT Matrix *resultMatrix
);
...

void ChangeSentenceCase(
    IN StringCase desiredCase,
    IN OUT Sentence *sentenceToEdit
);
```

[14] (옮긴이) C#과 같은 언어는 in/out 키워드를 지원한다.

```
...
void PrintPageNumber(
    IN int pageNumber,
    OUT StatusType &status
);
```

앞의 예제에서는 매개변수의 사용 목적을 분명히 하기 위해 *IN*과 *OUT* 매크로 키워드를 사용한다. 매개변수의 값을 호출한 루틴에서 변경하기 위해서는 여전히 매개변수를 포인터나 참조 매개변수로 전달해야 한다.

실무에 적용하기 전에 이 방법의 중요한 단점 두 가지를 고려해야 한다. *IN*과 *OUT* 키워드는 대부분 C++ 개발자에게는 다소 생소하다. 따라서 자신이 사용하는 프로그래밍 언어를 이와 같은 방식으로 확장한다면 일관성이 있어야 하고 프로젝트 전체에 사용하기를 권한다. 두 번째로 *IN*과 *OUT* 키워드는 컴파일러와 아무런 관계가 없다. 다시 말하면 매개변수를 *IN*으로 선언하더라도 루틴 내부에서 해당 변수를 변경할 수 있다는 뜻이다. 그렇게 되면 코드를 읽는 사람에게 혼란을 줄 수 있다. C++의 *const* 키워드가 입력만 가능한 매개변수를 식별하는 데는 더 좋은 방법일 것이다.

유사한 매개변수가 여러 루틴에서 사용된다면 해당 매개변수를 항상 같은 순서로 입력한다. 모든 루틴에 대해서 같은 매개변수가 같은 순서로 사용되면 기억하기 쉽다. 예를 들면, C에서 *fprintf()* 루틴은 첫 번째 인자로 파일(file)을 전달한다는 점을 제외하면 *printf()* 루틴과 같다. 유사한 루틴인 *fputs()*는 마지막 인자에 파일(file)을 추가한다는 점을 제외하면 *puts()*와 같다. 같은 매개변수이더라도 일관성 없이 사용하면 개발자가 루틴을 사용하는 데 불필요하게 어려움을 겪는다.

반면에 C 언어의 *strncpy()* 루틴은 대상(target) 문자열, 소스(source) 문자열, 최대 바이트의 길이라는 인자를 받고 *memcpy()* 루틴도 같은 매개변수를 같은 순서대로 입력받는다. 이 경우 하나를 미리 알고 있으면 다른 루틴의 매개변수를 기억하는 데 도움이 된다.

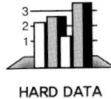

모든 매개변수를 사용한다. 루틴에 매개변수를 전달하면 매개변수를 반드시 사용해야 한다. 사용하지 않는다면 루틴 인터페이스에서 매개변수를 제거한다. 사용되지 않는 매개변수가 증가하면 오류 발생 가능성도 증가한다. 한 연구에서는 모든 매개변수를 사용하는 루틴의 46%가 오류가 전혀 없었던 반면, 참조되지 않는 변수가 하나 이상인 루틴에서는 전체의 17%에서 29% 정도만이 오류가 없었다(Card, Church, and Agresti 1986).

사용하지 않는 매개변수를 제거하라는 이 규칙에도 한 가지 예외가 있다. 프로그램 일부를 조건에 따라서 컴파일하고 있다면 특정한 매개변수를 사용하는 루틴의 일부는 컴파일하지 않아야 할 것이다. 이 방식은 세심한 주의가 필요하지만, 어떻게든 정상적으로 작동하게 하면 문제 될 건 없다. 앞의 지침에도 불구하고 매개변수를 사용하지 않는 타당한 이유가 있다면 그대로 남겨둬라. 합당한 이유가 없다면 코드를 정리하라.

상태 변수나 오류 변수를 마지막에 입력한다. 규약상 상태 변수와 오류를 가리키는 변수는 매개변수 목록의 마지막에 위치한다. 이 변수들은 루틴의 주요 목적에 크게 영향을 주지 않고 주로 값을 반환하기 위한 매개변수다.

루틴의 매개변수를 연산을 위한 변수로 사용하지 않는다. 루틴에 전달된 매개변수를 연산을 위한 지역 변수처럼 사용하지 않아야 한다. 예를 들면 다음에 소개하는 자바 코드에서 inputVal 변수는 계산의 중간 결괏값을 저장하기 위한 용도로 잘못 사용되고 있다.

입력 매개변수를 부적절하게 사용하는 자바 예제
```java
int Sample( int inputVal ) {
    inputVal = inputVal * CurrentMultiplier( inputVal );
    inputVal = inputVal + CurrentAdder( inputVal );
    ...
    return inputVal;   ←──── 여기서 inputVal은 더 이상 입력된 값을 담고 있지 않다.
}
```

이 코드는 *inputVal*을 잘못 사용하고 있다. 루틴의 마지막 부분에서 *inputVal*이 더 이상 루틴에 전달된 값을 갖지 않기 때문이다. 이 변수는 입력 값을 바탕으로 계산된 값을 갖고 있고 결과적으로 이름도 잘못된 의미를 전달하고 있다. 처음 전달된 값을 다른 코드에서 사용하도록 이 루틴을 변경하면서 inputVal 값을 사용한다면 개발자는 이 값이 중간에 어딘가에서 변경되었을 거라고 상상도 못 할 것이다.

그렇다면 이 문제는 어떻게 해결해야 할까? *inputVal*의 이름을 변경해서 이 변수가 사용될 수도 있다는 것을 암시하면 될까? 아마도 그렇지 않을 것이다. 예를 들어 *workingVal*과 같은 이름을 사용할 수는 있겠지만, 이 이름만으로는 변수의 원래 값이 루틴의 외부에서 왔다는 것을 알려주지 못하기 때문에 완전한 해결책이 못 된다. *inputValThatBecomesWorkingVal*과 같이 말도 안 되는 이름을 사용하거나 완전히 포기하고 *x*나 *val*과 같은 이름을 사용할 수도 있겠지만, 어떤 방법도 좋은 방법이 아니니다.

이보다 나은 접근 방법은 별도의 지역 변수에 값을 저장해서 사용하는 방법이다. 다음은 이 기법을 적용한 예제 코드다.

> **입력 매개변수를 잘 사용하는 자바 예제**
> ```
> int Sample( int inputVal ) {
>     int workingVal = inputVal;
>     workingVal = workingVal * CurrentMultiplier( workingVal );
>     workingVal = workingVal + CurrentAdder( workingVal );
>     ...    ← 이제 inputVal의 값을 언제 어디서나 사용할 수 있다.
>     ...
>     return workingVal;
> }
> ```

새로운 지역 변수 *workingVal*을 사용하면 *inputVal*을 잘못 사용할 가능성이 없어진다 (반드시 *inputVal*이나 *workingVal*로 이름을 지을 필요는 없다. 일반적으로 *inputVal*과 *workingVal*이 변수 이름으로는 적절하지 않지만, 여기서는 변수의 역할을 명확하게 나타내기 위해 예시로 사용했다).

변수의 값을 작업 변수에 할당하면 변수가 어디서 왔는지를 강조하게 된다. 이는 매개변수 목록에 있는 변수가 우연히 수정될 가능성을 없애준다. C++에서는 이러한 접근 방법이 *const* 키워드를 사용하여 컴파일러에 의해 강제로 수행될 수 있다. 매개변수를 *const*로 명시하면 루틴 내에서 변수의 값을 수정할 수 없다.

관련 정보 인터페이스 가정에 대한 자세한 내용은 8장 "방어적 프로그래밍"의 도입부를 살펴본다. 문서화에 대한 자세한 내용은 32장 "스스로를 설명하는 코드"를 살펴본다.

매개변수에 대한 제약사항을 주석으로 작성한다. 루틴에서 입력받는 데이터가 특정한 조건을 만족해야 한다면 그러한 제약사항에 관해서 설명해야 한다. 그러한 내용을 루틴 내부는 물론 해당 루틴을 호출하는 코드에 상세하게 설명하면 도움이 된다. 막상 루틴을 작성하고 나면 애초에 생각했던 제약사항이 생각나지 않을 수도 있기 때문에 루틴을 완성할 때까지 기다리지 말고 처음 루틴을 개발할 때 주석을 작성해야 한다. 제약 사항을 주석으로 작성하는 것보다 훨씬 좋은 방식은 어설션(assertion)을 사용하는 것이다.

그렇다면 매개변수에 관해 어떤 조건을 주석으로 작성해야 할까?

- 매개변수가 입력을 위한 것인지, 변경되는지, 값을 반환하기 위한 것인지에 대한 내용
- 숫자 매개변수의 단위(인치, 피트, 미터 등)
- 열거형(enumerator)이 아닌 경우 상태 코드와 오류 값의 의미
- 값의 범위
- 절대로 가질 수 없는 값

루틴 매개변수의 수를 7개 정도로 제한한다. 7은 이해와 관련된 의미심장한 숫자다. 심리학 연구에 따르면 사람들은 일반적으로 한 번에 7개 이상의 정보 묶음을 추적할 수 없다고 한다(Miller 1956). 이러한 발견은 여러 규칙에 적용됐으며 같은 논리로 대부분의 사람이 한 번에 7개 이상의 루틴 매개변수를 추적하는 건 쉽지 않다고 이해하면 될 것 같다.

실무에서는 프로그래밍 언어가 복합 데이터형(예: 구조체나 클래스)을 처리하는 방식에 따라 제한이 가능한 매개변수의 수도 달라진다. 구조적 데이터형을 지원하는 현대 언어로 프로그래밍하면 13개의 필드를 포함하는 복합 데이터형을 전달하고 그것을 하나의 데이터 "덩어리"로 취급할 수 있다. 구조적 데이터형을 지원하지 않는 언어에서는 13개의 필드를 개별적으로 전달해야 할 것이다.

관련 정보 인터페이스에 대해 어떻게 생각할지에 대한 자세한 내용은 6.2절의 "좋은 추상화"를 살펴본다.

매개변수 여러 개를 함수에 계속 전달하고 있다면 루틴들이 서로 지나치게 묶여 있다고 말할 수 있다. 결합을 줄일 수 있도록 루틴을 설계하라. 동일한 데이터를 여러 루틴에 전달하고 있다면 그 루틴들을 클래스로 분류하고 자주 사용되는 데이터는 클래스 데이터로 취급한다.

매개변수에 사용할 입력, 수정, 출력 이름 규약을 고려한다. 입력, 수정, 출력 매개변수를 구분하는 것이 중요하다면 이를 식별할 수 있는 이름 규약을 작성한다. *i_*, *m_*, *o_* 를 매개변수의 접두사로 사용할 수 있다. 좀 더 알아보기 쉽도록 *Input_*, *Modify_*, *Output_* 을 접두사로 사용할 수도 있다.

루틴이 인터페이스 추상화를 유지할 수 있도록 변수나 객체를 전달한다. 객체의 멤버를 루틴에 전달하는 방법에 대해서 두 개의 의견이 서로 맞선다. 10개의 접근 루틴을 통해 데이터를 노출하고 접근 루틴들이 데이터 요소 중 세 개를 사용하는 객체가 있다고 가정해 보자.

우선 루틴이 필요로 하는 3개의 구체적인 값만 전달하도록 설계되어야 한다고 주장하는 부류가 있다. 그들은 이렇게 함으로써 루틴끼리 연결을 최소화하고 결합을 줄이며 이해하기 쉽고 재사용이 가능하게 할 수 있다고 주장한다. 객체를 루틴에 전달하면 해당 객체를 사용하여 다른 데이터에도 접근할 수 있게 되므로 이는 결국 캡슐화 원칙에 어긋난다고 말한다.

반대로 어떤 이들은 객체를 매개변수로 전달해야 한다고 주장한다. 해당 루틴이 인터페이스를 바꾸지 않고도 매개변수로 전달된 객체의 다른 멤버를 사용할 수 있다면 인터페이스가 더 안정감을 유지할 수 있다고 주장한다. 그들은 구체적인 요소 3개를 전달하는 것은 루틴이 사용하고 있는 구체적인 데이터 요소를 노출해서 캡슐화 원칙에 어긋난다고 주장한다.

이 두 가지 주장 모두 지나치게 단순화했고 가장 중요한 고려 사항인 '*루틴이 어떤 추상화를 표현하고 있는가?*'라는 부분을 놓치고 있다. 루틴이 3개의 구체적인 데이터 요소를 갖고 있어야 하는데 우연히 그 3개의 요소가 객체에서 제공되고 있다면 3개의 구체적인 데이터 요소를 각각 전달해야 한다. 하지만 항상 특정 타입의 객체를 갖고 있을 것이고 루틴이 그 객체로 뭔가를 한다면 3개의 구체적인 데이터 요소를 노출할 때 추상화가 완전히 깨진다.

객체를 생성하고 루틴에서 필요로 하는 3개의 데이터 값을 입력한 다음 해당 객체를 루틴에 전달했는데 루틴이 호출된 후에도 앞에서 생성한 데이터 값을 다시 사용하고 있다면 루틴에 객체 대신 3개의 값을 직접 전달했어야 한다(일반적으로 루틴을 호출하기 위해 값을 미리 "설정"하거나 루틴을 호출하고 난 후 값을 다시 설정하는 등의 작업을 하고 있다면 루틴이 제대로 설계되지 않았을 가능성이 높다).

루틴에 전달하는 매개변수의 목록을 자주 변경하고 있고 그 매개변수가 동일한 객체로부터 온 것이라면 구체적인 요소들 대신 전체 객체를 전달해야 한다는 뜻이다.

이름(named) 매개변수를 사용한다. 어떤 언어에서는 형식적인 매개변수와 실질적인 매개변수를 명시적으로 연관 지을 수 있다. 이렇게 하면 매개변수를 좀 더 쉽게 사용할 수 있으며 매개변수를 잘못 전달하는 오류를 피하는 데 도움을 준다. 다음은 비주얼 베이직으로 작성된 예제다.

명시적으로 매개변수를 식별하는 비주얼 베이직 예제
```
Private Function Distance3d( _
    ByVal xDistance As Coordinate, _
    ByVal yDistance As Coordinate, _     ← 매개변수를 선언한 곳이다.
    ByVal zDistance As Coordinate _
)
    ...
End Function
...
Private Function Velocity( _
    ByVal latitude as Coordinate, _
    ByVal longitude as Coordinate, _
    ByVal elevation as Coordinate _
)
```

```
...
Distance = Distance3d( xDistance := latitude, yDistance := longitude, _
    zDistance := elevation )
...
End Function
```

← 실제 매개변수를 형식적인 매개변수와 매핑하는 곳이다.

이 기법은 동일한 타입의 매개변수를 많이 전달할 때 컴파일러가 자동으로 감지하지 않는 한 잘못된 타입을 전달할 가능성이 높은 경우에 유용하다. 명시적으로 매개변수를 매핑하는 일이 대부분의 환경에서는 좀 지나칠 수도 있지만, 안전성이 중요하거나 높은 신뢰성을 요구하는 환경에서는 매개변수가 예상한 대로 일치한다는 것을 별도로 보장할 수 있다는 것은 가치 있는 일이다.

실질적인 매개변수가 형식적인 매개변수와 일치하는지 확인한다. "더미(dummy) 매개변수"라고도 알려진 형식적인 매개변수는 루틴의 정의 부분에 선언된 변수다. 실질적인 매개변수는 실제 루틴 호출에서 사용되는 변수나 상수, 표현식을 말한다.

부동 소수점이 필요한 곳에서 정수를 사용하는 것처럼 잘못된 변수 타입을 루틴에 전달하는 실수를 저지를 때가 많다(이 문제는 C 언어와 같이 타입의 제약이 느슨한 언어에서 높은 수준의 컴파일 경고를 활성화하지 않고 있을 때만 발생한다. C++나 자바와 같이 타입 제약이 강한 언어에서는 이러한 문제가 없다). 인자가 입력으로만 사용될 때는 거의 문제가 되지 않는다. 일반적으로 컴파일러는 루틴에 매개변수를 전달하기 전에 전달되는 타입을 루틴에 선언된 타입으로 변환을 시도한다. 문제가 있으면 일반적으로 컴파일러가 경고를 발생시킨다. 하지만 특히 인자가 입력과 출력을 위해서 사용될 때처럼 잘못된 타입의 인자를 전달해 고생하는 경우도 있을 수 있다.

매개변수 목록에 있는 인자의 타입을 검사하고 일치하지 않는 매개변수 타입에 대한 컴파일러의 경고에 귀 기울이는 습관을 기르자.

7.6 함수를 사용할 때 특별히 고려해야 할 사항

C++, 자바, 비주얼 베이직과 같은 언어는 함수와 프로시저를 모두 지원한다. 함수는 값을 반환하고 프로시저는 아무 값도 반환하지 않는 루틴이다. C++에서는 일반적으로 모든 루틴을 "함수"로 부르지만, void 리턴 형을 갖는 함수는 의미론적으로 프로시저다. 함수와 프로시저의 구분은 문법적인 구분과 의미론적인 구분이 있는데 의미론적인 구분을 따라야 한다.

함수를 사용할 때와 프로시저를 사용할 때

어떤 이들은 함수는 수학적 함수가 그런 것처럼 오직 하나의 값만을 리턴해야 한다고 주장한다. 다시 말하면 함수는 입력을 위한(읽기 전용) 매개변수만 받아야 하고 오직 하나의 값만을 리턴해야 한다는 뜻이다. 함수의 이름은 언제나 sin(), CustomerID(), ScreenHeight()처럼 함수가 리턴하는 값을 고려해야 한다. 반면에 프로시저는 입력, 수정, 출력 매개변수를 원하는 만큼 받을 수 있다.

프로시저처럼 작동하는 함수를 작성하고 상태 값을 반환하는 것은 널리 사용되는 프로그래밍 습관이다. 논리적으로는 프로시저처럼 작동하지만, 값을 리턴하기 때문에 공식적으로는 함수다. 예를 들어 다음과 같은 명령문에서 report 객체와 함께 사용되는 FormatOutput() 루틴이 그렇다.

```
if ( report.FormatOutput( formattedReport ) = Success ) then ...
```

이 예제에서 report.FormatOutput()은 출력 매개변수인 formattedReport를 갖기 때문에 프로시저처럼 작동하지만, 루틴 자체가 값을 반환하기 때문에 엄밀히 말해서 함수다. 이것이 함수를 사용하는 타당한 방법인가? 이러한 접근 방법을 옹호하기 위해서 함수의 리턴 값이 루틴의 주 목적인 출력을 형식화하는 것이나 report.FormatOutput()이라는 루틴 이름과는 아무런 관련이 없다고 주장할 수 있다. 그러한 의미로 본다면 이 루틴이 엄밀히 말해서 함수일지라도 프로시저의 역할에 더 충실하다. 이 기법을 일관되게 사용한다면 프로시저가 성공했느냐 실패했느냐를 알리기 위해서 리턴 값을 사용하는 것이 혼란을 일으키지 않는다.

리턴 값을 사용하고 싶지 않다면 다음 코드와 같이 상태 변수를 반환하기 위한 매개변수를 제공하는 프로시저를 작성하면 된다.

```
report.FormatOutput( formattedReport, outputStatus )
if ( outputStatus = Success ) then ...
```

개인적으로는 이 코드 작성 방식을 선호한다. 단순히 정의적 관점에서 함수와 프로시저 사이의 차이점을 분명히 보여주기 때문이 아니라 이러한 방식이 루틴 호출과 상태 값 검사를 명확하게 분리해주기 때문이다. 호출과 검사를 한 줄에 결합하면 명령문이 복잡해진다. 아래와 같이 함수를 사용하는 것도 좋은 예다.

```
outputStatus = report.FormatOutput( formattedReport )
if ( outputStatus = Success ) then ...
```

요약하면 루틴의 일차적인 목적이 함수의 이름에서 가리키고 있는 값을 반환하는 것이라면 함수를 사용하라. 그렇지 않다면 프로시저를 사용하라.

함수 리턴 값 설정

함수를 사용하면 함수가 틀린 값을 리턴할 것이라는 위험 요소가 생긴다. 일반적으로 함수는 여러 가지 경로를 갖고 있고 그 경로 중 하나가 리턴 값을 설정하지 않는 경우에 틀린 값을 리턴하는 일이 발생한다. 이러한 위험 요소를 줄이려면 다음 지침을 따른다.

가능한 모든 리턴 경로를 검사하라. 루틴을 작성할 때 모든 가능한 환경에서 함수가 값을 리턴하는지 확인하기 위하여 각각의 경로를 머릿속으로 실행해 본다. 함수를 시작할 때 리턴 값을 기본값으로 초기화하는 것이 좋은 습관이다. 이러한 습관은 정확한 리턴 값이 설정되어 있지 않은 경우에 대한 안전장치를 제공한다.

지역 데이터에 대한 참조나 포인터를 리턴하지 말라. 루틴이 끝나자마자 지역 데이터는 범위를 벗어나고 지역 데이터에 대한 참조나 포인터는 무효한 상태가 될 것이다. 객체가 내부 데이터에 대한 정보를 리턴해야 한다면 그러한 정보를 클래스의 멤버 데이터로 저장해야 한다. 그리고 지역 데이터에 대한 참조나 포인터 대신 멤버 데이터 항목의 값을 리턴하는 접근자 함수를 제공해야 한다.

7.7 매크로 루틴과 인라인 루틴

관련 정보 설령 프로그래밍 언어가 매크로 전처리기를 제공하지 않더라도 여러분이 직접 구축할 수 있다. 이에 대한 자세한 내용은 30.5절 "자신만의 프로그래밍 도구 개발"을 살펴본다.

전처리기 매크로로 작성된 루틴에는 몇 가지 고려해야 할 사항이 있다. 다음 규칙과 예제는 C++에서의 전처리기 사용과 관련되어 있다. 다른 언어나 다른 전처리기를 사용하고 있다면 상황에 맞게 규칙을 적용하라.

매크로 표현식을 괄호로 묶어라. 매크로와 그 인자는 코드로 확장되기 때문에 원하는 방식으로 확장되도록 주의하라. 자주 발생하는 한 가지 문제는 다음과 같이 매크로를 작성하는 데 있다.

올바르게 확장되지 않는 매크로를 C++로 작성한 예제
```
#define Cube( a ) a*a*a
```

이 매크로의 a에 대한 값으로 하나 이상의 항목을 전달한다면 곱셈을 올바르게 수행하지 않을 것이다. 예를 들어 표현식 *Cube(x+1)*을 사용하면 이 매크로는 *x +1 * x + 1 * x + 1*로 확장되고 곱셈과 덧셈 연산자의 우선순위 때문에 원하는 대로 계산되지 않는다. 완벽하지는 않지만, 더 좋은 방법은 다음과 같이 매크로를 작성하는 것이다.

> **여전히 올바르게 확장되지 않는 매크로를 C++로 작성한 예제**
> ```
> #define Cube( a ) (a)*(a)*(a)
> ```

이것은 거의 완벽하지만, 아직은 아니다. 곱셈보다 우선순위가 더 높은 연산자를 갖는 표현식에서 *Cube()*를 사용한다면 *(a)*(a)*(a)*가 따로 떨어질 것이다. 이를 막기 위해서는 전체 표현식을 괄호 안에 넣어야 한다.

> **작동되는 매크로를 C++로 작성한 예제**
> ```
> #define Cube( a ) ((a)*(a)*(a))
> ```

다중 명령문 매크로를 중괄호로 감싸라. 매크로는 다중 명령문을 가질 수 있는데 이 매크로를 단일 명령문처럼 취급하면 문제가 발생한다. 다음은 문제가 있는 매크로 예제다.

> **여러 명령문으로 구성된 작동하지 않는 매크로를 C++로 작성한 예제**
> ```
> #define LookupEntry( key, index ) \
>     index = (key - 10) / 5; \
>     index = min( index, MAX_INDEX ); \
>     index = max( index, MIN_INDEX );
> ...
> for ( entryCount = 0; entryCount < numEntries; entryCount++ )
>     LookupEntry( entryCount, tableIndex[ entryCount ] );
> ```

이 매크로는 일반적인 함수처럼 작동하지 않기 때문에 문제가 발생한다. 코드에서 보는 것처럼 for 루프에서 실행되는 매크로 부분은 매크로의 첫 번째 줄인 다음 코드뿐이다.

```
index = (key - 10) / 5;
```

이 문제를 피하기 위해서는 매크로를 중괄호로 감싸야 한다.

> **여러 명령문으로 구성된 작동하는 매크로를 C++로 작성한 예제**
> ```
> #define LookupEntry( key, index ) { \
>     index = (key - 10) / 5; \
>     index = min( index, MAX_INDEX ); \
>     index = max( index, MIN_INDEX ); \
> }
> ```

매크로를 함수 호출 대신 사용하는 습관은 일반적으로 위험하고 이해하기 어려운, 나쁜 프로그래밍 습관으로 여겨진다. 따라서 이 기법은 특정한 환경에서 필요한 경우에만 사용하도록 한다.

필요한 경우 루틴으로 대체될 수 있도록 매크로의 이름을 루틴과 비슷하게 작성하라. C++에서 매크로의 이름은 모두 대문자를 사용하는 것이 일반적인 규칙이다. 하지만 해당 매크로를 루틴으로 대체하려고 한다면 처음부터 매크로의 이름을 함수처럼 만들자. 그렇게 하면 루틴 외에는 아무것도 변경하지 않고 매크로를 루틴으로 대체하고 루틴을 매크로로 대체할 수 있다.

하지만 이와 같은 방법에는 몇 가지 위험이 따른다. 특히 ++나 – 같은 명령을 많이 사용하는 경우 루틴이라고 생각하고 매크로를 사용할 때 문제가 발생할 것이다. 이처럼 예상치 못한 문제가 발생하는 점을 고려하면 이것도 그다지 권장하는 방법은 아니다.

매크로 루틴의 한계

KEY POINT

C++ 같은 프로그래밍 언어는 매크로를 대신할 수 있는 다양한 대안을 제공한다.

- 상수 값을 선언하기 위한 *const*
- 인라인 코드로 컴파일 될 함수를 정의하기 위한 *inline*
- *min*, *max* 등과 같은 표준 연산을 타입에 맞게 안전한 방법으로 처리하기 위한 *template*
- 열거형을 정의하기 위한 *enum*
- 간단하게 새로운 타입을 정의하기 위한 *typedef*

C++의 설계자인 비야네 스트롭스트룹(Bjarne Stroupstrup)은 다음과 같이 설명했다. "거의 모든 매크로는 프로그래밍 언어나 프로그램, 개발자에게 결점이 있다는 것을 보여준다…… 매크로를 사용하면 디버거, 관련 정보 도구, 프로파일러와 같은 도구의 기능을 제대로 이용할 수 없다."(Stroustrup 1997) 매크로는 조건 컴파일을 지원하는 데 유용하지만(8.6절 "디버깅 보조 도구" 참고), 조심성 있는 개발자는 어쩔 수 없는 상황에서만 루틴에 대한 대안으로 매크로를 사용한다.

인라인 루틴

C++는 *inline* 키워드를 지원한다. 인라인 루틴을 이용하면 개발자가 코드를 작성할 때는 코드를 루틴처럼 다룰 수 있지만, 컴파일러가 컴파일하면서 해당 루틴을 인라인 코드

로 변환할 것이다. 이론적으로 인라인은 루틴 호출 시 발생하는 부하를 줄임으로써 효율적인 코드를 작성하는 데 도움이 될 수 있다.

인라인 루틴을 자주 사용하지 말라. C++에서는 개발자가 인라인 루틴의 구현 코드를 헤더 파일에 입력해야 하는데, 이렇게 되면 헤더 파일을 사용하는 모든 개발자에게 코드가 노출되기 때문에 인라인 루틴이 캡슐화를 위반하게 된다.

인라인 루틴은 해당 루틴이 호출될 때마다 루틴의 전체 코드를 생성시키기 때문에 인라인 루틴은 코드의 크기를 증가시킬 것이다. 그것만으로도 문제가 될 수 있다.

성능을 개선하기 위한 목적으로 인라인 루틴을 작성한다는 논리에 대한 결론은 성능을 위한 다른 코드 작성 기법의 결론과 같다. 코드를 분석하고 향상된 정도를 측정하라. 만약 개선된 성능 대비 코드를 분석해야 하는 번거로움이 더 크다면 올바르지 못한 선택이다.

cc2e.com/0792

관련 정보 이 체크리스트는 루틴의 품질에 대한 고려 사항이다. 루틴을 작성하는 데 필요한 단계는 9장 "의사코드 프로그래밍 프로세스"의 체크리스트를 살펴본다.

체크리스트: 고급 루틴

더 근본적인 문제

- 루틴을 반드시 작성해야 하는가?
- 별도의 루틴으로 작성되어야 할 부분이 모두 루틴으로 작성되었는가?
- 루틴 이름이 프로시저나 함수의 리턴 값을 설명하는 '동사+객체' 형태인가?
- 루틴 이름이 루틴이 하는 모든 것을 설명하는가?
- 일반적인 연산에 대한 명명규약을 구축했는가?
- 루틴이 강하고 기능적 응집성을 갖고 있는가? 즉, 루틴이 오직 한 가지 일만 수행하고 잘 수행하고 있는가?
- 루틴이 느슨하게 연결되어 있는가? 즉, 다른 루틴에 대한 연결이 작고 친밀하고 가시적이고 유연한가?
- 루틴의 길이가 코드 작성 표준보다는 기능과 논리에 의해서 자연스럽게 결정되었는가?

매개변수 전달 관련 문제

- 루틴의 매개변수 목록이 일관된 인터페이스 추상화를 제공하는가?
- 루틴의 매개변수가 유사한 루틴에 있는 매개변수의 순서와 일치하고 합리적인 순서로 되어 있는가?
- 인터페이스 가정이 기록되었는가?
- 루틴의 매개변수가 7개 이하인가?
- 모든 입력 매개변수가 사용됐는가?
- 모든 출력 매개변수가 사용됐는가?
- 루틴이 입력 매개변수를 작업 변수로 사용하지 않는가?
- 루틴이 함수라면 모든 가능한 조건에서 타당한 값을 리턴하는가?

요점 정리

- 루틴을 작성하는 가장 중요한 이유는 사람이 관리하고 이해하기에 더 쉬운 코드를 작성하기 위한 것이며 그 밖의 이유도 다양하다. 단순히 공간을 줄이겠다는 것은 고려할 사항이 아니다. 이해하기 쉽고 믿을 수 있고 변경하기 편한 코드를 작성하는 데 그 목표가 있다.
- 때로는 별도의 루틴을 작성함으로써 얻는 이득이 크지 않을 수 있다.
- 루틴을 다양한 형태의 응집성에 따라 분류할 수 있지만, 가장 좋은 기능적 응집성을 갖도록 루틴을 분류하는 것이 가장 좋다.
- 루틴의 품질을 이야기할 때는 이름도 고려한다. 이름이 별로이면서 정확하다면 루틴은 잘못 설계된 것이다. 이름도 별로고 정확하지도 않으면 이름으로 프로그램이 무엇을 하는지 알 수 없다. 어느 경우든지 이름이 좋지 않으면 프로그램을 변경해야 한다.
- 함수는 그것의 주된 목적이 함수의 이름에 묘사된 특정한 값을 리턴할 때만 사용되어야 한다.
- 주의 깊은 개발자는 매크로를 주의 깊게 사용하며 최후의 수단으로만 사용한다.

8장 | 방어적 프로그래밍

cc2e.com/0861

내용

8.1 잘못된 입력으로부터 프로그램 보호
8.2 어설션
8.3 오류 처리 기법
8.4 예외
8.5 오류로 인한 손상을 막기 위한 방책
8.6 디버깅 보조 도구
8.7 얼마나 방어적으로 프로그래밍할 것인지 정하기
8.8 방어적 프로그래밍에 대해서 한 번 더 고민하기

관련 주제

- 정보 은닉: 5.3절의 "비밀을 숨겨라(정보 은닉)"
- 변경을 위한 설계: 5.3절의 "변경될 것 같은 영역을 찾아라"
- 소프트웨어 아키텍처: 3.5절
- 구현 설계: 5장
- 디버깅: 23장

KEY POINT

방어적 프로그래밍은 코드 작성에 대해서 방어적인 태도를 보이라는 의미가 아니다. 그보다는 방어적으로 운전하는 습관에 가깝다. 방어 운전을 하면 다른 운전자가 비정상적으로 운전할 수 있다는 생각을 항상 갖고 있어서 좀 더 안전하게 운전할 수 있다. 방어적 프로그래밍에서 가장 중요한 개념은 설령 다른 루틴의 잘못으로 인한 것이라도 루틴에 잘못된 데이터가 들어왔을 때 작성한 루틴에 아무런 문제가 발생하지 않도록 하는 데 있다. 더 일반적으로 말하자면 프로그램은 언제나 문제가 있고 지속해서 변경될 것이고 똑똑한 개발자는 그러한 상황에 대처할 수 있는 코드를 개발할 것이다.

이 장에서는 타당하지 않은 데이터와 "절대로" 발생할 수 없는 이벤트, 다른 개발자의 실수로부터 자신을 보호하기 위한 방법을 설명한다. 경험이 많은 개발자라면 입력 데이터를 처리하는 8.2절로 넘어가서 어설션 사용에 대한 내용을 복습해도 된다.

8.1 잘못된 입력으로부터 프로그램 보호

학교에서 아마도 "쓰레기를 넣으면 쓰레기가 나온다(Garbage in, garbage out)"라는 말을 들어봤을 것이다. 이 표현은 엄격한 책임주의를 소프트웨어 제품에 맞게 표현한 것이다.

KEY POINT

소프트웨어에서는 쓰레기를 넣으면 쓰레기가 나온다고 말해서는 안 된다. 좋은 프로그램은 쓰레기를 입력받았다고 하더라도 절대로 쓰레기를 내보내지 않는다. 좋은 프로그램은 "쓰레기를 넣으면 아무것도 안 나온다"나 "쓰레기를 넣으면 오류 메시지를 출력한다" 또는 "어떤 쓰레기도 허용되지 않는다"가 되어야 한다. 엉성하고 안전하지 못한 프로그램만 "쓰레기를 넣으면 쓰레기가 나온다."

다음은 쓰레기 입력을 처리하기 위한 일반적인 세 가지 방법이다.

외부로부터 들어오는 모든 데이터의 값을 검사하라. 파일이나 사용자, 네트워크, 그 밖의 다른 외부적인 인터페이스로부터 데이터를 전달받을 때 데이터가 허용 가능한 범위 안에 있는지 확인하는 검사를 하라. 숫자 값은 허용 범위 내에 있고 문자열은 처리할 수 있을 정도의 길이인지 확인하라. 문자열이 제한된 범위의 값(예를 들면 금융 거래 ID나 이와 유사한 것들)을 표현하기 위한 것이라면 문자열이 목적에 부합되는 타당한 값인지 검사하여 그렇지 않은 경우에는 거부한다. 보안 응용 프로그램을 작성하고 있다면 시스템을 공격하려는 데이터(버퍼 오버플로 시도, SQL 명령문 주입, HTML이나 XML 코드 주입, 정수 오버플로, 시스템 호출에 전달되는 데이터 등)를 특히 조심해야 한다.

루틴의 모든 입력 매개변수 값을 검사하라. 루틴의 입력 매개변수 값을 검사하는 것은 데이터가 외부 인터페이스가 아닌 다른 루틴으로부터 온 것이라는 점을 제외하면 외부로부터 온 데이터를 검사하는 것과 본질적으로 같다. 8.5절 "오류로 인한 손상을 막기 위한 방책"에서는 입력을 검사해야 하는 루틴이 어느 것인지 결정하기 위한 실용적인 방법을 제공한다.

잘못된 입력을 어떻게 처리할 것인지를 결정하라. 유효하지 않은 매개변수 값을 발견했다면 어떻게 처리해야 할까? 상황에 따라 8.3절 "오류 처리 기법"에서 자세히 소개하는 다양한 접근 방법 중에서 선택할 수 있을 것이다.

방어적 프로그래밍은 이 책에 설명하는 품질 개선 기법의 보조 수단으로도 유용하다. 방어적인 코드 작성의 가장 좋은 형태는 처음부터 오류를 입력하지 않는 것이다. 반복적인 설계, 코드를 작성하기 전에 의사코드 작성, 코드를 작성하기 전에 테스트 케이스 작성,

저수준 설계에 대한 정밀 검사 등은 모두 버그가 만들어지는 것을 예방하는 데 도움을 주는 활동이다. 따라서 이러한 활동은 방어적 프로그래밍보다 우선순위가 높게 할당되어야 한다. 다행스럽게도 다른 기법들과 함께 방어적 프로그래밍을 사용할 수 있다.

그림 8-1과 같이 겉으로 보기에 작은 문제부터 예방하면 생각보다 훨씬 큰 차이를 만들 수 있다. 이 장의 나머지 부분은 외부로부터 들어오는 데이터를 검사하고 입력 매개변수를 검사하고 잘못된 입력을 처리하기 위한 구체적인 방법에 관해서 설명한다.

그림 8-1 시애틀에 있는 90번 고속도로 부교의 일부가 폭풍으로 가라앉았다. 부유 탱크의 뚜껑이 열려 물이 들어가는 바람에 다리가 떠 있을 수 없을 정도로 무거워졌기 때문이다. 구현 중에 작은 문제부터 방어하는 것은 생각보다 더 중요하다.

8.2 어설션

어설션(Assertion)은 대개 루틴이나 매크로 실행 시 프로그램이 스스로 검사할 수 있도록 사용하는 코드다. 어설션이 참(True)이면 모든 것이 예상대로 작동하고 있다는 것을 의미한다. 어설션이 거짓일 때는 코드에서 예상치 못한 오류가 감지되었다는 뜻이다. 가령 시스템에서 고객 정보 파일이 절대로 5만 개 이상의 레코드를 가질 수 없다고 가정하고 있다면 프로그램은 레코드의 수가 5만 개 이하라는 어설션을 포함할 것이다. 레코드의 수가 5만 개 이하라면 어설션은 잠잠히 있을 것이다. 하지만 5만 개를 넘어가게 되면 프로그램에 오류가 있다고 큰 소리로 "실패"라고 할 것이다.

KEY POINT

어설션은 크고 복잡한 프로그램과 높은 신뢰도를 보장해야 하는 프로그램에서 특히 유용하다. 어설션을 이용하면 개발자들이 인터페이스가 가정과 일치하지 않는 경우나 코드를 수정할 때 코드에 흘러들어 간 오류 등을 더욱 빠르게 찾아낼 수 있다.

어설션은 일반적으로 두 개의 인자를 갖는다. 참이 되어야 하는 조건에 해당하는 표현식과 참이 아닐 경우 표시할 메시지다. 다음은 변수 *denominator*를 0이 아닌 값으로 기대하고 있을 때의 어설션을 자바로 작성한 것이다.

어설션을 자바로 작성한 예제
```
assert denominator != 0 : "denominator is unexpectedly equal to 0.";
```

이 어설션은 *denominator*가 0이 아니라는 것을 검증한다. 첫 번째 인자인 *denominator != 0*은 참이나 거짓을 평가하는 불린 표현식이다. 두 번째 인자는 첫 번째 인자가 거짓일 때 즉, 어설션이 거짓일 때 출력하는 메시지다.

코드에서 가정한 것을 문서화하고 예상치 못한 조건을 찾아내기 위해서 어설션을 사용하라. 어설션은 다음과 같은 가정을 검사하는 데 사용될 수 있다.

- 입력(또는 출력) 매개변수의 값이 예상된 범위 안에 들어가는지
- 파일이나 스트림이 루틴이 시작할 때(또는 끝날 때) 열려있는지(또는 닫혀있는지)
- 파일이나 스트림이 루틴이 시작할 때(또는 끝날 때) 시작(또는 끝)에 있는지
- 파일이나 스트림이 읽기 전용이나 쓰기 전용, 읽기/쓰기로 열려있는지
- 입력만 가능한 변수의 값이 루틴에 의해서 변경되지 않는지
- 포인터가 Null이 아닌지
- 루틴에 전달되는 배열이나 다른 컨테이너가 적어도 X개의 데이터 요소를 포함할 수 있는지
- 테이블이 실제 값을 포함할 수 있도록 초기화되었는지
- 컨테이너가 루틴이 시작할 때(또는 끝날 때) 비어(또는 채워)있는지
- 매우 최적화되어 있고 이해하기 어려운 루틴의 결과가 수행 속도는 느리지만 이해하기 쉬운 루틴의 결과와 일치하는지

물론 이러한 내용은 기본적인 것이며 루틴에 따라 어설션을 사용하여 문서화할 수 있는 구체적인 가정이 훨씬 많을 것이다.

일반적으로 배포되는 코드에서는 어설션 메시지를 사용자에게 보여주지 않는다. 어설션은 주로 개발과 유지보수에 사용하기 때문이다. 따라서 어설션은 일반적으로 개발 버전에서는 코드에 포함되어 컴파일되지만, 제품에서는 제외된다. 개발 중에는 어설션을 통해 가정과 어긋나는 상황, 예상치 못한 조건, 루틴에 전달된 잘못된 값 등을 검출한다. 제품 코드의 경우 어설션이 컴파일에 포함되지 않으므로 시스템의 성능을 떨어뜨리지 않는다.

자신만의 어설션 메커니즘 구축하기

관련 정보 자신만의 어설션 루틴을 구축하는 것은 언어의 제한을 받는 프로그래밍이 아니라 언어를 활용한 프로그래밍의 좋은 예다. 이러한 구분에 대한 자세한 내용은 34.4절 "언어에 제약을 받지 않고 언어를 활용한 프로그래밍"을 살펴본다.

C++, 자바, 마이크로소프트 비주얼 베이직을 포함한 많은 프로그래밍 언어가 어설션을 기본으로 제공한다. 자신이 사용하는 프로그래밍 언어가 어설션 루틴을 직접 지원하지 않는다면 쉽게 작성할 수 있다. 표준 C++ *assert* 매크로는 텍스트 메시지를 위한 매크로를 지원하지 않는다. 다음은 개선된 *ASSERT*를 C++ 매크로로 구현한 예제다.

어설션 매크로를 C++로 작성한 예제
```
#define ASSERT( condition, message ) {          \
    if ( !(condition) ) {                       \
        LogError( "Assertion failed: ",         \
            #condition, message );              \
        exit( EXIT_FAILURE );                   \
    }                                           \
}
```

어설션 사용 지침

다음은 어설션 사용에 대한 몇 가지 지침이다.

발생이 예상되는 상황에 대해서는 오류 처리 코드를 사용하되, 절대로 발생해서는 안 되는 조건에 대해서는 어설션을 사용하라. 어설션은 절대로 발생해서는 안 되는 조건을 검사한다. 오류 처리 코드는 그렇게 자주 발생하지는 않지만 코드를 작성한 개발자가 예상하는 범위 내에 있고 제품 코드에서 처리해야 하는 비정상적인 환경을 검사한다. 일반적으로 오류 처리는 잘못된 입력 데이터를 검사하고 어설션은 코드상의 버그를 검사한다.

오류 처리 코드로 비정상적인 조건을 처리하면 프로그램이 매끄럽게 상황을 처리할 것이다. 어설션을 통해 비정상적인 조건을 처리하면 프로그램이 강제로 충돌하게 되어 문제를 해결하기 위해 버그를 해결하고 새로운 버전을 배포해야 한다.

어설션은 실행 가능한 문서화 기법이기도 하다. 어설션을 어떤 기능을 구현하는 데 사용할 수는 없지만, 프로그램 언어의 주석보다 능동적으로 개발자가 생각하고 있는 가정을 문서화할 수 있다.

관련 정보 이 문제는 다중 명령문을 한 줄에 입력하는 것과 관련된 많은 문제 중 하나라고 생각할 수 있다. 더 많은 예제를 보려면 31.5절의 "한 줄에 한 명령문만 사용하기"를 살펴본다.

실행할 가능성이 있는 코드를 어설션 내에 입력하지 않는다. 코드를 어설션에 입력하면 어설션 기능을 사용하지 않을 때 컴파일러가 코드를 제거할 확률이 높아진다. 다음과 같은 어설션이 있다고 가정해 보자.

> **어설션을 위험하게 사용하는 비주얼 베이직 예제**
>
> Debug.Assert(PerformAction()) ' 작업을 수행하지 않을 수 있다.

이 코드의 문제점은 어설션이 컴파일되지 않으면 어설션에 있는 코드도 함께 컴파일되지 않는다는 것이다. 실행문은 별도의 줄에 입력하고 그 결과를 상태 변수에 할당한 다음, 상태 변수를 테스트하라. 다음은 어설션을 안전하게 사용하고 있는 예제다.

> **어설션을 안전하게 사용하는 비주얼 베이직 예제**
>
> actionPerformed = PerformAction()
> Debug.Assert(actionPerformed) ' 작업을 수행하지 않을 수 있다.

참고 자료 선행 조건과 후행 조건에 대한 자세한 내용은 메이어의 《*Object-Oriented Software Construction*》(Prentice Hall, 1997)을 살펴본다.

선행 조건과 후행 조건을 문서화하고 검증하는 데 어설션을 사용하라. 선행 조건과 후행 조건은 "계약에 의한 설계"로 알려진 프로그램 설계와 개발에 대한 접근 방법의 일부다(Meyer 1997). 선행 조건과 후행 조건이 사용될 때 각 루틴이나 클래스는 프로그램의 나머지 부분과 하나의 계약을 형성한다.

*선행 조건*은 루틴이나 클래스에서 다른 루틴을 호출하거나 객체를 생성하기 전에 반드시 참이어야 하는 특성이다. 선행 조건은 루틴을 호출하는 쪽에서 반드시 지켜야 한다.

*후행 조건*은 루틴이나 클래스를 호출하고 난 후에 반드시 참이어야 하는 조건이다. 후행 조건은 호출된 코드나 클래스가 지켜야 하는 약속이다.

어설션은 선행 조건과 후행 조건을 설명하기에 매우 유용하다. 주석으로 선행 조건과 후행 조건을 설명할 수도 있지만, 주석과 달리 어설션은 선행 조건과 후행 조건이 참인지를 동적으로 검사할 수 있다.

다음 예제는 *Velocity* 루틴의 선행 조건과 후행 조건을 설명하기 위해 어설션을 사용하고 있다.

> **선행 조건과 후행 조건을 문서화하는 데 어설션을 사용하는 비주얼 베이직 예제**
> ```
> Private Function Velocity ( _
>     ByVal latitude As Single, _
>     ByVal longitude As Single, _
>     ByVal elevation As Single _
>     ) As Single
>
>     ' 선행 조건
>     Debug.Assert ( -90 <= latitude And latitude <= 90 )
>     Debug.Assert ( 0 <= longitude And longitude < 360 )
>     Debug.Assert ( -500 <= elevation And elevation <= 75000 )
>     ...
>
>     ' 후행 조건
>     Debug.Assert ( 0 <= returnVelocity And returnVelocity <= 600 )
>
>     ' 리턴 값
>     Velocity = returnVelocity
> End Function
> ```

변수 *latitude*, *longitude*, *elevation*가 외부로부터 전달된 값이라면 어설션보다는 오류 처리 코드를 통해 값의 유효성을 검사하고 처리해야 한다. 하지만 해당 변수의 값이 신뢰할 수 있는 내부로부터 전달되었고 루틴 설계상 이 값이 반드시 유효 범위 내에 있어야 한다면 어설션을 사용해야 한다.

> **관련 정보** 견고함에 대한 더욱 자세한 내용은 이 장의 뒤에 있는 8.3절의 "견고함 대 정확성"을 살펴본다.

매우 견고한 코드를 작성하기 위해서는 어설션은 무조건 포함하고 그다음에 오류를 처리하라. 루틴에서 오류가 발생하면 어설션이나 오류 처리 코드 중 하나가 해당 오류를 처리한다. 그래서 일부 전문가들은 두 가지 방법 중 한 가지 방법만 사용하면 된다고 주장하기도 한다(Meyer 1997).

하지만 현실 세계의 프로그램과 프로젝트는 어설션에만 의존하기에는 너무나 복잡한 경향이 있다. 규모가 크고 오랫동안 사용되는 시스템은 5년에서 10년 동안 부분별로 다른 설계자가 설계했을 수도 있다. 설계는 시간의 흐름에 따라 서로 다른 버전으로 나타난다. 설계할 때마다 시스템의 서로 다른 부분에 대해 다른 기술에 중점을 두고 개발 작업을 했을 것이다. 시스템의 일부를 외부와 연동하는 경우에는 연동한 부분에 따라 설계를 구분할 수 있다. 개발자들은 서로 다른 시기에 서로 다른 코드 작성 규칙에 따라서 작업을 할 것이다. 규모가 큰 개발팀에서는 개발자들 사이에 실력 차가 있을 수 있고 코드를 리뷰하는 정도도 다를 것이다. 자신의 코드를 다른 코드보다 엄격하게 단위 테스트하는 개발자도 있을 것이다. 테스트 팀이 지리적으로 떨어져 있고 제품을 배포하는 곳에 따라 테스트 구역을 달리해야 한다면 포괄적인 시스템 수준의 회귀 테스트에 의존할 수가 없다.

이러한 환경에서는 어설션과 오류 처리 코드가 같은 오류를 해결하기 위해서 사용될 수 있다. 예를 들어 마이크로소프트 워드의 소스코드를 보면 항상 참이어야 하는 조건을 어설션으로 검증하지만, 어설션이 실패한 경우에 오류 처리 코드를 별도로 개발하여 처리하고 있다. 워드 프로그램처럼 매우 크고 복잡하며 오랫동안 사용되는 응용 프로그램에서는 어설션이 개발 시 오류를 최대한 잡아내는 데 도움을 주기 때문에 중요하다. 하지만 이 응용 프로그램은 너무 복잡하고(수백만 줄의 코드) 생각할 수 있는 모든 오류를 감지하고 수정할 거라고 가정하는 것 자체가 비현실적일 만큼 너무 많은 수정을 거쳤기 때문에 배포된 버전에서도 오류를 처리해야 한다.

다음은 지금까지 이야기한 내용을 *Velocity* 예제에 적용한 예다.

선행 조건과 후행 조건을 설명하기 위해 어설션을 사용하는 비주얼 베이직 예제

```
Private Function Velocity ( _
    ByRef latitude As Single, _
    ByRef longitude As Single, _
    ByRef elevation As Single _
    ) As Single

    ' 선행 조건
    Debug.Assert ( -90 <= latitude And latitude <= 90 )
    Debug.Assert ( 0 <= longitude And longitude < 360 )      ← 어설션 코드다.
    Debug.Assert ( -500 <= elevation And elevation <= 75000 )
    ...

    ' 입력 데이터를 정리한다. 이 값들은 앞에서 어설트된 범위 내에 있어야 한다.
    ' 하지만 값이 유효한 범위 내에 있지 않다면
    ' 가장 가까운 유효한 값으로 변경될 것이다.
    If ( latitude < -90 ) Then
        latitude = -90
    ElseIf ( latitude > 90 ) Then
        latitude = 90                    ← 실행 중 잘못된 입력 데이터를 처리하는 코드
    End If
    If ( longitude < 0 ) Then
        longitude = 0
    ElseIf ( longitude > 360 ) Then
    ...
```

8.3 오류 처리 기법

어설션은 코드에서 절대로 발생해서는 안 되는 오류를 처리하는 데 사용된다. 그렇다면 발생할 것이 예상되는 오류는 어떻게 처리할 것인가? 환경에 따라 중립적인 값을 반환하거나 다음에 있는 유효한 값으로 대체하거나 이전과 같은 값을 반환하거나 가장 가까운 유효한 값으로 대체하거나 경고 문구를 파일로 기록하거나 오류 코드를 반환하거나 오류 처리 루틴이나 객체를 호출하거나 오류 메시지를 출력하거나 프로그램을 종료할 수 있으며 이러한 방법을 서로 조합하여 사용할 수도 있다.

각 선택 사항에 대해서 좀 더 자세히 살펴보자.

중립적인 값을 반환한다. 잘못된 데이터에 대한 가장 좋은 대응은 작업을 계속 수행하더라도 아무런 문제가 없다고 알려진 값을 반환하는 방법이다. 수식이라면 0을 반환하고 문자열 연산에서는 빈 문자열을 반환하고 포인터 연산은 빈 포인터를 반환한다. 비디오 게임에서 색상 값을 잘못 입력받은 그리기 루틴은 기본 배경색이나 전경색을 사용할 것이다. 하지만 암 환자에 대한 X-레이를 보여주는 그리기 루틴은 "중립적인 값"을 보여줘서는 안 된다. 이 경우에는 부정확한 환자 데이터를 보여주는 것보다 프로그램을 종료하는 편이 더 나을 것이다.

다음에 오는 유효한 데이터로 대체한다. 데이터 스트림을 처리할 때 어떤 환경에서는 간단하게 다음에 오는 유효한 데이터를 반환해도 되는 경우가 있다. 데이터베이스에서 데이터를 읽고 있을 때 깨진 레코드를 만나게 된다면 아마도 유효한 레코드를 찾을 때까지 계속해서 읽을 것이다. 온도계로부터 온도를 초당 100번 읽고 있는데 유효한 값을 한 번 얻지 못한다면 그냥 100분의 1초를 기다린 후 다음 값을 읽을 것이다.

이전과 같은 값을 반환한다. 온도를 읽는 소프트웨어가 온도를 한 번 읽지 못한다면 아마도 마지막에 읽었던 값과 같은 값을 반환할 것이다. 응용 프로그램에 따라 다르겠지만, 온도가 100분의 1초 만에 그렇게 많이 변하지는 않을 것이다. 비디오 게임에서는 화면 일부를 칠해야 하는데 유효하지 않은 색상을 감지한다면 이전에 사용했던 것과 같은 색상을 반환할 것이다. 하지만 현금 인출기에서 거래를 인증하고 있다면 "이전과 같은 값" 즉, 이전 사용자의 은행 계좌 번호를 사용하고 싶지 않을 것이다!

가장 가까운 유효한 값으로 대체한다. 어떤 경우에는 앞의 *Velocity* 예제에서와 같이 가장 가까운 유효한 값을 반환하는 방법을 선택할 것이다. 이는 종종 눈금을 사용하는 도구에서 값을 얻어올 때 처리할 수 있는 합리적인 접근 방법이다. 예를 들면 온도계는 0

부터 100도 사이에 눈금이 매겨진다. 0보다 작은 값을 감지한다면 가장 가까운 유효한 값인 0으로 대체할 수 있다. 100보다 큰 값을 감지한다면 100으로 대체할 수 있다. 내 자동차는 후진할 때마다 이러한 오류 처리 접근 방법을 사용한다. 속도계가 속도를 음수로 보여주지 않기 때문에 후진할 때 간단히 가장 가까운 유효한 값인 0의 속도를 보여준다.

경고 메시지를 파일에 기록한다. 잘못된 데이터를 감지하면 경고 메시지를 파일에 기록한 다음 계속해서 실행하는 방법을 선택할 수도 있다. 이 접근 방법은 가장 가까운 유효한 값으로 대체하거나 다음에 오는 유효한 값으로 대체하는 것과 같은 다른 기법과 함께 사용될 수 있다. 로그를 사용한다면 공개할 수 있는지 또는 암호화해서 보호해야 하는지 고려하도록 한다.

오류 코드를 반환한다. 시스템의 특정한 부분만 오류를 처리하도록 할 수 있다. 다른 부분은 오류를 처리하지 않고 오류가 감지되었다는 것을 보고하고 호출 계층의 위에 있는 다른 루틴이 오류를 처리할 것이라고 믿는 것이다. 시스템의 나머지 부분에 오류가 발생했음을 알리는 구체적인 메커니즘은 다음 중 하나가 될 수 있다.

- 상태 변수에 값을 설정한다.
- 함수의 리턴 값으로 상태 값을 반환한다.
- 프로그래밍 언어에서 기본 제공하는 예외 메커니즘을 사용하여 예외를 던진다.

이 경우에는 구체적인 오류 보고 메커니즘보다 오류를 직접 처리할 것인지, 아니면 단순히 발생했다는 것을 보고만 할 것인지 결정하는 것이 더 중요하다. 보안이 중요하다면 호출 루틴이 항상 리턴 코드를 검사하고 있는지 확인한다.

오류 처리 루틴이나 객체를 호출한다. 또 다른 접근 방법은 오류 처리를 전역적인 오류 처리 루틴이나 오류 처리 객체에 집중시키는 것이다. 이러한 접근 방법의 장점은 오류를 처리해야 하는 부분이 집중될 수 있어서 디버깅이 쉬워진다는 점이다. 단점은 전체 프로그램이 중심이 되는 이 기능에 대해서 알게 되고 그 기능과 매우 밀접하게 결합할 것이라는 점이다. 시스템에 있는 코드를 다른 시스템에서 재사용하기를 원한다면 재사용하고자 하는 코드와 함께 오류 처리 코드도 가져와야 할 것이다.

이러한 접근 방법은 보안 측면에서 중요한 의미가 있다. 코드에 버퍼 오버런(buffer overrun)이 발생한다면 공격자가 핸들러 루틴이나 객체의 주소를 손상할 수 있다. 따라서 응용 프로그램이 실행 중인 동안 버퍼 오버런이 발생하면 이 접근 방법은 더는 안전하지 않게 된다.

오류가 발생한 곳에서 오류 메시지를 출력한다. 이 접근 방법은 오류 처리의 오버헤드를 최소화한다. 하지만 사용자 인터페이스 메시지가 전체 응용 프로그램에 영향을 미치게 되어 일관성 있는 사용자 인터페이스를 작성해야 할 때나 UI와 시스템의 나머지 부분을 분명하게 구분하려고 할 때, 소프트웨어를 다른 언어로 지역화하려고 할 때 어려움을 겪을 수 있다. 또한 시스템의 잠재적인 공격자에게 너무 많은 내용을 알려주는 것을 주의해야 한다. 때때로 공격자들은 시스템을 공격하기 위한 방법을 알아내기 위해서 오류 메시지를 사용한다.

상황에 따라 가장 잘 작동하는 방법으로 오류를 처리한다. 어떤 설계는 모든 오류를 상황에 맞게 처리한다. 어떤 오류 처리 방법을 사용할 것인지에 대한 결정이 오류가 발생하는 부분을 설계하고 구현하는 개발자에게 달려 있다.

이러한 접근 방법은 각 개발자에게 엄청난 유연성을 제공하지만, 시스템의 전체적인 성능이 정확성과 견고성에 대한 요구사항을 만족시키지 못하는 심각한 위험을 초래한다. 이 방법은 개발자가 개별 오류를 어떻게 처리하느냐에 따라 사용자 인터페이스 코드가 시스템 전체에 퍼지게 되어 오류 메시지 출력과 연관된 모든 문제점을 노출할 가능성도 있다.

종료한다. 어떤 시스템은 오류를 발견할 때마다 종료된다. 이 접근 방법은 안전성이 매우 중요한 응용 프로그램에서 유용하다. 예를 들어 암 환자를 치료하기 위한 방사선 치료기구를 제어하는 소프트웨어가 방사선량에 대한 잘못된 입력 데이터를 받는다면 오류 처리에 가장 좋은 응답은 무엇일까? 마지막 값과 같은 값을 사용해야 할까? 가장 가까운 유효한 값을 사용해야 할까? 중립적인 값을 사용해야 할까? 이 경우에는 종료하는 것이 가장 좋은 방법이다. 잘못된 방사선 값을 가지고 있는 것보다는 기계를 재부팅하는 것이 좋을 것이다.

유사한 접근 방법이 마이크로소프트 윈도우의 보안을 개선하는 데도 사용될 수 있다. 기본적으로 윈도우는 보안 로그가 꽉 차도 계속해서 작동한다. 하지만 보안 정보가 꽉 찼을 때 윈도우가 서버를 중단하도록 구성할 수 있으며 이는 보안이 중요한 환경에서 적절한 방법일 수 있다.

견고함 대 정확성

비디오 게임과 X-레이 예제가 보여주듯이 오류 처리의 방식은 오류가 발생하는 소프트웨어의 종류에 따라서 달라진다. 또한 이 예들은 오류 처리가 일반적으로 정확성이나 견고함에 중점을 두고 있다는 것을 보여준다. 정확성과 견고함이라는 용어를 개발자들이 변칙적으로 사용하는 경향이 있지만, 엄밀히 말하면 서로 대치된다. *정확성*은 절대로 부정확한 결과를 반환할 수 없다는 것을 의미한다. 부정확한 결과를 반환하는 것보다 아무 결과도 반환하지 않는 것이 더 좋다. *견고함*은 부정확한 결과를 만들어 내더라도 소프트웨어가 작동할 수 있도록 계속 무언가를 하려고 애쓰는 것을 의미한다.

안전성이 중요한 응용 프로그램은 견고함보다 정확성을 선호하는 경향이 있다. 잘못된 결과를 반환하는 것보다 아무것도 반환하지 않는 것이 더 좋다. 방사선 기계가 이 원칙의 좋은 예다.

개인용 응용 프로그램은 정확성보다 견고함을 선호하는 경향이 있다. 일반적으로는 그것이 무엇이든지 결과가 있는 것이 소프트웨어가 종료되는 것보다 더 좋다. 내가 사용하고 있는 워드 프로세서는 종종 화면 맨 아래 텍스트가 일부만 보인다. 그러한 상황을 감지했을 때 과연 워드 프로세서가 종료되는 게 내가 원하는 것일까? 그렇지 않다. 페이지를 위나 아래로 한 페이지 이동하면 화면이 새로 고쳐져 내용이 정상으로 돌아온다는 사실을 알고 있다.

오류 처리를 위한 상위 수준에서의 설계

오류 처리 방법이 매우 많으므로 프로그램 전체에서 일관된 방법으로 유효하지 않은 매개변수를 처리해야 한다. 오류 처리 방법은 소프트웨어가 정확성, 견고성, 다른 비기능적인 특성과 관련된 요구사항을 충족시키는 능력에 영향을 미친다. 잘못된 매개변수에 대한 일반적인 접근 방법을 선택하는 것은 아키텍처 수준이나 상위 수준에서의 설계에 관한 결정이며 둘 중 한 수준에서 처리해야 한다.

접근 방법을 선택하고 나면 일관성 있게 따라야 한다. 상위 수준에서의 코드가 오류를 처리하게 하고 하위 수준에서의 코드는 오류를 보고하기만 하기로 했다면 상위 수준 코드가 실제로 오류를 처리하게 하라! 어떤 언어에서는 함수가 오류 코드를 반환하고 있다는 사실을 무시할 수 있는 기능을 제공한다. 예를 들어 C++에서 함수의 리턴 값으로 반드시 무엇인가를 해야 할 필요는 없지만, 그렇다고 해서 오류 정보를 무시하면 안 된다! 함수의 리턴 값을 검사하라. 함수가 오류를 만들지 않을 거라고 예상하더라도 어쨌든 리턴 값을 검사하라. 방어적 프로그래밍의 가장 큰 핵심은 예상치 못한 오류로부터 보호하는 것이다.

이 지침은 일반 함수뿐만 아니라 시스템 함수에도 적용된다. 시스템 호출의 오류를 검사하지 않겠다는 아키텍처 방침을 세운 게 아니라면 시스템 호출을 하고 난 후 오류 코드를 검사한다. 오류를 감지한다면 오류 번호와 오류에 대한 설명을 포함하라.

8.4 예외

예외는 코드가 오류나 예외적인 이벤트를 루틴을 호출한 코드에 전달할 수 있는 특수한 방법이다. 어떤 루틴에서 코드가 어떻게 처리해야 하는지를 모르는 예외적인 상황에 부딪히면 예외를 던진다. 이는 손을 위로 들고 이렇게 소리치는 것과 같다. "이것을 어떻게 처리해야 할지 모르겠습니다. 누군가 이것을 처리하는 방법을 알고 있기를 바랍니다." 오류가 발생한 상황을 전혀 인식하지 못하는 코드는 오류를 해석하고 오류에 대해 뭔가 도움이 되는 것을 할 수 있는 능력이 있는 시스템의 다른 부분에 제어를 넘길 수 있다.

예외는 17.3절의 "try-finally를 사용하여 재작성하라" 예제에서와 같이 길게 늘어진 코드 내에서 엉켜있는 논리 구조를 정리하는 데도 사용될 수 있다. 예외의 기본 구조는 루틴이 예외 객체를 던지기 위해서 *throw*를 사용하는 것이다. 호출 계층의 상단에 있는 다른 루틴의 코드가 *try-catch* 블록 내에서 오류를 잡을 것이다.

널리 사용되는 언어들은 예외를 구현하는 방식이 다르다. 표 8-1은 세 가지 언어의 주요 차이점을 요약한 것이다.

표 8-1 예외에 대한 널리 사용되는 언어의 지원

예외 특성	C++	자바	비주얼 베이직
Try-catch 지원	예	예	예
Try-catch-finally 지원	아니오	예	예
던져질 수 있는 것	*Exception* 객체나 *Exception* 클래스로부터 파생된 객체, 객체 포인터, 객체 참조, string이나 in 같은 데이터형	*Exception* 객체나 *Exception* 클래스로부터 파생된 객체	*Exception* 객체나 *Exception* 클래스로부터 파생된 객체
잡히지 않은 예외의 효과	*std::unexpected()*를 호출하고, *std::unexpected()*는 기본적으로 *std::terminate()*를 호출하며, *std::terminate()*는 기본적으로 *abort()*를 호출한다.	예외가 "검사 예외"라면 실행 스레드를 중단하고, "런타임 예외"라면 아무 작업도 하지 않는다.	프로그램을 중단한다.

예외 특성	C++	자바	비주얼 베이직
던져지는 예외가 반드시 클래스 인터페이스에 정의되어 있어야 하는지 여부	아니오	예	아니오
잡히는 예외가 클래스 인터페이스에 정의되어 있어야 하는지 여부	아니오	예	아니오

> 정상적인 처리의 일부로 예외를 사용하는 프로그램은 고전적인 스파게티 코드처럼 이해하기 어렵고 유지보수하기가 어렵다.
> – 앤디 헌트와 데이브 토마스

예외는 상속과 공통 특성을 갖는다. 신중하게 사용하면 복잡성을 줄일 수 있다. 무분별하게 사용하면 이해하기가 거의 불가능한 코드를 만들 수 있다. 이 절에서는 예외의 이점을 이해하고 예외와 연관된 난관을 피하기 위한 내용을 설명한다.

예외를 사용해 무시되어서는 안 되는 오류를 프로그램의 다른 부분에 알린다. 예외의 가장 큰 이득은 절대로 무시하지 못할 방법으로 오류가 발생한 상황을 알릴 수 있는 능력이다(Meyers 1996). 오류를 처리하는 다른 접근 방법은 오류 조건이 감지되지 않은 코드를 통해 오류가 통과할 가능성을 만들어낸다. 예외는 그러한 가능성을 제거한다.

정말로 예외적인 조건인 경우에만 예외를 던져라. 예외는 정말로 예외적인 경우 즉, 다른 코드 작성 습관으로는 해결할 수 없는 경우에만 사용해야 한다. 예외는 어설션처럼 자주 발생하지 않는 경우뿐만 아니라 *절대로* 일어나서는 안 되는 경우에 사용된다.

예외를 사용할 때는 예상치 못한 조건을 처리하는 강력한 방법과 복잡성 증가 사이에서 균형을 잘 맞춰야 한다. 예외는 루틴을 호출하는 코드가 호출된 코드의 내부에서 어떤 예외를 던질 것인지를 알아야 하므로 캡슐화를 약화한다. 그 때문에 코드의 복잡성이 증가한다. 이는 5장 "구현 설계"의 "소프트웨어의 주요 기술적 의무: 복잡성 관리"에서 말한 것에 반하는 내용이다.

책임을 전가하기 위해서 예외를 사용하지 않는다. 오류를 발생한 코드에서 처리할 수 있다면 직접 처리하는 게 좋다. 오류를 처리할 수 있는데도 처리되지 않은 예외를 던지지 않도록 한다.

생성자와 소멸자에서 예외를 잡을 수 없다면 생성자와 소멸자에서 예외를 던지지 않는다. 예외를 처리하는 방법을 정할 때 예외를 생성자와 소멸자에서 발생시킬 수 있다고 가정하면 코드가 매우 복잡해진다. 예를 들면 C++에서 소멸자는 객체가 완전히 생성되기 전에는 호출되지 않는다. 이 말은 생성자에서 예외를 던진다면 소멸자가 호출되지 않기 때문에 리소스 누수가 있을 수 있다는 것을 의미한다(Meyers 1996, Stroustrup 1997). 마찬가지로 이와 같은 복잡한 규칙이 소멸자 내에서 발생한 예외에도 적용된다.

프로그래밍 언어학자라면 이런 규칙을 기억하는 것이 "누워서 떡 먹기보다 쉽다"라고 말할지도 모르겠지만, 평범한 개발자들은 이 규칙을 기억하기가 쉽지 않을 것이다. 애초에 이런 코드는 작성하지 않는 것이 더 좋은 프로그래밍 습관이다.

관련 정보 일관성 있는 인터페이스 추상화의 유지에 대한 자세한 내용은 6.2절의 "좋은 추상화"를 살펴본다.

올바른 추상화 수준에서 오류를 던진다. 루틴은 루틴의 인터페이스에서 일관된 추상화를 제공해야 한다. 클래스도 마찬가지다. 루틴에서 발생하는 예외는 다른 데이터형과 마찬가지로 루틴 인터페이스의 일부다.

루틴을 호출한 쪽에 예외를 던지기로 했다면 예외의 추상화 수준이 루틴 인터페이스의 추상화 수준과 일관성 있게 한다. 다음은 잘못된 예제다.

일관성 없는 추상화 수준으로 예외를 던지는 클래스를 자바로 작성한 나쁜 예제
```
class Employee {
    ...
    public TaxId GetTaxId() throws EOFException {    ← 일관성 없는 추상화 수준에서 예외를 선언
        ...
    }
    ...
}
```

GetTaxId() 코드는 호출한 쪽에 저수준의 *EOFException* 예외를 전달한다. 이 코드는 예외 자체를 소유하지 않는다. 저수준 예외를 호출한 쪽에 전달함으로써 루틴이 어떻게 구현되었는지에 대한 세부 사항을 노출한다. 이렇게 하면 루틴의 클라이언트 코드를 *Employee* 클래스 수준에서 이해하는 것이 아니라 *EOFException* 예외를 던지는 *Employee* 클래스의 세부적인 루틴을 이해하도록 만든다. 캡슐화는 깨지고 이해하기도 더 어려워진다.

대신 *GetTaxId()* 코드는 다음과 같이 자신이 속한 클래스와 일관성을 유지하는 예외를 전달해야 한다.

일관성 있는 추상화 수준으로 예외를 던지는 클래스를 자바로 작성한 좋은 예제
```
class Employee {
    ...
    public TaxId GetTaxId() throws EmployeeDataNotAvailable {    ← 일관성 있는 추상화 수준에서 예외를 선언
        ...
    }
    ...
}
```

GetTaxId() 내의 예외 처리 코드에서는 단순히 *io_disk_not_ready* 예외를 *Employee Data NotAvailable* 예외로 매핑하겠지만 이는 인터페이스의 추상화를 유지하기에는 충분하기 때문에 괜찮다.

예외를 발생시킨 모든 정보를 예외 메시지에 포함한다. 모든 예외는 코드가 예외를 던질 때 감지된 특정한 환경에서 발생한다. 이러한 정보는 예외 메시지를 읽는 사람에게 매우 유용하다. 메시지에는 예외가 발생한 이유를 이해하는 데 필요한 정보를 포함하도록 한다. 배열 인덱스 오류 때문에 예외가 던져졌다면 예외 메시지에 배열 인덱스의 최댓값과 최솟값, 잘못된 인덱스의 값이 포함되도록 한다.

비어있는 catch 블록을 피한다. 때때로 다음과 같이 처리 방법을 모르는 예외를 발생시키기도 한다.

예외를 무시하는 나쁜 자바 예제
```
try {
    ...
    // 수많은 코드
    ...
} catch ( AnException exception ) {
}
```

이 방법은 *try* 블록 내에 있는 코드가 아무런 이유 없이 예외를 발생시키기 때문에 잘못되었거나 *catch* 블록 내에 있는 코드가 타당한 예외를 처리하지 않기 때문에 잘못되었다. 문제의 원인이 무엇인지를 파악하고 *try* 블록이나 *catch* 블록을 수정해야 한다.

때때로 저수준에 있는 예외가 실제로 호출 루틴의 추상화 수준에 있는 예외를 표현하지 않는 흔치 않은 상황과 마주하게 될 것이다. 그러한 경우에는 적어도 비어있는 *catch* 블록에 관련된 설명이 있어야 한다. 주석을 사용하거나 다음과 같이 메시지를 파일로 기록하여 "문서화"할 수 있다.

예외를 무시하는 좋은 자바 예제
```
try {
    ...
    // 수많은 코드
    ...
} catch ( AnException exception ) {
    LogError( "Unexpected exception" );
}
```

라이브러리 코드가 던지는 예외를 파악한다. 루틴이나 클래스가 던지는 예외를 정의할 필요가 없는 프로그래밍 언어로 개발하고 있다면 사용하는 라이브러리 코드가 던지는 예외가 무엇인지를 알아야 한다. 라이브러리 코드에서 발생한 예외를 잡지 못하면 프로그램에 충돌이 발생할 것이다. 라이브러리 코드가 자신이 던지는 예외를 기록하지 않았다면 라이브러리를 사용해 보고 예외를 잡기 위한 프로토타입 코드를 작성한다.

중앙 집중화된 예외 보고 시스템 구축을 고려한다. 예외 처리에서 일관성을 보장하는 한 가지 접근 방법은 중앙 집중화된 예외 보고 시스템을 사용하는 것이다. 중앙 집중된 예외 보고 시스템은 예외의 종류와 예외 처리 방법, 예외 메시지의 형식화에 대한 내용을 저장하는 중앙 보관 창고를 제공한다.

다음은 간단하게 진단 메시지를 출력하는 예외 핸들러의 예다.

> **참고 자료** 이 기법에 대한 자세한 설명은 폭스올의 *"Practical Standards for Microsoft Visual Basic .NET"*(Microsoft Press, 2002)을 살펴본다.

중앙 집중화된 예외 보고자를 비주얼 베이직으로 작성한 예제: 첫 번째 부분
```
Sub ReportException( _
    ByVal className, _
    ByVal thisException As Exception _
)
    Dim message As String
    Dim caption As String

    message = "Exception: " & thisException.Message & "." & ControlChars.CrLf & _
        "Class: " & className & ControlChars.CrLf & _
        "Routine: " & thisException.TargetSite.Name & ControlChars.CrLf
    caption = "Exception"
    MessageBox.Show( message, caption, MessageBoxButtons.OK, _
        MessageBoxIcon.Exclamation )
End Sub
```

이 일반적인 예외 핸들러를 다음과 같은 코드에서 사용할 것이다.

중앙 집중화된 예외 보고자를 비주얼 베이직으로 작성한 예제: 두 번째 부분
```
Try
    ...
Catch exceptionObject As Exception
    ReportException( CLASS_NAME, exceptionObject )
End Try
```

여기서는 *ReportException()*의 코드가 간단하다. 실제 응용 프로그램에서는 코드를 간단하게 작성하거나 예외 처리에 필요한 조건을 충족시키기 위해 필요한 만큼 복잡하게 작성할 수 있다.

예외 보고 시스템을 구축하기로 했다면 8.3절의 "오류 처리 루틴이나 객체를 호출한다"에서 설명하는 중앙 집중화된 오류 처리에서의 일반적인 문제들을 고려하도록 한다.

프로젝트의 예외 사용을 규격화한다. 예외 처리를 쉽게 이해할 수 있도록 다양한 방법으로 예외의 사용을 규격화할 수 있다.

- C++와 같이 다양한 객체, 데이터, 포인터를 던질 수 있는 프로그래밍 언어를 사용하고 있다면 구체적으로 무엇을 던질 것인지에 대해서 규격을 정한다. 다른 언어와의 호환성을 위해서 *Exception* 기본 클래스로부터 파생된 객체만 던지는 것을 고려해 본다.
- 프로젝트에서 발생시키는 모든 예외에 대해서 기본 클래스로 사용할 수 있는 프로젝트에 특화된 예외 클래스를 작성하는 것을 고려해 본다. 기록과 오류 보고 등을 집중시키고 규격화할 수 있다.
- 오류를 처리하기 위해서 어떤 코드가 *throw-catch* 문법을 사용할 수 있는지에 대한 구체적인 상황을 정의한다.
- 어떤 코드가 처리되지 않는 예외를 던질 수 있는지에 대한 구체적인 상황을 정의한다.
- 중앙 집중화된 예외 보고자가 사용될 것인지 결정한다.
- 예외가 생성자와 소멸자에서 허용되는지 정의한다.

관련 정보 오류 처리에 대한 다양한 대안은 이 장의 앞부분에 있는 8.3절 "오류 처리 기법"을 살펴본다.

예외의 대안을 고려해 본다. 여러 프로그래밍 언어가 5년에서 10년 이상 예외를 지원해 왔지만, 예외를 안전하게 사용하는 방법에 대한 통념이 거의 없다.

어떤 개발자들은 프로그래밍 언어가 특정 오류 처리 메커니즘을 제공한다는 이유만으로 오류를 처리하는 데 예외를 사용한다. 오류를 직접 처리하거나 오류 코드를 사용하여 오류를 전달하거나 디버그 정보를 파일로 기록하거나 시스템을 종료하거나 다른 기법을 사용하는 모든 오류 처리 기법을 항상 고려해야 한다. 단지 사용하는 언어가 예외 처리를 제공하기 때문에 예외로 오류를 처리하는 것은 언어에 의존하는 전형적인 예다(이에 대한 자세한 내용은 4.3절 "기술 흐름 파악"과 34.4절 "언어에 제약을 받지 않고 언어를 활용한 프로그래밍"을 살펴본다).

마지막으로 정말로 예외 처리가 필요한지 고려해 본다. 비야네 스트롭스트룹이 지적했듯이 일련의 실행 오류에 대한 가장 좋은 응답은 습득한 모든 자원을 해제하고 프로그램을 멈추는 것이다. 사용자가 적절한 입력으로 프로그램을 재실행하게 하자(Stroustrup 1997).

8.5 오류로 인한 손해를 막기 위한 방책

바리케이드는 피해를 막기 위한 전략이다. 그 이유는 선체에서 객실을 분리하는 것과 유사하다. 배가 빙산에 부딪혀서 선체가 열리면 객실이 닫혀서 배의 나머지 부분이 영향을 받지 않게 된다. 또한 빌딩의 방화벽과도 유사하다. 빌딩의 방화벽은 불이 빌딩의 이곳저곳으로 퍼지는 것을 막아준다(바리케이드를 "방화벽"이라고 했었지만, 오늘날에는 일반적으로 악의적인 네트워크 트래픽을 차단하는 것에 "방화벽"이라는 용어를 사용한다).

방어적 프로그래밍에 바리케이드를 치는 한 가지 방법은 특정한 인터페이스를 "안전한" 지역으로 가는 경계로 사용하는 것이다. 안전한 지역의 경계를 지나는 데이터의 유효성을 검사하고 데이터가 유효하지 않다면 적절하게 대응한다. 그림 8-2는 이 개념을 보여준다.

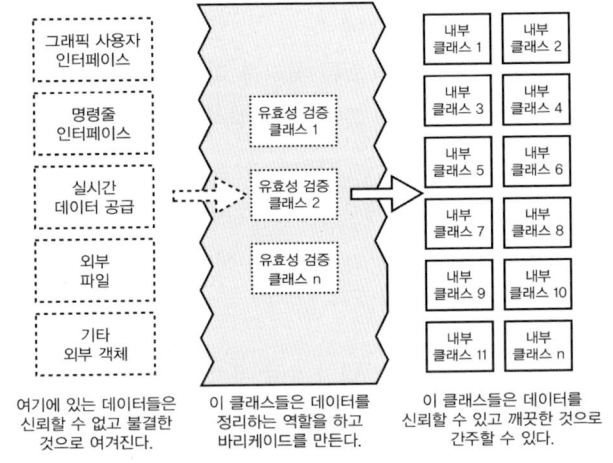

그림 8-2 더러운 데이터를 다루는 부분과 깨끗한 데이터를 다루는 부분을 정의하는 것은 데이터 유효성 검사가 필요한 코드의 상당 부분을 줄이는 효과적인 방법일 수 있다.

이와 동일한 접근 방법을 클래스 수준에도 사용할 수 있다. 클래스의 공개 메서드는 데이터가 안전하지 않다고 가정하고 데이터를 검사하고 깨끗하게 만들어야 할 책임이 있다. 데이터가 클래스의 공개 메서드에 전달되고 나면 비공개 메서드는 그 데이터가 안전하다고 생각할 수 있다.

이러한 접근 방법은 수술실 기법으로도 생각할 수 있다. 데이터는 수술실 입장이 허용되기 전에 살균된다. 수술실에 있는 것은 모두 안전하다고 여겨진다. 설계에서는 핵심적으로 무엇을 수술실에 들여보낼지, 무엇을 들여보내지 않을지, 문을 어디에 둘지(어떤 루틴이 안전한 지역에 있다고 할 수 있는지), 어떤 루틴이 안전한 지역 밖에 있는지, 누가 데이터를 살균할 것인지 결정해야 한다. 가장 간단한 방법은 일반적으로 외부 데이터가 들어올 때 살균하는 것이지만, 데이터는 여러 단계에서 살균될 필요가 있기 때문에 여러 단계로 살균하는 것도 때로는 필요하다.

데이터를 입력할 때 적절한 타입으로 변환한다. 전형적으로 입력은 문자열이나 숫자의 형태로 도착한다. 이 값이 "예" 또는 "아니오"와 같은 불린형에 매핑될 때도 있고 *Color_Red*, *Color_Green*, *Color_Blue*와 같은 열거형에 매핑될 때도 있을 것이다. 타입이 수상한 데이터를 프로그램에서 일정 시간 동안 가지고 있으면 복잡성이 증가하고 누군가가 색상에 "예"를 입력하여 프로그램을 망가뜨릴 수도 있다. 데이터가 입력되자마자 입력 데이터를 적절한 형태로 변환하라.

방어 시설과 어설션 사이의 관계

방어 시설을 사용하면 어설션과 오류 처리를 확실하게 구별할 수 있다. 방어 시설의 외부에 있는 루틴은 데이터에 대해 확실하게 가정할 수가 없기 때문에 오류 처리를 사용해야 한다. 방어 시설의 내부에 있는 루틴은 어설션을 사용해야 하는데, 루틴에 전달되는 데이터가 살균되고 나서 방어 시설을 지나 전달되기 때문이다. 방어 시설 내부에 있는 루틴 중 하나가 잘못된 데이터를 감지한다면 이는 데이터의 오류라기보다는 프로그램상의 오류다.

또한 방어 시설을 사용하면 아키텍처 수준에서 오류를 처리하는 방법을 결정할 수 있다. 방어 시설의 내부에 둘 코드와 외부에 둘 코드를 결정하는 것은 아키텍처 수준의 결정이다.

8.6 디버깅 보조 도구

방어적 프로그래밍의 또 다른 핵심은 오류를 빠르게 발견하는 데 도움이 되는 디버깅 보조 도구를 사용하는 것이다.

제품의 제약 사항을 개발 버전에 무의식적으로 적용하지 않는다

참고 자료 방어적 프로그래밍을 지원하기 위해서 디버그 코드를 사용하는 방법에 관한 내용은 스티브 맥과이어의 《Writing Solid Code: 버그 안녕》(높이깊이, 2001)을 살펴본다.

개발자의 공통된 맹점은 배포되는 소프트웨어의 제한 사항이 개발 버전에 적용된다고 가정하는 것이다. 배포 버전은 빠르게 실행되어야 한다. 개발 버전은 느리게 실행될 수도 있다. 배포 버전은 자원을 아껴야 한다. 개발 버전은 자원을 마음껏 사용해도 된다. 배포 버전은 위험한 연산을 사용자에게 노출하지 않아야 한다. 개발 버전은 안전망 없이 사용할 수 있는 연산을 추가로 가져도 된다.

링크드 리스트를 광범위하게 사용하는 프로그램을 작업한 적이 있다. 링크드 리스트 코드는 오류가 발생하기 쉬웠고 리스트가 쉽게 깨졌다. 그래서 링크드 리스트의 무결성을 검사하기 위해 메뉴 옵션을 추가했다.

마이크로소프트 워드는 디버그 모드에서 유휴 루프[15]에 *Document* 객체의 무결성을 몇 초마다 검사하는 코드를 포함하고 있다. 이는 데이터 훼손을 빠르게 감지하는 데 도움을 주며 오류를 진단하는 데 도움이 된다.

KEY POINT

개발 중에는 개발을 좀 더 원활히 진행하도록 도와주는 도구를 사용하는 데 속도와 자원을 양보하도록 한다.

디버깅 보조 도구를 초기에 도입한다

디버깅 보조 도구를 초기에 사용할수록 더 많은 도움이 될 것이다. 일반적으로 프로그램에 몇 번 정도 당하기 전까지는 대개 디버깅 보조 도구를 작성하기 위한 노력을 들이려 하지 않는다. 하지만 처음부터 보조 도구를 작성하거나 이전 프로젝트에서 사용했던 도구를 사용한다면 프로젝트 전반에 도움을 줄 것이다.

공격적인 프로그래밍 기법을 사용한다

관련 정보 예상치 못한 경우의 처리에 대한 자세한 내용은 15.2절의 "case 문 사용 팁"을 살펴본다.

예외적인 경우는 개발 중에도 눈에 띄어야 하고 배포되는 버전의 코드가 실행 중일 때는 복구가 가능한 방법으로 처리되어야 한다. 마이클 하워드(Michael Howard)와 데이비드 르블랑(David LeBlanc)은 이러한 접근 방법을 "공격적인 프로그래밍"이라고 말했다 (Howard and LeBlanc 2003).

---

15 (옮긴이) idle loop. 윈도우 명령어가 없을 때 실행되는 루프

다섯 가지 이벤트만 처리할 것이라고 예상하는 *case* 문이 있다고 가정해 보자. 개발 중에는 *default*인 경우가 다음과 같이 경고하는 데 사용되어야 한다. "이봐! 여기 또 다른 경우가 있잖아! 그러니까 프로그램을 수정해!" 하지만 제품에서는 *default*인 경우가 메시지를 에러 로그 파일에 작성하는 것처럼 좀 더 우아한 일을 해야 한다.

다음은 공격적으로 프로그램을 작성할 수 있는 몇 가지 방법이다.

> 못쓰게 된 프로그램보다 정상적으로 죽은 프로그램이 손해를 훨씬 덜 입힌다.
> – 앤디 헌트와 데이브 토마스

- *assert*가 프로그램을 중단하게 한다. 개발자가 알려진 문제를 무시하기 위해서 엔터키를 누르는 습관을 갖지 않게 한다. 고칠 수밖에 없도록 골치 아픈 문제를 만든다.
- 메모리 할당 오류를 발견할 수 있게 할당된 모든 메모리를 완벽하게 채운다.
- 파일 형식과 관련된 오류를 발견하기 위해서 할당된 파일이나 스트림을 완벽하게 채운다.
- 객체를 삭제하기 전에 쓰레기 데이터로 채운다.
- 개발하고 있는 소프트웨어에 적합하다면 배포된 소프트웨어에서 어떤 오류가 발생하고 있는지를 확인할 수 있게 오류 로그 파일을 이메일로 보내도록 프로그램을 설정한다.

때로는 최상의 방어가 좋은 공격이다. 개발 중에 가혹하게 실패해서 제품에서는 좀 더 가볍게 실패할 수 있게 한다.

디버깅 보조 도구를 제거하는 계획을 세운다

자신이 사용하기 위한 목적으로 코드를 작성하고 있다면 모든 디버깅 코드를 프로그램에 남겨놓아도 괜찮을 것이다. 하지만 상업적인 목적으로 코드를 작성할 때는 그렇게 하면 크기와 속도에서의 성능 손실이 엄청날 수 있다. 프로그램 안팎에 디버깅 코드를 넣는 것을 피하기 위한 계획을 세워라. 다음에 몇 가지 방법을 소개한다.

> 관련 정보 버전 관리에 대한 자세한 내용은 28.2절 "형상 관리"를 살펴본다.

버전 관리 도구와 ant나 make 같은 빌드 도구를 사용한다. 버전 관리 도구는 같은 소스 파일로부터 서로 다른 버전의 프로그램을 빌드할 수 있다. 개발 모드에서는 빌드 도구가 모든 디버그 코드를 포함하도록 설정할 수 있다. 제품 모드에서는 상업용 버전에 포함시키고 싶지 않은 디버그 코드를 제외하도록 설정할 수 있다.

기본 제공되는 전처리기를 사용한다. C++처럼 프로그래밍 언어가 전처리기를 제공한다면 컴파일러 옵션을 변경하여 디버그 코드를 포함하거나 제외할 수 있다. 전처리기를 직접 사용하거나 전처리기 정의와 함께 작동하는 매크로를 작성할 수 있다. 다음은 전처리기를 직접 사용하는 코드를 작성한 예제다.

> **디버그 코드를 제어하기 위해서 직접 전처리기를 사용하는 C++ 예제**
>
> ```
> #define DEBUG
> ```
> ← 디버깅 코드를 포함하려면 *#define*을 사용해 *DEBUG* 심볼을 정의한다. 디버깅 코드를 제외하려면 *DEBUG*를 정의하지 않는다.
> ```
> ...
>
> #if defined( DEBUG )
> // 디버깅 코드
> ...
>
> #endif
> ```

이 코드는 여러 가지 방법으로 활용할 수 있다. 단순히 *DEBUG*를 정의하기보다는 *DEBUG*에 값을 할당한 다음 정의 여부를 테스트하는 대신 값을 테스트할 수 있다. 그렇게 하면 디버그 코드의 수준을 구별할 수 있다. 언제나 프로그램에 추가하고 싶은 디버그 코드가 있을 것이므로 그 코드를 *#if DEBUG > 0*과 같은 명령문으로 감싼다. 다른 디버그 코드는 특정한 목적으로만 사용될 테니 *#if DEBUG == POINTER_ERROR*와 같은 명령문으로 감싸면 된다. 다른 곳에서 디버그 수준을 설정하고 싶다면 *#if DEBUG > LEVEL_A*와 같은 명령문을 사용하면 된다.

#if defined() 같은 코드를 코드 전역에 사용하고 싶지 않다면 같은 작업을 수행하는 전처리기 매크로를 작성할 수 있다. 다음 예제를 살펴보자.

> **디버그 코드를 제어하기 위해서 전처리기 매크로를 사용하는 C++ 예제**
> ```
> #define DEBUG
> #if defined( DEBUG )
> #define DebugCode( code_fragment ) { code_fragment }
> #else
> #define DebugCode( code_fragment )
> #endif
>
> ...
> DebugCode(
>     statement 1;
>     statement 2;
>     ...
>     statement n;
> );
> ...
> ```
> statement 1 ~ statement n: 이 코드는 *DEBUG*가 정의되어 있느냐에 따라서 포함되기도 하고 제외되기도 한다.

전처리기를 사용하는 첫 번째 예제처럼 이 기법은 완벽하게 모든 디버그 코드를 포함하거나 제외하는 것보다 더 정교하게 다양한 방법으로 조정될 수 있다.

관련 정보 전처리기에 대한 좀 더 자세한 정보와 자신만의 전처리기를 작성하는 데 필요한 정보는 30.3절의 "매크로 전처리기"를 살펴본다.

자신만의 전처리기를 작성한다. 프로그래밍 언어가 전처리기를 포함하고 있지 않더라도 상당히 쉽게 디버그 코드를 포함하거나 제외하기 위한 전처리기를 작성할 수 있다. 디버그 코드를 나타내기 위한 규약을 구축하고 그러한 규약을 따르는 선행 컴파일러를 작성한다. 예를 들면 자바에서 //#BEGIN DEBUG와 //#END DEBUG 키워드에 반응하는 전처리기를 작성할 수 있다. 전처리기를 호출하는 스크립트를 작성하고 처리된 코드를 컴파일한다. 길게 보면 시간을 절약할 수 있고 전처리되지 않은 코드를 컴파일하는 일도 없을 것이다.

관련 정보 스텁에 대한 자세한 내용은 22.5절의 "개별 클래스를 테스트하는 비계 구축"을 살펴본다.

디버깅을 위한 루틴을 작성한다. 많은 경우에 디버깅 검사를 수행하는 루틴을 호출할 수 있다. 개발 시에는 그 루틴이 자신을 호출한 쪽으로 제어를 넘기기 전에 여러 가지 연산을 수행할 수 있다. 제품 코드에서는 복잡한 루틴을 자신을 호출한 쪽으로 곧바로 제어를 넘기거나 제어를 넘기기 전에 간단한 작업을 몇 가지만 수행하는 스텁 루틴으로 대체할 수 있다. 이러한 접근 방법은 성능상 약간의 손해를 가져올 뿐이며 자신만의 전처리기를 작성하는 것보다 빠른 해결방법이다. 해당 루틴의 개발 버전과 배포 버전을 모두 유지해서 앞으로의 개발과 제품 코드 작성 시 바꾸기면서 사용할 수 있도록 한다.

일단 전달된 포인터를 검사하는 루틴부터 시작할 수 있다.

디버깅 스텁을 사용하는 루틴을 C++로 작성한 예제
```
void DoSomething(
    SOME_TYPE *pointer;
    ...
    ) {
    // 전달된 매개변수 확인
    CheckPointer( pointer );    ◀── 이 코드는 포인터를 검사하는 루틴을 호출한다.
    ...
}
```

개발 시 *CheckPointer()* 루틴은 포인터에 대해서 완전한 검사를 수행할 것이다. 이 루틴은 느리지만 효과적이며 다음과 같이 작성할 수 있다.

개발 시 포인터를 검사하기 위한 루틴을 C++로 작성한 예제
```
void CheckPointer( void *pointer ) {   ◀── 이 루틴은 인자로 전달된 포인터를 검사한다. 이 코드는
    // 검사 1: NULL이 아닌지를 검사한다.      개발 시 생각나는 여러 가지 검사를 수행하는 데 사용할
    // 검사 2: 값이 유효한지 검사한다.        수 있다.
    // 검사 3: 포인터가 가리키고 있는 위치가 훼손되지 않았는지 검사한다.
    ...
    // 검사 n: ...
}
```

이 코드를 제품용으로 준비할 때는 포인터 검사와 관련된 오버헤드를 발생시키고 싶지 않을 것이다. 이 경우 앞의 루틴을 다음과 같은 루틴으로 대체할 수 있다.

제품 코드 작성 시 포인터를 검사하는 루틴을 C++로 작성한 예제
```
void CheckPointer( void *pointer ) {        ← 이 루틴은 곧바로 호출한 루틴으로 되돌아갈 뿐이다.
    // 코드가 없고 단순히 이 루틴을 호출한 루틴으로 되돌아간다.
}
```

여기서 디버깅 보조 도구를 제거하는 데 사용할 수 있는 모든 방법을 설명하지는 않았지만, 작업 환경에 효과가 있는 무언가를 위한 아이디어를 주기에는 충분하다고 생각한다.

8.7 제품 코드를 얼마나 방어적으로 프로그래밍할 것인지 정하기

방어적 프로그래밍에서 역설적인 부분의 하나는 개발 과정 중에는 오류가 눈에 띄는 것을 좋아한다는 점이다. 그러한 오류를 못보고 넘어가는 위험보다는 차라리 오류를 보고 불쾌한 편이 낫다. 하지만 제품 개발 시에는 가능한 한 오류가 보이지 않도록 하고 프로그램이 복구되거나 품위 있게 실패하는 편이 낫다. 다음은 방어적 프로그래밍 도구를 제품 코드에 남겨 놓아야 할지, 아니면 제거해야 할지를 결정하는 데 필요한 몇 가지 지침이다.

중요한 오류를 검사하는 코드는 남겨 두라. 프로그램의 어느 부분이 발견되지 않은 오류를 갖고 있어도 되는지 결정하라. 가령 스프레드시트 프로그램을 작성하고 있었다면 화면을 업데이트하는 부분에는 발견되지 않은 오류가 있어도 된다. 오류가 발생한다고 하더라도 화면이 어지럽혀지는 것뿐이기 때문이다. 하지만 계산 엔진에는 발견되지 않은 오류가 있어서는 안 된다. 그러한 오류는 다른 사람의 스프레드시트에 잘못된 결과를 만들 수 있기 때문이다. 대부분의 사용자는 세금 계산이 잘못되어서 국세청으로부터 회계 검사를 받는 것보다는 화면이 어지럽혀지는 편을 좋아할 것이다.

사소한 오류를 검사하는 코드를 제거하라. 오류가 정말로 사소하게 영향을 미친다면 그러한 오류를 검사하는 코드는 제거한다. 앞의 예제에서는 스프레드시트 화면의 업데이트를 검사하는 코드를 제거할 수 있다. "제거"는 물리적으로 코드를 제거하는 것을 의미하지 않는다. 이는 버전 관리나 전처리기, 특정한 코드를 제외하고 프로그램을 컴파일하는 기법을 사용하는 것을 의미한다. 공간이 문제가 되지 않는다면 오류 검사 코드를 남겨두고 오류 메시지를 오류 로그 파일에 기록해도 된다.

심각한 충돌을 발생시키는 코드를 제거하라. 앞서 언급했듯이 개발 시에는 프로그램이 오류를 감지할 때 오류를 수정할 수 있도록 가능한 한 오류가 눈에 띄게 하는 게 좋다. 종종 그러한 목표를 달성하는 최고의 방법은 오류가 발생했을 때 프로그램이 디버깅 메시지를 출력하고 충돌을 발생시키는 것이다. 이 방법은 사소한 오류인 경우에도 유용하다.

제품을 사용하는 사용자는 프로그램이 충돌하기 전에 자신이 했던 작업을 저장할 기회가 필요할 것이며 아마 프로그램이 작업을 저장하는 데 필요한 시간만큼 기꺼이 기다려 줄 것이다. 사용자는 디버깅과 제품의 품질 향상에 얼마나 도움이 되는지에 상관없이 자신이 작업했던 내용을 잃는 것을 달가워하지 않는다. 프로그램이 데이터 손실을 일으킬 수 있는 디버깅 코드를 포함하고 있다면 그러한 코드를 제품 코드에서 제거한다.

프로그램이 우아하게 충돌하도록 돕는 코드를 남겨두라. 프로그램의 치명적인 오류를 감지하는 디버깅 코드를 포함하고 있다면 프로그램이 종료되기 전에 수행해야 하는 다른 추가 작업을 모두 처리한 후 종료할 수 있도록 그 코드를 남겨둔다. 예를 들면 화성 탐사선에서 공학자는 설계상으로 디버깅 코드 중 일부를 남겨두었다. 오류는 탐사선이 착륙한 다음에 발생했다. 남아 있던 디버깅 보조 도구를 사용함으로써 JPL[16]에 근무하는 공학자들은 문제를 진단하고 수정된 코드를 탐사 전에 업로드할 수 있었으며 탐사선은 자신의 임무를 완벽하게 완수할 수 있었다(March 1999).

기술 지원을 위해서 오류를 기록한다. 제품 코드에 디버깅 보조 도구를 남기되, 작동 방식을 변경하지 않는 방법을 고려해 본다. 개발 시에 프로그램을 중지시키는 어설션을 코드에 포함시켰다면 해당 어설션 루틴을 완전히 제거하기보다는 메시지를 파일에 기록할 수 있도록 변경하는 것을 고려할 수 있다.

오류 메시지가 친절한지 확인한다. 프로그램에 내부적인 오류 메시지를 남겨둔다면 사용자에게 친숙한 언어로 작성되었는지 검증한다. 이전에 작성한 프로그램에서 "포인터 할당이 잘못됐잖아, 이 입냄새쟁이야."라는 메시지를 읽었다고 사용자로부터 전화를 받은 적이 있다. 다행스럽게도 그녀는 유머 감각이 있었다. 이러한 경우에는 사용자에게 "내부적인 오류"라고 알려주고 사용자가 오류를 보고하는 데 사용할 수 있는 이메일 주소나 전화번호를 제공하는 방법이 일반적이면서 효과적이다.

---

16 (옮긴이) NASA의 제트추진연구소

8.8 방어적 프로그래밍에 대해서 한 번 더 고민하기

뭐든 지나치면 안 좋지만,
위스키는 지나쳐도 언제나
좋다.
– 마크 트웨인
(Mark Twain)

방어적 프로그래밍이 지나치면 그 자체로 문제를 발생시킨다. 모든 곳에서 가능한 모든 방법으로 매개변수로 전달된 데이터를 검사한다면 프로그램이 비대해지고 느려질 것이다. 더 나쁜 점은 방어적 프로그래밍에 필요한 추가적인 코드가 소프트웨어를 더욱 복잡하게 만든다는 것이다. 방어적 프로그래밍에 설치된 코드에 결함이 있을 수 있고 다른 코드에서처럼 방어적 프로그래밍 코드에 있는 결함을 발견할 것이다. 코드를 아무 생각 없이 작성한다면 더욱 그럴 것이다. 방어적일 필요가 있는 곳을 생각해 본 후 그에 따라 방어적 프로그래밍의 우선순위를 정한다.

cc2e.com/0868

> **체크리스트: 방어적 프로그래밍**
>
> **일반적인 사항**
> - 루틴이 잘못된 입력 데이터로부터 자신을 보호하는가?
> - 선행 조건과 후행 조건을 포함한 가정을 문서화하는 데 어설션을 사용했는가?
> - 어설션이 절대로 발생해서는 안 되는 조건을 문서화하기 위해서만 사용됐는가?
> - 아키텍처나 고수준 설계가 구체적인 오류 처리 기법을 명시하고 있는가?
> - 아키텍처나 고수준 설계에서 오류 처리가 견고성이나 정확성 중 어느 것을 중점적으로 여기고 있는지 명시하고 있는가?
> - 오류 손상 효과를 포함하고 오류를 처리하는 데 필요한 코드를 줄이기 위한 방책을 만들었는가?
> - 디버깅 보조 도구가 코드에 사용됐는가?
> - 디버깅 보조 도구가 간편하게 활성화하거나 비활성화할 수 있는 방법으로 설치됐는가?
> - 방어적 프로그래밍 코드의 양이 적절한가? 너무 많거나 너무 적지 않는가?
> - 개발 시 오류를 간과하기 어렵게 공격적인 프로그래밍 기법을 사용했는가?
>
> **예외**
> - 프로젝트에서 예외를 처리하기 위한 규격화된 접근 방법을 정의했는가?
> - 예외 이외의 다른 방법을 고려해 봤는가?
> - 오류 처리를 가능하면 발생한 곳에서 처리하려고 하고 있는가?
> - 코드가 생성자와 소멸자에서 예외를 던지지 않는가?
> - 모든 예외가 예외를 던지는 루틴과 맞는 수준에 있는가?
> - 각 예외가 예외와 관련된 모든 배경 정보를 포함하고 있는가?
> - 빈 *catch* 블록은 없는가?(빈 *catch* 블록이 정말 적절하다면 문서화되었는가?)

> **보안 문제**
> - 버퍼 오버플로, SQL 명령문 주입, HTML 코드 주입, 정수 오버플로, 그 밖의 악의적인 입력과 같은 나쁜 입력 데이터를 검사하는가?
> - 모든 오류 리턴 코드를 검사하는가?
> - 모든 예외가 잡히는가?
> - 오류 메시지가 시스템을 부수려는 공격자에게 도움이 되는 정보를 제공하지는 않는가?

참고 자료

cc2e.com/0875

다음에 방어적 프로그래밍에 관한 자료를 소개한다.

보안

마이클 하워드(Michael Howard), 데이빗 르블랑(David LeBlanc) 《*Writing Secure Code: 안전한 코드 작성 기술*》(정보문화사, 2003). 하워드와 르블랑은 신뢰할 수 있는 입력에 대한 보안이 갖는 의미를 다루었다. 이 책은 프로그램이 공격받을 방법이 얼마나 많은지 보여주고 있는데, 구현 습관과 관련이 있는 것도 있고 그렇지 않은 것도 있다. 이 책은 요구사항 분석, 설계, 코드 작성, 테스트 문제를 모두 다룬다.

어설션

스티브 맥과이어(Steve Maguire) 《*Writing Solid Code: 버그 안녕*》(높이깊이, 2001). 2장은 유명한 마이크로소프트 제품에 있는 흥미로운 어설션 예제를 포함하여 어설션의 사용에 대해서 훌륭하게 설명하고 있다.

비야네 스트롭스트룹(Bjarne Stroustrup) 《*C++ 프로그래밍 언어*》(피어슨에듀케이션코리아, 2005). 24.3.7.2절에서는 어설션과 선행 조건과 후행 조건 사이의 관계를 포함하여 C++에서 어설션을 구현하는 다양한 방법을 설명한다.

베르트랑 메이어(Bertrand Meyer) 《*Object-Oriented Software Construction*》 2판(Prentice Hall, 1997). 이 책은 선행 조건과 후행 조건에 대해서 확실하게 소개한다.

예외

베르트랑 메이어(Bertrand Meyer) ≪*Object-Oriented Software Construction*≫ 2판(Prentice Hall, 1997). 12장에서 예외 처리에 대해 상세하게 설명한다.

비야네 스트롭스트룹 ≪*C++ 프로그래밍 언어*≫(피어슨에듀케이션코리아, 2005). 14장은 C++에서의 예외 처리에 대한 상세한 설명을 포함한다. 14.11절은 C++ 예외를 처리하기 위한 21개의 팁을 요약한 내용을 담고 있다.

스콧 마이어스 ≪*More Effective C++*≫(정보문화사, 2007). 9번부터 15번 항목이 C++에서의 예외 처리에 대한 다양한 뉘앙스를 설명한다.

켄 아놀드(Ken Arnold), 제임스 고슬링(James Gosling), 데이빗 홈즈(David Holmes) ≪*자바 프로그래밍 언어*≫(케이앤피북스, 2009). 8장에서 자바에서의 예외 처리에 관해서 설명한다.

조슈아 블로크(Joshua Bloch) ≪*이펙티브 자바*≫ 2판(인사이트, 2014). 57번 항목부터 65번 항목까지 자바에서의 예외 처리에 대한 뉘앙스를 설명한다.

제임스 폭스올 ≪*Practical Standards for Microsoft Visual Basic .NET*≫(Microsoft Press, 2003). 10장에서 비주얼 베이직에서의 예외 처리에 관해서 설명한다.

요점 정리

- 제품 코드는 "쓰레기를 입력하면 쓰레기가 나온다"라는 말보다 정교한 방법으로 오류를 처리해야 한다.
- 방어적 프로그래밍 기법은 오류를 찾거나 수정하기 쉽고 제품 코드에 손상을 덜 입힌다.
- 어설션은 특히 큰 시스템, 신뢰성이 높은 시스템, 빠르게 코드가 변경되는 시스템에서 오류를 초기에 발견하는 데 도움이 된다.
- 잘못된 입력 데이터를 처리하는 방법에 대한 결정은 오류 처리와 고수준 설계에서 핵심적인 결정 사항이다.
- 예외는 코드의 정상적인 흐름과 다른 차원에서 오류를 처리하는 방법을 제공한다. 예외는 조심스럽게 사용하면 개발자에게 유용한 도구이며 다른 오류 처리 기법과 견주어가며 사용해야 한다.
- 제품 시스템에 적용되는 제약 사항이 반드시 개발 버전에 적용될 필요는 없다. 그러한 사항을 자신에게 유리하게 사용할 수 있으며 오류를 빠르게 검출하는 데 도움이 되는 코드를 개발 버전에 추가할 수 있다.

9장 의사코드 프로그래밍 프로세스

cc2e.com/0936

내용

9.1 클래스 및 루틴 개발 단계 요약
9.2 전문가를 위한 의사코드
9.3 PPP를 이용한 루틴 구현
9.4 PPP 대안

관련 주제

- 고급 클래스 작성: 6장
- 고급 루틴 특성: 7장
- 구현 설계: 5장
- 주석 스타일: 32장

이 책은 클래스와 루틴을 작성하기 위한 프로그래밍 프로세스에 대해서 광범위하게 설명하고 있으며 이 장에서는 루틴과 클래스를 구현하기 위한 단계를 소개한다. 이 장은 클래스와 루틴을 작성하는 과정을 매우 구체적으로 설명하고 있으며 이 단계는 모든 프로젝트에서 매우 중요하다. 또한 이 장에서는 설계와 문서 작성 시 해야 하는 작업을 줄이고 품질을 향상시키는 의사코드 프로그래밍 프로세스(Pseudocode Programming Process, PPP)에 대해서 설명한다.

개발 전문가라면 이 장을 대충 훑어봐도 되지만, 9.3절에 있는 각 단계에 대한 요약 부분은 읽어보고 의사코드 프로그래밍 프로세스를 이용해 루틴을 구현하는 팁을 복습하도록 한다. 이 프로세스를 완벽하게 제대로 활용하는 개발자는 거의 없지만 프로세스를 잘 이해하면 많은 도움이 될 것이다.

PPP가 클래스와 루틴을 작성하기 위한 유일한 절차는 아니다. 9.4절에서 테스트 우선 개발과 계약에 의한 설계를 포함해 가장 널리 사용되는 대안을 설명한다.

9.1 클래스 및 루틴 개발 단계 요약

클래스는 다양한 방법으로 구현할 수 있지만, 보통은 클래스를 일반적인 형태로 설계하고 클래스 내의 구체적인 루틴을 열거하고 해당 루틴들을 구현하고 전체적으로 클래스 구현을 검사하는 과정을 반복한다. 그림 9-1에서 보는 것처럼 설계 과정이 복잡해지는 이유와 같은 이유로 클래스 작성 과정도 복잡해질 수 있다(그 이유는 5.1절의 "설계의 어려움"에서 설명했다).

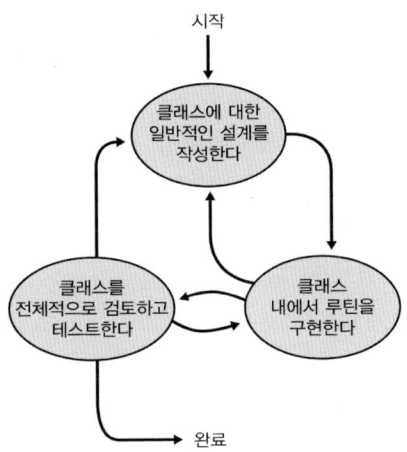

그림 9-1 클래스 구현의 세부 내용은 다양하지만, 그 작업은 일반적으로 그림과 같은 순서로 발생한다.

클래스 생성 단계

다음은 클래스를 구현할 때 반드시 수행해야 하는 단계다.

클래스에 대한 일반적인 설계를 작성한다. 클래스 설계는 수많은 특수한 문제를 포함하고 있다. 클래스의 구체적인 책임을 정의하고 클래스가 숨길 "비밀"이 무엇인지 정의하고 클래스 인터페이스가 추구할 추상화가 무엇인지 정확하게 정의한다. 클래스가 다른 클래스로부터 파생될 것인지, 다른 클래스가 상속받을 수 있도록 허락할 것인지를 결정한다. 클래스의 핵심적인 공개 메서드를 식별하고 클래스에서 사용할 중요한 데이터 멤버를 식별하고 설계한다. 루틴에 대한 직관적인 설계를 작성하는 데 필요한 만큼 이러한 과정을 계속 반복한다. 이러한 고려 사항은 6장 "클래스 다루기"에서 좀 더 자세히 설명한다.

클래스 내에 각 루틴을 구현한다. 첫 단계에서 클래스의 주요 루틴을 식별했다면 이제 각 루틴을 구현해야 한다. 각 루틴을 구현하게 되면 추가로 다른 루틴이 필요하다는 것을 알게 되며 그러한 추가적인 루틴을 작성하면서 발생하는 문제가 전체적인 클래스에 영향을 미치기도 한다.

클래스를 전체적으로 검토하고 테스트한다. 일반적으로 각 루틴은 작성하면서 테스트한다. 클래스를 전체적으로 사용할 수 있게 되면 개별적인 루틴 수준에서 테스트할 수 없었던 문제에 대해서 검토하고 테스트해야 한다.

루틴을 작성하는 단계

클래스 루틴의 대부분은 구현하기에 간단하고 직관적일 것이다. 이러한 루틴에는 접근자 루틴, 다른 객체의 루틴에 대한 직접 호출 루틴 등이 있다. 그 외의 루틴은 이보다 복잡하므로 시스템적인 접근 방법을 사용하는 것이 좋다. 루틴을 작성하는 데 필요한 주요 작업으로는 루틴 설계, 설계 검사, 코드 작성, 코드 점검이 있으며 일반적으로 그림 9-2에서와 같은 순서로 수행된다.

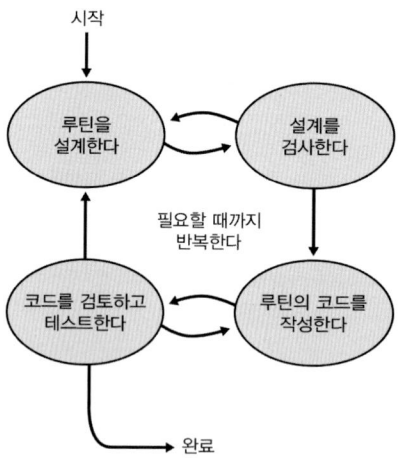

그림 9-2 이것은 루틴을 작성하는 데 필요한 주요 작업이다. 일반적으로 그림과 같은 순서로 수행된다.

전문가들은 루틴을 작성하는 수많은 접근 방법을 개발했으며 개인적으로는 다음 절에서 설명하는 의사코드 프로그래밍 프로세스를 즐겨 사용한다.

9.2 전문가를 위한 의사코드

"의사코드"라는 용어는 알고리즘이나 루틴, 클래스, 프로그램이 어떻게 작동할지를 기술하는 자연어 문장과 같은 비형식적인 표기법을 가리킨다. 의사코드 프로그래밍 프로세스는 루틴의 코드를 능률적으로 작성하기 위해서 의사코드를 사용하는 특수한 접근 방법을 정의한다.

의사코드는 자연어와 비슷해서 생각을 정리하기 위해서 자연어로 어떤 것을 설명하려고 할 때 일어나는 것과 똑같은 일이 발생한다. 실제로는 의사코드를 사용하는 여러 방법 중에서 특히 더 유용한 방법이 있다. 다음은 의사코드를 효과적으로 사용하기 위한 지침이다.

- 구체적인 연산을 정확하게 기술하기 위해 자연어 문장과 같은 형태의 명령문을 사용한다.
- 특정 프로그래밍 언어의 문법적인 요소를 피한다. 의사코드는 코드 자체보다 좀 더 높은 수준에서 설계할 수 있다. 프로그래밍 언어에서 제공하는 기능으로 표현하면 좀 더 세부적인 내용을 다루게 되어 높은 수준에서 설계할 때 얻는 장점을 잃게 될 뿐만 아니라 불필요하게 해당 프로그래밍 언어의 문법에 제약을 받게 된다.
- 의사코드는 목적에 좀 더 초점을 맞춘다. 특정 프로그래밍 언어에서 해당 접근법을 어떻게 구현할 것인지가 아니라 그 방법을 사용하는 목적을 설명한다.
- 의사코드로부터 코드를 거의 자동으로 생성할 수 있을 정도로 의사코드를 작성한다. 의사코드가 너무 높은 수준에 있으면 코드 작성 시 문제가 될 수 있는 세부 사항을 무시할 수 있다. 코드를 쉽게 작성할 수 있을 때까지 더 자세히 의사코드를 개선한다.

관련 정보 목적에 맞춘 주석을 작성하는 방법에 대한 자세한 내용은 32.4절의 "주석의 종류"를 살펴본다.

의사코드를 작성하고 나면 의사코드 주위에 코드를 작성하고 의사코드를 프로그래밍 주석으로 변경한다. 이렇게 하면 주석을 작성하는 노력을 대부분 줄일 수 있다. 의사코드가 지침을 따른다면 작성된 주석은 완전하고 이해하기도 쉬울 것이다.

다음은 조금 전에 설명했던 원칙을 모두 어기고 있는 의사코드로 설계한 예다[17].

나쁜 의사코드의 예
```
increment resource number by 1
allocate a dlg struct using malloc
if malloc() returns NULL then return 1
invoke OSrsrc_init to initialize a resource for the operating system
*hRsrcPtr = resource number
return 0
```

---

17 (옮긴이) 이 부분은 의사코드를 자연어와 비슷한 형태로 작성한다는 저자의 의도를 살리기 위해서 번역하지 않았다. 하지만 다음 예제에 있는 의사코드는 번역했다.

이 의사코드의 의도는 무엇일까? 이 의사코드는 잘못 작성되었기 때문에 목적이 무엇인지 명확하게 말하기가 어렵다. 이 의사코드의 문제는 *hRsrcPtr(C 언어의 포인터 표기법)이나 *malloc()*(C 언어에 특화된 함수)과 같은 프로그래밍 언어로 코드 작성에 필요한 세부 사항을 나타냈다는 데 있다. 이 의사코드는 설계 관점보다는 코드를 어떻게 작성할 것인지에 중점을 두고 있다. 루틴이 1을 반환할지 0을 반환할지 같은 상세한 코드 작성을 다루고 있다. 의사코드를 주석으로 변환했을 때 과연 좋은 주석이라고 할 수 있느냐는 관점에서 다시 생각해 보면 이 의사코드는 그리 큰 도움이 되지 않을 것이다.

다음은 같은 연산에 대한 의사코드를 훨씬 더 개선한 것이다.

좋은 의사코드의 예
```
Keep track of current number of resources in use
If another resource is available
    Allocate a dialog box structure
    If a dialog box structure could be allocated
        Note that one more resource is in use
        Initialize the resource
        Store the resource number at the location provided by the caller
    Endif
Endif
Return true if a new resource was created; else return false
```

이 의사코드는 완벽하게 영어로만 작성되었기 때문에 첫 번째 것보다 낫다. 프로그래밍 언어의 문법적인 요소도 전혀 사용하지 않는다. 첫 번째 예제는 의사코드를 C 언어로만 구현할 수 있었다. 하지만 두 번째 예제는 의사코드가 언어 선택을 제한하지 않는다. 이 의사코드는 목적을 분명히 하는 데 중점을 두었다. 두 번째 의사코드가 무엇을 의미하는지 알겠는가? 아마도 첫 번째 블록보다 이해하기가 쉬울 것이다.

영어로만 작성했는데도 불구하고 두 번째 의사코드는 정확하고 자세해서 프로그래밍 언어 코드로 쉽게 작성할 수 있다. 의사코드 문장을 주석으로 변환하면 코드의 의도를 훌륭하게 설명할 것이다.

다음은 이러한 의사코드 방식을 사용했을 때 얻을 수 있는 장점이다.

- 의사코드 덕분에 검토가 쉬워진다. 소스코드를 보지 않고 상세한 설계를 검토할 수 있다. 의사코드로 인해 낮은 수준의 설계 검토가 쉬워 코드 자체를 검토할 필요가 줄어든다.
- 의사코드는 반복적인 개선을 지원한다. 높은 수준에서 설계를 시작한 후 그 설계를 의사코드로 변경하고 의사코드를 다시 소스코드로 바꾼다. 이렇게 작은 단위로 연속해서 개선하면 세부적인 사항을 낮은 수준으로

구현할 때 설계를 점검할 수 있다. 그 결과 상위 수준에서는 상위 수준의 오류, 중간 수준에서는 중간 수준의 오류, 하위 수준에서는 하위 수준의 오류를 처리함으로써 더 낮은 수준에서 문제가 되거나 악영향을 끼치기 전에 오류를 잡을 수 있다.

참고 자료 최저 비용 단계에서 변경할 때의 장점에 관한 더 많은 내용은 앤디 그로브(Andy Grove)의 《관리혁명》(대경출판, 1996)을 살펴본다.

- 의사코드는 변경하기 쉽다. 몇 줄의 의사코드는 코드 한 페이지보다 변경하기가 쉽다. 설계도에 그어진 선을 고쳐 그리겠는가, 아니면 벽과 못을 뜯고 떼어내겠는가? 소프트웨어에서는 물리적인 영향이 그렇게까지 크지는 않지만, 제품을 가장 변경하기 쉬울 때 변경한다는 원칙은 같다. 프로젝트를 성공적으로 수행하기 위한 핵심 요소 중 하나는 오류를 "최저 비용 단계"(가장 적은 노력이 드는 단계)에서 잡는 것이다. 완벽하게 코드를 작성하고 테스트를 하고 디버깅을 한 후보다 의사코드 단계에서 훨씬 적은 비용이 들기 때문에 경제적으로도 오류를 초기에 잡는 것이 현명하다.

- 의사코드는 주석 작업을 최소화한다. 전형적인 코드 작성 시나리오에서는 코드를 작성한 다음 주석을 추가한다. PPP에서는 의사코드 문장이 주석이 되기 때문에 실제로 주석을 남기는 것보다 주석을 제거하는 작업을 더 많이 한다.

- 의사코드는 다른 어떤 형태의 설계 문서보다도 유지보수하기가 쉽다. 다른 접근 방법을 사용하면 설계가 코드와 구분되어 있어 변경할 때 두 가지를 모두 변경해야 한다. PPP를 사용하면 의사코드 문장이 코드 안에서 주석이 된다. 인라인 주석이 유지되는 한 해당 설계에 대한 의사코드의 문서는 정확할 것이다.

KEY POINT

상세 설계 도구로서 의사코드를 따라잡을 만한 것은 없어 보인다. 한 조사에서 개발자들이 의사코드를 선호하는 이유가 프로그래밍 언어로 쉽게 구현할 수 있고 부족한 상세 설계를 발견하는 데 도움을 주고 문서화와 변경이 쉽기 때문이라고 했다(Ramsey, Atwood, and Van Doren 1983). 의사코드가 상세 설계를 위한 유일한 도구는 아니지만, 의사코드와 PPP는 개발자가 알아두면 매우 좋은 도구임은 틀림없다. 일단 사용해보라. 다음 절에서는 어떻게 사용하는지를 보여준다.

9.3 PPP를 이용한 루틴 구현

이 절은 루틴을 구현하는 데 필요한 활동을 설명한다.

- 루틴을 설계한다.
- 루틴을 구현한다.
- 코드를 검사한다.
- 나머지를 정리한다.
- 필요한 만큼 반복한다.

루틴을 설계한다

관련 정보 설계의 다른 측면에 대한 자세한 내용은 5장부터 8장까지의 내용을 살펴본다.

클래스에 어떤 루틴이 필요한지 정의했다면 클래스의 복잡한 루틴을 구현하는 첫 번째 단계는 해당 루틴을 설계하는 것이다. 오류 코드에 따라 오류 메시지를 출력하기 위한 *ReportErrorMessage()* 라는 루틴을 개발한다고 하자. *ReportErrorMessage()* 에 대한 설명은 다음과 같다.

> *ReportErrorMessage()* 는 매개변수로 오류 코드를 받고 오류 코드에 따른 오류 메시지를 출력한다. 타당하지 못한 코드에 대한 처리도 책임지고 있다. 프로그램이 대화식으로 작동하고 있다면 *ReportErrorMessage()* 는 메시지를 사용자에게 표시할 것이다. 명령줄 모드로 작동 중이라면 *ReportErrorMessage()* 는 메시지를 메시지 파일에 기록할 것이다. 메시지를 출력한 후 *ReportErrorMessage()* 는 루틴이 성공했는지 실패했는지를 나타내는 상태 값을 반환한다.

이 장의 나머지 부분에서 이 루틴을 예제로 사용한다. 이 절에서는 루틴을 설계하는 방법을 설명할 것이다.

관련 정보 선행조건 검사에 대한 자세한 내용은 3장 "준비는 철저하게: 선행 조건"과 4장 "구현 시 결정해야 할 핵심 사항"을 살펴본다.

선행 조건을 검사한다. 루틴 자체에 대한 작업을 수행하기 전에 루틴이 해야 할 일이 잘 정의되었고 전체적인 설계에 잘 어울리는지 검사한다. 루틴을 프로젝트의 요구사항에 맞게 호출하는지도 다시 한번 확인한다.

루틴이 해결할 문제를 정의한다. 루틴이 해결할 문제를 당장 개발할 수 있을 정도로 자세히 기술한다. 고수준 설계가 충분히 자세하다면 더는 할 일이 없을 수도 있다. 높은 수준의 설계에는 적어도 다음과 같은 내용이 포함되어야 한다.

- 루틴이 숨길 정보
- 루틴에 대한 입력
- 루틴의 출력

관련 정보 선행조건과 후행조건에 대한 자세한 내용은 8.2절의 "선행 조건과 후행 조건을 문서화하고 검증하는 데 어설션을 사용하라"를 살펴본다.

- 루틴이 호출되기 전에 참(True)이어야 하는 선행 조건들(특정한 범위 내에 있는 입력 값, 초기화된 스트림, 열리거나 닫힌 파일, 채워지거나 내보내진 버퍼 등)
- 호출한 곳으로 반환하기 전에 루틴이 참임을 보장하는 후행 조건들(지정된 범위 내에 있는 출력 값, 초기화된 스트림, 열리거나 닫힌 파일, 채워지거나 내보내진 버퍼 등)

다음은 이러한 사항이 *ReportErrorMessage()* 예제에서 어떻게 처리되는지에 대한 설명이다.

- 루틴은 두 가지 사실, 즉 오류 메시지와 현재 처리 중인 방식(대화식 또는 명령줄)을 감추고 있다.
- 루틴에 보장되어야 하는 선행조건이 없다.
- 루틴에 대한 입력은 오류 코드다.

- 두 종류의 출력이 있다. 첫 번째는 오류 메시지고 두 번째는 *ReportErrorMessage()*가 호출 루틴에 리턴하는 상태 값이다.
- 루틴은 상태 값이 *Success*나 *Failure* 값 중 하나임을 보장한다.

관련 정보 루틴 명명에 대한 자세한 내용은 7.3절 "좋은 루틴 이름"을 살펴본다.

루틴의 이름을 짓는다. 루틴의 이름을 짓는 것은 사소한 것처럼 보이지만, 루틴 이름이 좋다는 것은 프로그램의 품질이 좋다는 지표고 실제로 어려운 작업이기도 하다. 일반적으로 루틴은 분명하고 모호하지 않은 이름을 가져야 한다. 좋은 이름을 짓는 데 어려움을 겪고 있다면 아마도 루틴의 목적이 분명하지 않기 때문일 것이다. 모호하고 애매한 이름은 선거 유세 중인 정치인과 같다. 마치 무언가를 말하고 있는 것처럼 보이지만, 자세히 들어보면 무슨 의미인지 이해할 수 없다. 명확한 이름을 만들 수 있다면 그렇게 하라. 애매한 이름이 애매한 설계 때문은 아닌지 다시 한번 살펴보자. 그리고 뒤로 물러나 설계를 개선해 보자.

예제에서 *ReportErrorMessage()*는 모호하지 않다. 좋은 이름이다.

참고 자료 테스트 케이스를 먼저 작성하는 데 중점을 두는 구현 방법에 대한 내용은 벡의 ≪*테스트 주도 개발*≫(인사이트, 2014)을 살펴본다.

루틴을 어떻게 테스트할 것인지 결정한다. 루틴을 작성할 때 어떻게 테스트할 것인지 생각하라. 이는 단위 테스트를 수행할 때나 별도로 루틴을 테스트하는 사람에게 도움이 된다.

이 예제에서는 입력이 간단해서 *ReportErrorMessage()*를 타당한 오류 코드와 다양한 타당하지 않은 코드에 대해 테스트하는 계획을 세울 수 있다.

표준 라이브러리에서 사용할 수 있는 기능을 조사한다. 코드의 품질과 생산성 모두를 향상시킬 수 있는 최고의 방법은 좋은 코드를 재사용하는 것이다. 매우 복잡해 보이는 루틴을 설계하기 위해 고심하고 있다면 개발하는 루틴의 기능 중 일부나 전부를 언어의 라이브러리 코드나 플랫폼, 사용하고 있는 도구에서 이미 제공하고 있는지를 확인한다. 회사에서 관리하는 라이브러리 코드에서 제공하는지 확인한다. 많은 알고리즘이 이미 발명되고 테스트되고 상업용 문서에서 논의되고 검토되고 개선되었다. 이미 다른 사람들이 박사 논문에 작성한 것을 개발하는 데 시간을 낭비하지 말고 이미 작성된 코드를 몇 분 동안 살펴보면서 자신이 필요 이상의 작업을 하고 있지는 않은지 확인한다.

오류 처리에 대해서 생각한다. 루틴에서 잘못될 수 있는 모든 경우에 대해서 고려한다. 잘못된 입력이나 다른 루틴에서 반환된 유효하지 않은 값 등에 대해서 생각한다.

루틴은 오류를 다양한 방법으로 처리할 수 있고 오류를 어떻게 처리할 것인지는 신중하게 선택해야 한다. 프로그램의 아키텍처에 프로그램의 오류 처리 방식이 정의되어 있다면 그 방식을 따르면 된다. 그렇지 않은 경우에는 어떤 접근 방법이 해당 루틴에 가장 잘 맞을지 결정해야 한다.

효율성에 대해서 생각한다. 상황에 따라서 효율성을 두 가지 방법 중 하나로 해결할 수 있다. 대다수 시스템에 해당하는 첫 번째 상황에서는 효율성이 그렇게 중요하지 않다. 그런 경우에는 나중에 필요할 때 루틴을 개선할 수 있을 정도로 루틴의 인터페이스의 추상화가 잘 되어 있는지와 루틴의 코드가 이해하기 쉬운지 확인한다. 캡슐화가 잘 되어 있다면 느리고 자원을 많이 낭비하는 고급 언어로 구현된 코드를 좀 더 빠른 알고리즘이나 빠르면서 간결한 저수준 언어로 구현한 코드로 대체할 수 있으며 다른 루틴은 건드리지 말아야 한다.

관련 정보 효율성에 대한 자세한 내용은 25장 "코드 튜닝 전략"과 26장 "코드 튜닝 기법"을 살펴본다.

두 번째 경우는 소수의 시스템에 해당하는 것으로 성능이 중요한 경우다. 성능 문제는 부족한 데이터베이스 연결이나 제한된 메모리, 사용 가능한 핸들(handle)의 부족, 지나친 시간 제약, 다른 희소한 자원과 관련이 있을 것이다. 아키텍처는 각 루틴(또는 클래스)에서 얼마나 많은 자원을 사용할 수 있으며 연산을 얼마나 빨리 수행해야 하는지 명시해야 한다.

루틴이 자원과 속도의 목표를 달성할 수 있도록 설계한다. 자원이나 속도 중 어느 하나가 더 중요하다면 속도를 위해 자원을 포기하거나 그 반대가 되도록 설계한다. 처음 루틴을 구현할 때는 자원이나 속도를 적정 수준으로 조율할 수 있다.

이 두 가지 방법을 제외하면 일반적으로 개별적인 루틴 수준에서 효율성을 고려하는 것은 시간 낭비다. 전체적인 최적화는 상위 레벨에서의 설계를 개선함으로써 얻을 수 있지 개별적인 루틴을 개선하는 것으로는 얻을 수 없다. 일반적으로 상위 레벨 설계가 시스템의 성능 목표에 도달하지 못할 거라고 판단할 때 미세한 최적화를 사용하며 전체 프로그램이 완성될 때까지 그 결과는 알 수 없다. 성능에 문제가 있다고 판명되기 전까지는 미세한 부분을 개선하느라 시간을 낭비하지 않아야 한다.

알고리즘과 데이터형을 조사한다. 구현하고자 하는 기능을 라이브러리에서 제공하지 않는 경우에는 알고리즘 책에 설명되어 있을 수도 있다. 복잡한 코드를 처음부터 작성하기 전에 알고리즘 책을 뒤져서 이미 사용 가능한 것이 있는지 살펴본다. 미리 구현된 알고리즘을 사용하는 경우에는 프로그래밍 언어에 맞게 고쳐서 작성하도록 한다.

의사코드를 작성한다. 지금까지의 단계대로 진행해 왔다면 아마도 작성한 코드가 많지 않을 것이다. 의사코드를 작성하는 이유는 실제로 루틴을 작성할 때 도움이 되도록 전체적인 흐름을 미리 정하는 데 있다.

관련 정보 이 설명은 좋은 설계 기법이 루틴의 의사코드 버전을 작성하는 데 사용되었음을 가정하고 있다. 설계에 대한 자세한 내용은 5장 "구현 설계"를 살펴본다.

준비 단계가 모두 끝나면 고수준 의사코드로 루틴 작성을 시작할 수 있다. 지금부터는 프로그래밍 편집기나 통합 개발 환경으로 의사코드를 작성한다. 의사코드는 프로그래밍 코드에 사용될 것이다.

일반적인 것부터 시작해서 구체적인 것으로 작업을 진행한다. 루틴에서 가장 일반적인 부분은 루틴이 해야 하는 것이 무엇인지를 설명하는 주석이므로, 우선 루틴의 목적을 간결하게 한 문장으로 작성한다. 이 문장이 루틴을 이해하는 데 도움을 줄 것이다. 주석을 생각만큼 매끄럽게 작성할 수 없다는 것은 루틴의 역할을 좀 더 명확하게 이해할 필요가 있음을 반증하는 현상이다. 다음 예제는 머리말 주석에서 루틴에 대해 간결하게 설명하고 있다.

루틴에 대한 머리말 주석 예제

이 루틴은 호출 루틴에서 제공하는 오류 코드에 따라서 오류 메시지를 출력한다.
이 루틴이 메시지를 출력하는 방법은 현재 처리 중인 상태에 따라서 달라진다.
이 루틴은 성공이나 실패를 가리키는 값을 반환한다.

일반적인 주석을 작성한 후에는 해당 루틴에 대한 의사코드를 작성한다. 다음은 이 예제에 대한 의사코드다.

루틴에 대한 의사코드 예제

이 루틴은 호출 루틴에서 제공하는 오류 코드에 따라서 오류 메시지를 출력한다.
이 루틴이 메시지를 출력하는 방법은 현재 처리 중인 상태에 따라서 달라진다.
이 루틴은 성공이나 실패를 가리키는 값을 반환한다.

기본 상태를 "실패"로 설정한다.
오류 코드에 대한 메시지를 검색한다.

만약 오류 코드가 유효하다면
    만약 대화식 방식이라면, 오류 메시지를
    대화식으로 보여주고 성공을 선언한다.

    만약 명령줄 방식이라면, 오류 메시지를
    명령줄에 기록하고 성공을 선언한다.

만약 오류가 유효하지 않다면, 사용자에게
내부 오류가 발견되었다고 알린다.

상태 정보를 반환한다.

이 의사코드는 상당히 높은 수준에서 작성되었다는 점을 주목하라. 이 코드는 프로그래밍 언어가 아니다. 대신 루틴이 무엇을 해야 하는지 한글로 정확하게 표현하고 있다.

관련 정보 변수의 효과적인 사용에 대한 자세한 내용은 10장에서 13장까지 살펴본다.

데이터에 대해서 생각한다. 루틴의 데이터는 다양한 시점에 설계할 수 있는데 이 예제는 데이터가 비교적 간단하고 데이터 관리가 중요한 부분이 아니다. 이 루틴에서 데이터 관리가 중요하다면 논리적인 구조보다 데이터를 먼저 고민하는 것이 좋을 수도 있다. 핵심적인 데이터형을 정의하면 루틴의 논리적인 구조를 설계할 때 유용하다.

관련 정보 검토 기법에 대한 자세한 내용은 21장 "협력 구현"을 살펴본다.

의사코드를 검사한다. 의사코드를 작성하고 데이터를 설계했다면 작성한 의사코드를 몇 분 동안 검토해 본다. 잠시 시간을 갖고 다른 사람에게 어떻게 설명할 것인가에 대해서 생각해 본다.

다른 사람에게 코드를 검토해 달라고 부탁하거나 설명을 들어달라고 부탁한다. 다른 사람에게 11줄짜리 의사코드를 봐달라고 하는 것이 우스운 일이라고 생각할지도 모르지만, 그 결과에 놀라게 될 것이다. 의사코드는 자신이 세운 가정과 상위 수준에서 발생하는 실수를 프로그래밍 언어로 작성한 코드보다 분명하게 보여준다. 또한 누구나 35줄짜리 C++나 자바 코드를 검토하는 것보다 의사코드를 몇 줄 검토하는 것을 선호한다.

루틴이 무엇을 어떻게 하는지 충분하게 이해해야 한다. 의사코드 수준에서 개념적으로 루틴을 이해하지 못한다면 프로그래밍 언어 수준에서는 어떻게 이해할 수 있겠는가? 그리고 의사코드를 작성한 사람이 이해하지 못한다면 누가 이해할 수 있겠는가?

관련 정보 반복에 대한 자세한 내용은 34.8절 "반복, 반복, 또 반복"을 살펴본다.

의사코드에서 몇 가지 아이디어를 내보고 가장 좋은 방법을 선택한다(반복). 코드 작성을 시작하기 전에 의사코드에서 가능한 한 많은 아이디어를 시도해 본다. 일단 코드를 작성하기 시작하면 코드와 사랑에 빠져 나쁜 설계를 던져버리고 새로 시작하기가 어려워질 것이다.

기본 개념은 의사코드의 각 문장 아래에 코드를 추가하고 원래 의사코드를 문서로서 남겨둘 수 있을 만큼 간단해질 때까지 의사코드 안의 루틴을 반복하는 것이다. 처음으로 작성한 의사코드의 일부는 더 작게 분해할 필요가 있을 정도로 높은 수준일 수도 있다. 그런 경우라면 추가로 의사코드를 분해해야 한다. 코드를 어떻게 작성해야 할지 확신이 들지 않는다면 확신이 들 때까지 의사코드를 계속 작성한다. 실제 코드 대신 의사코드를 작성하는 것이 시간 낭비처럼 보일 때까지 의사코드를 개선하고 분해한다.

루틴을 구현한다

루틴을 설계했다면 이제 구현한다. 거의 표준화된 순서로 구현 단계를 수행하지만, 필요에 따라서 변경할 수도 있다. 그림 9-3은 루틴을 구현하는 단계를 보여준다.

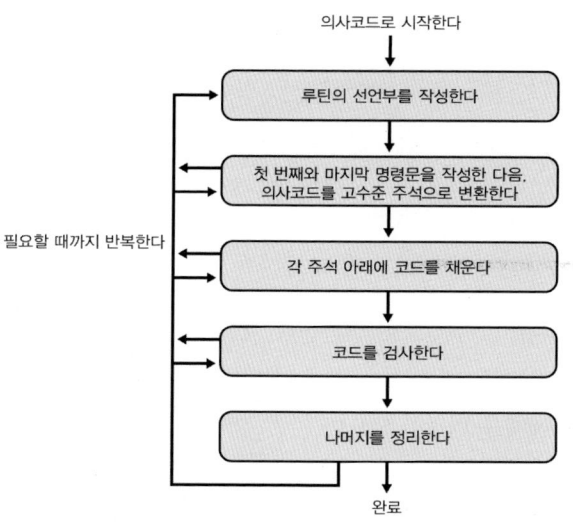

그림 9-3 루틴을 설계할 때 모든 단계를 수행하겠지만, 반드시 정해진 순서대로 수행할 필요는 없다.

루틴의 선언부를 작성한다. C++의 함수 선언, 자바의 메서드 선언, 마이크로소프트 비주얼 베이직의 함수나 서브 프로시저 선언 등 사용하는 언어에서 필요한 루틴 인터페이스 명령문을 작성한다. 원래의 머리말 주석을 프로그래밍 언어의 주석으로 전환한다. 그것을 이미 작성한 의사코드 위에 남겨둔다. 다음은 C++로 루틴의 인터페이스 명령문과 헤더를 작성한 예제다.

의사코드에 루틴 인터페이스와 헤더를 추가한 C++ 예제

```
/* 이 루틴은 호출 루틴에서 제공하는 오류 코드에 따라서 오류 메시지를 출력한다.
 이 루틴이 메시지를 출력하는 방법은 현재 처리 중인 상태에 따라서 달라진다.
 이 루틴은 성공이나 실패를 가리키는 값을 반환한다.
*/

Status ReportErrorMessage(        ◀── 인터페이스 명령문이다.
   ErrorCode errorToReport
   )
기본 상태를 "실패"로 설정한다.
해당 오류 코드에 대한 메시지를 검색한다.

만약 오류 코드가 유효하다면
```

머리말 주석이 C++ 방식의 주석으로 전환되었다.

>   만약 대화식 방식이라면, 오류 메시지를
>   대화식으로 보여주고 성공을 선언한다.
>
>   만약 명령줄 방식이라면, 오류 메시지를
>   명령줄에 기록하고 성공을 선언한다.
>
>   만약 오류가 유효하지 않다면, 사용자에게
>   내부 오류가 발견되었다고 알린다.
>
>   상태 정보를 반환한다.

이제 인터페이스 가정을 기록할 차례다. 이 경우에는 인터페이스 변수 *errorToReport*가 직관적이며 구체적인 목적을 잘 나타내고 있으므로 문서화할 필요가 없다.

의사코드를 고수준의 주석으로 변환한다. C++에서 헤더를 주석 처리하고 명령문 하나를 작성했으니 작업을 계속할 수 있게 나머지 의사코드를 중괄호 안에 넣고 주석 처리한다. 다음은 이 예제를 변경한 코드다.

의사코드 주위에 첫 번째 명령문과 마지막 명령문을 작성한 C++ 예제

```
/* 이 루틴은 호출 루틴에서 제공하는 오류 코드에 따라서 오류 메시지를 출력한다.
이 루틴이 메시지를 출력하는 방법은 현재 처리 중인 상태에 따라서 달라진다.
이 루틴은 성공이나 실패를 가리키는 값을 반환한다.
*/

Status ReportErrorMessage(
    ErrorCode errorToReport
    ) {
    // 기본 상태를 "실패"로 설정한다.        ←  여기서부터 아래에 있는 의사코드 문장을
    // 해당 오류 코드에 대한 메시지를 검색한다.      C++ 주석으로 변환했다.

    // 만약 오류 코드가 유효하다면
        // 만약 대화식 방식이라면, 오류 메시지를
        // 대화식으로 보여주고 성공을 선언한다.

        // 만약 명령줄 방식이라면, 오류 메시지를
        // 명령줄에 기록하고 성공을 선언한다.

    // 만약 오류가 유효하지 않다면, 사용자에게
    // 내부 오류가 발견되었다고 알린다.

    // 상태 정보를 반환한다.
}
```

이 시점에서는 루틴의 특성이 분명하다. 설계 작업이 끝났기 때문에 실제 코드를 보지 않더라도 루틴이 어떻게 작동하는지 이해할 수 있다. 의사코드를 프로그래밍 언어 코드로 변환하는 것이 기계적이고 자연스럽고 쉬워야 한다. 그렇지 않다면 설계가 잘 됐다고 느낄 때까지 의사코드로 설계 작업을 계속해야 한다.

관련 정보 이것은 소소하게 비유를 잘 적용한 경우다. 비유를 크게 적용하는 것에 대한 비평은 2.3절의 "소프트웨어 글쓰기: 코드 작성"을 살펴본다.

각 주석 아래에 코드를 채운다. 각 의사코드 주석 아래에 코드를 채운다. 과정은 보고서를 작성하는 것과 상당히 비슷하다. 우선 개요를 작성하고 개요에 대한 단락을 작성한다. 각 의사코드 주석은 코드 블록이나 단락을 기술한다. 일반적인 글에서 단락의 길이처럼 코드 단락의 길이도 표현하고자 하는 생각에 따라 차이가 나며 단락의 품질도 사고의 명료성과 초점에 따라 달라진다.

이 예제에서 처음 두 의사코드 주석은 코드 두 줄로 작성된다.

의사코드 주석을 코드로 표현한 C++ 예제

```
/* 이 루틴은 호출 루틴에서 제공하는 오류 코드에 따라서 오류 메시지를 출력한다.
이 루틴이 메시지를 출력하는 방법은 현재 처리 중인 상태에 따라서 달라진다.
이 루틴은 성공이나 실패를 가리키는 값을 반환한다.
*/

Status ReportErrorMessage(
    ErrorCode errorToReport
    ) {
    // 기본 상태를 "실패"로 설정한다.
    Status errorMessageStatus = Status_Failure;      ←── 여기에 코드를 작성했다.

    // 해당 오류 코드에 대한 메시지를 검색한다.
    Message errorMessage = LookupErrorMessage ( errorToReport );  ←┐
                                                                   │ 여기에 새로운 변수
                                                                   │ errorMessage가 있다.
    // 만약 오류 코드가 유효하다면
        // 만약 대화식 방식이라면, 오류 메시지를
        // 대화식으로 보여주고 성공을 선언한다.

        // 만약 명령줄 방식이라면, 오류 메시지를
        // 명령줄에 기록하고 성공을 선언한다.

    // 만약 오류가 유효하지 않다면, 사용자에게
    // 내부 오류가 발견되었다고 알린다.

    // 상태 정보를 반환한다.
}
```

이제 본격적으로 코드 작성을 시작했다. *errorMessage* 변수가 사용되었으니 선언해야 한다. 나중에 주석을 작성했다면 코드 두 줄에 대해 주석을 두 줄이나 작성할 필요까지는 없었을 것이다. 하지만 이 접근 방법에서는 얼마나 많은 코드에 주석을 작성했느냐가 아니라 주석의 의미론적인 내용이 중요하다. 주석이 이미 작성되어 있고 코드의 의도를 설명하고 있으니 그냥 남겨두도록 한다.

나머지 주석 아래에도 코드를 채워야 한다.

의사코드 프로그래밍 프로세스로 작성한 완전한 루틴을 C++로 작성한 예제

```cpp
/* 이 루틴은 호출 루틴에서 제공하는 오류 코드에 따라서 오류 메시지를 출력한다.
이 루틴이 메시지를 출력하는 방법은 현재 처리 중인 상태에 따라서 달라진다.
이 루틴은 성공이나 실패를 가리키는 값을 반환한다.
*/

Status ReportErrorMessage(
   ErrorCode errorToReport
   ) {
   // 기본 상태를 "실패"로 설정한다.
   Status errorMessageStatus = Status_Failure;

   // 해당 오류 코드에 대한 메시지를 검색한다.
   Message errorMessage = LookupErrorMessage( errorToReport );

   // 만약 오류 코드가 유효하다면
   if ( errorMessage.ValidCode() ) {    ← 각 주석에 대한 코드를 여기서부터 작성했다.
      // 처리 방법을 결정한다.
      ProcessingMethod errorProcessingMethod = CurrentProcessingMethod();

      // 만약 대화식 방식이라면, 오류 메시지를
      // 대화식으로 보여주고 성공을 선언한다.
      if ( errorProcessingMethod == ProcessingMethod_Interactive ) {
         DisplayInteractiveMessage( errorMessage.Text() );
         errorMessageStatus = Status_Success;
      }

      // 만약 명령줄 방식이라면, 오류 메시지를
      // 명령줄에 기록하고 성공을 선언한다.
      else if ( errorProcessingMethod == ProcessingMethod_CommandLine ) {
         CommandLine messageLog;
         if ( messageLog.Status() == CommandLineStatus_Ok ) {
            messageLog.AddToMessageQueue( errorMessage.Text() );
            messageLog.FlushMessageQueue();
            errorMessageStatus = Status_Success;
         }
```

이 코드는 새로운 루틴 *DisplayCommandLineMessage()*로 분리되기에 좋은 후보다.

```
            else {
                // 루틴이 이미 오류를 처리하고 있기 때문에
                // 아무것도 할 수 없다.
            }
        else {
            // 루틴이 이미 오류를 처리하고 있기 때문에
            // 아무것도 할 수 없다.
        }
    }

    // 만약 오류가 유효하지 않다면, 사용자에게
    // 내부 오류가 발견되었다고 알린다.
    else {
        DisplayInteractiveMessage(
            "Internal Error: Invalid error code in ReportErrorMessage()"
        );
    }

    // 상태 정보를 반환한다.
    return errorMessageStatus;
}
```

이 코드와 주석은 새로 추가하였고 if 테스트를 보완하여 작성한 결과다.

이 코드와 주석도 새로 추가했다.

주석마다 한 줄 이상의 새로운 코드를 만들었다. 각 코드 블록은 주석에 담긴 생각을 완전하게 구현하고 있다. 주석은 코드에 대한 고수준의 설명을 제공하기 위해서 남겨두었다. 모든 변수는 맨 처음 사용되는 위치와 가까운 곳에 선언하고 정의했다. 각 주석은 일반적으로 2줄에서 10줄 정도의 코드로 확장된다(이 예제는 설명하기 위한 것이기 때문에 코드 확장이 실제보다 다소 적은 편이다).

이제 앞에서 살펴본 명세와 처음에 작성한 의사코드를 다시 한번 살펴보자. 원래 다섯 문장이었던 명세는 15줄의 의사코드로 확장되었고(정확한 숫자는 줄을 어떻게 세느냐에 따라 달라진다) 그에 따라 이 의사코드는 한 페이지 정도의 루틴으로 확장되었다. 명세가 상세하게 기술되었더라도 루틴을 생성하기 위해서는 의사코드와 코드에서 실질적인 설계 작업이 필요하다. 그러한 저수준 설계 때문에 "코드 작성"이 중요하고 이 책의 주제가 중요하다.

코드를 더 나눠야 하는지 검사한다. 어떤 경우에는 의사코드 한 줄 밑에 매우 많은 코드가 작성될 것이다. 이 경우에는 다음에 소개하는 두 가지 과정 중 하나를 고려해야 한다.

- 주석 아래에 있는 코드를 새로운 루틴으로 나눈다. 의사코드 한 줄이 예상했던 것보다 많은 코드로 확장되었다면 해당 코드를 별도의 루틴으로 나눌 수 있다. 해당 루틴을 호출하는 코드를 작성한다(루틴의 이름도 포

관련 정보 리팩터링에 대한 자세한 내용은 24장 "리팩터링"을 살펴본다.

함). PPP를 제대로 사용했다면 새로운 루틴의 이름을 의사코드로부터 쉽게 유추할 수 있어야 한다. 원래 작성하고 있던 루틴을 완성하고 나면 새로운 루틴으로 이동해서 해당 루틴에 대해서 PPP를 다시 적용할 수 있다.

- PPP를 재귀적으로 적용한다. 의사코드 한 줄 아래에 20줄이 넘는 코드를 작성하는 대신 원래 있던 의사코드를 여러 줄의 의사코드로 분해하는 시간을 갖는다. 그리고 나서 새로 작성한 의사코드 아래에 코드를 채워 넣는다.

코드를 검사한다

루틴을 설계하고 구현한 후 세 번째로 큰 단계의 작업은 구현한 코드가 정확한지 확인하기 위해 코드 검사를 하는 것이다. 이 단계에서 놓친 오류는 나중에 테스트할 때까지 발견되지 않을 것이다. 나중에 오류를 발견하고 수정하면 비용이 더 많이 들기 때문에 이 단계에서 찾을 수 있는 모든 오류를 찾아야 한다.

관련 정보 아키텍처와 요구 사항에 있는 오류 검사 방법에 대한 자세한 내용은 3장 "준비는 철저하게: 선행 조건"을 살펴본다.

오류는 여러 가지 이유로 루틴을 완벽하게 작성할 때까지 발견되지 않을지도 모른다. 의사코드에 있는 오류는 상세 구현 단계에 이르면 좀 더 분명해진다. 의사코드에서 명확한 것처럼 보이는 설계가 개발 언어에서는 그렇지 않을 수도 있다. 상세 개발 작업을 하면 아키텍처나 상위 수준 설계, 요구사항에 있는 오류가 드러날 수도 있다. 끝으로 코드에 예전에나 저지르던 갖가지 오류가 있을 수도 있다. 세상에 완벽한 것은 없으니까! 이런 이유 때문에 다음 작업으로 넘어가기 전에 코드를 검토해야 한다.

머릿속에서 루틴의 오류를 검사한다. 루틴에 대한 첫 번째 형식적인 검사는 머릿속에서 한다. 앞에서 언급했던 클린업 검사 단계와 비형식적인 검사 단계가 머리로 수행하는 두 가지 검사다. 또 다른 방법은 각 경로를 머릿속에서 실행하는 것이다. 머릿속에서 루틴을 실행하는 것은 어려운 일인데, 그런 이유 때문에라도 루틴을 작게 유지해야 한다. 정상적인 경로와 종결점, 모든 예외 조건을 검사하고 있는지 확인한다. 이 작업을 혼자서 수행("탁상 검사"라고 함)한 후 한 명 이상의 동료와 함께 수행(어떻게 하느냐에 따라서 "동료 검토", "워크스루(walk-through)", "정밀 검사"라고 함)한다.

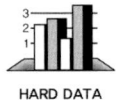

취미로 프로그래밍하는 사람과 전문적인 개발자 사이의 가장 큰 차이점 중 하나는 미신에서 벗어나 이해하려고 노력하면서 성장한다는 데 있다. 여기에서 "미신"은 몸을 오싹하게 하거나 보름달이 뜰 때 오류가 더 발생하는 프로그램을 말하는 게 아니라 코드를 이해하려고 하기보다는 코드의 느낌을 더 믿는 현상을 말한다. 컴파일러나 하드웨어가 오류를 만들었을 것이라고 자주 의심한다면 아직도 미신의 영역에 있는 것이다. 수년 전에 진행되었던 한 연구에서는 전체 오류 중 약 5%만이 하드웨어나 컴파일러, 운영체제의 오류라는 것을 발견했다(Ostrand and Weyuker 1984). 오늘날 아마 이 비율은 훨씬 더 낮아졌을 것이다. 문제가 발생한 원인을 이해하려고 노력하는 개발자는 자신이 나머지 95퍼센트의 오류를 만들었다는 것을 알고 있기 때문에 언제나 작업한 내용을 가장 먼저 의심한다. 각 코드의 역할과 그것이 왜 필요한지 이해하도록 한다. 작동하는 것처럼 보인다고 해서 그것이 옳다고 말할 수는 없다. 그 코드가 왜 작동하는지 모른다면 아직 모르고 있을 뿐 나중에 아마 작동하지 않을 것이다.

KEY POINT

결론: 작동하는 루틴만으로는 충분하지 않다. 왜 작동하는지를 모른다면 알 때까지 연구하고 토론하고 다른 설계로 실험해 본다.

루틴을 컴파일한다. 루틴을 검토하고 나면 루틴을 컴파일한다. 코드가 몇 페이지 전에 완성되었는데 컴파일하기까지 이렇게 오랫동안 기다리는 것은 비효율적인 것처럼 보일지도 모른다. 루틴을 좀 더 일찍 컴파일하여 컴퓨터가 선언되지 않은 변수나 이름 충돌과 같은 것을 검사하도록 함으로써 작업을 줄일 수 있다는 정도는 누구나 다 알고 있다.

하지만 이렇게 컴파일 시기를 늦춤으로써 여러 가지 면에서 이득을 얻을 것이다. 가장 큰 이유는 새로운 코드를 컴파일할 때 내부적인 스톱워치가 작동하기 시작한다는 점이다. 첫 컴파일을 하고 나면 "한 번만 더 컴파일하면 제대로 작동하게 할 수 있을 거야."라는 식의 압박이 심해진다. "컴파일 한 번만 더" 증후군은 조급하고 오류를 유발할 수 있는 변경을 하게 만들고 길게 봤을 때 더 많은 시간을 잡아먹는다. 루틴이 제대로 되었다는 확신이 들 때까지 컴파일하지 않도록 한다.

이 책의 핵심은 무언가를 작성하고 그것이 작동하는지 바로 실행해 보는 작업 과정을 어떻게 넘어설 수 있는지 보여주는 것이다. 프로그램이 작동한다는 것을 확신하기 전에 컴파일하는 것은 해커 증후군이다. 개발과 컴파일을 반복하는 사이클에 빠지지 않은 사람이라면 적절한 시점에 컴파일하도록 한다. 안타깝게도 거의 모든 사람이 작동하는 프로그램을 개발하기 위해서 "작업, 컴파일, 수정" 과정을 반복하는 실수를 범하고 있다는 사실을 명심해야 한다.

다음은 루틴을 컴파일해서 최대한 많은 정보를 얻기 위한 지침이다.

- 컴파일러의 경고 수준을 가장 높은 수준으로 설정한다. 컴파일러가 포착하기 힘든 오류를 발견할 수 있도록 설정함으로써 수많은 오류를 잡을 수 있다.
- 유효성 검사기(validator)를 사용한다. C 같은 언어에서 수행되는 컴파일러 검사는 린트(lint)와 같은 도구를 사용하여 보완할 수 있다. HTML과 자바스크립트처럼 코드가 컴파일되지 않는다고 하더라도 유효성 검사 도구로 검사할 수 있다.

- 모든 오류 메시지와 경고의 원인을 제거한다. 메시지가 코드에 대해서 무엇을 말하고 있는지에 주의를 기울여라. 경고가 많다는 것은 종종 코드의 품질이 떨어진다는 것을 암시하기 때문에 경고를 모두 이해하기 위해서 노력해야 한다. 실제로 계속 보이는 경고는 두 가지 중 하나의 효과가 있다. 개발자가 경고를 무시하고 그 경고가 더 중요한 다른 경고로 위장한 채 나타나거나 경고가 그냥 짜증을 불러일으키는 것이다. 일반적으로 내부적인 문제를 해결하기 위해서 코드를 재작성하고 경고를 제거하는 것이 더 안전하고 덜 번거롭다.

코드를 디버거에서 한 단계씩 살펴본다. 루틴을 컴파일하고 나면 디버거에 입력하여 각 줄을 한 단계씩 살펴본다. 각 줄의 코드가 예상한 대로 실행되는지 확인한다. 다음과 같은 간단한 방법을 따름으로써 많은 오류를 발견할 수 있다.

> **관련 정보** 자세한 내용은 22장 "개발자 테스트"를 살펴본다. 22.5절의 "개별 클래스를 테스트하는 비계 구축"도 참고한다.

코드를 테스트한다. 루틴을 개발할 때 계획하거나 작성했던 테스트 케이스를 사용해 코드를 테스트한다. 어쩌면 테스트 케이스를 지원하는 기본 환경을 개발해야 할지도 모른다. 다시 말하면 루틴을 테스트할 때 루틴을 지원하는 데만 사용되고 최종 제품에는 포함되지 않을 코드를 작성해야 한다. 기본 환경은 테스트 데이터로 루틴을 호출하는 테스트용 루틴이 될 수도 있고 루틴에 의해서 호출되는 스텁이 될 수도 있다.

> **관련 정보** 자세한 내용은 23장 "디버깅"을 살펴본다.

루틴에 있는 오류를 제거한다. 오류가 발견되었다면 오류를 제거해야 한다. 이 시점에서 개발 중인 루틴에 버그가 많다면 앞으로도 버그가 많을 가능성이 높다. 루틴에 유달리 버그가 많다면 처음부터 다시 작성한다. 단순히 코드를 살펴보고 재작성하지 않도록 한다. 코드를 이리저리 살펴보는 것은 일반적으로 완벽하게 이해하지 못했다는 것을 의미하며 오류가 지금뿐만 아니라 나중에도 있을 것이라는 의미다. 버그가 많은 루틴은 완전히 새로 설계하는 것이 낫다. 문제 있는 루틴을 재작성하고 거기서 다른 오류가 발견되지 않도록 하는 방법이 가장 안전하다.

나머지를 정리한다

코드에 문제가 있는지 점검을 끝냈다면 이 책에 소개된 일반적인 특성을 검사한다. 루틴의 품질이 자신이 생각하는 기준에 맞는지 확인하기 위해서 여러 단계로 정리 작업을 진행할 수 있다.

- 루틴의 인터페이스를 검사한다. 모든 입력과 출력 데이터를 확인하고 모든 매개변수가 사용됐는지 확인한다. 자세한 내용은 7.5절 "루틴 매개변수를 사용하는 방법"을 살펴본다.
- 일반적인 설계 품질을 검사한다. 루틴이 한 가지 일만 하며 그 일을 잘 처리하는지 확인하고 다른 루틴과 느슨하게 결합되어 있으며 방어적으로 설계되었는지 확인한다. 자세한 내용은 7장 "고급 루틴"을 살펴본다.
- 루틴의 변수를 검사한다. 부정확한 변수의 이름이나 사용되지 않는 객체, 선언되지 않은 변수, 부적절하게 초기화된 객체 등을 검사한다. 자세한 내용은 변수 사용에 대해서 소개하고 있는 10장부터 13장까지의 내용을 살펴본다.

- 루틴의 명령문과 논리적인 구조를 검사한다. 하나 차이로 인한 오류(OBOE, off-by-one error)나 무한 루프, 적절하지 않은 중첩, 자원 누수 등을 검사한다. 자세한 내용은 명령문에 대해서 소개하고 있는 14장부터 19장까지의 내용을 살펴본다.
- 루틴의 레이아웃을 검사한다. 루틴과 표현식, 매개변수 목록의 논리적인 구조가 명확하도록 공백을 사용했는지 확인한다. 자세한 내용은 31장 "레이아웃과 스타일"을 살펴본다.
- 루틴의 문서화를 검사한다. 주석으로 변환되는 의사코드가 여전히 정확한지 확인한다. 알고리즘 설명, 인터페이스와 불명확한 의존성에 대한 문서, 불분명한 코드 작성 습관의 정당성을 검사한다. 자세한 내용은 32장 "스스로를 설명하는 코드"를 살펴본다.
- 불필요한 주석을 제거한다. 때때로 의사코드 주석이 코드와 중복되는 경우가 있다. 특히 PPP를 재귀적으로 적용해서 잘 명명된 루틴에 대한 호출 바로 앞에 주석이 있는 경우가 그렇다.

필요한 만큼 단계를 반복한다

루틴의 품질이 좋지 않다면 의사코드 단계로 돌아간다. 고급 프로그래밍은 반복적인 프로세스이니 주저하지 말고 구현 작업을 다시 반복하라.

9.4 PPP 대안

개인적으로는 PPP가 클래스와 루틴을 생성하는 최고의 방법이라고 생각한다. 여기에서는 전문가들이 추천하는 몇 가지 다른 접근 방법을 소개한다. 이 접근 방법을 PPP에 대한 대안으로나 PPP를 보완하는 데 사용할 수 있다.

테스트 주도 개발 테스트 주도 개발은 코드를 작성하기 전에 테스트 케이스를 먼저 작성하는 유명한 개발 방법이다. 이 방법은 22.2절의 "테스트를 먼저 할 것인가, 나중에 할 것인가?"에 자세히 소개되어 있다. 테스트 우선 프로그래밍에 관해서는 켄트 백의 《*테스트 주도 개발*》(인사이트, 2014)을 추천한다.

리팩터링 리팩터링은 의미를 유지하는 일련의 변환 과정을 통해서 코드를 향상하는 개발 방법이다. 개발자는 나쁜 코드의 패턴을 사용하거나 개선할 필요가 있는 코드 영역을 식별하기 위해서 "냄새"를 맡는다. 24장 "리팩터링"에서 이 접근 방법을 자세히 설명하고 있으며 이 주제에 대한 좋은 책은 마틴 파울러의 《*리팩토링: 코드 품질을 개선하는 객체지향 사고법*》(한빛미디어, 2012)이 있다.

계약에 의한 설계 계약에 의한 설계는 각 루틴이 선행 조건과 후행 조건을 갖고 있다고 생각하는 개발 방법이다. 이 접근 방법은 8.2절의 "선행 조건과 후행 조건을 문서화하고 검증하는 데 어설션을 사용하라"에서 설명하고 있다. 계약에 의한 설계에 관한 가장 좋은 참고 자료는 베르트랑 메이어의 《*Object-Oriented Software Construction*》 2판(Prentice Hall, 1997)에서 찾을 수 있다.

해킹? 어떤 개발자들은 PPP와 같이 시스템적인 접근 방법을 사용하는 대신 코드를 작동하기 위해서 코드를 조작하려고 한다. 어떤 루틴에서 더 이상 코드를 어떻게 할 수 없다는 것은 PPP를 사용하는 것이 더 나을 거라는 신호다. 루틴을 작성하는 중에 사고의 흐름을 놓쳤다면 이것도 PPP가 도움이 될 것이라는 또 다른 신호다. 클래스나 루틴의 일부를 작성하는 것을 잊은 적이 있는가? PPP를 사용하고 있다면 그런 일은 거의 일어나기 힘들다. 어디서부터 시작해야 할지 모르는 상태에서 컴퓨터 화면만 바라보고 있다는 것은 PPP가 프로그래밍 인생을 지금보다 편하게 만들어 줄 것이라는 분명한 신호다.

cc2e.com/0943

관련 정보 이 목록의 핵심은 바람직한 루틴 작성 단계를 따르고 있는지를 검사하는 것이다. 루틴 자체의 품질에 초점을 맞춘 체크리스트는 7장 "고급 루틴"의 체크리스트를 살펴본다.

체크리스트: 의사코드 프로그래밍 프로세스

- 선행 조건이 만족되었는지 검사했는가?
- 클래스가 해결할 문제를 정의했는가?
- 상위 수준 설계가 클래스와 각 루틴에 대한 좋은 이름을 제공할 수 있을 정도로 분명한가?
- 클래스와 각 루틴을 어떻게 테스트할 것인지 생각해 봤는가?
- 효율성에 관해 주로 안정적인 인터페이스와 읽기 쉬운 구현 측면에서 생각해 보았는가, 아니면 주로 자원과 속도 비용을 충족하느냐의 측면에서 생각해 보았는가?
- 적용할 수 있는 루틴이나 컴포넌트가 있는지 표준 라이브러리와 다른 코드 라이브러리를 검사해 봤는가?
- 유용한 알고리즘을 참고 서적에서 확인해 봤는가?
- 자세한 의사코드를 사용하여 각 루틴을 설계했는가?
- 의사코드를 머릿속에서 검사해 봤는가? 이해하기 쉬운가?
- 설계를 다시 하도록 만드는 경고(전역 데이터 사용, 다른 클래스나 루틴에 더 적합해 보이는 연산)에 주의를 기울였는가?
- 의사코드를 코드로 정확하게 변환했는가?
- 필요한 경우에는 더 작은 루틴으로 나누면서 PPP를 재귀적으로 적용했는가?
- 가정하면서 기록했는가?
- 장황한 주석을 제거했는가?
- 한 번만 반복하고 멈추지 않고 여러 번 반복하는 방법을 선택했는가?
- 코드를 완벽하게 이해하고 있는가? 이해하기 쉬운가?

요점 정리

- 클래스와 루틴의 구현은 반복적인 경향이 있다. 특정한 루틴을 구현하면서 얻는 내용이 클래스의 설계에 영향을 미치는 경향이 있다.

- 훌륭한 의사코드를 작성하기 위해서는 이해할 수 있는 자연어(또는 모국어)를 사용하고 특정 프로그래밍 언어에 특화된 기능을 사용하지 말고 의도 수준에서 작성해야 한다(어떻게 처리할 것인지가 아니라 설계가 무엇을 하는지 기술할 것).

- 의사코드 프로그래밍 프로세스는 상세 설계에 유용한 도구이며 코드 작성을 쉽게 해준다. 의사코드는 곧바로 주석으로 변환되며 이렇게 변환된 주석은 정확하고 유용하다.

- 첫 번째 설계를 최종 설계로 결정하지 않는다. 의사코드에서 여러 가지 접근 방법을 이용하여 반복하고 코드를 작성하기 전에 가장 좋은 접근 방법을 선택한다.

- 각 단계에서 작업 내용을 검사하고 다른 사람도 검사하게 한다. 그렇게 하면 가장 적은 노력을 들여 가장 적은 비용 수준에서 실수를 바로잡을 것이다.

3부

변수

10장 변수 사용 시 고려할 사항
11장 변수 이름의 기능
12장 기본 데이터형
13장 특이한 데이터형

10장 변수 사용 시 고려할 사항

cc2e.com/1085

내용

10.1 데이터 사용 능력

10.2 변수 선언을 쉽게 만드는 방법

10.3 변수 초기화 가이드라인

10.4 범위

10.5 지속성

10.6 결합 시점

10.7 데이터형과 제어 구조 사이의 관계

10.8 변수를 한 가지 목적으로만 사용하는 방법

관련 주제

- 변수 이름 짓기: 11장
- 기본 데이터형: 12장
- 특이한 데이터형: 13장
- 데이터 선언의 형식화: 31.5절의 "데이터 선언 레이아웃"
- 변수 문서화: 32.5절의 "데이터 선언에 주석 작성"

요구사항과 아키텍처에서 채우지 못한 세부적인 내용은 구현을 통해 비로소 완성된다. 모든 세부 사항까지 완전하게 명시하는 아주 미세한 수준으로 설계도를 그리는 것은 비효율적이다. 이 장에서는 건축으로 비유했을 때 너트와 볼트 수준의 이슈에 해당하는 변수 사용의 모든 것에 관해서 설명한다.

이 장에서 소개하는 내용은 경험 많은 개발자에게 특히 도움이 될 것이다. 다른 좋은 방법을 알기 전에 위험한 습관이 생겨 사용하다가 그러한 습관을 피하는 방법을 알게 되었는데도 그 습관을 버리지 못하고 계속 사용하기가 쉽다. 숙련된 개발자라면 10.6절의 결합 시점과 10.8절의 변수를 한 가지 목적으로만 사용하는 방법에 대한 내용이 특히 흥미로울 것이다. 자신이 "숙련된 개발자"인지 아닌지 잘 모르겠다면 다음 절에 있는 "데이터 사용 능력" 테스트부터 받아보도록 한다.

이 장에서 설명하는 "변수"는 정수나 배열과 같이 기본으로 제공되는 데이터형뿐만 아니라 클래스로부터 생성한 객체도 포함한다. "데이터형"이라는 용어는 일반적으로는 기본 제공되는 데이터형을 가리키지만 "데이터"라는 단어는 객체나 기본 제공되는 타입을 가리킨다.

10.1 데이터 사용 능력

KEY POINT

효과적인 데이터를 생성하는 첫 번째 단계는 생성하고자 하는 데이터형을 아는 것이다. 잘 정리된 데이터형 목록은 개발자 도구의 핵심 부분이다. 데이터형에 대한 설명은 이 책의 범위를 벗어나지만 "데이터 사용 능력 테스트"는 데이터형에 대해서 얼마나 더 많은 학습이 필요한지 아는 데 도움을 줄 것이다.

데이터 사용 능력 테스트

친숙한 용어 옆에 1점을 입력한다. 용어가 무엇을 의미하는지는 알지만 확신할 수 없다면 0.5점을 준다. 모든 평가를 끝낸 후 점수를 더하고 아래에 있는 점수표에 따라서 점수를 해석한다.

_____	추상 데이터형	_____	리터럴
_____	배열	_____	지역 변수
_____	비트맵	_____	참조 테이블
_____	불린 변수	_____	멤버 데이터
_____	B-트리	_____	포인터
_____	문자 변수	_____	private
_____	컨테이너 클래스	_____	소급 시냅스(retroactive synapse)
_____	배정도	_____	참조 무결성
_____	연장 스트림	_____	스택
_____	열거형	_____	문자열
_____	부동 소수점	_____	구조적 변수
_____	힙	_____	트리
_____	인덱스	_____	typedef
_____	정수	_____	공용체(union)
_____	링크드 리스트	_____	값 체인
_____	이름 상수(named constant)	_____	변형(variant)
		_____	**총점**

0–14 전산 전공의 1학년 학생이거나 프로그래밍 언어를 처음 독학하는 초보 개발자라고 할 수 있다. 이 장의 내용이 많은 도움이 될 것이다. 안타깝게도 이 책에서 소개하는 내용이 고급 개발자 위주로 작성되었기 때문에 다음에 소개하는 책을 읽고 나면 더욱 많은 것을 얻게 될 것이다.

15–19	중급 수준의 개발자거나 많이 잊어버린 숙련된 개발자다. 많은 개념에 익숙하기는 하겠지만, 다음에 소개하는 책이 역시 많은 도움이 될 것이다.
20–24	숙련된 개발자다. 아마도 다음에 소개하는 책이 이미 책장에 꽂혀있을 것이다.
25–29	데이터형에 대해서 나보다 더 많이 알고 있다. 책을 써볼 것을 고려해 보라(제게 한 부를 보내주시길!).
30–32	허풍이 심한 사기꾼이다. "연장 스트림"과 "소급 시냅스", "값 체인"은 데이터형이 아니다. 정확하게 입력하는지 보려고 지어낸 용어다. 33장 "개발자의 성격"에 있는 "지적인 정직함"을 읽어보기를 권한다.

데이터형에 대한 참고 자료

다음 책은 데이터 형에 대한 훌륭한 참고 자료다.

토머스 코멘(H. Thomas Cormen), 찰스 레이서손(Charles E. Leiserson), 로날드 리베스트(Ronald L. Rivest) 《Introduction to Algorithms》(한빛아카데미, 2014).

로버트 세지윅(Robert Sedgewick) 《Algorithms in C++, Part 1~4》 3판 (Addison-Wesley, 1998).

로버트 세지윅 《Algorithms in C++, Part 5》 3판(Addison-Wesley, 2002).

10.2 변수 선언을 쉽게 만드는 방법

관련 정보 변수 선언의 배치에 관한 자세한 내용은 31.5절 "데이터 선언 레이아웃"을 살펴본다. 변수 선언의 문서화에 관한 자세한 내용은 32.5절 "데이터 선언에 주석 작성"을 살펴본다.

이 절에서는 변수 선언 작업을 능률적으로 진행하는 방법을 소개한다. 변수 선언은 너무 소소한 작업이라서 굳이 이 책에서 이 내용에 한 장을 할애하면서까지 설명할 필요는 없지 않겠냐고 생각할지도 모른다. 하지만 개발 시 변수를 생성하는 데 많은 시간이 소요되고 좋은 습관을 갖게 되면 전체적인 작업 시간을 줄이고 나중에 문제를 겪지 않을 가능성도 높아진다.

암시적 선언

어떤 언어는 암시적인 변수 선언을 지원한다. 가령 마이크로소프트 비주얼 베이직에서 변수를 선언하지 않고 사용하면 컴파일러가 자동으로 변수를 선언한다(컴파일러 설정에 따라 다름).

암시적 선언은 언어가 지원하는 가장 위험한 기능의 하나다[1]. 비주얼 베이직으로 프로그램을 개발할 때 *acctNo*라는 변수가 왜 잘못된 값을 갖고 있는지 알아보려다가 *acctNum*이 0으로 다시 초기화된 변수라는 사실을 발견하면 심하게 좌절할 것이다. 이러한 실수는 변수를 선언할 필요가 없는 프로그래밍 언어에서 발생하기 쉽다.

KEY POINT

변수를 명시적으로 선언해야 하는 프로그래밍 언어에서 방금 든 예와 같은 문제가 발생하려면 두 가지 실수를 해야 한다. 첫째는 *acctNum*과 *acctNo*를 하나의 루틴에서 사용해야 하고 두 변수를 명시적으로 선언해야 한다. 정말 의도한 경우가 아니라면 이와 같은 실수는 저지르기 어려울 뿐만 아니라 아마도 유사한 이름의 변수를 사용할 때 개발자도 좀 더 주의할 것이다. 변수를 명시적으로 선언해야 하는 언어에서는 본질적으로 변수를 더 주의 깊게 사용하게 되고 이것이 그러한 언어의 장점 중의 하나다. 암묵적 선언을 허용하는 언어에서 프로그램을 작성한다면 어떻게 해야 할까? 여기에서 몇 가지 방법을 제안한다.

암시적 선언 기능을 사용하지 않는다. 어떤 컴파일러에서는 암시적 선언을 비활성화할 수 있다. 예를 들면 비주얼 베이직에서는 모든 변수를 사용하기 전에 반드시 선언하도록 하는 *Option Explicit* 명령문을 사용할 수 있다.

모든 변수를 선언한다. 새로운 변수를 입력할 때 컴파일러가 요구하지 않더라도 변수를 선언한다. 모든 오류를 잡을 수는 없겠지만, 일부는 잡을 수 있을 것이다.

관련 정보 약어의 표준화에 대한 자세한 내용은 11.6절의 "일반적인 축약어 가이드라인"을 살펴본다.

이름 규칙을 정한다. *Num*이나 *No* 같이 자주 사용되는 접미사에 대한 이름 규칙을 세워서 일관성 있게 하나만 사용한다.

변수의 이름을 검사한다. 컴파일러나 다른 유틸리티 프로그램으로 생성한 상호 참조 목록을 사용한다. 많은 컴파일러가 루틴에 있는 모든 변수를 나열하여 *acctNum*과 *acctNo*의 위치를 확인할 수 있도록 한다. 또한 선언은 했지만 사용하지 않은 변수도 지적해준다.

---

1 (옮긴이) 오늘날 많은 프로그래밍 언어가 변수 타입을 지정하지 않고 있다. 이와 관련하여 매우 많은 논의가 있으므로 더 많은 내용을 읽어보고 판단하면 좋을 것 같다.

10.3 변수 초기화 가이드라인

KEY POINT

부적절한 데이터 초기화는 컴퓨터 프로그래밍에서 오류를 발생시키는 가장 빈도가 높은 원인이다. 초기화 문제를 피하기 위한 효과적인 기법을 개발하면 디버깅 시간을 상당히 줄일 수 있다.

부적절한 초기화와 관련된 문제는 변수가 예상치 못한 초깃값을 포함하고 있을 때 발생한다. 이러한 문제는 여러 가지 이유로 발생할 수 있다.

- 변수에 값을 할당한 적이 없다. 이 값은 프로그램을 시작했을 때 해당 메모리 공간에 원래 있던 비트 값이 반영된 것이다.
- 변수에 있는 값이 더는 유효하지 않다. 어떤 위치에서 변수에 값을 할당했지만, 그 변수가 더 이상 유효하지 않다.
- 변수의 일부에는 값을 할당하고 나머지 부분은 값을 할당하지 않았다.

> 관련 정보 데이터 초기화에 기반을 둔 테스트 접근 방법과 패턴의 사용에 대한 내용은 22.3절의 "데이터 흐름 테스트"를 살펴본다.

마지막 항목은 다양한 경우에서 발생한다. 객체의 멤버 중 전체가 아니라 일부만 초기화할 수 있다. 메모리를 할당하는 것을 잊어버리고 초기화되지 않은 포인터가 가리키는 "변수"를 초기화할 수 있다. 그 결과 포인터가 무작위로 가리키는 컴퓨터 메모리의 어떤 값이 할당된다. 데이터를 포함하고 있는 메모리일 수도 있고 코드를 포함하고 있는 메모리일 수도 있다. 운영체제의 일부일지도 모른다. 이처럼 포인터 문제는 실행할 때마다 완전히 다른 문제를 유발할 수 있기 때문에 포인터 오류를 디버깅하는 것이 다른 오류들을 디버깅하는 것보다 더 어렵다.

다음은 초기화 문제를 피하기 위한 가이드라인이다.

변수를 선언할 때 초기화한다. 변수를 선언할 때 초기화하는 것은 비싸지 않은 방어적 프로그래밍 방법이며 초기화 오류를 막을 수 있는 좋은 방법이다. 다음 예제는 루틴을 호출할 때마다 *studentGrades*를 매번 초기화한다.

> 선언 시 초기화하는 C++ 예제
> ```
> float studentGrades[ MAX_STUDENTS ] = { 0.0 };
> ```

> 관련 정보 입력 매개변수에 대한 검사는 방어적 프로그래밍의 한 형태다. 방어적 프로그래밍에 대한 자세한 내용은 8장 "방어적 프로그래밍"을 살펴본다.

변수가 처음 사용되는 곳 근처에서 초기화한다. 비주얼 베이직과 같은 프로그래밍 언어는 변수가 선언될 때 초기화할 수 있는 기능을 지원하지 않는다. 그래서 다음 예제와 같이 모든 변수의 선언과 초기화를 한 곳에서 몰아서 하는데 이렇게 하면 변수를 처음으로 사용하는 곳과 떨어져 있어서 해당 변수가 어떤 값으로 초기화되어 있는지 확인하기가 불편하다.

나쁜 초기화에 대한 비주얼 베이직 예제

```
' 모든 변수를 선언한다.
Dim accountIndex As Integer
Dim total As Double
Dim done As Boolean

' 모든 변수를 초기화한다.
accountIndex = 0
total = 0.0
done = False
...

' accountIndex를 사용하는 코드
...

' total을 사용하는 코드
...

' done을 사용하는 코드
While Not done
    ...
```

더 나은 습관은 변수가 처음 사용된 곳과 근접한 위치에서 변수를 초기화하는 것이다.

좋은 초기화에 대한 비주얼 베이직 예제

```
Dim accountIndex As Integer
accountIndex = 0
' accountIndex를 사용하는 코드
...

Dim total As Double
total = 0.0        ◄── total을 사용한 곳과 가까운 곳에서 선언하고 초기화했다.
' total을 사용하는 코드
...

Dim done As Boolean
done = False       ◄── done을 사용한 곳과 가까운 곳에서 선언하고 초기화했다.
' done을 사용하는 코드
While Not done
    ...
```

두 번째 예제는 첫 번째 예제보다 여러 가지 면에서 우수하다. 첫 번째 예제에서는 *done*을 사용하는 코드를 실행할 때 *done*이 수정될 수도 있다. 프로그램을 처음 작성하는 게 아니라면 나중에 수정하는 부분에서 그러한 문제가 발생할 수 있다. 첫 번째 접근 방법의 또 다른 문제는 모든 초기화 코드를 함께 작성하면 모든 변수가 루틴 전체에 사용된다는 인상을 줄 수 있다는 점이다. 사실 예제에서 done은 마지막에 한 번만 사용된다. 마지막으로 프로그램이 *done*을 수정하면(디버깅하는 경우에만 수정됨) 루프가 *done*을 사용하는 코드 주변에 형성되어 *done*이 다시 초기화되어야 할 필요가 있다. 두 번째 예제에 있는 코드는 그러한 경우에 수정할 필요가 거의 없을 것이다. 첫 번째 예제에 있는 코드가 초기화 오류를 발생시키기 쉽다.

> 관련 정보 관련 작업을 함께 두는 것에 대한 자세한 내용은 10.4절 "범위"를 살펴본다.

이 예제는 관련 작업을 함께 유지한다는 근접성 원칙의 한 예다. 같은 원리가 코드를 기술하는 주석을 코드와 가까운 위치에 두고 루프 설정 코드를 루프와 가까운 위치에 두고 직선형 코드에서 명령문을 그룹화하는 등 여러 가지 영역에 적용된다.

이상적으로 각 변수가 처음 사용되는 곳 가까이에서 변수를 초기화하고 정의한다. 선언은 변수의 타입을 정한다. 정의는 변수에 구체적인 값을 할당한다. C++나 자바 같이 이러한 기능을 지원하는 언어에서는 처음 사용되는 곳과 근접한 위치에서 변수가 선언되고 정의되어야 한다. 이상적으로 각 변수는 다음 예제와 같이 선언과 동시에 정의되어야 한다.

```
좋은 초기화를 보여주는 자바 예제
int accountIndex = 0;
// accountIndex를 사용하는 코드
...

double total = 0.0;    ← total이 사용되는 곳과 근접한 위치에서 변수를 선언하고 초기화했다.
// total을 사용하는 코드
...

boolean done = false;  ← done이 사용되는 곳과 근접한 위치에서 변수를 선언하고 초기화했다.
// done을 사용하는 코드
while ( ! done ) {
    ...
```

> 관련 정보 관련된 작업을 함께 두는 것에 대한 자세한 내용은 14.2절 "순서가 중요하지 않은 명령문"을 살펴본다.

가능하다면 final이나 const를 사용한다. 자바의 *final*이나 C++의 *const*로 변수를 선언함으로써 변수가 초기화된 후에 다른 값으로 할당되는 것을 막을 수 있다. *final*과 *const* 키워드는 클래스 상수와 입력만 가능한 매개변수, 초기화 후로 변경되지 않아야 하는 지역 변수를 정의하는 데 유용하다.

카운터와 누산기를 특히 주의한다. i, j, k, sum, total 변수는 종종 카운터[2]나 누산기[3]로 사용한다. 카운터나 누산기를 다음에 재사용하기 전에 초기화하는 것을 잊는 경우가 많다.

클래스의 멤버 데이터를 생성자에서 초기화한다. 루틴의 변수를 각 루틴 내에서 초기화해야 하는 것처럼 클래스의 데이터도 생성자에서 초기화해야 한다. 메모리가 생성자에서 할당된다면 소멸자에서 해제되어야 한다.

다시 초기화해야 할 필요가 있는지 검사한다. 루틴 안에서 루프가 변수를 여러 번 사용하거나 변수가 루틴이 여러 번 호출될 때 값을 유지해야 하거나 재설정되어야 해서 변수를 다시 초기화해야 하는지 확인한다. 변수를 다시 초기화해야 한다면 초기화 명령문을 반복되는 코드 안에 포함시킨다.

이름 상수를 한 번 초기화하고 실행 코드로 변수를 초기화한다. 이름 상수를 모방하기 위한 변수를 사용하고 있다면 해당 변수를 프로그램의 시작 부분에서 초기화한 다음 사용하는 것이 좋다. 이렇게 하기 위해서는 해당 변수를 Startup() 루틴에서 초기화한다. 실행 코드에 있는 진짜 변수는 사용되는 곳과 근접한 위치에서 초기화한다. 프로그래밍할 때 가장 흔한 변경 사례가 원래는 한 번 호출되던 루틴을 여러 번 호출하도록 변경하는 것이다. Startup() 루틴에서 초기화된 변수들은 다시 초기화되지 않는다.

모든 변수를 자동으로 초기화하는 컴파일러 설정을 사용한다. 그런 옵션이 지원된다면 컴파일러가 모든 변수를 자동으로 초기화하도록 설정하는 것이 컴파일러에 의존하는 가장 간단한 방법이다. 하지만 특정 컴파일러 설정에 의존하게 되면 다른 컴퓨터나 컴파일러로 해당 코드를 옮겼을 때 문제가 발생할 수 있다. 컴파일러 설정을 사용하고 있다는 사실을 확실하게 기록한다. 특정 컴파일러 설정에 의존하고 있다는 사실은 문서화하지 않으면 알기가 어렵다.

컴파일러의 경고 메시지를 활용한다. 많은 컴파일러가 초기화되어 있지 않은 변수를 사용할 때 경고한다.

관련 정보 입력 매개변수 검사에 대한 내용은 8.1절 "잘못된 입력으로부터 프로그램 보호"와 8장 "방어적 프로그래밍"의 나머지 부분을 살펴본다.

입력 매개변수의 유효성을 검사한다. 또 다른 유용한 형태의 초기화는 입력 매개변수의 유효성을 검사하는 것이다. 사용자나 다른 루틴으로부터 전달받은 입력 값을 변수에 할당하기 전에 그 값이 유효한지 확인한다.

2 (옮긴이) 특정 숫자를 일정 패턴으로 증가/증감시키기 위한 변수
3 (옮긴이) 특정 결과를 누적해서 저장하기 위한 변수

메모리 접근 도구를 사용해 부적절한 포인터를 검사한다. 어떤 운영체제는 포인터가 유효하지 않은 메모리 영역을 참조하는지 검사한다. 하지만 이런 기능을 제공하지 않는 운영체제에서는 직접 해야 한다. 그렇다고 해서 모든 작업을 직접 해야 할 필요는 없다. 프로그램의 포인터 연산을 검사하는 메모리 접근 도구를 구입하면 된다.

프로그램을 시작할 때 메모리를 초기화한다. 메모리를 알려진 값으로 초기화하면 초기화 문제를 줄일 수 있다. 다음과 같은 접근 방법을 사용하면 된다.

- 메모리 채우기 프로그램을 사용해 메모리를 예상 가능한 값으로 채운다. 0이라는 값은 초기화되지 않은 포인터가 가장 낮은 메모리를 가리키게 해서 해당 포인터가 사용되었을 때 상대적으로 감지하기 쉽기 때문에 여러모로 좋은 값이다. 인텔 프로세서에서는 *0xCC*가 중단점(breakpoint) 인터럽트를 나타내는 기계 코드이기 때문에 사용하기에 좋은 값이다. 디버거에서 코드를 실행 중일 때 코드가 아니라 *0xCC*로 초기화되어 있는 데이터를 실행하려고 하면[4] 중단점에서 멈추게 될 것이다. *0xCC* 값의 또 다른 장점은 메모리 덤프에서 알아보기 쉬우며 일반적인 목적으로는 거의 사용되지 않는다는 점이다. 그 대신에 브라이언 커니핸(Brian Kernighan)과 롭 파이크(Rob Pike)는 디버거에서 쉽게 알아볼 수 있도록 메모리에 *0xDEADBEEF* 상수 값을 사용할 것을 제안했다(Kernighan and Rob 1999).

- 메모리 채우기를 사용하고 있다면 메모리를 채우는 데 사용하는 값을 임의로 변경할 수 있다. 이런 식으로 프로그램을 변경하면 잠재적으로 있었던 문제가 노출되기도 한다.

- 프로그램 시작 시 작업 메모리를 초기화할 수 있다. 앞에서 설명한 메모리 채우기를 사용하는 목적이 결함을 노출하는 것이었다면 이 기법의 목적은 결함을 감추는 것이다. 작업 메모리를 항상 같은 값으로 채움으로써 프로그램이 초기 메모리에 있는 임의의 값으로부터 영향을 받지 않게 할 수 있다.

10.4 범위

"범위"는 변수의 명성[5] 즉, 변수가 얼마나 유명한지에 대해 생각하는 한 가지 방법이다. 범위 또는 가시도(可視度)는 변수가 알려진 정도와 프로그램에서 참조될 수 있는 정도를 가리킨다. 제한적이거나 작은 범위를 갖는 변수는 프로그램에서 작은 영역에서만 그것을 알고 있다. 하나의 작은 루프에서만 사용되는 루프 인덱스가 한 가지 예다. 큰 범위를 갖는 변수는 프로그램 내의 여러 곳에서 그것을 알고 있다. 프로그램 전체에 사용되는 직원 정보 테이블이 그 예다.

프로그래밍 언어에 따라 서로 다른 방법으로 범위를 처리한다. 원시적인 언어는 모든 변수가 전역 변수다. 따라서 변수의 범위를 제어할 수 없고 수많은 문제가 발생할 수 있다.

---

[4] (옮긴이) eip라고 불리는 다음 명령 실행 주소 기준
[5] (옮긴이) 유효 범위

C++나 이와 비슷한 언어는 변수의 범위가 블록(중괄호로 둘러싸인 코드 영역)이나 루틴, 클래스(와 파생 클래스), 또는 전체 프로그램이 될 수 있다. 자바와 C#에서는 변수의 범위가 패키지(클래스의 집합)나 네임스페이스(namespace)가 될 수 있다.

다음 절에서는 범위에 적용되는 가이드라인을 제공한다.

변수에 대한 참조를 지역화하라

변수 참조 사이에 있는 코드는 "취약한 구간"이다. 이 구간에서는 새로운 코드가 추가되어 변수의 값을 변경하거나 코드를 읽는 다른 사람이 변수가 포함하기로 되어 있는 값을 모를 수 있다. 언제나 변수에 대한 참조를 가까운 곳에 함께 두어 지역화하는 것이 좋다.

변수에 대한 참조를 지역화한다는 개념은 별도의 설명이 필요 없을 정도로 명백하지만, 형식적인 측정에 적합한 개념이다. 변수에 대한 참조가 얼마나 가까이 모여 있는지를 측정하는 한 가지 방법은 변수의 "범위(span)"를 계산하는 것이다. 다음 예제를 살펴보자.

변수의 범위에 대한 자바 예제
```
a = 0;
b = 0;
c = 0;
a = b + c;
```

이 경우에 *a*에 대한 첫 번째 참조와 두 번째 참조 사이에 두 줄이 있기 때문에 *a*의 범위는 2다. *b*에 대한 두 참조 사이에는 한 줄이 있기 때문에 *b*의 범위는 1이며 *c*의 범위는 0이다. 또 다른 예제를 살펴보자.

범위가 1과 0인 자바 예제
```
a = 0;
b = 0;
c = 0;
b = a + 1;
b = b / c;
```

참고 자료 변수의 범위에 대한 더 많은 내용은 *"Software Engineering Metrics and Models"* (Conte, Dunsmore, and Shen 1986)를 살펴본다.

이 경우에는 *b*에 대한 첫 번째 참조와 두 번째 참조 사이에 한 줄이 있기 때문에 b의 범위는 1이다. 그리고 두 번째 참조와 세 번째 참조 사이에는 코드가 없기 때문에 b의 범위는 0이다.

평균 범위는 각 범위의 평균을 내서 계산한다. 두 번째 예제에서 b에 대한 범위는 (1+0)/2를 계산한 결과로 0.5가 된다. 변수에 대한 참조를 가깝게 유지하면 코드를 보는 사람이 한 번에 한 영역에 집중할 수 있다. 참조가 멀리 떨어져 있다면 코드를 읽는 사람이 프로그램 안에서 이리저리 옮겨 다녀야 한다. 따라서 변수에 대한 참조를 가까이 유지하면 프로그램을 좀 더 쉽게 이해할 수 있다.

변수의 "수명"을 가능한 한 짧게 유지한다

변수의 범위와 관련된 개념이 변수가 살아있는 동안의 총 명령문 수인 변수의 "수명"이다. 변수의 수명은 변수가 참조되는 첫 번째 명령문에서 시작하고 변수가 참조되는 마지막 명령문에서 끝난다.

범위와 달리 수명은 변수가 처음 참조되고 마지막으로 참조되는 사이에 얼마나 많이 참조되었는지에 의해 영향을 받지 않는다. 변수가 줄 번호 1번째 줄에서 처음으로 참조되었고 25번째 줄에서 마지막으로 참조되었다면 이 변수의 수명은 25 명령문이다. 변수가 참조된 줄이 두 줄뿐이었다면 평균 범위는 23 명령문이다. 변수가 1번째 줄부터 25번째 줄까지 모든 줄에서 사용되었다면 평균 범위는 0 명령문이지만, 수명은 여전히 25 명령문이다. 그림 10-1은 범위와 수명을 보여주고 있다.

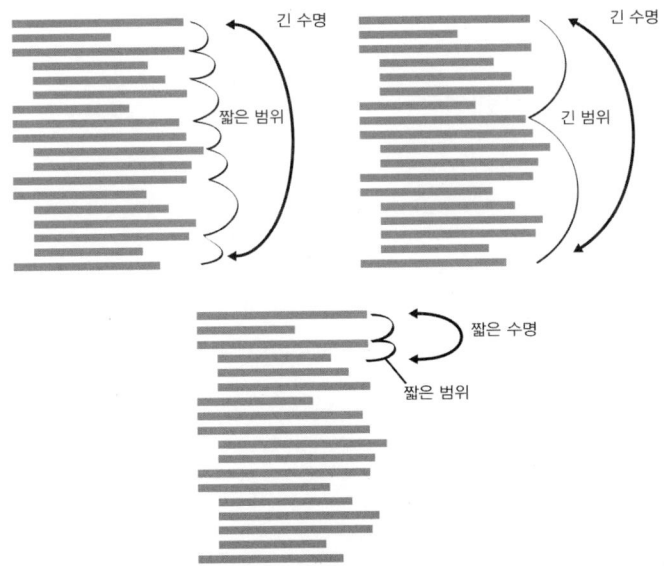

그림 10-1 "긴 수명"은 변수가 여러 명령에 거쳐 살아있다는 것을 의미한다. "짧은 수명"은 변수가 몇 개의 명령문 사이에만 살아있다는 것을 의미한다. "범위"는 변수에 대한 참조가 서로 얼마나 가까운지를 가리킨다.

범위와 마찬가지로 수명에 관한 목표도 숫자를 낮추는 것, 즉 변수의 수명을 가능한 한 짧게 유지하는 것이다. 그리고 수명을 낮추면 취약 구간을 줄일 수 있다. 변수의 값을 변경하려는 위치 사이에서 변수가 부정확하게 또는 부주의하게 변경될 가능성을 줄일 수 있다.

변수의 수명을 짧게 유지함으로써 얻게 되는 두 번째 이점은 코드를 쉽게 이해할 수 있다는 점이다. 10번째 줄에서 변수에 값을 할당한 후 45번째 줄까지 변수가 사용되지 않았다면 두 참조 사이의 공간은 이 변수가 10번째 줄과 45번째 줄 사이에서 사용된다는 것을 뜻한다. 44번째 줄에서 변수에 값이 할당되고 45번째 줄에서 사용되었다면 변수를 다른 용도로 사용하지 않을 것이며 따라서 변수에 관해 생각할 때 작은 코드 영역에 집중할 수 있다.

또한 짧은 수명은 초기화 오류가 발생할 가능성을 줄여준다. 프로그램을 수정하다 보면 일련의 코드를 반복문으로 변경하는 경우가 발생하는데 이때 루프에서 사용되는 값을 초기화하는 것을 잊을 수 있다. 초기화 코드와 루프를 가깝게 유지함으로써 변경으로 인해 초기화 오류가 발생할 가능성을 줄일 수 있다.

수명이 짧으면 코드의 가독성이 높아진다. 한 번에 기억해야 하는 코드 줄 수가 적을수록 코드는 더욱 이해하기 쉬워진다. 마찬가지로 변수의 수명이 짧을수록 코드를 편집하고 디버깅하는 동안 변수에 대한 참조를 화면에서 더 쉽게 확인할 수 있다.

마지막으로 짧은 수명은 큰 루틴을 작은 루틴으로 나눌 때 유용하다. 변수에 대한 참조를 가까이 유지하면 연관된 코드 영역을 별도의 루틴으로 좀 더 쉽게 리팩터링할 수 있다.

변수의 수명 측정

변수에 대한 첫 번째 참조와 마지막 참조 사이의 코드 줄 수로(첫 번째 줄과 마지막 줄도 포함) 변수의 수명에 대한 개념을 표현할 수 있다. 다음은 변수의 수명이 매우 긴 예제다.

변수의 수명이 지나치게 긴 자바 예제
```
1    // 모든 변수를 초기화한다.
2    recordIndex = 0;
3    total = 0;
4    done = false;
     ...
```

```
26  while ( recordIndex < recordCount ) {
27    ...
28      recordIndex = recordIndex + 1;    ← recordIndex에 대한 마지막 참조.
      ...
64  while ( !done ) {
      ...
69      if ( total > projectedTotal ) {   ← total에 대한 마지막 참조.
70          done = true;                  ← done에 대한 마지막 참조.
```

다음은 이 예제에 있는 변수들의 수명을 계산한 것이다.

```
recordIndex    (28번째 줄 - 2번째 줄 + 1) = 27
total          (69번째 줄 - 3번째 줄 + 1) = 67
done           (70번째 줄 - 4번째 줄 + 1) = 67
평균 수명      (27 + 67 + 67) / 3 ≈ 54
```

다음 예제는 변수에 대한 참조가 가까워지게 다시 작성한 것이다.

변수의 수명이 짧은 자바 예제

```
      ...
25  recordIndex = 0;               ← recordIndex의 초기화가 2번째 줄에서 여기로 이동했다.
26  while ( recordIndex < recordCount ) {
27    ...
28      recordIndex = recordIndex + 1;
      ...
62  total = 0;          ⎤ total과 done의 초기화가 각각 3번째 줄과 4번째 줄에서
63  done = false;       ⎦ 여기로 이동했다.
64  while ( !done ) {
      ...
69      if ( total > projectedTotal ) {
70          done = true;
```

다음은 이 예제에 있는 변수의 수명을 구한 것이다.

```
recordIndex    (28번째 줄 - 25번째 줄 + 1) = 4
total          (69번째 줄 - 62번째 줄 + 1) = 8
done           (70번째 줄 - 63번째 줄 + 1) = 8
평균 수명      (4 + 8 + 8) / 3 ≈ 7
```

참고 자료 변수의 "수명"에 대한 더 많은 내용은 *Software Engineering Metrics and Models* (Conte, Dunsmore, and Shen 1986)를 살펴본다.

그냥 봐도 두 번째 예제는 변수가 사용된 부근에서 변수를 초기화하고 있기 때문에 첫 번째 예제보다 더 나아 보인다. 두 예제의 평균 수명의 차이를 보면 더 명확해진다. 54 대 7이라는 평균값은 두 번째 코드가 더 낫다는 것을 증명하는 객관적인 데이터다.

이 숫자가 좋은 수명과 나쁜 수명을 구별하는 지표가 될 수 있을까? 좋은 범위와 나쁜 범위를 구별해줄까? 아직 정량적인 연구 결과가 나온 적은 없지만, 범위와 수명을 최소화하는 것이 좋은 습관이라고 말할 수 있다.

범위와 수명을 전역 변수에 적용해 보면 전역 변수는 범위와 수명이 매우 크다는 것을 발견하게 될 것이다. 이것이 바로 전역 변수를 피하는 여러 이유 중 하나이기도 하다.

범위를 최소화하기 위한 일반적인 가이드라인

다음은 범위를 최소화하기 위해서 사용할 수 있는 몇 가지 구체적인 가이드라인이다.

> 관련 정보 변수를 사용하는 부근에서 변수를 초기화하는 방법에 대한 자세한 내용은 이 장의 앞에서 설명한 10.3절 "변수 초기화 가이드라인"을 살펴본다.

루프에서 사용되는 변수는 루프를 포함하고 있는 루틴의 시작이 아니라 루프 바로 앞에서 초기화한다. 이렇게 하면 루프를 수정할 때 루프의 초기화도 변경해야 한다는 것을 기억할 가능성이 커진다. 나중에 프로그램을 수정하고 첫 번째 루프 주위에 또 다른 루프를 입력할 때 초기화를 첫 번째 반복에서만 수행하지 않고 새로운 루프를 반복할 때마다 수행할 것이다.

> 관련 정보 변수를 선언하고 정의하는 이러한 방식에 대한 내용은 10.3절의 "이상적으로 각 변수가 처음 사용되는 곳 가까이에서 변수를 초기화하고 정의한다"를 살펴본다.

변수를 사용하기 바로 전까지 변수에 값을 할당하지 않는다. 변수의 값을 어디서 할당했는지 찾아내느라 어려움을 겪은 경험이 있을 것이다. 변수에 값을 할당하는 위치를 분명히 할수록 더 좋다. C++나 자바 같은 언어는 다음과 같은 변수 초기화를 지원한다.

변수 선언과 초기화가 잘 된 C++ 예제

```cpp
int receiptIndex = 0;
float dailyReceipts = TodaysReceipts();
double totalReceipts = TotalReceipts( dailyReceipts );
```

> 관련 정보 연관된 명령문을 함께 두는 방법에 대한 자세한 내용은 14.2절 "순서가 중요하지 않은 명령문"을 살펴본다.

연관된 명령문을 그룹화한다. 다음 예제들은 매일 영수증을 요약하는 루틴이며 변수에 대한 참조를 찾기 쉽게 서로 가까운 곳에서 사용하는 방법을 보여준다. 첫 번째 예제는 이러한 원칙을 위반한 예제다.

이해하기 어려운 방법으로 두 변수 그룹을 사용하고 있는 C++ 예제

```cpp
void SummarizeData(...) {
    ...
    GetOldData( oldData, &numOldData );
    GetNewData( newData, &numNewData );
    totalOldData = Sum( oldData, numOldData );
    totalNewData = Sum( newData, numNewData );
    PrintOldDataSummary( oldData, totalOldData, numOldData );
```

← 변수를 두 그룹으로 나누어 사용하는 명령문

```
    PrintNewDataSummary( newData, totalNewData, numNewData );
    SaveOldDataSummary( totalOldData, numOldData );
    SaveNewDataSummary( totalNewData, numNewData );
    ...
}
```

이렇게 짧은 코드에서 *oldData*, *newData*, *numOldData*, *numNewData*, *totalOldData*, *totalNewData*라는 6개의 변수를 한 번에 따라가야 한다. 다음 예제는 각 코드 블록 내에서 변수의 수를 세 개로 줄이는 방법을 보여준다.

이해하기 쉬운 방법으로 두 변수 그룹을 사용하고 있는 C++ 예제

```
void SummarizeData(...) {
    GetOldData( oldData, &numOldData );
    totalOldData = Sum( oldData, numOldData );           ─┐
    PrintOldDataSummary( oldData, totalOldData, numOldData );  ├─ oldData를 사용하는 명령문
    SaveOldDataSummary( totalOldData, numOldData );      ─┘
    ...
    GetNewData( newData, &numNewData );
    totalNewData = Sum( newData, numNewData );           ─┐
    PrintNewDataSummary( newData, totalNewData, numNewData );  ├─ newData를 사용하는 명령문
    SaveNewDataSummary( totalNewData, numNewData );      ─┘
    ...
}
```

코드를 나누면 각 블록이 원래 있던 코드 블록보다 길이도 짧고 더 적은 수의 변수를 포함한다. 이 코드는 이해하기 쉽고, 코드를 별도의 루틴으로 분리할 필요가 있을 때도 변수를 더 적게 사용한 짧은 블록이 잘 정의된 루틴으로 작성될 것이다.

연관된 명령문 그룹을 별도의 루틴으로 나눈다. 다른 조건이 같다면 더 짧은 루틴에 있는 변수가 긴 루틴에 있는 변수보다 범위와 수명이 짧은 경향이 있다. 연관된 명령문을 더 작은 별도의 루틴으로 나눔으로써 변수가 가질 수 있는 범위를 줄일 수 있다.

> 관련 정보 전역 변수에 대한 자세한 내용은 13.3절 "전역 데이터"를 살펴본다.

처음에는 범위를 최대한 제한하고 필요한 경우에만 변수의 범위를 늘린다. 변수의 범위를 최소화하는 방법은 변수를 가능한 한 지역화하는 것이다. 작은 범위를 가진 변수의 범위를 늘리는 것보다 큰 범위를 가진 변수의 범위를 줄이는 것이 훨씬 어렵다. 다시 말하면 클래스 변수를 전역 변수로 바꾸는 것보다 전역 변수를 클래스 변수로 바꾸는 것이 더 어렵다. private 데이터 멤버를 protected 멤버로 바꾸는 것보다 그 반대가 더 어렵다. 이런 이유로 확신이 없을 때는 가능한 한 가장 작은 범위를 선택하도록 한다. 특정

한 루프와 개별적인 루틴으로 제한하고, 클래스에 대해서는 private로 제한하고 그다음으로 protected, 그다음으로 package 순으로 사용하고 전역 선언은 최후의 수단으로만 사용한다.

범위 최소화에 대한 조언

변수 범위의 최소화에 접근하는 방법은 개발자마다 가진 "편리함"과 "한 번에 이해 가능한 수준"에 대한 관점에 따라 다르다. 어떤 개발자들은 전역 변수가 접근하기 쉽고 매개 변수 목록과 클래스의 범위 규칙을 다룰 필요가 없기 때문에 전역 변수를 사용한다. 그들은 언제든지 변수에 접근할 수 있는 편의성이 그에 따른 위험보다 더 뛰어나다고 생각한다.

관련 정보 범위 최소화에 대한 개념은 정보 은닉의 개념과 관련이 있다. 이에 대한 자세한 내용은 5.3절이 "비밀을 숨겨라(정보 은닉)"를 살펴본다.

다른 개발자들은 지역으로 범위를 제한하면 훨씬 기억하거나 이해하기 쉽기 때문에 변수를 가능한 한 제한하는 방법을 선호한다. 더 많은 정보를 감출수록 한 번에 기억해야 하는 정보도 줄어든다. 기억해야 하는 정보가 적을수록 기억해야 하는 세부 사항 중에서 하나를 잊어버려 오류가 발생할 가능성이 줄어든다.

KEY POINT

"편리함" 철학과 "한 번에 이해 가능한 수준" 철학의 차이점은 결국 프로그램을 작성하는 것과 읽는 것 중 어느 것에 중점을 둘 것인지의 문제로 귀결된다. 실제로 범위를 최대화하면 프로그램을 작성하기는 쉽지만, 모든 루틴에서 언제든지 모든 변수를 사용할 수 있는 프로그램은 잘 나뉜 루틴을 사용하는 프로그램보다 이해하기가 어렵다. 그런 프로그램에서는 하나의 함수만 이해해서는 안 된다. 전역 데이터를 공유하는 루틴과 함께 다른 모든 루틴을 이해해야만 한다. 그런 프로그램은 읽기가 어렵고 디버깅하기도 어려우며 수정하기도 어렵다.

관련 정보 접근 루틴의 사용에 대한 자세한 내용은 13.3절의 "전역 데이터 대신 접근 루틴 사용"을 살펴본다.

따라서 각 변수의 범위를 되도록 좁게 유지해야 한다. 변수의 범위를 단일 루프나 단일 루틴으로 제한할 수 있다면 더 바랄 게 없다. 범위를 한 루틴에 제한할 수 없다면 루틴의 범위를 단일 클래스로 제한하도록 한다. 변수를 책임지고 있는 클래스에 변수의 범위를 제한할 수 없다면 다른 클래스와 변수의 데이터를 공유하기 위한 접근 루틴을 작성하도록 한다. 아마도 전역 데이터 자체를 그대로 사용해야 하는 경우는 거의 없을 것이다.

10.5 지속성

"지속성"은 데이터의 수명을 나타내는 또 다른 단어다. 지속성에는 여러 가지 형태가 있다. 변수는 다음과 같은 지속성을 가질 수 있다.

- 특정한 코드 블록이나 루틴에서만 살아있는 경우. C++나 자바에서 for 루프 내에 선언된 변수가 이러한 종류에 속한다.
- 특정 기간만 살아있는 경우. 자바에서 new로 생성된 변수는 가비지 컬렉션(garbage collection)이 발생할 때까지 살아있다. C++에서 new로 생성된 변수는 직접 해제하기 전까지 살아있다.
- 프로그램이 종료할 때까지 살아있는 경우. 대부분의 프로그래밍 언어에서 전역 변수가 여기에 속하고 C++와 자바에서의 정적(static) 변수도 마찬가지다.
- 영원히 살아있는 경우. 이 변수들은 프로그램을 실행하지 않을 때 데이터베이스에 저장한 값을 포함할 것이다. 예를 들어 사용자가 화면의 색상을 지정하는 대화식 프로그램이 있다면 파일에 색상을 저장한 후 프로그램이 실행될 때마다 색상 값을 다시 읽어올 수 있다.

지속성의 가장 큰 문제는 변수가 실제보다 더 오랫동안 지속된다고 가정할 때 발생한다. 변수는 냉장고에 있는 우유와 같다. 우유는 일주일 동안 상하지 않는다. 하지만 때때로 한 달 동안 상하지 않는 경우도 있고 5일만 지나도 상하는 경우가 있다. 변수는 냉장고에 있는 우유만큼이나 예측하기가 어려울 수 있다. 정상적인 수명이 끝난 후에 변수의 값을 사용하려고 한다면 변수에 값이 그대로 들어 있을까? 어떨 때는 변수의 값이 상해서 오류가 발생했다는 것을 알게 된다. 하지만 어떨 때는 컴퓨터가 변수에 이전 값을 남겨 놓아서 마치 변수를 제대로 사용하고 있다는 착각에 빠지게 할 수도 있다.

다음은 이러한 문제를 피하기 위한 방법이다.

> 관련 정보 디버그 코드에 접근 루틴이 포함된 경우가 많다. 이에 대한 자세한 내용은 13.3절에 있는 "접근 루틴의 장점"을 살펴본다.

- 중요한 변수가 적절한 값을 갖는지 검사하기 위해서 프로그램에 디버그 코드나 어설션을 사용한다. 값이 적절하지 않다면 부적절한 초기화 코드를 찾도록 경고 메시지를 출력한다.
- 변수를 사용하고 나면 그 변수를 "부적절한 값"으로 설정한다. 예를 들면 포인터를 삭제한 다음 널(null) 값으로 설정할 수 있다.
- 데이터가 지속적이지 않다고 가정하는 코드를 작성한다. 가령 루틴을 빠져나갈 때 변수가 특정한 값을 갖고 있다면 그다음에 루틴에 들어올 때 같은 값을 갖고 있을 거라고 가정하지 않는다. C++와 자바에서의 *static* 과 같이 값이 계속해서 남아있다는 것을 보장하는 언어의 특화된 기능을 사용하고 있는 경우에는 예외다.
- 모든 데이터를 사용하기 바로 직전에 선언하고 초기화하는 습관을 들인다. 사용된 곳 근처에서 초기화하지 않은 데이터가 있다면 의심한다!

10.6 결합 시점

"결합 시점(binding time)"은 변수와 그 값이 서로 연결된 시간을 의미하는데 프로그램의 유지 관리와 변경 용이성 면에서 광범위하게 관련된 초기화에 대한 주제에 해당한다 (Thimbleby 1988). 변수와 값이 코드가 작성될 때 연결(할당)되는가, 컴파일될 때 연결되는가, 로드될 때 연결되는가, 프로그램이 실행될 때 연결되는가? 아니면 다른 시점에?

결합 시점을 가능한 한 늦추는 것이 이로울 것이다. 일반적으로 결합 시점을 늦출수록 코드는 유연해진다. 다음 예제는 결합 시점이 가장 이른 예로, 코드를 작성할 때 결합된다.

코드를 작성할 때 결합되는 변수를 자바로 작성한 예제
```
titleBar.color = 0xFF; // 0xFF는 파랑색을 나타내는 16진수 값이다.
```

0xFF 값은 프로그램에 직접 작성된 리터럴 값이기 때문에 코드가 작성될 때 *titleBar. color* 변수에 결합된다. 이처럼 코드를 직접 작성하는 것은 이 *0xFF* 값이 변경될 때 다른 곳에서 같은 의미로 사용된 *0xFF*와 다른 값을 갖게 되기 때문에 좋지 않은 방법이다.

다음 예제는 이보다 약간 더 늦은 시간에 결합되는 것으로 코드가 컴파일될 때 결합된다.

컴파일 시 결합되는 변수를 자바로 작성한 예제
```
private static final int COLOR_BLUE = 0xFF;
private static final int TITLE_BAR_COLOR = COLOR_BLUE;
...
titleBar.color = TITLE_BAR_COLOR;
```

*TITLE_BAR_COLOR*는 이름 상수이며 컴파일러가 컴파일 시 값으로 대체하기 위한 표현식이다. 사용하는 프로그래밍 언어가 이 기능을 지원한다면 이 방법이 직접 코드를 입력하는 방식보다 낫다. *TITLE_BAR_COLOR*가 *0xFF*보다 무엇을 표현하고 있는지 더 많이 설명해주기 때문에 코드를 읽기가 더 쉬워진다. 하나만 변경하면 모든 곳이 변경되기 때문에 제목 줄 색상을 변경하기도 쉬워진다. 그리고 프로그램의 실행 속도도 떨어지지 않는다.

다음은 앞의 예제보다 좀 더 늦은 시간인 실행 시 결합되는 예제다.

> **실행 시 결합되는 변수를 자바로 작성한 예제**
> ```
> titleBar.color = ReadTitleBarColor();
> ```

*ReadTitleBarColor()*는 프로그램 실행 중에 마이크로소프트 윈도우 레지스트리 파일이나 자바의 속성 파일로부터 값을 읽는 루틴이다.

이 코드는 값을 직접 입력한 코드보다 훨씬 읽기 쉽고 유연하다. *titleBar.color*를 변경하기 위해서 프로그램을 변경할 필요가 없고 간단히 *ReadTitleBarColor()*가 읽는 데이터 소스의 내용만 변경하면 된다. 이 접근 방법은 사용자가 애플리케이션의 환경을 조정할 수 있는 대화식 애플리케이션에서 널리 사용된다.

결합 시점에 대한 또 다른 형태가 있는데 이는 *ReadTitleBarColor()* 루틴이 언제 호출되는지와 관련이 있다. 그 루틴은 프로그램이 로드될 때 한 번 호출된 후 새로운 윈도우가 생성되거나 윈도우가 그려질 때마다 호출되는데, 어느 쪽이든 후기 결합 시점을 나타낸다.

요약하자면 이 예제에서 변수가 값에 결합될 수 있는 시간은 다음과 같다(자세한 내용은 경우에 따라 다소 달라질 수 있다).

- 코드 작성 시간(매직 넘버 사용)
- 컴파일 시간(이름 상수 사용)
- 로드 시간(윈도우 레지스트리 파일이나 자바 속성 파일과 같은 외부의 소스로부터 값을 읽어 들임)
- 객체 생성 시간(윈도우가 생성될 때마다 값을 읽어 들임)
- 적시에(윈도우가 그려질 때마다 값을 읽어 들임)

일반적으로 결합 시점이 이를수록 유연성이 낮아지고 복잡성이 줄어든다. 처음 두 가지 옵션의 경우 이름 상수를 사용하는 것이 매직 넘버를 사용하는 것보다 여러 가지 면에서 바람직하므로 좋은 프로그래밍 습관을 사용함으로써 이름 상수가 제공하는 유연성을 얻을 수 있다. 그리고 요구되는 유연성이 높을수록 그러한 유연성을 지원하는 데 필요한 코드의 복잡성은 높아지고 오류를 유발할 가능성이 더 높아질 것이다. 복잡하지 않을수록 더 나은 프로그래밍이기 때문에 노련한 개발자라면 소프트웨어의 요구사항을 충족시키는 데 필요한 만큼의 유연성을 추구하면서도 복잡성과 깊은 관련이 있는 유연성을 필요 이상으로 추구하지는 않을 것이다.

10.7 데이터형과 제어 구조 사이의 관계

영국의 컴퓨터 학자인 마이클 잭슨(Michael Jackson)은 데이터형과 제어 구조의 연관성을 처음으로 기술했다(Jackson 1975). 이 절은 데이터와 제어 흐름의 일반적인 관계를 설명한다.

잭슨은 세 가지 종류의 데이터와 그에 따른 제어 구조의 관계를 다음과 같이 그림으로 표현했다.

> 관련 정보 순서에 대한 자세한 내용은 14장 "순차적 코드 구성"을 살펴본다.

순차적 데이터는 프로그램의 순차적 명령문으로 변환한다. 순차적 데이터는 그림 10-2에서 보는 것처럼 특정한 순서로 사용된 데이터의 집합으로 구성된다. 서로 다른 5개의 값을 처리하는 5개의 명령문을 일렬로 작성했다면 그 명령문은 순차적인 명령문이다. 직원의 이름, 주민등록번호, 주소, 전화번호, 나이를 파일에서 읽어 들인다면 파일로부터 순차적인 데이터를 읽기 위한 순차적인 명령문을 작성할 것이다.

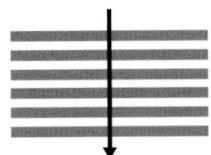

그림 10-2 순차적 데이터는 정의된 순서대로 처리되는 데이터다.

> 관련 정보 조건문에 대한 자세한 내용은 15장 "조건문 사용"을 살펴본다.

선택적 데이터는 프로그램에서 if와 case 명령문으로 변환한다. 일반적으로 그림 10-3과 같이 선택적 데이터는 특정한 시간에 여러 개의 데이터 중에서 오직 하나만 사용되는 데이터 집합을 말한다. 이에 해당하는 프로그램 명령문은 실제로 데이터를 선택해야 하고 *if-then-else*나 *case* 문으로 구성된다. 직원의 급료를 계산하는 프로그램이 있다면 시급인지 월급인지에 따라서 서로 다른 방법으로 처리할 것이다. 이번에도 코드의 패턴과 데이터의 패턴이 일치한다.

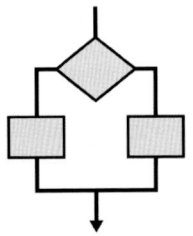

그림 10-3 선택적 데이터를 이용하면 두 개 중 하나의 데이터를 사용할 수 있다.

관련 정보 루프에 대한 자세한 내용은 16장 "반복문 제어"를 살펴본다.

반복되는 데이터는 프로그램에서 *for, repeat, while* 루프 구조로 *변환한다.* 반복되는 데이터는 그림 10-4처럼 여러 번 반복되는 같은 형식의 데이터다. 전형적으로 반복되는 데이터는 컨테이너의 요소나 파일의 레코드, 배열의 요소로 저장된다. 파일에서 읽어 들이는 주민등록번호 목록이 있을 수 있다. 반복되는 데이터는 데이터를 읽기 위해서 사용되는 반복되는 코드인 루프와 연결된다.

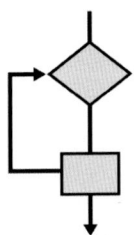

그림 10-4 반복되는 데이터가 재사용된다.

실제 데이터는 순차적, 선택적, 반복적인 형태의 데이터가 혼합된 형태일 수 있다. 더 복잡한 데이터형을 기술하기 위해서 간단한 코드 블록을 결합할 수 있다.

10.8 변수를 한 가지 목적으로만 사용하기

KEY POINT

여러 가지 교묘한 방법으로 한 가지 이상의 목적으로 변수를 사용할 수도 있다. 이 같이 교묘한 방법은 사용하지 않는 편이 낫다.

각 변수를 한 가지 목적만을 위해서 사용하라. 때때로 하나의 변수를 다른 위치에서 다른 목적으로 사용하고 싶을 때가 있다. 그런 상황에서는 일반적으로 변수의 이름이 사용 목적을 제대로 표현하지 못하거나 "임시" 변수가 두 경우에 모두 사용된다(*x*나 *temp* 같이 도움이 안 되는 이름). 다음은 두 가지 목적으로 사용된 임시 변수를 보여주는 예제다.

CODING HORROR

두 가지 목적을 위해서 하나의 변수를 사용하는 C++ 예제 – 나쁜 습관
```
// 이차 방정식의 근을 계산한다.
// 이 코드는 (b*b-4*a*c)가 양수라고 가정한다.
temp = Sqrt( b*b - 4*a*c );
root[0] = ( -b + temp ) / ( 2 * a );
root[1] = ( -b - temp ) / ( 2 * a );
...
```

```
// root 값을 교환한다.
temp = root[0];
root[0] = root[1];
root[1] = temp;
```

관련 정보 루틴 매개변수도 한 가지 목적으로만 사용해야 한다. 루틴 매개변수의 사용에 대한 자세한 내용은 7.5절 "루틴 매개변수 처리"를 살펴본다.

질문: 첫 줄의 코드와 마지막 부분의 코드에 있는 *temp*는 어떤 관계가 있는가? 정답: 두 *temp*는 아무런 관계가 없다. 두 경우에 같은 변수를 사용하면 마치 두 변수가 아무런 관련이 없을 때도 서로 관련이 있는 것처럼 보일 수 있다. 각각의 목적을 위해서 고유한 변수를 생성하면 더 읽기 쉬운 코드를 작성할 수 있다. 다음은 앞의 코드를 개선한 것이다.

두 가지 목적을 위해서 두 개의 변수를 사용하는 C++ 예제 – 좋은 습관
```
// 이차 방정식의 근을 계산한다.
// 이 코드는 (b*b-4*a*c)가 양수라고 가정한다.
discriminant = Sqrt( b*b - 4*a*c );
root[0] = ( -b + discriminant ) / ( 2 * a );
root[1] = ( -b - discriminant ) / ( 2 * a );
...

// root를 교환한다.
oldRoot = root[0];
root[0] = root[1];
root[1] = oldRoot;
```

숨은 *의미가 있는 변수*를 피하라. 변수가 한 가지 이상의 목적으로 사용될 수 있는 또 다른 방법은 변수가 서로 다른 것을 의미하는 서로 다른 값을 갖는 것이다. 예를 들면,

- *pageCount* 변수에 있는 값은 출력된 페이지의 수를 나타낸다. 하지만 이 값이 –1이면 오류가 발생했다는 것을 가리킨다.
- *customerId* 변수는 고객 번호를 나타낸다. 하지만 이 값이 *500,000*보다 크면 연체된 계정의 수를 구하기 위해서 *500,000*을 뺀다.
- *bytesWritten* 변수는 출력 파일에 기록된 바이트 수다. 하지만 이 값이 음수이면 출력 파일에 사용된 디스크 드라이브의 수를 가리킨다.

숨은 의미가 있는 이러한 종류의 변수를 사용하지 말라. 이러한 방식으로 변수를 남용하는 것을 기술적인 용어로 "하이브리드 커플링(hybrid coupling)"(Page-Jones 1988)이라고 한다. 변수가 두 가지 일을 하게 되면 한 가지 일에 대해 잘못된 형태의 값을 가질 수 있다. *pageCount* 예제에서 *pageCount*는 정상적인 상황에서는 페이지의 번호를 가리키는 정수다. 하지만 *pageCount*가 –1이 되면 오류가 발생했다는 것을 가리킨다. 정수 값이 불린 값을 대신하고 있다!

변수를 이중 목적으로 사용하는 것이 자신에게는 명백해 보일지라도 다른 사람에게는 그렇지 않을 것이다. 두 가지 종류의 정보를 보관하기 위해서 두 개의 변수를 사용했을 때 얼마나 코드를 명확하게 만들 수 있는지 알면 놀랄 것이다. 그리고 아무도 그 때문에 추가적으로 사용한 공간을 아까워하지 않을 것이다.

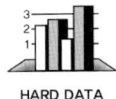

선언된 모든 변수를 사용하는지 확인하라. 변수를 한 가지 이상의 목적으로 사용하는 것과 상반되는 것은 변수를 전혀 사용하지 않는 것이다. 카드, 처치, 에이그레스티의 연구에서 참조되지 않는 변수는 높은 오류 발생률과 상관관계가 있음을 발견했다 (Card, Church, and Agresti 1986). 선언된 모든 변수가 사용되는지 확인하는 습관을 들인다. 어떤 컴파일러와 유틸리티(예: lint)는 사용되지 않는 변수를 경고를 통해서 보고하기도 한다.

cc2e.com/1092

관련 정보 일반적인 문제가 아닌 특정한 데이터형에 적용되는 체크리스트는 12장의 "기본 데이터형"에 있는 체크리스트를 살펴본다. 변수의 명명과 관련된 문제에 대한 내용은 11장에 있는 "변수 이름의 기능"을 살펴본다.

체크리스트: 데이터 사용 시 일반적으로 주의할 사항

변수 초기화

- 각 루틴이 입력 매개변수의 유효성을 검사하는가?
- 변수가 처음 사용된 곳과 근접한 위치에서 선언되고 있는가?
- 가능하다면 변수가 선언될 때 초기화하고 있는가?
- 변수를 선언하면서 동시에 초기화하는 것이 불가능하다면 변수가 처음 사용된 곳과 근접한 위치에서 변수를 초기화하는가?
- 카운터와 누산기에서 사용할 변수를 적절하게 초기화하고 필요 시 사용할 때마다 다시 초기화하는가?
- 반복적으로 실행되는 코드에서 변수를 적절하게 다시 초기화하는가?
- 코드를 컴파일할 때 컴파일 경고가 발생하지 않는가? 그리고 모든 경고를 활성화했는가?
- 언어가 암시적 선언을 사용한다면 이로 인해서 발생할 수 있는 문제점을 보완했는가?

데이터 사용에 대한 다른 일반적인 이슈

- 모든 변수가 가능한 가장 작은 범위를 갖는가?
- 변수에 대한 참조가 범위와 전체 수명의 관점에서 가능한 한 가깝게 유지되고 있는가?
- 제어 구조가 데이터형에 부합하는가?
- 선언된 모든 변수가 사용되고 있는가?
- 모든 변수가 적절한 시간에 결합하는가? 즉, 늦은 결합의 유연성과 이로 인한 복잡성 사이를 적절히 조율하고 있는가?
- 각 변수가 오직 하나의 목적을 갖고 있는가?
- 각 변수가 숨은 의미 없이 명시적인가?

요점 정리

- 데이터 초기화는 오류가 발생하기 쉽기 때문에 예상치 못한 초기 값으로 인해서 발생하는 문제를 피하기 위하여 이 장에서 설명한 초기화 기법을 사용한다.
- 각 변수의 범위를 최소화한다. 변수에 대한 참조를 가까이 둔다. 루틴이나 클래스로 제한하고 전역 데이터는 사용하지 않는다.
- 같은 변수를 사용하는 명령문은 가능한 한 가까이 둔다.
- 초기에 결합하면 유연성이 떨어지지만 코드가 복잡해지는 것을 막을 수 있고, 늦게 결합하면 코드는 복잡해지지만 코드를 좀 더 유연하게 개발할 수 있다.
- 변수는 한 가지 목적으로 사용한다.

11장 | 변수 이름의 기능

cc2e.com/1184

내용

11.1 좋은 이름을 위한 고려 사항
11.2 특정 타입의 데이터 이름 짓기
11.3 이름 규약의 효과
11.4 비형식적인 이름 규약
11.5 표준 접두사
11.6 읽기 쉬운 짧은 이름
11.7 피해야 할 변수 이름

관련 주제

- 루틴 이름: 7.3절
- 클래스 이름: 6.2절
- 변수 사용 시 고려할 사항들: 10장
- 데이터 선언의 형식화: 31.5절의 "데이터 선언 레이아웃"
- 변수의 문서화: 32.5절의 "데이터 선언에 주석 작성"

좋은 이름에 관한 주제는 효과적인 프로그래밍만큼이나 중요한 주제이지만, 여태껏 좋은 이름을 짓기 위해서 고려해야 할 사항을 깊이 있게 다루는 글은 한 번도 읽어본 적이 없다. 많은 프로그래밍 관련 서적이 약어를 선택하는 방법이나 일반적인 내용을 소개한 후 개발자가 혼자서도 훌륭한 이름을 만들 수 있기를 바라며 몇 단락을 할애할 뿐이다. 이 장에서는 단순히 좋은 이름을 만드는 데 필요한 정보 이상의 것을 소개하고자 한다.

이 장에서 소개하는 가이드라인은 주로 변수(객체와 기초적인 데이터)의 이름을 짓는 데 적용된다. 하지만 클래스나 패키지, 파일 등 다른 프로그래밍 요소의 이름에도 적용된다. 루틴의 이름에 대한 자세한 내용은 7.3절 "좋은 루틴 이름"을 살펴본다.

11.1 좋은 이름을 위한 고려 사항

강아지 이름을 짓듯이 변수의 이름을 지을 수는 없다. 강아지의 이름은 귀엽거나 듣기 좋게 지으려 하기 때문이다. '개와 개 이름'은 요소가 서로 다르지만, '변수와 변수 이름'은 근본적으로 같은 것이다. 결과적으로 변수의 좋고 나쁨은 그 이름에 의해 주로 좌우된다. 변수의 이름을 주의 깊게 선택한다.

다음은 나쁜 변수명을 사용한 예제 코드다.

나쁜 변수명을 자바로 작성한 예제
```
x = x - xx;
xxx = fido + SalesTax( fido );
x = x + LateFee( x1, x ) + xxx;
x = x + Interest( x1, x );
```

이 코드에서 무슨 일이 일어나고 있는가? *x1*, *xx*, *xxx*가 무엇을 의미하는가? *fido*는 무엇을 의미하는가? 누군가가 이 코드가 미결제 잔액과 새로 산 물건을 토대로 고객이 지불해야 하는 총금액을 계산하는 코드라고 말했다고 하자. 고객이 새로 산 물건에 대한 계산서를 출력하는 데 어떤 변수를 사용할지 알겠는가?

다음은 같은 코드를 이러한 질문에 대답하기 쉽게 작성한 것이다.

좋은 변수명을 자바로 작성한 예제
```
balance = balance - lastPayment;
monthlyTotal = newPurchases + SalesTax( newPurchases );
balance = balance + LateFee( customerID, balance ) + monthlyTotal;
balance = balance + Interest( customerID, balance );
```

이 두 코드를 비교하면 좋은 변수 이름을 사용했을 때가 읽고 기억하기 쉽다. 이러한 목표를 달성하기 위해서 몇 가지 일반적인 경험 법칙을 사용할 수 있다.

이름을 지을 때 가장 중요한 고려 사항

변수 이름을 지을 때 그 이름이 변수가 나타내는 것을 완전하고 정확하게 설명하는지를 가장 중요하게 고려해야 한다. 좋은 이름을 생각해내는 효과적인 기법은 변수가 표현하는 것을 단어로 서술하는 것이다. 종종 서술문 자체가 가장 좋은 변수 이름인 경우가 있다. 이런 변수 이름은 뜻을 알 수 없는 약어를 포함하지 않기 때문에 모호하지 않다. 변수가 표현하는 것을 완벽하게 설명하기 때문에 다른 것으로 혼란스러워 하지도 않을 것이다. 그리고 이름이 개념과 유사해 기억하기도 쉽다.

미국 올림픽 대표팀 선수가 몇 명인지 나타내는 변수의 이름은 *numberOfPeopleOnTheUsOlympicTeam*이 좋다. 운동장의 좌석 수를 표현하는 변수의 이름은 *numberOfSeatsInTheStadium*일 것이다. 올림픽에서 각 나라의 대표팀에서 획득한 최고 점수를 표현하는 변수의 이름은 *maximumNumberOfPointsInModernOlympi* *cs*일 것이다. 현재의 이자율을 포함하는 변수는 *r*이나 *x*보다 *rate*나 *interestRate*가 더 좋은 이름이다. 느낌이 확 오는가?

이러한 이름에는 두 가지 특징이 있음을 주목한다. 하나는 해석하기가 쉽다는 점이다. 실제로 이 변수 이름은 쉽게 읽을 수 있어 해석할 필요가 전혀 없다. 하지만 몇몇 이름은 너무 길어서 실용적이지 않다. 뒤에서 변수 이름의 길이에 대해서 간단하게 설명할 것이다.

표 11-1은 좋은 변수 이름과 나쁜 변수 이름의 다양한 예를 보여준다.

표 11-1 좋은 변수 이름과 나쁜 변수 이름의 예

변수의 목적	좋은 이름, 좋은 설명	나쁜 이름, 불충분한 설명
날짜가 적힌 유통 중인 수표의 총계	runningTotal, checkTotal	written, ct, checks, CHKTTL, x, x1, x2
고속 열차의 속도	Velocity, trainVelocity, veolocityInMph	velt, v, tv, x, x1, x2, train
현재 날짜	currentDate, todaysDate	cd, current, c, x1, x1, x2, date
페이지당 행 수	linesPerPage	lpp, lines, l, x, x1, x2

*currentDate*와 *todaysDate*는 "현재 날짜"라는 개념을 정확하고 완벽하게 설명하고 있으므로 좋은 이름이다. 실제로 이 변수들은 분명한 단어를 사용하고 있다. 개발자들은 종종 평범한 단어 사용을 간과하는데, 이 방법이 가장 좋은 해결책인 경우가 종종 있다. *cd*와 *c*는 너무 짧고 전혀 설명적이지 않기 때문에 나쁜 이름이다. *current*는 무엇이 "현재"인지를 말해주지 않기 때문에 나쁜 이름이다. *Date*는 거의 좋은 이름에 속하지만, *date*가 단순한 날짜가 아니라 현재 날짜이기 때문에 최종적으로는 나쁜 이름이다. *date* 자체로는 아무것도 암시하지 않는다. *x*, *x1*, *x2*는 항상 나쁜 이름이다. *x*는 전형적으로 알려지지 않은 양을 표현한다. 변수가 알려지지 않은 양을 나타내는 게 아니라면 더 좋은 이름을 생각해야 한다.

KEY POINT

이름은 가능한 한 구체적이어야 한다. *x*, *temp*, *i*와 같이 한 가지 이상의 목적으로 사용되기 쉬운 막연한 이름은 많은 정보를 제공하지도 않고 일반적으로 나쁜 이름이다.

문제 지향

기억하기 쉬운 이름은 일반적으로 해결책보다 문제에 대해서 말한다. 좋은 이름은 "어떻게"보다 "무엇"을 표현하는 경향이 있다. 일반적으로 이름이 문제보다 해결 과정의 어떤 측면을 가리키고 있다면 이는 무엇보다는 "어떻게"에 대한 것이다. 문제 자체를 가리키는 이름을 사용하도록 한다.

직원의 데이터에 대한 레코드는 *inputRec*이나 *employeeData*가 될 수 있다. *inputRec*은 입력과 레코드라는 컴퓨팅 개념을 가리키는 컴퓨터 용어다. *employeeData*는 컴퓨팅보다는 문제 영역에 해당한다. 마찬가지로 프린터의 상태를 가리키는 비트 필드에 대해서 *bitFlag*는 *printerReady*보다 컴퓨터적인 이름이다. 회계 관련 애플리케이션에서 *calcVal*은 *sum*보다 컴퓨터적이다.

최적의 이름 길이

최적의 이름 길이는 *x*와 *maximumNumberOfPointsInModernOlympics* 사이의 어딘가가 아닐까 싶다. 너무 짧은 이름은 충분한 의미를 전달하지 못한다. *x1*과 *x2*와 같은 이름의 문제점은 *x*가 무엇인지를 알아낸다고 하더라도 *x1*과 *x2*의 관계에 대해서는 아무것도 알지 못한다는 것이다. 너무 긴 이름은 입력하기 어렵고 프로그램의 외관상 구조를 모호하게 할 수 있다.

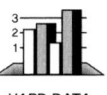
HARD DATA

고를라와 A. C. 베난더, B. A. 베난더는 변수 이름의 길이가 평균적으로 문자 10자에서 16자 사이일 때 프로그램을 디버깅하기 위해서 들이는 노력을 최소화할 수 있다는 사실을 발견했다(Gorla, A. C. Benander, and B. A. Benander 1990). 변수의 평균 길이가 문자 8자에서 20자 사이인 프로그램도 거의 마찬가지로 디버깅하기가 쉬웠다. 이 가이드라인은 모든 변수의 이름을 문자 9자에서 15자 사이나 10자에서 16자 사이의 길이로 작성해야 한다는 의미는 아니다. 하지만 코드를 봤을 때 짧은 이름이 많다면 이름이 분명하게 작성되었는지 확인해 보아야 한다는 뜻이다.

다음 표 11-2에서와 같이 변수의 이름을 "금발 소녀와 세 마리 곰(Goldilocks-and-the-Three-Bears)"[6] 스타일로 짓는 게 도움이 될 것이다.

---

[6] (옮긴이) 너무 많지도 적지도 않은 상태

표 11-2 너무 길거나 너무 짧거나 적당한 길이의 변수 이름

너무 길다	*numberOfPeopleOnTheUsOlympicTeam*
	numberOfSeatsInTheStadium
	maximumNumberOfPointsInModernOlympics
너무 짧다	*n, np, ntm*
	n, ns, nsisd
	m, mp, max, points
적당하다	*numTeamMembers, teamMemberCount*
	numSeatsInStadium, seatCount
	teamPointsMax, pointsRecord

범위가 변수명에 미치는 효과

관련 정보 범위에 관해서는 10.4절의 "범위"에서 자세히 설명한다.

짧은 변수 이름이 항상 나쁜 것일까? 항상 그렇지는 않다. *i*와 같이 짧은 이름은 이름의 길이로부터 해당 변수가 제한된 범위를 갖는 연산에서 사용되는 임시 값이라는 것을 추측할 수 있다.

이런 변수를 보면 이 값이 몇 줄의 코드에서만 사용된다는 것을 가정할 수 있어야 한다. 변수의 이름이 *i*라면 이렇게 말하고 있는 것이다. "이 변수는 일반적인 반복문의 카운터이거나 배열 인덱스이며 코드 외부에서는 전혀 중요하지 않다."

W. J. 한센(Hansen)의 연구에서 긴 이름은 거의 사용하지 않는 변수나 전역 변수에 좋고 짧은 이름은 지역 변수나 반복문 변수에 좋다는 것을 발견했다(Shneiderman 1980). 하지만 짧은 이름은 문제를 일으킬 수 있어 신중한 개발자들은 방어적으로 짧은 이름을 피한다.

전역 네임스페이스에 있는 변수에는 한정자(qualifier)를 사용하라. 변수가 전역 공간에 있다면(이름 상수, 클래스 이름 등) 전역 공간을 나누고 이름 충돌을 피하기 위한 규약이 필요한지 고려해 본다. C++와 C#에서는 전역 공간을 나누기 위해서 *namespace* 키워드를 사용할 수 있다.

전역 공간을 분할하기 위해서 namespace 키워드를 사용하는 C++ 예제

```
namespace UserInterfaceSubsystem {
    ...
    // 수많은 선언문
    ...
```

```
}

namespace DatabaseSubsystem {
    ...
    // 수많은 선언문
    ...
}
```

Employee 클래스를 *UserInterfaceSubsystem*과 *DatabaseSubsystem* 모두에 선언한다면 *UserInterfaceSubsystem::Employee*나 *DatabaseSubsystem::Employee*를 작성하여 참조하고자 하는 클래스를 구분할 수 있다. 자바에서는 패키지(package)를 사용하여 같은 효과를 얻을 수 있다.

네임스페이스나 패키지를 지원하지 않는 프로그래밍 언어에서도 전역 공간을 분할하기 위해 이름 규칙을 사용할 수 있다. 한 가지 규약은 전역으로 노출되는 클래스는 서브시스템 연상 기호(mnemonic)를 접두사로 사용하는 것이다. 사용자 인터페이스 *Employee* 클래스는 *uiEmployee*, 데이터베이스 *Employee* 클래스는 *dbEmployee*가 될 수 있을 것이다. 이러한 규약은 전역 공간 충돌의 위험을 최소화한다.

변수 이름의 계산값 한정자

많은 프로그램이 총계, 평균, 최댓값 등 계산된 값을 보관하는 변수를 갖는다. *Total*이나 *Sum*, *Average*, *Max*, *Min*, *Record*, *String*, *Pointer*와 같은 한정자로 변수의 이름을 만들 경우 이름 끝에 한정자를 입력한다.

이러한 습관은 여러 가지 장점을 제공한다. 첫째, 변수 이름에서 가장 중요한 변수의 의미를 가장 잘 전달하는 부분이 앞부분이기 때문에 가장 눈에 띄고 잘 파악된다. 둘째, 이러한 규약을 마련함으로써 *totalRevenue*와 *revenueTotal*을 같은 프로그램에서 사용하는 혼란을 피할 수 있다. 이름이 의미상 같은데 규약을 통해 그것들이 서로 다르게 사용되는 것을 막을 수 있을 것이다. 셋째, *revenueTotal*, *expenseTotal*, *revenueAverage*, *expenseAverage*와 같은 이름은 보기 좋은 대칭을 이룬다. *totalRevenue*, *expenseTotal*, *revenueAverage*, *averageExpense*와 같은 이름은 정돈되어 있다는 느낌을 주지 않는다. 마지막으로 일관성 있게 관리하면 이해하기 쉽고 유지보수도 쉽다.

계산된 값을 변수 이름의 끝에 놓는 규칙에 대한 한 가지 예외는 *Num* 한정자의 관습적인 위치다. 변수의 이름 앞에 있으면 *Num*은 총계를 가리킨다. *numCustomer*는 전체 고객의 수다. 변수에 끝에 있으면 인덱스를 가리킨다. *customerNum*은 현재 고객의 번호다. *numCustomers*에 있는 s는 또 다른 의미를 제공한다. 하지만 *Num*을 사용하면 혼란을 일으키기 때문에 전체 고객의 수를 가리키기 위해서 *Count*나 *Total*을 사용하고 특정한 고객을 가리키는 데 *Index*를 사용함으로써 이러한 문제를 피하는 것이 가장 좋은 방법이다. 결론적으로 전체 고객의 수는 *customerCount*, 특정 고객을 가리킬 때는 *customerIndex*를 쓰는 게 좋다.

일반적인 변수명의 반의어

관련 정보 루틴 이름에서의 반의어 목록은 7.3절의 "반의어를 정확하게 사용하라"를 살펴본다.

반의어를 정확하게 사용하라. 반의어에 대한 이름 규약을 사용하면 일관성을 유지하고 가독성을 높이는 데 도움이 된다. *begin/end*와 같은 쌍은 이해하고 기억하기가 쉽다. 일반적인 반의어가 아닌 쌍은 기억하기 어려운 경향이 있어 혼란을 줄 수 있다. 다음은 몇 가지 일반적인 반의어다.

- begin/end
- first/last
- locked/unlocked
- min/max
- next/previous
- old/new
- opened/closed
- visible/invisible
- source/target
- source/destination
- up/down

11.2 특정 타입의 데이터 이름 짓기

데이터 이름을 지을 때 일반적으로 고려해야 할 사항과 함께 데이터 종류에 따라서 변수 이름을 만들 때 특별히 고려할 사항이 있다. 이 절에서는 특별히 반복문 변수, 상태 변수, 임시 변수, 불린 변수, 열거형, 이름 상수에 대한 고려 사항을 설명한다.

반복문 인덱스 이름

> 관련 정보 반복문에 관한 자세한 내용은 16장 "반복문 제어"를 살펴본다.

반복문 변수 이름을 위한 가이드라인이 생겨난 이유는 반복문이 컴퓨터 프로그래밍에서 일반적인 기능이기 때문이다. *i*, *j*, *k*와 같은 이름을 관습적으로 사용한다.

간단한 반복문 변수 이름에 대한 자바 예제
```java
for ( i = firstItem; i < lastItem; i++ ) {
    data[ i ] = 0;
}
```

변수를 반복문 외부에서 사용해야 한다면 반드시 *i*나 *j*, *k*보다는 좀 더 의미 있는 이름을 지어야 한다. 가령 파일로부터 레코드를 읽어 들이고 얼마나 많은 레코드를 읽었는지 기억해야 한다면 *recordCount*와 같은 이름이 적절할 것이다.

설명적인 반복문 변수 이름에 대한 자바 예제
```java
recordCount = 0;
while ( moreScores() ) {
    score[ recordCount ] = GetNextScore();
    recordCount++;
}

// recordCount를 사용하는 코드
...
```

반복문이 길어진다면 *i*가 무엇을 나타내는지 쉽게 잊히기 때문에 반복문의 인덱스에 좀 더 의미 있는 이름을 짓는 게 좋다. 코드는 자주 변경되고 확장되고 다른 프로그램에 복사되기 때문에 숙련된 개발자들은 *i*와 같은 이름을 사용하지 않는다.

반복문이 길어지는 한 가지 이유는 반복문이 중첩되기 때문이다. 여러 개의 중첩된 반복문이 있다면 가독성을 향상하기 위해 좀 더 긴 이름으로 반복문 변수를 작성한다.

중첩된 반복문에서 좋은 반복문 이름을 가진 자바 예제
```java
for ( teamIndex = 0; teamIndex < teamCount; teamIndex++ ) {
    for ( eventIndex = 0; eventIndex < eventCount[ teamIndex ]; eventIndex++ ) {
        score[ teamIndex ][ eventIndex ] = 0;
    }
}
```

반복문 인덱스 변수의 이름을 신중하게 선택하면 인덱스 혼선으로 인한 일반적인 문제를 피할 수 있다. 예를 들면 *j*를 의미할 때 *i*를 말하고 *i*를 의미할 때 *j*를 말하는 경우가 그렇다. 또한 배열 접근을 더 분명하게 한다. *score[teamIndex][eventIndex]*는 *score[i][j]*보다 많은 정보를 제공한다.

*i, j, k*를 사용해야 한다면 간단한 반복문을 위한 인덱스 이외의 용도로는 사용하지 않는다. 이 규약을 어기고 다른 방법으로 이 변수를 사용하면 혼란을 일으킬 수 있을 정도로 이 규약은 아주 잘 정립되어 있다. 이런 문제를 피하는 가장 간단한 방법은 *i, j, k*보다 더 설명적인 이름을 생각해내는 것이다.

상태 변수 이름

상태 변수는 프로그램의 상태를 설명한다. 다음은 상태 변수의 이름에 대한 가이드라인이다.

상태 변수에 대해서 *flag*보다 더 나은 이름을 생각해 본다. 플래그는 상태 변수로 생각하는 것이 좋다. 플래그라는 이름은 그것이 무엇을 하는지 아무런 단서도 제공하지 않기 때문에 변수 이름에 사용하지 말아야 한다. 분명하게 하기 위해 플래그에 값을 할당하고 그 값을 열거형이나 이름 상수, 이름 상수처럼 작동하는 전역 변수로 테스트해야 한다. 다음은 이름을 잘못 지은 플래그에 대한 몇 가지 예제다.

의미가 모호한 플래그에 대한 C++ 예제
```cpp
if ( flag ) ...
if ( statusFlag & 0x0F ) ...
if ( printFlag == 16 ) ...
if ( computeFlag == 0 ) ...

flag = 0x1;
statusFlag = 0x80;
printFlag = 16;
computeFlag = 0;
```

*statusFlag = 0x80*과 같은 명령문은 직접 코드를 작성했거나 *statusFlag*와 *0x80*이 무엇을 표현하는지 설명하는 문서를 보기 전까지는 코드가 무엇을 하는지 전혀 알 수가 없다. 다음은 앞에서 살펴본 코드와 같은 코드를 더 분명하게 작성한 예제다.

상태 변수를 잘 사용한 C++ 예제
```cpp
if ( dataReady ) ...
if ( characterType & PRINTABLE_CHAR ) ...
```

```
if ( reportType == ReportType_Annual ) ...
if ( recalcNeeded == True ) ...

dataReady = true;
characterType = CONTROL_CHARACTER;
reportType = ReportType_Annual;
recalcNeeded = false;
```

확실히 *characterType = CONTROL_CHARACTER;*는 *statusFlag = 0x80*보다 더 이해하기 쉽다. 마찬가지로 *if (reportType == ReportType_Annual)*는 *if (printFlag == 16)*보다 분명하다. 이 예제는 미리 정의된 이름 상수뿐만 아니라 열거형에도 이 접근 방법을 사용할 수 있다는 것을 보여주고 있다. 다음은 이 예제에서 사용된 변수를 설정하는 데 이름 상수와 열거형을 사용하는 방법이다.

C++에서 상태 변수 선언
```
// CharacterType 값
const int LETTER = 0x01;
const int DIGIT = 0x02;
const int PUNCTUATION = 0x04;
const int LINE_DRAW = 0x08;

const int PRINTABLE_CHAR = ( LETTER | DIGIT | PUNCTUATION | LINE_DRAW );

const int CONTROL_CHARACTER = 0x80;

// ReportType 값
enum ReportType {
    ReportType_Daily,
    ReportType_Monthly,
    ReportType_Quarterly,
    ReportType_Annual,
    ReportType_All
};
```

이 코드에서 "이해해야" 하는 부분이 있다면 변수의 이름을 다시 만든다. 살인 미스터리를 밝혀내려는 것은 좋지만, 코드는 밝혀내야 할 대상이 아니다. 코드는 직관적으로 이해할 수 있어야 한다.

임시 변수 이름

임시 변수는 계산의 중간 결과를 보관하기 위한 임시 저장소로 사용되고 보조 수단으로 사용하는 값을 보관하는 데 사용된다. 대개는 *temp*나 *x*, 그 밖의 모호하고 이해하기 어려운 이름을 갖는다. 일반적으로 임시 변수는 개발자가 문제를 완벽하게 이해하지 못하고 있다는 신호다. 게다가 변수가 공식적으로 "임시" 상태이기 때문에 개발자는 임시 변수를 다른 변수보다 별생각 없이 다루게 되어 오류가 발생할 가능성이 커진다.

"임시" 변수를 조심하라. 변수의 값을 일시적으로 보관할 필요가 종종 있다. 하지만 그렇게 생각하면 프로그램에 있는 거의 모든 변수가 임시 변수다. 그중에서 몇 개를 임시 변수라고 하는 것은 그 변수의 실질적인 목적에 대한 확신이 없다는 것을 가리킨다. 다음 예제를 살펴본다.

정보가 없는 "임시" 변수의 이름에 대한 C++ 예제
```
// 2차 방정식의 근을 구한다.
// 이 코드는 (b^2-4*a*c)가 양수라고 가정한다.
temp = sqrt( b^2 - 4*a*c );
root[0] = ( -b + temp ) / ( 2 * a );
root[1] = ( -b - temp ) / ( 2 * a );
```

$sqrt(b^2 - 4*a*c)$ 표현식의 값은 특히 나중에 두 곳에서 사용되므로 변수에 저장하는 것이 좋다. 하지만 *temp*라는 이름은 변수가 무엇을 하는지에 관한 아무런 정보도 제공하지 않는다. 이보다 나은 접근 방법은 다음 예제와 같다.

"임시" 변수의 이름을 실질적인 변수로 대체한 C++ 예제
```
// 2차 방정식의 근을 구한다.
// 이 코드는 (b^2-4*a*c)가 양수라고 가정하고 있다.
discriminant = sqrt( b^2 - 4*a*c );
root[0] = ( -b + discriminant ) / ( 2 * a );
root[1] = ( -b - discriminant ) / ( 2 * a );
```

이 코드는 본질적으로 같은 코드지만, 정확하고 설명적인 변수 이름을 사용해 첫 번째 예제를 개선했다.

불린 변수 이름

다음은 불린 변수 이름에 대한 가이드라인이다.

전형적인 불린 변수의 이름을 기억한다. 다음은 전형적으로 유용하게 사용되는 불린 변수의 이름이다.

- *done* 무언가 수행되었다는 것을 가리키기 위해서 *done*을 사용한다. 이 변수는 반복문이 수행되었거나 다른 연산이 수행되었음을 가리킬 수 있다. 무언가가 처리되기 전에 *done*을 거짓으로 설정하고 완료되고 난 후 참으로 설정한다.
- *error* 오류가 발생했음을 가리키기 위해서 *error*를 사용한다. 오류가 발생했을 때 이 변수를 참으로 설정하고 오류가 발생하지 않았을 때 거짓으로 설정한다.
- *found* 값이 발견되었다는 것을 가리키기 위해서 *found*를 사용한다. 값이 발견되지 않았을 때 거짓으로 설정하고 값이 발견되었을 때 참으로 설정한다. 배열에서 값을 검색하거나 파일에서 직원 ID를 검색하거나 수표 목록에서 특정한 수표 금액을 검색할 때 *found*를 사용한다.
- *success* 또는 *ok* 연산이 성공적인지를 가리키기 위해서 *success* 또는 *ok*를 사용한다. 연산이 실패했을 때 이 변수를 거짓으로 설정하고 연산이 성공했을 때 참으로 설정한다. 가능하다면 *success*는 성공했다는 것을 좀 더 정확하게 설명하는 구체적인 이름으로 대체한다. 예를 들어 처리가 완료되어야 프로그램이 성공한 것이라면 *processingComplete*를 대신 사용한다. 값을 구했을 때 프로그램이 성공한 것이라면 *found*를 대신 사용한다.

참이나 거짓의 의미를 함축하는 불린 변수의 이름을 사용한다. *done*과 *success*와 같은 이름은 상태가 참 아니면 거짓, 또는 무언가가 수행되었거나 수행되지 않았거나 둘 중 하나이기 때문에 좋은 불린 변수 이름이다. 반면에 *status*와 *sourceFile*과 같은 변수는 참이나 거짓이 명백하지 않기 때문에 좋지 못한 불린 이름이다. *status*가 참이면 무엇을 의미하는가? 무언가가 상태를 갖고 있다는 것을 의미하는가? 모든 것은 상태를 갖는다. 참은 어떤 것의 상태가 괜찮다는 의미인가? 거짓은 아무것도 잘못된 것이 없다는 의미인가? *status*와 같은 이름으로는 아무것도 말해줄 수 없다.

좀 더 나은 결과를 위해서 *status*를 *error*나 *statusOK*와 같은 이름으로 대체하거나 *sourceFile*을 *sorucFileAvailable*이나 *sourceFileFound*와 같은 다른 변수로 대체한다.

어떤 개발자들은 불린 변수 이름 앞에 Is를 입력하는 것을 좋아한다. 그렇게 하면 변수의 이름이 의문사가 된다. *isdone? isError? isFound? isProcessingComplete?* 이 질문에 대한 참이나 거짓의 대답이 이 변수의 값을 제공한다. 이러한 접근 방법의 이점은 그것이 모호한 이름에는 어울리지 않는다는 점이다. *isStatus?*는 말이 안 되는 이름이다. 이 접근 방법의 단점은 간단한 논리 표현식에서 가독성이 떨어진다는 것이다. *if (isFound)*는 *if (found)*보다 가독성이 약간 떨어진다.

긍정적인 불린 변수 이름을 사용한다. *notFound*, *notdone*, *notSuccessful*과 같은 부정적인 이름은 이 변수의 값이 부정이 되었을 때 읽기가 어려워진다. 다음 코드를 살펴보자.

```
if not notFound
```

이런 이름은 *found*나 *done*, *processingComplete*로 대체하고 나서 적절한 연산자로 부정해야 한다. 찾고 있는 것을 찾았다면 *not notFound* 대신 *found*를 사용한다.

열거형의 이름

관련 정보 열거형 사용에 대한 자세한 내용은 12.6절 "열거형"을 살펴본다.

열거형을 사용하면 *Color_*나 *Planet_*, *Month_*와 같은 접두사를 사용하여 해당 타입의 멤버가 모두 같은 그룹에 속한다는 것을 보장할 수 있다. 다음은 접두사를 갖는 열거형의 요소를 규명하는 몇 가지 예제다.

접두사 이름 규칙을 사용한 열거형을 비주얼 베이직으로 작성한 예제
```
Public Enum Color
    Color_Red
    Color_Green
    Color_Blue
End Enum

Public Enum Planet
    Planet_Earth
    Planet_Mars
    Planet_Venus
End Enum

Public Enum Month
    Month_January
    Month_February
    ...
    Month_December
End Enum
```

추가로 열거형 자체(*Color*, *Planet*, *Month*)는 대문자나 접두사(*e_Color*, *e_Planet*, *e_Month*)를 포함해 다양한 방법으로 구분할 수 있다. 열거형이 본질적으로는 사용자 정의형이므로 열거형의 이름도 클래스와 같은 다른 사용자 타입처럼 형식화되어야 한다고 주장할 수도 있다. 또는 열거형은 타입이면서 동시에 상수이므로 그 이름이 상수처럼 형식화되어야 한다고 주장할 수도 있다. 이 책은 열거형 이름에 대해서 혼합된 형태의 규약을 사용한다.

어떤 프로그래밍 언어에서는 열거형을 클래스처럼 다루고 열거형 멤버는 *Color.Color_Red*나 *Planet.Planet_Earth*처럼 항상 열거형 이름을 접두사로 가져야 한다. 이런 종류의 언어를 사용하고 있다면 접두사를 반복하는 것은 아무런 의미가 없기 때문에 열거형 이름 자체를 접두사로 처리하고 간단하게 *Color.Red*와 *Planet.Earth*라고 할 수 있다.

상수 이름

관련 정보 이름 상수의 사용에 대한 자세한 내용은 12.7절 "이름 상수"를 살펴본다.

상수 이름은 상수가 가리키는 숫자보다는 상수가 표현하는 추상적인 대상을 나타내야 한다. *FIVE*는 상수의 이름으로는 나쁜 이름이다(상수가 표현하고 있는 값이 5.0이든 아니든 상관없이). *CYCLES_NEEDED*는 좋은 이름이다. *CYCLES_NEEDED*는 5.0일 수도 있고 6.0일 수도 있다. *FIVE = 6.0*은 말도 안 된다. 마찬가지로 *BAKERS_DOZEN*은 잘못 지은 상수 이름이며 *DONUTS_MAX*는 좋은 상수 이름이다.

11.3 이름 규약의 효과

어떤 개발자들은 나름대로 타당한 이유가 있어서 표준과 규약을 따르지 않는다. 어떤 표준과 규약은 융통성이 없고 비효과적이며 창조성과 프로그램의 품질을 떨어뜨린다. 이는 불행한 일이다. 효과적인 표준은 마음대로 사용할 수 있는 가장 강력한 도구 중 하나이기 때문이다. 이 절에서는 변수의 이름에 대한 나름대로 표준을 만들어야 하는 이유와 방법, 그 시기에 관해 설명한다.

왜 규약이 필요한가?

규약은 다음과 같이 여러 구체적인 이점을 제공한다.

- 더 많은 것을 당연하게 받아들인다. 상황에 따라 달라지는 결정이 아니라 한 가지로 일관된 결정을 하면 코드의 더 중요한 특성에 집중할 수 있다.
- 다른 프로젝트에서도 지식을 활용하는 데 도움을 준다. 유사한 이름을 사용하면 익숙하지 않은 변수가 무엇을 해야 하는지에 대해서 더 쉽고 확실하게 이해하는 데 도움이 된다.
- 새로운 프로젝트에서 좀 더 빠르게 코드를 배우게 해준다. 철수의 코드는 이런 모양이고 영희의 코드는 저런 모양이고 길동이의 코드는 또 다른 모양이라는 것을 배우기보다 더 일관성 있는 코드로 작업할 수 있다.

- 이름이 늘어나는 것을 줄여준다. 이름 규약이 없으면 같은 것을 서로 다른 이름으로 부르기가 쉽다. 예를 들면 총점을 *pointTotal*이나 *totalPoints*로 부를 것이다. 코드를 개발할 때는 혼란스럽지 않겠지만, 나중에 이 코드를 읽는 개발자는 매우 혼란스러울 것이다.
- 언어의 약점을 보완한다. 이름 상수와 열거형을 모방하는 데 규약을 사용할 수 있다. 규약은 지역 데이터와 클래스 데이터, 전역 데이터를 구별할 수 있으며 컴파일러가 지원하지 않는 타입에 대한 타입 정보를 만들 수 있다.
- 관련된 항목 사이의 관계를 강조한다. 객체 데이터를 사용하면 컴파일러는 이 데이터를 자동으로 처리한다. 사용하는 프로그래밍 언어가 객체를 지원하지 않는다면 이름 규약으로 이를 보완할 수 있다. *address*, *phone*, *name*과 같은 이름은 변수가 서로 관련되어 있다는 것을 나타내지 못한다. 그런데 직원과 관련된 모든 데이터 변수는 *Employee* 접두사로 시작해야 한다는 결정을 내렸다고 가정해 보자. *employeeAddress*와 *employeePhone*, *employeeName* 변수가 서로 관련되어 있다는 것은 의심할 여지가 없다. 프로그래밍 규약은 사용하는 언어의 약점을 보완할 수 있다.

KEY POINT

핵심은 어떤 규약이든지 없는 것보다는 있는 게 낫다는 것이다. 규약이 제멋대로일 수도 있다. 하지만 이름 규약의 효과는 특정한 규약을 선택하는 데서 오는 것이 아니라 코드에 구조를 추가하고 걱정해야 할 내용이 적어지는 규약이 존재한다는 사실로부터 발생한다.

언제 이름 규약이 필요한가?

이름 규약을 만들어야 하는 시기에 대한 획일적인 규칙은 없지만, 규약이 유용한 몇 가지 경우를 다음에 소개한다.

- 한 프로젝트에서 여러 명의 개발자가 작업하고 있을 때
- 변경이나 유지보수 때문에 프로그램을 다른 개발자에게 넘겨주어야 할 때(항상)
- 조직 내에 있는 다른 개발자가 프로그램을 검토해야 할 때
- 프로그램이 너무 커서 한 번에 기억할 수 없기 때문에 반드시 부분적으로 나누어 생각해야 할 때
- 프로그램의 수명이 길어서 몇 주나 몇 달 동안 프로그램을 제쳐 뒀다가 나중에 작업해야 할 때
- 프로젝트에서 자주 쓰이는 특이한 용어가 많아서 코드 작성 시 사용할 표준 용어나 약어를 갖고자 할 때

몇 가지 이름 규약을 마련해 두면 언제나 이득을 볼 수 있다. 앞에서 소개한 고려 사항은 특별한 프로젝트에서 사용할 규약의 범위를 결정하는 데 도움이 될 것이다.

형식을 따르는 정도

관련 정보 작은 프로젝트와 큰 프로젝트의 형식화 차이에 대한 자세한 내용은 27장 "프로그램 크기가 구현에 미치는 영향"을 살펴본다.

규약은 저마다 형식을 따르는 정도에서 차이가 있다. 비형식적인 규약은 "의미 있는 이름을 사용한다"처럼 간단할 것이다. 다른 비형식적인 규약들은 다음 절에서 소개한다. 일반적으로 필요한 형식화 정도는 프로그램에서 작업하는 사람들의 수와 프로그램의 크기, 프로그램의 예상 수명에 따라서 달라진다. 작고 일시적인 프로젝트에서는 엄격한 규약이 불필요한 오버헤드일 것이다. 여러 사람이 참여하는 큰 프로젝트에서는 초기 단계나 프로그램이 사용되는 내내 형식적인 규약이 코드를 이해하는 데 큰 도움을 준다.

11.4 비형식적인 이름 규약

대부분의 프로젝트는 다음 절에서 소개하는 것과 같이 비교적 비형식적인 이름 규약을 사용한다.

개발 언어에 독립적인 규약을 위한 가이드라인

다음은 개발 언어에 독립적인 규약을 작성하기 위한 몇 가지 가이드라인이다.

변수의 이름과 루틴의 이름을 구별한다. 이 책에서 사용하고 있는 규약은 변수와 객체의 이름은 소문자(*variableName*)로 시작하고 루틴의 이름(*RoutineName()*)은 대문자로 시작하는 것이다.

클래스와 객체를 구별한다. 클래스 이름과 객체의 이름, 타입과 그 타입의 변수 사이의 일치는 다루기 힘들 수 있다. 다음 예제와 같이 다양한 표준을 선택할 수 있다.

방법 1: 첫 번째 문자를 대문자로 작성하여 타입과 변수를 구분함
```
Widget widget;
LongerWidget longerWidget;
```

방법 2: 모든 문자를 대문자로 작성하여 타입과 변수를 구분함
```
WIDGET widget;
LONGERWIDGET longerWidget
```

방법 3: 타입에 대해서 "t_"라는 접두사를 넣어 타입과 변수를 구분함
```
t_Widget Widget;
t_LongerWidget LongerWidget;
```

방법 4: 변수에 대해서 "a"라는 접두사를 넣어 타입과 변수를 구분함
```
Widget aWidget;
LongerWidget aLongerWidget;
```

방법 5: 좀 더 구체적인 변수의 이름을 사용하여 타입과 변수를 구분함
```
Widget employeeWidget;
LongerWidget fullEmployeeWidget;
```

각 방법은 장단점이 있다. 방법 1은 C++와 자바를 포함해 대소문자를 구분하는 언어에서 일반적인 규약이지만, 어떤 개발자들은 첫 번째 대문자만으로 이름을 구별하는 것에 불편함을 느낀다. 실제로 첫 번째 글자를 대문자로 구별하는 이름을 작성하는 것은 "심리학적인 거리"가 너무 가깝고 두 이름 사이의 외형상의 차이가 너무 작다.

방법 1은 여러 언어를 사용하는 환경에서 대소문자를 구분하지 않는 언어가 하나라도 있다면 일관성 있게 적용할 수 없다. 예를 들어 마이크로소프트 비주얼 베이직에서 *Dim widget as Widget* 명령문은 *widget*과 *Widget*이 같은 토큰으로 취급되기 때문에 문법 오류를 발생시킬 것이다.

방법 2는 타입 이름과 변수의 이름을 명확하게 구분해준다. 역사적으로 대문자만으로 이루어진 이름은 C++와 자바에서 상수를 가리키는 데 사용했다. 하지만 여러 언어를 사용하는 환경에서는 이 접근 방법도 방법 1과 같은 문제를 일으킨다.

방법 3은 모든 언어에서 적당한 효과가 있지만, 어떤 개발자들은 보기 싫다는 이유로 접두사를 사용하는 스타일을 싫어한다.

방법 4는 때때로 방법 3 대신 사용되지만, 클래스의 이름을 하나만 사용하는 대신 클래스의 모든 인스턴스 이름을 변경해야 하는 단점이 있다.

방법 5는 변수에 대해서 더 많이 생각해야 한다. 대부분의 경우 변수에 더 구체적인 이름을 지으려고 노력하면 더 읽기 쉬운 코드가 작성된다. 하지만 때로는 *widget*이 일반적인 *widget*일 때도 *genericWidget*와 같이 덜 명확한 이름을 떠올리는 경우가 발생할 수 있으며 이 이름은 가독성이 떨어질 것이다.

간단히 말하자면 모든 방법에는 트레이드오프가 따른다. 이 책에 있는 코드는 방법 5를 사용한다. 이 방법이 코드를 읽는 사람이 덜 직관적인 이름 규약에 익숙하지 않아도 되는 상황에서 가장 이해하기 쉽기 때문이다.

전역 변수를 식별한다. 전역 변수를 잘못 사용하는 경우는 매우 흔하게 발생한다. 가령 모든 전역 변수의 이름에 접두사 *g_* 를 추가한다면 *g_RunningTotal* 변수를 전역 변수로 생각하고 그렇게 취급할 것이다.

멤버 변수를 식별한다. 클래스의 멤버 데이터를 구분한다. 이 변수가 지역 변수나 전역 변수가 아니라는 것을 분명히 한다. 예를 들면 클래스의 멤버 데이터를 가리키는 데 접두사 *m_* 을 사용할 수 있다.

타입 선언을 식별한다. 타입을 위한 이름 규약은 두 가지 목적을 담당한다. 우선 명시적으로 이름과 타입 이름을 구분하고 변수와 이름이 충돌하는 것을 막는다. 이러한 고려사항을 충족하려면 접두사나 접미사를 쓰는 방법이 좋다. C++에서 관습적인 접근 방법은 *COLOR* 와 *MENU* 와 같이 타입 이름을 모두 대문자로 사용하는 것이다(이러한 규약은 클래스 멤버가 아니라 *typedef* 와 *struct* 에 적용된다). 하지만 이 방법은 전처리기 상수와 혼동을 일으킬 가능성이 생긴다. 이러한 혼동을 피하기 위해서 *t_Color* 와 *t_Menu* 와 같이 타입 이름에 접두사 *t_* 를 추가할 수 있다.

이름 상수를 식별한다. 이름 상수는 다른 변수에 있는 값(이 값은 변경될 수 있다)을 할당하고 있는 것인지 아니면 이름 상수에 있는 값을 할당하고 있는 것인지를 구분해야 한다. 비주얼 베이직에서는 그 값이 함수로부터 올 수 있다. 비주얼 베이직에서는 함수 이름에 괄호를 사용할 필요가 없지만 C++에서는 매개변수가 없더라도 괄호를 사용해야 한다.

상수 이름을 만드는 한 가지 방법은 상수 이름에 *c_* 와 같은 접두사를 사용하는 것이다. 그렇게 하면 *c_RecsMax* 나 *c_LinesPerPageMax* 와 같은 이름이 될 것이다. C++와 자바에서는 *RECSMAX* 나 *RECS_MAX* 또는 *LINESPERPAGEMAX* 나 *LINES_PER_PAGE_MAX* 와 같이 모든 문자를 대문자로 사용하면서 밑줄로 단어를 구분하는 규약을 사용하기도 한다.

열거형의 요소를 식별한다. 열거형의 요소도 이름 상수와 같은 이유로 요소의 이름이 변수나 이름 상수, 함수가 아니라 열거형을 위한 것이라는 점을 쉽게 보여줄 수 있게 구분해야 한다. 모든 문자를 대문자로 쓰거나 타입 이름 자체는 접두사 *e_* 나 *E_* 를 사용하고 타입의 멤버에 대해서는 *Color_* 나 *Planet_* 과 같이 구체적인 형태의 접두사를 사용하는 표준 접근 방법을 적용한다.

입력만 하는 매개변수를 지정할 수 없는 언어에서는 이를 식별한다. 입력 매개변수가 뜻하지 않게 수정될 때가 있다. C++나 비주얼 베이직 같은 언어에서는 호출 루틴으로 반환하기 위해서 값을 변경하고자 하는 변수를 명시적으로 가리켜야 한다. C++에서는 *, &, const* 한정자를 사용하고 비주얼 베이직에서는 *ByRef*와 *ByVal*을 사용한다.

다른 프로그래밍 언어에서 입력 변수를 수정하면 원하는 값이 반환될 수도 있고 아닐 수도 있다. 예를 들면, 자바에서는 모든 객체가 "값으로" 전달되기 때문에 루틴에 객체를 전달할 때 객체의 내용이 호출된 루틴에서 변경될 수 있다(Arnold, Gosling, Holmes 2000).

> 관련 정보 언어 자체의 한계를 보완하기 위해서 이름 규약을 사용하면 특정 언어에 지나치게 의존하게 된다. 프로그래밍 언어를 활용하기 위한 자세한 내용은 34.4절 "언어에 제약을 받지 않고 언어를 활용한 프로그래밍"를 살펴본다.

그런 언어에서 입력만 하는 매개변수가 *const* 접두사(또는 *final, nonmodifiable* 등)를 지정하는 이름 규칙을 정한다면 등호(=) 왼쪽에 *const* 접두사가 있을 때 오류가 발생한다는 것을 알게 될 것이다. *constMax.SetNewMax(...)*를 보면 *const* 접두사가 이 변수는 수정될 수 없음을 가리키고 있기 때문에 실수했다는 것을 알 수 있다.

가독성을 위해 이름에 서식을 지정한다. 가독성을 높이는 두 가지 일반적인 기법은 대문자를 사용하는 것과 공백 문자를 사용해 단어를 구분하는 것이다. 예를 들면 GYMNASTICSPOINTTOTAL은 gymnasticsPointTotal이나 gymnastics_point_total보다 가독성이 떨어진다. C++와 자바, 비주얼 베이직을 비롯한 다른 언어에서 대소문자 혼용을 허용하고 있으며 밑줄(_) 구별자를 사용할 수 있다.

이러한 기법은 섞어서 사용하지 않도록 한다. 그렇게 할 경우, 읽기 어려운 코드가 만들어지기 때문이다. 하지만 이 가독성을 위한 기법 중 어느 하나를 일관성 있게 사용한다면 코드가 개선될 것이다. 이름에 있는 첫 번째 문자가 대문자여야 하는지(*PointsTotal*과 *pointsTotal*)에 대해서는 논란이 끊이지 않고 있지만, 팀원 전체가 일관성 있게 사용한다면 큰 차이는 없을 것이다. 이 책은 자바에서의 습관과 여러 언어 사이의 유사한 스타일을 따르기 위해서 첫 문자를 소문자로 사용한다.

언어별 가이드라인

자신이 사용하고 있는 언어의 이름 규약을 따르도록 한다. 대부분의 언어에 대해서 코드 작성 스타일에 대한 가이드라인을 알려주는 책을 구할 수 있다. 다음은 C, C++, 자바, 비주얼 베이직을 위한 가이드라인이다.

C 규약

참고 자료 C 프로그래밍 스타일에 관한 책에는 토머스 플럼(Thomas Plum)의 《C Programming Guidelines》(Plum 1984)이 있다.

여러 가지 이름 규칙이 C 언어에 적용된다.

- c와 ch는 문자 변수다.
- i와 j는 정수 인덱스다.
- n은 어떤 것의 번호다.
- p는 포인터다.
- s는 문자열이다.
- 전처리기 매크로는 ALL_CAPS처럼 모두 대문자와 밑줄로 표현한다. 이것은 일반적으로 typedef를 포함하여 확장된다.
- 변수와 루틴의 이름은 all_lowercase와 같이 모두 소문자와 밑줄로 표현한다.
- 밑줄(_) 문자를 구분자로 사용한다. letters_in_lowercase가 lettersinlowercase보다 읽기 쉽다.

이것이 일반적인 유닉스 및 리눅스 스타일의 C 프로그래밍 규약이기는 하지만, C 규약은 환경에 따라서 다르다. 마이크로소프트 윈도우에서 작업하는 C 개발자들은 헝가리언(Hungarian) 이름 규약을 사용하고 변수 이름에 대문자와 소문자를 섞어서 사용하는 경향이 있다. 매킨토시에서 작업하는 C 개발자들은 툴박스와 운영체제 루틴이 원래 파스칼(Pascal) 인터페이스로 설계되었기 때문에 루틴 이름에 대소문자를 섞어 사용하는 경향이 있다.

C++ 규약

참고 자료 C++ 프로그래밍 스타일에 대한 더 많은 자료는 《The Elements of C++ Style》(Misfeldt, Bumgardner, and Gray 2004)을 살펴본다.

다음은 C++ 프로그래밍에서 사용되는 규약이다.

- i와 j는 정수 인덱스다.
- p는 포인터다.
- 상수와 typedef, 전처리기 매크로는 ALL_CAPS와 같이 모두 대문자와 밑줄로 표현한다.
- 클래스와 다른 타입의 이름은 MixedUpperAndLowerCase()처럼 대소문자를 혼용한다.
- 변수와 함수 이름은 variableOrRoutineName처럼 첫 번째 단어는 소문자로 작성하고 그다음에 오는 단어는 첫 번째 문자만 대문자를 사용한다.
- 밑줄은 이름이 모두 대문자이거나 특별한 접두사가 있는 이름(전역 변수를 규명하기 위해서 사용되는 접두사)을 제외하고는 구별자로 사용되지 않는다.

C 프로그래밍처럼 이 규약은 표준화되어 있지 않으며 환경에 따라서 표준 규약이 서로 다르다.

자바 규약

C와 C++와는 대조적으로 자바 규약은 초기부터 제대로 규정되었다.

> 참고 자료 자바 프로그래밍 스타일에 대한 자세한 정보는 ≪The Elements of Java Style≫ 2판 (Vermeulen et al. 2000)를 살펴본다.

- *i*와 *j*는 정수 인덱스다.
- 상수는 *ALL_CAPS*처럼 밑줄로 구분되는 대문자로 표현된다.
- 클래스와 인터페이스 이름은 *ClassOrInterfaceName*과 같이 첫 번째 단어를 포함하여 각 단어의 첫 글자를 대문자로 작성한다.
- 변수와 메서드의 이름은 *variableOrRoutineName*과 같이 첫 번째 단어를 소문자로 작성하고 다음 단어부터는 첫 번째 문자를 대문자로 작성한다.
- 밑줄은 대문자로만 이루어진 이름을 제외하고는 이름에서 구별자로 사용되지 않는다.
- 접두사 *get*과 *set*은 접근자 메서드에 사용된다.

비주얼 베이직 규약

비주얼 베이직은 사실상 규약이 없다. 다음 절에서 나름의 비주얼 베이직을 위한 규약을 소개한다.

여러 언어로 개발할 때 고려할 사항

다중 언어 환경에서 프로그래밍할 때 형식화 규약과 문서화 규약, 다른 규약과 마찬가지로 이름 규약도 일관성과 가독성 면에서 최적화할 수 있다. 그것이 사용하는 언어 중 하나에 반하는 규약이더라도 그렇다.

예를 들면 이 책에서는 변수의 이름을 모두 소문자로 시작하는데 이는 전형적인 자바 프로그래밍 스타일과는 일치하지만 C++ 규약에도 모두 일치하는 것은 아니다. 이 책은 모든 루틴 이름에 대해 첫 번째 문자를 대문자로 작성하는 C++ 규약을 따르고 있다. 자바 규약에 따르면 메서드의 첫 번째 문자는 소문자로 시작해야 하지만, 이 책은 전체적인 가독성을 위해서 모든 언어에서 루틴 이름을 항상 대문자로 시작한다.

이름 규약 예제

앞에서 소개한 표준 규약은 변수의 범위(지역 또는 클래스, 전역)와 클래스, 객체, 루틴, 변수 이름 사이의 차별화, 그리고 다른 문제들과 관련해 앞에서 논의한 이름의 중요한 측면을 무시하는 경향이 있다.

이름 규약 가이드라인이 몇 페이지에 걸쳐 소개되면 복잡한 것처럼 보일 수도 있다. 하지만 그렇게 두려워할 필요도 없고 필요에 맞게 수정할 수 있다. 변수 이름은 세 가지 정보를 포함한다.

- 변수의 내용(무엇을 표현하는가)
- 데이터의 종류(이름 상수나 기본 변수, 사용자 정의형, 클래스)
- 변수의 범위(지역이나 클래스, 패키지, 전역)

표 11-3과 표 11-4, 표 11-5는 앞에서 설명한 가이드라인을 적용한 C와 C++, 자바, 비주얼 베이직에 대한 이름 규약이다. 이 규약을 반드시 사용해야 하는 것은 아니지만, 비형식적인 이름 규약이 무엇인지에 대한 기본 개념을 제공할 것이다.

표 11-3 C++와 자바를 위한 이름 규약 예제

요소	설명
ClassName	클래스 이름은 첫 번째 문자가 대문자이면서 대문자와 소문자를 섞어서 사용한다.
TypeName	열거형과 *typedef*를 포함한 타입 선언에는 첫 번째 문자가 대문자이면서 대문자와 소문자를 섞어서 사용한다.
EnumeratedTypes	앞의 규칙과 더불어 열거형은 항상 복수형으로 기술한다.
localVariable	지역 변수는 첫 번째 문자가 소문자이면서 대문자와 소문자를 섞어서 사용한다. 이름은 내부 데이터형과 독립적이어야 하며 변수가 표현하는 것을 가리켜야 한다.
routineParameter	루틴의 매개변수는 지역 변수와 같은 형식으로 작성한다.
RoutineName()	루틴의 이름은 대문자와 소문자를 섞어서 사용한다(좋은 루틴 이름은 7.3절에 소개되어 있다).
m_ClassVariable	클래스 내의 여러 루틴에서 사용 가능하지만 오직 클래스 안에서만 사용되는 변수에는 접두사 *m_*을 사용한다.
g_GlobalVariable	전역 변수에는 접두사 *g_*를 사용한다.
CONSTANT	이름 상수는 대문자와 밑줄로 이루어진다.
MACRO	매크로는 대문자와 밑줄로 이루어진다.
Base_EnumeratedType	열거형에는 *Color_Red*와 *Color_Blue*와 같이 단수형 기본 타입을 연상할 수 있는 접두사를 사용한다.

표 11-4 C를 위한 이름 규약 예제

요소	설명
TypeName	타입 선언은 첫 번째 문자가 대문자이면서 대문자와 소문자를 섞어서 사용한다.
GlobalRoutineName()	공용 루틴의 이름은 대문자와 소문자를 섞어 사용한다.

요소	설명
f_FileRoutineName()	특정 모듈(파일)에서만 사용할 수 있는 루틴은 접두사 f_를 사용한다.
LocalVariable	지역 변수는 대문자와 소문자를 섞어서 사용한다. 이름은 내부 데이터 형과 독립적이어야 하며 변수가 표현하는 것을 가리켜야 한다.
RoutineParameter	루틴의 매개변수는 지역 변수와 같은 형식으로 작성한다.
f_FileStaticVariable	모듈(파일) 변수에는 접두사 f_를 사용한다.
G_GLOBAL_GlobalVariable	전역 변수는 접두사 G_를 사용하고 변수를 정의하는 모듈(파일)을 연상할 수 있는 표현을 대문자(예를 들면, SCREEN_Dimensions)로 작성한다.
LOCAL_CONSTANT	단일 루틴이나 모듈(파일)에서만 접근할 수 있는 이름 상수는 모두 대문자(예: ROWS_MAX)로 작성한다.
G_GLOBALCONSTANT	전역 이름 상수는 접두사 G_를 사용하고 이름 상수를 정의하는 모듈(파일)을 연상할 수 있는 표현을 대문자(예: G_SCREEN_ROWS_MAX)로 작성한다.
LOCALMACRO()	단일 루틴이나 모듈(파일)에서만 접근할 수 있는 매크로 정의는 모두 대문자를 사용한다.
G_GLOBAL_MACRO()	전역 매크로 정의는 접두사 G_를 사용하고 이름 상수를 정의하고 있는 모듈(파일)을 연상할 수 있는 표현을 써서 대문자(예: G_SCREEN_LOCATION())로 작성한다.

비주얼 베이직은 대소문자를 가리지 않기 때문에 타입 이름과 변수 이름을 구분하기 위한 특별한 규칙이 적용된다. 표 11-5를 살펴보자.

표 11-5 비주얼 베이직을 위한 이름 규약 예제

요소	설명
C_ClassName	클래스 이름은 첫 번째 문자가 대문자고 접두사 C_를 사용하면서 대문자와 소문자를 섞어서 사용한다.
T_TypeName	열거형과 typedef를 포함한 타입 선언은 첫 번째 문자가 대문자고 접두사로 T_를 사용하면서 대문자와 소문자를 섞어서 사용한다.
T_EnumeratedTypes	앞의 규칙과 더불어 열거형은 항상 복수형을 쓴다.
localVariable	지역 변수는 첫 번째 문자가 소문자이면서 대문자와 소문자를 섞어서 사용한다. 이름은 내부 데이터 형과 독립적이어야 하며 변수가 표현하는 것을 가리켜야 한다.
routineParameter	루틴의 매개변수는 지역 변수와 같은 형식으로 작성한다.
RoutineName()	루틴의 이름은 대문자와 소문자를 섞어서 사용한다(좋은 이름은 7.3절에 소개되어 있다).

요소	설명
m_ClassVariable	클래스 내의 여러 루틴에서 사용할 수 있지만 클래스 내부에서만 사용되는 변수에는 접두사 m_을 사용한다.
g_GlobalVariable	전역 변수에는 접두사 g_를 사용한다.
CONSTANT	이름 상수는 대문자와 밑줄로 이루어진다.
Base_EnumeratedType	열거형은 기본 타입을 연상할 수 있는 표현을 접두사(예를 들면, Color_Red와 Color_Blue)로 사용한다.

11.5 표준 접두사

참고 자료 헝가리언 이름 규약에 대한 자세한 내용은 "The Hungarian Revolution"(Simonyi and Heller 1991)을 살펴본다.

공통적인 의미를 위한 접두사를 표준화하면 데이터 이름에 대해 간결하면서도 일관성 있고 읽기 쉬운 접근 방법을 제공할 수 있다. 접두사를 표준화하는 데 가장 잘 알려진 스타일은 헝가리언 이름 규약으로, 마이크로소프트 윈도우 프로그래밍에서 한때 널리 사용한 변수와 루틴의 이름을 짓기 위한 상세한 가이드라인의 집합을 말한다. 헝가리언 이름 규약이 더는 널리 사용되지는 않지만, 간결하고 정확한 약어에 대한 기본적 표준화 개념은 여전히 가치가 있다.

표준 접두사는 사용자 정의형(User-Defined Type, UDT) 축약어와 의미적 접두사로 구성된다.

사용자 정의형(UDT)

UDT 축약어는 이름이 있는 객체나 변수의 데이터형을 나타낸다. UDT 축약어는 윈도우나 화면 영역, 폰트 같은 것을 가리키기도 한다. UDT 축약어는 일반적으로 프로그래밍 언어에서 제공되는 기본 데이터형을 가리키지는 않는다.

UDT는 특정 프로그램을 위해 작성하고 나서 그 프로그램에서 사용하기 위해 표준화한 짧은 코드로 기술된다. 이 코드는 윈도우에 대해 wn, 화면 영역에 대해 scr과 같은 연상기호를 사용한다. 표 11-6은 워드 프로세서용 프로그램에서 사용할 수 있는 간단한 UDT 목록이다.

표 11-6 워드 프로세서를 위한 UDT 예제

UDT 축약어	의미
ch	문자(Character)(C++에서의 문자가 아니라 워드 프로세서 프로그램이 문서에 있는 문자를 표현하기 위해서 사용하는 데이터형)
doc	문서(Document)
pa	단락(Paragraph)
scr	화면 영역(Screen region)
sel	선택(Selection)
wn	윈도우(Window)

UDT를 사용할 때 UDT와 같은 축약어를 사용하는 프로그래밍 언어의 데이터형도 정의한다. 따라서 표 11-6에 있는 UDT가 있다면 다음과 같은 데이터 선언도 보게 될 것이다.

```
CH      chCursorPosition;
SCR     scrUserWorkspace;
DOC     docActive
PA      firstPaActiveDocument;
PA      lastPaActiveDocument;
WN      wnMain;
```

다시 한번 말하지만, 이 예제는 워드 프로세서와 관련이 있다. 프로젝트마다 그 환경에서 가장 보편적으로 사용되는 UDT에 대한 UDT 축약어를 만들면 된다.

의미적 접두사

의미적 접두사는 UDT보다 한 단계 더 나아가 변수나 객체가 어떻게 사용되는지 설명한다. UDT가 프로젝트마다 달라지는 것과는 달리 의미적 접두사는 프로젝트에 상관없이 어느 정도 표준이 있다. 표 11-7은 표준 의미적 접두사를 나열한 것이다.

표 11-7 의미적 접두사

의미적 접두사	의미
c	카운트(Count). 레코드나 문자 등의 번호에 사용된다.
first	배열에서 다루어야 하는 첫 번째(first) 요소다. *first*는 *min*과 유사하지만, 배열 자체보다는 현재 연산과 관계가 있다.
g	전역 변수

의미적 접두사	의미
i	배열에 대한 인덱스(index)
last	배열에서 다루어야 하는 마지막(last) 요소다. *last*는 *first*와 반대된다.
lim	배열에서 다루어야 하는 요소의 상한값이다. *lim*은 유효한 인덱스가 아니다. *last*처럼 *lim*은 *first*에 반대되는 것으로 사용된다. *last*와 달리, *lim*은 배열에 포함되지 않는 상한선을 표현한다. *last*는 마지막 유효한 요소를 표현한다. 일반적으로 *lim*은 *last + 1*과 같다.
m	클래스 수준의 변수
max	배열이나 다른 리스트에서 절대적으로 마지막에 있는 요소다. *max*는 배열에 대한 연산보다는 배열 자체를 가리킨다.
min	배열이나 다른 리스트에서 절대적으로 처음에 있는 요소다.
p	포인터

의미적 접두사는 소문자만 사용하거나 대소문자를 혼용하여 표현하고 필요에 따라 UDT나 다른 의미적 접두사와 결합한다. 예를 들면 문서의 첫 번째 단락은 그것이 단락이라는 것을 보여주기 위한 *pa*와 첫 번째 단락이라는 것을 보여주기 위한 *first*를 넣어 결국 *firstPa*라는 이름을 가질 것이다. 여러 단락에 대한 인덱스는 *iPa*라는 이름을 가질 것이다. *cPa*는 카운트 또는 단락의 수를 나타내고 *firstPaActiveDocument*와 *lastPaActiveDocument*는 현재 활성화된 문서에서 처음과 마지막 단락을 나타낸다.

표준 접두사의 장점

KEY POINT

표준 접두사는 이름 규약이 갖는 일반적인 장점을 모두 제공할 뿐만 아니라 다른 장점도 제공한다. 매우 많은 이름이 표준화되어 있기 때문에 단일 프로그램이나 클래스에서 기억해야 하는 이름이 적어진다.

표준 접두사는 모호해지기 쉬운 이름 영역을 정확하게 만든다. *min*과 *first*, *last*, *max* 사이의 정확한 구분은 특히 도움이 된다.

표준 접두사는 이름을 더욱 간결하게 만든다. 예를 들면 단락의 수를 나타내기 위해서 *totalParagraphs* 대신 cpa를 사용할 수 있다. 단락 배열에 대한 인덱스를 구별하기 위해서 *indexParagraphs*나 *paragraphsIndex* 대신 *ipa*를 사용할 수 있다.

마지막으로 표준 접두사를 이용하면 컴파일러가 검사할 수 없는 추상 데이터형을 사용할 때 타입을 정확하게 검사할 수 있다. *paReformat = docReformat*는 *pa*와 *doc*이 서로 다른 UDT이기 때문에 아마도 틀렸을 것이다.

표준 접두사의 가장 큰 문제는 개발자가 접두사에 이어지는 변수에 의미 있는 이름을 부여하지 않을 때 발생한다. 예를 들면 *ipa*가 단락 배열의 인덱스를 분명하게 나타내고 있기 때문에 *ipaActiveDocument*와 같이 더욱 의미 있는 이름을 만들려고 하지 않는다. 가독성을 위해 이해하기 쉬운 이름을 만들어야 한다.

11.6 읽기 쉬운 짧은 이름

짧은 변수 이름을 사용하고자 하는 바람은 어떤 면에서 보면 컴퓨터 초기 시대의 유물이다. 어셈블러나 베이직, 포트란과 같은 구식 언어는 변수 이름의 길이를 2~8자로 제한하여 개발자가 어쩔 수 없이 짧은 이름을 사용해야 했다. 초창기에는 합산이나 다른 방정식의 변수처럼 수학과 *i*, *j*, *k* 같은 용어의 사용이 더욱 밀접한 연관이 있었다. C++, 자바, 비주얼 베이직과 같은 최신 언어에서는 사실상 이름의 길이에 제한이 없고 의미 있는 이름을 축약할 이유도 거의 찾아보기 힘들다.

짧은 이름을 작성해야 하는 환경이라면 이름을 축약하는 몇 가지 방법이 있다. 불필요한 단어를 제거하고 짧은 유의어를 사용하고 여러 가지 축약 전략을 사용하여 짧고 좋은 변수 이름을 만들 수 있다. 한 가지 기법이 모든 경우에 맞지는 않으므로 여러 가지 다양한 기법을 알아두는 것이 좋다.

일반적인 축약어 가이드라인

다음은 축약어를 생성하기 위한 여러 가지 가이드라인이다. 몇몇은 상반되므로 이 가이드라인을 동시에 적용하지 않도록 한다.

- 표준 축약어를 사용한다(사전에 나와 있는 널리 사용되는 용어).
- 불필요한 모음을 제거한다(computer는 *cmptr*, screen은 *scrn*, apple는 *appl*, integer는 *intgr*로 쓴다).
- 관사와 접속사를 제거한다(*and*, *or*, *the*, *and* 등).
- 각 단어의 첫 번째 문자나 처음 문자 몇 개를 사용한다.
- 첫 번째나 두 번째, 세 번째 문자(어느 방법이든 적절한 것을 선택)에서 일관성 있게 단어를 자른다.
- 각 단어의 첫 번째와 마지막 문자를 유지한다.
- 이름에서 가장 중요한 단어를 최대 세 단어까지 사용한다.
- 불필요한 접미사를 제거한다(ing, ed 등).
- 각 음절에서 가장 뚜렷한 소리를 유지한다.

- 변수의 의미를 변경하지 않도록 한다.
- 각 변수 이름의 길이가 8자에서 20자 사이거나 사용하는 언어가 변수의 이름으로 제한한 문자 수가 될 때까지 이 기법을 반복적으로 사용한다.

음성 축약

어떤 사람들은 단어의 철자보다는 소리에 기반을 두고 축약어를 생성하는 방법을 옹호하기도 한다. 그에 따르면 *skating*은 *sk8ing*이 되고 *highlight*는 *hilite*가 되며 *before*는 *b4*가 되고 *execute*는 *xqt*가 된다. 이 기법은 알아보기가 너무 어려워 추천하지는 않는다. 연습 삼아 아래 이름이 무엇을 의미하는지 생각해 보라.

ILV2SK8　XMEQWK　S2DTM8O　NXTC　TRMN8R

축약어에 대한 의견

축약어를 생성할 때 여러 가지 함성에 빠질 수 있다. 다음은 함정을 피하기 위한 몇 가지 규칙이다.

단어에서 한 문자를 없애는 방법으로 축약하지 않는다. 한 문자를 입력하는 것은 그다지 힘든 일이 아니며 한 문자를 절약한다고 해서 가독성이 떨어지는 것을 정당화하지는 못한다. 이것은 마치 "*Jun*"과 "*Jul*"이라고 표기한 달력과 같다. 엄청나게 급한 일이 아니라면 June을 "Jun"이라고 쓸 일이 없다. 한 문자를 줄이면 대부분 왜 그 문자를 삭제했는지 기억하기가 어렵다. 문자를 두 개 이상 제거하든가 아니면 단어를 전부 쓴다.

일관성 있게 축약한다. 항상 같은 축약어를 사용하라. 예를 들면 *Num*이나 *No*를 동시에 사용하지 말고 둘 중 하나만 사용하라. 마찬가지로 어떤 이름에서는 단어를 축약하고 다른 이름에서는 축약하지 않는 스타일로 사용하지 않는다. 예를 들면 어떤 곳에서는 *Number*라는 전체 단어를 사용하고 다른 곳에서는 *Num*이라는 축약어를 사용하지 않는다.

발음할 수 있는 이름을 만든다. *XPstn* 대신 *xPos*를 사용하고 *ndsCmptg* 대신 *needsComp*를 사용한다. 전화 테스트를 해 보자. 코드를 통화하고 있는 상대방에게 읽어줄 수 없다면 발음하기 쉬운 다른 변수 이름을 생각해야 한다(Kernighan and Plauger 1978).

잘못된 발음을 유발할 수 있는 조합을 피한다. B의 끝을 가리키기 위해서 *BEND* 대신 *ENDB*를 사용한다. 좋은 분리 기법을 사용한다면 *B-END*나 *BEnd*, *b_end*가 잘못 발음되지 않을 것이기 때문에 이 가이드라인이 필요하지 않을 것이다.

이름 충돌을 해결하기 위해서 유의어 사전을 사용한다. 짧은 이름을 생성할 때의 한 가지 문제점은 중복된 축약어를 쓰는 이름 충돌이다. 가령 변수의 이름으로 문자를 3개밖에 사용할 수 없고 같은 영역에서 *fired*와 *full revenue disbursal*을 사용하는 경우, 실수로 두 단어를 모두 frd로 축약할 수 있다.

이름 충돌을 피하는 한 가지 쉬운 방법은 같은 의미가 있는 다른 단어를 사용하는 것이다. 그래서 유의어 사전이 유용하다. 이 예제에서 *fired*를 *dismissed*로 대체하고 *full revenue disbursal*을 *complete revenue disbursal*로 대체한다. 이제 세 글자 축약어는 *dsm*과 *crd*가 되어 이름 충돌을 피할 수 있다.

매우 짧은 이름은 코드 내 변환 테이블을 사용하여 문서화한다. 매우 짧은 이름만 허용하는 언어에서는 변수의 내용을 기억하는 데 도움을 주기 위해서 변환 테이블을 포함시킨다. 변환 테이블을 코드 블록의 시작 부분에 주석으로 포함시킨다. 다음 예제를 살펴보자.

```
좋은 변환 테이블을 포트란으로 작성한 예제
C ****************************************************************
C Translation Table
C
C Variable     Meaning
C --------     -------
C XPOS         x-Coordinate Position (in meters)
C YPOS         Y-Coordinate Position (in meters)
C NDSCMP       Needs Computing (=0 if no computation is needed;
C                               =1 if computation is needed)
C PTGTTL       Point Grand Total
C PTVLMX       Point Value Maximum
C PSCRMX       Possible Score Maximum
C ****************************************************************
```

이 기법이 구식이라고 생각할지도 모르지만, 2003년 중반까지도 변수 이름이 6자로 제한되었던 RPG로 작성된 수십만 줄의 클라이언트 코드를 작업했다. 이러한 문제는 계속해서 발생할 것이다.

모든 축약어를 프로젝트 수준의 "표준 축약어" 문서에 기록한다. 코드에서 축약어는 일반적으로 두 가지 위험을 초래한다.

- 코드를 읽는 사람이 축약어를 이해하지 못할 수 있다.
- 다른 개발자가 같은 단어에 대해 여러 가지 다른 축약어를 사용해 쓸데없는 혼란을 초래할 수 있다.

이러한 잠재적인 문제를 해결하기 위해서 프로젝트에서 사용한 모든 축약어를 담고 있는 "표준 축약어" 문서를 작성할 수 있다. 이 문서는 워드 프로세서나 스프레드시트로 작성하면 된다. 매우 큰 프로젝트에서는 데이터베이스가 될 수도 있다. 이 문서는 버전 컨트롤에 체크인하고 코드에 새로운 축약어를 생성할 때마다 언제든지 체크아웃할 수 있다. 이 문서에 있는 항목은 완전한 단어나 축약어로 정렬되어야 한다.

이러한 작업이 엄청난 부담으로 느껴질 수도 있겠지만 초기 준비 작업을 제외하면 사실상 프로젝트가 축약어를 효과적으로 사용하는 데 도움을 주는 기법을 구축하는 것에 불과하다. 이 방법은 사용되는 모든 축약어를 기록함으로써 앞에서 이야기한 축약어를 사용할 때 발생하는 위험 중에서 첫 번째 위험을 해결해준다. 개발자가 버전 관리하에 있는 표준 축약어 문서를 검사하고 축약어를 입력하고 다시 저장하는 과정 없이는 새로운 축약어를 생성할 수 없다는 사실은 좋은 것이다. 이는 곧 축약어가 문서화할 만한 가치가 있을 정도로 일반적이지 않다면 생성되지 않을 것이라는 의미를 담고 있다.

이 접근 방법은 개발자가 중복된 축약어를 생성할 가능성을 줄여줌으로써 두 번째 위험을 해결한다. 무언가를 축약하고자 하는 개발자는 축약 문서를 가져와서 새로운 축약어를 입력할 것이다. 개발자가 축약하고자 하는 단어에 대한 축약어가 이미 있다면 이를 알게 되어 새로운 축약어를 만드는 대신 기존 축약어를 사용할 것이다.

KEY POINT

이 가이드라인을 따르면 작성할 때의 편리함과 읽을 때의 편리함에서 차이가 난다. 이 접근 방법은 분명히 작성 시간에는 불편하지만, 시스템의 전체 수명을 봤을 때는 개발자가 코드를 작성하는 것보다 읽는 데에 훨씬 많은 시간을 보내기 때문에 읽을 때의 편의성을 증가시킨다. 프로젝트의 초기 설정 작업이 완료되면 코드 작성 시 편의성도 향상될 것이다.

이름은 코드를 작성하는 사람보다 읽는 사람에게 더 중요하다는 점을 기억한다. 6개월 동안 쳐다보지 않은 코드를 읽고 이름이 무엇을 의미하는지 이해하기 위해서 어디서부터 시작해야 할지 생각해 보라. 그러한 혼란을 초래하는 습관은 바꾸도록 한다.

11.7 피해야 할 변수 이름

다음은 피해야 할 변수 이름에 대한 몇 가지 가이드라인이다.

오해의 소지가 있는 이름이나 축약어를 피한다. 이름이 모호하지 않은지 확인한다. 예를 들면 FALSE는 일반적으로 TRUE의 반대말이며 "Fig and Almond Season"에 대한 축약어로는 좋지 않을 것이다.

유사한 의미가 있는 이름을 피한다. 프로그램에 해를 주지 않고 두 변수의 이름을 교환할 수 있다면 이름을 다시 만들 필요가 있다. 예를 들면 *input*과 *inputValue*, *recordNum*와 *numRecords*, *fileNumber*와 *fileIndex*는 의미상 너무 유사해서 이 변수를 같은 코드에서 사용한다면 혼동하기 쉽고 미묘하고 포착하기 어려운 오류가 발생할 것이다.

관련 정보 유사한 변수 이름 사이의 이와 같은 차이점을 기술적인 용어로 "심리적 거리"라고 한다. 자세한 내용은 23.4절의 "'심리적인 거리'가 어떻게 도움을 줄 수 있는가?"를 살펴본다.

이름은 유사하지만 의미가 다른 변수를 피한다. 이름은 유사하지만 의미가 다른 두 변수가 있다면 어느 하나의 이름을 다시 만들거나 축약 규칙을 변경하도록 한다. *clientRecs*와 *ClientReps*와 같은 이름을 피한다. 이 두 이름은 오직 한 문자만 다르고 그 문자가 어느 것인지도 알아차리기 어렵다. 적어도 두 이름을 다르게 짓거나 시작이나 끝에 차이점을 둔다. 처음 이름보다는 *clientRecords*와 *clientReports*가 더 좋다.

'개'와 '게'처럼 비슷하게 들리는 이름을 피한다. 동음이의어(同音異義語)는 코드를 다른 사람들과 논의하려고 할 때 방해가 된다. 벡의 《익스트림 프로그래밍》(인사이트, 2006)의 불만 사항 중 하나는 사실상 듣는 것만으로는 분간할 수 없는 '*Goal donor*'와 '*Gold Owner*'라는 용어를 지나칠 정도로 교묘하게 사용한다는 점이다. 결국, 다음과 같이 대화하게 될 것이다.

> *나는 Goal Donor와 얘기하고 있었다.*
>
> *"Gold Owner"라고 말했습니까? 아니면 "Goal Donor"라고 말했습니까?*
>
> *"Goal Donor"라고 말했습니다.*
>
> *네?*
>
> *GOAL — DONOR!*
>
> *네, Goal Donor. Goll' Darn it이라고 고함을 지를 필요는 없습니다.*
>
> *"Gold Donut"이라고 말했습니까?*

미묘하게 축약된 이름에 적용했던 것처럼 비슷하게 들리는 이름에도 전화 테스트를 적용해 본다.

이름에 숫자를 넣는 것을 피한다. 이름에 있는 숫자가 정말로 중요하다면 개별적인 변수 대신 배열을 사용한다. 배열이 부적절하다면 숫자는 더욱 부적절하다. 예를 들면 *file1*과 *file2* 또는 *total1*과 *total2*는 사용하지 않는다. 항상 1이나 2를 변수 이름 끝에 붙이는 것보다 두 변수를 구별할 수 있는 더 나은 방법을 생각해낼 수 있다. 그렇다고 숫자를 절대로 사용해서는 안 된다고 말할 수는 없다. 현실 세계의 요소(예: 66번 도로나 405번 고속도로)들 중에 숫자가 포함된 것도 있다. 하지만 숫자를 포함하는 이름을 생성하기 전에 더 나은 대안은 없는지 고려해 본다.

이름에 철자가 틀린 단어가 없도록 한다. 단어의 철자를 기억하기란 매우 어렵다. 사람들에게 "정확하게" 틀린 철자를 기억하도록 요구하는 것은 지나치다. 예를 들어 세 문자를 절약하기 위해서 *highlight*를 *hilite*로 표기한다면 코드를 읽는 사람이 *highlight*를 어떻게 틀리게 썼는지 기억하기가 매우 어렵다. *highlite*였나? *hilight*였나? *hilit*였나? 아니면 *hai-a-lai-t*였나? 아무도 모른다.

영어에서 일반적으로 잘못 표기되는 단어를 피한다. *Absense*, *acummulate*, *acsend*, *calender*, *concieve*, *defferred*, *definate*, *independance*, *occassionally*, *prefered*, *reciept*, *superseed* 등 수많은 단어가 영어에서 흔히 잘못 표기된다. 대부분의 영어책은 일반적으로 잘못 표기되는 단어에 대한 목록을 포함하고 있다. 그런 단어를 변수 이름에 사용하지 않는다.

대소문자만으로 변수의 이름을 구분하지 않는다. C++와 같이 대소문자에 민감한 언어로 프로그래밍하고 있다면 아마도 *fired*에 대해 *frd*를 사용하고 *final review duty*에 대해 *FRD*를 사용하고 *full revenue disbursal*에 대해 *Frd*를 사용하고 싶을지도 모른다. 이러한 실천법은 사용하지 않는다. 이 이름이 고유하기는 하지만, 개별적인 의미를 가진 각 변수의 조합이 제멋대로고 혼란을 줄 수 있다. *Frd*가 *final review duty*를 의미할 수도 있고 *FRD*가 *full revenue disbursal*을 의미할 수도 있다. 어느 것이 무슨 의미인지 기억하는 데 도움이 될 만한 논리적 규칙이 전혀 없다.

여러 가지 자연어를 사용하지 않는다. 다중 언어를 지원하는 프로젝트에서는 클래스 이름과 변수 이름 등을 포함한 모든 코드에 하나의 언어만 사용하도록 한다. 다른 개발자의 코드를 읽는 것도 어려운 일이지만 외국어로 작성된 개발자의 코드를 읽는 것은 아예 불가능하다.

더욱 미묘한 문제는 영어의 다양한 변형에서 발생한다. 프로젝트가 영어를 사용하는 여러 국가에서 수행되었다면 한 가지 버전의 영어로 표준화하여 코드가 "*color*"나 "*colour*", "*check*"나 "*cheque*"에서 어느 것을 사용할지 미리 정해둔다.

표준 데이터형과 변수, 루틴의 이름은 사용하지 않는다. 모든 프로그래밍 언어 설명서는 언어의 예약어와 미리 정의된 이름에 대한 목록을 포함하고 있다. 그러한 언어의 영역을 침범하고 있지 않은지 확인하기 위해서 종종 그러한 목록을 읽어본다. 예를 들면 다음 코드는 PL/I에서는 유효하지만 이처럼 사용하는 것은 어리석음을 증명하는 거나 다름없을 것이다.

```
if if = then then
    then = else;
else else = if;
```

변수가 표현하는 것과 전혀 관련이 없는 이름을 사용하지 않는다. *margaret*과 *pooki*와 같은 이름을 프로그램에서 사용한다면 아무도 이해할 수 없을 것이다. 남자 친구의 이름이나 아내의 이름, 좋아하는 맥주의 이름, 그 밖의 현명하지 못한 이름은 프로그램이 정말로 남자친구나 아내, 좋아하는 맥주에 관한 것이 아니라면 변수의 이름으로 사용하지 않는다. 그런 경우라고 하더라도 이 변수는 바뀔 수 있으므로 일반적인 이름인 *boyfriend*나 *wife*, *favoriteBeer*를 사용하는 것이 좋다.

읽기 어려운 문자를 포함하는 이름을 피한다. 너무나 비슷해 보여서 구분하기 어려운 글자를 주의한다. 두 이름의 유일한 차이점이 쉽게 구분되지 않는 문자뿐이라면 이름을 구분하기가 어려울 것이다. 예를 들면 다음 단어 집합에서 이러한 예에 속하지 않는 이름에 동그라미를 표시해 본다.

eyeChartl	eyeChartI	eyeChart1
TTLCONFUSION	TTLCONFUSION	TTLC0NFUSION
hard2Read	hardZRead	hard2Read
GRANDTOTAL	GRANDTOTAL	6RANDTOTAL
ttl5	ttlS	ttlS

구분하기 어려운 문자 쌍에는 (1과 l), (1과 I), (.와 ,), (0과 O), (2과 Z), (;과 :), (S와 5), (G와 6)이 있다.

이처럼 세부적인 사항이 정말로 중요할까? 그렇다! 제럴드 와인버그는 1970년대에 포트란의 *FORMAT* 명령문에서 점(.)이 있어야 하는 곳에 콤마(,)가 사용된 것을 보고했다. 그 결과 과학자들이 우주선의 궤도를 잘못 계산하여 거금 16억 달러 상당의 탐사용 로켓을 잃었다(Weinberg 1983).

관련 정보 데이터 사용 시 고려 사항은 10장의 "변수 사용 시 고려할 사항"에 있는 체크리스트를 살펴본다.

체크리스트: 변수 이름

이름에 대한 일반적인 고려 사항

- 이름이 변수가 표현하고자 하는 것을 완벽하고 정확하게 설명하는가?
- 변수가 프로그래밍 언어의 해결책보다는 현실 세계의 문제를 가리키고 있는가?
- 의미를 고민할 필요가 없을 만큼 이름의 길이가 긴가?
- 계산 값 한정자가 이름의 끝에 있는가?
- *Num* 대신 *Count*나 *Index*를 사용하는가?

데이터 종류에 따른 이름

- 반복문 인덱스의 이름이 의미가 있는가(반복문이 한 줄 이상이거나 중첩되어 있다면 i, j, k가 아닌 다른 것)?
- 모든 "임시" 변수가 의미 있는 이름인가?
- 불린 변수가 참일 때 그 의미가 분명한 이름인가?
- 열거형 이름이 범주를 가리키는 접두사나 접미사를 포함하고 있는가?(예: *Color_Red*, *Color_Green*, *Color_Blue*에 대해서 *Color_*)
- 이름 상수가 가리키는 숫자가 아니라 표현하고 있는 추상적인 요소를 위한 이름인가?

이름 규약

- 규약이 지역, 클래스, 전역 데이터를 구분하는가?
- 규약이 형 이름, 이름 상수, 열거형, 변수를 구분하는가?
- 규약이 입력만 하는 매개변수를 강요하는 기능을 제공하지 않는 언어에서 입력만 하는 매개변수를 구별하고 있는가?
- 규약이 사용 언어의 표준 규약과 최대한 호환되는가?
- 이름이 가독성을 위해 일정한 형식을 따르는가?

짧은 이름

- 코드가 긴 이름을 사용하는가(짧은 이름을 반드시 사용하지 않아도 되는 경우)?
- 코드가 한 문자를 줄이기 위한 축약을 피하고 있는가?
- 모든 단어가 일관성 있게 축약되었는가?
- 이름을 발음하기가 쉬운가?
- 잘못 읽히거나 발음되는 이름을 피했는가?
- 짧은 이름을 변환 테이블에 기록했는가?

일반적인 이름 문제: 다음과 같은 이름을 피했는가?

- 오해의 소지가 있는 이름
- 유사한 의미가 있는 이름
- 하나 또는 두 글자만 다른 이름
- 유사하게 들리는 이름
- 숫자를 사용한 이름
- 짧게 만들려고 의도적으로 잘못 쓴 이름
- 영어에서 일반적으로 잘못 쓰기 쉬운 이름
- 표준 라이브러리 루틴 이름이나 미리 정의된 이름과 충돌하는 이름
- 완전히 제멋대로인 이름
- 읽기 어려운 문자

요점 정리

- 좋은 변수 이름은 프로그램의 가독성에 핵심적인 요소다. 반복문 인덱스와 상태 변수와 같은 특정한 종류의 변수는 특정한 사항을 고려해야 한다.
- 이름은 가능한 한 구체적이어야 한다. 모호하거나 하나 이상의 목적으로 사용될 수 있는 일반적인 이름은 보통 나쁜 이름이다.
- 이름 규약은 지역, 클래스, 전역 데이터를 구분한다. 그리고 형 이름, 이름 상수, 열거형, 변수를 구분한다.
- 개발 중인 프로젝트의 종류에 상관없이 변수 이름 규약을 적용해야 한다. 어떤 규약을 적용할지는 프로그램의 크기와 개발자의 수에 따라서 달라진다.
- 축약어는 최신 프로그래밍 언어에서는 거의 필요하지 않다. 정말로 축약어를 사용해야 한다면 프로젝트 사전에 축약어를 기록하거나 표준 접두사 접근 방법을 사용한다.
- 코드는 작성되는 것보다 훨씬 여러 번 읽힌다. 작성하기 편리한 것보다는 읽기 쉬운 이름을 선택한다.

12장 기본 데이터형

cc2e.com/1278

내용

12.1 숫자 일반

12.2 정수

12.3 부동 소수점 수

12.4 문자와 문자열

12.5 불린 변수

12.6 열거형

12.7 이름 상수

12.8 배열

12.9 새로운 형 만들기(형 별명)

관련 주제

- 데이터 이름: 11장
- 특이한 데이터형: 13장
- 변수 사용 시의 일반적인 문제: 10장
- 데이터 선언 형식화: 31.5절의 "데이터 선언 레이아웃"
- 변수 문서화: 32.5절의 "데이터 선언에 주석 작성"
- 클래스 생성: 6장

기본 데이터형은 다른 모든 데이터형을 만드는 데 기본이 되는 빌딩 블록이다. 이 장에서는 숫자와 정수, 부동 소수점 수, 문자와 문자열, 불린 변수, 열거형, 이름 상수, 배열을 사용하는 팁을 소개한다. 이 장의 마지막 절에서는 새로운 형을 만드는 방법을 설명한다.

이 장은 기본 데이터형을 사용할 때 발생하는 기초적인 문제 해결 방법을 소개한다. 기초적인 데이터에 관해 잘 알고 있다면 마지막 부분으로 넘어가서 데이터형을 사용할 때 피해야 할 체크리스트를 살펴본 후 13장의 특이한 데이터형에 대한 내용으로 넘어가도록 한다.

12.1 숫자 일반

다음은 숫자를 사용할 때 오류를 유발하지 않기 위한 몇 가지 지침이다.

"매직 넘버(magic number)"를 피한다. 매직 넘버는 *100*이나 *47524*와 같이 아무런 설명도 없이 프로그램 중간에 사용되는 숫자를 말한다. 이름 상수를 지원하는 프로그래밍 언어를 사용 중이라면 이름 상수를 대신 사용하도록 한다. 이름 상수를 사용할 수 없을 경우 가능하다면 전역 변수를 사용한다.

> 관련 정보 매직 넘버 대신 이름 상수(named constant) 사용에 관한 자세한 내용은 12.7절 "이름 상수"를 살펴본다.

매직 넘버를 사용하지 않으면 다음과 같은 이득을 얻을 수 있다.

- 더욱 안정적으로 변경할 수 있다. 이름 상수를 사용하면 프로그램에 여기저기 흩어져 있는 *100*이라는 숫자를 살펴보거나 변경하지 않아야 할 *100*을 다른 무언가로 변경하지 않을 것이다.
- 더욱 쉽게 변경할 수 있다. 어떤 조건의 최댓값이 *100*에서 *200*으로 변할 때 매직 넘버를 사용한다면 모든 *100*을 찾아서 *200*으로 변경해야 한다. *100+1*이나 *100-1*을 사용하고 있다면, *101*과 *99*를 모두 찾아서 *201*과 *199*로 변경해야 한다. 이름 상수를 사용하면 간단히 그 상수의 정의를 *100*에서 *200*으로 변경하면 된다.
- 코드의 가독성이 높아진다. 다음 표현식을 보면 확실히 감이 올 것이다.

    ```
    for i = 0 to 99 do ...
    ```

    *99*가 조건문의 최댓값을 나타내고 있음을 추측할 수 있다. 하지만 다음 표현식을 보면 추측할 필요가 없다.

    ```
    for i = 0 to MAX_ENTRIES-1 do ...
    ```

    최댓값이 앞으로 변경될 일이 없다는 확신이 있더라도 이름 상수를 사용하면 가독성이 좋아진다.

필요하다면 0과 1은 그냥 사용한다. *0*과 *1*은 값을 증가시키거나 감소시키고 배열의 첫 번째 요소에서 반복문을 실행하는 데 사용된다. 다음 표현식에서는 *0*을 사용하는 것이 바람직하다.

```
for i = 0 to CONSTANT do ...
```

다음 표현식에서는 *1*을 사용하는 것이 바람직하다.

```
total = total + 1
```

경험을 통해 프로그램에서 나타나도 좋은 유일한 숫자는 *0*과 *1*뿐이라는 것을 알게 되었다. 그 밖의 다른 상수 값은 값이 의미하는 바를 명확하게 나타내는 다른 무언가로 대체해야 한다.

0으로 나눔 오류(divide-by-zero)를 미리 방지한다. 나누기 기호(거의 모든 언어에서 /)를 사용할 때마다 분모가 0이 될 가능성이 있는지에 대해서 생각해야 한다. 그럴 가능성이 있다면 0으로 나눔 오류를 예방하는 코드를 작성한다.

형 변환을 명시적으로 처리한다. 코드를 읽는 사람이 서로 다른 데이터형 사이에 변환이 일어나고 있음을 알아차릴 수 있도록 해야 한다. C++에서는 다음과 같이 작성할 수 있다.

```
y = x + (float) i
```

마이크로소프트 비주얼 베이직에서는 다음과 같이 작성할 수 있다.

```
y = x + CSng( i )
```

또한 이러한 습관은 이 변환이 개발자가 의도한 것이라는 사실을 확실하게 해준다. 컴파일러에 따라서 형 변환을 다르게 수행하므로 정확한 방법을 선택해야 한다.

> 관련 정보 이 예제의 변형된 형태는 12.3절의 "동치 비교를 피하라"를 살펴본다.

서로 다른 형을 비교하지 않는다. x가 부동 소수점 수고 i가 정수면 다음 테스트는 분명 제대로 작동하지 않을 것이다.

```
if ( i = x ) then ...
```

컴파일러는 조건문에서 어떤 형을 사용하고자 하는지 알아내기 위해서 형을 변환하고 여러 번 라운딩(rounding)[7]을 수행한 다음 결과를 결정하는데, 이때 프로그램이 어쨌든 작동한다면 운이 좋은 것이다. 직접 변환하여 컴파일러가 같은 형의 두 수를 비교할 수 있게 하고 비교하는 대상을 정확하게 알 수 있도록 한다.

KEY POINT

컴파일러의 경고에 주의를 기울인다. 최신의 컴파일러는 같은 표현식에 서로 다른 숫자형을 사용하고 있을 때 그 사실을 알려준다. 컴파일러가 오류를 경고했다면 까다로운 버그일 가능성이 높으니 주의를 기울여라! 좋은 개발자는 코드를 수정해 컴파일러 경고를 모두 제거한다. 오류를 발견하는 일은 컴파일러에 맡기는 게 더 쉽다.

---

[7] (옮긴이) 데이터형에 따라 유효 범위의 수로 반올림 또는 반내림

12.2 정수

정수를 사용할 때는 다음과 같은 사항을 고려한다.

정수 나눗셈을 검사한다. 정수를 사용할 때 7/10은 0.7이 아니다. 일반적으로 0이거나 음수 무한대, 가장 가까운 정수 등이 될 수 있다. 계산 결과는 프로그래밍 언어마다 다르다. 이는 중간 결과에도 똑같이 적용된다. 현실 세계에서는 10 * (7/10) = (10*7) / 10 = 7이다. 하지만 정수 계산의 세계에서는 그렇지 않다. 10 * (7/10)은 (7/10)의 몫이 0이기 때문에 0이다. 이러한 문제점을 없애는 가장 쉬운 방법은 나눗셈이 가장 나중에 수행되도록 표현식의 순서를 (10*7) / 10과 같이 바꾸는 것이다.

정수 오버플로를 검사한다. 정수 곱셈이나 덧셈을 수행할 때 최댓값을 인식하고 있어야 한다. 부호 없는 정수의 최댓값은 32비트 기계에서는 일반적으로 $2^{32}-1$이며 때에 따라서 $2^{16}-1$, 즉 65,535다. 두 정수를 곱할 때 결과가 최댓값보다 크면 문제가 발생한다. 가령 곱셈 250 * 300을 계산하면 정답은 75,000이다. 하지만 정수 최댓값이 65,535라면 정수 오버플로(75,000 − 65,536 = 9464) 때문에 9464라는 결괏값을 얻게 될 것이다. 표 12-1은 일반적인 정수형의 범위를 보여준다.

표 12-1 서로 다른 정수형의 범위

정수형	범위
부호 있는 8비트	−128 ~ 127
부호 없는 8비트	0 ~ 255
부호 있는 16비트	−32,768 ~ 32,767
부호 없는 16비트	0 ~ 65,535
부호 있는 32비트	−2,147,483,648 ~ 2,147,483,647
부호 없는 32비트	0 ~ 4,294,967,295
부호 있는 64비트	−9,223,372,036,854,775,808 ~ 9,223,372,036,854,775,807
부호 없는 64비트	0 ~ 18,446,744,073,709,551,615

정수 오버플로를 예방하는 가장 쉬운 방법은 수학 표현식에 있는 각 항을 살펴본 후 각 항이 만들 수 있는 최댓값을 생각해 보는 것이다. 가령 정수 표현식이 $m = j * k$일 때 j의 최댓값이 200이고 k의 최댓값이 25이면 가장 큰 m의 값은 *200 * 25 = 5,000*이다. 32비트 기계에서는 가장 큰 정수 값이 2,147,483,647이기 때문에 이 결과는 문제가 없다. 반면 j의 최댓값이 200,000이고 k의 최댓값이 100,000이면 m의 최댓값은 *200,000*

* 100,000 = 20,000,000,000이 된다. 20,000,000,000은 2,147,483,647보다 크기 때문에 이 결과는 문제가 있다. 이 경우에는 m의 최댓값을 수용할 수 있도록 64비트 정수나 부동 소수점 수를 사용해야 한다.

또한 그러한 문제점이 앞으로 미칠 영향도 고려해야 한다. m이 절대로 5,000보다 커지지 않는다면 문제가 없다. 하지만 m이 몇 년 동안 꾸준히 증가할 것으로 예상한다면 그러한 부분을 고려해야 한다.

중간 결과에서의 오버플로를 검사한다. 방정식의 결괏값만이 신경 써야 하는 유일한 값은 아니다. 다음과 같은 코드를 생각해 보자.

```java
중간 결과에 오버플로가 있는 자바 예제
int termA = 1000000;
int termB = 1000000;
int product = termA * termB / 1000000;
System.out.println( "( " + termA + " * " + termB + " ) / 1000000 = " + product );
```

product를 계산하는 식이 *(100,000*100,000) / 100,000*과 같다고 생각한다면 *100,000*이라는 결과를 얻을 것을 예상할 것이다. 하지만 이 코드는 마지막에서 *100,000*으로 나누기 전에 *100,000*100,000*의 중간 결과를 계산해야 하는데, 그 값이 *1,000,000,000,000*이나 된다. 결과가 어떨까? 다음은 이 식의 결괏값이다.

```
( 1000000 * 1000000 ) / 1000000 = -727
```

정수의 최댓값이 2,147,483,647이라면 중간 결괏값이 정수 데이터형에는 너무 크다. 이 경우에는 *1,000,000,000,000*이어야 하는 중간 결과가 727,379,968이 되고 따라서 그 값을 *100,000*으로 나누면 *100,000*이 아니라 *-727*을 얻게 된다.

정수 오버플로를 다룰 때처럼 긴 정수나 부동 소수점 형으로 변경하는 방법으로 중간 결과에서의 오버플로를 처리할 수 있다.

12.3 부동 소수점 수

KEY POINT

부동 소수점 수를 사용할 때 가장 중요하게 고려해야 할 사항은 많은 분수 값이 디지털 컴퓨터의 1과 0을 사용하여 정확하게 표현될 수 없다는 점이다. 1/3이나 1/7과 같이 끝나지 않는 수는 보통 7자리나 15자리까지만 표현된다. 마이크로소프트 비주얼 베이직에서 1/3을 32비트 부동 소수점으로 표현하면 0.33333330이 된다. 정확하게 7자리다. 대부분의 경우에는 충분한 정확도지만, 때에 따라서는 함정에 빠질 수 있을 정도로 부정확하다.

다음은 부동 소수점 수를 사용할 때 참고할 만한 몇 가지 지침이다.

> **관련 정보** 이러한 문제점을 해결하기 위한 방법을 설명하는 알고리즘 서적에 대해서는 10.1절의 "데이터형에 대한 참고 자료"를 살펴본다.

서로 크기가 매우 다른 수를 더하거나 빼지 않는다. 32비트 부동 소수점 변수를 사용한다면 1,000,000.00 + 0.1의 결괏값이 1,000,000.00일 것이다. 32비트는 1,000,000과 0.1 사이의 범위를 포함할 수 있을 만큼 충분한 자릿수를 제공하지 않기 때문이다. 마찬가지로 5,000,000.02 ~ 5,000,000.01의 결괏값은 0.0일 것이다.

그렇다면 해결책은 무엇일까? 이처럼 크게 차이가 나는 숫자를 더해야 한다면 우선 숫자를 구분하고 가장 작은 값부터 더한다. 마찬가지로 무한한 수를 더할 때도 가장 작은 항부터 시작한다. 반드시 작은 항부터 더한다. 이렇게 해도 잘리는 문제점을 완전히 없앨 수는 없지만, 최소화할 수는 있다. 많은 알고리즘 책에서 이와 같은 방법으로 처리하는 것을 권장한다.

> 1이 충분히 크면 2와 같다.
> – 작자 미상

동치 비교를 피한다. 같아야 하는 부동 소수점 수가 항상 같지는 않다. 가장 큰 문제는 같은 숫자에 대해 서로 다르게 계산하면 같은 결괏값이 나오지 않는다는 점이다. 예를 들면 0.1을 10번 더해도 1.0이라는 답을 얻기가 어렵다. 다음 예제는 결과가 같아야 하지만 같지 않은 두 변수 *nominal*과 *sum*을 보여준다.

부동 소수점 수를 잘못 비교한 자바 예제

```
double nominal = 1.0;          ← 변수 nominal은 64비트 실수다.
double sum = 0.0;

for ( int i = 0; i < 10; i++ ) {
    sum += 0.1;                ← sum은 10*0.1이다. 1.0이어야 한다.
}

if ( nominal == sum ) {        ← 비교가 잘못되었다.
    System.out.println( "두 수는 같다." );
}
else {
    System.out.println( "두 수는 다르다." );
}
```

예상했겠지만, 이 프로그램의 실행 결과는 다음과 같다.

두 수는 다르다.

반복문 안에 있는 *sum* 값을 줄 단위로 확인해 보자.

```
0.1
0.2
0.30000000000000004
0.4
0.5
0.6
0.7
0.7999999999999999
0.8999999999999999
0.9999999999999999
```

따라서 부동 소수점 수에 대해서 동치 연산을 사용하기 위한 대안을 찾는 것이 좋다. 한 가지 효과적인 접근 방법은 적당한 정확도의 범위를 결정하여 값이 충분히 근사한지 결정하기 위한 불린 함수를 사용하는 것이다. 전형적으로 두 값이 충분히 비슷한 경우에 *true*를 반환하고 그렇지 않은 경우에 *false*를 반환하는 *Equals()* 함수를 작성하도록 한다. 자바에서는 함수의 코드가 다음과 같을 것이다.

> 관련 정보 이 예제는 모든 규칙에는 예외가 있다는 격언을 증명하고 있다. 이 예제에서 사용한 변수는 이름에 숫자를 포함하고 있다. 변수 이름에 숫자를 사용하지 않는 규칙에 대한 내용은 11.7절 "피해야 할 변수 이름"을 살펴본다.

부동 소수점 수를 비교하는 자바 예제
```java
final double ACCEPTABLE_DELTA = 0.00001;
boolean Equals( double Term1, double Term2 ) {
    if ( Math.abs( Term1 - Term2 ) < ACCEPTABLE_DELTA ) {
        return true;
    }
    else {
        return false;
    }
}
```

이 루틴을 비교에 사용하기 위해 "부동 소수점 수를 잘못 비교한 자바 예제"에 있는 코드를 변경하면 새로운 비교문은 다음과 같을 것이다.

```
if ( Equals( Nominal, Sum ) ) ...
```

이 테스트를 사용했을 때 프로그램의 실행 결과는 다음과 같다.

두 수는 같다.

프로그램의 요구에 따라서 *ACCEPTABLE_DELTA*의 값을 직접 코드로 입력하여 사용하는 것이 부적당할 수도 있다. 비교하는 두 수의 크기에 따라서 *ACCEPTABLE_DELTA* 값을 계산해야 할 수도 있다.

라운딩 오류를 예측한다. 라운딩 오류 문제는 크기가 매우 다른 두 수에서 발생하는 문제와 다르지 않다. 같은 문제가 생긴다면 같은 방법을 사용하여 라운딩 문제를 해결해야 한다. 추가로 라운딩 문제를 해결하는 데 널리 사용되는 해결책을 소개한다.

> 관련 정보 일반적으로 BCD로 변환함으로써 발생하는 성능 영향은 미미할 것이다. 성능 효과에 관해서 관심이 있다면 25.6절 "코드 튜닝 단계 요약"을 살펴본다.

- 더 큰 정밀도를 갖는 변수형으로 변경한다. 단정도(single-precision) 부동 소수점을 사용하고 있다면 배정도(double-precision) 부동 소수점으로 변경한다.
- 이진화 십진 표기법(BCD, binary coded decimal) 변수로 변경한다. BCD 스키마는 전형적으로 느리고 많은 공간을 차지하지만, 많은 라운딩 오류를 막아준다. 사용하고 있는 변수가 달러나 센트 등 정확하게 계산되어야 하는 다른 단위를 표현하고 있을 때 특히 유용하다.
- 부동 소수점을 정수형 변수로 변경한다. 이것이 BCD 변수를 직접 작성하는 방법이다. 아마도 정확도를 얻기 위해서 64비트 정수를 사용해야 할 것이다. 이 기법을 사용하면 직접 소수점 부분을 관리해야 한다. 가령 원래 달러의 소수점 부분에 해당하는 센트를 부동 소수점을 사용하여 표현한다고 해 보자. 이것이 달러와 센트를 다루는 일반적인 방법이다. 정수로 전환할 때는 정수를 사용하여 센트를 관리하고 100센트의 배수를 사용해 달러를 관리해야 한다. 즉, 달러에는 100을 곱하고 센트는 0부터 99의 범위에서 값을 유지해야 한다. 이 방법이 처음에는 불합리해 보일 수 있지만, 속도와 정확성 면에서 효과적인 해결책이다. DollarAndCents 클래스를 생성하여 정수 표현을 감추고 필요한 숫자 연산을 지원함으로써 이 문제를 더욱 쉽게 관리할 수 있다.

특정한 데이터형을 지원하는 언어와 라이브러리가 있는지 확인한다. 비주얼 베이직을 포함한 몇몇 언어는 라운딩 오류에 민감한 데이터를 특별하게 지원하는 *Currency*와 같은 데이터형을 제공한다. 그러한 기능을 제공하는 기본 데이터형이 있다면 그것을 사용한다!

12.4 문자와 문자열

이 절에서는 문자열을 사용하는 몇 가지 팁을 제공한다. 첫 번째 내용은 모든 언어의 문자열에 적용된다.

> 관련 정보 매직 문자와 문자열을 사용하는 것과 관련된 문제점은 12.1절의 "숫자 일반"에서 언급한 매직 넘버의 문제점과 유사하다.

매직 문자와 문자열을 사용하지 않는다. 매직 문자는 리터럴 문자(예: 'A')고 매직 문자열은 프로그램 전체에 나타나는 리터럴 문자열(예: "*기가매틱 회계 프로그램*")이다. 이름 상수의 사용을 지원하는 언어를 이용하여 프로그램을 작성하고 있다면 이름 상수를 대신 사용한다. 그렇지 않다면 전역 변수를 사용한다. 리터럴 문자열 사용을 피해야 하는 이유에는 여러 가지가 있다.

- 프로그램의 이름, 명령 이름, 보고서 제목과 같이 자주 나타나는 문자열은 어느 시점에서 해당 문자열의 내용을 변경할 필요가 있을 것이다. 예를 들면 위에서 보았던 "*기가매틱 회계 프로그램*"은 다음 버전에서 "*새롭고 기능도 개선한 기가매틱 회계 프로그램*"으로 변경해야 할지도 모른다.
- 국제 시장이 매우 중요해지고 있고 프로그램 전체에 걸쳐서 문자열을 해당 언어로 변환하는 것보다 문자열 리소스 파일에 모아 놓은 문자열을 변환하는 것이 더 쉽다.
- 문자열 리터럴은 많은 공간을 차지한다. 메뉴와 메시지, 도움말 화면, 엔트리 폼 등에 사용된다. 너무 많아지면 제어할 수 없어지고 메모리 문제도 유발한다. 문자열 공간이 많은 환경에서 중요하지는 않지만, 임베디드 시스템 프로그래밍과 저장 공간이 중요한 다른 많은 환경에서는 문자열이 소스코드에서 비교적 독립적인 것이 문자열 공간 문제에 대한 해결책을 더 구현하기 쉽게 만들어준다.
- 문자와 문자열 리터럴은 의미가 분명하지 않다. 주석이나 이름 상수는 의도를 이해하기 쉽게 만든다. 다음 예제에서 *0x1B*의 의미는 명확하지 않다. *ESCAPE* 상수를 사용하면 의미가 더 명확해진다.

```
문자열을 사용해 비교하는 C++ 예제
if ( input_char == 0x1B ) ...      ← 나쁘다!
if ( input_char == ESCAPE ) ...    ← 더 낫다!
```

하나 차이로 인한(off-by-one) 오류를 주의한다. 부분 문자열(substring)은 배열처럼 인덱스로 나타낼 수 있기 때문에 문자열의 범위를 지나서 읽거나 쓰는 하나 차이로 인한 오류에 주의한다.

cc2e.com/1285

자신이 사용하고 있는 언어와 환경에서 유니코드를 어떻게 지원하는지 알아둔다. 자바와 같은 몇몇 언어에서는 모든 문자열이 유니코드다. C와 C++ 등 다른 언어에서는 유니코드 문자열을 처리하기 위해서는 몇 가지 함수가 필요하다. 유니코드와 다른 문자 집합을 변경하는 데 표준 라이브러리와 상용 라이브러리를 서로 호출해야 할 때가 종종 있다. 어떤 문자열이 유니코드로 작성되어 있지 않다면(예를 들면, C나 C++에서) 유니코드 문자 집합을 전체적으로 사용할 것인지 초기에 결정한다. 유니코드 문자열을 사용하기로 했다면 언제, 어디에서 사용할지 결정한다.

국제화/지역화 전략을 초기에 결정한다. 국제화와 지역화에 관련된 사항은 중요한 사항이다. 가장 중요하게 고려해야 할 사항은 외부 리소스에 모든 문자열을 저장해야 할지, 그리고 각 언어에 대한 개별적인 빌드를 생성할지 아니면 실행 시 특정 언어를 결정할지를 결정하는 것이다.

cc2e.com/1292

알파벳 기반의 단일 언어를 지원할 필요가 있다는 사실을 안다면 ISO 8859 문자 집합 사용을 고려한다. 오직 하나의 알파벳 언어(예를 들면, 영어)를 지원하고 여러 가지 언어나 표의문자(예: 중국어)를 지원할 필요가 없는 응용 프로그램을 작성한다면 ISO 8859 확장 ASCII 형의 표준이 유니코드의 좋은 대안이다.

다중 언어를 지원해야 한다면 유니코드를 사용한다. 유니코드는 ISO 8859나 다른 표준보다 세계의 다양한 문자 표준을 광범위하게 지원한다.

문자열 형 사이에 일관된 변환 전략을 결정한다. 다중 문자열 형을 사용하는 경우, 문자열 형을 구분하기 위한 한 가지 일반적인 방법은 프로그램 내의 모든 문자열을 단일 형식으로 유지하고 가능한 한 입력과 출력 연산의 근처에서 해당 문자열을 다른 형식으로 변환하는 것이다.

C 언어 문자열

C++ 표준 템플릿 라이브러리의 문자열 클래스는 C 언어의 문자열이 가진 전형적인 문제점을 대부분 제거했다. C 문자열을 직접 다루는 개발자를 위해 일반적인 함정을 피하기 위한 몇 가지 방법을 다음에 소개한다.

문자열 포인터와 문자 배열의 차이점을 이해한다. 문자열 포인터와 문자 배열의 문제점은 C가 문자열을 처리하는 방법 때문에 발생한다. 문자열 포인터와 문자 배열 사이의 차이점을 주의한다.

- 등호 기호(할당문)를 사용한 문자열을 포함하는 모든 표현식을 의심한다. C 언어의 문자열 연산은 거의 *strcmp(), strcpy(), strlen()*와 관련 루틴으로 처리된다. 등호는 종종 포인터 오류를 일으키기도 한다. C 언어에서는 할당문이 문자열 리터럴을 문자열 배열에 복사하지 않는다. 다음과 같은 문장이 있다고 가정해보자.

    StringPtr = "텍스트 문자열";

    이 경우에 "텍스트 문자열"은 리터럴 텍스트 문자열에 대한 포인터이며 할당문은 단지 *StringPtr*을 텍스트 문자열을 가리키는 포인터로 설정할 뿐이다. 이 할당문은 *StringPtr*에 내용을 복사하지 않는다.

- 이름 규칙으로 변수가 문자 배열인지 문자열에 대한 포인터인지 구분한다. 일반적으로 사용되는 한 가지 규칙은 문자열에 대한 포인터를 나타내는 데 *ps*라는 접두사를 사용하고 문자 배열에 대해 *ach*라는 접두사를 사용하는 것이다. 항상 문제가 발생하지는 않지만, *ps*와 *ach* 접두사를 포함하는 표현식은 의심의 눈초리로 봐야 한다.

C 방식의 문자열을 CONSTANT+1의 길이를 갖도록 선언한다. C와 C++에서 C 방식의 문자열과 관련된 하나 차이로 인한 오류는 길이 n인 문자열에 널 종결자(문자열 끝에서 0으로 설정하는 바이트)를 위한 공간을 포함한 n + 1바이트의 저장 공간이 필요하다는 사실을 쉽게 잊기 때문에 많이 발생한다. 그러한 문제를 피하기 위한 효과적인 방법은 이름 상수를 사용해 모든 문자열을 선언하는 것이다. 이 접근 방법의 핵심은 모든 경우에 대해 같은 방법으로 이름 상수를 사용해야 한다는 점이다. 문자열을 *CONSTANT*

+ 1의 길이로 선언한 후 *CONSTANT* 값을 사용해 나머지 코드에서 문자열의 길이를 참조한다. 다음 예제를 보자.

좋은 방법으로 문자열을 선언한 C 예제

```c
/* 문자열을 "constant+1"의 길이로 선언한다.
   프로그램의 다른 곳에서는 "constant+1" 대신
   "constant"를 사용한다. */
char name[ NAME_LENGTH + 1 ] = { 0 }; /* 길이가 NAME_LENGTH인 문자열 */
```
← 이 문자열은 NAME_LENGTH + 1의 길이로 선언되었다.

```c
...
/* 예제 1: 상수 NAME_LENGTH를 사용하여 문자열을 모두 'A'로 설정한다.
   이 상수는 복사할 수 있는 'A'의 수다.
   NAME_LENGTH + 1 대신 NAME_LENGTH가 사용되고 있음을 주의한다. */
for ( i = 0; i < NAME_LENGTH; i++ )     ← 여기에서 NAME_LENGTH를 사용해 문자열을 처리한다.
   name[ i ] = 'A';
...
/* 예제 2: 복사할 수 있는 최대 길이로 이 상수를 사용하여
   또 다른 문자열을 첫 번째 문자열에 복사한다. */
strncpy( name, some_other_name, NAME_LENGTH );     ← 그리고 여기서도...
```

이러한 문제를 처리하기 위한 규약을 갖고 있지 않은 경우에는 해당 문자열을 *NAME_LENGTH* 길이로 선언한 후 *NAME_LENGTH* − *1*을 길이로 사용하기도 한다. 또는 문자열을 *NAME_LENGTH* + *1* 길이로 선언한 후 *NAME_LENGTH*를 사용해 길이를 처리할 것이다. 문자열을 사용할 때마다 선언한 방법을 기억해야 한다.

문자열을 항상 같은 방법으로 사용하면 각 문자열을 다루기 위한 방법을 기억할 필요가 없으며 각 문자열의 특징을 기억하지 못해 저지르는 실수를 없앨 수 있다. 규약이 있으면 정신적인 부담과 프로그래밍 오류를 최소화할 수 있다.

> 관련 정보 데이터 초기화에 대한 자세한 내용은 10.3절 "변수 초기화 가이드라인"을 살펴본다.

끝나지 않는 문자열을 피하기 위해서 문자열을 널(null)로 초기화한다. C는 해당 문자열 끝에 0으로 설정된 바이트인 널 종결자를 찾는 방법으로 문자열의 끝을 판단한다. 생각하고 있는 문자열의 길이와 상관없이 C는 '*0*' 바이트(널 종결자)를 찾아야만 문자열의 끝을 찾은 것으로 인식한다. 문자열의 끝에 널을 입력하는 것을 잊으면 문자열 연산이 원하는 대로 작동하지 않을 것이다.

끝나지 않는 문자열은 두 가지 방법으로 피할 수 있다. 첫째, 문자 배열을 선언할 때 *0*으로 초기화한다.

> **좋은 방법으로 문자 배열을 선언한 C 예제**
> ```
> char EventName[ MAX_NAME_LENGTH + 1 ] = { 0 };
> ```

둘째, 문자열을 동적으로 생성할 때 *malloc()* 대신 *calloc()*을 사용하여 *0*으로 초기화한다. *calloc()* 함수는 메모리를 할당하고 0으로 초기화한다. *malloc()*은 메모리를 할당하지만 초기화하지 않기 때문에 *malloc()*으로 할당된 메모리를 사용할 때는 직접 초기화 부분을 처리해야 한다.

> 관련 정보 배열에 대한 자세한 내용은 뒤에서 소개하는 12.8절 "배열"을 살펴본다.

C 언어에서 포인터 대신 문자 배열을 사용한다. 메모리에 제약이 없다면(제약이 있는 경우가 많다) 모든 문자열 변수를 문자 배열로 선언한다. 이렇게 하면 포인터 관련 문제를 피할 수 있고 무언가 잘못 수행했을 때 컴파일러가 더 많은 경고를 제공할 것이다.

끝나지 않는 문자열을 피하기 위해서 strcpy() 대신 strncpy()를 사용한다. C 언어에서 문자열 루틴은 안전한 버전과 위험한 버전이 있다. *strcpy()*와 *strcmp()* 같이 위험한 루틴은 널 종결자를 만날 때까지 진행한다. 반면에 안전한 버전인 *strncpy()*와 strncmp()는 최대 길이를 매개변수로 받기 때문에 끝나지 않는 문자열의 경우에도 함수 호출은 최대 길이만큼만 진행하게 된다.

12.5 불린 변수

논리 변수나 불린 변수를 잘못 사용할 가능성은 거의 없으므로 신중하게 사용하면 프로그램을 명확하게 만들 수 있다.

> 관련 정보 프로그램을 문서화하기 위해 주석을 사용하는 방법에 대한 자세한 내용은 32장 "스스로를 설명하는 코드"를 살펴본다.

프로그램을 문서화하기 위해서 불린 변수를 사용한다. 불린 표현식을 테스트하는 대신 표현식의 의미가 더욱 명확해지게 변수에 할당한 후 테스트를 수행해도 된다. 예를 들면 다음 코드에서는 불린 테스트의 의미가 명확하지 않아서 *if* 테스트의 목적이 완료를 검사하기 위한 것인지, 오류 상황을 검사하기 위한 것인지, 다른 무언가를 위한 것인지 명확하지 않다.

> 관련 정보 프로그램을 문서화하기 위해서 불린 함수를 사용하는 예제는 19.1절의 "복잡한 표현식을 단순하게 만들기"를 살펴본다.

> **불린 테스트의 목적이 명확하지 않은 자바 예제**
> ```
> if ( ( elementIndex < 0 ) || ( MAX_ELEMENTS < elementIndex ) ||
>    ( elementIndex == lastElementIndex )
>    ) {
>    ...
> }
> ```

다음 코드에서는 불린 변수를 사용해 if 테스트의 목적이 분명해졌다.

```
불린 테스트의 목적이 명확한 자바 예제
finished = ( ( elementIndex < 0 ) || ( MAX_ELEMENTS < elementIndex ) );
repeatedEntry = ( elementIndex == lastElementIndex );
if ( finished || repeatedEntry ) {
    ...
}
```

복잡한 테스트를 단순화하기 위해 불린 변수를 사용한다. 종종 복잡한 테스트 코드를 작성할 때 올바른 결과를 얻기 위해서 테스트를 여러 번 해야 할 때가 있다. 나중에 테스트를 수정하려고 할 때 원래 테스트가 무엇을 하고 있었는지를 이해하기 어려울 수가 있다. 이런 경우에는 논리 변수가 테스트를 단순하게 할 수 있다. 앞에서 살펴본 예제에서 프로그램은 실제로 루틴 종료 여부와 반복문 내에서의 실행 여부인 두 가지 조건을 테스트하고 있다. *finished*와 *repeatedEntry* 불린 변수를 사용함으로써 *if* 테스트를 더욱 간단하고 읽기 쉽고 오류가 적으면서도 수정하기 쉽게 만들었다.

다음은 복잡하게 테스트하는 또 다른 예제다.

```
복잡하게 테스트하는 비주얼 베이직 예제
If ( ( document.AtEndOfStream() ) And ( Not inputError ) ) And _
   ( ( MIN_LINES <= lineCount ) And ( lineCount <= MAX_LINES ) ) And _
   ( Not ErrorProcessing() ) Then
   ' 작업을 수행
   ...
End If
```

이 예제에 있는 테스트는 상당히 복잡하지만, 그렇게 드물게 접하는 예제도 아니다. 이 코드를 읽는 사람은 머릿속이 혼란스러울 것이다. if 테스트를 이해하려는 노력조차 하지 않고 그냥 코드를 본 후 "나중에 정말 필요할 때 이해하겠습니다."라고 말할 것이다. 다른 사람들이 코드를 읽을 때 코드에 복잡한 테스트가 포함되어 있으면 저렇게 반응할 수 있으므로 주의해야 한다.

다음은 이 테스트를 단순화하기 위해서 불린 변수를 넣어 코드를 재작성한 것이다.

```
테스트를 단순하게 만든 비주얼 베이직 예제
allDataRead = ( document.AtEndOfStream() ) And ( Not inputError )
legalLineCount = ( MIN_LINES <= lineCount ) And ( lineCount <= MAX_LINES )
```

```
If ( allDataRead ) And ( legalLineCount ) And ( Not ErrorProcessing() ) Then
    ' 작업을 수행
    ...
End If
```
← 간단해진 테스트

이 두 번째 버전이 더 간단하다. 별 어려움 없이 *if* 테스트에 있는 불린 표현식을 읽을 수 있을 것이다.

필요하다면 사용자 정의 불린 형을 만든다. C++, 자바, 비주얼 베이직과 같은 몇몇 언어는 불린 형이 미리 정의되어 있다. C와 같은 다른 언어에서는 그렇지 않다. C와 같은 언어에서는 불린 형을 직접 정의할 수 있다. 다음을 보자.

간단한 typedef를 사용하여 BOOLEAN 형을 정의한 C 예제
```
typedef int BOOLEAN;
```

또는 다음과 같이 *true*와 *false*를 동시에 정의하여 추가적인 이득을 제공하는 방법을 사용할 수 있다.

열거형을 사용하여 Boolean 형을 정의한 C 예제
```
enum Boolean {
    True=1,
    False=(!True)
};
```

변수를 *int* 대신 *BOOLEAN*으로 정의하면 의도가 더욱 명확해지고 이해하기도 쉬워진다.

12.6 열거형

열거형은 객체 클래스의 각 멤버를 영어로 표현할 수 있는 데이터형이다. 열거형은 C++와 비주얼 베이직에서 사용할 수 있으며 일반적으로 변수가 저장할 수 있는 모든 값을 알고 있고 그 값을 단어로 표현하고자 할 때 사용된다. 다음은 열거형에 대한 몇 가지 예를 비주얼 베이직으로 작성한 예제다.

열거형에 대한 비주얼 베이직 예제
```
Public Enum Color
    Color_Red
```

```
        Color_Green
        Color_Blue
End Enum

Public Enum Country
    Country_China
    Country_England
    Country_France
    Country_Germany
    Country_India
    Country_Japan
    Country_Usa
End Enum

Public Enum Output
    Output_Screen
    Output_Printer
    Output_File
End Enum
```

열거형은 "1은 빨간색을 의미하고, 2는 녹색, 3은 파란색을 의미합니다."라고 명시적으로 말하는 진부한 방법 대신 사용할 수 있는 강력한 방법이다. 다음은 열거형을 사용할 때 필요한 몇 가지 지침이다.

가독성 향상을 위해 열거형을 사용하라.

```
if chosenColor = 1
```

위와 같은 명령문 대신 읽기 쉽게 다음과 같이 작성할 수 있다.

```
if chosenColor = Color_Red
```

숫자 리터럴을 볼 때마다 그 숫자를 열거형으로 바꿀 것을 고려해 본다.

열거형은 루틴 매개변수를 정의할 때 특히 유용하다. 다음 함수 호출에 사용되고 있는 매개변수가 무엇을 의미하는지 아는 사람이 있겠는가?

열거형을 사용하면 더 좋아질 수 있는 루틴 호출을 C++로 작성한 예제
```
int result = RetrievePayrollData( data, true, false, false, true );
```

대조적으로 다음 함수 호출에 사용된 매개변수는 훨씬 이해하기가 쉽다.

읽기 쉽게 열거형을 사용하고 있는 C++로 작성한 루틴 호출 예제
```
int result = RetrievePayrollData(
    data,
    EmploymentStatus_CurrentEmployee,
    PayrollType_Salaried,
    SavingsPlan_NoDeduction,
    MedicalCoverage_IncludeDependents
);
```

안정성을 위해 열거형을 사용하라. 몇몇 언어(특히 에이다)에서는 열거형을 사용하면 컴파일러가 정수 값이나 상수를 사용할 때보다 형 검사를 훨씬 철저하게 수행한다. 이름 상수를 사용해서는 컴파일러 입장에서 *Color_Red*와 *Color_Green*, *Color_Blue* 값만 유효하다는 사실을 알 방법이 없다. 컴파일러는 *color = Country_England*나 *country = Output_Printer*와 같은 명령문에 대해서 경고하지 않을 것이다. 열거형을 사용하면 *Color*로 변수를 선언할 경우 컴파일러가 해당 변수에 Color_Red와 Color_Green, Color_Blue의 값만 할당되게 할 것이다.

변경하기 쉽게 열거형을 사용하라. 열거형을 사용하면 코드를 변경하기가 쉽다. "1은 빨간색을 의미하고, 2는 녹색, 3은 파란색을 의미한다."라는 스키마에서 결점을 발견했을 때 코드를 훑어보면서 *1*과 *2*, *3*을 모두 변경해야 한다. 열거형을 사용하면 요소를 형 정의에 입력하고 다시 컴파일하여 목록에 계속해서 추가하면 된다.

불린 변수에 대한 대안으로 열거형을 사용하라. 종종 불린 변수만으로는 필요한 것을 제대로 표현하지 못할 때가 있다. 예를 들면 작업이 성공할 경우 *true*를 반환하고 실패할 경우 *False*를 반환하는 루틴이 있다고 가정해 보자. 나중에 *False*에 두 가지 의미가 있음을 알게 될 것이다. 작업이 실패했고 그 효과가 해당 루틴에만 제한되어 있다는 것을 의미하는 *False*와 작업이 실패했고 프로그램의 다른 부분에 전파되어야 하는 심각한 오류가 발생했다는 것을 의미하는 *False*가 그것이다. 후자의 경우에는 *true*와 *false* 값만 갖는 불린보다는 *Status_Success*, *Status_Warning*, *Status_FatalError* 값을 갖는 열거형이 더 유용할 것이다. 이 스키마는 실패나 성공에서 추가적인 차이를 처리하기 위하여 쉽게 확장될 수 있다.

유효하지 않은 값을 검사하라. *if*나 *case* 문에서 열거형을 사용할 때 유효하지 않은 값을 검사한다. 유효하지 않은 값을 잡기 위해서 *case* 문에서 *else* 절을 사용한다.

열거형에서 유효하지 않은 값을 검사하는 훌륭한 비주얼 베이직 예제
```
Select Case screenColor
    Case Color_Red
        ...
    Case Color_Blue
        ...
    Case Color_Green
        ...
    Case Else        ←——  여기에서 유효하지 않은 값을 테스트하고 있다.
        DisplayInternalError( False, "내부 에러 752: 유효하지 않은 색." )
End Select
```

반복문의 범위를 지정하기 위하여 열거의 처음과 마지막 항목을 정의하라. 열거에서 처음과 마지막 항목을 *Color_First*, *Color_Last*, *Country_First*, *Country_Last* 등으로 정의하면 열거의 요소를 반복하는 반복문을 작성할 수 있다. 다음과 같이 명시적인 값을 사용하여 열거형을 설정한다.

열거형의 처음과 마지막 값을 설정하는 비주얼 베이직 예제
```
Public Enum Country
    Country_First = 0
    Country_China = 0
    Country_England = 1
    Country_France = 2
    Country_Germany = 3
    Country_India = 4
    Country_Japan = 5
    Country_Usa = 6
    Country_Last = 6
End Enum
```

이제 *Country_First*와 *Country_Last* 값을 반복문의 범위로 사용할 수 있다.

열거형의 요소를 순회하는 훌륭한 비주얼 베이직 예제
```
' US 통화를 다른 통화로 변환한다.
Dim usaCurrencyConversionRate( Country_Last ) As Single
Dim iCountry As Country
For iCountry = Country_First To Country_Last
    usaCurrencyConversionRate( iCountry ) = ConversionRate( Country_Usa, iCountry )
Next
```

열거형의 첫 번째 항목을 유효하지 않은 값으로 남겨라. 열거형을 선언할 때 첫 번째 값을 유효하지 않은 값으로 남겨둔다. 많은 컴파일러는 열거형의 첫 번째 요소를 0으로 할당한다. 0으로 매핑된 요소를 유효하지 않은 값으로 선언하면 초기화되지 않은 변수는 0일 확률이 높기 때문에 그러한 변수를 잡는 데 도움을 준다.

다음은 *Country*를 이러한 접근 방법으로 선언한 예다.

열거형에 있는 첫 번째 값을 유효하지 않은 값으로 선언한 비주얼 베이직 예제
```
Public Enum Country
    Country_Invalidations = 0
    Country_First = 1
    Country_China = 1
    Country_England = 2
    Country_France = 3
    Country_Germany = 4
    Country_India = 5
    Country_Japan = 6
    Country_Usa = 7
    Country_Last = 7
End Enum
```

프로젝트 코드 작성 표준에서 처음과 마지막 요소가 어떻게 사용될 것인지를 정확하게 정의한 후 일관성 있게 사용하라. 열거형에서 *InvalidFirst*, *First*, *Last* 요소를 사용하면 배열 선언과 반복문의 가독성을 높일 수 있다. 하지만 열거형에서 유효한 항목이 0부터 시작하는지, 1부터 시작하는지, 처음과 마지막 요소가 유효한지에 대해서 혼란을 초래할 가능성이 있다. 이 기법을 사용한다면 오류를 줄이기 위해서 *InvalidFirst*와 *First*, *Last* 요소가 모든 열거형에서 일관성 있게 사용되어야 함을 프로젝트의 코드 작성 표준에 명시해야 한다.

열거형의 요소에 명시적인 값을 할당할 때 발생할 수 있는 위험 요소를 주의하라. 어떤 언어에서는 열거형 내에서 요소에 특정한 값을 할당할 수 있게 허용한다. 다음 C++ 예제를 보자.

열거형에 명시적으로 값을 할당한 C++ 예제
```
enum Color {
    Color_InvalidFirst = 0,
    Color_First = 1,
    Color_Red = 1,
    Color_Green = 2,
```

```
    Color_Blue = 4,
    Color_Black = 8,
    Color_Last = 8
};
```

이 예제에서 *Color* 형의 반복문 인덱스를 선언한 후 *Color*를 순회하려고 하면 유효한 1, 2, 4, 8뿐만 아니라 유효하지 않은 3, 5, 6, 7도 순회하게 될 것이다.

언어가 열거형을 지원하지 않는 경우

언어가 열거형을 지원하지 않는다면 전역 변수나 클래스로 열거형을 흉내 낼 수 있다. 예를 들어 자바에서 다음과 같이 선언할 수 있다

> 관련 정보 이 책을 쓰는 시점에는 자바가 열거형을 지원하지 않는다. 이 책이 나올 때쯤에는 아마도 지원할 것이다. 이것이 바로 4.3절의 "기술 흐름 파익"에서 소개했던 "기술 흐름"의 좋은 예다[8].

열거형을 흉내 내는 자바 예제
```java
// Country 열거형을 구성한다.
class Country {
    private Country() {}
    public static final Country China = new Country();
    public static final Country England = new Country();
    public static final Country France = new Country();
    public static final Country Germany = new Country();
    public static final Country India = new Country();
    public static final Country Japan = new Country();
}

// Output 열거형을 구성한다.
class Output {
    private Output() {}
    public static final Output Screen = new Output();
    public static final Output Printer = new Output();
    public static final Output File = new Output();
}
```

이런 열거형을 이용하면 이름 상수 대신 *Country.England*와 *Output.Screen* 같은 공개 클래스 멤버를 사용할 수 있어 가독성이 높아진다. 열거형을 만드는 이 특별한 방법은 형에 안전하기도 하다. 각 형이 클래스로 선언되어 있으므로 컴파일러가 *Output output = Country.England* 같이 유효하지 않은 할당을 검사할 것이다(Bloch 2001).

---

8 (옮긴이) 자바는 J2SE 5.0 Tiger에서부터 열거형을 지원한다.

클래스를 지원하지 않는 언어에서는 열거형의 각 요소를 전역 변수로 엄격하게 사용하여 같은 효과를 얻을 수 있다.

12.7 이름 상수

이름 상수는 처음 할당한 후로 상수의 값을 변경할 수 없다는 점을 제외하면 변수와 비슷하다. 이름 상수를 이용하면 최대 직원의 수와 같이 고정된 양을 숫자 대신 이름으로 참조할 수 있다. 예를 들면 *1000* 대신 *MAXIMUM_EMPLOYEES*를 사용하는 것과 같다.

이름 상수를 사용하면 프로그램을 "매개변수화"할 수 있다. 즉, 변경이 있을 수 있는 프로그램의 특징을 매개변수로 입력하여 프로그램을 수정할 필요가 있는 경우 프로그램 전체를 변경하지 않고 한 곳에서 변경할 수 있다. 최대 크기로 배열을 선언했는데 실제 데이터의 크기가 생각한 것보다 커서 공간이 부족할 때 이름 상수의 가치를 이해할 수 있을 것이다.

배열의 크기가 변할 때는 배열을 선언하는 데 사용했던 상수의 정의만 바꾸면 된다. 이러한 "단일 지점 제어"는 소프트웨어를 궁극적으로 "유연하게(개발과 수정이 쉽게)" 만드는 데 큰 도움이 된다.

데이터 선언에 이름 상수를 사용하라. 이름 상수를 사용하면 데이터 선언부와 데이터의 크기를 알아야 하는 명령문을 이해하기 쉽고 유지보수에도 도움이 된다. 다음 예제에서는 직원 전화번호의 길이를 상수 7 대신 *LOCAL_NUMBER_LENGTH*를 사용해 나타내고 있다.

데이터 선언에서 이름 상수를 사용하는 훌륭한 비주얼 베이직 예제

```
Const AREA_CODE_LENGTH = 3
Const LOCAL_NUMBER_LENGTH = 7      ← 여기에서 LOCAL_NUMBER_LENGTH가 상수로 선언된다.
...
Type PHONE_NUMBER
    areaCode( AREA_CODE_LENGTH ) As String
    localNumber( LOCAL_NUMBER_LENGTH ) As String   ← LOCAL_NUMBER_LENGTH 상수가
End Type                                              여기에서 사용된다.
...
```

```
' 전화번호에 있는 모든 문자가 숫자인지를 확인한다.
For iDigit = 1 To LOCAL_NUMBER_LENGTH          ← LOCAL_NUMBER_LENGTH 상수가
    If ( phoneNumber.localNumber( iDigit ) < "0" ) Or _    여기에서도 사용된다.
       ( "9" < phoneNumber.localNumber( iDigit ) ) Then
       ' 오류 처리를 수행한다.
       ...
```

이 예제는 간단하지만, 전화번호의 길이 정보가 여러 곳에서 필요한 프로그램을 상상해 볼 수 있다.

프로그램을 만들 때는 모든 직원이 한 나라에 살고 있기 때문에 전화번호의 길이가 일곱 자리만 필요하다. 회사가 커지고 지점이 다른 나라에 설립되면 더 긴 전화번호가 필요할 것이다. 이 값을 매개변수로 전달하면 *LOCAL_NUMBER_LENGTH* 이름 상수가 정의되어 있는 곳에서 값을 변경할 수 있다.

이름 상수를 사용하면 프로그램의 유지보수에 큰 도움이 된다. 일반적으로 변경 가능성이 높은 값을 한 곳에서 제어하면 유지보수에 필요한 노력을 줄일 수 있다(Glass 1991).

"명백한" 리터럴이라도 리터럴은 피하라. 다음 반복문에서 *12*가 무엇을 나타낸다고 생각하는가?

> **참고 자료** 단일 지점 제어의 가치에 대한 자세한 내용은 로버트 L. 글래스의 ≪소프트웨어 컨플릭트 2.0≫(위키북스, 2007)의 65~69쪽을 살펴본다.

```
명확하지 않은 비주얼 베이직 예제
For i = 1 To 12
    profit( i ) = revenue( i ) - expense( i )
Next
```

코드 특성상 이 코드는 1년에 해당하는 12개월을 반복하고 있는 것처럼 보인다. 하지만 정말 확신할 수 있는가? 몬티 파이썬 시리즈(Monty Python)[9]를 걸고 내기를 할 수 있는가?

이 경우에는 추후의 유연성을 지원하기 위해서 이름 상수를 사용할 필요가 없다. 1년이 몇 개월인지가 변하는 일은 없을 것이다. 하지만 코드 작성 방식이 목적에 대해 어떠한 의문이라도 갖게 한다면 다음과 같이 좋은 이름 상수로 그러한 부분을 분명히 하도록 한다.

---

9 (옮긴이) 영국의 유명한 코미디 집단인 몬티 파이썬이 만든 코미디 시리즈. 우리가 흔히 사용하는 스팸(spam)이라는 용어도 이 코미디 시리즈에서 유래했다.

> **더욱 명확한 비주얼 베이직 예제**
> ```
> For i = 1 To NUM_MONTHS_IN_YEAR
>     profit( i ) = revenue( i ) - expense( i )
> Next
> ```

하지만 이 코드를 더욱 완벽하게 만들기 위해서는 반복문에서 사용된 인덱스도 더 많은 정보를 제공하는 이름으로 바꿔야 한다.

> **훨씬 더 명확한 비주얼 베이직 예제**
> ```
> For month = 1 To NUM_MONTHS_IN_YEAR
>     profit( month ) = revenue( month ) - expense( month )
> Next
> ```

이 예제는 상당히 좋아 보인다. 하지만 열거형을 사용하여 한 단계 나아질 수 있다.

> **매우 명확한 비주얼 베이직 코드**
> ```
> For month = Month_January To Month_December
>     profit( month ) = revenue( month ) - expense( month )
> Next
> ```

최종적으로 완성된 이 예제에서는 반복문의 의도가 더할 나위 없이 명확하다. 리터럴을 사용해도 충분하다는 생각이 들더라도 이름 상수를 사용한다. 코드에서 리터럴을 적극적으로 제거한다. 텍스트 편집기를 사용해 혹시라도 *2, 3, 4, 5, 6, 7, 8, 9*를 사용하고 있지 않은지 확인한다.

> 관련 정보 열거형 흉내와 관련된 자세한 내용은 12.6절의 "열거형을 지원하지 않는 경우"를 살펴본다.

범위가 적절하게 지정된 변수나 클래스를 사용하여 이름 상수를 흉내 내라. 사용하는 언어가 이름 상수를 지원하지 않는다면 직접 만들면 된다. 열거형을 흉내 냈던 자바 예제에서 소개한 접근 방법과 유사하게 이름 상수를 흉내 내서 이름 상수의 많은 장점을 취할 수 있다. 이때 지역 변수가 최우선이고 클래스 범위, 전역 변수 순의 전형적인 범위 규칙을 적용한다.

이름 상수를 일관성 있게 사용하라. 같은 내용을 표현하는 데 한 곳에서는 이름 상수를 사용하고 다른 곳에서는 리터럴을 사용하는 것은 위험하다. 어떤 프로그래밍 습관은 오류를 자처하기도 한다. 070 서비스에 전화해서 오류를 배달해 달라고 하는 것과 마찬가지다. 이름 상수의 값이 변경되어야 한다면 선언된 부분의 값을 변경하고 모든 값이 변경되었다고 생각할 것이다. 당연히 직접 입력된 리터럴은 무시할 것이고 프로그램에는 모호한 결함이 생겨 오류를 수정하는 일이 훨씬 더 어려워질 것이다.

12.8 배열

배열은 가장 간단하면서도 가장 널리 사용되는 구조적인 데이터형이다. 어떤 언어에서는 배열이 유일한 구조적인 데이터형이기도 하다. 배열은 모든 항목이 같은 형이고 배열 인덱스를 사용하여 직접 접근이 가능한 항목을 담고 있다. 다음은 배열을 사용할 때의 몇 가지 팁이다.

배열의 모든 인덱스가 배열의 경계 내에 있는지 확인하라. 배열을 사용할 때 발생하는 모든 문제는 배열의 요소에 임의로 접근할 수 있기 때문에 발생한다. 가장 많이 발생하는 문제는 프로그램이 경계를 벗어나 배열의 요소에 접근하려고 할 때 발생한다. 어떤 언어에서는 오류가 발생하고 어떤 언어에서는 기괴하고 예상치 못한 결과가 발생한다.

배열 대신 컨테이너 사용을 고려하거나 배열을 순차적인 구조체로 생각하라. 컴퓨터 분야에서 뛰어난 몇몇 사람들은 배열에 절대로 임의로 접근해서는 안 되며 오로지 순차적으로만 접근해야 한다고 했다(Mills and Linger 1986). 그들은 배열에 임의로 접근하는 것이 프로그램에 goto를 임의로 사용하는 것과 유사하다고 주장한다. 임의 접근은 대개 규칙이 없고 오류를 유발하기 쉬우며 정확성을 입증하기가 어렵기 때문이다. 그들은 배열을 사용하는 대신 요소에 순차적으로 접근하는 집합이나 스택, 큐를 사용할 것을 제안한다.

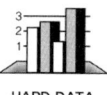

작은 실험에서 밀스와 링거는 이러한 방법으로 설계할 경우 변수와 변수에 대한 참조의 수가 적어진다는 사실을 발견했다. 그러한 설계는 상대적으로 효율적이고 신뢰성이 높은 소프트웨어를 만들어냈다.

무의식적으로 배열을 선택하기 전에 순차적으로 접근할 수 있는 집합이나 스택, 큐와 같은 컨테이너 클래스 사용을 고려한다.

관련 정보 배열을 사용할 때의 문제점은 반복문에서의 문제점과 유사하고 서로 연관되어 있다. 반복문에 대한 자세한 내용은 16장 "반복문 제어"를 살펴본다.

배열의 마지막 위치를 확인하라. 반복문이 끝나는 위치를 잘 생각하는 것이 유용한 것처럼 배열의 마지막 위치를 확인함으로써 많은 오류를 잡을 수 있다. 코드가 정확하게 배열의 시작 요소에 접근하고 있는지, 또는 실수로 첫 번째 요소 전후에 있는 요소에 접근하고 있지는 않은지 확인한다. 마지막 요소도 마찬가지다. 코드가 하나 차이로 인한 오류를 범하지는 않을까? 마지막으로 코드가 정확하게 배열의 중간 요소에 접근하고 있는지 확인한다.

다차원 배열에서는 인덱스가 정확한 순서대로 사용되는지 확인하라. 실제로는 Array[j][i]인 배열을 Array[i][j]로 작성하기 쉬우니 인덱스가 정확한 순서로 작성되었는지 다

시 한번 확인하는 시간을 갖도록 한다. 첨자의 이름도 *i*와 *j*처럼 그 역할이 명확하지 않은 경우에는 좀 더 의미 있는 이름을 사용하는 방법을 고려한다.

인덱스가 혼선되지 않도록 주의하라. 중첩된 반복문을 사용하는 경우에는 *Array[i]* 대신 *Array[j]*라고 작성하기가 쉽다. 반복문의 인덱스가 바뀌는 것을 "인덱스 혼선"이라고 말한다. 이러한 문제점이 있는지 확인한다. 나아가 애초에 혼선 실수를 저지르지 않도록 *i*와 *j* 대신 좀 더 의미 있는 인덱스 이름을 사용한다.

C에서는 배열을 다루기 위해서 ARRAY_LENGTH() 매크로를 사용하라. 다음과 같은 *ARRAY_LENGTH()* 매크로를 정의하여 배열을 좀 더 유연성 있게 다룰 수 있다.

> **ARRAY_LENGTH() 매크로를 정의하는 C 예제**
> ```
> #define ARRAY_LENGTH( x ) (sizeof(x)/sizeof(x[0]))
> ```

배열을 다룰 때 배열 크기의 상한을 나타내는 데 이름 상수 대신 *ARRAY_LENGTH()* 매크로를 사용한다. 다음은 이 매크로를 사용하는 예제다.

> **배열을 다루기 위해서 ARRAY_LENGTH() 매크로를 사용하는 C 예제**
> ```
> ConsistencyRatios[] =
>     { 0.0, 0.0, 0.58, 0.90, 1.12,
>     1.24, 1.32, 1.41, 1.45, 1.49,
>     1.51, 1.48, 1.56, 1.57, 1.59 };
>     ...
> for ( ratioIdx = 0; ratioIdx < ARRAY_LENGTH( ConsistencyRatios ); ratioIdx++ );   ← 여기서 매크로가 사용되었다.
>     ...
> ```

이 기법은 이 예제처럼 1차원 배열인 경우에 특히 유용하다. 요소를 추가하거나 뺀다고 하더라도 배열의 크기를 가리키는 이름 상수를 변경할 필요가 없다. 물론 이 방법을 다차원 배열에도 사용할 수 있다. 이 접근 방법을 사용하면 배열을 선언할 때 이름 상수를 정의할 필요가 전혀 없다.

12.9 새로운 형 만들기(형 별명)

KEY POINT

개발자가 정의하는 데이터형은 프로그램을 좀 더 이해하기 쉽게 만들 수 있는 가장 강력한 언어의 기능 중 하나다. 정의한 데이터형을 이용하여 예기치 않은 변화로부터 프로그램을 보호할 수 있고 더욱 읽기 쉬운 프로그램을 작성할 수 있다. 동시에 새로운 클래스를 설계하고 구현하며 테스트할 필요가 전혀 없다. C나 C++ 등 사용자 정의 형을 지원하는 언어를 사용하고 있다면 잘 활용하라!

형 생성이 얼마나 유용한지 확인하기 위해 간단한 예를 하나 살펴보자. x, y, z 좌표 시스템에서 좌표를 위도와 경도, 고도로 변환하는 프로그램을 작성하고 있다고 가정해 보자. 배정도 부동 소수점(double 형)이 필요하겠지만, 확신이 서기 전까지는 단정도 부동 소수점(float 형)을 다루는 프로그램을 작성할 것이라고 생각할 것이다. 이 경우에 C나 C++에서 *typedef* 문, 다른 언어에서 이와 같은 기능을 수행하는 명령문을 사용하여 좌표를 나타내는 새로운 형을 만들 수 있다. 다음은 C++에서 이 형을 어떻게 정의하는지 보여준다.

> **관련 정보** 간단한 데이터형을 생성하는 것보다 클래스를 생성하는 것이 더 좋은 방법인 경우가 많다. 이에 대한 자세한 내용은 6장 "클래스 다루기"를 살펴본다.

새로운 형을 만드는 C++ 예제
```cpp
typedef float Coordinate; // 좌표 변수를 위한 형
```

이 형 선언에서는 새로운 형인 *Coordinate*를 선언하고 있으며 이 형은 기능적으로는 *float* 형과 같다. 새로운 형을 사용하려면 *float* 같은 미리 정의된 형을 사용할 때와 마찬가지로 새로운 형으로 변수를 선언하면 된다. 다음 예제를 보자.

직접 만든 형을 사용하는 C++ 예제
```cpp
Routine1( ... ) {
    Coordinate latitude; // 위도(도)
    Coordinate longitude; // 경도(도)
    Coordinate elevation; // 지구 중심으로부터의 고도(미터)
    ...
}
...
Routine2( ... ) {
    Coordinate x; // x 좌표(미터)
    Coordinate y; // y 좌표(미터)
    Coordinate z; // z 좌표(미터)
    ...
}
```

이 코드에서는 *latitude*, *longitude*, *elevation*, *x*, *y*, *z* 변수를 모두 *Coordinate* 형으로 선언했다.

이제 프로그램이 변경되어 좌푯값으로 배정도 변수를 사용해야 한다는 사실을 알게 되었다고 하자. 좌표 데이터를 위한 형을 정의했으므로 형 선언만 변경하면 된다. *typedef* 문에 있는 내용을 변경하기만 하면 된다. 다음은 형 선언을 변경한 코드다.

> **형 선언을 변경한 C++ 예제**
> ```
> typedef double Coordinate; // 좌표 변수를 위한 형
> ```
> ← *float*를 *double*로 변경했다.

다음은 두 번째 예제다. 이 예제는 파스칼로 작성했다. 급여 시스템을 개발하고 있고 직원의 이름은 최대 서른 글자라고 하자. 시스템 사용자가 지금까지 이름이 서른 글자가 넘는 사람은 한 명도 없었다고 말했다. 그렇다면 30이라는 숫자를 그대로 프로그램 전체에 써넣겠는가? 그렇다면 자신보다 사용자를 훨씬 더 믿고 있는 것이다. 이런 경우에는 직원의 이름에 대한 형을 정의하는 것이 더 나은 방법이다.

> **직원 이름에 대한 형을 생성하는 파스칼 예제**
> ```
> Type
>     employeeName = array[ 1..30 ] of char;
> ```

문자열이나 배열을 사용할 때는 일반적으로 배열이나 문자열의 길이를 가리키는 이름 상수를 정의한 후 해당 형 선언에서 이름 상수를 사용하는 것이 현명하다. 그 상수를 사용하는 곳을 많이 발견하게 될 텐데, 형을 선언하는 부분은 단순히 상수를 사용하는 첫 번째 위치일 뿐이다. 다음은 이에 대한 코드다.

> **더 좋은 방법으로 형을 생성하는 파스칼 예제**
> ```
> Const
>     NAME_LENGTH = 30;      ← 여기서 이름 상수를 선언한다.
>     ...
> Type
>     employeeName = array[ 1..NAME_LENGTH ] of char;   ← 여기서 이름 상수를 사용한다.
> ```

좀 더 강력한 방법은 새로운 형을 생성한다는 개념과 정보 은닉을 결합하는 것이다. 때에 따라 데이터형 자체를 감추고 싶을 수도 있다.

앞서 살펴본 C++로 작성된 좌표 예제는 불완전하게 정보 은닉을 처리하고 있다. *float* 나 *double* 대신 항상 *Coordinate*를 사용하면 데이터의 형을 사실상 감출 수 있다. 이것이 바로 C++가 정보 은닉의 수단으로 제공하는 모든 기능이다. 나머지는 코드를 작성하거나 사용하는 사람이 *Coordinate*의 정의를 살펴보지 않는다는 원칙이 있어야 한다. C++는 글자 그대로가 아닌 상징적인 정보 은닉 기능을 제공한다.

에이다 같은 언어에서는 약간의 작업을 더 수행하면 문자 그대로의 정보 은닉을 지원한다. 다음은 *Data* 패키지에서 *Coordinate*를 선언한 코드다.

> **패키지 내에서 형의 세부 사항을 감추는 에이다 예제**
> ```
> package Transformation is
>     type Coordinate is private;
>     ...
> ```
> ← 이 명령문은 *Coordinate*를 이 패키지에서만 접근할 수 있도록 선언한다.

다음은 *Coordinate*를 사용하는 다른 패키지 코드다.

> **다른 패키지에서 형을 사용하는 에이다 예제**
> ```
> with Transformation;
> ...
> procedure Routine1(...) ...
>     latitude: Coordinate;
>     longitude: Coordinate;
> begin
>     -- statements using latitude and longitude
>     ...
> end Routine1;
> ```

Coordinate 형이 패키지 선언에서 비공개로 선언되었음을 주목하라. *Coordinate* 형의 정의는 오직 *Transformation* 패키지의 비공개 부분에서만 알 수 있다. 여러 개발자가 작업하는 개발 환경에서는 해당 패키지의 명세서만 배포해 다른 패키지를 다루는 개발자는 *Coordinate*의 내부 형을 조사하기 어렵게 만들 수 있다. 이 정보는 말 그대로 감춰질 것이다. C++처럼 헤더 파일에 *Coordinate*의 선언을 함께 배포해야 하는 언어는 진정한 정보 은닉을 약화시킨다.

다음은 새로운 형을 만들어야 하는 여러 가지 이유다.

- **수정하기 쉬워진다.** 새로운 형을 생성하는 일은 많은 작업을 요구하지 않으며 유연성에 큰 도움을 준다.
- **과도하게 정보를 분산시키는 것을 피할 수 있다.** 코드를 직접 입력하면 데이터 입력의 세부 사항을 한 곳에 집중시키기보다 프로그램 여기저기에 분산시킨다. 이는 6.2절에서 언급한 정보 은닉의 집중화에 대한 한 가지 예다.
- **신뢰성을 향상시킨다.** 에이다에서는 범위가 *0..99*인 *Age* 같은 형을 정의할 수 있다. 그러면 컴파일러는 *Age* 형으로 선언된 변수가 항상 *0..99* 범위에 있는지를 검사하기 위한 런타임 검사 코드를 생성한다.
- **언어의 약점을 보완한다.** 원하는 형을 언어에서 지원하지 않는 경우, 직접 새로운 형을 만들 수 있다. 예를 들면 C는 불린이나 논리 데이터 형을 제공하지 않는다. 이러한 결함은 다음과 같이 해당 형을 직접 만드는 방법으로 쉽게 보완할 수 있다.

```
typedef int Boolean;
```

왜 새로운 형을 생성하는 예제를 파스칼이나 에이다로 작성했을까?

파스칼과 에이다는 스테고사우루스[10]처럼 사라져 버렸고 그것들 대신 사용되는 언어가 훨씬 사용하기 편리하다. 하지만 단순한 형을 선언하는 분야에서는 C++, 자바, 비주얼 베이직이 약간의 단점이 있다고 생각한다. 다음 에이다 선언문은 중요한 의미론적인 정보를 포함하고 있다.

```
currentTemperature: INTEGER range 0..212;
```

그러한 정보가 다음 선언문에는 없다.

```
int temperature;
```

나아가 다음과 같은 형 선언은 currentTemperature가 Temperature 형을 갖는 다른 변수에만 할당된다는 것을 컴파일러에 확인해주고 코드의 안전성을 위해서 추가적인 코드를 작성할 필요도 거의 없다.

```
type Temperature is range 0..212;
...
currentTemperature: Temperature;
```

물론 개발자는 에이다 언어에서 자동으로 구현되는 같은 의미에 대한 부분을 다른 언어에 적용하기 위해 Temperature 클래스를 생성할 수 있다. 하지만 간단한 데이터형을 생성하는 것과 클래스를 생성하는 것에는 큰 차이가 있다. 많은 경우에 개발자는 클래스를 생성하기 위한 추가적인 노력을 기울이는 대신 간단한 형을 생성할 것이다.

새로운 형을 만들기 위한 지침

관련 정보 각각의 경우에 클래스를 생성하는 것이 단순한 데이터형보다 더 좋은 방법인지 고려한다. 이에 대한 자세한 내용은 6장 "클래스 다루기"를 살펴본다.

"사용자 정의" 형을 만들 때 다음과 같은 사항을 기억한다.

기능 지향적인 이름으로 형을 생성하라. 해당 형의 바탕이 되는 컴퓨터 데이터의 종류를 가리키는 형 이름은 피한다. 새로운 형이 표현하고 있는 현실 세계 문제의 일부분을 가리키는 형 이름을 대신 사용한다. 앞에서 살펴본 예제에서 만든 형은 좌표와 이름을 나타내기에 좋은 이름이었다. 마찬가지로 현실 세계의 문제를 나타내는 통화, 지출 코드, 나이 등에 대한 형을 만들 수 있다.

미리 정의된 형을 가리키는 형 이름을 조심하라. BigInteger나 LongString과 같은 형 이름은 현실 세계의 문제보다는 컴퓨터 데이터를 가리킨다. 새로운 형을 생성함으로써

---

10 (옮긴이) '지붕 도마뱀'이라고도 불리는 공룡

얻게 되는 큰 장점은 작성한 프로그램과 구현 언어를 분리해주는 층을 제공한다는 점이다. 내부의 프로그래밍 형을 참조하는 형 이름은 그러한 층에 구멍을 내는 것과 같다. 반면에 문제 지향적인 이름은 수정이 쉽고 데이터 선언의 내용을 잘 표현한다.

미리 정의된 형을 피하라. 형이 변경될 가능성이 조금이라도 있다면 *typedef*나 *type* 선언을 제외하고는 어느 곳에서도 미리 정의된 형을 사용하지 않는다. 기능을 중심으로 한 새로운 형은 쉽게 생성할 수 있지만, 프로그램에서 직접 연결된 형을 사용하는 데이터를 변경하는 일은 어렵다. 게다가 기능을 중심으로 한 형을 사용해서는 해당 형으로 선언된 변수를 충분하게 설명할 수 없다. *Coordinate x*와 같은 선언은 *float x*와 같이 선언된 것보다 *x*에 대해 훨씬 많은 것을 말해준다. 가능한 한 새로운 형을 사용한다.

미리 정의된 형을 재정의하지 말라. 표준 형 선언을 변경하면 혼란스러울 수 있다. 가령 언어에서 *Integer*라는 미리 정의된 형을 갖고 있다면 *Integer*라는 이름의 새로운 형을 만들지 않는다. 코드를 읽는 사람들이 그 형을 재정의한 사실을 잊고 지금 보고 있는 *Integer*가 지금까지 본 *Integer*라고 생각할 것이다.

다른 플랫폼으로 이식하기 쉽게 대체 형을 정의하라. 표준을 따르라는 조언과는 반대로 표준 형을 대체하는 형을 정의하여 서로 다른 하드웨어 플랫폼에서 변수가 같은 요소를 표현하게 만들고 싶을 수 있다. 예를 들면 *INT32* 형을 정의하여 *int* 대신 사용하거나 *long* 대신 *LONG64* 형을 사용하는 것이다. 처음에는 두 형의 차이점이 대소문자뿐일 것이다. 하지만 프로그램을 새로운 하드웨어 플랫폼으로 옮길 때 원본 하드웨어에 있는 데이터형과 일치시키기 위해서 대문자로 정의된 형을 재정의할 수 있다.

미리 정의된 형으로 쉽게 오인할 수 있는 형은 선언하지 말라. *INT32* 대신 *INT*를 정의할 수 있지만, 새로 정의한 형과 원래 프로그래밍 언어에서 제공하는 형을 명확하게 구분하는 것이 좋다.

typedef를 사용하는 대신 클래스 생성을 고려하라. 간단한 *typedef*는 변수의 내부 형에 대한 정보를 감추는 데 큰 도움을 줄 수 있다. 하지만 클래스를 생성해 더 많은 유연성과 통제력을 갖고 싶은 경우도 있을 것이다. 이에 대한 자세한 내용은 6장 "클래스 다루기"를 살펴본다.

cc2e.com/1206

관련 정보 특정한 데이터 형과 관련된 문제가 아니라 일반적인 데이터와 관련된 문제에 적용 가능한 체크리스트는 10장의 "변수 사용 시 고려할 사항"의 체크리스트를 살펴본다. 이름의 다양성에 대해서 고려할 때 살펴볼 체크리스트는 11장의 "변수 이름의 기능"에 있는 체크리스트를 살펴본다.

체크리스트: 기본 데이터

숫자 일반

- 코드에서 매직 넘버 사용을 피했는가?
- 코드가 0으로 나눔 오류를 예상하는가?
- 형 변환이 명확한가?
- 서로 다른 형으로 선언된 변수를 같은 표현식에서 사용할 때 해당 표현식이 의도한 대로 평가될 것인가?
- 코드가 혼합형 비교를 사용하지 않는가?
- 프로그램이 경고 없이 컴파일되는가?

정수

- 정수로 나누는 표현식이 의도했던 대로 작동하는가?
- 정수 표현식에서 정수 오버플로 문제를 피하는가?

부동 소수점 수

- 서로 크기가 매우 다른 수를 더하거나 빼는 것을 피하는가?
- 코드가 체계적으로 라운딩 오류를 예방하는가?
- 부동 소수점에 대해서 동치 비교를 피하는가?

문자와 문자열

- 코드가 매직 문자와 매직 문자열을 피하는가?
- 문자열에 대한 참조가 하나 차이로 인한 오류를 피하는가?
- C 코드가 문자열 포인터와 문자 배열을 다르게 다루는가?
- C 코드가 문자열의 길이를 CONSTANT + 1로 선언하는 규약을 따르는가?
- C 코드가 포인터 대신 문자 배열을 사용하는가?
- C 코드가 끝나지 않는 문자열을 피하기 위해서 문자열을 NULL로 초기화하는가?
- C 코드가 strcpy() 대신 strncpy()를 사용하는가? 그리고 strcat() 대신 strncat()를 사용하는가?

불린 변수

- 프로그램이 조건 테스트를 설명하기 위해서 추가적인 불린 변수를 사용하는가?
- 프로그램이 조건 테스트를 단순화하기 위해서 추가적인 불린 변수를 사용하는가?

열거형

- 프로그램이 가독성과 신뢰성, 수정 용이성을 향상시키기 위해서 이름 상수 대신 열거형을 사용하는가?
- 변수의 용도를 참(true)나 거짓(false)으로만 나타낼 수 없을 때 불린 변수 대신 열거형을 사용하는가?
- 열거형을 사용하는 테스트가 유효하지 않은 값을 검사하는가?
- 열거형의 첫 번째 항목이 "유효하지 않음"을 위해서 예약되어 있는가?

이름 상수

- 프로그램이 데이터 선언과 반복문의 한계를 위해서 매직 넘버 대신 이름 상수를 사용하는가?
- 이름 상수가 일관성 있게 사용되는가? 즉, 어디에서는 이름 상수를 쓰고 다른 곳에서는 리터럴을 사용하고 있지는 않는가?

배열

- 모든 배열의 인덱스가 배열의 경계 안에 있는가?
- 배열 참조가 하나 차이로 인한 오류를 유발하지 않는가?
- 다차원 배열의 모든 첨자가 올바른 순서로 사용됐는가?
- 중첩된 반복문에서 배열의 첨자로 올바른 변수를 사용해 반복문 인덱스의 혼선을 피하고 있는가?

형 생성

- 변경될 수 있는 데이터에 대해서 서로 다른 형을 사용하는가?
- 형 이름이 프로그래밍 언어의 형 대신 형이 표현하고 있는 실제 세계의 엔티티를 지향하고 있는가?
- 형 이름이 데이터 선언의 문서화를 도울 만큼 충분히 설명적인가?
- 미리 정의된 형에 대한 재선언을 피하는가?
- 간단하게 형을 재정의하는 대신 새로운 클래스를 생성하는 방법을 고려해 봤는가?

요점 정리

- 특정한 데이터형을 다룬다는 것은 각 형에 대해 많은 개별적인 규칙을 기억한다는 것을 의미한다. 이 장에서 소개한 체크리스트를 이용하여 발생할 수 있는 일반적인 문제점을 고려했지 확인한다.
- 사용하는 언어가 지원한다면 사용자 정의 형을 생성하여 프로그램을 변경하기 쉽고 더 많은 것을 스스로 문서화하게 만들 수 있다.
- *typedef*나 이와 비슷한 기능을 사용하여 간단한 형을 생성할 때 새로운 클래스를 생성해야 할지 고려한다.

13장 특이한 데이터형

cc2e.com/1378

내용

13.1 구조체
13.2 포인터
13.3 전역 데이터

관련 주제

- 기본 데이터형: 12장
- 방어적 프로그래밍: 8장
- 특이한 제어 구조: 17장
- 소프트웨어 개발 복잡성: 5.2절

어떤 프로그래밍 언어는 12장 "기본 데이터형"에서 언급한 데이터형과 함께 색다른 종류의 데이터를 지원한다. 13.1절은 클래스 대신 구조체를 사용하는 상황을 설명한다. 13.2절은 포인터의 장단점을 설명한다. 전역 데이터를 사용하면서 문제를 겪은 적이 있다면 13.3절에서 그러한 문제를 피하는 방법에 대해 배울 수 있다. 이 장에서 소개하는 데이터형이 최신의 객체지향적인 프로그래밍 책에서 흔히 볼 수 있는 것들이 아니라고 생각한다면 그 생각이 맞다. 그래서 이 장의 제목이 "*특이한 데이터형*"이다.

13.1 구조체

"구조체"라는 용어는 서로 다른 형의 집합으로 구성된 데이터를 의미한다. 배열은 특별한 경우라서 12장에서 별도로 다루었다. 이 절에서는 C와 C++의 *struct*와 마이크로소프트 비주얼 베이직의 *Structure*를 다룬다. 자바와 C++에서는 때에 따라 클래스가 구조체 임무를 수행하기도 한다(클래스가 공개 루틴은 없이 공개 데이터 멤버로만 구성된 경우).

일반적으로는 구조체가 제공하는 공개 데이터뿐만 아니라 클래스가 제공하는 프라이버시와 기능을 이용하려고 구조체 대신 클래스를 만들 것이다. 하지만 때로는 데이터 블록을 직접 다루는 것이 유용할 수 있어서 구조체를 사용하는 몇 가지 이유를 여기에 소개한다.

데이터 관계를 이해하기 쉽게 하기 위해서 구조체를 사용하라. 구조체는 서로 관련된 항목을 한 곳으로 모은다. 때때로 프로그램 파악 시 가장 난해한 부분이 데이터가 어디에서 어디로 흘러가는지 파악해야 할 때다. 이것은 마치 작은 마을에 가서 누가 누구와 연관되어 있는지를 물어보는 것과 같다. 모든 사람에 대해서 다른 모든 사람과의 관계를 파악해야 하지만, 이는 현실적이지 못하며 좋은 답변을 얻지도 못할 것이다.

데이터를 신중하게 구조화하면 무엇과 무엇이 연관되어 있는지를 파악하기가 훨씬 쉽다. 다음은 구조화되지 않은 데이터의 예다.

```
이해하기 어렵고 구조화되지 않은 변수를 사용한 비주얼 베이직 예제
name = inputName
address = inputAddress
phone = inputPhone
title = inputTitle
department = inputDepartment
bonus = inputBonus
```

이 데이터는 구조적이지 않아서 모든 할당문이 한 그룹에 속해 있는 것처럼 보인다. 그러나 실제로 *name*과 *address*, *phone*은 직원과 관련된 변수이며 *title*, *department*, *bonus*는 관리자와 관련된 변수다. 이 코드는 데이터 종류가 두 가지라는 힌트를 제공하지 않는다. 다음 예제에서는 구조체를 사용해 그러한 관계를 분명하게 말해준다.

```
더 많은 정보를 제공하는 구조화된 변수를 사용하는 비주얼 베이직 예제
employee.name = inputName
employee.address = inputAddress
employee.phone = inputPhone

supervisor.title = inputTitle
supervisor.department = inputDepartment
supervisor.bonus = inputBonus
```

구조체 변수를 사용하는 코드에서는 어떤 데이터가 직원과 관련되어 있고 다른 데이터가 관리자와 관련되어 있다는 점을 분명하게 파악할 수 있다.

데이터 블록에 대한 작업을 단순화하기 위해서 구조체를 사용하라. 서로 연관성이 있는 요소를 하나의 구조체로 결합한 후 해당 구조체에 대한 작업을 수행할 수 있다. 각 요소에 같은 작업을 반복 수행하는 것보다 구조체를 다루는 것이 쉽다. 또한 그렇게 하면 신뢰성도 높아지고 코드의 양도 적어진다.

가령 직원 데이터베이스의 직원에 대한 데이터처럼 한 그룹에 속해 있는 데이터 항목이 있다고 가정해 보자. 이 데이터가 구조체로 결합하지 않는다면 데이터 그룹을 복사하려고만 해도 많은 명령문을 작성해야 할 것이다. 다음은 비주얼 베이직 예제다.

세련되지 않은 방법으로 데이터 항목 그룹을 복사하는 비주얼 베이직 예제

```
newName = oldName
newAddress = oldAddress
newPhone = oldPhone
newSsn = oldSsn
newGender = oldGender
newSalary = oldSalary
```

직원에 대한 정보를 전송하고 싶을 때마다 이 명령문 전체를 작성해야 한다. 고객 정보에 *numWithholdings*와 같은 새로운 항목을 추가해야 한다면 이 명령문 블록이 사용된 곳을 모두 찾아서 *newNumWithholdings = oldNumWithholdings*를 추가해야 한다.

두 직원의 데이터를 교환하는 일이 얼마나 끔찍할지 상상해 보라. 굳이 상상할 필요도 없다. 다음에 그러한 예제가 있다.

두 개의 데이터 그룹을 어려운 방법으로 교환하는 비주얼 베이직 예제

```
' 새로운 직원 데이터와 오래된 직원 데이터를 교환한다.
previousOldName = oldName
previousOldAddress = oldAddress
previousOldPhone = oldPhone
previousOldSsn = oldSsn
previousOldGender = oldGender
previousOldSalary = oldSalary

oldName = newName
oldAddress = newAddress
oldPhone = newPhone
oldSsn = newSsn
oldGender = newGender
oldSalary = newSalary

newName = previousOldName
newAddress = previousOldAddress
newPhone = previousOldPhone
newSsn = previousOldSsn
newGender = previousOldGender
newSalary = previousOldSalary
```

이 문제를 해결하기 위한 가장 쉬운 접근 방법은 구조화된 변수를 선언하는 것이다.

구조체를 선언하는 비주얼 베이직 예제
```
Structure Employee
    name As String
    address As String
    phone As String
    ssn As String
    gender As String
    salary As long
End Structure
Dim newEmployee As Employee
Dim oldEmployee As Employee
Dim previousOldEmployee As Employee
```

이제 새로운 직원 구조체와 오래된 직원 구조체에 있는 모든 요소를 세 개의 명령문으로 교환할 수 있다.

두 개의 데이터 그룹을 교환하기 위해서 더욱 편한 방법을 사용하는 비주얼 베이직 예제
```
previousOldEmployee = oldEmployee
oldEmployee = newEmployee
newEmployee = previousOldEmployee
```

*numWithholdings*와 같은 필드를 추가하고 싶다면 간단히 *Structure* 선언에 필드를 추가하면 된다. 예제의 세 명령문뿐만 아니라 이와 유사한 어느 명령문도 변경할 필요가 없다. C++와 다른 언어에서도 유사한 기능을 제공한다.

> 관련 정보 루틴 사이에 얼마나 많은 데이터를 공유해야 하는지에 관한 자세한 내용은 5.3절의 "결합을 느슨하게 유지하라"를 살펴본다.

매개변수 목록을 단순화하기 위해서 구조체를 사용하라. 구조체 변수를 사용하여 루틴의 매개변수를 단순화할 수 있다. 방법은 바로 전에 봤던 것과 유사하다. 필요한 요소를 개별적으로 전달하는 대신 연관된 요소를 구조체로 묶은 다음 구조체로 전체 내용을 전달하면 된다. 다음은 관련된 매개변수 그룹을 어려운 방법으로 전달하고 있는 예제다.

구조체를 사용하지 않고 서툰 방법으로 루틴을 호출하는 비주얼 베이직 예제
```
HardWayRoutine( name, address, phone, ssn, gender, salary )
```

다음은 첫 매개변수 목록의 요소들을 구조체 변수에 넣어 사용하는 간단한 방법으로 루틴을 호출하는 비주얼 베이직 예제다.

구조체를 사용하여 세련된 방법으로 루틴을 호출하는 비주얼 베이직 예제
```
EasyWayRoutine( employee )
```

첫 번째 함수 호출에 *numWithholdings*를 추가하고 싶으면 개발한 코드 전체를 살펴보면서 *HardWayRoutine()*에 대한 모든 호출을 변경해야 한다. 하지만 두 번째 예제의 *Employee*에 *numWithholdings*를 추가하면 *EasyWayRoutine()* 함수에 전달하는 매개변수를 전혀 변경할 필요가 없다.

> **관련 정보** 지나치게 많은 데이터를 전달할 때의 위험 요소에 대한 자세한 내용은 5.3절의 "결합을 느슨하게 유지하라"를 살펴본다.

이 기법을 극단적으로 사용할 수 있는데, 프로그램에 있는 모든 변수를 하나의 매우 큰 변수에 넣은 다음 그 변수를 모든 루틴에 전달하는 것이다. 그러나 현명한 개발자들은 논리적으로 필요한 것 이상으로 데이터를 한 묶음으로 만들지 않는다. 게다가 그런 개발자들은 구조체에서 필요한 필드가 하나나 두 개뿐일 때는 매개변수로 구조체를 전달하지 않고 필요한 필드만 대신 전달한다. 이는 일종의 정보 은닉에 해당한다. 어떤 정보는 루틴 내에서만 보이고 어떤 정보는 루틴 내에서 보이지 않는다. 정보는 개방 필요성에 기초하여 전달된다.

유지보수를 줄이기 위해서 구조체를 사용하라. 구조체를 사용하면 연관된 데이터를 그룹으로 묶기 때문에 구조체를 변경할 때 프로그램 전체적으로 변경할 것이 더 적어진다. 구조체의 변경 사항과 논리적으로 연관성이 없는 코드에서는 특히 그렇다. 변경은 오류를 유발하기 쉽기 때문에 변경이 적다는 것은 그만큼 오류가 적다는 것을 의미한다. *Employee* 구조체가 *title* 필드를 갖고 있는데 이 필드를 없애기로 했다면 매개변수 목록이나 구조체 전체를 사용하는 할당문을 변경할 필요가 전혀 없다. 물론 특별히 직원의 직함을 처리하는 코드는 변경해야 하고, 이는 *title* 필드 삭제와 개념적으로 연관되어 있어 일부러 빠트리기도 어렵다.

데이터 구조화는 *title* 필드와 논리적인 관련이 없는 코드를 사용할 때 특히 유용하다. 때때로 프로그램에 개별적인 요소 대신 데이터 집합을 개념적으로 참조하는 명령문이 포함될 때가 있다. 그런 경우에 *title* 필드와 같은 개별적인 요소가 집합의 일부라는 이유로 참조된다. 그 코드는 특별하게 *title* 필드를 따로 다룰 논리적인 이유가 전혀 없으며 *title*을 변경할 때 쉽게 지나칠 수 있다. 구조체를 사용할 때 그러한 코드는 각각의 필드를 참조하기보다는 연관된 데이터 집합을 참조하기 때문에 그냥 넘어가도 괜찮다.

13.2 포인터

KEY POINT

포인터 사용은 최신 프로그래밍에서 오류를 유발할 가능성이 가장 높은 분야 중 하나다. 자바와 C#, 비주얼 베이직과 같은 최신 언어가 포인터 데이터형을 제공하지 않을 정도로 문제가 심각하다. 포인터 사용은 본질적으로 복잡하고 포인터를 제대로 사용하려면 컴파일러의 메모리 관리 체계를 확실하게 이해해야 한다. 일반적으로 많이 발생하는 보안상의 문제점, 특히 버퍼 오버런이 잘못된 포인터의 사용으로 인한 것임이 밝혀졌다 (Howard and LeBlanc 2003).

사용하는 언어에서 포인터를 사용할 필요가 없더라도 포인터를 잘 이해하면 프로그래밍 언어의 작동 방식을 이해하는 데 도움이 된다. 여러 가지 방어적 프로그래밍 방법도 많은 도움이 될 것이다.

포인터를 이해하는 패러다임

개념적으로 모든 포인터는 두 가지 부분으로 구성된다. 메모리상 위치와 해당 위치의 내용을 해석하는 방법이 그것이다.

메모리상에서의 위치

메모리상 위치는 주소로, 종종 16진수 표기법으로 표현한다. 32비트 프로세서의 주소는 *0x0001EA40*과 같은 32비트 값이 된다. 포인터 자체는 이 주소만 포함한다. 포인터가 가리키고 있는 데이터를 사용하기 위해서는 해당 주소로 가서 메모리의 내용을 해석해야 한다. 해당 주소에 있는 메모리를 살펴보면 그냥 비트 집합일 것이다. 그 값은 의미 있는 형태로 해석되어야 한다.

메모리의 내용을 해석하는 방법

어떤 위치에 있는 내용을 해석하는 방법은 해당 포인터의 기본형으로 제공된다. 포인터가 정수를 가리킨다면 이는 컴파일러가 포인터가 가리키는 메모리 주소를 정수로 해석한다는 것을 의미한다. 물론 정수 포인터와 문자열 포인터, 부동 소수점 포인터가 모두 같은 메모리 위치를 가리키도록 할 수 있다. 하지만 이 포인터 중 하나만 해당 위치의 내용을 제대로 해석한다.

포인터에 대해서 생각할 때 포인터가 가리키는 메모리에 대한 해석은 무엇이든 가능하다는 점을 기억하면 좋다. 구체적인 포인터 형을 사용해서만 특정한 위치에 있는 비트를 의미 있는 데이터로 해석할 수 있다.

그림 13-1은 메모리상 같은 위치를 다양한 방법으로 해석하여 보여준다.

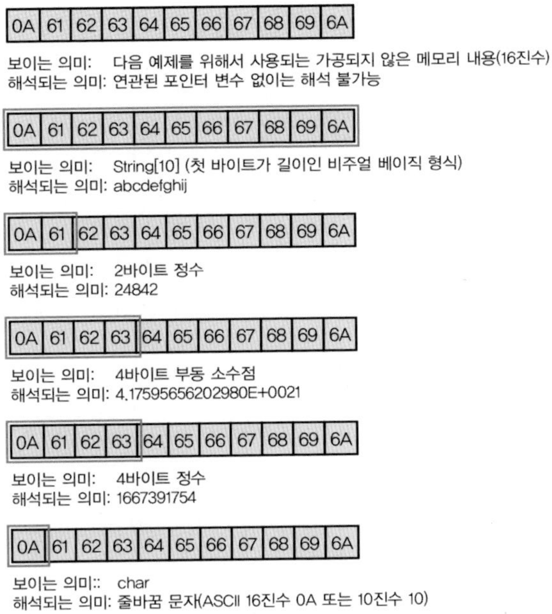

| 0A | 61 | 62 | 63 | 64 | 65 | 66 | 67 | 68 | 69 | 6A |

보이는 의미: 다음 예제를 위해서 사용되는 가공되지 않은 메모리 내용(16진수)
해석되는 의미: 연관된 포인터 변수 없이는 해석 불가능

| 0A | 61 | 62 | 63 | 64 | 65 | 66 | 67 | 68 | 69 | 6A |

보이는 의미: String[10] (첫 바이트가 길이인 비주얼 베이직 형식)
해석되는 의미: abcdefghij

| 0A | 61 | 62 | 63 | 64 | 65 | 66 | 67 | 68 | 69 | 6A |

보이는 의미: 2바이트 정수
해석되는 의미: 24842

| 0A | 61 | 62 | 63 | 64 | 65 | 66 | 67 | 68 | 69 | 6A |

보이는 의미: 4바이트 부동 소수점
해석되는 의미: 4.17595656202980E+0021

| 0A | 61 | 62 | 63 | 64 | 65 | 66 | 67 | 68 | 69 | 6A |

보이는 의미: 4바이트 정수
해석되는 의미: 1667391754

| 0A | 61 | 62 | 63 | 64 | 65 | 66 | 67 | 68 | 69 | 6A |

보이는 의미::   char
해석되는 의미: 줄바꿈 문자(ASCII 16진수 0A 또는 10진수 10)

그림 13-1 각 데이터형에 의해서 사용되는 메모리의 크기는 이중선으로 표시했다.

그림 13-1에 있는 모든 포인터는 16진수 값 $0x0A$를 포함하고 있는 위치를 가리킨다. $0A$ 이후에 사용되는 바이트의 수는 메모리가 어떻게 해석되는가에 따라 달라진다. 또한 메모리의 내용을 사용하는 방법도 메모리를 해석하는 방법에 따라 다르다(프로세서에 따라 달라지기 때문에 데스크톱에서 이 결과를 구현하고자 할 때는 그러한 사항을 명심하라). 같은 메모리 내용이 문자열이나 정수, 부동 소수점, 그 밖의 다른 값으로 해석될 수 있다. 모두 메모리를 가리키는 포인터의 기본형에 의존한다.

포인터 사용 팁

일반적으로 오류의 위치를 파악하는 것은 쉬운 반면, 오류를 해결하는 것은 어렵다. 포인터 오류는 다르다. 포인터 오류는 일반적으로 포인터가 가리키면 안 되는 곳을 가리켜 발생한다. 잘못된 포인터 변수에 값을 할당할 때 써서는 안 되는 메모리 영역에 데이터를 쓰게 된다. 이를 "메모리 충돌"이라고 한다. 메모리 충돌은 끔찍하고 무서운 시스템 충돌을 일으킬 때도 있고 다른 프로그램에 있는 계산 결과를 변경할 때도 있다. 어떤 경우에는 예상치 못하게 루틴을 건너뛰는 결과를 가져오기도 하고 아무것도 수행하지 않을 때도 있다. 마지막 경우의 포인터 오류는 시한폭탄으로, 가장 중요한 고객에게 보여주기 5분 전에 프로그램을 폭파하려고 기다리고 있는 것과 마찬가지다. 포인터 오류의 증상은 보통 포인터 오류의 원인과 관련이 없는 경향이 있다. 따라서 포인터 오류를 해결하는 대부분의 작업은 원인을 찾는 것이다.

포인터를 성공적으로 다루기 위해서는 두 가지 전략이 필요하다. 첫째, 처음부터 포인터 오류가 발생하는 상황을 만들지 않는다. 포인터 오류는 별도의 예방책을 사용하는 것이 당연하다고 생각할 만큼 찾기 어렵다. 둘째, 코드를 작성한 후 가능한 한 빨리 포인터 오류를 발견하는 것이다. 포인터 오류의 증상은 예측이 아주 불가능해서 그러한 증상을 예측하기 위한 별도의 방법을 사용하는 것을 당연하게 여긴다. 다음은 이 두 가지 전략을 달성하기 위한 방법이다.

포인터 연산을 루틴이나 클래스에 고립시켜라. 프로그램의 여러 곳에서 링크드 리스트를 사용한다고 가정해 보자. 해당 리스트가 사용되는 곳에서 직접 포인터를 이용하여 다루는 대신 *NextLink()*와 *PreviousLink()*, *InsertLink()*, *DeleteLink()*와 같은 접근 루틴을 작성한다. 포인터에 접근하는 코드를 최소화함으로써 프로그램 전체에 영향을 미치고 찾는 데 아주 오랜 시간이 걸리는 부주의한 실수를 저지를 확률을 최소화할 수 있다. 이렇게 할 경우 해당 코드가 데이터 구현의 세부 사항과 어느 정도 독립성을 유지할 수 있기 때문에 다른 프로그램에서 해당 코드를 재사용할 가능성도 커진다. 포인터 할당을 위한 루틴을 작성하는 것은 데이터를 한 곳에서 다루는 또 다른 방법이다.

포인터를 선언과 동시에 정의하라. 가능하면 변수가 선언된 곳과 가까운 곳에서 변수의 초기 값을 할당하는 것이 일반적으로 좋은 프로그래밍 습관이며 포인터를 다룰 때는 더욱 유용하다. 다음은 잘못된 예다.

포인터를 잘못 초기화한 C++ 예제
```
Employee *employeePtr;
// 수많은 코드
...
employeePtr = new Employee;
```

이 코드가 처음에는 제대로 작동하더라도 누군가 포인터를 선언한 곳과 초기화한 곳 사이에서 *employeePtr*을 사용하려고 할 수 있기 때문에 오류가 발생할 가능성이 있다. 다음은 좀 더 안전한 접근 방법이다.

포인터를 훌륭하게 초기화한 C++ 예제
```
// 수많은 코드
...
Employee *employeePtr = new Employee;
```

포인터를 할당된 곳과 같은 영역에서 삭제하라. 포인터의 할당과 해제가 대칭을 이루게 한다. 특정 범위 안에서 포인터를 사용한다면 같은 범위 내에서 *new*를 호출해 포인터를 할당하고 *delete*를 호출해 포인터를 해제한다. 포인터를 루틴 내에서 할당한다면 해당 루틴 내에서 해제한다. 포인터를 객체의 생성자에서 할당한다면 해당 객체의 소멸자에서 해제한다. 메모리를 할당한 후 클라이언트 코드에서 해당 메모리를 직접 해제해야 하는 루틴은 오류를 유발하기 쉽다.

포인터를 사용하기 전에 검사하라. 프로그램의 중요한 부분에서는 포인터를 사용하기 전에 해당 포인터가 가리키고 있는 메모리 위치가 유효한지 확인해야 한다. 가령 *StartData*와 *EndData* 사이에 메모리 위치가 있어야 한다면 포인터가 *StartData* 이전이나 *EndData* 다음을 가리키고 있지는 않은지 의심해 봐야 한다. 이때 프로그램에서는 *StartData*와 *EndData*의 값이 무엇인지를 결정해야 할 것이다. 포인터를 직접 다루는 대신 액세스 루틴을 통해서 포인터를 사용하면 이러한 작업을 자동으로 설정할 수 있다.

포인터가 참조하는 변수를 사용하기 전에 검사하라. 때때로 포인터가 가리키는 변수에 대해서 유효성 검사를 수행할 수 있다. 가령 *0*과 *1000* 사이에 있는 정수 값을 가리켜야 한다면 그 값이 1000이 넘는지 의심해야 한다. C++ 방식의 문자열을 가리키고 있다면 문자열의 길이가 100보다 큰지 의심해야 할 것이다. 이 작업 역시 접근 루틴을 통해서 포인터를 다룰 경우 자동으로 처리할 수 있다.

손상된 메모리를 검사하는 인식표(dog-tag) 필드를 사용하라. "태그 필드" 또는 "인식표"는 오류 검사를 위한 목적으로 구조체에 추가하는 필드를 말한다. 변수를 할당할 때 바뀌면 안 되는 값을 태그 필드에 입력한다. 특히 메모리 삭제와 같이 구조체를 사용할 때 태그 필드의 값을 검사한다. 태그 필드가 예상했던 값이 아니라면 데이터가 손상된 것이다.

같은 포인터를 두 번 삭제하려고 하는 경우 손상된 상태를 발견할 수 있도록 포인터를 삭제할 때 해당 필드를 손상시킨다. 예를 들어 100바이트를 할당할 필요가 있다고 해 보자.

1. 우선 *new*로 104바이트를 할당한다. 이때 필요한 것보다 4바이트를 더 할당한다.

```
104바이트
```

2. 처음 4바이트를 태그 값으로 설정하고 나서 그 다음부터 메모리를 가리키는 포인터를 반환한다.

포인터를 여기로 설정한다.
```
tag
```

3. 포인터를 지워야 할 때 태그를 검사한다.

이 태그를 검사한다.
```
tag
```

4. 태그에 문제가 없다면 태그 값을 *0*으로 설정하거나 유효하지 않은 인식표 값으로 인식할 수 있는 다른 값으로 설정한다. 메모리가 해제되고 난 후 이 값이 유효한 값으로 오인되기를 원치 않을 것이다. 마찬가지로 데이터 부분도 *0*이나 *0xCC*, 그 밖의 임의의 값으로 설정한다.

5. 마지막으로 포인터를 삭제한다.

```
전체 104바이트를 해제한다.
```

할당한 메모리 블록의 시작 위치에 인식표를 입력하면 현재 할당된 모든 메모리 블록에 대한 목록을 유지하는 대신 해당 메모리 블록의 인식표 값을 검사하여 중복해서 해제하는 작업을 확인할 수 있다. 인식표를 메모리 블록의 마지막에 입력하면 사용되어야 하는 위치를 넘어서 메모리를 덮어쓰는 작업을 확인할 수 있다. 이 두 가지 목표를 모두 달성하기 위해서 시작과 끝에 태그를 사용할 수 있다.

이 접근 방법은 앞에서 설명했던 유효성 검사 방법(포인터가 *StartData*와 *EndData* 사이에 있는지 검사)과 함께 사용할 수 있다. 포인터가 유효한 위치를 가리키게 하려고 유효한 메모리 영역을 검사하기보다는 포인터가 할당된 포인터 목록에 있는지 확인한다.

변수를 삭제하기 전에 단 한 번만 태그 필드를 검사할 수 있다. 태그가 손상되었다면 변수가 사용되는 동안 변수의 내용이 손상되었음을 언젠가는 말해줄 것이다. 하지만 태그 필드를 자주 검사할수록 문제의 원인에 더욱 가까워져 손상을 발견할 수 있다.

명시적으로 중복 추가하라. 태그 필드 대신 사용할 수 있는 방법은 특정한 필드를 두 번 사용하는 것이다. 중복된 필드에 있는 데이터가 일치하지 않는다면 메모리가 손상되었음을 알 수 있다. 이 경우에 메모리를 직접 다루면 오버헤드가 클 수 있다. 하지만 포인터 연산을 루틴으로 작성한다면 중복되는 코드가 많지 않을 것이다.

여분의 포인터 변수를 사용하라. 절대로 포인터 변수를 아끼지 않는다. 변수는 하나 이상의 목적으로 사용되어서는 안 된다는 것이 핵심이다. 이는 포인터 변수의 경우에 특히 맞는 말이다. genericLink 변수가 왜 계속 사용되는지 또는 *pointer-〉next-〉last-〉next*가 무엇을 가리키는지 이해하지 않고는 링크드 리스트로 무엇을 하고 있는지 알아내기가 매우 어렵다. 다음과 같은 코드를 생각해 보자.

```
노드를 추가하는 전형적인 C++ 예제
void InsertLink(
    Node *currentNode,
    Node *insertNode
    ) {
// "currentNode" 다음에 "insertNode"를 삽입한다.
insertNode->next = currentNode->next;
insertNode->previous = currentNode;
if ( currentNode->next != NULL ) {
    currentNode->next->previous = insertNode;    ← 이 줄이 불필요하게 어렵다.
}
currentNode->next = insertNode;
}
```

이 코드는 링크드 리스트에 노드를 추가하기 위한 전형적인 코드이며 쓸데없이 이해하기 어렵게 작성되었다. 새로운 노드를 추가하는 데 세 가지 객체가 사용된다. 현재 노드, 현재 노드 다음에 오는 노드, 그리고 두 노드 사이에 추가하는 노드가 있다. 이 코드는 명시적으로 *insertNode*와 *currentNode*라는 두 가지 객체만 사용한다. *currentNode-〉next*가 사용된다는 사실도 이해하고 기억해야 한다. *currentNode* 다음에 오는 노드 없이 무슨 일이 일어나는지 그림으로 표현하면 다음과 같은 그림을 얻게 된다.

| *currentNode* | *insertNode* |

더 나은 그림은 세 개의 객체를 모두 보여주는 것이다. 다음과 같은 그림이 될 것이다.

| *startNode* | *newMiddleNode* | *followingNode* |

다음 코드는 사용되는 세 개의 객체를 모두 참조한다.

더욱 읽기 쉬운 노드 추가 C++ 예제 코드
```
void InsertLink(
   Node *startNode,
   Node *newMiddleNode
   ) {
   // "starNode"와 "followingNode" 사이에 "newMiddleNode"를 삽입한다.
   Node *followingNode = startNode->next;
   newMiddleNode->next = followingNode;
   newMiddleNode->previous = startNode;
   if ( followingNode != NULL ) {
      followingNode->previous = newMiddleNode;
   }
   startNode->next = newMiddleNode;
}
```

이 코드는 추가로 한 줄을 더 작성했지만, 첫 번째 예제의 *currentNode->next->previous*가 없어 이해하기가 더 쉽다.

복잡한 포인터 표현식을 단순화하라. 복잡한 포인터 표현식은 읽기가 어렵다. *p->q->r->s.data*와 같은 표현식이 코드에 있으면 이 표현식을 읽어야 하는 사람들이 어떨지 생각해 보라. 다음은 정말 말도 안 되는 코드의 예다.

이해하기 어려운 C++ 포인터 표현식 예제
```
for ( rateIndex = 0; rateIndex < numRates; rateIndex++ ) {
   netRate[ rateIndex ] = baseRate[ rateIndex ] * rates->discounts->factors->net;
}
```

이 예제의 포인터 표현식과 같이 복잡한 표현식은 코드를 읽는 게 아니라 이해해야 하게 만든다. 코드에 복잡한 표현식이 포함되어 있다면 연산의 의도를 분명히 하기 위해서 의미가 분명한 변수에 할당한다. 다음은 앞의 예제를 개선한 코드다.

복잡한 포인터 표현식을 단순화한 C++ 예제
```
quantityDiscount = rates->discounts->factors->net;
for ( rateIndex = 0; rateIndex < numRates; rateIndex++ ) {
   netRate[ rateIndex ] = baseRate[ rateIndex ] * quantityDiscount;
}
```

코드를 단순화한 이 코드는 더 읽기 쉬울 뿐만 아니라 반복문 내 포인터 연산을 단순화해서 성능 향상을 가져올 것이다. 언제나 그렇듯이 무슨 일을 시작하기 전에 성능 면에서 어떠한 이득이 있는지를 따져봐야 한다.

그림을 그려라. 포인터를 코드로 설명하면 혼란스러울 수 있다. 일반적으로 그림을 그리는 것이 도움이 된다. 예를 들면 링크드 리스트 삽입 문제에 관한 그림은 그림 13-2와 같을 것이다.

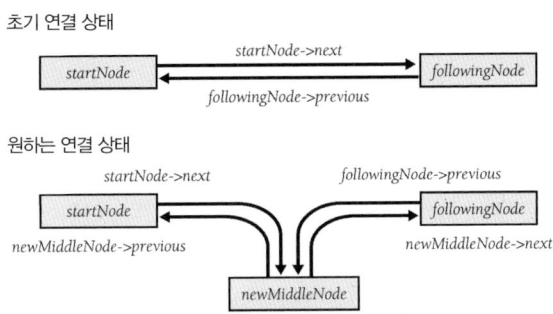

관련 정보 그림 13-2와 같은 다이어그램은 프로그램의 외부 문서에 포함될 수 있다. 좋은 문서화 습관에 대한 자세한 내용은 32장 "스스로를 설명하는 코드"를 살펴본다.

그림 13-2 포인터의 재연결에 필요한 단계를 생각하는 데 도움을 주는 그림

링크드 리스트에 있는 포인터를 올바른 순서로 삭제하라. 동적으로 할당되는 링크드 리스트를 다룰 때 발생하는 일반적인 문제점은 리스트에 있는 첫 번째 포인터부터 해제하여 다음 포인터를 얻지 못하는 것이다. 이 문제를 피하기 위해서는 현재 요소를 해제하기 전에 다음 요소를 가리키는 포인터를 갖고 있어야 한다.

임시 메모리를 할당하라. 프로그램이 메모리를 동적 할당한다면 갑자기 메모리가 부족하게 되어 램(RAM) 공간에 있는 데이터를 잃게 되는 문제를 피해야 한다. 이러한 문제를 회피할 수 있는 여지를 제공하는 한 가지 방법은 임시 메모리를 미리 할당하는 것이다. 작업을 저장하고 정리하고 우아하게 종료하기 위해 얼마나 많은 메모리가 필요한지 결정한다. 프로그램을 시작할 때 그만큼의 메모리를 할당하고 남겨둔다. 프로그램에서 메모리가 부족하게 되면 임시 메모리를 해제한 후 작업을 정리하고 종료한다.

참고 자료 C에서 포인터를 안전하게 처리하는 방법에 대한 내용은 맥과이어의 《Writing Solid Code: 버그 안녕》(높이깊이, 2001)을 살펴본다.

쓰레기를 확실하게 삭제하라. 포인터 오류는 포인터가 가리키는 메모리가 어디에서 유효하지 않게 되는지 정해져 있지 않기 때문에 디버깅하기가 어렵다. 메모리 내용은 포인터가 해제되고 난 후 한참이 지나서도 유효한 것처럼 보일 때도 있고 곧바로 변경되는 경우도 있다.

C에서 메모리를 해제하기 전에 쓰레기 데이터로 메모리 블록을 덮어 쓰면 해제된 포인터를 사용할 때 문제가 좀 더 일관성 있게 발생하도록 만들 수 있다. 다른 연산을 수행할 때처럼 접근 루틴을 사용하고 있다면 이 작업을 자동으로 수행할 수 있다. C에서 포인터를 삭제할 때마다 다음과 같은 코드를 사용할 수 있다.

해제된 메모리에 쓰레기 데이터를 포함시키는 C 예제
```
pointer->SetContentsToGarbage();
delete pointer;
```

물론 C++에서는 포인터가 객체를 가리키고 있다면 모든 객체에 "쓰레기로 값을 채우는 기능(SetContentsToGarbage)"을 구현해야 하므로 이 방법이 통하지 않을 것이다.

포인터를 삭제하거나 해제한 다음 널로 설정하라. 전형적인 포인터 오류 형태는 이미 *delete*되거나 *free*된 포인터를 사용하는 "허상 포인터(dangling pointer)"다. 포인터 오류를 발견하기 어려운 한 가지 이유는 때때로 오류가 아무런 증상도 보이지 않기 때문이다. 포인터를 해제한 후에 널로 설정한다고 해서 허상 포인터가 가리키는 데이터를 읽을 수 없게 바꿀 수는 없다. 하지만 허상 포인터에 데이터를 쓰면 오류가 발생하게 할 수는 있다. 이때 발생하는 오류는 보기 싫고 번거롭고 심각한 오류지만, 적어도 다른 사람이 발견하기 전에 그 오류를 찾을 수는 있을 것이다.

앞에서 살펴보았던 *delete* 연산 코드를 이러한 문제점을 처리하도록 확장할 수 있다.

포인터를 삭제한 후 null로 설정하는 C++ 예제
```
pointer->SetContentsToGarbage();
delete pointer;
pointer = NULL;
```

변수를 삭제하기 전에 잘못된 포인터를 검사하라. 프로그램을 망치는 가장 좋은 방법의 하나는 이미 삭제되거나 해제된 포인터에 대해서 *delete()* 또는 *free()*를 사용하는 것이다. 안타깝게도 이러한 문제점을 찾아내는 언어는 거의 없다.

해제된 포인터를 널로 설정하면 다시 사용하거나 삭제하려고 하기 전에 포인터가 널로 설정되어 있는지도 검사할 수 있다. 해제된 포인터를 널로 설정하지 않으면 이 방법을 사용하지 못한다. 다음은 포인터 삭제 코드에 추가한 코드다.

포인터를 삭제하기 전에 null이 아닌지 확인하는 C++ 예제
```
ASSERT( pointer != NULL, "널 포인터 삭제 시도" );
```

```
pointer->SetContentsToGarbage();
delete pointer;
pointer = NULL;
```

포인터 할당을 추적하라. 할당한 포인터 목록을 유지한다. 이렇게 함으로써 어떤 포인터를 정리하기 전에 목록에 있는지 검사할 수 있다. 다음은 표준 포인터 삭제 코드에 이 기능을 어떻게 추가하는지 보여주는 예제다.

포인터가 할당되었는지 검사하는 C++ 예제
```
ASSERT( pointer != NULL, "널 포인터 삭제 시도" );
if ( IsPointerInList( pointer ) ) {
    pointer->SetContentsToGarbage();
    RemovePointerFromList( pointer );
    delete pointer;
    pointer = NULL;
}
else {
    ASSERT( FALSE, "널 포인터 삭제 시도" );
}
```

포인터 문제를 피하기 위해 커버(Cover) 루틴을 작성하라. 이 예제에서 볼 수 있듯이 포인터가 *new*되거나 *delete*될 때마다 상당히 많은 코드를 작성해야 한다. 이 절에서 소개한 몇몇 기법은 상반되거나 중복되는데, 그러한 전략을 사용하고 싶지는 않을 것이다. 예를 들면 유효한 포인터 목록을 유지하고 있다면 인식표 값을 만들고 검사할 필요가 없다.

자주 사용되는 포인터 연산을 처리하기 위한 커버 루틴을 만들어 오류가 발생할 가능성을 줄이고 프로그래밍 부담을 최소화할 수 있다. C++에서 다음과 같은 두 개의 루틴을 사용할 수 있다.

- **SAFE_NEW** 이 루틴은 포인터를 할당하기 위해서 *new*를 호출하고 새로운 포인터를 할당된 포인터 목록에 추가한 다음 호출한 루틴에 새롭게 할당된 포인터를 반환한다. 또한 *new*에서 예외나 널을 반환하는 것("메모리 부족" 오류로 알려져 있음)을 검사하여 프로그램의 다른 부분에서 오류 처리를 단순화할 수 있다.
- **SAFE_DELETE** 이 루틴은 이 함수에 넘겨진 포인터가 할당된 포인터 목록에 있는지 확인한다. 목록에 있다면 포인터가 가리키고 있는 메모리에 쓰레기 값을 설정하고 포인터를 목록에서 지운 다음 C++의 *delete*를 호출해 메모리를 해제한 후 해당 포인터를 null로 설정한다. 포인터가 목록에 없다면 *SAFE_DELETE*는 오류 메시지를 표시하고 프로그램을 중단한다.

이 기능을 매크로로 구현하면 SAFE_DELETE 루틴은 다음과 같다.

포인터 삭제 코드를 래퍼에 작성한 C++ 예제
```
#define SAFE_DELETE( pointer ) { \
ASSERT( pointer != NULL, "Attempting to delete null pointer."); \
    if ( IsPointerInList( pointer ) ) { \
        pointer->SetContentsToGarbage(); \
        RemovePointerFromList( pointer ); \
        delete pointer; \
        pointer = NULL; \
    } \
    else { \
        ASSERT( FALSE, "Attempting to delete unallocated pointer." ); \
    } \
}
```

> 관련 정보 디버깅용으로 작성된 코드를 없애는 계획에 대한 자세한 내용은 8.6절의 "디버깅 보조 도구를 제거하는 계획을 세운다"를 살펴본다.

C++에서 이 루틴은 포인터를 하나씩 삭제하므로 배열을 삭제하기 위해서는 이와 유사한 SAFE_DELETE_ARRAY 루틴을 구현해야 할 것이다.

이 두 가지 루틴으로 메모리 처리를 집중시킴으로써 SAFE_NEW와 SAFE_DELETE가 디버깅 모드와 제품 모드[11]에서 서로 다르게 작동하도록 만들 수 있다. 예를 들면 SAFE_DELETE가 개발 도중 null 포인터를 해제하려는 시도를 발견하면 프로그램을 중단시키겠지만, 실제 제품에서는 오류를 기록하고 계속 실행할 것이다.

이 방법은 C의 *calloc*과 *free*, 그리고 포인터를 사용하는 다른 언어에 쉽게 적용할 수 있다.

포인터가 아닌 다른 기술을 사용하라. 포인터는 다른 것보다 이해하기가 어렵고 오류가 발생하기 쉽고 기계에 의존적이며 이식 불가능한 코드를 만들기도 쉽다. 포인터 이외의 다른 방안이 있다면 조금이라도 편하게 그 방법을 사용하라.

C++ 포인터

> 참고 자료 C++에서 포인터 사용에 관한 많은 팁은 스콧 마이어스의 《*Effective C++(이펙티브 C++)*》(프로텍미디어, 2015)를 살펴본다.

C++는 포인터와 참조를 사용하는 것과 관련하여 언어에 특화된 문제가 있다. 여기에 C++에서 포인터를 사용할 때 적용할 수 있는 몇 가지 지침을 설명한다.

포인터와 참조의 차이점을 이해하라. C++에서는 포인터(*)와 참조(&) 모두 객체를 간접적으로 참조한다. 유일한 차이는 객체를 *object->field*와 *object.field*로 참조하는 외

---

11 (옮긴이) 일반적으로 릴리스 모드라고 한다.

형상의 차이밖에 없어 보인다. 하지만 가장 중요한 차이점은 참조는 항상 객체를 참조해야 하는 반면 포인터는 null을 가리킬 수 있고, 참조는 참조하는 대상이 초기화가 된 후로 변경될 수 없다는 점이다.

"참조로 전달(Pass by Reference)" 매개변수에 포인터를 사용하고 "값으로 전달(Pass by Value)" 매개변수에 const 참조를 사용하라. C++는 기본적으로 참조 대신 값으로 루틴에 매개변수를 전달한다. 루틴에 값으로 객체를 전달할 때 C++는 해당 객체의 복사본을 생성하고 해당 객체가 루틴을 호출한 쪽으로 넘겨질 때 복사본이 다시 생성된다. 큰 객체의 경우에는 복사 작업에 시간과 추가적인 자원이 들 수 있다. 그래서 객체를 루틴에 전달할 때 대개는 객체를 복사하고 싶어 하지 않는다. 다시 말하면 값 대신 참조로 객체를 넘기고 싶어 한다는 뜻이다.

하지만 때때로 값으로 전달하는 의미(변경되어서는 안 되는 객체)를 갖되, 참조로 전달하는 것(복사하지 않고 실제 객체를 전달하는 것)처럼 구현하고 싶은 경우가 있을 것이다.

C++에서 이러한 문제는 참조로 전달할 때 포인터를 사용하고 값으로 전달할 때 *"const 참조"*를 사용하여 해결할 수 있다. 다음 예제를 살펴보자.

참조와 값으로 매개변수를 전달하는 C++ 예제
```
void SomeRoutine(
    const LARGE_OBJECT &nonmodifiableObject,
    LARGE_OBJECT *modifiableObject
);
```

이 접근 방법은 호출된 루틴 내에서 수정 가능한 객체와 수정 가능하지 않은 객체를 차별화하는 이점을 추가로 제공한다. 수정 가능한 객체에서는 멤버에 대한 참조를 *object->member* 표기법으로 사용하겠지만, 수정 가능하지 않은 객체의 멤버에 대한 참조는 *object.member* 표기법을 사용할 것이다.

이 접근 방법의 한계는 *const* 참조를 전파하는 데 어려움이 있다는 점이다. 직접 제어하는 코드에서는 가능한 한 항상 *const*를 사용하는 것이 좋고(Meyers 1998) *const* 참조로 값으로 전달하는 매개변수를 선언할 수 있어야 한다. 하지만 직접 제어하지 않는 라이브러리 코드나 다른 코드에서는 *const* 루틴 매개변수를 사용하는 데 어려움이 따를 것이다. 대비책은 읽기 전용 매개변수에 대해서는 여전히 참조를 사용하되 그것들을 *const*로 선언하지는 않는 것이다. 이러한 방법을 사용하면 변경 불가능한 매개변수를 변경하려는 시도를 컴파일러가 검사해주는 기능이 있다는 것은 인식하지 못하겠지만, 최소한 *object->member*와 *object.member*를 시각적으로 구분할 수는 있을 것이다.

auto_ptrs를 사용하라. auto_ptrs를 사용하는 습관을 들이지 않았다면 이 습관을 들이도록 한다! auto_ptr이 범위를 벗어날 때 자동으로 메모리를 삭제함으로써 일반적인 포인터와 관련된 많은 메모리 누수 문제를 피할 수 있다. 스콧 마이어스의 ≪More Effective C++≫(정보문화사, 2007) 항목 9에서 *auto_ptrs*에 대해 자세히 소개하고 있다(Meyers 1996).

스마트 포인터(Smart pointer) 사용하라. 스마트 포인터는 일반 포인터 혹은 "벙어리(dumb)" 포인터를 대체한다(Meyers 1996). 스마트 포인터는 일반 포인터와 비슷하게 작동하지만, 자원 관리와 복사 작업, 할당 연산, 객체 생성과 소멸 기능을 제공한다. 이와 관련된 내용은 C++에 특화된 것이다. 위에서 언급한 ≪More Effective C++≫의 항목 28에서 스마트 포인터에 대해서 완벽하게 설명하고 있다.

C 언어 포인터

다음은 C 언어에만 특별하게 적용되는 포인터 사용에 관련된 몇 가지 팁이다.

기본형 대신 명시적인 포인터형을 사용하라. C 언어에서는 변수의 형에 상관없이 *char*나 *void* 포인터를 사용할 수 있다. 포인터가 무언가를 가리키는 한 C 언어는 그것이 무엇을 가리키는지에 대해서는 관여하지 않는다. 하지만 포인터에 대해서 명시적인 형을 사용한다면 일치하지 않는 포인터 형과 적절하지 못한 역참조에 대해서 컴파일러가 경고할 수 있다. 물론 명시적인 형을 사용하지 않는다면 컴파일러도 그러한 기능을 제공할 수 없다. 가능한 한 명시적인 포인터 형을 사용한다.

이 규칙을 사용하고 싶다면 당연히 형 변환을 수행할 때 명시적인 형 변환을 사용해야 한다. 예를 들면 다음 코드에서는 *NODE_PTR* 형의 변수가 할당되고 있다는 것을 확실하게 알 수 있다.

명시적인 형 변환을 수행하는 C 예제
```
NodePtr = (NODE_PTR) calloc( 1, sizeof( NODE ) );
```

형 변환을 피하라. 이 말은 어떤 형으로 선언된 변수를 강제로 다른 형으로 선언된 변수의 공간에 집어넣지 말라는 뜻이다. 형 변환을 사용하면 컴파일러가 일치하지 않는 형을

검사할 수 없기 때문에 방어적 프로그래밍에 결함이 생긴다. 형 변환이 많이 필요한 프로그램은 아마 다시 살펴봐야 하는 구조적인 결함이 있을 것이다. 가능하다면 재설계하고 그렇지 않으면 형 변환을 최대한 피한다.

매개변수를 전달하고자 할 때는 별표 규칙을 따르라. C 언어에서는 할당문에서 해당 인자 앞에 별표(*)를 추가한 경우에만 루틴에 전달하는 매개변수를 원래의 루틴 쪽으로 전달할 수 있다. 많은 C 언어 개발자가 언제 루틴을 호출하는 쪽으로 값이 돌아가는지를 쉽게 결정하지 못한다. 간단한 방법은 변수에 값을 할당할 때 매개변수 앞에 별표가 있다면 루틴을 호출하는 쪽으로 값이 돌아간다는 것을 기억하면 된다. 선언에 얼마나 많은 별표가 있든지 상관없이 값을 다시 전달하고 싶다면 할당문에 최소한 하나 이상의 별표가 있어야 한다. 예를 들면 다음 코드에서는 할당문에 별표가 없기 때문에 *parameter*에 할당된 값이 루틴을 호출하는 쪽으로 돌아가지 않는다.

매개변수를 전달하지 않는 C 예제
```c
void TryToPassBackAValue( int *parameter ) {
    parameter = SOME_VALUE;
}
```

다음 코드에서는 *parameter* 앞에 별표가 있기 때문에 *parameter*에 할당된 값이 전달된다.

매개변수를 전달하는 C 예제
```c
void TryToPassBackAValue( int *parameter ) {
    *parameter = SOME_VALUE;
}
```

메모리 할당 시 변수의 크기를 결정하기 위해서 sizeof()를 사용하라. 변수의 크기를 직접 찾는 것보다 *sizeof()*를 사용하는 것이 더 쉬운 방법이며 *sizeof()*는 개발자가 직접 생성한 구조체에 대해서도 잘 작동한다. *sizeof()*는 컴파일 시 계산되기 때문에 성능에 아무런 문제를 일으키지 않는다. 이 함수는 이식이 가능하다. 즉, 다른 환경에서 다시 컴파일하면 자동으로 *sizeof()*에 의해서 계산된 값으로 변경된다. 그리고 직접 정의한 형을 바꾸더라도 할당 공간이 자동으로 조절되므로 유지보수할 필요도 거의 없다.

13.3 전역 데이터

관련 정보 전역 데이터와 클래스 데이터의 차이점에 대한 자세한 내용은 5.3절의 "전역 데이터로 오해받는 클래스 데이터"를 살펴본다.

전역 변수는 프로그램 어디에서나 접근이 가능하다. 이 용어는 클래스 안에서는 어느 곳이든 접근이 가능한 클래스 변수처럼 지역 변수보다 더 넓은 범위를 갖는 변수를 의미하기도 한다. 하지만 한 클래스 내의 어느 곳에서나 접근이 가능하다고 해서 그 자체로 해당 변수가 전역이라는 것을 의미하지는 않는다.

대부분의 숙련된 개발자는 전역 데이터 사용이 지역 데이터 사용보다 위험하다는 것을 알고 있다. 하지만 동시에 다양한 루틴으로부터 데이터에 접근하는 것이 유용하다는 사실도 알고 있다.

KEY POINT

전역 변수가 항상 오류를 유발하는 것은 아니지만 프로그램을 작성하는 최고의 방법이라고 말하기는 어렵다. 이 절의 나머지 부분에서는 이와 관련된 문제점을 살펴볼 것이다.

전역 데이터를 사용할 때 발생하는 일반적인 문제점

전역 변수를 마음 내키는 대로 사용하거나 전역 변수를 사용할 수 없다는 사실이 제한적이라고 느낀다면 아직은 정보 은닉과 모듈화의 진정한 가치를 제대로 파악하고 있지 못하고 있다고 말할 수 있다. 모듈화, 정보 은닉, 잘 설계된 클래스를 결합하여 사용하는 것이 전부는 아니겠지만, 그것들이 큰 프로그램의 이해도와 유지보수성을 높여주는 것은 사실이다. 이 말을 이해하게 되면 루틴과 클래스를 될 수 있는 한 전역 변수와 외부 세계에 연결되지 않도록 프로그램을 작성하고자 할 것이다.

전역 변수와 관련해 언급하는 문제점이 많지만, 그중 중요한 몇 가지 문제로 간추릴 수 있다.

전역 변수에 대한 부주의한 변경 전역 변수의 값을 한 곳에서 바꾼 다음 깜박하고 다른 곳에서는 이 값이 변경되지 않았다고 생각할 수 있다. 이러한 문제점을 "부수 효과"라고 한다. 예를 들면 다음 예제에서는 *theAnswer*가 전역 변수다.

부수 효과가 있는 비주얼 베이직 예제
```
theAnswer = GetTheAnswer()          ← theAnswer는 전역 변수다.
otherAnswer = GetOtherAnswer()      ← GetOtherAnswer()가 theAnswer 값을 바꾼다.
averageAnswer = (theAnswer + otherAnswer) / 2   ← averageAnswer가 틀리다.
```

GetOtherAnswer() 함수 호출이 theAnswer의 값을 변경하지 않는다고 가정하고 있을 것이다. 하지만 GetOtherAnswer()이 theAnswer의 값을 변경한다면 세 번째 줄에 있는 평균 값이 틀릴 것이다. 그리고 실제로 GetOtherAnswer()가 theAnswer의 값을 변경하므로 프로그램이 수정해야 할 오류를 포함하고 있다.

전역 데이터의 기괴하고 이상한 별칭 문제 "별칭"은 같은 변수를 두 개 이상의 서로 다른 이름으로 부르는 것을 말한다. 이는 전역 변수 하나를 루틴에 전달하고 나서 해당 루틴에서 그것을 전역 변수와 매개변수로 동시에 사용할 때 발생한다. 다음은 전역 변수를 사용하는 루틴이다.

별칭 문제가 발생하기 쉬운 루틴을 구현한 비주얼 베이직 예제
```
Sub WriteGlobal( ByRef inputVar As Integer )
    inputVar = 0
    globalVar = inputVar + 5
    MsgBox( "Input Variable: " & Str( inputVar ) )
    MsgBox( "Global Variable: " & Str( globalVar ) )
End Sub
```

다음은 전역 변수를 매개변수로 전달하여 루틴을 호출하는 코드다.

별칭 문제가 발생한 루틴을 호출하는 비주얼 베이직 예제
```
WriteGlobal( globalVar )
```

*inputVar*는 *0*으로 초기화되고 *WriteGlobal()* 함수는 *globalVar*를 얻기 위해서 *inputVar*에 *5*를 더하기 때문에 *inputVar*가 아니라 *globalVar*가 *5*라고 추측할 것이다. 하지만 결과는 예상 밖이다.

비주얼 베이직의 별칭 문제 결과
```
Input Variable: 5
Global Variable: 5
```

여기서 교묘하게도 *globalVar*와 *inputVar*가 실제로는 같은 변수다! *globalVar*가 이 루틴을 호출하는 쪽에서 *WriteGlobal()*로 전달되기 때문에 두 개의 서로 다른 이름으로 참조되거나 "별칭"으로 사용된다. 따라서 *MsgBox()* 줄의 결과는 원래 의도했던 것과는 사뭇 다르다. 이 함수는 이름만 서로 다른 같은 변수를 두 번 출력한다.

KEY POINT

전역 데이터의 재진입 코드 문제 하나 이상의 스레드를 사용하는 코드가 보편화되고 있다. 다중 스레드 코드에서는 전역 데이터를 루틴뿐만 아니라 같은 프로그램 내에서 공유할 수 있다. 그러한 환경에서는 여러 개의 프로그램이 실행 중이더라도 전역 데이터가 그 값을 유지하도록 보장해야 한다. 이는 심각한 문제이며 이 절의 뒤에서 소개하는 기법을 사용하여 그러한 문제점을 피할 수 있다.

전역 데이터로 인한 코드 재사용 문제 어떤 프로그램에 있는 코드를 다른 프로그램에서 사용하기 위해서는 첫 번째 프로그램에 있는 코드를 가져다 두 번째 프로그램에 연결할 수 있어야 한다. 이상적으로는 단일 루틴이나 클래스를 가져다 다른 클래스에 연결하고 즐겁게 작업을 진행할 수 있어야 한다.

전역 데이터는 그러한 상황을 복잡하게 만든다. 재사용하고자 하는 클래스가 전역 데이터를 읽거나 쓰면 새로운 프로그램에 단순히 연결할 수 없다. 새로운 프로그램이나 오래된 클래스를 호환이 가능하도록 수정해야 한다. 가장 확실한 방법을 택한다면 오래된 클래스가 전역 데이터를 사용하지 않게 수정할 것이다. 그렇게 하면 다음에 해당 클래스를 재사용해야 할 때 큰 문제 없이 클래스를 다른 프로그램에 연결할 수 있다. 가장 험난한 방법을 택한다면 오래된 클래스가 사용해야 하는 전역 데이터를 만들기 위해서 새로운 프로그램을 수정할 것이다. 이것은 바이러스와 같다. 전역 데이터가 원본 프로그램뿐만 아니라 오래된 클래스를 사용하는 모든 새로운 프로그램에도 영향을 미치기 때문이다.

전역 데이터와 관련된 불확실한 초기화 순서 문제점 서로 다른 "해석 단위"(파일) 사이에서 데이터가 초기화되는 순서가 특히 C++와 같이 일부 언어에서는 정의되어 있지 않다. 한 파일에서 전역 변수를 초기화할 때 다른 파일에서 이미 초기화된 전역 변수를 사용한다면 두 변수가 올바른 순서로 초기화되게 하기 위해 어떠한 명시적인 단계를 거치지 않을 경우 두 번째 변수의 값은 완전히 사라진다.

이러한 문제점은 스콧 마이어스가 《*Effective C++*》 항목 47에서 설명한 방법으로 해결된다(Meyers 1998). 하지만 이 해결책 역시 전역 데이터로 인해 불필요하게 복잡해지는 상황에 해당한다.

전역 데이터로 인해 손상되는 모듈화와 지적인 관리 용이성 코드가 몇 백 줄 이상인 큰 프로그램을 만들 때의 핵심은 복잡성을 관리하는 것이다. 지적으로 큰 프로그램을 관리할 수 있는 유일한 방법은 한 번에 한 부분만 생각할 수 있도록 코드를 여러 조각으로 나누는 것이다. 모듈화는 프로그램을 여러 조각으로 나누는 데 사용할 수 있는 가장 강력한 도구다.

전역 데이터는 모듈화를 방해한다. 전역 데이터를 사용하면 한 번에 한 루틴에 집중할 수 있을까? 그렇지 않다. 한 루틴과 같은 전역 데이터를 사용하는 다른 루틴도 모두 살펴봐야 한다. 전역 데이터가 프로그램의 모듈화를 완전히 망치고 무력하게 만들지는 않더라도 더 좋은 방법을 찾아야 하는 충분한 이유가 된다.

전역 데이터를 사용하는 이유

데이터 순수 주의자들은 때때로 개발자가 전역 데이터를 절대로 사용해서는 안 된다고 주장하지만, 대부분의 개발자는 넓은 의미의 "전역 데이터"를 사용한다. 데이터베이스에 있는 데이터는 윈도우 레지스트리와 같이 환경 설정 파일에 있는 데이터처럼 전역 데이터다. 이름 상수는 전역 변수는 아니지만, 전역 데이터다.

원칙을 두고 사용한다면 전역 변수는 여러 가지 상황에서 유용하다.

전역적인 값의 보관   때때로 전체 프로그램에 영향을 끼치는 데이터가 필요할 때가 있다. 이는 대화식 모드인지 명령줄 모드인지, 또는 일반 모드인지 오류 복구 모드인지 등의 프로그램의 상태를 반영하는 변수일 것이다. 아니면 프로그램의 모든 루틴이 사용하는 데이터 테이블처럼 프로그램 전체에 필요한 정보일 수도 있다.

> 관련 정보 이름 상수에 대한 자세한 내용은 12.7절 "이름 상수"를 살펴본다.

이름 상수의 역할   C++, 자바, 비주얼 베이직을 비롯해 대부분의 최신 언어가 이름 상수를 지원하지만 파이썬, 펄, Awk, 유닉스 셸 스크립트와 같은 몇몇 언어는 여전히 지원하지 않는다. 사용하는 언어가 이름 상수를 지원하지 않을 때 전역 변수를 이름 상수 대신 사용할 수 있다. 예를 들면 리터럴 값 *1*과 *0*을 각각 1과 0으로 설정된 전역 변수 *TRUE*와 *FALSE*로 대체할 수 있다. 또는 페이지당 줄의 수로 사용되는 *66*을 *LINES_PER_PAGE = 66*으로 대체할 수 있다. 이러한 접근 방법을 사용하면 나중에 코드를 변경하거나 이해하기 쉽다. 이러한 원칙에 맞게 전역 데이터를 사용하는 것이 언어를 활용하는 프로그래밍의 대표적인 예다. 이 개념은 34.4절 "언어에 제약을 받지 않고 언어를 활용한 프로그래밍"에서 자세히 언급할 것이다.

열거형 흉내 내기   열거형을 직접 지원하지 않는 파이썬 같은 언어에서는 열거형을 흉내 내기 위해서 전역 변수를 사용할 수 있다.

매우 자주 사용되는 데이터의 사용을 능률화   때때로 모든 루틴의 매개변수 목록에 사용되어 지나치게 많이 참조되는 변수가 있을 수 있다. 그러한 변수를 모든 매개변수 목록에 포함시키는 대신 전역 변수로 만들 수 있다. 하지만 특정 변수를 모든 곳에서 접근하

는 경우는 거의 드물다. 일반적으로 제한된 수의 루틴에서만 사용되기 때문에 해당 데이터를 다루는 클래스에 변수를 패키지화할 수 있다. 자세한 내용은 뒤에서 소개한다.

뜨내기 데이터(tramp data) 제거 때때로 다른 루틴이나 클래스로 전달하기 위한 목적으로 루틴이나 클래스에 데이터를 전달하는 경우가 있다. 예를 들면 각 루틴에서 사용하는 오류 처리 객체 같은 것이다. 일련의 호출 사이에 위치한 해당 루틴이 그 객체를 사용하지 않을 때 그 객체를 "뜨내기 데이터[12]"라고 한다. 전역 변수를 사용하여 뜨내기 데이터를 제거할 수 있다.

최후의 수단으로만 전역 데이터를 사용하라

전역 데이터를 사용하기 전에 다음과 같은 몇 가지 대안을 고려해 본다.

각 변수를 지역 변수로 만든 다음 필요할 때만 변수를 전역으로 만들어라. 처음에는 모든 변수를 각 루틴의 지역 변수로 만든다. 다른 곳에서 필요하다면 전역으로 만들기 전에 우선 비공개 또는 보호 클래스 변수로 만든다. 정말로 전역으로 만들어야 한다면 어쩔 수 없는 경우에만 그렇게 한다. 처음부터 변수를 전역으로 만들고 나면 절대로 지역 변수로 만들 수 없다. 반면에 처음에 지역 변수로 만들면 절대로 전역으로 만들 필요가 없을지도 모른다.

전역 변수와 클래스 변수를 구분하라. 어떤 변수는 프로그램 전체에서 접근할 수 있는 진정한 의미의 전역이다. 다른 변수는 사실상 클래스 변수로, 특정한 루틴에서만 주로 사용된다. 클래스 변수는 해당 변수를 많이 사용하는 루틴 내에서 어떠한 방법으로 사용하든지 상관없다. 클래스 외부에 있는 루틴이 해당 변수를 사용해야 한다면 접근 루틴을 통해서 변수의 값을 제공하도록 한다. 프로그래밍 언어에서 직접 클래스 값에 접근할 수 있는 기능을 제공하더라도 외부 루틴에서는 마치 그것이 전역 변수인 것처럼 직접 접근하지 않도록 한다. 이러한 충고는 "어떻게 해서든지 모듈화하자!"라고 말하는 것과 같다.

접근 루틴을 사용하라. 전역 데이터와 관련된 문제점을 해결하기 위해 접근 루틴을 만드는 것은 많이 사용하는 방법이다. 자세한 내용은 다음 절에서 설명한다.

---

[12] (옮긴이) 루틴에 대한 호출을 통해서 계속 전달되는 데이터

전역 데이터 대신 접근 루틴 사용

전역 데이터가 필요한 상황이라면 접근 루틴을 고려해 볼 필요가 있다. 접근 루틴은 추상 데이터형을 구현하고 정보 은닉을 이루기 위한 핵심 기법이다. 완전한 추상 데이터형을 사용하고 싶지는 않더라도 접근 루틴을 사용해 데이터에 대한 제어를 집중시키고 변경으로부터 자신을 보호할 수 있다.

접근 루틴의 장점

접근 루틴을 사용하면 다음과 같은 이득을 얻을 수 있다.

- 데이터에 대한 제어를 집중시킬 수 있다. 나중에 구조체를 좀 더 잘 다루는 방법을 발견하더라도 데이터를 참조하고 있는 다른 코드를 변경할 필요가 없다. 변경해도 프로그램 전체에 영향을 미치지 않는다. 변경 사항은 해당 접근 루틴 안에 머무른다.

- 변수에 대한 모든 참조가 보호된다는 것을 보장할 수 있다. *stack.array[stack.top] = newElement*와 같은 명령문으로 스택에 요소를 넣는다면 스택 오버플로에 대한 검사를 쉽게 잊어 심각한 실수를 할 수 있다. 가령 *PushStack(newElement)*이라는 접근 루틴을 사용한다면 *PushStack()* 루틴 내에 스택 오버플로를 검사하는 코드를 작성할 수 있다. 이러한 검사는 해당 루틴이 호출될 때마다 자동으로 수행될 것이므로 신경 쓸 필요가 없다.

- 정보 은닉이 갖는 일반적인 장점을 자동으로 얻게 된다. 접근 루틴은 정보 은닉을 위해서 설계하지 않았더라도 정보 은닉의 한 예다. 프로그램의 나머지 부분을 변경하지 않고도 접근 루틴의 내부만 변경할 수 있다. 접근 루틴을 이용하면 외관은 그대로 남겨두고 집의 내부 인테리어만 다시 꾸밀 수 있어 친구들이 집을 찾지 못할 일도 없다.

- 접근 루틴은 추상 데이터형으로 변환하기 쉽다. 접근 루틴은 전역 데이터를 직접 다루고 있을 때는 구현하기 힘든 추상화 단계를 만들 수 있는 장점을 제공한다. 예를 들면 *if lineCount > MAX_LINES* 같은 코드를 작성하는 대신 접근 루틴을 사용하면 *if PageFull()*이라는 코드를 작성할 수 있다. 이러한 작은 변화는 *if lineCount* 테스트가 무엇을 하기 위한 것인지 그 의도를 분명하게 보여준다. 가독성 면에서는 작은 이득을 본 것이지만, 대충 만든 코드와 훌륭한 소프트웨어의 차이는 그러한 세부 사항에 대한 지속적 관심에서 나온다.

> 관련 정보 보호에 대한 자세한 내용은 8.5절 "오류로 인한 손해를 막기 위한 방책"을 살펴본다.
>
> 관련 정보 정보 은닉에 대한 자세한 내용은 5.3절의 "비밀을 숨겨라(정보 은닉)"를 살펴본다.

접근 루틴 사용 방법

접근 루틴의 이론과 실제를 간단히 정리하면 다음과 같다. 클래스 안에 데이터를 감춘다. *static* 키워드처럼 데이터의 단일 인스턴스만 존재하도록 보장하는 기능을 사용하여 데이터를 선언한다. 데이터를 살펴보고 변경하는 루틴을 작성한다. 클래스 외부에 있는 코드가 데이터를 직접 다루지 않고 접근 루틴을 사용하도록 한다.

가령 프로그램의 전체적인 상태를 기술하는 전역 상태 변수인 *g_globalStatus* 변수가 있다면 *globalStatus.Get()*과 *globalStatus.Set()*이라는 두 개의 접근 루틴을 생성할 수 있다. 이 두 루틴은 이름과 같은 일을 수행한다. 이 루틴은 *g_globalStatus*를 대체하는 클래스 내에 숨겨진 변수에 접근한다. 프로그램의 나머지 부분에서는 *globalStatus.Get()*과 *globalStatus.Set()* 루틴을 사용해 전역 변수의 모든 정보를 얻을 수 있다.

관련 정보 언어가 전역 변수를 직접 지원하지 않을 때도 전역 변수에 대한 접근에 제한을 두는 것은 언어를 활용한 프로그램의 한 예다. 자세한 내용은 34.4절 "언어에 제약을 받지 않고 언어를 활용한 프로그래밍"을 살펴본다.

프로그래밍 언어에서 클래스를 지원하지 않는다면 전역 데이터를 다루기 위한 접근 루틴을 생성할 수 있지만, 기본 제공되는 프로그래밍 언어의 규칙 대신 코드 작성 표준을 통해서 전역 데이터를 사용하는 방법에는 제한을 두어야 한다.

다음은 프로그래밍 언어가 기본 제공하는 기능을 갖고 있지 않을 때 전역 변수를 감추기 위해서 접근 루틴을 사용하기 위한 몇 가지 상세한 지침이다.

모든 코드가 접근 루틴을 통해서만 데이터에 접근할 수 있게 하라. 모든 전역 데이터가 *g_* 접두사로 시작하고 해당 변수의 접근 루틴 이외에는 *g_* 접두사로 시작하는 변수에 접근하지 못 하게 하는 것이 좋은 규약이다. 다른 모든 코드는 접근 루틴을 통해서만 데이터에 접근한다.

모든 전역 데이터를 한곳에 집어넣지 말아라. 모든 전역 데이터를 하나의 큰 공간에 집어넣고 접근 루틴을 작성한다면 전역 데이터의 문제점을 없앨 수는 있겠지만, 정보 은닉과 추상 데이터형이 제공하는 몇 가지 장점을 잃게 된다. 접근 루틴을 작성하고 있다면 각 전역 변수가 어떤 클래스에 속해 있는지 잠시 생각한 후 해당 데이터와 접근 루틴을 클래스에 있는 다른 데이터와 루틴에 포함시킨다.

전역 변수에 대한 접근을 제어하기 위해서 잠금을 사용하라. 다중 사용자 데이터베이스 환경에서 동시 접근을 제어하는 것과 마찬가지로 전역 변수의 값을 사용하거나 갱신하기 전에 해당 변수를 반드시 "체크아웃"해야 한다. 변수를 사용하고 난 후 체크인 상태로 변경한다. 변수가 사용되는 동안(체크아웃) 프로그램의 다른 부분에서 변수를 체크아웃하려고 하면 잠금/잠금 해제 루틴이 오류 메시지를 표시하거나 어설션을 발생시킨다.

관련 정보 개발과 제품 버전에 따라서 계획을 세우는 방법에 관한 자세한 내용은 8.6절의 "디버깅 보조 도구를 제거하는 계획을 세운다"와 8.7절의 "제품 코드를 얼마나 방어적으로 프로그래밍할 것인지 정하기"를 살펴본다.

여기서 설명하는 잠금에 대한 내용은 실제로 구현할 때 완전한 동시성 지원을 위해 필요한 세세한 부분은 무시한다. 그런 이유로 여기서 소개하는 것과 같은 간략한 잠금 스키마는 개발 단계에서 가장 유용하다. 스키마를 잘 생각하지 않으면 아마도 제품에 넣을 정도로 신뢰성을 확보할 수는 없을 것이다. 프로그램을 상품화할 때는 이 코드를 안전하고 오류 메시지를 표시하게 하기보다 좀 더 우아한 기능을 수행하도록 변경한다. 예를 들면 프로그램의 여러 부분에서 같은 전역 변수를 잠그려고 할 때 파일에 오류 메시지를 기록하게 할 수 있다.

접근 루틴을 사용해 전역 데이터를 처리하면 이러한 종류의 개발 시 보호 수단을 매우 쉽게 구현하겠지만, 전역 데이터를 직접 사용한다면 구현하기 어려울 것이다.

추상화 수준을 접근 루틴에 만들어라. 구현 세부 사항 수준보다는 문제 도메인 수준에서 접근 루틴을 작성한다. 그러한 접근 방법은 구현 세부 사항에서 변경이 있을 때 보호해줄 뿐만 아니라 가독성을 향상시킬 수 있다.

표 13-1에 있는 두 개의 명령문을 비교해 본다.

표 13-1 전역 데이터에 직접 접근하는 방법과 접근 루틴을 통해 접근하는 방법

전역 데이터를 직접 사용	접근 루틴을 통해서 전역 데이터를 사용
node = node.next	account = NextAccount(account)
node = node.next	employee = NextEmployee(employee)
node = node.next	rateLevel = NextRateLevel(rateLevel)
event = eventQueue[queueFront]	event = HighestPriorityEvent()
event = eventQueue[queueBack]	event = LowestPriorityEvent()

처음 세 개의 예제는 추상 접근 루틴이 일반적인 구조보다 훨씬 많은 것을 말해준다는 것이 핵심이다. 이 구조를 직접 사용한다면 한 번에 너무 많은 것을 해야 한다. 우선 이 구조가 무엇을 하고 있는지를 보여주고(링크드 리스트에서 다른 링크로 이동한다) 표현하는 항목에 따라서 무엇이 수행되는지(계정이나 다음 고객, 요금 수준을 얻는다)를 보여주어야 한다. 이러한 작업은 간단한 데이터 구조체 할당문에 너무 큰 부담이다. 추상 접근 루틴에 그러한 정보를 감추면 구현 세부 사항 수준이 아니라 문제 도메인 수준에서 코드를 읽을 수 있고 코드가 자신을 설명하게 할 수 있다.

데이터에 대한 모든 접근을 동일한 추상화 수준으로 유지하라. 어떤 구조체에 한 가지 작업을 하기 위해서 접근 루틴을 사용한다면 그 구조체를 다루는 다른 모든 작업을 수행하는 데 접근 루틴을 사용해야 한다. 접근 루틴으로 해당 구조체를 읽는다면 접근 루틴을 써야 한다. 스택을 초기화하기 위해서 *InitStack()*을 호출하고 스택에 아이템을 입력하기 위해서 *PushStack()*을 호출하면 해당 데이터를 일관성 있게 바라볼 수 있다. 이러

한 상황에서 *value = array[stack.top]*으로 직접 스택의 데이터를 가져온다면 해당 데이터에 대해 일관성도 없을 뿐만 아니라 코드를 읽기도 어렵다. *value = array[stack. top]* 대신 *PopStack()* 루틴을 만든다.

> **관련 정보** 이벤트-큐에서 접근 루틴을 사용하면 클래스를 작성하는 것이 좋다. 자세한 내용은 6장 "클래스 다루기"를 살펴본다.

표 13-1의 명령문 쌍 예제에서 두 개의 이벤트-큐 연산이 병렬로 발생한다. 큐에 이벤트를 "삽입"하는 작업은 표에 있는 두 연산보다 까다로울 것이다. 이벤트를 삽입할 위치를 찾고 새로운 이벤트를 위한 공간을 마련하기 위해서 기존에 있던 이벤트를 조절해야 하며 큐의 앞이나 뒤를 조절하는 데 여러 줄의 코드가 필요하다. 큐에서 이벤트를 제거하는 것도 이와 마찬가지로 복잡할 것이다. 코드를 작성하는 동안 복잡한 연산은 루틴으로 작성하고 나머지는 직접 데이터를 처리하도록 남겨질 것이다. 이렇게 되면 보기 흉하고 일관성 없게 구조체를 사용하게 된다. 이제 표 13-2에 있는 명령문 쌍을 비교해 본다.

표 13-2 복잡한 데이터를 순차적으로 사용하는 방법과 병렬로 사용하는 방법

복잡한 데이터를 순차적으로 사용	복잡한 데이터를 병렬로 사용
event = EventQueue[queueFront]	event = HighestPriorityEvent()
event = EventQueue[queueBack]	event = LowestPriorityEvent()
AddEvent(event)	AddEvent(event)
eventCount = eventCount - 1	RemoveEvent(event)

이러한 지침이 큰 프로그램에만 적용된다고 생각하겠지만, 접근 루틴이 전역 데이터와 관련된 문제점을 피할 수 있는 생산적인 방법이라는 사실은 이미 증명되었다. 게다가 접근 루틴은 코드를 이해하고 변경하기도 쉽다.

전역 데이터를 사용할 때의 위험 요소를 줄이는 방법

대부분의 경우, 전역 데이터는 사실상 매우 잘 설계되거나 구현되지 않은 클래스의 클래스 데이터다. 몇몇 경우에만 데이터가 전역일 필요가 있지만, 해당 데이터에 대한 접근은 접근 루틴으로 감싸 잠재적인 문제점을 최소화할 수 있다. 나머지 극소수의 경우에는 정말로 전역 데이터를 사용할 필요가 있다. 그러한 경우에는 어쩔 수 없이 이 절에서 소개하는 다음 지침을 따라야 한다. 다소 고통이 따르겠지만, 그 지침을 따라야 건강하게 살아남을 가능성이 높아진다.

관련 정보 전역 변수의 이름 규약에 대한 자세한 내용은 11.4절의 "변수를 식별한다"를 살펴본다.

전역 변수를 분명히 하는 이름 규약을 만들어라. 전역 데이터를 다루고 있음을 분명히 함으로써 어느 정도의 실수를 피할 수 있다. 한 가지 이상의 목적으로 전역 변수를 사용하고 있다면(예: 변수 또는 이름 상수를 대신하기 위해서) 이름 규약을 사용하여 그러한 목적의 차이를 확실하게 구분한다.

모든 전역 변수에 대해 주석을 잘 작성한 목록을 만들어라. 이름 규약으로부터 변수가 전역이라는 것을 알 수 있다면 해당 변수가 무엇을 하는지 알리는 데 도움이 된다. 전역 변수 목록은 프로그램을 다루는 사람이 가질 수 있는 가장 유용한 도구 중 하나다.

중간 결과를 담기 위해 전역 변수를 사용하지 말라. 전역 변수에 대한 새로운 값을 계산해야 한다면 중간 계산 결과를 보관하는 데 전역 변수를 사용하지 말고 계산이 끝나고 나서 최종 값을 전역 변수에 할당한다.

모든 데이터를 거대한 객체에 입력하고 모든 곳에 전달하는 방법으로 전역 데이터를 사용하지 않는 것처럼 가장하지 말라. 모든 데이터를 하나의 큰 객체에 넣으면 전역 변수를 사용하지 않기 때문에 아무런 문제가 없을 것 같지만, 오버헤드가 발생하고 진정한 캡슐화의 이점을 얻을 수 없다. 전역 데이터를 사용한다면 공개적으로 사용한다. 비대한 객체로 위장하려고 하지 않는다.

참고 자료

cc2e.com/1385

다음은 특이한 데이터형을 다루고 있는 참고 자료다.

스티브 맥과이어(Steve Maguire) 《*Writing Solid Code: 버그 안녕*》(높이깊이, 2001) 3장에서는 포인터 사용의 위험성과 포인터와 관련된 문제점을 피하기 위한 여러 가지 구체적인 팁에 대해 훌륭하게 설명한다.

스콧 마이어스 《*Effective C++(이펙티브 C++)*》(프로텍미디어, 2015), 《*More Effective C++*》(정보문화사, 2007). 제목에서 알 수 있는 것처럼 이 책들은 C++ 프로그램을 향상시키기 위한 여러 가지 구체적인 팁을 포함하고 있다. 포인터를 안전하고 효과적으로 사용하기 위한 지침도 포함하고 있다. 특히 《*More Effective C++*》는 C++의 메모리 관리 문제점을 훌륭하게 설명한다.

체크리스트: 특이한 데이터형을 사용할 때 고려해야 할 사항

구조체
- 관련된 데이터 그룹을 구성하고 다루기 위해서 원시 변수 대신 구조체를 사용했는가?
- 구조체 사용의 대안으로 클래스 생성을 고려해 봤는가?

전역 데이터
- 반드시 전역일 필요가 없는 경우를 제외하고 모든 변수가 지역 혹은 클래스 범위에 있는가?
- 변수 명명 규약이 지역과 클래스, 전역 데이터를 구별하고 있는가?
- 모든 전역 변수의 설명이 작성되었는가?
- 코드에 전역이 아니지만 전역인 데이터(모든 루틴에 전달되는 잡동사니 데이터를 포함하고 있는 거대한 객체)가 없는가?
- 전역 데이터 대신 접근 루틴을 사용했는가?
- 접근 루틴과 데이터를 클래스로 구성했는가?
- 접근 루틴이 내부적인 데이터형 구현을 넘어서는 추상화 수준을 제공하는가?
- 모든 관련 접근 루틴이 같은 추상화 수준에 있는가?

포인터
- 포인터 연산을 루틴에 고립시켰는가?
- 포인터 참조가 유효한가? 또는 포인터가 허상일 수 있는가?
- 포인터를 사용하기 전에 포인터의 유효성을 검사하고 있는가?
- 포인터가 참조하고 있는 변수를 사용하기 전에 유효성을 검사하는가?
- 포인터를 해제한 후 널로 설정하는가?
- 코드가 가독성을 위해서 필요한 모든 포인터 변수를 사용하는가?
- 링크드 리스트에 있는 포인터를 올바른 순서로 해제하는가?
- 메모리가 부족할 때 프로그램을 우아하게 종료할 수 있게 프로그램이 임시 메모리를 할당하고 있는가?
- 다른 방법이 없을 때 최후의 수단으로써 포인터를 사용하는가?

요점 정리

- 구조체를 사용하면 프로그램이 덜 복잡하고 이해하기 쉬우며 유지보수에도 도움이 된다.
- 구조체를 사용할 때마다 구조체 대신 클래스도 고려해 본다.
- 포인터는 오류가 발생할 가능성이 높다. 접근 루틴이나 클래스, 방어적 프로그래밍 습관을 사용하여 보호한다.
- 전역 변수는 위험할 뿐만 아니라 더 좋은 다른 것으로 대체할 수 있으니 사용하지 않는다.
- 전역 변수를 꼭 사용해야 한다면 접근 루틴을 통해서 처리한다. 접근 루틴은 전역 변수가 제공하는 것 이상을 제공한다.

4부

명령문

14장 순차적 코드 구성하기
15장 조건문 사용
16장 반복문 제어
17장 특이한 제어 구조
18장 테이블 활용 기법
19장 제어와 관련된 일반적인 이슈

14장 순차적 코드 구성하기

cc2e.com/1465

내용

14.1 순서가 중요한 명령문
14.2 순서가 중요하지 않은 명령문

관련 주제

- 제어와 연관된 일반적인 이슈: 19장
- 조건문 사용: 15장
- 반복문 사용: 16장
- 변수와 객체의 범위: 10.4절 "범위"

이 장에서는 데이터 중심 프로그래밍 관점에서 명령문 중심 관점으로 전환한다. 이 장에서는 명령문과 명령문 블록을 순차적으로 입력하는 가장 간단한 형태의 제어 구조를 소개한다.

순차적 코드를 구성하는 것이 비교적 간단한 작업이기는 하지만, 몇몇 미묘한 구조적 차이가 코드의 품질과 정확도, 가독성, 유지보수성에 영향을 미친다.

14.1 순서가 중요한 명령문

정렬하기 가장 쉬운 순차적인 명령문은 순서가 중요한 명령문이다. 다음 예를 살펴보자.

명령문의 순서가 중요한 자바 예제
```
data = ReadData();
results = CalculateResultsFromData( data );
PrintResults( results );
```

특별한 일이 발생하지 않는 한 이 코드에 있는 명령문은 반드시 작성된 순서대로 실행될 것이다. 먼저 데이터를 읽고 결과를 계산한 후 결과를 출력한다.

이 예제의 내적인 개념은 의존성에 관한 것이다. 세 번째 명령문은 두 번째 명령문에 의존하고 두 번째는 첫 번째 명령문에 의존한다. 이 예제에서 한 명령문이 다른 명령문에 의존한다는 사실은 루틴의 이름에서 명확하게 알 수 있다. 다음 코드는 의존성이 덜 분명하다.

명령문의 순서가 중요하지만 덜 분명한 자바 예제
```
revenue.ComputeMonthly();
revenue.ComputeQuarterly();
revenue.ComputeAnnual();
```

이 예제에서 분기별 수입 계산은 월별 수입이 이미 계산되어 있다고 가정한다. 회계에 대해서 알고 있거나 상식적으로 생각해도 1년 수입을 계산하기 전에 분기별 수입을 계산해야 한다는 것은 알 것이다. 이 계산 사이에는 의존성이 있지만, 이 코드를 읽는 것만으로는 그것을 분명히 알 수가 없다. 여기에서는 그러한 의존성이 분명하지 않고 말 그대로 감춰져 있다.

명령문의 순서 의존성이 감춰져 있는 비주얼 베이직 예제
```
ComputeMarketingExpense
ComputeSalesExpense
ComputeTravelExpense
ComputePersonnelExpense
DisplayExpenseSummary
```

*ComputeMarketingExpense()*가 다른 모든 루틴에서 데이터를 넣을 클래스 멤버 변수를 초기화한다고 해보자. 그런 경우라면 다른 루틴보다 그 루틴이 먼저 호출되어야 한다. 이 코드를 보고 그러한 내용을 어떻게 알 수 있는가? 루틴 호출이 아무런 매개변수를 갖고 있지 않기 때문에 각 루틴이 클래스 데이터에 접근한다고 추측은 할 수 있을 것이다. 하지만 코드만 봐서는 확실하게 알 수 없다.

KEY POINT

명령문이 특정한 순서로 작성되어야 하는 의존성을 갖고 있을 때는 의존성을 분명히 하기 위한 단계를 밟아야 한다. 다음은 명령문 배치와 연관된 간단한 지침이다.

의존성이 분명하게 보이게 코드를 구성하라. 바로 전에 살펴본 마이크로소프트 비주얼 베이직 예제에서 *ComputeMarketingExpense()*가 클래스 멤버 변수를 초기화해서

는 안 된다. 이 루틴의 이름은 *ComputeSalesExpense()*, *ComputeTravelExpense()* 등과 같이 다른 루틴의 이름과 비슷하며 세일즈(sales) 데이터나 다른 데이터를 다루지 않고 마케팅(marketing) 데이터를 다룬다는 점만 다를 뿐이다. *ComputeMarketingExpense()*로 멤버 변수를 초기화하는 일은 반드시 피해야 하는 잘못된 습관이다. 왜 다른 루틴 대신 이 루틴에서 초기화를 해야 하는가? 타당한 이유를 생각할 수 없다면 멤버 변수를 초기화하기 위한 *InitializeExpenseData()*와 같은 다른 루틴을 작성해야 한다. 이 루틴의 이름은 다른 지출 루틴보다 이 루틴을 먼저 호출해야 한다는 사실을 분명하게 나타낸다.

의존성이 분명하게 보이게 루틴의 이름을 작성하라. 비주얼 베이직 예제에서 *ComputeMarketingExpense()*는 마케팅 지출 계산 외에도 다른 일을 하기 때문에 이름을 잘못 지은 것이다. 이 루틴은 멤버 데이터도 초기화한다. 데이터를 초기화하기 위해서 추가적인 루틴을 생성하는 것에 반대한다면 적어도 *ComputeMarketingExpense()*에 이 루틴이 수행하는 모든 기능을 설명하는 이름을 제공해야 한다. 이 경우에는 *ComputeMarketingExpenseAndInitializeMemberData()*가 적절할 것이다. 이 이름이 너무 길기 때문에 나쁜 이름이라고 말할지도 모르겠지만, 적어도 이 이름은 루틴이 무엇을 하는지 설명하고 있기 때문에 나쁘지 않다. 루틴 자체가 문제다!

관련 정보 루틴과 매개변수 사용에 대한 자세한 내용은 5장 "구현 설계"를 살펴본다.

의존성을 분명히 하기 위해서 루틴 매개변수를 사용하라. 비주얼 베이직 예제에서 루틴끼리 아무런 데이터도 전달하지 않기 때문에 어떠한 루틴이 같은 데이터를 사용하는지 알 수 없다. 루틴끼리 데이터를 전달하게 코드를 재작성함으로써 실행 순서가 중요하다는 단서를 만들 수 있다. 새로 작성한 코드는 다음과 같다.

```
데이터가 순서의 의존성을 말해주는 비주얼 베이직 예제
InitializeExpenseData( expenseData )
ComputeMarketingExpense( expenseData )
ComputeSalesExpense( expenseData )
ComputeTravelExpense( expenseData )
ComputePersonnelExpense( expenseData )
DisplayExpenseSummary( expenseData )
```

모든 루틴이 *expenseData*를 사용하기 때문에 루틴들이 같은 데이터를 다루고 있으며 명령문의 순서가 중요할 거라는 힌트를 얻을 수 있다.

이 예제에서 *expenseData*를 입력으로 받고 갱신된 *expenseData*를 출력으로 반환하는 함수로 루틴을 변환하면 코드에 순서 의존성이 있음을 더욱 명확하게 나타낼 수 있다.

데이터와 루틴 호출이 순서의 의존성을 말해주는 비주얼 베이직 예제
```
expenseData = InitializeExpenseData( expenseData )
expenseData = ComputeMarketingExpense( expenseData )
expenseData = ComputeSalesExpense( expenseData )
expenseData = ComputeTravelExpense( expenseData )
expenseData = ComputePersonnelExpense( expenseData )
DisplayExpenseSummary( expenseData )
```

또한 다음 경우처럼 데이터의 실행 순서가 중요하지 않다는 것을 암시할 수도 있다.

데이터가 순서의 의존성을 암시하지 않는 비주얼 베이직 예제
```
ComputeMarketingExpense( marketingData )
ComputeSalesExpense( salesData )
ComputeTravelExpense( travelData )
ComputePersonnelExpense( personnelData )
DisplayExpenseSummary( marketingData, salesData, travelData, personnelData )
```

처음 네 줄에 있는 루틴이 공통으로 사용하는 데이터가 없어 이 코드는 루틴이 호출되는 순서가 중요하지 않음을 암시한다. 다섯째 줄에 있는 루틴은 처음 네 개의 루틴으로부터 얻은 데이터를 사용하므로 앞에 있는 4개의 루틴 다음에 실행되어야 한다는 것을 추측할 수 있다.

KEY POINT

의존성이 분명하지 않은 부분은 주석으로 문서화하라. 처음에는 순서 의존성 없이 코드를 작성해 본다. 그다음에 의존성이 분명하게 코드를 작성해 본다. 순서 의존성이 아직도 충분히 명확하지 않다고 생각한다면 문서화하라. 분명하지 않은 의존성을 문서화하는 것은 유지보수와 변경이 가능한 코드를 작성하는 데 매우 중요하다. 비주얼 베이직 예제에서 주석을 추가하면 유용할 것이다.

명령문의 순서 의존성이 감춰져 있지만, 주석으로 이를 분명히 한 비주얼 베이직 예제
```
' 지출 데이터를 계산한다. 각 루틴은 멤버 데이터 expenseData에 접근한다.
' DisplayExpenseSummary는 다른 루틴에서 계산한 데이터에 의존하기 때문에
' 마지막에 호출되어야 한다.
InitializeExpenseData
ComputeMarketingExpense
ComputeSalesExpense
ComputeTravelExpense
ComputePersonnelExpense
DisplayExpenseSummary
```

이 코드는 순서 의존성을 분명하게 만들기 위한 기법을 사용하지 않고 있다. 물론 주석보다는 그러한 기법을 사용하는 것이 더 좋은 방법이겠지만, 제약이 많은 코드를 유지보수하고 있거나 어떠한 이유로 코드 자체를 개선할 수 없다면 주석을 사용해 코드의 약점을 보완한다.

어설션이나 오류 처리 코드로 의존성을 검사하라. 코드가 매우 중요하다면 상태 변수와 오류 처리 코드를 사용하거나 어설션을 사용해 중요한 순서 의존성을 문서화할 수 있다. 예를 들면, 클래스의 생성자에서 클래스 멤버 변수 *isExpenseDataInitialized*를 *false* 값으로 초기화한다고 하자. 그러면 *InitializeExpenseData()*에서 *isExpenseDataInitialized*를 *true*로 설정할 수 있다. 초기화된 *expenseData* 데이터에 의존하는 각 함수는 *expenseData*를 다루기 전에 *isExpenseDataInitialized* 값이 *true*로 설정되었는지 검사할 수 있다. 의존성이 얼마나 포괄적인지에 따라서 *isMarketingExpenseComputed*나 *isSalesExpenseComputed* 같은 변수가 필요할 것이다.

이 기법은 새로운 변수와 새로운 초기화 코드, 새로운 오류 검사 코드를 만드는데, 이 모든 코드가 오류를 추가로 발견할 가능성이 높다. 이 기법이 도움이 되는지는 이 기법을 적용해서 코드가 복잡해지는 정도와 코드 덕분에 발견할 수 있는 오류로 판단해야 한다.

14.2 순서가 중요하지 않은 명령문

몇몇 명령문이나 코드 블록은 순서가 전혀 중요하지 않은 것처럼 보일 것이다. 어떤 명령문은 다른 명령문에 의존하거나 논리적으로 따르지 않는다. 하지만 정렬은 가독성과 성능, 유지보수성에 영향을 미치며 실행 순서 의존성이 없는 경우에는 명령문이나 코드 블록의 순서를 결정하기 위해 보조적인 기준을 사용할 수 있다. 기본 가이드라인은 *연관된 작업을 함께 두는 근접성 원칙을 따른다.*

코드를 하향식으로 읽을 수 있도록 개발

기본 원칙은 프로그램을 여기저기 건너뛰지 않고 하향식으로 읽을 수 있게 개발하는 것이다. 전문가들은 하향식 순서가 가독성에 가장 많은 영향을 미친다고 말한다. 단순히 제어 흐름이 실행 시 하향식으로 진행하게 하는 것만으로는 충분하지 않다. 코드를 읽는 사람이 필요한 정보를 찾기 위해서 프로그램을 검색해야 한다면 코드를 재구성해야 한다. 다음 예제를 살펴보자.

코드를 이리저리 봐야 하는 좋지 않은 C++ 예제
```cpp
MarketingData marketingData;
SalesData salesData;
TravelData travelData;

travelData.ComputeQuarterly();
salesData.ComputeQuarterly();
marketingData.ComputeQuarterly();

salesData.ComputeAnnual();
marketingData.ComputeAnnual();
travelData.ComputeAnnual();

salesData.Print();
travelData.Print();
marketingData.Print();
```

*marketingData*가 어떻게 계산되는지 알고 싶다고 하자. 마지막 줄에서 시작해서 첫 번째 줄까지 *marketingData*를 참조하는 모든 코드를 추적해야 한다. *marketingData*가 사용되는 곳이 많지는 않지만, *marketingData*가 첫 번째와 마지막 참조 사이의 모든 곳에서 어떻게 사용되는지 기억해야만 한다. 다시 말하면 *marketingData*가 계산되는 방법을 이해하기 위해서 모든 코드를 살펴보고 생각해야 한다. 물론 이 코드는 실제 시스템에서 보는 코드보다 단순하다. 다음은 같은 코드를 더 나은 구조로 작성한 것이다.

하향식으로 읽을 수 있도록 순차적으로 잘 작성된 C++ 예제
```cpp
MarketingData marketingData;
marketingData.ComputeQuarterly();
marketingData.ComputeAnnual();
marketingData.Print();

SalesData salesData;
salesData.ComputeQuarterly();
salesData.ComputeAnnual();
salesData.Print();

TravelData travelData;
travelData.ComputeQuarterly();
```

```
travelData.ComputeAnnual();
travelData.Print();
```

관련 정보 "살아 있는" 변수에 대한 좀 더 기술적인 정의는 10.4절의 "변수의 수명 측정"에서 설명했다.

이 코드는 여러 가지 면에서 앞에서 작성된 코드보다 좋다. 각 객체에 대한 참조를 함께 두어 참조가 "지역화"되었다. 객체가 "살아 있는" 코드의 범위가 좁다. 그리고 아마 가장 중요한 점은 이제 코드가 마케팅, 세일즈, 출장 데이터를 처리하는 루틴으로 쪼갤 수 있어 보인다는 점일 것이다. 처음 살펴본 코드에서는 그렇게 분해할 수 있을지에 대한 아무런 단서도 제공하지 않았다.

연관된 명령문 그룹화하기

관련 정보 의사코드 프로그래밍 프로세스를 따르고 있다면 작성한 코드에 자동으로 연관된 명령문이 모여 있을 것이다. 이 프로세스에 대한 자세한 내용은 9장 "의사코드 프로그래밍 프로세스"를 살펴본다.

연관된 명령문을 함께 둔다. 이 명령문들은 같은 데이터를 처리하거나 비슷한 작업을 수행하거나 각 명령문의 처리 순서에 의존하기 때문에 관련이 있을 수 있다.

연관된 명령문이 잘 모여 있는지 확인하는 가장 쉬운 방법은 루틴 목록을 출력하고 연관된 명령문 주위에 상자를 그려보는 것이다. 명령문이 잘 정렬되어 있다면 그림 14-1과 같은 모습일 것이다. 이 그림에 있는 상자는 서로 겹치지 않는다.

그림 14-1 코드가 잘 모여 있다면 관련 섹션 주위에 그린 상자가 겹치지 않는다. 상자는 관련이 있는 더 큰 단위로 중첩될 것이다.

관련 정보 변수에 대한 연산을 함께 두는 것에 대한 자세한 내용은 10.4절 "범위"를 살펴본다.

명령문이 잘 정렬되어 있지 않다면 그림 14-2와 같이 상자가 겹칠 것이다. 그림 14-2처럼 상자가 겹쳐 있다면 관련 명령문의 그룹화가 더 잘 되게 코드를 재구성한다.

그림 14-2 코드가 제대로 구성되어 있지 않다면 관련 섹션 주위에 그린 상자가 서로 겹친다.

관련 명령문을 그룹화하고 나면 서로 아주 밀접하게 관련되어 있으면서도 전후 명령문과는 아무런 관계가 없는 명령문을 발견하게 될 것이다. 그런 경우에는 밀접하게 연관된 명령문을 별도의 루틴으로 리팩터링한다.

cc2e.com/1472

> **체크리스트: 순차적인 코드 구성하기**
>
> - 명령문끼리 의존성이 명확한가?
> - 루틴의 이름이 의존성을 명확하게 만들고 있는가?
> - 루틴에 대한 매개변수가 의존성을 명확하게 만들고 있는가?
> - 주석으로 명확하지 않은 의존성을 설명하는가?
> - 중요한 코드 섹션에서 순차적인 의존성을 검사하기 위해 보조 변수를 사용했는가?
> - 코드를 하향식으로 읽을 수 있는가?
> - 연관된 명령문을 그룹화했는가?
> - 비교적 독립적인 명령문 그룹을 고유한 루틴으로 이동했는가?

요점 정리

- 순차적인 코드를 구성하는 가장 강력한 원칙은 의존성을 정리하는 것이다.
- 의존성은 훌륭한 루틴 이름이나 매개변수 리스트, 주석, 보조 변수(코드가 매우 중요한 경우)의 사용을 통해 분명히 해야 한다.
- 코드가 순서에 의존하지 않는다면 연관된 명령문을 가능한 한 가까이 둔다.

15장 조건문 사용

cc2e.com/1538

> **내용**
>
> **15.1** if 문
>
> **15.2** case 문
>
> **관련 주제**
>
> - 지나치게 깊은 중첩 구조 처리: 19.4절
> - 제어와 관련된 일반적인 이슈: 19장
> - 반복문 코드: 16장
> - 순차적 코드: 14장
> - 데이터형과 제어 구조 사이의 관계: 10.7절

조건문은 다른 명령문의 실행을 제어하는 명령문이다. 즉, 다른 명령문의 실행이 *if*, *else*, *case*, *switch*와 같은 명령문에 의해 "분기"된다. 논리적으로는 *while*과 *for* 같은 반복문도 조건문이라고 해야겠지만, 관례상 이 둘은 별도로 다룬다. 16장 "반복문 제어"에서 *while*과 *for* 명령문을 살펴볼 것이다.

15.1 *if* 문

사용하는 프로그래밍 언어에 따라 여러 가지 *if* 문을 사용할 수 있을 것이다. 가장 간단한 형태는 *if*나 *if-then* 명령문이다. *if-then-else*는 약간 복잡하고 *if-then-else-if*로 연결된 구조가 가장 복잡하다.

if-then 명령문

if 문을 작성할 때는 다음 가이드라인을 따른다.

KEY POINT

일반적인 경우를 처리하는 코드를 먼저 작성한 다음 특별한 경우를 처리하라. 일반적인 코드의 흐름이 분명하도록 코드를 작성한다. 특별한 경우가 일반적인 흐름을 모호하게 만들지 않도록 한다. 이는 가독성과 성능 모두에 중요하다.

동치에 대해서 *정확하게 이동 경로를 결정하라.* >= 대신 >를 사용하거나 <= 대신 <를 사용하면 배열에 접근하거나 반복문 인덱스를 계산할 때 하나 차이로 인한 오류가 발생한다. 반복문에서는 하나 차이로 인한 오류를 피하기 위해서 마지막 위치를 충분히 생각한다. 조건문에서도 같은 문제를 피하기 위해서 동치인 경우를 충분히 생각하도록 한다.

> 관련 정보 오류 처리 코드를 다루는 다른 방법은 19.4절의 "지나치게 깊은 중첩 구조 처리"를 살펴본다.

정상적인 경우를 else가 아니라 if 문 다음에 입력하라. 정상적으로 처리되는 경우를 먼저 작성한다. 이는 조건 판단의 결과로부터 가능한 한 결정하는 위치와 가깝게 코드를 작성하는 일반적인 원칙과 일치한다. 다음은 수많은 오류를 아무렇게나 처리하는 예제 코드다.

수많은 오류를 아무렇게나 처리하는 비주얼 베이직 예제
```
OpenFile( inputFile, status )
If ( status = Status_Error ) Then
    errorType = FileOpenError         ← 오류가 발생한 경우
Else
    ReadFile( inputFile, fileData, status )   ← 정상적인 경우
    If ( status = Status_Success ) Then
        SummarizeFileData( fileData, summaryData, status )   ← 정상적인 경우
        If ( status = Status_Error ) Then
            errorType = ErrorType_DataSummaryError   ← 오류가 발생한 경우
        Else
            PrintSummary( summaryData )   ← 정상적인 경우
            SaveSummaryData( summaryData, status )
            If ( status = Status_Error ) Then
                errorType = ErrorType_SummarySaveError   ← 오류가 발생한 경우
            Else
                UpdateAllAccounts()   ← 정상적인 경우
                EraseUndoFile()
                errorType = ErrorType_None
            End If
        End If
    Else
        errorType = ErrorType_FileReadError
    End If
End If
```

이 코드는 정상적인 경우와 오류가 발생한 경우가 모두 섞여 있어 코드를 따라가기가 힘들다. 정상적으로 처리되는 경로를 찾기가 어렵다. 게다가 오류 처리가 *else* 절이 아니라 *if* 절에서 처리되는 경우가 있기 때문에 어떤 *if* 문이 일반적인 경우를 테스트하는지 확인

하기도 어렵다. 다음에 재작성한 코드에서는 일반적인 경우가 일관성 있게 먼저 작성되었으며 오류가 발생한 경우는 모두 나중에 작성되었다. 이렇게 하면 일반적인 경우를 더 쉽게 찾고 읽을 수 있다.

수많은 오류를 구조적으로 처리하는 비주얼 베이직 예제

```
OpenFile( inputFile, status )
If ( status = Status_Success ) Then
    ReadFile( inputFile, fileData, status )          ← 정상적인 경우
    If ( status = Status_Success ) Then
        SummarizeFileData( fileData, summaryData, status )   ← 정상적인 경우
        If ( status = Status_Success ) Then
            PrintSummary( summaryData )              ← 정상적인 경우
            SaveSummaryData( summaryData, status )
            If ( status = Status_Success ) Then
                UpdateAllAccounts()                  ← 정상적인 경우
                EraseUndoFile()
                errorType = ErrorType_None
            Else
                errorType = ErrorType_SummarySaveError   ← 오류가 발생한 경우
            End If
        Else
            errorType = ErrorType_DataSummaryError    ← 오류가 발생한 경우
        End If
    Else
        errorType = ErrorType_FileReadError           ← 오류가 발생한 경우
    End If
Else
    errorType = ErrorType_FileOpenError               ← 오류가 발생한 경우
End If
```

재작성한 예제에서는 *if* 테스트를 따라 정상적인 경우를 찾을 수 있다. 이 예제를 수정할 때 예외적인 경우를 살펴보는 것보다 주가 되는 if 문을 읽는 데 중점을 두어서 코드가 전체적으로 읽기 쉬워졌다. 오류 조건이 맨 마지막에 쌓여있다는 것은 오류 처리 코드가 잘 작성되었다는 신호다.

이 예제는 정상적인 경우와 오류가 발생한 경우를 처리하는 하나의 시스템적 접근 방법을 보여준다. 보호절(guard clause)을 사용하거나 다형성 디스패치(polymorphic dispatch)로 변환하거나 테스트 안쪽 부분을 별도의 루틴으로 구현하는 등 이 문제에 대한 다양한 해결책을 이 책 전체에 소개하고 있다. 사용할 수 있는 접근 방법에 대한 전체 목록은 19.4절의 "깊은 중첩 구조를 줄이는 기법 요약"을 살펴본다.

if 문 다음에 의미 있는 명령문을 작성하라. 때때로 다음 예제와 같이 *if* 문 다음이 널인 코드[1]를 보게 된다.

```
if 문이 널인 자바 예제
if ( SomeTest )
    ;
else {
    // 작업 수행
    ...
}
```

관련 정보 효과적인 *if* 문을 작성하는 한 가지 핵심 사항은 명령문을 제어하기 위해 올바른 불린 표현식을 작성하는 것이다. 효과적인 불린 표현식 작성에 관한 자세한 내용은 19.1절 "불린 표현식"을 살펴본다.

대부분의 숙련된 프로그래머는 추가로 널 코드와 *else* 줄을 작성하기 싫어서 이와 같은 *if* 문을 작성하지는 않는다. 이 코드는 말도 안 되는 코드고 *if* 문에 있는 조건을 부정하고 *else* 문에 있는 코드를 *if* 문으로 옮긴 다음, *else* 문을 지워 쉽게 개선할 수 있다. 다음은 그렇게 변경한 코드다.

```
널을 찾는 if 문을 변경한 자바 예제
if ( ! someTest ) {
    // 작업 수행
    ...
}
```

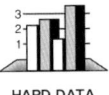

else 절을 고려하라. *if* 문이 필요하다면 *if-then-else* 문이 필요 없는지 고려해야 한다. GM(General Motors)은 *if* 문의 50%에서 80%가 *else* 절을 갖고 있어야 했다는 사실을 발견했다(Elshoff 1976).

한 가지 방법은 *else*인 경우를 고려했다는 것을 보여줄 필요가 있을 때 널 명령문을 넣어 *else* 절을 작성하는 것이다. 단순히 *else*인 경우를 고려했다는 것을 보여주기 위해서 널 *else* 코드를 작성하는 것은 좀 과할 수도 있지만, 최소한 *else*인 경우는 고려해야 한다. *if* 테스트에 else가 없을 때 그 이유가 분명하지 않다면 주석을 사용해 왜 *else* 절이 필요하지 않은지 설명한다.

```
주석이 작성되어 유용한 else 절 자바 예제
// color가 유효하다면
if ( COLOR_MIN <= color && color <= COLOR_MAX ) {
    // 작업 수행
    ...
}
```

---

1 (옮긴이) 수행하는 명령문 없이 명령문 종결자(;)만 있는 코드

```
else {
    // color가 유효하지 않다면
    // 화면에 쓰이지 않는다. - 명령을 무시한다.
}
```

정확성 파악을 위해 else 문을 테스트하라. 코드를 테스트할 때 주류인 *if* 문에서 모든 것을 테스트한다고 생각할지도 모른다. 하지만 else 문을 테스트할 수 있다면 꼭 그렇게 한다.

if와 else 문의 반대 결과를 검사하라. *if-then* 코드를 작성할 때 흔히 저지르는 실수는 *if* 문 다음에 와야 하는 코드와 *else* 문 다음에 와야 하는 코드를 바꿔 쓰거나 *if* 테스트 로직을 반대로 작성하는 것이다. 코드에 이처럼 흔히 발생하는 오류가 있는지 확인한다.

연속적인 *if-then-else* 문

case 문을 지원하지 않거나 부분적으로만 지원하는 언어에서는 종종 *if-then-else* 테스트를 연속해서 작성하게 된다. 예를 들어 문자를 분류하는 코드는 다음과 같은 연속적인 *if-then-else* 문을 사용할 것이다.

> 관련 정보 복잡한 표현식을 단순화하는 방법에 관한 자세한 내용은 19.1절 "불린 표현식"을 살펴본다.

문자를 분류하기 위해 if-then-else를 연속으로 사용하는 C++ 예제
```cpp
if ( inputCharacter < SPACE ) {
    characterType = CharacterType_ControlCharacter;
}
else if (
    inputCharacter == ' ' ||
    inputCharacter == ',' ||
    inputCharacter == '.' ||
    inputCharacter == '!' ||
    inputCharacter == '(' ||
    inputCharacter == ')' ||
    inputCharacter == ':' ||
    inputCharacter == ';' ||
    inputCharacter == '?' ||
    inputCharacter == '-'
    ) {
    characterType = CharacterType_Punctuation;
}
else if ( '0' <= inputCharacter && inputCharacter <= '9' ) {
    characterType = CharacterType_Digit;
}
else if (
```

```
    ( 'a' <= inputCharacter && inputCharacter <= 'z' ) ||
    ( 'A' <= inputCharacter && inputCharacter <= 'Z' )
    ) {
    characterType = CharacterType_Letter;
}
```

이와 같은 일련의 *if-then-else* 문을 작성할 때는 다음에 소개하는 가이드라인을 고려한다.

복잡한 테스트를 불린 함수 호출로 단순화하라. 앞에서 살펴본 예제에서 코드를 읽기 어려운 한 가지 이유는 문자열을 분류하는 테스트가 복잡하기 때문이다. 코드를 이해하기 쉽게 이 테스트를 불린 함수 호출로 대체할 수 있다. 다음은 테스트를 불린 함수로 대체했을 때의 예제 코드다.

불린 함수 호출을 사용한 일련의 if-then-else 문을 사용한 C++ 예제
```
if ( IsControl( inputCharacter ) ) {
    characterType = CharacterType_ControlCharacter;
}
else if ( IsPunctuation( inputCharacter ) ) {
    characterType = CharacterType_Punctuation;
}
else if ( IsDigit( inputCharacter ) ) {
    characterType = CharacterType_Digit;
}
else if ( IsLetter( inputCharacter ) ) {
    characterType = CharacterType_Letter;
}
```

가장 흔한 경우를 앞에 놓아라. 가장 흔한 경우를 앞에 놓으면 일반적인 경우를 찾기 위해 읽어야 하는 예외적인 상황 처리 코드의 양을 최소화할 수 있다. 가장 흔한 경우를 찾기 위한 코드 테스트의 수를 최소화하기 때문에 효율성도 향상된다. 앞에서 소개한 예제에서 문자가 구두점보다 흔한데 구두점 테스트가 먼저 작성되었다. 다음은 문자에 대한 테스트를 먼저 수행하도록 코드를 수정한 것이다.

가장 흔한 경우를 먼저 테스트하는 C++ 예제
```
if ( IsLetter( inputCharacter ) ) {          ← 이제 가장 흔한 테스트를 먼저 수행한다.
    characterType = CharacterType_Letter;
}
else if ( IsPunctuation( inputCharacter ) ) {
    characterType = CharacterType_Punctuation;
```

```
}
else if ( IsDigit( inputCharacter ) ) {
    characterType = CharacterType_Digit;
}
else if ( IsControl( inputCharacter ) ) {       ← 가장 흔하지 않은 테스트를 나중에 수행한다.
    characterType = CharacterType_ControlCharacter;
}
```

모든 경우를 다루었는지 확인하라. 마지막 *else* 문에는 계획되지 않은 경우를 처리할 오류 메시지나 어설션을 작성한다. 이 오류 메시지는 사용자보다는 개발자를 위한 것이니 적절하게 작성한다. 다음은 "다른 경우"를 테스트하기 위해서 문자 분류 예제를 수정한 것이다.

> **관련 정보** 이 예제는 깊이 중첩된 코드 대신 일련의 *if-then-else* 테스트를 사용하는 방법을 보여주는 좋은 예다. 이 기법에 대한 자세한 내용은 19.4절 "지나치게 깊은 중첩 구조 처리"를 살펴본다.

오류를 잡기 위해서 디폴트 케이스(default case)를 사용한 C++ 예제
```
if ( IsLetter( inputCharacter ) ) {
    characterType = CharacterType_Letter;
}
else if ( IsPunctuation( inputCharacter ) ) {
    characterType = CharacterType_Punctuation;
}
else if ( IsDigit( inputCharacter ) ) {
    characterType = CharacterType_Digit;
}
else if ( IsControl( inputCharacter ) ) {
    characterType = CharacterType_ControlCharacter;
}
else {
    DisplayInternalError( "예상치 못한 문자를 발견했습니다." );
}
```

언어가 지원한다면 if-then-else 대신 다른 구조를 사용하라. 마이크로소프트 비주얼 베이직과 에이다 같은 몇몇 언어는 문자열과 열거형, 논리 함수를 사용할 수 있는 case 문을 제공한다. 그것들은 *if-then-else*보다 읽고 작성하기가 쉽다. 비주얼 베이직에서 *case* 문을 사용해 문자 종류를 분류하는 코드는 다음과 같이 작성한다.

if-then-else 대신 case 문을 사용한 비주얼 베이직 예제
```
Select Case inputCharacter
    Case "a" To "z"
        characterType = CharacterType_Letter
    Case " ", ",", ".", "!", "(", ")", ":", ";", "?", "-"
```

```
        characterType = CharacterType_Punctuation
    Case "0" To "9"
        characterType = CharacterType_Digit
    Case FIRST_CONTROL_CHARACTER To LAST_CONTROL_CHARACTER
        characterType = CharacterType_Control
    Case Else
        DisplayInternalError( "예상치 못한 문자를 발견했습니다." )
End Select
```

15.2 *case* 문

*case*나 *switch* 문은 언어에 따라 매우 다르게 구현된다. C++와 자바는 한 번에 하나의 값만 저장하는 순서형의 값에 대해서만 *case*를 지원한다. 비주얼 베이직은 순서형에 대한 *case*를 지원하고 범위와 값의 조합을 표현하기 위한 강력한 표기법을 갖고 있다. 다수의 스크립트 언어는 *case* 문을 전혀 지원하지 않는다.

다음 절에서는 *case* 문을 효과적으로 사용하기 위한 가이드라인을 소개한다.

가장 효과적인 *case* 순서의 선택

case 문에서 *case*를 다양한 방법으로 구성할 수 있다. 선택 사항이 세 가지고 각각에 대해 세 줄의 코드가 있는 작은 *case* 문이라면 순서가 크게 중요하지 않다. 이벤트 기반(event-driven) 프로그램에서 수십 개의 이벤트를 처리하는 긴 *case* 문이 있다면 그 경우에는 순서가 중요하다. 다음은 몇 가지 사용할 수 있는 정렬 방법이다.

알파벳 순이나 숫자 순으로 case를 나열하라. *case*가 똑같이 중요하다면 A-B-C 순서로 입력하여 가독성을 향상시킨다. 그렇게 하면 특정 *case*를 그룹에서 쉽게 찾을 수 있다.

가장 정상적인 경우를 앞에 놓아라. 정상적인 경우 하나와 예외적인 경우 여러 개가 있다면 가장 일반적인 경우를 앞에 놓는다. 그리고 그 경우가 정상적인 경우고 나머지는 예외적인 경우라고 주석으로 표시한다.

빈도에 따라서 case를 나열하라. 가장 빈번하게 실행되는 경우를 앞에 놓고 가장 드물게 실행되는 경우를 마지막에 놓는다. 이러한 접근 방법은 두 가지 장점이 있다. 첫째, 가장 흔한 경우를 쉽게 찾을 수 있다. 특정한 경우를 찾기 위해 목록을 살펴보는 사람은

가장 흔한 경우에 관심이 있을 가능성이 높고 가장 흔한 경우를 코드의 앞부분에 놓으면 더 빠르게 검색할 수 있다.

case 문 사용 팁

관련 정보 코드 단순화에 대한 다른 팁은 24장 "리팩터링"을 살펴본다.

다음은 *case* 문 사용에 관한 몇 가지 팁이다.

case 문이 하는 일을 간단하게 유지한다. 각 case와 연관된 코드를 짧게 유지한다. 각 case 다음에 오는 코드가 짧으면 *case* 문의 구조를 명확하게 하는 데 도움을 준다. case에서 처리되는 작업이 복잡하다면 *case* 문 자체에 코드를 입력하지 말고 루틴을 작성하고 case에서 해당 루틴을 호출한다.

case 문에서 사용하기 위해서 가짜 변수를 만들지 않는다. case 문은 쉽게 분류할 수 있는 간단한 데이터에 대해 사용해야 한다. 데이터가 단순하지 않다면 *if-then-else*를 대신 사용한다. 가짜 변수는 혼란을 줄 수 있기 때문에 사용하지 않아야 한다. 일례로 다음과 같이 하지 말아야 한다.

```
가짜 case 변수를 생성한 자바 예제 – 나쁜 습관
action = userCommand[ 0 ];
switch ( action ) {
   case 'c':
      Copy();
      break;
   case 'd':
      DeleteCharacter();
      break;
   case 'f':
      Format();
      break;
   case 'h':
      Help();
      break;
   ...
   default:
      HandleUserInputError( ErrorType.InvalidUserCommand );
}
```

case 문을 제어하는 변수가 *action*이다. 이 경우에 *action*은 사용자가 입력한 *userCommand* 문자열의 첫 번째 문자로 만들어졌다.

이 말썽을 일으키는 코드는 엉뚱한 동네에 와서 문제를 일으킨다. 일반적으로 case 문에서 사용할 변수를 만들 때 실제 데이터는 처음 생각했던 것처럼 case 문에 매핑되지 않을 것이다. 이 예제에서는 사용자가 copy를 입력하면 case 문이 첫 번째 문자인 "c"를 가져와서 제대로 Copy() 루틴을 호출한다. 하지만 사용자가 cement overshoes나 clambake, cellulite를 입력해도 case 문이 "c"를 가져와서 Copy()를 호출한다. 잘못된 명령을 테스트하기 위한 case 문에 있는 else 절의 코드는 잘못된 명령이 아니라 잘못된 첫 번째 문자에 대해서만 놓칠 것이기 때문에 그렇게 잘 작동하지 않을 것이다.

가짜 변수를 만드는 대신 이 코드는 *if-then-else-if* 문을 사용해 전체 문자열을 검사해야 한다. 다시 작성한 코드는 다음과 같다.

> **관련 정보** 이 충고와는 반대로, 때로는 복잡한 표현식을 잘 이름 지은 불린 변수나 함수에 할당하여 가독성을 향상시킬 수도 있다. 자세한 내용은 19.1절의 "복잡한 표현식을 단순하게 만들기"를 살펴본다.

가짜 case 변수 대신 if-then-else를 사용한 자바 예제 – 좋은 습관
```
if ( UserCommand.equals( COMMAND_STRING_COPY ) ) {
    Copy();
}
else if ( UserCommand.equals( COMMAND_STRING_DELETE ) ) {
    DeleteCharacter();
}
else if ( UserCommand.equals( COMMAND_STRING_FORMAT ) ) {
    Format();
}
else if ( UserCommand.equals( COMMAND_STRING_HELP ) ) {
    Help();
}
...
else {
    HandleUserInputError( ErrorType_InvalidCommandInput );
}
```

유효한 기본값을 찾고자 하는 경우에만 *default* 문을 사용한다. 가끔 마지막 남은 case를 *default* 문으로 작성하는 경우가 있다. 매력적이긴 하지만, 그건 바보 같은 짓이다. *case*문의 조건으로부터 문서를 대체하는 기능도 쓸모 없게 될 뿐만 아니라 *default* 문으로 오류를 발견할 수 있는 기능도 잃게 된다.

또한 그러한 *case* 문은 변경이 있으면 망가진다. 유효한 *default*를 사용하고 있다면 새로운 *case*를 간단하게 추가할 수 있다. *case*와 그에 따른 코드를 추가하기만 하면 된다. 가짜 *default*를 사용하면 변경이 훨씬 어렵다. 새로운 *case*를 추가해야 하고 어쩌면 새로운 *case*를 새로운 *default*로 만들어야 할 것이다. 그리고 이전에 *default*로 사용된

case가 유효한 case가 되게 변경해야 한다. 처음부터 유효한 default를 사용하는 것이 좋다.

오류를 검출하기 위해서 default 절을 사용한다. case 문의 default 절이 다른 작업에 사용되지 않고 있고 발생해서는 안 된다면 default 절에 진단 메시지를 입력한다.

오류를 검출하기 위해서 default 문을 사용하는 자바 예제 – 좋은 습관
```java
switch ( commandShortcutLetter ) {
   case 'a':
      PrintAnnualReport();
      break;
   case 'p':
      // 아무것도 수행할 필요가 없지만, 이 경우도 고려하였다.
      break;
   case 'q':
      PrintQuarterlyReport();
      break;
   case 's':
      PrintSummaryReport();
      break;
   default:
      DisplayInternalError( "내부 오류 905: 고객지원실에 전화하십시오." );
}
```

이와 같은 메시지는 디버깅과 제품 코드 모두에서 유용하다. 대부분의 사용자는 시스템이 충돌하거나 사용자의 상사가 오류를 확인할 때까지 잘못된 결과가 제대로 처리되는 것처럼 보이는 것보다는 "내부 오류 905: 고객지원실에 전화하십시오."와 같은 메시지를 더 원한다.

default 문이 오류 검출 이외의 다른 목적으로 사용된다면 모든 *case* 문이 정확하다는 확신이 있다는 것을 의미한다. *case* 문에 입력될 수 있는 모든 값이 유효한지 꼼꼼히 살펴봐야 한다. 유효하지 않은 값이 발생한다면 *default*가 오류를 검사할 수 있도록 명령 문을 다시 작성한다.

C++와 자바에서는 case 문의 끝에서 아래로 내려가는 경우를 피한다. C 계열 언어(C, C++, 자바)는 각 case를 자동으로 끝내지 않는다. 대신 각 case의 끝에 명시적으로 코드를 작성해야 한다. case 끝에 코드를 작성하지 않으면 프로그램이 끝을 지나서 다음 case 문에 해당하는 코드를 실행한다. 이것은 다음의 엉터리 예제처럼 말도 안 되는 코드 작성 습관으로 이어질 수 있다.

관련 정보 이러한 방식으로 코드를 구성하면 코드가 실제보다 더 좋아 보인다. 좋은 코드를 좋게, 나쁜 코드를 나쁘게 보이도록 구성하는 방법에 대한 자세한 내용은 31.3절의 "줄 끝 레이아웃"과 31장 "레이아웃과 스타일"을 살펴본다.

```
case 문을 잘못 사용한 C++ 예제
switch ( InputVar ) {
   case 'A': if ( test ) {
                  // 명령문 1
                  // 명령문 2
   case 'B':      // 명령문 3
                  // 명령문 4
                  ...
              }
              ...
              break;
   ...
}
```

이 습관은 제어 구조를 섞어서 사용하고 있기 때문에 나쁘다. 중첩된 제어 구조는 이해하기가 어렵다. 구조를 중첩하는 것은 거의 불가능하다. case 'A'나 case 'B'를 수정하는 것은 뇌수술보다 어려워 변경하기 전에 case 문을 정리해야 할 것이다. 처음부터 올바르게 구현하는 편이 낫다. 일반적으로 case 문의 끝을 넘어가는 것은 피하는 것이 좋다.

C++에서는 case 문의 끝에서 의도적으로 그다음 조건으로 넘기고 있는지 확인해야 한다. 의도적으로 case 끝에서 아래로 떨어지는 코드를 작성한다면 그러한 일이 발생하는 위치에 분명하게 주석을 작성하고 왜 그러한 방식으로 코드를 작성했는지 설명해야 한다.

```
case 문 끝에서 아래로 떨어지는 코드를 문서로 설명한 C++ 예제
switch ( errorDocumentationLevel ) {
   case DocumentationLevel_Full:
       DisplayErrorDetails( errorNumber );
       // FALLTHROUGH -- 완전한 문서는 요약된 문서도 출력한다.

   case DocumentationLevel_Summary:
       DisplayErrorSummary( errorNumber );
       // FALLTHROUGH -- 요약된 문서는 오류 번호도 출력한다.

   case DocumentationLevel_NumberOnly:
       DisplayErrorNumber( errorNumber );
       break;

   default:
       DisplayInternalError( "내부 오류 905: 고객지원실에 전화하십시오." );
}
```

이 기법은 신형 쉐보레 콜벳 대신 중고 폰티악 아즈텍을 탈 사람을 찾는 것만큼이나 거의 사용할 일이 없는 방법이다. 일반적으로 한 case에서 다른 case로 떨어지는 코드는 코드가 수정될 때 오류가 발생하기 쉽기 때문에 사용하지 말아야 한다.

cc2e.com/1545

> **체크리스트: 조건문 사용**
>
> *if-then* 문
> - 코드의 일반적인 경로가 명확한가?
> - *if-then* 테스트가 동치 비교에서 정확하게 분기하는가?
> - *else* 문이 존재하고 문서화됐는가?
> - *else* 문이 정확한가?
> - *if*와 *else* 문을 제대로 사용했는가? 반대로 사용하지 않았는가?
> - 정상적인 경우가 *else*가 아닌 *if* 문에 오는가?
>
> *if-then-else-if* 문
> - 복잡한 테스트를 불린 함수 호출로 캡슐화하는가?
> - 가장 흔한 경우를 먼저 테스트하는가?
> - 모든 테스트를 다루었는가?
> - *if-then-else-if* 체인이 가장 적합한 구현 방법인가? *case* 문보다 더 나은가?
>
> *case* 문
> - *case* 문을 의미 있게 나열하는가?
> - 각 case의 작업이 간단한가? 필요한 경우에 다른 루틴을 호출하고 있는가?
> - *case* 문이 *case* 문에서 사용하기 위한 목적으로 만들어진 가짜 변수가 아닌 실제 변수를 테스트하고 있는가?
> - *default* 문의 사용이 타당한가?
> - *default* 문을 예상치 못한 경우를 감지하고 보고하는 데 사용하는가?
> - C나 C++, 자바에서 각 case의 끝에 *break*가 있는가?

요점 정리

- 특히 많은 오류를 처리할 때는 간단한 *if-else* 문에서 *if*와 *else* 문의 순서에 주의를 기울인다. 정상적인 경우가 명확하게 드러나게 한다.
- *if-then-else* 문과 *case* 문에서는 가독성이 가장 높은 정렬 방법을 선택한다.
- 오류를 잡기 위해서 *case* 문에서는 default 절, *if-then-else* 문에서는 마지막 *else*를 사용한다.
- 모든 제어 구조는 똑같이 생성되지 않는다. 각 코드 섹션에 가장 적절한 제어 구조를 선택한다.

16장 반복문 제어

cc2e.com/1609

내용

16.1 반복문 종류 선택
16.2 반복문 제어
16.3 반복문을 쉽게 작성하는 법 – 안에서부터 밖으로
16.4 반복문과 배열의 연관성

관련 주제

- 깊은 중첩 구조 처리: 19.4절
- 제어와 관련된 일반적인 이슈: 19장
- 조건문 사용: 15장
- 순차적 코드: 14장
- 데이터형과 제어 구조 사이의 관계: 10.7절

"반복문"이란 순환적인 제어 구조의 모든 형태, 즉 프로그램이 특정한 코드 블록을 반복 실행하게 만드는 모든 구조를 가리키는 비공식적인 용어다. 흔히 사용되는 반복문에는 C++와 자바의 *for*, *while*, *do-while*과 마이크로소프트 비주얼 베이직의 *For-Next*, *While-Wend*, *Do-Loop-While*이 있다. 반복문 사용은 프로그래밍에서 가장 복잡한 부분의 하나다. 반복문을 언제, 어떻게 사용해야 하는지는 고급 소프트웨어 개발에 중요한 영향을 미친다.

16.1 반복문 종류 선택

대부분의 언어에서 다음 몇 가지 종류의 반복문을 사용한다.

- 계수형 반복문은 특정한 횟수만큼 수행된다. 예를 들어 한 번에 한 직원을 처리하고자 할 때 사용한다.
- 지속 판단형 반복문은 실행을 몇 번 할지 미리 알지 못하고 반복할 때마다 중단할지 검사한다. 예를 들면 돈이 남아 있거나 사용자가 종료를 선택하거나 오류를 만날 때까지 실행한다.
- 무한 반복문은 일단 시작되면 끝없이 실행된다. 심박 조율기나 전자레인지, 순항 제어기 같은 내장형 시스템에서 사용된다.
- 반복자를 사용한 반복문은 컨테이너 클래스에 있는 각 요소에 대해서 한 번씩 수행된다.

반복문의 종류는 먼저 유연성에 의해 차별화된다. 즉, 반복문이 지정된 횟수만큼 실행되는지, 아니면 반복할 때마다 완료 여부를 테스트하는지에 따라 달라진다.

반복문의 종류는 종료 테스트의 위치에 따라 차별화된다. 테스트를 반복문의 시작이나 중간, 또는 끝에 입력할 수 있다. 이러한 특징은 반복문을 적어도 한 번은 실행할 것인지를 말해준다. 반복문을 시작할 때 테스트하면 몸체가 반드시 실행되지는 않는다. 반복문을 끝에서 테스트하면 몸체가 적어도 한 번은 실행된다. 반복문을 중간에서 테스트하면 테스트 앞에 있는 부분은 적어도 한 번 실행되지만, 테스트 다음에 오는 부분은 반드시 실행되지는 않는다.

유연성과 테스트의 위치는 제어 구조로 어떤 종류의 반복문을 선택할 것인지 결정한다. 표 16-1은 다양한 언어의 반복문 종류를 보여주고 각 반복문의 유연성과 테스트 위치를 설명한다.

표 16-1 반복문의 종류

언어	반복문의 종류	유연성	테스트 위치
비주얼 베이직	For-Next	유연성이 없음	시작
	While-Wend	유연함	시작
	Do-Loop-While	유연함	시작 또는 끝
	For-Each	유연성이 없음	시작
C, C++, C#, 자바	for	유연함	시작
	while	유연함	시작
	do-while	유연함	끝
	foreach*	유연성이 없음	시작

* C#과 자바에서만 지원한다.

while 반복문을 사용하는 시기

초보 개발자는 때때로 *while* 반복문이 지속해서 평가되고 반복문 내에서 어떤 명령문이 실행되든지 상관없이 *while* 조건이 *false*가 되는 순간 반복문이 종료한다고 생각한다 (Curtis et al. 1986). *while* 문은 그렇게 유연하지는 않지만, 비교적 유연한 반복문에 속한다. 반복문을 몇 번 반복하고 싶은지 미리 정확하게 알지 못한다면 *while* 반복문을 사용하면 된다. 일부 초보자가 생각하는 것과는 반대로 반복문 종료에 대한 테스트는 반복문이 반복될 때마다 한 번만 수행되며, *while* 반복문과 관련된 중요한 사항은 테스트를 반복문의 처음에서 할 것인지, 끝에서 할 것인지 결정하는 것이다.

시작 부분에서 테스트하는 반복문

시작 부분에서 테스트하는 반복문의 경우, C++와 C#, 자바, 비주얼 베이직을 비롯한 대부분 언어에서 *while* 반복문을 사용할 수 있다. *while* 반복문을 지원하지 않는 다른 언어에서는 *while* 반복문을 흉내 낼 수 있다.

끝에서 테스트하는 반복문

때로는 유연하면서 최소한 한 번은 실행되어야 하는 반복문이 필요할 것이다. 그러한 경우에는 끝에서 테스트되는 *while* 반복문을 사용할 수 있다. C++와 C#, 자바에서는 *do-while*을 사용하고 비주얼 베이직에서는 *Do-Loop-While*을 사용하며 다른 언어에서는 끝에서 테스트되는 반복문을 흉내 낼 수 있다.

탈출이 가능한(Loop-With-Exit) 반복문을 사용하는 시기

탈출이 가능한 반복문은 종료 조건이 반복문의 시작이나 끝이 아닌 중간에 나타나는 반복문이다. 비주얼 베이직은 명시적으로 탈출이 가능한 반복문을 지원하고 C++와 C, 자바에서 *while*과 *break*를 사용하거나 다른 언어에서 *goto*를 사용해 이를 흉내 낼 수 있다.

일반적인 탈출이 가능한 반복문

탈출이 가능한 반복문은 보통 다음 비주얼 베이직 예제와 같이 반복문 시작, 반복문 몸체(종료 조건 포함), 반복문 끝으로 구성된다.

```
일반적인 탈출이 가능한 반복문을 사용한 비주얼 베이직 예제
Do
    ...          ←── 명령문
    If ( 탈출 조건 ) Then Exit Do
    ...          ←── 더 많은 명령문
Loop
```

탈출이 가능한 반복문은 전형적으로 반복문의 시작이나 끝에서 하는 테스트가 중간에 조건문이 있는 반복문(loop-and-a-half)을 필요로 하는 경우에 사용한다. 다음은 탈출이 가능한 반복문이 필요한데 사용하지 않은 C++ 예제다.

유지보수 시 못쓰게 될 중복된 코드를 가진 C++ 예제
```
// 점수와 순위를 계산한다.
score = 0;
GetNextRating( &ratingIncrement );      ┐─ 이 코드가 여기에 있고...
rating = rating + ratingIncrement;      ┘
while ( ( score < targetScore ) && ( ratingIncrement != 0 ) ) {
   GetNextScore( &scoreIncrement );
   score = score + scoreIncrement;
   GetNextRating( &ratingIncrement );   ┐─ 여기에도 있다.
   rating = rating + ratingIncrement;   ┘
}
```

이 예제의 맨 앞에 있는 코드 두 줄은 *while* 반복문의 마지막 두 줄에서 반복된다. 나중에 코드를 수정할 때 두 코드 블록을 똑같이 유지해야 한다는 사실을 잊기가 쉽다. 이 코드를 수정하는 또 다른 개발자는 이 두 코드 블록이 같아야 한다는 사실조차도 모를 것이다. 어느 경우든지 결과적으로 완벽하게 수정하지 못해 오류가 발생할 것이다. 다음은 이 코드를 좀 더 명확하게 다시 작성한 것이다.

유지보수하기 쉬운 탈출이 가능한 반복문을 사용한 C++ 예제
```
// 점수와 순위를 계산한다. 이 코드는 무한 반복문과
// 탈출이 가능한 반복문을 흉내 내는 break 문을 사용한다.
score = 0;
while ( true ) {
   GetNextRating( &ratingIncrement );
   rating = rating + ratingIncrement;

   if ( !( ( score < targetScore ) && ( ratingIncrement != 0 ) ) ) {   ◀─
      break;
   }                                            이것이 루프-탈출 조건이다(이 조건은 19.1절에서 소개
                                                하는 드모르간의 법칙을 사용해 단순화할 수 있다).
   GetNextScore( &scoreIncrement );
   score = score + scoreIncrement;
}
```

다음은 같은 코드를 비주얼 베이직으로 작성한 것이다.

탈출이 가능한 반복문을 사용한 비주얼 베이직 예제
```
' 점수와 순위를 계산한다.
score = 0
Do
   GetNextRating( ratingIncrement )
```

```
    rating = rating + ratingIncrement

    If ( not ( score < targetScore and ratingIncrement <> 0 ) ) Then Exit Do

    GetNextScore( ScoreIncrement )
    score = score + scoreIncrement
Loop
```

이런 종류의 반복문을 사용할 때는 다음 사항을 고려한다.

> 관련 정보 종료 조건에 관한 자세한 내용은 이 장의 뒷부분에 소개되어 있다. 반복문에 주석을 작성하는 방법에 관한 자세한 내용은 32.5절의 "제어 구조에 주석 작성"을 살펴본다.

모든 종료 조건을 한 곳에 입력한다. 종료 조건을 분산시켜 놓으면 사실상 하나 또는 그 이상의 종료 조건을 디버깅이나 수정, 테스팅 중에 못 보고 지나치게 된다.

분명히 하기 위하여 주석을 사용한다. 탈출이 가능한 반복문 기법을 직접 지원하지 않는 언어에서 사용한다면 무엇을 하는지 의도가 분명하도록 주석을 작성한다.

탈출이 가능한 반복문은 입구와 출구가 하나인 구조적인 제어 방법이며 널리 사용된다(Software Productivity Consortium 1989). 이 반복문은 다른 반복문에 비해서 이해하기 쉬운 것으로 알려져 있다. 어떤 연구에서 학생 개발자를 대상으로 이러한 반복문과 시작이나 끝에서 종료되는 다른 반복문을 비교해 보았다(Soloway, Bonar, and Ehrlich 1983). 학생들은 탈출이 가능한 반복문을 사용했을 때 25% 정도 높은 이해 점수를 얻었으며 이 연구를 수행한 연구자는 탈출이 가능한 구조가 다른 반복문 구조보다 반복 구조를 생각하는 방법에 근접한 모델이라고 결론지었다.

일반적으로 탈출이 가능한 반복문은 아직 널리 사용되지 않는다. 그것이 제품 코드에 좋은 습관인지는 아직 결론이 나지 않았다. 결론이 날 때까지는 주의해서 사용하기만 하면 탈출이 가능한 반복문은 개발자가 사용할 수 있는 좋은 도구다.

비정상적으로 탈출이 가능한 반복문

중간에 조건문이 있는 반복문으로 개발하지 않고 탈출이 가능한 반복문의 또 다른 형태는 다음과 같다.

```
goto를 사용하여 반복문의 중간으로 들어가는 C++ 예제 – 나쁜 습관
goto Start;
while ( expression ) {
    // 작업을 수행한다.
    ...
```

```
Start:

    // 다른 작업을 수행한다.
    ...
}
```

얼핏 보면 이 코드가 앞서 살펴보았던 탈출이 가능한 반복문 예제와 비슷해 보일 것이다. 이 방법은 처음 실행될 때에 '*// 작업을 수행한다.*' 부분이 실행될 필요가 없지만, '*// 다른 작업을 수행한다.*'는 실행하기 위해서 사용되었다. 이 코드는 진입점과 출구가 하나인 제어 구조다. 반복문으로 들어가는 것은 맨 위에 있는 *goto*를 통해서만 가능하고 반복문을 빠져 나오는 것은 *while* 테스트를 통해서만 가능하다. 이러한 접근 방법에는 두 가지 문제점이 있다. 우선 *goto*를 사용한다는 점과 이러한 구조에 익숙하지 않아서 혼란을 일으킬 수 있다는 점이 그것이다.

C++에서는 다음 예제와 같이 *goto*를 사용하지 않고 같은 효과를 얻을 수 있다. 사용하는 언어가 *break* 명령을 지원하지 않는다면 *goto*로 그 기능을 모방할 수 있다.

goto 없이 코드를 재작성한 C++ 예제 – 좋은 습관
```
while ( true ) {
    // 다른 작업을 수행한다.        ◄——— break 전후에 있는 블록의 위치가 바뀌었다.
    ...

    if ( !( expression ) ) {
        break;
    }

    // 작업을 수행한다.
    ...
}
```

for 반복문을 사용하는 시기

관련 정보 *for* 반복문 사용에 대한 더 많은 좋은 가이드라인은 ≪*Writing Solid Code: 버그 안녕*≫(높이깊이, 2001)를 살펴본다.

for 반복문은 지정된 횟수만큼 실행하는 반복문이 필요할 때 사용한다. C++, C, 자바, 비주얼 베이직을 비롯한 대부분의 언어에서 *for*를 사용할 수 있다.

내부적인 반복문 제어가 필요 없는 간단한 작업에 *for* 반복문을 사용한다. 반복문 제어가 컨테이너에 있는 요소를 순회하는 것과 같이 간단한 증가나 감소인 경우에 *for*를 사용한다. *for* 반복문의 핵심은 반복문의 맨 위에서 설정한 다음 잊어버리면 된다는 점이다. 반복문을 제어하기 위해서 반복문 내부에서는 아무것도 할 필요가 없다. 어떤 작업을 실행하다가 반복문을 빠져나가야 하는 상황이라면 *while* 반복문을 대신 사용한다.

마찬가지로 *for* 반복문을 강제로 종료하기 위해서 인덱스 값을 명시적으로 변경하지 않도록 한다. 그러한 경우에는 *while* 반복문을 대신 사용한다. *for* 반복문은 간단한 용도로 사용된다. 대부분 복잡한 반복문 작업은 *while* 반복문으로 처리하는 것이 좋다.

foreach 반복문을 사용하는 시기

foreach 반복문이나 이와 같은 기능을 제공하는 반복문(C#의 *foreach*, 비주얼 베이직의 *For-Each*, 파이썬의 *for-in*)은 배열이나 다른 컨테이너의 각 멤버에 대해서 연산을 수행하는 경우에 유용하다. 이 반복문은 반복문 계산 과정을 없애는 장점을 갖고 있어 반복문 계산 과정에서 오류가 발생할 가능성도 같이 없애 준다. 다음은 이러한 종류의 반복문을 사용한 예다.

foreach 반복문을 사용한 C# 예제
```csharp
int [] fibonacciSequence = new int [] { 0, 1, 1, 2, 3, 5, 8, 13, 21, 34 };
int oddFibonacciNumbers = 0;
int evenFibonacciNumbers = 0;

// 피보나치 수열에서 짝수와 홀수의 개수를 계산한다.
foreach ( int fibonacciNumber in fibonacciSequence ) {
    if ( fibonacciNumber % 2 ) == 0 ) {
        evenFibonacciNumbers++;
    }
    else {
        oddFibonacciNumbers++;
    }
}

Console.WriteLine( "{0} 개의 홀수와 {1} 개의 짝수를 찾았습니다.",
    oddFibonacciNumbers, evenFibonacciNumbers );
```

16.2 반복문 제어

반복문에는 어떤 문제가 있을 수 있을까? 그 답에는 반복문 초기화 실수나 누산기나 반복문과 관련된 다른 변수의 초기화 생략, 부적절한 중첩, 잘못된 반복문 종료, 반복문 변수를 증가시키는 것을 잊거나 변수를 잘못 증가시키는 것, 반복문 인덱스에서 배열 요소를 잘못 인덱스하는 것 등이 포함될 수 있다.

KEY POINT

이러한 문제점을 두 가지 습관을 지킴으로써 미리 방지할 수 있다. 첫째, 반복문에 영향을 미치는 요소의 수를 최소화한다. 단순화하고 단순화하고 단순화하라! 둘째, 반복문의 내부를 마치 별도의 루틴인 것처럼 취급한다. 될 수 있는 한 제어 부분을 반복문의 밖에 입력한다. 반복문 몸체 내에서 실행되어야 하는 조건을 명시적으로 밝힌다. 코드를 읽는 사람이 반복문의 제어 구조를 이해하기 위해 반복문의 내부를 보게끔 하지 않는다. 반복문을 블랙박스(Black Box)로 생각해라. 즉, 프로그램이 제어 조건만 알고 내용을 알지 못하게 한다.

관련 정보 앞서 소개한 while (true)-break 기법을 사용하면 종료 조건이 블랙박스 내부에 있게 된다. 종료 조건을 하나라도 사용하면 반복문을 블랙박스로 다룸으로써 얻는 이득을 얻지 못하게 된다.

반복문을 블랙박스로 취급하는 C++ 예제
```
while ( !inputFile.EndOfFile() && moreDataAvailable ) {
    ■■■■■■■■■■■■■■■■■■■■■■■■■
    ■■■■■■■■■■■■■■■■■■■■■■■■■
    ■■■■■■■■■■■■■■■■■■■■■■■■■
}
```

이 반복문이 끝나는 조건은 무엇인가? 한 가지 확실한 것은 *inputFile.EndOfFile()*이 *true*가 되거나 *MoreDataAvailable*이 *false*가 된다는 사실이다.

반복문 진입

반복문에 진입할 때 다음 가이드라인을 따른다.

한 위치에서만 반복문에 진입하라. 다양한 반복문 제어 구조를 이용하면 반복문의 시작이나 중간 혹은 끝에서 테스트할 수 있다. 이러한 구조는 항상 반복문의 상단에서부터 반복문에 진입할 수 있게 해준다. 반복문에 여러 위치에서 진입할 필요가 없다.

반복문을 시작하기 바로 전에 초기화 코드를 입력하라. 근접성 원칙에 따르면 연관된 명령문을 함께 두어야 한다. 연관된 명령문이 루틴의 여기저기에 퍼져 있다면 수정할 때 간과하거나 제대로 수정하지 못하기가 쉽다. 연관된 명령문을 함께 두면 수정 시 오류를 쉽게 피할 수 있다.

관련 정보 반복문 변수의 범위 제한에 관한 자세한 내용은 이 장의 뒷부분에 있는 "반복문 인덱스 변수의 범위를 반복문 자체로 제한해라"를 살펴본다.

반복문 초기화 명령문을 관련된 반복문과 함께 둔다. 그렇게 하지 않으면 반복문을 좀 더 큰 반복문으로 확대할 때 초기화 코드를 변경하는 것을 잊어버려 오류가 발생할 가능성이 커진다. 같은 오류가 반복문 코드를 다른 루틴으로 복사하거나 옮길 때 초기화 코드를 옮기거나 복사하지 않아서 발생할 수도 있다. 초기화 코드를 데이터 선언 섹션이나 반복문을 포함하고 있는 루틴 앞부분의 보조 관리 코드 섹션에 작성하는 식으로 반복문에서 떼어 놓으면 초기화 문제가 발생한다.

무한 반복문에는 while(true)를 사용하라. 심박 조율기나 전자레인지 같은 펌웨어에서 사용하는 반복문처럼 끝없이 실행되는 반복문도 필요할 것이다. 아니면 어떤 이벤트에 대한 반응으로만 종료되는 반복문("이벤트 반복문")도 있을 수 있다. 그러한 무한 반복문은 다양한 방법으로 작성할 수 있다. *for i = 1 to 99999*와 같은 명령으로 무한 반복문을 흉내 내는 것은 특정한 반복문의 한계가 반복문의 의도를 모호하게 할 수 있기 때문에 나쁜 선택이다. *99999*가 이치에 맞는 값일 수 있다. 하지만 이와 같은 가짜 무한 반복문은 유지보수 시 못쓰게 될 수 있다.

while(true) 관용구는 C++와 자바, 비주얼 베이직을 비롯해 비슷한 구조를 지원하는 다른 언어에서 무한 반복문을 작성하는 표준 방식으로 여긴다. 일부 개발자들은 그 대안으로 *for(;;)*를 사용하는 것을 선호한다.

적절하다면 for 반복문을 사용하라. for 반복문은 반복문 제어 코드를 한곳에 모아서 읽기 쉬운 반복문을 만든다. 소프트웨어를 변경할 때 개발자들이 흔히 저지르는 실수는 *while* 반복문의 상단에 있는 반복문 초기화 코드는 변경하면서 마지막에 있는 관련 코드를 변경하지 않는 것이다. *for* 반복문에서는 관계가 있는 모든 코드가 반복문의 상단에 모여 있기 때문에 변경 사항을 쉽게 수정할 수 있다. 다른 반복문 대신 *for* 반복문을 적절하게 사용할 수 있다면 그렇게 한다.

while 반복문을 사용하는 게 더 적절할 때 for 반복문을 사용하지 말라. C++와 C#, 자바에서 *for* 반복문의 유연성을 남용하여 무작정 *while* 반복문의 내용을 *for* 반복문 헤더에 밀어 넣는 경우가 있다. 다음은 *while* 반복문을 *for* 반복문 헤더에 밀어 넣은 예제다.

while 반복문을 억지로 for 반복문 헤더에 밀어 넣은 C++ 예제
```
// 파일에서 모든 레코드를 읽는다.
for ( inputFile.MoveToStart(), recordCount = 0; !inputFile.EndOfFile();
    recordCount++ ) {
    inputFile.GetRecord();
}
```

다른 언어의 for 반복문에 비해서 C++의 for 반복문이 갖는 장점은 사용할 수 있는 초기화와 종료 조건이 더 유연하다는 점이다. 그러한 유연함 때문에 발생하는 약점은 반복문 제어와 아무런 관련이 없는 명령문을 반복문 헤더에 입력할 수 있다는 점이다.

for 반복문 헤더는 반복문을 초기화하고 종료하거나 종료의 상황으로 접근시키는 명령문인 반복문 제어 명령문을 위해 사용한다. 앞서 살펴본 예제에서는 반복문 몸체에 있는 *inputFile.GetRecord()* 명령문이 반복문을 종료의 상황으로 접근시키고 있지만, *recordCount* 명령문은 그렇지 않다. 이 명령문은 반복문의 진행을 제어하지 않는 보조 관리 명령문이다. 반복문 헤더에 *recordCount* 명령문을 넣고 *inputFile.GetRecord()* 명령문을 밖으로 빼낸 것이 잘못된 것이다. 그것은 *recordCount*가 반복문을 제어하는 듯한 오해를 불러일으킨다.

이 경우에 *while* 반복문 대신 *for* 반복문을 사용하고 싶다면 반복문 제어 명령문을 반복문 헤더에 입력하고 나머지는 모두 밖으로 빼낸다. 다음은 반복문 헤더를 올바른 방법으로 사용한 예제다.

for 반복문 헤더에서 논리적인 조건을 자유롭게 사용한 C++ 예제
```
recordCount = 0;
for ( inputFile.MoveToStart(); !inputFile.EndOfFile(); inputFile.GetRecord() ) {
    recordCount++;
}
```

이 예제에서 반복문 헤더의 내용은 모두 반복문의 제어와 관련이 있다. *inputFile.MoveToStart()* 명령문은 반복문을 초기화하고 *!inputFile.EndOfFile()* 명령문은 반복문이 끝났는지 테스트하며 *inputFile.GetRecord()* 명령문은 반복문을 종료로 접근하게 한다. *recordCount*에 영향을 미치는 명령문은 직접 반복문을 종료로 접근하게 하지 않기 때문에 반복문 헤더에 포함되어 있지 않다. 이 경우에는 *while* 반복문이 더 적절하겠지만, 최소한 이 코드는 반복문 헤더를 논리적으로 사용하고 있다. 참고로 *while* 반복문을 사용했을 때의 코드는 다음과 같다.

while 반복문을 적절하게 사용한 C++ 예제
```
// 파일에서 모든 레코드를 읽는다.
inputFile.MoveToStart();
recordCount = 0;
while ( !inputFile.EndOfFile() ) {
    inputFile.GetRecord();
    recordCount++;
}
```

반복문의 중간 부분 처리하기

여기에서는 반복문의 중간 부분을 처리하는 방법을 설명한다.

{과 }을 사용해 반복문에 있는 명령문을 감싸라. 언제나 괄호를 사용한다. 괄호는 속도나 공간에 있어서 실행 시 아무런 비용이 들지 않고 가독성을 높여주며 코드 수정 시 오류를 막아준다. 괄호의 사용은 좋은 방어적 프로그래밍 습관이다.

빈 반복문을 피하라. C++와 자바에서는 반복문이 하는 일이 작업을 끝내야 할 것인지 결정하는 테스트 코드와 같은 줄에 작성되어 있는 빈 반복문을 만들 수 있다. 다음 예제를 살펴보자.

빈 반복문이 포함된 C++ 예제
```
while ( ( inputChar = dataFile.GetChar() ) != CharType_Eof ) {
    ;
}
```

이 예제에서는 while 표현식이 반복문이 실제로 수행하는 코드 *inputChar = dataFile.GetChar()*와 반복문이 종료되어야 하는지를 결정하기 위한 테스트 *inputChar != CharType_Eof*의 두 가지를 포함하고 있기 때문에 비어있다. 이 반복문이 무엇을 하는지 알기 쉽게 작성된다면 코드가 더욱 명확해질 것이다.

빈 반복문을 채워진 반복문으로 변경한 C++ 예제
```
do {
    inputChar = dataFile.GetChar();
} while ( inputChar != CharType_Eof );
```

새로운 코드는 한 줄과 세미콜론 대신 완전하게 세 줄을 차지하는데, 이는 한 줄과 세미콜론으로 할 일을 세 줄로 처리하고 있기 때문에 적절하다.

반복문에서 보조 관리 작업은 반복문의 시작이나 끝에 놓아라. 반복문의 보조 관리 작업은 반복문이 처리해야 하는 일이 아니라 반복문을 제어하는 것이 주된 목적인 *i = i + 1*이나 *j++*와 같은 표현식을 말한다. 다음 예제에서는 보조 관리를 반복문의 끝에서 처리한다.

반복문의 끝에 보조 관리 명령문이 있는 C++ 예제
```
nameCount = 0;
totalLength = 0;
while ( !inputFile.EndOfFile() ) {
```

```
    // 반복문 작업을 수행한다.
    inputFile >> inputString;
    names[ nameCount ] = inputString;
    ...

    // 반복문의 다음으로 이동하기 위해서 준비한다. - 보조 관리
    nameCount++;
    totalLength = totalLength + inputString.length();        ┤— 이것이 보조 관리 명령문이다.
}
```

일반적으로 반복문 앞에서 초기화하는 변수가 반복문의 보조 관리 부분에서 다루게 될 변수다.

관련 정보 최적화에 대한 자세한 내용은 25장 "코드 튜닝 전략"과 26장 "코드 튜닝 기법"을 살펴본다.

반복문이 하나의 기능만 처리하게 하라. 반복문이 한 번에 두 가지 일을 하는 데 사용될 수 있다는 사실만으로 두 가지 기능을 동시에 수행하는 것이 정당화될 수는 없다. 하나의 반복문이 반드시 한 가지 작업만 수행하고 그 작업을 제대로 수행해야 한다는 면에서 반복문은 루틴과 같아야 한다. 반복문 하나만으로도 충분한 코드에 두 개의 반복문을 사용하는 것이 비효율적인 것처럼 보인다면 두 개의 반복문으로 코드를 작성한 후 효율성을 위해 결합될 수도 있다는 것을 주석으로 작성하고 벤치마크를 통해 해당 코드 섹션에서 성능 문제가 발생할 수도 있음을 알게 되면 두 개의 반복문을 하나로 통합한다.

반복문 종료

여기에서는 반복문 종료를 처리하는 방법을 설명한다.

반복문이 종료되는지 확인하라. 이것은 기본적인 부분이다. 모든 상황에서 반복문이 종료되는지 확신할 때까지 마음속으로 반복문을 실행해 본다. 예상하는 경우와 종결점, 예외적인 경우에 대해서 생각해 본다.

반복문 종료 조건을 분명히 하라. *for* 반복문을 사용할 때 반복문 인덱스로 장난치지 않고 반복문을 빠져나가기 위해서 *goto*나 *break*를 사용하지 않는다면 종료 조건이 분명한 것이다. 마찬가지로 *while* 문이나 특정한 조건까지 반복하는 반복문을 사용하면서 *while*이나 특정한 조건까지 반복하는 절에 모든 제어 코드를 입력한다면 종료 조건이 분명할 것이다. 핵심은 제어 부분을 한 곳에 입력하는 것이다.

반복문을 종료하기 위해서 for 반복문의 인덱스를 조작하지 말라. 어떤 개발자들은 반복문을 일찍 종료하기 위해서 *for* 반복문의 인덱스 값을 변경한다. 다음은 이러한 경우의 예다.

반복문 인덱스를 조작하는 자바 예제
```java
for ( int i = 0; i < 100; i++ ) {
   // 코드
   ...
   if ( ... ) {
      i = 100;      ← 여기서 조작하고 있다.
   }

   // 코드
   ...
}
```

이 예제의 의도는 어떤 조건이 되면 *i*를 *for* 반복문의 범위인 *0*부터 *99* 사이의 값보다 큰 *100*으로 설정하여 반복문을 종료하는 것이다. 사실상 훌륭한 개발자라면 이러한 습관을 사용하지 않을 것이다. 이런 코드는 개발자가 아마추어라는 것을 나타낸다. *for* 반복문을 설정할 때 반복문 카운터는 사용이 금지된다. 반복문의 종료 조건을 더 잘 제어하려면 *while* 반복문을 사용한다.

반복문 인덱스의 마지막 값에 의존하는 코드를 피하라. 반복문이 끝난 후에 반복문의 인덱스 값을 사용하는 것은 나쁜 방식이다. 반복문 인덱스의 종결 값은 언어와 구현마다 다르다. 이 값은 반복문이 정상적으로 종료될 때와 비정상적으로 종료될 때 서로 다르다. 최종 값이 무엇인지를 이번에는 우연히 알게 됐다고 하더라도 다음에 코드를 읽는 사람은 아마도 곰곰이 생각해야 할 것이다. 반복문 내에서 적절한 순간에 최종 값을 변수에 할당하는 것이 더 보기 좋고 설명적인 코드다.

다음 코드에서는 인덱스의 최종 값을 잘못 사용한다.

반복문 인덱스의 최종 값을 잘못 사용하는 C++ 예제
```cpp
for ( recordCount = 0; recordCount < MAX_RECORDS; recordCount++ ) {
   if ( entry[ recordCount ] == testValue ) {
      break;
   }
}
// 수많은 코드
...
if ( recordCount < MAX_RECORDS ) {     ← 여기에서 반복문 인덱스의 최종 값을 잘못 사용하고 있다.
   return( true );
}
```

```
else {
    return( false );
}
```

이 코드에서는 recordCount 〈 MaxRecords에 대한 두 번째 테스트가 entry[]에 있는 모든 값을 반복하면서 testValue와 같은 값을 찾으면 true를 반환하고 그렇지 않으면 false를 반환하는 반복문인 것처럼 보인다. 하지만 인덱스가 반복문의 끝을 지났는지를 기억하기가 어려워서 하나 차이로 인한 오류가 발생하기 쉽다. 인덱스의 최종 값에 의존하지 않는 코드를 작성하는 것이 좋다. 다음은 이 코드를 다시 작성한 것이다.

반복문 인덱스의 최종 값을 제대로 사용하고 있는 C++ 예제
```
found = false;
for ( recordCount = 0; recordCount < MAX_RECORDS; recordCount++ ) {
    if ( entry[ recordCount ] == testValue ) {
        found = true;
        break;
    }
}
// 수많은 코드
...
return( found );
```

이 두 번째 코드는 추가 변수를 사용하고 recordCount에 대한 참조를 아주 가까운 곳에서 사용하고 있다. 흔히 있는 일이지만, 추가 불린 변수가 사용되면 코드가 명확해진다.

안전 카운터를 사용하라. 안전 카운터는 반복문을 너무 여러 번 실행했는지 판단하기 위해서 반복될 때마다 증가하는 변수를 말한다. 오류가 발생하면 치명적인 영향을 미치는 프로그램이라면 안전 카운터를 사용해 모든 반복문이 확실하게 종료되게 할 수 있다. 다음에 소개하는 C++ 반복문은 안전 카운터를 유익하게 사용하는 예다.

안전 카운터를 사용할 수 있는 반복문에 대한 C++ 예제
```
do {
    node = node->Next;
    ...
} while ( node->Next != NULL );
```

다음은 앞의 코드에 안전 카운터를 추가한 것이다.

```
안전 카운터를 사용하는 C++ 예제
safetyCounter = 0;
do {
    node = node->Next;
    ...
    safetyCounter++;
    if ( safetyCounter >= SAFETY_LIMIT ) {
        Assert( false, "내부 오류: 안전 카운터 위반." );
    }
    ...
} while ( node->Next != NULL );
```

여기서 안전 카운터 코드를 사용한다.

안전 카운터는 만병통치약이 아니다. 한 번에 하나씩 코드에 추가한다. 안전 카운터를 사용하면 코드가 더 복잡해지고 그로 인해 추가적인 오류가 발생할 수 있다. 안전 카운터가 모든 반복문에서 사용되지 않기 때문에 안전 카운터를 사용하는 부분에 있는 반복문을 변경할 때 안전 카운터 코드도 변경해야 한다는 사실을 잊을 수도 있다. 하지만 중요한 반복문에 대해 안전 카운터 사용이 프로젝트의 전반적인 표준으로 만들어진다면 작성자가 안전 카운터가 있을 것이라고 예상할 수 있고 안전 카운터로 인해 더 많은 오류가 발생하지는 않을 것이다.

반복문을 일찍 탈출하기

많은 언어가 *for*나 *while* 문의 조건을 만족시키지 않고도 반복문을 종료할 방법을 제공한다. 여기서 사용하는 *break*는 C++, C, 자바의 *break*, 비주얼 베이직의 *Exit-For*와 *Exit-Do*, 그리고 *break*를 직접 지원하지 않는 언어에서 *goto*로 흉내 내는 비슷한 구조를 뜻하는 일반적인 용어다. *break* 문(또는 이와 같은 형태)은 정상적인 종료 채널을 통해서 반복문을 종료한다. 즉, 프로그램이 반복문 다음에 오는 첫 번째 명령에서 실행을 재개한다.

continue 문은 반복문 제어를 돕는 명령문이라는 점에서 *break*와 유사하다. 하지만 *continue*는 반복문을 종료시키기보다 프로그램이 반복문의 몸체를 건너뛰고 반복문의 다음 반복에서 처음부터 실행을 계속하도록 한다. *continue* 문은 반복문의 나머지 부분이 실행되는 것을 막는 기능을 하는 *if-then* 절을 줄여 쓴 것이다.

while 반복문에서 불린 플래그를 사용하는 대신 break 명령문을 사용할 것을 고려한다. 어떤 경우에는 반복문의 몸체에서 벗어나기 위해서 *while* 반복문에 불린 플래그를 추가

하면 코드가 더 읽기 어려워진다. 때때로 여러 개의 *if* 테스트 대신 *break* 하나를 사용하는 것만으로도 반복문 내에서 여러 수준의 들여쓰기를 없애고 반복문 제어를 단순화할 수 있다. 여러 개의 *break* 조건을 개별적인 명령문에 입력하고 해당 *break* 근처에 코드를 입력하면 중첩을 줄이고 더 읽기 쉬운 반복문을 만들 수 있다.

반복문 내에 수많은 break문이 사용되는 것을 주의한다. 반복문에 *break* 문이 많다면 반복문의 구조나 역할에 대해서 불분명하게 이해하고 있다는 뜻일 수 있다. *break*가 산재되어 있다는 것은 많은 종결점이 있는 하나의 반복문보다는 여러 개의 반복문으로 더욱 명확하게 표현할 수 있을 가능성이 크다는 뜻이다.

미국 컴퓨터 협회(ACM)가 발행하는 "소프트웨어 엔지니어링 노트(*Software Engineering Notes*)"의 한 기사에 따르면 1990년 1월 15일에 뉴욕시 전화 시스템을 9시간 동안 다운시켰던 소프트웨어 오류가 과도한 *break* 문 때문이었다고 한다(SEN 1990).

do–switch–if 블록 내에서 *break* 문을 잘못 사용한 C++ 예제
```
do {
   ...
   switch
      ...
      if () {
         ...
         break;        ← 이 break는 if 문을 빠져나가기 위한 것이지만 실제로는
         ...              switch 문을 빠져나간다.
      }
      ...
} while ( ... );
```

*break*가 여러 개 있는 것만으로 오류가 있다고 말할 수는 없지만, 반복문에 그것이 있다는 것은 경고 표시로, 마치 탄광에서 카나리아가 노래를 부르지 않고 숨을 헐떡이는 상황과 같다.

반복문의 앞부분에서 테스트를 위한 목적으로 continue를 사용한다. 앞부분에서 조건을 테스트한 다음 반복문의 몸체를 지나쳐 실행할 때 *continue*를 사용한다. 가령 반복문이 레코드를 읽어서 어떤 종류의 레코드는 버리고 다른 레코드를 처리한다고 할 때 반복문의 앞부분에 다음과 같은 테스트를 입력할 수 있다.

> **상대적으로 안전하게 *continue*를 사용하는 의사코드 예제**
> ```
> while ( not eof( file ) ) do
>    read( record, file )
>    if ( record.Type <> targetType ) then
>       continue
>
>    -- targetType의 레코드를 처리한다.
>    ...
> end while
> ```

이와 같은 방법으로 *continue*를 사용하면 *if* 테스트가 반복문의 전체 몸체를 들여 쓰는 것을 피할 수 있다. 반면에 *continue*가 반복문의 중간이나 끝부분에서 나타나면 *if*를 대신 사용한다.

언어가 지원한다면 레이블 break 구조를 사용한다. 자바는 뉴욕시 전화시스템 다운과 같은 문제를 예방하기 위해서 레이블 *break*를 지원한다. 레이블 *break*는 *for* 반복문과 *if* 명령문, 그리고 괄호로 묶여 있는 모든 종류의 코드로부터 탈출하는 데 사용할 수 있다(Arnold, Gosling, and Holmes 2000).

다음은 레이블 *break*를 보여주기 위해서 뉴욕시 전화 코드 문제에 대한 해결책을 C++ 코드에서 자바 코드로 변환한 것이다.

> ***do-switch-if* 블록 내에서 레이블 *break* 문을 잘 사용한 자바 예제**
> ```
> do {
>    ...
>    switch
>       ...
>       CALL_CENTER_DOWN:
>       if () {
>          ...
>          break CALL_CENTER_DOWN;      ← 레이블 break의 대상이 분명하다.
>          ...
>       }
>       ...
> } while ( ... );
> ```

break와 continue를 신중하게 사용한다. *break*를 사용하면 반복문을 블랙박스로 취급할 수 없게 된다. 반복문의 종료 조건을 제어하기 위해서 오직 한 명령문만 사용하도록 제한하는 것이 반복문을 단순화할 수 있는 강력한 방법이다. *break*를 사용하면 작성한 코드를 읽는 사람이 반복문의 제어 구조를 이해하기 위해서 반복문의 내부를 봐야 한다. 결국 반복문을 더욱 이해하기 어렵게 만든다.

다른 대안을 심사숙고해 본 다음에만 *break*를 사용한다. *continue*와 *break*를 이용하여 구현하는 것이 좋은지 나쁜지 확실하게는 알지 못한다. 어떤 컴퓨터 과학자들은 *continue*와 *break*가 구조적인 프로그래밍에서 적절한 기술이라고 주장한다. 다른 학자들은 그렇지 않다고 주장한다. *continue*와 *break*가 옳은지 아닌지 알지 못하기 때문에 틀릴지도 모른다고 생각하고 사용해야 한다. 이 문제는 사실 간단한 명제다. *break*나 *continue*를 반드시 사용해야 하는 상황이 아니라면 사용하지 않는 것이다.

종결점 확인

보통 하나의 반복문에서 세 가지 경우에 관심을 둔다. 첫 번째 경우, 임의로 선택된 중간 경우, 그리고 마지막 경우가 그것이다. 반복문을 만들 때는 첫 번째 경우와 중간 경우, 마지막 경우를 머릿속에서 실행해 보면서 반복문에 하나 차이로 인한 오류가 없는지를 확인한다. 첫 번째나 마지막 경우와 다른 특별한 경우가 있다면 그런 경우도 확인한다. 반복문에 복잡한 계산이 포함되어 있다면 계산기를 꺼내서 직접 계산해 본다.

KEY POINT

이러한 확인 절차를 거치려고 하는 마음이 효율적인 개발자와 비효율적인 개발자를 가르는 중요한 요소다. 효율적인 개발자는 머릿속에서 돌려보고 손으로 계산해보는 것이 오류를 찾는 데 도움을 준다는 것을 알고 있기 때문에 그렇게 한다.

비효율적인 개발자는 작동할 것 같은 조합을 찾을 때까지 무작정 실험하는 경향이 있다. 반복문이 예상했던 대로 작동하지 않으면 비효율적인 개발자는 〈 기호를 〈=로 바꾼다. 그래도 작동하지 않으면 반복문 인덱스에 1을 더하거나 뺀다. 결국 이러한 접근 방법을 사용하는 개발자는 올바른 조합을 우연히 발견하거나 오류가 있던 부분을 더 해결하기 어려운 오류로 만들어 버린다. 이러한 마구잡이 식의 접근 방법으로부터 제대로 된 프로그램이 나온다고 하더라도 개발자가 프로그램이 왜 제대로 동작하는지 알지 못하는 결과를 초래한다.

머릿속에서 프로그램을 돌려보고 손으로 계산해 봄으로써 많은 이득을 얻을 수 있다. 머릿속에서 프로그램을 돌려보는 습관을 지니면 초기 코드 작성 시 오류가 적게 발생하며 디버깅 시 오류를 더 빨리 발견할 수 있고 프로그램에 대한 전체적인 이해도도 좋아진다. 프로그램을 머리에서 돌려본다는 것은 코드가 어떻게 작동하는지를 추측하기보다는 이해하고 있다는 것을 의미한다.

반복문 변수 사용

다음은 반복문 변수 사용에 대한 몇 가지 가이드라인이다.

관련 정보 반복문 변수 이름 짓기에 대한 자세한 내용은 11.2절의 "반복문 인덱스 이름"을 참고한다.

배열과 반복문에 한계를 두기 위해서 서수나 열거형을 사용하라. 일반적으로 반복문 카운터는 정수 값이어야 한다. 부동 소수점 값은 제대로 증가하지 않는다. 예를 들면 1.0에 26,742,897.0을 더하면 26,742,898.0이 아니라 26,742,897.0이 될 수 있다. 이 값이 반복문 카운터라면 무한 반복문이 될 것이다.

KEY POINT

중첩 반복문을 읽기 쉽게 하기 위해서 의미 있는 변수 이름을 사용하라. 종종 반복문 인덱스에서 사용된 변수를 배열의 인덱스로 사용하는 경우가 있다. 1차원 배열이 있다면 *i* 나 *j*, *k*를 인덱스로 사용해도 문제가 없을 수도 있다. 하지만 2차원 이상의 배열이 있다면 의도를 분명히 나타내기 위해 의미 있는 인덱스 이름을 사용해야 한다. 의미 있는 배열 인덱스 이름은 반복문의 목적뿐만 아니라 접근하고자 하는 배열의 위치도 분명히 한다.

다음은 이러한 원칙을 지키지 않은 코드다. 이 코드는 *i*, *j*, *k* 같은 의미 없는 이름을 사용한다.

CODING HORROR

반복문 변수의 이름을 잘못 사용한 자바 예제
```
for ( int i = 0; i < numPayCodes; i++ ) {
    for ( int j = 0; j < 12; j++ ) {
        for ( int k = 0; k < numDivisions; k++ ) {
            sum = sum + transaction[ j ][ i ][ k ];
        }
    }
}
```

*transaction*의 인덱스가 무엇을 의미한다고 생각하는가? *i*, *j*, *k*가 *transaction*의 내용에 대해서 말해주고 있는가? *transaction*의 선언부가 있었다면 인덱스의 순서가 올바른지 쉽게 판단할 수 있었을까? 다음은 같은 반복문을 좀 더 읽기 쉬운 변수 이름을 사용해 작성한 것이다.

좋은 반복문 변수 이름을 사용한 자바 예제
```
for ( int payCodeIdx = 0; payCodeIdx < numPayCodes; payCodeIdx++ ) {
    for (int month = 0; month < 12; month++ ) {
        for ( int divisionIdx = 0; divisionIdx < numDivisions; divisionIdx++ ) {
            sum = sum + transaction[ month ][ payCodeIdx ][ divisionIdx ];
        }
```

```
        }
    }
```

이번 코드에서 *transaction*의 인덱스가 무엇을 의미한다고 생각하는가? 이 경우에는 *payCodeIdx*, *month*, *divisionIdx*가 *i*, *j*, *k*보다 많은 것을 말해주기 때문에 쉽게 대답이 나온다. 컴퓨터라면 이 두 가지 반복문을 똑같이 쉽게 읽을 것이다. 하지만 사람은 첫 번째 버전보다 두 번째 버전을 훨씬 쉽게 읽을 수 있으며 두 번째 버전은 컴퓨터가 아니라 사람을 위해서 작성된 코드이기 때문에 더 좋은 코드다.

반복문 인덱스끼리 혼선을 피하기 위해서 의미 있는 이름을 사용하라. 습관적으로 *i*, *j*, *k*를 사용하면 인덱스 혼선을 일으킬 수 있다. 즉, 서로 다른 목적으로 같은 인덱스 이름을 사용하게 된다. 다음 예제를 살펴보자.

인덱스 혼선이 있는 C++ 예제
```
for ( i = 0; i < numPayCodes; i++ ) {    ← i가 처음으로 사용된다.
    // 수많은 코드
    ...
    for ( j = 0; j < 12; j++ ) {
        // 수많은 코드
        ...
        for ( i = 0; i < numDivisions; i++ ) {   ← 여기서 i가 다시 사용된다.
            sum = sum + transaction[ j ][ i ][ k ];
        }
    }
}
```

*i*를 습관적으로 사용해서 같은 중첩 구조에서 두 번이나 사용하고 있다. *i*에 의해서 제어되는 두 번째 *for* 반복문은 첫 번째 반복문과 충돌이 발생하는데, 그것이 바로 인덱스 혼선이다. *i*, *j*, *k* 대신 의미 있는 이름을 사용하면 이러한 문제를 예방할 수 있다. 일반적으로 반복문의 몸체가 여러 줄로 작성되거나 더 커질 수 있거나 중첩된 반복문 그룹 안에 있다면 *i*, *j*, *k*와 같은 이름은 사용하지 않는다.

반복문 인덱스 변수의 범위를 반복문 자체로 제한하라. 반복문 인덱스 혼선과 반복문 외부에서 반복문 인덱스를 사용하는 상황 때문에 에이다 언어의 설계자는 *for* 반복문의 인덱스를 반복문 밖에서는 사용할 수 없도록 했다. 에이다에서는 *for* 반복문 밖에서 반복문 변수를 사용하면 컴파일 오류가 발생한다.

C++와 자바는 어느 정도 같은 개념을 구현한다. 이 언어에서는 반복문 인덱스를 반복문 내에서 선언하는 것이 가능하지만, 반드시 그럴 필요는 없다. 반복문의 종료 값에 관해서 설명할 때 살펴봤던 예제에서 *recordCount* 변수를 다음과 같이 *for* 명령문 안에서 선언해 *for* 반복문의 범위로 제한할 수 있다.

```
for 반복문 안에서 반복문 인덱스 변수를 선언하는 C++ 예제
for ( int recordCount = 0; recordCount < MAX_RECORDS; recordCount++ ) {
    // recordCount를 사용하는 반복문 코드
}
```

원칙적으로 이 기법을 사용하면 두 개의 서로 다른 *recordCount*를 잘못 사용할 염려 없이 여러 개의 반복문에서 *recordCount*를 다시 선언하는 코드를 작성할 수 있다. 이 방법을 사용하면 다음과 같은 코드를 작성할 수 있다.

```
for 반복문에서 반복문 인덱스를 선언한 후 안전하게 재사용하는 C++ 예제
for ( int recordCount = 0; recordCount < MAX_RECORDS; recordCount++ ) {
    // recordCount를 사용하는 반복문 코드
}
// 중간 코드
for ( int recordCount = 0; recordCount < MAX_RECORDS; recordCount++ ) {
    // 다른 recordCount를 사용하는 추가적인 반복문 코드
}
```

이 기법은 *recordCount* 변수의 목적을 설명하는 데 도움이 된다. 하지만 *recordCount*의 범위를 컴파일러에 의존하지 않도록 한다. 스트롭스트룹(Stroustrup)의 ≪C++ 프로그래밍 언어≫(피어슨에듀케이션코리아, 2005)의 '6.3.3.1절'에서는 *recordCount*의 범위가 해당 반복문 내로 제한되어야 한다고 말하고 있다. 하지만 이 기능을 세 가지 C++ 컴파일러에서 확인했을 때 다음과 같이 서로 다른 세 가지 결과를 얻었다.

- 첫 번째 컴파일러는 두 번째 *for* 반복문에서 *recordCount*가 재선언되었음을 알리고 오류를 발생시켰다.
- 두 번째 컴파일러는 두 번째 *for* 반복문에서 *recordCount*를 사용할 수 있도록 허용했지만, 첫 번째 for 반복문 밖에서도 사용할 수 있었다.
- 세 번째 컴파일러는 *recordCount*를 사용할 수 있게 했지만, 변수가 선언된 반복문의 외부에서는 접근할 수 없도록 했다.

언어에 따라 컴파일러는 매우 다양하게 구현될 수 있다.

반복문이 얼마나 길어야 할까?

반복문의 길이는 코드의 줄 수나 중첩의 깊이로 측정할 수 있다. 다음은 이에 대한 가이드라인이다.

한눈에 볼 수 있을 정도로 반복문의 길이를 짧게 만들어라. 보통 모니터로 반복문을 볼 때 모니터가 50줄을 표시한다고 하면 반복문을 50줄로 제한한다. 전문가들은 반복문의 길이를 한 페이지로 제한하는 것을 추천한다. 하지만 코드를 간단하게 작성하는 원칙을 제대로 이해하기 시작한다면 15줄이나 20줄이 넘어가는 반복문은 거의 작성하지 않을 것이다.

> 관련 정보 중첩을 단순화하는 방법에 대한 자세한 내용은 19.4절 "지나치게 깊은 중첩 구조 처리"를 살펴본다.

중첩을 세 단계 이하로 제한하라. 반복문을 이해하는 개발자의 능력은 중첩 단계가 세 단계를 넘어가면 현저하게 떨어진다고 한다(Yourdon 1986a). 세 단계가 넘어갔다면 반복문의 일부분을 루틴으로 분리하거나 제어 구조를 단순화하여 반복문을 짧게 만든다.

긴 반복문의 내부 반복문을 루틴으로 이동시켜라. 반복문이 잘 설계되었다면 반복문 내에 있는 코드를 반복문 내에서 호출하는 하나 이상의 루틴으로 이동시킬 수 있다.

길이가 긴 반복문은 특히 명료하게 작성하라. 길이가 길수록 복잡해 보인다. 길이가 짧은 반복문을 작성한다면 *break*와 *continue*, 여러 개의 탈출점(exit), 복잡한 종료 조건 등 좀 더 위험한 제어 구조를 사용할 수 있다. 길이가 긴 반복문을 작성할 때 코드를 읽는 사람을 고려한다면 반복문에 탈출점이 하나뿐이고 탈출 조건이 분명한 반복문을 작성해야 한다.

16.3 반복문을 쉽게 작성하는 법 – 안에서부터 밖으로

대부분의 개발자가 그렇듯 복잡한 반복문을 작성하는 데 어려움을 겪고 있다면 한 번에 제대로 작성할 수 있는 간단한 방법을 사용할 수 있다. 일반적인 진행 과정은 다음과 같다. 하나의 경우로 시작해라. 그 경우를 문장으로 작성한 다음 들여쓰기하고 그 문장 주위에 반복문을 입력한다. 그리고 문장을 반복문 인덱스나 계산 표현식으로 바꾼다. 기능을 완성할 때까지 이 과정을 반복한다. 작업을 마치고 나서 필요한 모든 초기화 작업을 추가한다. 간단한 경우부터 시작해 일반화하는 쪽으로 작업을 진행했으니 이러한 코드 작성 방식을 안에서부터 밖으로 진행하는 방식이라고 생각할 수 있다.

관련 정보 반복문을 안에서부터 밖으로 작성하는 방법은 9장 "의사코드 프로그래밍 프로세스"에서 설명한 절차와 유사하다.

보험 회사에서 사용할 프로그램을 작성한다고 해 보자. 이 프로그램은 고객의 나이와 성별에 따라 달라지는 보험요율표를 갖고 있다. 임무는 어떤 그룹의 총 보험료를 계산하는 루틴을 작성하는 것이다. 목록에 있는 각 사람에 대한 보험료를 얻어서 총계에 더하는 반복문이 필요하다. 다음은 이 코드를 구현하는 방법이다.

첫째, 주석으로 반복문의 몸체에서 수행해야 하는 단계를 작성한다. 문법의 세부 사항과 반복문 인덱스, 배열 인덱스 등에 대해 신경 쓰지 않으면 처리해야 할 일을 적는 게 더 쉬워진다.

1단계: 반복문을 안에서부터 밖으로 작성하는 법 (의사코드 예제)
- 표에서 보험료를 읽어온다.
- 총계에 보험료를 더한다.

둘째, 전체 반복문을 작성하지 않는 범위 내에서 반복문 몸체에 있는 주석을 코드로 변환한다. 이 경우에는 한 사람의 보험료를 가져와서 총계에 보험료를 더한다. 추상적인 데이터보다는 실질적이고 구체적인 데이터를 사용한다.

2단계: 반복문을 안에서부터 밖으로 작성하는 법 (의사코드 예제)
```
rate = table[ ]        ← table에 아직 인덱스가 없다.
totalRate = totalRate + rate
```

이 예제는 *table*이 보험료 데이터를 보관하고 있는 배열이라고 가정하고 있다. 처음에는 배열의 인덱스에 대해서 걱정할 필요가 없다. *rate*는 보험요율표에서 선택된 보험료 데이터를 보관하는 변수다. 마찬가지로 *totalRate*는 보험료의 총계를 보관하는 변수다. 이번에는 *table* 배열에 인덱스를 입력한다.

3단계: 반복문을 안에서부터 밖으로 작성하는 법 (의사코드 예제)
```
rate = table[ census.Age ][ census.Gender ]
totalRate = totalRate + rate
```

배열에 나이와 성별로 접근하기 때문에 *census.Age*와 *census.Gender*가 배열의 인덱스로 사용되었다. 이 예제는 census가 그룹 안에 있는 사람들에 대한 정보를 보관하는 구조체라고 가정한다.

다음 단계는 지금까지 작성한 명령문을 바탕으로 반복문을 작성하는 것이다. 이 반복문은 그룹에 있는 사람들에 대한 보험료를 계산해야 하기 때문에 사람을 인덱스로 사용해야 한다.

4단계: 반복문을 안에서부터 밖으로 작성하는 법 (의사코드 예제)
```
For person = firstPerson to lastPerson
    rate = table[ census.Age, census.Gender ]
    totalRate = totalRate + rate
End For
```

여기서는 기존에 작성한 코드에 *for* 반복문을 추가한 후 기존의 코드를 들여쓰기한 다음 반복문의 begin-end 쌍 안에 코드를 입력하는 것이 전부다. 마지막으로 반복문의 사람 인덱스에 의존하는 변수가 생성되었는지를 확인하는 절차를 거친다. 이 경우에는 *census* 변수가 사람마다 달라지므로 적절하게 생성된 것이다.

5단계: 반복문을 안에서부터 밖으로 작성하는 법 (의사코드 예제)
```
For person = firstPerson to lastPerson
    rate = table[ census[ person ].Age, census[ person ].Gender ]
    totalRate = totalRate + rate
End For
```

마지막으로 필요한 초기화 코드를 작성한다. 이 경우에는 *totalRate* 변수가 초기화되어야 한다.

마지막 단계: 반복문을 안에서부터 밖으로 작성하는 법 (의사코드 예제)
```
totalRate = 0
For person = firstPerson to lastPerson
    rate = table[ census[ person ].Age, census[ person ].Gender ]
    totalRate = totalRate + rate
End For
```

person 반복문을 둘러싸는 또 다른 반복문을 입력해야 한다면 같은 방법으로 진행하면 된다. 이 단계를 엄격하게 따를 필요는 없다. 구체적인 것부터 시작해서 한 번에 하나에만 집중하고 간단한 구성 요소로부터 반복문을 작성하는 것이 이 방법의 기본 개념이다. 반복문을 더욱 일반적이고 복잡한 형태로 만들 때는 조금씩 이해할 수 있는 단계를 밟는다. 그렇게 함으로써 한 번에 집중해야 하는 코드의 양을 최소화할 수 있으며 결국 오류가 발생할 가능성도 최소화할 수 있다.

16.4 반복문과 배열의 연관성

관련 정보 반복문과 배열의 대응에 대한 더 많은 설명은 10.7절 "데이터형과 제어 구조 사이의 관계"를 살펴본다.

반복문과 배열은 연관이 있는 경우가 종종 있다. 많은 경우에 반복문은 배열을 다루기 위해서 만들어지며 반복문 카운터는 배열의 인덱스와 일대일로 대응한다. 예를 들면 다음에 있는 자바로 작성된 *for* 반복문의 인덱스는 배열의 인덱스와 대응한다.

배열의 요소를 곱하는 자바 예제
```
for ( int row = 0; row < maxRows; row++ ) {
    for ( int column = 0; column < maxCols; column++ ) {
        product[ row ][ column ] = a[ row ][ column ] * b[ row ][ column ];
    }
}
```

자바에서는 배열 연산을 수행하기 위해서 반복문이 필요하다. 하지만 반복문 구조와 배열이 선천적으로 연관성이 있지는 않다는 점을 알아둘 필요가 있다. 특히 APL이나 포트란 90과 같은 언어는 방금 살펴본 것과 같은 *for* 반복문을 사용할 필요가 없는 강력한 배열 연산을 제공한다. 다음은 같은 연산을 수행하는 APL 코드다.

배열의 요소를 곱하는 APL 예제
```
product <- a x b
```

APL은 훨씬 간단하고 오류가 발생할 가능성도 적다. 이 명령문은 연산자를 3개만 사용하지만, 자바 코드의 경우에는 17개의 연산자를 사용한다. 또한 이 코드는 오류를 유발할 수 있는 반복문 변수나 배열 인덱스, 제어 구조가 없다.

이 예제에서 한 가지 주목할 만한 점은 문제를 해결하기 위해서 프로그래밍을 하고 특정한 언어로 문제를 해결한다는 점이다. 문제를 해결하기 위해서 사용하는 언어가 해결책에 중대한 영향을 미친다.

cc2e.com/1616

> **체크리스트: 반복문**
>
> **반복문 선택과 작성**
> - 상황에 따라 *for* 반복문 대신 *while* 반복문을 사용하는가?
> - 반복문을 안에서부터 밖으로 작성하는가?
>
> **반복문 진입**
> - 반복문이 위에서 진입하는가?
> - 초기화 코드가 반복문 바로 앞에 있는가?

- 반복문이 무한 반복문이나 이벤트 반복문인 경우, *for i = 1 to 9999*와 같은 트릭을 사용하지 않고 확실하게 구현하는가?
- 반복문이 C나 C++, 자바로 작성된 *for* 반복문인 경우, 반복문 헤더를 반복문 제어 코드로 사용하는가?

반복문 내부

- 반복문이 반복문 몸체를 둘러싸고 잘못된 변경으로부터 발생하는 문제점을 예방하기 위해서 {와 }, 또는 이와 같은 기능을 하는 명령문을 사용하는가?
- 반복문 몸체가 어떤 코드를 담고 있는가? 채워져 있는가?
- 보조 관리 작업이 반복문의 시작이나 끝에 모여 있는가?
- 반복문이 잘 정의된 루틴처럼 하나의 기능만 수행하는가?
- 반복문이 한눈에 볼 수 있을 정도로 짧은가?
- 반복문이 3단계 이하로 중첩되었는가?
- 길이가 긴 반복문의 내용을 루틴으로 이동시켰는가?
- 긴 반복문을 특히 명확하게 작성했는가?

반복문 인덱스

- *for* 반복문인 경우, 내부 코드에서 반복문 인덱스를 조작하지 않는가?
- 반복문 밖에서 반복문 인덱스를 사용하는 대신 중요한 반복문 인덱스를 보관하기 위한 변수를 사용하는가?
- 반복문의 인덱스가 서수형이나 열거형인가? 부동 소수점은 아닌가?
- 반복문 인덱스가 의미 있는 이름인가?
- 반복문이 인덱스 혼선을 피하는가?

반복문 탈출

- 반복문이 모든 가능한 조건에서 끝나는가?
- 안전 카운터 표준을 정의한 경우, 반복문이 안전 카운터를 사용하는가?
- 반복문의 종료 조건이 명확한가?
- *break*나 *continue*를 정확하게 사용하는가?

요점 정리

- 반복문은 복잡하다. 따라서 반복문을 간단하게 작성할수록 코드를 이해하기가 쉽다.
- 반복문을 간단하게 작성하는 기법은 특이한 모양의 반복문을 피하고 중첩을 최소화하며 진입과 탈출을 명확하게 만들고 보조 관리 코드를 한곳에 작성하는 것이다.
- 반복문 인덱스는 남용하기가 쉽다. 명확한 이름을 사용하고 한 가지 목적으로만 사용한다.
- 반복문이 모든 경우에 정상적으로 작동하고 모든 조건에 대해서 종료하는지 검증하기 위해서 신중하게 생각한다.

17장 특이한 제어 구조

cc2e.com/1778

내용

17.1 여러 곳에서 반환하는 루틴
17.2 재귀문
17.3 goto 문
17.4 특이한 제어 구조에 대한 관점

관련 주제

- 제어와 관련된 일반적인 이슈: 19장
- 순차적 코드: 14장
- 조건문을 사용하는 코드: 15장
- 반복문을 사용하는 코드: 16장
- 예외 처리: 8.4절

여러 제어 구조가 첨단 기술이라는 평과 신뢰하기 어려운 잘못된 기술이라는 평을 동시에 듣는다. 이러한 제어 구조를 모든 언어에서 지원하지는 않지만, 지원하는 언어에서는 주의 깊게 사용한다면 유용할 수 있다.

17.1 여러 곳에서 반환하는 루틴

대부분의 언어는 루틴의 일부분을 수행하다가 빠져나갈 수 있는 수단을 제공한다. *return*과 *exit* 문은 원하는 순간에 루틴으로부터 빠져나갈 수 있는 제어 구조다. 이 기능을 사용하면 정상적인 탈출 경로를 통해 루틴을 종료하고 해당 루틴을 호출한 루틴으로 제어권이 넘어간다. 여기에서는 *return*이라는 단어를 C++와 자바의 *return*, 마이크로 소프트 비주얼 베이직의 *Exit Sub*와 *Exit Function*, 그리고 이와 비슷한 구조의 명령문을 의미하는 일반적인 용어로 사용한다. 다음은 *return* 문 사용 시 참고할 만한 가이드라인이다.

KEY POINT

더 읽기 쉬운 코드를 만들기 위해서 return을 사용하라. 어떤 루틴에서는 답을 알게 되는 즉시 호출 루틴으로 반환하기를 원한다. 루틴이 오류를 발견했을 때 정리 작업을 하지 않도록 정의했는데 곧바로 반환이 이루어지지 않는다면 추가적인 코드를 작성해야 한다는 뜻이다.

다음은 한 루틴의 여러 곳에서 반환하는 것이 타당한 예제다.

한 루틴에 여러 개의 리턴이 있는 C++ 예제
```cpp
Comparison Compare( int value1, int value2 ) {     ← 이 루틴은 Comparison 열거형을 반환한다.
    if ( value1 < value2 ) {
        return Comparison_LessThan;
    }
    else if ( value1 > value2 ) {
        return Comparison_GreaterThan;
    }
    return Comparison_Equal;
}
```

다음 예제들은 아래 설명대로 코드가 명료하지 않다.

복잡한 오류 처리를 단순화하기 위해서 보호절(루틴 중간에 사용되는 return이나 exit)을 사용하라. 정상적인 작업을 수행하기 전에 수많은 오류 조건을 검사해야 하는 코드는 다음 예제와 같이 들여쓰기가 심하고 정상적인 경우를 알기 어렵게 만들 수 있다.

정상적인 경우를 알기 어렵게 만드는 비주얼 베이직 코드
```vb
If file.validName() Then
    If file.Open() Then
        If encryptionKey.valid() Then
            If file.Decrypt( encryptionKey ) Then
                ' 수많은 코드     ← 이것이 정상적인 경우에 실행되는 코드다.
                ...
            End If
        End If
    End If
End If
```

루틴의 본체가 4개의 *if* 문으로 들여쓰기 되어 있어 보기에 좋지 않다. 특히 가장 안쪽에 있는 *if* 문에 코드를 많이 작성하면 더욱 그렇다. 이럴 때는 오류가 발생하는 경우를 먼저 검사하면 정상적인 경로가 분명해져 코드의 흐름이 좀 더 명확해진다. 다음은 이러한 방법으로 작성한 코드다.

> **정상적인 경우를 분명히 하기 위해서 조건문을 사용한 간단한 비주얼 베이직 코드**
>
> ```
> ' 오류가 발견될 경우 빠져나가기 위한 코드다.
> If Not file.validName() Then Exit Sub
> If Not file.Open() Then Exit Sub
> If Not encryptionKey.valid() Then Exit Sub
> If Not file.Decrypt( encryptionKey ) Then Exit Sub
>
> ' 수많은 코드
> ...
> ```

이 간단한 코드가 깔끔한 해결책처럼 보이지만, 실제 제품 코드에서는 오류 조건이 발견되었을 때 보조 관리 코드나 정리 코드를 많이 작성해야 하는 경우가 종종 있다. 다음은 좀 더 현실적인 예제다.

> **정상적인 경우를 분명히 하기 위해서 조건문을 사용한 좀 더 현실적인 비주얼 베이직 코드**
>
> ```
> ' 오류가 발견될 경우 빠져나가기 위한 코드다.
> If Not file.validName() Then
>     errorStatus = FileError_InvalidFileName
>     Exit Sub
> End If
>
> If Not file.Open() Then
>     errorStatus = FileError_CantOpenFile
>     Exit Sub
> End If
>
> If Not encryptionKey.valid() Then
>     errorStatus = FileError_InvalidEncryptionKey
>     Exit Sub
> End If
>
> If Not file.Decrypt( encryptionKey ) Then
>     errorStatus = FileError_CantDecryptFile
>     Exit Sub
> End If
>
> ' 수많은 코드     ◄──── 이것이 정상적인 경우에 실행되는 코드다.
> ...
> ```

제품 코드에서 *Exit Sub*를 사용할 경우 정상적인 경우를 처리하는 코드 앞에 엄청난 양의 코드를 작성해야 한다. 하지만 *Exit Sub*를 사용하면 첫 번째 예제와 같은 깊은 중첩을 피할 수 있고, 첫 번째 예제에서 errorStatus 변수에 값을 설정하고자 한다면 *Exit Sub* 방식이 연관된 명령문을 함께 둘 수 있는 더 좋은 방법일 것이다. 모든 작업이 다 완료되고 나면 *Exit Sub*가 더 읽기 쉽고 유지보수하기 쉬워 보일 것이다.

한 루틴에 있는 리턴의 수를 최소화하라. 코드의 하단 부분을 읽고 있을 때 위쪽 어딘가에서 반환될 수 있다는 사실을 모르고 있으면 루틴을 이해하기가 더 어려워진다. 따라서 리턴을 사용했을 때 가독성이 향상되는 경우에만 분별력 있게 사용한다.

17.2 재귀문

재귀문에서는 한 루틴이 문제의 작은 부분을 해결하고 그 문제를 더 작은 부분으로 나눈 다음, 자신을 호출해 작게 나뉜 각 문제를 해결한다. 재귀문은 일반적으로 문제의 작은 부분이 해결하기가 쉽고 큰 부분을 더 작게 쉽게 나눌 수 있는 경우에 사용한다.

재귀문은 일반적으로는 유용하지 않지만, 주의 깊게 사용한다면 훌륭한 해결책을 만들 수 있다. 다음은 정렬 알고리즘이 재귀문을 훌륭하게 사용하고 있는 예제다.

자바로 작성한 재귀 호출을 사용하는 정렬 알고리즘 예제
```
void QuickSort( int firstIndex, int lastIndex, String [] names ) {
   if ( lastIndex > firstIndex ) {
      int midPoint = Partition( firstIndex, lastIndex, names );
      QuickSort( firstIndex, midPoint-1, names );      ┐ 여기서 재귀 호출을 한다.
      QuickSort( midPoint+1, lastIndex, names )        ┘
   }
}
```

이 예제에서는 정렬 알고리즘이 배열을 두 개로 나눈 다음 자신을 호출해 각 반쪽짜리 배열을 정렬한다. (*lastIndex <= firstIndex*)와 같이 정렬하기에 너무 작은 하위 배열로 자신을 호출할 때는 자신을 호출하지 않는다.

작은 문제 그룹인 경우에는 재귀문이 간단하고 훌륭한 해결책이 될 수 있다. 약간 큰 문제 그룹인 경우에는 간단하고 훌륭하지만 이해하기 어려운 해결책이 될 수 있다. 하지만 대부분의 경우에는 이 방법이 매우 복잡한 해결책이 될 것이다. 그런 경우에는 간단한 반복문을 사용하는 것이 일반적으로 더 이해하기 쉽다. 재귀문을 상황에 맞게 사용하라.

재귀문 예제

미로를 표현하는 데이터형이 있다고 해 보자. 기본적으로 미로는 격자로 이루어져 있으며 어떤 위치에서든지 상하좌우로 움직일 수 있다. 한 가지 이상의 방향으로 움직일 수 있는 경우가 많을 것이다.

그림 17-1과 같이 미로를 통과하는 방법을 찾는 프로그램을 어떻게 작성해야 할까? 재귀문을 사용하면 상당히 쉽게 작성할 수 있다. 시작 위치에서 시작한 다음 탈출구를 찾을 때까지 가능한 모든 경로를 시도해 본다. 어떤 위치를 처음 방문할 때 왼쪽으로 이동한다. 왼쪽으로 이동할 수 없으면 위나 아래로 이동한다. 위나 아래로도 이동할 수 없으면 오른쪽으로 이동한다. 이때 이미 방문했던 위치에는 빵 조각을 흘려 놓아서 같은 위치를 두 번 방문하는 일이 없기 때문에 길을 잃을까 봐 걱정할 필요가 없다.

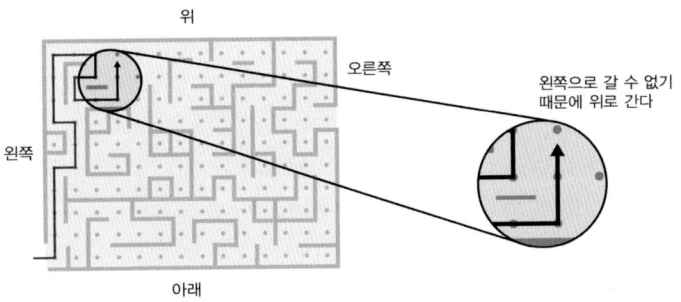

그림 17-1 재귀문은 적합한 문제와 만나면 복잡한 문제를 해결할 수 있는 유용한 도구가 될 수 있다.

재귀문을 사용하여 작성한 코드는 다음과 같다.

재귀문을 이용하여 미로를 이동하는 C++ 예제
```cpp
bool FindPathThroughMaze( Maze maze, Point position ) {
    // 이 위치를 이전에 시도한 적이 있으면 다시 시도하지 않는다.
    if ( AlreadyTried( maze, position ) ) {
        return false;
    }

    // 이 위치가 출구라면 성공을 선언한다.
    if ( ThisIsTheExit( maze, position ) ) {
        return true;
    }

    // 이 위치를 시도한 것으로 기억한다.
    RememberPosition( maze, position );
```

```
// 경로를 왼쪽, 위, 아래, 오른쪽 순으로 확인한다.
// 갈 수 있는 길이 있다면 탐색을 중지한다.
if ( MoveLeft( maze, position, &newPosition ) ) {
   if ( FindPathThroughMaze( maze, newPosition ) ) {
      return true;
   }
}

if ( MoveUp( maze, position, &newPosition ) ) {
   if ( FindPathThroughMaze( maze, newPosition ) ) {
      return true;
   }
}

if ( MoveDown( maze, position, &newPosition ) ) {
   if ( FindPathThroughMaze( maze, newPosition ) ) {
      return true;
   }
}

if ( MoveRight( maze, position, &newPosition ) ) {
   if ( FindPathThroughMaze( maze, newPosition ) ) {
      return true;
   }
}

return false;
}
```

첫 번째 줄은 이 위치를 이전에 방문한 적이 있는지 확인한다. 재귀 호출 루틴을 작성할 때 한 가지 주의해야 할 점은 무한 재귀 호출을 막는 것이다. 이 경우에 특정 위치를 방문했는지 검사하지 않는다면 같은 위치를 계속해서 방문하려고 할 것이다.

두 번째 코드는 현재 위치가 미로의 출구인지 확인한다. *ThisIsTheExit()*가 *true*를 반환한다면 루틴 자체가 *true*를 반환한다.

세 번째 코드는 이 위치를 방문한 것으로 기억한다. 이 코드는 순환 경로로부터 발생할 수 있는 무한 재귀 호출을 예방한다.

나머지 코드는 왼쪽, 위, 아래, 오른쪽 순으로 경로 찾기를 시도한다. 이 코드는 해당 루틴이 true를 반환할 때 즉, 루틴이 경로를 찾았을 때 재귀 호출을 중단한다.

이 루틴에서 사용된 논리는 상당히 직관적이다. 대부분의 사람은 재귀 호출이 재귀적인 참조를 한다는 점 때문에 처음 사용할 때 불편함을 느낀다. 하지만 이 경우에는 다른 해결책을 사용하면 훨씬 더 복잡해질 것이고 재귀 호출만으로도 아무런 문제가 없다.

재귀 호출 사용 팁

재귀 호출을 사용할 때 다음 팁을 명심한다.

재귀 호출이 중단되는지 확인하라. 재귀 호출을 사용하는 루틴에 비순환적인 경로가 포함되어 있는지 확인하라. 이것은 루틴이 더는 재귀 호출할 필요가 없을 때 재귀 호출을 중단하는 조건을 갖고 있음을 의미한다. 미로 예제에서는 *AlreadyTried()*와 *ThisIsTheExit()* 테스트가 재귀 호출이 중단될 수 있음을 보장한다.

무한 재귀 호출을 막기 위해서 안전 카운터를 사용하라. 앞에서 설명한 것과 같이 간단한 테스트를 사용할 수 없는 상황이라면 안전 카운터를 사용해 무한 재귀 호출을 막는다. 안전 카운터는 루틴을 호출할 때마다 다시 생성되지 않는 변수여야만 한다. 클래스 멤버 변수를 사용하거나 안전 카운터를 매개변수로 전달한다. 다음 예제를 살펴보자.

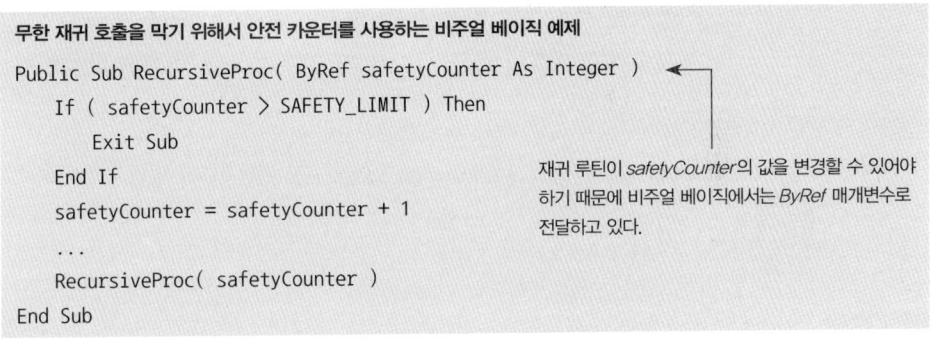

이 경우에는 루틴이 *SAFETY_LIMIT*를 넘어설 경우에 재귀를 중단한다.

안전 카운터를 매개변수로 전달하고 싶지 않다면 C++이나 자바, 비주얼 베이직에서는 멤버 변수를 사용하고 다른 언어에서는 같은 기능을 하는 다른 변수를 사용할 수 있다.

한 루틴으로 재귀 호출을 제한하라. 순환적인 재귀 호출(A가 B를 호출하고 B가 C를 호출하고 다시 C가 A를 호출하는 방식)은 발견하기가 어렵기 때문에 위험하다. 한 루틴의 재귀 호출을 다루는 것만으로도 정신적 부담이 크다. 루틴이 연이어 호출되는 재귀 호출은 이해하기가 너무 어렵다. 순환적인 재귀 호출이 있다면 일반적으로 재귀 호출이 한 루틴에 제한되도록 루틴을 재설계할 수 있다. 그렇게 할 수 없고 이런 방식의 재귀 호출

이 최고의 접근 방법이라고 생각한다면 재귀 호출의 문제점을 예방하는 차원에서 안전 카운터를 사용한다.

스택을 감시하라. 재귀 호출을 사용하면 프로그램이 얼마나 많은 스택 공간을 차지하게 될지 보장할 수 없으며 프로그램이 실행 시 어떻게 작동할지 예측하기도 어렵다. 하지만 다음 두 단계를 통해 실행 시 상태 변화를 제어할 수 있다.

첫째, 안전 카운터를 사용한다면 카운터의 한계 값을 설정할 때 재귀 루틴에 할당할 수 있는 스택의 크기를 고려해야 한다. 스택 오버플로가 발생하지 않을 정도로 안전한 한계 값을 설정한다.

둘째, 재귀 함수의 지역 변수, 특히 많은 메모리를 차지하는 객체 할당을 조심한다. 즉, 컴파일러가 스택에 자동(auto) 객체를 생성하는 대신 힙(heap)에 객체를 생성하도록 *new*를 사용한다.

팩토리얼이나 피보나치 수열을 계산하기 위해서 재귀문을 사용하지 말라. 컴퓨터 관련 서적의 문제점 중 하나가 재귀 호출의 예를 잘못 든다는 점이다. 전형적인 예가 팩토리얼이나 피보나치 수열을 계산하는 것이다. 재귀문은 강력한 도구시만, 잎의 두 경우에 사용하는 것은 정말 바보 같은 짓이다. 고용한 개발자가 팩토리얼을 계산하기 위해서 재귀문을 사용한다면 다른 사람을 찾아볼 것이다. 다음은 팩토리얼 루틴을 재귀문으로 구현한 것이다.

팩토리얼을 계산하기 위해서 재귀문을 사용하는 자바 예제: 부적절한 방법
```java
int Factorial( int number ) {
    if ( number == 1 ) {
        return 1;
    }
    else {
        return number * Factorial( number - 1 );
    }
}
```

이 코드는 느린 데다가 실행 시 메모리 사용량을 예측할 수도 없다. 재귀문은 다음의 반복 용법보다 이해하기가 어렵다.

팩토리얼을 계산하기 위해서 반복을 사용하는 자바 예제: 적절한 방법
```java
int Factorial( int number ) {
    int intermediateResult = 1;
    for ( int factor = 2; factor <= number; factor++ ) {
```

```
        intermediateResult = intermediateResult * factor;
    }
    return intermediateResult;
}
```

이 예제를 통해서 세 가지 교훈을 얻을 수 있다. 첫째, 컴퓨터 관련 서적이 소개하는 재귀 호출 예제는 아무런 도움을 주지 못한다. 둘째, 더욱 중요한 것은 재귀 호출이 팩토리얼이나 피보나치 수열에서 보여주는 것보다 훨씬 더 강력한 도구라는 것이다. 셋째, 가장 중요한 점으로서 재귀문을 사용하기 전에 다른 대안을 고려해야 한다. 재귀 호출로 할 수 있는 작업은 스택과 반복문으로도 수행할 수 있다. 어떤 때는 이 방법이 좋을 수 있고 또 어떤 때는 다른 방법이 좋을 수 있다. 어느 한 가지 방법을 선택하기 전에 두 가지 모두 고려해 본다.

17.3 *goto* 문

cc2e.com/1785

*goto*와 관련된 논쟁이 이미 끝났다고 생각하겠지만, "소스포지닷넷(*SourceForge.net*)"과 같은 소스코드 저장소를 살펴보면 *goto*가 여전히 사용되고 있음을 알 수 있다. 게다가 여러 곳에서의 리턴이나 여러 곳에서의 반복문 탈출, 레이블을 이용한 반복문 탈출, 오류 처리나 예외 처리를 포함한 *goto*와 비슷한 논쟁이 오늘날까지 다양한 형태로 나타나고 있다.

goto 문 사용을 반대하는 의견

goto 문 사용을 반대하는 의견의 요점은 *goto* 문을 사용하지 않는 코드의 품질이 더 좋다는 것이다. 최초의 *goto* 논쟁에 기름을 부었던 유명한 글은 에즈허르 데이크스트라(Edsger Dijkstra)가 1968년 3월 학술지 "*Communications of the ACM*"에 기고한 "*Go To Statement Considered Harmful*"이다. 데이크스트라는 코드의 품질이 개발자가 사용한 *goto* 문의 수에 반비례한다는 사실을 발견했다. 후속 연구에서 그는 *goto*를 포함하지 않는 코드에서 오류를 쉽게 바로잡을 수 있다고 주장했다.

*goto*를 포함하는 코드는 형식을 정리하기도 어렵다. 들여쓰기가 논리적인 구조를 보여주기 위해 사용되어야 하고 *goto*는 논리적인 구조에 영향을 미친다. 하지만 *goto*의 논리적인 구조나 그 대상을 보여주기 위해 들여쓰기를 사용하기란 매우 어렵거나 불가능하다.

goto를 사용하면 컴파일러 최적화를 하지 못한다. 어떤 최적화 기능은 몇 가지 명령문 내에 있는 제어 구조의 흐름에 영향을 받는다. 조건을 비교하지 않는 goto는 흐름을 분석하기 어렵게 만들 뿐만 아니라 컴파일러가 코드를 최적화하는 능력도 떨어뜨린다. 따라서 goto 문이 소스 언어 차원에서 효율적이더라도 컴파일러의 최적화 기능을 방해하여 전체적인 효율성을 상당히 떨어뜨릴 것이다.

goto 문의 사용을 찬성하는 측에서는 코드를 빠르거나 짧게 만들 수 있다고 주장한다. 하지만 goto를 포함하고 있는 코드가 가장 빠르거나 가장 짧지는 않다. 도널드 커누스(Donald Knuth)가 쓴 훌륭한 글인 "Structured Programming with go to Statements"에서는 goto를 사용할 때 코드가 느려지고 길어지는 여러 가지 예를 소개하고 있다(Knuth 1974).

실제로 goto를 사용하면 코드가 위에서 아래로 진행되어야 한다는 원칙을 위배하게 된다. goto를 주의해서 사용하면 그렇게 혼란스럽지 않을 수도 있겠지만, 일단 goto가 사용되면 건물을 파먹는 흰개미처럼 코드에 퍼진다. goto 문을 하나라도 사용하면 나쁜 영향을 미치게 되므로 아예 사용하지 않는 것이 좋다.

결과적으로 데이크스트라의 글이 언론에 공개된 후로 20년 동안의 경험에 비추어보면 goto를 포함한 코드를 작성하는 것은 어리석은 행동이다. 벤 슈나이더만은 문헌 조사를 통해 goto를 사용하지 않는 것이 좋다고 말한 데이크스트라의 의견이 옳다고 결론지었다(Ben Shneiderman 1980). 또한 자바와 같은 현대적인 언어는 아예 goto를 지원하지도 않는다.

goto 문 사용을 찬성하는 의견

goto 문 사용을 찬성하는 의견은 goto 문을 아무렇게나 사용하는 것이 아니라 특정한 환경에서 신중하게 사용하는 것이 좋다는 쪽이다. goto 문 사용을 반대하는 의견 대부분은 goto 문을 함부로 사용하는 것을 반대한다. goto 문에 대한 논쟁은 포트란이 최고의 인기를 누리고 있을 때 폭발했다. 포트란에는 내세울 만한 루프 구조가 없었고 goto 문을 이용하여 반복문을 프로그래밍하는 방법에 대한 제대로 된 설명도 없어 개발자들이 코드를 뒤죽박죽 작성했다. 그렇게 작성된 코드가 품질이 떨어지는 프로그램의 생산과 관련이 있는 것은 확실하지만, 그렇다고 해서 goto를 신중하게 사용하면 최신 프로그래밍 언어의 결함을 보완할 수 있다고 말할 수는 없다.

goto를 적절한 위치에 사용하면 중복 코드를 없앨 수 있다. 코드 중복은 두 코드 블록을 서로 다르게 수정할 경우에 문제를 일으킨다. 코드를 중복으로 사용하면 소스코드와 실행 파일의 크기가 증가한다. goto의 부정적인 효과는 코드를 중복하는 것보다도 크다.

> 관련 정보 자원을 할당하는 코드에서 goto 문을 사용하는 방법에 대한 자세한 내용은 이 절에 있는 "오류 처리와 goto 문"을 살펴본다. 그리고 8.4절의 "예외"에서의 예외 처리 부분도 살펴본다.

goto는 자원을 할당하고 자원에 대한 연산을 수행한 다음 자원을 해제하는 루틴에서는 유용하게 사용할 수 있다. goto를 사용하면 특정 코드 구역에서 자원을 정리할 수 있다. goto를 사용하면 오류를 발견하는 위치에서 리소스를 해제하지 않을 확률을 줄여준다.

어떤 경우에는 goto 문을 사용하여 빠르고 짧은 코드를 만들 수 있다. 커누스는 1974년 그가 작성한 글에서 goto 문 사용이 이득을 가져오는 몇 가지 경우를 예로 들었다.

goto 문을 없애는 것이 훌륭한 프로그램의 필요충분조건은 아니다. 방법론적으로 분해 및 개선, 그리고 제어 구조를 선택하면 대부분의 경우 자연스럽게 goto 문이 없는 프로그래밍을 하게 될 것이다. goto를 사용하지 않는 코드를 작성하는 것 자체는 목적이 아니라 결과고 goto 문 사용을 하지 않는 것 자체에 중점을 두는 것은 아무런 도움이 되지 않는다.

> 이러한 증거는 혼란스러운 제어 구조가 개발자의 개발 능력을 떨어뜨린다는 것만 보여줬을 뿐, 사실상 제어 흐름을 구조화하는 어떤 방법이 도움이 되는지에 대해서는 아무것도 증명하지 못했다.
> – B. A. 셰일(Sheil)

goto에 대한 수십 년의 연구는 goto가 해롭다는 것을 증명하지 못했다. B. A. 셰일(B. A. Sheil)은 문헌 조사를 통해서 비현실적인 테스트 조건과 잘못된 데이터 분석, 설득력이 부족한 결과가 코드 내에 있는 버그가 goto 문의 수에 비례한다는 슈나이더만을 비롯한 다른 사람들의 주장을 뒷받침해주지 못한다고 결론지었다(B. A. Sheil 1981). 셰일은 goto 문을 사용하는 것이 좋다기보다는 실험적으로 goto 문 사용을 반대할 만한 증거가 부족하다는 결론을 내렸다.

결국 goto는 비주얼 베이직과 C++, 그리고 역사상 가장 정성 들여 만든 프로그래밍 언어인 에이다를 포함해 여러 최신 프로그래밍 언어에서 지원하고 있다. 에이다는 goto의 장단점에 대한 논쟁이 있은 지 한참 후에 개발되었고 문제의 모든 측면을 고려하고 나서 에이다 개발자들이 goto를 포함시키기로 결정했다.

가짜 goto에 대한 논쟁

대부분의 goto에 대한 논쟁에서 가장 두드러진 특징은 문제에 피상적으로 접근한다는 것이다. "goto는 해악이다."라고 주장하는 사람들은 goto를 사용하는 간단한 코드를 보여준 후 이 코드를 goto 없이 얼마나 쉽게 작성할 수 있는지 보여준다. 이는 단순히 goto 문 없이 간단한 코드를 쉽게 작성할 수 있다는 것을 증명할 뿐이다.

"goto 없이는 살 수 없습니다."라고 주장하는 사람들은 보통 goto 문을 없앨 경우 추가적인 비교가 필요하거나 코드를 중복해서 작성해야 하는 경우를 예로 제시한다. 이는 goto 문을 사용하면 비교문이 하나 줄어드는 경우가 있다는 것을 증명할 뿐이다. 비교문이 하나 줄어든다고 해서 현대 컴퓨터에서는 큰 이득을 얻을 수 없다.

대부분의 서적은 아무런 도움을 주지 못한다. 마치 goto 문을 주제로 다루는 것처럼 보이지만, goto 문 없이 코드를 다시 작성하는 간단한 예를 들 뿐이다. 다음은 그런 종류의 서적에 있는 간단한 코드를 변경한 예제다.

goto 문이 없는 코드로 재작성하기 쉬운 C++ 예제
```
do {
    GetData( inputFile, data );
    if ( eof( inputFile ) ) {
        goto LOOP_EXIT;
    }
    DoSomething( data );
} while ( data != -1 );
LOOP_EXIT:
```

이 책은 이 코드를 goto 문이 없는 코드로 재빨리 변경한다.

goto 문 없이 같은 코드를 재작성한 C++ 예제
```
GetData( inputFile, data );
while ( ( !eof( inputFile ) ) && ( ( data != -1 ) ) ) {
    DoSomething( data );
    GetData( inputFile, data )
}
```

소위 "사소한" 예제라고 할 수 있는 이 예제는 오류를 포함하고 있다. 반복문에 들어가는 데이터가 -1인 경우에 변경된 코드는 -1을 감지하여 *DoSomething()*을 실행하기 전에 반복문을 빠져나간다. 원본 코드에서는 -1이 감지되기 전에 *DoSomething()*을 실행한다. goto 문 없이 코드를 변경하기가 얼마나 쉬운지 보여주고자 했던 책이 예제를 잘못 변환하고 있다. 하지만 이 책의 저자가 죄책감을 느낄 필요는 없다. 다른 책도 비슷한 실수를 저지르기 때문이다. 전문가조차도 goto를 사용하는 코드를 변환하는 데 어려움을 겪고 있다.

다음은 goto 문을 사용하지 않고 코드를 정확하게 변환한 것이다.

```
goto 문 없이 같은 코드를 정확하게 재작성한 C++ 예제
do {
   GetData( inputFile, data );
   if ( !eof( inputFile )) {
      DoSomething( data );
   }
} while ( ( data != -1 ) && ( !eof( inputFile ) ) );
```

비록 코드를 정확하게 변환했다고 하더라도 이 예제는 goto 문을 사소하게 사용하는 예를 보여주기 때문에 여전히 실제로 존재하지 않는 코드라고 할 수 있다. 이런 경우라면 신중한 개발자는 처음부터 goto를 선택하지 않았을 것이다.

이제 와서 goto 문 사용에 대한 논쟁에 새로운 이론을 추가하기란 어려울 것이다. 하지만 쉽게 설명되지 않는 부분은 goto를 사용하지 않는 방법을 확실하게 이해하고 있는 개발자가 읽기 쉽고 유지보수가 가능한 코드를 만들기 위해서 goto 문을 사용하게 되는 상황이다.

다음 절에서는 숙련된 개발자가 goto 문을 사용하는 것이 좋다고 주장하는 경우를 제시하고 있다. goto 문을 사용한 예제 코드와 goto 문을 사용하지 않은 예제 코드를 보여준 다음 두 버전 사이의 트레이드오프를 평가한다.

오류 처리와 goto 문

고급 대화식 코드를 작성하기 위해서는 오류 처리와 오류가 발생했을 때의 리소스 정리 작업에 많은 노력을 기울여야 한다. 다음 코드는 여러 파일의 내용을 지우는 예제다. 이 루틴은 우선 지울 파일 그룹을 가져온 후 각 파일을 찾아서 열고 덮어쓴 다음 내용을 지운다. 이 루틴은 단계마다 오류를 검사한다.

```
오류를 처리하고 리소스를 정리하는 비주얼 베이직 코드
' 이 루틴은 여러 개의 파일의 내용을 지운다.
Sub PurgeFiles( ByRef errorState As Error_Code )
   Dim fileIndex As Integer
   Dim fileToPurge As Data_File
   Dim fileList As File_List
   Dim numFilesToPurge As Integer

   MakePurgeFileList( fileList, numFilesToPurge )
```

```
        errorState = FileStatus_Success
        fileIndex = 0
        While ( fileIndex < numFilesToPurge )
            fileIndex = fileIndex + 1
            If Not ( FindFile( fileList( fileIndex ), fileToPurge ) ) Then
                errorState = FileStatus_FileFindError
                GoTo END_PROC        ←—— 여기에 GoTo가 있다.
            End If

            If Not OpenFile( fileToPurge ) Then
                errorState = FileStatus_FileOpenError
                GoTo END_PROC        ←—— 여기에 GoTo가 있다.
            End If

            If Not OverwriteFile( fileToPurge ) Then
                errorState = FileStatus_FileOverwriteError
                GoTo END_PROC        ←—— 여기에 GoTo가 있다.
            End If

            if Not Erase( fileToPurge ) Then
                errorState = FileStatus_FileEraseError
                GoTo END_PROC        ←—— 여기에 GoTo가 있다.
            End If
        End While

END_PROC:                            ←—— 여기에 GoTo 레이블이 있다.
        DeletePurgeFileList( fileList, numFilesToPurge )
End Sub
```

이 루틴은 숙련된 개발자가 goto 문을 사용하는 전형적인 상황이다. 이와 비슷한 경우는 루틴에서 데이터베이스 연결이나 메모리, 임시 파일과 같은 리소스를 할당하고 정리해야 할 때 발생한다. 이러한 경우에 goto 문 대신 사용할 수 있는 방법은 일반적으로 자원을 정리하기 위한 코드를 중복해서 작성하는 것이다. 그런 경우에는 개발자가 중복된 코드를 유지보수해야 하는 수고와 goto 문의 나쁜 점을 비교한 다음 goto 문을 사용하는 것이 차라리 낫다고 결정할 수도 있다.

앞의 예제를 goto 문 없이 두 가지 방법으로 작성할 수 있다. 두 가지 방법 모두 트레이드오프가 따른다. 이때 적용 가능한 방법은 다음과 같다.

중첩된 if 문으로 다시 작성하라. 중첩된 if 문을 사용하여 코드를 다시 작성하려면 바로 이전 if 테스트가 성공할 때마다 다음 if가 실행되도록 if 문을 중첩해야 한다. 이 방법은

goto 문을 없애기 위해서 일반적인 컴퓨터 프로그래밍 서적이 취하는 접근 방법이다. 다음은 이러한 일반적인 접근 방법을 사용하여 루틴을 다시 작성한 코드다.

> **관련 정보** 이 루틴은 *break*를 사용하여 *goto* 문 없이 재작성할 수도 있다. 그러한 접근 방법에 대한 자세한 내용은 16.2절의 "반복문을 일찍 탈출하기"를 살펴본다.

중첩된 if 문을 사용하여 goto 문을 제거한 비주얼 베이직 코드

```
' 이 루틴은 여러 개의 파일의 내용을 지운다.
Sub PurgeFiles( ByRef errorState As Error_Code )
    Dim fileIndex As Integer
    Dim fileToPurge As Data_File
    Dim fileList As File_List
    Dim numFilesToPurge As Integer

    MakePurgeFileList( fileList, numFilesToPurge )

    errorState = FileStatus_Success
    fileIndex = 0
    While ( fileIndex < numFilesToPurge And errorState = FileStatus_Success )

        fileIndex = fileIndex + 1
        If FindFile( fileList( fileIndex ), fileToPurge ) Then
            If OpenFile( fileToPurge ) Then
                If OverwriteFile( fileToPurge ) Then
                    If Not Erase( fileToPurge ) Then
                        errorState = FileStatus_FileEraseError
                    End If
                Else ' 파일을 덮어쓸 수 없다.
                    errorState = FileStatus_FileOverwriteError
                End If
            Else ' 파일을 열 수 없다.
                errorState = FileStatus_FileOpenError
            End If
        Else ' 파일을 찾을 수 없다.
            errorState = FileStatus_FileFindError
        End If
    End While
    DeletePurgeFileList( fileList, numFilesToPurge )
End Sub
```

*errorState*에 대한 검사 코드를 추가하려고 *While* 테스트를 변경했다.

이 줄은 이 테스트를 수행한 *If* 문으로부터 13줄이나 떨어져 있다.

goto 문 없이 코드를 작성하는 데 익숙한 사람들은 이 코드가 *goto*를 사용한 버전보다 읽기 편할지도 모른다. 이러한 방식을 사용한다면 *goto* 문 사용과 관련된 질문을 받을 필요가 없을 것이다.

> 관련 정보 들여쓰기와 다른 코드 배치 문제점에 대한 자세한 내용은 31장 "레이아웃과 스타일"을 살펴본다. 중첩 수준에 대한 자세한 내용은 19.4절 "지나치게 깊은 중첩 구조 처리"를 살펴본다.

이 중첩된 *if*를 사용한 접근 방법의 가장 큰 단점은 중첩 수준이 매우 깊다는 것이다. 이 코드를 이해하기 위해서는 중첩된 if 문을 모두 기억해야 한다. 더구나 오류 처리 코드와 그 코드를 사용하는 코드 사이의 거리가 너무 멀다. 예를 들면 *errorState*를 *FileStatus_FileFindError*로 설정하는 코드는 이 코드를 사용하는 *if* 문으로부터 13줄이나 떨어져 있다.

goto 문을 사용하면 어느 코드도 그것을 사용하는 조건문에서 4줄 이상 떨어지지 않는다. 그리고 전체 구조를 기억할 필요도 없다. 이미 성공한 조건은 기억할 필요가 없고 다음 연산에 집중할 수 있다. 이 경우에는 *goto* 문을 사용한 버전이 중첩된 *if* 버전보다 더 읽고 유지보수하기 쉽다.

상태 변수를 사용하여 재작성하라. 상태 변수를 사용하여 재작성하기 위해 루틴이 오류 상태에 있는지를 나타내는 변수를 생성한다. 이 경우에는 이 루틴이 이미 *errorState* 상태 변수를 사용하고 있기 때문에 그 변수를 사용할 수 있다.

상태 변수를 사용하여 *goto* 문을 제거한 비주얼 베이직 코드

```
' 이 루틴은 여러 개의 파일의 내용을 지운다.
Sub PurgeFiles( ByRef errorState As Error_Code )
    Dim fileIndex As Integer
    Dim fileToPurge As Data_File
    Dim fileList As File_List
    Dim numFilesToPurge As Integer

    MakePurgeFileList( fileList, numFilesToPurge )

    errorState = FileStatus_Success
    fileIndex = 0
    While ( fileIndex < numFilesToPurge ) And ( errorState = FileStatus_Success )    ← errorState에 대한 검사 코드를 추가하기 위해서 While 테스트를 변경했다.

        fileIndex = fileIndex + 1

        If Not FindFile( fileList( fileIndex ), fileToPurge ) Then
            errorState = FileStatus_FileFindError
        End If
        If ( errorState = FileStatus_Success ) Then    ← 상태 변수를 테스트한다.
            If Not OpenFile( fileToPurge ) Then
                errorState = FileStatus_FileOpenError
            End If
        End If
```

```
            If ( errorState = FileStatus_Success ) Then      ← 상태 변수를 테스트한다.
                If Not OverwriteFile( fileToPurge ) Then
                    errorState = FileStatus_FileOverwriteError
                End If
            End If
            If ( errorState = FileStatus_Success ) Then      ← 상태 변수를 테스트한다.
                If Not Erase( fileToPurge ) Then
                    errorState = FileStatus_FileEraseError
                End If
            End If
    End While
    DeletePurgeFileList( fileList, numFilesToPurge )
End Sub
```

상태 변수를 사용하는 접근 방법의 장점은 코드를 재작성한 첫 번째 예제와 같은 깊이로 중첩된 *if-then-else* 구조를 피할 수 있어서 이해하기가 쉽다는 것이다. 또한 테스트 다음에 오는 작업이 중첩된 if 접근 방법보다 *if-then-else* 테스트에 더 가깝고 *else* 절을 아예 사용하지 않는다.

중첩된 *if* 버전을 이해하려면 어느 정도 정신적인 훈련이 필요하다. 상태 변수 버전은 사람들이 어떤 문제에 대해서 생각하는 방법과 유사하게 표현한 것이기 때문에 쉽게 이해할 수 있다. 파일을 찾는다. 문제가 없다면 파일을 연다. 여전히 문제가 없다면 파일을 덮어쓴다. 여전히 문제가 없다면……

이 접근 방법의 단점은 상태 변수를 사용하는 것이 널리 사용되는 습관이 아니라는 점이다. 이 변수의 사용에 대해 완벽하게 설명하지 않으면 다른 개발자가 코드 작성자가 무엇을 하고자 했는지 이해하지 못할 수도 있다. 이 예제에서는 알기 쉬운 열거형을 사용하여 큰 도움을 주고 있다.

try-finally를 사용하여 재작성하라. 비주얼 베이직과 자바를 포함한 몇몇 언어는 오류 발생 시 리소스 정리에 사용할 수 있도록 *try-finally* 문을 제공한다.

try-finally 접근 방법을 사용하여 코드를 재작성하려면 *try* 블록 내에 오류 검사에 필요한 코드를 넣은 다음 정리 코드를 *finally* 블록 안에 넣는다. *try* 블록은 예외 처리의 범위를 명시하고 *finally* 블록은 자원을 정리한다. *finally* 블록은 예외 발생 여부나 *PurgeFiles()* 루틴이 발생한 오류를 잡았는지(*catch*) 여부에 상관없이 항상 호출될 것이다.

```
try-finally를 사용하여 goto를 제거한 비주얼 베이직 코드
' 이 루틴은 여러 개의 파일의 내용을 지운다. 예외는 호출 루틴에 전달한다.
Sub PurgeFiles()
    Dim fileIndex As Integer
    Dim fileToPurge As Data_File
    Dim fileList As File_List
    Dim numFilesToPurge As Integer
    MakePurgeFileList( fileList, numFilesToPurge )
    Try
        fileIndex = 0
        While ( fileIndex < numFilesToPurge )
            fileIndex = fileIndex + 1
            FindFile( fileList( fileIndex ), fileToPurge )
            OpenFile( fileToPurge )
            OverwriteFile( fileToPurge )
            Erase( fileToPurge )
        End While
    Finally
        DeletePurgeFileList( fileList, numFilesToPurge )
    End Try
End Sub
```

이 접근 방법은 모든 함수가 오류 코드를 반환하는 대신 예외를 던진다(throw)고 가정하고 있다.

try-finally 접근 방법의 장점은 *goto* 접근 방법보다 간단하면서도 *goto* 문을 사용하지 않는다는 점이다. 아울러 깊이 중첩된 *if-then-else* 구조를 사용하지도 않는다.

try-finally 접근 방법의 한계는 코드 전체에 일관성 있게 구현되어야 한다는 점이다. 앞에서 살펴본 코드가 예외뿐만 아니라 오류 코드도 사용하는 코드의 일부분이라면 이 예외 코드는 가능한 모든 오류에 대해 설정해야 한다. 그렇게 되면 이 코드도 다른 코드처럼 복잡해질 것이다.

각 접근 방법 비교

관련 정보 이러한 상황에 적용할 수 있는 모든 기법에 대한 목록은 19.4절 "깊은 중첩을 줄이는 기법 요약"을 살펴본다.

앞에서 소개한 네 가지 방법은 모두 나름대로 타당성을 갖고 있다. *goto* 접근 방법은 깊은 중첩과 불필요한 테스트를 피할 수 있지만 *goto*를 갖고 있다. 중첩된 *if* 접근 방법은 *goto*를 사용하지 않지만 깊이 중첩되고 루틴의 논리적인 복잡성이 커진다. 상태 변수 접근 방법은 *goto*를 사용하지 않고 깊은 중첩을 피할 수 있지만 테스트의 수가 추가된다.

try-finally 접근 방법은 *goto*를 사용하지 않고 깊은 중첩을 피할 수 있지만 모든 언어에서 사용할 수 있는 방법이 아니다.

try-finally 접근 방법이 *try-finally*를 지원하는 언어와 아직 다른 접근 방법을 표준화하지 않은 코드 기반에서는 가장 직관적이다. *try-finally*를 사용할 수 없다면 상태 변수 접근 방법이 *goto* 문이나 중첩된 if 접근 방법보다 조금은 낫다. 왜냐하면 이 접근 방법이 상대적으로 읽기 쉽고 문제를 잘 표현하기 때문이다. 하지만 이것이 모든 환경에서 최고의 접근 방법일 수는 없다.

어떤 기법이든지 프로젝트의 모든 코드에 일관성 있게 적용한다면 문제가 없다. 모든 트레이드오프를 고려한 다음 어떤 방법이 좋은지를 결정한다.

goto 문과 *else* 절에서 공유하는 코드

개발자가 *goto* 문을 사용할 것인지를 고민하게 되는 한 가지 상황은 두 개의 조건 테스트와 *else* 절이 있을 때 하나의 조건문과 *else* 절에 있는 코드를 실행시키고 싶은 경우다. 다음은 *goto* 문을 사용하게끔 만들 수 있는 경우를 예로 든 것이다.

goto 문을 이용하여 else 절에 있는 코드를 공유하는 C++ 예제

```
if ( statusOk ) {
    if ( dataAvailable ) {
        importantVariable = x;
        goto MID_LOOP;
    }
}
else {
    importantVariable = GetValue();

    MID_LOOP:

    // 수많은 코드
    ...
}
```

이 예제는 논리적으로 엇갈려 있기 때문에 좋은 예제다. 이 코드는 이해하기가 거의 불가능하고 *goto* 문 없이는 정확하게 재작성하기도 어렵다. 이 코드를 *goto* 문 없이 쉽게 재 작성할 수 있다고 생각한다면 작성한 코드를 다른 사람에게 검토해 달라고 하라. 숙련된 개발자조차도 이 코드를 정확하게 작성하지 못했다.

이 코드는 다양한 방법으로 다시 작성할 수 있다. 코드를 복사해 공통되는 코드를 루틴에 입력한 다음 두 곳에서 루틴을 호출하거나 조건을 다시 테스트할 수 있다. 대부분의 언어에서 재작성 코드는 원본보다 약간 커지고 느려지겠지만, 거의 비슷할 것이다. 코드가 매우 자주 호출되는 루프 안에 있는 게 아니라면 효율성을 따지지 말고 다시 작성하라.

가장 좋은 방법은 아마 // *수많은 코드 부분*을 루틴으로 빼내는 방법일 것이다. 그러면 원본 코드와 *goto*의 목적지로 사용되었던 위치에서 루틴을 호출할 수 있으며 조건문의 원래 구조도 유지할 수 있다. 다음은 이러한 방법으로 수정한 코드다.

공통으로 사용되는 코드를 루틴에 입력하여 *else* 절에서 코드를 공유하는 C++ 예제
```cpp
if ( statusOk ) {
   if ( dataAvailable ) {
      importantVariable = x;
      DoLotsOfCode( importantVariable );
   }
}
else {
   importantVariable = GetValue();
   DoLotsOfCode( importantVariable );
}
```

보통은 새로운 루틴을 작성하는 것이 가장 좋은 접근 방법이다. 하지만 중복된 코드를 루틴으로 작성하는 것이 실용적이지 않은 경우가 있다. 이 경우에는 중복되는 코드를 새로운 루틴으로 작성하는 대신 같은 조건문을 재구성해 루틴 안에 코드를 유지하는 것으로 문제를 해결할 수 있다.

***goto*를 사용하지 않고 *else* 절에서 코드를 공유하는 C++ 예제**
```cpp
if ( ( statusOk && dataAvailable ) || !statusOk ) {
   if ( statusOk && dataAvailable ) {
      importantVariable = x;
   }
   else {
      importantVariable = GetValue();
   }
   // 수많은 코드
   ...
}
```

관련 정보 이 문제에 대한 또 다른 접근 방법은 의사 결정 테이블을 사용하는 것이다. 이에 대한 자세한 내용은 18장 "테이블 활용 기법"을 살펴본다.

이 코드는 goto 버전의 논리를 기계적으로 정확하게 변환한 것이다. 이 코드는 statusOK를 두 번, dataAvailable을 한 번 테스트하지만, 코드의 기능은 같다. 조건을 다시 테스트하는 것이 신경 쓰인다면 statusOK 값을 첫 번째 if 테스트에서 두 번 테스트할 필요가 없다는 점에 주목한다. 또한 두 번째 if 테스트에서 dataAvailable을 테스트하는 코드도 뺄 수 있다.

goto 문 사용 가이드라인 요약

KEY POINT

goto 문 사용은 종교적인 문제와 같다. 최신 프로그래밍 언어에서 goto 문을 사용하는 코드의 열의 아홉은 순차적인 구조로 쉽게 대체할 수 있다는 게 개인적 견해다. 이렇게 간단한 경우에는 습관적으로 goto 문을 대체해야 한다. 그렇게 하기가 어려운 경우에도 열에 아홉은 goto 문을 제거할 수 있다. 해당 코드를 좀 더 짧은 루틴으로 나누고 try-finally를 사용하고 중첩된 if 문을 사용하고 상태 변수를 다시 테스트하거나 조건문을 재구성할 수 있다. 이 경우에는 goto 문을 제거하기가 어렵겠지만, 그렇게 하는 편이 정신 수양에 좋고 이 절에서 소개한 기법이 좋은 도구가 되어줄 것이다.

goto 문을 사용하여 문제를 해결하는 것이 타당해 보이더라도 코드에 충분히 설명하고 사용해야 한다. 장화를 신고 있는데 굳이 흙탕물을 피하기 위해서 돌아갈 필요는 없다. 하지만 자신이 놓치고 있는 부분을 다른 사람이 볼 수도 있으니 다른 개발자들이 제안한 goto 문 제거 방법에 귀를 기울여라.

다음은 goto 문의 사용법을 요약한 것이다.

- 구조적인 제어 구현을 직접 지원하지 않는 언어에서는 그러한 구조를 흉내 내기 위해서 goto 문을 사용하라. goto 문을 사용할 때에는 정확하게 흉내 낸다. goto 문의 유연성을 남용하지 않도록 한다.
- goto 문과 같은 기능을 다른 방법으로 구현할 수 있을 때는 goto 문을 사용하지 않는다.

관련 정보 효율성 향상에 대한 자세한 내용은 25장 "코드 튜닝 전략"과 26장 "코드 튜닝 기법"을 살펴본다.

- 효율성을 높이기 위해서 사용된 goto 문의 성능을 측정하라. 대부분의 경우 읽기 쉽고 효율성도 떨어지지 않는 코드를 goto 문 없이 재작성할 수 있다. 예외적인 경우라면 성능 향상에 대한 기록을 남겨 goto를 사용하지 않는 개발자가 goto 문을 봤을 때 제거하지 않도록 한다.
- 구조적인 구현을 흉내 내는 것이 아니라면 한 루틴에 하나의 goto 레이블만 사용한다.
- 구조적인 구현을 흉내 내는 것이 아니라면 goto 문이 뒤로 후퇴하지 않고 앞으로 전진만 하도록 한다.
- 모든 goto 레이블이 사용되었는지 확인한다. 사용되지 않은 레이블이 있다는 것은 해당 레이블로 이동하는 코드가 빠졌다는 것을 의미한다. 레이블이 사용되지 않는다면 그 레이블을 삭제한다.
- goto 문으로 인하여 접근되지 않는 코드가 만들어지지 않았는지 확인한다.
- 관리자는 goto 문 하나에 매달리다가 전체를 망칠 수도 있다는 점을 명심해야 한다. 개발자가 다른 대안을 알면서도 goto를 사용하려고 한다면 아마 그 goto 문은 문제가 없을 것이다.

17.4 특이한 제어 구조에 대한 관점

다음과 같은 제어 구조가 좋은 아이디어로 여겨졌던 때도 있다.

- 마음껏 *goto* 문 사용
- *goto* 문의 목적지를 동적으로 계산하여 계산된 위치로 이동할 수 있는 능력
- *goto* 문을 이용하여 루틴의 중간에서 다른 루틴의 중간으로 이동할 수 있는 능력
- 루틴의 줄 번호나 레이블로 호출하여 원하는 위치에서부터 루틴을 시작할 수 있는 능력
- 프로그램의 코드를 동적으로 생성하여 작성된 코드를 실행할 수 있는 능력

지금은 이러한 아이디어가 구현될 가능성이 거의 없고 낡고 위험한 것처럼 보이겠지만, 한때는 이 아이디어가 타당하고 심지어는 바람직하다고 여겨지기도 했다. 소프트웨어 개발 분야는 개발자가 코드를 이용할 수 있는 것을 제한함으로써 크게 발전했다. 개인적으로는 자유로운 제어 구조에 강한 회의를 느낀다. 이 장에서 소개한 대부분의 구조가 결국에는 계산된 *goto* 레이블이나 변수 루틴 진입점, 자기 수정 코드, 구조에 대한 유연성과 편리함과 복잡성을 다루기 위한 능력을 선호하는 다른 구조들처럼 개발자들로부터 외면당할 것이라고 생각한다.

참고 자료

cc2e.com/1792

다음 참고 자료도 이상한 제어 구조에 관해 설명하고 있다.

리턴

마틴 파울러(Martin Fowler) 《리팩토링: 코드 품질을 개선하는 객체지향 사고법》(한빛미디어, 2012). "중첩된 조건문을 보호절로 대체하라"라는 리팩터링 설명 부분에서 파울러는 여러 개의 *if* 문이 중첩되는 것을 줄이기 위하여 여러 개의 *return* 문을 사용할 것을 제안했다. 파울러는 다중 *return* 문이 분명한 코드를 작성할 수 있는 적절한 수단이며 다중 루틴이 아무런 해를 끼치지 않는다고 주장했다.

goto 문

다음 글은 *goto* 논쟁의 모든 내용을 담고 있다. 이 내용은 대부분의 서적과 잡지에서 가끔 나오지만, 20년 전에 나오지 않았던 내용은 접하지 못할 것이다.

cc2e.com/1799

에츠허르 데이크스트라(Edsger Dijkstra) "*Go To* 문은 해롭다(*Go To Statement Considered Harmful*)."(Communications of the ACM 11, 3호, 1968년 3월:

147~48쪽). 웹 사이트 www.cs.utexas.edu/users/EWD/에서도 읽어볼 수 있다. 이 것은 데이크스트라가 소프트웨어 개발 역사상 가장 오래된 논쟁에 불을 붙인 유명한 글이다.

W. A. 울프(Wulf) "GOTO에 반대하는 사례(A Case Against the GOTO)"(25차 국제 ACM 컨퍼런스 회보, 1972년 8월: 791~97쪽). 이 논문은 무분별한 goto 문 사용에 반대하는 주장을 담고 있다. 울프는 프로그래밍 언어가 적절한 제어 구조를 제공한다면 goto는 불필요해질 것이라고 주장했다. 1972년에 이 논문이 작성된 이후로 C++, 자바, 비주얼 베이직 같은 언어가 울프가 옳음을 증명했다.

도널드 커누스(Donald Knuth) "go to문을 사용한 구조적 프로그래밍(Structured Programming with go to Statements)"(1974). 에드워드 요든(Edward Yourdon)이 《Classics in Software Engineering》(Yourdon Press, 1979)에서 편집. 방대한 내용을 다루는 이 논문은 goto 문에 대한 내용만 소개하고 있지는 않지만, goto를 제거하거나 추가하여 더욱 효율적인 코드를 만든 많은 코드 예제를 포함하고 있다.

프랭크 루빈(Frank Rubin) "'GOTO가 해롭다'는 생각이 해롭다('GOTO Considered Harmful' Considered Harmful)"(Communications of the ACM 30, 3호, 1987년 3월: 195~96쪽). 편집장에게 보낸 이 편지에서 루빈은 goto를 사용하지 않는 프로그래밍이 "수십억 달러"의 비용을 발생시킨다고 주장했다. 그러고 나서 goto를 사용하는 간단한 코드를 제시한 다음 그것이 goto 문이 없는 코드보다 훨씬 우월하다고 주장했다.

루빈이 작성한 편지의 내용보다도 이 편지에 대한 답장이 더욱 인기를 끌었다. 다섯 달 동안 "Communications of the ACM(CACM)"은 루빈이 제시한 7줄짜리 프로그램에 대한 서로 다른 버전을 소개하는 편지를 발행했다. 이 편지는 goto 문을 옹호하는 쪽과 그렇지 않은 쪽으로 균등하게 나뉘어 있었다. 대략 17가지의 서로 다른 버전이 제시되었으며 재작성된 코드는 모두 goto 문을 제거할 수 있는 다양한 의견에 대한 것이었다. CACM의 편집장은 이 문제가 CACM의 어떤 이슈보다도 훨씬 많은 반응을 만들어냈다고 보고했다.

답장은 다음에서 확인할 수 있다.

- *Communications of the ACM* 30, no. 5 (May 1987): 351–55.
- *Communications of the ACM* 30, no. 6 (June 1987): 475–78.
- *Communications of the ACM* 30, no. 7 (July 1987): 632–34.
- *Communications of the ACM* 30, no. 8 (August 1987): 659–62.
- *Communications of the ACM* 30, no. 12 (December 1987): 997, 1085.

cc2e.com/1706

로렌스 클라크(R. Lawrence Clark) "GOTO가 없는 프로그래밍의 언어적 기여(*A Linguistic Contribution of GOTO-less Programming*)"(데이터메이션(Datamation), 1973년 12월). 이 익살맞은 논문은 "go to(간다)" 문을 "come from(온다)" 문으로 대체할 것을 주장했다. 이 논문은 "*Communications of the ACM*"의 1974년 4월호에 다시 실렸다.

cc2e.com/1713

체크리스트: 특이한 제어 구조

return
- 각 루틴이 필요할 때만 *return*을 사용하는가?
- *return*이 가독성을 향상시켰는가?

재귀문
- 재귀 루틴이 재귀를 중단하기 위한 코드를 포함하는가?
- 루틴이 중단되는 것을 보장하기 위하여 안전 카운터를 사용하는가?
- 재귀가 한 루틴으로 제한되어 있는가?
- 재귀 호출의 깊이가 프로그램 스택의 한계를 넘지 않는가?
- 재귀문이 루틴을 구현하기 위한 가장 좋은 방법인가? 재귀문이 단순한 반복보다 더 나은 방법인가?

goto
- *goto* 문이 최후의 수단으로 사용됐는가? 또한 읽기 쉽고 유지보수가 가능한 코드를 만들기 위해서 사용되었는가?
- *goto* 문이 효율성을 위해서 사용되었다면 효율적인 측면에서의 향상을 측정하여 기록했는가?
- *goto* 문을 루틴당 하나로 제한하는가?
- 모든 *goto* 문이 앞으로만 진행하는가?
- 모든 *goto* 레이블이 사용됐는가?

요점 정리

- 다중 *return*은 루틴의 가독성과 유지보수성을 향상시킬 수 있으며 깊이 중첩되는 논리 구조를 막는 데 도움을 준다. 하지만 그렇더라도 신중하게 사용해야 한다.
- 재귀문은 작은 문제를 우아하게 해결할 수 있는 방법을 제공한다. 재귀문 역시 신중하게 사용한다.
- 몇몇 경우에 *goto* 문은 읽기 쉽고 유지보수가 가능한 코드를 작성하기 위한 가장 좋은 방법이다. 하지만 그런 경우는 드물다. *goto* 문을 최후의 수단으로 사용하라.

18장 테이블 활용 기법

cc2e.com/1865

내용

18.1 테이블 활용 기법에서 일반적으로 고려해야 할 사항

18.2 직접 접근 방식

18.3 인덱스 접근 방식

18.4 단계적 접근 방식

18.5 그 밖의 테이블 참조 방법

관련 주제

- 정보 은닉: 5.3절의 "비밀을 숨겨라(정보 은닉)"
- 클래스 설계: 6장
- 복잡한 논리를 대체하기 위한 의사결정 테이블 사용: 19.1절
- 복잡한 표현식을 테이블 참조로 대체: 26.1절

테이블 활용 기법은 어떠한 정보를 이해하기 위해서 논리적인 명령문(*if*와 *case*)을 사용하지 않고 테이블에 있는 정보를 검색하는 방식이다. 사실상 논리적인 명령문으로 다룰 수 있는 조건은 모두 테이블을 사용하여 선택할 수 있다. 조건이 간단할 때는 논리적인 명령문이 더 쉽고 직접적이다. 조건문이 복잡해질수록 점점 더 테이블 방식에 끌리게 될 것이다.

테이블을 활용한 기법에 대해 이미 잘 알고 있다면 이 장의 내용으로 복습할 수 있을 것이다. 그런 경우라면 18.2절의 "유연한 메시지 형식 예제"에 있는 예제를 통해서 객체지향적 설계가 단순히 객체지향적이라고 해서 다른 설계보다 좋은 것은 아니라는 것을 알게 될 것이다. 그리고 나서 19장의 제어와 관련된 일반적인 문제점을 살펴보면 된다.

18.1 테이블 활용 기법에서 일반적으로 고려해야 할 사항

KEY POINT

제대로 활용하기만 하면 테이블 기반의 코드가 복잡한 논리를 사용한 방식보다 간단하고 수정하기 쉬우며 효율적이다. 문자열을 알파벳, 구두점, 숫자로 분류하고자 한다고 하면 아마 다음과 같이 복잡한 논리 구조를 사용할 것이다.

문자를 분류하기 위해서 복잡한 논리를 사용하는 자바 예제
```java
if ( ( ( 'a' <= inputChar ) && ( inputChar <= 'z' ) ) ||
   ( ( 'A' <= inputChar ) && ( inputChar <= 'Z' ) ) ) {
   charType = CharacterType.Letter;
}
else if ( ( inputChar == ' ' ) || ( inputChar == ',' ) ||
   ( inputChar == '.' ) || ( inputChar == '!' ) || ( inputChar == '(' ) ||
   ( inputChar == ')' ) || ( inputChar == ':' ) || ( inputChar == ';' ) ||
   ( inputChar == '?' ) || ( inputChar == '-' ) ) {
   charType = CharacterType.Punctuation;
}
else if ( ( '0' <= inputChar ) && ( inputChar <= '9' ) ) {
   charType = CharacterType.Digit;
}
```

이 방식 대신 참조 테이블을 사용한다면 문자 코드로 접근하는 배열에 각 문자의 형식을 저장할 것이다. 방금 전 복잡한 코드 대신 다음 코드를 사용한다.

문자를 분류하기 위해서 참조 테이블을 사용하는 자바 예제
```java
charType = charTypeTable[ inputChar ];
```

이 코드는 *charTypeTable* 배열이 이전에 구성되었다고 가정하고 있다. 프로그램의 지식을 논리(*if* 테스트)가 아니라 데이터(테이블)에 구현하였다.

테이블을 활용한 기법의 두 가지 문제점

테이블을 활용한 기법을 사용하려면 두 가지 문제점을 해결해야 한다. 첫째, 테이블에 있는 엔트리를 어떻게 참조할 것인가에 대한 질문에 답할 수 있어야 한다. 어떤 데이터는 테이블에 직접 접근하는 데 사용할 수 있다. 가령 데이터를 월별로 분류해야 하는 경우, 월별 테이블에 입력하는 것이 간단하다. 인덱스가 1부터 12인 배열을 사용하면 된다.

어떤 데이터는 테이블 엔트리를 직접 검색하는 데 사용하기가 쉽지 않다. 예를 들어 주민등록번호를 이용해 데이터를 분류해야 하는 경우, 999999-9999999 포맷의 엔트리를 테이블에 저장할 수 없다면 주민등록번호를 사용해 테이블에 직접 접근할 수 없다. 어쩔 수 없이 복잡한 접근법을 사용해야 한다. 다음은 테이블에 있는 엔트리를 참조하기 위한 방법이다.

- 직접 접근
- 인덱스 접근
- 단계적 접근

각 접근 방식은 뒤에서 더 자세히 소개한다.

두 번째로 테이블을 활용한 기법을 사용하면 테이블에 무엇을 저장해야 할지 설명해야 한다. 테이블 참조 결과 자체가 데이터인 경우도 있다. 그런 경우라면 테이블에 데이터를 저장해도 된다. 한편 테이블 참조 결과가 어떠한 행위를 나타내는 경우가 있다. 그런 경우에는 행위를 나타내는 코드를 저장하거나 행위를 구현하는 루틴에 대한 참조를 저장하면 된다. 어느 경우든지 이런 상황에서는 테이블이 더 복잡해진다.

18.2 직접 접근 방식

모든 테이블 검색 방식과 마찬가지로 직접 접근 방식도 복잡한 논리 제어 구조를 대신해 사용할 수 있다. 이 방식은 테이블에서 원하는 정보를 찾기 위하여 다른 곳으로 이동할 필요가 없기 때문에 "직접 접근"이라고 한다. 그림 18-1처럼 원하는 엔트리를 직접 꺼낼 수 있다.

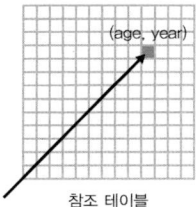

그림 18-1 이름처럼 직접 접근 방식을 이용하면 원하는 테이블 요소에 직접 접근할 수 있다.

월별 일수 예제

월별 일수를 구해야 한다고 가정해 보자(문제를 단순화하기 위해 윤년은 고려하지 않기로 한다). 물론 다음과 같이 긴 *if* 문으로 작성할 수도 있다.

평범한 방법으로 월별 일수를 구하는 비주얼 베이직 예제
```
If ( month = 1 ) Then
    days = 31
ElseIf ( month = 2 ) Then
    days = 28
ElseIf ( month = 3 ) Then
    days = 31
ElseIf ( month = 4 ) Then
    days = 30
ElseIf ( month = 5 ) Then
    days = 31
ElseIf ( month = 6 ) Then
    days = 30
ElseIf ( month = 7 ) Then
    days = 31
ElseIf ( month = 8 ) Then
    days = 31
ElseIf ( month = 9 ) Then
    days = 30
ElseIf ( month = 10 ) Then
    days = 31
ElseIf ( month = 11 ) Then
    days = 30
ElseIf ( month = 12 ) Then
    days = 31
End If
```

데이터를 테이블에 입력하면 같은 기능을 더 이해하고 수정하기 쉽게 고칠 수 있다. 비주얼 베이직에서는 먼저 테이블을 설정한다.

우아한 방법으로 월별 일수를 구하는 비주얼 베이직 예제
```
' "월별 일수" 데이터 테이블을 초기화한다.
Dim daysPerMonth() As Integer = _
    { 31, 28, 31, 30, 31, 30, 31, 31, 30, 31, 30, 31 }
```

이제 *if* 문 대신 간단한 배열 접근을 사용해 월별 일수를 찾을 수 있다.

우아한 방법으로 월별 일수를 구하는 비주얼 베이직 예제 (계속)
```
days = daysPerMonth( month-1 )
```

테이블을 참조하는 버전에서 윤년을 고려한다고 해도 코드는 복잡해지지 않을 것이다. 다음 코드에서 *LeapYearIndex()* 함수는 0 또는 1의 값을 갖는다고 가정한다.

우아한 방법으로 월별 일수를 구하는 비주얼 베이직 예제 (계속)
```
days = daysPerMonth( month-1, LeapYearIndex() )
```

if 문 버전에서 윤년을 계산한다면 그렇지 않아도 길었던 *if* 문이 훨씬 더 복잡해질 것이다.

월별 일수를 계산하는 예제는 월의 값을 사용하여 테이블에서 엔트리를 검색할 수 있기 때문에 비교적 사용하기 쉬운 예제다. 이처럼 데이터를 사용해 다수의 *if* 문을 직접 접근 방식으로 전환할 수 있다.

보험료 예제

의료보험료를 계산하는 프로그램을 작성하고 있으며 보험료가 나이, 성별, 결혼 여부, 흡연 여부에 따라서 달라진다고 가정해 보자. 보험료에 대한 논리적인 제어 구조를 작성해야 한다면 다음과 같은 코드를 작성할 것이다.

평범한 방법으로 보험료를 결정하는 자바 예제
```
if ( gender == Gender.Female ) {
   if ( maritalStatus == MaritalStatus.Single ) {
      if ( smokingStatus == SmokingStatus.NonSmoking ) {
         if ( age < 18 ) {
            rate = 200.00;
         }
         else if ( age == 18 ) {
            rate = 250.00;
         }
         else if ( age == 19 ) {
            rate = 300.00;
         }
         ...
         else if ( 65 < age ) {
            rate = 450.00;
         }
      }
```

```
      else {
         if ( age < 18 ) {
            rate = 250.00;
         }
         else if ( age == 18 ) {
            rate = 300.00;
         }
         else if ( age == 19 ) {
            rate = 350.00;
         }
         ...
         else if ( 65 < age ) {
            rate = 575.00;
         }
      }
   else if ( maritalStatus == MaritalStatus.Married )
   ...
}
```

이 코드는 논리 구조를 어느 정도 생략했는데도 불구하고 이러한 방식이 얼마나 복잡해질 수 있는지 보여주기에 충분하다. 이 코드는 결혼한 여성이나 모든 남성, 18세부터 65세 사이의 연령층 대부분에 대해서는 보여주지도 않았다. 이와 같은 방식으로 전체 보험료 테이블을 작성한다면 얼마나 복잡할지 상상할 수 있을 것이다.

"네, 그렇군요. 하지만 왜 모든 나이를 비교하는 거죠? 나이별 배열에 보험료를 입력하는 건 어떤가요?"라고 말하는 사람도 있을 것이다. 좋은 질문이다. 나이별 배열에 보험료를 입력하면 코드가 향상될 거라는 점은 확실하다.

하지만 이보다 더 좋은 해결 방안은 나이만이 아니라 배열에 모든 요소를 넣고 보험료를 입력하는 것이다. 그러한 배열을 비주얼 베이직에서 선언하면 다음과 같다.

보험료 테이블을 구성하기 위해 데이터를 선언하는 비주얼 베이직 예제
```
Public Enum SmokingStatus
    SmokingStatus_First = 0
    SmokingStatus_Smoking = 0
    SmokingStatus_NonSmoking = 1
    SmokingStatus_Last = 1
End Enum

Public Enum Gender
    Gender_First = 0
```

```
        Gender_Male = 0
        Gender_Female = 1
        Gender_Last = 1
End Enum

Public Enum MaritalStatus
    MaritalStatus_First = 0
    MaritalStatus_Single = 0
    MaritalStatus_Married = 1
    MaritalStatus_Last = 1
End Enum

Const MAX_AGE As Integer = 125

Dim rateTable ( SmokingStatus_Last, Gender_Last, MaritalStatus_Last, _
    MAX_AGE ) As Double
```

> **관련 정보** 테이블을 활용하는 기법의 장점 중 하나는 테이블에 입력할 데이터를 파일에 저장한 다음 실행 시 읽을 수 있다는 점이다. 그러면 프로그램을 변경하지 않고 보험료 테이블과 같은 데이터를 변경할 수 있다. 이에 대한 자세한 내용은 10.6절 "결합 시점"을 살펴본다.

배열을 선언하고 나면 데이터를 거기에 입력하는 방법을 알아내야 한다. 직접 값을 할당하거나 디스크 파일에서 데이터를 읽거나 데이터를 계산하거나 다른 적합한 방법을 사용할 수 있다. 데이터를 구성한 후에는 보험료를 계산해야 할 때 계산 과정 없이도 보험료를 구할 수 있다. 앞서 소개한 복잡한 논리 코드는 다음의 간단한 명령문으로 대체할 수 있다.

우아한 방법으로 보험료를 결정하는 비주얼 베이직 예제
```
rate = rateTable( smokingStatus, gender, maritalStatus, age )
```

이러한 접근법은 복잡한 논리 코드를 테이블 검색으로 대체할 때 얻게 되는 일반적인 장점을 갖는다. 테이블 검색 방식은 읽기 쉽고 변경하기 쉽다.

유연한 메시지 형식 예제

코드로 구현하기에 너무 동적인 논리 구조에도 테이블을 사용할 수 있다. 문자 분류 예제와 월별 일수 예제, 보험료 예제에서는 원한다면 *if* 문 여러 개로 코드를 작성할 수 있다는 것을 적어도 알고 있다. 하지만 *if* 문으로 직접 코드를 작성하기에는 데이터가 너무 복잡한 경우가 있다.

직접 접근법의 개념을 이해하고 있다고 생각하는 사람이라면 다음 예제를 건너뛰어도 좋다. 이 예제는 앞서 살펴본 예제보다 약간 더 복잡하지만, 테이블을 활용한 방식의 효과를 잘 보여준다.

파일에 저장된 메시지를 출력하는 루틴을 작성하고 있다고 하자. 파일은 보통 500개의 메시지를 포함하고 있으며 각 파일에는 20가지 종류의 메시지가 들어 있다. 메시지는 부이[2]로부터 발생하고 수온과 부이의 위치 등을 제공한다.

각 메시지는 필드를 여러 개 갖고 있으며 메시지의 종류를 나타내는 ID를 포함하고 있는 헤더로 시작한다. 그림 18-2는 메시지가 저장되는 방식을 보여준다.

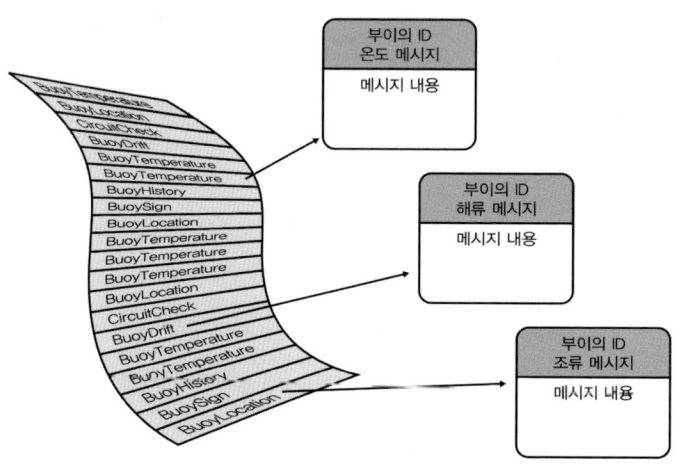

그림 18-2 메시지가 저장되는 순서는 정해져 있지 않고 각 메시지는 메시지 ID로 구별한다.

메시지의 형식은 고객에 따라 변하기 쉽다. 그렇다고 고객이 메시지 형식을 변경하지 않도록 할 수도 없다. 그림 18-3은 몇 가지 메시지를 자세히 살펴본 그림이다.

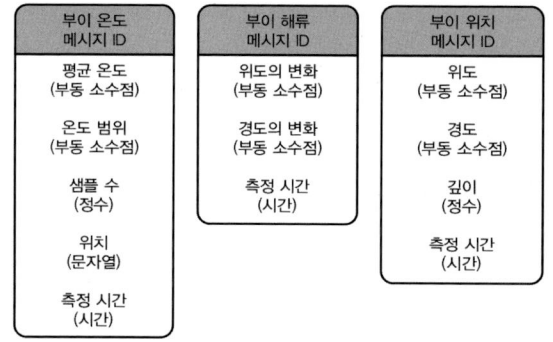

그림 18-3 메시지 ID를 제외하면 메시지 종류마다 고유한 형식을 갖는다.

2　(옮긴이) 배의 안전 항행을 위하여 설치하는 항로 표지의 하나

논리적 접근 방식

논리적 접근 방식을 사용했다면 메시지를 읽어서 ID를 검사한 후 메시지를 읽고 해석하여 출력하는 루틴을 호출할 것이다. 메시지의 종류가 20개라면 20개의 루틴이 있을 것이다. 부이의 온도 메시지를 출력하는 *PrintBuoyTemperatureMessage()* 루틴처럼 메시지를 지원하는 하위 수준 루틴도 여러 개 작성해야 할 것이다. 객체지향적인 접근법이라고 해서 더 나을 것이 없다. 각 메시지 형식을 위한 하나의 서브클래스를 갖는 추상 메시지 객체를 사용해야 할 것이다.

메시지 형식이 바뀔 때마다 해당 메시지를 담당하는 루틴이나 클래스의 논리 코드를 변경해야 할 것이다. 메시지를 자세히 살펴본 앞의 그림에서 평균 수온 필드가 부동 소수점에서 다른 형식으로 변경된다면 *PrintBuoyTemperatureMessage()* 루틴의 논리를 변경해야 할 것이다(부이 자체가 "부동 소수점"에서 다른 값으로 변경된다면 새로운 부이를 구해야 할 것이다!).

논리적인 표현식을 통한 접근 방식에서는 메시지를 읽는 루틴은 각 메시지를 읽고 ID를 해석한 다음 메시지 ID에 따라 20개의 루틴 중 하나를 호출하는 루프로 구성된다. 다음은 논리적 접근 방식을 사용했을 때의 의사코드다.

> **관련 정보** 여기서 소개하는 저수준 의사코드는 루틴을 설계할 때 사용하는 의사코드와는 다른 목적으로 사용된다. 의사코드 설계에 대한 자세한 내용은 9장 "의사코드 프로그래밍 프로세스"를 살펴본다.

```
While 더 읽을 메시지가 있을 때까지
    메시지 헤더를 읽는다
    메시지 헤더에서 메시지 ID 값을 구한다
    If 메시지 헤더가 1번 타입이라면
        1번 타입 메시지를 출력한다
    Else if 메시지 헤더가 2번 타입이라면
        2번 타입 메시지를 출력한다
    ...
    Else if 메시지 헤더가 19번 타입이라면
        19번 타입 메시지를 출력한다
    Else if 메시지 헤더가 20번 타입이라면
        20번 타입 메시지를 출력한다
End While
```

20가지 경우를 모두 살펴보지 않아도 개념을 이해할 수 있으므로 나머지 의사코드는 생략했다.

객체지향적인 접근법

판에 박힌 객체지향적인 접근법을 사용하고 있다면 논리적인 코드를 객체의 상속 구조에 감출 수 있겠지만, 기본 구조는 여전히 복잡할 것이다.

```
While 더 읽을 메시지가 있을 때까지
    메시지 헤더를 읽는다
    메시지 헤더에서 메시지 ID 값을 구한다
    If 메시지 헤더가 1번 타입이라면
        1번 타입 객체를 생성한다.
    Else if 메시지 헤더가 2번 타입이라면
        2번 타입 객체를 생성한다.
    ...
    Else if 메시지 헤더가 19번 타입이라면
        19번 타입 객체를 생성한다.
    Else if 메시지 헤더가 20번 타입이라면
        20번 타입 객체를 생성한다.
End While
```

논리 코드를 직접 작성했든, 특별 클래스 안에 넣었든 상관없이 20개의 메시지는 각자 자신의 메시지를 출력하는 자기만의 루틴을 가지고 있을 것이다. 각 루틴 또한 의사코드로 표현할 수 있다. 다음은 부이의 온도 메시지를 읽어서 출력하는 루틴에 대한 의사코드다.

```
"부피 온도 메시지"를 출력한다.

부동 소수점 값을 읽는다.
"평균 온도"를 출력한다.
부동 소수점 값을 출력한다.

부동 소수점 값을 읽는다.
"온도 범위"를 출력한다.
부동 소수점 값을 출력한다.

정수 값을 읽는다.
"샘플 수"를 출력한다.
정수 값을 출력한다.

문자열을 읽는다.
"위치"를 출력한다.
문자열을 출력한다.
```

시간을 읽는다.
"측정 시간"을 출력한다.
시간을 출력한다.

이 코드는 한 가지 메시지에 대한 것이다. 다른 19가지 메시지에 대해서도 유사한 코드가 필요할 것이다. 그리고 21번째의 새로운 메시지 종류가 추가된다면 21번째 루틴이나 서브클래스가 추가되어야 한다. 어느 쪽이든지 새로운 메시지 형식 때문에 코드가 변경되어야 한다.

테이블을 활용한 접근법

테이블을 활용한 접근법은 앞에서 살펴본 접근법보다 훨씬 경제적이다. 메시지를 읽는 루틴은 각 메시지 헤더를 읽고 ID를 해석하고 *Message* 배열에서 메시지 설명을 찾은 다음 메시지를 해석하기 위해서 항상 같은 루틴을 호출하는 루프로 구성된다. 테이블을 활용한 접근법을 사용하면 각 메시지 형식을 프로그램 논리 코드로 구현하는 대신 테이블에 기술할 수 있다. 이렇게 하면 코드를 작성하기도 쉽고 코드 양도 줄고 코드를 변경하지 않고 유지보수하기도 쉬워진다.

이러한 접근법을 사용하려면 먼저 메시지 종류와 필드의 형을 나열한다. C++에서는 다음과 같이 모든 필드에 대한 형식을 정의할 수 있다.

메시지 데이터형을 정의하는 C++ 예제
```
enum FieldType {
    FieldType_FloatingPoint,
    FieldType_Integer,
    FieldType_String,
    FieldType_TimeOfDay,
    FieldType_Boolean,
    FieldType_BitField,
    FieldType_Last = FieldType_BitField
};
```

20가지 메시지에 대한 출력 루틴 코드를 직접 작성하는 대신 부동 소수점, 정수, 문자열 등과 같은 각 기본 데이터형을 출력하는 루틴을 작성하면 된다. 각 메시지에 대한 내용을 테이블에 기술하고 나서(필드 이름 포함) 테이블에 기술된 내용을 토대로 각 메시지를 해석할 수 있다. 한 가지 메시지를 기술하는 테이블 엔트리는 다음과 같을 것이다.

```
메시지 테이블 엔트리를 정의한 예제
Message Begin
    NumFields 5
    MessageName "Buoy Temperature Message"
    Field 1, FloatingPoint, "Average Temperature"
    Field 2, FloatingPoint, "Temperature Range"
    Field 3, Integer, "Number of Samples"
    Field 4, String, "Location"
    Field 5, TimeOfDay, "Time of Measurement"
Message End
```

이 테이블은 프로그램에 코드로 직접 작성하거나(그렇게 하면 각 요소가 변수에 할당된다), 프로그램이 시작할 때나 시작하고 나서 파일로부터 읽어 들일 수 있다.

일단 프로그램이 메시지 정의 부분을 읽으면 모든 정보를 프로그램의 논리 코드로 구현하는 대신 데이터로 보관한다. 데이터는 논리 코드보다 유연한 편이다. 데이터는 메시지 형식이 변경될 때 쉽게 변경할 수 있다. 새로운 메시지 종류를 추가해야 할 때 데이터 테이블에 새로운 요소를 추가하기만 하면 된다.

다음은 테이블을 활용한 접근 방식에서 최상위 루프에 대한 의사코드다.

```
While 더 읽을 메시지가 있을 때까지
    메시지 헤더를 읽는다                        ┐
    메시지 헤더에서 메시지 ID 값을 구한다        ├─ 처음 세 줄은 논리적 접근 방식과 같다.
    메시지 설명 테이블에서 메시지 설명을 찾는다  ┘
    메시지 필드를 읽고 메시지 설명에 따라 메시지들을 출력한다.
End While
```

논리적 접근 방식에 대한 의사코드와는 달리 이 의사코드는 논리가 복잡하지 않아 생략하지 않았다. 이 수준보다 하위에 구현된 논리 코드에는 메시지가 저장된 테이블의 메시지 설명을 해석하고 메시지 필드를 읽은 후, 메시지를 출력하는 루틴이 있을 것이다. 그 루틴은 논리적 메시지 출력 루틴보다 훨씬 범용적이면서도 복잡하지 않고 20개의 루틴 대신 하나의 루틴으로 모든 메시지를 출력할 수 있다.

```
While 출력할 필드가 있을 때까지
    메시지 설명으로부터 필드 타입을 가져온다
    case ( 필드 타입 )
        of ( 부동 소수점 )
            부동 소수점 값을 읽는다
            필드 레이블을 출력한다
            부동 소수점 값을 출력한다
```

```
        of ( 정수 )
            정수 값을 읽는다
            필드 레이블을 출력한다
            정수 값을 출력한다

        of ( 문자열 )
            문자열을 읽는다
            필드 레이블을 출력한다
            문자열을 출력한다

        of ( 시간 )
            시간을 읽는다
            필드 레이블을 출력한다
            시간을 출력한다

        of ( 불린 )
            단일 플래그를 읽는다
            필드 레이블을 출력한다
            단일 플래그를 출력한다

        of ( bit field )
            비트 필드를 읽는다
            필드 레이블을 출력한다
            비트 필드를 출력한다
    End Case
End While
```

물론 여섯 가지 경우를 다루는 이 루틴은 앞서 살펴본 부이의 온도 메시지를 출력한 루틴보다는 코드의 길이가 더 길다. 하지만 이 루틴만 있으면 된다. 19가지 메시지를 다루려고 19개의 루틴을 작성할 필요가 없다. 이 루틴은 여섯 가지 필드 타입을 다루고 있고 모든 종류의 메시지를 처리한다.

또한 이 루틴은 *case* 문을 사용하고 있기 때문에 테이블을 활용한 방식 중에서 가장 복잡한 형태를 보여준다. 또 다른 구현 방법으로 *AbstractField* 추상 클래스를 만든 다음 각 필드 형식에 대한 서브클래스를 생성해도 된다. 이 경우에는 *case* 문이 필요 없다. 객체 형식에 따라 멤버 루틴을 호출하면 된다.

C++에서는 다음과 같이 객체 형식을 구현할 수 있다.

객체 형식을 구성하는 C++ 예제
```
class AbstractField {
    public:
```

```cpp
    virtual void ReadAndPrint( string, FileStatus & ) = 0;
};

class FloatingPointField : public AbstractField {
   public:
   virtual void ReadAndPrint( string, FileStatus & ) {
   ...
   }
};

class IntegerField ...
class StringField ...
...
```

이 코드는 문자열 매개변수와 *FileStatus* 매개변수를 가진 각 클래스에 대한 멤버 루틴을 선언한다.

다음 단계는 객체 집합을 보관할 배열을 선언하는 것이다. 배열이 참조 테이블이며 다음과 같다.

각 객체 형식을 보관할 테이블을 구성하는 C++ 예제
```cpp
AbstractField* field[ Field_Last+1];
```

객체 테이블을 구성하는 마지막 단계는 *field* 배열에 객체의 이름을 할당하는 것이다.

객체 목록을 구성하는 C++ 예제
```cpp
field[ Field_FloatingPoint ] = new FloatingPointField();
field[ Field_Integer ] = new IntegerField();
field[ Field_String ] = new StringField();
field[ Field_TimeOfDay ] = new TimeOfDayField();
field[ Field_Boolean ] = new BooleanField();
field[ Field_BitField ] = new BitFieldField();
```

이 코드는 *FloatingPointField*를 비롯한 다른 구별자가 *AbstractField* 형을 상속받았다고 가정하고 있다. 객체를 배열의 요소에 할당하면 특정한 종류의 객체를 직접 사용하는 대신 배열의 요소를 참조하여 정확한 *ReadAndPrint()* 루틴을 호출할 수 있다.

루틴을 포함한 테이블을 구성하고 나면 객체 테이블에 접근하여 테이블에 있는 멤버 루틴을 호출하는 방식으로 메시지에 있는 필드를 처리할 수 있다. 다음은 이를 구현한 코드다.

```
테이블에서 객체와 멤버 루틴을 참조하는 C++ 예제
fieldIdx = 1;
while ( ( fieldIdx <= numFieldsInMessage ) && ( fileStatus == OK ) ) {
    fieldType = fieldDescription[ fieldIdx ].FieldType;
    fieldName = fieldDescription[ fieldIdx ].FieldName;
    field[ fieldType ].ReadAndPrint( fieldName, fileStatus );
    fieldIdx++;
}
```

이 코드는 메시지에 있는 각 필드를 찾기 위한 보조 코드다.

이 코드는 필드의 형식에 따라서 루틴을 호출하는 테이블 참조 루틴이다. 참조 방식은 객체 테이블에서 인덱스로 찾는다.

case 문을 사용한 테이블 참조 의사코드의 길이가 34줄이었던 것을 기억하는가? *case* 문을 객체 테이블로 대체하면 이 코드만으로 같은 기능을 구현할 수 있다. 놀랍게도 이 코드만 있으면 논리적 접근 방식에서 작성됐던 20개의 루틴을 대체할 수 있다. 게다가 메시지를 기술한 내용을 파일에서 읽어 올 때 새로운 필드 형이 있는 경우만 아니라면 새로운 메시지 형식이 추가된다고 하더라도 코드를 변경할 필요가 없다.

이 접근법은 모든 객체지향 언어에서 사용할 수 있다. 이러한 방식은 오류가 발생할 가능성도 적고 유지보수하기 편리하며 여러 줄의 *if* 문이나 *case* 문, 또는 방대한 서브클래스를 사용한 것보다 효율적이다.

상속과 다형성을 사용한다고 해서 항상 설계가 좋은 것은 아니다. "객체지향적인 접근 방식"에서 살펴봤던 것처럼 판에 박힌 대로 객체지향적으로 설계한다면 기능 위주의 설계 방식만큼이나 많은 코드를 작성해야 할 것이다. 그렇게 되면 해결책이 더욱 복잡해진다. 이 경우, 설계의 핵심은 객체지향도 기능 위주도 아닌 제대로 잘 작성한 참조 테이블의 사용이다.

참조 키 변경하기

앞에서 살펴본 세 가지 예제에서는 테이블에 접근하기 위해 데이터를 곧바로 사용할 수 있었다. 다시 말해, 월별 일수 예제에서는 *month*를 사용하고 보험료 예제에서는 *gender*, *maritalStatus*, *smokingStatus*를 사용할 수 있었던 것처럼 *messageID*를 변경 없이 키 값으로 사용할 수 있었다.

이 방법이 간단하고 빠르기 때문에 항상 테이블에 직접 접근하려고 할 것이다. 하지만 가끔 데이터가 협조하지 않을 때가 있다. 보험료 예제에서 *age*가 그런 경우이다. 원래 논리 코드에서는 18세 미만에 대해서 모두 같은 보험료를 적용하고 18세에서 65세까지는 나이마다 다른 보험료를 적용하고 65세를 초과한 경우는 모두 똑같은 보험료를 적용했다. 이 말은 0세부터 17세까지와 66세 이상에 대해서는 테이블에 여러 나이에 대해 하나의 보험료 데이터만 담겨 있어 나이를 이용해 직접 참조할 수 없다는 의미다.

그래서 참조 키 변경이라는 주제가 나오게 되었다. 키 값을 변경하는 방법은 다양하다.

키 값을 곧바로 사용할 수 있도록 정보를 복사한다. 보험료 테이블에서 쉽게 나이를 키 값으로 사용할 수 있는 방법의 하나는 0세부터 17세까지의 모든 나이에 대해서 18세 미만의 보험료를 중복으로 작성한 다음 나이를 이용해 테이블에 접근하는 것이다. 66세 이상에 대해서도 같은 작업을 수행할 수 있다. 이러한 접근법의 장점은 테이블의 구조 자체가 직관적이며 접근 방식도 직관적이라는 것이다. 17세 이하에 대해서 나이마다 특정한 보험료를 적용해야 한다면 테이블에 있는 값을 변경하면 된다. 이 방법의 단점은 코드가 중복되기 때문에 불필요한 정보로 인한 공간 낭비가 있을 수 있다는 점과 테이블에 오류가 발생할 확률이 높아진다는 점이다. 이는 테이블에 불필요한 데이터가 들어 있는 경우에만 해당하는 이야기다.

곧바로 사용할 수 있도록 키 값을 변환한다. 나이를 키 값으로 이용할 수 있는 두 번째 방법은 키 값으로 사용할 수 있도록 나이에 함수를 적용하는 것이다. 이 경우에 이 함수는 0부터 17세까지는 하나의 키 값, 즉 17과 같은 값으로 변환하고 66세 이상의 나이에 대해서는 다른 키 값, 예를 들면 66 같은 값으로 변환한다. 이러한 범위는 *min()*과 *max()* 함수를 사용하여 구현할 수 있다. 예를 들면 17부터 66까지의 키 값을 만드는 데 다음 표현식을 사용할 수 있다.

```
max( min( 66, Age ), 17 )
```

변환 함수를 작성하려면 키 값으로 사용하고자 하는 데이터의 패턴을 인식해야 하는데, 그것은 *min()*과 *max()* 루틴을 사용하는 것처럼 항상 간단하지는 않다. 이 예제에서 1세가 아니라 5세를 기준으로 보험료를 적용한다고 가정해 보자. 모든 데이터를 5번씩 중복으로 작성하고 싶지 않다면 *Age* 값을 5로 적당히 나눈 다음 *min()*과 *max()* 루틴을 사용하는 함수를 만들어야 할 것이다.

키 변환 기능을 루틴으로 작성한다. 테이블에 접근하기 위한 키로 사용하기 위해서 데이터를 변경해야 한다면 데이터를 키로 변환하는 연산을 루틴으로 작성하라. 루틴이 위치에 상관없이 항상 같은 결과를 반환해야 한다. 그래야 변환 연산을 변경할 때 수정하기 쉽다. *KeyFromAge()* 와 같은 좋은 루틴 이름을 사용하면 수학적인 계산의 목적을 분명히 할 수 있으며 그것을 설명할 수도 있다.

이미 만들어진 키 변환 기능이 제공된다면 그 기능을 사용한다. 예를 들면, 자바는 키와 값 쌍을 관리하는 데 사용할 수 있는 *HashMap*을 제공한다.

18.3 인덱스 접근 방식

때때로 *Age*를 테이블의 키 값으로 변환하는 것처럼 간단한 수학적인 변환만으로는 충분하지 않은 경우가 있다. 그러한 경우에는 인덱스 접근 방식이 적합하다.

인덱스를 사용하면 인덱스 테이블에 있는 키를 참조하기 위해서 원본 데이터를 사용하고 참조하고자 하는 실제 데이터를 참조하기 위해서 인덱스 테이블에 있는 값을 사용한다.

도매상을 운영하고 있고 약 100가지 아이템 목록이 있다고 가정하자. 그리고 각 아이템은 0000부터 9999까지의 네 자릿수로 이루어져 있다고 하자. 이 경우에 각 아이템에 대한 설명이 담긴 테이블에 직접 접근하는 데 일련번호를 사용하고 싶다면 1만 개의 엔트리(0부터 9999까지)를 갖는 인덱스 배열을 구성해야 한다. 이 배열은 창고에 있는 100개의 항목에 대한 일련번호와 일치하는 100개의 엔트리를 제외하고는 비어 있다. 그림 18-4와 같이 이 엔트리는 1만 개보다 훨씬 적은 엔트리를 포함하고 있는 아이템 설명 테이블을 가리키고 있다.

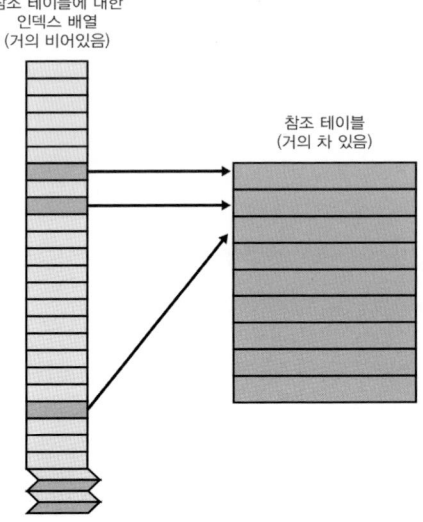

그림 18-4 인덱스 접근 방식은 직접 접근하지 않고 중간 인덱스를 통해서 접근한다.

인덱스 접근 방식은 두 가지 장점을 갖고 있다. 첫째, 주 참조 테이블에 있는 각 엔트리가 크다면 많은 공간이 낭비되는 주 참조 테이블을 만드는 대신 많은 공간을 낭비하는 인덱스 배열을 만드는 것이 공간을 더 적게 사용한다. 예를 들어, 주 참조 테이블이 엔트리당 100바이트를 차지하고 인덱스는 엔트리당 2바이트를 차지한다고 가정해 보자. 그리고 주 참조 테이블에는 100개의 엔트리가 있고 1만 개의 값으로 데이터에 접근할 수 있다고 하자. 그런 경우, 1만 개의 엔트리를 갖는 인덱스를 만들거나 1만 개의 엔트리를 갖는 주 데이터 멤버를 만드는 방법을 선택할 수 있다. 인덱스를 사용하면 전체 메모리 사용량은 3만 바이트가 된다. 인덱스 구조를 사용하지 않고 메인 테이블에서 공간을 사용한다면 전체 메모리 사용량은 100만 바이트가 된다.

두 번째 장점은 인덱스를 사용함으로써 공간을 절약할 수 없다고 하더라도 주 테이블에 있는 엔트리보다 인덱스에 있는 엔트리를 다루는 것이 더 간단한 경우가 있다는 것이다. 가령 직원의 이름과 입사 날짜, 월급 정보를 저장하는 테이블이 있다면 직원의 이름이나 입사 날짜, 월급을 통해 테이블에 접근하게 인덱스를 만들 수 있다.

인덱스 접근 방식의 마지막 장점은 일반적인 테이블 참조 방법이 제공하는 유지보수 용이성이다. 테이블에 입력된 데이터는 코드로 작성된 데이터보다 유지보수하기가 쉽다. 프로그램을 최대한 유연하게 만들고 싶으면 인덱스 접근 코드를 별도의 루틴으로 작성한 다음 일련번호에서 테이블 키를 가져올 때 해당 루틴을 호출한다. 테이블을 변경할 때 인덱스 접근 코드를 바꾸거나 다른 테이블 참조 방식으로 전환할 수도 있다. 어느 방식이든 인덱스를 통한 접근 방식을 프로그램의 여러 곳에서 사용하지 않으면 더 쉽게 변경할 수 있을 것이다.

18.4 단계적 접근 방식

또 다른 테이블 접근 방식으로 단계적 접근 방식이 있다. 이 접근 방식은 인덱스 구조만큼 직접적이지는 않지만 데이터 공간의 낭비가 심하지 않다.

단계적 접근 방식의 기본 개념은 그림 18-5처럼 테이블에 있는 엔트리가 특정한 데이터 위치가 아니라 데이터 영역을 나타낸다는 것이다.

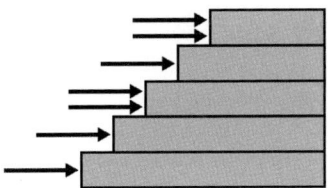

그림 18-5 단계적 접근 방식은 계단에 따라서 수준을 결정하여 엔트리를 분류한다. "계단"이 곧 범주를 결정한다.

가령 학점 계산 프로그램을 작성하고 있다면 "B" 학점의 범위는 75%에서 90% 사이가 될 것이다. 다음은 프로그램으로 작성해야 하는 학점의 범위다.

```
≥  90.0%   A
<  90.0%   B
<  75.0%   C
<  65.0%   D
<  50.0%   F
```

이것은 간단한 데이터 변환 함수를 사용하여 키 값을 A에서 F 사이의 어떤 것으로 변환할 수 없기 때문에 참조 테이블에 사용할 범위로는 좋지 않다. 값이 부동 소수점이기 때문에 인덱스 방식도 적당하지 않을 것이다. 부동 소수점 수를 정수로 변환하는 방법도 고려해 볼 수 있는데 그 경우에는 특별히 문제가 있을 것 같지는 않지만, 이 예제에서는 부동 소수점 수만 사용하기로 한다.

단계적 접근 방식을 사용하기 위해서는 영역의 최고 값을 테이블에 입력한 다음 점수와 각 영역의 최고 값을 비교하는 루프를 작성한다. 점수가 영역의 최고 값보다 낮을 때 그 위치에서 학점을 알 수 있다. 단계적 접근 기법에서는 영역의 종결점을 신중하게 처리해야 한다. 다음은 이 예제를 따라 학생들의 성적을 계산하는 비주얼 베이직 코드다.

```
단계적 테이블 참조를 수행하는 비주얼 베이직 예제
' 학점 테이블을 위한 데이터를 구성한다.
Dim rangeLimit() As Double = { 50.0, 65.0, 75.0, 90.0, 100.0 }
Dim grade() As String = { "F", "D", "C", "B", "A" }
maxGradeLevel = grade.Length - 1
...

' 학생의 성적에 따라서 학생에게 학점을 배정한다.
gradeLevel = 0
studentGrade = "A"
While ( ( studentGrade = "A" ) and ( gradeLevel < maxGradeLevel ) )
    If ( studentScore < rangeLimit( gradeLevel ) ) Then
```

```
        studentGrade = grade( gradeLevel )
    End If
    gradeLevel = gradeLevel + 1
Wend
```

이 예제는 간단하지만, 여러 학생들과 여러 가지 학점 부여 방식(예를 들면, 과제의 종류와 과제 점수에 따라서 학점이 달라지는 방식)과 학점 부여 방식의 변화를 처리하기 위해 쉽게 일반화할 수 있다.

이 접근 방식이 다른 테이블을 활용하는 방식보다 더 나은 점은 불규칙한 데이터를 잘 다룬다는 점이다. 학점 계산 예제는 학점이 불규칙적으로 매겨지고 있기는 하지만, 숫자가 5나 0으로 끝난다는 점에서 단순하다고 할 수 있다. 단계적 접근 방식은 데이터가 5와 0으로 정확하게 끝나지 않는 상황에도 사용할 수 있다. 다음과 같은 수에 대한 확률 분포를 계산하는 통계학에서도 단계적 접근 방식을 사용할 수 있다.

확률	보험 청구액
0.458747	$0.00
0.547651	$254.32
0.627764	$514.77
0.776883	$747.82
0.893211	$1,042.65
0.957665	$5,887.55
0.976544	$12,836.98
0.987889	$27,234.12
...	

이처럼 불규칙한 숫자는 깔끔하게 테이블 키 값으로 변환할 수 있는 함수를 만들 수가 없다. 이때는 단계적 접근 방식이 해결책이다.

또한 단계적 접근 방식은 테이블을 활용한 접근 방식이 제공하는 일반적인 장점인 유연성과 수정 편의성을 제공한다. 학점 계산 예제에서 학점의 범위가 변경된다면 *RangeLimit* 배열에 있는 엔트리를 수정하여 쉽게 변경할 수 있다. 학점 테이블과 그에 상응하는 성적의 범위를 받아들이도록 학점을 부여하는 부분을 쉽게 일반화할 수 있다. 학점을 부여하는 부분에 퍼센트로 표현된 점수를 반드시 사용할 필요는 없으니 퍼센트 대신 실제 점수를 사용할 수 있고 프로그램을 많이 변경할 필요도 없을 것이다.

다음은 단계적 접근 방식을 사용할 때 고려해야 할 사항이다.

종결점을 확인하라. 각 단계의 최댓값에 해당하는 경우를 처리했는지 확인해야 한다. 단계적 접근 방식을 실행하여 최고 등급에 속하지 않는 항목을 찾아낸 다음 나머지 항목은 최고 등급으로 간주한다. 때에 따라서 최고 등급의 최댓값을 찾기 위해서 인위적인 값을 만들어야 하는 경우도 있다.

'<'과 '<='를 혼동하지 않도록 주의한다. 최고 등급에 속하는 값에 대해서 반복문이 적절하게 종료되는지, 등급의 경계가 제대로 처리되는지 확인한다.

순차 검색법 대신 이진 검색법 사용을 고려해 보라. 학점 계산 예제에서 학점을 부여하는 루프는 등급의 최댓값이 있는 목록을 순차적으로 참조한다. 목록의 길이가 길다면 순차 검색으로 인한 비용이 매우 비쌀 것이다. 그런 경우에는 유사 이진 검색법을 사용할 수 있다. "유사" 이진 검색법이라고 불리는 이유는 대부분의 이진 검색 방법이 값을 찾는 것이 목표지만 이 경우에는 값이 아니라 값의 범위를 찾는 것이기 때문이다. 이진 검색 알고리즘은 값이 가야 할 자리를 정확하게 결정해야 한다. 종결점을 특별한 경우로 처리하는 것도 잊지 않도록 한다.

단계적 접근 방식 대신 인덱스 접근 방식 사용을 고려해 보라. 18.3절에서 설명했던 것과 같은 인덱스 접근 방식이 단계적 접근 방식의 좋은 대안이 될 수도 있다. 단계적 접근 방식에서는 검색해야 하는 부분이 늘어날 수 있으며, 실행 속도가 중요한 경우라면 인덱스 구조가 공간을 더 차지하더라도 좀 더 직접적인 접근 방식을 통해서 수행 속도를 빠르게 만들려고 할 것이다.

> 관련 정보 설계 방식 선택과 관련된 자세한 내용은 5장 "구현 설계"를 살펴본다.

물론 인덱스 접근 방식이 항상 좋은 결과를 가져오는 것은 아니다. 학점 계산 예제에서는 아마도 이 방법을 사용할 수 있을 것이다. 퍼센트의 단계가 100이라면 인덱스 배열을 구성하는 데 필요한 메모리의 양이 부담될 정도는 아니다. 하지만 앞에서 소개한 것처럼 확률 데이터인 경우에는 0.458747과 0.547651과 같은 수에 대한 엔트리를 키 값으로 만들 수 없으므로 인덱스 접근 방식을 사용할 수 없다.

어떤 경우에는 여러 가지 방법을 사용할 수도 있을 것이다. 설계의 핵심은 여러 가지 방법 중에서 상황에 맞는 것을 선택하는 것이다. 최고의 방법을 선택하는 것에 대해서 너무 많이 걱정하지는 마라. 마이크로소프트의 수석 엔지니어인 버틀러 램슨(Butler Lampson)이 말했던 것처럼 최고의 방법을 찾는 것보다는 적절한 해결책을 찾아서 재앙을 피하는 것이 낫다(Lampson 1984).

단계적 테이블 검색을 별도의 루틴으로 작성하라. StudentGrade 같은 값을 테이블 키로 바꾸는 변환 함수를 작성할 때 별도의 루틴으로 작성한다.

18.5 그 밖의 테이블 참조 방법

테이블 참조 방법의 다른 예제가 이 책의 다른 장에 소개되어 있다. 이 참조 방법은 다른 기법을 설명하기 위해서 사용되고 있기 때문에 테이블 참조 기법에 대해서 구체적으로 설명하지 않고 있다. 그러한 예제가 있는 곳은 다음과 같다.

- 보험료 테이블에서 보험료 참조: 16.3절 "반복문을 쉽게 작성하는 법 – 안에서부터 밖으로"
- 복잡한 논리구조를 대체하기 위해서 의사결정 테이블 사용: 19.1절의 "의사결정 테이블을 사용해 복잡한 조건을 대체하라"
- 테이블을 참조하는 동안의 메모리 페이징 비용: 25.3절 "느리고 비대한 부분"
- 불린 값들의 조합 (A 또는 B 또는 C): 26.1절의 "복잡한 표현식을 테이블 참조로 대체하라"
- 대출 상환금 테이블의 값을 미리 계산: 26.4절 "표현식"

cc2e.com/1872

체크리스트: 테이블을 활용한 기법

- 복잡한 논리 코드에 대한 대안으로 테이블을 활용한 기법을 고려했는가?
- 복잡한 상속 구조에 대한 대안으로 테이블을 활용한 기법을 고려했는가?
- 코드를 변경하지 않고 데이터를 수정할 수 있도록 테이블의 데이터를 외부에 저장하여 실행 시 읽는 방법을 고려했는가?
- 직관적인 배열 인덱스를 통해서 직접 테이블에 접근할 수 없을 때(age 예제와 같이) 인덱스 계산 코드를 중복으로 작성하는 대신 접근키 계산 코드를 루틴으로 작성했는가?

요점 정리

- 테이블은 복잡한 논리 코드와 상속 구조에 대한 대안을 제공한다. 프로그램의 논리나 상속 트리가 혼란스럽다고 생각한다면 참조 테이블을 사용하여 단순화할 수 있는지 확인해 본다.
- 테이블을 사용할 때 고려할 한 가지 핵심 사항은 테이블 접근법을 결정하는 것이다. 직접 접근 방식이나 인덱스 접근 방식, 단계적 접근 방식을 사용하여 테이블에 접근할 수 있다.
- 테이블을 사용할 때는 테이블에 무엇을 입력할지 결정하는 게 매우 중요하다.

19장 제어와 관련된 일반적인 이슈

cc2e.com/1978

내용

19.1 불린 표현식
19.2 복합문(블록)
19.3 널(Null) 명령문
19.4 지나치게 깊은 중첩 구조 처리
19.5 프로그래밍의 기초: 구조적 프로그래밍
19.6 제어 구조와 복잡성

관련 주제

- 순차적인 코드: 14장
- 조건문을 이용한 코드: 15장
- 반복문을 이용한 코드: 16장
- 특이한 제어 구조: 17장
- 소프트웨어 개발 복잡성: 5.2절의 "소프트웨어의 주요 기술적 의무: 복잡성 관리"

제어 구조를 생각할 때 떠오르는 일반적인 이슈에 대해 알지 못하면 제어에 관해 제대로 이야기할 수 없다. 이 장에서 설명하는 대부분의 정보는 상세하고 실용적인 것이다. 핵심 세부 사항보다 제어 구조의 이론에 대해서 알고 싶다면 19.5절의 구조적 프로그래밍에 대한 역사적인 관점과 19.6절의 제어 구조 사이의 관계를 집중적으로 살펴본다.

19.1 불린 표현식

순차적으로 명령문을 실행하는 가장 간단한 제어 구조를 제외하면 모든 제어 구조는 불린 표현식의 평가에 의존한다.

불린 테스트에서 *true*와 *false* 사용하기

불린 표현식에서는 *0*이나 *1*과 같은 값 대신 *true*와 *false* 같은 식별자를 사용해야 한다. 거의 모든 최신 프로그래밍 언어는 불린 데이터 타입을 제공하며 *true*와 *false*에 대해 미리 정의된 식별자를 제공한다. 이 식별자는 사용하기 쉽고 불린 변수에 *true*나 *false* 이

외의 값을 할당하는 것을 허용하지 않는다. 불린 데이터 타입이 없는 언어에서는 불린 표현식을 읽을 수 있게 하기 위한 별도의 원칙이 필요하다. 다음은 그러한 문제를 보여주는 예제다.

```
모호한 플래그를 불린 변수로 사용하고 있는 비주얼 베이직 예제
Dim printerError As Integer
Dim reportSelected As Integer
Dim summarySelected As Integer
...
If printerError = 0 Then InitializePrinter()
If printerError = 1 Then NotifyUserOfError()

If reportSelected = 1 Then PrintReport()
If summarySelected = 1 Then PrintSummary()

If printerError = 0 Then CleanupPrinter()
```

*0*과 *1* 같은 플래그를 일반적으로 사용하면 무엇이 문제일까? 그러한 경우에는 테스트 결과가 *true*일 때 함수 호출이 실행되는지, *false*일 때 실행되는지 단순히 코드만 봐서는 분명히 알 수가 없다. 코드 자체만으로는 *1*이 *true*고 *0*이 *false*인지, 아니면 그 반대인지 전혀 알 수 없다. 심지어는 *1*과 *0*이 *true*와 *2*를 나타내기 위해서 사용되고 있는지조차 분명하지 않다. 예를 들어 *If reportSelected = 1* 명령문에서는 *1*이 첫 번째 보고서를 나타내고 *2*는 두 번째, *3*은 세 번째 보고서를 나타낸다고 볼 수 있다. 이때 *1*이 *true*나 *false*를 의미하는지에 대한 내용은 어디에서도 확인할 수가 없다. 또한 자칫 잘못하면 *1*을 의미할 때 *0*을 작성할 수 있으며 그 반대의 경우도 있을 수 있다.

불린 표현식 테스트에는 *true*와 *false* 같은 용어를 사용해야 한다. 사용 중인 언어가 그러한 용어를 직접 지원하지 않는다면 전처리기 매크로나 전역 변수를 사용해 용어를 생성하라. 다음은 앞에서 살펴본 예제를 마이크로소프트 비주얼 베이직에서 기본 제공하는 *True*와 *False*를 사용해 다시 작성한 것이다.

관련 정보 이 예제 코드를 작성하는 데 사용할 수 있는 훨씬 좋은 접근 방식은 다음 예제 코드를 살펴본다.

```
테스트에 상수 값 대신 True와 False를 사용한 나름 괜찮은 비주얼 베이직 예제
Dim printerError As Boolean
Dim reportSelected As ReportType
Dim summarySelected As Boolean
...
If ( printerError = False ) Then InitializePrinter()
If ( printerError = True ) Then NotifyUserOfError()
```

```
If ( reportSelected = ReportType_First ) Then PrintReport()
If ( summarySelected = True ) Then PrintSummary()

If ( printerError = False ) Then CleanupPrinter()
```

*True*와 *False* 상수를 사용하면 의도를 더 분명히 나타낼 수 있다. *1*과 *0*이 무엇을 의미하는지 기억할 필요가 없으며 실수로 바꿔 쓸 일도 없다. 게다가 다시 작성된 코드에서는 원래 비주얼 베이직 예제에 있던 *1*과 *0*이 더는 불린 플래그로 사용되지 않는다는 점이 분명해졌다. *If reportSelected = 1* 명령문은 불린 테스트가 아니라 첫 번째 보고서가 선택되었는지를 테스트한다.

이러한 접근 방식을 사용하면 불린 테스트를 하고 있다는 사실을 코드를 읽는 사람에게 명확하게 전달할 수 있다. 또한 *false*를 의미할 때 *true*를 작성하기가 *0*을 의미할 때 *1*을 작성하기보다 더 어렵고 매직 넘버 *0*과 *1*이 코드 여기저기에 사용되는 것도 피할 수 있다. 다음은 불린 테스트에서 *true*와 *false*를 정의하는 방법에 대한 팁이다.

불린 값을 암묵적으로 true와 false에 비교하라. 불린 표현식으로 코드를 작성하면 좀 더 명확한 테스트를 작성할 수 있다.

```
while ( done = false ) ...
while ( (a > b) = true ) ...
```

예를 들면 위와 같은 코드를 작성하는 대신 다음과 같이 작성한다.

```
while ( not done ) ...
while ( a > b ) ...
```

암묵적으로 비교하면 코드를 읽는 사람이 기억해야 하는 용어의 수가 줄어들고 회화체 영어 표현으로 만들 수 있다. 앞에서 살펴본 예제 코드는 다음과 같이 훨씬 좋은 방식으로 다시 작성할 수 있다.

암묵적으로 True와 False를 비교하는 비주얼 베이직 예제
```
Dim printerError As Boolean
Dim reportSelected As ReportType
Dim summarySelected As Boolean
...
If ( Not printerError ) Then InitializePrinter()
If ( printerError ) Then NotifyUserOfError()

If ( reportSelected = ReportType_First ) Then PrintReport()
```

```
If ( summarySelected ) Then PrintSummary()

If ( Not printerError ) Then CleanupPrinter()
```

> 관련 정보 이에 대한 자세한 내용은 12.5절 "불린 변수"를 살펴본다.

사용하는 언어가 불린 변수를 지원하지 않아서 그 변수를 흉내 내야 할 때 방금 소개한 방법을 사용할 수 없을 수도 있다. *true*와 *false*를 흉내 내는 기능이 항상 *while (not done)* 과 같은 명령문으로 테스트할 수 있는 것은 아니기 때문이다.

복잡한 표현식을 단순하게 만들기

다음에 소개하는 단계를 거치면 복잡한 표현식을 단순하게 만들 수 있다.

복잡한 테스트를 새로운 불린 변수를 사용해 부분적인 테스트로 나눠라. 수많은 용어를 사용하는 거대한 테스트를 작성하는 대신, 더 간단한 테스트를 수행하기 위해서 임시 변수의 값을 사용한다.

복잡한 표현식을 불린 함수로 옮겨라. 어떤 테스트가 자주 반복되거나 프로그램의 흐름을 방해한다면 테스트 코드를 함수로 옮긴 후 함수의 결괏값을 테스트한다. 다음은 복잡한 테스트 코드를 예로 든 것이다.

비주얼 베이직으로 작성한 복잡한 테스트 코드
```
If ( ( document.AtEndOfStream ) And ( Not inputError ) ) And _
    ( ( MIN_LINES <= lineCount ) And ( lineCount <= MAX_LINES ) ) And _
    ( Not ErrorProcessing( ) ) Then
    ' 다른 작업을 수행한다.
    ...
End If
```

이 코드는 세부적인 테스트 내용에 관심이 없는 사람조차도 코드를 유심히 살펴볼 수밖에 없게끔 작성되어 있다. 이 코드를 불린 함수로 작성하면 테스트를 고립시킬 수 있고 중요하지 않은 테스트인 경우에는 코드를 읽는 사람이 신경 쓰지 않게 할 수 있다. 다음은 *if* 테스트를 함수로 작성한 코드다.

> 관련 정보 불린 테스트를 명확하게 하려고 임시 변수를 사용하는 기법에 대한 내용은 12.5절의 "프로그램을 문서화하기 위해서 불린 변수를 사용한다"를 살펴본다.

새로운 임시 변수로 복잡한 테스트를 불린 함수로 옮겨 분명하게 만든 비주얼 베이직 예제
```
Function DocumentIsValid( _
    ByRef documentToCheck As Document, _
    lineCount As Integer, _
    inputError As Boolean _
    ) As Boolean
```

```
Dim allDataRead As Boolean
Dim legalLineCount As Boolean            마지막 줄에 있는 테스트를 명확하게 하기
                                         위해 임시 변수를 사용한다.
allDataRead = ( documentToCheck.AtEndOfStream ) And ( Not inputError )
legalLineCount = ( MIN_LINES <= lineCount ) And ( lineCount <= MAX_LINES )
DocumentIsValid = allDataRead And legalLineCount And ( Not ErrorProcessing() )

End Function
```

이 예제는 *ErrorProcessing()*이 현재의 처리 상태를 알려주는 불린 함수라고 가정한다. 이제 코드를 읽을 때 복잡한 테스트를 읽지 않아도 된다.

복잡한 테스트 없이 주요 코드 흐름을 작성한 비주얼 베이직 예제
```
If ( DocumentIsValid( document, lineCount, inputError ) ) Then
    ' 다른 작업을 수행한다.
    ...
End If
```

KEY POINT

이 테스트를 한 번만 사용하는 경우에는 테스트 코드를 루틴으로 작성하는 것이 불필요하다고 생각할지도 모른다. 하지만 테스트 코드를 잘 이름 지은 함수에 넣으면 코드의 작동 방식을 이해하기 쉽고 그것만으로도 함수를 만들 만한 충분한 이유가 된다.

새 함수 이름으로부터 코드에서 테스트의 목적이 무엇인지 유추할 수 있다. 주석보다는 코드를 읽을 확률이 높고 최신으로 유지할 가능성도 크기 때문에 테스트를 주석으로 설명하는 것보다 이렇게 하는 것이 훨씬 좋은 방법이다.

> 관련 정보 복잡한 논리 코드 대신 테이블을 사용하는 방법에 대한 자세한 내용은 18장 "테이블 활용 기법"을 살펴본다.

의사결정 테이블을 사용해 복잡한 조건을 대체하라. 때에 따라서 여러 개의 변수가 있는 복잡한 테스트가 사용되기도 한다. *if*나 *case* 문을 사용하는 대신 의사결정 테이블을 사용해 테스트를 수행하면 도움이 될 수 있다. 의사결정 테이블 검색은 두 줄 정도의 코드만 작성하면 되고 까다로운 제어 구조도 필요 없다. 코드가 간단하면 오류가 발생할 확률도 낮아진다. 데이터가 변경되는 경우에는 코드는 변경하지 않고 의사결정 테이블만 변경하면 된다. 데이터 구조의 내용만 갱신하면 되는 것이다.

불린 표현식을 긍정문으로 작성하기

> 나는 바보가 아닌 것도 아닌 것도 아니다.
> – 호머 심슨
> *(Homer Simpson)*

길이가 긴 부정문을 쉽게 이해할 수 있는 사람은 많지 않다. 즉, 대부분의 사람은 부정문을 이해하는 데 어려움을 겪는다는 말이다. 프로그램에서 부정적으로 작성된 복잡한 불린 표현식을 사용하지 않는 방법은 여러 가지가 있다.

if 문에서는 부정문을 긍정문으로 변환한 다음 if 절과 else 절에 있는 코드를 바꿔라. 다음은 부정적으로 표현된 테스트 예제다.

이해하기 어려운 부정적인 불린 테스트를 자바로 작성한 예제
```
if ( !statusOK ) {        ← 여기에 부정문 not이 사용되었다.
    // 작업을 수행한다.
    ...
}
else {
    // 다른 작업을 수행한다.
    ...
}
```

이 코드를 다음과 같이 긍정적인 표현의 테스트로 변경할 수 있다.

이해하기 쉬운 긍정적인 불린 테스트를 자바로 작성한 예제
```
if ( statusOK ) {         ← 이 줄에 있는 테스트가 반대로 바뀌었다.
    // 다른 작업을 수행한다.
    ...                   ← 이 블록에 있는 코드가 ...
}
else {
    // 작업을 수행한다.    ← ... 이 블록에 있는 코드와 바뀌었다.
    ...
}
```

> **관련 정보** 때로는 불린 표현식을 긍정문으로 작성하는 방법이 정상적인 경우의 코드를 else 절이 아닌 if 절 다음에 작성하라는 권고 사항과 대치되기도 한다(15.1절 "if 문" 참고). 그런 경우에는 두 가지 접근 방법의 장점을 생각해 보고 나서 상황에 맞게 더 나은 방법을 선택해야 한다.

두 번째 코드는 논리적으로 첫 번째 코드와 같지만 부정 표현식이 긍정문으로 바뀌어 읽기가 더 수월하다.

그게 아니면 테스트에서 불린 값을 반대로 바꾸는 다른 변수 이름을 선택하는 방법도 있다. 예제에서는 *statusOK* 대신 *statusOK* 값이 *false*일 때 *true* 값을 갖는 *ErrorDetected*로 대체할 수 있다.

드모르간의 법칙을 적용해 부정 불린 테스트를 단순화하라. 드모르간의 법칙을 이용하면 한 표현식과 같은 의미가 있는 다른 표현식(원래의 표현식을 이중으로 부정한 표현식) 사이의 논리적인 관계를 활용할 수 있다. 예를 들면 다음과 같은 테스트를 포함하는 코드가 있을 수 있다.

자바로 작성한 부정 테스트에 대한 예제
```
if ( !displayOK || !printerOK ) ...
```

이 코드는 논리적으로 다음 코드와 같다.

> **드모르간의 법칙을 적용한 자바 예제**
> ```
> if ( !( displayOK && printerOK ) ) ...
> ```

여기에서는 *if* 절과 *else* 절을 바꿀 필요가 없다. 왜냐하면 두 코드에 있는 표현식이 논리적으로 같기 때문이다. 드모르간의 법칙을 논리 연산자 *and*나 *or*, 그리고 피연산자 쌍에 적용하려면 각 피연산자를 부정하고 *and*나 *or*를 맞바꾼 후 전체 표현식을 부정하면 된다. 표 19-1은 드모르간의 법칙으로 변환 가능한 형태를 요약한 것이다.

표 19-1 드모르간의 법칙을 이용한 논리 표현식의 변환

원본 표현식	같은 표현식
not A and not B	not (A or B)
not A and B	not (A or not B)
A and not B	not (not A or B)
A and B	not (not A or not B)
not A or not B*	not (A and B)
not A or B	not (A and not B)
A or not B	not (not A and B)
A or B	not (not A and not B)

* 이 표현식이 예제에서 사용되었다.

괄호를 사용해 이해하기 쉬운 불린 표현식 만들기

관련 정보 괄호를 사용해 다른 표현식을 이해하기 쉽게 만드는 방법에 대한 예는 31.2절의 "괄호"를 살펴본다.

복잡한 불린 표현식이 있다면 언어의 평가 순서에 의존하지 말고 괄호를 사용해 의미를 분명히 하라. 괄호를 사용하면 프로그래밍 언어가 불린 표현식을 어떻게 평가하는지 제대로 이해하지 못하는 사람도 코드를 더 쉽게 읽을 수 있다. 영리한 사람이라면 평가 순서를 기억하려고 애쓰지 않을 것이다. 특히 두 개 이상의 언어를 동시에 사용해야 하는 경우에는 더욱 그렇다. 괄호를 사용하는 데는 비용이 들지 않는다.

다음은 괄호를 거의 사용하지 않은 표현식이다.

> **괄호를 거의 사용하지 않은 표현식을 자바로 작성한 예**
> ```
> if ( a < b == c == d ) ...
> ```

우선 이 표현식은 이해하기 어렵다. 그리고 $(a < b) == (c == d)$를 테스트하려는 것인지, $((a < b) == c) == d$를 테스트하려는 것인지 분명하지 않아 더욱 혼란스럽다. 다음 표현식도 이해하기 어렵기는 마찬가지이지만, 괄호가 있어 코드를 이해하는 데 도움을 준다.

괄호로 묶은 표현식을 자바로 작성한 예
```
if ( ( a < b ) = ( c = d ) ) ...
```

이 경우에는 괄호가 코드를 이해하고 프로그램의 정확성을 유지하는 데 도움을 준다. 컴파일러는 첫 번째 코드를 이와 같은 방법으로 해석하지 않을 것이다. 의심스러운 부분이 있다면 괄호로 묶어라.

> **관련 정보** 많은 개발자가 사용하는 텍스트 편집기는 괄호와 중괄호, 대괄호의 쌍을 맞추는 명령문을 제공한다. 프로그래밍 편집기에 대한 자세한 내용은 30.2절의 "편집"을 살펴본다.

괄호의 균형을 유지하기 위해서 간단한 계산 기법을 사용하라. 괄호의 균형이 맞는지를 파악하는 데 어려움을 겪고 있다면 여기에서 소개하는 간단한 계산 기법을 사용해 본다. 우선 "0"이라고 말한다. 표현식을 왼쪽에서 오른쪽으로 따라간다. 여는 괄호를 만날 때 "1"이라고 말한다. 또 다른 여는 괄호를 만날 때마다 말하는 수를 하나 증가시킨다. 닫는 괄호를 만날 때마다 수를 하나 줄인다. 표현식 끝에서 0으로 돌아온다면 괄호가 균형을 이루고 있다고 말할 수 있다.

괄호의 균형이 유지된 자바 예제
```
if ( ( ( a < b ) = ( c = d ) ) && !done ) ...    ← 이 코드를 읽는다.
    | | |       |   |       | |     |
    0 1 2 3     2   3       2 1     0            ← 이렇게 말한다.
```

이 예제는 0으로 끝나기 때문에 괄호가 균형을 이루고 있다. 다음 예제는 괄호가 균형을 이루지 않고 있다.

괄호의 균형이 유지되지 않은 자바 예제
```
if ( ( a < b ) = ( c = d ) ) && !done ) ...      ← 이 코드를 읽는다.
    | |       |   |       | |         |
    0 1 2     1   2       1 0        -1          ← 이렇게 말한다.
```

마지막 괄호에 도달하기 전에 0이 있다는 것은 그 전에 괄호가 빠졌다는 것을 가리킨다. 표현식의 마지막 괄호에 도달하기 전까지 0이 나와서는 안 된다.

논리 표현식에는 충분할 정도로 괄호를 사용하라. 괄호는 비용이 거의 들지 않으면서도 읽기 쉬운 코드를 만드는 데 도움을 준다. 논리 표현식에 괄호를 충분히 사용하는 것은 좋은 습관이다.

불린 표현식 평가 방법

많은 언어가 불린 표현식을 평가하는 나름의 제어 구조를 갖고 있다. 어떤 컴파일러는 명령을 결합하여 전체 표현식을 평가하기 전에 불린 표현식에 있는 각 명령을 먼저 평가한다. 또 어떤 언어는 필요한 부분만 평가하는 "단축 회로" 또는 "소극적" 평가 방식을 갖고 있다. 이것은 첫 번째 테스트의 결과에 따라 두 번째 테스트가 실행되지 않을 수도 있을 때 매우 중요하다. 예를 들어 배열의 요소를 검사하기 위해서 다음과 같은 테스트 코드를 사용한다고 해 보자.

테스트를 잘못 작성한 의사코드 예제
```
while ( i < MAX_ELEMENTS and item[ i ] <> 0 ) ...
```

이 표현식 전체가 평가된다면 반복문 마지막 단계에서 오류가 발생할 것이다. 변수 i의 값이 MAX_ELEMENTS와 같기 때문에 표현식 *item[i]*가 *item[MAX_ELEMENTS]*와 같아지고 그로 인해 배열 인덱스 오류가 발생한다[3]. 이 코드는 마지막 위치에 있는 값을 살펴볼 뿐이지 변경하지는 않기 때문에 문제될 것이 없다고 주장할지도 모른다. 하지만 이는 부주의한 프로그래밍 습관이며 코드를 읽는 사람에게 혼란을 초래할 수 있다. 아울러 대부분의 환경에서 이 코드는 런타임 오류나 보호 정책 위반 오류를 발생시킬 것이다.

이 의사코드는 오류가 발생하지 않도록 다음과 같이 재구성할 수 있다.

테스트가 정확하게 작동하도록 재구성한 의사코드 예제
```
while ( i < MAX_ELEMENTS )
    if ( item[ i ] <> 0 ) then
        ...
```

이 코드는 *i* 값이 MAX_ELEMENTS보다 작을 때가 아니면 *item[i]*가 평가되지 않기 때문에 제대로 작동한다.

최신 언어는 이러한 종류의 오류가 발생하는 것을 애초에 예방하는 기능을 제공한다. 예를 들면 C++는 *and*의 첫 번째 피연산자가 *false*면 어차피 전체 표현식이 *false*가 되므로 두 번째 피연산자는 평가하지 않는 단축 평가를 사용한다. 즉, C++에서는 다음 코드 중에서 *SomethingFalse*만 평가된다.

```
if ( SomethingFalse && SomeCondition ) ...
```

---

[3] (옮긴이) 배열의 인덱스가 0부터 시작하는 언어인 경우에만 오류가 발생한다.

*SomethingFalse*가 *false*로 밝혀지면 곧바로 평가를 중단한다.

or 연산자인 경우에도 평가 방식이 비슷하다. C++와 자바에서는 다음 코드 중에서 *somethingTrue*만 평가된다.

```
if ( somethingTrue || someCondition ) ...
```

*somethingTrue*가 *true*로 밝혀지면 곧바로 평가를 중단한다. 왜냐하면 나머지 부분과 상관없이 이 표현식은 항상 *true*이기 때문이다. 이러한 평가 방식 때문에 다음 명령문은 아무런 문제가 없는 명령문이 된다.

단축 평가 덕분에 잘 작동하는 테스트를 자바로 작성한 예제
```
if ( ( denominator != 0 ) && ( ( item / denominator ) > MIN_VALUE ) ) ...
```

분모가 *0*일 때 전체 표현식이 평가된다면 두 번째 피연산자 부분에서 나눗셈 때문에 0으로 나눔 오류가 발생할 것이다. 하지만 첫 번째 부분이 *true*가 아니면 두 번째 부분은 평가되지 않기 때문에 분모가 *0*일 때 두 번째 피연산자 부분은 아예 평가되지 않고 그에 따라 0으로 나눔 오류도 발생하지 않는다.

반면 &&(논리곱)은 왼쪽에서 오른쪽으로 평가되기 때문에 논리적으로 앞의 코드와 같은 다음 코드에 문제가 발생한다.

단축 평가 방식으로 문제를 해결하지 못하는 테스트를 자바로 작성한 예제
```
if ( ( ( item / denominator ) > MIN_VALUE ) && ( denominator != 0 ) ) ...
```

이 경우에는 *denominator != 0*보다 *item / denominator*가 먼저 평가된다. 결과적으로 이 코드는 0으로 나눔 오류를 일으킨다.

자바는 "논리" 연산자를 제공하기 때문에 상황이 좀 더 복잡하다. 자바의 논리 연산자 &와 |은 전체 표현식을 평가하지 않고도 *true*인지 *false*인지를 결정할 수 있는 상황에서도 모든 항목을 평가할 것이다. 다시 말해, 자바로 작성된 다음 코드는 안전하다.

단축(조건) 평가 방식 덕분에 잘 작동하는 테스트를 자바로 작성한 예제
```
if ( ( denominator != 0 ) && ( ( item / denominator ) > MIN_VALUE ) ) ...
```

하지만 다음 코드는 안전하지 않다.

단축 평가가 보장되지 않기 때문에 문제가 발생하는 테스트를 자바로 작성한 예제
```
if ( ( denominator != 0 ) & ( ( item / denominator ) > MIN_VALUE ) ) ...
```

모든 프로그래밍 언어는 나름의 평가 방식이 있고 표현식을 평가하는 것도 구현하는 사람에 따라서 달라지는 경향이 있기 때문에 사용 설명서에서 사용하는 언어의 버전이 어떤 평가 방식을 사용하고 있는지 확인해야 한다. 더 좋은 방법은 개발된 코드를 읽는 사람이 개발자만큼 똑똑하지 않을 수도 있으니 평가 순서와 단축 평가에 의존하지 말고 중첩된 테스트를 사용해 의도를 분명히 표시하는 것이다.

숫자의 크기 순서대로 수치 표현식 작성하기

수치 테스트는 숫자의 크기 순서를 따르도록 구성한다. 일반적으로 수치 테스트는 다음과 같이 비교하도록 구성한다.

```
MIN_ELEMENTS <= i and i <= MAX_ELEMENTS
i < MIN_ELEMENTS or MAX_ELEMENTS < i
```

기본 개념은 각 항목을 왼쪽에서 오른쪽으로, 작은 값에서 큰 값으로 정렬하는 것이다. 첫 번째 줄에서는 *MIN_ELEMENTS*와 *MAX_ELEMENTS*가 양 끝을 나타내기 때문에 표현식의 양 끝에 있다. 변수 *i*는 두 끝점 사이에 있어야 하기 때문에 가운데에 위치한다. 두 번째 예제에서는 *i*가 범위를 벗어나는 값인지 테스트하고 있기 때문에 *i*가 테스트의 양쪽 끝에 있고 *MIN_ELEMENTS*와 *MAX_ELEMENTS*가 안쪽에 위치한다. 이러한 접근 방식을 이용하면 비교문을 보고 그림 19-1과 같은 그림을 쉽게 연상할 수 있다.

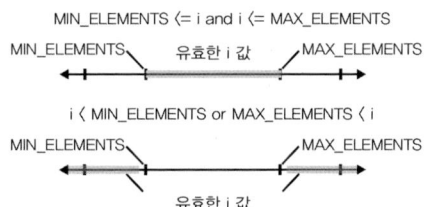

그림 19-1 숫자 크기 순서대로 불린 테스트를 작성한 예제

*i*를 *MIN_ELEMENTS*하고만 비교한다면 *i*의 위치는 테스트가 성공하는 *i*의 위치에 따라서 달라진다. *i*의 값이 작아야 한다면 테스트 코드는 다음과 같을 것이다.

```
while ( i < MIN_ELEMENTS ) ...
```

하지만 *i*의 값이 커야 한다면 다음과 같은 테스트를 작성할 것이다.

```
while ( MIN_ELEMENTS < i ) ...
```

이러한 접근 방식은 다음과 같은 코드보다 그 의미가 분명하다.

```
( i > MIN_ELEMENTS ) and ( i < MAX_ELEMENTS )
```

이와 같은 코드는 읽는 이에게 무엇을 테스트하고 있는지에 대해서 시각적으로 아무런 도움을 주지 못한다.

0을 비교하는 방법

프로그래밍 언어는 다양한 목적으로 0을 사용한다. 우선 0은 숫자 값이다. 문자열에서는 널 종결자다. 널 포인터 값이자 열거형의 첫 번째 항목 값이기도 하다. 논리 표현식에서는 *false*를 의미한다. 0은 이렇듯 매우 다양한 목적으로 사용되기 때문에 그 용도가 명확하게 드러나도록 코드를 작성해야 한다.

논리적인 변수를 암시적으로 비교하라. 앞에서 언급했던 것처럼 논리 표현식은 다음과 같이 작성하는 것이 좋다.

```
while ( !done ) ...
```

암시적으로 0과 비교하는 이 코드는 비교문이 논리 표현식 안에 있기 때문에 적당하다.

숫자는 0과 명시적으로 비교하라. 논리 표현식은 암시적으로 비교하는 것이 타당하지만, 수치 표현식은 명시적으로 비교해야 한다.

```
while ( balance ) ...
```

숫자의 경우에는 위와 같은 코드 대신 다음과 같은 코드를 작성한다.

```
while ( balance != 0 ) ...
```

C 언어는 문자를 널 종결자('\0')와 명시적으로 비교하라. 숫자의 경우처럼 문자도 논리 표현식이 아니다.

```
while ( *charPtr ) ...
```

따라서 문자의 경우에 위와 같은 코드를 작성하는 대신 다음과 같은 코드를 작성해야 한다.

```
while ( *charPtr != '\0' ) ...
```

이 방법은 문자 데이터를 처리하기 위한 일반적인 C 언어 규약에 반하는 것이지만(두 번째 예제에서처럼), 이렇게 표현하는 것이 논리적인 데이터가 아니라 문자 데이터를 다루고 있다는 개념을 강조해준다. C 규약 중에는 가독성과 유지보수성을 최대화한다는 목적에 부합되지 않는 것이 있는데, 이 경우가 그에 해당한다. 다행스럽게도 C++와 STL 문자열을 사용하여 작성되는 코드가 점점 늘고 있어 이 문제는 사라지고 있다.

포인터를 NULL과 비교하라.

```
while ( bufferPtr ) ...
```

포인터의 경우에는 위와 같은 코드 대신 다음과 같은 코드를 작성하라.

```
while ( bufferPtr != NULL ) ...
```

문자의 경우에서 설명했던 것처럼 이 내용 역시 C 언어의 일반적인 규약에 맞지 않지만, 가독성을 향상시켜주는 것만으로도 충분한 가치가 있다.

불린 표현식과 관련된 일반적인 문제

불린 표현식은 언어마다 존재하는 함정에 빠지기 쉽다.

C에서 파생된 언어에서는 상수를 비교문 왼쪽에 놓아라. C에서 파생된 언어는 불린 표현식과 관련된 몇 가지 특별한 문제가 있다. == 대신 =로 잘못 입력하는 문제를 겪고 있다면 다음과 같이 표현식의 왼쪽에 상수와 리터럴을 놓는 규칙을 고려해 본다.

> **표현식 왼쪽에 상수를 놓은 C++ 예제 – 컴파일러가 오류를 잡는다.**
> ```
> if ( MIN_ELEMENTS = i ) ...
> ```

이 표현식에서는 상수에 값을 할당할 수 없기 때문에 컴파일러가 =를 오류로 보고할 것이다. 이와 반대로 다음 표현식에서는 컴파일러의 경고 옵션을 모두 활성화시켰을 경우에만 =를 경고로 보고할 것이다.

> **표현식의 오른쪽에 상수를 놓은 C++ 예제 – 컴파일러가 오류를 잡지 못할 수도 있다.**
> ```
> if ( i = MIN_ELEMENTS ) ...
> ```

이 내용은 숫자를 크기순으로 사용하라는 내용과 엇갈린다. 개인적으로는 숫자를 크기순으로 사용하고 잘못된 할당문에 대해서는 컴파일러가 경고를 하는 방법을 사용한다.

C++에서 &&, ||, ==을 대체하기 위한 전처리기 매크로 작성을 고려하라(최후의 수단). 그러한 문제가 있다면 논리곱(and)과 논리합(or)을 #define 매크로로 생성한 다음 &&와 || 대신 AND와 OR를 사용한다. 마찬가지로 ==를 의미할 때 =를 사용하는 실수도 저지르기 쉽다. 이와 같은 실수를 자주 저지른다면 동치 비교를 위해서 EQUALS와 같은 매크로를 생성할 수 있다.

경험 많은 개발자는 이러한 접근 방식이 프로그래밍 언어를 제대로 사용하지 못하는 개발자에게는 도움이 되겠지만, 프로그래밍 언어를 능숙하게 사용하는 개발자에게는 오히려 방해된다고 생각한다. 게다가 대부분의 컴파일러는 오류가 있어 보이는 할당문이나 비트 연산자를 사용했을 때 오류 메시지를 제공할 것이다. 컴파일러의 모든 경고 옵션을 활성화하는 것이 표준에 맞지 않는 매크로를 만드는 것보다 더 좋은 방법이다.

자바에서는 a==b와 a.equals(b)의 차이점을 이해하라. 자바에서 a==b는 a와 b가 같은 객체를 참조하고 있는지를 검사하지만, a.equals(b)는 해당 객체가 논리적으로 같은 값을 갖고 있는지를 검사한다. 일반적으로 자바 프로그램은 a==b 대신 a.equals(b)와 같은 표현식을 사용해야 한다.

19.2 복합문(블록)

"복합문" 또는 "블록"은 프로그램의 흐름을 제어하기 위해서 단일 명령문으로 취급하는 명령문의 집합을 말한다. 복합문은 C++, C#, C, 자바에서 여러 개의 명령문을 중괄호 ({와 })로 감싸서 만든다. 때에 따라 복합문은 비주얼 베이직의 *For*나 *Next*와 같은 명령문의 키워드로 사용되기도 한다. 다음은 복합문을 효과적으로 사용하는 데 도움이 되는 내용이다.

관련 정보 많은 개발자가 사용하는 텍스트 편집기는 소괄호와 중괄호, 대괄호의 쌍을 맞추는 명령을 제공한다. 프로그래밍 편집기에 대한 자세한 내용은 30.2절의 "편집"을 살펴본다.

중괄호 쌍을 함께 작성하라. 블록 처음과 끝 코드를 먼저 작성한 후 중간 부분을 채워라. 중괄호나 *begin-end* 짝을 맞추기가 어렵다는 불평이 종종 들리지만, 이는 전혀 문제로 삼을 만한 것이 아니다. 다음에 소개하는 지침을 따른다면 다시는 짝을 맞추는 데 어려움을 겪지 않을 것이다.

우선 다음 코드를 작성한다.

```
for ( i = 0; i < maxLines; i++ )
```

그리고 다음 코드를 작성한다.

```
for ( i = 0; i < maxLines; i++ ) { }
```

마지막으로 다음 코드를 작성한다.

```
for ( i = 0; i < maxLines; i++ ) {
    // 코드를 추가한다 ...
}
```

이러한 접근 방식을 C++와 자바의 *if*, *for*, *while* 문, 비주얼 베이직의 *If-Then-Else*, *For-Next*, *While-Wend*를 포함한 모든 블록 구조에 적용한다.

중괄호를 사용하여 조건문을 분명히 하라. 조건문은 어떤 명령문이 *if* 테스트로 실행되는지 알지 못하면 이해하기가 어렵다. *if* 테스트 다음에 단순히 명령문 하나만 입력하는 것이 보기에 좋을지는 몰라도 유지보수를 할 때 코드가 복잡해지면 오류를 일으키기가 쉽다.

블록 내 코드 길이에 상관없이(한 줄일 때도) 블록 구조를 사용하여 의도를 분명히 하라.

19.3 널 명령문

C++에서는 다음과 같이 세미콜론(;)만으로 이루어진 널 명령문을 작성할 수 있다.

> **전형적인 널 명령문을 C++로 작성한 예제**
> ```
> while ( recordArray.Read( index++ ) != recordArray.EmptyRecord() )
>     ;
> ```

C++에서는 *while* 문 다음에 적어도 하나의 명령문이 와야 하지만, 널 명령문이 올 수도 있다. 세미콜론 자체가 널 명령문이다. 다음은 C++에서 널 명령문을 다룰 때 참고할 만한 사항이다.

관련 정보 널 명령문을 다루는 가장 좋은 방법은 널 명령문을 사용하지 않는 것이다. 자세한 내용은 16.2절의 "빈 반복문을 피하라"를 살펴본다.

널 명령문을 눈에 띄게 만들어라. 널 명령문은 일반적인 명령문이 아니기 때문에 눈에 띄게 만들어라. 한 가지 방법은 널 명령문의 세미콜론을 한 줄로 작성하는 것이다. 다른 명령문처럼 들여쓰기하라. 앞에 보았던 예제가 이 접근 방법을 사용한 것이다. 다른 방법으로는 널 명령문을 강조하기 위해서 빈 중괄호를 사용할 수 있다. 다음 두 예제를 살펴보자.

널 명령문을 강조한 C++ 예제
```
while ( recordArray.Read( index++ ) ) != recordArray.EmptyRecord() ) {}  ←── 널 명령문을 보여주는 한 가지 방법이다.
while ( recordArray.Read( index++ ) != recordArray.EmptyRecord() ) {
    ;
}   ←── 널 명령문을 보여주는 또 다른 방법이다.
```

널 명령문으로 사용하기 위한 DoNothing() 전처리기 매크로나 인라인 함수를 작성하라. 이 명령문은 아무것도 수행하지 않지만, 아무것도 수행되어서는 안 된다는 사실 자체를 분명히 한다. 이것은 문서에 "이 페이지는 의도적으로 공백으로 남겨놓은 것입니다."라는 문구를 이용하여 빈 페이지를 표시하는 것과 비슷하다. 정확히 말하면 그 페이지는 비어있다고 말할 수 없지만, 그 페이지에 아무것도 적혀 있어서는 안 된다는 사실을 알게 된다.

다음은 *#define*을 사용하여 C++에서 널 명령문을 작성하는 방법이다(같은 효과가 있는 인라인 함수를 작성할 수도 있다).

DoNothing()으로 널 명령문을 강조한 C++ 예제
```
#define DoNothing()
...
while ( recordArray.Read( index++ ) != recordArray.EmptyRecord() ) {
    DoNothing();
}
```

*DoNothing()*은 빈 *while* 문이나 *for* 반복문에서 사용할 수 있을 뿐만 아니라 *switch* 문에서 중요하지 않은 경우에 사용할 수 있다. *DoNothing()*을 사용하면 어떤 경우를 고려했지만 아무것도 실행될 필요가 없음을 분명히 할 수 있다.

사용 중인 프로그래밍 언어가 전처리기 매크로나 인라인 함수를 지원하지 않는다면 호출 루틴으로 곧바로 리턴하는 *DoNothing()* 루틴을 작성하면 된다.

널이 아닌 반복문을 사용하는 것이 더 분명하지 않은지 고려하라. 몸체에서 아무것도 수행하지 않는 반복문 코드의 대부분은 반복문 제어 코드에서 작업을 수행한다. 대부분의 경우에 그러한 작업을 명시적으로 수행하면 더 읽기 쉬운 코드를 작성할 수 있다. 다음 예제를 살펴보자.

널이 아닌 반복문 몸체를 사용하여 코드를 더 분명하게 재작성한 C++ 예제
```
RecordType record = recordArray.Read( index );
index++;
```

```
while ( record != recordArray.EmptyRecord() ) {
    record = recordArray.Read( index );
    index++;
}
```

이 방법을 사용하면 반복문 제어 변수가 필요하고 코드의 길이도 길어지지만 제어 코드 부분을 이용하는 것보다 직관적인 프로그래밍 습관이라고 말할 수 있다. 그러한 면이 제품 코드에서는 더욱 바람직하다.

19.4 지나치게 깊은 중첩 구조 처리

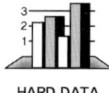
HARD DATA

들여쓰기("중첩 구조")의 깊이가 지나치게 깊은 코드는 25년 동안 잘못된 것으로 여겨져 왔으며 여전히 코드를 이해하게 어렵게 만드는 주범 가운데 하나다. 노엄 촘스키(Noam Chomsky)와 제럴드 와인버그의 연구에 따르면 세 단계 이상 중첩된 if 문을 이해할 수 있는 사람은 거의 없다(Yourdon 1986a). 그리고 많은 학자가 서너 단계를 넘어서는 중첩 구조는 피해야 한다고 충고한다(Myers 1976, Marca 1981, and Ledgard and Tauer 1987a). 깊은 중첩 구조는 5장 "구현 설계"의 "소프트웨어의 주요 기술적 의무: 복잡성 관리" 부분에서 설명한 내용과 어긋난다. 그것만으로도 깊은 중첩 구조를 피해야 할 이유는 충분하다.

KEY POINT

깊은 중첩 구조를 피하는 것은 어렵지 않다. 깊은 중첩 구조가 있다면 *if* 절과 *else* 절에서 수행되는 테스트를 재설계하거나 더 간단한 루틴으로 리팩터링하면 된다. 다음 내용은 중첩 구조의 깊이를 줄이기 위한 방법을 소개한다.

조건의 일부분을 다시 테스트하여 중첩된 if 문을 단순화하라. 중첩 구조가 너무 깊다면 몇 가지 조건에 대해서 테스트를 재수행하는 방법으로 중첩 수준을 줄일 수 있다. 다음 코드는 중첩 구조가 너무 깊어 재구성해야 한다.

CODING HORROR

관련 정보 복잡성을 줄이기 위해서 조건의 일부분을 다시 테스트하는 것은 상태 변수를 다시 테스트하는 것과 유사하다. 이 기법은 17.3절의 "오류 처리와 goto"에서 예를 들어 설명한다.

아주 깊게 중첩된 코드를 C++로 작성한 예제
```
if ( inputStatus == InputStatus_Success ) {
    // 수많은 코드
    ...
    if ( printerRoutine != NULL ) {
        // 수많은 코드
        ...
        if ( SetupPage() ) {
```

```
        // 수많은 코드
        ...
        if ( AllocMem( &printData ) ) {
            // 수많은 코드
            ...
        }
      }
    }
}
```

이 예제는 중첩 수준을 보여주기 위해서 작성했다. // 수많은 코드 부분은 이 루틴의 코드가 한 화면을 넘어갈 정도로 길거나 출력된 코드의 길이가 한 페이지를 넘어갈 정도로 길다는 점을 보여주기 위한 것이다. 이 코드는 중첩 대신 다음과 같은 테스트를 사용하여 수정할 수 있다.

테스트 코드를 재구성하여 중첩의 깊이를 줄인 C++ 예제
```
if ( inputStatus == InputStatus_Success ) {
    // 수많은 코드
    ...
    if ( printerRoutine != NULL ) {
        // 수많은 코드
        ...
    }
}

if ( ( inputStatus == InputStatus_Success ) &&
     ( printerRoutine != NULL ) && SetupPage() ) {
    // 수많은 코드
    ...
    if ( AllocMem( &printData ) ) {
        // 수많은 코드
        ...
    }
}
```

이 코드는 중첩 수준을 아무 대가 없이 줄일 수 없다는 면에서 특히 현실적인 예제라고 할 수 있다. 중첩 구조의 깊이를 줄이는 대가로 더 복잡한 테스트 코드를 작성해야 하기 때문이다. 하지만 중첩을 네 단계에서 두 단계로 줄이면 가독성이 크게 향상되기 때문에 충분히 고려할 가치가 있다.

break 블록을 사용하여 중첩된 if 문을 단순화하라. 조금 전에 살펴본 방법 대신 사용할 수 있는 방법으로는 한 블록으로 실행될 코드를 정의하는 것이다. 블록 내 어딘가에서 조건이 실패하면 해당 블록의 맨 끝으로 이동해 코드를 실행한다.

break 블록을 사용한 C++ 예제
```cpp
do {
    // break 블록 시작
    if ( inputStatus != InputStatus_Success ) {
        break; // 블록 탈출
    }

    // 수많은 코드
    ...
    if ( printerRoutine == NULL ) {
        break; // 블록 탈출
    }

    // 수많은 코드
    ...
    if ( !SetupPage() ) {
        break; // 블록 탈출
    }

    // 수많은 코드
    ...
    if ( !AllocMem( &printData ) ) {
        break; // 블록 탈출
    }

    // 수많은 코드
    ...
} while (FALSE); // break 블록 끝
```

이 기법은 보편적으로 사용되지 않는 편이라서 팀원 전체가 이 기법에 익숙하고 팀 차원에서 이 기법을 코드 작성 규칙으로 인정한 경우에만 사용해야 한다.

중첩된 if 문을 if-then-else 문으로 변환하라. 중첩된 if 문을 이리저리 살펴보면 if-then-else 문을 사용하여 중첩된 if 문을 재구성할 수 있다는 사실을 발견하게 될 것이다. 다음과 같이 들쭉날쭉한 조건문이 있다고 가정해 보자.

지나치게 길어진 결정 트리를 자바로 작성한 예제
```
if ( 10 < quantity ) {
    if ( 100 < quantity ) {
        if ( 1000 < quantity ) {
            discount = 0.10;
        }
        else {
            discount = 0.05;
        }
    }
    else {
        discount = 0.025;
    }
}
else {
    discount = 0.0;
}
```

이 테스트의 구조는 여러 가지 면에서 문제가 있는데, 그중 하나는 테스트가 장황하다는 것이다. *quantity*가 *1,000*보다 큰지 비교할 때는 이 값이 *100*이나 *10*보다 큰지 비교할 필요가 없다. 따라서 이 코드는 다음과 같이 재구성할 수 있다.

중첩된 *if* 문을 *if-then-else* 문으로 변환한 자바 예제
```
if ( 1000 < quantity ) {
    discount = 0.10;
}
else if ( 100 < quantity ) {
    discount = 0.05;
}
else if ( 10 < quantity ) {
    discount = 0.025;
}
else {
    discount = 0;
}
```

이 코드는 숫자가 규칙적으로 증가하기 때문에 비교적 쉽다. 다음은 숫자가 불규칙적일 때 중첩된 if 문을 재작성한 코드다.

숫자가 "불규칙할 때" 중첩된 *if* 문을 *if-then-else* 문으로 변환한 자바 예제
```
if ( 1000 < quantity ) {
    discount = 0.10;
```

```
}
else if ( ( 100 < quantity ) && ( quantity <= 1000 ) ) {
    discount = 0.05;
}
else if ( ( 10 < quantity ) && ( quantity <= 100 ) ) {
    discount = 0.025;
}
else if ( quantity <= 10 ) {
    discount = 0;
}
```

이 코드와 이전 코드의 가장 큰 차이점은 *else-if* 절에 있는 표현식이 앞에 위치한 테스트의 결과에 의존하지 않는다는 것이다. 이 코드는 *else* 절이 필요 없으며 사실상 이 테스트는 어떤 순서로 수행되어도 무방하다. 이 코드는 네 개의 *else* 없이 *if* 문만으로 구성할 수 있다. *else* 문을 사용한 버전이 더 좋은 유일한 이유는 불필요한 테스트를 반복하지 않는다는 점이다.

중첩된 if 문을 case 문으로 변환하라. 특히 정수를 비교하는 경우처럼 어떤 비교문은 일련의 *if*와 *else*를 사용하는 대신 *case* 문을 사용하여 작성할 수 있다. 이 기법을 모든 언어에서 사용할 수는 없지만, 언어에서 지원만 한다면 유용하게 사용할 수 있다. 다음은 비주얼 베이직으로 예제를 다시 작성한 코드다.

중첩된 if 문을 case 문으로 변환한 비주얼 베이직 예제
```
Select Case quantity
    Case 0 To 10
        discount = 0.0
    Case 11 To 100
        discount = 0.025
    Case 101 To 1000
        discount = 0.05
    Case Else
        discount = 0.10
End Select
```

이 예제는 마치 책을 읽는 것처럼 쉽다. 앞의 두 예제와 비교해 보면 이 예제가 얼마나 훌륭한 해결책인지를 알 수 있다.

중첩 구조가 깊은 코드를 루틴으로 작성하라. 깊은 중첩 구조가 반복문 내에 있다면 반복문 내부의 코드를 루틴으로 작성하여 상황을 개선할 수 있다. 조건문과 반복문 때문

에 중첩 구조가 만들어진 경우에 특히 효과적이다. 판단 경로를 알 수 있도록 핵심 반복문에 있는 *if-then-else* 문은 남겨두고 조건문 내의 명령문을 별도의 루틴으로 옮겨라. 다음 코드는 그러한 방법으로 개선할 필요가 있다.

별도의 루틴으로 분리할 필요가 있는 중첩된 코드를 C++로 작성한 예제

```cpp
while ( !TransactionsComplete() ) {
    // 거래 기록을 읽어 들인다.
    transaction = ReadTransaction();
    // 거래의 종류에 따라서 거래를 처리한다.
    if ( transaction.Type == TransactionType_Deposit ) {
        // 예금을 처리한다.
        if ( transaction.AccountType == AccountType_Checking ) {
            if ( transaction.AccountSubType == AccountSubType_Business )
                MakeBusinessCheckDep( transaction.AccountNum, transaction.Amount );
            else if ( transaction.AccountSubType == AccountSubType_Personal )
                MakePersonalCheckDep( transaction.AccountNum, transaction.Amount );
            else if ( transaction.AccountSubType == AccountSubType_School )
                MakeSchoolCheckDep( transaction.AccountNum, transaction.Amount );
        }
        else if ( transaction.AccountType == AccountType_Savings )
            MakeSavingsDep( transaction.AccountNum, transaction.Amount );
        else if ( transaction.AccountType == AccountType_DebitCard )
            MakeDebitCardDep( transaction.AccountNum, transaction.Amount );
        else if ( transaction.AccountType == AccountType_MoneyMarket )
            MakeMoneyMarketDep( transaction.AccountNum, transaction.Amount );
        else if ( transaction.AccountType == AccountType_Cd )
            MakeCDDep( transaction.AccountNum, transaction.Amount );
    }
    else if ( transaction.Type == TransactionType_Withdrawal ) {
        // 출금을 처리한다.
        if ( transaction.AccountType == AccountType_Checking )
            MakeCheckingWithdrawal( transaction.AccountNum, transaction.Amount );
        else if ( transaction.AccountType == AccountType_Savings )
            MakeSavingsWithdrawal( transaction.AccountNum, transaction.Amount );
        else if ( transaction.AccountType == AccountType_DebitCard )
            MakeDebitCardWithdrawal( transaction.AccountNum, transaction.Amount );
    }
    else if ( transaction.Type == TransactionType_Transfer ) {     ←  *TransactionType_Transfer* 종류인 경우
        MakeFundsTransfer(
            transaction.SourceAccountType,
            transaction.TargetAccountType,
            transaction.AccountNum,
            transaction.Amount
```

```
            );
        }
        else {
            // 알 수 없는 거래를 처리한다.
            LogTransactionError( "Unknown Transaction Type", transaction );
        }
    }
}
```

이 코드가 복잡하기는 하지만 지금까지 살펴본 코드 중에서 최악은 아니다. 이 코드의 중첩 수준은 네 단계고 주석이 작성되어 있으며 논리에 맞게 들여쓰기도 되어 있고 기능에 맞게 코드가 분리되어 있다(특히 *TransactionType_Transfer* 거래 종류를 별도로 처리한다). 하지만 이 같은 사실에도 불구하고 *if* 테스트의 내용을 별도의 루틴으로 분리하여 이 코드를 개선할 수 있다.

관련 정보 9장 "의사코드 프로그래밍 프로세스"에서 소개했던 과정대로 루틴을 작성한다면 훨씬 쉽게 기능별로 분리할 수 있다. 기능별 분리 시 참고할 만한 사항은 5.4절의 "분할과 정복"에 소개되어 있다.

루틴으로 분리한 중첩된 코드를 C++로 작성한 예제

```cpp
while ( !TransactionsComplete() ) {
    // 거래 기록을 읽어 들인다.
    transaction = ReadTransaction();

    // 거래의 종류에 따라서 거래를 처리한다.
    if ( transaction.Type == TransactionType_Deposit ) {
        ProcessDeposit(
            transaction.AccountType,
            transaction.AccountSubType,
            transaction.AccountNum,
            transaction.Amount
        );
    }
    else if ( transaction.Type == TransactionType_Withdrawal ) {
        ProcessWithdrawal(
            transaction.AccountType,
            transaction.AccountNum,
            transaction.Amount
        );
    }
    else if ( transaction.Type == TransactionType_Transfer ) {
        MakeFundsTransfer(
            transaction.SourceAccountType,
            transaction.TargetAccountType,
            transaction.AccountNum,
            transaction.Amount
        );
```

```
        }
        else {
            // 알 수 없는 거래의 종류를 처리한다.
            LogTransactionError("Unknown Transaction Type", transaction );
        }
    }
```

새 루틴에 있는 코드는 원래 루틴에 있던 코드를 가져다가 새 루틴으로 만든 것이다 (새 루틴은 여기에서 소개하지 않는다). 이 코드는 여러 가지 장점을 갖고 있다. 첫 번째 장점은 중첩 구조가 두 단계이기 때문에 구조가 단순하고 이해하기 쉽다는 점이다. 두 번째 장점은 길이가 짧아진 *while* 반복문을 한 화면에서 읽고 수정하고 디버깅할 수 있어 여러 화면이나 페이지로 나눌 필요가 없다는 점이다. 세 번째 장점은 루틴에서 *ProcessDeposit()*과 *ProcessWithdrawal()*의 기능을 사용함에 따라 모듈화의 모든 이득을 취할 수 있다는 점이다. 그리고 네 번째 장점은 이제 이 코드를 다음과 같이 훨씬 읽기 쉬운 *case* 문으로 나눌 수 있다는 사실을 쉽게 확인할 수 있다는 점이다.

코드를 분리하고 case 문을 사용한 중첩된 코드를 C++로 작성한 예제
```
while ( !TransactionsComplete() ) {
    // 거래 기록을 읽어 들인다.
    transaction = ReadTransaction();

    // 거래의 종류에 따라서 거래를 처리한다.
    switch ( transaction.Type ) {
        case ( TransactionType_Deposit ):
            ProcessDeposit(
                transaction.AccountType,
                transaction.AccountSubType,
                transaction.AccountNum,
                transaction.Amount
                );
            break;

        case ( TransactionType_Withdrawal ):
            ProcessWithdrawal(
                transaction.AccountType,
                transaction.AccountNum,
                transaction.Amount
                );
            break;
```

```
        case ( TransactionType_Transfer ):
            MakeFundsTransfer(
                transaction.SourceAccountType,
                transaction.TargetAccountType,
                transaction.AccountNum,
                transaction.Amount
                    );
            break;

        default:
            // 알 수 없는 거래의 종류를 처리한다.
            LogTransactionError("Unknown Transaction Type", transaction );
            break;
    }
}
```

좀 더 객체지향적인 방법으로 접근하라. 객체지향적인 환경에서는 추상 *Transaction* 기본 클래스와 *Deposit*, *Withdrawal*, *Transfer* 서브클래스를 생성하여 이 코드를 쉽게 단순화할 수 있다.

다형성을 사용하는 잘 작성된 C++ 예제
```
TransactionData transactionData;
Transaction *transaction;

while ( !TransactionsComplete() ) {
    // 거래 기록을 읽어 들인다.
    transactionData = ReadTransaction();

    // 거래의 종류에 따라서 거래를 처리한다.
    switch ( transactionData.Type ) {
        case ( TransactionType_Deposit ):
            transaction = new Deposit( transactionData );
            break;

        case ( TransactionType_Withdrawal ):
            transaction = new Withdrawal( transactionData );
            break;

        case ( TransactionType_Transfer ):
            transaction = new Transfer( transactionData );
            break;
```

```
        default:
            // 알 수 없는 거래의 종류를 처리한다.
            LogTransactionError("Unknown Transaction Type", transactionData );
            return;
    }
    transaction->Complete();
    delete transaction;
}
```

어떤 크기의 시스템이든 switch 문이 Transaction 형의 객체를 생성해야 하는 곳에서 재사용할 수 있는 팩토리 기법을 사용하도록 변환될 것이다. 이 코드가 그런 시스템에 있었다면 훨씬 간단해질 것이다.

관련 정보 이와 같이 코드를 개선하는 방법에 대한 더 많은 내용은 24장 "리팩터링"을 살펴본다.

다형성과 객체 팩토리를 사용하는 잘 작성된 C++ 예제
```
TransactionData transactionData;
Transaction *transaction;

while ( !TransactionsComplete() ) {
    // 거래 기록을 읽어 들인 후 거래를 완료한다.
    transactionData = ReadTransaction();
    transaction = TransactionFactory.Create( transactionData );
    transaction->Complete();
    delete transaction;
}
```

참고로 TransactionFactory.Create() 루틴은 이전 예제의 switch 문에 있던 코드를 그대로 사용한다.

객체 팩토리 코드를 C++로 작성한 예제
```
Transaction *TransactionFactory::Create(
    TransactionData transactionData
    ) {

    // 거래의 종류에 따라서 거래 객체를 생성한다.
    switch ( transactionData.Type ) {
        case ( TransactionType_Deposit ):
            return new Deposit( transactionData );
            break;

        case ( TransactionType_Withdrawal ):
            return new Withdrawal( transactionData );
            break;
```

```
        case ( TransactionType_Transfer ):
            return new Transfer( transactionData );
            break;

        default:
            // 알 수 없는 거래의 종류를 처리한다.
            LogTransactionError( "Unknown Transaction Type", transactionData );
            return NULL;
    }
}
```

깊게 중첩된 코드는 재설계하라. 어떤 전문가들은 *case* 문이 객체지향적인 프로그래밍에서 사용되면 코드가 제대로 팩토링되지 않았다는 의미로 *case* 문이 필요한 경우는 거의 없다고 주장한다(Meyer 1997). 이 예제와 같이 루틴을 호출하는 *case* 문을 다형성 메서드로 호출하는 객체 팩토리로 변환하는 것도 그러한 예에 속한다.

더 일반적으로 말하자면 코드가 복잡하다는 것은 코드를 단순하게 작성할 수 있을 만큼 프로그램을 충분히 이해하지 못한다는 것을 의미한다. 깊은 중첩 구조는 루틴을 분리하거나 복잡한 코드의 일부분을 재설계할 필요가 있다는 경고다. 반드시 해당 루틴을 수정해야 하는 것은 아니지만, 그렇게 하지 않는 경우 충분한 이유가 있어야 한다.

깊은 중첩 구조를 줄이는 기법 요약

다음은 깊은 중첩을 줄이기 위해서 사용할 수 있는 기법을 나열한 것이다. 이 중에는 다른 장에서 설명하는 내용도 있다.

- 조건 코드 부분을 재구성하라. (19.4절)
- *if-then-else*로 변환하라. (19.4절)
- *case* 문으로 변환하라. (19.4절)
- 깊은 중첩 코드를 루틴으로 작성하라. (19.4절)
- 객체와 다형성을 사용하라. (19.4절)
- 상태 변수를 사용하도록 코드를 재작성하라. (17.3절)
- 보호절을 사용하여 루틴을 종료하고 코드의 정상적인 경로를 명확하게 하라. (17.1절)
- 예외를 사용하라. (8.4절)
- 깊은 중첩 코드를 전체적으로 재설계하라. (19.4절)

19.5 프로그래밍 기초: 구조적 프로그래밍

"구조적 프로그래밍"이라는 용어는 1969년 NATO의 소프트웨어공학 컨퍼런스에서 에츠허르 데이크스트라가 발표한 "구조적 프로그래밍" 논문에서 유래했다(Dijkstra 1969). 구조적 프로그램이 처음 사용되었을 때는 구조적 분석, 구조적 설계, 구조적 농땡이(goofing-off)와 같이 "구조적"이라는 용어를 모든 소프트웨어 개발 행위에 적용했다. 다양한 구조적 방법론은 "구조적"이라는 용어가 앞에 붙기 전에는 존재하지 않았다.

구조적 프로그래밍의 핵심은 오직 하나의 입구와 출구만이 있는 제어 구조(단일 진입점과 단일 탈출점 제어 구조라고도 한다)를 사용해야 한다는 간단한 개념이다. 하나의 입구와 출구가 있는 제어 구조는 시작할 수 있는 곳과 끝날 수 있는 곳이 하나뿐인 코드 블록이다. 다른 진입점이나 탈출점은 없다. 구조적 프로그래밍은 구조적인 하향식 설계와 다르다. 구조적 프로그래밍은 상세 코드 작성 단계에만 적용한다.

구조저 프로그래밍은 예측 불가능한 곳으로 이동하기보다는 순차적이고 체계적인 방법으로 실행된다. 프로그램을 하향식으로 읽을 수 있고 거의 같은 방법으로 실행된다. 체계를 따르지 않을수록 소스코드가 의미 없게 작성되고 기계에서 프로그램이 어떻게 실행되는지 파악하기도 어렵다. 가독성이 떨어진다는 것은 이해도가 낮다는 것을 의미하고 궁극적으로 프로그램의 품질도 떨어진다.

구조적 프로그래밍의 중심 개념은 오늘날에도 유용하며 *break*, *continue*, *throw*, *catch*, *return*을 비롯한 다른 명령을 사용하고자 할 때 적용할 수 있다.

구조적 프로그래밍의 세 가지 요소

이제부터 구조적 프로그래밍의 핵심을 이루는 세 가지 구성 요소를 설명하겠다.

순차적 명령문

> 관련 정보 순서의 사용에 대한 자세한 내용은 14장 "순차적 코드 구성"을 살펴본다.

순차적 명령문은 순서대로 실행되는 명령문의 집합이다. 전형적인 순차적 명령문에는 할당문과 함수 호출이 있다. 다음 두 가지 예를 살펴보자.

```
순차적인 코드를 자바로 작성한 예제
// 할당문의 순서
a = "1";
```

```
b = "2";
c = "3";

// 함수 호출의 순서
System.out.println( a );
System.out.println( b );
System.out.println( c );
```

선택

관련 정보 선택의 사용에 대한 자세한 내용은 15장 "조건문 사용"을 살펴본다.

선택은 명령문을 선택적으로 수행하는 제어 구조를 말한다. *if-then-else* 문이 흔한 예다. *if-then* 절이나 else 절 중 어느 하나가 실행되지만 동시에 실행되지는 않는다. 두 절 중 하나만 실행되기 위해서 "선택"된다.

case 문은 선택 제어의 또 다른 예다. C++와 자바의 *switch* 문, 비주얼 베이직의 *select* 문은 모두 *case*에 속한다. 여러 개의 *case* 중에서 하나만 실행되기 위해서 "선택"된다. 개념적으로 *if* 문과 *case* 문은 유사하다. 사용하는 언어가 *case* 문을 지원하지 않는다면 *if* 문으로 흉내 낼 수 있다. 다음은 선택에 대한 두 가지 예다.

선택에 대한 자바 예제
```
// if 문에서의 선택
if ( totalAmount > 0.0 ) {
    // 작업을 수행한다.
    ...
}
else {
    // 다른 작업을 수행한다.
    ...
}

// case 문에서의 선택
switch ( commandShortcutLetter ) {
    case 'a':
        PrintAnnualReport();
        break;
    case 'q':
        PrintQuarterlyReport();
        break;
    case 's':
        PrintSummaryReport();
        break;
```

```
        default:
            DisplayInternalError( "Internal Error 905: Call customer support." );
}
```

반복

> 관련 정보 반복의 사용에 대한 자세한 내용은 16장 "반복문의 제어"를 살펴본다.

반복은 명령문 그룹을 여러 번 실행하는 제어 구조다. 반복은 일반적으로 "반복문"으로 알려져 있다. 반복의 종류에는 비주얼 베이직의 *For–Next*, C++와 자바의 *while*과 *for*가 있다. 다음 코드는 비주얼 베이직으로 작성한 반복에 대한 예제다.

반복에 대한 비주얼 베이직 예제
```
' 반복으로 For 반복문을 사용한 예제
For index = first To last
    DoSomething( index )
Next

' 반복으로 While 반복문을 사용한 예제
index = first
While ( index <= last )
    DoSomething ( index )
    index = index + 1
Wend

' 반복으로 loop-with-exit 반복문을 사용한 예제
index = first
Do
If ( index > last ) Then Exit Do
    DoSomething ( index )
    index = index + 1
Loop
```

구조적 프로그래밍 이론의 핵심은 모든 제어 구조를 순서, 선택, 반복이라는 세 가지 구성 요소로부터 만들 수 있다는 것이다(Böhm Jacopini 1966). 개발자들은 편리한 언어 구조를 좋아하지만 프로그래밍은 프로그래밍 언어로 할 수 있는 편의를 제한함으로써 크게 발전해온 것 같다. 구조적 프로그래밍이 생기기 전에 *goto*를 사용하면 제어 구조를 엄청나게 편리하게 다룰 수 있었지만, 이러한 방식으로 작성된 코드는 이해할 수가 없고 유지보수가 불가능했다. 개인적으로는 이 세 가지 구조적 프로그래밍 요소를 제외한 *break*, *continue*, *return*, *throw–catch* 등의 다른 제어 구조를 사용할 때는 비판적 시각으로 바라봐야 한다고 믿는다.

19.6 제어 구조와 복잡성

제어 구조에 이렇게 주의를 많이 기울여야 하는 이유의 하나는 제어 구조가 프로그램의 전체 복잡도에 지대한 영향을 미치기 때문이다. 제어 구조를 잘못 사용하면 복잡도가 증가하고 잘 사용하면 복잡도가 감소한다.

> 더는 단순해질 수 없을 때까지 단순하게 만들어라.
> – 알버트 아인슈타인
> (Albert Einstein)

"프로그래밍 복잡도"를 측정하는 한 가지 방법은 프로그램을 이해하기 위해서 기억해야 하는 객체의 수를 세어보는 것이다. 이러한 두뇌 활동은 프로그래밍할 때 가장 어려운 부분의 하나이며 동시에 프로그래밍이 다른 활동보다 더 많은 집중력이 요구되는 이유이기도 하다. 그것은 또한 개발자들이 "방해"를 받을 때 화를 내는 이유기도 하다. 여기서 "방해"는 곡예사에게 세 개의 공을 공중에 던져놓고 동시에 다른 물건도 집으라고 요구하는 것과 같다.

프로그램의 복잡성은 프로그램을 이해하기 위해서 얼마만큼 노력해야 하는지 결정하는 데 중대한 역할을 하는 것 같다. 톰 맥케이브(Tom McCabe)는 프로그램의 복잡도가 제어 흐름에 의해 정의된다고 주장하는 논문을 발표했다(McCabe 1976). 다른 학자들이 맥케이브의 순환 복잡도 측정법(한 루틴 내에 있는 변수의 수) 이외의 다른 요소도 규명했지만, 그들 모두 제어 흐름이 복잡도에 큰 영향을 미치는 요소라는 점에는 동의한다.

복잡도가 얼마나 중요한가?

> 관련 정보 복잡도에 대한 내용은 5.2절의 "소프트웨어의 주요 기술적 의무: 복잡성 관리"를 살펴본다.

최소한 지난 20년 동안 컴퓨터학자들은 복잡도의 중요성을 알고 있었다. 상당히 오래전에 에츠허르 데이크스트라는 복잡도의 위험성을 다음과 같이 경고했다. "유능한 개발자는 자신의 두뇌에 한계가 있다는 사실을 잘 알고 있어서 겸손한 자세로 프로그래밍 작업에 임한다."(Dijkstra 1972). 이 말은 복잡도가 대단히 높은 코드를 다룰 수 있도록 두뇌의 능력을 키워야 한다는 이야기가 아니라, 복잡도가 대단히 높은 코드를 절대로 다룰 수 없기 때문에 가능한 한 복잡도를 줄이기 위한 단계를 따라야 한다는 뜻이다.

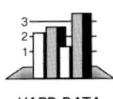

제어 흐름의 복잡도는 코드의 신뢰성 및 오류 발생 확률과 관련이 있기 때문에 중요하다(McCabe 1976, Shen et al. 1985). 윌리엄 토마스 워드(William T. Ward)는 휴렛팩커드에서 맥케이브의 복잡도 측정법을 사용하여 소프트웨어의 신뢰도가 크게 향상되었다고 보고했다(Ward 1989b). 맥케이브의 측정법을 문제가 있는 부분을 찾아내기 위해서 7만 7,000줄짜리 프로그램에 사용했다. 제품 출시 후 이 프로그램의 버그 발생률은 1,000줄당 0.31개였다. 복잡도 측정법을 적용한 12만5,000줄짜리 프로그램에서는 버그 발생률이 1,000줄당 0.02개였다. 워드는 이 두 프로그램이 복잡도가 낮았기 때문에 휴렛팩커드의 다른 프로그램보다 버그의 수가 적은 것이라고 보고했다. 저자가 운영하는 컨스트럭스 소프트웨어(Construx Software)에서도 2000년대에 문제가 있는 루틴을 찾아내는 데 복잡도 측정법을 사용하여 이와 비슷한 결과를 얻은 경험이 있다.

복잡도를 줄이기 일반적인 방법

다음 두 가지 중 한 가지 방법으로 복잡도를 처리할 수 있다. 첫째, 두뇌 훈련을 통해서 두뇌의 처리 능력을 향상시킨다. 하지만 프로그래밍만으로도 두뇌 훈련으로는 충분하고 정보가 한 번에 다섯 개에서 아홉 개 이상 입력되면 정신적으로 처리하기 어려워하는 것 같다(Miller 1956). 이 방면에서 향상시킬 수 있는 부분은 크지 않다. 둘째는 프로그램의 복잡도와 프로그램을 이해하기 위해 집중해야 하는 대상의 수를 줄이는 방법이 있다.

복잡도 측정법

참고 자료 여기서 설명하는 접근 방법은 톰 맥케이브가 작성한 논문 *"A Complexity Measure"*(McCabe 1976)에 기반을 두고 있다.

아마도 무엇 때문에 루틴의 복잡도가 증가하거나 감소하는지 직관적으로 알 것이다. 연구원들은 그 '직관적인 느낌'을 수식으로 정리하려 했고 복잡도를 측정하는 여러 가지 방법을 제시했다. 아마 가장 영향력 있는 수치 계산 기법은 톰 맥케이브의 방법일 것이다. 이 방법은 한 루틴 안의 "의사결정 지점(decision point)"의 수를 세어 복잡도를 측정한다. 표 19-2는 의사결정 지점을 세는 방법을 설명하고 있다.

표 19-2 루틴에 있는 의사결정 지점을 세는 방법

1. 1부터 시작하여 루틴을 따라 똑바로 진행한다.
2. *if, while, repeat, for, and, or*와 같은 키워드를 만날 때마다 1을 더한다.
3. case 문의 경우마다 1을 더한다.

다음 예제를 살펴보자.

```
if ( ( (status = Success) and done ) or
    ( not done and ( numLines >= maxLines ) ) ) then ...
```

이 코드에서 우선 1로 시작한다. *if*에서 2가 되고 *and*를 만나서 3이 된다. *or*에서 4, *and*에서 5가 된다. 따라서 이 코드에는 총 5개의 의사결정 지점이 있다.

복잡도 측정의 활용

의사결정 지점을 센 후 루틴의 복잡도를 분석하는 데 의사결정 지점의 수를 사용할 수 있다.

0–5	이 루틴은 괜찮을 것이다.
6–10	이 루틴을 단순화하기 위한 방법을 생각해 본다.
10+	루틴을 다른 루틴으로 나눈 다음 첫 번째 루틴에서 두 번째 루틴을 호출한다.

루틴의 일부분을 다른 루틴으로 만든다고 하더라도 단지 의사결정 지점을 이동시킬 뿐 프로그램의 전체적인 복잡도는 감소하지 않는다. 하지만 이렇게 함으로써 한 번에 다루어야 하는 복잡도가 줄어든다. 두뇌로 처리해야 하는 항목의 수를 최소화하는 것이 목적이기 때문에 주어진 루틴의 복잡도를 줄이는 것이 가치가 있다.

10이라는 의사결정 지점의 최댓값은 절대적인 값이 아니다. 의사결정 지점의 수를 루틴이 재설계되어야 할지를 알려주는 경고 플래그로 사용하라. 상황에 맞게 사용하라. 많은 경우가 있는 *case* 문은 목적에 따라서 10개 이상의 요소를 가질 수 있으므로 단순히 의사결정 지점만 보고 *case* 문을 나누는 우(愚)를 범하지 않도록 한다.

다른 종류의 복잡도

관련 정보 복잡도 측정법에 대한 자세한 설명은 《*Software Engineering Metrics and Models*》 (Conte, Dunsmore, and Shen 1986)를 살펴본다.

맥케이브의 복잡도 측정법이 유일한 측정법은 아니지만, 이 분야에서 가장 많이 언급되는 측정법이며 제어 흐름을 다룰 때 특히 도움이 된다. 다른 측정법에서는 사용된 데이터의 양, 제어 구조에서의 중첩도, 코드의 줄 수, 변수를 참조하는 코드 사이의 줄 수, 변수가 사용되는 줄 수, 입력과 출력의 양 등을 사용한다. 간단한 측정법들을 조합해 복합적인 측정법을 개발한 학자들도 있다.

> **체크리스트: 제어 구조와 관련된 문제**
>
> - 표현식이 *1*과 *0* 대신 *true*와 *false*를 사용하는가?
> - 불린 값을 암시적으로 *true*나 *false*와 비교하는가?
> - 숫자 값을 명시적으로 테스트 값과 비교하는가?
> - 새로운 불린 변수를 추가하거나 불린 함수 또는 결정 테이블을 사용하여 표현식을 간략하게 정리했는가?
> - 중괄호 쌍이 균형을 이루고 있는가?
> - 분명한 코드를 작성하는 데 필요한 모든 곳에서 중괄호를 사용했는가?
> - 논리 표현식을 완전하게 괄호로 묶었는가?
> - 테스트가 숫자 순서대로 작성되었는가?
> - 자바 테스트에서 *a == b* 대신 *a.equals(b)*를 사용하는가?
> - 널 명령문이 눈에 띄는가?
> - 중첩 명령문을 조건문 재구성, *if–then–else* 또는 *case* 문으로 변환, 중첩된 코드를 별도의 루틴으로 작성, 객체지향적인 설계로 변환을 비롯한 다른 방법을 사용하여 간략하게 만들었는가?
> - 10개 이상의 의사결정 지점을 갖는 루틴이 있을 때 재설계하지 않는 타당한 근거가 있는가?

요점 정리

- 품질이 좋은 코드를 작성하기 위해서 불린 표현식을 단순하고 읽기 쉽게 작성한다.
- 중첩의 깊이가 깊은 루틴은 이해하기가 어렵다. 다행스럽게도 비교적 쉽게 중첩된 코드를 피할 수 있다.
- 구조적 프로그래밍은 순서, 선택, 반복의 조합으로 어떠한 프로그램도 작성할 수 있다는 간단한 개념이며 오늘날까지도 적용된다.
- 복잡도를 최소화하는 것이 우수한 코드를 작성하는 핵심이다.

5부

코드 향상

20장 소프트웨어 품질
21장 협력 구현
22장 개발자 테스트
23장 디버깅
24장 리팩터링
25장 코드 튜닝 전략
26장 코드 튜닝 기법

20장 소프트웨어 품질

cc2e.com/2036

내용

20.1 소프트웨어 품질의 특성
20.2 소프트웨어 품질을 향상시키기 위한 기법들
20.3 품질 향상 기법의 상대적 효과성
20.4 품질 보증 활동 시기
20.5 소프트웨어 품질의 일반적인 원칙

관련 주제

- 협력 구현: 21장
- 개발자 테스트: 22장
- 디버깅: 23장
- 구현 선행 조건: 3장과 4장
- 선행 조건이 최신 소프트웨어 프로젝트에도 적용되는가?: 3.1절

이 장에서는 구현 관점에서 소프트웨어 품질과 관련된 기법을 설명한다. 물론 이 책이 전반적으로 소프트웨어의 품질을 향상시키기 위한 내용을 다루고 있지만, 이 장에서는 품질과 품질 보증 자체를 중점적으로 다룬다. 실무 중심의 기법보다는 전반적인 관점에서 품질과 관련된 내용을 다룬다. 협력적인 개발이나 테스트, 디버깅에 대한 실무적인 조언이 필요하다면 21장, 22장, 23장을 읽어보라.

20.1 소프트웨어 품질의 특성

소프트웨어는 외적인 품질 특성과 내적인 품질 특성을 모두 갖고 있다. 외적인 특성은 소프트웨어 제품의 사용자가 느끼는 다음과 같은 특성을 말한다.

- **정확성**(correctness) 시스템의 사양과 설계, 구현에 오류가 없는 정도
- **사용성**(usability) 사용자가 시스템을 배우고 사용하는 데 있어서의 용이함
- **효율성**(efficiency) 메모리와 실행 시간 같은 시스템 리소스의 최소 사용

- **신뢰성(reliability)** 정해진 상황에서 언제든지 필요한 기능을 수행할 수 있는 시스템의 능력. 고장 사이의 시간
- **무결성(integrity)** 시스템이 프로그램이나 데이터에 대해 허용되지 않거나 잘못된 접근을 막는 정도. 무결성의 기본 개념에는 데이터의 적절한 접근을 보장하는 것뿐만 아니라 권한이 없는 사용자의 접근 제한 기능이 포함된다. 즉, 병렬 데이터를 갖는 테이블은 병렬로 변경되고 날짜 필드는 유효한 날짜만을 포함하는 식이다.
- **적응성(adaptability)** 시스템을 변경하지 않고 설계된 환경뿐만 아니라 다른 응용 프로그램이나 환경에서 사용될 수 있는 정도
- **정밀성(accuracy)** 특히 양적 결과 면에서 구성된 시스템에 오류가 없는 정도. 정밀성은 정확성과 다르다. 정밀성은 시스템이 정확하게 구성되었는지가 아니라 시스템이 용도에 맞게 얼마나 잘 수행되는지를 판단한다.
- **견고성(robustness)** 시스템이 잘못된 입력이나 악조건에서도 기능을 계속해서 수행할 수 있는 정도

몇 가지 특성은 의미가 겹치기도 하지만, 모든 특성이 상황에 따라 다른 특성에 비해 더 많이 적용되거나 적용되지 않는 식의 의미상 차이가 있다.

품질의 외적인 특성은 사용자가 관심을 두는 유일한 소프트웨어의 특성이다. 사용자는 소프트웨어를 변경하기 쉬운지가 아니라 소프트웨어가 사용하기 쉬운지에 관심을 둔다. 그리고 코드가 읽기 쉬운지 또는 구조가 좋은지가 아니라 정확하게 작동하는지에 관심을 둔다.

개발자는 외적인 특성뿐만 아니라 내적인 특성에도 관심을 둔다. 이 책은 코드를 중점적으로 다루기 때문에 다음과 같이 품질의 내적인 특성에 중점을 둔다.

- **유지보수성(maintainability)** 소프트웨어 시스템의 기능을 변경하거나 기능을 추가하거나 성능을 향상시키거나 결함을 수정하기 위해 시스템을 변경할 때의 편의성
- **유연성(flexibility)** 시스템이 설계된 환경이 아닌 다른 목적이나 환경으로 변경할 수 있는 정도
- **이식성(portability)** 시스템이 설계된 환경이 아닌 다른 환경에서 작동할 수 있도록 시스템을 변경할 때의 편의성
- **재사용성(reusability)** 시스템의 일부분을 다른 시스템에서 사용할 수 있는 정도나 편의성
- **가독성(readability)** 시스템의 소스코드를 상세한 명령문 수준에서 읽고 이해할 때의 편의성
- **테스트 용이성(testability)** 시스템을 단위 테스트나 시스템 테스트할 수 있는 정도. 시스템이 요구사항을 충족하는지 검증할 수 있는지에 대한 정도
- **이해 용이성(understandability)** 시스템 구성과 코드 수준에서 시스템을 이해할 때의 편의성. 이해 용이성은 가독성보다 더 일반적인 수준에서 시스템의 일관성과 관련되어 있다.

품질의 외적인 특성처럼 몇 가지 내적인 특성들은 의미가 겹치지만 이 특성들 역시 가치를 두고 있는 부분이 서로 다르다.

시스템 품질의 내적인 특성은 이 책에서 전반적으로 설명하고 있으므로 이 장에서는 더는 설명하지 않는다.

어떤 수준에서는 내적인 특성이 외적인 특성에 영향을 미치기 때문에 내적인 특성과 외적인 특성 사이의 차이가 완전히 분명하지는 않다. 내적으로 이해하기 어렵거나 유지보수가 불가능한 소프트웨어는 결함을 수정하는 능력에 지장을 주기 때문에 결국 정확성과 신뢰성이라는 외적인 특성에 영향을 미친다. 유연성이 없는 소프트웨어는 사용자의 요구에 맞게 변경될 수 없으며 결국 사용성이라는 외적인 특성에 영향을 미친다. 요점은 일부 품질 특성은 사용자의 편의를 강조하고 일부는 개발자의 편의를 강조하고 있다는 것이다. 뭐가 무엇이고 언제, 어떻게 이러한 특성들과 상호작용하는지 알려고 노력해야 한다.

어떤 특성만 부각시키려고 하면 분명히 다른 특성을 부각시키려는 시도와 충돌하게 되어 있다. 서로 상충하는 목적 사이에서 가장 바람직한 방법을 찾는 것은 소프트웨어 개발을 진정한 공학 훈련으로 만드는 활동이다. 그림 20-1은 일부 품질의 외적인 특성에 집중하는 것이 다른 특성들에 영향을 미치는 효과(긍정적 또는 부정적)를 보여준다. 이러한 관계는 소프트웨어 품질의 내적인 특성 사이에서도 발견할 수 있다.

이 표에서 가장 흥미로운 부분은 어떤 특성에 초점을 맞추는 것이 항상 다른 특성과의 트레이드오프를 의미하지는 않는다는 점이다. 때로는 하나가 다른 것에 피해를 주고 때로는 도움을 주며 때로는 서로 아무런 영향을 미치지 않는다. 예를 들어 정확성은 정확하게 사양에 맞게 작동하는 특성을 말한다. 내구성은 예상치 못한 상황에서도 계속 작동할 수 있는 능력이다. 정확성에 초점을 두면 내구성에 해가 되고 그 반대의 경우도 마찬가지다. 이와 대조적으로 적응성에 초점을 두면 내구성에 도움이 되고 그 반대의 경우에도 그렇다.

이 표는 품질 특성들 사이의 전형적인 관계만을 보여준다. 어떤 프로젝트에서는 두 특성이 전형적인 관계와 다른 관계를 맺을 수도 있다. 구체적인 품질의 목표를 세우고 목표로 정한 품질이 서로에게 이로운지, 상반되는지에 대해 생각해 보는 것이 좋다.

아래에 있는 요소가 오른쪽에 미치는 영향	정확성	사용성	효율성	신뢰성	무결성	적응성	정밀성	견고성
정확성			↑	↑			↑	↓
사용성			↑				↑	↑
효율성	↓	↑		↓	↓	↓	↓	
신뢰성	↑		↓				↑	↓
무결성			↓	↑	↑			
적응성					↓	↑		↑
정밀성	↑		↓	↑		↑	↑	↓
견고성	↓	↑	↓	↑	↓	↑	↓	↑

긍정적 ↑
부정적 ↓

그림 20-1 소프트웨어 품질의 외적인 특성 하나에 초점을 맞추면 다른 특성에 긍정적으로나 부정적으로 영향을 미치거나 아무런 영향을 미치지 않을 수 있다.

20.2 소프트웨어의 품질을 향상시키기 위한 기법

소프트웨어 품질 보증은 시스템의 특성이 바람직한지를 보장하기 위해서 설계된 계획적이고 체계적인 활동 프로그램이다. 품질이 우수한 제품을 개발하는 최고의 방법이 제품 자체에 초점을 맞추는 것이기는 하지만 소프트웨어 품질 보증에서는 소프트웨어 개발 프로세스에도 초점을 맞추어야 한다. 소프트웨어의 품질 향상 프로그램의 몇 가지 요소를 다음과 같이 소개하고자 한다.

소프트웨어 품질의 목표 소프트웨어의 품질을 향상시키는 가장 강력한 기법은 앞에서 설명한 외적인 특성과 내적인 특성 중에서 명확한 품질의 목표를 설정하는 것이다. 명확한 목표를 설정하지 않으면 개발자가 예상과 다른 특성을 최대화하기 위해 작업할 수도 있다. 명확한 목표 설정의 강점에 대해서는 이 절의 후반부에서 자세히 설명한다.

명확한 품질 보증 활동 품질 보증에 있어서 한 가지 일반적인 문제는 품질이 부차적인 목표로 인식되는 것이다. 실제로 어떤 조직에서는 빠르지만 지저분한 프로그래밍을 예외적인 것이 아닌 당연한 것으로 여긴다. 결함이 있더라도 프로그램을 빨리 "완료"하는 개발자들이 훌륭한 프로그램을 작성하고 프로그램을 출시하기 전에 쓸모 있는지 확인하는 개발자들보다 더 많은 보수를 받는다. 그러한 조직에서는 개발자가 품질을 최우선 순위에 두지 않는 것이 놀랍지 않을 것이다. 그런 조직은 개발자에게 품질이 우선순위에 있어야 한다는 것을 알려줘야 한다. 품질 보증 활동을 명시적으로 수행하면 우선순위가 분명해지고 개발자도 그에 따라 반응할 것이다.

테스트 전략   테스트 수행은 제품의 신뢰성에 대한 상세한 평가를 제공할 수 있다. 제품의 요구사항과 아키텍처, 설계와 함께 테스트 전략을 개발하는 것도 품질 보증의 일부다. 많은 프로젝트에서 개발자들은 품질 평가와 품질 개선의 주요 수단으로 테스트에 의존한다. 이 장의 나머지 부분은 테스트만으로 모든 것을 감당하기에는 너무나 부담이 크다는 것을 상세하게 보여준다.

> 관련 정보 테스트에 대한 자세한 내용은 22장 "개발자 테스트"를 살펴본다.

소프트웨어 공학 가이드라인   가이드라인은 개발 당시 소프트웨어의 기술적인 특성을 관리해야 한다. 그러한 가이드라인이 문제 정의, 요구사항 개발, 아키텍처, 구현, 시스템 테스트를 포함한 모든 소프트웨어 개발 활동에 적용된다. 어떤 면에서 보면 이 책에서 소개하는 가이드라인들은 구현에 적용할 수 있는 소프트웨어 공학 가이드라인의 모음이다.

> 관련 정보 구현에 적합한 소프트웨어 공학 가이드라인의 한 부류에 대한 내용은 4.2절 "프로그래밍 규약"을 살펴본다.

비형식적인 기술적 검토   많은 소프트웨어 개발자는 형식적인 검토 단계 전에 자신이 작업한 내용을 검토한다. 비형식적인 검토에는 설계나 코드를 책상에서 검사하거나 동료와 함께 코드를 살펴보는 방법이 포함된다.

절차를 따르는 기술적 검토   소프트웨어 공학 프로세스 관리 작업의 하나는 투자 비용과 문제 해결 비용이 가장 적은 시기인 "최저 비용" 단계에서 문제를 찾는 것이다. 이러한 목표를 달성하기 위해서 개발자들은 "품질 관문"이나 주기적인 테스트, 검토를 통해 제품의 품질이 다음 단계로 넘어가기에 충분한지를 판단한다. 품질 관문은 일반적으로 요구사항 분석에서 아키텍처로, 아키텍처에서 구현으로, 구현에서 시스템 테스트로 이동할 때 사용된다. "관문"은 정밀 검토, 동료 검토, 고객 검토, 감사가 될 수 있다.

> 관련 정보 검토와 정밀 검토는 21장 "협력 구현"에서 설명한다.

"관문"은 아키텍처나 요구사항이 100% 완벽하지 않으면 안 된다는 것을 의미하는 것이 아니라, 요구사항이나 아키텍처가 실제 코드 개발을 진행할 수 있을 정도로 충분한지 결정하기 위한 관문으로 사용할 것이라는 뜻이다. 여기서 "충분"하다는 것은 요구사항이나 아키텍처의 가장 핵심적인 20%를 설명했는지 의미하거나 프로젝트의 고유한 특성에 따라서 목표로 하는 규모의 95%를 명시했는지를 의미한다.

> 관련 정보 프로젝트의 종류에 따른 개발 접근 방법의 다양성에 대한 자세한 내용은 3.2절 "작업 중인 소프트웨어의 종류 결정"을 살펴본다.

외부 감사   외부 감사는 개발 중인 프로젝트의 상태나 제품의 품질을 결정하기 위해서 사용되는 특정한 형태의 기술적 검토다. 감사팀은 외부 조직으로부터 구성하고 감사 결과는 감사를 의뢰한 사람, 일반적으로 경영진에게 보고한다.

개발 프로세스

참고 자료 프로세스로서의 소프트웨어 개발에 대한 내용은 스티브 맥코넬 《Professional 소프트웨어 개발》(인사이트, 2003)을 살펴본다.

관련 정보 변경 관리에 대한 자세한 내용은 28.2절 "형상 관리"를 살펴본다.

지금까지 언급한 요소는 명시적으로 소프트웨어의 품질 보증과 관련되어 있고 암시적으로 소프트웨어 개발 프로세스와 관련이 있다. 품질 보증을 포함한 개발 노력이 품질 보증 작업을 하지 않는 개발 노력보다 더 훌륭한 소프트웨어를 만들어낸다. 명시적으로는 품질 보증 활동이 아닌 다른 프로세스도 소프트웨어의 품질에 영향을 미친다.

변경 관리 과정 소프트웨어 품질을 유지하는 데 있어서 한 가지 큰 걸림돌은 통제되지 않은 변경이다. 요구사항에서의 통제되지 않은 변경은 설계와 코드 작성에 혼란을 줄 수 있다. 설계에서의 통제되지 않은 변경은 요구사항을 만족하지 못하는 코드나 모순된 코드를 만들거나 프로젝트를 진행하는 시간보다 설계상 변경 사항을 충족시키기 위해 코드를 수정하는 데 더 많은 시간을 쓰는 결과를 초래할 수 있다. 코드에서의 통제되지 않은 변경은 내부적인 모순을 초래하거나 코드가 완벽하게 검토되고 테스트되었는지를 확신할 수 없게 만들 수 있다. 변경의 본질적인 결과가 품질을 불안정하게 만들고 떨어뜨리는 것이기 때문에 변경을 효과적으로 관리하는 것이 높은 품질을 유지하는 지름길이다.

결과 측정 품질 보증 계획의 결과를 측정하지 않는다면 계획대로 되고 있는지 알지 못할 것이다. 측정은 계획이 성공인지, 실패인지를 알려주고 프로세스가 어떻게 향상될 수 있는지 알 수 있게 조정된 방법으로 프로세스를 변경할 수 있게 해준다. 또한 정확성, 사용성, 효율성 등 품질 특성 자체를 측정할 수 있으며 그렇게 하는 것이 도움이 된다. 품질 특성의 측정에 대한 자세한 내용은 《Principles of Software Engineering》(Gilb 1988)의 9장을 살펴본다.

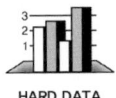

프로토타이핑(prototyping) 프로토타이핑은 시스템의 핵심 기능에 대한 실질적인 모델을 개발하는 것이다. 개발자는 사용성을 결정하기 위해서 사용자 인터페이스의 일부를 프로토타이핑하거나 수행 시간을 결정하기 위해서 핵심적인 부분을 계산하거나 필요한 메모리의 크기를 결정하기 위해서 전형적인 데이터 집합을 프로토타이핑할 수 있다. 16개의 알려진 사례와 8개의 알려지지 않은 사례 연구에서 프로토타이핑을 전형적인 명세 개발 방법에 비교했다. 비교 결과, 프로토타이핑이 설계와 사용자 요구에 대한 부합성 면에서 더 좋고 유지보수성도 향상되었음이 드러났다(Gordon and Bieman 1991).

목표 설정

품질 목표를 명확하게 설정하는 것은 고품질 소프트웨어를 작성하기 위한 가장 간단하고 명확한 과정이지만 간과하기가 쉽다. 품질 목표를 명확하게 설정하면 과연 개발자들이 실제로 그 목표를 달성하기 위해 노력할 것인지 궁금할지도 모르겠다. 그 답은 '그렇다'이다. 그들이 목표가 무엇인지 알고 합리적이라면 그렇게 할 것이다. 하지만 매일 변경되거나 실행 불가능한 목표에는 개발자가 응할 수 없다.

제럴드 와인버그와 에드워드 슐만은 품질 목표 설정이 개발자의 수행 능력에 미치는 영향을 조사하는 놀라운 실험을 수행했다(Weinberg and Schulman 1974). 그들은 다섯 가지 버전의 같은 프로그램을 작업할 개발자 다섯 팀을 구성했다. 각 팀에는 다섯 개의 같은 품질 목표가 주어졌으며 서로 다른 목표를 최적화하라고 지시했다. 한 팀에게는 필요한 메모리를 최소화하라고 했고 다른 팀에게는 출력을 명확하게 만들라고 했으며 또 다른 팀에게는 가장 읽기 쉬운 코드를 작성하라고 했다. 그리고 다른 팀에게는 명령문의 수를 최소화하라고 했고 마지막 팀에게는 가장 빨리 프로그램을 완성하라고 했다. 표 20-1은 각자의 목표에 따른 각 팀의 순위를 보여준다.

표 20-1 목표에 대한 팀 순위

최적화하도록 지시받은 목표	최소 메모리 사용	가장 읽기 쉬운 출력	가장 읽기 쉬운 코드	최소 코드	최소 프로그래밍 시간
최소 메모리 사용	1	4	4	2	5
가장 읽기 쉬운 출력	5	1	1	5	3
가장 읽기 쉬운 코드	3	2	2	3	4
최소 코드	2	5	3	1	3
최소 프로그래밍 시간	4	3	5	4	1

출처: "Goals and Performance in Computer Programming"(Weinberg and Schulman 1974).

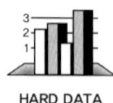

이 연구의 결과는 주목할 만했다. 다섯 팀 중 네 팀이 최적화하도록 지시받은 목표를 가장 먼저 끝냈다. 다른 한 팀은 지시받은 목표를 두 번째로 끝냈다. 어떤 팀도 모든 목표를 일관되게 잘하지는 못했다.

이 놀라운 결과의 의미는 사람들이 실제로 자기에게 주어진 일을 한다는 점이다. 개발자는 높은 성취동기를 갖고 있다. 그들은 정해진 목표를 위해서 일을 하지만, 그 목표가 무엇인지 반드시 알려주어야 한다. 두 번째 의미는 예상했던 대로 목표가 상충한다는 점과 일반적으로 모든 목표에 대해 잘하기란 불가능하다는 점이다.

20.3 품질 향상 기법의 상대적 효과성

다양한 품질 보증 습관이 모두 같은 효과가 있지는 않다. 많은 기법이 연구되었으며 그것들이 결함을 발견하고 제거하는 데 효과가 있다는 사실은 알려져 있다. 여기서 품질 보증의 "효과"에 대한 여러 가지 측면을 설명한다.

발견된 결함의 비율

> 개발자가 프로그램을 작성하듯이 건축가가 건물을 짓는다면 건물에 날아온 첫 번째 딱따구리가 건물을 붕괴할 것이다.
> – 제럴드 와인버그

어떤 방법은 다른 방법보다 결함을 잘 발견하고 방법에 따라 찾아내는 결함의 종류도 다르다. 결함 감지 기법을 평가하는 한 가지 방법은 프로젝트에 그 당시 존재하는 전체 결함의 수를 기준으로 이 기법을 사용해 발견한 결함의 비율을 결정하는 것이다. 표 20-2는 널리 사용되는 여러 결함 감지 기법으로 발견한 결함의 비율을 보여준다.

표 20-2 결함 감지 비율

제거 단계	최하 비율	최빈수 비율	최고 비율
비형식적 설계 검토	25%	35%	40%
형식적 설계 정밀 검토	45%	55%	65%
비형식적 코드 검토	20%	25%	35%
형식적 코드 정밀 검토	45%	60%	70%
모델링 또는 프로토타이핑	35%	65%	80%
코드에 대한 개인 탁상 검사	20%	40%	60%
단위 테스트	15%	30%	50%
새로운 기능(컴포넌트) 테스트	20%	30%	35%
통합 테스트	25%	35%	40%
회귀 테스트	15%	25%	30%
시스템 테스트	25%	40%	55%
소량 베타 테스트 (<10 사이트)	25%	35%	40%
대량 베타 테스트 (>1,000 사이트)	60%	75%	85%

출처: 《Programming Productivity》(Jones 1986a), 《Software Defect-Removal Efficiency》(Jones 1996), 《What We Have Learned About Fighting Defects》(Shull et al. 2002)

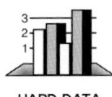
HARD DATA

이 데이터가 보여주는 가장 흥미로운 사실은 한 가지 기법을 사용해서는 최빈수 비율이 75%를 넘지 않는다는 것과 기법의 평균이 약 40%라는 것이다. 게다가 가장 많이 사용되는 결함 감지 기법인 단위 테스트와 통합 테스트의 최빈수 비율이 각각 30%, 35%다. 전형적인 조직이 대량의 테스트를 수행하는 결함 제거 접근 방법을 사용하더라도 결함 감지 비율은 85%밖에 안 된다. 선진 조직은 다양한 기법을 광범위하게 사용하여 95% 이상의 결함 제거 비율을 달성하고 있다(Jones 2000).

이 표를 보면 프로젝트 개발자가 더 높은 비율로 결함을 감지하고 싶다면 여러 기법을 조합하여 사용해야 한다는 것을 알 수 있다. 글렌포드 마이어스의 연구는 이러한 사실을 뒷받침하고 있다(Myers 1978b). 마이어스는 최소 7년에서 평균 11년의 전문 개발 경력이 있는 개발자 집단을 연구했다. 15개의 알려진 오류가 있는 프로그램을 사용해 개발자들이 다음 기법 중 하나를 사용해 오류를 찾도록 했다.

- 명세에 대한 실행 테스트
- 소스코드가 있는 명세에 대한 실행 테스트
- 명세와 소스코드를 이용한 검토와 정밀 검토

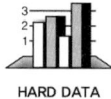
HARD DATA

마이어스는 프로그램에서 발견된 결함의 수가 1.0부터 9.0까지 매우 다양하다는 것을 발견하였다. 발견한 평균 결함 수는 5.1개였고, 알려진 결함의 약 1/3이었다.

이 기법을 개별적으로 사용했을 때는 어느 기법도 다른 기법에 비해 통계적으로 큰 이점이 없었다. 하지만 사람마다 발견하는 오류가 매우 다양해서 두 가지 기법을 조합해 사용할 때(독립된 두 그룹이 같은 메서드를 사용하는 경우도 포함) 발견하는 전체 결함의 수가 거의 2배로 증가했다. NASA의 소프트웨어 공학 연구소나 보잉, 또 다른 회사의 연구에서는 사람마다 서로 다른 결함을 발견하는 경향이 있다고 보고했다. 발견된 버그가 겹치는 경우는 20% 정도였다(Kouchakdjian, Green, and Basili 1989; Tripp, Struck, and Pflug 1991; Schneider, Martin, and Tsai 1992).

글렌포드 마이어스는 인간의 처리 과정(예: 정밀 검토와 검토)은 특정한 종류의 오류를 찾는 데 컴퓨터 기반의 테스트보다 우수한 경향이 있고 다른 오류에서는 그 반대의 경우도 있다고 지적했다(Myers 1979). 이러한 결과는 코드 읽기가 인터페이스 결함을 더 많이 발견하고 기능 테스트는 제어 결함을 더 많이 발견한다는 사실을 발견한 나중의 연구에 의해서 뒷받침되었다(Basili, Selby, and Hutchens 1986). 테스트 전문가인 보리스 바이저(Boris Beizer)는 비형식적인 테스트 접근 방식은 커버리지 분석 도구를 사용하는 경우가 아니라면 50%에서 60% 정도의 테스트 커버리지만 달성한다고 보고했다(Johnson 1994).

KEY POINT

결론적으로 결함 감지 기법들은 단독으로 사용했을 때보다 함께 사용할 때 더 좋은 결과를 가져온다. 존스는 누적 결함 감지 효율이 어느 한 가지 기법만 사용했을 때보다 훨씬 높다는 것을 발견했을 때도 같은 사항을 지적했다. 단독으로 사용되는 테스트의 효율에 대한 전망은 어둡다. 존스는 단위 테스트와 기능 테스트, 시스템 테스트를 조합해 사용하면 종종 60% 이하의 결함 감지 효율을 가져오는데, 이는 판매되는 소프트웨어로서는 부적당하다고 지적했다.

또한 이 데이터는 익스트림 프로그래밍과 같은 결함 제거 기법으로 작업을 시작한 사람들이 그렇지 않은 사람들보다 결함 제거 수준이 뛰어난 이유를 이해하는 데도 사용될 수 있다. 표 20-3처럼 익스트림 프로그래밍에서 사용되는 일련의 결함 제거 기법은 결함 제거 효율이 평균 90%에서 최고 97%에 이른다. 이는 업계 평균인 85%에 비해 상당히 좋은 결과다. 이러한 효율이 익스트림 프로그래밍에서 사용하는 방법 사이의 상승 작용과 관련되어 있다고 말하는 사람도 있지만, 사실상 여러 가지 결함 제거 방법을 사용해서 얻은 당연한 결과일 뿐이다. 다른 조합도 이와 비슷하거나 더 나은 결과를 가져올 수 있으며 원하는 품질 수준을 달성하기 위해서 어떤 결함 제거 방법을 선택할지 결정하는 것도 효과적인 프로젝트 계획 수립에 속한다.

표 20-3 익스트림 프로그래밍의 예상 결함 감지 비율

제거 단계	최하 비율	최빈수 비율	최고 비율
비형식적인 설계 검토 (짝 프로그래밍)	25%	35%	40%
비형식적인 코드 검토 (짝 프로그래밍)	20%	25%	35%
코드에 대한 개인 탁상 검사	20%	40%	60%
단위 테스트	15%	30%	50%
통합 테스트	25%	35%	40%
회귀 테스트	15%	25%	30%
예상 누적 결함 제거 효율	~74%	~90%	~97%

결함 발견 비용

어떤 결함 감지 기법은 다른 기법보다 비용이 더 든다. 가장 경제적인 기법을 사용하면 다른 조건이 모두 같은 경우에 결함 감지당 최소 비용이 든다. 다른 것이 반드시 같아야 한다는 조건은 단위 결함당 비용이 발견된 결함의 수와 각 결함을 발견한 단계, 특정한 결함 감지 기법의 비용 이외의 요소의 영향을 받기 때문에 중요하다.

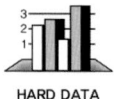

대부분의 연구에서 정밀 검토가 테스트보다 비용이 저렴하다는 사실을 발견했다. 소프트웨어 공학 연구소가 실시한 한 연구에서는 코드를 읽는 것이 테스트하는 것보다 시간당 약 80%의 결함을 더 발견한다는 것을 알아냈다(Basili and Selby 1987). 또 다른 조직에서는 설계상 결함을 발견하는 데 정밀 검토를 사용하는 것보다 테스트를 사용하면 6배나 큰 비용이 든다는 것을 발견했다(Ackerman, Buchwald, and Lewski 1989). IBM의 연구에서는 코드 정밀 검토를 사용할 때는 각 오류를 찾는 데 3.5시간이면 되지만, 테스트를 통해서 각 오류를 찾는 데는 15.25시간이 필요하다는 것을 발견했다(Kaplan 1995).

결함 수정 비용

결함 발견 비용은 비용 방정식의 한 부분일 뿐이다. 그 방정식에는 결함 수정 비용도 들어간다. 얼핏 보면 결함을 발견하는 방법에 상관없이 수정 비용은 항상 같은 것처럼 보일 것이다.

관련 정보 결함이 시스템에 존재하는 시간이 길수록 더 큰 비용이 든다는 사실에 대한 자세한 내용은 3.1절의 "데이터에 근거한 설득"을 살펴본다. 오류 자체에 대한 자세한 내용은 22.4절 "전형적인 오류"를 살펴본다.

결함이 시스템에 남아있는 시간이 길면 길수록 제거하는 데 더 큰 비용이 들기 때문에 실제로는 그렇지 않다. 따라서 오류를 초기에 찾아내는 감지 기법이 결과적으로 더 낮은 수정 비용이 든다. 결함 감지 같은 어떤 기법들은 결함의 증상과 원인을 한 번에 발견하지만 테스트 같은 다른 기법들은 증상은 찾아내지만 결함의 원인을 진단하고 수정하기 위해 별도의 작업을 해야 한다. 결과적으로 한 방에 해결이 가능한 기법은 당연히 두 단계를 거쳐야 하는 기법보다 비용이 적게 든다.

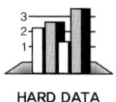

마이크로소프트의 애플리케이션 부서는 한 단계 기법인 코드 결함 감지를 사용하면 결함을 찾아서 수정하는 데 3시간이 걸리지만, 두 단계 기법인 테스트를 사용하면 12시간이 걸린다는 사실을 알아냈다(Moore 1992). 콜로펠로와 우드필드는 400명 이상의 개발자가 만든 70만 줄의 프로그램에 대해서 보고했다(Collofello and Woodfield 1989). 그들은 코드 검토가 테스트보다 비용 효과가 여러 배 크다는 사실을 발견했다 (1.38 대 0.17).

결론적으로 효과적인 소프트웨어 품질 향상 프로그램에는 개발의 전 과정에 적용되는 기법들을 조합해 사용해야 한다. 다음은 평균 이상의 품질을 얻기 위해서 추천할 만한 조합이다.

- 모든 요구사항, 모든 아키텍처, 시스템의 주요 부분의 설계에 대한 형식적인 정밀 검토
- 모델링이나 프로토타이핑

- 코드 읽기나 정밀 검토
- 수행 테스트

20.4 품질 보증 활동 시기

관련 정보 초기 활동(예: 요구사항이나 아키텍처)에서의 품질 보증은 이 책의 범위를 벗어난다. 이 장의 뒷부분에 있는 "참고 자료"에서 이에 대한 정보를 찾을 수 있는 서적을 소개한다.

3장("준비는 철저하게: 선행조건")에서 말한 것처럼 소프트웨어에 오류가 더 일찍 삽입될수록 소프트웨어의 다른 부분과 더 많이 얽히고 오류를 제거하는 데 더 큰 비용이 든다. 요구사항에서의 결함은 설계에서 하나 이상의 결함을 만들고 코드에서는 수많은 오류를 만들 수 있다. 또한 요구사항의 오류는 추가적인 아키텍처나 잘못된 아키텍처 선택으로 이어질 수 있다. 추가적인 아키텍처는 추가적인 코드와 테스트 케이스, 문서를 만든다. 또는 요구사항 오류가 나중에 쓸모 없는 아키텍처, 코드, 테스트 케이스를 초래할 수도 있다. 콘크리트로 기반을 만들기 전에 설계도에서 결함을 해결하는 것이 좋은 생각인 것처럼 나중의 활동에 영향을 미치기 전에 요구사항과 아키텍처에 있는 오류를 잡아내는 것이 좋다.

게다가 요구사항이나 아키텍처에 있는 오류는 구현 오류보다 제거하기 쉬운 경향이 있다. 단일 아키텍처 오류는 여러 개의 클래스와 수십 개의 루틴에 영향을 미칠 수 있지만, 단일 구현 오류는 하나 이상의 루틴이나 클래스에 영향을 미치지 않을 것이다. 이러한 이유 때문이라도 최대한 일찍 오류를 잡는 것이 비용 면에서 효과적이다.

결함은 소프트웨어의 모든 단계에 몰래 스며든다. 결과적으로 초기 단계에서뿐만 아니라 프로젝트의 나머지 전반적으로 품질 보증 작업을 강조해야 한다. 그것이 작업을 시작할 때 프로젝트의 계획에 포함되어 있어야 하고 작업을 진행 중일 때는 기술적 특성의 한 부분이어야 하며 작업이 끝날 때는 제품의 품질을 검증하여 프로젝트의 끝을 마무리해야 한다.

20.5 소프트웨어 품질의 일반적인 원칙

이 세상에 공짜 점심과 같은 것은 없다. 설사 있다고 해도 음식의 상태는 보장할 수 없다. 하지만 소프트웨어 개발은 고급 요리와는 거리가 멀고 소프트웨어의 품질은 나름 독특한 특징을 가진다. 소프트웨어 품질의 일반적인 원칙은 품질의 향상으로 개발 비용을 줄일 수 있다는 것이다.

이 원칙을 이해할 수 있느냐는 다음의 핵심적인 내용을 이해하느냐에 달려있다. 생산성과 품질을 향상시키기 위한 가장 좋은 방법은 수정 작업이 요구사항의 변경이나 설계상 변경, 아니면 디버깅으로 인한 것인지에 상관없이 코드를 다시 작성하는 데 걸리는 시간을 줄이는 것이다. 소프트웨어 제품의 평균 생산성은 한 사람이 하루에 약 10줄에서 50줄의 코드를 작성하는 것이다(코드 작성 외의 작업도 모두 포함). 10줄에서 50줄은 몇 분이면 입력할 수 있는데, 그렇다면 나머지 시간은 어떻게 보내는 것일까?

> 관련 정보 개별 프로그램 작성과 소프트웨어 제품 작성의 차이점에 대한 자세한 내용은 27.5절의 "프로그램, 제품, 시스템, 시스템 제품"을 살펴본다.

이렇게 생산성이 낮아 보이는 이유는 업계 평균값을 낼 때 개발자가 아닌 사람들이 하루에 작성하는 코드 줄 수도 계산하기 때문이다. 테스터의 시간, 프로젝트 관리자의 시간, 관리 지원팀의 시간도 모두 포함되어 있다. 요구사항 분석이나 아키텍처 작업과 같이 코드를 작성하지 않는 활동도 계산에 포함된다. 하지만 이런 작업은 그렇게 많은 시간을 차지하지 않는다.

대부분의 프로젝트에서 가장 큰 활동은 정상적으로 작동하지 않는 코드를 디버깅하고 수정하는 것이다. 디버깅과 리팩터링, 다른 수정 작업이 전형적인 소프트웨어 개발 주기에서 약 50% 정도의 시간을 차지한다(자세한 내용은 3.1절 "선행 조건의 중요성"을 살펴본다). 오류를 예방하여 디버깅을 줄이면 생산성이 향상된다. 따라서 개발 일정을 줄이는 가장 확실한 방법은 제품의 품질을 향상시키고 디버깅과 소프트웨어의 수정 작업으로 낭비되는 시간을 줄이는 것이다.

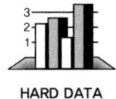

이러한 분석은 현장 데이터에 의해서 뒷받침된다. 400시간 이상의 노력과 300만 줄의 코드를 포함하는 50개의 개발 프로젝트를 검토한 NASA의 소프트웨어 공학 연구소의 한 연구에서는 품질 보증의 향상이 오류율은 줄여주지만, 전체적인 개발 비용을 증가시키지는 않는다는 것을 발견했다(Card 1987).

IBM의 연구에서도 이와 유사한 결과가 나왔다.

> *결함 수준이 매우 낮은 소프트웨어 프로젝트는 개발 일정도 가장 짧고 생산성이 가장 높았다. 소프트웨어 결함 제거가 실제로 소프트웨어 개발에 있어서 가장 큰 비용을 유발하고 가장 많은 시간을 낭비하는 작업 형태다(Jones 2000).*

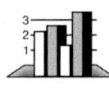

같은 효과가 더 작은 규모에서도 발생한다. 1985년에 진행된 한 연구에서 166명의 전문 개발자들이 같은 명세로 프로그램을 작성했다. 작성된 프로그램의 평균 코드 길이는 200줄이었으며 작성 시간은 5시간에 약간 못 미쳤다. 흥미로운 결과는 프로그램을 완성하는 데 평균 시간이 걸린 개발자들이 오류가 가장 많은 프로그램을 작성했다는 사실이다. 작업 시간이 평균보다 많거나 적게 걸린 개발자들은 눈에 띄게 오류가 적은 프로그램을 작성했다(DeMarco and Lister 1985). 그림 20-2는 결과를 나타낸 그래프다.

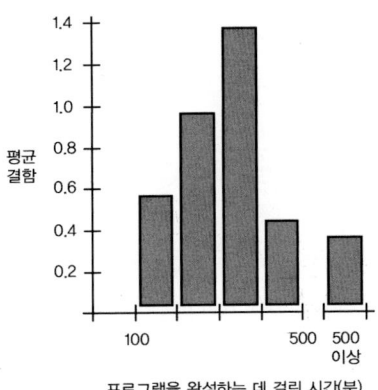

그림 20-2 너무 빠르지도 너무 느리지도 않은 개발 접근 방법이 가장 결함이 많은 소프트웨어를 만든다.

가장 느린 두 그룹은 가장 빠른 그룹에 비해 약 다섯 배의 시간이 더 걸렸지만 대략 같은 수의 결함을 가진 프로그램을 작성했다. 이는 결함이 없는 소프트웨어를 작성하는 것이 결함이 있는 소프트웨어를 작성하는 것보다 더 많은 시간이 걸리는 것은 아니라는 것을 보여주고 있다. 그래프에서 볼 수 있듯이 더 적게 걸릴 수도 있다.

누구나 다 알고 있듯이 특정 종류의 프로젝트에서는 품질 보증에 비용이 든다. 우주선이나 의료용 생명 유지 시스템에 사용할 코드를 작성하고 있다면 요구되는 신뢰도가 프로젝트를 비싸게 만든다.

전형적인 코드-테스트-디버깅 과정보다 개선된 소프트웨어 품질 프로그램을 사용하면 비용이 절약된다. 그것은 디버깅과 리팩터링에 들어가는 자원을 초기 품질 보증 활동으로 재분배한다. 선행 활동은 후행 활동보다 프로젝트의 품질에 더 많은 영향을 미치므로 프로젝트 앞 단계에 시간을 투자하면 개발 단계에서 시간을 더 많이 절약할 수 있다. 전체적인 효과는 결함은 줄고 개발 시간은 짧아지며 비용은 낮아진다. 이어지는 세 단원에서 소프트웨어 품질의 일반적인 원칙에 대한 더 많은 예를 보게 될 것이다.

> **체크리스트: 품질 보증 계획**
> - 프로젝트에 중요한 품질 특성을 확인했는가?
> - 다른 사람들에게 프로젝트 품질의 목표를 설명했는가?
> - 외적인 품질 특성과 내적인 품질 특성을 구분했는가?
> - 어떤 특성이 다른 특성과 어떻게 경쟁하고 보완하는지에 대해 생각해 봤는가?
> - 프로젝트에서 다양한 종류의 오류를 발견하는 데 적합한 여러 가지 오류 감지 기법을 사용해야 하는가?
> - 프로젝트가 소프트웨어 개발의 각 단계에서 소프트웨어의 품질을 보증하기 위한 과정을 적용할 계획을 하고 있는가?
> - 품질이 개선되거나 낙후되는지 알 수 있도록 어떤 식으로든 품질을 측정하는가?
> - 경영진이 품질 보증에는 나중의 비용 절감을 위해서 초기에 추가 비용이 발생한다는 사실을 이해하고 있는가?

참고 자료

사실상 효과적인 소프트웨어 방법론을 다루는 모든 책이 품질과 생산성을 향상시키는 기법을 설명하고 있기 때문에 이 분야와 관련된 서적을 소개하는 것은 어렵지 않다. 어려운 점은 소프트웨어의 품질 자체를 다루는 책을 찾는 것이다. 다음 두 권의 책이 있다.

프랭크 기낵(Frank Ginac) 《Customer Oriented Software Quality Assurance》 (Prentice Hall, 1998). 이 책은 품질의 특성, 품질의 척도, QA 프로그램, 품질에서 테스트의 역할, 품질 향상 프로그램, 소프트웨어 공학 연구소(Software Engineering Institute)의 CMM과 ISO 9000에 관해서 설명하는 매우 간결한 책이다.

윌리엄 루이스(William Lewis) 《Software Testing and Continuous Quality Improvement》 2판(Auerbach Publications 2000). 이 책은 품질의 수명 주기와 테스트 기법에 대해서 포괄적으로 설명한다. 수많은 양식과 체크리스트도 제공한다.

관련 표준

IEEE Std 730-2002, IEEE Standard for Software Quality Assurance Plans.

IEEE Std 1061-1998, IEEE Standard for a Software Quality Metrics Methodology.

IEEE Std 1028-1997, Standard for Software Reviews.

IEEE Std 1008-1987 (R1993), Standard for Software Unit Testing.

IEEE Std 829-1998, Standard for Software Test Documentation.

요점 정리

- 따지고 보면 품질은 무료지만, 결함을 비싸게 고치는 대신 저렴하게 예방하기 위해서 자원의 재분배가 요구된다.
- 품질 보증과 관련된 모든 목표를 동시에 달성할 수는 없다. 달성하고자 하는 목표를 분명히 결정하고 결정된 목표를 팀원들과 공유하라.
- 어떠한 단일 결함 감지 기법도 그 자체만으로는 완벽하게 효과적이지 않다. 테스트 자체는 오류 제거를 위한 가장 훌륭한 방법이 아니다. 성공적인 품질 보증 프로그램은 서로 다른 오류를 발견하기 위해 다양한 기법을 사용한다.
- 구현 중에 효과적인 기법을 적용할 수 있고 구현 전에도 마찬가지로 여러 가지 강력한 기법을 적용할 수 있다. 결함을 초기에 발견할수록 소스코드의 나머지 부분에 미치는 영향도 적고 피해도 작을 것이다.
- 소프트웨어의 품질 보증은 프로세스 지향적이다. 소프트웨어 개발은 제조업과 같이 최종 제품에 영향을 미치는 반복적인 단계가 없다. 따라서 결과물의 품질은 소프트웨어를 개발하는 데 사용되는 프로세스로 관리해야 한다.

21장 | 협력 구현

cc2e.com/2185

내용

21.1 협력 개발 방법 개요
21.2 짝 프로그래밍
21.3 공식적인 정밀 검토
21.4 여러 가지 협력 개발 방법

관련 주제

- 소프트웨어 품질: 20장
- 개발자 테스트: 22장
- 디버깅: 23장
- 구현의 선행 조건: 3장과 4장

많은 개발자가 흔히 겪는 경험을 여러분도 직접 경험한 적이 있을 것이다. 가령 문제가 있을 때 동료 개발자에게 찾아가서 이렇게 말한다. "이 코드 좀 봐줄래요? 지금 이것 때문에 헤매고 있거든요." 그리고 나서 문제를 설명하기 시작한다. "이건 이렇게 해서 이런 결과가 나올 수 없고, 그건 그래서 그런 결과가 나올 수 없잖아요. 그리고 저건 저렇게 해서…. 아! 잠시만요! 저런 결과가 나올 수 있겠군요. 고마워요!" 결국 "도우미"가 입도 벙긋하기 전에 직접 문제를 해결한다.

어떤 방법을 사용하든 모든 협력 구현 기법은 오류 해결을 목적으로 자신의 작업 내용을 다른 사람에게 보여주는 과정을 형식화하려는 시도다.

정밀 검사나 짝 프로그래밍에 대해서 들어본 적이 있다면 이 장에서 새로운 정보를 많이 얻지는 못할 것이다. 21.3절에 있는 정밀 검사의 효율성에 대한 자료 정도만이 놀라울 것이고 21.4절에서 설명하는 코드 읽기의 대안에 대해서는 생각해본 적이 없을 수도 있겠다. 이 장의 끝에 있는 표 21-1 "협력 구현 기법 비교"를 살펴보는 것도 좋을 것이다. 알고 있는 내용이 모두 경험을 통해 터득한 것이라면 이 장의 내용이 도움이 될 것이다. 사람마다 겪는 경험이 다르므로 이 장의 내용을 통해 새로운 개념을 발견하게 될 것이다.

21.1 협력 개발 방법 개요

"협력 구현"은 짝 프로그래밍, 형식적인 정밀 검토, 비형식적인 기술 검토, 문서 읽기와 더불어 개발자들이 코드 작성과 제품 개발에 관련된 다른 작업에 대한 책임을 공유하는 데 사용하는 기법을 가리킨다. 우리 회사에서는 2000년 즈음에 매트 펠로퀸(Matt Peloquin)이 "협력 구현"이라는 용어를 만들었다. 이 용어는 거의 같은 시기에 다른 사람들도 사용하기 시작한 것으로 보인다.

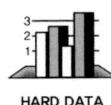

모든 협력 구현 기법은 서로 차이는 있지만 개발자가 자신의 작업에 있는 문제점을 일부 보지 못한다는 점과 다른 사람들은 그 부분을 볼 수 있다는 점, 다른 개발자가 자신의 작업을 봐주는 게 도움이 된다는 개념을 기초로 한다. 카네기멜론대학 소프트웨어공학연구소의 연구에서 개발자들이 설계에는 시간당 평균 1개에서 3개 정도의 결함을 삽입하고 코드에는 5개에서 8개의 결함을 삽입한다는 것을 발견했다(Humphrey 1997). 따라서 이러한 맹점을 없애는 것이 효과적인 구현으로 가는 지름길이다.

다른 품질 보증 기법을 보완하는 협력 구현

협력 구현의 일차적인 목적은 소프트웨어의 품질을 향상시키는 것이다. 20장 "소프트웨어 품질"에서 강조했듯이 소프트웨어 테스트는 단독으로 사용되면 효율성에 한계가 있다. 평균 결함 감지율은 단위 테스트의 경우 약 30%, 통합 테스트는 35%, 소량 베타 테스트는 35%다. 이와 대조적으로 설계와 코드 정밀 검토의 평균 효율성은 각각 55%와 60%다(Jones 1996). 협력 구현의 부차적인 혜택은 개발 시간이 줄어든다는 점인데, 그로 인해 개발 비용이 줄어든다.

짝 프로그래밍에 대한 초기 보고서는 짝 프로그래밍이 형식적인 정밀 검토와 비슷한 수준의 코드 품질을 달성할 수 있다고 제안한다(Shull et al 2002). 완전한 짝 프로그래밍의 경우, 비용은 단독 개발 비용보다 10%에서 25% 정도 높지만, 개발 시간은 45%정도 감소한다. 그래서 어떤 경우에는 짝 프로그래밍이 혼자서 개발하는 것보다 훨씬 좋아 보이기도 하는데(Boehm and Turner 2004), 정밀 검토상으로는 비슷한 결과물을 만들어낸다.

기술적 검토는 짝 프로그래밍보다 훨씬 오랫동안 연구되어 왔고 다음의 사례에서 설명하고 있는 것처럼 그 결과가 인상적이다.

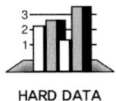

HARD DATA

- IBM은 한 시간의 정밀 검토가 약 100시간의 관련 작업(테스트와 결함 수정)을 예방한다는 사실을 발견했다(Holland 1999).
- 레이시온(Raytheon)은 정밀 검토에 초점을 맞춘 개발을 통해서 결함 수정(재작업) 비용을 프로젝트 총 비용의 약 40%에서 20% 정도로 줄였다(Haley 1996).
- 휴렛팩커드는 정밀 검토 프로그램이 연간 2,150만 달러의 비용을 절감했다고 보고했다(Grady and Van Slack 1994).
- Imperial Chemical Industries[1]는 약 400개의 프로그램에 대한 포트폴리오의 유지보수 비용이 정밀 검토를 하지 않은 프로그램의 유지보수 비용의 10% 수준이라는 것을 발견했다(Gilb and Graham 1993).
- 큰 프로그램에 대한 한 연구는 정밀 검토에 1시간을 투자하면 평균 33시간의 유지보수 작업을 줄일 수 있으며 테스트보다 최대 20배까지 효율적이라는 것을 발견했다(Russell 1991).
- 한 소프트웨어 유지보수 조직에서 코드 검토를 도입하기 전에는 한 줄을 유지보수할 때 변경사항의 55%가 오류였다. 검토를 도입한 후에는 오류율이 2%밖에 안 되었다(Freedman and Weinberg 1990). 변경 사항을 모두 고려했을 때 검토를 도입한 후 처음에 95% 정도가 정확했다. 검토를 도입하기 전에는 처음 정확도가 20% 미만 수준이었다.
- 같은 사람들로 구성된 팀이 11개의 프로그램을 개발해 모두 제품으로 출시했다. 처음 다섯 개의 제품은 검토 없이 개발되었고 코드 100줄당 평균 오류가 4.5개였다. 나머지 6개의 제품은 정밀 검토를 했으며 코드 100줄당 평균 오류가 0.82개였다. 검토를 통해서 오류를 80% 이상 없앤 것이다(Freedman and Weinberg 1990).
- 캐퍼스 존스(Capers Jones)는 그가 연구한 모든 소프트웨어 프로젝트가 99% 이상의 결함 제거율을 달성했고 모든 프로젝트가 형식적인 정밀 검토를 사용했다고 보고했다. 또한 결함 제거율이 75% 이하인 프로젝트는 모두 형식적인 정밀 검토를 사용하지 않았다(Jones 2000).

이러한 수많은 사례가 소프트웨어에 있는 결함의 수를 줄이는 것이 개발 시간을 줄이는 것이라는 소프트웨어 품질의 일반적인 원칙을 설명하고 있다.

KEY POINT

다양한 연구들이 협력 기법이 오류를 잡는 데 테스트보다 훨씬 효과적일 뿐만 아니라 테스트와는 다른 종류의 오류를 찾을 수 있음을 보여줬다(Myers 1978; Basili, Selby, and Hutchens 1986). 칼 위거스가 지적했듯이 "사람이 하는 검토는 불분명한 오류 메시지, 부적절한 주석, 직접 입력된 변수 값, 정리되어야 하는 코드 패턴의 반복 등을 해결할 수 있다. 테스트는 그렇게 할 수 없다."(Wiegers 2002) 부수적인 효과는 사람들은 자신의 작업을 누군가가 검토할 것을 알고 있을 때 더 주의 깊게 작업을 살펴본다는 점이다. 따라서 테스트가 효과적으로 수행되었을 때조차도 검토나 다른 종류의 협력 작업이 포괄적인 품질 보증 프로그램의 일부로 필요하다.

---

1 (옮긴이) 영국의 종합 화학 회사

협력 구현은 협동 문화와 프로그래밍 경험을 제공한다

비공식적인 검토 방식은 출판되어 알려지기 전까지 수년 동안 컴퓨터 분야의 일반적 문화로 구전되어 왔다. 뛰어난 개발자들에게는 검토의 필요성이 문서로 언급할 필요가 없을 만큼 분명했던 반면, 형편없는 개발자들은 검토가 필요 없을 정도로 자신이 일을 잘한다고 믿었다.
— 대니얼 프리드먼과 제럴드 와인버그

소프트웨어 개발 표준을 작성하고 배포할 수는 있지만, 어느 누구도 표준을 언급하지 않거나 다른 사람들에게 표준을 사용하라고 권하지 않는다면 아무도 그 표준을 따르지 않을 것이다. 검토는 개발자들에게 코드에 대한 피드백을 제공하는 중요한 메커니즘이다. 코드와 표준, 코드가 표준을 준수해야 하는 이유가 검토에 관한 훌륭한 주제가 될 수 있다.

개발자들은 표준을 얼마나 잘 따르는지에 대한 피드백 뿐만 아니라 형식 설정, 주석, 변수 이름, 지역 변수와 전역 변수의 사용, 설계 방법, 개발 관행 등 더 주관적인 측면에 대한 피드백이 필요하다. 아직 미숙한 개발자들은 지식이 더 많은 사람들로부터 가르침을 받아야 한다. 그리고 지식이 많은 개발자들은 바쁘기 때문에 자신이 알고 있는 것을 공유하라고 독려받을 필요가 있다. 검토는 경험이 많고 적은 개발자들이 기술적인 문제에 대해 대화할 수 있는 기회를 마련해준다. 이처럼 검토는 현재 못지 않게 미래의 품질 향상을 도모하는 좋은 기회다.

형식적인 정밀 검토를 사용한 어떤 팀은 정밀 검토를 통해서 모든 개발자가 빠르게 최고 개발자 수준에 도달할 수 있었다고 보고했다(Tackett and Van Doren 1999).

공동 소유권을 협력 구현의 모든 형태에 적용한다

관련 정보 모든 협력 구현 기법을 아우르는 기본 개념은 공동 소유다. 어떤 개발 모델에서는 개발자가 자신이 작성한 코드를 소유하고 다른 사람들의 코드를 수정하는 데 공식적으로나 비공식적으로 제약이 따른다. 공동 소유는 협력 작업, 특히 구성 관리의 필요성을 증가시킨다. 자세한 내용은 28.2절 "형상 관리"를 살펴본다.

공동 소유권을 적용하면 모든 코드를 개인이 아닌 팀이 소유하고 여러 팀원이 접근하고 수정할 수 있다. 이는 여러 가지 중요한 혜택을 제공한다.

- 여러 사람이 코드를 보고 코드를 다루면 코드의 품질이 좋아진다.
- 여러 사람이 코드에 대해서 잘 알고 있기 때문에 누군가가 프로젝트를 그만두더라도 그 충격이 덜하다.
- 모든 개발자가 동등하게 버그를 수정할 수 있기 때문에 결함 수정 주기가 전체적으로 짧아진다.

익스트림 프로그래밍과 같은 방법론은 공식적으로 개발자가 짝을 지어 일을 돌아가면서 하는 방법을 제안한다. 개인적으로 회사에서 굳이 좋은 코드 커버리지를 얻기 위해서 형식적으로 짝을 지을 필요는 없다는 사실을 알게 되었다. 형식적이거나 비공식적인 기술적 검토, 필요한 경우에는 짝 프로그래밍, 오류 수정 작업의 교대를 통해서 시간이 지나면서 커버리지를 달성할 수 있었다.

협력을 구현 전 만큼이나 구현 후에도 적용한다

이 책은 구현에 대한 책이라서 상세 설계와 코드에 대한 협력을 중심으로 다룬다. 하지만 이 장에서 소개하는 협력 구현에 대한 대부분의 설명은 측정, 계획 수립, 요구사항, 아키텍처, 테스트, 유지보수 작업에도 적용된다. 이 장의 마지막에 있는 참고 자료를 학습하면 대부분의 소프트웨어 개발 활동에 협력 기법을 적용할 수 있다.

21.2 짝 프로그래밍

짝 프로그래밍을 할 때 한 개발자는 키보드로 코드를 입력하고 다른 개발자는 실수를 감시하고 코드가 정확하게 작성되고 있고 올바른 코드가 작성되고 있는지에 대해서 전략적으로 생각한다. 짝 프로그래밍은 원래 익스트림 프로그래밍(Beck 2000)에 의해서 알려졌지만, 이제는 더 널리 사용되고 있다(Williams and Kessler 2002).

짝 프로그래밍의 성공 요건

짝 프로그래밍의 기본 개념은 간단하지만, 그래도 몇 가지 지침을 활용하면 도움이 된다.

코드 작성 표준으로 짝 프로그래밍을 지원하라. 짝을 이루고 있는 두 명이 코드 작성 방식에 대해서 주장하느라 시간을 낭비한다면 짝 프로그래밍의 효율이 떨어질 것이다. 5장 "구현 설계"에서 프로그래밍의 "우연적인 특성들"로 언급한 것을 표준화하여 개발자가 "핵심" 업무에 집중할 수 있도록 한다.

짝 프로그래밍이 감시가 되지 않도록 하라. 키보드가 없는 사람이 프로그래밍에 적극적으로 참여해야 한다. 그 사람은 코드를 분석하고 다음에 어떤 코드가 작성될 것인지 미리 생각하고 설계를 평가하고 코드를 테스트하기 위한 방법을 계획해야 한다.

짝 프로그래밍을 강요하지 마라. 매우 복잡한 코드를 작성할 때 짝 프로그래밍을 사용했던 한 그룹은 15분 동안 칠판에서 상세 설계를 한 다음 혼자서 프로그램을 작성하는 것이 더 적절하다는 것을 발견했다(Manzo 2002). 짝 프로그래밍을 시도했던 대부분의 조직은 결국 전체가 아닌 부분적으로 짝 프로그래밍을 사용하고 있다(Boehm and Turner 2004).

정기적으로 짝과 작업을 교대하라. 다른 협력 개발 훈련처럼 짝 프로그래밍에서도 서로 다른 개발자가 시스템의 서로 다른 부분을 학습함으로써 득을 본다. 상승효과를 얻기 위해서 짝끼리 정기적으로 작업을 교대하라. 어떤 전문가들은 매일 짝을 바꾸는 방법을 추천한다(Reifer 2002).

짝이 서로의 속도에 맞출 수 있도록 하라. 한 파트너가 너무 빨리 진행하면 다른 파트너가 얻을 수 있는 이득이 제한된다. 속도가 빠른 파트너가 천천히 진행하거나 짝을 분리해서 다른 파트너와 짝을 재구성해야 한다.

파트너 모두 모니터를 볼 수 있게 하라. 모니터를 볼 수 있는지나 지나치게 작은 글꼴을 사용하는 것 같이 겉으로 보기엔 별것 아닌 것도 문제가 될 수 있다.

사이가 좋지 않은 사람을 짝으로 만들지 말라. 때때로 성격 차이로 인해 효과적인 짝이 형성되지 않는 경우가 있다. 서로 사이가 안 좋은 사람들을 짝으로 만드는 것은 아무런 의미가 없으니 성격이 맞는지 잘 살펴봐야 한다(Beck 2000, Reifer 2002).

초보자끼리 짝을 짓지 않는다. 짝 프로그래밍은 파트너 중 적어도 한 명이 이전에 짝을 지어본 경험이 있을 때 가장 잘 진행된다(Larman 2004).

팀의 리더를 선정하라. 팀 전체가 짝 프로그래밍으로 모든 일을 하고 싶어 한다면 작업을 배정하고 결과를 책임지고 프로젝트의 외부에 있는 사람들과 의사소통하는 역할을 수행할 사람을 선정해야 할 것이다.

짝 프로그래밍의 혜택

짝 프로그래밍은 다양한 혜택을 제공한다.

- 혼자서 개발할 때보다 압박을 더 잘 견딘다. 짝은 코드를 빠르고 엉망으로 작성하게 만드는 압력이 있을 때도 코드의 품질을 높게 유지할 수 있도록 서로를 격려한다.
- 코드의 품질을 향상시킨다. 코드의 가독성과 이해 용이성이 팀에서 가장 훌륭한 개발자 수준으로 올라가는 경향이 있다.
- 일정을 단축시킨다. 짝 프로그래밍은 더 빠르면서도 오류가 적은 코드를 작성하게 해주는 경향이 있다. 프로젝트 팀이 프로젝트의 마지막에 결함을 수정하는 데 더 적은 시간을 보낸다.
- 협력 문화 보급과 신참 개발자의 교육, 공동 소유 장려와 같은 협력 구현의 다른 모든 혜택을 제공한다.

cc2e.com/2192

> **체크리스트: 효과적인 짝 프로그래밍**
>
> - 짝 개발자가 철학적인 코드 작성 방식에 대한 토론보다 프로그래밍에 집중할 수 있도록 코드 작성 표준이 있는가?
> - 파트너가 모두 능동적으로 참여하고 있는가?
> - 짝 프로그래밍의 모든 것을 적용하는 대신 실제로 도움이 되는 부분만 선택하였는가?
> - 짝과 작업을 정기적으로 교대하고 있는가?
> - 짝이 작업 속도나 성격 면에서 잘 맞는가?
> - 경영진이나 프로젝트의 외부에 있는 사람과 의사소통할 팀 리더가 있는가?

21.3 형식적인 정밀 검토

참고 자료 정밀 검토에 대한 원본 기사를 읽고 싶다면 "*Design and Code Inspections to Reduce Errors in Program Development*"(Fagan 1976)를 살펴본다.

정밀 검토는 결함을 발견하는 데 매우 효과적이며 테스트에 비해서 상대적으로 경제적인 것으로 알려진 검토의 한 종류다. 정밀 검토는 마이클 페이건(Michael Fagan)이 개발했으며 페이건이 논문을 통해서 발표하기 전에는 IBM에서 수년 동안 사용되었다. 비록 모든 검토에 설계와 코드 읽기가 수반되지만, 정밀 검토는 다음과 같은 여러 가지 핵심적인 방법에서 평범한 검토와 차별화된다.

- 체크리스트는 과거에 문제가 있었던 영역에 정밀 검토자가 주의를 기울이게 해준다.
- 정밀 검토는 결함의 수정이 아니라 발견에 중점을 둔다.
- 정밀 검토자는 미리 정밀 검토 회의를 준비하고 그들이 발견한 문제점 목록을 준비하여 참석한다.
- 모든 참석자에게 명료한 역할을 할당한다.
- 정밀 검토의 중재자는 정밀 검토 중인 제품의 작성자가 아니다.
- 중재자는 정밀 검토의 중개를 위한 특정한 훈련을 받은 사람이다.
- 정밀 검토 미팅은 모든 참석자가 적합하게 준비한 경우에만 개최한다.
- 데이터를 정밀 검토마다 모으고 다음 번 정밀 검토에 제공해 결과를 향상시킨다.
- 프로젝트 일정이나 경영자 관련 사항을 정밀 검토하지 않는다면 일반 경영자는 정밀 검토 미팅에 참석하지 않는다. 기술 전문가는 참석할 수 있다.

정밀 검토로부터 어떤 결과를 기대할 수 있는가?

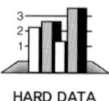

각 정밀 검토는 보통 60% 정도의 결함을 잡는다. 이는 프로토타이핑과 대량 베타 테스트를 제외한 다른 기법보다 높은 수치다. 이러한 결과는 Harris BCSD, National

Software Quality Experiment, 소프트웨어공학연구소, 휴렛팩커드 등을 비롯한 여러 조직에서 수없이 입증되었다(Shull et al 2002).

설계 정밀 검토와 코드 정밀 검토를 조합하면 대개 제품 결함의 70%에서 85% 이상을 제거한다(Jones 1996). 정밀 검토는 오류가 발생하기 쉬운 클래스를 초기에 규명한다. 캐퍼스 존스는 1000줄당 결함 수가 덜 공식적인 검토 방법보다 20%에서 30% 정도 줄었다고 보고했다. 설계자와 코드 작성자가 정밀 검토에 참여하면서 자신의 업무를 향상시키게 되어 정밀 검토로 생산성이 20% 정도 높아진다(Fagan 1976, Humphrey 1989, Gilb and Graham 1993, Wiegers 2002). 설계와 코드에 대해 정밀 검토를 수행하는 프로젝트에서 정밀 검토는 프로젝트 예산의 10%에서 15% 정도의 비용을 차지할 것이며 전체 프로젝트 비용을 줄여줄 것이다.

정밀 검토를 진행 상태를 평가하는 데도 사용할 수 있지만, 이는 기술적인 과정을 평가하는 것이다. 그것은 대개 다음 두 질문에 대한 대답을 의미한다. 기술적인 작업이 진행되고 있는가? 그 작업을 잘 처리하고 있는가? 이 두 질문에 대한 대답은 공식적인 정밀 검토의 부산물이다.

정밀 검토에서의 역할

정밀 검토의 한 가지 주요한 특징은 참여한 사람마다 뚜렷한 역할을 맡는다는 점이다. 다음은 그 역할이다.

중재자 중재자는 정밀 검토의 진행 속도를 생산적일 만큼 빠르고 가장 많은 오류를 찾을 수 있는 수준으로 느리게 유지하는 역할을 담당한다. 중재자는 기술적으로 유능해야 한다. 정밀 검토를 받고 있는 설계나 코드에 대한 전문가일 필요는 없다. 하지만 관련된 세부 사항을 이해할 수 있어야 한다. 이 사람은 검토될 설계나 코드의 분배, 정밀 검토 항목의 분배, 회의실 준비, 정밀 검토 결과 보고, 정밀 검토 회의에서 진행된 지난 회의록 검토와 같은 정밀 검토의 다른 측면을 관리한다.

작성자 설계나 코드를 작성한 사람은 정밀 검토에서는 비교적 역할이 적다. 정밀 검토의 목표 중 일부는 설계나 코드가 분명한지 확인하는 것이다. 설계나 코드가 분명하지 않은 것으로 밝혀지면 작성자에게 설계나 코드를 분명히 하기 위한 일이 할당될 것이다. 그렇지 않으면 작성자가 분명하지 않은 설계나 코드 부분을 설명하고 오류처럼 보이는 것이 실제로는 타당한 이유에 대해서 설명해야 한다. 프로젝트가 검토자에게 낯설다면 작성자가 정밀 검토 미팅 준비를 위해 프로젝트의 개요를 설명해야 할 수도 있다.

검토자 검토자는 설계나 코드에 대해 직접적 관심이 있지만 작성자는 아닌 사람이다. 설계의 검토자는 설계를 구현할 개발자일 수 있다. 테스터나 고수준 설계자도 포함될 것이다. 검토자의 역할은 결함을 찾는 것이다. 그들은 보통 준비 단계에서 결함을 발견하고 정밀 검토 회의에서 설계나 코드를 논의할 때 훨씬 많은 결함을 발견한다.

서기 서기는 발견된 오류와 정밀 검토 회의 중에 있었던 조치 항목을 기록한다. 작성자나 중재자는 서기가 될 수 없다.

관리자 정밀 검토에 관리자가 참여하는 것은 일반적으로 좋은 생각이 아니다. 소프트웨어 정밀 검토의 요점은 그것이 순수한 기술적 검토라는 것이다. 관리자가 참여하면 사람들의 반응이 달라진다. 사람들은 검토를 하는 대신 평가를 받고 있다고 느낀다. 이렇게 되면 기술적인 내용에서 정책적인 부분으로 관심이 전환된다. 하지만 관리자는 정밀 검토의 결과를 알아야 할 권한이 있으며 관리자가 알 수 있도록 정밀 검토 보고서를 준비해야 한다.

마찬가지로 어떠한 환경에서도 정밀 검토의 결과가 성능을 평가하기 위한 수단으로 사용되어서는 안 된다. 황금알을 낳는 거위를 죽여서는 안 된다. 정밀 검토에서 정밀 검토하는 코드는 여전히 개발 단계에 있다. 성능 평가는 완성되지 않은 작업이 아니라 완성된 제품을 바탕으로 하는 것이다.

전체적으로 정밀 검토에는 적어도 세 명 이상의 참여자가 있어야 한다. 세 명보다 적으면 중재자, 작성자, 검토자가 각각 존재할 수 없으며 그들의 역할은 겹치면 안 된다. 전통적으로 정밀 검토의 참여 인원은 6명으로 제한한다. 이보다 더 많으면 관리하기가 어렵기 때문이다. 연구자들은 두세 명 이상의 검토자가 참여한다고 해서 발견된 결함의 수가 증가하지는 않는 것 같다는 사실을 발견했다(Bush and Kelly 1989, Porter and Votta 1997). 하지만 항상 그렇지는 않으며 결과는 정밀 검토하는 대상에 따라서 달라지는 것 같다(Wiegers 2002). 경험을 토대로 그에 맞게 방법을 조절하라.

정밀 검토의 일반적인 절차

정밀 검토는 여러 단계로 구성된다.

계획 작성자는 설계나 코드를 중재자에게 전달한다. 중재자는 누가 검토할지와 언제, 어디서 정밀 검토 회의를 진행할지를 결정한다. 그러고 나서 중재자는 설계나 코드, 그리고 정밀 검토의 관심의 대상이 되는 체크리스트를 분배한다. 내용물은 회의 진행 시 오류를 빠르게 찾을 수 있도록 줄 번호와 함께 출력해야 한다.

개요 검토자가 프로젝트에 익숙하지 않을 때는 작성자가 설계나 코드가 작성된 기술적 환경을 1시간 정도 설명할 수 있다. 개요를 설명하는 것은 정밀 검토 중인 설계나 코드에서 분명하지 않은 사항을 얼버무리고 넘어가게 할 수 있어 위험한 습관인 경향이 있다. 설계나 코드는 그 자체만으로 설명이 되어야지 개요가 그것을 설명해서는 안 된다.

> **관련 정보** 코드의 품질을 향상시키는 데 활용할 수 있는 체크리스트는 XXVIII쪽을 살펴본다.

준비 각 검토자는 설계나 코드에 오류가 있는지를 정밀하게 조사하기 위하여 혼자 일한다. 검토자는 검토 대상을 상기하고 파악하기 위해서 체크리스트를 사용한다.

고급 언어로 작성된 응용 프로그램을 검토하는 경우, 검토자는 시간당 500줄 정도의 코드를 준비할 수 있다. 고급 언어로 작성된 시스템 코드를 검토하는 경우에는 검토자가 시간당 125줄 정도의 코드를 준비할 수 있다(Humphrey 1989). 가장 효과적인 검토 비율은 매우 다양하기 때문에 환경에 따른 가장 효과적인 비율을 결정하기 위해서 자신이 일하는 조직에서의 준비율을 기록한다.

어떤 조직에서는 검토자마다 특정한 관점이 주어졌을 때 정밀 검토 결과가 더 효과적이라는 사실을 발견했다. 예를 들면 검토자에게 유지보수 개발자나 고객, 또는 설계자의 관점에서 정밀 검토를 준비하라고 요청하는 것이다. 관점 기반의 검토에 대한 연구가 포괄적으로 진행되지는 않았지만, 관점 기반의 검토가 일반적인 검토보다 더 많은 오류를 발견할 수도 있음을 제시한다.

정밀 검토 준비의 또 다른 형태는 각 검토자에게 하나 이상의 시나리오를 정밀 검토하도록 하는 것이다. 시나리오에는 "이 설계에서 만족되지 않는 요구사항이 있습니까?"처럼 검토자가 답해야 하는 구체적인 질문이 들어간다. 또한 특정한 설계 항목을 만족하는 구체적인 요구사항 목록 같이 검토자가 수행해야 하는 특정한 작업이 시나리오에 들어갈 수도 있다. 검토자가 자료를 앞에서 뒤로, 뒤에서 앞으로, 또는 안에서부터 밖으로 읽게 할 수도 있다.

정밀 검토 회의 중재자는 설계를 설명하거나 코드를 읽기 위해서 작성자 이외의 누군가를 선택한다(Wiegers 2003). 논리적인 구조의 세부 항목을 포함한 모든 논리 구조가 설명된다. 이 프레젠테이션 동안 서기는 오류를 발견하면 기록하지만, 오류에 대한 논의는 오류로 인식되면 곧바로 중지한다. 서기는 오류의 유형과 심각성을 기록하고 정밀 검토를 계속 진행한다. 논의에 집중하지 않는다면 중재자가 참석자의 주의를 끈 다음 논의를 계속 진행한다.

설계나 코드를 검토하는 속도가 너무 빨라서도 너무 느려서도 안 된다. 너무 느리면 집중력이 떨어지고 회의가 비생산적이게 될 수 있다. 너무 빠르면 잡을 수 있는 오류를 지나칠 수 있다. 최적의 정밀 검토 속도는 준비 속도가 그렇듯이 환경에 따라서 달라진다. 기록을 남겨 시간이 지남에 따라 주어진 환경에서 최적의 속도를 결정할 수 있게 한다. 다른 조직은 시스템 코드에 대해서 시간당 90줄의 코드를 정밀 검토하는 것이 가장 적합하다는 것을 발견했다. 응용 프로그램 코드에 대해서는 정밀 검토 속도가 시간당 500줄 정도 될 수 있다(Humphrey 1989). 우선 시간당 평균 150에서 200줄 정도의 소스 명령문을 기준으로 삼는 것이 좋다(Wiegers 2002).

회의 중에 해결책을 논의하지 않는다. 그룹은 결함을 식별하는 데 초점을 두어야 한다. 어떤 정밀 검토 그룹은 결함이 실질적인 결함인지에 대해서 논의하는 것조차 허용하지 않는다. 그들은 누군가가 결함이라고 생각할 만큼 혼란스럽다면 설계나 코드, 문서가 명료하게 수정되어야 할 필요가 있다고 가정한다.

일반적으로 회의는 2시간 넘게 지속되지 않아야 한다. 2시간이 되었을 때 모든 사람을 내보내야 한다는 의미는 아니지만, IBM과 다른 회사에서의 경험으로 볼 때 검토자는 2시간 정도가 지나면 더 이상 집중을 할 수가 없다. 같은 이유로 같은 날에 한 번 이상 정밀 검토를 하는 것은 현명하지 않다.

정밀 검토 보고 정밀 검토 회의를 진행한 당일에 중재자는 결함의 유형과 정도를 포함한 결함 목록을 정리한 정밀 검토 보고서를 작성해야 한다. 정밀 검토 보고서는 모든 결함의 수정을 돕고 조직에 중요한 문제를 강조하는 체크리스트를 만드는 데 사용된다. 그리고 정밀 검토에 소요한 시간과 발견한 오류의 수를 기록해 둔다면 정밀 검토의 효험에 대한 질문에 적절하게 답할 수 있다. 그렇지 않으면 정밀 검토가 더 좋은 것 같다고 말하는 정도에 그칠 것이다. 이것만으로는 테스트가 더 좋다고 생각하는 사람을 설득할 수 없다. 또한 정밀 검토가 주어진 환경에 맞지 않아서 정밀 검토 방법을 적절히 변경하거나 포기해야 할지 말할 수 있을 것이다. 새로운 방법론은 그 존재를 정당화할 필요가 있기 때문에 데이터 수집도 중요하다.

재작업 중재자는 결함을 수정하기 위해서 누군가(일반적으로 작성자)에게 할당한다. 결함을 할당받은 사람은 목록에 있는 결함을 해결한다.

후속 조치 중재자는 정밀 검토가 진행되는 중에 할당된 모든 수정 작업을 지켜볼 책임이 있다. 발견된 오류와 정도에 따라서 검토자에게 전체 제품을 다시 정밀 검토하게 하거나 수정된 부분만 다시 정밀 검토하게 하거나 작성자에게 별도의 후속 조치 없이 오류를 완료하게 하는 조치를 취해야 할 것이다.

추가 회의 정밀 검토 진행 중에 참여자가 제기된 문제에 대한 해결책을 논의하는 것을 허용하지 않아도 누군가는 그렇게 하고 싶어 할 것이다. 공식적인 정밀 검토가 끝나고 난 후 관심 있는 사람들이 해결책을 논의할 수 있도록 비공식적인 추가 회의를 열 수 있다.

정밀 검토의 정밀 조정

"책을 통해" 정밀 검토를 수행하는 방법을 익혔다면 그것을 향상시킬 다양한 방법을 찾을 수 있다. 그렇다고 마구잡이 식으로 변경해서는 안 된다. 변경한 사항이 도움이 되는지 알 수 있도록 정밀 검토 과정을 "변경"하라.

회사들은 정밀 검토 단계를 없애거나 조합할 때 비용이 더 많이 든다는 것을 발견했다(Fagan 1986). 변경의 효과를 측정하지 않고 정밀 검토 과정을 변경하려고 하면 안 된다. 과정을 측정하고 변경한 과정이 여기에서 소개한 것보다 더 잘 작동하는 것을 알고 있다면 계속 진행하라.

정밀 검토를 할 때 특정한 종류의 오류가 다른 종류보다 더 빈번하게 발생한다는 것을 알게 될 것이다. 그러한 오류를 조심하도록 체크리스트를 만들면 검토자가 그것을 중점적으로 살펴볼 것이다. 시간이 흐름에 따라 체크리스트에 없는 오류도 발견하게 될 것이다. 그것도 체크리스트에 추가한다. 초기 체크리스트에 있던 오류 중 더 이상 발생하지 않는 오류도 있을 텐데, 그런 오류는 제거한다. 몇 번의 정밀 검토를 거친 후 조직의 요구에 맞는 정밀 검토 체크리스트를 갖게 될 것이며 그것이 개발자 교육이나 지원이 어느 부분에서 좀 더 필요한지 파악하기 위한 단서가 될 것이다. 체크리스트는 한 페이지 정도로 제한한다. 더 길어지면 정밀 검토에 필요한 수준에서 사용하기가 어렵다.

정밀 검토에서의 자존심

관련 정보 자아를 내세우지 않는 프로그래밍에 대한 내용은 《프로그래밍 심리학》(인사이트, 2014)을 살펴본다.

정밀 검토 자체의 핵심은 설계나 코드에 있는 결함을 발견하는 것이다. 다른 대안을 찾거나 누가 옳고 누가 그른지에 대해서 논쟁하는 것이 아니다. 설계나 코드를 작성한 사람을 비판해서는 안 된다. 정밀 검토는 작성자로 하여금 회의에 참석하는 것이 프로그램을 개선할 수 있다는 확신을 줄 수 있어야 하고 참여한 모든 사람들에게 무언가를 배울 수 있는 경험이 되는 긍정적인 효과를 가져와야 한다. 작성자에게 회의에 참석한 다른 사람들이 바보라든지 회사를 떠날 때가 되었다는 것을 확신시켜서는 안 된다. "자바를 알고 있는 사람이라면 1부터 num까지 반복하는 것보다 0부터 num-1까지 반복하는 것이 더 효율적이라는 것을 알 겁니다."라는 식의 의견은 완전히 잘못된 것이며 그런 일이 발생한다면 중재자가 그런 발언이 부적합하다는 사실을 확실하게 설명해야 한다.

설계나 코드가 비평의 대상이 되고 있고 자신이 개발한 코드나 설계에 작성자가 애착을 갖기 때문에 작성자는 당연히 코드에 대해 압박감을 느끼게 된다. 작성자는 실제로는 결함이 아닌 결함과 논란의 여지가 있는 결함에 대한 비평을 들을 거라고 예상할 것이다. 그렇기는 해도 작성자는 언급된 모든 결함을 인정하고 계속해서 진행해야 한다. 비평을 인정한다고 해서 작성자가 비평의 내용에 동의한다는 것을 의미하지는 않는다. 작성자는 검토 중에 자신이 한 작업에 대해서 방어하려고 해서는 안 된다. 검토가 끝나고 나서 작성자는 각 결점에 대해서 생각하고 그것이 타당한지를 결정할 수 있다.

검토자는 결함에 대해서 무엇을 할지에 대한 최종 결정권이 작성자에게 있음을 기억해야 한다. 결함을 찾는 것을 즐기는 것까지는 좋지만(그리고 단순한 검토를 넘어서 해결책을 제안하는 것까지), 각 검토자는 오류를 어떻게 해결할 것인지에 대한 작성자의 최종 결정권을 존중해야 한다.

정밀 검토와 《Code Complete》

《Code Complete》 2판에 대해 개인적으로 정밀 검토를 한 경험이 있다. 이 책의 1판에서는 처음에 초안을 작성했다. 각 장의 초안을 한 주나 두 주 동안 책상에 놓은 다음 각 장의 내용을 다시 읽어보고 오류를 수정했다. 그리고 나서 검토를 위해서 12명의 동료에게 수정한 장을 유포하였으며 몇 사람은 그 자료를 매우 철저하게 검토해주었다. 나는 그들이 발견한 오류를 수정했다. 몇 주가 지난 후, 다시 한 번 검토를 하고 더 많은 오류를 수정했다. 마지막으로 원고를 출판사에 제출했고 출판사에서는 원고 정리 편집자와 기술 편집자, 교정자가 원고를 검토하였다. 이 책은 10년 이상 출판되었고 그동안 독자들이 200개 정도의 오류를 보내주었다.

그렇게 많은 검토 작업을 거쳤으니 이 책에는 오류가 많지 않을 것이라고 생각할지도 모른다. 하지만 그렇지 않다. 2판을 내려고 2판에서 해결되어야 하는 문제를 파악하기 위해 초판에서 적용했던 공식적인 정밀 검토를 사용했다. 서너 명으로 이루어진 팀이 이 책에서 설명한 지침에 따라 준비했다. 놀랍게도 이 공식적인 정밀 검토에서 이전에 수많은 검토에서 발견되지 않았던 수백 개의 오류가 발견되었다.

공식적인 정밀 검토가 얼마나 중요한지 《Code Complete》 2판을 작성하면서 확실하게 알게 되었다.

정밀 검토 요약

정밀 검토 체크리스트를 사용하면 무언가에 초점을 맞춰서 집중적으로 진행할 수 있다. 규격화된 체크리스트와 규칙 덕분에 정밀 검토 진행 과정이 체계화된다. 또한 체크리스트를 개선하고 준비 작업과 정밀 검토율을 검토하기 위해서 공식적인 피드백 과정을 사용하기 때문에 스스로 최적화가 된다. 진행 과정을 제어하고 최적화를 계속 진행한다면 어떻게 시작하든지 상관없이 정밀 검토는 강력한 기법이 될 것이다.

참고 자료 SEI의 소프트웨어 성숙도 개념에 대한 자세한 내용은 "Managing the Software Process"(Humphrey 1989)를 살펴본다.

소프트웨어 공학 연구소는 조직의 소프트웨어 개발 프로세스의 효율성을 측정하는 역량 성숙도 모델(Capability Maturity Model, CMM)을 정의했다(SEI 1995). 정밀 검토 프로세스는 이 모델의 최상위 수준이 어떤지 보여준다. 이 프로세스는 체계적이고 반복적이며 피드백을 사용해 스스로 향상한다. 이와 동일한 개념을 이 책에 소개된 다른 기법에도 적용할 수 있다. 이러한 개념이 개발 조직에 전체적으로 보급되면 그 조직의 품질과 생산성을 가장 높은 수준으로 이끌 것이다.

cc2e.com/2199

체크리스트: 효과적인 정밀 검토
- 검토자가 과거에 문제가 있었던 부분에 집중하게 하는 체크리스트가 있는가?
- 정밀 검토를 수정보다는 결함의 발견에 초점을 맞추었는가?
- 검토자가 준비 작업에 초점을 맞출 수 있도록 예상 목록이나 시나리오를 정해주는 것을 고려했는가?
- 정밀 검토 회의가 있기 전에 검토자에게 충분히 준비할 시간을 줬는가? 그리고 모든 검토자가 준비되었는가?
- 각 참석자가 명확한 역할(중재자, 검토자, 서기 등)을 갖는가?
- 회의가 생산적인가?
- 회의 시간이 2시간으로 제한되어 있는가?
- 정밀 검토의 모든 참석자가 정밀 검토를 수행하기 위해 특정한 교육을 받았는가? 그리고 중재자는 중재 역할을 하기 위한 특별 교육을 받았는가?
- 조직에서 사용하는 체크리스트를 조절하기 위해서 오류의 타입에 대한 데이터가 정밀 검토에서 수집되었는가?
- 다음 번 정밀 검토를 효율적으로 진행할 수 있도록 미팅에 대한 데이터를 수집했는가?
- 중재자가 직접 또는 다음번 정밀 검토를 통해서 정밀 검토에서 할당된 활동 항목에 대한 후속 조치가 이루어졌는가?
- 관리자가 정밀 검토에 참여해서는 안 되는 이유를 이해하고 있는가?
- 정확하게 수정되었는지 검증하기 위한 후속 계획이 있는가?

21.4 여러 가지 협력 개발 방법

다른 종류의 협력 작업은 정밀 검토나 짝 프로그래밍처럼 많이 사용되지 않아서 여기에서는 깊이 있게 다루지 않았다. 이 절에서 다루고 있는 협력 작업은 워크스루(work-throughs), 코드 읽기, 데모(dog-and-pony shows)이 있다.

워크스루

워크스루[2]는 인기 있는 검토 방법이다. 이 용어는 느슨하게 정의되어 있어 그 인기의 일부는 사실 사람들이 어떤 종류의 검토든 "워크스루"라고 부를 수 있다는 사실 덕분이다.

용어가 애매하게 정의되어 있기 때문에 워크스루가 정확히 무엇이라고 말하기는 어렵다. 분명한 점은 워크스루는 두 명 이상이 코드에 대해서 논의하는 데 참여한다는 것이다. 화이트보드 주위에서 즉석으로 이루어지는 자유 토론도 워크스루일 수 있다. 기술 부서가 프레젠테이션을 준비해 회의를 진행하고 결론을 경영진에게 전달하는 것처럼 공식적인 형태가 될 수도 있다. 어떤 의미에서 "두세 명이 모여 있는 곳"에는 워크스루가 있다고 말할 수 있다. 워크스루를 지지하는 사람은 이러한 느슨한 정의를 좋아하기 때문에 모든 워크스루가 공통으로 갖고 있는 몇 가지 사항을 지적하고 나머지 세부적인 사항은 다루지 않도록 하겠다.

- 워크스루는 일반적으로 검토 중인 코드나 설계의 작성자에 의해서 진행되고 조절된다.
- 워크스루는 기술적인 문제에 초점을 맞춘다. 즉, 워크스루는 업무 회의다.
- 모든 참석자는 설계나 코드를 읽고 오류를 찾음으로써 워크스루를 준비한다.
- 워크스루는 수석 개발자가 신입 개발자에게 자신의 경험과 협력 문화를 전달할 수 있는 기회다. 또한 신입 개발자에게는 새로운 방법론을 제시하고 진부하고 더 이상 사용할 수 없는 가정에 이의를 제기할 수 있는 기회이기도 하다.
- 워크스루는 일반적으로 30분에서 60분 동안 진행된다.
- 오류에 대한 수정이 아니라 발견을 중시한다.
- 경영진은 참여하지 않는다.
- 워크스루 개념은 유연하며 그것을 사용하는 조직의 요구에 맞게 수정될 수 있다.

---

[2] (옮긴이) 개괄적인 검토라고도 한다.

워크스루로부터 어떤 결과를 기대할 수 있는가?

공식적인 절차에 따라 현명하게 진행한다면 워크스루는 정밀 검토와 유사한 결과를 가져올 수 있다. 즉, 전형적으로 프로그램에 있는 오류의 20%에서 40% 정도를 발견할 수 있다(Myers 1979, Boehm 1987b, Yourdon 1989b, Jones 1996). 하지만 일반적으로 워크스루는 정밀 검토보다 효과가 많이 떨어진다고 알려져 있다(Jones 1996).

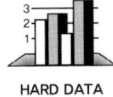
HARD DATA

제대로 진행하지 않으면 워크스루는 득보다 실이 많을 수 있다. 가장 낮은 효율인 20%는 큰 도움이 되지 않으며, 보잉 컴퓨터 서비스에서는 동료가 코드를 검토하면 "지나치게 많은 비용"이 든다는 것을 발견했다. 보잉은 프로젝트를 진행하는 사람들에게 워크스루 기법을 지속적으로 적용하라고 하기는 어려우며 프로젝트 일정에 대한 압박이 증가하면 워크스루는 거의 불가능하다는 것을 알게 되었다(Glass 1982).

지난 10년 동안 우리 회사의 컨설팅 사업을 보면서 워크스루에 대해 훨씬 더 비판적인 의견을 갖게 되었다. 사람들이 기술적인 검토에 대해 나쁜 경험을 갖게 되면 거의 형식적인 정밀 검토 대신 워크스루와 같이 비공식적인 습관을 갖게 된다는 것을 발견했다. 검토는 기본적으로 회의고 회의는 비용이 든다. 회의를 주최하는 데 오버헤드가 든다면 그 회의를 공식적인 정밀 검토로 체계화할 만한 가치가 있다. 검토로 얻는 결과가 형식적인 정밀 검토의 오버헤드를 정당화하지 못한다면 회의의 오버헤드를 전혀 정당화하지 못한다. 그런 경우에는 문서 읽기나 상호 협력이 덜한 접근 방법을 사용하는 것이 좋다.

정밀 검토는 오류를 제거하는 데 워크스루보다 효과적인 것처럼 보인다. 그렇다면 누가 워크스루를 사용하는 걸까?

대규모의 검토 그룹을 갖고 있다면 검토 항목에 대해서 다양한 관점을 가질 수 있기 때문에 워크스루가 좋은 방법이다. 워크스루에 참여한 모든 사람이 해결책이 옳다고 확신할 수 있다면 아마도 큰 문제는 없을 것이다.

다른 조직에 있는 검토자가 참여하는 경우에도 워크스루가 좋을 수 있다. 정밀 검토에서의 역할은 좀 더 형식적이고 사람들이 효과적으로 정밀 검토를 수행하기 전에 어느 정도의 연습이 요구된다. 전에 정밀 검토에 참여한 적이 없는 검토자는 불리하다. 그들이 기여하기를 원한다면 워크스루가 최상의 선택일 것이다.

KEY POINT

정밀 검토는 워크스루보다 좀 더 집중적이며 일반적으로 더 많은 것을 돌려준다. 결과적으로 조직을 위한 검토 표준을 선택하고 있다면 정밀 검토를 하지 않을 타당한 이유가 없을 때는 정밀 검토를 가장 먼저 선택하는 것이 좋다.

코드 읽기

코드 읽기는 정밀 검토와 워크스루의 대안이다. 코드 읽기에서는 소스코드를 읽고 오류를 찾는다. 또한 설계나 방식, 가독성, 유지보수 편의성, 효율성과 같이 코드의 질적인 측면에 대해서 의견을 제시한다.

NASA의 소프트웨어공학연구소의 연구에서 코드 읽기가 시간당 약 3.3개의 결함을 찾는다는 것을 발견했다. 테스트는 시간당 약 1.8개의 오류를 발견했다(Card 1987). 또한 프로젝트 전반적으로 코드 읽기는 다른 여러 테스트 방법보다 20%에서 60% 정도 더 많은 오류를 발견했다.

워크스루의 기본 개념처럼 코드 읽기의 개념도 느슨하게 정의되어 있다. 코드 읽기는 일반적으로 두 명 이상의 사람이 코드를 개별적으로 읽고 코드의 작성자와 만나서 코드에 대해서 논의한다. 다음은 코드 읽기를 진행하는 방법이다.

- 회의를 준비할 때 코드 작성자는 소스코드를 검토자에게 전달한다. 코드는 1,000줄에서 1만 줄 사이로, 보통 4,000줄이다.
- 두 명 이상의 사람이 코드를 읽는다. 검토자끼리 경쟁을 유발하기 위해서 최소 두 명이 필요하다. 두 명 이상의 사람을 쓴다면 나머지 사람들이 얼마나 기여했는지 알 수 있도록 모든 사람의 기여도를 측정한다.
- 검토자는 코드를 개별적으로 읽는다. 하루에 약 1,000줄 정도 평가한다.
- 검토자가 코드 읽기를 마쳤을 때 작성자에 의해 코드 읽기 회의가 주최된다. 회의는 한두 시간 정도 진행되며 검토자가 발견한 문제를 집중적으로 다룬다. 어느 누구도 코드를 한 줄씩 살펴보는 일이 없도록 한다. 회의가 반드시 필요한 것도 아니다.
- 코드의 작성자는 검토자가 규명한 문제를 수정한다.

KEY POINT

코드 읽기 쪽과 정밀 검토와 워크스루 쪽의 차이점은 코드 읽기가 회의보다는 개별적인 검토에 중점을 둔다는 점이다. 그 결과 각 검토자가 코드에 있는 문제를 찾는 데 초점을 둔다. 각자 회의 시간의 일부에만 참여하고 대부분의 작업이 그룹을 중재하는 것이므로 회의로 보내는 시간이 줄어든다. 그룹에 있는 사람들이 두 시간 동안 모일 수 있을 때까지 회의가 지연되는 시간도 짧다. 코드 읽기는 검토자가 거리상 떨어져 있는 상황에서 특히 유용하다.

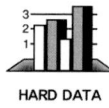
HARD DATA

AT&T에서 진행된 13번의 검토에 대한 연구에서 검토 회의 자체의 중요성이 지나치게 높다는 것이 발견됐다. 결함의 90%는 검토 회의를 준비하면서 발견되었고 10%만이 검토를 진행하는 중에 발견됐다(Votta 1991, Glass 1999).

데모

데모(Dog-and-pony show)는 소프트웨어 제품을 고객에게 보여주는 검토다. 고객 검토는 정부 계약(government contracts)을 위해 개발된 소프트웨어에서 일반적으로 사용되며 종종 검토가 요구사항, 설계, 코드에 대해 이루어진다고 규정한다. 데모의 목적이 고객에게 프로젝트가 잘 진행되고 있다는 것을 보여주기 위한 것이라서 기술적인 검토라기보다는 경영적인 검토다.

제품의 기술적인 품질을 개선하기 위해서 데모에 의존하지 않는다. 데모를 준비하는 과정에서 간접적으로 기술적인 품질에 영향을 미치기는 하겠지만, 일반적으로 소프트웨어의 품질을 개선하는 것보다는 멋진 프리젠테이션 슬라이드를 만드는 데 더 많은 시간을 보낸다. 기술적인 품질 개선을 위해서는 정밀 검토나 워크스루, 코드 읽기에 의존한다.

협력 구현 기법 비교

이렇게 다양한 협력 구현 기법이 어떻게 다른 것일까? 표 21-1은 각 기법의 주요 특징을 요약한 것이다.

표 21-1 협력 구현 기법 비교

특성	짝 프로그래밍	형식적인 정밀 검토	비형식적인 검토 (워크스루)
정의된 참석자의 역할	있음	있음	없음
역할을 어떻게 수행하는지에 대한 공식적인 훈련	코칭을 통해서	있음	없음
협력을 "이끄는" 사람	키보드를 갖고 있는 사람	중재자	일반적으로 작성자
협력의 초점	설계, 코드 작성, 테스트, 결함 수정	오로지 결함의 발견	다양함
중점적인 검토 노력-가장 빈번하게 발생하는 오류의 종류 찾기	비형식적	있음	없음
잘못된 수정을 줄이기 위한 후속 조치	있음	있음	없음
개별적인 개발자에 대한 상세한 오류 피드백을 통해서 더 적은 오류 발생	부수적	있음	부수적
결과의 분석으로부터 프로세스 효율성의 향상	없음	있음	없음
구현 이외의 활동에 대한 유용함	가능	있음	있음
전형적인 결함 발견율	40~60%	45~70%	20~40%

짝 프로그래밍은 형식적인 정밀 검토처럼 그 효율성을 증명하는 데이터가 그렇게 많지 않다. 하지만 초기 데이터는 이 기법이 대충 정밀 검토와 비슷한 결과를 가져온다는 것을 보여주며 우연한 관찰에 따른 보고서들도 긍정적이다.

짝 프로그래밍과 형식적인 정밀 검토가 품질, 비용, 일정에 있어서 유사한 결과를 만든다면 어느 것을 선택하는지는 기술적인 본질보다는 개인적인 성향에 따라서 좌우된다. 어떤 개발자들은 혼자서 일하는 것을 선호하여 정밀 검토 회의가 있을 때만 드물게 다른 사람과 작업을 한다. 다른 개발자들은 많은 시간을 다른 사람과 일하느라 보낸다. 이 두 기법 사이의 선택은 팀에 있는 개발자의 작업 성향에 의해서 결정되며 그룹의 구성원들이 효율을 가장 크게 높일 수 있는 방법을 선택하게 해줄 것이다. 프로젝트에서 상황에 맞게 서로 다른 기법을 사용해야 한다.

참고 자료

cc2e.com/2106

다음은 협력 구현에 관한 자료다.

짝 프로그래밍

로리 윌리엄스(Laurie Williams)와 로버트 케슬러(Robert Kessler) 《*Pair Programming Illuminated*》(Addison-Wesley, 2002). 이 책은 짝 프로그래밍의 모든 것을 설명한다. 다양한 성격을 짝 짓는 방법(예: 전문가와 비전문가, 내향적인 사람과 외향적인 사람)과 그 밖의 구현 문제를 다룬다.

켄트 벡 《*익스트림 프로그래밍*》(인사이트, 2006) 이 책은 짝 프로그래밍에 대해서 간략하게 소개하고 코드 작성 표준, 빈번한 통합, 회귀 테스트와 같은 다른 기법과 함께 짝 프로그래밍이 어떻게 사용될 수 있는지를 보여준다.

도널드 라이퍼(Donald Reifer) "*How to Get the Most Out of Extreme Programming/Agile Methods,*" 185-196쪽 (XP/애자일 유니버스, 스프링거, 2002) 이 논문은 익스트림 프로그래밍과 애자일 방법론을 사용한 실무 경험을 요약해서 설명하고 성공적인 짝 프로그래밍을 위한 핵심적인 내용을 소개한다.

정밀 검토

칼 위거스 《*Peer Reviews in Software: A Practical Guide*》(Addison-Wesley, 2002). 상당히 잘 쓰여진 이 책은 다양한 종류의 검토(형식적인 정밀 검토와 덜 공식적인 다른 방법)에 대한 모든 것을 설명한다. 이 책은 실무에 초점이 맞춰져 있으며 읽기 쉽다.

톰 길브와 도로시 그레이엄 《*Software Inspection*》(Addison-Wesley, 1993). 이 책은 1990년대 초기의 정밀 검토에 대한 논의를 자세히 소개하고 있다. 실무에 초점이 맞춰져 있으며 다양한 조직이 정밀 검토 프로그램을 구성했던 경험에 대한 사례 연구가 담겨 있다.

마이클 페이건 "*Design and Code Inspections to Reduce Errors in Program Development,*" 182-211쪽 (IBM 시스템 저널, 1976)

마이클 페이건 "*Advances in Software Inspections*", 744-751쪽(IEEE Transactions on Software Engineering, 1986년 7월호). 이 두 글은 정밀 검토를 만든 사람이 작성한 것이다. 이 글은 정밀 검토를 수행하기 위해 알아야 하는 내용(모든 표준 정밀 검토 형식 포함)을 포함하고 있다.

관련 표준

IEEE Std 1028-1997, Standard for Software Reviews

IEEE Std 730-2002, Standard for Software Quality Assurance Plans

요점 정리

- 협력 개발 방법은 테스트보다 결함을 발견하는 비율이 높고 좀 더 효율적으로 결함을 찾을 수 있다.
- 협력 개발 방법은 테스트보다 더 많은 종류의 오류를 찾을 수 있으며 이는 소프트웨어의 품질을 보장하기 위해서 검토와 테스트를 모두 사용할 필요가 있음을 의미한다.
- 형식적인 정밀 검토는 체크리스트, 사전 준비, 잘 정의된 역할, 지속적인 프로세스 향상을 사용해 오류 탐지의 효율성을 최대화한다. 정밀 검토는 워크스루보다 더 많은 결함을 찾는다.

- 짝 프로그래밍은 전형적으로 정밀 검토와 거의 비슷한 비용이 들고 유사한 품질의 코드를 생산한다. 짝 프로그래밍은 일정을 줄여야 할 때 특히 유용하다. 어떤 개발자들은 혼자서 일하는 것보다 짝을 지어 일하는 것을 좋아한다.
- 형식적인 정밀 검토는 코드 작성뿐만 아니라 요구사항, 설계, 테스트 케이스 같은 것에도 사용할 수 있다.
- 워크스루와 코드 읽기는 정밀 검토의 대안이다. 코드 읽기는 개인의 시간을 효과적으로 사용할 수 있다는 장점이 있다.

22장 개발자 테스트

cc2e.com/2261

내용

22.1 소프트웨어 품질에서 개발자 테스트의 역할

22.2 개발자 테스트에 대한 바람직한 접근 방법

22.3 여러 가지 교묘한 테스트 방법

22.4 전형적인 오류

22.5 테스트 지원 도구

22.6 테스트를 향상시키는 방법

22.7 테스트 기록을 보존하는 방법

관련 주제

- 소프트웨어 품질: 20장
- 협력적인 구현 방법: 21장
- 디버깅: 23장
- 통합: 29장
- 구현을 위한 선행 조건: 3장

테스트는 가장 보편적으로 이용하는 품질 개선 활동이다. 그것은 많은 기업 및 학술 연구, 상업적인 경험이 뒷받침하는 방법이다. 소프트웨어는 다양한 방법으로 테스트되며 어떤 것은 개발자가 수행하고 어떤 것은 전문 테스터가 수행한다.

- *단위 테스트*는 한 명의 개발자나 팀이 작성한 클래스나 루틴, 작은 프로그램을 실행하는 것으로, 완성된 시스템과는 별개로 테스트한다.
- *컴포넌트 테스트*는 여러 개발자나 개발팀이 참여하는 클래스, 패키지, 소형 프로그램, 다른 프로그램의 요소를 실행하는 것으로, 더 완전한 시스템과 별개로 테스트한다.
- *통합 테스트*는 여러 개발자나 개발팀이 만든 클래스나 패키지, 컴포넌트, 서브시스템을 두 개 이상 결합해 실행하는 것이다. 이와 같은 테스트는 전형적으로 테스트해야 하는 클래스가 두 개가 되는 순간 시작해서 전체 시스템 개발이 완료될 때까지 지속적으로 수행한다.
- *회귀 테스트*는 이전에 통과했던 테스트 집합을 가지고 소프트웨어에 있는 결함을 찾기 위해 이전에 실행했던 테스트 케이스를 반복하는 것이다.
- *시스템 테스트*는 다른 소프트웨어와 하드웨어 시스템과의 통합을 포함한 최종 환경에서 소프트웨어를 실행하는 것이다. 이 테스트는 보안과 성능, 자원 손실, 시간 문제, 저수준 통합에서는 테스트할 수 없는 문제를 테스트한다.

이 장에서 "테스트"는 개발자가 하는 테스트를 가리킨다. 일반적으로 단위 테스트, 컴포넌트 테스트, 통합 테스트로 구성되지만, 때에 따라서 회귀 테스트와 시스템 테스트가 포함될 수도 있다. 추가로 베타 테스트, 고객 인수 테스트, 성능 테스트, 구성 테스트, 플랫폼 테스트, 스트레스 테스트, 사용성 테스트 등 전문 테스터가 수행하고 개발자는 거의 수행하지 않는 테스트도 매우 많다. 이러한 테스트는 이 장에서 더는 언급하지 않는다.

KEY POINT

테스트는 일반적으로 블랙박스(black-box) 테스트와 화이트박스(white-box) 테스트(글래스박스(glass-box) 테스트라고도 함)라는 두 가지 큰 범주로 나뉜다. "블랙박스 테스트"는 테스터가 테스트하는 항목의 내부 동작을 볼 수 없는 테스트를 가리킨다. 당연히 자신이 작성한 코드를 테스트할 때는 적용되지 않는다! "화이트박스 테스트"는 테스터가 테스트하는 항목의 내부 동작을 볼 수 있는 테스트를 가리킨다. 이러한 종류의 테스트는 개발자가 직접 작성한 코드를 테스트하는 데 사용한다. 블랙박스 테스트와 화이트박스 테스트 모두 장단점을 갖고 있다. 이 장에서는 개발자가 수행하는 테스트라서 화이트박스 테스트에 초점을 맞추고 있다.

어떤 개발자들은 "테스트"와 "디버깅"을 구분 없이 사용하지만, 신중한 개발자는 두 활동을 구분한다. 테스트는 오류를 발견하기 위한 수단이다. 디버깅은 이미 발견된 오류의 원인을 진단하고 수정하는 수단이다. 이 장에서는 오로지 오류 발견에 관해서만 설명한다. 오류 수정은 23장 "디버깅"에 자세히 소개되어 있다.

테스트에 대한 전체 주제는 구현 시 테스트 주제보다 훨씬 크다. 시스템 테스트, 스트레스 테스트, 블랙박스 테스트를 비롯해 테스트 전문가를 위한 그 밖의 주제는 이 장의 마지막에 있는 "참고 자료"에 소개되어 있다.

22.1 소프트웨어 품질에서 개발자 테스트의 역할

관련 정보 검토에 대한 자세한 내용은 21장 "협력 구현"을 살펴본다.

테스트는 소프트웨어 품질 프로그램에서 중요한 부분이고 많은 경우에 유일한 부분이기도 하다. 이것은 안타까운 일인데, 다양한 형태의 협력적인 개발 방법이 테스트보다 오류를 발견하는 비율이 훨씬 높고 발견된 오류당 비용도 테스트로 발견했을 때의 절반도 안 되기 때문이다(Card 1987, Russell 1991, Kaplan 1995). 개별적인 테스트 단계(단위 테스트, 컴포넌트 테스트, 통합 테스트)는 전형적으로 단계마다 버그 발견률이 50%에 못 미친다. 테스트 단계를 결합한다고 하더라도 오류를 60% 이하로 찾아내는 경우가 많다(Jones 1998).

> 프로그램은 인간이 병균을 얻는 것처럼 버그가 있는 다른 프로그램의 주위를 돌아다니다가 버그를 얻는 일은 없다. 프로그램에는 반드시 버그를 넣어야 생긴다.
> – 할란 밀스(Harlan Mills)

미국의 교육용 어린이 프로그램인 "세서미 스트리트"에 대한 소프트웨어 개발 활동 목록을 만들고 있는데 '이 중에서 어느 것이 다른 것들과 다른가요?'라고 묻는다면 그 답은 "테스트"가 될 것이다. 테스트는 대부분의 개발자가 여러 가지 이유로 쉽게 받아들이지 못하는 어려운 활동이다. 그 이유는 다음과 같다.

- 테스트의 목표는 다른 개발 활동의 목표와 상반된다. 테스트의 목표는 오류를 찾는 것이다. 성공적인 테스트는 소프트웨어를 부수는 것이다. 다른 모든 개발 활동의 목표는 오류를 예방하고 소프트웨어가 부서지지 않도록 하는 것이다.

- 테스트가 오류가 없다는 것을 완벽하게 증명할 수는 없다. 광범위하게 테스트하여 수천 개의 오류를 발견했다면 그것이 모든 오류를 찾았다는 의미일까, 아니면 찾아야 할 오류가 수천 개 더 있다는 의미일까? 오류가 없다는 것은 소프트웨어가 완벽하다는 의미일 수도 있지만, 그에 못지않게 테스트 케이스가 비효과적이고 불완전하다는 의미일 수도 있다.

- 테스트 자체는 소프트웨어의 품질을 향상시키지 않는다. 테스트 결과는 품질의 지표지만, 그 자체로서 품질을 향상시키지는 않는다. 테스트 횟수를 늘려 소프트웨어의 품질을 향상시키려고 하는 것은 체중을 더 자주 재서 줄이려는 것과 같다. 체중계에 올라가기 전에 무엇을 먹느냐가 체중을 결정하고 소프트웨어 개발 기법이 테스트가 발견할 오류의 수를 결정한다. 체중을 줄이고 싶다면 새로운 체중계를 사지 말고 식습관에 변화를 준다. 소프트웨어를 향상시키고 싶다면 테스트를 더 많이 하지 말고 개발을 더 잘한다.

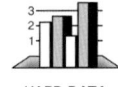
HARD DATA

- 테스트에는 코드에서 오류를 발견할 거라는 가정이 필요하다. 오류를 발견하지 못할 거라고 가정하면 아마 발견하지 못할 것이다. 그 이유는 단지 그렇게 될 것이라고 믿기 때문이다. 오류가 없기를 바라면서 프로그램을 실행하면 오류를 발견해도 아주 쉽게 지나칠 것이다. 고전이 된 한 연구에서 글렌포드 마이어스(Glenford Myers)는 숙련된 개발자에게 15개의 알려진 결함이 있는 프로그램을 테스트하게 했다. 개발자들은 평균 15개 중에서 5개의 오류만 발견했다. 가장 많이 발견한 개수가 9개밖에 안 되었다. 발견되지 않은 오류의 주원인은 오류를 나타내는 출력을 충분히 주의 깊게 살펴보지 않았기 때문이었다. 오류가 노출되었는데도 개발자들이 알아차리지 못했다(Myers 1978).

반드시 코드에 있는 오류를 찾을 수 있기를 바라야 한다. 그러한 기대가 부자연스럽게 보이겠지만, 다른 사람이 아니라 자신이 오류를 찾기를 바라야 한다.

가장 중요한 질문은 '일반적인 프로젝트에서 개발자 테스트에 얼마나 많은 시간을 보내야 하는가?'다. 전체 테스트에 대해서는 일반적으로 프로젝트 전체 시간의 50%라고 말하지만, 이것은 오해의 소지가 있다. 우선 이 수치는 테스트와 디버깅 시간을 합친 것으로, 테스트만 보면 더 적은 시간이 걸린다. 둘째, 이 수치는 반드시 소요되어야 하는 시간이라기보다는 일반적으로 걸리는 시간을 나타내고 있다. 셋째, 이 수치에는 개발자 테스트뿐만 아니라 독자적인 테스트도 포함되어 있다.

그림 22-1에서처럼 프로젝트의 크기와 복잡성에 따라 개발자 테스트는 전체 프로젝트 일정의 8%에서 25% 정도 차지한다. 이것은 다량의 보고된 데이터에서 변함이 없었다.

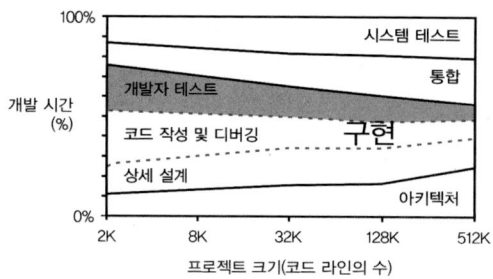

그림 22-1 프로젝트의 크기가 증가할수록 전체 개발 시간에서 개발자 테스트가 차지하는 비중이 조금씩 감소한다. 프로그램의 크기가 미치는 영향은 27장 "프로그램의 크기가 구현에 미치는 영향"에서 더 자세히 소개한다.

두 번째 질문은 '개발자 테스트의 결과로 무엇을 할 것인가?'다. 당장은 그 결과를 개발 중인 제품의 신뢰성을 평가하는 데 사용할 수 있다. 테스트로 발견한 결함을 수정하지 않는다고 하더라도 테스트는 소프트웨어를 얼마나 신뢰할 수 있는지 말해준다. 또한 테스트 결과는 소프트웨어 수정 작업에 대한 가이드 역할을 할 수 있고 대개는 그 역할을 한다. 마지막으로 오랜 시간 테스트를 통해 발견한 결함을 기록하면 가장 자주 발생하는 오류의 종류를 알아내는 데 도움이 된다. 이 정보를 이용해 적절한 교육 과정을 선택하고 향후 기술 검토 작업을 지시하고 이후의 테스트 케이스를 설계할 수 있다.

구현 중의 테스트

테스트라는 주제는 아주 광범위해서 이 장에서 다루는 "화이트박스 테스트"나 "글래스박스"는 때때로 무시한다. 보통은 클래스의 사용자가 클래스가 무엇을 하는지를 알기 위해서 인터페이스를 봐야 할 필요가 없는 블랙박스 클래스를 설계하려고 할 것이다. 하지만 클래스를 테스트할 때는 클래스를 클래스의 입력과 출력뿐만 아니라 클래스의 내부 소스코드까지 볼 수 있는 글래스 박스로 취급하는 것이 좋다. 상자 안에 무엇이 있는지 알면 클래스를 더 철저하게 테스트할 수 있다. 물론 클래스를 작성할 때와 마찬가지로 테스트할 때도 맹점이 있기 때문에 블랙박스 테스트 역시 장점이 있다.

일반적으로 구현 중에 클래스나 루틴을 작성하고 머릿속에서 검사한 다음 코드를 검토하거나 테스트한다. 통합 전략이나 시스템 테스트 전략과 상관없이 다른 부분과 결합하기 전에 각 유닛(unit)을 철저하게 테스트해야 한다. 여러 개의 루틴을 작성하고 있다면 한 번에 하나씩 테스트해야 한다. 루틴을 개별적으로 테스트하기는 쉽지 않지만, 디버깅하기는 훨씬 더 쉽다. 테스트하지 않은 여러 루틴을 한 번에 합친 후 오류가 발생하면 모든 루틴을 의심해야 한다. 한 번에 하나의 루틴을 이미 테스트한 루틴에 추가하면 새로운 오류는 새로운 루틴으로부터 발생했거나 새로운 루틴을 통합하면서 발생했다는 것을 알 수 있다. 디버깅이 수월해진다.

협력적인 구현 습관은 테스트가 제공할 수 없는 많은 것을 제공한다. 하지만 테스트의 문제는 테스트가 제대로 수행되지 않는 경우가 있다는 데 있다. 개발자가 수백 개의 테스트를 수행해도 전체 코드의 일부만 테스트할 뿐이다. 테스트 커버리지가 좋은 것 같다는 느낌이 든다고 해서 실제로 테스트 커버리지가 적당하다는 뜻은 아니다. 테스트의 기본 개념을 이해하면 더 나은 테스트를 할 수 있으며 테스트의 효과도 높일 수 있다.

22.2 개발자 테스트에 대한 바람직한 접근 방법

개발자 테스트에 체계적으로 접근하면 최소한의 노력으로 모든 종류의 오류를 발견하는 능력을 극대화한다. 이 내용을 확실하게 이해하도록 한다.

- 각 연관된 요구사항을 테스트해 요구사항이 구현되었는지 확인하라. 이 단계에 대한 테스트 케이스를 요구사항 단계나 가능한 한 일찍(되도록 테스트할 유닛을 작성하기 전에) 계획하라. 요구사항에서 자주 빠뜨리는 사항에 대한 테스트를 고려하라. 보안 수준, 저장소, 설치 절차, 시스템 신뢰성이 테스트하기에 좋은 대상이며 요구사항 시점에서 간과되기 쉬운 것들이다.
- 각각 연관된 설계 사항이 구현되었는지를 보장하기 위해서 테스트하라. 설계 단계나 가능한 한 일찍(테스트할 루틴이나 클래스를 상세하게 작성하기 전) 이 단계의 테스트 케이스를 계획하라.
- 요구사항과 설계를 테스트하는 테스트 케이스에 상세 테스트 케이스를 추가하는 데 "기초 테스트"를 사용하라. 데이터 흐름 테스트를 추가한 다음 코드를 전체적으로 살펴보는 데 필요한 나머지 테스트 케이스를 추가한다. 최소한 코드의 모든 줄을 테스트해야 한다. 기초 테스트와 데이터 흐름 테스트는 이 장의 뒷부분에서 설명한다.
- 현재 또는 이전 프로젝트에서 발견한 오류에 대한 체크리스트를 사용하라.

제품과 함께 테스트 케이스를 설계한다. 이렇게 하면 코드 작성 시 오류보다 좀 더 비용이 많이 드는 경향이 있는 요구사항과 설계에 있는 오류를 피하는 데 도움이 될 수 있다. 결함을 빨리 고칠수록 비용이 저렴하기 때문에 가능한 한 빨리 테스트하고 발견할 수 있도록 계획을 세운다.

테스트를 먼저 할 것인가, 나중에 할 것인가?

가끔 개발자들은 코드를 작성한 다음 테스트 케이스를 작성하는 것이 좋은지, 그 반대의 경우가 좋은지 고민한다(Beck 2003). 그림 3-1에서 결함 비용의 변화를 보면 테스트 케이스를 먼저 작성하는 것이 코드에 결함이 삽입되는 시간과 결함이 발견되고 제거되는 시간의 차이를 최소화할 것이다. 이것은 다음에 소개하는 테스트 케이스를 먼저 작성해야 하는 여러 가지 이유 중 하나다.

- 코드를 작성하기 전에 테스트 케이스를 작성해도 코드를 작성한 후 테스트 케이스를 작성하는 것보다 더 많은 노력이 들지는 않는다. 이것은 단순히 테스트 케이스 작성 작업의 순서를 재배치하는 것이다.
- 테스트 케이스를 먼저 작성하면 결함을 미리 발견하고 더 쉽게 수정할 수 있다.
- 테스트 케이스를 먼저 작성하면 코드를 작성하기 전에 요구사항과 설계에 대해서 적어도 좀 더 생각하게 되며 그것이 더 좋은 코드를 만든다.
- 테스트 케이스를 먼저 작성하면 코드가 작성되기 전에 요구사항에 있는 문제를 미리 노출한다. 요구사항이 잘못되어 있으면 테스트 케이스를 작성하기가 어렵기 때문이다.
- 수행해야 하는 테스트 케이스를 저장해 놓으면 처음뿐만 아니라 나중에도 테스트할 수 있다.

대체로 테스트 우선(test-first) 프로그래밍이 지난 수십 년 동안 나타난 소프트웨어 기법 중에서 가장 유용한 것 중의 하나라는 생각이 든다. 하지만 이 기법은 다음에 소개하는 개발자 테스트의 일반적인 한계를 갖기 때문에 테스트의 만병통치약은 아니다.

개발자 테스트의 한계

다음과 같은 개발자 테스트의 한계를 주의한다.

개발자 테스트는 "깨끗한 테스트"가 되기 쉽다. 개발자들은 코드가 깨지는 다양한 상황에 대해서 테스트(더러운 테스트)를 하기보다는 코드가 작동하는지 보기 위해서 테스트(깨끗한 테스트)하는 경향이 있다. 미숙한 테스트 조직은 더러운 테스트를 한 번 할 때마다 깨끗한 테스트를 다섯 번 정도 하는 경향이 있다. 성숙한 테스트 조직은 깨끗한 테스트를 한 번 할 때마다 더러운 테스트를 다섯 번 하는 경향이 있다. 이러한 비율은 깨끗한 테스트를 줄인다고 뒤바뀌는 것이 아니라 더러운 테스트를 25배 많이 생성함으로써 달성되는 것이다(Boris Beizer in Johnson 1994).

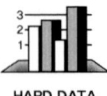

개발자 테스트는 테스트 커버리지를 낙관적으로 바라보는 경향이 있다. 일반적인 개발자들이 스스로 95%의 테스트 커버리지를 달성한다고 믿지만, 전형적으로 최고 80%에서 최저 30%, 평균 50%에서 60% 정도의 테스트 커버리지를 달성한다(Boris Beizer in Johnson 1994).

개발자 테스트는 좀 더 정교한 테스트 커버리지를 건너뛰는 경향이 있다. 대부분의 개발자는 "100% 커버리지"라고 알려진 테스트 커버리지를 적합한 것으로 본다. 나쁘지 않은 생각이지만, 이를 만족시키기란 거의 불가능하다. 더 나은 커버리지 표준은 테스트하는 조건마다 최소 한 번은 참과 거짓이 되도록 테스트하는 "100% 분기 커버리지"를 달성하는 것이다. 22.3절 "여러 가지 교묘한 테스트 방법"에서는 이러한 커버리지를 달성하기 위한 방법을 더 자세히 설명한다.

이러한 사항 중 어느 것도 개발자 테스트의 가치를 떨어뜨리지는 않지만, 개발자 테스트에 대한 올바른 관점을 갖는 데 도움을 준다. 아무리 개발자 테스트가 훌륭하다고 하더라도 그것만으로는 적절한 품질 보증을 제공하기에 충분하지 않기 때문에 독립적인 테스트와 협력적인 구현 기법을 포함한 다른 기법으로 보완해야 한다.

22.3 여러 가지 교묘한 테스트 방법

왜 프로그램이 정확하다는 것을 테스트로는 검증할 수 없을까? 프로그램이 작동한다는 것을 검증하기 위하여 테스트를 사용하려면 프로그램에 대한 가능한 모든 입력 값과 입력 값의 가능한 모든 조합을 테스트해야 할 것이다. 간단한 프로그램이더라도 그러한 작업에는 엄청난 비용이 들 것이다. 가령 이름과 주소, 전화번호를 입력받아서 파일에 저장하는 프로그램이 있다고 가정해 보자. 이 프로그램은 실제로 신경 써야 하는 어떤 프로그램보다도 훨씬 간단한 프로그램임이 틀림없다. 이름과 주소의 길이는 각각 최대 20자이고 사용할 수 있는 문자는 26가지라고 하자. 다음은 가능한 입력의 수다.

이름	26^{20} (26가지 선택 가능성이 있는 20글자)
주소	26^{20} (26가지 선택 가능성이 있는 20글자)
전화번호	10^{10} (10가지 선택 가능성이 있는 10글자)
가능한 총 경우의 수	$= 26^{20} * 26^{20} * 10^{10} \approx 10^{66}$

이처럼 비교적 입력이 적은데도 불구하고 10^{66}개나 되는 테스트 케이스가 있다. 이해하기 쉽게 말하면 노아가 방주에서 나오면서 초당 1조(兆) 개의 테스트 케이스를 테스트했다고 하더라도 지금까지 1%도 훨씬 못 미치게 완료했을 것이다. 더 현실적인 양의 데이터를 넣었다면 모든 경우의 수를 테스트하는 작업은 이보다 훨씬 더 불가능했을 거라는 점은 말할 필요도 없다.

불완전한 테스트

관련 정보 모든 코드를 살펴보았는지 말해주는 한 가지 방법은 커버리지 모니터를 사용하는 것이다. 이에 대한 자세한 내용은 이 장의 뒤에 있는 22.5절의 "테스트 지원 도구"의 "커버리지 모니터"를 살펴본다.

현실적으로 말해 완전한 테스트는 불가능하므로 가장 오류를 잘 발견할 것 같은 테스트 케이스를 선택하는 것이 바로 테스트의 기술이다. 10^{66}개의 가능한 테스트 케이스 중에서 몇 개의 테스트 케이스만이 다른 테스트 케이스가 드러내지 못하는 오류를 드러낼 것이다. 같은 결과를 반복해서 보여주는 것보다는 서로 다른 결과를 보여주는 몇 가지 테스트 케이스를 선택하는 데 집중해야 한다.

테스트 계획을 수립할 때 새로운 것을 말해주지 않는 테스트는 제거한다. 다시 말해 유사한 다른 데이터가 오류를 생산하지 않을 때 오류를 내지 않을 것 같은 새로운 데이터에 대한 테스트를 제거한다. 지금까지 다양한 사람들이 만반의 준비를 하는 여러 가지 효율적인 방법을 제안했으며, 이 중 몇 가지 방법을 다음 절에 소개한다.

구조적인 기초 테스트

다소 엉성한 이름에도 불구하고 구조적인 기초 테스트는 꽤 단순한 개념이다. 기본 개념은 프로그램에 있는 각 명령문을 적어도 한 번은 테스트해야 한다는 것이다. 예를 들어 명령문이 논리적 명령문(*if*나 *while*)이라면 *if*나 *while* 문 내부의 표현식이 얼마나 복잡한지에 따라 테스트를 다양화해서 해당 명령문이 완전하게 테스트되도록 해야 한다. 모든 기본적인 사항을 다루게 하는 가장 간단한 방법은 프로그램의 실행 경로의 수를 계산하여 프로그램의 각 경로를 살펴볼 수 있는 최소한의 테스트 케이스를 개발하는 것이다.

"코드 커버리지" 테스트나 "논리 커버리지" 테스트에 대해 들어봤을 것이다. 이 테스트는 프로그램의 모든 경로를 테스트하는 접근 방법이다. 모든 경로를 다루기 때문에 구조적인 기초 테스트와 유사하지만, 최소 테스트 케이스 수로 모든 경로를 다룬다는 개념은 포함하지 않는다. 코드 커버리지 테스트나 논리 커버리지 테스트를 사용하고 있다면 같은 논리 구조를 구조적인 기초 테스트로 다룰 때보다 훨씬 많은 테스트 케이스를 작성하게 될 것이다.

관련 정보 이 방법은 19.6절의 "복잡도 측정법"의 복잡성 측정 방법 중 한 가지 방법과 유사하다.

다음과 같은 직관적인 방법으로 기초 테스트에 필요한 최소 케이스의 수를 계산할 수 있다.

1. 루틴의 직선 경로에 대해 1로 시작한다.
2. *if*, *while*, *repeat*, *for*, *and*, *or* 또는 이와 동등한 키워드에 대해서 1을 더한다.
3. *case* 문에서 각 케이스마다 1을 더한다. *case* 문에 *default* 케이스가 없다면 1을 한 번 더 더한다.

다음 예제를 살펴보자.

> **자바 프로그램을 통과하는 경로의 수를 계산하기 위한 간단한 예제**
> ```
> Statement1;           ◀── 루틴 자체를 "1"로 센다.
> Statement2;
> if ( x < 10 ) {       ◀── if 문을 "2"로 센다.
>     Statement3;
> }
> Statement4;
> ```

이 예제에서는 1로 시작하여 *if* 문을 한 번 세었기 때문에 총 2가 되었다. 이 말은 이 프로그램을 통과하는 모든 경로를 다루기 위해서 적어도 테스트 케이스를 두 개는 만들어야 한다는 것을 의미한다. 이 예제에서는 다음과 같은 테스트 케이스를 만들어야 할 것이다.

- (x < 10)일 때 실행되는 *if*에 의해서 제어되는 명령문
- (x >= 10)일 때 실행되는 *if*에 의해서 제어되는 명령문

이러한 종류의 테스트가 어떻게 작동하는지에 대한 정확한 개념을 제공하기 위해서 더 현실적인 예제가 필요하다. 이 경우에는 현실성을 위해서 결함이 있는 코드를 포함하고 있다.

다음 소스코드는 약간 더 복잡한 예제다. 이 코드는 이 장 전체에 걸쳐서 사용되며 몇 가지 오류를 포함하고 있다.

> **자바 프로그램의 기초 테스트에 필요한 케이스의 수를 계산하기 위한 예제**
> ```
> 1   // 세금공제 급여를 계산한다.    ◀── 루틴 자체를 "1"로 센다.
> 2   totalWithholdings = 0;
> 3
> 4   for ( id = 0; id < numEmployees; id++ ) {   ◀── for 문에 대해서 "2"를 센다.
> ```

```
5                                                            if 문에 대해서 "3"을 센다.
6      // 최댓값보다 작을 경우 사회보장연금을 계산한다.
7      if ( m_employee[ id ].governmentRetirementWithheld < MAX_GOVT_RETIREMENT ) {
8          governmentRetirement = ComputeGovernmentRetirement( m_employee[ id ] );
9      }
10
11     // 퇴직금이 없는 것을 기본값으로 설정한다.
12     companyRetirement = 0;
13
14     // 임의의 퇴직금을 결정한다.
15     if ( m_employee[ id ].WantsRetirement &&              if 문에 대해서 "4"를 세고 &&에 대해
16         EligibleForRetirement( m_employee[ id ] ) ) {     서 "5"를 센다.
17         companyRetirement = GetRetirement( m_employee[ id ] );
18     }
19
20     grossPay = ComputeGrossPay ( m_employee[ id ] );
21
22     // 퇴직 연금을 결정한다.
23     personalRetirement = 0;                                    if 문에 대해서 "6"을 센다.
24     if ( EligibleForPersonalRetirement( m_employee[ id ] ) ) {
25         personalRetirement = PersonalRetirementContribution( m_employee[ id ],
26             companyRetirement, grossPay );
27     }
28
29     // 주급을 계산한다.
30     withholding = ComputeWithholding( m_employee[ id ] );
31     netPay = grossPay - withholding - companyRetirement - governmentRetirement -
32         personalRetirement;
33     PayEmployee( m_employee[ id ], netPay );
34
35     // 이 직원의 급여를 전체 급여에 더한다.
36     totalWithholdings = totalWithholdings + withholding;
37     totalGovernmentRetirement = totalGovernmentRetirement + governmentRetirement;
38     totalRetirement = totalRetirement + companyRetirement;
39 }
40
41 SavePayRecords( totalWithholdings, totalGovernmentRetirement, totalRetirement );
```

이 예제에서는 첫 번째 테스트 케이스 하나와 다섯 개의 키워드에 대해 각각 1을 더해 총 여섯 개의 테스트 케이스가 필요할 것이다. 이것은 여섯 개의 테스트 케이스만으로 모든 기본적인 사항을 다룰 수 있다는 말이 아니라 최소 여섯 개의 테스트 케이스가 필요하다는 뜻이다. 한 가지 트릭은 필요한 케이스의 수를 계산할 때 사용했던 키워드에 주의를

기울이는 것이다. 코드에서 각 키워드는 참이나 거짓이 될 수 있는 무언가를 표현한다. 참과 거짓에 대해 적어도 하나씩 테스트 케이스를 작성해야 한다.

다음은 이 예제의 모든 기본적인 사항을 다루는 테스트 케이스다.

케이스	테스트 설명	테스트 데이터
1	명목적인 케이스	모든 불린 조건이 참이다.
2	초기 for 조건이 거짓이다.	numEmployees < 1
3	첫 번째 if가 거짓이다.	m_employee[id].governmentRetirementWithheld)>=MAX_GOVT_RETIREMENT
4	첫 번째 and 부분이 거짓이기 때문에 두 번째 if가 거짓이다.	not m_employee[id].WantsRetirement
5	두 번째 and 부분이 거짓이기 때문에 두 번째 if가 거짓이다.	not EligibleForRetirement(m_employee[id])
6	세 번째 if가 거짓이다.	not EligibleForPersonalRetirement(m_employee[id])

참고: 이 표는 이 장 전체에서 추가적인 테스트 케이스로 확장될 것이다.

루틴이 이 예제보다 훨씬 복잡했다면 모든 경로를 다루기 위해 사용해야 하는 테스트 케이스의 수는 급격하게 증가할 것이다. 루틴이 짧으면 테스트의 경로도 적어지는 경향이 있다. 수많은 and와 or가 없는 불린 표현식은 테스트해야 할 경우의 수가 적다. 테스트의 용이성은 루틴을 짧게, 불린 표현식을 간단하게 유지하면 좋은 또 다른 이유다.

루틴에 대해서 여섯 개의 테스트 케이스를 작성하고 구조적인 기초 테스트의 요구사항을 충족시켰으니 이 루틴에 대한 모든 테스트를 완전하게 고려했다고 할 수 있을까? 아마 아닐 것이다. 이러한 종류의 테스트는 모든 코드가 실행될 것이라는 사실만 보장할 뿐이다. 데이터의 변화는 설명하지 않는다.

데이터 흐름 테스트

마지막 절과 이 절에서는 제어 흐름과 데이터 흐름이 모두 컴퓨터 프로그래밍에서 동등하게 중요하다는 것을 설명하는 또 다른 예제를 보여줄 것이다.

데이터 흐름 테스트는 데이터 사용이 적어도 제어 흐름만큼 오류를 유발할 수 있다는 개념에 기반을 두고 있다. 보리스 바이저는 모든 코드는 절반 이상이 데이터 선언과 초기화로 이루어져 있다고 주장했다(Beizer 1990).

데이터는 다음 세 가지 상태 중 한 가지로 존재할 수 있다.

- **정의** 데이터가 초기화되었지만, 아직 사용되지 않았다.
- **사용** 데이터가 루틴의 인자로서 계산되거나 다른 무언가를 위해서 사용되었다.
- **삭제** 데이터가 정의되었지만 어떤 방식으로 정의가 해제되었다. 가령 데이터가 포인터라면 아마도 포인터가 해제되었을 것이다. *for* 루프의 인덱스라면 아마도 프로그램이 루프를 벗어나서 프로그래밍 언어가 해당 루프의 외부에서는 *for* 루프의 인덱스 값을 정의하지 않을 것이다. 데이터가 파일의 레코드에 대한 포인터라면 파일이 닫혀서 레코드 포인터가 더는 유효하지 않을 것이다.

"정의", "사용", "삭제"라는 용어뿐만 아니라 변수에 무언가를 하기 바로 전후에 루틴에 들어가거나 루틴에서 빠져나오는 것을 설명하는 용어가 있으면 편리하다.

- **들어감** 제어 흐름이 변수가 사용되기 바로 전에 루틴에 들어간다. 예를 들면 작업 변수가 루틴의 앞부분에서 초기화된다.
- **빠져나옴** 제어 흐름이 변수가 사용되고 나서 바로 다음에 루틴을 떠난다. 예를 들면 리턴 값이 루틴의 끝에서 상태 변수에 할당된다.

데이터 상태의 조합

일반적인 데이터 상태의 조합은 변수가 정의되고 한 번 이상 사용된 다음, 때에 따라 삭제되는 것이다. 다음 패턴을 의심의 눈초리로 살펴본다.

- **정의-정의** 값이 유지되기 전에 한 변수를 두 번 정의해야 한다면 더 나은 프로그램이 아니라 더 좋은 컴퓨터가 필요하다! 이것은 실제로 잘못되지 않았더라도 불필요하고 오류를 유발할 가능성이 있다.
- **정의-빠져나옴** 변수가 지역 변수라면 정의한 다음 사용하지 않고 빠져나오는 것은 이치에 맞지 않는다. 루틴 매개변수나 전역 변수라면 문제는 없을 것이다.
- **정의-삭제** 변수를 정의한 다음 삭제한다는 것은 변수가 불필요하거나 변수를 사용하기로 되어 있던 코드가 빠져있다는 것을 의미한다.
- **들어감-삭제** 이러한 경우는 해당 변수가 지역 변수일 때는 문제가 된다. 정의되거나 사용되지 않았다면 삭제될 필요가 없을 것이다. 반면에 루틴 매개변수나 전역 변수인 경우에는 변수가 삭제되기 전에 다른 곳에서 정의되었으면 문제가 없다.
- **들어감-사용** 이번에도 해당 변수가 지역 변수일 때는 문제가 된다. 변수는 사용되기 전에 정의되어야 한다. 반면에 루틴 매개변수나 전역 변수인 경우에는 변수가 사용되기 전에 다른 곳에서 정의되었다면 문제가 없다.
- **삭제-삭제** 변수가 두 번 삭제되어서는 안 된다. 변수는 되살아나지 않는다. 변수가 되살아났다면 프로그래밍이 엉성하다는 뜻이다. 특히 포인터를 두 번 삭제하는 것은 매우 치명적이다. 컴퓨터를 멈추게 하는 가장 좋은 방법이 포인터를 두 번 삭제(해제)하는 것이다.

- **삭제-사용** 삭제된 변수를 사용하는 것은 논리적인 오류다. 그 코드가 어쨌든 작동하는 것처럼 보인다고 하더라도(예: 해제된 메모리를 계속해서 가리키고 있는 포인터) 우연일 뿐이며 머피의 법칙대로 해당 코드는 가장 혼란스러운 순간에 작동을 멈출 것이다.
- **사용-정의** 변수를 사용하고 나서 정의하는 것은 해당 변수가 사용되기 전에 정의되었는지에 따라서 문제가 될 수도 있고 되지 않을 수도 있다. 하지만 분명한 점은 사용-정의 패턴을 보면 앞에서 정의되었는지를 검사할 필요가 있다는 것이다.

테스트를 시작하기 전에 이러한 데이터 상태의 모순된 순서를 검사한다. 모순된 순서를 검사하고 난 다음에는 데이터 흐름 테스트를 작성하는 데 가장 중요한 사항은 모든 가능한 정의-사용 경로를 조사하는 것이다. 이 작업은 다음을 포함하여 다양한 수준으로 완전하게 수행할 수 있다.

- **모든 정의** 모든 변수의 모든 정의를 테스트한다. 즉, 변수가 값을 받는 모든 곳에서 테스트한다. 모든 소스코드를 조사하려고 하면 이 작업을 기본적으로 수행해야 하므로 이는 강력한 전략이 아니다.
- **모든 정의-사용 조합** 변수를 정의하고 다른 곳에서 사용하는 모든 조합을 테스트한다. 이는 모든 코드를 실행하는 것만으로는 모든 정의-사용 조합이 테스트된다는 것을 보장하지 못하기 때문에 모든 정의를 테스트하는 것보다 강력한 전략이다.

다음 예제를 살펴보자.

데이터 흐름이 테스트되는 프로그램을 자바로 작성한 예제
```java
if ( Condition 1 ) {
    x = a;
}
else {
    x = b;
}
if ( Condition 2 ) {
    y = x + 1;
}
else {
    y = x - 1;
}
```

이 프로그램에서 모든 경로를 다루기 위해서는 *Condition 1*이 참인 테스트 케이스와 거짓인 테스트 케이스가 필요하다. 또한 *Condition 2*가 참이고 거짓인 테스트 케이스가 하나씩 필요하다. 이 테스트 케이스는 케이스 1(*Condition 1=True, Condition 2=True*)과 케이스 2(*Condition 1=False, Condition 2=False*)의 두 가지 테스트 케이스로 처리될 수 있다. 이 두 케이스가 구조적인 기초 테스트를 수행하는 데 필요한 테스트의 전부다. 이것은 변수를 정의하는 모든 코드를 조사하는 데 필요한 테스트이기도 해서 자동적으로 빈약한 형태의 데이터 흐름 테스트를 제공한다.

하지만 모든 정의-사용 조합을 다루기 위해서는 몇 가지 케이스가 더 필요하다. 지금은 *Condition 1*과 *Condition 2*가 동시에 참이고 거짓인 케이스를 생성한 상태다.

```
x = a
...
y = x + 1
```

및

```
x = b
...
y = x - 1
```

하지만 모든 정의-사용 조합을 테스트하기 위해서는 (1) $x = a$이고 $y = x - 1$과 (2) $x = b$이고 $y = x + 1$이라는 두 개의 케이스가 더 필요하다. 이 예제에서는 케이스 3(*Condition 1=True*, *Condition 2=False*)과 케이스 4(*Condition 1=False*, *Condition 2=True*)라는 두 개의 케이스를 추가해 이러한 조합을 얻을 수 있다.

테스트 케이스를 개발하는 좋은 방법은 모든 정의-사용 데이터 흐름은 아니더라도 일부는 제공하는 구조적인 기초 테스트로 시작하는 것이다. 그리고 나서 정의-사용 데이터 흐름 테스트 케이스를 완성하는 데 필요한 케이스를 추가한다.

앞 절에서 설명했듯이 구조적인 기초 테스트는 "자바 프로그램의 기초 테스트에 필요한 케이스의 수를 계산하기 위한 예제"에서 루틴을 시작할 때 여섯 개의 테스트 케이스를 제공했다. 각 정의-사용 짝에 대한 데이터 흐름 테스트에는 몇 개의 추가적인 테스트 케이스가 필요하고 이 중 몇몇은 기존 테스트 케이스가 처리하지만 몇몇은 그렇지 않다. 다음은 구조적인 기초 테스트로 만들어진 테스트 케이스 이외의 테스트 케이스를 추가하는 모든 데이터 흐름의 조합이다.

케이스	테스트 설명
7	12번째 줄에 *companyRetirement*를 정의하고 26번째 줄에서 처음으로 사용한다. 이전의 테스트 케이스에 의해서 다루어질 필요는 없다.
8	15번째 줄에 *companyRetirement*를 정의하고 31번째 줄에서 처음으로 사용한다. 이전의 테스트 케이스에 의해서 다루어질 필요는 없다.
9	17번째 줄에 *companyRetirement*를 정의하고 31번째 줄에서 처음으로 사용한다. 이전의 테스트 케이스에 의해서 다루어질 필요는 없다.

일단 데이터 흐름 테스트 케이스 목록을 처리하는 과정을 몇 번 수행해 보면 어떤 케이스가 효과적이고 어떤 케이스를 이미 다루었는지 알 수 있을 것이다. 더 이상 진행할 수 없을 때는 모든 정의-사용 조합을 나열해 본다. 할 일이 많은 것처럼 보이지만, 그렇게 하면 기초 테스트 접근 방법에서 테스트하지 않는 모든 케이스를 볼 수 있다.

등가 분할

관련 정보 등가 분할은 이 장 마지막의 "참고 자료"에서 소개된 책에 깊이 있게 설명되어 있다.

좋은 테스트 케이스는 가능한 입력 데이터의 넓은 부분을 다룬다. 두 테스트 케이스가 정확하게 같은 오류를 제거한다면 그중 하나만 필요하다. "등가 분할" 개념은 이러한 개념을 형식화하여 필요한 테스트 케이스의 수를 줄이는 데 도움을 준다.

앞에서 살펴본 "자바 프로그램의 기초 테스트에 필요한 케이스의 수를 계산하기 위한 예제"에서 7번째 줄이 등가 분할을 사용하기에 좋은 위치다. 테스트되는 조건은 $m\_employee[\ ID\ ].governmentRetirementWithheld \langle MAX\_GOVT\_RETIREMENT$다. 이 케이스는 두 개의 동등한 케이스를 갖는다. $m\_employee[\ ID\ ].governmentRetirementWithheld$가 $MAX\_GOVT\_RETIREMENT$보다 작은 경우와 $MAX\_GOVT\_RETIREMENT$보다 크거나 같은 경우가 그것이다. 프로그램의 다른 부분에서도 $m\_employee[\ ID\ ].governmentRetirementWithheld$의 가능한 두 가지 값보다 많은 값에 대해서 테스트해야 하는 다른 연관된 동등한 클래스를 가질 수도 있지만, 이 프로그램에서는 두 가지 값만 필요하다.

기초 테스트와 데이터 흐름 테스트를 사용하여 이미 프로그램을 다루었다면 등가 분할에 대해서 생각한다고 하더라도 프로그램에 대해 많은 것을 알아낼 수는 없을 것이다. 하지만 외부(소스코드가 아닌 명세서를 통하여)에서 프로그램을 살펴보고 있거나 데이터가 복잡하고 데이터의 조합이 프로그램의 논리에 모두 반영되어 있지 않을 때는 특히 유용하다.

오류 추측

관련 정보 경험적인 방법에 대한 자세한 내용은 2.2절 "소프트웨어 비유 사용법"을 살펴본다.

좋은 개발자는 형식적인 테스트 기법과 더불어 덜 형식적이고 경험적인 여러 가지 기법을 사용해 자신의 코드에 있는 오류를 들춰낸다. 한 가지 경험적인 기법은 오류를 추측하는 기법이다. "오류 추측"이라는 용어는 적절한 개념을 표현하기에는 품위가 떨어지는 이름이다. 이 용어는 추측에서 어느 정도 억지스러움이 있기는 하지만, 프로그램이 오류를 가지고 있을 것 같은 위치를 추측하여 테스트 케이스를 작성하는 것을 의미한다.

직관이나 과거의 경험에 근거하여 추측할 수 있다. 21장 "협력 구현"에서는 정밀 검토의 한 가지 장점이 일반적으로 많이 발생하는 오류의 목록을 만들고 유지할 수 있다는 점이라고 지적한다. 그 목록은 새로운 코드를 검사하는 데 사용된다. 이전에 만들었던 오류의 종류에 대한 기록을 갖고 있으면 "오류 추측"으로 오류를 발견할 가능성이 커진다.

이어지는 절에서는 오류 추측에 적합한 특정한 오류의 종류에 관해서 설명한다.

경계 분석

테스트가 가장 유용한 영역 중 하나는 경계 조건, 즉 하나 차이로 인한 오류다. *num*을 써야 할 때 *num − 1*을 쓰고, >을 써야 할 때 >=라고 쓰는 것이 가장 흔한 실수다.

경계 분석의 개념은 경계 조건을 조사하는 테스트 케이스를 작성하는 것이다. 다음 그림과 같이 *max*보다 작은 값의 범위를 테스트하고 있다면 세 가지 조건을 가진 것이다.

그림과 같이 *max*보다 작을 때, *max*일 때, *max*보다 클 때의 세 가지 경계 조건이 있다. 어느 조건도 실수하지 않았다는 것을 보장하기 위해서 세 가지 경우를 테스트해야 한다.

앞에서 살펴본 코드 예제에는 *m_employee[ID].governmentRetirementWithheld* < *MAX_GOVT_RETIREMENT*에 대한 테스트가 들어 있다. 경계 분석 원칙에 따라 세 가지 케이스를 조사해야 한다.

케이스	테스트 설명
1	케이스 1은 *m_employee[ID].governmentRetirementWithheld* < *MAX_GOVT_RETIREMENT*의 참인 조건이 경계가 참이라는 측면에서 첫 번째 케이스가 되도록 정의되었다. 따라서 Case 1 테스트 케이스는 *m_employee[ID].governmentRetirementWithheld*를 *MAX_GOVT_RETIREMENT − 1*로 설정한다. 이 테스트 케이스는 이미 만들어졌다.
3	케이스 3은 *m_employee[ID].governmentRetirementWithheld* < *MAX_GOVT_RETIREMENT*의 거짓인 조건이 경계가 거짓이라는 측면에 있도록 정의되었다. 따라서 Case 3 테스트 케이스는 *m_employee[ID].governmentRetirementWithheld*를 *MAX_GOVT_RETIREMENT + 1*로 설정한다. 이 테스트 케이스도 이미 만들어졌다.
10	추가적인 테스트 케이스가 *m_employee [ID].governmentRetirementWithheld = MAX_GOVT_RETIREMENT*가 경계인 경우에 대해서 추가되었다.

복합 경계

경계 분석은 허용 가능한 최댓값과 최솟값에도 적용된다. 이 예제에서는 *grossPay*나 *companyRetirement*, *PersonalRetirementContribution*의 최댓값/최솟값이겠지만 그 값을 계산하는 것은 루틴의 범위를 벗어나기 때문에 그에 대한 테스트 케이스는 더는 여기서 언급하지 않는다.

더 미묘한 경계 조건은 경계에 변수가 조합될 때 발생한다. 가령 두 변수를 곱하는데 두 값 모두 큰 양수거나 큰 음수거나 *0*이라면 어떻게 될까? 루틴에 전달되는 모든 문자열이 비정상적으로 길다면 또 어떻게 될까?

이 예제에서 규모가 큰 직원 그룹에 있는 멤버가 월급을 많이 받는다면(개발자 그룹의 멤버가 각각 25만 달러를 받는다고 하자) *totalWithholdings*, *totalGovernmentRetirement*, *totalRetirement* 변수에 무슨 일이 일어나는지 알고 싶을 것이다. 이것은 또 다른 테스트 케이스를 요구한다.

케이스	테스트 설명
11	각 멤버가 많은 월급(개발되고 있는 구체적인 시스템에 따라서 얼마나 "많은"지가 정해진다)을 받는 규모가 큰 직원 그룹. 예를 들어 월급이 25만 달러면서 사회보장 세금은 원천 징수하지 않고 퇴직금 적립은 하고 싶어 하는 1,000명의 직원이 있을 것이다.

같은 맥락이지만 반대 경우에 대한 테스트 케이스는 월급이 $0.00인 멤버를 포함하는 작은 직원 그룹이 될 것이다.

케이스	테스트 설명
12	월급이 $0.00인 10명의 직원 그룹

나쁜 데이터

경계 조건에서 발생하는 오류를 추측하는 것 이외에도 여러 가지 나쁜 데이터의 종류에 대해서 추측하고 테스트할 수 있다. 다음은 전형적인 나쁜 데이터에 대한 테스트 케이스다.

- 너무 적은 데이터(또는 데이터가 전혀 없다).
- 너무 많은 데이터
- 틀린 종류의 데이터(유효하지 않은 데이터)

- 잘못된 크기의 데이터
- 초기화되지 않은 데이터

이러한 제안들에 따라서 생각해낼 수 있는 테스트 케이스들 중 일부는 이미 다루었다. 예를 들면 "데이터가 너무 적다"는 것은 케이스 2와 케이스 12에서 다뤘으며 "잘못된 크기의 데이터"에 대한 테스트 케이스를 생각하기란 쉽지가 않다. 그런데도 불구하고 나쁜 데이터에 대해 생각하면 다음과 같은 몇 가지 케이스를 떠올릴 수 있다.

케이스	테스트 설명
13	직원이 1억 명인 배열. 너무 많은 데이터를 테스트한다. 물론 너무 많은 게 얼마인지는 시스템에 따라서 다르겠지만, 예를 들기 위해 이것이 너무 많다고 가정하자.
14	음수인 월급. 틀린 종류의 데이터.
15	음수인 직원의 수. 틀린 종류의 데이터.

좋은 데이터

프로그램에 있는 오류를 찾으려고 할 때 정상적인 경우가 오류를 포함할 수 있다는 사실을 간과하기가 쉽다. 일반적으로 기초 테스트에서 설명한 정상적인 경우는 한 가지 종류의 좋은 데이터를 표현한다. 다음은 그 외에 검사해 볼 만한 좋은 데이터의 종류다. 이러한 종류의 데이터를 검사하면 테스트되는 항목에 따라서 오류가 드러날 수 있다.

- 명목상 케이스. 일반적이고 예상된 값
- 최소한의 정상적인 구성
- 최대한의 정상적인 구성
- 이전 데이터와의 호환

최소한의 정상적인 구성은 단순히 한 항목뿐만 아니라 항목 집합을 테스트할 때도 유용하다. 그것은 여러 가지 최솟값에 대한 경계 조건과 개념적으로 유사하지만, 정상적으로 예상된 집합으로부터 최솟값 집합을 생성한다는 점에서 다르다. 예를 들면 스프레드시트를 테스트할 때 빈 스프레드시트를 저장하는 경우다. 워드 프로세서의 테스트에는 빈 문서를 저장하는 경우가 있을 것이다. 이 예제에서는 최소한의 정상적인 구성을 테스트하면 다음과 같은 테스트 케이스가 추가될 것이다.

케이스	테스트 설명
16	직원이 한 명인 그룹. 최소한의 정상적인 구성을 테스트하기 위한 것이다.

최대한의 정상적인 구성은 최소한의 구성과 반대다. 마찬가지로 경계 테스트와 개념적으로는 유사하지만, 예상된 값의 집합으로부터 최댓값의 집합을 생성한다. 예를 들면 제품의 패키지에서 "스프레드시트의 최대 크기"만큼 스프레드시트를 저장하는 경우다. 또는 최대 크기의 스프레드시트를 출력하는 경우다. 워드 프로세서의 테스트라면 권장된 최대 크기의 문서를 저장하는 것이 될 것이다. 이 예제에서 최대한의 정상적인 구성에 대한 테스트는 최대한의 정상적인 직원 수에 따라 달라진다. 최댓값을 500이라고 가정하면 다음과 같은 테스트 케이스가 추가될 것이다.

케이스	테스트
17	직원이 500명인 그룹. 최대한의 정상적인 구성을 테스트하기 위한 것이다.

정상적인 데이터 테스트의 마지막 종류인 이전 데이터와의 호환성 테스트는 프로그램이나 루틴이 이전 프로그램이나 루틴을 대체할 때 필요하다. 새로운 루틴은 이전 루틴에 결함이 있었던 경우를 제외하고는 이전 데이터로 이전 루틴과 같은 결과를 생산해야 한다. 버전 사이의 이러한 연속성은 수정과 기능 향상으로 품질 저하 없이 이전과 같은 품질을 유지하게 해주는 것이 목적인 회귀 테스트의 기초다. 이 예제에서는 호환성과 관련해서 추가할 테스트 케이스가 없다.

수동 점검이 편리한 테스트 케이스를 사용하라

월급에 대한 테스트 케이스를 작성하고 있다고 가정해 보자. 월급 데이터가 필요하고 데이터를 얻는 방법은 아무렇게나 손 가는 대로 입력하는 것이다. 다음과 같이 숫자를 만들어 보았다.

1239078382346

꽤 많은 월급이다. 사실 1조(兆)를 약간 넘는데, 더 현실적인 월급이 되도록 숫자를 잘라 내면 $90,783.82를 얻을 수 있다.

이제 테스트 케이스가 성공했다고 가정해 보자. 즉 테스트 케이스가 오류를 발견했다. 오류가 발견되었다는 것을 어떻게 알 수 있을까? 손으로 계산해서 정확한 값을 계산할 수 있으므로 정답이 무엇이고 어떤 값이어야 하는지를 알고 있을 것이다. 하지만 $90,783.82와 같은 숫자를 직접 계산하면 프로그램에 발생하는 오류만큼이나 계산할 때 실수가 있을 것이다. 반면에 $20,000과 같이 딱 떨어지는 숫자는 계산하기가 수월하다. 0은 계산기에 입력하기 쉽고 2로 곱하는 것은 대부분의 개발자가 손가락과 발가락을 사용하지 않고도 계산할 수 있다.

아마도 $90,783.82와 같은 숫자가 오류를 드러낼 가능성이 높다고 생각하겠지만, 다른 숫자들과 다를 바가 없다.

22.4 전형적인 오류

이 절에서는 오류에 대해서 가능한 한 많이 알수록 테스트를 더 잘할 수 있다는 내용을 설명한다.

어떤 클래스가 가장 많은 오류를 포함하고 있는가?

결함이 소스코드 전체에 걸쳐서 균일하게 분포되어 있다고 가정하는 것은 당연하다. 1,000줄당 평균적으로 10개의 결함이 있다면 100줄의 코드를 포함하는 클래스에 한 개의 결함이 있을 것이라고 가정할 것이다. 이것이 자연스러운 가정이지만, 틀리다.

캐퍼스 존스는 IBM의 집중 품질 개선 프로그램에서 IMS 시스템에 있는 425개의 클래스 중 31개의 클래스가 오류를 유발할 가능성이 있음을 파악했다. 31개의 클래스는 수정되거나 완전히 다시 개발되었고 1년이 채 지나지 않아 IMS에 대한 고객의 결함 신고가 10분의 1로 줄었다. 전체 유지보수 비용은 약 45%가 감소했다. 고객의 만족도 역시 "불합격"에서 "우수함"으로 향상되었다(Jones 2000).

대부분의 오류는 결점이 상당히 많은 루틴 몇 개에 집중되는 경향이 있다. 다음은 오류와 코드 사이의 일반적인 관계다.

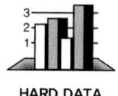

- 오류의 80%는 프로젝트 클래스나 루틴의 20%에서 발견된다(Endres 1975, Gremillion 1984, Boehm 1987b, Shull et al 2002).
- 오류의 50%는 프로젝트 클래스의 5%에서 발견된다(Jones 2000).

이러한 관계는 몇 가지 결론을 인식하기 전까지는 그다지 중요해 보이지 않을 것이다. 첫째, 프로젝트 루틴의 20%가 개발 비용의 80%를 차지한다(Boehm 1987b). 이 말이 가장 비용을 많이 차지하는 20%의 루틴이 결함이 가장 많은 20%의 루틴과 같다는 뜻은 아니지만, 상당히 시사하는 바가 크다.

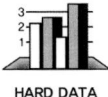

둘째, 결함이 매우 많은 루틴이 차지하는 비용의 정확한 비율에 상관없이 결함이 많은 루틴은 매우 비싸다. 1960년대의 고전적인 연구에서 IBM은 OS/360 운영체제를 분석했고 오류가 모든 루틴에 균일하게 퍼져있지 않고 일부 루틴에 집중되어 있다는 것을 발견했다. 그러한 오류를 유발할 가능성이 있는 루틴이 "프로그래밍에서 가장 비싼 엔터티"임이 밝혀졌다(Jones 1986a). 그 루틴에는 1,000줄당 50개의 결함이 있었고, 결함을 수정하는 데 드는 비용은 종종 전체 시스템 개발 비용의 10배 정도였다(이 비용은 고객 지원과 실사용 유지보수비용을 포함한 것이다).

> **관련 정보** 많은 오류를 포함하기 쉬운 다른 루틴은 지나치게 복잡한 루틴이다. 루틴의 식별 및 단순화에 대한 자세한 내용은 19.6절의 "복잡성을 줄이기 위한 일반적인 방법"을 살펴본다.

셋째, 개발 비용이 높은 루틴이 암시하는 바는 분명하다. 옛말에도 있듯이 "시간이 돈이다." "돈은 시간"이며 문제가 있는 루틴을 사용하지 않음으로써 80%에 가까운 비용을 줄일 수 있다면 당연히 일정도 그만큼 줄일 수 있다. 이는 품질을 개선하면 개발 일정을 향상시키고 개발 비용을 줄인다는 소프트웨어 품질의 일반적인 원칙을 잘 설명해준다.

넷째, 유지보수를 위해서 문제가 있는 루틴을 피한다는 것이 암시하는 바도 분명하다. 유지보수 활동은 오류가 있는 것으로 알려진 루틴을 식별하고 재설계하며 다시 작성하는 데 초점을 맞춰야 한다. IMS 프로젝트에서 언급했듯이 IMS 릴리스의 생산성은 오류 가능성이 있는 클래스를 대체하고 난 후 15% 정도 향상되었다(Jones 2000).

오류의 분류

> **관련 정보** 이 책에 있는 모든 체크리스트의 목록은 XXVIII쪽에 있다.

여러 연구자가 타입에 따라서 오류를 분류하고자 했으며 어떤 종류의 오류가 발생하는지 규정하려고 했다. 모든 개발자는 특히 골치 아픈 오류(하나 차이로 인한 오류, 루프 변수의 다시 초기화하지 않는 오류 등)에 대한 목록을 갖고 있다. 이 책 전체에 소개된 체크리스트에서 더 상세한 내용이 제공된다.

보리스 바이저는 여러 연구에서 데이터를 모아 놀라울 정도로 상세한 오류 분류법을 만들었다(Beizer 1990). 다음은 그의 결과를 요약한 것이다.

25.18%	구조
22.44%	데이터
16.19%	구현된 기능
9.88%	구현
8.98%	통합
8.12%	기능적 요구사항

2.76%   테스트 정의나 실행
1.74%   시스템, 소프트웨어 아키텍처
4.71%   기타

바이저는 그 결과를 소수점 두 자릿수까지 보고했지만, 오류의 타입에 대한 연구는 결론에 이르지 못했다. 연구마다 매우 다른 오류를 보고하고 있으며 유사한 종류의 오류에 대해 수행한 연구도 그 결과가 매우 달랐다. 소수점 두 자리 정도가 아니라 50%나 달랐다.

연구 결과가 이렇게 다르므로 바이저처럼 여러 연구의 결과를 조합해서는 의미 있는 데이터가 나오기 어려울 것이다. 하지만 이 데이터가 확정된 것은 아니더라도 일부는 시사하는 바가 있다. 다음은 그 데이터에서 끌어낼 수 있는 몇 가지 사실이다.

대부분의 오류가 발생하는 범위는 상당히 제한되어 있다. 어떤 연구에서 85%의 오류가 하나의 루틴 안에서 수정될 수 있다는 것을 발견했다(Endres 1975).

많은 오류가 구현 범위 밖에 있다. 97빈의 인터뷰를 진행힌 연구자들은 가장 일반적인 오류의 세 가지 원인이 응용 프로그램 도메인에 대한 빈약한 지식, 요구사항의 변동과 모순, 의사소통과 협동의 실패라는 것을 발견했다(Curtis, Krasner, and Iscoe 1988).

> 말발굽 자국을 본다면 얼룩말이 아니라 말이라고 생각할 것이다. OS는 문제가 없으며 데이터베이스도 괜찮을 것이다.
> – 앤디 헌트와 데이브 토마스

대부분의 구현 오류는 프로그램의 잘못이다. 수년 전에 수행된 두 건의 연구에서는 보고된 전체 오류 중에서 95%가 개발자에 의한 것이고 2%는 시스템 소프트웨어(컴파일러와 운영체제), 2%는 다른 소프트웨어, 마지막 1%는 하드웨어에 의한 것임을 발견했다(Brown and Sampson 1973, Ostrand and Weyuker 1984). 오늘날에는 1970년대와 1980년대보다 훨씬 많은 사람이 시스템 소프트웨어와 개발 도구를 사용하기 때문에 개발자의 잘못으로 발생하는 오류의 수치가 훨씬 더 높아졌을 것으로 생각한다.

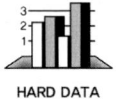

오타는 뜻밖에 많이 발생하는 문제다. 한 연구에서는 모든 구현 오류의 36%가 오타에 의한 것임을 발견했다(Weiss 1975). 약 300만 줄의 비행 역학 소프트웨어에 대한 1987년의 연구에서는 전체 오류의 18%가 오타였음을 발견했다(Card 1987). 또 다른 연구에서는 전체 오류의 4%가 메시지에 글자를 잘못 입력한 것임을 발견했다(Endres 1975). 내 프로그램에서는 한 동료가 실행 파일에 있는 모든 문자열을 철자 검사기로 돌려봄으로써 여러 오타를 찾아냈다. 구체적인 숫자를 주의하라. 이 내용이 의심스럽다면 16억 달러, 9억 달러, 2억 4,500만 달러가 들었던 지금까지 가장 비싼 소프트웨어 오류

세 가지가 이전에 작동했던 프로그램에서 문자 하나를 바꾸는 바람에 발생했다는 점을 생각해 본다(Weinberg 1983).

설계를 잘못 이해하는 것은 프로그램의 오류에 대한 연구에서 계속해서 나타나는 주제다. 바이저의 연구에서는 16%의 오류가 설계에 대한 잘못된 해석으로 인한 것임을 발견했다(Beizer 1990). 또 다른 연구에서는 19%의 오류가 설계에 대한 잘못된 이해로 인한 것임을 발견했다(Weiss 1975). 따라서 설계를 완전하게 이해하기 위해 충분한 시간을 가질 필요가 있다. 그런 시간은 즉각적인 이익을 생산하지는 않지만(꼭 일하고 있는 것처럼 보일 필요는 없다), 프로젝트를 진행하는 내내 도움이 될 것이다.

대부분의 오류는 수정하기 쉽다. 약 85%의 오류는 몇 시간 이내에 수정할 수 있다. 약 15%의 오류가 몇 시간에서 며칠 이내에 수정될 수 있으며 1%만이 그보다 더 오랜 시간이 걸린다(Weiss 1975, Ostrand and Weyuker 1984, Grady 1992). 이러한 결과는 오류의 약 20%가 수정하는 데 필요한 리소스의 약 80%를 잡아먹는다는 배리 보엠의 관찰이 뒷받침한다(Boehm 1987b). 요구사항과 설계에 대한 선행 검토를 수행함으로써 해결하기 어려운 오류를 가능한 한 많이 피하도록 한다. 수많은 자잘한 오류는 효율적으로 처리하라.

자신이 속한 조직의 오류에 대한 경험을 측정하는 것은 좋은 생각이다. 이 절에서 설명했던 내용 중에 결과가 다양하다는 것은 서로 다른 조직에 있는 사람들이 상당히 다른 경험이 있다는 것을 가리킨다. 따라서 다른 조직의 경험을 자신이 속한 조직에 적용하기가 어렵다. 어떤 결과는 공통으로 가진 직관에 반하기도 해서 자신의 직관을 다른 도구로 보완할 필요가 있다. 문제가 어디에 있는지를 알기 위해서 개발 프로세스를 측정하는 것부터 시작하는 것이 좋다.

결점이 있는 구현으로부터 발생하는 오류 비율

오류를 분류하는 데이터가 결정적이지 않다면 오류의 원인이 다양한 개발 활동 때문이라고 생각하는 데이터 역시 결정적이지 않다. 한 가지 분명한 점은 구현이 언제나 많은 오류를 유발한다는 점이다. 때때로 구현 때문에 발생한 오류가 요구사항이나 설계에서 발생한 오류보다 수정 비용이 저렴하다고 주장하는 사람도 있다. 개별적인 구현 오류의 수정 비용은 더 저렴하겠지만 전체 비용이 그렇다는 주장을 뒷받침하지는 않는다.

나름대로 다음과 같이 결론을 정리한다.

- 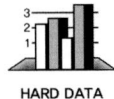 작은 프로젝트에서는 구현 결함이 모든 오류의 상당 부분을 차지한다. 작은 프로젝트(1,000줄짜리 코드)에서의 코드 작성 오류에 대한 한 연구에서는 결함의 75%가 코드 작성으로 인한 것이며 10%는 요구사항, 15%는 설계로 인한 것임을 발견했다(Jones 1986a). 이러한 오류의 분류는 많은 작은 프로젝트에 일반적으로 적용되는 것 같다.

- 구현 결함은 프로젝트의 크기에 상관없이 전체 결함의 최소 35%를 차지한다. 비록 구현 결함의 비율이 높은 프로젝트에서는 다소 작을 수 있지만, 그렇다고 하더라도 적어도 전체 결함의 35%를 차지한다(Beizer 1990, Jones 2000). 어떤 연구자들은 매우 큰 프로젝트에서조차도 75%의 비율을 차지했다고 보고했다(Grady 1987). 일반적으로 응용 프로그램을 더 잘 이해할수록 전체적인 아키텍처도 좋아진다. 그러면 오류는 상세 설계와 코드 작성에 집중되는 경향이 있다(Basili and Perricone 1984).

- 구현 오류가 요구사항이나 설계 오류보다는 싸겠지만, 그래도 여전히 비싸다. 휴렛팩커드에서 시행한 두 개의 대규모 프로젝트에 대한 연구에 따르면 평균 구현 결함 비용은 평균적인 설계 오류를 수정하는 비용의 25%에서 50% 사이였다고 한다(Grady 1987). 구현 오류의 수가 더 많은 경우에는 구현 결함을 수정하는 전체 비용이 설계 결함을 수정하는 데 드는 비용보다 1배에서 2배 정도 많았다.

그림 22-2는 프로젝트 크기와 오류 원인 사이의 관계를 보여준다.

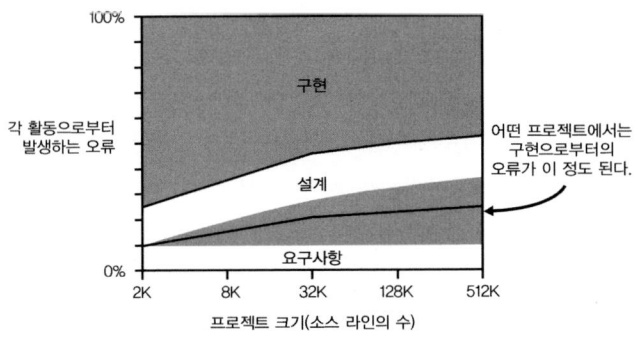

그림 22-2 프로젝트의 크기가 증가할수록 구현 중에 발생하는 오류의 비율은 감소했다. 그런데도 불구하고 구현 오류는 가장 큰 프로젝트에서조차 전체 오류의 45~75%를 차지했다.

얼마나 많은 오류를 발견할 것으로 예상해야 할까?

발견할 것으로 예상해야 하는 오류의 수는 사용하는 개발 프로세스의 품질에 따라 다르다. 다음은 가능한 범위다.

- 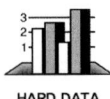 업계의 평균적인 경험으로는 출시된 소프트웨어에 1,000줄당 약 1개에서 25개의 오류가 존재한다. 일반적으로 소프트웨어는 여러 가지 기법을 혼합하여 개발된다(Boehm 1981, Gremillion 1984, Yourdon 1989a, Jones 1998, Jones 2000, Weber 2003). 이 경우보다 10분의 1 정도의 오류를 갖는 경우는 거의 없으며 10배 정도 많은 오류를 갖는 경우도 거의 찾아보기 어렵다(아마도 그런 소프트웨어는 절대 작성되지 않을 것이다!).

- 마이크로소프트의 애플리케이션 부서에서는 내부 테스트 중에는 1,000줄당 약 10개에서 20개의 오류를 경험하고 출시된 제품에서는 0.5개의 결함을 경험한다(Moore 1992). 이 수준을 달성하기 위해 사용된 기법은 21.4절의 "여러 가지 협력 개발 방법"에서 설명한 코드 읽기 기법과 독립적인 테스트를 조합한 방법이다.
- 할란 밀스(Harlan Mills)가 개발한 "무균실 개발" 기법을 사용하면 내부 테스트에서는 1,000줄당 결함의 수가 3개이며 출시된 제품에서는 0.1개의 결함이 발견되도록 할 수 있다(Cobb and Mills 1990). 예를 들면 우주선 소프트웨어와 같은 프로젝트에서는 형식적인 개발 방법, 상세 검토, 통계적인 테스트를 사용해 50만 줄당 결함의 수가 0인 수준을 달성했다(Fishman 1996).

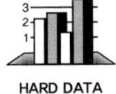

- 왓츠 험프리(Watts Humphrey)는 팀 소프트웨어 프로세스(TSP, Team Software Process)를 사용한 팀이 1,000줄당 결함의 수가 0.06개인 결함 수준을 달성했다고 보고했다. TSP는 처음부터 개발자가 결함을 만들지 않도록 교육하는 데 중점을 두고 있다(Weber 2003).

TSP와 무균실 프로젝트의 결과는 소프트웨어 품질의 일반적인 원칙의 또 다른 버전이 옳다는 것을 증명한다. 품질이 떨어지는 소프트웨어를 개발하여 수정하는 비용보다 고급 소프트웨어를 개발하는 데 드는 비용이 더 싸다. 완전하게 체크아웃된 8만 줄의 무균실 프로젝트의 생산성은 한 사람이 한 달간 일했을 때 740줄의 코드를 작성하는 것이었다. 완전하게 체크아웃된 코드에 대한 업계 표준 수치는 코드 작성이 아닌 오버헤드를 포함했을 때 250줄에서 300줄에 가까웠다(Cusumano et al 2003). 비용 절약과 생산성은 사실상 TSP나 무균실 프로젝트에서는 디버깅에 할애되는 시간이 없다는 사실로부터 비롯된다. 디버깅에 드는 시간이 없다니 얼마나 가치 있는 목표인가!

테스트 자체의 오류

아마도 다음과 같은 경험이 있을 것이다. 소프트웨어에 오류가 있다는 것을 발견했다. 어떤 부분이 잘못되었는지 즉각적인 예감이 떠오르지만 코드에는 이상이 없는 것 같다. 오류를 상세하게 살펴보려고 여러 가지 테스트 케이스를 실행해보지만, 새로운 테스트 케이스는 올바른 결과를 제공한다. 코드를 계속 읽고 결과를 직접 계산해 보는 데 몇 시간을 보낸다. 모두 검사해 보았다. 몇 시간이 더 지나서 어떠한 이유로 테스트 데이터를 다시 조사한다. 찾았다! 바로 테스트 데이터에 오류가 있었다! 코드가 아니라 테스트 데이터에 있는 오류를 찾아내기 위해서 몇 시간을 낭비하다니 정말 바보 같은 일이다!

이것은 일반적으로 겪는 경험이다. 테스트 케이스는 종종 테스트하는 코드보다 오류를 포함하고 있을 가능성이 더 높다(Weiland 1983, Jones 1986a, Johnson 1994). 이유는 뻔한데, 특히 개발자가 테스트 케이스를 작성할 때는 더욱 그렇다. 테스트 케이스는 신중한 설계와 구현 프로세스를 거치기보다는 즉각적으로 만들어지기 쉽다. 그리고 테스트 케이스는 종종 한 번만 테스트하고 버리는 것을 만드는 정도의 노력만 들여 개발된다.

테스트 케이스에 있는 오류의 수를 줄이기 위한 여러 가지 방법이 있다.

작업을 점검하라. 코드를 개발하는 것처럼 테스트 케이스를 주의 깊게 개발하라. 테스트를 이중으로 검사하는 것도 포함된다. 제품 코드를 테스트하는 것처럼 테스트 코드를 디버거에서 줄 단위로 살펴본다. 테스트 데이터에 대한 워크스루와 정밀 검사를 하는 것도 적절하다.

소프트웨어를 개발할 때 테스트 케이스를 계획하라. 테스트에 대한 효과적인 계획은 요구사항 단계나 프로그램을 할당받자마자 시작하는 것이다. 이렇게 하면 잘못된 가정에 기반을 둔 테스트 케이스를 피하는 데 도움을 준다.

테스트 케이스를 유지하라. 테스트 케이스의 품질을 위한 시간을 투자한다. 회귀 테스트와 다음 버전을 개발하기 위해서 테스트 케이스를 저장한다. 테스트 케이스를 버리지 않고 유지한다는 것을 알고 있다면 문제를 정당화하기가 쉽다.

단위 테스트를 테스트 프레임워크에 연결하라. 단위 테스트에 대한 코드를 먼저 작성하되, 테스트를 마칠 때마다 그것을 시스템 전체 테스트 프레임워크(JUnit과 같은)에 통합한다. 통합된 테스트 프레임워크를 갖고 있으면 앞에서 언급한 것처럼 테스트 케이스가 버려지는 경향을 예방할 수 있다.

22.5 테스트 지원 도구

이 절에서는 상업적으로 구입하거나 직접 만들 수 있는 테스트 도구의 종류를 소개한다. 이 책을 읽을 때쯤에는 구식이 되어 버릴 수도 있으니 구체적인 제품의 이름에 대해서 언급하지 않을 것이다. 최근 도구에 대해서는 즐겨 보는 개발자 잡지를 참조한다.

개별 클래스를 테스트하는 비계 구축

"비계(scaffolding)"라는 용어는 건물을 짓는 데서 유래한 것이다. 비계는 작업자들이 그것 없이는 도달할 수 없는 빌딩의 구역에 도달하기 위해 만든다. 소프트웨어 비계는 코드를 쉽게 조사하게 하는 것이 유일한 목적이다.

관련 정보 비계에 대한 여러 좋은 예제는 존 벤틀리(Jon Bentley) 《생각하는 프로그래밍》(인사이트, 2014)에 있는 "프로그래밍에서의 사소한 문제"를 살펴본다.

비계의 한 종류는 테스트되고 있는 다른 클래스가 사용할 수 있게 아무것도 하지 않는 클래스다. 그러한 테스트를 "목(mock) 객체" 또는 "스텁(stub) 객체"라고 한다 (Mackinnon, Freemand, and Craig 2000; Thomas and Hunt 2002). 유사한 접근 방법이 저수준 루틴에서 사용될 수 있다. 이를 "스텁 루틴"이라고 한다. 필요한 정확도에 따라서 목 객체나 스텁 루틴의 현실성을 조절할 수 있다.

- 아무것도 하지 않고 제어를 곧바로 리턴한다.
- 입력된 데이터를 테스트한다.
- 진단 메시지를 출력한다. 입력 매개변수를 출력하거나 메시지를 파일에 기록한다.
- 대화식 입력으로부터 리턴 값을 얻는다.
- 입력에 상관없이 표준 결과를 리턴한다.
- 실제 객체나 루틴이 실행되는 것처럼 시간을 지연시킨다.
- 실제 객체나 루틴에 비해서 느리거나 크거나 단순하거나 덜 정확한 버전의 기능을 수행한다.

비계의 또 다른 종류는 테스트되고 있는 실제 루틴을 호출하는 가짜 루틴이다. "드라이버" 또는 "테스트 장비"라고 불린다. 이 비계는 다음과 같은 일을 할 수 있다.

- 정해진 입력의 집합으로 객체를 호출한다.
- 대화식 입력을 받아서 그 값으로 객체를 호출한다.
- 명령줄에서 인자를 받아서(운영체제가 지원한다면) 객체를 호출한다.
- 파일에서 인자를 읽어서 객체를 호출한다.
- 미리 정의된 입력 데이터 집합으로 여러 번 객체를 호출한다.

관련 정보 테스트 도구와 디버깅 도구의 구분은 명확하지 않다. 디버깅 도구에 대한 자세한 내용은 23.5절 "디버깅 도구-분명한 도구와 그렇지 않은 도구"를 살펴본다.

마지막으로 살펴볼 비계의 종류는 더미 파일이다. 이것은 완전한 크기의 실제 파일이 갖는 컴포넌트와 같은 타입을 가진 작은 크기의 버전을 말한다. 작은 더미 파일은 두 가지 장점이 있다. 우선 크기가 작아서 정확한 내용을 알 수 있고 파일 자체에 오류가 없다는 것을 확신할 수 있다. 그리고 테스트를 위해서 특별하게 생성했기 때문에 사용하고 있는 오류를 알아보기 쉽게 내용을 설계할 수 있다.

cc2e.com/2268

비계를 구축하기 위해서 약간의 작업을 해야 하는 것은 분명하지만, 클래스에서 오류가 발견된 적이 있다면 비계를 재사용할 수 있다. 그리고 목 객체와 다른 비계를 쉽게 생성하기 위한 수많은 도구가 있다. 비계를 사용하면 다른 클래스와의 상호작용에 의한 영향에 신경 쓰지 않고도 클래스를 테스트할 수 있다. 비계는 미묘한 알고리즘이 관여될 때 특히 유용하다. 조사되는 코드가 다른 코드에 포함되어 있어서 각 테스트 케이스를 실행하는 데 몇 분이 걸리는 경우가 흔하다. 비계를 사용하면 해당 코드를 직접 살펴볼 수 있다. 깊이 묻혀 있는 코드를 살펴볼 수 있는 비계를 만드는 데 몇 분을 보내면 디버깅에 걸리는 몇 시간을 절약할 수 있다.

자신이 개발하는 프로그램에 대한 비계를 제공해주는 다양한 테스트 프레임워크(JUnit, CppUnit, NUnit 등)를 사용할 수 있다. 개발 환경을 지원하는 테스트 프레임워크가 없다면 비록 테스트되고 있는 루틴이 단독으로 사용되기 위한 것이 아니라고 하더라도 클래스를 테스트하기 위해 한 클래스에 몇 개의 루틴을 작성하고 해당 파일에 *main()* 루틴을 포함할 수 있다. *main()* 루틴은 명령줄로부터 인자를 읽어서 해당 루틴이 프로그램의 다른 부분과 통합되기 전에 독립적으로 루틴을 살펴볼 수 있도록 테스트되는 루틴에 인자 값을 전달할 수 있다. 코드를 통합할 때 루틴과 비계 코드를 남겨두고 비계 코드를 비활성화하기 위해서 전처리기 명령문이나 주석을 사용하도록 한다. 코드가 전처리되어 빠지기 때문에 실행 코드에는 영향을 미치지 않는다. 또한 파일의 끝에 위치하기 때문에 외관상으로도 방해가 되지 않는다. 비계 코드를 남겨둔다고 해도 아무런 해가 되지 않는다. 다시 필요한 경우에도 코드는 그곳에 남아있으며 비계 코드를 제거하거나 보관하는 데도 시간이 그렇게 많이 걸리지 않는다.

차이 분석 도구

관련 정보 회귀 테스트에 대한 자세한 내용은 22.6절의 "다시 테스트하기(회귀 테스트)"를 살펴본다.

회귀 테스트 또는 반복 테스트는 예상된 결과와 실제 결과를 비교하기 위한 자동화된 도구가 있다면 매우 쉬워진다. 출력된 결과를 검사하는 한 가지 쉬운 방법은 결과를 파일로 보낸 다음 예상 결과와 이전에 파일로 보낸 새로운 결과를 비교하기 위한 디프(diff)와 같은 파일 비교 도구를 사용하는 것이다.

테스트 데이터 생성기

cc2e.com/2275

프로그램의 선택된 부분을 체계적으로 조사하기 위한 코드를 작성할 수도 있다. 몇 년 전에 나만의 암호화 알고리즘을 개발했고 그것을 사용하기 위한 파일 암호화 프로그램을 개발했다. 그 프로그램의 목적은 올바른 암호를 입력해야만 해석될 수 있도록 파일을 암호화하는 것이었다. 암호화는 표면상 파일을 변경하는 것만이 아니라 전체 내용을 변경했다. 프로그램이 파일을 제대로 해석할 수 없으면 파일이 손상되기 때문에 파일을 올바르게 해석하는 기능이 매우 중요했다.

그래서 프로그램의 암호화 부분과 복호화 부분을 완전하게 조사하는 테스트 데이터 생성기를 구축했다. 그것은 0K부터 500K에 이르는 임의의 크기로 임의의 문자를 갖는 파일을 생성했다. 또한 1부터 255에 이르는 임의의 길이로 임의의 문자를 갖는 암호를 생성했다. 각 임의의 경우에 대해서 생성기는 임의의 파일에 복사본 두 개를 생성하고 그 중 하나를 암호화하고 다시 초기화한 다음 복호화하여 변경되지 않은 복사본과 복호화된 복사본에 있는 각 바이트를 비교했다. 같지 않은 바이트가 있으면 생성기는 오류를 재생성하는 데 필요한 모든 정보를 출력했다.

파일의 평균 길이가 30K가 되도록 테스트 케이스의 가중치를 두었는데, 이는 최대 길이인 500K보다 훨씬 짧았다. 좀 더 짧은 쪽으로 테스트 케이스의 가중치를 두지 않았다면 파일의 길이는 0K부터 500K 사이에 일정하게 분포되었을 것이다. 테스트 파일의 평균 길이는 250K였을 것이다. 평균 길이가 짧다는 것은 내가 좀 더 많은 파일과 암호, 파일 끝 조건, 이상한 파일 길이, 일정하게 임의의 길이를 갖는 파일을 생성했을 때보다 오류가 발생하게 되는 다른 환경을 테스트할 수 있다는 것을 의미했다.

결과는 만족스러웠다. 약 100번의 테스트 케이스를 실행한 후에 프로그램에 있는 두 개의 오류를 발견했다. 두 오류는 실제 환경에서는 절대로 나타날 수 없는 특별한 경우에 발생하는 것이었지만, 어쨌든 오류였기 때문에 그러한 오류를 찾아서 기뻤다. 오류를 수정한 후에 프로그램을 몇 주 동안 실행하면서 단 하나의 오류도 없이 파일 10만 개를 암호화하고 복호화했다. 테스트했던 파일의 내용, 길이, 암호의 범위 내에서는 프로그램이 정확하다는 것을 확실히 보장할 수 있었다.

다음은 이 경험에서 얻은 몇 가지 교훈이다.

- 적절하게 설계된 임의의 데이터 생성기는 생각지 못한 특이한 테스트 데이터의 조합을 생성할 수 있다.
- 임의의 데이터 생성기는 개발자가 할 수 있는 것보다 훨씬 철저하게 프로그램을 조사할 수 있다.
- 임의로 생성된 테스트 케이스가 현실적인 입력의 범위를 강조할 수 있도록 개량할 수 있다. 그렇게 하면 사용자에 의해서 사용될 가능성이 높은 영역에서의 테스트에 집중하여 해당 영역에서의 신뢰성을 최대화한다.
- 테스트하는 코드가 변경된다면 테스트 드라이버를 재사용할 수 있다. 앞에서 소개한 사례에서 초기에 발견한 두 오류를 수정하고 나서 곧바로 테스트를 다시 시작할 수 있었다.

커버리지 모니터

cc2e.com/2282

칼 위거스는 코드 커버리지를 측정하지 않고 테스트가 수행되면 전형적으로 코드의 50%에서 60% 정도만 조사한다고 보고했다(Wiegers 2002). 커버리지 모니터는 조사

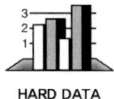

되고 있는 코드와 그렇지 않은 코드를 추적하기 위한 도구다. 커버리지 모니터는 테스트 케이스가 코드를 완전하게 조사하는지를 말해주기 때문에 체계적인 테스트에 특히 유용하다. 완전한 테스트 케이스를 실행했는데 커버리지 모니터가 코드의 일부가 여전히 조사되지 않았다고 지적한다면 더 많은 테스트가 필요하다는 것을 알게 될 것이다.

데이터 기록/로깅

어떤 도구는 프로그램을 감시해 실패 이벤트가 발생할 때 프로그램의 상태에 대한 정보를 수집할 수 있다. 이는 마치 비행기가 충돌의 원인을 규명하기 위해서 사용하는 "블랙박스"와 유사하다. 철저한 로깅은 소프트웨어가 출시되고 난 후에 오류의 진단을 돕고 효과적인 서비스를 제공한다.

중요한 이벤트를 파일에 기록함으로써 자신만의 데이터 레코더를 구축할 수 있다. 오류가 발생하기 전의 시스템 상태와 오류가 발생한 정확한 상황에 대한 세부적인 사항을 기록한다. 이러한 기능은 코드 개발 버전에서는 컴파일하고 릴리스 버전에서는 컴파일하지 않을 수 있다. 그렇지 않고 스스로 걸러내는 저장소와 오류 메시지의 배치와 내용에 대해서 신중하게 고려하여 로깅을 구현한다면 릴리스 버전에도 로깅 기능을 포함시킬 수 있다.

심볼릭 디버거

관련 정보 디버거의 사용 가능성은 기술적인 환경의 성숙도에 따라서 차이가 있다. 이러한 현상에 대한 자세한 내용은 4.3절 "기술 흐름 파악"을 살펴본다.

심볼릭 디버거는 코드를 검토하고 정밀 검사하기 위한 기술적인 도구다. 디버거는 코드를 줄 단위로 살펴보고 변수의 이름을 추적하고 언제나 컴퓨터가 코드를 해석하는 방식과 같은 방법으로 해석하는 능력을 갖추고 있다. 디버거에서 코드를 한 단계씩 실행시키고 작동하는 것을 보는 과정은 매우 유용하다.

디버거에서 코드를 검토하는 것은 코드를 다른 개발자가 한 단계씩 살펴보면서 검토하는 것과 여러 가지 면에서 비슷한 절차다. 코드를 검토해주는 동료나 디버거는 서로 다른 관점에서 코드를 살펴본다. 디버거가 제공하는 또 다른 이점은 팀 단위의 검토보다 노동 집약적이지 않다는 것이다. 다양한 입력 데이터를 이용하여 코드가 작동하는 것을 보면 자신이 의도한 대로 코드를 구현했다는 것을 확신할 수 있다.

좋은 디버거는 코드가 어떻게 실행되는지 정확하게 볼 수 있어 언어에 대해서 배울 수 있는 좋은 도구다. 고급 언어 코드와 어셈블러 코드를 번갈아 가면서 보면 고급 언어가 어셈블러로 어떻게 변환되는지 알 수 있다. 레지스터와 스택을 보면 인자가 어떻게 전달되는지를 볼 수 있다. 또한 컴파일러가 최적화한 코드를 보면 최적화가 어떻게 수행되는지 살펴볼 수 있다. 물론 이러한 기능 중 어느 것도 디버거의 본래 목적인 이미 발견된 오류의 원인을 진단하는 것보다 중요하지는 않다. 하지만 상상력을 동원하여 디버거를 사용하면 기본적인 기능 외에도 훨씬 많은 이점을 얻을 수 있다.

시스템 교란기

cc2e.com/2289

다른 테스트 지원 도구는 시스템을 교란하기 위한 것이다. 많은 사람이 같은 데이터를 사용해 실행했는데도 100번 중에서 99번 잘 작동하다가 100번째 실패하는 경험이 있다. 문제는 거의 어딘가에서 변수에 대한 초기화에 실패했기 때문이며 100번 중에서 99번은 초기화되지 않은 변수가 우연히 0이라서 대개 오류를 재현하기가 어렵다.

이러한 종류의 테스트 지원 도구는 다음과 같은 다양한 기능을 제공한다.

- **메모리 채우기** 초기화되지 않은 변수가 없다는 것을 확인하고 싶을 것이다. 어떤 도구는 프로그램을 실행하기 전에 임의의 값으로 메모리를 채워서 초기화되지 않은 변수가 우연히 0이 되지 않도록 한다. 어떤 경우에는 메모리가 특정한 값으로 채워질 수도 있다. 예를 들면 x86 프로세서에서는 0xCC 값이 중단점 인터럽트에 대한 기계어 코드다. 메모리를 0xCC로 채웠는데 오류가 발생하여 실행해서는 안 되는 무언가를 실행하게 되면 디버거에서 중단점이 활성화되어 오류를 감지할 것이다.
- **메모리 섞기** 다중 작업 시스템에서는 어떤 도구가 프로그램이 작동할 때 메모리를 재배치하여 상대적인 위치가 아닌 절대적인 위치에 있는 데이터 의존하는 코드가 작성되지 않게 해준다.
- **선택적 메모리 실패** 메모리 드라이버는 메모리가 부족하여 메모리 요청에 실패하거나 실패하기 전에 임의의 횟수만큼 메모리 요청을 허용하거나 메모리 요청을 한 번 허용하기 전에 임의의 횟수만큼 요청에 실패하도록 메모리가 부족한 상황을 흉내 낼 수 있다. 이러한 기능은 동적으로 할당된 메모리를 가지고 작업하는 복잡한 프로그램을 테스트할 때 특히 유용하다.
- **메모리 접근 검사(경계 검사)** 경계 검사는 포인터가 제대로 작동하도록 보장하기 위해서 포인터 연산을 감시한다. 이러한 도구는 초기화되지 않거나 허상 포인터를 감지하는 데 유용하다.

오류 데이터베이스

cc2e.com/2296

가장 강력한 테스트 도구 중 하나는 보고된 오류의 데이터베이스다. 그런 데이터베이스는 관리 도구이면서 기술적인 도구이기도 하다. 이 도구를 이용하면 반복해서 발생하는 오류를 검사하고 새로운 오류가 발견되고 수집되는 비율을 추적하고 열린 오류와 닫힌 오류의 상태와 심각도를 추적할 수 있다. 오류 데이터베이스에 보관해야 하는 정보에 대한 자세한 내용은 22.7절 "테스트 기록을 보존하는 방법"을 살펴본다.

22.6 테스트를 향상시키는 방법

테스트를 향상시키는 단계는 다른 프로세스를 개선하는 단계와 유사하다. 해당 프로세스를 미묘하게 변경하고 그 효과를 관찰하려면 프로세스가 무엇을 하는지 정확하게 알아야 한다. 긍정적인 효과가 있는 변경 사항을 발견했을 때 프로세스가 좀 더 나아지도록 변경할 수 있다. 다음 절에서는 이러한 방법을 테스트에 어떻게 적용할 것인지 설명한다.

테스트 계획 세우기

관련 정보 계획을 문서로 형식화하는 것은 테스트 계획의 일부다. 테스트 문서화에 대한 더 많은 정보를 찾고 싶다면 32장 끝에 있는 "참고 자료"를 확인한다.

효과적인 테스트를 수행하기 위한 핵심적인 요소 중 하나는 프로젝트의 시작부터 테스트에 대한 계획을 세우는 것이다. 테스트를 설계나 코드 작성과 같은 수준으로 중요하게 생각한다는 것은 테스트에 시간을 할당하고 중요한 과정으로 여겨 테스트가 고급 프로세스가 될 것이라는 의미다. 테스트 계획을 세우는 것은 반복적으로 수행 가능한 테스트 프로세스를 만드는 요소이기도 하다. 테스트를 *반복적*으로 할 수 없다면 향상시킬 수도 없다.

다시 테스트하기(회귀 테스트)

제품을 철저하게 테스트했는데 오류를 하나도 발견하지 못했다고 하자. 그리고 제품이 특정 부분에서 변경되어 변경되기 전처럼 모든 테스트를 통과할 수 있는지, 즉 변경으로 인해서 새로운 오류가 발생하지 않았다는 것을 확인하고 싶다고 가정하자. 테스트는 소프트웨어가 이전 상태로 돌아가지 않았는지, 즉 "회귀"되지 않았는지를 확인하기 위해서 설계되고 이를 "회귀 테스트"라고 부른다.

변경한 후에 체계적으로 변경된 사항을 다시 테스트할 수 없다면 고급 소프트웨어 제품을 생산하기란 거의 불가능하다. 변경할 때마다 서로 다른 테스트를 실행한다면 새로운 결함이 없다는 것을 확실히 알 방법이 없다. 따라서 회귀 테스트는 매번 같은 테스트를 실행해야 한다. 때때로 제품이 발전함에 따라 새로운 테스트가 추가되기도 하지만, 이전 테스트는 계속해서 유지된다.

자동 테스트

KEY POINT

회귀 테스트를 관리하는 유일한 현실적인 방법은 테스트를 자동화하는 것이다. 사람들은 같은 테스트를 여러 번 실행하고 같은 결과를 여러 번 보게 되면 감각을 잃게 된다. 결국, 오류를 못 보고 지나치기가 쉬워져서 회귀 테스트의 목적이 무산된다. 테스트 전문가인 보리스 바이저(Boris Beizer)는 수동 테스트에서의 오류 발생률은 테스트 되고 있는 코드에서의 버그 발생률과 비슷하다고 보고했다. 그는 수동 테스트에서는 전체 테스트 중에서 절반 정도만 제대로 테스트 된다고 추정했다(Johnson 1994).

테스트 자동화의 이점은 다음과 같다.

- 자동 테스트는 수동 테스트보다 잘못될 확률이 낮다.
- 일단 테스트를 자동화하면 거의 아무런 노력을 들이지 않고 프로젝트의 나머지 부분에서 사용할 수 있다.
- 테스트가 자동화되면 코드를 체크인할 때 기존 코드에 어떤 영향을 주는지를 살펴보기 위해 자주 실행할 수 있다. 테스트 자동화는 일일 빌드와 스모크(smoke) 테스트, 익스트림 프로그래밍과 같이 테스트 집약적인 기법의 바탕을 이룬다.
- 자동 테스트는 주어진 문제를 가능한 한 초기에 발견할 수 있도록 해주며 이는 문제의 원인을 규명하고 수정하는 데 필요한 작업을 최소화하는 경향이 있다.
- 자동 테스트는 수정 중에 입력된 결함을 빠르게 발견할 가능성을 높여주기 때문에 큰 규모의 변경을 위한 안전망을 제공한다.
- 자동 테스트는 새롭고 변하기 쉬운 기술 환경에서 특히 유용하다. 그러한 환경에 있는 변경 사항을 초기에 발견하기 때문이다.

관련 정보 기술적인 성숙과 개발 습관과의 관계에 대한 내용은 4.3절 "기술 흐름 파악"을 살펴본다.

자동 테스트를 지원하기 위해서 사용되는 주요 도구는 테스트 비계를 제공하고 입력을 생성하고 출력을 가로채고 예상 출력과 실제 출력을 비교한다. 앞 절에서 소개한 다양한 도구가 이러한 기능 중 일부나 전부를 수행할 것이다.

22.7 테스트 기록을 보존하는 방법

KEY POINT

테스트 프로세스를 반복할 수 있도록 만드는 것 외에도 변경 사항이 프로젝트를 향상시켰는지 또는 손상시켰는지 확실하게 알 수 있도록 프로젝트를 측정해야 한다. 다음은 프로젝트를 측정하기 위해 수집할 수 있는 몇 가지 데이터 종류다.

- 결함에 대한 관리상의 설명(보고된 날짜, 보고한 사람, 제목 또는 설명, 빌드 번호, 수정된 날짜)
- 문제에 대한 자세한 설명

- 문제를 반복하기 위해 거치는 단계
- 문제에 대해 제안된 해결책
- 관련된 결함
- 문제의 심각성(예: 치명적 문제, 귀찮은 문제, 외관상 문제 등)
- 결함의 원인: 요구사항, 설계, 코드 작성, 테스트
- 코드 작성 결함의 하위 분류: 하나 차이로 인한 오류, 잘못된 할당, 잘못된 배열 인덱스, 잘못된 루틴 호출 등
- 수정 때문에 변경된 클래스와 루틴
- 결함에 의해서 영향을 받는 코드의 줄 번호
- 결함을 찾는 데 걸린 시간
- 결함을 수정하는 데 걸린 시간

일단 이러한 데이터를 수집하면 프로젝트가 손상되었는지 향상되었는지 결정할 수 있는 몇 가지 수치를 계산할 수 있다.

- 나쁜 클래스로 시작해서 좋은 클래스 순으로 정렬되어 있고 가능한 한 클래스의 크기에 따라서 표준화되어 있는 긱 클래스에 있는 결함의 수
- 나쁜 루틴으로 시작해서 좋은 루틴 순으로 정렬되어 있고 가능한 한 루틴의 크기에 따라서 표준화되어 있는 각 루틴에 있는 결함의 수
- 결함을 발견하는 데 걸린 평균 테스트 시간
- 테스트 케이스당 발견된 평균 결함의 수
- 결함을 수정하는 데 걸린 평균 프로그래밍 시간
- 테스트 케이스에 의해서 테스트된 코드의 비율
- 심각성의 정도별로 해결되지 않은 결함의 수

개인 테스트 기록

프로젝트 수준의 테스트 기록뿐만 아니라 개인별로 테스트 기록을 유지하는 것이 유용하다는 것을 알게 될 것이다. 그러한 기록에는 가장 흔히 실수하는 오류에 대한 목록뿐만 아니라 코드를 작성하고 테스트하고 오류를 수정하는 데 걸리는 시간이 들어갈 수 있다.

참고 자료

cc2e.com/2203

이 책에서 다루고 있는 것보다 테스트에 대해 더 깊이 있게 다루는 다른 책을 소개하고자 한다. 테스트를 전문적으로 다루는 책은 이 장에서 소개하지 않은 시스템 테스트와 블랙박스 테스트에 대해서 논의한다. 또한 개발자 주제에 대해 더 깊이 소개한다. 이 책들은 인과 관계 도표와 독립적인 테스트 조직 구성에 대한 세부사항 같은 형식적인 접근 방법에 대해서 논의한다.

테스트

셈 카너(Cem Kaner), 잭 포크(Jack Falk), 홍 Q(Hung Q). 응웬(Nguyen) 《Testing Computer Software》 2판(John Wiley & Sons, 1999). 이 책은 아마도 소프트웨어 테스트 분야의 현존하는 최고의 책일 것이다. 이 책의 내용은 규모가 큰 웹 사이트와 패키지화된 상품과 같이 널리 퍼져 있는 고객들에게 배포된 응용 프로그램을 테스트하는 데 가장 적합하지만, 일반적인 분야에서도 유용하다.

셈 카너, 제임스 바흐(James Bach), 브렛 페티코드(Bret Pettichord) 《Lessons Learned in Software Testing》(John Wiley & Sons, 2002). 이 책은 Testing Computer Software, 2판의 내용을 보충하고 있다. 이 책은 저자가 터득한 250개의 교훈을 나열하는 11개의 장으로 구성되어 있다.

루이스 탐르(Louise Tamre) 《Introducing Software Testing》(Addison-Wesley, 2002). 이 책은 테스트를 이해할 필요가 있는 개발자를 대상으로 한 읽기 쉬운 테스트 관련 서적이다. 책의 제목과는 달리 이 책은 숙련된 테스터에게도 유용한 테스트 관련 세부 사항을 깊이 다룬다.

제임스 휘테이커(James Whittaker) 《How to Break Software: A Practical Guide to Testing》(Addison-Wesley, 2002). 이 책은 테스터가 소프트웨어를 실패하게 하는 데 사용할 수 있는 23가지 공격 방법을 나열하고 유명한 소프트웨어 패키지를 사용해 각 공격 방법의 예제를 보여준다. 이 책을 테스트에 대한 기본적인 정보로 사용할 수도 있고 사용한 접근 방법이 독특해서 다른 테스트 책을 보충하는 데 사용할 수도 있다.

제임스 휘테이커 "What Is Software Testing? And Why Is It So Hard?" 70~79쪽(IEEE Software, 2000년 1월). 이 글은 소프트웨어 테스트 문제를 소개하고 소프트웨어를 효과적으로 테스트하는 것과 관련된 몇 가지 난제에 관해 설명한다.

글렌포드 마이어스 《소프트웨어 테스팅의 정석》(에이콘출판사, 2012). 이 책은 소프트웨어 테스트에 대한 고전으로 아직도 출판되고 있다(가격이 상당히 비싼데도 불구하고). 자기 평가 테스트, 프로그램 테스트에 대한 심리학과 경제학, 프로그램 정밀 검토와 워크스루, 검토, 테스트 케이스 설계, 클래스 테스트, 우선순위 테스트, 디버깅, 테스트 도구와 다른 기법들 등 담고 있는 내용이 이해하기 쉽다. 이 책은 짧으며(177쪽 분량) 읽기가 쉽다. 시작 부분에 있는 질문이 테스터라는 생각이 들 것이고 코드가 얼마나 많은 방법으로 깨질 수 있는지 보여준다.

테스트 비계

존 벤틀리 《생각하는 프로그래밍》(인사이트, 2014)의 "프로그래밍에서의 사소한 문제". 이 글은 테스트 비계에 대한 여러 가지 훌륭한 예제를 포함하고 있다.

팀 맥키넌, 스티브 프리먼, 필립 크레이그 *"Endo-Testing: Unit Testing with Mock Objects"*(eXtreme Programming and Flexible Processes Software Engineering - XP2000" 컨퍼런스, 2000). 이 글은 개발자 테스트를 지원하기 위한 목 객체의 사용을 설명하고 있는 논문이다.

데이브 토마스, 앤디 헌트. *"Mock Objects"*(IEEE Software, 2002년 5월/6월). 이 글은 개발자 테스트를 지원하기 위한 목 객체의 사용에 대해서 쉽게 읽을 수 있는 소개 글이다.

cc2e.com/2217

www.junit.org 이 사이트는 JUnit을 사용하여 개발자 테스트에 대한 지원을 제공한다. 유사한 리소스가 cppunit.sourceforge.net과 nunit.sourceforge.net에서 제공된다.

테스트 주도 개발

켄트 벡 《테스트 주도 개발》(인사이트, 2014). 벡은 "테스트 주도적 개발"의 세부적인 사항을 설명한다. 이것은 테스트 케이스를 먼저 작성하고 작성된 테스트 케이스를 만족시키기 위해 코드를 작성하는 개발 접근 방법이다. 벡의 전도주의적인 어조에도 불구하고 그의 충고는 적절하며 이 책은 짧고 핵심을 잘 전달한다. 이 책은 실제 코드로 작성된 포괄적인 예제를 갖고 있다.

관련 표준

IEEE Std 1008-1987 (R1993), Standard for Software Unit Testing

IEEE Std 829-1998, Standard for Software Test Documentation

IEEE Std 730-2002, Standard for Software Quality Assurance Plans

cc2e.com/2210

> **체크리스트: 테스트 케이스**
> - 클래스나 루틴에 적용되는 각 요구사항이 고유한 테스트 케이스를 갖고 있는가?
> - 클래스나 루틴에 적용되는 각 설계 요소가 고유한 테스트 케이스를 갖고 있는가?
> - 모든 코드를 적어도 하나의 테스트 케이스로 테스트했는가? 모든 코드를 조사하는 데 필요한 최소화된 테스트의 수를 계산하여 이를 검증했는가?
> - 모든 정의-사용 데이터 흐름 경로를 적어도 하나의 테스트 케이스로 테스트했는가?
> - 정의-정의, 정의-빠져나감, 정의-삭제와 같이 정상적으로 보이지 않는 데이터 흐름 패턴에 대해서 코드를 검사했는가?
> - 과거에 빈번하게 발생했던 오류를 발견하기 위한 테스트 케이스를 작성하는 데 일반적인 오류 목록을 사용했는가?
> - 모든 단순한 경계(최대, 최소, 하나 차이의 경계)를 테스트했는가?
> - 복합 경계 즉, 계산된 결과가 너무 작거나 너무 클 수 있는 입력 데이터의 조합을 테스트했는가?
> - 테스트 케이스가 잘못된 종류의 데이터에 대해서 검사했는가? 예를 들면 급여 프로그램에서 직원의 수가 음수인 경우.
> - 대표적이고 중간 정도에 해당하는 값을 테스트했는가?
> - 최대한의 정상적인 구성을 테스트했는가?
> - 최소한의 정상적인 구성을 테스트했는가?
> - 이전 데이터와 호환성을 테스트했는가? 그리고 이전 하드웨어, 운영체제의 이전 버전, 다른 소프트웨어의 이전 버전과의 인터페이스를 테스트했는가?
> - 테스트 케이스가 수동 검사에 도움이 되는가?

요점 정리

- 개발자에 의한 테스트는 완전한 테스트 전략을 위한 핵심적인 부분이다. 독립적인 테스트도 중요하지만, 그 부분은 이 책의 범위를 벗어난다.
- 코드를 작성하기 전에 테스트 케이스를 작성하는 것과 코드를 작성한 후에 테스트 케이스를 작성하는 것은 시간과 노력 면에서 같지만, 전자가 결함-발견-디버그-수정 주기를 줄여준다.

- 아무리 여러 가지 테스트를 고려해 봐도 테스트는 좋은 소프트웨어-품질 프로그램의 한 부분일 뿐이다. 요구사항과 설계에서 결함을 최소화하는 방법을 포함한 고급 개발 방법도 테스트만큼 중요하다. 협력적인 개발 기법도 테스트만큼이나 오류를 발견하는 데 효과적이며 다른 오류를 검출한다.
- 결정적으로 기초 테스트와 데이터 흐름 분석, 경계 분석, 나쁜 데이터, 좋은 데이터를 사용하여 많은 테스트 케이스를 생성할 수 있다. 오류 추측으로 테스트 케이스를 추가로 생성할 수 있다.
- 오류는 오류를 유발할 가능성이 있는 몇 개의 클래스와 루틴에 쏠려있는 경향이 있다. 오류를 유발할 가능성이 있는 코드를 찾아서 재설계한 다음 다시 작성한다.
- 테스트 데이터가 테스트하는 코드보다 오류를 더 자주 발생시키는 경향이 있다. 그러한 테스트 데이터 오류는 코드를 향상시키지 않고 시간을 낭비하게 하므로 프로그래밍 오류보다 더 짜증 난다. 코드를 개발하는 것 못지않게 테스트 개발에 주의를 기울여 그런 문제를 피하도록 한다.
- 자동 테스트는 일반적으로 유용하며 회귀 테스트에서는 필수적이다.
- 규칙적으로 진행하고 측정하고 테스트를 향상시키기 위해서 배운 것을 사용하는 것이 테스트 프로세스를 향상시키는 최고의 방법이다.

23장 | 디버깅

cc2e.com/2361

내용

23.1 디버깅 이슈 소개
23.2 결함 발견
23.3 결함 수정
23.4 디버깅에서 심리학적으로 고려해야 할 사항
23.5 디버깅 도구 – 분명한 도구와 그렇지 않은 도구

관련 주제

- 소프트웨어 품질: 20장
- 개발자 테스트: 22장
- 리팩터링: 24장

> 디버깅은 처음부터 코드를 작성하는 것보다 두 배는 어렵다. 따라서 이 정의대로라면 개발자가 최선을 다해 자기가 할 수 있는 최고의 코드를 작성한 경우, 그 코드를 디버깅할 수 없을 것이다
> — 브라이언 커니핸
> (Brian Kernighan)

디버깅은 오류의 근본적인 원인을 규명하여 수정하는 과정이다. 디버깅은 초기에 오류를 감지하는 테스트와는 반대되는 개념이다. 어떤 프로젝트에서는 디버깅이 전체 개발 시간의 50%를 차지한다. 많은 개발자에게 디버깅은 프로그래밍 중에서 가장 어려운 부분이다.

하지만 디버깅은 가장 어려운 부분일 필요가 없다. 이 책에서 소개하는 조언을 따르면 디버깅할 오류가 적게 발생할 것이다. 대부분의 결함은 소스코드를 살펴보거나 디버거에서 코드를 한 단계씩 실행해 쉽게 찾을 수 있는 사소한 실수나 오타일 것이다. 나머지 어려운 버그에 대해서는 이 장에서 더 쉽게 디버깅하는 방법을 설명한다.

23.1 디버깅 이슈 소개

코볼의 공동 개발자이자 해군 장성이었던 그레이스 호퍼(Grace Hopper)는 소프트웨어의 "버그(bug)"라는 단어가 최초의 대형 디지털 컴퓨터인 Mark I(IEEE 1992)에서 유래한 것이라고 늘 말했다. 개발자들은 회로 기능 장애가 컴퓨터 안에 들어간 큰 나방

때문이었다는 사실을 발견한 후로 컴퓨터에 문제가 발생하면 "버그(벌레)"를 탓했다. 소프트웨어 이외의 분야에서 사용하는 "버그"라는 단어는 적어도 토마스 에디슨이 처음으로 인용했던 1878년으로 거슬러 올라간다(Tenner 1997).

"버그"라는 단어는 귀여워서 다음과 같은 이미지가 떠오른다.

하지만 소프트웨어 결함이라는 현실에서 버그는 살충제를 뿌리지 않았을 때 코드 속으로 살며시 기어들어 가는 생물이 아니다. 버그는 오류다. 소프트웨어의 버그는 개발자가 실수했다는 것을 의미한다. 실수의 결과는 위에서와 같이 귀여운 그림이 아니다. 오히려 다음과 같은 문서일 것이다.

이 책에서는 기술적인 정확성 때문에 코드의 실수를 "오류", "결함", "결점"으로 부르기로 한다.

소프트웨어 품질에서 디버깅의 역할

테스트와 마찬가지로 디버깅은 본질적으로 소프트웨어의 품질을 향상시키는 방법이 아니라 결함을 진단하는 방법이다. 소프트웨어 품질은 처음부터 정립해야 한다. 고급 제품을 만드는 가장 좋은 방법은 요구사항을 주의 깊게 개발하고 잘 설계하고 고급 코드 작성 방법을 사용하는 것이다. 디버깅은 최후의 수단이다.

디버깅 성과의 차이

왜 디버깅에 관해 얘기할까? 디버깅을 어떻게 하는지 모르는 사람은 없지 않을까?

그렇지 않다. 모든 사람이 디버깅하는 방법을 아는 것은 아니다. 숙련된 개발자를 대상으로 한 연구에서 숙련된 개발자와 경험이 없는 개발자가 같은 결함을 발견하는 데 걸리는 시간이 대략 20배 차이가 있음을 발견했다. 게다가 일부 개발자들은 더 많은 결함을 찾고 더 정확하게 수정했다. 다음은 최소 4년 이상의 경력이 있는 전문적인 개발자가 12개의 결함이 있는 프로그램을 얼마나 효과적으로 디버깅하는지 실험한 고전적 연구의 결과다.

	가장 빠른 세 명의 개발자	가장 느린 세 명의 개발자
평균 디버깅 시간(분)	5.0	14.1
미발견된 평균 결함 수	0.7	1.7
결함 수정 중에 발생시킨 결함의 평균 개수	3.0	7.7

출처: "Some Psychological Evidence on How People Debug Computer Programs"(Gould 1975)

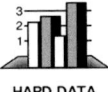

디버깅에 가장 능숙한 세 명의 개발자는 다른 개발자에 비해서 약 3배 정도 빠르게 결함을 발견했고 결함을 수정하다가 발생시킨 오류는 가장 못 한 세 명이 만든 결함 수의 5분의 2 정도였다. 최고의 개발자는 모든 결함을 찾았고 결함을 수정하는 중에 어떠한 결함도 발생시키지 않았다. 최악의 개발자는 12개의 결함 중 4개의 결함을 찾지 못했고 찾은 8개의 결함을 수정하는 과정에서 11개의 새로운 결함을 발생시켰다.

하지만 이 연구는 실제로 모든 것을 말해주지 못한다. 첫 번째 디버깅을 수행한 후에 가장 빠른 세 명의 개발자의 코드에는 여전히 3.7개의 결함이 남아있고 가장 느린 개발자의 코드에는 9.4개의 결함이 남아있다. 어느 그룹도 디버깅을 마친 것은 아니다. 개인적으로 같은 발견 및 추가 결함 비율이 다음 디버깅 주기에도 적용되는지 궁금했다. 결과는 통계학적으로 타당하지는 않지만, 흥미로웠다. 각 그룹에 0.5개 이하의 결함이 남을 때까지 디버깅 주기에 같은 발견 및 추가 결함 비율을 적용했더니 가장 빠른 그룹은 세 번을 반복해야 하는 반면, 가장 느린 그룹은 14번이나 반복해야 했다. 느린 그룹이 가장 빠른 그룹보다 거의 3배 정도의 시간이 걸린다는 점을 고려하면 가장 느린 그룹은 가장 빠른 그룹이 프로그램을 완전하게 디버깅하는 시간보다 약 13배의 시간이 더 걸릴 것이다. 이것은 이 연구에서 비과학적인 추정으로 얻은 결과다. 이러한 큰 차이는 다른 연구에서도 입증되었다(Gilb 1977, Curtis 1981).

관련 정보 품질과 비용 사이의 관계에 대한 자세한 내용은 20.5절 "소프트웨어 품질의 일반적인 원칙"을 살펴본다.

이 증거는 디버깅에 대한 통찰력을 제공하는 것뿐만 아니라 "품질을 향상시키는 것은 개발 비용을 줄이는 것이다."라는 소프트웨어 품질의 일반 원칙을 뒷받침한다. 최고의 개발자는 결함을 가장 많이, 그리고 가장 빨리 발견했으며, 거의 정확하게 수정했다. 품질과 비용, 시간 사이에서 어느 것 하나만 선택할 필요 없이 모든 것들이 함께 간다.

기회로서의 결함

결함이 있다는 것은 무엇을 의미할까? 프로그램에 결함이 없기를 원한다는 것은 프로그램이 무엇을 하는지 완벽하게 이해하지 못했다는 뜻이다. 프로그램이 무엇을 하는지 제대로 이해하지 못한다는 생각은 우리를 불안하게 만든다. 어쨌든 프로그램을 작성했다면 그 프로그램은 작성자의 명령을 따라야 한다. 컴퓨터에 무엇을 지시할지 정확하게 알지 못하면 어떤 것이 작동하는 것처럼 보일 때까지 다른 것을 시도할 것이다. 다시 말하면 시행착오를 통해 프로그래밍하는 것이다. 시행착오를 통해 프로그래밍하면 반드시 결함이 생긴다. 결함을 수정하는 방법을 배울 게 아니라 애초에 결함을 피하는 방법을 배워야 한다.

하지만 대부분의 사람은 실수를 범할 수 있고 사소한 실수만 저지르는 뛰어난 개발자가 있을 수도 있다. 이런 경우라면 프로그램에 있는 오류가 많은 것을 배울 수 있는 좋은 기회를 제공한다. 다음과 같은 것을 배울 수 있다.

개발 중인 프로그램에 관해 배울 수 있다. 프로그램에 결함이 있다면 거기에서 무언가를 배울 수 있다. 프로그램에 대해 완벽하게 알고 있다면 이미 프로그램에 있는 결함을 고쳐서 결함이 없을 것이기 때문이다.

관련 정보 개인적으로 유발할 수 있는 오류를 학습하는 데 도움이 되는 방법이 있다. 이에 대한 자세한 내용은 《A Discipline for Software Engineering》 (Humphrey 1995)을 살펴본다.

자신이 저지른 실수에 관해 배울 수 있다. 직접 프로그램을 작성했다면 결함을 넣은 사람은 바로 자신이다. 언제나 자신의 약점이 이렇게 눈에 띄게 노출되지는 않으니 그런 날을 기회로 삼고 잘 활용하도록 한다. 일단 그러한 실수를 발견하면 자신에게 왜 그리고 어떻게 이런 실수를 저질렀는지 물어야 한다. 어떻게 하면 그런 실수를 좀 더 빨리 찾을 수 있을까? 어떻게 실수를 예방할 수 있을까? 이와 비슷한 실수가 또 있지 않을까? 문제가 발생하기 전에 수정할 수 있을까?

자신의 코드를 읽어야 하는 사람의 관점으로부터 코드의 품질에 관해 배울 수 있다. 결함을 찾으려면 코드를 읽어봐야 한다. 이것은 자신이 작성한 코드의 품질을 비판적으로 볼 수 있는 기회다. 코드가 읽기 쉬운가? 어떻게 하면 더 나아질 수 있을까? 그 경험을 이용해 현재의 코드를 개선하거나 다음에 작성할 코드를 향상시킨다.

문제를 해결하는 방법을 배울 수 있다. 디버깅 문제를 해결하기 위한 접근 방법에 확신이 드는가? 접근 방법이 효과가 있는가? 결함을 빨리 찾는가? 또는 디버깅하기 위한 접근 방법이 취약한가? 괴로움이나 좌절감을 느끼는가? 임의로 추측하는가? 개선이 필요한가? 많은 프로젝트가 디버깅하는 데 보내는 시간을 고려하면 디버깅 방법을 관찰하는 것이 절대로 시간 낭비가 아니다. 디버깅하는 방법을 분석하고 변경하는 시간을 갖는 것이 프로그램을 개발할 때 드는 전체 시간을 줄이는 가장 빠른 방법일 수도 있다.

결함을 수정하는 방법을 배울 수 있다. 결함을 발견하는 방법을 배울 수 있을 뿐만 아니라 수정하는 방법도 배울 수 있다. 문제가 아니라 증상을 변경하는 goto 문이나 특별한 case를 적용하여 가장 쉬운 방법으로 결함을 수정하는가? 아니면 문제의 핵심을 정확하게 진단하고 처방하여 체계적으로 수정하는가?

이 모든 것을 고려했을 때 디버깅은 자아 발전이라는 씨앗을 뿌릴 수 있는 엄청나게 비옥한 땅이다. 가독성, 설계, 코드 품질 등 모든 구현 관련 사항이 집중되는 곳이기도 하다. 특히 디버깅을 자주 할 필요가 없을 정도로 코드를 잘 작성했다면 디버깅이 좋은 코드에 대한 보상을 받는 곳이다.

비효과적인 접근 방법

안타깝게도 대학의 프로그래밍 수업에서는 디버깅 방법을 가르쳐주는 경우가 거의 없다. 대학에서 프로그래밍을 공부했다면 디버깅에 관한 강의를 들었을 수도 있다. 개인적으로 훌륭한 컴퓨터 과학 교육을 받았는데도 불구하고, 디버깅에 관한 내용은 "결함을 찾으려면 프로그램에 출력 명령을 넣어라"가 전부였다. 이것으로는 충분하지 않다. 다른 개발자들도 나와 비슷한 교육을 받았다면 상당수는 자신만의 디버깅 개념을 만들어야 한다. 얼마나 낭비인가!

디버깅에 대한 악마의 지침

> 개발자는 그들의 추론을 제한하기 위한 데이터를 항상 사용하지 않는다. 그들은 사소하고 불합리한 변경 작업을 수행하고 종종 잘못된 변경 내용을 돌려놓지도 않는다.
> – 아이리스 베시(Iris Vessey)

단테가 신곡의 지옥 편에 소개하는 지옥을 보면 가장 밑에 있는 권(圈)은 악마 자신을 위해서 예약된 곳이다. 오늘날에는 악마가 디버깅을 효과적으로 배우지 못한 개발자들에게 가장 밑에 있는 고통스러운 곳으로 함께 가자고 속삭이는 것 같다. 악마는 다음과 같은 디버깅 접근 방법을 사용하게 함으로써 개발자들을 고문한다.

추측으로 결함을 찾아라. 결함을 찾기 위해서 프로그램 전체에 마구잡이로 출력 명령문을 뿌린다. 출력 내용을 보고 결함이 있는 곳을 찾는다. 출력 명령문으로 결함을 찾을 수 없을 때는 무언가가 작동하는 것처럼 보일 때까지 프로그램을 계속해서 변경한다. 이때

프로그램의 원본을 백업하지도, 변경 사항에 대해 기록하지도 않는다. 프로그램이 무엇을 하고 있는지 알지 못할 때 프로그래밍이 더욱 흥미로워진다. 터미널 앞에서 긴 밤을 지새워야 하니 콜라와 사탕을 준비해 둔다.

문제를 이해하는 데 시간을 쓰지 말아라. 문제가 사소한 것 같으니 문제를 고치기 위해 문제를 완벽하게 이해할 필요가 없다. 그냥 문제를 찾는 것으로도 충분하다.

가장 명백한 수정으로 오류를 수정해라. 일반적으로 전체 프로그램에 영향을 미치는 크고 원대한 작업을 하는 데 많은 시간을 낭비하는 것보다는 발견한 특정 문제를 수정하는 것이 좋다. 다음은 완벽한 예제다.

```
x = Compute( y )
if ( y = 17 )
    x = $25.15 -- Compute()가 x= 17일 때 작동하지 않으니 이것을 고친다.
```

코드를 보면 확실히 특별한 경우(17일 때)만 처리해주면 되는데, 17로 인해서 발생하는 불명확한 문제를 해결하기 위해서 *Compute()*를 살펴볼 필요가 있겠는가?

미신을 따르는 디버깅

악마는 미신을 따라 디버깅하는 개발자에게도 지옥을 보여준다. 그룹마다 데몬 머신, 불가사의한 컴파일러 결함, 보름달이 뜰 때만 나타나는 숨겨진 언어의 결함, 나쁜 데이터, 중요한 변경 사항의 누락, 프로그램을 부정확하게 저장하는 이상한 편집기 등으로 끊임없이 문제를 겪는 사람이 한 명은 있다. 이것이 바로 "미신을 따르는 디버깅"이다.

프로그램에 문제가 있다면 그것은 작성자의 잘못이지 컴퓨터나 컴파일러의 잘못이 아니다. 프로그램은 매번 다르게 행동하지 않으며 스스로 코딩을 하지도 않는다. 작성한 사람이 책임져야 한다.

KEY POINT

오류가 처음에는 자신의 잘못이 아닌 것처럼 보여도 자신의 잘못일 거라고 가정하는 것이 매우 중요하다. 그러한 가정이 디버깅에 도움이 된다. 결함을 찾고 있을 때는 코드 내에서 결함을 발견하기가 어렵다. 자신의 코드에 오류가 없다고 가정할 때는 더욱 그렇다. 오류가 자신의 실수라고 가정하면 신뢰성도 향상된다. 오류가 다른 사람의 코드에서 발생했다고 강력하게 주장하면 다른 개발자들은 프로그램을 주의 깊게 검사했을 거라고 믿을 것이다. 오류가 자신의 것이라고 가정하면 나중에 그 결함이 자신의 것이라고 밝혀졌을 때 공개적으로 다른 사람의 것이라고 주장했던 것을 취소해야 하는 난처한 상황을 피할 수 있다.

23.2 결함 발견

디버깅은 결함을 발견하고 수정하는 것으로 구성된다. 일반적으로 결함을 찾고 이해하는 것이 전체 작업의 90% 정도를 차지한다.

다행스럽게도 마구잡이 식으로 추측하는 것보다 더 좋은 디버깅 접근 방법을 찾기 위해 악마와 계약을 맺을 필요가 없다. 문제에 대해 생각함으로써 디버깅하는 것은 도롱뇽의 눈과 개구리 귀의 유골을 가지고 디버깅하는 것보다 훨씬 효과적이고 흥미롭다.

살인 미스터리를 해결해달라는 요청을 받았다고 가정해 보자. 마을 전체를 집집마다 방문하여 모든 사람의 10월 17일 밤 알리바이를 조사하는 것과 몇 가지 단서를 찾아내 살인자의 신원을 추론하는 것 중 어느 것이 더 흥미로운가? 대부분의 사람은 범인의 정체를 추론하는 쪽을 선택할 것이며 대부분의 개발자도 더욱 만족스러운 디버깅 접근 방법을 찾을 것이다. 더욱이 비효율적인 개발자보다 20배나 빨리 디버깅하는 효과적인 개발자는 프로그램을 수정할 방법을 무작위로 추측하지 않는다. 그들은 과학적인 조사를 위해 필수적인 발견과 증명 과정인 과학적인 방법을 사용한다.

과학적인 디버깅 방법

다음은 과학적인 방법을 사용할 때 거치는 단계다.

1. 반복적인 실험을 통해 데이터를 수집한다.
2. 관련 자료를 설명하기 위한 가설을 세운다.
3. 가설을 증명하거나 반증하기 위한 실험을 구상한다.
4. 가설을 증명하거나 반증한다.
5. 필요한 만큼 반복한다.

KEY POINT

과학적인 방법은 디버깅과 많은 공통점이 있다. 다음은 결함을 찾는 효과적인 접근 방법이다.

1. 오류를 재현한다.
2. 오류("결점")의 원인을 찾아낸다.
   a. 결함을 만들어내는 데이터를 수집한다.
   b. 수집된 데이터를 분석하고 결함에 대한 가설을 세운다.
   c. 프로그램을 테스트하거나 코드를 살펴봄으로써 가설을 증명하거나 반증할 방법을 결정한다.
   d. 2(c)에서 규명한 절차를 사용하여 가설을 증명하거나 반증한다.

3. 결함을 수정한다.
4. 수정 내용을 테스트한다.
5. 유사한 오류를 찾는다.

첫 번째 단계는 반복성에 의존한다는 점에서 과학적인 방법의 첫 번째 단계와 유사하다. 결함을 재현할 수 있다면, 즉 결함이 신뢰할 수 있게 발생하도록 만들면 결함을 진단하기가 쉬워진다. 두 번째 단계는 과학적인 방법의 두 번째 단계를 사용한다. 결함을 밝혀내기 위한 테스트 데이터를 수집하고 만들어진 데이터를 분석한 다음, 오류의 원인에 대한 가설을 세운다. 그리고 나서 가설을 평가하기 위한 테스트 케이스나 조사 방법을 구상한 다음, 상황에 맞게 성공을 선언하거나(가설을 증명했을 때) 새로 시작한다. 가설을 증명했으면 결함을 수정하고 테스트한 후 유사한 오류를 찾는다.

각 단계를 예제와 함께 살펴보자. 간헐적으로 오류가 발생하는 직원 데이터베이스 프로그램이 있다고 가정해 보자. 이 프로그램은 직원의 목록과 근로소득징수 금액을 알파벳 순으로 출력해야 한다. 다음은 출력 결과다.

```
Formatting, Fred Freeform     $5,877
Global, Gary                  $1,666
Modula, Mildred              $10,788
Many-Loop, Mavis              $8,889
Statement, Sue Switch         $4,000
Whileloop, Wendy              $7,860
```

*Many-Loop, Mavis*와 *Modula, Mildred*의 순서가 잘못된 것이 오류다.

오류를 재현하라

결함이 신뢰할 수 있게 발생하지 않는다면 결함을 진단하는 것은 거의 불가능하다. 간헐적인 결함을 예측할 수 있게 발생시키는 것은 디버깅에서 가장 어려운 작업 중 하나다.

관련 정보 안전한 포인터 사용에 대한 자세한 내용은 13.2절 "포인터"를 살펴본다.

예측할 수 있게 발생하지 않는 오류는 일반적으로 초기화 오류나 시간 문제, 허상 포인터 문제다. 합계를 계산한 결과가 옳을 때가 있고 그렇지 않을 때가 있다면 아마 계산에 사용된 변수가 적절하게 초기화되지 않았을 것이고 대부분의 경우에 우연히 0으로 시작했을 것이다. 문제가 낯설고 예측할 수 없는 현상이고 포인터를 사용하고 있다면 거의 확실하게 초기화되지 않은 포인터를 갖고 있거나 해제된 메모리를 가리키는 포인터를 사용하고 있을 것이다.

오류를 재현하는 데는 일반적으로 오류를 만들어내는 테스트 케이스를 발견하는 것 이상이 요구된다. 여기에는 여전히 오류를 만들어내는 가장 간단한 테스트 케이스로 범위를 좁혀가는 과정이 포함된다. 테스트 케이스 단순화의 목표는 테스트 케이스를 변경하면 오류의 행위가 변경되도록 간단하게 만드는 것이다. 그리고 나서 테스트 케이스를 주의 깊게 변경하여 프로그램의 행위를 관찰함으로써 문제를 진단할 수 있다. 독립적인 테스트 팀이 있는 조직에서 일하고 있다면 테스트 케이스를 단순화하는 것이 팀의 임무일 때도 있다. 하지만 대부분은 직접 해야 한다.

테스트 케이스를 단순화하기 위해 다시 한번 과학적인 방법을 사용한다. 10개의 요소를 조합해서 오류를 발생시키는 경우가 있다고 가정해 보자. 오류를 발생시키는 것과 관련이 없는 요소가 무엇인지 가설을 세운다. 그리고 관련이 없는 요소를 변경한 다음 테스트를 재실행한다. 여전히 오류가 발생한다면 그 요소를 제거하고 테스트 케이스를 단순화하면 된다. 그다음 테스트 케이스를 단순화하는 작업을 계속 진행한다. 오류가 발생하지 않는다면 특정 가설을 반증한 것이므로 이전보다 더 많은 것을 알게 된다. 미묘한 다른 변화 때문에 여전히 오류가 발생하겠지만, 최소한 오류가 발생하지 않는 특정한 변화에 대해서는 알게 된다.

직원의 원천징수액 예제에서 프로그램이 초기에 실행될 때 *Many-Loop, Mavis*가 *Modula, Mildred* 다음에 나열되었다. 그러나 프로그램이 두 번째로 실행될 때는 다음과 같이 목록이 정상이다.

```
Formatting, Fred Freeform     $5,877
Global, Gary                  $1,666
Many-Loop, Mavis              $8,889
Modula, Mildred              $10,788
Statement, Sue Switch         $4,000
Whileloop, Wendy              $7,860
```

*Fruit-Loop, Frita*가 입력되고 부정확한 위치에 표시되고 나서야 *Modula, Mildred*가 입력되었을 당시에 위치가 잘못되었다는 것을 기억하게 된다. 두 경우에서 특이한 점은 데이터가 하나만 입력되었다는 점이다. 일반적으로 직원들은 단체로 입력된다.

문제가 새로운 직원 한 명에 대한 데이터를 입력하는 것과 관련이 있다고 가설을 세운다. 이것이 사실이라면 프로그램을 다시 실행했을 때 *Fruit-Loop, Frita*가 올바른 순서에 있어야 한다. 다음은 두 번째로 실행한 결과다.

```
Formatting, Fred Freeform    $5,877
Fruit-Loop, Frita            $5,771
Global, Gary                 $1,666
Many-Loop, Mavis             $8,889
Modula, Mildred              $10,788
Statement, Sue Switch        $4,000
Whileloop, Wendy             $7,860
```

이 결과는 앞서 세운 가설을 뒷받침해준다. 이 가설을 확증하기 위해서 몇 개의 새로운 직원을 한 번에 하나씩 추가해보면서 데이터가 잘못된 순서로 표시되는지, 두 번째 실행 시 순서가 제대로 변경되는지 알아본다.

오류의 원인을 찾아라

오류의 원인을 찾는 데도 과학적인 방법이 필요하다. 결함이 하나 차이로 인한 오류와 같이 특정한 문제로 인한 것인지 의심스러울 것이다. 그리고 나서 문제를 유발하는 것으로 의심이 드는 매개변수를 경계의 아래쪽, 경계 내, 그리고 경계 위쪽으로 변경해 보고 가설이 옳은지 결정할 수 있다.

이 예제에서는 문제의 원인이 새로운 직원 한 명을 추가했을 때는 발생하고 두 명 이상을 추가할 때는 발생하지 않는 하나 차이로 인한 결함일 수 있다. 코드를 살펴보는 것으로는 분명한 하나 차이로 인한 결함을 찾을 수 없다. 플랜B에 따라 새로운 직원 한 명이 문제인지 확인하기 위해서 새로운 직원 한 명을 다루는 테스트 케이스를 실행해 본다. *Hardcase, Henry*를 새로운 직원으로 추가하고 그의 기록이 순서에 어긋날 것이라는 가설을 세운다. 다음은 실행 결과다.

```
Formatting, Fred Freeform    $5,877
Fruit-Loop, Frita            $5,771
Global, Gary                 $1,666
Hardcase, Henry                $493
Many-Loop, Mavis             $8,889
Modula, Mildred              $10,788
Statement, Sue Switch        $4,000
Whileloop, Wendy             $7,860
```

*Hardcase, Henry*의 위치가 정확했기 때문에 첫 번째 가설은 틀렸다. 문제는 단순히 한 번에 새로운 직원을 하나씩 추가해서 발생한 것이 아니었다. 더 복잡한 문제이거나 완전히 다른 문제다.

테스트를 실행하여 얻은 출력 결과를 다시 한번 살펴보면 *Fruit-Loop*, *Frita*와 *Many-Loop*, *Mavis*만이 붙임표(-)를 포함하고 있는 유일한 이름이라는 것을 알 수 있다. *Fruit-Loop*는 첫 번째 입력되었을 때는 순서가 어긋났지만, *Many-Loop*는 그렇지 않았다. 최초의 명단이 있는 출력물을 갖고 있지는 않지만, 처음 오류에서 *Modula*, *Mildred*의 순서는 잘못되었지만 그녀의 이름이 *Many-Loop* 옆에 있었다. 아마도 *Many-Loop*의 순서가 어긋났었고 *Modula*는 순서가 맞았을 것이다.

다시 문제는 단독으로 입력된 이름 때문이 아니라 붙임표가 포함된 이름 때문에 발생한다는 가설을 세운다.

하지만 한 명의 직원이 입력되었을 때만 문제가 나타난다는 사실은 어떻게 설명할 것인가? 코드를 살펴보면 두 개의 서로 다른 정렬 루틴이 사용되었다는 것을 발견할 수 있다. 한 루틴은 직원이 입력될 때 사용되고 다른 루틴은 데이터가 저장될 때 사용된다. 직원이 처음으로 입력될 때 사용되는 루틴을 좀 더 자세히 살펴보면 데이터를 완벽하게 정렬하지 않는다는 것을 확인할 수 있다. 이 루틴은 루틴의 정렬 속도를 높이기 위해서 대략적인 순서로 데이터를 입력한다. 따라서 문제는 데이터가 정렬되기 전에 출력된다는 것이다. 붙임표를 포함한 이름과 관련된 문제는 조잡한 정렬 루틴이 구두점 문자와 같은 미묘한 것을 처리하지 못하기 때문에 발생한 것이다. 이제 가설을 좀 더 개선할 수 있다.

마지막으로 구두점 문자를 갖는 이름은 저장될 때까지 정확하게 정렬되지 않는다는 가설을 세운다.

추가적인 테스트 케이스를 이용해 이 가설을 나중에 검증한다.

결함을 찾는 데 도움이 되는 팁

일단 오류를 재현하고 오류를 생성하는 테스트 케이스를 개선했다면 오류의 원인을 찾는 것은 얼마나 코드를 잘 작성했느냐에 따라서 쉬울 수도 있고 어려울 수도 있다. 결함을 발견하기가 어렵다면 코드가 잘 작성되지 않았기 때문일 수도 있다. 이런 말을 듣고 싶지는 않겠지만 사실이다. 이러한 문제를 겪고 있다면 다음과 같은 팁을 고려해 본다.

가설을 세우기 위해서 사용할 수 있는 모든 데이터를 사용하라. 결함의 원인에 대한 가설을 세울 때 가설에서 가능한 한 많은 데이터를 설명한다. 이 예제에서는 *Fruit-Loop*, *Frita*의 순서가 어긋났음을 발견하고 "F"로 시작하는 이름은 정렬이 제대로 되지 않는다는 가설을 세울 수 있다. 이러한 가설은 *Modula*, *Mildred*의 순서가 어긋난 사실이나 두

번째 실행했을 때는 정확하게 정렬되는 사실을 설명하지 못하기 때문에 엉터리 가설이다. 데이터가 가설에 맞지 않는다고 해서 데이터를 버리지 않는다. 왜 맞지 않는지를 물어보고 새로운 가설을 세운다.

이 예제에서 세운 두 번째 가설, 즉 이름이 아니라 붙임표를 포함한 이름 때문에 문제가 발생한다는 가설은 두 번째 실행에서는 이름이 정확하게 정렬된다는 사실을 당초에 설명하지 못하는 것 같다. 하지만 이 경우에는 두 번째 가설이 옳다고 증명할 수 있는 더욱 개선된 가설의 실마리가 되었다. 어떠한 가설을 계속해서 개선해 나감으로써 결국 모든 데이터를 설명할 수 있다면 가설이 처음부터 모든 데이터를 설명해주지 못한다고 하더라도 상관없다.

오류를 만드는 테스트 케이스를 개선하라. 오류의 원인을 찾을 수 없다면 기존에 가지고 있던 테스트 케이스를 개선해 본다. 하나의 요인을 가정했던 것보다 더 다양하게 바꿔볼 수 있으며 여러 요인 중 하나에 집중하는 것이 중대한 돌파구를 제공할 수도 있다.

단위 테스트에서 코드를 다루어라. 결함은 통합된 큰 프로그램에서보다 작은 규모의 코드에서 더 쉽게 찾을 수 있다. 단위 테스트를 사용해 코드를 고립된 환경에서 테스트한다.

> 관련 정보 단위 테스트 프레임워크에 대한 사세한 내용은 22.4절의 "단위 테스트를 테스트 프레임워크에 연결하라"를 살펴본다.

도구를 사용하라. 대화식 디버거, 까다로운 컴파일러, 메모리 검사기, 구문 인식 편집기 등 디버깅 세션을 지원하는 도구는 많다. 올바른 도구는 어려운 일을 쉽게 만들 수 있다. 예를 들어 발견하기 어려운 오류의 하나로 프로그램의 어떤 부분이 다른 부분의 메모리를 덮어쓴 경우가 있었다. 이 오류는 개발자가 프로그램이 특정한 메모리 주소를 부정확하게 다루는 구체적인 위치를 정할 수가 없어 전형적인 디버깅 방법을 사용하여 진단하기가 어려웠다. 개발자는 특정한 메모리 주소를 감시하기 위해 메모리 중단점을 사용했다. 프로그램이 해당 메모리 위치에 무언가를 썼을 때 디버거가 해당 위치에서 멈추고 실수한 코드가 드러났.

이것은 분석적으로 진단하기는 어렵지만 올바른 도구를 사용하면 매우 간단해지는 문제의 한 예다.

여러 가지 방법으로 오류를 발생시켜라. 때로는 오류를 만드는 경우와 유사하지만 정확하게 같지는 않은 경우를 시도해 보는 것이 도움이 된다. 이 접근 방법을 결함을 삼각 측량하는 것으로 생각하라. 한 지점에서 수정하고 또 다른 지점에서 수정하면 결함이 어디 있는지 더 정확하게 결정할 수 있다.

그림 23-1과 같이 오류를 여러 가지 방법으로 재현하면 오류의 원인을 규명하는 데 도움이 된다. 일단 결함이 무엇인지 밝혀냈다고 생각한다면 오류를 생산하지는 않지만, 오류를 생산하는 케이스에 근접한 케이스를 실행시켜본다. 그 케이스가 오류를 생산한다면 문제를 아직 완벽하게 이해하지 못 하는 것이다. 오류는 종종 여러 가지 요소의 결합으로 발생하며 한 가지 테스트 케이스만으로 문제를 규명하려고 하면 문제의 원인을 규명하지 못하기 쉽다.

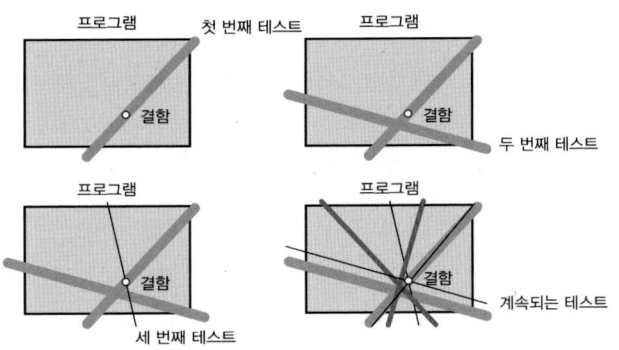

그림 23-1 오류의 원인이 무엇인지 정확하게 결정하기 위해서 여러 가지 방법으로 오류를 재현해 본다.

더 많은 가설을 세우기 위해서 더 많은 데이터를 만들어라. 이미 오류가 있는지 알고 있는 테스트 케이스와 다른 테스트 케이스를 선택한다. 그 테스트를 실행해 더 많은 데이터를 만들고 그렇게 얻은 새 데이터를 이용해 가능한 가설을 추가한다.

부정적 테스트의 결과를 사용하라. 가설을 세우고 그 가설을 증명하기 위해서 테스트 케이스를 사용한다고 가정해 보자. 그리고 그 테스트 케이스가 가설을 부정하여 여전히 오류의 원인을 모른다고 가정해 보자. 분명히 이전에는 알지 못했던 것을 알게 된다. 즉, 결함이 생각했던 영역에 있지 않다는 사실을 알게 된다. 그러한 방법으로 찾아야 할 부분과 가능한 가설의 폭을 좁힌다.

가능한 가설에 대해서 브레인스토밍하라. 첫 번째 가설에 자신을 국한하지 말고 여러 가지 가설을 떠올려 본다. 처음에는 분석하지 말고 몇 분 동안 가설을 마음껏 떠올려본다. 그리고 나서 각 가설을 살펴보고 가설을 검증하거나 부정하는 테스트 케이스를 생각해 본다. 이러한 정신적인 훈련은 한 가지 추론에만 너무 집중해서 생기는 디버깅 정체를 극복하는 데 도움이 된다.

연습장을 준비해서 시도해 볼 목록을 만들어라. 개발자가 디버깅하는 도중에 어려움을 겪는 한 가지 이유는 너무나 막다른 골목으로 가기 때문이다. 시도해 볼 목록을 만들어 한 가지 접근 방법이 안 되면 다음 접근 방법으로 넘어간다.

의심스러운 코드 영역을 좁혀라. 전체 프로그램이나 전체 클래스 또는 루틴을 테스트하고 있다면 그 대신에 더 작은 부분을 테스트한다. 프린트 명령문이나 로그 작성, 트레이스를 사용해 코드의 어느 부분에서 오류를 생산하는지 규명한다.

의심스러운 코드의 영역을 좁히기 위한 더욱 강력한 기법이 필요하다면 체계적으로 프로그램을 부분적으로 제거하면서 오류가 계속해서 발생하는지 살펴본다. 오류가 발생하지 않는다면 제거한 부분에 오류가 있다는 것을 알 수 있다. 오류가 발생한다면 나머지 부분에 오류가 있다는 것을 알 수 있다.

영역을 제거하는 위험한 방법 대신 나누어서 해결하는 방법도 있다. 탐색에 초점을 맞추기 위해서 이진 탐색을 사용하라. 처음에는 코드의 절반을 제거해 본다. 결함이 있는 절반을 결정하고 다시 나눈다. 다시 한번 결함이 있는 절반을 결정하고 다시 나눈다. 결함을 발견할 때까지 계속해서 이 과정을 진행한다.

여러 개의 작은 루틴을 사용하고 있다면 루틴에 대한 호출을 주석으로 처리함으로써 간단하게 코드를 제거할 수 있다. 그렇지 않은 경우에는 주석이나 전처리기를 사용해 코드를 제거한다.

디버거를 사용하고 있다면 코드를 반드시 제거할 필요는 없다. 프로그램의 어느 부분에 중단점을 설정하여 결함을 검사할 수 있다. 디버거에서 루틴 호출을 건너뛸 수 있는 기능을 제공한다면 특정한 루틴의 실행을 무시한 다음 오류가 계속해서 발생하는지 살펴봄으로써 의심스러운 부분을 제거하면 된다. 디버거를 사용한 방법은 물리적으로 코드를 제거하는 방법과 유사한 접근 방법이다.

> **관련 정보** 오류를 유발할 가능성이 있는 코드에 대한 자세한 내용은 24.5절의 "오류를 유발할 가능성이 있는 모듈을 대상으로 삼는다"를 살펴본다.

이전에 결함이 있었던 클래스와 루틴을 의심하라. 이전에 결함이 있었던 클래스는 계속해서 결함을 갖기가 쉽다. 과거에 문제가 있었던 클래스는 결함이 없던 클래스보다 새로운 결함을 포함할 가능성이 높다. 오류를 유발할 가능성이 있는 클래스와 루틴을 다시 한번 살펴본다.

최근에 변경한 코드를 검사하라. 원인을 규명하기가 어려운 새로운 오류가 있다면 그 오류는 일반적으로 최근에 변경된 코드와 연관되어 있을 것이다. 완전히 새로운 코드나 이전 코드를 변경한 코드에 오류가 있을 수도 있다. 결함을 찾을 수 없다면 오류가 발생

하는지 확인하기 위해서 이전 버전을 실행해 본다. 오류가 발생하지 않는다면 그 오류가 새로운 버전에 있거나 새로운 버전과의 상호작용으로 인한 것임을 알 수 있다. 이전 버전과 새로운 버전 사이의 차이점을 자세히 조사한다. 어떤 코드가 최근에 변경되었는지 살펴보기 위해서 버전 관리 로그를 검사한다. 버전 관리 로그를 사용할 수 없다면 차이 비교 도구를 사용해 이전 코드에서의 변경 사항과 새로 작성하여 망가진 소스코드에 대해서 작업한 내용을 비교한다.

의심스러운 코드 영역을 확장하라. "결함이 반드시 이 부분에 있을 거야"라고 확신하면서 코드의 작은 부분에 집중하기가 쉽다. 그 부분에서 오류를 발견하지 못한다면 결함이 그 부분에 없을 수도 있다는 점을 고려해야 한다. 자신이 의심하고 있는 영역을 확장하고 앞에서 설명한 이진 탐색 기법을 사용하여 특정 부분에 집중하도록 한다.

점진적으로 통합하라. 시스템에 한 번에 한 부분만 추가한다면 디버깅이 쉬워진다. 시스템에 한 부분을 추가했을 때 새로운 오류가 발생한다면 해당 부분을 제거하여 별도로 테스트한다.

> 관련 정보 통합에 대한 자세한 설명은 29장 "통합"을 살펴본다.

일반적인 결함을 검사한다. 가능한 결함을 생각하는 데 도움을 얻기 위해 코드 품질 체크리스트를 사용한다. 21.3절의 "형식적인 검토"에서 설명한 검토 습관을 따르고 있다면 자신의 환경에서 일반적으로 발생하는 문제에 맞게 작성된 체크리스트가 있을 것이다. 또한 이 책에서 소개하는 체크리스트를 사용해도 된다. 이 책의 XXVIII쪽에 있는 체크리스트 목록을 살펴본다.

> 관련 정보 다른 개발자가 여러분과 문제 사이에 어떻게 유익한 거리를 두게 하는지에 대한 자세한 내용은 21.1절 "협력 개발 방법 개요"를 살펴본다.

프로그램에 대해 다른 사람과 이야기를 나누어라. 어떤 사람들은 이러한 방법을 "고백을 통한 디버깅"이라고 부른다. 종종 다른 사람에게 결함을 설명해주는 과정에서 결함을 발견하게 된다. 예를 들면 봉급 예제에서 문제를 설명하고 있다면 다음과 같이 말할 것이다.

> "이봐, 제니퍼. 시간 좀 있어? 문제가 있는데 말이야. 직원 월급 목록이 있는데 이게 정렬이 되어 있어야 하거든. 그런데 그중에 이름 몇 개가 정렬이 안 돼. 이상한 점은 처음 출력할 때는 정렬이 안 되다가 두 번째 출력하면 모두 정렬이 된다는 거지. 새로운 이름이라 그런가 하고 이름 몇 개를 넣어봤는데 잘 되더라고. 프로그램이 데이터를 입력할 때에 한 번 정렬하고 저장할 때 다시 한 번 정렬하기 때문에 처음부터 제대로 정렬되어야 하는 거로 알고 있는데. 잠깐, 그게 아니지. 입력될 때는 정렬되지 않아. 아. 그거였군. 그땐 대충 정렬하지. 고마워, 제니퍼. 큰 도움이 됐어."

제니퍼는 한마디도 하지 않았고, 여러분은 문제를 해결했다. 이러한 결과는 전형적이며 이러한 접근 방법은 어려운 결함을 해결하기 위한 가장 강력한 도구다.

문제로부터 떨어져 휴식을 취하라. 때때로 너무 집중해서 생각할 수 없을 때가 있다. 커피를 마시려고 커피 자판기로 가는 도중에 문제를 해결한 경우가 몇 번이나 되는가? 아니면 점심을 먹는 도중이나 집에 가는 길, 다음 날 아침에 샤워하다가 그런 경우는 또 몇 번이나 되는가? 디버깅하고 있는데 진척이 없고 모든 선택 사항을 시도해 보았다면 휴식을 취하라. 산책하러 가라. 다른 무언가를 하라. 퇴근해도 좋다. 잠재의식이 문제의 해결책을 찾아내게 하라.

일시적으로 포기함으로써 얻게 되는 부차적인 이득은 디버깅과 관련된 근심을 덜어준다는 것이다. 근심이 밀려온다는 것은 쉬어야 할 때가 되었다는 명백한 신호다.

무차별 대입을 통한 디버깅

무차별 대입은 소프트웨어 문제를 디버깅할 때 종종 간과되는 접근 방법이다. "무차별 대입"이 지루하고 힘들고 시간이 오래 걸리기는 하지만, 문제 해결을 보상하는 기법이라고 생각한다. 어떤 특정한 기법이 문제의 해결을 보장하는지는 상황에 따라 달라지지만, 몇 가지 일반적인 기법을 다음에 소개한다.

- 망가진 코드에 대해 전체적인 설계와 코드 검토를 수행한다.
- 문제가 발생한 코드 섹션을 버리고 처음부터 새로 설계하거나 새로 작성한다.
- 전체 프로그램을 버리고 처음부터 새로 설계하거나 새로 작성한다.
- 완전한 디버깅 정보를 이용해 코드를 컴파일한다.
- 코드를 가장 까다로운 경고 수준으로 컴파일하고 까다로운 컴파일러 경고를 모두 수정한다.
- 단위 테스트를 이용하여 새로운 코드를 고립된 환경에서 테스트한다.
- 자동화된 테스트 도구를 작성해 밤새 실행한다.
- 오류 상황을 만날 때까지 디버거에서 큰 반복문을 직접 하나씩 실행해 본다.
- 코드에 프린트나 화면 출력, 다른 로깅 명령문을 추가한다.
- 다른 컴파일러로 컴파일한다.
- 다른 환경에서 프로그램을 컴파일하고 실행한다.
- 코드가 부정확하게 사용되었을 때 경고를 생성하는 특별한 라이브러리나 실행 환경에 코드를 링크하거나 실행한다.
- 사용자와 같은 컴퓨터 환경을 구성한다.
- 새로운 코드를 작은 부분에 통합하고 통합할 때 각 부분을 완전하게 테스트한다.

빠르고 지저분한 디버깅에 대한 최대 시간을 설정하라. 무차별 대입 기법에 대해서 다음과 같이 반응할 수도 있다. "그렇게 할 수 없습니다. 일이 너무 많아요!" 중요한 점은 "빠르고 지저분한 디버깅"에서 요구하는 것보다 더 많은 시간이 걸리는 경우에만 할 일이 많은 것이다. 언제나 체계적으로 코드의 결함을 찾기 위한 코드를 추가해 결함이 숨을 곳이 없도록 하는 것보다는 간단하게 추측하고 싶은 마음이 있게 마련이다. 도박꾼 기질이 있는 사람은 30분이 걸려 결함을 찾아내는 확실한 접근 방법보다는 5분 만에 결함을 찾을 가능성이 있는 위험한 방법을 선택할 것이다. 위험 요소는 5분짜리 방법이 통하지 않을 때 난처해진다는 것이다. "쉬운" 방법으로 결함을 찾아내는 것을 원칙으로 삼아서 아무런 성과 없이 한 시간이 지나고 며칠이 지나고 몇 주가 지나고 몇 달이 지날 수 있다. 작성하는 데 30분밖에 안 걸린 코드를 두 시간 동안 디버깅한 경험이 얼마나 자주 있는가? 이는 일을 잘못 분배한 것이고 이런 나쁜 코드를 디버깅하는 것보다는 코드를 다시 작성하는 편이 더 낫다.

짧은 시간에 문제를 해결하려는 방법을 선택했다면 그 방법에 대해 최대 제한 시간을 정한다. 제한 시간을 넘어가면 자신이 원래 생각했던 것보다 결함의 원인을 규명하기가 더 어려울 것이라는 생각을 하고 더 어려운 방법으로 해결하도록 한다. 이러한 접근 방법을 이용하면 쉬운 결함은 곧바로 찾아내고 어려운 결함은 좀 더 시간이 걸려 찾아낼 수 있다.

무차별 대입 기법에 대한 목록을 작성하라. 어려운 오류를 디버깅하기 전에 "이 문제를 디버깅하다가 막혀버리면 문제를 해결할 수 있는 다른 방법이 있을까?"라고 자신에게 물어보도록 한다. 문제를 해결할 수 있는 무차별 대입 기법을 하나라도 찾아낼 수 있다면(코드를 다시 작성하는 것도 포함), 더 빠른 대안이 있을 때 몇 시간 또는 며칠을 낭비하지 않을 것이다.

구문 오류

구문 오류 문제는 매머드나 검치(劍齒) 호랑이가 그랬던 것처럼 점점 역사 속으로 사라지고 있다. 컴파일러가 진단 메시지를 더 잘 만들고 있고 파스칼 소스코드에 잘못 입력된 세미콜론을 찾느라 두 시간을 보내야 했던 시대는 거의 지났다. 다음은 이 멸종 위기에 처한 오류를 완전히 멸종시키기 위해 사용할 수 있는 지침이다.

컴파일러 메시지에 있는 줄 번호를 믿지 말라. 컴파일러가 불가사의한 구문 오류를 보고할 때 오류의 바로 앞뒤를 살펴본다. 컴파일러가 문제를 잘못 이해하거나 잘못 진단했

을 수 있다. 일단 진짜 결함을 찾으면 컴파일러가 잘못된 명령문에 대한 메시지를 보고한 이유를 생각해 본다. 컴파일러에 대해서 더 잘 이해하면 나중의 결함을 찾는 데 도움이 될 수 있다.

컴파일러의 오류 메시지를 믿지 말라. 컴파일러는 무엇이 잘못되었는지 정확하게 말해주려고 하지만, 어린 악동인 척 가장하고 있어 종종 메시지가 실제로 무엇을 의미하는지 파악하기 위해서 행간을 읽어야 할 때가 있다. 예를 들면 UNIX C에서는 정수형의 0으로 나눔 오류가 있을 때 "floating exception"이라는 메시지를 얻는다. C++의 표준 템플릿 라이브러리를 사용할 때는 첫 번째 메시지는 STL을 잘못 사용한 실질적인 오류고, 두 번째 메시지는 컴파일러가 "오류 메시지가 너무 길어서 출력할 수 없습니다. 메시지가 끝까지 출력되지 않았습니다."라고 말하는 한 쌍의 메시지를 얻는다. 이 밖에도 많은 경우가 있다.

컴파일러의 두 번째 오류 메시지를 믿지 말라. 어떤 컴파일러는 다른 컴파일러보다 여러 개의 오류를 검출하는 데 더 뛰어나다. 어떤 컴파일러는 첫 번째 오류를 검출한 다음 너무 흥분해 경솔해지고 자만한다. 그래서 아무 의미 없는 수많은 오류 메시지늘을 출력한다. 다른 컴파일러는 좀 더 분별력이 있어서 오류를 검출했을 때 성취감을 느끼고 부정확한 메시지를 토해 내는 것을 참는다. 컴파일러가 연속적으로 오류 메시지를 만들어 낼 때 두 번째나 세 번째 오류 메시지의 원인을 빨리 찾지 못한다고 걱정하지 마라. 첫 번째 오류를 수정하고 다시 컴파일하라.

분할 정복하라. 결함을 발견하는 데 도움이 되는 여러 부분으로 프로그램을 나눈다는 개념은 구문 오류에 특히 효과적이다. 귀찮은 구문 오류가 있다면 코드의 일부를 제거하고 다시 컴파일한다. 오류가 없거나(제거한 부분에 오류가 있기 때문) 같은 오류를 얻게 되거나(다른 부분을 제거해야 한다는 의미), 다른 오류를 얻게 될 것이다(컴파일러가 더 타당한 메시지를 보여주도록 조작하기 때문).

잘못된 주석과 인용 부호(따옴표)를 찾아라. 많은 프로그래밍 텍스트 편집기가 주석과 문자열을 비롯한 다른 문법적인 요소를 자동으로 형식화한다. 더 원시적인 환경에서는 잘못된 주석이나 인용 부호로 인해 컴파일러가 실수할 수 있다. 여분의 주석이나 따옴표를 찾기 위해서 C, C++, 자바에서 다음 코드를 코드에 넣어본다.

/*"/**/

관련 정보 문법 지향적인 편집기의 보편성은 프로그래밍 환경에서 초기 상태인지 발전된 상태인지 나타내는 한 특성이다. 이에 대한 자세한 내용은 4.3절 "기술 흐름 파악"을 살펴본다.

이 코드는 주석이나 문자열을 끝낼 것이며, 이는 끝나지 않은 주석이나 문자열이 감추고 있는 공간을 좁히는 데 유용하다.

23.3 결함 수정

디버깅에서 결함을 찾기는 어렵지만, 결함을 수정하기는 쉽다. 하지만 쉬운 작업이 늘 그렇듯이 쉽다는 사실은 특히 오류를 유발할 가능성이 크다는 뜻이다. 적어도 한 연구에서 처음에 결함을 잘못 수정할 확률이 50% 이상이라는 것을 발견했다(Yourdon 1986b). 다음은 그러한 오류의 발생 가능성을 줄이기 위한 몇 가지 지침이다.

KEY POINT

수정하기 전에 문제를 이해하라. 문제를 이해하지 않고 수정하는 것이 삶을 고달프게 하고 프로그램의 품질을 떨어뜨리는 가장 좋은 방법이라는 "디버깅에 대한 악마의 지침"은 옳다. 문제를 수정하기 전에 핵심을 이해한다. 오류를 재현하는 케이스와 오류를 재현하지 않을 케이스로 결함을 나눈다. 언제나 정확하게 오류의 발생을 예측할 수 있을 만큼 문제를 충분히 이해할 때까지 그것을 반복한다.

문제만 이해하지 말고 프로그램을 이해하라. 문제가 발생한 상황을 이해한다면 문제의 한 측면만이 아니라 전체를 완벽하게 해결할 수 있을 것이다. 간단한 프로그램으로 수행한 한 연구에서는 프로그램의 전체적인 작동 방식을 이해한 개발자들이 필요한 부분에 대한 국부적인 작동 방식에 집중한 개발자들보다 성공적으로 문제를 수정하는 가능성이 높다는 것을 발견했다(Littman et al. 1986). 이 연구에서 사용된 프로그램은 크기가 짧아서(280줄) 5만 줄짜리 프로그램에서 결함을 해결하기 전에 프로그램을 완벽하게 이해해야 한다는 사실을 증명해주지는 않는다. 이 실험은 최소한 결함 수정 근처에 있는 코드는 이해해야 한다고 제안한다. 여기서 "근처"라는 것은 몇 줄이 아니라 몇 백 줄을 의미한다.

결함 분석을 확인하라. 결함을 수정하기 전에 문제를 정확하게 분석한다. 자신의 가설을 증명하고 다른 가설을 부정하는 테스트 케이스를 실행해 보는 시간을 갖는다. 오류가 여러 케이스 중에서 하나의 결과일 수 있다는 정도만 증명했다면 한 가지 원인에 대해서 작업할 만큼 충분한 증거를 확보하지 못한 것이다. 먼저 다른 것을 제외한다.

절대로 서둘러 디버깅하지 말라.
— 제럴드 와인버그

긴장을 풀어라. 어떤 개발자가 스키 여행을 가려고 한다. 그가 만든 제품의 출시일이 얼마 남지 않았고 이미 일정이 늦었다. 그리고 수정해야 할 결함이 딱 하나 남아 있다. 그

는 소스 파일을 변경하고 버전 관리 도구에 체크인했다. 그는 프로그램을 다시 컴파일하지 않았으며 그러한 변경 사항이 정확한지 검증하지도 않았다.

실제로 그가 수행한 변경은 정확하지 않았으며 부장은 이에 격분했다. 어떻게 검사도 하지 않고 곧 출시될 제품의 코드를 변경할 수가 있지? 이보다 더 나쁜 일이 있을까? 프로 의식이 너무 부족한 거 아닌가?

이러한 상황은 무모함의 극치가 아니라 가까이서 흔히 일어난다. 문제를 급하게 해결하려고 하는 것은 가장 쉽게 시간을 낭비하는 것 중 하나다. 그것은 성급한 판단과 불완전한 결함 분석, 불완전한 변경으로 이어진다. 간절히 바라면 있지도 않은 해결책이 보일 수도 있다. 그러한 압박은 주로 자기 스스로 갖는 것이지만, 계획 없이 시행착오를 통한 해결책을 사용하게 부추기고 검증도 하지 않고 해결책이 효과가 있다고 가정하게 한다.

이와 현저한 대조를 이루는 예를 하나 소개한다. 마이크로소프트 윈도우 2000 개발이 거의 끝날 무렵, 한 개발자가 최종 평가판(RC, Release Candidate)을 만들기 전에 마지막으로 남아있는 결함을 수정해야 했다. 그 개발자는 코드를 변경하고 수정한 내용을 검사하고 그의 빌드에서 테스트했다. 하지만 그는 그 시점에서 버전 관리 도구에 그 코드를 체크인하지 않고 그 대신 야구를 하러 갔다. 그는 말했다. "고려해야 할 사항을 확실히 모두 고려했는지 확인하느라 너무 스트레스를 받고 있어요. 한 시간 동안 머리를 비우고 수정한 내용이 정말 옳다는 확신이 들면 돌아와 코드를 확인하겠습니다."

자신의 해결책이 맞는다는 것을 확인하기 위해서 휴식을 취하라. 지름길을 이용하려고 해서는 안 된다. 시간이 더 많이 걸릴 것으로 생각하겠지만, 실제로는 덜 걸릴 것이다. 이변이 없는 한 문제를 올바르게 해결할 것이며 부장도 스키 여행 중에 돌아오라고 부르지 않을 것이다.

관련 정보 코드 변경과 관련된 일반적인 문제는 24장 "리팩터링"에서 자세히 설명한다.

원본 소스코드를 저장하라. 결함을 수정하기 전에 나중에 현 상태로 돌아올 수 있도록 현재 작업 중인 코드를 저장해야 한다. 여러 변경 사항 중에서 어떤 사항이 중요한지 기억하기란 쉽지 않다. 원본 소스코드가 있다면 최소한 이전 파일과 새로운 파일을 비교해 어디에서 변경되었는지 확인할 수 있다.

증상이 아니라 문제를 해결하라. 증상도 해결해야 한다, 하지만 문제를 임시로 코드로 막는 것보다는 근본적인 문제를 해결하는 데 집중해야 한다. 문제를 완벽하게 이해하지 못한다면 코드를 제대로 수정하는 것이 아니다. 그것은 증상을 해결하는 것이며 코드를 더 나쁘게 만드는 것이다. 다음과 같은 코드가 있다고 가정해 보자.

수정해야 하는 코드를 자바로 작성한 예제

```java
for ( claimNumber = 0; claimNumber < numClaims[ client ]; claimNumber++ ) {
    sum[ client ] = sum[ client ] + claimAmount[ claimNumber ];
}
```

*client*가 *45*일 때 *sum*의 값이 *$3.45* 차이로 틀렸다고 가정해 보자. 다음은 문제를 해결하는 잘못된 방법이다.

문제를 해결했지만 코드는 더 엉망이 된 자바 예제

```java
for ( claimNumber = 0; claimNumber < numClaims[ client ]; claimNumber++ ) {
    sum[ client ] = sum[ client ] + claimAmount[ claimNumber ];
}

if ( client == 45 ) {
    sum[ 45 ] = sum[ 45 ] + 3.45;
}
```
— 여기서 문제를 "해결"하고 있다.

이제 *client*가 *37*이고 고객의 청구 번호가 *0*이지만, 합은 *0*이 아니라고 가정해 보자. 다음은 문제를 해결하는 잘못된 방법이다.

문제를 해결했지만 코드는 더 엉망이 된 자바 예제(계속)

```java
for ( claimNumber = 0; claimNumber < numClaims[ client ]; claimNumber++ ) {
    sum[ client ] = sum[ client ] + claimAmount[ claimNumber ];
}

if ( client == 45 ) {
    sum[ 45 ] = sum[ 45 ] + 3.45;
}
else if ( ( client == 37 ) && ( numClaims[ client ] == 0 ) ) {
    sum[ 37 ] = 0.0;
}
```
— 여기서 두 번째 문제를 "해결"하고 있다.

이 코드를 보고도 등골이 서늘해지지 않는다면 이 책에 있는 어떠한 내용을 읽어도 소용 없을 것이다. 이러한 접근 방법의 문제점을 1,000쪽짜리 이 책에서 모두 나열할 수는 없지만, 가장 중요한 세 가지 사항만 소개하면 다음과 같다.

- 이러한 수정은 대부분의 경우에 효과가 없다. 문제가 초기화 결함으로 인한 것처럼 보인다. 초기화 결함은 정의상 예측이 불가능해서 오늘 client가 45일 때의 합이 $3.45 차이가 났다고 해서 내일도 그렇게 되리라는 법은 없다. 내일은 $10,000.02 차이가 날 수도 있고 옳은 답을 얻을 수도 있다. 그것이 바로 초기화 결함의 본질이다.

- 이 코드는 유지보수가 불가능하다. 오류를 해결하려고 코드를 특별히 처리하면 특별한 경우가 코드 대부분의 기능이 되어버린다. $3.45는 항상 $3.45가 아닐 것이며 또 다른 오류가 나중에 나타날 것이다. 그러면 새로운 특별한 경우를 처리하기 위해서 다시 코드를 수정해야 하고 $3.45에 대한 특별한 경우도 제거되지 않을 것이다. 코드는 점점 더 특별한 경우로 가득 차게 될 것이다. 결국, 그러한 특별한 코드 때문에 코드가 너무 무거워져서 코드는 바다 아래(그 코드가 다 들어갈 정도로 넓은 공간)로 가라앉을 것이다.
- 직접 하면 더 잘 수행할 수 있는 것을 컴퓨터를 사용하여 처리한다. 컴퓨터는 예측 가능하고 체계적인 계산을 하기에 좋다. 하지만 사람은 창조적으로 데이터를 꾸며내는 일을 잘한다. 컴퓨터를 사용하여 코드를 이리저리 조작해보는 것보다는 수정액과 타자기를 사용하여 출력을 다루는 것이 더 좋을 것이다.

타당한 이유가 있을 때만 코드를 변경하라. 증상 수정과 관련하여 작동하는 것처럼 보일 때까지 임의로 코드를 변경하는 기법이 있다. 이때 사용되는 전형적인 추론은 다음과 같다. "이 반복문은 결함을 포함하고 있는 것 같아. 하나 차이로 인한 오류처럼 보이니 여기에 −1을 입력해 보겠어. 작동하지 않는군. 그럼 이번에는 a + 1을 대신 넣어봐야겠군. 음, 이번에는 작동하는 것 같군. 이제 문제를 해결했다고 말해야지."

이러한 습관은 아주 많이 사용되지만 효과적인 방법이 아니다. 임의로 코드를 변경하는 것은 엔진 문제를 고치려고 폰티악 아즈텍의 타이어를 바꿔 보는 것과 같다. 아무것도 배우지 못하고 그냥 빈둥거리는 것과 같다. 프로그램을 임의로 변경하는 것은 사실상 이런 말이나 다름없다. "여기서 무슨 일이 일어나는지 모르겠지만, 일단 이렇게 변경해 보고 작동하기를 기대해야지." 코드는 임의로 변경하지 않는다. 그것은 주술적인 프로그래밍이다. 코드를 이해하지 않고 코드를 많이 변경할수록 코드가 정확하게 작동할 것이라는 자신감은 점점 떨어질 것이다.

코드를 변경하기 전에 작동할 것이라는 확신이 있어야 한다. 변경한 결과가 틀리면 경악하게 될 것이다. 자신을 의심하고 재평가하고 깊이 반성해야 한다. 이런 경우는 거의 발생해서는 안 된다.

한 번에 한 가지만 변경하라. 변경은 한 번에 하나만 수행되어야 할 정도로 신중히 해야 한다. 한 번에 두 가지를 변경하면 원본 오류와 같은 미묘한 오류가 발생할 수 있다. 그러면 자신이 오류를 수정했는지, 오류를 수정했지만 비슷한 새로운 오류를 만들었는지, 또는 오류를 수정하지도 않고 비슷한 새로운 오류를 만들었는지 알지 못하게 되는 곤란한 상황에 빠져버린다. 단순하게, 한 번에 한 가지만 변경한다.

관련 정보 자동 회귀 테스트에 대한 자세한 내용은 22.6절의 "다시 테스트하기(회귀 테스트)"를 살펴본다.

수정한 내용을 검사하라. 자신이 프로그램을 검사하거나 다른 동료가 검사하게 하거나 다른 사람과 함께 검토한다. 문제의 원인을 규명하는 데 사용했던 삼각측량법 테스트 케

이스와 같은 케이스를 실행해 문제를 모든 측면에서 해결했는지 확인한다. 문제의 일부만 해결했다면 아직도 해야 할 일이 있다는 것을 알게 될 것이다.

전체 프로그램을 재실행하여 변경의 부수 효과를 검사한다. 부수 효과를 검사하는 가장 쉬우면서 효과적인 방법은 JUnit, CppUnit 등에서 제공하는 자동 회귀 테스트로 프로그램을 실행하는 것이다.

결함을 노출하는 단위 테스트를 추가하라. 테스트 스위트(test suite)[3]로 노출되지 않는 오류를 만났을 때는 그 오류가 나중에 다시 발생하지 않도록 오류를 노출하는 테스트 케이스를 추가한다.

유사한 결함을 찾아라. 결함 하나를 찾았을 때 그와 유사한 다른 결함을 찾아본다. 결함은 그룹으로 발생하는 경향이 있으므로 결함의 종류에 주의를 기울이면 그와 같은 종류의 모든 결함을 수정할 수 있다. 다만 유사한 결함을 찾기 위해서는 문제를 완전하게 이해해야 한다. 경고 신호에 주의한다. 유사한 결함을 찾는 방법을 모른다는 것은 문제를 완벽하게 이해하지 못했다는 신호다.

23.4 디버깅에서 심리학적으로 고려해야 할 사항

> 관련 정보 다른 소프트웨어 개발 분야뿐만 아니라 디버깅에서의 심리학적인 문제에 대한 논의는 《프로그래밍 심리학》(인사이트, 2014)을 살펴보도록 한다.

디버깅은 다른 소프트웨어 개발 활동처럼 정신적인 부분이 요구된다. 자아는 결함이 있는 것을 봤을 때조차 코드가 훌륭하고 결함이 없다고 자신에게 말한다. 따라서 많은 이들에게 자연스럽지 않은 형식적 절차에 따라 가설을 세우고 데이터를 수집하고 가설을 분석하고 그러한 가설을 방법론적으로 부인하는 등 정확하게 생각해야 한다. 코드를 작성하면서 디버깅도 하고 있다면 설계를 위한 유동적이고 창조적인 사고와 디버깅을 위한 엄격하고 비평적인 사고 사이를 재빠르게 전환해야 한다. 자신이 작성한 코드를 읽을 때는 코드에 대한 친숙함을 없애야 하고 볼 것이라고 예상하는 것을 보지 않도록 노력해야 한다.

심리적 고착이 디버깅 실명에 미치는 영향

프로그램에서 Num이라는 토큰을 봤다면 뭐라고 생각하겠는가? "Numb"이라는 단어를 잘못 입력한 것으로 보겠는가? 아니면 "Number"의 약자로 보겠는가? 대부분은

---

[3] (옮긴이) 테스트 케이스의 묶음

"Number"의 약자로 본다. 이것이 바로 볼 것이라고 예상하는 것을 보게 되는 "심리적 고착" 현상이다. 다음 기호가 무엇을 의미하는지 생각해 보라.

심리학의 고전인 이 퍼즐에서 사람들은 종종 "the"를 하나만 본다. 사람들은 볼 것이라고 예상하는 것만 본다. 다음과 같은 사항을 생각해 보자.

- *while* 반복문을 배우는 학생들은 반복문이 계속해서 평가될 것이라고 예상한다. 즉, 반복문의 처음 또는 끝에서만 종료하는 것이 아니라 *while* 조건이 거짓이 되자마자 반복문이 중단될 것이라고 예상한다(Curtis et al. 1986). 그들은 *while* 반복문이 자연어 "while(... 인 동안)"처럼 작동할 것이라고 예상한다.

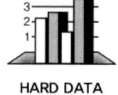

- SYSTSTS와 SYSSTSTS를 무심결에 사용하던 개발자는 자신이 하나의 변수를 사용하고 있다고 생각했다. 그는 프로그램이 수백 번 실행될 때까지 문제를 발견하지 못했고 그 잘못된 결과를 포함한 채로 책이 쓰였다 (Weinberg 1998).

- 개발자는 다음과 같은 코드를 볼 때

```
if ( x < y )
    swap = x;
    x = y;
    y = swap;
```

때때로 다음과 같은 코드를 보게 된다.

```
if ( x < y ) {
    swap = x;
    x = y;
    y = swap;
}
```

사람들은 새로운 현상이 이전에 봤던 것과 유사한 현상이기를 기대한다. 그들은 새로운 제어 구조가 이전의 구조처럼 작동하기를 기대한다. 프로그래밍 언어(Programming langauge)에서의 while 문이 현실 세계에서의 "while" 문과 똑같이 작동하기를 기대하고 변수 이름이 이전에 봤던 것과 같을 거라고 기대한다. 자신이 볼 것이라고 예상하는 것을 보게 되기 때문에 앞 문장에서 "language"를 잘못 입력한 것과 같은 차이점을 못 보고 지나친다.

심리적 고착이 디버깅에 어떠한 영향을 미치는가? 우선 좋은 프로그래밍 습관의 중요성을 말해준다. 좋은 형식화와 주석 작성, 변수 이름, 루틴 이름을 비롯한 프로그래밍 방식의 다른 요소가 결함이 보이도록 하는 프로그램의 바탕을 구성하는 데 도움을 준다.

심리적 고착이 미치는 두 번째 영향은 오류를 발견했을 때 프로그램에서 조사할 부분을 선택하는 데 있다. 연구 결과, 가장 효과적으로 디버깅하는 개발자들은 마음속으로 디버깅과 관련이 없는 부분을 없앤다(Basili, Selby, and Hutchens 1986). 일반적으로 이러한 습관을 통해서 뛰어난 개발자들은 검색 영역을 좁히고 더 빨리 결함을 찾는다. 하지만 때로는 결함이 있는 부분이 실수로 제외되기도 한다. 결함이 있는 코드를 찾으려고 시간을 보내지만, 결함을 포함하고 있는 코드는 무시하게 된다. 선택의 갈림길에서 잘못된 방향을 선택했기 때문에 앞으로 나가기 전에 뒤로 돌아가야 한다. 23.2절에서 결함을 찾기 위한 팁으로 설명했던 내용이 이러한 "디버깅 실명"을 극복하기 위한 것이다.

"심리적인 거리"가 어떻게 도움을 줄 수 있는가?

> 관련 정보 혼란을 일으키지 않는 변수 이름 작성에 대한 자세한 내용은 11.7절 "피해야 할 변수 이름"을 살펴본다.

심리적인 거리는 두 항목이 얼마나 쉽게 구별될 수 있는가로 정의될 수 있다. 길이가 긴 단어를 보고 있는데 그 단어가 모두 오리에 관한 것이라는 말을 듣게 되면 "Queck"과 "Quack"이 비슷해서 "Queck"을 "Quack"으로 착각하기가 쉽다. 이때 두 단어의 심리적인 거리는 좁다. "Tuack"과 "Quack"도 한 글자 차이기는 하지만, 이 둘을 착각할 가능성은 더 적다. 단어의 첫 번째 글자가 중간에 있는 글자보다 더 눈에 띄기 때문에 "Tuack"이 "Queck"보다 "Quack"과 덜 비슷하다.

표 23-1 변수 이름 사이의 심리적인 거리를 보여주는 예

첫 번째 변수	두 번째 변수	심리적 거리
stoppt	stcppt	거의 알아보기 힘들다.
shiftrn	shiftrm	거의 없다.
dcount	bcount	좁다.
claims1	claims2	좁다.
product	sum	멀다.

디버깅할 때는 유사한 변수 이름과 루틴 이름 사이의 심리적인 거리가 충분하지 않아서 발생하는 문제에 대해 마음의 준비를 해야 한다. 코드를 작성할 때 그러한 문제를 피할 수 있도록 서로 완전히 다른 이름을 선택한다.

23.5 디버깅 도구 - 분명한 도구와 그렇지 않은 도구

관련 정보 테스트 도구와 디버깅 도구의 경계는 명확하지 않다. 테스트 도구에 대한 내용은 22.5절을 살펴보고 소프트웨어 개발 도구에 대한 내용은 30장을 살펴본다.

쉽게 구할 수 있는 디버깅 도구를 이용하여 상세하고 머리 아픈 작업의 상당 부분을 처리할 수 있다. 결함이라는 흡혈귀의 심장에 말뚝을 박는 도구는 아직 없지만, 해가 지날수록 기능이 점차 향상되고 있다.

소스코드 비교 도구

Diff와 같은 소스코드 비교 도구는 오류에 대해서 프로그램을 수정하고 있을 때 유용하다. 여러 가지를 변경했는데 변경 사항 중 잘 기억나지 않는 일부를 제거해야 하는 경우에는 비교 도구가 다른 부분을 정확하게 지적하여 기억을 불러일으킬 수 있다. 이전 버전에서 본 적 없는 결함을 새로운 버전에서 발견했다면 파일을 비교해 무엇이 변경되었는지를 확인하면 된다.

컴파일러 경고 메시지

KEY POINT

가장 단순하면서도 효과적인 디버깅 도구 중 하나는 컴파일러다.

컴파일러의 경고 수준을 가장 높고 까다로운 수준으로 설정한 다음, 컴파일러가 보고하는 오류를 수정하라. 컴파일러 오류를 무시하는 것은 부주의한 태도다. 컴파일러 오류를 볼 수 없도록 경고를 끄는 것은 훨씬 부주의한 태도다. 어린이는 눈을 감아서 보이지 않으면 그 사람이 떠났다고 생각하기도 한다. 컴파일러의 경고를 꺼버리는 것은 단순히 그러한 오류를 볼 수 없다는 의미일 뿐이다. 눈을 감아서 누군가가 떠났다고 생각하는 것처럼 오류가 실제로 사라진 것은 아니다.

컴파일러를 작성한 사람들이 자신보다 프로그래밍 언어에 대해서 훨씬 많이 알고 있다고 가정하라. 컴파일러가 무언가에 대해 경고한다면 보통은 언어에 대해 새로운 무언가를 배울 기회가 생겼다는 것을 의미한다. 경고가 실제로 무엇을 의미하는지 이해하려고 노력하라.

경고를 오류로 취급하라. 어떤 컴파일러는 경고를 오류로 취급하게 해준다. 그러한 기능을 사용하는 한 가지 이유는 경고의 명백한 중요성을 강조하기 위해서다. 시계를 5분 빠르게 맞춰 놓음으로써 5분 늦은 것처럼 생각하게 만드는 것과 같이 경고를 오류로 취급하도록 컴파일러에서 설정하면 경고를 더 심각하게 받아들이게 할 수 있다. 경고를 오류로 취급하는 또 다른 이유는 종종 프로그램이 컴파일되는 방법에 영향을 미치기 때문

이다. 프로그램을 컴파일하고 링크할 때 전형적으로 경고는 링크를 멈추지 않지만, 오류는 링크를 멈출 것이다. 링크하기 전에 경고를 검사하고 싶다면 경고를 오류로 취급하는 컴파일러 옵션을 설정한다.

컴파일 시간 설정에 대한 프로젝트 전반적인 표준을 제안하라. 팀에 있는 모든 사람이 같은 컴파일러 설정을 사용하여 코드를 컴파일할 수 있도록 표준을 정하라. 그렇게 하지 않는다면 각자 다른 설정으로 컴파일한 코드를 통합하려고 할 때 오류 메시지가 넘쳐나고 통합은 악몽이 될 것이다. 프로젝트 표준 make 파일이나 빌드 스크립트를 사용한다.

확장된 문법과 논리 검사

컴파일러보다 코드를 완벽하게 검사하는 추가적인 도구를 사용할 수도 있다. 예를 들면 C 개발자를 위한 lint 유틸리티는 초기화되지 않은 변수 사용(==을 의미할 때 =을 쓰는 경우)과 이와 비슷한 미묘한 문제를 열심히 검사한다.

실행 프로파일러

실행 프로파일러를 디버깅 도구로 생각하지 않을지도 모르지만, 프로그램 프로파일러를 몇 분 동안만 학습하면 몇 가지 놀라운(그리고 숨겨진) 결함을 발견할 수 있다.

일례로 내가 작성한 프로그램의 메모리 관리 루틴에 성능 병목 현상이 있다고 의심한 적이 있다. 메모리 관리는 원래 메모리를 가리키는 순차적으로 정렬된 배열을 사용하는 작은 컴포넌트였다. 실행 시간이 적어도 절반으로 떨어질 것이라는 예상으로 순차적으로 정렬된 배열을 해시 테이블로 대체했다. 하지만 코드를 프로파일링한 다음, 성능에 아무런 변화가 없음을 발견했다. 코드를 좀 더 자세히 조사했고 할당 알고리즘에서 엄청나게 많은 시간을 낭비하는 결함이 있다는 것을 발견했다. 병목 지점은 순차 검색 기법에 있지 않았다. 그것은 결함이었다. 결국, 검색 알고리즘을 최적화할 필요가 없었다. 실행 프로파일러의 출력 결과를 조사해 프로그램이 각 부분에서 적당한 시간을 소비하는지에 대한 궁금증을 해결하라.

테스트 프레임워크/비계

관련 정보 비계에 대한 자세한 내용은 22.5절의 "개별적인 클래스를 테스트하기 위한 비계 작성"을 살펴본다.

결함의 발견에 대해 23.2절에서 언급했듯이 문제가 있는 코드 부분을 꺼내 그 코드를 테스트하는 코드를 작성한 다음, 테스트 코드를 실행하는 것이 오류를 유발할 수 있는 프로그램에서 악마를 몰아내는 가장 효과적인 방법일 때가 종종 있다.

디버거

상용 디버거는 수년 동안 꾸준히 발전해왔으며 오늘날 그러한 디버거가 제공하는 기능은 프로그래밍 방식에도 영향을 준다. 훌륭한 디버거를 이용하면 실행이 특정한 줄에 이르렀을 때나 특정한 줄에 n번째 도달했을 때, 전역 변수가 변경되었을 때, 변수에 특정한 값이 할당되었을 때 프로그램 실행을 중단하기 위해서 중단점을 설정할 수 있다. 또한 줄 단위로 코드를 실행할 수 있으며 결함이 발생한 곳으로 돌아갈 수도 있다. 그리고 특정한 명령문의 실행을 기록할 수 있다. 이는 마치 "여기 있어요!"라는 출력문을 프로그램 전체에 뿌리는 것과 비슷하다.

훌륭한 디버거를 이용하면 구조적인 데이터와 동적으로 할당된 데이터를 포함한 데이터들을 완벽하게 조사할 수 있다. 포인터의 링크드 리스트나 동적으로 할당된 배열의 내용을 쉽게 살펴볼 수 있다. 사용자 정의 데이터형을 인식한다. 데이터의 값을 일시적으로 질의하고 새로운 값을 설정한 다음, 프로그램을 계속 실행할 수 있게 한다.

고급 언어로 작성된 코드나 컴파일러가 생성한 어셈블리 언어를 볼 수도 있다. 여러 가지 언어를 사용하고 있다면 디버거는 자동으로 코드에 맞는 정확한 언어를 표시한다. 루틴에 대한 일련의 호출을 볼 수 있으며 특정 루틴의 소스코드를 빠르게 볼 수 있다. 디버거 환경 내에서 프로그램에 전달되는 매개변수를 변경할 수 있다.

가장 좋은 디버거는 디버깅되고 있는 프로그램에 대한 디버깅 요소(중단점, 조사 중인 변수 등)를 기억하고 있으므로 그 요소를 매번 생성할 필요가 없다.

시스템 디버거는 디버깅되고 있는 프로그램의 실행을 방해하지 않기 위해서 응용 프로그램 수준이 아니라 시스템 수준에서 작동한다. 시스템 디버거는 시간이나 잔여 메모리에 민감한 프로그램을 디버깅할 때 꼭 필요하다.

> 대화식 디버거는 필요 없는 도구의 대표적인 예다. 그것은 체계적인 설계보다는 시행착오 해킹 방법을 부추기고 정교한 프로그래밍을 할 수 있는 능력이 거의 없는 부족한 사람을 숨겨준다.
> – 할란 밀스(Harlan Mills)

최신 디버거가 이렇게 강력한 기능을 제공하는데도 놀랍게도 그러한 디버거를 비평하는 사람도 있다. 하지만 컴퓨터 분야에서 가장 존경받는 사람 중에 디버거를 사용하지 말라고 충고하는 사람들이 있다. 그들은 두뇌를 사용하고 디버깅 도구는 사용하지 말라고 충고한다. 디버깅은 버팀목이며 디버거에 의존하기보다는 문제에 대해서 생각함으로써 더 빠르고 정확하게 문제를 찾을 수 있다는 것이 그들의 주장이다. 또한 디버거를 사용하는 대신 프로그램을 머릿속에서 실행시켜 결함을 없애야 한다고 주장한다.

경험적인 증거를 제외하더라도 디버거에 반대하는 기본 주장은 타당하지 않다. 도구가 잘못 사용될 수 있다는 것이 절대로 사용해서는 안 된다는 뜻은 아니다. 아스피린을 지나치게 복용할 수 있다고 해서 아스피린 복용이 중단되지는 않을 것이다. 잔디 깎는 기계에 손을 베일 수 있다고 해서 잔디 깎는 기계의 사용을 중단하지는 않을 것이다. 다른 강력한 도구도 사용되거나 남용될 수 있으며 디버거도 마찬가지다.

KEY POINT

디버거는 훌륭한 두뇌 활동을 대신할 수 없다. 하지만 어떤 경우에는 두뇌 활동이 훌륭한 디버거를 대신할 수 없기도 하다. 머리로 생각하고 디버거를 사용하는 것이 가장 효과적이다.

cc2e.com/2368

> **체크리스트: 디버깅 관련 사항**
>
> **결함을 찾아내기 위한 기법**
> - 가설을 세우는 데 사용할 수 있는 모든 데이터를 사용하라.
> - 오류를 생산하는 테스트 케이스를 개선하라.
> - 단위 테스트 스위트에서 테스트를 조사하라.
> - 사용할 수 있는 도구를 사용하라.
> - 오류를 여러 가지 방법으로 재현하라.
> - 더 많은 가설을 세우기 위해 더 많은 데이터를 만들어라.
> - 부정적인 테스트의 결과를 사용하라.
> - 가능한 가설에 대해 브레인스토밍하라.
> - 책상 옆에 연습장을 두고 시도할 것을 목록으로 작성하라.
> - 코드에서 의심스러운 부분의 범위를 좁혀라.
> - 이전에 결함이 있었던 클래스와 루틴을 의심하라.
> - 최근에 변경된 코드를 검사하라.
> - 의심스러운 코드 부분을 확장하라.
> - 점증적으로 통합하라.
> - 일반적으로 자주 발생하는 결함을 검사하라.
> - 문제에 관해 다른 사람에게 이야기하라.
> - 문제로부터 떨어져 휴식을 취하라.
> - 신속하고 지저분한 디버깅을 위한 최대 시간을 설정하라.
> - 무차별 대입 기법에 대한 목록을 작성하여 사용하라.
>
> **구문 오류를 위한 기법**
> - 컴파일러 메시지에 있는 줄 번호를 믿지 말라.
> - 컴파일러의 오류 메시지를 믿지 말라.
> - 컴파일러의 두 번째 메시지를 믿지 말라.

- 분할하고 정복하라.
- 잘못된 주석과 인용 부호(따옴표)를 찾기 위해서 구문 인식 편집기를 사용하라.

결함을 수정하기 위한 기법

- 수정하기 전에 문제를 이해하라.
- 문제만 이해하지 말고 프로그램을 이해하라.
- 결함 분석을 확인하라.
- 긴장을 풀어라.
- 자신의 해결책이 맞다는 것을 확인하기 위해서 휴식을 취하라.
- 원본 소스코드를 저장하라.
- 증상이 아닌 문제를 해결하라.
- 한 번에 한 가지만 변경하라.
- 수정한 내용을 검사하라.
- 결함을 노출하는 단위 테스트를 추가하라.
- 유사한 결함을 찾아라.

디버깅에 대한 일반적인 접근 방법

- 프로그램과 실수, 코드의 품질, 문제 해결 방법에 대해 더 많이 배우기 위한 기회로 디버깅을 사용하는가?
- 디버깅에 대해서 시행착오적이고 미신에 의한 접근 방법을 피하는가?
- 오류가 자신의 실수라고 가정하는가?
- 간헐적인 오류를 안정화하기 위해 과학적인 방법을 사용하는가?
- 결함을 찾는 데 과학적인 방법을 사용하는가?
- 매번 같은 접근 방법을 사용하는 대신 결함을 발견하기 위해 다양한 기법을 사용하는가?
- 수정이 정확한지 검증하는가?
- 컴파일러의 경고 메시지, 실행 프로파일링, 테스트 프레임워크, 비계, 대화식 디버깅을 사용하는가?

참고 자료

cc2e.com/2375

다음 자료도 디버깅에 대해 다룬다.

데이비드 아간스(David Agans) 《Debugging: The Nine Indispensable Rules for Finding Even the Most Elusive Software and Hardware Problems》(Amacom, 2003). 이 책은 모든 언어와 환경에서 적용할 수 있는 일반적인 디버깅 원칙을 제공한다.

글렌포드 마이어스 《소프트웨어 테스팅의 정석》(에이콘출판사, 2012). 이 고전적인 책의 7장은 전적으로 디버깅에 대해 다룬다.

에릭 앨런(Eric Allen) 《*Bug Patterns In Java, Berkeley*》(Apress, 2002). 이 책은 디버깅과 테스트를 구별하고 일반적인 버그 패턴을 규명하는 "과학적인 디버깅 방법(The Scientific Method of Debugging)"을 포함해 이 장에서 소개했던 것과 개념적으로 매우 유사한 자바 프로그램의 디버깅 방법을 소개한다.

다음 두 서적의 제목을 보면 마이크로소프트 윈도우와 .NET 프로그램에만 적용되는 것처럼 보인다는 점에서 유사하지만, 두 권 모두 일반적인 디버깅, 어설션의 사용, 버그를 처음부터 피하는 데 도움을 주는 코드 작성 습관에 대한 내용을 담고 있다.

존 로빈스(John Robbins) 《*Debugging Applications for Microsoft .NET and Microsoft Windows*》(정보문화사, 2005).

에버렛 맥케이(Everett N. McKay)와 마이크 우드링(Mike Woodring). 《*Debugging Windows Programs: Strategies, Tools, and Techniques for Visual C++ Programmers*》(Addison-Wesley, 2000)

요점 정리

- 디버깅은 소프트웨어 개발의 성패를 좌우한다. 가장 좋은 접근 방법은 이 책에서 소개하는 다른 기법을 사용해 결함을 처음부터 피하는 것이다. 그래도 디버깅 기술을 향상하는 데 시간을 투자할 가치가 있다. 왜냐하면 디버깅을 잘하는 사람과 못하는 사람 사이의 수행 능력이 적어도 10배 정도 차이가 나기 때문이다.
- 오류를 찾고 수정하는 데 체계적으로 접근하는 것은 성공에 매우 중요하다. 각 테스트가 한 걸음 더 나아갈 수 있도록 디버깅에 초점을 맞춘다. 과학적인 디버깅 방법을 사용하라.
- 문제를 수정하기 전에 문제의 원인을 이해하라. 오류의 원인을 임의로 추측하고 수정하면 프로그램은 수정하기 전보다 더 나쁜 상태가 될 것이다.
- 컴파일러의 경고를 가장 까다로운 수준으로 설정하고 컴파일러가 보고하는 오류를 수정하라. 분명한 오류를 무시하면 미묘한 오류를 수정하기가 어려워진다.
- 디버깅 도구는 소프트웨어 개발에 도움이 되는 강력한 도구다. 그러한 도구를 찾아서 사용하는 동시에 자신의 두뇌를 사용하는 것도 잊지 말라.

24장 | 리팩터링

cc2e.com/2436

내용

24.1 소프트웨어 진화의 종류
24.2 리팩터링 소개
24.3 구체적인 리팩터링
24.4 안전한 리팩터링 방법
24.5 리팩터링 전략

관련 주제

- 결함을 수정하기 위한 팁: 23.3절
- 코드-튜닝 접근 방법: 25.6절
- 구현 설계: 5장
- 클래스 다루기: 6장
- 고급 루틴: 7장
- 협력 구현: 21장
- 개발자 테스트: 22장
- 변할 것 같은 부분: 5.3절의 "변경될 것 같은 영역을 찾아라"

> 모든 성공적인 소프트웨어는 변한다.
> – 프레드 브룩스
> (Fred Brooks)

미신: 잘 관리된 소프트웨어 프로젝트는 체계적으로 요구사항을 개발하고 안정적인 프로그램의 책임(기능) 목록을 정의한다. 설계는 요구사항을 개발한 다음에 진행되고 설계 작업은 코드 작성이 처음부터 끝까지 순차적으로 진행될 수 있도록 신중하게 수행된다. 이 말은 대부분의 코드가 작성된 후 테스트한 다음, 잊어도 된다는 뜻이다. 전설에 따르면 코드가 크게 수정되는 시점은 소프트웨어 유지보수 단계뿐이며 이 단계는 시스템의 초기 버전이 출시되고 난 후에만 발생한다.

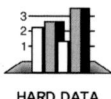

현실: 코드는 초기 개발 단계에서 많이 발전한다. 초기 코드 작성 시 보이는 변경 사항의 상당수가 유지보수 시 보이는 변경 사항만큼이나 인상적이다. 프로젝트의 크기에 따라 코드 작성, 디버깅, 단위 테스트에 전형적인 프로젝트에 들어가는 노력의 30%에서 65%가 들어간다(자세한 내용은 27장 "프로그램의 크기가 구현에 미치는 영향"을 살펴본다). 코드 작성과 단위 테스트 과정이 단순했다면 그러한 작업에 프로젝트에 들이는 노력의 20%에서 30% 이상은 들어가지 않았을 것이다. 하지만 잘 관리된 프로젝트에서도 요구사항이 매달 1%에서 4% 정도 변경된다(Jones 2000). 요구사항이 변경되면 언제나 그에 따른 코드가 변경되고, 때에 따라 상당히 많은 코드가 변경되기도 한다.

KEY POINT 또 다른 현실: 최신 개발 습관은 구현 중에 코드가 변경될 가능성을 증가시킨다. 이전에는 성공 여부에 상관없이 코드의 변경을 피하는 쪽에 초점이 맞춰져 있었다. 최신 접근 방법은 코드 작성에 대한 예측 가능성이 더 낮아졌다. 오늘날의 접근 방법은 좀 더 코드 중심적이며 코드가 어느 때보다 더 많이 진화할 것으로 기대할 수 있다.

24.1 소프트웨어 진화의 종류

소프트웨어 진화는 이로운 돌연변이도 있지만 많은 돌연변이가 그렇지 않다는 면에서 생물학적 진화와 비슷하다. 원숭이가 소프트웨어 개발자인 현재 상태의 인간으로 진화한 것처럼 좋은 소프트웨어는 코드를 진화하게 한다. 하지만 때로는 진화의 힘이 프로그램을 퇴화하는 방향으로 끌고 가기도 한다.

KEY POINT 여러 소프트웨어 진화의 가장 중요한 차이점은 변경 시 프로그램의 품질이 향상되느냐 떨어지느냐에 있다. 강력 테이프와 미신으로 오류를 수정하면 품질은 떨어진다. 변경 작업을 프로그램의 원본 설계를 강화하는 기회로 생각하면 품질이 향상된다. 프로그램의 품질이 떨어지는 것이 보인다는 것은 앞에서 언급했던 것처럼 앞으로 위험이 닥칠 거라는 신호나 마찬가지다. 즉, 프로그램이 잘못된 방향으로 진화하고 있다는 경고다.

소프트웨어 진화의 두 번째 차이점은 변경이 구현 중에 이루어지는지, 유지보수 중에 이루어지는지에 있다. 이 두 종류의 진화는 여러 가지 면에서 다르다. 구현 시 변경은 일반적으로 코드를 작성한 개발자가 보통 프로그램이 완전히 기억에서 잊히기 전에 수행한다. 시스템이 아직 외부에 공개되지 않았기 때문에 변경을 끝내야 한다는 압박도 일정상 압박일 뿐이지 시스템이 다운된 이유를 궁금해하는 500명의 사용자가 주는 압박이 아니다. 같은 이유로 구현 시 변경은 좀 더 자유롭고(이때의 시스템은 더 동적인 상태다) 실수로 인한 불이익도 작다. 이러한 환경이 소프트웨어 유지보수 중에 보는 것과는 다른 진화 방식을 보여준다.

소프트웨어 진화의 철학

> 유지보수는 코드의 규모가 크거나 꼬여 있거나 복잡한 상황을 더 악화시킬 수 있다.
> – 제럴드 와인버그

소프트웨어 진화에 대한 개발자들의 접근 방법이 공통으로 갖는 약점은 진화가 무의식적으로 일어난다는 점이다. 개발 중 진화는 불가피하고 중요한 현상이라는 것을 인식하고 그에 대한 계획을 세우면 진화를 유리하게 활용할 수 있다.

진화는 위험한 동시에 완벽함에 도달할 수 있는 기회다. 코드를 변경해야 할 때 나중에 쉽게 변경할 수 있도록 향상시키려고 노력해야 한다. 프로그램을 작성하기 시작할 때는 앞으로 얼마나 작업을 해야 하는지 절대로 알 수 없다. 프로그램을 개선할 기회가 있을 때 코드를 향상시키기 위해 배웠던 방법을 사용한다. 초기에 작성한 코드와 나중에 추가로 변경할 사항을 모두 생각한다.

소프트웨어 진화의 기본 원칙은 진화가 프로그램의 내적인 질을 향상시켜야 한다는 것이다. 다음 절에서는 이러한 목적을 달성하기 위한 방법을 설명한다.

24.2 리팩터링 소개

소프트웨어 진화의 기본 원칙을 지키는 핵심 전략은 리팩터링이다. 마틴 파울러(Martin Fowler)는 리팩터링을 "소프트웨어를 더 쉽게 이해하고 적은 비용으로 수정할 수 있도록 외부 동작의 변화 없이 내부 구조를 변경하는 것"이라고 정의했다(Fowler 1999). 최신 프로그래밍에서 "리팩터링"이라는 단어는 래리 콘스탄틴(Larry Constantine)이 구조적 프로그램에서 "팩토링(factoring)"이라는 단어를 사용한 것에서 유래했다. 원래 팩토링은 프로그램을 가능한 한 많은 구성 요소로 분해하는 것을 가리킨다(Yourdon and Constantine 1979).

리팩터링하는 이유

때로는 유지보수 중에 코드의 품질이 떨어지기도 하고 때로는 코드가 원래부터 그다지 좋지 않을 수 있다. 어느 경우든 리팩터링이 필요하다는 것을 암시하는 징후("냄새"라고도 함)를 여기에 소개한다(Fowler 1999).

코드가 중복되어 있다. 중복된 코드는 거의 처음부터 설계를 완전하게 나누는 데 실패했다는 것을 나타낸다. 코드를 중복하면 한 곳을 변경할 때마다 다른 곳도 병렬로 변경해야 한다. 또한 코드의 중복은 앤드루 헌트(Andrew Hunt)와 데이브 토마스(Dave Thomas)가 언급한 "DRY 법칙(Don't Repeat Yourself, 반복하지 마라)"을 위반한다 (Hunt and Thomas 2000). 개인적으로 데이비드 파르나스(David Parnas)의 "복사해서 붙여넣기는 설계 오류다."라는 말이 이러한 상황을 가장 잘 표현한다고 생각한다 (McConnell 1998b).

루틴이 너무 길다. 객체지향 프로그래밍에서는 화면에 보이는 것보다 긴 루틴은 거의 필요 없으며 이는 대개 구조적 프로그래밍이라는 발을 객체지향이라는 신발에 억지로 신기려는 시도와 같다.

직원에게 기존 시스템에서 1만2,000줄이 넘는 긴 루틴을 나누도록 지시한 적이 있다. 노력 끝에 그는 가장 긴 그 루틴을 4,000줄 정도로 줄일 수 있었다.

시스템을 개선하기 위한 한 가지 방법은 모듈화를 늘리는 것이다. 즉, 한 가지 기능만 잘 처리하는 잘 정의되고 이름이 좋은 루틴의 수를 늘리는 것이다. 어떤 코드 섹션을 변경해야 할 때 그 코드에 있는 루틴의 모듈화를 검사한다. 루틴의 일부를 별도의 루틴으로 만들어야 루틴이 더 분명해진다면 별도의 루틴을 작성한다.

루프가 너무 길거나 깊이 중첩되어 있다. 루프의 내부 구조는 별도의 루틴으로 전환하기에 좋은 후보이며 코드를 더 나은 방법으로 분해하고 루프의 복잡성을 줄일 수 있게 해준다.

클래스의 응집력이 약하다. 연관성 없는 여러 가지 기능을 책임지고 있는 클래스를 발견한다면 그 클래스는 서로 관련 있는 역할을 책임질 수 있도록 여러 개의 클래스로 나누어야 한다.

클래스 인터페이스가 일관된 추상화 수준을 제공하지 않는다. 클래스가 처음에는 응집력 있는 인터페이스로 시작했더라도 점차 원래의 응집성을 잃을 수 있다. 클래스 인터페이스는 충동적으로 변경하거나 인터페이스의 무결성보다는 편의를 위해 변경하기 때문에 시간이 지나면서 변하기 쉽다. 결국 그 클래스 인터페이스는 프로그램을 이해하기 쉽게 만드는 데는 아무런 도움을 주지 못하는 프랑켄슈타인과 같은 유지보수 괴물이 되어 버린다.

매개변수가 너무 많다. 잘 분리된 프로그램은 큰 매개변수 목록이 필요 없는 작고 잘 정의된 루틴 여러 개를 갖는 경향이 있다. 긴 매개변수 목록은 루틴 인터페이스의 추상화가 제대로 고려되지 않았다는 경고다.

클래스 내의 변경 사항이 상호 관계를 고려하지 않고 구분되는 경향이 있다. 한 클래스가 두 개 이상의 분명한 책임을 지는 경우도 있다. 클래스의 한 부분이나 다른 부분을 변경했지만, 그러한 변경 사항이 클래스 양쪽 모두에 영향을 미치는 경우가 발생한다. 이는 클래스를 책임별로 여러 개로 나누어야 한다는 신호다.

변경할 때 여러 개의 클래스를 동시에 수정해야 한다. 새로운 출력의 종류가 추가될 때마다 수정되어야 하는 15개의 클래스에 대한 목록을 가진 프로젝트가 있었다. 같은 클래스 집합을 일상적으로 변경하고 있다면 변경 사항이 한 클래스에만 영향을 미치도록 클래스에 있는 코드를 재정렬해야 한다. 경험상 이러한 목표는 달성하기 어렵지만, 세워두면 좋은 목표다.

상속 계층 구조가 병렬로 변경되어야 한다. 한 클래스의 서브클래스를 만들 때마다 다른 클래스의 서브클래스를 만드는 것은 특별한 종류의 병렬 수정이며 반드시 해결되어야 한다.

case 문이 병렬로 변경되어야 한다. case 문이 본질적으로 나쁘지는 않지만, 프로그램 내 여러 곳에서 유사한 case 문을 병렬로 수정하고 있다면 상속이 더 좋은 접근 방법은 아닌지 물어봐야 한다.

함께 사용되는 연관된 데이터 항목이 클래스로 구성되지 않았다. 같은 데이터 항목 집합을 반복적으로 처리하고 있다면 그 부분을 고유한 클래스로 결합해야 하는 것은 아닌지 물어봐야 한다.

루틴이 자신이 포함된 클래스보다 다른 클래스의 기능을 더 많이 사용한다. 이럴 때는 해당 루틴을 다른 클래스로 옮기고 이전 클래스로 호출해야 한다.

기본 데이터형을 오버로드했다. 기본 데이터형은 현실 세계의 엔티티를 표현하는 데 사용될 수 있다. 프로그램이 돈과 같은 일상적인 엔티티를 표현하는 데 정수와 같은 기본 데이터형을 사용하고 있다면 컴파일러가 *Money* 변수에 대해서 형 검사를 수행하고 *Money* 객체에 할당된 값의 안전성을 검사할 수 있도록 간단한 *Money* 클래스를 생성할 것을 고려해 본다. *Money*와 *Temperature*가 정수라면 컴파일러는 *bankBalance = recordLowTemperature*와 같이 잘못된 할당문에 대해 경고하지 않을 것이다.

클래스가 많은 일을 수행하지 않는다. 때로는 코드를 리팩터링하고 나면 오래된 클래스가 처리할 일이 별로 없다. 클래스가 중요하지 않은 것처럼 보인다면 해당 클래스의 책임을 다른 클래스에 넘기고 그 클래스를 삭제하는 것이 좋은지 물어본다.

일련의 루틴이 뜨내기 데이터를 전달한다. 데이터를 전달하는 루틴이 단순히 다른 루틴으로 데이터를 전달하는 역할만 할 때 그 데이터를 "뜨내기 데이터"라고 한다(Page-Jones 1988). 이러한 상황 자체가 문제는 아니지만, 특정한 데이터를 전달하는 것이 해당 루틴의 인터페이스가 표현하는 추상화와 일관성이 있는지 자신에게 물어본다. 각 루

틴의 추상화에 문제가 없다면 데이터를 전달하는 것도 문제는 없다. 그렇지 않다면 각 루틴의 인터페이스가 더 일관성을 가지도록 다른 방법을 찾아본다.

중개 역할을 하는 객체가 아무것도 하지 않는다. 클래스에 있는 대부분의 코드에서 단순히 다른 클래스에 있는 루틴을 호출하고 있다면 중개 역할을 하는 클래스를 제거하고 다른 클래스를 직접 호출할 수 없는지 고려해 본다.

한 클래스가 지나치게 다른 클래스를 참견한다. 캡슐화(정보 은닉)는 프로그램을 지적으로 관리할 수 있게 해주고 코드 변경 사항의 영향을 최소화할 수 있는 가장 강력한 도구다. 필요 이상으로 다른 클래스에 대해 너무 많이 알고 있는 클래스(예를 들면 부모 클래스에 대해 너무 많이 알고 있는 파생 클래스)를 보면 훨씬 강력하게 캡슐화한다.

루틴의 이름이 엉성하다. 루틴의 이름이 엉성하다면 루틴이 정의된 곳과 루틴이 호출된 모든 곳에서 이름을 변경한 다음 다시 컴파일한다. 지금 이것을 수행하는 것이 힘들겠지만, 나중에 하려면 더 힘들 테니 문제가 있다는 것을 발견하자마자 곧바로 수행한다.

공개 데이터 멤버다. 개인적으로 공개 데이터 멤버를 사용하는 것은 항상 안 좋다고 생각한다. 그것은 인터페이스와 구현 사이의 구분을 흐리게 하며 본질적으로 캡슐화를 위반하고 향후 유연성을 제한한다. 공개 데이터 멤버를 접근 루틴 안으로 숨길 것을 반드시 고려해 본다.

서브클래스는 부모 클래스 루틴의 일부만을 사용한다. 전형적으로 이것은 서브클래스가 논리적으로 부모 클래스의 자손이어서가 아니라 부모 클래스가 우연히 서브클래스에서 필요로 하는 루틴을 포함하고 있었기 때문에 서브클래스가 생성되었다는 것을 말해 준다. 서브클래스와 슈퍼클래스의 관계를 is-a 관계에서 has-a 관계로 전환해 더 나은 캡슐화를 달성할 수 있는지 고려해 본다. 부모 클래스를 서브클래스의 멤버 데이터로 변환하고 실제로 서브클래스에서 필요로 하는 루틴만 노출하는 방법을 이용하면 된다.

주석을 이용해 어려운 코드를 설명한다. 주석은 중요한 역할을 하지만, 나쁜 코드를 설명하기 위한 도구로 사용되어서는 안 된다. 예부터 이런 말이 있다. "나쁜 코드는 문서화하지 말고 다시 작성하라."(Kernighan and Plauger 1978).

관련 정보 전역 변수 사용에 대한 지침은 13.3절 "전역 데이터"를 살펴본다. 전역 데이터와 클래스 데이터의 차이점에 대한 설명은 5.3절의 "전역 데이터로 오해받는 클래스 데이터"를 살펴본다.

전역 변수를 사용한다. 전역 변수를 사용하는 코드를 다시 볼 때는 전역 변수를 재평가하는 시간을 갖도록 한다. 어쩌면 전역 변수를 사용하지 않을 수 있는 방법이 떠오를지도 모른다. 처음에 코드를 작성했을 때보다는 덜 익숙하기 때문에 이제는 전역 변수가 더 분명한 접근 방법을 찾으려고 할 만큼 혼란스럽다고 생각할 수도 있다. 또한 어떻게 전역 변수를 접근 루틴으로 고립시키는지 더 많이 알고 그렇게 하지 않음으로써 발생하

는 수고로움도 더 잘 알 것이다. 이를 악물고 더 나은 상황을 위해 변경한다. 초기에 작성한 코드는 작업에 대해서 객관적이 될 만큼 멀기도 하지만, 제대로 수정하는 데 필요한 대부분의 내용을 기억할 만큼 가깝다. 초기 개정 중에 코드를 향상시키는 것이 가장 좋다.

루틴이 루틴을 호출하기 전에 설정 코드를 사용하거나 루틴을 호출한 다음에 분해 코드를 사용한다. 다음과 같은 코드는 주의해야 한다.

루틴 호출에 대한 설정 및 분해 코드를 사용하고 있는 나쁜 C++ 예제
```
WithdrawalTransaction withdrawal;
withdrawal.SetCustomerId( customerId );
withdrawal.SetBalance( balance );
withdrawal.SetWithdrawalAmount( withdrawalAmount );
withdrawal.SetWithdrawalDate( withdrawalDate );

ProcessWithdrawal( withdrawal );

customerId = withdrawal.GetCustomerId();
balance = withdrawal.GetBalance();
withdrawalAmount = withdrawal.GetWithdrawalAmount();
withdrawalDate = withdrawal.GetWithdrawalDate();
```
← 이 설정 코드를 주의한다.

← 이 분해 코드를 주의한다.

정상적인 초기화 데이터의 일부를 받아들이는 *WithdrawalTransaction* 클래스에 대한 특별한 생성자를 작성하는 경우에도 주의해야 한다. 다음과 같은 코드를 작성할 수 있다.

메서드 호출에 대한 설정 및 분해 코드를 사용하고 있는 나쁜 C++ 예제
```
withdrawal = new WithdrawalTransaction( customerId, balance,
    withdrawalAmount, withdrawalDate );
withdrawal.ProcessWithdrawal();
delete withdrawal;
```

루틴을 호출하기 위한 설정 코드나 루틴을 호출하고 난 후에 분해하는 것을 발견할 때마다 루틴의 인터페이스가 올바른 추상화를 표현하고 있는지 물어봐야 한다. 이 경우에는 *ProcessWithdrawal*의 매개변수 리스트가 다음과 같은 코드를 지원하도록 수정되어야 한다.

설정 코드나 분해 코드를 요구하지 않는 루틴에 대한 좋은 C++ 예제
```
ProcessWithdrawal( customerId, balance, withdrawalAmount, withdrawalDate );
```

이 예제의 반대되는 경우도 비슷한 문제가 있다는 점을 알아둔다. 일반적으로 *WithdrawalTransaction* 객체를 사용하고 있지만, 다음 코드와 같이 한 루틴에 여러 개의 값을 전달해야 한다면 개별적인 필드를 사용하는 대신 *WithdrawalTransaction* 객체를 요구하도록 *ProcessWithdrawal* 인터페이스를 리팩터링하는 것도 고려해야 한다.

여러 개의 메서드 호출이 필요한 코드를 C++로 작성한 예제
```
ProcessWithdrawal( withdrawal.GetCustomerId(), withdrawal.GetBalance(),
    withdrawal.GetWithdrawalAmount(), withdrawal.GetWithdrawalDate() );
```

지금까지 설명한 접근 방법 모두 *ProcessWithdrawal()* 인터페이스의 추상화가 4개의 서로 다른 데이터를 기대하느냐, 아니면 *WithdrawalTransaction* 객체를 기대하느냐에 따라 적당할 수도 있고 그렇지 않을 수도 있다.

프로그램이 언젠가 필요할 것 같은 코드를 포함하고 있다. 개발자들은 언젠가 어떤 기능이 필요할지 추측하는 능력이 매우 떨어진다. "미리 설계하는" 방식은 매우 많은 문제를 일으킬 수 있다.

- "미리 설계한" 코드는 요구사항이 완벽하지 않고 따라서 개발자들이 미래의 요구사항을 잘못 추측했을 수 있다. 결국 "미리 작성한 코드"는 버려질 것이다.
- 개발자가 추측한 미래의 요구사항이 상당히 정확하더라도 일반적으로 미래의 요구사항이 갖는 모든 복잡함을 예상하지는 못한다. 그러한 복잡함이 개발자의 기본 설계 가정을 무너뜨려 결국 "미리 설계" 작업은 쓸모없어진다.
- "미리 설계한" 코드를 사용할 미래의 개발자들은 그 코드가 "미리 설계한" 코드인지 모르거나 그 코드가 보기보다 더 잘 작동한다고 가정한다. 그들은 그 코드가 다른 코드와 같은 수준으로 작성되고 테스트되고 검토되었다고 가정한다. 그들은 "미리 설계한" 코드를 사용하는 코드를 작성하느라 많은 시간을 낭비하고 결국에는 "미리 설계한" 코드가 실제로는 작동하지 않는다는 것을 발견할 것이다.
- 불필요하게 "미리 설계한" 코드 때문에 코드가 더 복잡해져 추가적인 테스트와 추가적인 결함 수정을 해야 할 수도 있다. 결과적으로 프로젝트의 진행도 늦어진다.

전문가들은 미래의 요구사항을 준비하는 가장 바람직한 방법은 추측에 근거한 코드를 작성하지 않는 것이라고 말한다. 그 대신 *현재 필요한* 코드를 분명하고 직관적으로 작성하여 미래의 개발자가 그 코드가 무엇을 하고 무엇을 하지 않는지 알고 그에 따라 변경할 수 있게 해야 한다.

cc2e.com/2443

> **체크리스트: 리팩터링하는 이유**
>
> - 코드가 중복되어 있다.
> - 루틴이 너무 길다.
> - 루프가 너무 길거나 깊이 중첩되어 있다.
> - 클래스의 응집력이 약하다.
> - 클래스 인터페이스가 일관된 추상화 수준을 제공하지 않는다.
> - 매개변수가 너무 많다.
> - 클래스 내의 변경 사항이 상호 관계를 고려하지 않고 구분되는 경향이 있다.
> - 상속 계층 구조가 병렬로 변경되어야 한다.
> - *case* 문이 병렬로 변경되어야 한다.
> - 함께 사용되는 연관된 데이터 항목이 클래스로 구성되지 않았다.
> - 루틴이 자신이 포함된 클래스보다 다른 클래스의 기능을 더 많이 사용한다.
> - 기본 데이터형을 오버로드한다.
> - 클래스가 많은 일을 수행하지 않는다.
> - 일련의 루틴이 뜨내기 데이터를 전달하고 있다.
> - 중개 역할을 하는 객체가 아무것도 하지 않는다.
> - 한 클래스가 지나치게 다른 클래스를 참견한다.
> - 루틴의 이름이 엉성하다.
> - 공개 데이터 멤버다.
> - 서브클래스가 부모 클래스가 제공하는 루틴의 일부만 사용한다.
> - 어려운 코드를 설명하기 위해 주석을 사용한다.
> - 전역 변수를 사용한다.
> - 루틴이 루틴을 호출하기 전에 설정 코드를 사용하거나 루틴을 호출한 다음에 결과를 나누는 코드를 사용한다.
> - 프로그램이 언젠가 필요할 것 같은 코드를 포함하고 있다.

리팩터링하면 안 되는 이유

일반적으로 "리팩터링"은 결함을 수정하고 기능을 추가하고 설계를 변경하는 것을 막연하게 가리키는 데 사용된다. 본질적으로 코드를 변경하는 것과 동의어로 사용된다. 이 용어의 의미를 이렇게 희석하는 것은 안타까운 일이다. 변경 그 자체는 미덕이 아니지만, 원칙이 적용된 목적이 있는 변경은 유지보수 중에 프로그램의 품질을 꾸준히 향상시키고 너무나 잘 알고 있는 소프트웨어 엔트로피라는 죽음의 소용돌이를 예방하기 위한 중요한 전략일 수 있다.

24.3 구체적인 리팩터링

이 절에서는 리팩터링의 목록을 소개한다. 여기서 설명하는 많은 리팩터링은 마틴 파울러 《*리팩토링: 코드 품질을 개선하는 객체지향 사고법*》(한빛미디어, 2012)에서 자세히 설명한 내용을 요약한 것이다. 하지만 리팩터링의 모든 것을 소개하지는 않았다. 어떤 의미에서는 이 책에서 소개하는 모든 "나쁜 코드" 예제와 "좋은 코드" 예제가 리팩터링될 수 있는 좋은 소재다. 여기서는 개인적으로 가장 유용하다고 생각하는 리팩터링을 집중적으로 소개했다.

데이터 수준 리팩터링

다음은 변수와 다른 데이터의 사용을 향상시키는 리팩터링이다.

매직 넘버를 이름 상수로 대체한다. 3.14 같은 숫자나 문자 리터럴을 사용하고 있다면 해당 리터럴을 PI와 같은 이름 상수로 대체한다.

변수 이름을 더 분명하고 많은 정보를 제공하는 이름으로 다시 짓는다. 변수의 이름이 분명하지 않다면 더 나은 이름으로 변경한다. 같은 조언을 상수와 클래스, 루틴의 이름을 다시 짓는 것에도 적용한다.

표현식을 인라인화한다. 표현식의 결과를 할당하는 중간 변수를 표현식 자체로 대체한다.

표현식을 루틴으로 대체한다. 표현식을 루틴으로 대체한다(일반적으로 표현식이 코드에서 중복되지 않게 하는 게 목적).

중간 변수를 사용한다. 표현식을 표현식의 목적을 잘 요약한 이름을 붙인 중간 변수에 할당한다.

여러 목적으로 사용되는 변수를 단일 목적을 갖는 변수 여러 개로 변환한다. 변수가 하나 이상의 목적으로 사용되고 있다면(일반적으로 *i, j, temp, x*와 같은 변수가 범인이다) 각 용도에 맞게 더 구체적인 이름을 갖는 개별적인 변수를 생성한다.

로컬에서 사용할 목적이라면 매개변수 대신 지역 변수를 사용한다. 입력만 가능한 루틴 매개변수가 지역 변수로 사용되고 있다면 로컬 변수를 생성하여 대신 사용한다.

기본형 데이터를 클래스로 변환한다. 기본형 데이터에 추가적인 행위(더 엄격한 형 검사 포함)나 추가적인 데이터가 필요하다면 해당 데이터를 객체로 변환하고 필요한 행위

를 추가한다. 이러한 리팩터링은 *Money*와 *Temperature*와 같이 간단한 숫자형에도 적용할 수 있다. 또한 *Color*, *Shape*, *Country*, *OutputType*과 같은 열거형에도 적용할 수 있다.

형 선언 코드 집합을 클래스나 열거형으로 변환한다. 옛날 프로그램에서는 다음과 같은 코드를 쉽게 볼 수 있었다.

```
const int SCREEN = 0;
const int PRINTER = 1;
const int FILE = 2;
```

독립적인 상수를 정의하는 대신 클래스를 생성해 더 엄격하게 형을 검사하고 필요할 때 *OutputType*에 더 풍부한 의미를 제공한다. 때로는 열거를 생성하는 것도 클래스 생성에 대한 좋은 대안이다.

형 선언 코드 집합을 서브클래스를 갖는 클래스로 변환한다. 서로 다른 형과 연관된 서로 다른 요소가 서로 다른 행위를 갖고 있다면 각 형 선언 코드에 대한 서브클래스가 있는 기본 클래스를 생성할 것을 고려해 본다. *OutputType* 기본 클래스의 경우에는 *Screen*, *Printer*, *File*과 같은 서브클래스를 생성할 수 있다.

배열을 객체로 변경한다. 각 요소가 형식이 서로 다른 배열을 사용하고 있다면 배열의 각 요소에 대한 필드를 갖는 객체를 생성한다.

컬렉션을 캡슐화한다. 클래스가 컬렉션을 리턴할 때 고정되지 않은 여러 개의 컬렉션을 갖고 있다면 동기화 처리가 어려울 수 있다. 클래스가 읽기만 가능한 컬렉션을 리턴하게 하고 컬렉션에 요소를 추가하고 제거하기 위한 루틴을 제공하도록 한다.

전형적인 레코드를 데이터 클래스로 대체한다. 레코드의 멤버를 포함하는 클래스를 생성한다. 클래스를 생성하면 오류 검사와 지속성, 레코드와 관련된 다른 연산에 집중할 수 있다.

명령문 수준 리팩터링

다음은 개별적인 명령문의 사용을 향상시키는 리팩터링이다.

불린 표현식을 분해한다. 표현식의 의미를 문서화하는 데 도움이 되는 중간 변수를 사용하여 불린 표현식을 단순화한다.

복잡한 불린 표현식을 명확한 이름의 불린 함수로 옮긴다. 표현식이 너무 복잡하다면 이 리팩터링이 가독성을 향상시킬 수 있다. 표현식이 한 번 이상 사용된다면 이렇게 하는 것이 병렬 수정의 필요성을 제거하고 표현식 사용 시 오류 발생 가능성도 줄여준다.

서로 다른 조건문 내에 중복으로 사용된 코드를 결합한다. if 블록의 끝에 있는 코드가 else 블록 끝에서도 반복되고 있다면 해당 코드가 if-then-else 전체 블록 다음에 오도록 코드를 이동한다.

루프 제어 변수 대신 break나 return을 사용한다. 루프를 제어하기 위해 done과 같은 변수를 루프 내에서 사용하고 있다면 루프를 탈출하기 위해서 break나 return을 사용한다.

중첩된 if-then-else 명령문 내에서 리턴 값을 할당하는 대신, 답을 알았을 때 곧바로 리턴한다. 리턴 값을 알았을 때 곧바로 루틴을 탈출하는 경우에 코드가 가장 읽기 쉽고 오류가 발생할 확률이 가장 낮다. 리턴 값을 설정한 다음 수많은 논리 구조를 계속해서 살펴봐야 한다면 이해하기 어려울 것이다.

조건문(특히 반복되는 case 문)을 다형성으로 대체한다. 구조적인 프로그램에서 case 문에 포함되어 사용되는 많은 논리 구조는 상속 계층으로 구성되어 다형성 루틴 호출을 통해 구현될 수 있다.

널 값을 테스트하는 대신 널 객체를 생성하여 사용한다. 때로는 널 객체가 일반적인 행위나 그와 연관된 데이터를 가질 것이다. 예를 들면 이름을 모르는 거주자를 "occupant"로 부르는 데이터가 있을 수 있다. 이 경우에는 null 값을 처리하는 책임을 클라이언트가 아닌 클래스로 이동시킨다. 즉, *Customer*의 클라이언트 코드가 고객의 이름이 알려지지 않았는지 반복해서 테스트하고 아닌 경우 "occupant"로 대체하는 대신 *Customer* 클래스가 알려지지 않은 거주자를 "occupant"로 정의하게 한다.

루틴 수준 리팩터링

다음은 개별 루틴 수준에서 코드를 향상시키는 리팩터링이다.

루틴을 추출한다/메서드를 추출한다. 루틴에서 인라인 코드를 제거한 후 해당 코드를 별도의 루틴으로 변환한다.

루틴의 코드를 인라인화한다. 코드가 간단하고 자신을 설명하고 있는 루틴에서 코드를 가져다 그것이 사용되는 곳에 루틴의 코드를 넣는다.

긴 루틴을 클래스로 변환한다. 루틴이 너무 길다면 때로는 루틴을 클래스로 변환하고 이전 루틴을 여러 개의 루틴으로 분해하는 것이 가독성을 향상시킬 것이다.

복잡한 알고리즘 대신 간단한 알고리즘을 사용한다. 복잡한 알고리즘을 간단한 알고리즘으로 대체한다.

매개변수를 추가한다. 루틴이 자신을 호출할 루틴으로부터 더 많은 정보가 필요하다면 그러한 정보가 제공될 수 있도록 매개변수를 추가한다.

매개변수를 제거한다. 루틴이 더 이상 매개변수를 사용하지 않는다면 제거한다.

변경 연산과 쿼리 연산을 구분한다. 일반적으로 쿼리 연산은 객체의 상태를 변경하지 않는다. *GetTotals()* 같은 연산이 객체의 상태를 변경한다면 상태를 변경하는 기능과 쿼리 기능을 분리하고 두 개의 개별 루틴을 제공한다.

매개변수를 이용하여 유사한 루틴을 결합한다. 두 개의 유사한 루틴이 루틴 내에서 사용되는 상수 값만 다를 수도 있다. 그러한 루틴을 하나의 루틴으로 결합하고 사용되는 상수 값을 매개변수로 전달한다.

전달되는 매개변수에 따라 행동하는 루틴을 분리한다. 루틴이 입력 매개변수의 값에 따라 서로 다른 코드를 실행하고 있다면 해당 루틴을 특별한 입력 매개변수를 전달하지 않고 개별적으로 실행될 수 있는 루틴으로 나눌 것을 고려해 본다.

특정한 필드 대신 전체 객체를 전달한다. 같은 객체에 있는 여러 개의 값을 한 루틴에 전달하고 있다면 전체 객체를 받아들이도록 루틴의 인터페이스를 변경할 것을 고려해 본다.

전체 객체 대신 특정한 필드만 전달한다. 단순히 루틴에 전달하려고 객체를 만들었다면 전체 객체 대신 특정한 필드를 받아들이도록 루틴을 변경할 것을 고려해 본다.

다운캐스팅을 캡슐화한다. 루틴이 객체를 리턴하고 있다면 일반적으로 루틴이 알고 있는 가장 구체적인 객체의 형을 리턴해야 한다. 이러한 리팩터링은 특히 반복자(iterator), 컬렉션, 컬렉션의 요소 등을 리턴하는 루틴에 적용할 수 있다.

클래스 구현 리팩터링

다음은 클래스 수준에서 코드를 향상시키는 리팩터링이다.

값 객체를 참조 객체로 변경한다. 크거나 복잡한 객체의 복사본을 많이 생성해 관리하고 있다면 하나의 마스터 객체(값 객체)만 존재하도록 객체의 사용법을 변경하고 나머지 코드에서는 해당 객체에 대한 참조(참조 객체)만 사용한다.

참조 객체를 값 객체로 변경한다. 작고 간단한 객체에 대해 수많은 참조 코드를 수행하고 있다면 모든 객체가 값 객체가 되도록 객체의 사용법을 변경한다.

가상 루틴을 데이터 초기화로 대체한다. 리턴 값만 다른 서브클래스가 있다면 파생 클래스에서 멤버 루틴을 오버라이드하는 대신 파생 클래스에서 적절한 상수 값으로 클래스를 초기화한 후 그 값을 사용할 수 있는 일반적인 코드를 기본 클래스에 넣는다.

멤버 루틴이나 데이터의 위치를 변경한다. 상속 계층 구조에서 여러 가지 일반적인 변경을 고려해 본다. 그러한 변경은 일반적으로 파생된 클래스에서 중복되는 것을 제거하기 위해 수행된다.

- 루틴을 슈퍼클래스로 이동시킨다.
- 필드를 슈퍼클래스로 이동시킨다.
- 생성자 코드를 슈퍼클래스로 이동시킨다.

다른 변경 사항은 일반적으로 파생 클래스에서 특수화를 지원하기 위해서 수행된다.

- 루틴을 파생 클래스로 이동시킨다.
- 필드를 파생 클래스로 이동시킨다.
- 생성자 코드를 파생 클래스로 이동시킨다.

특화된 코드를 서브클래스로 추출한다. 클래스에 특정한 인스턴스만 사용하는 코드가 있다면 그 특화된 코드를 고유한 서브클래스로 이동시킨다.

유사한 코드를 슈퍼클래스로 결합한다. 두 서브클래스가 유사한 코드를 갖고 있다면 코드를 결합하여 슈퍼클래스로 이동시킨다.

클래스 인터페이스 리팩터링

다음은 더 좋은 클래스 인터페이스를 만드는 리팩터링이다.

루틴을 다른 클래스로 이동시킨다. 대상 클래스에 새로운 루틴을 생성하고 원본 클래스에 있는 루틴의 코드를 대상 클래스로 이동시킨다. 그리고 나서 기존 루틴에서 새로운 루틴을 호출할 수 있다.

한 클래스를 두 개로 변환한다. 클래스가 두 개 이상의 별개의 책임 분야를 갖고 있다면 해당 클래스를 여러 클래스로 나누어 각 클래스가 분명하게 정의된 책임을 갖도록 한다.

클래스를 제거한다. 클래스가 많은 일을 하지 않는다면 해당 클래스의 코드를 더 응집력 있는 다른 클래스로 이동시킨 후 클래스를 제거한다.

위임을 숨긴다. 클래스 A는 클래스 B만 호출해야 하고 클래스 B는 클래스 C를 호출해야 하지만, 클래스 A가 클래스 B와 클래스 C를 호출하는 경우가 있다. 이 경우 A가 B를 사용함에 있어 어떻게 추상화해야 할지를 고민해야 한다. 만약 B가 C를 호출해야 하는 기능을 담당하고 있다면 B를 통해 C를 호출하게 한다.

중개자를 제거한다. 클래스 A가 클래스 B를 호출하고 클래스 B가 클래스 C를 호출한다면 클래스 A가 클래스 C를 직접 호출하도록 하는 것이 더 좋을 수도 있다. 클래스 B에 대한 위임 여부는 무엇이 클래스 B의 인터페이스의 무결성을 최적으로 유지할 것인지에 달려있다.

상속을 위임으로 대체한다. 클래스가 다른 클래스를 사용해야 하지만 클래스의 인터페이스를 제어하고 싶다면 슈퍼클래스를 서브클래스의 필드로 만들고 응집력 있는 추상화를 제공하도록 일련의 루틴을 노출한다.

위임을 상속으로 대체한다. 클래스가 위임 클래스(멤버 클래스)의 모든 공개 루틴을 노출하고 있다면 클래스를 사용하는 대신 위임 클래스로부터 상속받는다.

외부 루틴을 도입한다. 클래스가 추가적인 루틴이 필요하지만 그러한 기능을 제공할 수 있게 클래스를 수정할 수 없다면 그러한 기능을 제공하는 클라이언트 클래스 내에 새로운 루틴을 생성할 수 있다.

확장 클래스를 도입한다. 클래스가 여러 개의 추가적인 루틴이 필요하지만 해당 클래스를 수정할 수 없다면 수정 불가능한 클래스의 기능과 추가적인 기능을 결합하여 새로운 클래스를 작성할 수 있다. 원본 클래스로부터 서브클래스를 만들어 새로운 루틴을 추가해도 되고 원본 클래스를 래핑한 다음 필요한 루틴을 노출해도 된다.

노출된 멤버 변수를 캡슐화한다. 멤버 데이터가 공개라면 멤버 데이터를 비공개로 변경하고 대신 루틴을 통해서 멤버 데이터의 값을 노출한다.

변경할 수 없는 필드에 대한 Set() 루틴을 제거한다. 필드가 객체의 생성 시간에만 설정되고 그 후로는 변경될 수 없다면 오해의 소지가 있는 Set() 루틴을 제공하는 대신 객체의 생성자에서 그 필드를 초기화한다.

클래스 외부에서 사용하면 안 되는 루틴을 숨긴다. 만약 클래스 인터페이스가 어떤 루틴이 없을 때 응집성이 강해진다면 해당 루틴을 감춘다.

사용되지 않는 루틴을 캡슐화한다. 클래스의 특정 인터페이스 부분만 일상적으로 사용한다면 필요한 루틴만 노출하는 새로운 클래스 인터페이스를 생성한다. 새로운 인터페이스가 응집력 있는 추상화를 제공해야 한다.

슈퍼클래스와 서브클래스의 구현이 매우 유사하다면 이 둘을 결합한다. 서브클래스가 전문적인 기능을 제공하지 않는다면 서브클래스를 슈퍼클래스에 결합한다.

시스템 수준 리팩터링

다음은 전체 시스템 수준에서 코드를 향상시키는 리팩터링이다.

제어할 수 없는 데이터에 대해 명확한 참조 소스를 생성한다. 때로는 편리하거나 일관성 있게 접근할 수 없는 시스템이 관리하는 데이터에 다른 객체가 접근해야 하는 경우가 있다. 흔한 예로 GUI 컨트롤에서 유지되는 데이터가 있다. 그런 경우에는 GUI 컨트롤에 있는 데이터를 반영하는 클래스를 생성한 후 GUI 컨트롤과 다른 코드가 그 데이터에 대한 명확한 소스로서 해당 클래스를 다루게 할 수 있다.

단방향 클래스 관계를 양방향 클래스 관계로 바꾼다. 서로의 기능을 사용해야 하지만 오직 하나의 클래스만 다른 클래스에 대해 알고 있는 두 클래스가 있다면 서로 알 수 있도록 클래스를 변경한다.

양방향 클래스 관계를 단방향 클래스 관계로 바꾼다. 두 개의 클래스가 서로에 대해 알고 있지만 실제로 한 클래스만 다른 클래스를 알 필요가 있다면 오직 한 클래스만 다른 클래스를 알도록 클래스를 변경한다.

간단한 생성자 대신 팩토리 메서드를 제공한다. 형 선언 코드를 기반으로 객체를 생성해야 하거나 값 객체가 아닌 참조 객체를 다루어야 할 때 팩토리 메서드(루틴)를 사용한다.

오류 코드를 예외로 대체하거나 그 반대로 한다. 오류 처리 전략에 따라서 코드가 표준 접근 방법을 사용하고 있는지 확인한다.

cc2e.com/2450

> **체크리스트: 리팩터링 요약**
>
> **데이터 수준 리팩터링**
>
> - 매직 넘버를 이름 상수로 대체한다.
> - 변수 이름을 더 분명하고 많은 정보를 제공하는 이름으로 다시 짓는다.
> - 표현식을 인라인화한다.
> - 표현식을 루틴으로 대체한다.
> - 중간 변수를 사용한다.
> - 여러 목적으로 사용되는 변수를 단일 목적을 갖는 변수 여러 개로 변환한다.
> - 로컬에서 사용할 목적이라면 매개변수 대신 지역 변수를 사용한다.
> - 기본 데이터를 클래스로 변환한다.
> - 형 선언 코드 집합을 클래스나 열거형으로 변환한다.
> - 형 선언 코드 집합을 서브클래스가 있는 클래스로 변환한다.
> - 배열을 객체로 변경한다.
> - 컬렉션을 캡슐화한다.
> - 전형적인 레코드를 데이터 클래스로 대체한다.
>
> **명령문 수준 리팩터링**
>
> - 불린 표현식을 분해한다.
> - 복잡한 불린 표현식을 잘 명명된 불린 함수로 이동한다.
> - 서로 다른 조건문 내에 중복으로 사용된 코드를 결합한다.
> - 루프 제어 변수 대신 *break*나 *return*을 사용한다.
> - 중첩된 *if-then-else* 명령문 내에서 리턴 값을 할당하는 대신 답을 알았을 때 곧바로 리턴한다.
> - 조건문(특히 반복되는 *case* 문)을 다형성으로 대체한다.
> - 널 값을 테스트하는 대신 널 객체를 생성하여 사용한다.
>
> **루틴 수준 리팩터링**
>
> - 루틴을 추출한다.
> - 루틴의 코드를 인라인화한다.
> - 긴 루틴을 클래스로 변환한다.
> - 복잡한 알고리즘 대신 간단한 알고리즘을 사용한다.
> - 매개변수를 추가한다.

- 매개변수를 제거한다.
- 변경 연산으로부터 쿼리 연산을 분리한다.
- 매개변수를 이용하여 유사한 루틴을 결합한다.
- 전달되는 매개변수에 따라 행동하는 루틴을 분리한다.
- 특정한 필드 대신 전체 객체를 전달한다.
- 전체 객체 대신 특정한 필드만 전달한다.
- 다운캐스팅을 캡슐화한다.

클래스 구현 리팩터링

- 값 객체를 참조 객체로 변경한다.
- 참조 객체를 값 객체로 변경한다.
- 가상 루틴을 데이터 초기화로 대체한다.
- 멤버 루틴이나 데이터의 위치를 변경한다.
- 특화된 코드를 서브클래스로 추출한다.
- 유사한 코드를 슈퍼클래스로 결합한다.

클래스 인터페이스 리팩터링

- 루틴을 다른 클래스로 이동한다.
- 한 클래스를 두 개로 변환한다.
- 클래스를 제거한다.
- 위임을 숨긴다.
- 중개자를 제거한다.
- 상속을 위임으로 대체한다.
- 위임을 상속으로 대체한다.
- 외부 루틴을 도입한다.
- 확장 클래스를 도입한다.
- 노출된 멤버 변수를 캡슐화한다.
- 변경할 수 없는 필드에 대한 *Set()* 루틴을 제거한다.
- 클래스 외부에서 사용하면 안 되는 루틴을 숨긴다.
- 사용되지 않는 루틴을 캡슐화한다.
- 슈퍼클래스와 서브클래스의 구현이 매우 유사하다면 이 둘을 결합한다.

시스템 수준 리팩터링

- 제어할 수 없는 데이터에 대해 명확한 참조 소스를 생성한다.
- 단방향 클래스 관계를 양방향 클래스 관계로 바꾼다.

- 양방향 클래스 관계를 단방향 클래스 관계로 바꾼다.
- 간단한 생성자 대신 팩토리 메서드를 제공한다.
- 오류 코드를 예외로 대체하거나 그 반대로 한다.

24.4 안전한 리팩터링 방법

리팩터링은 코드의 품질을 향상시키기 위한 강력한 기법이다. 다른 모든 강력한 도구처럼 리팩터링도 잘못 사용하면 이롭기보다는 해로울 수 있다. 다음에 소개하는 몇 가지 간단한 지침을 따르면 리팩터링의 실수를 예방할 수 있다.

> 작동 중인 시스템을 여는 것은 싱크대를 열어서 세면대를 교체하는 것과 같이 간단하고 쉬운 일이 아니라 인간의 뇌를 열고 뇌의 신경 세포를 교체하는 것과 같다. "소프트웨어 뇌수술"과 같은 용어를 사용했다면 유지보수 작업이 더 쉬웠을까?
> – 제럴드 와인버그

리팩터링을 시작하기 전에 코드를 저장한다. 리팩터링을 시작하기 전에 언제든지 원본 코드로 되돌릴 수 있도록 준비한다. 변경 사항 관리 시스템에 저장하거나 정확한 파일을 백업 디렉터리에 복사한다.

리팩터링을 작게 유지한다. 어떤 리팩터링은 다른 것보다 변경이 많고 정확하게 무엇이 "하나의 리팩터링"을 구성하는지 분명하지 않을 수 있다. 리팩터링을 작게 유지하여 자신이 변경한 내용이 미치는 영향을 완전하게 이해하고 있어야 한다. 마틴 파울러 ≪리팩토링: 코드 품질을 개선하는 객체지향 사고법≫(한빛미디어, 2012)에서 설명하는 상세한 리팩터링은 리팩터링 방법에 대한 좋은 예제를 많이 제공한다.

리팩터링은 한 번에 하나만 수행한다. 어떤 리팩터링은 다른 것보다 복잡하다. 매우 간단한 리팩터링을 제외하고는 한 번에 하나만 수행하고 다음 리팩터링을 하기 전에 다시 컴파일하고 다시 테스트한다.

수행할 단계에 대한 목록을 만든다. A 위치에서 B 위치로 가기 위한 리팩터링 목록을 작성하는 것은 의사코드 프로그래밍 프로세스를 확장한 개념이다. 단계 목록을 작성하면 상황에 맞게 변경하는 데 도움이 된다.

주차장을 만든다. 리팩터링을 수행하다가 때로는 다른 리팩터링을 해야 할 것이다. 리팩터링하다가 또 다른 리팩터링이 도움된다는 사실을 알게 될 수도 있다. 지금 당장 필요하지 않은 변경 사항에 대해서는 "주차장"을 만들어 놓는다. 여기서 "주차장"이란 지금 당장 변경할 필요는 없지만, 어느 시점에서 변경해야 하는 사항에 대한 목록을 말한다.

체크포인트를 자주 설정한다. 리팩터링하다 보면 코드가 갑자기 엉뚱한 방향으로 가기가 쉽다. 앞서 설명했듯이 리팩터링을 시작하기 전 코드를 저장하는 것뿐만 아니라 리팩터링을 하면서 여러 곳에 체크포인트를 저장하여 막다른 골목에 다다랐을 때 작동하는 프로그램으로 돌아올 수 있도록 한다.

컴파일러 경고를 활용한다. 컴파일러를 슬그머니 통과하는 작은 오류를 만들기 쉽다. 컴파일러의 경고 수준을 가장 까다롭게 설정하면 많은 오류를 거의 즉시 잡는 데 도움이 될 것이다.

다시 테스트한다. 변경된 코드는 반드시 테스트를 다시 수행해 검토해야 한다. 물론 처음부터 좋은 테스트 케이스를 갖고 있어야만 가능하다. 회귀 테스트와 다른 테스트 주제는 22장 "개발자 테스트"에서 더 자세히 설명하고 있다.

테스트 케이스를 추가한다. 이전 테스트로 다시 테스트하는 것과 더불어 새로운 코드를 검증할 새로운 단위 테스트를 추가한다. 리팩터링으로 인해 더 이상 사용되지 않는 테스트 케이스는 제거한다.

> 관련 정보 검토에 대한 자세한 내용은 21장 "협력 구현"을 살펴본다.

변경 사항을 검토한다. 처음에 검토가 중요하다면 나중에 코드를 변경할 때는 더욱 중요하다. 에드 요든(Ed Yourdon)은 개발자들이 전형적으로 처음 변경할 때 오류를 만들 확률이 50%가 넘는다고 보고했다(Yourdon 1986b). 흥미롭게도 개발자들이 몇 줄이 아닌 상당히 많은 코드를 작업한다면 그림 24-1처럼 정확하게 변경할 가능성이 커진다. 특히 변경되는 코드 수가 한 줄에서 5줄까지 증가할수록 잘못 변경할 가능성이 증가한다. 그다음부터는 잘못 변경할 가능성이 줄어든다.

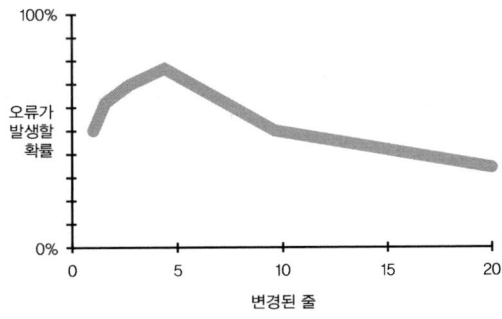

그림 24-1 약간의 변경이 많이 변경하는 것보다 오류 발생 가능성이 더 높은 경향이 있다.

개발자들은 작은 변경 사항을 일상적으로 처리한다. 탁상 검사도 하지 않고 다른 사람에게 검토를 부탁하지도 않으며 때로는 코드를 실행해 변경한 내용이 적절하게 작동하는지를 검증해 보지도 않는다.

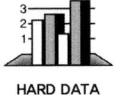

법칙은 간단하다. 간단한 변경을 복잡한 것처럼 취급한다. 한 줄의 변경 사항을 검토하는 방법을 도입했던 한 조직은 검토하기 전에 55%였던 오류 비율이 이 검토 방법을 도입한 후 2%로 낮아졌다는 사실을 알아냈다(Freedman and Weinberg 1982). 한 통신 회사에서는 코드 변경을 검토하기 전에는 정확도가 86%였던 것이 검토한 후에는 99.6%로 올랐다(Perrott 2004).

리팩터링의 위험 수준에 따라서 접근 방법을 조절한다. 어떤 리팩터링은 다른 리팩터링보다 위험하다. "매직 넘버를 이름 상수로 대체한다."와 같은 리팩터링은 비교적 위험 요소가 없다. 클래스나 루틴의 인터페이스를 변경하거나 데이터베이스 스키마를 변경하거나 불린 테스트를 변경하는 리팩터링은 다른 리팩터링보다 위험하다. 쉬운 리팩터링의 경우에는 한 번에 하나 이상의 리팩터링을 하기 위해서 리팩터링 프로세스를 능률적으로 처리할 수 있으며 공식적인 검사를 거치지 않고 간단하게 다시 테스트할 수 있다.

좀 더 위험한 리팩터링의 경우에는 상당히 주의해야 한다. 리팩터링을 한 번에 하나만 수행한다. 일반적인 컴파일러 검사와 단위 테스트 뿐만 아니라 리팩터링한 결과를 다른 사람들이 검토하게 하거나 리팩터링을 위해서 짝 프로그래밍을 사용한다.

리팩터링에 좋지 않은 시기

리팩터링은 강력한 기법이지만, 만병통치약은 아니며 다음과 같은 몇 가지 방법으로 남용되기 쉽다.

> 리팩터링을 통해 나중에 완성할 생각으로 기능을 일부만 작성해서는 안 된다.
> — 존 만조(John Manzo)

코드를 작성하고 수정하는 것을 감추는 용도로 리팩터링을 사용하지 않는다. 리팩터링의 최악의 문제는 리팩터링이 잘못 사용되고 있다는 점이다. 때때로 개발자들은 코드가 작동하게 만들려고 코드를 이리저리 수정하고 있을 때 리팩터링을 하고 있다고 말한다. 리팩터링은 프로그램의 행위에 영향을 주지 않으면서 *작동하는 코드를 변경하는 것을* 가리킨다. 망가진 코드를 이리저리 수정하고 있는 개발자는 리팩터링하는 것이 아니라 해킹을 하는 것이다.

> 대규모 리팩터링은 재앙을 불러일으킨다.
> — 켄트 벡

코드를 재작성하는 대신 리팩터링하지 않는다. 때로는 코드를 변경하기보다는 코드를 버리고 새롭게 시작해야 할 때가 있다. 중요한 리팩터링을 하고 있다면 해당 코드를 재설계하여 처음부터 다시 구현해야 하는 것은 아닌지 자신에게 물어본다.

24.5 리팩터링 전략

특정한 프로그램에 도움이 되는 리팩터링의 수는 본질적으로 무한하다. 리팩터링은 다른 프로그래밍 활동처럼 효용 체감의 법칙을 따르며 80/20 규칙이 적용된다. 80%의 이득을 제공하는 20%의 리팩터링에 시간을 투자한다. 어떤 리팩터링이 가장 중요한지 결정할 때는 다음의 지침을 고려한다.

루틴을 추가할 때 리팩터링한다. 루틴을 추가할 때 관련된 루틴이 잘 구성되었는지 검사한다. 잘 구성되지 않았다면 그것을 리팩터링한다.

클래스를 추가할 때 리팩터링한다. 클래스를 추가하면 종종 기존 코드에 있던 문제가 눈에 띈다. 이때를 추가한 클래스와 밀접하게 연관된 다른 클래스를 리팩터링하는 기회로 활용한다.

결함을 수정할 때 리팩터링한다. 버그를 수정하면서 이해한 내용을 유사한 결함이 있을 것 같은 다른 코드를 향상시키는 데 활용한다.

> 관련 정보 오류를 유발할 가능성이 있는 코드에 대한 자세한 내용은 22.4절 "어떤 클래스가 가장 많은 오류를 포함하고 있는가?"를 살펴본다.

오류를 유발할 가능성이 있는 모듈을 대상으로 삼는다. 어떤 모듈은 다른 모듈보다 오류를 유발할 가능성이 높고 불안정하다. 개발자와 개발팀원 모두가 두려워하는 코드가 있는가? 아마도 그 모듈은 오류를 유발할 가능성이 클 것이다. 어려운 코드를 피하려는 게 사람의 본능이지만, 그러한 코드를 리팩터링의 대상으로 삼는 것이 더 효과적인 전략의 하나일 수 있다(Jones 2000).

복잡도가 높은 모듈을 대상으로 삼는다. 또 다른 접근 방법은 복잡도가 가장 높은 모듈에 집중하는 것이다(복잡도의 계산법에 대한 자세한 내용은 19.6절의 "복잡도 측정 방법"을 살펴본다). 한 고전적인 연구에서는 유지보수 개발자가 가장 복잡도가 높은 모듈에 개선 노력을 집중했을 때 프로그램의 품질이 크게 향상된다는 것을 발견했다(Henry and Kafura 1984).

유지보수 환경에서는 자신이 맡은 부분을 개선한다. 절대로 변경되지 않는 코드는 리팩터링할 필요가 없다. 하지만 특정한 코드를 다룰 때는 자신이 맡았을 때보다 더 좋은 상태가 되도록 한다.

정돈된 코드와 엉성한 코드 사이의 인터페이스를 정의한 후 인터페이스를 통해 코드를 이동한다. "현실 세계"는 생각보다 혼란스럽다. 그러한 혼란스러움은 복잡한 비즈니스 규칙이나 하드웨어 인터페이스, 소프트웨어 인터페이스 때문일 것이다. 오래된 시스템의 공통적인 문제는 항상 작동이 가능해야 하는 제품 코드가 엉성하게 작성된다는 점이다.

오래된 제품 시스템을 보수하는 효과적인 전략은 혼란스러운 현실 세계에 있는 코드, 이상적인 새로운 세계에 있는 코드, 그리고 두 세계를 연결해주는 인터페이스에 있는 코드를 분류하는 것이다. 그림 24-2는 이러한 개념을 그림으로 표현한 것이다.

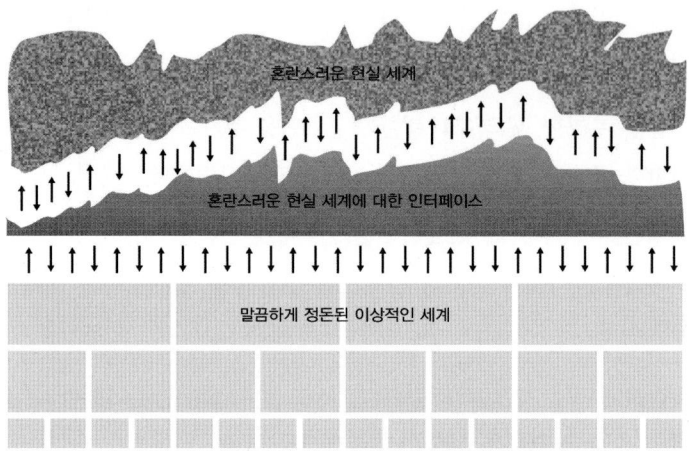

그림 24-2 현실 세계가 혼란스럽다고 해서 코드가 혼란스러울 필요는 없다. 자신의 시스템을 이상적인 코드, 이상적인 코드와 혼란스러운 실 세계를 연결하는 인터페이스, 그리고 혼란스러운 현실 세계의 결합으로 생각하라.

시스템을 개발할 때는 "현실 세계 인터페이스"를 통해서 코드를 더 조직화된 이상적인 세계로 옮기는 것으로 시작할 수 있다. 기존 시스템으로 작업을 시작할 때는 엉성하게 작성된 기존 코드가 시스템 대부분을 차지하고 있을 것이다. 이러한 작업을 잘 처리하는 한 가지 정책은 복잡한 코드를 다룰 때마다 현재의 코드 작성 규칙에 맞추려고 하고 분명한 이름을 사용하여 효과적으로 이상적인 세계로 이동시켜야 한다는 것이다. 시간이 지나면 그림 24-3과 같이 코드 기반이 빠르게 좋아질 수 있다.

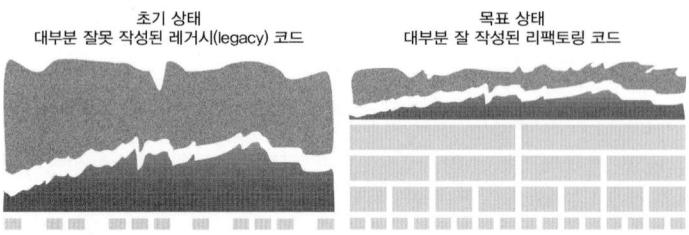

그림 24-3 제품 코드를 개선하기 위한 한 가지 전략은 엉성한 기존 코드를 리팩터링해서 "혼란스러운 현실 세계로의 인터페이스" 반대쪽으로 옮기는 것이다.

cc2e.com/2457

> **체크리스트: 안전한 리팩터링 방법**
>
> - 각 변경 사항이 체계적인 변경 전략의 일부인가?
> - 리팩터링을 시작하기 전에 코드를 저장했는가?
> - 각 리팩터링을 작게 유지하고 있는가?
> - 리팩터링을 한 번에 하나만 수행하는가?
> - 리팩터링 중에 취할 단계에 대한 목록을 만들었는가?
> - 리팩터링하는 도중에 발생하는 아이디어를 기억할 주차장을 만들었는가?
> - 리팩터링한 후 다시 테스트했는가?
> - 변경 사항이 컴파일되는지 혹은 중요한 코드에 영향을 미치는지 검토했는가?
> - 특정한 리팩터링의 위험성과 그에 따라 접근 방법을 조정할 것을 고려해 봤는가?
> - 변경 사항이 프로그램의 내부 품질을 떨어뜨리지 않고 향상시키고 있는가?
> - 코드를 작성하고 수정하는 것을 감추는 용도나 나쁜 코드를 다시 작성하는 것을 감추는 용도로 리팩터링을 사용하지 않았는가?

참고 자료

cc2e.com/2464

리팩터링 프로세스는 결함을 수정하는 프로세스와 공통점이 많다. 결함 수정에 대한 자세한 내용은 23.3절 "결함 수정"을 살펴본다. 리팩터링과 관련된 위험은 코드 튜닝과 비슷하다. 코드 튜닝의 복잡성 관리에 대한 자세한 내용은 25.6절 "코드 튜닝 단계 요약"을 살펴본다.

마틴 파울러 《리팩토링: 코드 품질을 개선하는 객체지향 사고법》(한빛미디어, 2012) 이 책은 리팩터링에 대한 가장 확실한 지침서다. 이 책에서 요약한 리팩터링뿐만 아니라 이 책에서 다루지 않은 리팩터링에 대해서도 자세히 설명한다. 파울러는 각 리팩터링이 어떻게 단계별로 수행되는지 보여주는 수많은 코드 예제를 제공한다.

요점 정리

- 프로그램이 초기 개발 시와 초기 배포 후에 변경될 수 있다는 것은 엄연한 인생의 현실이다.
- 소프트웨어는 변경될 때 향상되거나 손상될 수 있다. 소프트웨어 진화의 기본 원칙은 코드가 진화할 때 반드시 내부적인 품질이 향상되어야 한다는 것이다.

- 리팩터링을 성공적으로 수행하기 위한 핵심 요건은 다양한 경고 표시나 리팩터링이 필요하다는 것을 암시하는 냄새에 주의를 기울이는 것이다.
- 리팩터링을 성공적으로 수행하기 위한 또 다른 핵심 요소는 수많은 리팩터링을 학습하는 것이다.
- 리팩터링을 성공적으로 수행하기 위한 마지막 핵심 요소는 리팩터링을 안전하게 수행하기 위한 전략을 갖는 것이다. 어떤 리팩터링 접근 방법은 다른 것보다 더 좋다.
- 개발 중에 리팩터링하면 프로그램을 향상시키고 처음에 만들고자 했던 대로 프로그램을 변경할 수 있는 최고의 기회를 얻게 된다. 개발 중에 그러한 기회를 적극적으로 활용하도록 한다.

25장 코드 튜닝 전략

cc2e.com/2578

내용

25.1 성능이란?
25.2 코드 튜닝 소개
25.3 느리고 비대한 부분
25.4 측정
25.5 반복
25.6 코드 튜닝 단계 요약

관련 주제

- 코드 튜닝 기법: 26장
- 소프트웨어 아키텍처: 3.5절

이 장은 역사적으로 논란이 많았던 성능 튜닝 문제를 논의한다. 1960년대에는 컴퓨터 자원이 매우 제한적이라서 효율화가 최고의 관심사였다. 하지만 1970년대에 컴퓨터의 성능이 좋아지면서 개발자들은 성능을 개선하려는 노력이 얼마나 코드를 이해하고 유지보수하기 어렵게 만들었는지 깨달았고 자연스럽게 코드 튜닝은 덜 주목받게 되었다. 1980년대에 마이크로컴퓨터 혁명과 함께 성능의 한계가 다시 도래하자 효율화가 다시 주목받았지만, 1990년대에 들어와 이내 시들해졌다. 2000년대에는 전화기와 PDA 같은 장치를 위한 임베디드 소프트웨어에서의 메모리 제한과 컴파일된 코드의 실행 시간으로 다시 한번 효율화가 중요한 주제로 떠올랐다.

성능은 전략과 전술이라는 두 가지 측면에서 설명할 수 있다. 이 장에서는 전략적인 성능 문제를 설명한다. 즉, 성능이 무엇이고 얼마나 중요하며 성능 개선 목표를 달성하기 위해 일반적으로 어떻게 접근하는지를 설명한다. 성능 전략에 대해 제대로 파악하고 있고 성능 향상을 위한 코드 수준의 구체적인 기법을 찾고 있다면 26장 "코드 튜닝 기법"으로 넘어가도록 한다. 하지만 주요 성능 작업을 시작하기 전에 다른 작업을 해야 할 때 최적화하느라 시간을 낭비하지 않도록 최소한 이 장에서 소개하는 정보를 대충이라도 읽어보도록 한다.

25.1 성능이란?

코드 튜닝은 프로그램의 성능을 향상시키는 한 가지 방법이다. 코드 튜닝보다 시간이 덜 걸리고 코드에 손상도 덜 주는 성능 향상 방법도 쉽게 찾을 수 있다. 이 절에서 그러한 방법으로 무엇이 있는지 설명한다.

품질의 특성과 성능

> 컴퓨팅에서 더 많은 잘못은 특별한 이유 때문이 아니라 꼭 달성하는 것도 아니면서 효율화라는 명목으로 저지른다.
> — 윌리엄 울프
> (William Wulf)

어떤 사람들은 세상을 장밋빛으로 바라본다. 개발자들은 코드라는 창으로 세상을 바라보는 경향이 있다. 개발자들은 코드를 더 잘 만들수록 고객이 소프트웨어를 더 좋아할 것으로 생각한다.

이러한 관점은 현실 어딘가에는 존재할지도 모르지만, 정확히 어디에 있는지 알 수 없다. 사용자는 코드의 품질보다 구체적인 프로그램의 특성에 더 많은 관심을 둔다. 때때로 순수한 성능에 관심을 두는 사용자도 있지만, 그것이 업무에 영향을 미칠 때만 그렇나. 사용자는 순수한 성능보다는 프로그램의 성능에 더 많은 관심을 두는 경향이 있다. 소프트웨어를 제시간에 전달하고 깔끔한 사용자 인터페이스를 제공하고 고장 시간을 피하는 것이 더 중요하다.

예를 하나 들어보겠다. 저자는 디지털카메라를 이용해 일주일에 적어도 50장의 사진을 찍는다. 사진을 컴퓨터에 올리려면 카메라에 딸려온 소프트웨어를 이용해 한 번에 여섯 장밖에 보여주지 않는 윈도우에서 한 장씩 선택해야 한다. 50장의 사진을 올리는 것은 마우스 클릭을 여러 번 해야 하고 여섯 장만 보여주는 윈도우를 통해 여러 번 탐색해야 하는 지루한 과정이다. 이와 같은 작업을 몇 달 동안 한 후 컴퓨터에 직접 연결하는 메모리 카드 리더기를 샀다. 컴퓨터는 이 장치를 디스크 드라이브로 생각한다. 이제는 사진을 컴퓨터에 복사하는 데 윈도우 탐색기를 사용할 수 있다. 수십 번의 마우스 클릭과 오랜 시간 탐색을 위해 기다려야 했던 작업을 이제는 두 번의 마우스 클릭과 Ctrl+A, 드래그 앤 드롭만으로 처리할 수 있다. 메모리 카드 리더기가 원래 있던 소프트웨어보다 파일 전송 속도가 빠른지, 느린지는 관심 없다. 왜냐하면 전송 절차가 빨라졌기 때문이다. 메모리 카드 리더기의 코드가 빠르거나 느린지에 상관없이, 성능은 이게 더 좋다.

KEY POINT

성능과 코드 속도는 어느 정도만 관련이 있다. 코드의 속도를 개선하려고 쓰는 시간 만큼 다른 품질 특성에 대한 작업은 하지 않게 된다. 속도를 빠르게 만들려고 다른 특성을 희생하는 것을 주의해야 한다. 속도에 대한 작업이 전체적인 성능에 도움을 주기보다 해를 입힐 수 있다.

성능과 코드 튜닝

속도에 중점을 두든 크기에 중점을 두든 효율화를 최우선 순위로 선택했다면 코드 수준에서 속도나 크기 중 어느 것을 향상시킬지 선택하기에 앞서 몇 가지 사항을 고려해야 한다. 각 관점에서 바라본 효율화가 무엇일지 생각해본다.

- 프로그램 요구사항
- 프로그램 설계
- 클래스와 루틴 설계
- 운영체제 상호작용
- 코드 컴파일
- 하드웨어
- 코드 튜닝

프로그램 요구사항

성능은 실제보다 훨씬 더 자주 요구사항으로 여겨진다. 배리 보엠(Barry Boehm)은 초기에 1초 이하의 응답 시간이 요구되었던 TRW[4]의 시스템에 대한 이야기를 전했다. 이 요구사항 때문에 설계가 지나치게 복잡해졌고 예상 비용도 1억 달러에 이르렀다. 요구사항을 좀 더 분석한 결과, 사용자는 실행 시간의 90% 정도에 대해 4초 이하의 응답 시간에 만족할 것이라고 판단했으며 결국 응답 시간 요구사항을 수정하여 전체적인 시스템 비용이 약 7,000만 달러로 줄어들었다(Boehm 2000b).

성능 문제를 해결하는 데 시간을 투자하기 전에 먼저 해결해야 할 문제를 해결하고 있는지 확인한다.

프로그램 설계

프로그램 설계에는 주로 프로그램을 여러 개의 클래스로 나누는 방법에 해당하는 단일 프로그램 설계라는 주요 작업이 포함된다. 어떤 프로그램 설계는 성능 좋은 시스템을 만들기 어렵게 한다. 어떤 설계는 좋은 시스템을 만들 수밖에 없게 한다.

관련 정보 프로그램의 성능 설계에 대한 자세한 내용은 이 장의 끝에 있는 "참고 자료"를 살펴본다.

---

[4] (옮긴이) 자동차부품, 전자부품 및 컴퓨터 소프트웨어류, 항공우주기기용 부품, 산업기계용 부품 등을 다루는 기업

현실 세계의 데이터 측정 프로그램의 예를 생각해 보자. 이 프로그램은 상위 레벨 설계에서 작업량 측정을 제품의 가장 중요한 특성으로 결정했다. 각 측정 작업에는 전기 신호를 측정하고 값을 보정하고 값을 재고 센서 데이터 단위(예를 들면, 밀리 볼트)에서 공학 데이터 단위(예를 들면, 섭씨)로 변환하는 시간이 포함되었다.

이 경우에 상위 레벨 설계에 내재되어 있는 위험 요소를 해결하지 않았다면 개발자들은 소프트웨어에서 13 제곱한 변수를 포함한 14개의 항이 있는 13차 다항식 계산을 최적화하려고 했을 것이다. 하지만 그들은 이 문제를 다른 하드웨어와 수십 개의 3차 다항식을 사용하는 상위 레벨 설계로 해결했다. 이와 같은 변경 사항은 코드 튜닝을 통해서는 도저히 개선할 수 있는 수준이 아니다. 이 문제는 프로그램 설계 수준에서 해결해야 하는 문제의 한 예다.

관련 정보 개발자가 목표 지향적으로 작업하는 방법에 대한 자세한 내용은 20.2절의 "목표 설정"을 살펴본다.

프로그램의 크기와 속도가 중요하다는 것을 알고 있다면 크기와 속도의 목표를 합리적으로 달성할 수 있게 아키텍처를 설계한다. 성능 중심적인 아키텍처를 설계한 다음 개별적인 서브시스템과 기능, 클래스에 대한 리소스 목표를 설정한다. 이 방법은 여러 가지 면에서 도움이 될 것이다.

- 개별적인 리소스의 목표를 설정하면 시스템의 궁극적인 성능을 예측할 수 있다. 각 기능이 리소스의 목표를 충족시키지 못한다면 전체 시스템이 목표를 달성하지 못할 것이다. 목표를 달성하는 데 문제가 있는 서브시스템을 초기에 규명하여 다시 설계하거나 코드 튜닝을 대상으로 설정할 수 있다.

- 목표를 분명하게 만드는 단순한 행위는 목표가 성취될 가능성을 높인다. 개발자들은 목표가 무엇인지 알 때 목표 지향적으로 일한다. 목표가 분명할수록 목표를 위해 작업하기가 쉽기 때문이다.

KEY POINT

- 효율화를 직접 달성하는 것이 아니라 장기적으로 효율화를 촉진하는 목표를 설정해도 된다. 효율화는 종종 다른 문제가 있는 상황에서 가장 잘 처리된다. 예를 들면 높은 수준의 변경 가능성을 달성하는 것이 효율화를 구체적인 목표로 삼는 것보다 효율화 목표를 달성하는 데 더 나은 기반을 제공할 수 있다. 모듈화가 높고 수정 가능한 설계가 있다면 덜 효율적인 컴포넌트를 더 효율적인 컴포넌트로 쉽게 바꿀 수 있다.

클래스와 루틴 설계

관련 정보 데이터형과 알고리즘에 대한 정보는 이 장의 끝에 있는 "참고 자료"를 살펴본다.

클래스와 루틴의 내부 설계는 성능에 도움이 되게 설계할 수 있는 또 다른 기회를 제공한다. 이 수준에서 성능을 위해 할 수 있는 핵심 활동은 데이터형과 알고리즘을 선택하는 것으로, 대개 프로그램의 메모리 사용과 실행 속도에 영향을 미친다. 이 수준에서는 버블 정렬 대신 퀵 정렬을 선택하거나 선형 검색 대신 이진 검색을 선택할 수 있다.

운영체제 상호작용

관련 정보 느리거나 비대한 운영체제 루틴 문제를 해결하기 위한 코드 수준의 전략에 대한 내용은 26장 "코드 튜닝 기법"을 살펴본다.

프로그램이 외부 파일이나 동적 메모리, 출력 장치를 다룬다면 아마 운영체제와 상호작용할 것이다. 성능이 좋지 않다면 운영체제 루틴이 느리거나 비대하기 때문일 것이다. 프로그램이 운영체제와 상호작용하고 있다는 것을 알아차리지 못할 수도 있다. 때때로 컴파일러는 꿈도 꾸지 않았던 시스템 호출이나 시스템 호출을 일으키는 라이브러리를 생성한다. 더 자세한 내용은 뒤에서 소개한다.

코드 컴파일

좋은 컴파일러는 고급 프로그래밍 언어 코드를 최적화된 기계어 코드로 변환한다. 올바른 컴파일러를 선택하면 속도 최적화에 대해 더는 생각하지 않아도 될 것이다.

26장에 소개한 최적화 결과는 수동으로 코드를 튜닝하는 것보다 더 효율적인 코드를 생성하는 컴파일러 최적화의 여러 가지 예를 제공한다.

하드웨어

때로는 프로그램의 성능 향상을 위한 가장 저렴하면서도 좋은 방법이 새로운 하드웨어를 구입하는 것일 때가 있다. 수십만 명의 고객이 사용하는 프로그램을 배포하고 있다면 새로운 하드웨어를 구입하는 것은 현실적인 대안이 아니다. 하지만 소수의 고객을 위한 주문형 소프트웨어를 개발하고 있다면 하드웨어 업그레이드가 가장 저렴한 대안일 것이다. 이 방법은 초기 성능 개선 비용을 절약하고 성능 개선으로 인해 발생하는 유지보수 문제의 비용을 절약한다. 또한 그 하드웨어에서 실행하는 다른 모든 프로그램의 성능도 향상시킨다.

코드 튜닝

코드 튜닝은 코드가 더 효율적으로 작동하도록 정확하게 수정하는 방법이며 이 내용이 이 장 나머지의 주제다. "튜닝"은 단일 클래스나 단일 루틴, 더 일반적으로 몇 줄의 코드에 영향을 미치는 작은 규모의 변경을 가리킨다. "튜닝"은 성능을 향상시키는 다른 고수준의 방법이나 큰 규모의 설계상 변경을 가리키는 것이 아니다.

코드 튜닝을 통해 시스템 설계부터 각 단계에서 매우 극적으로 코드를 개선할 수 있다. 존 벤틀리(Jon Bentley)는 어떤 환경에서는 각 단계의 성능이 두 배나 향상될 수 있다는 주장을 인용했다(Bentley 1982). 각 여섯 단계에서 10배 향상될 수 있으므로 잠재적인 성능 향상은 백만 배가 될 것이다. 그 정도까지 향상되려면 각 수준에서 얻은 이득이 다른 단계에서 얻은 이득과 독립적이어야 하는데 그런 경우는 드물지만, 그 잠재력은 고무적이다.

25.2 코드 튜닝 소개

코드 튜닝의 매력은 무엇일까? 코드 튜닝은 성능을 향상시키는 가장 효과적인 방법이 아니다. 프로그램 아키텍처, 클래스 설계, 알고리즘 선택이 일반적으로 더 극적인 향상을 가져온다. 또한 코드 튜닝이 성능을 향상시키는 가장 쉬운 방법도 아니다. 새로운 하드웨어를 구입하거나 더 좋은 최적화를 제공하는 컴파일러를 사용하는 것이 더 쉽다. 게다가 그것이 성능을 향상시키는 가장 저렴한 방법도 아니다. 초기에 수동으로 코드를 조정하는 데 많은 시간이 걸리고 수동으로 조정한 코드는 나중에 유지보수하기도 어렵다.

코드 튜닝은 여러 가지 이유로 매력적이다. 한 가지 매력은 자연의 법칙을 무시하는 것처럼 보인다는 점이다. 20마이크로(1/1000) 초에 실행되는 루틴을 몇 줄을 변경하여 2마이크로 초에 실행되게 만들면 정말 흐뭇하다.

효율적인 코드를 작성하는 기법에 통달한다는 것은 진정한 개발자가 되는 통과 의례이기도 하다. 테니스에서 테니스공을 잡는 방법으로 점수를 얻지는 못하지만, 여전히 테니스공을 제대로 잡는 방법을 배워야 한다. 몸을 기울여 손으로 공을 잡을 수는 없다. 테니스를 잘 치는 사람이라면 라켓의 앞부분으로 공을 쳐서 공이 허리 높이만큼 튀어 오를 때 잡을 것이다. 처음에 공이 튀어 오르지 않는 것도 그렇지만, 세 번 이상 라켓으로 공을 치는 것은 실패로 볼 수 있다. 이것이 중요하지 않아 보이겠지만, 공을 잡는 방법은 테니스 문화에서는 일종의 명성과 관련이 있다. 마찬가지로 일반적으로 개발자를 제외한 누구도 코드가 얼마나 견고한지 신경 쓰지 않는다. 그런데도 프로그래밍 문화에서는 아주 미세하게 효율적인 코드로 훌륭한 개발자를 가린다.

코드 튜닝의 문제점은 효율적인 코드가 항상 "더 나은" 코드는 아니라는 점이다. 이것이 다음 절의 주제다.

파레토 법칙

80/20 법칙으로도 알려진 파레토 법칙(Pareto Principle)은 20%의 노력으로 80%의 결과를 얻을 수 있다고 말한다. 이 법칙은 프로그래밍 이외의 분야에도 적용되지만, 프로그래밍 최적화에는 확실히 적용된다.

배리 보엠은 프로그램의 20%에 해당하는 루틴이 실행 시간의 80%를 소비한다고 보고했다(Boehm 1987b). 도널드 커누스(Donald Knuth)는 자신의 고전적인 논문인 "포트란 프로그램의 실증적 연구(An Empirical Study of Fortran Programs)"에서 프로그램의 4% 이하가 일반적으로 실행 시간의 50% 이상을 차지한다는 사실을 발견했다(Knuth 1971).

커누스는 이 놀라운 관계를 발견하는 데 줄 계수 프로파일러를 사용했으며 최적화에 미치는 영향은 분명했다. 코드를 측정해 과열지점(hot spot)을 찾은 다음, 가장 많이 사용되는 몇 퍼센트를 최적화하는 데 노력을 집중해야 한다. 커누스는 줄 계수 프로그램을 프로파일링하여 두 개의 루프에서 실행 시간의 절반을 사용한다는 사실을 발견했다. 그는 한 시간도 채 안 되어 몇 줄의 코드를 변경해 프로파일러의 속도를 두 배로 증가시켰다.

존 벤틀리는 1,000줄짜리 프로그램이 다섯 줄짜리 제곱근 루틴에서 전체 시간의 80%를 소비하는 경우를 이야기했다. 그는 제곱근 루틴의 속도를 세 배로 늘려 프로그램의 속도를 두 배로 늘렸다(Bentley 1988). 또한 파레토 법칙은 파이썬과 같은 인터프리트 언어에서 대부분의 코드를 작성한 다음 C처럼 더 빠르게 컴파일되는 언어로 과열지점을 재작성하라는 말의 근원이기도 하다.

벤틀리는 운영체제가 사용하는 시간의 절반이 작은 루프에서 소비되고 있는 것을 발견한 팀의 경우도 보고했다. 그들은 미세한 코드로 루프를 다시 작성하여 루프를 10배나 더 빠르게 만들었지만, 시스템의 성능을 바꾸지는 못했다. 그들은 시스템의 유휴 루프를 다시 작성했다!

최신 프로그래밍 언어의 원조이자 가장 영향력 있는 언어 중 하나인 ALGOL 언어를 설계한 팀은 다음과 같은 조언을 들었다. "'좋은 것'은 '위대한 것'의 적이다." 완벽을 위해 작업하는 것이 완성하는 데 방해가 될 수도 있다. 우선 완성한 다음 완벽하게 만들어라.

완벽해야 하는 부분은 일반적으로 작은 부분이다.

노부인들의 이야기[5]

다음에 소개하는 일반적인 오해를 포함해 지금까지 들어왔던 코드 튜닝에 대한 이야기의 상당 부분은 거짓이다.

고급 언어에서 코드를 줄이면 결과적으로 기계어 코드의 속도나 크기를 향상시킨다−거짓! 많은 개발자가 코드를 한 줄이나 두 줄로 작성할 수 있다면 가장 효율적일 거라는 믿음에 집요하게 집착한다. 다음과 같이 요소가 10개인 배열을 초기화하는 코드를 살펴보자.

```
for i = 1 to 10
    a[ i ] = i
end for
```

이 코드가 같은 작업을 수행하는 다음 10줄의 코드보다 빠를까, 느릴까?

```
a[ 1 ] = 1
a[ 2 ] = 2
a[ 3 ] = 3
a[ 4 ] = 4
a[ 5 ] = 5
a[ 6 ] = 6
a[ 7 ] = 7
a[ 8 ] = 8
a[ 9 ] = 9
a[ 10 ] = 10
```

"짧을수록 빠르다"라는 오래된 신조를 따른다면 첫 번째 코드가 더 빠르다고 추측할 것이다. 하지만 마이크로소프트 비주얼 베이직과 자바에서 테스트해 본 결과, 두 번째 코드가 첫 번째 코드보다 적어도 60%는 빨랐다. 다음은 그 수치다.

언어	*for* 루프 시간	직선형 코드 시간	시간 절약	성능 비율
비주얼 베이직	8.47	3.16	63%	2.5:1
자바	12.6	3.23	74%	4:1

[5] 노부인들의 이야기(The Old Wives' Tale)는 두 자매의 생애를 여성의 젊음과 아름다움이 시간의 흐름에 따라 침식되어 자기도 모르게 늙어 노쇠해 가는 모습을 사실적으로 그린 작품이다. 이 책에서는 오래된 얘기라는 의미로 사용되었다.

> **참고** (1) 이 표와 다음 표에 있는 시간은 초 단위며 두 행을 비교할 때만 의미가 있다. 실제 시간은 컴파일러와 컴파일러의 옵션, 각 테스트가 실행되는 환경에 따라 달라질 것이다. (2) 벤치마크 결과는 전형적으로 결과에서 샘플에 따른 변동을 없애기 위해 수천 번에서 수백만 번 실행해 얻은 것이다. (3) 컴파일러의 구체적인 상표와 버전은 명시하지 않았다. 성능 특성은 상표와 버전에 따라 크게 다르다. (4) 서로 다른 언어에 대한 컴파일러가 항상 비슷한 코드 생성 옵션을 제공하지는 않기 때문에 서로 다른 언어의 결과끼리 비교하는 것이 항상 의미 있는 것은 아니다. (5) 인터프리트 언어(PHP와 파이썬)에 대한 결과는 전형적으로 다른 언어에 사용한 테스트 실행 횟수의 1% 이하의 결과를 기반으로 한다. (6) 일부 "시간 절약" 비율은 "직선형 시간"과 "코드 튜닝 시간" 입력 값의 반올림 때문에 이 표에 있는 데이터로부터 정확하게 다시 얻지 못할 수도 있다.

이 표가 고급 언어로 작성된 코드의 수를 증가시킨다고 해서 항상 속도가 향상되거나 크기가 줄어든다는 뜻을 갖는 것은 확실히 아니다. 가장 짧은 코드를 작성하여 얻는 외형적인 매력과는 상관없이 고급 언어에서의 코드의 수와 프로그램의 최종적인 크기와 속도에는 아무런 연관 관계가 없다는 것을 암시한다.

어떤 연산이 아마 다른 것보다 빠르거나 작을 것이다-거짓! 성능에 대해서 말할 때 "아마"라는 말은 통하지 않는다. 변경 사항이 프로그램에 도움이 되는지, 해가 되는지 알기 위해 항상 성능을 측정해야 한다. 게임의 규칙은 프로그래밍 언어나 컴파일러, 컴파일러의 버전, 라이브러리, 라이브러리의 버전, 프로세서, 메모리의 크기, 입고 있는 셔츠의 색상(음, 이건 아니군) 등을 변경할 때마다 변한다. 어떤 기계에서 어떤 도구를 사용했을 때 참이었던 것이 다른 기계에서 다른 도구를 사용했을 때는 거짓일 수 있다.

이러한 현상은 코드 튜닝으로 성능을 향상시키지 말아야 하는 몇 가지 이유를 제시한다. 프로그램을 이식 가능하게 만들고 싶을 때 어떤 환경에서 성능을 향상시켰던 기법이 다른 환경에서는 성능을 떨어뜨릴 수 있다. 컴파일러를 변경하거나 업그레이드하면 그 새 컴파일러가 수동으로 했던 방법처럼 자동으로 코드를 최적화할 것이고 지금까지 했던 일은 쓸모 없어질 것이다. 더 나쁜 것은 코드 튜닝 때문에 직관적인 코드를 다루도록 설계된 더 강력한 컴파일러 최적화를 못할 수도 있다는 점이다.

코드를 튜닝할 때 암시적으로 컴파일러 상표와 컴파일러 버전, 라이브러리 버전 등을 변경할 때마다 최적화를 다시 측정해야 한다. 다시 측정하지 않는다면 특정한 컴파일러나 라이브러리의 버전에서 성능을 향상시켰던 최적화가 빌드 환경을 변경했을 때 성능을 떨어뜨릴 것이다.

대략 97%에 이르는 작은 효율성에 대해서는 잊어야 한다. 너무 이른 최적화는 모든 악의 근원이다.
– 도널드 커누스

코드를 작성하면서 최적화해야 한다—거짓! 각 루틴을 작성하면서 가능한 한 코드를 가장 **빠르고** 작게 작성하려고 하면 프로그램이 빨라지고 작아질 것이라는 이론이 있다. 이러한 접근 방법은 개발자들이 세부적인 최적화를 하느라 너무 바빠서 중요한 전역적인 최적화를 무시하는, 나무만 보고 숲은 보지 못하는 상황을 만든다. 다음은 코드를 작성하면서 최적화할 때의 중요한 문제점이다.

- 프로그램이 완벽하게 작동하기 전까지는 성능 병목을 규명하기가 거의 불가능하다. 개발자들은 실행 시간의 50%를 차지하는 4%의 코드를 거의 추측하지 못하기 때문에 코드를 작성하면서 초기화하는 개발자들은 최적화될 필요가 없는 코드를 최적화하느라 평균적으로 작업 시간의 96%를 보낼 것이다. 결국, 실제로 중요한 4%를 최적화할 시간이 거의 없어진다.

- 개발자들이 병목을 정확하게 파악한 드문 경우에도 알아낸 병목을 지나치게 없애서 다른 부분을 위태롭게 만들기도 한다. 이 경우에도 결국 성능이 떨어지는 결과를 낳는다. 시스템이 완성되고 난 후 수행된 최적화는 최적화 시간이 효과적으로 할당될 수 있도록 각 문제의 영역과 상대적인 중요성을 규명할 수 있다.

- 개발 초기에 최적화에 초점을 맞추면 프로그램의 다른 목표를 달성하기가 어려워진다. 개발자들은 결국 사용자에게 큰 도움이 안 되는 알고리즘 분석과 불가사의한 논쟁에 몰두한다. 성능이 다른 것보다 나중에 향상시키기 더 쉬운 부분임에도 불구하고 정확성, 정보 은닉, 가독성 같은 중요 부분이 부차적인 목표가 된다. 사후 성능 작업은 전형적으로 프로그램 코드의 5% 이하에 영향을 미친다. 뒤로 돌아가서 코드의 5%에 해당하는 부분에 대한 성능 작업을 수행하겠는가, 아니면 100%의 코드에 대한 가독성 작업을 하겠는가?

간단히 말해 너무 이른 초기화 작업은 전체적으로 손해다. 이로 인해서 최종적인 코드의 속도, 코드의 속도보다 훨씬 중요한 성능 특성, 프로그램의 품질, 그리고 궁극적으로 소프트웨어의 사용자가 손해를 본다. 가장 간단한 프로그램을 구현함으로써 절약한 개발 시간이 작동하는 프로그램을 최적화하는 데 쓰인다면 그 프로그램은 무분별한 최적화 작업으로 개발된 프로그램보다 훨씬 더 빠를 것이다(Stevens 1981).

때에 따라서는 사후 최적화 작업이 성능 목표에 충분히 부합하지 않아서 완성된 코드에서 주요한 변경을 해야 할 것이다. 그런 경우에는 작고 지엽적인 최적화가 원하는 이득을 제공하지 않을 것이다. 그러한 경우의 문제는 코드의 품질이 적절하지 않은 게 아니라 소프트웨어의 아키텍처가 적절하지 않은 것이다.

프로그램이 완성되기 전에 최적화해야 한다면 프로세스에 대해 전망함으로써 위험을 최소화한다. 한 가지 방법은 기능에 대한 크기와 속도 목표를 명시한 다음 작업을 하면서 그 목표를 달성하기 위해 최적화하는 것이다. 명세서에 그러한 목표를 설정하는 것은 나무가 얼마나 큰지 알아내는 동안 한쪽 눈으로 계속해서 숲을 바라보는 방법이다.

참고 자료 재미있고 교훈을 주는 더 많은 일화는 제럴드 와인버그의 《프로그래밍 심리학》(인사이트, 2014)을 살펴본다.

빠른 프로그램은 정확한 프로그램만큼 중요하다—거짓! 프로그램이 정확하게 작동하기 전에 빠르거나 작아져야 한다는 말이 맞은 적이 있던가? 제럴드 와인버그는 문제가 발생한 프로그램 디버깅을 도우려고 디트로이트에서 날아온 개발자에 관한 이야기를 해주었다. 그 개발자는 그 프로그램을 개발했던 팀과 작업을 했고 며칠이 지난 후 상황이 절망적이라는 결론을 내렸다.

집으로 돌아오는 비행기 안에서 그는 그 상황에 대해서 곰곰이 생각했고 문제가 무엇인지 깨달았다. 도착할 무렵, 그는 새 코드에 대한 윤곽을 잡았다. 그는 며칠 동안 코드를 테스트했고 막 디트로이트로 돌아가려던 차에 프로그램을 완성하는 게 불가능해서 프로젝트가 취소되었다는 연락을 받았다. 어쨌든 그는 디트로이트로 향했고 프로젝트가 완성될 수 있다고 경영진을 설득했다.

그러고 나서 그는 프로젝트에 참여했던 개발자들을 설득해야 했다. 그들은 그의 발표를 들었고 그가 발표를 마쳤을 때 기존 시스템을 작성했던 사람이 물었다. "그러면 그 프로그램 속도는 얼마나 **빠른가요**?"

"상황에 따라서 다르지만, 입력 당 10초 정도 걸립니다."

"오호라! 그런데 이걸 어쩌나? 내가 작성한 프로그램은 입력 당 1초밖에 안 걸리는데…" 그 베테랑 개발자는 의자에 몸을 기대면서 건방진 녀석에게 한 방 먹였다는 사실에 만족했다. 다른 개발자들도 동의하는 듯 보였지만, 그는 굴복하지 않았다.

"네, 맞습니다. 하지만 당신이 작성한 프로그램은 작동하지 않아요. 프로그램이 작동하지 않아도 된다면 나도 아주 **빠르게** 작동하게 만들 수 있습니다."

어떤 프로젝트는 속도나 크기가 중요한 관심사다. 하지만 그러한 부류에 속하는 프로젝트는 대부분의 사람이 생각하는 것보다 훨씬 적으며 시간이 지날수록 적어지고 있다. 그러한 프로젝트는 성능의 위험 요소가 초기 설계에서 언급되어야 한다. 다른 프로젝트에서는 초기 최적화가 성능을 포함한 전체적인 소프트웨어의 품질을 크게 위협한다.

튜닝 시점

잭슨의 최적화 규칙: 규칙 1. 하지 않는다. 규칙 2. (전문가만 해당) 아직 하지 않는다. 완벽하게 분명하고 최적화되지 않은 해결책을 얻을 때까지는 하지 않는다.
— 마이클 잭슨(Michael. A. Jackson)

고급 설계를 사용하라. 프로그램을 제대로 만들어라. 나중에 작업하기 쉽게 모듈화하고 변경하기 쉽게 만들어라. 제대로 완성되었을 때 성능을 검사하라. 프로그램을 못 쓰게 하고 싶다면 빠르고 작게 만들어라. 최적화가 필요하다는 것을 알게 될 때까지 최적화하지 마라.

몇 년 전, 투자 데이터를 분석하기 위해서 그림 형식의 출력문을 만드는 C++ 프로젝트에 참여한 적이 있다. 팀이 첫 번째 그래프 그리기에 성공한 후에 테스트한 결과, 그래프를 그리는 데 약 45분이 걸렸고, 이는 분명히 수용할 수 없었다. 그 문제에 대해 무엇을 해야 하는지 결정하려고 팀 회의를 열었다. 개발자 중 한 명은 화가 나서 소리를 질렀다. "만족스러운 제품을 출시하려면 지금 당장 모든 코드를 어셈블러로 다시 작성해야 합니다." 나는 그렇게 생각하지 않는다고 대답했다. 아마도 코드의 4%가 성능 병목의 50% 이상을 차지하고 있을 것이기 때문이었다. 프로젝트를 끝낼 수 있도록 4%를 해결하는 것이 가장 좋을 것이다. 몇 번의 고함이 오고 간 후, 경영진은 나에게 초기 성능 작업을 맡겼다(정말 "안돼! 날 가시덤불에 밀어 넣지 마세요!"라고 소리치고 싶었다).

흔히 그렇지만 하루만 작업하면 코드에 있는 분명한 병목을 파악할 수 있다. 약간의 코드 튜닝만으로 그리기에 걸리는 시간을 45분에서 30초 이하로 줄였다. 1%도 안 되는 코드가 90%의 실행 시간을 차지하고 있었다. 몇 달 후 소프트웨어를 출시할 때가 되었을 때 몇 가지 추가적인 코드 튜닝으로 그리기 시간은 1초 이하로 줄어들었다.

컴파일러 최적화

최신 컴파일러의 최적화 기능은 예상보다 훨씬 더 강력할지도 모른다. 앞에서 설명한 것처럼 저자가 사용한 컴파일러는 더 효율적이라고 생각했던 방식으로 코드를 재작성한 것만큼 중첩된 루프를 잘 최적화했다. 컴파일러를 고를 때는 작업 중인 프로그램에 대해 컴파일러의 성능을 비교해 본다. 컴파일러마다 서로 다른 강점과 약점이 있으며 작업 중인 프로그램에 다른 것보다 적합한 컴파일러가 있을 것이다.

컴파일러는 교묘한 코드를 최적화하는 것보다 직관적인 코드를 최적화하는 데 능숙하다. 루프의 인덱스를 가지고 노는 것과 같이 "교묘한" 짓을 하면 컴파일러가 이 코드를 최적화하는 데 어려움을 겪게 되어 결국 프로그램이 손해를 볼 것이다. 31.5절의 "한 줄에 한 명령문만 사용하라"를 살펴보면 직관적인 접근 방법이 "교묘한" 코드보다 11% 더 빠른 컴파일러 최적화 코드를 만들어내는 예제를 확인할 수 있다.

최적화를 잘하는 컴파일러를 사용하면 코드의 속도를 40% 이상 향상시킬 수 있다. 다음 장에 소개한 많은 기법은 15%에서 30% 정도의 이득을 얻을 뿐이다. 왜 분명한 코드를 작성해서 컴파일러가 최적화하도록 하지 않는가? 다음은 최적화가 삽입-정렬 루틴의 속도를 얼마나 올려주는지 검사하는 테스트를 실행한 결과다.

언어	컴파일러의 최적화를 사용하지 않은 시간	컴파일러의 최적화를 사용한 시간	시간 절약	성능 비율
C++ 컴파일러 1	2.21	1.05	52%	2:1
C++ 컴파일러 2	2.78	1.15	59%	2.5:1
C++ 컴파일러 3	2.43	1.25	49%	2:1
C# 컴파일러	1.55	1.55	0%	1:1
비주얼 베이직	1.78	1.78	0%	1:1
자바 VM 1	2.77	2.77	0%	1:1
자바 VM 2	1.39	1.38	<1%	1:1
자바 VM 3	2.63	2.63	0%	1:1

루틴의 버전 사이의 유일한 차이점은 첫 번째 컴파일에서는 컴파일러의 최적화 기능을 사용하지 않았고 두 번째에서는 사용했다는 것이다. 분명히 어떤 컴파일러는 다른 것보다 최적화를 더 잘하고 어떤 컴파일러는 처음부터 최적화 없이도 더 좋은 성능을 제공한다. 일부 자바 가상 머신(JVM)도 분명히 다른 것보다 더 좋은 성능을 제공한다. 컴파일러나 자바 가상 머신, 또는 둘 다 확인하여 효과를 측정해야 할 것이다.

25.3 느리고 비대한 부분

코드를 튜닝할 때는 프로그램에서 겨울철 당밀처럼 느리고 고질라처럼 비대한 부분을 찾아 번개처럼 빠르고 램(RAM) 안의 바이트 사이에 숨을 수 있을 정도로 날씬하게 변경한다. 어떤 부분이 느리고 비대한지 확실하게 알기 위해 항상 프로그램을 프로파일링해야 하지만, 일부 연산이 오랫동안 느리고 비대한 역사를 갖고 있으니 우선 그것을 조사하는 것으로 시작하면 된다.

비효율성의 공통적인 원인

다음은 비효율성의 공통적인 원인이다.

입력/출력 연산 비효율성의 가장 중요한 원인 중 하나는 불필요한 입력/출력(I/O)이다. 메모리에 있는 파일과 디스크나 데이터베이스, 네트워크에 있는 파일 중 어느 하나를 선택할 수 있으며 공간이 중요하지 않다면 인메모리 데이터 구조를 사용한다.

다음은 메모리에 있는 100개의 요소를 가진 배열에서 임의의 요소에 접근하는 코드와 100개의 레코드가 있는 디스크 파일에서 같은 크기의 임의의 요소에 접근하는 코드의 성능을 비교한 것이다.

언어	외부 파일 시간	메모리 내의 데이터 시간	시간 절약	성능 비율
C++	6.04	0.000	100%	N/A
C#	12.8	0.010	100%	1000:1

이 데이터에 따르면 메모리 내의 접근이 외부 파일에 있는 데이터에 접근하는 것보다 1,000배 빠르다. 실제로 사용하던 C++ 컴파일러는 메모리 내 접근에 필요한 시간을 측정할 수가 없었다.

순차 접근 시간에 대한 비슷한 테스트의 성능 비교도 유사하다.

언어	외부 파일 시간	메모리 내의 데이터 시간	시간 절약	성능 비율
C++	3.29	0.021	99%	150:1
C#	2.60	0.030	99%	85:1

테스트에 외부 데이터 접근에 대해 좀 더 느린 매체(예: 네트워크로 연결된 하드디스크)를 사용했다면 그 차이는 훨씬 더 컸을 것이다. 비슷한 임의 접근 테스트가 로컬에 있는 대신 네트워크에 있는 컴퓨터에 대해서 수행되었을 때도 성능은 이와 비슷했다.

언어	로컬 파일 시간	네트워크 파일 시간	시간 절약
C++	6.04	6.64	−10%
C#	12.8	14.1	−10%

물론, 이 결과는 네트워크 속도와 네트워크 로딩, 로컬 기계와 네트워크로 연결된 디스크 드라이브의 거리, 로컬 드라이브의 속도와 비교한 네트워크 디스크 드라이브의 속도, 현재 달의 위상을 비롯한 여러 요인에 따라 크게 달라질 수 있다.

전반적으로 메모리 내에서 접근할 때의 효과는 속도가 중요한 영역에서 I/O 관련 코드 작성에 대해 두 번 생각하게 하기에 충분하다.

페이징(Paging) 운영체제가 메모리 페이지를 교체하게 하는 연산은 메모리 페이지 하나에서 작동하는 연산보다 훨씬 느리다. 때때로 간단한 변경이 매우 큰 차이를 만든다.

다음 예제에서는 개발자가 4K 페이지를 사용하는 시스템에서 페이지 오류(page fault)가 자주 발생하는 초기화 루프를 작성했다.

페이지 오류를 많이 유발하는 초기화 루프를 자바로 작성한 예제
```
for ( column = 0; column < MAX_COLUMNS; column++ ) {
    for ( row = 0; row < MAX_ROWS; row++ ) {
        table[ row ][ column ] = BlankTableElement();
    }
}
```

이 코드는 좋은 변수명을 가진 잘 형식화된 루프다. 그렇다면 무엇이 문제일까? 문제는 테이블에 있는 각 요소가 약 4,000바이트 길이라는 점이다. 테이블에 행이 아주 많다면 프로그램이 다른 열에 접근할 때마다 운영체제가 메모리 페이지를 바꿔야 할 것이다. 루프가 구성된 방법이 배열에 접근할 때마다 행을 바꾸는 식인데, 이는 배열에 접근할 때마다 디스크로의 페이징이 발생한다는 뜻이다.

이 개발자는 다음과 같이 루프를 재구성했다.

페이지 오류가 적은 초기화 루프를 자바로 작성한 예제
```
for ( row = 0; row < MAX_ROWS; row++ ) {
    for ( column = 0; column < MAX_COLUMNS; column++ ) {
        table[ row ][ column ] = BlankTableElement();
    }
}
```

이 코드는 행을 바꿀 때마다 페이지 오류가 발생하긴 하지만, *MAX_ROWS * MAX_COLUMNS*번 대신 MAX_ROWS번만 열이 바뀐다.

구체적인 성능상 손해는 상황에 따라 크게 다르다. 메모리가 제한된 장비에서는 두 번째 코드 예제가 첫 번째 코드 예제보다 약 1,000배가 빨랐다. 메모리가 좀 더 많은 장비에서는 두 배 정도의 성능 차이를 보였으며 *MAX_ROWS*와 *MAX_COLUMNS*가 매우 큰 값이 아닌 경우에는 차이가 나지 않았다.

시스템 호출 시스템 루틴에 대한 호출은 종종 비싸다. 시스템 루틴을 호출하면 문맥 전환(context switching)[6]이 발생한다. 따라서 프로그램의 상태를 보관하고 커널의 상태를 복구한 다음 그 반대의 작업이 발생한다. 시스템 루틴은 디스크나 키보드, 스크린, 프

---

6 (옮긴이) 다중 프로그램 작성 환경에서 어떤 프로그램의 실행을 중단하고 다른 프로그램의 실행을 재개할 때, 그 프로그램의 재개에 필요한 환경을 다시 설정하는 것

린터, 기타 장치에 대한 입력/출력 연산을 비롯해 메모리 관리 루틴, 특정한 유틸리티 루틴을 포함한다. 성능이 문제가 된다면 시스템 호출이 얼마나 비싼지 알아보라. 비싸다면 다음 대안을 고려해 본다.

- 자신만의 서비스를 작성한다. 시스템 루틴이 제공하는 기능의 일부만 필요한 경우가 종종 있고 그런 경우 저수준 시스템 루틴을 직접 작성하면 된다. 자신만의 루틴을 작성하여 더 빠르고 작고 요구에 더 잘 부합하는 기능을 제공한다.
- 시스템으로 가는 것을 피한다.
- 시스템 루틴 호출을 더 빠르게 만들기 위해 시스템 벤더와 작업한다. 대부분의 벤더는 자신의 제품을 향상시키고자 하며 자신의 시스템에서 성능이 취약한 부분에 대해 배우는 것을 좋아한다(처음에는 약간 언짢은 것처럼 보이지만, 실제로는 관심이 많다).

25.2절의 "튜닝 시점"에서 설명했던 프로그램은 상업적으로 판매되는 *BaseTime* 클래스에서 파생된 *AppTime* 클래스를 사용했다(클래스 이름은 법적인 문제 때문에 변경했다). *AppTime* 객체는 이 응용 프로그램에서 가장 널리 사용되는 객체였고 수만 개의 *AppTime* 객체의 인스턴스를 만들어 사용했다. 몇 달 후, *BaseTime*이 생성자에서 자신을 시스템 시간으로 초기화하고 있는 것을 발견했다. 시스템 시간은 프로그램 목적과 관련이 없는 것이었다. 즉, 불필요하게 수천 개의 시스템 수준 호출을 생성하고 있었다. *BaseTime*의 생성자를 오버라이딩하여 시간 필드를 시스템 시간 대신 0으로 초기화했더니 코드를 변경해 지금까지 얻었던 만큼의 성능이 향상되었다.

인터프리트 언어 인터프리트 언어는 기계어 코드를 생성하고 실행하기 전에 각 프로그래밍 언어 명령을 처리해야 하므로 상당한 성능 손해를 보는 경향이 있다. 이 장과 26장에서 수행한 성능 벤치마킹에서 표 25-1에 설명된 것처럼 서로 다른 언어 사이에 성능에 있어서 유사한 관계를 발견했다.

표 25-1 프로그래밍 언어의 상대적인 실행 시간

언어	언어의 타입	C++에 비례한 실행 시간
C++	컴파일	1:1
비주얼 베이직	컴파일	1:1
C#	컴파일	1:1
자바	바이트코드	1.5:1
PHP	인터프리트	>100:1
파이썬	인터프리트	>100:1

표에서 볼 수 있듯이 C++, 비주얼 베이직, C#은 모두 비슷하다. 자바도 비슷하지만, 다른 언어에 비해서 느린 편이다. PHP와 파이썬은 인터프리트 언어이기 때문에 이 언어로 작성된 코드는 C++, 비주얼 베이직, C#, 자바로 작성된 코드보다 실행 속도가 100배 이상 느린 경향이 있었다. 이 표에 있는 일반적인 수치를 주의 깊게 살펴봐야 한다. 어떤 코드에서는 C++나 비주얼 베이직, C#, 자바가 다른 언어보다 두 배가 빠를 수도 있고 0.5배로 느릴 수도 있다(26장에서 소개하는 예제에서 그러한 예를 확인할 수 있다).

오류 성능 문제의 마지막 원인은 코드에 있는 오류다. 오류에는 코드에 남겨진 디버깅 코드(예를 들면, 파일에 추적 정보를 기록하는 것), 메모리 할당 해제 잊음, 부적절한 데이터베이스 테이블의 설계, 존재하지 않는 장치를 정해진 시간 동안 살펴보는 것 등이 있을 수 있다.

개인적으로 작업했던 버전 1.0 응용 프로그램에는 다른 연산보다 훨씬 느린 연산이 있었다. 이 연산이 느린 이유를 설명하기 위해 여러 가지 추측이 난무했다. 이 특별한 연산이 왜 느린지 완전하게 이해하지 못한 채 1.0 버전을 출시했다. 그런데 1.1 버전 출시 작업을 진행하던 중에 그 연산이 사용하는 데이터베이스 테이블이 색인되지 않는다는 것을 발견했다. 간단히 테이블 색인 기능을 처리함으로써 성능이 30배 정도 향상되었다. 공통으로 사용되는 테이블에 대한 색인을 정의하는 것은 최적화가 아니라 좋은 프로그래밍 습관일 뿐이다.

공통적인 연산의 상대적인 성능 비용

성능을 측정해 보지 않고는 어떤 연산이 다른 연산보다 비싸다고 확신할 수는 없지만, 특정한 연산은 좀 더 비싼 경향이 있다. 프로그램에서 느린 부분을 찾을 때 표 25-2를 사용해 까다로운 부분을 좀 더 쉽게 추측할 수 있다.

표 25-2 공통적인 연산의 비용

		소비된 상대적인 시간	
연산	예제	C++	자바
기본(정수 할당)	*i = j*	1	1
루틴 호출			
매개변수 없이 루틴 호출	*foo()*	1	불가
매개변수 없이 private 루틴 호출	*this.foo()*	1	0.5

		소비된 상대적인 시간	
연산	예제	C++	자바
매개변수가 하나인 private 루틴 호출	*this.foo (i)*	1.5	0.5
매개변수가 두 개인 private 루틴 호출	*this.foo (i, j)*	2	0.5
객체 루틴 호출	*bar.foo()*	2	1
파생된 루틴 호출	*derivedBar.foo()*	2	1
다형성 루틴 호출	*abstractBar.foo()*	2.5	2
객체 참조			
수준 1 객체 역참조	*i = obj.num*	1	1
수준 1 객체 역참조	*i = obj1.obj2.num*	1	1
역참조가 추가될 때마다	*i = obj1.obj2.obj3...*	측정 불가	측정 불가
정수 연산			
정수 할당 (로컬)	*i = j*	1	1
정수 할당 (상속)	*i = j*	1	1
정수 덧셈	*i = j + k*	1	1
정수 뺄셈	*i = j − k*	1	1
정수 곱셈	*i = j * k*	1	1
정수 나눗셈	*i = j / k*	5	1.5
부동 소수점 연산			
부동 소수점 할당	*x = y*	1	1
부동 소수점 덧셈	*x = y + z*	1	1
부동 소수점 뺄셈	*x = y − z*	1	1
부동 소수점 곱셈	*x = y * z*	1	1
부동 소수점 나눗셈	*x = y / z*	4	1
난해한 함수			
부동 소수점 제곱근	*x = sqrt(y)*	15	4
부동 소수점 사인	*x = sin(y)*	25	20
부동 소수점 로그	*x = log(y)*	25	20
부동 소수점 지수	*x = exp(y)*	50	20
배열			
상수 첨자로 정수 배열 접근	*i = a[5]*	1	1

		소비된 상대적인 시간	
연산	예제	C++	자바
변수 첨자로 정수 배열 접근	i = a[j]	1	1
상수 첨자로 2차원 정수 배열 접근	i = a[3, 5]	1	1
변수 첨자로 2차원 정수 배열 접근	i = a[j, k]	1	1
상수 첨자로 부동 소수점 배열 접근	x = z[5]	1	1
정수형 변수 첨자로 부동 소수점 배열 접근	x = z[j]	1	1
상수 첨자로 2차원 부동 소수점 접근	x = z[3, 5]	1	1
정수형 변수 첨자로 2차원 부동 소수점 접근	x = z[j, k]	1	1

참고: 이 표에서의 측정은 로컬 장비 환경과 컴파일러 최적화, 특정한 컴파일러에 의해 생성된 코드에 매우 민감하다. C++와 자바 사이의 측정은 직접 비교할 수 없다.

이 연산들의 상대적인 성능은 《Code Complete》의 초판이 출판된 이후로 매우 많이 변했다. 따라서 성능에 대해 10년 묵은 개념으로 코드 튜닝에 접근하고 있다면 사고를 갱신할 필요가 있을 것이다.

공통적인 연산 대부분은 비용이 비슷하다. 루틴 호출, 할당, 정수 연산, 부동 소수점 연산 모두 대략 비슷하다. 난해한 수학 함수는 매우 비싸다. 다형성 루틴 호출은 다른 루틴 호출보다 다소 비싸다.

표 25-2나 여러분이 작성한 이와 비슷한 표는 26장에 설명된 속도 향상의 모든 것을 해결하는 핵심 요소다. 어느 경우든 속도 향상은 비싼 루틴을 싼 루틴으로 대체함으로써 얻어진다. 26장은 이것을 어떻게 수행하는지 보여주는 예를 소개한다.

25.4 측정

일반적으로 프로그램의 작은 부분이 실행 시간을 많이 차지하기 때문에 코드를 측정해 그러한 과열지점을 찾아야 한다. 일단 과열지점을 발견하고 최적화했다면, 그 코드를 다시 측정해 코드가 얼마나 향상됐는지를 평가한다. 성능과 관련해서는 직관으로 내린 결론과 다른 부분이 많다. 성능의 많은 측면이 직관에 반(反)한다. 이 장 앞부분에서 10줄짜리 코드가 한 줄 코드보다 훨씬 빨랐던 경우는 코드가 우리를 놀라게 할 수 있다는 걸 보여주는 한 예다.

KEY POINT

경험은 최적화에 큰 도움을 주지 못한다. 개인의 경험은 오래된 장비나 언어, 컴파일러로부터 얻은 것이기 때문에 그러한 것이 변하면 경험도 필요 없어진다. 최적화 효과를 측정하기 전까지는 그 효과에 대해 결코 장담할 수 없다.

지금으로부터 몇 년 전에 행렬에 있는 요소의 합을 구하는 프로그램을 작성한 적이 있다. 원래 코드는 다음과 같았다.

행렬의 요소를 더하기 위한 직관적인 코드를 C++로 작성한 예제
```cpp
sum = 0;
for ( row = 0; row < rowCount; row++ ) {
    for ( column = 0; column < columnCount; column++ ) {
        sum = sum + matrix[ row ][ column ];
    }
}
```

이 코드는 직관적이지만, 행렬 덧셈 루틴의 성능이 좋지 못했고 배열 접근과 루프 테스트에 시간이 오래 걸린다는 것을 알고 있었다. 코드가 2차원 배열에 접근할 때마다 시간이 오래 걸리는 곱셈과 덧셈을 수행한다는 것을 수업시간에 배워서 알고 있었다. 100x100 행렬에서는 1만 번의 곱셈과 덧셈을 수행하고 여기에 루프의 오버헤드까지 추가된다. 이 코드를 포인터 표기법으로 변경함으로써 포인터를 증가시켜 시간이 오래 걸리는 1만 번 곱셈을 상대적으로 시간이 적게 걸리는 1만 번의 증가 연산으로 대체할 수 있을 것으로 생각했다. 그래서 조심스럽게 코드를 포인터 표기법으로 변환하여 다음과 같은 코드를 작성했다.

참고 자료 존 벤틀리는 포인터로 변환했을 때 성능이 약 10% 정도 떨어진 경험이 있다고 보고했다. 다른 설정에서 같은 변환을 했을 때는 성능이 50% 이상 향상되었다. 자세한 내용은 《Software Exploratorium: Writing Efficient C Programs》(Bentley 1991)를 살펴본다.

행렬의 요소를 더하기 위한 코드 튜닝을 시도한 C++ 예제
```cpp
sum = 0;
elementPointer = matrix;
lastElementPointer = matrix[ rowCount - 1 ][ columnCount - 1 ] + 1;
while ( elementPointer < lastElementPointer ) {
    sum = sum + *elementPointer++;
}
```

이 코드가 첫 번째 코드만큼 읽기가 쉽지는 않지만(특히 C++ 전문가가 아닌 개발자에게), 개인적으로 크게 만족했다. 100x100 행렬에서 1만 번의 곱셈과 수많은 루프의 오버헤드를 절약했을 것으로 추정했다. 너무 기뻐서 당시에는 평소 잘 하지 않던 속도 향상을 측정하기로 했다. 그러면 나 자신을 더욱 자랑스럽게 여길 수 있을 것 같았다.

> 어느 개발자도 데이터 없이 성능 병목을 예측하거나 분석할 수 없다. 어디로 진행되고 있다고 생각하든지 간에 엉뚱한 곳으로 진행되고 있다는 사실에 놀라게 될 것이다.
> – 요셉 뉴커머
> (Joseph M. Newcomer)

결과가 어땠는지 알겠는가? 아무것도 향상된 것이 없었다. 100x100 행렬에서도, 10x10 행렬에서도, 어떤 크기의 행렬에서도 성능 향상은 없었다. 너무 실망해서 최적화가 왜 작동하지 않았는지 알아보려고 컴파일러가 생성한 어셈블리 코드를 살펴봤다. 놀랍게도 그 작업을 한 게 내가 처음이 아니라는 사실을 알아냈다. 컴파일러의 최적화 담당 기능이 이미 배열 접근을 포인터로 변환하고 있었다. 이 경험을 통해 성능을 측정하지 않고 평소라면 확실할 수 있는 최적화의 결과가 코드를 읽기 어렵게 만든다는 것을 배웠다. 더 효율적인지 알아보기 위해 측정할 가치가 없다면 성능 도박을 위해서 명료함을 희생할 가치도 없다.

측정은 정확해야 한다

> 관련 정보 프로파일링 도구에 대한 설명은 30.3절의 "코드 튜닝"을 살펴본다.

성능 측정은 정확해야 한다. 프로그램을 초시계로 재거나 "코끼리 한 마리, 코끼리 두 마리, 코끼리 세 마리"와 같이 세는 것은 정확하지 않다. 프로파일링 도구가 유용하고, 아니면 시스템 시간과 연산을 수행하는 데 걸린 시간을 기록하는 루틴을 사용해도 된다.

측정을 위해 다른 사람의 도구를 사용하든, 자신만의 코드를 작성하든 상관없이 튜닝하는 코드의 실행 시간만 측정해야 한다. 날짜에 사용되는 시간이 아닌 프로그램에 할당된 CPU 클럭 틱(clock tick) 수를 사용하도록 한다. 그렇게 하지 않으면 시스템이 한 프로그램에서 다른 프로그램으로 전환할 때 루틴은 다른 프로그램을 실행하느라 걸린 시간 때문에 불리해질 것이다. 마찬가지로 측정 오버헤드와 프로그램의 구동 오버헤드를 분리하여 원래 코드와 튜닝 시도가 부당하게 불리해지지 않도록 한다.

25.5 반복

성능 병목을 파악하고 나면 코드 튜닝을 통해 얼마나 많이 성능을 향상시킬 수 있는지에 대해 놀랄 것이다. 한 가지 기법으로 10배가 향상되는 경우는 거의 없겠지만, 사실상 기법을 결합할 수 있으니 한 가지 기법이 효과가 있어도 꾸준히 다른 방법을 시도해 본다.

데이터 암호화 표준(Data Encryption Standard, DES)을 구현한 소프트웨어를 작성한 적이 있다. 사실 한 번 작성한 것이 아니라 30번을 작성했다. DES에 따른 암호화는 암호 없이는 원상태로 복구될 수 없도록 디지털 데이터를 암호화하는 것이다. 암호화 알고리즘은 매우 복잡해서 마치 자신을 암호화하는 데 사용하고 있는 것처럼 보였다. 내가 작성한 DES 구현의 성능 목표는 18K 파일을 IBM PC에서 37초 안에 암호화하는 것이었다. 첫 번째 구현에서 21분 40초가 걸렸기 때문에 앞으로 해야 할 일이 많았다.

대부분의 개별적인 최적화는 작았지만, 그것이 누적되어 큰 효과를 발휘했다. 성능 향상 비율로 판단해 보면 세 개 또는 네 개의 최적화로는 성능 목표를 달성할 수 없었다. 하지만 최종적인 조합은 효과적이었다. 이 이야기의 교훈은 아주 깊게 파고든다면 놀라운 이득을 얻을 수 있다는 것이다.

이 경우에 수행한 코드 튜닝은 지금까지 했던 코드 튜닝 중에서 가장 공격적인 것이었다. 동시에 최종 코드는 지금까지 작성했던 코드 중에서 가장 읽기 어렵고 유지보수가 불가능했다. 초기 알고리즘이 복잡했기 때문에 고급 언어로 변환한 코드도 읽기가 쉽지 않았다. 어셈블러로 변환한 코드는 보는 것 자체가 두려운 500줄짜리 루틴이었다. 일반적으로 코드 튜닝과 코드 품질이 이러한 관계에 있는 것이 사실이다. 다음 표는 최적화의 역사를 보여준다.

관련 정보 이 표에 나열된 기법은 26장의 "코드 튜닝 기법"에서 설명한다.

최적화	벤치마크 시간	개선
초기에 식판석으로 구현한다	21:40	–
비트 필드를 배열로 변환한다	7:30	65%
내부에 있는 for 루프를 언롤(unroll)한다	6:00	20%
최종 순열을 제거한다	5:24	10%
두 변수를 결합한다	5:06	5%
DES 알고리즘의 처음 두 단계를 결합하기 위해서 논리적 항등식을 사용한다	4:30	12%
내부 루프에서 데이터의 이동을 줄이기 위해서 두 개의 변수가 같은 메모리를 공유하도록 한다	3:36	20%
외부 루프에서 데이터의 이동을 줄이기 위해서 두 개의 변수가 같은 메모리를 공유하도록 한다	3:09	13%
모든 루프를 전개하고 상수 배열 첨자를 사용한다	1:36	49%
루틴 호출을 제거하고 모든 코드를 인라인으로 작성한다	0:45	53%
전체 루틴을 어셈블러로 재작성한다	0:22	51%
최종	**0:22**	**98%**

참고: 이 표에서 최적화가 꾸준히 발전했다고 해서 모든 최적화가 효과가 있다는 의미는 아니다. 실행 시간을 두 배나 느리게 했던 최적화 시도는 표에 넣지 않았다. 시도했던 최적화의 최소 3분의 2는 효과가 없었다.

25.6 코드 튜닝 단계 요약

코드 튜닝이 프로그램의 성능 향상에 도움이 되는지 고려할 때 다음 단계를 밟아야 한다.

1. 이해하고 변경하기 쉬운 잘 설계된 코드를 사용하여 소프트웨어를 개발한다.
2. 성능이 좋지 않다면
    a. 나중에 "마지막으로 좋았던 상태"로 돌아올 수 있도록 작동하는 버전의 코드를 저장한다.
    b. 과열지점을 찾기 위해서 시스템을 측정한다.
    c. 성능이 취약한 것이 부적절한 설계 때문인지, 데이터형이나 알고리즘 때문인지를 판단하고 코드 튜닝이 적절한지 판단한다. 코드 튜닝이 적절하지 않다면 1단계로 돌아간다.
    d. c 단계에서 규명된 병목을 튜닝한다.
    e. 한 번에 하나씩 성능을 측정한다.
    f. 코드의 성능이 향상되지 않았다면 a 단계에서 저장했던 코드로 되돌아간다(전형적으로 튜닝 시도의 절반 이상은 성능에 큰 영향을 미치지 못하거나 오히려 성능을 떨어뜨릴 것이다).
3. 2단계를 반복한다.

참고 자료

cc2e.com/2585

이 절에서는 일반적으로 성능 개선과 관련된 자료를 소개한다. 구체적인 코드 튜닝 기법을 소개하는 참고 자료는 26장 끝에 있는 "참고 자료"를 살펴보도록 한다.

성능

코니 스미스(Connie U. Smith)와 로이드 윌리엄스(Lloyd G. Williams) 《*Performance Solutions: A Practical Guide to Creating Responsive, Scalable Software*》(Addison-Wesley, 2002). 이 책은 모든 개발 단계에서 소프트웨어 시스템에 대한 성능을 구현하는 소프트웨어 성능 공학을 다룬다. 여러 가지 프로그램에 대한 예제와 사례 연구를 광범위하게 사용했다. 웹 응용 프로그램에 대한 구체적인 권고 사항을 포함하고 있으며 확장성을 특별히 고려하고 있다.

cc2e.com/2592

요셉 뉴커머 "*Optimization: Your Worst Enemy*"(2000년 5월), *www.flounder.com/optimization.htm*. 뉴커머는 비효과적인 최적화 전략의 다양한 함정을 그림으로 자세히 설명한 숙련된 시스템 개발자다.

알고리즘과 데이터형

cc2e.com/2599

도널드 커누스 《컴퓨터 프로그래밍의 예술 1》 – 기초 알고리즘(한빛미디어, 2006)

도널드 커누스 《컴퓨터 프로그래밍의 예술 2》 – 준수치적 알고리즘(한빛미디어, 2007)

도널드 커누스 《컴퓨터 프로그래밍의 예술 3》 – 정렬과 검색(한빛미디어, 2008)

이 책은 원래 총 7권으로 계획된 시리즈의 첫 세 권이다. 이 책의 내용은 다소 부담스러울 수 있다. 이 책은 알고리즘에 대한 영어 설명과 더불어 수학적 표기법이나 MIX(가상의 MIX 컴퓨터를 위한 어셈블리 언어)로 설명하고 있다. 이 책들은 엄청나게 많은 주제에 대한 매우 자세한 내용을 담고 있으며 특정 알고리즘에 집중적으로 흥미를 느끼고 있다면 이보다 더 좋은 참고서는 찾을 수 없을 것이다.

로버트 세지윅(Robert Sedgewick) 《*Algorithms in Java*》 3판(Addison-Wesley, 2002) 1-4장. 이 책의 네 영역은 광범위한 문제를 해결하는 가장 좋은 방법에 대한 조사 내용을 담고 있다. 기초적인 내용, 정렬, 검색, 추상 데이터형 구현을 비롯해 고급 주제를 다룬다. 세지윅의 《*Algorithms in Java*》 3판 5장은 그래프 알고리즘을 다룬다. 세지윅의 《*Algorithms in C++*》 3판(Addison-Wesley, 2002) 1~4장과 《*Algorithms in C*》 3판(Addison-Wesley, 1997) 1~4장, 《*Algorithms in C*》 3판(Addison-Wesley, 2001) 5장이 비슷하게 구성되어 있다. 세지윅은 커누스 교수의 박사 과정 제자였다.

cc2e.com/2506

체크리스트: 코드 튜닝 전략

전체적인 프로그램 성능

- 프로그램의 요구사항을 변경함으로써 성능을 개선할 것을 고려했는가?
- 프로그램의 설계를 수정함으로써 성능을 개선할 것을 고려했는가?
- 클래스의 설계를 수정함으로써 성능을 개선할 것을 고려했는가?
- 운영체제와의 상호작용을 피함으로써 성능을 개선할 것을 고려했는가?
- I/O를 피함으로써 성능을 개선할 것을 고려했는가?
- 인터프리트 언어 대신 컴파일 언어를 사용하여 성능을 개선할 것을 고려했는가?
- 컴파일러 최적화 사용을 통한 성능 향상을 고려했는가?
- 다른 하드웨어로 교체함으로써 성능을 개선할 것을 고려했는가?
- 최후의 수단으로 코드 튜닝을 고려했는가?

> **코드 튜닝 접근 방법**
>
> - 코드 튜닝을 시작하기 전 프로그램이 완전히 정확한가?
> - 코드 튜닝을 시작하기 전에 성능 병목을 측정했는가?
> - 각 코드 튜닝 변경의 효과를 측정했는가?
> - 의도한 성능 향상이 없을 때 코드 튜닝 변경을 복구시켰는가?
> - 각 병목의 성능을 향상시키기 위해 한 가지 이상의 변경을 반복적으로 시도했는가?

요점 정리

- 성능은 소프트웨어 품질 전체의 한 측면일 뿐이며 일반적으로 가장 중요한 항목도 아니다. 정밀하게 튜닝된 코드는 전체적인 성능의 한 측면일 뿐이며 일반적으로 그 효과가 눈에 보이지도 않는다. 프로그램 아키텍처, 상세 설계, 자료 구조와 알고리즘 선택이 일반적으로 코드의 효율성보다 프로그램의 수행 속도와 크기에 더 큰 영향을 미친다.

- 양적인 측정은 성능 최대화의 핵심이다. 그것은 성능 향상이 정말 중요한 영역을 찾는 데 필요하고 최적화가 소프트웨어의 성능을 향상시켰는지를 검증하는 데도 필요하다.

- 대부분의 프로그램은 작은 코드 영역에서 대부분의 시간을 보낸다. 코드를 측정하기 전까지는 그것이 어느 코드인지 알 수 없다.

- 코드 튜닝을 통해 원하는 만큼의 성능을 개선하기 위해서는 일반적으로 여러 번 반복해야 한다.

- 초기 코드 작성 시 성능 작업을 준비하는 가장 좋은 방법은 이해하고 수정하기 쉬운 분명한 코드를 작성하는 것이다.

26장 코드 튜닝 기법

cc2e.com/2665

내용

26.1 논리 구조
26.2 반복문
26.3 데이터 변환
26.4 표현식
26.5 루틴
26.6 저급 언어를 이용한 재구성
26.7 변경이 많을수록 상태는 그대로

관련 주제

- 코드 튜닝 전략: 25장
- 리팩터링: 24장

코드 튜닝은 컴퓨터 프로그래밍 역사에서 오랫동안 상당히 인기 있는 주제였다. 따라서 성능 개선이 필요하고 그러한 작업을 코드 수준에서 수행하겠다고 결정하면(25장 "코드 튜닝 전략"에서 소개한 경고를 기억할 것) 선택할 수 있는 기법은 얼마든지 있다.

이 장에서는 속도 향상에 대한 내용을 중점적으로 소개하고 코드를 작게 만드는 몇 가지 팁을 소개한다. 일반적으로 성능은 속도와 크기 모두를 가리키지만, 크기 감소는 코드를 튜닝하는 것보다는 클래스와 데이터를 재설계하는 것에서 더 많은 영향을 받는다. 코드 튜닝은 큰 규모 설계에서의 변경보다는 작은 규모의 변경을 가리킨다.

이 장에서 소개하는 기법 중에서 범용으로 사용할 수 있는 기법은 거의 없다. 따라서 이 장에서 소개하는 예제 코드를 곧바로 프로그램에 복사해서 쓸 수는 없다. 여기서는 상황에 맞게 적용할 수 있는 코드 튜닝 기법을 소개한다.

이 장에 소개된 코드 튜닝 개선 작업이 24장에서 설명한 리팩터링과 유사해 보일지도 모르지만, 리팩터링은 프로그램의 내부 구조를 개선하는 변경이다(Fowler 1999). 이 장에서 다루는 변경은 "반(反)-리팩터링"이라고 부르는 편이 나을 것이다. "내부 구조를 향상시키는 것"과는 거리가 먼 코드 튜닝 변경은 성능을 향상시키는 대신 내부 구조를 손상시킨다. 개념적으로 그렇다는 말이다. 변경 사항이 내부 구조를 손상하지 않는다면 그것을 최적화로 생각하지 않고 개발 시 당연히 거쳐야 하는 표준 코드 개발 과정으로 여길 것이다.

관련 정보 코드 튜닝은 발견적 학습이다. 발견적 학습에 관한 내용은 5.3절의 "설계 빌딩 블록: 발견적 학습"을 살펴본다.

어떤 책에서는 코드 튜닝 기법을 "경험 법칙(rules of thumb)"이라고 소개하거나 특정한 튜닝을 통해 원하는 결과를 얻을 거라고 제안하는 연구 자료를 보여준다. 곧 확인하게 되겠지만, "경험 법칙" 개념은 코드 튜닝에 잘 맞지 않는다. 신뢰할 수 있는 유일한 경험 법칙은 환경에 맞게 튜닝한 효과를 측정하는 것뿐이다. 따라서 이 장에서는 "시도해 볼 만한 것"의 목록을 소개한다. 그중 대다수는 자신의 환경에 맞지 않겠지만, 일부는 실제로 매우 효과가 있을 것이다.

26.1 논리 구조

관련 정보 논리 명령문의 사용에 대한 자세한 내용은 14장부터 19장까지 내용을 살펴본다.

프로그래밍의 상당 부분은 논리 구조를 다루는 작업으로 이루어진다. 이 절에서는 논리 표현식을 자신에게 맞게 다루는 방법을 설명한다.

답을 알고 있을 때는 테스트를 중단하라

다음과 같은 명령문이 있다고 하자.

```
if ( 5 < x ) and ( x < 10 ) then ...
```

x가 5보다 크지 않다는 게 결정되면 그 이후의 테스트는 수행할 필요가 없다.

관련 정보 단축 평가에 대한 내용은 19.1절의 "불린 표현식 평가 방법"을 살펴본다.

어떤 프로그래밍 언어에서는 "단축 평가(short-circuit evaluation)"로 알려진 표현식 평가 방식을 제공한다. 이 평가 방식은 컴파일러가 답을 알게 되는 즉시 자동으로 테스트를 중단하도록 코드를 생성한다. 단축 평가는 C++ 표준 연산자와 자바의 "조건" 연산자의 일부다.

프로그래밍 언어가 단축 평가를 원래 지원하지 않는다면 and나 or를 사용하지 말고 다음과 같은 논리 구조를 추가해야 한다. 앞의 코드를 단축 평가로 구현하면 다음과 같이 바뀐다.

```
if ( 5 < x ) then
    if ( x < 10 ) then ...
```

답을 알고 난 후에 이후 조건을 평가하지 않는다는 원칙은 다른 많은 경우에 적용할 수 있다. 검색을 위한 반복문이 일반적인 경우다. 입력 배열에 음수 값이 있는지 알아내고자 모든 값을 검사하여 음수 값을 찾았을 때 *negativeFound* 변수를 설정하는 방법이 있다. 다음은 이 검색 반복문을 구현한 것이다.

```
답을 알고 난 후에도 멈추지 않는 C++ 예제
negativeInputFound = false;
for ( i = 0; i < count; i++ ) {
    if ( input[ i ] < 0 ) {
        negativeInputFound = true;
    }
}
```

좀 더 나은 접근 방법은 음수 값을 찾자마자 검색을 중단하는 것이다. 다음 방법 중 어느 것을 선택하더라도 이 문제를 해결할 수 있다.

- *negativeInputFound = true* 줄 다음에 *break* 문을 추가한다.
- 프로그래밍 언어가 *break*를 지원하지 않는다면 반복문 다음에 있는 첫 번째 명령문으로 이동하는 *goto*를 사용하여 *break*를 흉내 낸다.
- *for* 반복문을 *while* 반복문으로 변경하고 반복문 카운터의 증가 값이 *count*를 지났는지 검사하고 *negativeInputFound* 값을 검사한다.
- *for* 반복문을 *while* 반복문으로 변경하고 마지막 값 엔트리를 지나서 첫 번째 배열 요소에 감시 값(sentinel value)[7]을 입력한 후 *while* 테스트에서 간단히 음수 값을 검사한다. 반복문이 종료된 후 처음으로 찾은 값의 위치가 배열 내에 있는지, 배열의 끝을 지났는지 알아본다. 감시 값은 뒤에서 좀 더 자세히 소개한다.

다음은 C++와 자바에서 *break* 키워드를 사용한 결과다.

언어	원래 시간	튜닝된 코드의 시간	시간 절약
C++	4.27	3.68	14%
자바	4.85	3.46	29%

[7] (옮긴이) 특정 정보의 시작이나 끝을 표시하는 값

> 참고 (1) 이 표와 다음 표에 있는 시간은 초 단위며 두 행을 비교할 때만 의미가 있다. 실제 시간은 컴파일러와 컴파일러의 옵션, 각 테스트가 실행되는 환경에 따라 달라질 것이다. (2) 벤치마크 결과는 전형적으로 결과에서 샘플에 따른 변동을 없애기 위해 수천 번에서 수백만 번 실행해 얻은 것이다. (3) 컴파일러의 구체적인 상표와 버전은 명시하지 않았다. 성능 특성은 상표와 버전에 따라 크게 다르다. (4) 서로 다른 언어에 대한 컴파일러가 항상 비슷한 코드 생성 옵션을 제공하지는 않기 때문에 서로 다른 언어의 결과끼리 비교하는 것이 항상 의미 있는 것은 아니다. (5) 인터프리트 언어(PHP와 파이썬)에 대한 결과는 전형적으로 다른 언어에 사용한 테스트 실행 횟수의 1% 이하의 결과를 기반으로 한다. (6) 일부 "시간 절약" 비율은 "직선형 시간"과 "코드 튜닝 시간" 입력 값의 반올림 때문에 이 표에 있는 데이터로부터 정확하게 다시 얻을 수 없을 수도 있다.

이러한 변경의 효과는 값이 얼마나 많은지, 얼마나 자주 음수 값을 찾을 것으로 예상하는지에 따라 크게 달라진다. 이 테스트는 평균 100개의 값이 있고 음수 값을 50% 발견할 것이라고 가정했다.

빈도에 따른 테스트 정렬

가장 빠르고 참일 가능성이 가장 큰 테스트가 맨 먼저 수행되도록 테스트를 정렬한다. 정상적인 경우를 중단하기 쉬워야 하고 비효율적인 부분이 있다면 그 부분은 특별한 경우를 처리하는 코드로 구현해야 한다. 이러한 원칙은 *case* 문과 *if-then-else*에 적용된다.

다음은 워드 프로세서에서 키보드 입력에 응답하는 *Select-Case* 문이다.

```
정렬이 잘 되지 않은 논리 테스트를 비주얼 베이직으로 작성한 예제
Select inputCharacter
    Case "+", "="
        ProcessMathSymbol( inputCharacter )
    Case "0" To "9"
        ProcessDigit( inputCharacter )
    Case ",", ".", ":", ";", "!", "?"
        ProcessPunctuation( inputCharacter )
    Case " "
        ProcessSpace( inputCharacter )
    Case "A" To "Z", "a" To "z"
        ProcessAlpha( inputCharacter )
    Case Else
        ProcessError( inputCharacter )
End Select
```

이 case 명령문의 경우는 ASCII 문자의 정렬 순서에 가깝게 정렬되었다. 하지만 case 명령문에서는 그것이 매우 큰 *if-then-else*로 작성한 것과 같은 효과라서 "a"를 입력 문자로 받으면 프로그램이 그것이 수학 기호인지, 구두점인지, 숫자인지, 공백인지 테스트한 후에 알파벳 문자라는 것을 알아낸다. 입력 문자의 사용 빈도를 알고 있다면 가장 일반적인 경우를 맨 앞에 입력하면 된다. 다음은 재정렬한 *case* 명령문이다.

```
잘 정렬된 논리 테스트를 비주얼 베이직으로 작성한 예제
Select inputCharacter
    Case "A" To "Z", "a" To "z"
        ProcessAlpha( inputCharacter )
    Case " "
        ProcessSpace( inputCharacter )
    Case ",", ".", ":", ";", "!", "?"
        ProcessPunctuation( inputCharacter )
    Case "0" To "9"
        ProcessDigit( inputCharacter )
    Case "+", "="
        ProcessMathSymbol( inputCharacter )
    Case Else
        ProcessError( inputCharacter )
End Select
```

최적화된 코드에서는 가장 흔한 경우가 대개 더 일찍 발견되기 때문에 전체적으로 보면 더 적은 테스트를 수행하는 결과를 낳는다. 다음은 일반적인 문자의 혼합으로 최적화된 코드를 테스트한 결과다.

언어	원래 시간	튜닝된 시간	시간 절약
C#	0.220	0.260	-18%
자바	2.56	2.56	0%
비주얼 베이직	0.280	0.260	7%

참고: 알파벳 78%, 공백 17%, 구두점 5%인 문자열로 테스트한 결과다.

마이크로소프트 비주얼 베이직 결과는 예상했던 대로지만, 자바와 C#의 결과는 예상과 다르다. C#과 자바에서는 확실히 각 값이 범위가 아니라 개별적으로 열거되어야 한다는 *switch-case* 명령문을 구성하는 방법 때문에 최적화로부터 비주얼 베이직 코드와 같은 이득을 얻지 못했다. 이 결과는 맹목적으로 최적화 충고를 따르지 않는 것의 중요성을 강조한다. 특정 컴파일러의 구현이 결과에 크게 영향을 미칠 것이다.

case 문과 같은 테스트를 수행하는 *if-then-else* 문에 대해서 비주얼 베이직 컴파일러가 생성한 코드가 비슷할 것이라고 생각할지도 모르겠다. 다음 결과를 살펴보라.

언어	원래 시간	튜닝된 시간	시간 절약
C#	0.630	0.330	48%
자바	0.922	0.460	50%
비주얼 베이직	1.36	1.00	26%

그 결과가 상당히 다르다. 같은 횟수의 테스트에 대해 비주얼 베이직 컴파일러는 최적화되지 않은 코드보다 5배, 최적화된 코드보다 4배 정도의 시간이 걸렸다. 이러한 결과는 컴파일러가 *case* 접근 방식과 *if-then-else* 접근 방식에 대해 서로 다른 코드를 생성한다는 것을 뜻한다.

*if-then-else*에서의 향상이 *case* 문보다는 일관성이 있지만, 이 결과에도 엇갈리는 측면이 있다. C#과 비주얼 베이직에서는 *case* 문 접근 방식의 두 버전(최적화와 비최적화)이 *if-then-else* 접근 방법보다 빠르지만, 자바에서는 더 느리다. 결과에 이렇게 차이가 있다는 것은 다음 절에서 설명할 제3의 최적화 방법이 필요하다는 뜻이다.

유사한 논리 구조의 성능을 비교하라

앞에서 설명한 테스트는 *case* 문이나 *if-then-else* 문을 사용해 처리할 수 있었다. 환경에 따라 더 효과가 있는 방법이 있을 것이다. 다음 표는 *if-then-else*와 *case*의 성능을 비교하여 "튜닝된 코드의" 시간을 보여주기 위해 앞에서 소개한 두 표를 재구성한 데이터다.

언어	*case*	*if-then-else*	시간 절약	성능 비율
C#	0.260	0.330	-27%	1:1
자바	2.56	0.460	82%	6:1
비주얼 베이직	0.260	1.00	-258%	1:4

이러한 결과를 논리적으로 설명할 수는 없다. 어떤 언어에서는 *case* 문이 *if-then-else*에 비해 엄청나게 뛰어나지만, 다른 언어에서는 *if-then-else* 문이 *case* 문보다 훨씬 더 뛰어나다. 또 다른 언어에서는 그 차이가 크지 않다. C#과 자바의 *case* 문 문법이 비슷하니 결과도 유사할 것으로 생각하겠지만, 실제로 결과는 정반대다.

이 예제는 "경험 법칙"이나 "논리 구조"로 코드 튜닝을 수행하는 데 어려움이 있다는 것을 분명하게 보여준다. 간단히 말해서 결과 측정을 위한 신뢰할 만한 방법이 없다.

복잡한 표현식을 테이블 참조로 대체하라

> **관련 정보** 복잡한 논리 구조를 대체하기 위해 테이블 참조를 사용하는 방법에 대한 자세한 내용은 18장 "테이블 활용 기법"을 살펴본다.

어떤 환경에서는 복잡한 논리 구조를 상세하게 따지는 것보다 테이블 참조가 더 빠를 수 있다. 복잡하게 연결됐다는 것은 대개 무언가를 분류하고 나서 그 범주를 기반으로 작업을 수행하고자 하는 것이다. 예를 들면 다음 그림과 같이 구분되는 A, B, C라는 세 영역을 기준으로 카테고리 번호를 할당하고 싶다고 하자.

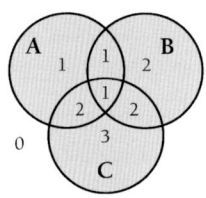

이 복잡한 논리 구조는 그룹에 따라 카테고리 번호를 할당한다.

복잡한 논리 구조를 C++로 작성한 예제
```cpp
if ( ( a && !c ) || ( a && b && c ) ) {
    category = 1;
}
else if ( ( b && !a ) || ( a && c && !b ) ) {
    category = 2;
}
else if ( c && !a && !b ) {
    category = 3;
}
else {
    category = 0;
}
```

이 테스트를 더 변경하기 쉽고 성능이 뛰어난 참조 테이블 버전으로 대체할 수 있다.

복잡한 논리 구조를 대체하기 위해 테이블 참조를 사용하는 C++ 예제
```cpp
// categoryTable을 정의한다.
static int categoryTable[ 2 ][ 2 ][ 2 ] = {
    // !b!c  !bc  b!c  bc
       0,    3,   2,   2,     // !a
```

← 이 테이블 정의는 다소 이해하기가 어렵다. 따라서 테이블 정의에 대한 주석을 추가하면 테이블을 이해하는 데 도움될 것이다.

```
       1, 2, 1, 1         //      a
    };
    ...
    category = categoryTable[ a ][ b ][ c ];
```

이 테이블의 정의 부분이 이해하기 어렵기는 해도 문서(주석)가 잘 작성되어 있다면 복잡한 논리 구조의 코드보다 읽기가 쉬울 것이다. 테이블의 정의가 변경된다면 테이블이 원래의 논리 구조보다 유지보수하기 훨씬 편할 것이다. 다음은 성능 결과다.

언어	원래 시간	튜닝한 코드 시간	시간 절약	성능 비율
C++	5.04	3.39	33%	1.5:1
비주얼 베이직	5.21	2.60	50%	2:1

소극적 평가를 사용하라

예전 룸메이트가 할 일을 질질 끄는 사람이었다. 그는 사람들이 조급하게 해야 한다고 느끼는 일 중 상당수를 그저 할 필요가 없는 일이라고 말하면서 자신의 게으름을 정당화했다. 그는 충분히 오래 기다리면 중요하지 않은 것들이 기억에서 사라질 것이고 결국 그러한 일을 하느라 시간을 낭비하지 않게 된다고 주장했다.

소극적 평가(lazy evaluation)는 그 룸메이트가 사용한 원리를 바탕으로 한다. 프로그램이 소극적 평가를 사용하면 작업이 필요해질 때까지 어떠한 작업도 하지 않는다. 소극적 평가는 필요한 순간에 작업하는 JIT(Just-In-Time)[8] 전략과 유사하다.

가령 5,000개의 값이 있는 테이블이 있고 프로그램 시작 시 테이블의 값을 생성한 다음, 프로그램이 실행되면서 그것을 사용하는 프로그램이 있다고 하자. 프로그램이 테이블에 있는 엔트리 중 일부만 사용한다면 한 번에 전체를 계산하는 것보다 필요할 때 계산하는 것이 더 합리적일 것이다. 어떤 엔트리가 계산되고 나면 그것을 저장해 나중에 참조할 수 있다(이러한 작동 방식을 다른 말로 "캐시"라고 한다).

---

8 (옮긴이) 프로그램을 실제 실행하는 시점에 기계어로 번역하는 컴파일 기법

26.2 반복문

관련 정보 반복문에 대한 자세한 내용은 16장 "반복문 제어"를 살펴본다.

반복문은 여러 번 수행되기 때문에 프로그램에서 문제가 발생하는 영역이 반복문인 경우가 많다. 이 절에서 소개하는 기법은 반복문 자체를 더 빠르게 만들어 준다.

스위칭 해제

스위칭(switching)은 반복문이 실행될 때마다 반복문 내에서 무언가를 결정하는 것을 가리킨다. 반복문이 실행되는 동안 그 결정이 변하지 않는다면 반복문 밖에서 결정함으로써 불필요하게 스위칭하지 않게 할 수 있다. 일반적으로 이 기법을 사용하려면 반복문을 뒤집어서 반복문 내부에 조건문을 입력하는 대신 조건문 내부에 반복문을 입력해야 한다. 다음은 언스위칭하기 전의 반복문 코드다.

스위칭 되는 반복문을 C++로 작성한 예제
```
for ( i = 0; i < count; i++ ) {
    if ( sumType == SUMTYPE_NET ) {
        netSum = netSum + amount[ i ];
    }
    else {
        grossSum = grossSum + amount[ i ];
    }
}
```

이 코드에서 *if (sumType == SUMTYPE_NET)*은 결과가 항상 같은데도 불구하고 반복할 때마다 반복해서 테스트된다. 이 코드를 다음과 같이 재작성하여 속도를 높일 수 있다.

스위칭을 해제하여 반복문을 C++로 작성한 예제
```
if ( sumType == SUMTYPE_NET ) {
    for ( i = 0; i < count; i++ ) {
        netSum = netSum + amount[ i ];
    }
}
else {
    for ( i = 0; i < count; i++ ) {
        grossSum = grossSum + amount[ i ];
    }
}
```

> **참고** 이 코드는 여러 가지 좋은 프로그래밍 규칙을 위반하고 있다. 일반적으로 가독성과 유지보수 편의성이 실행 속도나 크기보다 더 중요하지만, 이 장에서는 성능을 주제로 다루고 있고 성능에는 다른 목표와의 트레이드오프가 따른다. 마지막 장에서 설명하는 것처럼 이 장에서 소개하는 코드 작성 방법의 예는 이 책의 다른 부분에서는 추천하지 않는 방법이다.

이 코드는 20% 정도의 시간이 절약된다.

언어	원래 시간	튜닝한 코드 시간	시간 절약
C++	2.81	2.27	19%
자바	3.97	3.12	21%
비주얼 베이직	2.78	2.77	<1%
파이썬	8.14	5.87	28%

이 경우 조심해야 할 점은 두 반복문을 변경할 때는 함께 유지보수해야 한다는 것이다. *count*를 *clientCount*로 변경한다면 두 곳에서 모두 변경해야 하니 이 코드로 작업하는 사람이 얼마나 피곤하겠는가?

또한 이 예제는 특정한 코드 튜닝의 효과를 예측할 수 없다는 코드 튜닝에서의 핵심적인 문제를 보여준다. 코드 튜닝은 네 가지 언어 중 세 가지에서는 뚜렷한 성능 향상을 보였지만, 비주얼 베이직에서는 그렇지 못했다. 비주얼 베이직에서 이렇게 최적화를 수행하면 성능에 별다른 효과도 거두지 못한 채 코드를 유지보수하기는 더 어려워질 것이다. 어떠한 최적화의 효과를 확인하려면 반드시 그 효과를 측정해야 한다. 예외란 없다.

결합

결합("연합(fusion)"이라고도 함)은 같은 요소의 집합을 다루는 두 개의 반복문을 결합한 결과다. 두 개의 반복문을 하나로 줄임으로써 반복문의 오버헤드를 줄이는 이득을 볼 수 있다. 다음은 반복문을 결합하기에 좋은 예제다.

분리되어 있으나 결합할 수 있는 반복문을 비주얼 베이직으로 작성한 예제
```
For i = 0 to employeeCount - 1
    employeeName( i ) = ""
Next
...
For i = 0 to employeeCount - 1
    employeeEarnings( i ) = 0
Next
```

반복문을 결합할 때 두 반복문에서 하나로 결합할 수 있는 코드를 찾아야 한다. 일반적으로 이 말은 반복문의 카운터가 같아야 한다는 뜻이다. 이 예제에서는 두 반복문이 0부터 *employeeCount – 1*까지 실행되기 때문에 다음과 같이 결합할 수 있다.

```
결합된 반복문을 비주얼 베이직으로 작성한 예제
For i = 0 to employeeCount - 1
    employeeName( i ) = ""
    employeeEarnings( i ) = 0
Next
```

다음은 절약된 결과다.

언어	원래 시간	튜닝된 코드 시간	시간 절약
C++	3.68	2.65	28%
PHP	3.97	2.42	39%
비주얼 베이직	3.75	3.56	4%

참고: *employeeCount*가 100일 때의 결과다.

이전 자료처럼 이 결과는 언어에 따라 크게 다르다.

반복문 결합에는 두 가지 큰 어려움이 따른다. 첫째, 결합된 두 부분에 대한 인덱스가 변경되어 더 이상 호환 가능하지 않을 수도 있다. 둘째, 두 반복문을 쉽게 결합하지 못할 수도 있다. 반복문을 결합하기 전에 코드의 나머지 부분이 올바른 순서로 되어 있는지 확인해야 한다.

코드 풀어쓰기

반복문의 코드를 풀어쓰는 이유는 반복문 보조 관리 코드의 양을 줄이기 위한 것이다. 25장에서 반복문을 완벽하게 풀어썼고, 10줄이었던 코드가 3줄이었던 코드보다 빠른 결과를 보여줬다. 그 경우에 반복문을 3줄에서 10줄로 풀어써 10개의 배열에 대한 모든 접근이 개별적으로 수행되었다.

반복문을 완전히 풀어쓰는 것이 가장 빠른 해결책이고 요소의 수가 작을 때는 효과적이지만 요소의 수가 많거나 얼마나 많은 요소를 가질지 미리 알 수 없을 때는 그 방법을 사용할 수 없다. 다음은 일반적인 반복문에 대한 예제다.

코드를 풀어쓸 수 있는 반복문을 자바로 작성한 예제

```
i = 0;                    ← 일반적으로 이러한 일을 수행하는 데는 for 반복문을 사용하겠지만,
while ( i < count ) {       최적화를 위해 while 반복문으로 변환해야 할 것이다. 이해를 돕기
    a[ i ] = i;             위해 while 반복문으로 작성했다.
    i = i + 1;
}
```

이 반복문을 부분적으로 풀어쓰려면 반복문을 반복할 때 하나가 아닌 두 개 이상의 경우를 처리한다. 이런 식으로 풀어쓰면 코드를 이해하기는 어렵지만, 반복문의 목적을 해치지는 않는다. 다음은 반복문을 한 번 풀어쓴 코드다.

한 번 풀어쓴 반복문을 자바로 작성한 예제

```
i = 0;
while ( i < count - 1 ) {
    a[ i ] = i;
    a[ i + 1 ] = i + 1;
    i = i + 2;
}
if ( i == count ) {           ← 이 코드는 반복문이 2씩 증가할 때 놓칠 수 있는 경우를 처리한다.
    a[ count - 1 ] = count - 1;
}
```

이 기법은 원래의 *a[i] = i* 코드를 두 줄로 대체한 다음, *i*를 1이 아닌 *2*만큼 증가시켰다. *while* 반복문 다음에 추가한 코드는 *count*가 홀수고 반복문이 끝난 다음 한 번 더 반복할 때 필요하다.

다섯 줄로 직관적이었던 코드가 아홉 줄의 교묘한 코드로 늘어나서 전보다 읽거나 유지보수하기가 어려워졌다. 속도 면에서는 이득을 보았지만, 품질은 나빠졌다. 하지만 어떤 설계 규칙이든 트레이드오프가 따른다. 따라서 비록 특정 기법이 일반적으로 나쁜 코드 작성 습관이라고 해도 상황에 따라 최고의 방법이 될 수도 있다.

다음은 반복문의 코드를 풀어쓴 결과다.

언어	원래 시간	튜닝된 코드 시간	시간 절약
C++	1.75	1.15	34%
자바	1.01	0.581	43%
PHP	5.33	4.49	16%
파이썬	2.51	3.21	−27%

참고: *count*가 100일 때의 결과다.

파이썬의 경우처럼 성능이 떨어지는 경우를 조심해야 하기는 하지만, 16%에서 43%의 이득은 상당히 좋은 결과다. 반복문의 코드를 풀어쓸 때 가장 큰 어려움은 반복문 다음에 마지막 경우를 처리하는 코드에서 하나 차이로 인한 오류가 발생할 수 있다는 점이다.

이 반복문의 코드를 두 번 이상 풀어쓰면 어떻게 될까? 두 번 풀어쓰면 더 많은 이득을 얻을까?

두 번 풀어쓴 반복문을 자바로 작성한 예제
```
i = 0;
while ( i < count - 2 ) {
    a[ i ] = i;
    a[ i + 1 ] = i+1;
    a[ i + 2 ] = i+2;
    i = i + 3;
}
if ( i <= count - 1 ) {
    a[ count - 1 ] = count - 1;
}
if ( i == count - 2 ) {
    a[ count -2 ] = count - 2;
}
```

다음은 반복문을 두 번 풀어쓴 결과다.

언어	원래 시간	튜닝된 코드 시간	시간 절약
C++	1.75	1.01	42%
자바	1.01	0.581	43%
PHP	5.33	3.70	31%
파이썬	2.51	2.79	-12%

참고: *count*가 100일 때의 결과다.

결과가 추가로 반복문을 풀어쓰면 더 많은 시간을 절약할 수 있다고 보여주지만, 자바의 경우처럼 반드시 그렇지는 않다. 여기서 핵심은 이렇게 코드를 풀어쓸 때마다 코드가 더 복잡해진다는 점이다. 앞의 코드가 이해하기 불가능할 정도로 어렵다고 생각하지는 않겠지만, 원래 다섯 줄짜리 반복문이었다는 것을 생각하면 성능과 가독성을 트레이드오프할 수 있다는 사실이 다행스러울 것이다.

반복문 내부 작업 최소화

효과적인 반복문을 작성하려면 반복문 내부에서 처리되는 작업을 최소화해야 한다. 반복문 외부에 있는 명령문이나 그 일부를 평가하여 반복문 내부에서 그 결과만 사용하게 할 수 있다면 그렇게 한다. 그것은 좋은 프로그래밍 습관일 뿐만 아니라 때에 따라 가독성도 향상시켜준다.

다음과 같이 반복문 내부에 복잡한 포인터 표현식이 있다고 하자.

반복문 내부에 복잡한 포인터 표현식이 있는 C++ 예제
```
for ( i = 0; i < rateCount; i++ ) {
    netRate[ i ] = baseRate[ i ] * rates->discounts->factors->net;
}
```

이 경우, 복잡한 포인터 표현식을 이름이 잘 지어진 변수에 할당하면 가독성이 향상되고 성능이 향상되는 경우도 종종 있다.

복잡한 포인터 표현식을 단순화한 C++ 예제
```
quantityDiscount = rates->discounts->factors->net;
for ( i = 0; i < rateCount; i++ ) {
    netRate[ i ] = baseRate[ i ] * quantityDiscount;
}
```

추가적인 변수 *quantityDiscount*는 순 할인율을 계산하기 위해 *baseRate* 배열에 할인율을 곱하고 있다는 사실을 분명하게 해준다. 이러한 부분이 원래 반복문의 표현식에서는 전혀 분명하지 않았다. 복잡한 포인터 표현식을 반복문 외부에 있는 변수에 입력하면 반복문을 실행할 때마다 포인터가 세 번 역참조되는 것을 줄일 수 있어 다음과 같이 시간을 절약할 수 있다.

언어	원래 시간	튜닝된 코드 시간	시간 절약
C++	3.69	2.97	19%
C#	2.27	1.97	13%
자바	4.13	2.35	43%

참고: *rateCount*가 100일 때의 결과다.

자바 컴파일러 외에는 속도 개선이 크지 않다. 이 결과로부터 처음 코드를 작성할 때부터 코드의 속도를 걱정하지 말고 더 읽기 쉬운 코드를 작성할 수 있는 방법을 사용하는 것이 좋다는 사실을 알 수 있다.

감시 값

반복문에서 복합적인 테스트를 수행할 때는 내부의 테스트를 단순화함으로써 시간을 절약할 수 있다. 반복문이 검색 반복문일 경우, 테스트를 단순화하는 한 가지 방법은 검색 범위의 끝을 지났을 때 검색이 종료되게 하려고 입력하는 값인 감시 값(sentinel value)을 사용하는 것이다.

감시 값을 사용해 개선할 수 있는 복합적인 테스트의 대표적인 예로 원하는 값을 찾았는지, 그리고 모든 값을 살펴보았는지 둘 다 확인하는 검색 반복문이 있다. 다음 코드를 살펴보자.

검색 반복문에 복잡한 테스트가 있는 C# 예제
```
found = FALSE;
i = 0;
while ( ( !found ) && ( i < count ) ) {      ← 여기에 복합 테스트가 있다.
    if ( item[ i ] == testValue ) {
        found = TRUE;
    }
    else {
        i++;
    }
}

if ( found ) {
    ...
```

이 코드에서는 반복문이 실행될 때마다 *!found*와 *i < count*를 테스트한다. *!found* 테스트의 목적은 원하는 요소가 발견되는 시점을 결정하는 것이다. *i < count* 테스트의 목적은 배열의 끝을 지나서 실행되는 것을 피하기 위한 것이다. 반복문 내부에서 *item[]*의 값이 개별적으로 테스트되고 있어 실제로는 반복문이 반복할 때마다 세 번의 테스트를 하는 것이다.

이러한 종류의 검색 반복문에서는 반복문을 중단하기 위해 검색 범위의 끝에 "감시" 값을 입력함으로써 반복할 때마다 오직 한 번의 테스트만 수행하도록 세 개의 테스트를 결합할 수 있다. 이 경우에는 찾고 있는 값을 검색 범위 끝의 바로 다음에 입력하면 된다(배열을 선언할 때 이 요소를 추가할 공간을 남겨두어야 한다는 점을 기억한다). 그리고 나서 각 요소를 검사한 다음, 마지막 값을 찾을 때까지 그 요소를 찾지 못한다면 찾고 있는 값이 존재하지 않는다는 사실을 알 수 있다. 다음 코드를 살펴본다.

> **반복문의 속도를 향상시키기 위해 감시 값을 사용하는 C# 예제**
>
> ```
> // 감시 값을 설정한다. 원래 값을 보관한다.
> initialValue = item[ count ];
> item[ count ] = testValue;      ← 배열의 마지막에 감시 값을 입력할 공간이 있어야
>                                    한다는 점을 기억하라.
> i = 0;
> while ( item[ i ] != testValue ) {
>     i++;
> }
>
> // 값이 발견되었는지 검사한다.
> if ( i < count ) {
>     ...
> ```

*item*이 정수형의 배열이면 시간을 상당히 절약할 수 있다.

언어	원래 시간	튜닝된 코드 시간	시간 절약	성능 비율
C#	0.771	0.590	23%	1.3:1
자바	1.63	0.912	44%	2:1
비주얼 베이직	1.34	0.470	65%	3:1

참고: 요소가 100개인 정수형 배열에 대한 검색 결과다.

비주얼 베이직의 결과가 특히 인상적이지만, 모든 결과가 좋다. 하지만 배열의 종류가 변하면 결과도 변한다. *item*이 단정도 부동 소수점 배열일 때의 결과는 다음과 같다.

언어	원래 시간	튜닝된 코드 시간	시간 절약
C#	1.351	1.021	24%
자바	1.923	1.282	33%
비주얼 베이직	1.752	1.011	42%

참고: 요소가 100개인 4바이트 부동 소수점에 대한 검색 결과다.

늘 그렇듯이 결과에 상당한 차이가 있다.

감시 값 기법은 배열 뿐만 아니라 링크드 리스트와 같이 선형 검색을 사용하는 모든 경우에 적용할 수 있다. 유일하게 주의할 사항은 감시 값을 신중하게 선택해야 하고 감시 값을 데이터 구조체에 어떻게 넣을 것인지 신중하게 결정해야 한다는 것이다.

가장 빈번하게 실행되는 반복문을 안쪽에 작성한다

중첩된 반복문이 있을 때 어떤 반복문을 안쪽에 넣고 어떤 반복문을 바깥쪽에 넣을 것인지에 대해 생각해 본다. 다음은 개선될 수 있는 중첩 반복문의 한 예다.

```
개선할 여지가 있는 중첩 반복문을 자바로 작성한 예제
for ( column = 0; column < 100; column++ ) {
    for ( row = 0; row < 5; row++ ) {
        sum = sum + table[ row ][ column ];
    }
}
```

이 반복문을 개선하는 데 가장 중요한 사항은 바깥쪽에 있는 반복문이 안쪽에 있는 반복문보다 훨씬 자주 실행된다는 것이다. 반복문이 실행될 때마다 반복문 인덱스를 초기화하고 인덱스를 증가시키고, 반복하고 난 다음에는 인덱스 값을 검사해야 한다. 바깥쪽에 있는 반복문의 전체 실행 횟수는 100번이고 안쪽에 있는 반복문의 실행 횟수는 100 * 5 = 500번이라서 전체적으로 600번 반복한다. 단순히 안쪽 반복문과 바깥쪽 반복문을 바꾸는 것만으로도 바깥쪽 반복문의 실행 횟수는 5번, 안쪽 반복문의 실행 횟수는 5 * 100 = 500번이 되어 전체적으로 505번을 반복하게 된다. 이를 분석해 보면 반복문을 교체함으로써 (600 − 505) / 600 = 16%의 절약을 기대할 수 있다. 다음은 성능에서의 차이를 측정한 결과다.

언어	원래 시간	튜닝된 코드 시간	시간 절약
C#	4.75	3.19	33%
자바	5.39	3.56	**34%**
PHP	4.16	3.65	12%
파이썬	3.48	3.33	4%

결과에 상당한 차이가 있는데, 이러한 결과 때문에 최적화 작업이 속도 개선에 도움이 될 것인지 확신하기 전에 반드시 개발 환경에서 최적화의 효과를 측정해 봐야 한다.

연산 줄이기

연산 줄이기는 곱셈과 같이 시간이 오래 걸리는 연산을 덧셈과 같이 시간이 적게 걸리는 연산으로 대체하는 것을 의미한다. 때때로 반복문 내부에 인덱스 값을 곱하는 표현식이 있을 것이다. 일반적으로 덧셈이 곱셈보다 빠르고 곱셈 대신 그만큼을 반복해 더함으로써 같은 수를 계산하면 코드가 더 빠르게 실행될 것이다. 다음은 곱셈을 사용하는 코드다.

반복문 인덱스를 곱하는 비주얼 베이직 예제
```
For i = 0 to saleCount - 1
    commission( i ) = (i + 1) * revenue * baseCommission * discount
Next
```

이 코드는 직관적이지만 시간이 오래 걸린다. 곱셈을 매번 계산하는 대신 곱셈을 누적시키도록 반복문을 재작성할 수 있다. 이것은 곱셈을 덧셈으로 변환해 연산의 강도를 줄인다.

곱셈 대신 덧셈을 사용한 비주얼 베이직 예제
```
incrementalCommission = revenue * baseCommission * discount
cumulativeCommission = incrementalCommission
For i = 0 to saleCount - 1
    commission( i ) = cumulativeCommission
    cumulativeCommission = cumulativeCommission + incrementalCommission
Next
```

곱셈은 시간이 오래 걸리고 이러한 종류의 변경은 반복문의 비용을 할인해주는 쿠폰과 같다. 원래 코드는 *i*를 *1*씩 증가시키고 그 값에 *revenue * baseCommission * discount*를 곱해 첫 번째는 1, 두 번째는 2, 세 번째는 3과 같은 식으로 곱해 간다. 최적화된 코드는 *incrementalCommission*을 *revenue * baseCommission * discount*와 같은 값으로 설정한다. 그러고 나서 반복문을 반복할 때마다 *incrementalCommission*을 *cumulativeCommission*에 더한다. 첫 번째 반복에서는 값이 한 번 더해지고 두 번째 반복에서는 두 번 더해지고 세 번째 반복에서 세 번 더해진다. 그 결과는 *incrementalCommission*에 1, 2, 3 등의 값을 곱한 것과 같지만, 시간이 덜 걸린다.

핵심은 원래의 곱셈이 반복문의 인덱스에 따라 달라져야 한다는 것이다. 이 경우에는 반복문 인덱스가 변하는 표현식의 일부일 뿐이라서 표현식이 더 경제적으로 재작성될 수 있었다. 다음은 재작성된 코드가 일부 테스트 케이스에서 얼마나 도움이 되는지 보여준다.

언어	원래 시간	튜닝된 코드 시간	시간 절약
C#	4.33	3.80	12%
비주얼 베이직	3.54	1.80	49%

참고: saleCount가 20일 때의 결과다. 모든 변수는 부동 소수점 형이다.

26.3 데이터 변환

데이터형의 변화는 프로그램의 크기를 줄이고 실행 속도를 향상시키는 데 큰 도움이 된다. 데이터 구조의 설계는 이 책의 범위를 벗어나지만, 특정 데이터형의 구현을 적당히 변경해서도 성능을 향상시킬 수 있다. 다음은 데이터형을 조정하는 몇 가지 방법이다.

부동 소수점 수 대신 정수를 사용하라

관련 정보 정수와 부동 소수점의 사용에 대한 자세한 내용은 12장 "기본 데이터형"을 살펴본다.

정수의 덧셈과 곱셈은 부동 소수점의 덧셈과 곱셈보다 더 빠른 경향이 있다. 예를 들어 반복문의 인덱스를 부동 소수점에서 정수로 변경하면 시간을 절약할 수 있다.

많은 시간이 소요되는 부동 소수점 인덱스를 사용하고 있는 반복문을 비주얼 베이직으로 작성한 예제

```
Dim x As Single
For x = 0 to 99
    a( x ) = 0
Next
```

앞의 예제를 다음의 명시적으로 정수형을 사용하는 비주얼 베이직 반복문과 비교해 본다.

시간이 적게 걸리는 정수형 반복문 인덱스를 사용하는 반복문을 비주얼 베이직으로 작성한 예제

```
Dim i As Integer
For i = 0 to 99
    a( i ) = 0
Next
```

얼마나 차이가 날까? 다음 결과는 비주얼 베이직과 C++, PHP에서 비교한 이 코드의 결과다.

언어	원래 시간	튜닝된 코드 시간	시간 절약	성능 비율
C++	2.80	0.801	71%	3.5:1
PHP	5.01	4.65	7%	1:1
비주얼 베이직	6.84	0.280	96%	25:1

가능한 한 가장 적은 차수의 배열을 사용하라

관련 정보 배열에 대한 자세한 내용은 12.8절 "배열"을 살펴본다.

다차원 배열은 비싸다(느리다)는 게 일반적인 통념이다. 2차원이나 3차원 배열 대신 1차원 배열로 구성할 수 있다면 어느 정도 시간을 절약할 수 있을 것이다. 다음과 같은 초기화 코드가 있다고 가정해 보자.

기본적인 2차원 배열을 초기화하는 자바 예제
```
for ( row = 0; row < numRows; row++ ) {
    for ( column = 0; column < numColumns; column++ ) {
        matrix[ row ][ column ] = 0;
    }
}
```

이 코드가 행이 50이고 열이 20인 배열에서 실행될 때 자바 컴파일러의 경우 1차원 배열로 구성한 것보다 2배 정도 시간이 더 걸렸다. 다음은 개정한 코드다.

1차원 배열로 표현한 자바 예제
```
for ( entry = 0; entry < numRows * numColumns; entry++ ) {
    matrix[ entry ] = 0;
}
```

그리고 다음은 이 코드의 실행 결과와 다른 언어에서의 결과를 요약한 것이다.

언어	원래 시간	튜닝된 코드 시간	시간 절약	성능 비율
C++	8.75	7.82	11%	1:1
C#	3.28	2.99	9%	1:1
자바	7.78	4.14	47%	2:1
PHP	6.24	4.10	34%	1.5:1
파이썬	3.31	3.23	32%	1.5:1
비주얼 베이직	9.43	3.32	66%	3:1

참고: 파이썬과 PHP에서의 시간은 다른 언어의 시간과 직접 비교할 수 없다. 왜냐하면, 다른 언어에서 반복한 횟수의 1%도 안 되는 횟수만큼 실행했기 때문이다.

이 최적화의 결과는 비주얼 베이직과 자바에서 매우 훌륭했으며 PHP와 파이썬에서도 좋았다. 하지만 C++와 C#에서는 그저 그랬다. 물론, C# 컴파일러의 최적화되지 않은 코드의 시간은 이 그룹에서 가장 좋았기 때문에 C#에 대해서 너무 혹평할 필요는 없다.

이러한 광범위한 결과는 맹목적으로 코드 튜닝을 따르는 게 얼마나 위험한지 다시 한번 확인해준다. 개발 환경에서 직접 확인해 보기 전까지는 절대로 그 효과를 확신해서는 안 된다.

배열에 대한 참조를 최소화하라

2차원이나 3차원 배열에 대한 접근을 최소화하는 것뿐만 아니라 배열에 대한 접근 자체를 최소화하는 것이 좋다. 배열의 한 요소를 반복적으로 사용하는 반복문이 이러한 기법을 적용하기에 좋은 후보다. 다음은 불필요하게 배열에 접근하는 예제다.

반복문 내부에서 불필요하게 배열을 참조하는 C++ 예제
```cpp
for ( discountType = 0; discountType < typeCount; discountType++ ) {
    for ( discountLevel = 0; discountLevel < levelCount; discountLevel++ ) {
        rate[ discountLevel ] = rate[ discountLevel ] * discount[ discountType ];
    }
}
```

내부 반복문에서 *discountLevel*이 변하더라도 *discount[discountType]*에 대한 참조는 변하지 않는다. 따라서 내부 반복문이 실행될 때마다 배열에 접근하지 않고 외부 반복문이 실행될 때마다 한 번만 접근하도록 내부 반복문에서 이 코드를 외부로 이동시켜야 한다. 다음 예제는 수정된 코드다.

배열에 대한 참조를 반복문의 외부로 이동한 C++ 예제
```cpp
for ( discountType = 0; discountType < typeCount; discountType++ ) {
    thisDiscount = discount[ discountType ];
    for ( discountLevel = 0; discountLevel < levelCount; discountLevel++ ) {
        rate[ discountLevel ] = rate[ discountLevel ] * thisDiscount;
    }
}
```

다음은 그 결과다.

언어	원래 시간	튜닝된 코드 시간	시간 절약
C++	32.1	34.5	-7%
C#	18.3	17.0	7%
비주얼 베이직	23.2	18.4	20%

참고: *typeCount*가 10이고 *levelCount*가 100일 때 계산된 결과다.

늘 그렇듯이 결과는 컴파일러마다 상당한 차이가 있다.

보조 인덱스를 사용하라

보조 인덱스는 데이터형에 더 효율적으로 접근하기 위해 추가하는 데이터다. 관련 데이터는 주 데이터형에 추가하거나 병렬 구조에 저장할 수 있다.

문자열 길이 인덱스

보조 인덱스를 사용하는 대표적인 예로 문자열의 길이에 대한 값이 있다. C에서는 문자열이 0으로 설정된 바이트로 끝난다. 비주얼 베이직 문자열 형식에서는 각 문자열의 앞부분에 숨겨져 있는 길이를 나타내는 바이트(간단히 말해서 길이 바이트)가 문자열의 길이를 가리킨다. C에서 문자열의 길이를 결정하려면 프로그램이 문자열의 처음부터 시작해 0으로 설정된 바이트를 찾을 때까지 각 바이트의 수를 세어야 한다. 비주얼 베이직에서는 문자열의 길이를 결정하기 위해 단순히 길이 바이트를 살펴보면 된다. 비주얼 베이직의 길이 바이트는 문자열의 길이를 계산하는 것과 같이 특정한 연산을 더 빠르게 수행하기 위해 인덱스로 데이터형을 늘리는 예다.

길이에 인덱스를 사용하는 개념을 가변 길이의 모든 데이터형에 적용할 수 있다. 이것은 필요할 때마다 길이를 계산하는 것보다 효율적으로 구조체의 길이를 추적하는 방법이다.

독립적인 병렬 인덱스 구조

때로는 데이터형 자체를 다루는 것보다 데이터형에 대한 인덱스를 다루는 것이 더 효율적이다. 데이터형에 있는 항목이 크거나 이동시키기(디스크 등으로) 어렵다면 인덱스 참조를 정렬하고 검색하는 것이 데이터를 직접 다루는 것보다 빠르다. 각 데이터 항목이 크면 상세한 정보에 대한 키 값과 포인터로 구성된 보조 구조를 만들 수 있다. 데이터 구조의 항목과 보조 구조의 항목이 크기 면에서 차이가 크게 나면 때때로 해당 데이터 항목이 외부에 저장되어야 할 때조차 키 항목을 메모리에 저장할 수 있다. 모든 검색과 정렬이 메모리에서 처리되면 그다음부터는 원하는 항목의 정확한 위치를 알 때만 디스크에 접근해야 한다.

캐싱을 사용하라

캐싱은 자주 사용되지 않는 값보다 자주 사용되는 값을 더 쉽게 가져오는 방법으로 값을 저장한다는 뜻이다. 가령 프로그램이 디스크에서 무작위로 기록을 읽는다면 이 루틴은 가장 빈번하게 읽어오는 기록을 저장하는 데 캐시를 사용할 것이다. 루틴이 레코드에 요청을 받을 때 이 함수는 레코드를 갖고 있는지 확인하기 위해 캐시를 검사한다. 레코드가 있다면 디스크가 아닌 메모리에서 곧바로 해당 레코드를 리턴한다.

디스크에 있는 레코드에 대한 캐싱 뿐만 아니라, 다른 분야에도 캐싱을 적용할 수 있다. 마이크로소프트 윈도우 폰트 검증 프로그램에서는 화면에 표시되는 각 문자의 너비를 구할 때 성능에 병목이 발생한다. 가장 최근에 사용된 문자의 너비를 캐싱하여 출력 속도가 두 배 정도 빨라졌다.

시간이 오래 걸리는 계산의 결과를 캐싱할 수도 있다. 특히 계산에 사용되는 매개변수가 간단할 때 유용하다. 가령 두 변의 길이가 주어졌을 때 직각 삼각형의 빗변의 길이를 계산해야 한다고 하자. 이 루틴을 직관적으로 구현한 코드는 다음과 같다.

캐싱이 도움이 되는 루틴을 자바로 작성한 예제
```java
double Hypotenuse(
    double sideA,
    double sideB
) {
    return Math.sqrt( ( sideA * sideA ) + ( sideB * sideB ) );
}
```

같은 값을 계속해서 요청하고 있다면 다음 방법으로 값을 캐싱할 수 있다.

시간이 많이 소요되는 계산을 피하기 위해서 캐시를 사용하는 자바 예제
```java
private double cachedHypotenuse = 0;
private double cachedSideA = 0;
private double cachedSideB = 0;
```

```
public double Hypotenuse(
    double sideA,
    double sideB
    ) {

    // 계산하고자 하는 삼각형이 이미 캐시에 있는지 확인한다.
    if ( ( sideA == cachedSideA ) && ( sideB == cachedSideB ) ) {
        return cachedHypotenuse;
    }

    // 새로운 빗변의 길이를 구하고 그 값을 캐싱한다.
    cachedHypotenuse = Math.sqrt( ( sideA * sideA ) + ( sideB * sideB ) );
    cachedSideA = sideA;
    cachedSideB = sideB;

    return cachedHypotenuse;
}
```

이 루틴의 두 번째 버전은 첫 번째 버전보다 복잡하고 많은 공간을 차지하므로 이를 정당화하려면 속도가 빨라야만 한다. 많은 캐싱 체계가 하나 이상의 요소를 캐싱하기 때문에 오버헤드가 더 크다. 다음은 이 두 버전의 속도 차이다.

언어	원래 시간	튜닝된 코드 시간	시간 절약	성능 비율
C++	4.06	1.05	74%	4:1
자바	2.54	1.40	45%	2:1
파이썬	8.16	4.17	49%	2:1
비주얼 베이직	24.0	12.9	47%	2:1

참고: 이 결과는 캐시가 설정될 때마다 두 번 적중한다고 가정하고 있다.

캐시의 성공 여부는 캐시된 요소에 접근할 때와 캐시되지 않은 요소를 생성할 때, 캐시에 새로운 요소를 저장할 때의 상대적인 비용에 따라 달라진다. 또한 얼마나 자주 캐시된 정보가 요청되느냐에 따라서도 달라진다. 어떤 경우에는 성공이 하드웨어가 처리한 캐싱에 의존하기도 한다. 일반적으로 새로운 요소를 생성하는 데 드는 비용이 비싸고 같은 정보를 요청하는 횟수가 많을수록 캐시의 가치가 올라간다. 캐시된 요소에 접근하고 새로운 요소를 캐시에 저장하는 비용이 저렴할수록 캐시의 가치가 올라간다. 하지만 다른 최적화 기법들처럼 캐싱도 복잡성을 추가하고 오류를 유발하기가 쉽다.

26.4 표현식

관련 정보 표현식에 대한 많은 정보는 19.1절 "불린 표현식"을 살펴본다.

프로그램의 상당 부분은 수학적, 논리적 표현식에서 처리된다. 복잡한 표현식은 비싼 경향이 있어 이 절에서는 표현식을 좀 더 싸게 만드는 방법을 살펴본다.

대수 항등식을 사용하라

복잡한 연산을 저렴한 연산으로 대체하는 데 대수 항등식을 사용할 수 있다. 예를 들면 다음 표현식은 논리적으로 같다.

```
not a and not b
not (a or b)
```

첫 번째 표현식 대신 두 번째 표현식을 사용하면 *not* 연산 하나를 아낄 수 있다.

not 연산 하나를 사용하지 않음으로써 얻는 이득은 대수롭지 않겠지만, 이러한 법칙을 보편적으로 적용하면 큰 효과를 얻을 수 있다. 존 벤틀리는 $sqrt(x) \langle sqrt(y)$를 테스트하는 프로그램을 설명했다(Bentley 1982). x가 y보다 작을 때만 $sqrt(x)$가 $sqrt(y)$보다 작기 때문에 첫 번째 테스트를 $x \langle y$로 대체할 수 있다. $sqrt()$ 루틴의 비용이 주어지면 크게 절약할 수 있을 거라고 예상할 텐데 실제로도 그렇다. 다음 결과를 살펴보자.

언어	원래 시간	튜닝된 코드 시간	시간 절약	성능 비율
C++	7.43	0.010	99.9%	750:1
비주얼 베이직	4.59	0.220	95%	20:1
파이썬	4.21	0.401	90%	10:1

연산 줄이기

앞에서 언급했듯이 비싼 연산을 싼 연산으로 대체해서 연산을 줄일 수 있다. 다음은 몇 가지 가능한 대체 방법이다.

- 곱셈을 덧셈으로 대체한다.
- 거듭제곱(지수)을 곱셈으로 대체한다.
- 삼각법 루틴을 삼각법 항등식으로 대체한다.
- *longlong* 정수를 *long*이나 *int*로 대체한다(하지만 네이티브 길이를 갖는 정수와 네이티브 길이가 아닌 정수의 성능 문제를 주의한다).

- 부동 소수점 수를 고정 소수점 수나 정수로 대체한다.
- 배정도 부동 소수점을 단정도 부동 소수점 수로 대체한다.
- 정수에 2를 곱하거나 2를 나누는 계산을 시프트(shift) 연산으로 대체한다.

다항식을 평가해야 한다고 가정해 보자. 다항식이 무엇인지 가물가물한 사람들을 위해 잠시 설명하자면 다항식은 $Ax^2 + Bx + C$와 같은 식을 말한다. A, B, C는 계수고 x는 변수다. n차 다항식을 평가하는 일반적인 코드는 다음과 같다.

다항식을 평가하는 비주얼 베이직 예제
```
value = coefficient( 0 )
For power = 1 To order
    value = value + coefficient( power ) * x^power
Next
```

연산을 줄이고자 하는 사람이라면 지수 연산자를 의심스러운 눈초리로 보고 있을 것이다. 한 가지 해결책은 반복문을 돌 때마다 지수 계산을 곱셈으로 대체하는 것으로, 앞에서 곱셈을 덧셈으로 대체했던 것과 비슷한 강도 감소 효과가 있다. 다음은 강도가 감소된 다항 평가식의 코드다.

연산을 줄이는 방법으로 다항식을 평가하는 비주얼 베이직 예제
```
value = coefficient( 0 )
powerOfX = x
For power = 1 to order
    value = value + coefficient( power ) * powerOfX
    powerOfX = powerOfX * x
Next
```

2차나 그 이상의 다항식으로 작업하고 있다면 이와 같은 방식을 적용해서 얻는 성능 효과는 훨씬 뛰어나다.

언어	원래 시간	튜닝된 코드 시간	시간 절약	성능 비율
파이썬	3.24	2.60	20%	1:1
비주얼 베이직	6.26	0.160	97%	40:1

이처럼 개선된 결과에도 불구하고 두 개의 부동 소수점 곱셈은 아직 처리하지 않았다. 연산 줄이기 원칙을 적용하면 매번 부동 소수점 값을 곱하는 대신 그 결과를 누적함으로써 반복문에 있는 연산의 강도를 더 줄일 수 있다.

> **다항식을 평가하는 데 필요한 연산을 더 줄인 비주얼 베이직 예제**
> ```
> value = 0
> For power = order to 1 Step -1
>     value = ( value + coefficient( power ) ) * x
> Next
> value = value + coefficient( 0 )
> ```

이 방법은 추가적인 *powerOfX* 변수를 없애고 반복문을 반복할 때마다 실행되던 두 곱셈을 하나의 곱셈으로 대체한다. 결과는 다음과 같다.

언어	원래 시간	첫 번째 최적화	두 번째 최적화	첫 번째 최적화 대비 시간 절약
파이썬	3.24	2.60	2.53	3%
비주얼 베이직	6.26	0.16	0.31	-94%

이 예제는 이론과 실제가 다르다는 것을 보여주는 좋은 예다. 연산을 줄인 코드가 더 빠른 것처럼 보이지만, 실제로는 그렇지 않다. 한 가지 가능성은 비주얼 베이직에서 반복문을 *1*씩 증가시키는 대신 *1*씩 줄인 것이 성능을 떨어뜨렸을 수도 있지만, 그러한 가설이 맞는지 측정해야 할 것이다.

컴파일 시간에 초기화하라

루틴 호출에서 이름 상수나 매직 넘버를 유일한 인자로 사용하고 있다면 값을 미리 계산하여 루틴을 호출하는 대신 그 값을 입력할 수 있다는 것을 짐작할 수 있다. 같은 원칙이 곱셈과 나눗셈, 덧셈, 그리고 그 밖의 다른 연산에도 적용된다.

예전에 가장 근접한 정수를 만들기 위해 끝을 자르는 밑이 2인 로그를 계산해야 했다. 그 시스템에 밑이 2인 로그 루틴이 없어서 직접 작성했다. 빠르고 쉬운 방법은 다음과 같은 공식을 사용한 것이었다.

```
log(x)base = log(x) / log(base)
```

이 항등식으로 다음과 같은 루틴을 작성할 수 있었다.

관련 정보 변수와 값의 결합에 대한 자세한 내용은 10.6절 "결합 시점"을 살펴본다.

> **시스템 루틴을 기반으로 하는 밑이 2인 로그 함수를 C++로 작성한 예제**
> ```cpp
> unsigned int Log2( unsigned int x ) {
>     return (unsigned int) ( log( x ) / log( 2 ) );
> }
> ```

이 루틴은 실제로 느리고 *log(2)*의 값이 절대로 변하지 않기 때문에 다음과 같이 *log(2)*를 그 계산된 값인 *0.69314718*로 대체했다.

시스템 루틴과 상수를 기반으로 하는 밑이 2인 로그 함수를 C++로 작성한 예제
```
const double LOG2 = 0.69314718;
...
unsigned int Log2( unsigned int x ) {
    return (unsigned int) ( log( x ) / LOG2 );
}
```

*log()*는 형 변환이나 나눗셈보다 훨씬 비싼 루틴이므로 *log()* 함수에 대한 호출을 절반으로 줄이면 루틴을 수행하는 데 걸리는 시간이 절반으로 줄어들 것으로 기대할 수 있다. 다음은 측정된 결과다.

언어	원래 시간	튜닝된 코드 시간	시간 절약
C++	9.66	5.97	38%
자바	17.0	12.3	28%
PHP	2.45	1.50	39%

이 경우에 나눗셈과 형 변환의 상대적인 중요성과 50%에 대한 추측이 상당히 근접했다. 이 장에서 설명한 결과의 예측 가능성을 고려할 때 이 경우의 예측 정확성은 눈먼 다람쥐가 우연히 나무 열매를 찾는 수준으로 운이 좋았다.

시스템 루틴을 주의하라

시스템 루틴은 비싸고 종종 쓸데없이 정확하다. 예를 들면 전형적인 시스템 수학 루틴은 우주 비행사를 ±2피트 이내의 오차로 달의 목적지에 착륙시키려고 설계되었다. 그 정도의 정확성이 필요하지 않다면 그러한 값을 계산하려고 시간을 낭비할 필요도 없다.

앞의 예제에서 *Log2()* 루틴은 정수 값을 리턴하지만, 이것을 계산하는 데 부동 소수점 *log()* 루틴을 사용했다. 이것은 정수 결과를 얻는 데는 지나친 계산이라서 첫 번째 루틴을 작성하고 난 후 정수형 log2를 완벽하게 계산하는 일련의 정수 테스트를 작성했다. 다음 코드를 살펴보자.

정수를 기반으로 하는 밑이 2인 로그 함수를 C++로 작성한 예제
```
unsigned int Log2( unsigned int x ) {
    if ( x < 2 ) return 0 ;
```

```
    if ( x < 4 ) return 1 ;
    if ( x < 8 ) return 2 ;
    if ( x < 16 ) return 3 ;
    if ( x < 32 ) return 4 ;
    if ( x < 64 ) return 5 ;
    if ( x < 128 ) return 6 ;
    if ( x < 256 ) return 7 ;
    if ( x < 512 ) return 8 ;
    if ( x < 1024 ) return 9 ;
    ...
    if ( x < 2147483648 ) return 30;
    return 31 ;
}
```

이 루틴은 정수 연산을 사용하지만, 절대로 부동 소수점으로 변환하지 않으며 두 가지 부동 소수점 버전보다 성능이 좋다.

언어	원래 시간	튜닝된 코드 시간	시간 절약	성능 비율
C++	9.66	0.662	93%	15:1
자바	17.0	0.882	95%	20:1
PHP	2.45	3.45	−41%	2:3

소위 "초월" 함수로 불리는 대부분의 함수는 최악의 경우를 대비해 설계된 것이다. 즉, 이 함수는 정수 인자를 받아도 내부적으로 배정도 부동 소수점으로 변환한다. 그만큼 정확성이 필요 없는데 여유가 없는 코드에서 이런 함수를 발견했다면 바로 주의 깊게 살펴본다.

또 다른 방법은 오른쪽 시프트 연산이 2로 나누는 것과 같다는 사실을 이용하는 것이다. 어떤 수를 0이 아니면서 2로 나눌 수 있는 횟수는 그 수의 $\log_2$의 값과 같다. 다음은 그러한 방식으로 작성한 코드다.

오른쪽 시프트 연산자를 기반으로 밑이 2인 로그 루틴을 C++로 작성한 예제

```cpp
unsigned int Log2( unsigned int x ) {
    unsigned int i = 0;
    while ( ( x = ( x >> 1 ) ) != 0 ) {
        i++;
    }
    return i ;
}
```

C++ 개발자가 아니면 이 코드가 매우 읽기 어려울 것이다. while 조건 안에 있는 복잡한 표현식은 이러한 방식으로 코드를 작성할 타당한 이유가 없다면 반드시 피해야 하는 코드 작성 습관의 예다.

이 루틴은 앞에서 살펴본 버전보다 350% 정도 오래 걸린다. 길게 작성한 코드는 실행하는 데 0.66초가 걸리는데 이 버전은 2.4초가 걸린다. 하지만 이 버전이 첫 번째 방법보다 빠르고 32비트, 64비트를 비롯한 다른 환경에서도 쉽게 사용할 수 있다.

이 예제는 최적화를 한 번 성공하고 난 후에 중단하지 않는 것이 어떤 결과를 가져오는지 보여준다. 첫 번째 최적화는 30%에서 40%라는 상당히 좋은 절약 효과를 거두었지만, 두 번째나 세 번째 최적화의 효과에 비할 바가 못 된다.

상수의 정확한 타입을 사용하라

값을 할당하고자 하는 변수와 같은 타입의 이름 상수와 리터럴을 사용한다. 상수와 관련 변수가 서로 다른 타입일 때는 컴파일러가 상수를 변수에 할당하기 위해 타입 변환을 수행해야 한다. 좋은 컴파일러는 컴파일 시간에 타입 변환을 하기 때문에 실행 시 성능에 영향을 주지 않는다.

조금 덜 진보된 컴파일러나 인터프리터는 런타임 변환을 위한 코드를 생성하기 때문에 손해를 볼 것이다. 다음은 부동 소수점 변수 x와 정수형 변수 i의 초기화에 있어서 성능 차이를 두 가지 경우로 보여준다. 첫 번째 경우는 초기화 코드가 다음과 같다.

```
x = 5
i = 3.14
```

x가 부동 소수점 변수고 i가 정수형이라고 가정했기 때문에 타입 변환이 요구된다. 두 번째 경우는 다음과 같은 코드다.

```
x = 3.14
i = 5
```

이 코드는 타입 변환이 필요 없다. 다음은 코드의 실행 결과이며 여기에서도 컴파일러 사이의 차이가 현저하다.

언어	원래 시간	튜닝된 코드 시간	시간 절약	성능 비율
C++	1.11	0.000	100%	측정 불가능
C#	1.49	1.48	<1%	1:1

언어	원래 시간	튜닝된 코드 시간	시간 절약	성능 비율
자바	1.66	1.11	33%	1.5:1
비주얼 베이직	0.721	0.000	100%	측정 불가능
PHP	0.872	0.847	3%	1:1

결과를 사전에 계산하라

낮은 수준 설계에서는 일반적으로 결과를 실행 중에 계산할 것인지, 계산을 한 번 수행하고 그 결과를 저장한 다음 필요할 때마다 참조할 것인지 결정한다. 결과가 여러 번 사용된다면 한 번 계산하고 나머지 시간에는 그 값을 참조하게 하는 것이 더 저렴하다.

이 방법은 여러 가지 형태로 나타난다. 가장 간단한 수준으로 반복문 내부에 있는 표현식의 일부를 외부에서 계산하는 것이 있다. 이에 대한 예제는 이 장의 앞부분에서 소개했다. 좀 더 복잡한 수준으로는 프로그램이 실행될 때 참조 테이블을 한 번 계산한 다음, 그다음부터는 항상 참조 테이블을 사용하거나 결과를 데이터 파일에 저장하거나 프로그램에 포함시키는 방법이 있다.

> **관련 정보** 복잡한 논리 대신 테이블에 있는 데이터를 사용하는 방법에 대한 내용은 18장 "테이블 활용 기법"을 살펴본다.

예를 들어 우주 전쟁 비디오 게임에서 개발자는 초기에 태양으로부터의 거리에 따른 중력 계수를 계산한다. 중력 계수에 대한 계산은 비싸고 성능에 영향을 미쳤다. 하지만 개발자는 태양으로부터의 거리가 비교적 크게 차이 나지 않아서 중력을 미리 계산하여 10개의 요소를 갖는 배열에 저장할 수 있었다. 배열 참조가 비싼 계산보다 훨씬 빨랐다.

자동차 대출에 대한 상환금을 계산하는 루틴이 있다고 하자. 다음과 같은 코드로 작성할 수 있을 것이다.

사전에 계산할 수 있는 복잡한 계산을 자바로 작성한 예제

```java
double ComputePayment(
    long loanAmount,
    int months,
    double interestRate
) {
    return loanAmount /
        (
        ( 1.0 - Math.pow( ( 1.0 + ( interestRate / 12.0 ) ), -months ) ) /
        ( interestRate / 12.0 )
        );
}
```

대출 상환금을 계산하는 공식은 복잡하고 꽤 비싸다. 이 정보를 매번 계산하는 대신 테이블에 넣어두면 더 쌀 것이다.

테이블이 얼마나 커야 할까? 범위가 가장 넓은 변수는 *loadAmount*다. *interestRate* 변수는 0.25단위로 5%에서 20% 사이의 값을 갖겠지만, 이는 61가지 이자율밖에 안 된다. *months*는 범위가 12에서 72 사이지만, 단계가 61개뿐이다. *loanAmount*는 아마 1,000달러에서 10만 달러 사이의 범위가 될 텐데, 이는 일반적으로 참조 테이블에서 다루고자 하는 항목보다 많다.

하지만 대부분의 계산은 *loanAmount*에 의존하지 않기 때문에 실제로 계산에서 복잡한 부분(더 큰 표현식의 분모)을 *interestRate*와 *months*로 인덱싱하는 테이블에 넣을 수 있다. *loadAmount* 부분은 매번 다시 계산한다.

복잡한 계산을 사전에 계산하는 자바 예제
```
double ComputePayment(
    long loanAmount,
    int months,
    double interestRate
) {
    int interestIndex =
        Math.round( ( interestRate - LOWEST_RATE ) * GRANULARITY * 100.00 );
    return loanAmount / loanDivisor[ interestIndex ][ months ];
}
```

새로운 변수 *interestIndex*가 *loanDivisor* 배열에 대한 첨자를 제공하려고 생성되었다.

이 코드에서는 이해하기 어려웠던 계산을 배열 인덱스를 계산하고 단일 배열에 접근하는 명령문으로 대체했다. 다음은 변경한 결과다.

언어	원래 시간	튜닝된 코드 시간	시간 절약	성능 비율
자바	2.97	0.251	92%	10:1
파이썬	3.86	4.63	−20%	1:1

개발 환경에 따라 *loadDivisor* 배열을 프로그램 초기화 시간에 미리 계산하거나 디스크 파일에서 읽어야 할 것이다. 아니면 그 값을 0으로 초기화하고 각 요소가 처음으로 요청될 때 계산한 다음, 그 값을 저장한 후 다음에 요청될 때 해당 값을 참조할 수도 있다. 그러한 방법이 앞에서 언급했던 캐싱의 한 형태다.

표현식을 미리 계산함으로써 성능 이득을 얻으려고 테이블을 생성할 필요가 없다. 이전 예제와 비슷한 코드가 사전 계산을 다르게 할 수 있다는 것을 보여준다. 다음과 같이 여러 개의 대출금에 대한 상환금을 계산하는 코드가 있다고 하자.

사전에 계산할 수 있는 두 번째 복잡한 계산을 자바로 작성한 예제
```
double ComputePayments(
    int months,
    double interestRate
) {
    for ( long loanAmount = MIN_LOAN_AMOUNT; loanAmount < MAX_LOAN_AMOUNT;
        loanAmount++ ) {
        payment = loanAmount / (
            ( 1.0 . Math.pow( 1.0+(interestRate/12.0), - months ) ) /
            ( interestRate/12.0 )
            );
        ...    ← 여기에 오는 코드가 payment로 무언가를 할 것이다.
               하지만 이 예제에서 그 부분은 중요하지 않다.
    }
}
```

테이블을 사전에 계산하지 않더라도 반복문 외부에서 복잡한 표현식의 일부를 사전에 계산하고 그 결과를 반복문 내부에서 사용할 수 있다. 다음 코드를 살펴보자.

사전에 계산할 수 있는 두 번째 복잡한 계산을 자바로 작성한 예제
```
double ComputePayments(
    int months,
    double interestRate
) {
    for ( long loanAmount = MIN_LOAN_AMOUNT; loanAmount < MAX_LOAN_AMOUNT;
        loanAmount++ ) {
        payment = loanAmount / (               여기가 사전에 계산되는 부분이다.
            ( 1.0 . Math.pow( 1.0+(interestRate/12.0), - months ) ) /
            ( interestRate/12.0 )
            );
        ...
    }
}
```

이 기법은 앞에서 배열 참조와 포인터 역참조를 반복문 외부에 놓는 기법과 유사하다. 이 경우에는 자바에서의 결과가 첫 번째 최적화에서 사전에 계산된 테이블을 사용한 결과와 비교할 수 있다.

언어	원래 시간	튜닝된 코드 시간	시간 절약	성능 비율
자바	7.43	0.24	97%	30:1
파이썬	5.00	1.69	66%	3:1

여기서는 파이썬이 향상되었지만, 첫 번째 최적화 시도에서는 그렇지 않았다. 한 가지 최적화 방법이 원하는 결과를 내놓지 않았을 때는 비슷해 보이는 최적화 방법이 기대대로 효과가 있을 것이다.

사전에 미리 계산을 수행하여 프로그램을 최적화하는 방법은 다음과 같이 여러 가지 형태를 취할 수 있다.

- 프로그램을 실행하기 전에 결과를 계산하고 그 값을 컴파일 시간에 상수 값으로 결합한다.
- 프로그램을 실행하기 전에 결과를 계산하고 그 값을 실행 시간에 사용될 변수에 직접 입력한다.
- 프로그램을 실행하기 전에 결과를 계산하고 그 값을 실행 시간에 읽히는 파일에 저장한다.
- 프로그램이 시작할 때 결과를 한 번만 계산하고 필요할 때마다 참조한다.
- 반복문이 시작되기 전에 가능한 한 많이 계산하여 반복문 내에서 처리되는 작업을 최소화한다.
- 처음 필요할 때 결과를 계산하고 다시 필요할 때 가져올 수 있도록 저장한다.

공통적인 하위 표현식을 제거하라

여러 번 반복되는 표현식을 발견하면 그 표현식을 여러 곳에서 다시 계산하는 대신 변수에 할당하고 그 변수를 참조한다. 대출금 계산 예제에서는 제거할 수 있는 공통적인 하위 표현식이 있다. 다음은 원본 코드다.

공통 하위 표현식에 대한 자바 예제
```
payment = loanAmount / (
    ( 1.0 . Math.pow( 1.0 + ( interestRate / 12.0 ), -months ) ) /
    ( interestRate / 12.0 )
);
```

이 예제에서는 *interestRate/12.0*을 변수에 할당하고 나서 표현식을 두 번 계산하는 대신 이 변수를 두 번 참조할 수 있다. 변수의 이름을 잘 선택한다면 이러한 최적화는 성능은 물론이고 코드의 가독성도 향상시킬 수 있다. 다음은 개선한 코드다.

공통 하위 표현식을 제거한 자바 예제
```
monthlyInterest = interestRate / 12.0;
payment = loanAmount / (
```

```
        ( 1.0 . Math.pow( 1.0 + monthlyInterest, -months ) ) /
        monthlyInterest
    );
```

이 경우에는 절약 효과가 그렇게 뛰어나 보이지 않는다.

언어	원래 시간	튜닝된 코드 시간	시간 절약
자바	2.94	2.83	4%
파이썬	3.91	3.94	−1%

Math.pow() 루틴이 너무 비싸서 하위 표현식을 제거해서 얻는 절약 효과가 무색해 보인다. 아니면 하위 표현식이 컴파일러에 의해 이미 제거되었을 수도 있다. 하위 표현식이 전체 표현식의 비용에서 큰 비중을 차지하거나 컴파일러의 최적화가 덜 효과적이라면 최적화가 더 영향력이 있을 것이다.

26.5 루틴

관련 정보 루틴 작업에 대한 자세한 내용은 7장 "고급 루틴"을 살펴본다.

코드 튜닝에서 가장 강력한 도구 중 하나는 훌륭한 루틴 분해다. 작고 잘 정의된 루틴은 여러 곳에서 독립적으로 수행할 작업을 대신해주기 때문에 공간을 절약하게 해준다. 그것은 코드를 한 루틴으로 리팩터링해서 해당 함수를 호출하는 모든 루틴을 개선할 수 있기 때문에 프로그램을 최적화하기도 쉽게 해준다. 작은 루틴은 저급 언어로 재작성하기가 비교적 쉽다. 길고 복잡한 루틴은 그 자체를 이해하기가 어렵고 어셈블러와 같은 저급 언어에서는 이해하는 게 아예 불가능하다.

루틴을 인라인으로 재작성하라

컴퓨터 프로그래밍 초기 시절, 어떤 장비에서는 루틴을 호출하면 성능이 크게 떨어졌다. 루틴을 호출하면 운영체제가 프로그램을 대기시키고 루틴 디렉터리로 바꾼 다음, 특정한 루틴으로 바꾸고 해당 루틴을 실행한다. 그다음에 해당 루틴을 대기시키고 원래의 호출 루틴으로 돌려놓는다. 이 모든 교체 작업이 자원을 손상시키고 프로그램을 느리게 만들었다.

최신 컴퓨터는 루틴 호출 비용이 상당히 적다. 다음은 문자열 복사 루틴을 인라인으로 입력했을 때의 결과다.

언어	원래 시간	튜닝된 코드 시간	시간 절약
C++	0.471	0.431	8%
자바	13.1	14.4	-10%

어떤 경우에는 C++의 *inline* 키워드와 같은 언어의 기능을 이용하여 루틴에 있는 코드를 프로그램의 필요한 위치에 곧바로 놓음으로써 수십억 분의 몇 초 정도를 절약할 수 있을 것이다. 인라인을 직접 지원하지 않지만, 매크로 전처리기를 지원하는 언어에서 작업하고 있다면 코드를 매크로에 입력한 다음 필요할 때마다 넣거나 뺄 수 있다. 하지만 최신 장비는 사실상 루틴을 호출한다고 해서 성능에 큰 손해를 입히지는 않는다. 예제에서 확인할 수 있듯이, 코드를 최적화하려고 인라인으로 작성하면 오히려 성능을 떨어뜨릴 수도 있다.

26.6 저급 언어를 이용한 재구성

반드시 짚고 넘어가야 하는 오랫동안 지속된 일반적인 통념 중 한 가지는 성능에 병목이 생겼을 때 저급 언어로 구현해야 한다는 충고다. C++로 코드를 작성하고 있다면 저급 언어는 어셈블러가 될 것이다. 파이썬으로 코드를 작성하고 있다면 저급 언어는 C가 될 것이다. 저급 언어로 코드를 재작성하면 속도와 코드의 크기를 개선할 수 있다. 다음은 저급 언어로 최적화하는 전형적인 접근 방법이다.

1. 고급 언어로 응용 프로그램을 100% 작성한다.
2. 응용 프로그램을 완전히 테스트하고 정확한지 검증한다.
3. 그다음에 성능 개선이 필요하다면 응용 프로그램을 분석해 문제가 발생하는 지점을 파악한다. 일반적으로 프로그램의 약 5%에 해당하는 부분이 실행 시간의 50%를 차지하므로 프로그램의 작은 부분이 문제가 발생하는 부분임을 파악할 수 있다.
4. 전체적인 성능을 개선하기 위해 작은 부분을 저급 언어로 재작성한다.

관련 정보 프로그램의 작은 부분이 실행 시간의 대부분을 차지하는 현상에 대한 자세한 현상은 25.2절의 "파레토 법칙"을 살펴본다.

잘 정리된 이 방법을 따를 것인지는 자신의 저급 언어 실력과 프로그램이 얼마나 어셈블러에 적합한지, 그리고 개발자의 노력에 달려있다. 저자는 이 기법을 앞 장에서 언급했던 데이터 암호화 표준 프로그램에서 처음으로 접했다. 당시 알고 있던 모든 최적화 방법을 시도해 봤지만, 프로그램의 속도는 여전히 목표보다 두 배 정도 느렸다. 유일한 방법은 프로그램의 일부를 어셈블러로 재작성하는 것뿐이었다. 어셈블러에 대해서는 초보였기 때문에 고급 언어를 저급 언어로 직역하는 것이 할 수 있는 전부였지만, 그 기초적인 수준에서도 성능이 50%나 향상되었다.

이진 데이터를 ASCII 대문자로 바꾸는 루틴이 있다고 가정해 보자. 다음 예제는 델파이로 작성한 코드다.

어셈블러에 더 적합한 코드를 델파이로 작성한 예제
```
procedure HexExpand(
    var source: ByteArray;
    var target: WordArray;
    byteCount: word
);
var
    index: integer;
    lowerByte: byte;
    upperByte: byte;
    targetIndex: integer;
begin
    targetIndex := 1;
    for index := 1 to byteCount do begin
        target[ targetIndex ] := ( (source[ index ] and $F0) shr 4 ) + $41;
        target[ targetIndex+1 ] := (source[ index ] and $0f) + $41;
        targetIndex := targetIndex + 2;
    end;
end;
```

이 코드에서 문제가 어디에 있는지 찾기 어렵지만, 델파이에서 그 능력을 제대로 발휘하지 못하는 비트 연산이 많이 있다는 것을 알 수 있다. 하지만 비트 연산은 어셈블러가 기막히게 처리할 수 있으니, 이 코드가 재작성하기에 좋은 후보다. 다음은 어셈블러 코드다.

어셈블러로 재작성한 루틴
```
procedure HexExpand(
    var source;
    var target;
    byteCount : Integer
);
    label
    EXPAND;

    asm
        MOV     ECX,byteCount    // 확장할 바이트의 수를 로드한다.
```

```
        MOV     ESI,source          // 소스(source) 오프셋
        MOV     EDI,target          // 타깃(target) 오프셋
        XOR     EAX,EAX             // 배열 오프셋을 0으로 초기화한다.

EXPAND:
        MOV     EBX,EAX             // 배열 오프셋
        MOV     DL,[ESI+EBX]        // 소스 바이트를 읽는다.
        MOV     DH,DL               // 소스 바이트를 복사한다.

        AND     DH,$F               // MSBS[9]를 읽는다.
        ADD     DH,$41              // 대문자로 만들기 위해서 65를 더한다.

        SHR     DL,4                // LSBS[10]로 이동한다.
        AND     DL,$F               // LSBS를 읽는다.
        ADD     DL,$41              // 대문자로 만들기 위해서 65를 더한다.
        SHL     BX,1                // 타깃 배열 오프셋에 대해 2를 곱한다.
        MOV     [EDI+EBX],DX        // 타깃 워드를 넣는다.

        INC     EAX                 // 배열의 오프셋을 증가시킨다.
        LOOP    EXPAND              // 끝날 때까지 반복한다.
end;
```

이 경우에는 어셈블러로 재작성하는 것이 도움이 되어 시간을 41% 절약할 수 있었다. 논리적으로 C++처럼 비트 처리에 더 적합한 언어로 작성된 코드가 델파이로 작성된 코드보다 성능 이득이 더 적을 것으로 가정할 수 있다. 다음은 그 결과다.

언어	고급 언어 시간	어셈블러 시간	시간 절약
C++	4.25	3.02	29%
델파이	5.18	3.04	41%

각 언어로 작성한 코드의 시간을 측정한 "변경 전" 결과를 보면 비트 처리에서 두 언어의 능력을 확인할 수 있다. 재작성한 "변경 후" 코드는 거의 같고 어셈블러 코드로 델파이와 C++ 사이의 초기 성능 차이를 최소화한 것 같다.

이 어셈블러 루틴은 어셈블러로 코드를 재작성하는 것이 항상 크고 괴상한 루틴을 만드는 것은 아니라는 점을 보여준다. 이 코드처럼 어셈블러로 재작성된 루틴도 상당히 간결한 경우가 있다. 때때로 어셈블러 코드는 고급 언어만큼 간결하다.

9   (옮긴이) 최상위 비트
10 (옮긴이) 최하위 비트

어셈블러로 재작성하는 비교적 쉽고 효과적인 전략은 컴파일 결과로 어셈블러 소스코드를 생성하는 컴파일러를 이용해 시작하는 것이다. 미세 조정하고 싶은 루틴에 대한 어셈블러 코드를 추출하고 별도의 소스 파일에 저장한다. 컴파일러의 어셈블러 코드를 사용하여 코드를 직접 최적화하고 정확성을 검사한 다음 단계별로 성능을 측정한다. 어떤 컴파일러는 어셈블러 코드에 주석으로 고급 언어의 명령문을 입력하기도 한다. 자신이 사용하는 컴파일러가 그렇게 한다면 어셈블러 코드에 명령문을 문서로 남겨 놓을 수도 있다.

cc2e.com/2672

> **체크리스트: 코드 튜닝 기법**
>
> **속도와 크기, 모두 개선**
> - 복잡한 논리 구조를 테이블 참조로 대체한다.
> - 반복문을 결합한다.
> - 부동 소수점 변수 대신 정수를 사용한다.
> - 컴파일 시간에 데이터를 초기화한다.
> - 정확한 타입의 상수를 사용한다.
> - 결과를 사전에 계산한다.
> - 공통 하위 표현식을 제거한다.
> - 핵심 루틴을 저급 언어로 변환한다.
>
> **속도만 개선**
> - 답을 알고 있을 때는 테스트를 중단한다.
> - *case* 문과 일련의 *if-then-else* 문에 있는 테스트를 빈도에 따라 정렬한다.
> - 유사한 논리 구조의 성능을 비교한다.
> - 소극적 평가를 사용한다.
> - *if* 테스트가 있는 반복문의 스위칭을 해제한다.
> - 반복문을 풀어쓴다.
> - 반복문 내부에서 수행되는 작업을 최소화한다.
> - 검색 반복문에서 감시 값을 사용한다.
> - 가장 바쁜 반복문을 중첩된 반복문의 내부에 놓는다.
> - 반복문 내부에서 수행되는 연산의 강도를 줄인다.
> - 다차원 배열을 1차원 배열로 변경한다.
> - 배열 참조를 최소화한다.
> - 인덱스가 있는 데이터형을 늘린다.

- 자주 사용되는 값을 캐싱한다.
- 대수 항등식을 사용한다.
- 논리 표현식과 수학 표현식의 강도를 줄인다.
- 시스템 루틴을 조심한다.
- 루틴을 인라인으로 재작성한다.

26.7 변경이 많을수록 상태는 그대로

시스템의 성능 특성이 《Code Complete》 초판이 출간된 후 10년 동안 어느 정도 변했을 거라고 예상할 것이다. 어떤 면에서는 그렇다. 컴퓨터는 굉장히 빨라졌고 메모리도 매우 풍부하다. 초판에서는 의미 있고 제대로 된 결과를 얻으려고 이 장에 있는 테스트를 1만 번에서 5만 번 정도 실행했다. 이번 2판에서는 거의 모든 테스트를 백만 번에서 1억 번 정도 실행했다. 의미 있는 결과를 얻으려고 테스트를 1억 번 실행해야 할 때는 그러한 영향을 실제 프로그램에서 알아챌 수 있을지 의문을 가져야 한다. 많은 프로그램에서 이 장에서 설명한 성능 최적화 수준이 영향을 미치지 못할 만큼 컴퓨터는 매우 강력해졌다.

한편으로 성능 문제는 거의 변하지 않았다. 데스크톱 응용 프로그램을 작성하는 사람들은 이러한 정보가 필요하지 않을지도 모르겠지만, 임베디드 시스템과 실시간 시스템, 속도나 공간에 엄격한 제약이 있는 다른 시스템용 소프트웨어를 작성하는 사람들은 여전히 이러한 정보로부터 도움을 받을 수 있다.

코드 튜닝에서 모든 시도의 영향을 측정할 필요성은 도널드 커누스가 1971년 포트란 프로그램에 대한 그의 연구를 발표한 이후부터 항상 있었다. 이 장에서 소개한 측정 방법에 따르면 구체적인 최적화의 효과는 실제로 10년 전보다 *예상하기가 더 힘들어졌다*. 코드 튜닝의 효과는 프로그래밍 언어, 컴파일러, 컴파일러 버전, 코드 라이브러리, 라이브러리 버전, 컴파일러 설정에 의해 영향을 받는다.

코드 튜닝은 항상 복잡성과 가독성, 단순성, 유지보수성, 그리고 다른 측면에서 성능을 개선하기 위한 노력과의 트레이드오프를 수반한다. 코드 튜닝을 하면 모든 코드를 다시 분석해야 하므로 유지보수의 부담이 커진다.

측정 가능한 개선을 강요하는 것이 서둘러 최적화하려는 유혹을 뿌리치고 직관적이고 분명한 코드를 작성할 수 있는 좋은 방법이라는 사실을 알게 되었다. 프로파일러를 사용하여 최적화의 효과를 측정해야 할 만큼 최적화가 중요하다면 효과가 있다는 가정하에 그렇게 하는 것이 맞을 것이다. 하지만 최적화가 프로파일링할 만큼 중요하지 않다면 가독성과 유지보수성, 코드의 다른 특성을 훼손해도 좋을 만큼 중요하지는 않을 가능성이 높다. 측정되지 않은 코드 튜닝의 영향은 잘하면 이론적으로 의미가 있겠지만, 가독성에는 확실히 손해다.

참고 자료

cc2e.com/2679

코드 튜닝에 관해 가장 좋아하는 참고서는 벤틀리의 《*Writing Efficient Programs*》 (Prentice Hall, 1982)다. 이 책은 절판되었지만, 구할 수만 있다면 충분히 읽을 만한 가치가 있다. 이 책은 코드 튜닝에 대한 전문 서적으로 널리 알려져 있다. 벤틀리는 공간을 위해서 시간을 양보하고 시간을 위해서 공간을 양보하는 기법을 설명하고 있다. 또한 공간과 시간을 모두 줄이기 위해서 데이터형을 재설계하는 다양한 예제도 제공한다. 그의 접근 방식은 여기서 소개한 것보다 약간 더 일화에 가깝고 일화가 재미있다. 다양한 최적화 단계를 몇 가지 루틴에 적용함으로써 한 가지 문제에 대해서 3차까지 시도한 결과를 확인할 수 있다. 벤틀리는 책의 주된 내용을 135쪽 안에서 다루고 있다. 이 책은 유달리 유익한 정보가 많으며 모든 실무 개발자가 반드시 갖고 있어야 할 희귀한 보석 중 하나다.

벤틀리의 《*생각하는 프로그래밍*》(인사이트, 2014)의 부록 4는 그가 자신의 초창기 책에서 소개했던 코드-튜닝 규칙에 대해 요약한 내용이 담겨 있다.

cc2e.com/2686

특정 기술에 특화된 최적화 내용을 다룬 책도 찾을 수 있다. 그중에서 몇 권을 아래에 소개했고 왼쪽에 있는 웹 링크에서는 최신 목록을 확인할 수 있다.

릭 부스(Rick Booth). 《*Inner Loops: A Sourcebook for Fast 32-bit Software Development*》(Addison-Wesley, 1997).

리차드 거버(Richard Gerber) 《*Software Optimization Cookbook: High-Performance Recipes for the Intel Architecture*》(Intel Press, 2002)

제프리 하산(Jeffrey Hasan)과 케니스 투(Kenneth Tu). 《*Performance Tuning and Optimizing ASP.NET Applications*》(Apress, 2003)

패트릭 킬리아(Killelea, Patrick). 《웹 성능 최적화》 2판(한빛미디어, 2000)

크레이그 라먼(Craig Larman)과 레트 거스리(Rhett Guthrie). 《Java 2 Performance and Idiom Guide》(Prentice Hall, 2000).

잭 시라지(Jack Shirazi). 《자바 성능 튜닝》(비제이퍼블릭, 2016)

스티브 윌슨(Steve Wilson)과 제프 케슬만(Jeff Kesselman) 《Java Platform Performance: Strategies and Tactics》(Addison-Wesley, 2000)

요점 정리

- 최적화의 결과는 프로그래밍 언어, 컴파일러, 환경에 따라 크게 달라진다. 최적화 작업마다 결과를 측정하지 않으면 그것이 프로그램에 도움이 되는지 해가 되는지 알 수 없을 것이다.
- 첫 번째 최적화는 일반적으로 최적의 솔루션이 아니다. 좋은 최적화 방법을 발견한 후에도 좀 더 좋은 것을 계속해서 찾는다.
- 코드 튜닝은 핵에너지와 약간 비슷하다. 논쟁의 여지가 있고 감정적인 주제다. 어떤 사람들은 신뢰성을 떨어뜨리고 유지보수하기 어려워진다는 이유로 코드 튜닝을 전혀 하지 않으려고 한다. 다른 사람들은 적절한 방어책이 있다면 코드 튜닝이 유용하다고 생각한다. 이 장에서 소개한 기법을 사용하기로 한다면 주의해서 적용한다.

6부

시스템 고려 사항

27장 프로그램의 크기가 구현에 미치는 영향
28장 구현 관리
29장 통합
30장 프로그래밍 도구

27장 프로그램의 크기가 구현에 미치는 영향

cc2e.com/2761

내용

27.1 의사소통과 크기
27.2 프로젝트 크기의 범위
27.3 프로젝트의 크기가 오류에 미치는 영향
27.4 프로젝트의 크기가 생산성에 미치는 영향
27.5 프로젝트의 크기가 개발 활동에 미치는 영향

관련 주제

- 구현의 선행 조건 : 3장
- 작업 중인 소프트웨어의 종류 결정: 3.2절
- 구현 관리 : 28장

소프트웨어 개발에서 규모를 키우는 것은 작은 프로젝트를 가져다가 각 부분을 좀 더 크게 만드는 식의 단순한 문제가 아니다. 2만 5,000줄짜리 기가트론(Gigatron) 소프트웨어 패키지를 20 맨먼스(staff-months) 동안 개발한 후 필드 테스트에서 500개의 오류를 발견했다고 가정하자. 기가트론 1.0과 2.0이 꽤 성공적이어서 기능을 크게 강화한 버전인 기가트론 디럭스 버전을 개발하려고 한다고 하자. 이때 새 버전은 25만 줄의 코드가 있을 것으로 예상한다.

코드의 크기는 원조 기가트론의 10배지만, 기가트론 디럭스를 개발하는 데 10배의 노력만 들지는 않을 것이다. 30배 정도의 노력이 들 것이다. 게다가 전체적인 개발 작업에 드는 노력이 30배라고 해서 구현에 30배의 노력이 들어간다는 뜻은 아니다. 아마도 구현은 25배, 아키텍처와 시스템 테스트는 40배 정도의 작업이 필요할 것이다. 오류 또한 10배가 아니라 15배 이상 발생할 것이다.

작은 프로젝트에서 작업하는 데 익숙한 사람이 처음 진행하는 프로젝트가 중간 이상 규모라면 생각했던 기분 좋은 성공 대신 제어 불가능한 야수가 되어 미친 듯이 날뛰는 경험을 하게 될 것이다. 이 장에서는 어떤 종류의 야수가 있고 야수를 길들이기 위한 채찍과 의자가 있는 곳을 알려줄 것이다. 이와 반대로 큰 프로젝트에서 작업하는 데 익숙하다면 작은 프로젝트에서는 지나치게 형식을 따르는 접근 방법을 사용할 것이다. 이 장에서는 자체적인 오버헤드의 비중으로 작은 프로젝트가 무너지지 않게 효과적으로 대응하는 방법을 설명한다.

27.1 의사소통과 크기

프로젝트를 혼자서 진행한다면 의사소통 경로는 자신과 고객 사이가 유일하다. 두뇌의 왼쪽과 오른쪽을 연결하는 통로를 계산하지 않는다면 말이다. 프로젝트에 참여하는 사람의 수가 증가할수록 의사소통 경로의 수도 증가한다. 그 수치는 증가하는 사람의 수만큼 추가되는 것이 아니라 그림 27-1과 같이 사람 수의 제곱에 비례하여 증가한다.

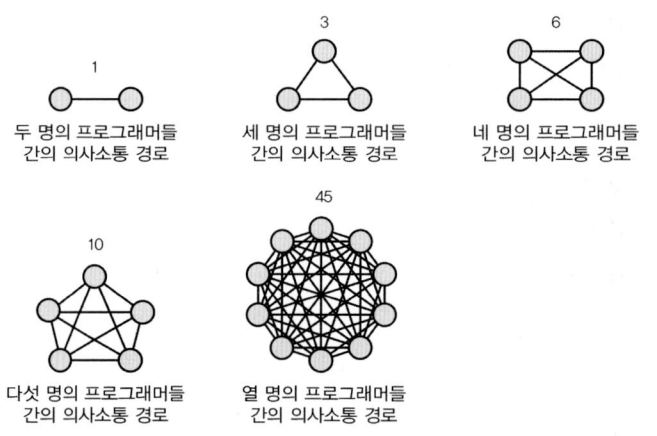

그림 27-1 의사소통 경로의 수는 팀원 수의 제곱에 비례하여 증가한다.

KEY POINT

그림에서 볼 수 있듯이, 두 사람이 참여하는 프로젝트는 의사소통 경로가 하나뿐이다. 다섯 사람이 참여하는 프로젝트는 10개의 경로를 갖는다. 한 팀원이 모든 팀원과 이야기를 나눈다고 하면 열 사람이 참여하는 프로젝트는 45개의 경로를 갖는다. 50명 이상의 개발자가 참여하는 프로젝트의 10%는 최소 1,200개의 잠재적인 경로를 갖는다. 의사소통 경로가 증가할수록 의사소통에 더 많은 시간을 보내게 되고 의사소통 실수가 발생할 확률도 높아진다. 크기가 큰 프로젝트는 의사소통을 능률적으로 진행하거나 현명한 방법으로 제한하는 조직적인 기법이 필요하다.

의사소통을 능률적으로 수행하기 위해 도입된 전형적인 접근 방법은 의사소통을 문서로 기록하는 것이다. 50명의 사람이 다른 모든 사람과 얘기하는 대신 50명의 사람이 문서를 읽고 쓴다. 어떤 것은 텍스트 문서고, 어떤 것은 그림이다. 어떤 것은 종이에 출력되고 어떤 것은 전자적인 형태로 보관된다.

27.2 프로젝트 크기의 범위

작업 중인 프로젝트의 크기가 보통 크기인가? 프로젝트 크기에 대한 개념이 너무 넓어서 무엇을 기준으로 크기를 판단해야 하는지 분명하지 않다. 프로젝트 크기를 계산하는 한 가지 방법은 프로젝트 팀의 크기를 고려하는 것이다. 다음은 조사한 다양한 크기의 팀이 수행한 모든 프로젝트의 백분율을 대략 계산한 결과다.

팀 크기	프로젝트의 백분율
1–3	25%
4–10	30%
11–25	20%
26–50	15%
50+	10%

출처: "A Survey of Software Engineering Practice: Tools, Methods, and Results" (Beck and Perkins 1983), 《Agile Software Development Ecosystems》(Highsmith 2002), 《Balancing Agility and Discipline》(Boehm and Turner 2003).

프로젝트 크기 데이터 중에서 다양한 크기의 프로젝트 백분율과 각 크기의 프로젝트에 참여하는 개발자의 수는 쉽게 눈에 들어오지 않을 것이다. 큰 프로젝트는 작은 프로젝트보다 많은 개발자를 사용하기 때문에 개발자를 높은 비율로 고용한다. 다음은 다양한 크기의 프로젝트에서 작업하는 전체적인 개발자의 백분율을 대략 측정한 것이다.

팀 크기	개발자의 백분율
1–3	5%
4–10	10%
11–25	15%
26–50	20%

팀 크기	개발자의 백분율
50+	50%

출처: "A Survey of Software Engineering Practice: Tools, Methods, and Results"(Beck and Perkins 1983), 《Agile Software Development Ecosystems》(Highsmith 2002), 《Balancing Agility and Discipline》(Boehm and Turner 2003).

27.3 프로젝트의 크기가 오류에 미치는 영향

관련 정보 오류에 대한 더 자세한 내용은 22.4절 "전형적인 오류"를 살펴본다.

오류의 양과 종류는 모두 프로젝트 크기의 영향을 받는다. 오류의 종류는 영향을 받지 않는다고 생각할지도 모르겠지만, 프로젝트의 크기가 증가할수록 그림 27-2와 같이 오류의 상당 부분이 일반적으로 요구사항과 설계상 실수로 발생할 수 있다.

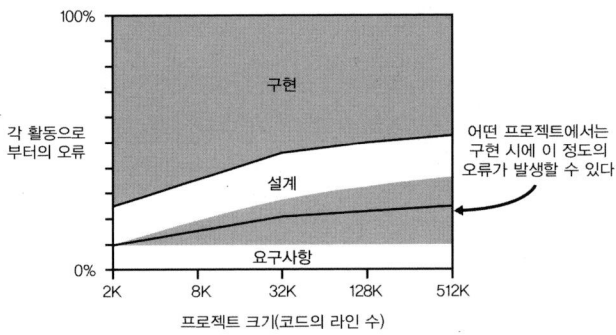

그림 27-2 프로젝트의 크기가 증가할수록 일반적으로 요구사항과 설계에서 발생하는 오류가 많아진다. 때로는 구현에서 주로 오류가 발생하기도 한다(Boehm 1981, Grady 1987, Jones 1998).

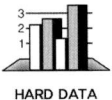
HARD DATA

작은 프로젝트에서는 구현 시 발생하는 오류가 전체 오류의 약 75%를 차지한다. 방법론은 코드의 품질에 큰 도움을 주지 못하지만, 프로그램을 작성하는 개인의 능력이 종종 프로그램의 품질에 가장 큰 영향을 미친다(Jones 1998).

큰 프로젝트에서는 구현 시 발생하는 오류가 전체 오류의 약 50%를 차지하고 요구사항과 아키텍처 오류가 나머지 부분을 차지한다. 짐작하건대 이러한 현상은 큰 프로젝트에서는 요구사항 개발과 아키텍처 설계가 더 많이 요구되므로 그러한 활동으로부터 오류가 발생할 가능성이 비례해서 높아진다는 사실과 관련이 있을 것이다. 하지만 규모가 아주 큰 몇몇 프로젝트에서는 여전히 구현 오류의 비율이 높다. 때로는 50만 줄짜리 코드에서 오류의 75% 정도가 구현으로 인한 것일 수 있다(Grady 1987).

KEY POINT

결함의 종류가 크기에 따라서 변할 때 결함의 수도 변한다. 당연히 프로젝트의 크기가 두 배인 프로젝트는 오류의 수도 두 배일 것이라고 예상할 것이다. 하지만 결함의 밀도, 즉 1,000줄당 결함의 수가 증가한다. 크기가 두 배인 제품은 두 배 이상의 오류를 가질 가능성이 높다. 표 27-1은 다양한 크기의 프로젝트에서 예상할 수 있는 결함 밀도의 범위를 보여준다.

표 27-1 프로젝트 크기와 전형적인 오류의 밀도

프로젝트 크기(줄 단위)	전형적인 오류의 밀도
2K 이하	1,000줄(KLOC)당 0-25개의 오류
2K-16K	KLOC당 0-40개의 오류
16K-64K	KLOC당 0.5-50개의 오류
64K-512K	KLOC당 2-70개의 오류
512K 이상	KLOC당 4-100개의 오류

출처: "Program Quality and Programmer Productivity"(Jones 1977), 《Estimating Software Costs》(Jones 1998).

관련 정보 이 표에 있는 데이터는 평균 성능을 나타낸다. 몇몇 조직은 표에 소개한 최솟값보다 더 낮은 오류율을 보고했다. 이에 대한 예는 22.4절의 "얼마나 많은 오류를 발견할 것으로 예상해야 할까?"를 살펴본다.

이 표에 있는 데이터는 특정한 프로젝트로부터 가져온 것이기 때문에 이 수치가 작업 중인 프로젝트와 거의 맞지 않을 것이다. 하지만 이 데이터는 업계의 한 단면으로서 의미가 있다. 이 데이터는 프로젝트의 크기가 증가함에 따라 오류의 수가 극적으로 증가하는 것을 보여주는데, 특히 매우 큰 프로젝트는 작은 프로젝트보다 1,000줄당 오류의 수가 4배나 많았다. 큰 프로젝트는 작은 프로젝트에서와 같은 오류 비율을 달성하기 위해 더 많은 작업을 해야 할 것이다.

27.4 프로젝트의 크기가 생산성에 미치는 영향

생산성은 프로젝트 크기에 있어서 소프트웨어 품질과 공통점이 많다. 작은 크기(2,000줄 이하)에서는 생산성에 가장 큰 영향을 미치는 요소가 개발자의 능력이다(Jones 1998). 프로젝트의 크기가 증가함에 따라 팀의 크기와 조직이 생산성에 더 많은 영향을 미친다.

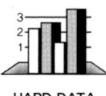
HARD DATA

팀 크기가 생산성에 영향을 미치기 시작하는 프로젝트의 크기는 얼마일까? "프로토타이핑과 명세화: 다중 프로젝트 실험"에서 보엠과 그래이, 시왈트는 작은 팀이 큰 팀보다 생산성이 39%가 높게 프로젝트를 완료한다고 보고했다. 팀의 크기는 작은 프로젝트에서는 두 명, 큰 프로젝트에서는 세 명이었다(Boehm, Gray, and Seewaldt 1984). 표 27-2는 프로젝트의 크기와 생산성 사이의 일반적인 관계에 관한 정보를 제공한다.

표 27-2 프로젝트 크기와 생산성

프로젝트 크기(줄 단위)	팀원당 작성한 코드 줄 수(괄호 안의 값은 Cocomo II에 규정한 수치)
1K	2,500–25,000 (4,000)
10K	2,000–25,000 (3,200)
100K	1,000–20,000 (2,600)
1,000K	700–10,000 (2,000)
10,000K	300–5,000 (1,600)

출처: 《Measures for Excellence》(Putnam and Meyers 1992), 《Industrial Strength Software》(Putnam and Meyers 1997), 《Software Cost Estimation with Cocomo II》(Boehm et al. 2000), "Software Development Worldwide: The State of the Practice"(Cusumano et al. 2003)에서 발췌.

생산성은 대체로 작업 중인 소프트웨어의 종류, 개인적인 자질, 프로그래밍 언어, 방법론, 제품의 복잡도, 프로그래밍 환경, 도구 지원, "코드 줄"을 계산하는 방법, 개발자가 아닌 사람들의 지원 노력을 "팀원당 코드 줄 수"의 수치에 반영하는 방법, 그리고 다른 많은 요소에 의해서 결정되기 때문에 표 27-2에 있는 수치는 크게 달라질 수 있다.

하지만 이 수치가 보여주는 일반적인 경향은 중요하다는 점을 확실히 이해해야 한다. 작은 프로젝트에서의 생산성은 큰 프로젝트보다 2~3배 높을 수 있으며 생산성은 가장 작은 프로젝트와 가장 큰 프로젝트 사이에 5~10배 정도 차이가 날 수 있다.

27.5 프로젝트의 크기가 개발 활동에 미치는 영향

개인 프로젝트를 진행하고 있다면 개발자 자신이 프로젝트의 성공이나 실패에 가장 큰 영향을 미친다. 25명이 참여하는 프로젝트를 진행하고 있을 때도 자신이 가장 큰 영향을 미친다고 생각할 수 있지만, 어느 한 사람이 성공의 영광을 차지하지는 못할 것이다. 그런 경우에는 조직이 프로젝트의 성패에 더 강한 영향을 미칠 것이다.

활동 비율과 크기

프로젝트의 크기가 증가하고 형식적인 의사소통의 필요성이 증가함에 따라 프로젝트가 필요로 하는 활동의 종류도 크게 변한다. 그림 27-3은 서로 다른 크기의 프로젝트에 대한 개발 활동의 비율을 보여준다.

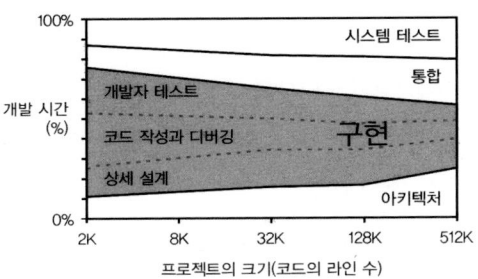

그림 27-3 작은 프로젝트에서는 구현 활동이 큰 비중을 차지한다. 큰 프로젝트가 성공하려면 더 많은 아키텍처, 통합 작업, 시스템 테스트가 필요하다. 요구사항에서의 노력은 다른 활동처럼 프로그램 크기에 직접 비례하지 않기 때문에 이 그림에서는 그 항목을 표시하지 않았다(Albrecht 1979; Glass 1982; Boehm, Gray, and Seewaldt 1984; Boddie 1987; Card 1987; McGarry, Waligora, and McDermott 1989; Brooks 1995; Jones 1998; Jones 2000; Boehm et al. 2000).

KEY POINT

작은 프로젝트에서는 구현이 전체 개발 시간의 65%를 차지하는 가장 두드러진 활동이다. 중간 크기의 프로젝트에서도 여전히 구현이 주요한 활동이기는 하지만, 전체 개발 시간에서 차지하는 비율은 50% 정도로 낮아진다. 매우 큰 프로젝트에서는 아키텍처, 통합, 시스템 테스트가 더 많은 시간을 차지하고 구현이 차지하는 비율은 줄어든다. 간략히 말하자면 프로젝트의 크기가 증가함에 따라 구현이 차지하는 비중은 작아진다. 이 표를 오른쪽으로 계속 확장하면 구현이 사라질 것처럼 보여서 밥벌이를 위해 그래프를 512K에서 잘랐다.

프로젝트의 크기가 증가함에 따라 구현 활동(상세 설계, 코드 작성, 디버깅, 단위 테스트)도 그에 비례해 증가하지만, 다른 많은 활동이 더 빠르게 증가하기 때문에 구현이 차지하는 비중이 작아진다. 그림 27-4는 이를 보여주는 그림이다.

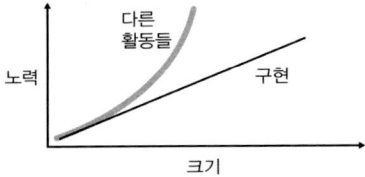

그림 27-4 소프트웨어 구현 작업의 양은 프로젝트 크기에 대해서 거의 선형 함수에 가깝다. 다른 작업은 프로젝트 크기가 증가함에 따라 비선형적으로 증가한다.

크기가 비슷한 프로젝트는 비슷한 활동을 수행하겠지만, 크기가 다양해지면 활동의 종류도 다양해진다. 이 장의 도입부에서 설명했듯이 기가트론 디럭스의 크기가 원래 기가트론 크기의 10배가 되면 구현은 25배, 계획 수립은 25배 ~ 50배, 통합 노력은 30배, 아키텍처와 시스템 테스트는 40배가 필요할 것이다.

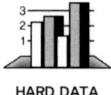

프로젝트 크기에 따라 결정적인 활동이 다르므로 활동의 비율도 달라진다. 배리 보엠과 리차드 터너는 아키텍처에 전체 프로젝트 비용의 5% 정도를 투자하면 1만 줄짜리 프로젝트에서 가장 비용이 적게 든다는 사실을 발견했다. 하지만 10만 줄짜리 프로젝트에서는 아키텍처에 전체 프로젝트 비용의 15%에서 20% 정도 투자하는 것이 가장 좋은 결과를 냈다(Boehm and Turner 2004).

다음은 프로젝트의 크기가 증가함에 따라 선형 비율 이상으로 증가하는 활동을 목록으로 작성한 것이다.

- 의사소통
- 계획 수립
- 관리
- 요구사항 개발
- 시스템 기능 설계
- 인터페이스 설계와 명세
- 아키텍처
- 통합
- 결함 제거
- 시스템 테스트
- 문서 제작

프로젝트의 크기와 상관없이 엄격한 코드 작성 규칙, 다른 개발자에 의한 설계 및 코드 정밀 검토, 좋은 도구 지원, 고급 언어 사용과 같은 몇 가지 기법은 언제나 유용하다. 이러한 기법은 작은 프로젝트에서도 유용하지만, 큰 프로젝트에서는 더할 나위 없이 중요하다.

프로그램, 제품, 시스템, 시스템 제품

참고 자료 이러한 사항에 대한 또 다른 설명은 《맨먼스 미신》(인사이트, 2015)의 1장을 살펴본다.

코드의 줄 수와 팀 크기만 프로젝트의 크기에 영향을 미치는 것은 아니다. 최종 소프트웨어의 품질과 복잡성이 더 미묘한 영향을 미친다. 원조 기가트론인 기가트론 주니어는 작성하고 디버깅하는 데 한 달 정도 걸렸을 것이다. 그 프로그램은 한 사람이 작성하고 테스트하고 문서화한 단일 프로그램이었다. 2,500줄짜리 기가트톤 주니어를 만드는 데 한 달이 걸렸다면 왜 2만5,000줄로 확장된 기가트론은 스무 달이나 걸렸을까?

가장 간단한 종류의 소프트웨어는 그 프로그램을 작성한 사람이나 비공식적으로 몇몇 다른 사람만 사용하는 단일 "프로그램"이다.

더 정교한 프로그램의 종류는 프로그램 개발자가 아닌 다른 사람들이 사용할 목적으로 만든 프로그램인 소프트웨어 "제품"이다. 소프트웨어 제품은 제품이 작성된 것과 다른 환경에서 사용된다. 그것은 제품이 배포되기 전에 광범위하게 테스트하고 문서로 기록하고 나중에 다른 사람이 유지보수할 수 있다. 소프트웨어 제품은 소프트웨어 프로그램보다 개발하는 데 약 3배의 비용이 더 든다.

함께 작동하는 프로그램 그룹을 개발할 때는 또 다른 정교함이 요구된다. 그런 그룹을 소프트웨어 "시스템"이라고 부른다. 시스템 개발은 통합되는 부분 사이에 인터페이스를 개발하는 데 따른 복잡성과 주의가 요구되기 때문에 간단한 프로그램을 개발하는 것보다 좀 더 복잡하다. 전체적으로 시스템도 간단한 프로그램을 개발하는 것보다 3배 정도 비용이 더 든다.

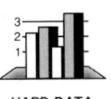
HARD DATA

"시스템 제품"을 개발할 때는 제품과 시스템 곳곳을 다듬어야 한다. 시스템 제품은 간단한 프로그램보다 9배 정도 비용이 더 든다(Brooks 1995, Shull et al. 2002).

프로그램과 제품, 시스템, 시스템 제품 사이의 매끄러움과 복잡성의 차이를 제대로 평가하지 못하는 것이 견적 오류의 일반적인 원인이다. 시스템 제품을 작성하기 위한 일정을 추정하는 프로그램을 작성했던 경험을 활용하는 개발자는 실제 필요한 일정보다 거의 10배 정도 낮게 추정할 수 있다. 다음 예제를 살펴볼 때 그림 27-3에 있는 표를 참고한다. 2K 프로그램을 개발하는 데 걸리는 시간을 추정하는 2,000줄짜리 코드를 작성했던 경험을 활용한다면 예상 시간은 실제로 프로그램을 개발하면서 들어가는 모든 활동을 수행하는 데 필요한 전체 시간의 65%밖에 안 될 것이다. 2,000줄짜리 코드를 작성하는 데는 2,000줄짜리 코드가 들어간 프로그램을 작성하는 것만큼 오랜 시간이 걸리지 않는다. 구현 외 활동에 걸리는 시간을 고려하지 않는다면 개발에는 예측한 것보다 50% 정도의 시간이 더 걸릴 것이다.

프로젝트 크기가 커질수록 프로젝트에 들어가는 전체 노력에서 구현이 차지하는 비중은 작아진다. 구현 경험만을 바탕으로 견적을 낸다면 견적 오류가 증가할 것이다. 32K 프로그램을 개발하는 데 걸리는 시간을 추정하는 데 2K 구현 경험을 사용했다면 그 견적은 필요한 전체 시간의 50%밖에 안 되고 개발에는 추정한 것보다 100% 더 많은 시간이 걸릴 것이다.

여기서 견적 오류는 전적으로 더 큰 프로그램을 개발하는 데 크기가 미치는 영향을 이해하지 못했기 때문에 발생한 것이다. 게다가 단일 프로그램이 아닌 제품에 요구되는 추가적인 섬세함을 고려하지 못하면 오류는 3배 이상으로 쉽게 증가할 수 있다.

방법론과 크기

프로젝트의 규모에 상관없이 방법론을 사용한다. 작은 프로젝트에서는 방법론이 격식이 없고 본능적이다. 큰 프로젝트의 방법론은 엄격하고 주의 깊게 계획한다.

어떤 방법론은 매우 느슨해서 개발자가 사용하고 있다는 사실조차 인식하지 못할 수 있다. 어떤 개발자들은 방법론이 너무 엄격해서 거기에 손도 대지 않을 거라고 말한다. 개발자가 방법론을 의식적으로 선택하지 않았다는 것이 사실이라고 할지라도 프로그래밍에 접근하는 모든 방법은 방법론을 구성한다. 접근 방법이 무의식적으로 사용됐든 기초적이든 상관없다. 아침에 일어나 출근하는 것조차 전혀 새로울 것이 없더라도 기본적인 방법론이다. 방법론을 피한다고 주장하는 개발자들은 명시적으로 방법론을 선택하고 있지 않을 뿐, 누구도 방법론 사용을 피할 수 없다.

KEY POINT

형식적인 접근 방법이 항상 즐거울 수는 없다. 그러한 접근 방법이 잘못 적용되면 다른 데서 애써 절약한 시간을 엉뚱한 곳에 낭비하고 만다. 하지만 큰 프로젝트의 훨씬 큰 복잡성 때문에 방법론에 더 주의를 기울여야 한다. 고층 빌딩을 짓는 데는 개집 짓기와 다른 접근 방법이 필요하다. 소프트웨어 프로젝트의 크기에 따른 접근 방법도 마찬가지다. 큰 프로젝트에서는 무의식적인 선택이 작업에 적합하지 않다. 성공적인 프로젝트 설계자는 큰 프로젝트에 대해 명시적으로 자신의 전략을 선택한다.

사회적 상황에서도 행사가 형식적일수록 복장이 불편해진다(하이힐, 넥타이 등). 소프트웨어 개발에서도 프로젝트가 형식적일수록 작업 처리 사실을 확인하기 위해 더 많은 문서를 작성해야 한다. 캐퍼스 존스는 1,000줄 짜리 프로젝트에서는 평균 문서 업무에 약 7%의 노력을 들이는 반면, 10만 줄짜리 프로젝트에서는 문서 업무에 평균 26% 정도의 노력을 들인다는 점을 지적했다(Jones 1998).

이러한 문서 업무는 문서를 작성하는 순수한 즐거움을 위한 것이 아니다. 이 작업은 그림 27-1과 같은 현상의 직접적 결과로 나타난 것이다. 조정해야 하는 사람의 두뇌가 많아질수록 그들을 관리하는 데 필요한 형식적인 문서도 증가한다.

문서화 자체를 위해 문서를 작성하지 않는다. 예를 들어 구성 관리 계획을 작성하는 핵심은 쓰기 근육을 키우기 위한 것이 아니다. 계획을 작성하는 핵심은 구현 관리에 대해 더 신중하게 생각하고 그 계획을 다른 사람에게 설명하기 위한 것이다. 문서화는 소프트웨어 시스템을 계획하고 구성할 때 수행하는 실제 업무의 실질적인 부산물이다. 마지못해 문서를 작성하고 있는 것 같은 느낌이 든다면 뭔가 잘못된 것이다.

방법론에서는 "더 많이"가 나을 것이 없다. 기민한 방법론과 계획 위주의 방법론에 대한 검토에서 배리 보엠과 리차드 터너는 포괄적인 방법론으로 시작해 그것을 줄여 작은 프로젝트에 적용하는 것보다는 방법론을 작게 시작해서 큰 프로젝트에 맞게 확장하는 게 일반적으로 더 좋은 결과를 가져온다고 충고한다(Boehm and Turner 2004). 일부 소프트웨어 전문가들은 "경량"과 "중량" 기법에 관해 얘기하지만, 실무에서 가장 중요한 사항은 프로젝트의 구체적인 크기와 형식을 고려해 "적합한" 방법론을 찾는 것이다.

참고 자료

cc2e.com/2768

이 장의 주제를 좀 더 자세히 살펴보는 데 다음 자료를 활용한다.

배리 보엠과 리차드 터너 《Balancing Agility and Discipline: A Guide for the Perplexed》(Addison-Wesley, 2004). 보엠과 터너는 프로젝트의 크기가 애자일 기법과 계획 위주의 방법에 어떻게 영향을 미치는지 설명하고 다른 애자일 문제와 계획 위주의 문제에 관해서도 설명한다.

알리스테어 콕번(Alistair Cockburn) 《Agile Software Development》(Addison-Wesley, 2002). 이 책의 4장에서 프로젝트 크기를 포함하여 적절한 프로젝트 방법론을 선택하는 것과 관련된 문제를 설명한다. 6장에서는 다양한 크기와 중요도에 따라 프로젝트를 개발하기 위한 접근 방법인 콕번의 크리스털(Crystal) 방법론을 소개한다.

배리 보엠 《Software Engineering Economics》(Prentice Hall, 1981). 보엠의 책은 프로젝트 개발 프로세스에서 프로젝트 크기와 다른 변수의 비용, 생산성, 품질에 대한 문제를 광범위하게 다룬다. 이 책은 구현과 다른 활동에 크기가 미치는 영향을 설명한다. 11장은 소프트웨어 규모의 비경제에 관해 훌륭하게 설명하고 있다. 프로젝트 크기에 관한 다른 정보를 전반적으로 소개한다. 보엠이 2000년에 저술한 《Software Cost Estimation with Cocomo II》이 보엠의 Cocomo 측정 모델에 대한 최신의 정보를 훨씬 많이 포함하고 있지만, 이 책이 더 깊이 있는 내용을 제공하고 이러한 내용은 여전히 오늘날에도 의의가 있다.

캐퍼스 존스 《Estimating Software Costs》(McGraw-Hill, 1998). 이 책은 소프트웨어 개발 생산성의 근원을 자세히 분석한 표와 그래프로 이루어져 있다. 프로젝트 크기의 영향에 대해서는 존스가 1986년에 저술한 《Programming Productivity》의 3장 "The Impact of Program Size"라는 절에서 훌륭하게 설명하고 있다.

프레더릭 브룩스 《맨먼스 미신》(인사이트, 2015). 브룩스는 5,000인/년(staff-years)이 걸렸던 거대한 프로젝트인 IBM의 OS/360 개발 작업의 관리자였다. 그는 크고 작은 팀의 관리상 문제점에 관해서 설명하고 이 매력적인 수필 모음을 통해 수석 개발자 팀의 생생한 이야기를 소개하고 있다.

피터 드그라스(Peter DeGrace)와 레슬리 스탈(Leslie Stahl) 《Wicked Problems, Righteous Solutions: A Catalogue of Modern Software Engineering Paradigms》(Yourdon Press, 1990). 제목에서 알 수 있듯이 이 책은 소프트웨어 개발 접근 방법을 분류한 것이다. 이 장 전체에서 강조했듯이 접근 방법은 프로젝트의 크기에 따라 달라져야 하며 드그라스와 스탈은 그러한 점을 분명히 밝혔다. 5장의 "Attenuating and Truncating" 절에서는 프로젝트의 크기와 형식화에 기반을 둔 소프트웨어 개발 프로세스의 커스터마이징에 대해 설명한다. 이 책은 NASA와 미국 국방성의 모델에 대한 설명과 수많은 교육적인 예를 담고 있다.

캐퍼스 존스 "Program Quality and Programmer Productivity" 42~78쪽, IBM Technical Report TR 02.764 (1977년 1월): 존스의 《Tutorial: Programming Productivity: Issues for the Eighties》 2판(IEEE Computer Society Press, 1986)도 있다. 이 논문은 큰 프로젝트가 작은 프로젝트와 다른 소비 패턴을 보이는 이유를 처음으로 깊이 있게 분석했다. 큰 프로젝트와 작은 프로젝트 사이의 차이점을 철저하게 논의하고 있으며 요구사항과 품질 보증 평가에 대한 내용도 포함한다. 이 내용은 오래되었지만, 여전히 흥미롭다.

요점 정리

- 프로젝트의 크기가 증가함에 따라 의사소통이 뒷받침되어야 한다. 대부분 방법론의 핵심은 의사소통 문제를 감소시키는 것이며 방법론은 의사소통을 쉽게 해주느냐 아니냐에 따라 살아남거나 죽을 것이다.
- 다른 조건이 같다면 큰 프로젝트의 생산성이 작은 프로젝트의 생산성보다 낮을 것이다.
- 다른 조건이 같다면 큰 프로젝트가 작은 프로젝트보다 1,000줄당 오류의 수가 더 많을 것이다.
- 작은 프로젝트에서 당연한 것으로 받아들이는 활동을 큰 프로젝트에서는 신중하게 계획해야 한다. 구현은 프로젝트의 크기가 증가함에 따라 전체 개발 활동에서 차지하는 비중이 줄어든다.
- 가벼운 방법론을 확장하는 쪽이 무거운 방법론을 축소하는 것보다 더 잘 작동하는 경향이 있다. 가장 효과적인 접근 방법은 "올바른" 접근 방법을 사용하는 것이다.

28장 구현 관리

cc2e.com/2836

내용

28.1 훌륭한 코딩 장려
28.2 형상 관리
28.3 구현 일정 예측
28.4 측정
28.5 개발자를 사람으로 대우하기
28.6 관리자 관리

관련 주제

- 구현의 선행 조건: 3장
- 작업 중인 소프트웨어의 종류 결정: 3.2절
- 프로그램 크기: 27장
- 소프트웨어 품질: 20장

소프트웨어 개발 관리는 지난 수십 년 동안 다루기 어려운 문제였다. 그림 28-1처럼 소프트웨어 프로젝트 관리에서 일반적인 관리는 이 책의 범위를 벗어나지만, 이 장에서 구현에 직접 적용되는 몇 가지 구체적인 관리 방법을 논의할 것이다. 개발자에게는 이 장의 내용이 관리자가 고려해야 할 문제를 이해하는 데 도움을 줄 것이다. 관리자에게는 이 내용이 구현을 효과적으로 관리하는 방법은 물론 개발자가 관리자를 어떻게 생각하는지 이해하는 데 도움을 줄 것이다. 이 장에서는 여러 가지 주제를 다루고 있으므로 각각의 내용에 대해 더 많은 정보를 참조할 수 있는 자료도 소개한다.

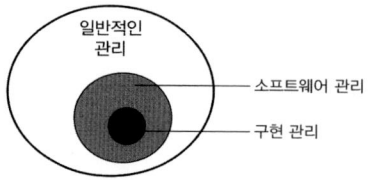

그림 28-1 이 장에서는 소프트웨어 구현 관리에 관한 주제를 다룬다.

소프트웨어 관리에 관심이 있다면 3.2절 "작업 중인 소프트웨어의 종류 결정"을 반드시 읽고 전통적인 순차적 접근 개발 방법과 최신의 반복적 접근 방법의 차이점을 이해해야 한다. 또한 20장 "소프트웨어의 품질"과 27장 "프로그램의 크기가 구현에 미치는 영향" 도 읽어본다. 품질 목표와 프로젝트 크기 둘 다 특정한 소프트웨어 프로젝트를 어떻게 관리해야 하는지에 중대한 영향을 미친다.

28.1 훌륭한 코딩 장려

코드가 구현의 주요 산출물이기 때문에 구현 관리에서 "좋은 코드 작성 습관을 어떻게 장려할 것인가?"하는 문제는 매우 중요하다. 일반적으로 관리자가 엄격한 기술적인 표준을 정하는 것은 좋은 생각이 아니다. 개발자들은 관리자의 기술적 수준이 단세포 생물과 빙하 시대에 멸종된 매머드의 중간쯤에 위치한 낮은 단계에 있다고 보는 경향이 있으며 프로그래밍 표준을 정할 거라면 개발자가 직접 정해야 한다.

프로젝트에 참여하는 누군가가 표준을 정한다면 관리자가 아니라 훌륭한 아키텍트가 정해라. 소프트웨어 프로젝트는 "전문적 기술"만큼이나 "권한"에 의해 영향을 받는다. 아키텍트를 프로젝트의 정신적 지도자로 여긴다면 프로젝트 팀은 일반적으로 그 사람이 정한 표준을 따를 것이다.

이러한 접근 방법을 선택할 때는 아키텍트가 실제로 존경받고 있어야 한다. 때때로 프로젝트 아키텍트가 단순히 오랫동안 회사에 근무하고 제품 코드 작성은 더 이상 다루지 않는 선임인 경우도 있다. 개발자들은 작업 중인 내용을 잘 모르는 "아키텍트"가 표준을 정의하는 것을 불쾌하게 생각할 것이다.

표준을 정할 때 고려할 사항

조직에 따라 표준이 더 유용하게 쓰이기도 한다. 어떤 개발자들은 표준을 정해두면 프로젝트가 임의로 변하는 것을 줄일 수 있기 때문에 표준을 환영한다. 그룹에서 엄격한 표준 채용을 거부한다면 유연한 지침이나 지침이 아닌 제안 모음, 가장 좋은 습관을 구체화한 예제 모음 등 대안을 고려해 본다.

좋은 코딩을 장려하는 기법

이 절에서는 엄격한 코드 작성 표준보다는 좀 더 유연한 좋은 개발 습관을 실천하는 몇 가지 기법을 소개한다.

관련 정보 짝 프로그래밍에 대한 자세한 내용은 21.2절 "짝 프로그래밍"을 살펴본다.

프로젝트의 모든 영역에 두 사람을 할당하라. 두 사람이 모든 코드에 대해 함께 작업해야 한다면 적어도 두 사람은 그 코드가 작동하고 읽을 수 있다고 보장할 수 있을 것이다. 두 사람을 팀으로 만드는 이러한 방법에는 짝 프로그래밍에서부터 지도자-훈련생 시스템, 그리고 2인 1조 검토 방식 등이 있다.

관련 정보 검토에 대한 자세한 내용은 21.3절 "형식적인 정밀 검토"와 21.4절 "여러 가지 협력 개발 방법"을 살펴본다.

모든 코드를 검토하라. 코드 검토는 전형적으로 한 명의 개발자와 적어도 두 명의 검토자가 참여한다. 그 말은 곧 최소 세 명이 모든 코드를 읽는다는 뜻이다. 동료 검토를 "동료의 압박"이라고도 한다. 검토는 코드를 작성한 개발자가 프로젝트를 떠나는 경우에 대한 안전장치를 제공할 뿐만 아니라 개발자가 자신이 작성한 코드를 다른 사람이 읽으리라는 것을 알고 있어 코드의 품질도 향상된다. 조직에서 코드 작성 표준을 명시적으로 만들지 않았더라도 검토가 조직의 코드 작성 표준을 자연스럽게 만들게 하는 미묘한 역할을 한다. 검토하는 동안 그룹이 결정하는 사항이 시간이 흐르면서 그룹의 고유한 표준 규약이 된다.

코드에 서명하라. 다른 분야에서는 관리자가 기술 도면을 승인한 후 서명한다. 그러한 서명은 관리자가 아는 한 그 도면이 기술적으로 완전하고 오류가 없다는 것을 의미한다. 어떤 회사들은 코드를 이와 같은 방법으로 처리한다. 선임이 코드에 서명해야만 코드가 완전하다고 여긴다.

검토를 위해 좋은 예제 코드를 돌려보라. 좋은 관리자가 되기 위해서는 목표를 분명하게 전달해야 한다. 목표를 알리는 한 가지 방법은 좋은 코드를 개발자들에게 회람시키거나 공공 게시판에 붙여놓는 것이다. 그렇게 함으로써 추구하는 품질에 대한 분명한 예를 제공할 수 있다. 마찬가지로 코드 작성 표준 매뉴얼은 주로 "가장 훌륭한 코드 소스"의 모음으로 구성될 수 있다. 어떤 코드를 "가장 좋은" 것으로 인정하는 것은 다른 사람들이 따를 수 있는 예를 설정하는 것이다. 그러한 매뉴얼은 글로 작성된 표준 매뉴얼보다 업데이트하기 쉽고 산문 형식의 글에서는 일일이 파악하기 어려운 코드 작성 방식의 미묘한 사항을 손쉽게 보여줄 수 있다.

관련 정보 프로그래밍에서 가장 큰 부분은 자신의 작업을 다른 사람에게 전달하는 것이다. 자세한 내용은 33.5절과 34.3절을 살펴본다.

코드가 공용 자산이라는 것을 강조하라. 때때로 개발자들은 자신이 작성한 코드를 마치 개인 자산인 것처럼 "자신의 코드"라고 생각한다. 코드가 자신이 작업한 결과물이기는

하지만, 그것은 프로젝트의 일부이며 그 코드가 필요한 다른 사람이 자유롭게 사용할 수 있어야 한다. 최소한 검토와 유지보수 시에는 다른 사람이 볼 수 있어야 한다.

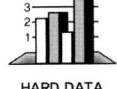

지금까지 보고된 가장 성공적인 프로젝트의 하나는 11년 동안 노력해 8만3,000줄의 코드를 개발한 것이다. 시스템이 작동하고 나서 처음 13개월 동안 시스템을 다운시킨 오류가 딱 하나였다. 이러한 성과는 그 프로젝트가 온라인 컴파일이나 대화식 디버깅이 없던 1960년대 후반에 완성되었다는 점을 고려하면 더욱 놀랍다. 1960년대 후반 연간 작업량이 코드 7,500줄이었던 그 프로젝트의 생산성은 오늘날의 표준에 비교해도 놀라운 것이다. 이 프로젝트의 수석 개발자는 프로젝트가 성공할 수 있었던 한 가지 핵심적인 요인이 모든 컴퓨터 작업(오류나 다른 것 포함)이 개인이 아닌 모두의 것임을 인식하는 것이었다고 보고했다(Baker and Mills 1973). 그러한 개념은 오픈소스 소프트웨어(Open Source Software)(Raymond 2000)와 협력적인 소유에 대한 익스트림 프로그래밍의 기본 개념(Beck 2000)을 비롯한 다른 글에서 오늘날까지 이어지고 있다.

좋은 개발 방식에 대해 보상을 하라. 좋은 코드 작성 습관을 장려하는 데 조직의 보상 시스템을 이용한다. 자신만의 보상 시스템을 만들 때 다음과 같은 사항을 명심한다.

- 보상은 개발자가 원하는 것이어야 한다(많은 개발자는 "정말 잘했군!"과 같은 보상을 싫어하는데, 특히 개발자로 일한 경력이 없는 사람이 그런 말을 할 때는 더욱 그렇다).
- 보상을 받는 코드는 매우 훌륭해야 한다. 일을 못 한다는 것을 모든 사람이 아는 개발자에게 보상하면 호머 심슨[1]이 원자로를 작동하려고 하는 것처럼 보일 것이다. 그 개발자가 협력적인 태도를 보이느냐 혹은 항상 근무 시간에 늦지 않느냐는 중요하지 않다. 보상이 그 일의 기술적 가치에 부합하지 않는다면 신뢰를 잃을 것이다. 좋은 코드를 판단할 수 있을 만큼 기술적 능력이 없다면 차라리 보상하지 말라! 아예 보상하지 말든지, 보상받을 사람을 팀이 선택하게 하라.

한 가지 쉬운 표준 프로그래밍 프로젝트를 관리하고 있고 프로그래밍 지식이 있는 경우, 훌륭한 작업을 끌어내기 위한 쉽고 효과적인 기법은 다음과 같이 말하는 것이다. "이 프로젝트에서 작성되는 모든 코드를 제가 읽고 이해할 수 있어야 합니다." 관리자가 기술적으로 최고의 전문가가 아니라는 점이 "영리"하거나 교묘한 코드를 막을 수 있다는 점에서는 도움이 될 수 있다.

이 책의 역할

이 책의 대부분은 좋은 프로그래밍 습관에 대해 논의하고 있다. 엄격한 표준을 정당화하는 데 사용하기 위한 것이 아니라, 엄격한 표준이 덜 사용되게 하기 위한 것이다. 좋은

---

[1] (옮긴이) 애니메이션 심슨에 나오는 심슨 가의 가장으로 스프링필드 핵발전소 안전요원

프로그래밍 습관에 대한 참고 서적으로, 그리고 자신의 환경에 도움이 되는 습관을 확인하는 목적으로 이 책을 사용하도록 한다.

28.2 형상 관리

소프트웨어 프로젝트는 계속해서 변한다. 코드가 변하고 설계와 요구사항이 변한다. 더구나 요구사항의 변화는 설계에 더 많은 변화를 가져오고 설계의 변화는 코드와 테스트 케이스에 더 많은 변화를 가져온다.

형상 관리란 무엇인가?

형상 관리는 시간이 지나면서 시스템이 무결성을 유지할 수 있도록 체계적으로 프로젝트의 부산물을 파악하고 변화를 처리하기 위한 행위로, "변경 관리"라고도 한다. 형상 관리는 제시된 변경 사항에 대한 평가와 변경 추적, 다양한 시점에서 시스템의 복사본을 유지하기 위한 기법을 포함한다.

요구사항에 대한 변경을 관리하지 않으면 결국 시스템에서 제거될 부분의 코드를 작성하게 될 수도 있다. 시스템의 새로운 부분과 호환되지 않는 코드를 작성할 수도 있다. 통합하기 전까지는 호환되지 않는 것의 상당수를 발견하지 못할 텐데, 그렇게 되면 아무도 실제로 진행 상황을 알지 못하기 때문에 서로 책임만 전가하게 될 것이다.

코드에 대한 변경을 관리하지 않으면 다른 사람이 변경하고 있는 루틴을 자신이 변경할 수도 있다. 그러면 다른 사람이 변경한 코드와 자신이 변경한 코드를 성공적으로 결합하는 데 문제가 있을 것이다. 관리되지 않은 코드 변경은 원래보다 코드를 더 여러 번 테스트하게 만들 수 있다. 그러면 테스트한 버전은 오래되고 변경하지 않은 버전이 되고 정작 수정된 버전은 테스트하지 않는 경우도 발생할 것이다. 훌륭한 변경 관리 없이 루틴을 변경하고 새로운 오류를 발견할 수는 있지만, 이전의 작동하던 루틴을 복구할 수는 없다.

문제는 끝없이 발생한다. 변경이 체계적으로 처리되지 않으면 분명한 목적지를 향해 곧바로 이동하는 것이 아니라 안개 속에서 방황하고 있는 것과 같다. 훌륭한 변경 관리가 없다면 코드를 개발하는 게 아니라 시간을 낭비하는 것이다. 형상 관리는 시간을 효과적으로 사용하는 데 도움을 준다.

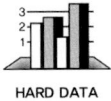
HARD DATA

형상 관리의 분명한 필요성에도 불구하고 많은 개발자가 수십 년 동안 형상 관리를 사용하지 않았다. 20년이 넘은 한 조사에서는 개발자의 3분의 1 이상이 그 개념조차 제대로 알지 못한다는 것을 발견했으며(Beck and Perkins 1983) 그러한 상황이 변할 조짐도 거의 보이지 않는다. 카네기멜론 소프트웨어공학연구소가 수행한 최근 한 연구에서는 비형식적인 소프트웨어 개발 방법을 사용하고 있는 조직에서 적절한 형상 관리를 가진 조직은 20% 미만이라는 것을 발견했다(SEI 2003).

형상 관리는 개발자가 고안한 것은 아니지만, 프로그래밍 프로젝트는 매우 변하기 쉬워 개발자에게 특히 유용하다. 소프트웨어 프로젝트에 적용된 형상 관리를 일반적으로 "소프트웨어 형상 관리(SCM)"라고 부른다. SCM은 프로그램의 요구사항과 소스코드, 문서화, 테스트 데이터에 중점을 둔다.

SCM이 가진 시스템적인 문제는 지나치게 제어한다는 점이다. 자동차 사고를 막는 가장 확실한 방법은 모든 사람이 운전하지 못하게 하는 것이며 소프트웨어 개발 문제를 예방하는 가장 확실한 방법은 소프트웨어를 개발하지 않는 것이다. 그것이 변경을 제어하는 한 가지 방법이기는 하지만, 소프트웨어 개발에는 굉장히 안 좋은 방법이다. SCM을 신중하게 계획해 그것이 골칫거리가 아니라 자산이 될 수 있도록 해야 한다.

관련 정보 프로젝트 크기가 구현에 미치는 영향에 대한 자세한 내용은 27장 "프로그램의 크기가 구현에 미치는 영향"을 살펴본다.

규모가 작은 개인 프로젝트에서는 SCM 없이 비형식적으로 주기적인 백업을 계획하는 것만으로도 잘 해낼 수 있을 것이다. 그런데도 불구하고 형상 관리는 여전히 유용하다(그리고 사실 이 원고를 쓰는 데도 형상 관리를 사용했다). 50명이 참여하는 규모가 큰 프로젝트에서는 아마도 백업에 대한 상당히 형식적인 절차와 요구사항 및 설계에 대한 변경 관리, 문서와 소스코드, 내용, 테스트 케이스를 비롯한 프로젝트 부산물에 대한 제어를 포함한 완전한 SCM 스키마가 필요할 것이다. 프로젝트가 너무 크지도 작지도 않다면 그 중간 정도의 형식성을 띠게 형상 관리를 설정해야 할 것이다. 다음 절에서는 SCM을 수행하기 위한 몇 가지 선택 사항을 설명한다.

요구사항과 설계의 변경

관련 정보 개발 접근 방법에 따라 변경을 지원하는 정도가 다르다. 이에 대한 자세한 내용은 3.2절 "작업 중인 소프트웨어의 종류 결정"을 살펴본다.

소프트웨어를 개발하는 동안 시스템을 어떻게 향상시킬 것인지에 대한 생각에 사로잡힐 것이다. 변경이 필요할 때마다 변경한다면 진척 없이 쳇바퀴를 돌고 있는 자신을 발견하게 될 것이다. 결국, 시스템의 모든 부분을 변경하고 있지만, 절대 완성되지는 않을 것이다. 다음은 설계의 변경을 제어하기 위한 몇 가지 지침이다.

체계적인 변경 관리 절차를 따르라. 3.4절에서 설명했듯이 체계적인 변경 관리 절차는 많은 변경이 필요할 때 매우 유용하다. 체계적인 절차를 확립함으로써 그러한 변경 사항이 전체적인 프로젝트의 상황에 적합한 것인지 분명히 할 수 있다.

변경 요구사항을 그룹으로 처리하라. 쉬운 변경은 아이디어가 떠오를 때마다 처리하고 싶을 것이다. 이러한 방법으로 변경을 처리할 때의 문제점은 길을 잃을 수 있다는 것이다. 프로젝트의 25%에 해당하는 간단한 변경을 수행할 생각이고 일정에 맞게 진행하고 있다면 변경할 수 있을 것이다. 추가로 50%에 해당하는 간단한 변경을 더 수행할 생각이라면 일정 때문에 변경할 수 없을 것이다. 프로젝트가 끝나갈 때 시간이 부족하기 시작하면 두 번째 변경 사항이 첫 번째 변경 사항보다 효과가 10배나 좋은 것은 문제가 되지 않는다. 꼭 필요한 변경 사항이 아니라면 아무것도 변경할 수 없을 것이다. 가장 좋은 변경 사항을 너무 늦게 알아서 하지 못하는 상황도 발생한다.

이 문제의 해결책은 얼마나 쉽게 구현되든지 상관없이 모든 아이디어와 제안을 적어두고 처리할 시간이 날 때까지 보관해두는 것이다. 그리고 나서 그것들을 그룹으로 나누어 가장 유용할 것 같은 그룹을 선택한다.

각 변경 비용을 산출하라. 고객이나 사장, 또는 자신이 시스템을 변경하고 싶을 때마다 변경된 코드에 대한 검토와 전체 시스템을 다시 테스트하는 것을 포함하여 변경하는 데 드는 시간을 산출한다. 또한 변경이 요구사항과 설계, 코드, 테스트, 요구사항 문서의 변경에 미치는 영향을 처리하는 데 드는 시간을 산출 시간에 포함한다. 소프트웨어는 서로 복잡하게 얽혀 있으며 변경이 아무리 단순한 것처럼 보여도 시간 산출이 필요하다는 것을 관련된 모든 사람에게 알린다.

변경이 처음에 제안되었을 때 아무리 낙관적이라도 즉흥적으로 예측하는 것은 삼가야 한다. 그러한 평가는 종종 실수할 확률이 두 배 이상 크다.

> 관련 정보 변경 처리에 대한 또 다른 관점에 대한 내용은 3.4절의 "구현 중에 요구사항 변경 다루기"를 살펴본다. 변경이 발생했을 때 안전하게 처리하는 방법에 대한 조언은 24장 "리팩터링"을 살펴본다.

지나친 변경을 주의하라. 어느 정도의 변경은 피할 수 없겠지만, 변경이 지나치게 많다는 것은 요구사항이나 아키텍처, 상위 수준의 설계가 충분하지 않아 구현을 효과적으로 진행할 수 없기 때문일 수도 있다. 요구사항이나 아키텍처에 대한 작업을 보완하는 작업이 많은 리소스가 드는 것처럼 보이겠지만, 필요하지도 않은 기능을 구현한 코드를 한 번 이상 구현하거나 버리는 것만큼 비싸지는 않다.

변경 관리 위원회나 프로젝트에 맞게 그와 비슷한 것을 결성하라. 변경 관리 위원회의 역할은 가치 있는 것과 그렇지 않은 것을 구별하는 것이다. 변경을 제안하고자 하는 사

람은 변경 요구사항을 변경 관리 위원회에 제출해야 한다. "변경 요청"이라는 용어는 소프트웨어를 변경하는 요구사항을 가리킨다. 그러한 요구사항에는 새로운 기능에 대한 아이디어나 기존 기능에 대한 변경, 실제 오류를 보고하거나 그렇지 않은 "오류 보고" 등이 있을 수 있다. 위원회는 제안된 변경 사항을 검토하기 위해 주기적으로 만난다. 위원회는 각 변경 사항을 승인하거나, 승인하지 않거나 보류한다. 변경 관리 위원회는 요구 사항의 우선순위를 정하고 제어하는 가장 좋은 방법으로 여겨지고 있지만, 기업 환경에서는 여전히 널리 사용되지 않는다(Jones 1998, Jones 2000).

관료주의를 주의하되, 관료주의에 대한 두려움이 효과적인 변경 관리를 방해하지 않도록 한다. 엄격한 변경 관리의 부족이 오늘날 소프트웨어 산업이 직면하고 있는 가장 큰 관리상 문제점 중 하나다. 일정에 늦은 프로젝트의 상당수는 동의하기는 했으나 제대로 관리하지 않은 변경 사항이 미치는 영향을 제대로 파악했다면 일정을 맞출 수 있었을 것이다. 잘못된 변경 관리는 프로젝트의 상태를 정확하게 파악하거나 일정을 예측하고 프로젝트 계획을 수립하고 위험을 관리하는 등의 일반적인 프로젝트 관리를 어렵게 만든다.

변경 관리는 관료주의로 빠지기 쉬워 변경 관리 프로세스를 능률적으로 처리하는 방법을 찾는 것이 중요하다. 변경 요구를 비형식적으로 진행하고 싶다면 간단히 "ChangeBoard"와 같은 이메일 그룹을 설정하여 사람들에게 변경 요청을 이메일로 보내게 한다. 아니면 변경 위원회 회의에서 사람들이 자신의 제안을 소개하게 한다. 특히 강력한 접근 방법은 결함 추적 소프트웨어에서 결함이 발견될 때 변경 요구를 기록하는 것이다. 순수주의자들은 그러한 변경을 "요구사항 결함"으로 분류하겠지만, 그것들을 결함이 아니라 그냥 변경으로 분류할 수도 있다.

변경 관리 위원회를 정식으로 도입할 수도 있고 변경 관리 위원회의 임무를 수행할 제품 계획 그룹이나 전략 회의를 정의할 수도 있다. 또는, 한 사람을 변경의 군주로 지명할 수 있다. 어떻게 부르든지 상관없이 변경을 관리하라!

종종 변경 관리를 제대로 수행하지 못해서 어려움을 겪는 프로젝트가 있다. 하지만 변경 관리를 아예 하지 않아서 어려움을 겪는 프로젝트는 10배나 더 많이 봤다. 변경 관리의 요점은 무엇이 중요한가이므로 관료주의에 대한 두려움 때문에 그것의 많은 이점을 깨닫지 못하는 일이 없도록 한다.

소프트웨어 코드 변경

또 다른 형상 관리 문제는 소스코드를 제어하는 것이다. 코드를 변경했는데 변경한 내용과 관련이 없어 보이는 새로운 오류가 발생한다면 아마 오류의 원인을 찾기 위해 이전 코드와 새로운 코드를 비교하고자 할 것이다. 코드를 비교했는데 아무런 정보도 얻을 수 없다면 훨씬 이전 코드를 살펴보려고 할 것이다. 소스코드의 여러 가지 버전을 추적하는 형상 관리 도구가 있다면 이처럼 이전 코드를 살펴보는 일이 쉬워진다.

KEY POINT

버전 관리 소프트웨어 좋은 버전 관리 소프트웨어는 그것을 사용하는지도 모르게 사용하기 쉬워야 한다. 그것은 팀 프로젝트에 특히 유용하다. 버전을 관리하는 한 가지 방식은 어떤 파일을 한 번에 한 사람만 변경할 수 있도록 소스 파일을 잠그는 것이다. 전형적으로 특정 파일에 있는 소스코드에 대한 작업을 수행해야 할 때 파일을 버전 관리 도구로부터 체크아웃한다. 다른 사람이 이미 해당 파일을 체크아웃했다면 해당 파일을 체크아웃할 수 없다는 것을 알게 된다. 파일을 체크아웃할 수 있다면 체크인할 때까지 버전 관리 도구를 사용하지 않는 것처럼 작업을 수행할 수 있다. 또 다른 방식은 여러 사람이 같은 파일을 동시에 작업하고 코드를 체크인할 때 변경 사항을 통합하는 문제를 처리해 주는 것이다. 두 경우 모두 파일을 체크인할 때 버전 관리 도구가 코드를 변경한 이유를 묻고 사용자는 그 이유를 입력한다.[2]

이렇게 적은 투자로 다음과 같은 큰 이득을 얻는다.

- 다른 사람이 작업 중인 파일을 작업함으로써 다른 사람의 영역에 침범하는 일이 없다(그게 아니더라도 최소한 그렇게 하고 있다는 것을 알게 될 것이다).
- 일반적으로 하나의 명령으로 프로젝트의 모든 파일에 대한 복사본을 최신 버전으로 쉽게 갱신할 수 있다.
- 버전 관리에 체크인한 적이 있는 파일을 어떤 버전으로든 복구할 수 있다.
- 모든 파일의 모든 버전에 대한 변경 목록을 얻을 수 있다.
- 버전 관리 복사본이 안전장치 역할을 해서 개인적인 백업을 걱정할 필요가 없다.

버전 관리는 팀 프로젝트에 필수적이다. 버전 관리와 결함 추적, 변경 관리가 통합되면 훨씬 강력한 도구가 된다. 마이크로소프트의 애플리케이션 부서에서는 자사의 버전 관리 도구가 "주요 경쟁우위"가 된다는 사실을 발견했다(Moore 1992).

---

[2] (옮긴이) 요즘 개발자들은 Git을 통해 소스코드를 관리한다.

도구 버전

어떤 프로젝트에서는 컴파일러와 링커, 코드 라이브러리를 포함하여 해당 소프트웨어의 특정한 버전을 생성하는 데 사용된 것과 같은 환경을 구성할 필요가 있을 것이다. 그런 경우에는 그러한 도구도 모두 버전 관리에 추가해야 한다.

하드웨어 구성

저자가 운영하는 회사를 비롯해 많은 회사가 표준화된 개발 컴퓨터 구성을 생성하여 좋은 결과를 경험했다. 모든 공통 개발자 도구와 사무용 응용 프로그램 등이 포함된 표준 개발자 워크스테이션의 디스크 이미지를 생성한다. 그 이미지를 개발자의 컴퓨터에 불러온다. 표준 구성을 갖추고 있으면 약간 다른 구성 설정과 사용하는 도구의 버전 차이 등과 연관된 문제를 피하는 데 도움이 된다. 표준화된 디스크 이미지는 또한 각 소프트웨어를 개별적으로 설치하는 것에 비해 새 컴퓨터의 환경을 능률적으로 설정할 수 있다.

백업 계획

백업 계획은 굉장히 새로운 개념은 아니며 작업을 주기적으로 백업한다는 개념이다. 손으로 책을 쓰고 있다면 원고 더미를 현관에 두지는 않을 것이다. 그렇게 했다가는 원고가 비에 젖거나 바람에 날리거나 이웃집 개가 물어갈 것이다. 그것들을 안전한 어딘가에 놓을 것이다. 소프트웨어는 원고보다 덜 유형적이라서 컴퓨터 안에 굉장히 가치 있는 것이 들어 있다는 사실을 잊기가 쉽다.

컴퓨터에 기록된 데이터에는 여러 가지 일이 일어날 수 있다. 디스크가 깨질 수도 있고 자신이나 다른 사람이 실수로 중요한 파일을 삭제할 수 있다. 화난 직원이 컴퓨터를 고의로 파괴할 수 있고 도둑맞거나 홍수가 나거나 화재가 발생하여 컴퓨터를 잃을 수도 있다. 작업을 안전하게 보호하기 위한 단계를 밟아라. 백업 계획에는 주기적으로 백업하고 백업한 내용을 주기적으로 다른 저장 장소에 전송하는 것이 포함되어야 하며 소스코드뿐만 아니라 문서와 시각 자료, 메모와 같이 프로젝트에 중요한 모든 자료가 들어가야 한다.

백업 계획을 세우면서 자주 간과하는 한 가지 측면은 백업 절차에 대한 테스트다. 백업이 필요한 모든 것을 포함하고 복구가 제대로 처리되는지 확인하기 위해 어느 시점에서 복구해 본다.

프로젝트를 마쳤을 때 프로젝트를 보관할 장소를 만든다. 소스코드, 컴파일러, 도구, 요구사항, 설계, 문서와 같이 제품을 다시 작성하는 데 필요한 모든 것을 복사한다. 그것을 모두 안전한 장소에 보관하라.

cc2e.com/2843

> **체크리스트: 형상 관리**
>
> **일반적인 내용**
> - 소프트웨어 형상 관리 계획이 개발자들을 돕고 오버헤드를 최소화하기 위해 설계되었는가?
> - SCM 접근 방법이 프로젝트를 지나치게 제어하지는 않는가?
> - 변경 요청을 비공식적인 방법(예: 미결정된 변경 목록)이나 더 체계적인 접근 방법(예: 변경 관리 위원회)으로 그룹화하는가?
> - 제안한 변경 사항에 대한 비용과 일정, 품질에 대한 영향을 체계적으로 측정하는가?
> - 중요한 변경 사항을 요구사항 개발이 아직 완성되지 않았다는 경고로 인식하고 있는가?
>
> **도구**
> - 형상 관리를 돕기 위해서 버전 관리 소프트웨어를 사용하는가?
> - 팀 단위로 작업할 때의 조정 문제를 줄이기 위해 버전 관리 소프트웨어를 사용하는가?
>
> **백업**
> - 프로젝트의 모든 자료를 주기적으로 백업하는가?
> - 프로젝트의 백업을 주기적으로 다른 저장소에 전송하는가?
> - 소스코드와 문서, 시각 자료, 중요한 메모를 포함한 모든 자료가 백업되는가?
> - 백업-복구 절차를 테스트해 봤는가?

형상 관리에 대한 참고 자료

cc2e.com/2850

이 책은 구현에 관한 책이기 때문에 이 절은 구현 관점에서 바라본 변경 관리에 초점을 두었다. 하지만 변경은 프로젝트의 모든 단계에 영향을 미치며 포괄적인 변경 관리 전략이 필요하다.

앤 메트 요한센 하스(Anne Mette Jonassen Haas) 《*Configuration Management Principles and Practices*》(Addison-Wesley, 2003) 이 책은 소프트웨어 형상 관리와 소프트웨어 개발 프로세스에 형상 관리를 적용하는 방법에 관한 실무적인 사항을 큰 그림으로 제공한다. 이 책은 구성 항목을 관리하고 제어하는 데 초점을 두고 있다.

스티븐 베르주크(Stephen P. Berczuk)와 브래드 애플톤(Brad Appleton) ≪Software Configuration Management Patterns: Effective Teamwork, Practical Integration≫(Addison-Wesley, 2003) 하스의 책처럼 이 책도 SCM에 대한 개요와 실무적인 내용을 제공한다. 이 책은 개발팀이 작업 내용을 분리하고 통합하는 데 필요한 실무적인 지침을 제공함으로써 하스의 책을 보충하고 있다.

cc2e.com/2857

SPMN. "Little Book of Configuration Management"(소프트웨어 프로그램 매니저 네트워크, 1998). 이 작은 책자는 형상 관리 활동을 소개하고 결정적인 성공 요인을 정의한다. 이 책은 SPMN 웹 사이트(www.spmn.com/products_guidebooks.html)에서 무료로 내려받을 수 있다.

마이클 베이(Michael Bays) ≪Software Release Methodology≫(Prentice Hall, 1999). 이 책은 소프트웨어를 제품으로 출시하는 데 중점을 둔 소프트웨어 형상 관리에 대해 논의한다.

에드워드 버소프(Edward H. Bersoff)와 알랭 데이비스(Alan M. Davis) "Impacts of Life Cycle Models on Software Configuration Management"(Communications of the ACM 34, 8호, 1991년 8월) 104~118쪽. 이 글은 SCM이 최근 소프트웨어 개발 방법론, 특히 프로토타이핑 접근 방법에 의해 어떤 영향을 받았는지 설명한다. 특히 이 글은 애자일 개발 실천법을 사용하는 환경에 적합하다.

28.3 구현 일정 예측

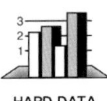

소프트웨어 프로젝트를 관리하는 것은 21세기 가장 어려운 문제 중 하나이며 프로젝트의 크기와 프로젝트를 완료하는 데 드는 노력을 예측하는 것이 소프트웨어 프로젝트 관리에서 가장 어려운 측면의 하나다. 평균적으로 큰 소프트웨어 프로젝트는 예정 기간보다 1년이 지체되고 100%의 예산이 더 소요된다(Standish Group 1994, Jones 1997, Johnson 1999). 각 단계에서 예측한 일정과 실제 일정을 조사해 본 결과, 개발자의 예측은 20%에서 30% 정도 낙관적인 경향이 있다는 것을 발견했다(van Genuchten 1991). 이는 크기와 노력에 대한 잘못된 예측뿐만 아니라 잘못된 개발 노력과도 깊은 관련이 있다. 이 절에서는 소프트웨어 프로젝트를 예측할 때의 문제점에 대해 간략하게 설명하고 더 많은 정보를 얻을 수 있는 참고 자료를 소개한다.

예측 방법

참고 자료 일정 예측 기법에 대한 내용은 《프로젝트 쾌속 개발 전략》(한빛미디어, 2003)의 8장과 《Software Cost Estimation with Cocomo II》(Boehm et al. 2000)를 읽어본다.

프로젝트의 크기와 프로젝트를 완료하는 데 필요한 노력은 다양한 방법으로 예측할 수 있다.

- 예측 기능이 있는 소프트웨어를 사용한다.
- 배리 보엠의 예측 모델(Boehm et al. 2000)인 Cocomo II와 같은 알고리즘적 방법을 사용한다.
- 외부의 측정 전문가가 프로젝트를 예측하게 한다.
- 예측을 위한 워크스루 회의를 한다.
- 프로젝트의 부분별로 예측하여 각 부분에 대한 예측을 모두 합한다.
- 사람들이 자신의 작업을 예측하게 하고 나서 각 작업에 대한 예측을 모두 합한다.
- 이전 프로젝트 대한 경험을 참조한다.
- 이전 예측을 보관하고 있다가 그것이 얼마나 정확한지 본다. 그것을 이용해 새로 예측한 내용을 조절한다.

이러한 접근 방법에 대한 더 많은 정보는 이 절의 끝에 있는 "소프트웨어 예측에 대한 참고 자료"에서 제공한다. 다음은 프로젝트를 예측하는 좋은 접근 방법이다.

참고 자료 이 접근 방법은 《Software Engineering Economics》(Boehm 1981)의 내용을 바탕으로 만들었다.

목표를 수립하라. 왜 예측이 필요한가? 무엇을 예측하는가? 구현 활동만을 위해 예측하는가, 아니면 모든 개발 활동을 위해 예측하는가? 프로젝트에 들어가는 노력만 예측하는가, 아니면 프로젝트와 더불어 휴가, 공휴일, 교육을 비롯한 프로젝트와 실질적인 관련이 없는 다른 활동도 함께 예측하는가? 목표를 달성하려면 예측이 얼마나 정확해야 하는가? 어느 정도의 확신이 예측과 관련해서 필요한가? 낙관적이거나 비관적인 예측이 상당히 다른 결과를 만들어 내는가?

예측을 위한 시간을 내서 계획하라. 무작정 예측하면 정확하지 않다. 큰 프로젝트를 예측하고 있다면 예측을 하나의 작은 프로젝트로 취급하여 잘할 수 있도록 계획을 수립하는 시간을 갖도록 한다.

관련 정보 소프트웨어 요구사항에 대한 더 많은 내용은 3.4절 "요구사항 선행 조건"을 살펴본다.

소프트웨어 요구사항을 자세히 적어라. 건축설계사가 "상당히 큰" 집을 짓는 데 드는 비용을 예측할 수 없는 것처럼 "상당히 큰" 소프트웨어 프로젝트를 작성하는 데 드는 비용을 확실하게 예측할 수는 없다. 정의되지 않은 "무언가"를 만드는 데 필요한 작업의 양을 예측할 수 있다고 기대하는 것은 비합리적이다. 예측하기 전에 요구사항을 정의하거나 사전 조사 단계를 계획한다.

하위 수준의 세부 사항을 예측하라. 규명한 목표에 따라 프로젝트 활동의 세부 조사 수준에서 예측한다. 일반적으로 조사가 자세할수록 예측은 더 정확해진다. 큰 수의 법칙[3]에 따르면 하나의 큰 부분에 있는 10% 오류는 10% 높거나 낮을 것이다. 50개의 작은 부분에서는 각 부분의 10% 오류가 일부는 높을 것이고 일부는 낮을 것이다. 따라서 그러한 오류가 서로를 상쇄하는 경향이 있을 것이다.

여러 가지 예측 기법을 사용하고 그 결과를 비교하라. 이 절의 시작 부분에서 여러 가지 예측 기법을 소개했다. 모든 기법이 같은 결과를 내지 않으므로 여러 가지 방법을 시도해야 한다. 서로 다른 접근 방법에서 얻은 서로 다른 결과를 연구한다. 아이들은 부모 중 어느 한쪽에게 각각 아이스크림을 사달라고 조르는 것보다 두 명에게 동시에 요청하는 것이 긍정적인 답을 얻을 확률이 높다는 사실을 일찍 배운다. 때로는 부모가 같은 대답을 하기도 하고 때로는 그렇지 않다. 서로 다른 예측 기법으로부터 어떻게 다른 결과를 얻을 수 있는지 확인해 본다.

모든 환경에서 항상 가장 좋은 접근 방법은 없으며 여러 방법의 차이가 도움이 될 수 있다. 예를 들면 이 책의 초판을 쓸 때 250쪽에서 300쪽 정도 분량일 거라고 예상했다. 막상 자세히 예측해 보니 그 결과가 873쪽으로 나왔다. "말도 안 돼."라고 생각했다. 그래서 완전히 다른 기법을 사용해 다시 한번 예측했다. 두 번째 예측 결과는 828쪽이었다. 이 예측 결과의 차이가 약 5%라는 점을 고려해 이 책이 250쪽이 아닌 850쪽에 근접할 것이라는 결론을 내렸고 그것에 맞게 원고 작성 계획을 조절할 수 있었다.

주기적으로 다시 예측하라. 소프트웨어 프로젝트에 관련된 요인은 초기 측정 후에도 변하기 때문에 주기적으로 예측을 갱신하기 위한 계획을 수립한다. 그림 28-2처럼 프로젝트를 완성함에 따라 예측의 정확도도 높아질 것이다. 가끔 실질적인 결과와 예측된 결과를 비교하고 그 결과를 이용해 프로젝트의 나머지 부분에 대한 예측을 개선한다.

> **관련 정보** 소프트웨어 개발 영역에서 반복이 유용하지 않은 경우는 찾아보기 어렵다. 예측도 반복이 유용한 경우다. 반복적인 기법에 대한 요약 설명은 34.8절 "반복, 반복, 또 반복"을 살펴본다.

---

[3] (옮긴이) 큰 모집단에서 무작위로 뽑은 표본의 평균이 전체 모집단의 평균과 가까울 가능성이 높다는 통계와 확률 분야의 기본 개념

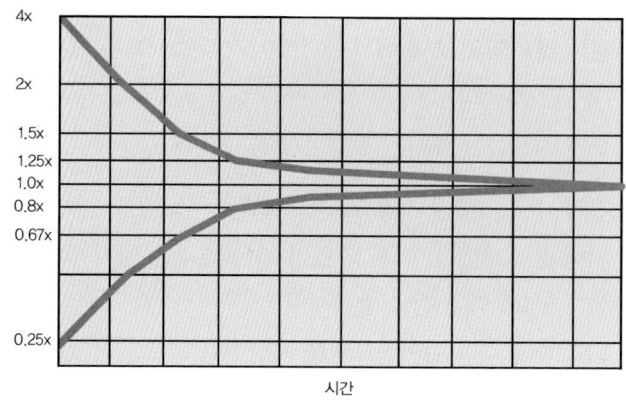

그림 28-2 프로젝트 초기에 수행한 예측은 본질적으로 부정확하다. 프로젝트가 진행됨에 따라 예측은 더 정확해진다. 프로젝트 전반에 걸쳐 주기적으로 다시 예측하고 각 활동 중에 배운 것을 사용해 다음 활동에 대한 예측을 향상시킨다.

구현의 양에 대한 예측

관련 정보 다양한 크기의 프로젝트에 대한 코드 작성의 양에 관한 자세한 내용은 27.5절의 "활동 비율과 크기"를 살펴본다.

구현이 프로젝트 일정에 미치는 영향의 정도는 상세한 설계, 코드 작성 및 디버깅, 단위 테스트와 같은 구현이 프로젝트에서 차지하는 비중에 달려있다. 705쪽의 그림 27-3을 보라. 그림에서 보는 것처럼 구현이 차지하는 비중은 프로젝트의 크기에 따라 달라진다. 회사가 자체적으로 프로젝트 이력 데이터를 가질 때까지는 그림에 나와 있는 각 활동에 할당된 시간의 비율을 프로젝트 예측 시 출발점으로 사용하라.

프로젝트에서 구현이 얼마나 필요할까에 대한 가장 확실한 답변은 그 비율이 프로젝트나 조직마다 다르다는 것이다. 소속된 조직의 프로젝트 경험을 기록으로 남겼다가 그것을 이용해 다음 프로젝트에 필요한 시간을 예측한다.

일정에 미치는 영향

관련 정보 프로그램의 크기가 생산성과 품질에 미치는 영향이 언제나 분명하지는 않다. 크기가 구현에 어떻게 영향을 미치는지에 대한 설명은 27장 "프로그램의 크기가 구현에 미치는 영향"을 살펴본다.

소프트웨어 프로젝트의 일정에 가장 큰 영향을 미치는 것은 만들 프로그램의 크기다. 하지만 다른 요소 역시 소프트웨어 개발 일정에 영향을 미친다. 상용 프로그램에 대한 연구에서 몇 가지 요인을 측정했고 그 결과를 표 28-1에 소개한다.

표 28-1 소프트웨어 프로젝트의 노력에 영향을 미치는 요인

요인	잠재적으로 도움을 주는 영향	잠재적으로 해를 입히는 영향
같은 장소에서 개발하는 것과 여러 장소에서 개발하는 것	−14%	22%
데이터베이스 크기	−10%	28%
프로젝트의 요구사항에 부합하는 문서	−19%	23%
요구사항을 해석하는 데 허용되는 유연성	−9%	10%
위험이 처리되는 능동성의 정도	−12%	14%
언어와 도구에 대한 경험	−16%	20%
인원의 지속성(교체율)	−19%	29%
플랫폼의 변동성	−13%	30%
프로세스의 성숙도	−13%	15%
제품의 복잡도	−27%	74%
개발자의 능력	−24%	34%
요구되는 신뢰성	−18%	26%
요구사항 분석가의 능력	−29%	42%
요구사항의 재사용	−5%	24%
최신 응용 프로그램	−11%	12%
저장 공간의 제약(소비될 저장 공간의 크기)	0%	46%
팀의 단결력	−10%	11%
응용 프로그램 분야에 대한 팀의 경험	−19%	22%
기술 플랫폼에 대한 팀의 경험	−15%	19%
(응용 프로그램 자체의) 시간 제약	0%	63%
소프트웨어 도구의 사용	−22%	17%

출처: 《Software Cost Estimation with Cocomo II》(Boehm et al. 2000)

다음은 소프트웨어 개발 일정에 영향을 미칠 수 있지만, 쉽게 정량화할 수 없는 몇 가지 요인이다. 이 요인은 배리 보엠의 《Software Cost Estimation with Cocomo II》(Boehm 2000)와 캐퍼스 존스의 《Estimating Software Costs》(Jones 1998)에서 가져온 것이다.

- 요구사항 개발 경험과 능력
- 개발자의 경험과 능력

- 팀의 동기
- 관리 품질
- 재사용된 코드의 양
- 인원 교체율
- 요구사항의 변동성
- 고객과의 관계의 품질
- 요구사항에서의 사용자 참여
- 응용 분야에 대한 고객의 경험
- 개발자가 요구사항 개발에 참여하는 정도
- 컴퓨터와 프로그램, 데이터에 대한 보안 환경
- 문서의 양
- 프로젝트 목표(일정, 품질, 사용성, 그 외 가능한 목표 비교)

각 요인이 중요할 수 있으므로 표 28-1에서 소개한 요인과 함께 이 요인을 고려한다.

예측과 관리

중요한 질문은 예측을 원하느냐, 아니면 제어를 원하느냐.
– 톰 길브(Tom Gilb)

예측은 소프트웨어 프로젝트를 제시간에 완성하는 데 필요한 계획 수립에 있어 중요한 부분이다. 출시일과 제품 명세가 있으면 정해진 시간에 제품을 출시하기 위해 사람과 기술 자원 사용을 어떻게 제어할 것인지가 중요한 문제다. 그런 면에서 보면 초기 예측의 정확성은 일정을 맞추기 위한 자원 제어에 성공하는 것보다는 훨씬 덜 중요하다.

일정에 뒤처졌을 때 해야 할 일

이 장의 앞에서 언급했듯이 일반적인 프로젝트는 거의 100%의 확률로 계획된 일정을 초과한다. 일정을 초과했을 때 작업 시간을 늘릴 수 있는 경우는 별로 없다. 그런 경우에는 그렇게 하고 그렇게 할 수 없다면 다음 해결책을 시도해 볼 수 있다.

KEY POINT

일정에 맞출 수 있다는 희망을 품어라. 희망적인 낙관론은 프로젝트 일정이 늦어질 때 보이는 일반적인 반응이다. 전형적으로 다음과 같이 합리화한다. "요구사항이 예상했던 것보다 조금 더 오랜 시간이 걸렸지만, 이제 확정되었으니 나중에 시간을 절약할 수 있을 것이다. 코드 작성과 테스트에서 부족한 시간을 보충할 것이다." 이러한 경우는 좀처럼 일어나지 않는다. 300개 이상의 소프트웨어 프로젝트를 대상으로 한 조사에서는 일

정을 늦추거나 초과하는 것이 일반적으로 프로젝트의 끝으로 갈수록 증가한다는 결론을 내렸다(van Genuchten 1991). 프로젝트는 잃어버린 시간을 나중에 보충하지 않는다. 결국, 더욱 늦춰질 뿐이다.

팀을 키워라. 프레드 브룩스의 법칙에 따르면 일정이 늦은 소프트웨어 프로젝트에 사람을 추가하는 것은 프로젝트의 일정을 더 늦춘다고 한다(Brooks 1995). 이는 마치 불 난 데 기름을 붓는 것과 같다. 브룩스의 설명은 설득력이 있다. 새로운 사람은 무언가를 생산하기 전에 프로젝트에 익숙해지기 위한 시간이 필요하다. 그들을 훈련하는 데 이미 훈련받은 사람들의 시간이 빼앗긴다. 그리고 단순히 사람의 수를 늘리는 것은 프로젝트의 복잡성과 의사소통의 양을 증가시킨다. 브룩스는 한 여성이 9개월 만에 아이를 낳을 수 있다고 해서 9명의 여성이 한 달 만에 한 아이를 낳을 수 있는 것은 아니라는 사실을 지적했다.

당연히 브룩스의 법칙에 있는 경고를 심각하게 받아들여야 한다. 프로젝트에 사람을 투입하고 나면 그들이 프로젝트를 제시간에 완성할 거라고 믿고 싶어진다. 관리자들은 소프트웨어 개발이 금속 박판에 못을 박는 일과는 다르다는 것을 이해해야 한다. 더 많은 사람이 작업한다고 해서 반드시 더 많은 작업이 완료되는 것은 아니다.

하지만 일정이 늦춰진 프로젝트에 사람을 추가하면 프로젝트 일정이 더 늦어진다는 단순한 문장은 환경에 따라서는 새로운 사람을 추가하여 프로젝트의 속도를 높일 수 있다는 사실을 가린다. 브룩스가 그의 관점에서 지적했듯이 독립적으로 나누어 수행할 수 없는 소프트웨어 프로젝트에 새로운 사람을 추가하는 것은 도움이 안 된다. 하지만 프로젝트의 작업을 나눌 수 있다면 프로젝트 마지막 단계에서 사람들을 투입해 프로젝트를 나누어 다른 사람에게 일을 할당할 수 있다. 다른 연구자들은 프로젝트 일정을 늦추지 않고 마지막 단계에서 사람을 추가할 수 있는 환경을 공식적으로 파악했다(Abdel-Hamid 1989, McConnell 1999).

관련 정보 가장 필요한 기능만 구축하는 방법에 찬성하는 주장은 스티브 맥코넬 《프로젝트 쾌속 개발 전략》(한빛미디어, 2003)의 14장 "기능 집합 관리"를 살펴본다.

프로젝트의 범위를 축소하라. 프로젝트의 범위를 축소할 수도 있는데 일반적으로 이 방법은 사람들이 고려하지 않는다는 게 안타깝다. 어떤 기능을 제거하면 설계와 코드 작성, 디버깅, 테스트, 해당 기능에 대한 문서를 제거할 수 있다. 다른 기능에 대한 해당 기능의 인터페이스도 제거할 수 있다.

제품을 초기에 계획할 때 제품의 능력을 "반드시 갖추어야 할 것", "가지면 좋은 것", 그리고 "선택적인 것"으로 분류한다. 일정에 늦어지면 "선택적인 것"과 "가지면 좋은 것"에 대한 우선순위를 매겨서 가장 덜 중요한 것을 **뺀다**.

어떠한 기능을 완전히 제거할 수 없다면 같은 기능을 수행하는 더 값싼 버전을 제공할 수 있다. 일정에는 맞지만, 성능 튜닝을 하지 않은 버전을 제공할 것이다. 최소한의 주요 기능만 투박하게 구현된 버전을 제공할 것이다. 느린 버전을 제공하기가 훨씬 쉽기 때문에 속도에 대한 요구사항은 무시하기로 할 것이다. 메모리 집약적인 버전을 제공하기가 쉽기 때문에 공간에 대한 요구사항도 무시할 것이다.

최소한의 주요 기능에 대한 개발 시간을 다시 측정하라. 두 시간이나 이틀, 또는 2주 안에 어떤 기능을 제공할 수 있는가? 이틀 버전 대신 2주 버전, 또는 두 시간 버전 대신 이틀 버전을 작성하여 얻는 것이 무엇인가?

소프트웨어 예측에 대한 참고 자료

cc2e.com/2871

다음은 소프트웨어 예측에 대한 참고 자료다.

보엠 외 《*Software Cost Estimation with Cocomo II*》(Addison-Wesley, 2000). 이 책은 오늘날 가장 널리 사용되고 있는 Cocomo II 예측 모델의 모든 것에 관해 설명한다.

배리 보엠 《*Software Engineering Economics*》(Prentice Hall, 1981). 좀 더 오래된 이 책은 보엠의 새 책보다 훨씬 널리 사용되는 소프트웨어 프로젝트 예측에 대해서 자세히 다루고 있다.

왓츠 험프리(Watts S. Humphrey) 《*A Discipline for Software Engineering*》(Addison-Wesley, 1995). 이 책의 5장에서는 개인 개발자 수준에서 작업을 예측하는 기법인 험프리의 Probe 메서드를 설명한다.

사무엘 다니엘 콘트(S. D. Conte), H. E. 버스터 던스모어(H. E. Dunsmore), 빈센트 셴(V. Y. Shen) 《*Software Engineering Metrics and Models*》(Benjamin/Cummings, 1986). 6장에 예측의 역사와 통계학적인 모델, 이론에 기반을 둔 모델, 합성 모델을 포함해 예측 기법에 대한 훌륭한 조사 내용을 담고 있다. 또한 이 책은 프로젝트의 데이터베이스를 기반으로 각 예측 기법을 사용하는 방법을 보여주고 그러한 예측을 프로젝트의 실제 길이와 비교한다.

톰 길브 《*Principles of Software Engineering Management*》(Addison-Wesley, 1988). 16장의 제목인 "소프트웨어 특정 예측을 위한 10가지 원칙(Ten Principles for Estimating Software Attributes)"은 소프트웨어 예측에 대해 다소 희화화하고 있다.

길브는 프로젝트 예측은 반대하지만, 프로젝트 제어는 찬성한다. 그는 사람들이 실제로 정확하게 예측하기를 원하는 것이 아니라 최종 결과를 제어하기를 원한다고 지적하면서 일정이나 비용 목표, 프로젝트의 다른 목표를 달성하기 위해 프로젝트를 제어하는 데 사용할 수 있는 10가지 원칙을 소개한다.

28.4 측정

소프트웨어 프로젝트는 다양한 방법으로 측정될 수 있다. 다음은 프로세스를 측정해야 하는 두 가지 합당한 이유다.

KEY POINT

어떤 프로젝트 속성이든 측정하는 것이 측정하지 않는 것보다는 낫다. 측정 결과가 완벽하게 정확하지 않고 측정하기 어려울 수도 있으며 계속 개선되어야 할지도 모르지만, 측정은 측정하지 않고는 가질 수 없는 지침을 소프트웨어 프로젝트 프로세스에 제공할 것이다(Gilb 2004).

데이터가 과학적인 실험에 사용되는 것이라면 반드시 정량화되어야 한다. 흰쥐가 "그냥 아파 보인다."라는 것 때문에 새로운 식품을 판매 금지하는 것을 상상할 수 있겠는가? 말도 안 되는 소리다. "새로운 식품을 먹은 쥐들이 그렇지 않은 쥐보다 한 달에 3.7일 더 아팠다."와 같은 정량화된 근거를 요구할 것이다. 소프트웨어 개발 방법을 평가하기 위해서도 그것들을 측정해야 한다. "이 새로운 방법이 더 생산적으로 보인다."와 같은 문장은 충분하지 않다.

측정되면 완료된다.
– 톰 피터스(Tom Peters)

측정의 부수 효과를 주의하라. 측정은 동기를 부여하는 효과가 있다. 사람들은 평가에 사용된다고 가정하고 측정하는 것에 주의를 기울인다. 측정할 것을 신중하게 선택한다. 사람들은 측정되는 작업에 집중하고 측정되지 않는 작업은 무시하는 경향이 있다.

측정을 반대하는 것은 실제로 프로젝트에서 무슨 일이 일어나고 있는지 모르는 게 낫다고 주장하는 것이다. 프로젝트의 어떤 측면을 측정하면 이전에 알지 못했던 부분에 대해 알게 된다. 그 측면이 커지는지, 작아지는지, 아니면 그대로인지 알 수 있다. 측정은 최소한 프로젝트의 해당 측면을 볼 수 있는 창을 제공한다. 그 창이 측정을 개선하기 전까지는 작고 흐리겠지만, 창이 아예 없는 것보다는 나을 것이다. 일부 측정 결과가 결정적이지 않다는 이유로 측정을 완전히 부정하는 것은 가끔 흐려질 수 있다는 이유로 유리창을 달지 않는 것과 같다.

사실상 소프트웨어 개발 프로세스의 모든 측면을 측정할 수 있다. 표 28-2는 다른 실무자들이 유용하다고 발견한 몇 가지 측정에 대한 목록이다.

표 28-2 유용한 소프트웨어 개발 측정들

크기	전체적인 품질
전체 작성된 코드 줄 수	전체 결함의 수
전체 주석의 줄 수	각 클래스나 루틴에 있는 결함의 수
전체 클래스나 루틴의 수	1,000줄당 평균 결함의 수
전체 데이터 선언의 수	고장 사이의 평균 시간
전체 빈 줄의 수	컴파일러가 감지한 오류들

결함 추적	유지보수성
각 결함의 심각성	각 클래스에 있는 공개 루틴의 수
각 결함의 위치(클래스 또는 루틴)	각 루틴에 전달된 매개변수의 수
각 결함의 원인(요구사항, 설계, 구현, 테스트)	각 클래스에 있는 비공개 루틴이나 변수의 수
각 결함이 수정되는 방법	각 루틴에 사용된 지역 변수의 수
각 결함에 대한 개인적 책임	각 클래스나 루틴에 의해 호출된 루틴의 수
각 결함의 수정으로 영향을 받는 줄 수	각 루틴에 있는 의사결정 지점의 수
각 결함을 수정하는 데 걸린 작업 시간	각 루틴에서 제어 흐름의 복잡도
각 결함을 찾는 데 드는 평균 시간	각 클래스나 루틴의 줄 수
각 결함을 수정하는 데 드는 평균 시간	각 클래스나 루틴에 있는 주석의 수
각 결함을 수정하려고 시도한 수	각 클래스나 루틴에 있는 데이터 선언의 수
결함 수정으로 인한 새로운 오류의 수	각 클래스나 루틴에 있는 빈 줄의 수
	각 클래스나 루틴에 있는 *goto* 명령문의 수
	각 클래스나 루틴에 있는 입력 또는 출력문의 수

생산성
프로젝트에 소비된 작업 시간
각 클래스나 루틴에 소비된 작업 시간
각 클래스나 루틴이 변경된 수
프로젝트에 소비된 비용
코드 줄마다 소비된 비용
결함마다 소비된 비용

현재 사용할 수 있는 소프트웨어 도구를 이용해 이러한 측정치 대부분을 수집할 수 있다. 이 책에서 논의한 내용이 전반적으로 각 측정이 유용하다는 사실을 뒷받침한다. 지금은 측정 대부분이 프로그램과 클래스, 루틴을 구분하는 데는 유용하지 않다

(Shepperd and Ince 1989). 루틴이 "이상치"라는 것을 식별할 때만 유용하다. 루틴에서 비정상적인 측정 결과가 나온다는 것은 해당 루틴을 다시 조사해 비정상적으로 품질이 떨어지는지 검사해야 한다는 경고 신호다.

모든 측정 데이터를 수집하는 것부터 시작하지는 않도록 한다. 그렇게 하면 너무 복잡해서 데이터가 무엇을 의미하는지 이해할 수 없을 것이다. 우선 결함의 수나 작업 일 수, 총비용, 코드의 전체 줄 수와 같은 간단한 측정으로부터 시작하라. 여러 프로젝트에서 그러한 측정을 표준화한 다음, 차츰 개선하여 측정하고자 하는 것에 대해 더 잘 이해할 수 있을 때 측정을 추가한다(Pietrasanta 1990).

이유가 있어야 데이터를 수집한다는 사실을 명심하라. 목표를 설정한 다음, 목표를 달성하기 위해 물어야 할 질문을 정하라. 그리고 그러한 질문에 답하기 위해 측정하라(Basili and Weiss 1984). 얻을 수 있을 정도의 정보를 요구하고 데이터 수집은 항상 마감일을 맞추기 위해서라면 양보할 수 있다는 사실을 명심하라(Basili et al. 2002).

소프트웨어 측정에 대한 참고 자료

cc2e.com/2878

다음은 참고 자료다.

폴 오만(Paul Oman)과 사리 로렌스 플리거(Shari Lawrence Pfleeger) 《Applying Software Metrics》(IEEE Computer Society Press, 1996). 이 책은 소프트웨어 측정에 대한 25개 이상의 중요한 논문을 모아놓은 것이다.

캐퍼스 존스 《Applied Software Measurement: Assuring Productivity and Quality》 2판(McGraw-Hill, 1997). 존스는 소프트웨어 측정 분야의 선구자이며 그의 책은 이 분야에서 그가 축적한 오랜 지식을 모은 것이다. 이 책은 오늘날의 측정 기법에 대한 명확한 이론과 실제를 제공하고 전형적인 측정의 문제점을 설명한다. 이 책에서는 "기능-점수 매트릭"을 수집하기 위한 완전한 프로그램을 소개한다. 존스는 많은 양의 품질 및 생산성 데이터를 수집하여 분석했고 그 결과를 미국 소프트웨어 개발의 평균치를 소개하는 장을 포함해 이 책에 정리했다.

로버트 그래디(Robert B. Grady) 《Practical Software Metrics for Project Management and Process Improvement》(Prentice Hall PTR, 1992). 그래디는 휴렛팩커드에서 소프트웨어 측정 프로그램을 구축하면서 배운 교훈을 설명하고 각자의 조직에서 소프트웨어 측정 프로그램을 어떻게 구축할 것인지에 대해 말하고 있다.

사무엘 다니엘 콘트(S. D. Conte), H. E. 버스터 던스모어(H. E. Dunsmore), 빈센트 셴(V. Y. Shen) 《Software Engineering Metrics and Models》(Benjamin/Cummings, 1986) 이 책은 가장 널리 사용되는 측정과 실험적인 기법, 실험의 결과를 평가하기 위한 기준을 포함해 1986년경 소프트웨어 측정 지식을 소개한다.

빅터 바실리(Victor R. Basili) 외. "Lessons learned from 25 years of process improvement: The Rise and Fall of the NASA Software Engineering Laboratory"(24회 소프트웨어 공학 국제 컨퍼런스, 2002). 이 논문은 세계에서 가장 정교한 소프트웨어 개발 조직 중 한 곳에서 배운 교훈을 소개한다. 이 교훈은 측정 관련 주제에 초점을 맞추고 있다.

cc2e.com/2892

NASA 소프트웨어 공학 연구소 "Software Measurement Guidebook"(NASA-GB-001-94, 1995년 6월). 약 100페이지 분량의 이 지침서는 아마 측정 프로그램을 설정하고 실행하기 위한 방법에 관한 최고의 실무서일 것이다. 이 지침서는 NASA의 웹 사이트에서 다운로드할 수 있다.

cc2e.com/2899

톰 길브 《Competitive Engineering》(Addison-Wesley, 2004). 이 책은 요구사항 정의, 설계 평가, 품질 측정, 일반적인 프로젝트 관리를 위한 측정 중심의 접근 방법을 소개한다. 이 책은 길브의 웹 사이트에서 다운로드할 수 있다.

28.5 개발자를 사람으로 대우하기

KEY POINT

프로그래밍 활동의 추상성 때문에 사무 환경에서의 자연스러움과 동료 사이의 친밀한 관계가 필요하다. 기술적으로 높이 평가되는 회사는 공원 같은 회사 캠퍼스, 유기적인 조직 구조, 편안한 사무실, 그리고 때때로 일에 대한 긴장감을 완화하기 위한 "하이터치(high-touch)"[4]의 환경적인 기능을 제공한다. 가장 성공적인 기술 회사는 하이테크(high-tech)와 하이터치 요소를 겸비하고 있다(Naisbitt 1982). 이 절에서는 개발자들이 자신의 능력을 충분히 발휘할 수 있는 방법을 설명한다.

---

4 (옮긴이) 하이테크의 대극에 있는 인간적인 감성

개발자들은 어떻게 시간을 보내는가?

물론 프로그래밍을 하면서 시간을 보내지만, 회의를 하거나 교육을 받거나 편지를 읽거나 그냥 생각하는 데 시간을 보내기도 한다. 1964년에 진행된 벨 연구소에서의 한 연구에서는 개발자들이 표 28-3과 같이 시간을 보낸다는 것을 발견했다.

표 28-3 개발자들이 어떻게 시간을 보내는지에 대한 자료

활동	소스코드	업무	사적인 일	회의	교육	편지/기타문서	기술문서	운영 절차, 기타	프로그램 테스트	합계
말하기나 듣기	4%	17%	7%	3%				1%		32%
관리자와의 대화		1%								1%
전화		2%	1%							3%
읽기	14%					2%	2%			18%
쓰기/기록	13%					1%				14%
외출		4%	1%	4%	6%					15%
산책	2%	2%	1%			1%				6%
기타	2%	3%	3%			1%		1%	1%	11%
합계	35%	29%	13%	7%	6%	5%	2%	2%	1%	100%

출처: "개발자와 프로그래밍에 관한 연구(Research Studies of Programmers and Programming)"(Bairdain 1964, reported in Boehm 1981)

이 데이터는 개발자 70명의 시간과 활동 연구를 기반으로 한다. 이 데이터가 오래되고 다른 활동에 대한 시간 비율은 개발자마다 다르지만, 여전히 시사하는 바가 크다. 개발자들이 보내는 시간의 약 30%가 프로젝트에 직접 도움이 되지 않는 기술적이지 않은 활동(산책, 개인적인 일 등)에 쓰였다. 이 연구에서 개발자들은 산책하느라 6%의 시간을 보냈다. 그것은 주당 약 2.5시간이고 연간 약 125시간이다. 개발자들이 산책하는 데 보내는 시간이 교육을 받는 데 보내는 시간과 같고 상사와 얘기하는 데 보내는 시간보다 6배나 많다는 것을 깨닫기 전까지는 그 시간이 그리 많아 보이지 않을 것이다. 개인적으로 볼 때 이러한 패턴은 오늘날에도 크게 변하지 않은 것 같다.

성능과 품질의 다양성

개발자 개인별 능력과 노력은 모든 분야에서 그렇듯이 굉장히 다양하다. 한 연구에서는 집필, 축구, 발명, 경찰 업무, 비행기 조종과 같은 다양한 전문 직업에서 해당 분야의 상위 20%에 해당하는 사람들이 전체 생산량의 약 50%를 생산한다는 사실을 발견했다(Augustine 1979). 이 연구의 결과는 터치다운이나 특허, 해결 사건과 같은 생산성 데이터에 대한 분석에 기초한 것이다. 어떤 사람들은 뚜렷한 공헌을 하지 못하여 이 연구에서 고려 대상이 되지 않았기 때문에(예를 들면, 터치다운을 만들지 못한 쿼터백, 특허가 없는 발명가, 사건을 해결하지 못한 수사관) 이 데이터는 아마 생산성의 실질적인 다양성을 실제보다 낮게 보여줄 것이다.

특히 프로그래밍에서는 많은 연구가 작성된 프로그램의 품질과 크기, 개발자의 생산성에서 자릿수가 다른 정도의 차이가 난다는 사실을 보여줬다.

개인 차이

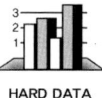

개인의 프로그래밍 생산성에 있어 큰 차이를 보여준 최초의 연구는 1960년대 후기에 새크먼, 에릭슨, 그랜트가 수행했다(Sackman, Erikson and Grant 1968). 그들은 평균 7년의 경험이 있는 개발자들을 대상으로 연구했는데, 최고의 개발자와 최악의 개발자 간의 초기 코드 작성 시간은 약 20대 1의 비율이었고 디버깅 시간은 25대 1, 프로그램의 크기는 5대 1, 프로그램의 수행 속도는 약 10대 1 정도 비율이라는 것을 발견했다. 그들은 경험과 코드의 품질이나 생산성 사이에는 아무런 연관성이 없다는 것을 발견했다.

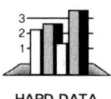

25대 1과 같은 특정한 비율이 크게 의미 있는 것은 아니지만, "개발자들 간에는 자릿수가 달라질 정도의 차이가 난다."와 같은 더 일반적인 문장은 의미가 있으며, 전문 개발자를 대상으로 한 다른 많은 연구에서 입증되었다(Curtis 1981, Mills 1983, DeMarco and Lister 1985, Curtis et al. 1986, Card 1987, Boehm and Papaccio 1988, Valett and McGarry 1989, Boehm et al. 2000).

팀별 차이

프로그래밍팀도 소프트웨어 품질과 생산성에서 큰 차이를 보인다. 나쁜 개발자가 끼리끼리 모이는 것처럼 훌륭한 개발자도 그런 경향이 있으며 이는 18개의 조직에 있는 166명의 전문 개발자들에 대한 연구로 입증되었다(Demarco and Lister 1999).

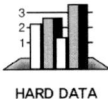
7개의 같은 프로젝트에 대한 한 연구에서 프로젝트에 들인 노력은 3.4대 1, 프로그램의 크기는 3대 1정도 차이가 났다(Boehm, Gray, and Seewaldt 1984). 생산성에서 그러한 차이를 보이기는 했지만, 이 연구에 참여한 개발자들이 다양한 그룹은 아니었다. 그들은 모두 컴퓨터 과학을 전공한 경력 7년의 전문 개발자였다. 이보다 동일성이 떨어지는 그룹을 연구하면 그 차이가 더욱 클 것으로 가정할 수 있다.

프로그래밍 팀에 대한 초기 연구에서는 프로그램의 크기는 5대 1의 차이를 보였고 같은 프로젝트를 완료하는 데 팀에 필요한 시간은 2.6대 1의 차이를 보였다(Weinberg and Schulman 1974).

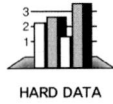
Cocomo II 예측 모델을 만들면서 20년 이상의 데이터를 검토한 후 배리 보엠과 다른 연구자들은 팀을 구성하여 프로그램을 작성할 때 능력 순위 15%에 해당하는 개발자로 구성된 팀은 능력 순위 90%에 해당하는 개발자로 구성된 팀에 비해서 약 3.5배의 작업 시간이 더 필요하다는 결론을 내렸다(Boehm et al. 2000). 보엠과 다른 연구자들은 20%의 공헌자들이 전체의 80%를 공헌한다는 사실을 발견했다(Boehm 1987b).

신입 사원을 모집하고 고용하는 의미는 분명하다. 하위 10%에 해당하는 개발자가 아니라 상위 10%에 해당하는 개발자를 고용하기 위해 더 큰 비용을 지급해야 한다면 기꺼이 그렇게 하라. 곧 고용한 개발자의 질과 생산성으로 보상받을 것이며 훌륭한 개발자는 서로 모이는 경향이 있으므로 조직의 다른 개발자의 질과 생산성에서도 부차적인 효과를 얻게 될 것이다.

신앙적인 문제

프로그래밍 프로젝트의 관리자는 특정한 프로그래밍 문제가 신앙의 문제라는 사실을 인식하지 못할 때가 있다. 관리자가 개발자에게 특정한 프로그래밍 습관을 따를 것을 요구하고 있다면 그것은 개발자를 화나게 하고 있는 것이다. 다음은 신앙적인 문제를 나열한 것이다.

- 프로그래밍 언어
- 들여쓰기 방식
- 중괄호의 위치
- IDE의 선택
- 주석 작성 방식
- 효율성과 가독성 간의 트레이드오프

- 방법론의 선택(예를 들면, 스크럼 또는 익스트림 프로그래밍 또는 진화적 배포)
- 프로그래밍 유틸리티
- 이름 규약
- *goto*의 사용
- 전역 변수의 사용
- 측정, 특히 하루에 작성한 코드의 줄 수 같은 생산성 측정

이러한 주제들 사이의 공통적인 특징은 각 항목에 대한 개발자의 입장은 개인의 방식을 반영한다는 점이다. 이러한 신앙적인 분야에서 개발자를 제어할 필요가 있다고 생각한다면 다음 사항을 고려한다.

자신이 민감한 영역을 다루고 있다는 것을 인식하라. 본격적으로 시작하기 전에 개발자에게 감정적인 주제에 대해 넌지시 말한다.

해당 영역에 대한 "제안"이나 "지침"을 사용하라. 엄격한 "규칙"이나 "표준"을 정하지 말라.

분명한 지시를 피함으로써 문제를 능숙하게 처리하라. 들여쓰기 방식이나 중괄호의 위치에 대한 문제를 처리하려면 작업이 끝나기 전에 소스코드에 대해 프리티 프린터(pretty-printer)[5]를 실행한다. 해당 형식기가 코드의 형식을 맞추게 한다. 주석 작성 방식에 대한 문제를 해결하려면 모든 소스코드를 검토하고 분명하지 않은 코드는 분명해질 때까지 수정하게 한다.

개발자들이 자신만의 표준을 개발하게 하라. 다른 곳에서도 언급했듯이 특정한 표준의 세부 사항이 어떠한 표준이 존재한다는 사실보다 중요하지 않을 때가 있다. 개발자들을 위한 표준을 정하지 말고, 중요하다고 생각되는 영역에 대해 개발자들이 직접 표준화하도록 하라.

신앙적인 주제 중 어떤 것이 격렬하게 논쟁할 만큼 중요한가? 어느 영역에서든 사소한 사항을 따르는 것이 사기 저하를 보상해줄 정도의 이득을 제공하지 않을 것이다. goto나 전역 변수나 읽기 어려운 방식이나 전체 프로젝트에 영향을 미치는 다른 습관을 아무렇게나 사용하고 있는 것을 발견한다면 코드의 품질을 향상시키기 위해 약간의 마찰을 참아낼 준비를 해야 한다. 개발자가 성실한 경우에는 거의 문제가 되지 않는다. 가장 큰 논쟁은 코드 작성 방식의 미묘한 차이로 인한 경향이 있는데, 프로젝트에 손해가 되지 않게 그런 사항에는 관여하지 않아도 된다.

---

5 (옮긴이) 코드의 양식을 맞추는 도구

물리적인 환경

다음과 같은 실험이 있다. 시골에 가서 농장을 찾고 농부를 만나 각 일꾼을 위해서 장비를 갖추는 데 얼마의 비용이 드는지 물어보라. 농부는 헛간에 가서 트랙터와 사륜차, 콤바인, 완두콩 바이너를 본 다음 일꾼당 10만 달러 이상의 비용이 든다고 말할 것이다.

이번에는 도시에 가서 프로그래밍 회사를 찾은 다음, 프로그래밍 관리자에게 각 직원을 위해서 장비를 갖추는 데 얼마의 비용이 드는지 물어보라. 관리자는 사무실에 가서 의자, 책상, 몇 권의 책, 그리고 컴퓨터를 본 후 직원당 2만 5,000달러 이하의 비용이 든다고 말할 것이다.

물리적인 환경은 생산성에 있어서 큰 차이를 만든다. 드마르코와 리스터는 35개의 조직에 있는 166명의 개발자에게 자신의 물리적인 환경의 질에 관해서 물어봤다. 대부분의 직원은 자신의 작업 환경이 만족스럽지 않다고 평가했다. 그다음에 수행된 프로그래밍 경쟁에서 상위 25%의 능력을 발휘한 개발자들은 더 크고 조용하고 사적인 사무실을 갖고 있었으며 사람들이나 전화로 인한 방해를 덜 받고 있었다. 다음은 최고와 최악의 능력을 보인 개발자의 사무 환경 차이를 요약한 것이다.

환경적인 요인	상위 25%	하위 25%
업무 공간의 크기는?	78제곱피트(7.2㎡)	46제곱피트(4.2㎡)
보통 조용한 편인가?	57%가 예라고 대답	29%가 예라고 대답
개인적인 공간인가?	62%가 예라고 대답	19%가 예라고 대답
전화를 꺼놓을 수 있는가?	52%가 예라고 대답	10%가 예라고 대답
전화를 다른 곳으로 돌릴 수 있는가?	76%가 예라고 대답	19%가 예라고 대답
불필요하게 다른 사람들이 업무를 방해하는 경우가 자주 있는가?	38%가 예라고 대답	76%가 예라고 대답
개발자가 고맙다고 느끼게끔 하는 작업 공간인가?	57%가 예라고 대답	29%가 예라고 대답

출처: 드마르코와 리스터 《피플웨어》(인사이트, 2014)

이 데이터는 생산성과 작업 환경의 질이 밀접하게 연관되어 있음을 보여준다. 상위 25%에 해당하는 개발자들은 하위 25%에 해당하는 개발자들보다 생산성이 2.6배 높았다. 드마르코와 리스터는 더 나은 개발자들은 승진이 되기 때문에 당연히 더 좋은 사무실을 갖게 될 것으로 생각했지만, 좀 더 조사해본 후 이번 실험이 그러한 경우가 아니라는 것을 알아냈다. 같은 조직에 있는 개발자들은 비슷한 편의시설을 갖고 있었는데도 수행 능력에 차이가 있었다.

큰 규모의 소프트웨어 전문 조직도 유사한 경험을 갖고 있다. 제록스와 TRW, IBM, 벨 연구소 1인당 1만 달러에서 3만 달러의 자본(투자금이 생산성 향상으로 회수한 금액 이상이었음)을 투자해 생산성이 크게 향상된다는 사실을 알아냈다(Boehm 1987a). "생산성 좋은 사무실"이 있는 회사들이 자체 보고한 측정에 의하면 생산성 향상의 정도는 39%에서 47% 사이였다(Boehm et al. 1984).

요약하자면 작업 환경이 하위 25%에 해당한다면 작업 환경을 상위 25%로 개선하여 생산성을 100% 정도 향상시킬 수 있다. 작업 환경이 평균 수준이라면 상위 25%의 작업 환경으로 개선하여 40% 이상의 생산성 향상을 달성할 수 있다.

인간으로서의 개발자에 관한 참고 자료

cc2e.com/2806

다음은 참고 자료다.

제럴드 M. 와인버그 《프로그래밍 심리학》(인사이트, 2014) 이 책은 명시적으로 개발자를 인간으로 규명한 최초의 책이며, 여전히 인간의 활동으로서의 프로그래밍에 관한 최고의 책이다. 개발자의 인간적인 특성과 그것의 의미에 대한 날카로운 관찰로 채워져 있다.

톰 드마르코, 티모시 리스터 《피플웨어》(인사이트, 2014) 제목에서 알 수 있듯이 이 책도 프로그래밍이라는 방정식의 인간적인 요인을 다룬다. 이 책은 인적 관리, 사무 환경, 올바른 사람의 채용과 발전, 팀의 성장, 업무를 즐기는 것에 대한 일화로 구성되어 있다. 저자는 특이한 관점을 뒷받침하기 위해 일화를 사용하는데, 논리는 다소 빈약하지만 이 책이 표방하는 인간 중심의 정신은 나름대로 가치가 있으며 저자가 그러한 메시지를 여과 없이 전달한다.

cc2e.com/2820

제럴드 맥큐(Gerald M. McCue) "*IBM's Santa Teresa Laboratory, Architectural Design for Program Development*"(IBM 시스템 저널 17, 1번, 1978) 맥큐는 산타 테레사 사무 단지를 만들 때 IBM에서 사용했던 프로세스를 소개한다. IBM은 개발자들의 요구를 연구하여 구조적인 지침을 만든 후, 개발자를 위한 시설을 설계했다. 개발자들이 전 과정에 참여했고 그 결과 매년 설문 조사에서 산타 테레사 시설에 있는 물리적인 시설은 회사 내에서 가장 좋은 평가를 받았다.

스티브 맥코넬 《*Professional* 소프트웨어 개발》(인사이트, 2005) 7장 "고아 출신 특별 우대"는 성격 유형, 지적 배경, 고용 전망을 포함한 개발자 인구학에 대한 연구를 요약 설명하고 있다.

데일 카네기(Dale Carnegie) 《카네기 인간관계론》(씨앗을뿌리는사람, 2004). 데일 카네기가 1936년 초판에 이 제목을 사용했을 때는 오늘날 그 제목이 전달하는 의미를 알지 못했을 것이다. 제목만 보면 마키아벨리가 자기 책장에 진열해놓을 만한 책처럼 보인다. 하지만 이 책은 마키아벨리즘(Machiavellian)[6] 식의 취급법과는 정반대의 개념이며 카네기는 다른 사람이 가진 순수한 흥미를 개발하는 것의 중요성을 강조하고 있다. 카네기는 일상적 관계에 대한 날카로운 통찰력을 바탕으로 다른 사람들을 더 잘 이해함으로써 그들과 함께 일하는 방법을 설명한다. 이 책은 두세 페이지에 이르는 유명한 일화로 채워져 있다. 사람들을 상대하는 직업을 가진 사람이라면 언젠가는 이 책을 읽어야 하며 사람들을 관리하는 사람이라면 지금 바로 이 책을 읽어야 한다.

28.6 관리자 관리

소프트웨어 개발에서는 기술적인 경험이 없거나 10년 전에 기술적인 경험이 있었던 관리자가 많다. 기술적으로 유능하고 시대에 뒤처지지 않은 관리자는 보기 드물다. 그런 사람을 위해 일하고 있다면 해고당하지 않기 위해서 할 수 있는 것은 무엇이든지 하라. 그것은 당연한 처신이다.

> 계층 사회에서는 모든 직원이 자신의 무능 수준까지 올라가는 경향이 있다.
> – 피터의 법칙

관리자가 더 관료주의적인 사람이라면 관리자를 관리해야 하는 어쩔 수 없는 상황에 직면하게 된다. "관리자를 관리한다"는 의미는 관리자가 자신에게 할 일을 말해주는 것이 아니라 자신이 관리자에게 무엇을 할지 알려줘야 한다는 말이다. 그러면서도 여전히 관리자에게 자신이 관리받고 있다고 믿게 하는 교묘한 방법을 써야 한다. 다음은 관리자를 다루는 몇 가지 방법이다.

- 자신이 원하는 것에 대한 아이디어를 정리한 다음, 관리자가 그 아이디어를 수행하는 것에 대해 생각할 때까지 기다린다.
- 작업을 수행하기 위한 올바른 방법에 대해 관리자에게 교육하라. 이 일은 관리자가 종종 승진하거나 부서를 옮기거나 해고되기 때문에 지속해서 해야 한다.
- 관리자가 자신에게 바라는 것을 처리하면서 관리자의 흥미에 초점을 맞추고 관리자가 불필요한 구현 세부 사항으로 방해받지 않게 하라(이 일을 "캡슐화"하는 것으로 생각하라).
- 관리자가 지시하는 것을 거부하고 자기 일을 올바른 방식으로 계속 진행하라.
- 다른 직업을 찾아라.

---

[6] (옮긴이) 마키아벨리 주의는 일반적으로 국가의 유지 발전을 위해서는 어떠한 수단이나 방법도 허용된다는 국가 지상주의적인 정치 이념

최고의 장기적인 해결책은 관리자를 교육하려고 노력하는 것이다. 이 방법이 언제나 쉽지는 않겠지만, 그것을 준비할 수 있는 한 가지 방법은 데일 카네기의 ≪카네기 인간관계론≫을 읽는 것이다.

구현 관리에 관한 참고 자료

cc2e.com/2813

다음은 소프트웨어 프로젝트의 관리와 관련된 일반적인 문제를 다루는 책이다.

톰 길브 ≪*Principles of Software Engineering Management*≫(Addison-Wesley, 1988). 길브는 30년 동안 자신의 강의를 기록했고 의식적으로든 무의식적으로든 대체로 남보다 앞서갔다. 이 책은 그 좋은 예다. 이 책은 진화적인 개발 방법과 위험 관리, 형식적인 정밀 검사의 사용에 관해 논의하는 최초의 책 중 하나다. 길브는 최신 접근 방법을 잘 안다. 실제로 이 책은 15년 이전에 출판되었지만, 오늘날 "애자일"이라는 이름으로 유행하고 있는 훌륭한 방법에 관한 대부분의 내용을 포함하고 있다. 길브는 굉장히 실용주의자이며 이 책은 여전히 최고의 소프트웨어 관리 서적 중 한 권이다.

스티브 맥코넬 ≪프로젝트 쾌속 개발 전략≫(한빛미디어, 2003) 이 책은 모든 프로젝트가 겪고 있을 심각한 일정 압박에 시달리는 프로젝트의 관점에서 프로젝트-리더십과 프로젝트-관리 문제를 다루고 있다.

프레데릭 브룩스 ≪맨먼스 미신≫(인사이트, 2015) 이 책은 프로그래밍 프로젝트 관리와 연관된 비유와 민간 전승에 대해 잡다하게 소개한다. 이 책은 내용이 재미있고 진행하는 프로젝트에 해결책을 제공할 수 있는 여러 통찰력을 제공할 것이다. 이 책은 브룩스가 OS/360 운영체제를 개발하면서 겪었던 어려움을 바탕으로 하는데, 개인적으로는 그 때문에 약간 꺼려진다. " 이렇게 해서 실패했다."와 "이렇게 했으면 작동했을 것이다."식의 조언이 많다. 실패한 기법에 대한 브룩스의 관찰은 충분한 근거가 있지만, 실제로 작동했던 다른 기법에 대한 그의 주장은 지나치게 이론적이다. 이론적인 내용과 관찰한 내용을 구별하여 비판적으로 읽을 것을 권한다. 이러한 경고가 이 책의 기본적인 가치를 훼손하지는 않는다. 이 책은 1975년에 초판이 출간되었음에도 여전히 다른 어떤 책보다도 컴퓨터 관련 서적에서 많이 인용되고 있으며 오늘날 읽어도 여전히 참신한 부분이 있다. 페이지를 넘길 때마다. "그렇군!"이라는 말을 하게 될 것이다.

관련 표준

IEEE Std 1058–1998, Standard for Software Project Management Plans.

IEEE Std 12207–1997, Information Technology.Software Life Cycle Processes.

.IEEE Std 1045–1992, Standard for Software Productivity Metrics.

IEEE Std 1062–1998, Recommended Practice for Software Acquisition.

IEEE Std 1540–2001, Standard for Software Life Cycle Processes.Risk Management.

IEEE Std 828–1998, Standard for Software Configuration Management Plans

IEEE Std 1490–1998, Guide–Adoption of PMI Standard. A Guide to the Project Management Body of Knowledge.

요점 정리

- 좋은 코드 작성 관행은 표준을 강요하거나 더 솜씨 있는 접근 방법을 통해 달성될 수 있다.
- 형상 관리는 잘 사용하면 개발자의 일을 더 쉽게 만들어 준다. 특히 형상 관리는 변경 관리를 포함한다.
- 소프트웨어를 잘 측정하기란 상당히 어렵다. 성공적으로 측정하기 위한 핵심 사항은 여러 가지 접근 방법을 사용하고 프로젝트를 진행하면서 측정을 조율하고 측정을 하기 위하여 데이터를 활용하는 것이다.
- 측정은 성공적인 구현 관리를 위한 핵심 요소다. 프로젝트의 일부라도 측정하면 측정을 전혀 하지 않는 것보다 더 나은 길을 찾을 수 있다. 정확한 측정은 정확한 일정과 품질 관리, 개발 프로세스 향상의 핵심이다.
- 개발자와 관리자도 사람이기 때문에 사람으로 대우받을 때 업무 성과가 가장 뛰어나다.

29장 | 통합

cc2e.com/2985

내용

29.1 통합 접근 방법의 중요성
29.2 통합 빈도–단계별 또는 점증적 접근 방법
29.3 점증적 통합 전략
29.4 일일 빌드와 스모크 테스트

관련 주제

- 개발자 테스트: 22장
- 디버깅: 23장
- 구현 관리: 28장

"통합"이라는 용어는 개별적인 소프트웨어 컴포넌트를 하나의 시스템으로 결합하는 소프트웨어 개발 행위를 말한다. 작은 프로젝트에서는 소수의 클래스를 연결하는 데 반나절 정도 걸릴 것이다. 큰 프로젝트에서는 여러 개의 프로그램을 연결하는 데 몇 주 혹은 몇 달이 걸릴 것이다. 작업의 크기에 상관없이 공통 원칙이 적용된다.

통합이라는 주제는 구현 순서라는 주제와 밀접한 관련이 있다. 클래스나 컴포넌트를 작성하는 순서는 그것을 통합하는 순서에 영향을 미친다. 아직 만들어지지 않은 것을 통합할 수는 없기 때문이다. 통합과 구현 순서는 중요한 주제다. 이 장에서는 통합이라는 관점에서 이 두 가지 주제를 설명한다.

29.1 통합 접근 방법의 중요성

소프트웨어 이외의 다른 공학 분야에서는 적절한 통합의 중요성이 잘 알려져 있다. 저자가 사는 태평양 북서부에서 잘못된 통합이 초래하는 위험을 보여주는 인상적인 사진을 보았다. 그림 29-1처럼 워싱턴대학교의 축구장이 공사를 어느 정도 진행한 시점에서 무너졌다.

그림 29-1 워싱턴대학교에 추가로 설립하던 축구장이 공사 중 그 무게를 지탱하지 못하고 무너졌다. 완성되면 충분히 튼튼할 것으로 생각했지만, 잘못된 순서로 건설한 것이다. 그것이 바로 통합 오류다.

경기장이 완공되었을 때 얼마나 튼튼한지는 중요하지 않다. 경기장은 각 단계를 견딜 수 있을 만큼 튼튼해야 한다. 소프트웨어를 잘못된 순서로 구현하고 통합하면 코드를 작성하거나 테스트하거나 디버깅하기가 더 어렵다. 모든 것이 함께 작동할 때까지 아무것도 작동하지 않는다면 절대로 끝나지 않을 것처럼 보일 수 있다. 그렇게 되면 구현 단계에서 부담을 견뎌내지 못하고 붕괴할 수도 있다. 완성된 제품이 작동하긴 하더라도 해결할 수 없을 정도로 버그가 많거나 처리 과정을 확인할 수 없거나 엄청나게 복잡할 것이다.

통합은 개발자가 개발자 테스트와 함께 시스템 테스트를 마치고 난 다음에 수행되기 때문에 때때로 테스트 활동으로 여기기도 한다. 하지만 통합은 매우 복잡해서 개별 활동으로 다루어야 한다.

KEY POINT

신중한 통합을 했을 때 다음과 같은 이익을 기대할 수 있다.

- 더 쉬운 결함 진단
- 더 적은 결함
- 더 적은 비계
- 첫 번째 제품 완성 시간 단축
- 전체적인 개발 일정 단축
- 더 나은 고객과의 관계
- 의욕 고취
- 프로젝트 완성 기회 향상
- 더 신뢰할 수 있는 일정 측정
- 더 정확한 상황 보고

- 향상된 코드 품질
- 더 적은 문서

이러한 사항이 마치 시스템 테스트에 관한 내용처럼 보이지만, 통합의 중요성이 간과되고 있기 때문에 이 책에서는 통합을 별도의 단원을 할애해 소개한다.

29.2 통합 빈도-단계별 또는 점증적 접근 방법

프로그램은 단계별 또는 점증적인 접근 방법으로 통합된다.

단계별 통합

몇 년 전까지만 해도 단계별 통합이 일반적이었다. 단계별 통합은 다음과 같이 잘 정의된 과정 혹은 단계를 따른다.

1. 각 클래스를 설계하고 작성하고 테스트하고 디버깅한다. 이 단계를 "단위 개발"이라고 한다.
2. 클래스를 하나의 큰 시스템으로 결합한다("시스템 통합").
3. 전체 시스템을 테스트하고 디버깅한다. 이 단계를 "시스템 분해"라고 한다(이렇게 재치 있는 관찰을 한 밀러 페이지-존스(Meilir Page-Jones)에게 감사한다[7]).

단계별 통합이 가진 한 가지 문제점은 시스템에 있는 클래스가 처음 통합될 때 불가피하게 새로운 문제점이 발생하고 그러한 문제점의 원인이 발생한 곳을 예상할 수 없다는 것이다. 수많은 클래스가 이전에는 한 번도 함께 작동해 본 적이 없기 때문에 문제의 원인은 제대로 테스트되지 않은 클래스일 수도 있고 두 클래스 간의 인터페이스에서의 오류일 수도 있으며 두 클래스 사이의 상호작용으로 발생한 오류일 수도 있다. 모든 클래스를 의심해야 한다.

특정한 문제가 발생한 위치에 대한 불확실성은 모든 문제가 갑자기 한순간에 발생한다는 점 때문에 더욱 심각해진다. 그래서 클래스 사이의 상호작용으로 발생하는 문제뿐만 아니라 문제 자체가 상호작용하기 때문에 진단하기가 어려운 문제들도 다루어야 한다. 이러한 이유로 단계별 통합을 그림 29-2와 같이 "빅뱅 통합"이라고 하기도 한다.

---

[7] (옮긴이) 밀러의 책이 항상 유머와 견식으로 가득 차 있기 때문이다.

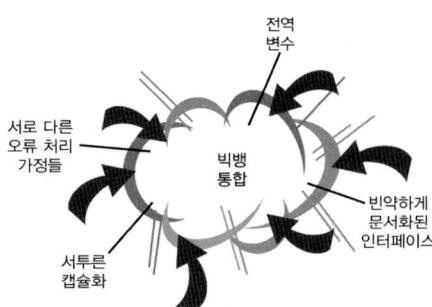

그림 29-2 단계별 통합을 "빅뱅" 통합이라고도 한다.

단계별 통합은 모든 클래스에 대해 개발자 테스트를 수행하고 난 후인 프로젝트 후반부까지는 시작할 수 없다. 클래스가 마침내 통합되고 수많은 오류가 드러나면 개발자들은 방법론에 따라 오류를 검출하고 수정하기보다는 곧바로 허둥대며 디버깅을 시작한다.

작은 프로그램, 아니 아주 작은 프로그램에서는 단계별 통합이 최고의 접근 방법일 것이다. 프로그램에 클래스가 두세 개밖에 없다면 운이 좋을 경우 단계별 접근 방법으로 시간을 절약할 수 있을 것이다. 하지만 대부분의 경우에는 다른 접근 방법이 더 나을 것이다.

점증적 통합

관련 정보 점증적 통합에 대한 적절한 비유는 2.3절의 "소프트웨어 조개 양식: 시스템 증대"와 "소프트웨어 건설: 소프트웨어 구축"에서 소개했다.

점증적 통합에서는 작은 단위로 프로그램을 작성하고 테스트한 다음, 한 번에 하나씩 코드를 결합한다. 이렇게 한 번에 한 부분씩 진행하는 통합 방법은 다음 단계를 따른다.

1. 시스템에서 크기가 작고 기능적인 부분을 개발한다. 그것은 가장 작은 기능을 수행하는 부분이 될 수도 있고 가장 어려운 부분이나 핵심적인 부분, 또는 몇 가지 부분을 결합한 것일 수도 있다. 그러한 부분을 전체적으로 테스트하고 디버깅한다. 그것이 시스템의 나머지 부분을 구성하는 근육과 신경, 피부를 붙일 수 있는 뼈대 역할을 할 것이다.

2. 클래스를 설계하고 코드를 작성하고 테스트하고 디버깅한다.

3. 새로운 클래스를 뼈대에 통합한다. 뼈대와 새로운 클래스를 결합한 것을 테스트하고 디버깅한다. 새로운 클래스를 추가하기 전에 결합한 부분이 잘 작동하는지 확인한다. 작업이 남았다면 2단계부터 다시 반복한다.

때때로 하나의 클래스보다 더 큰 단위를 통합하고 싶을 것이다. 컴포넌트를 완벽하게 테스트한 상태에서 각 클래스에 대해 작은 통합을 수행한다면 전체 컴포넌트를 통합하면서도 점증적으로 통합할 수 있다. 거기에 새로운 클래스를 추가하면 그림 29-3처럼 눈이 언덕으로 굴러떨어지면서 점점 커지고 가속도가 붙는 것과 같은 원리로 시스템도 커지고 가속도가 붙는다.

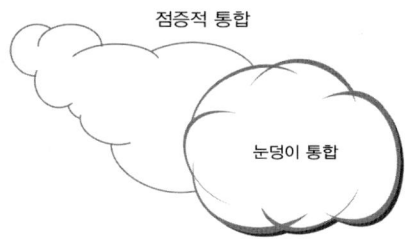

그림 29-3 점증적 통합은 언덕으로 굴러떨어지는 눈처럼 프로젝트를 빌드하는 속도를 높여준다.

점증적 통합의 이점

점증적 접근 방법은 어떠한 점증적 전략을 사용하든지 상관없이 전통적인 단계별 접근 방법에 비해 많은 장점이 있다.

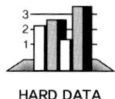

오류를 찾기가 쉽다. 점증적 통합에서 새로운 문제점이 발생할 때, 새로운 클래스가 분명히 오류와 관련이 있다. 프로그램의 나머지 부분에 대한 새로운 클래스의 인터페이스에 오류가 있거나 이전에 통합된 클래스와의 상호작용이 오류를 만들어 낸 것이다. 어느 경우든지 그림 29-4에서 보여주는 것처럼 어디를 살펴봐야 하는지 정확하게 알 수 있다. 게다가 한 번에 발생하는 문제점의 수가 더 적기 때문에 여러 개의 문제점이 상호 작용하거나 어느 문제점이 다른 문제점을 감출 위험도 줄어든다. 인터페이스 오류가 더 많을수록 점증적 통합으로 이렇게 프로젝트에 더 많은 도움을 줄 수 있다. 한 프로젝트에서 발생하는 오류를 계산한 결과, 오류의 39%는 모듈 사이의 인터페이스 오류였다(Basili and Perricone 1984). 많은 프로젝트에서 개발자들이 최대 50%의 시간을 디버깅하는 데 보내기 때문에 오류를 쉽게 찾을 수 있게 해서 디버깅의 효율성을 최대화하면 품질과 생산성에 이득이 된다.

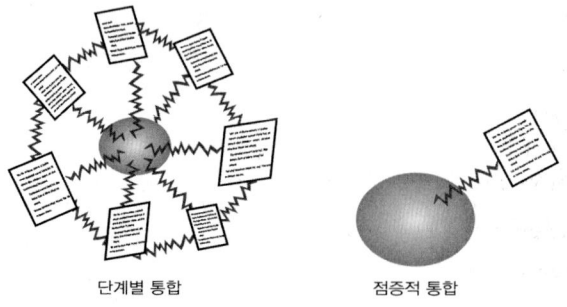

그림 29-4 단계별 통합에서는 한 번에 너무 많은 컴포넌트를 통합하기 때문에 오류가 어디서 발생했는지 알아내기가 어렵다. 이때 오류의 원인은 어느 컴포넌트든 될 수 있고 어느 연결에서든 발생할 수 있다. 점증적 통합에서는 일반적으로 오류가 새로운 컴포넌트 혹은 새로운 컴포넌트와 시스템 사이의 연결에서 발생한다.

시스템이 프로젝트 초기부터 작동한다. 시스템을 사용할 수는 없을지라도 코드를 통합하고 결과물이 작동하면 시스템도 정상적으로 작동할 것이 분명해진다. 점증적 통합을 사용하면 개발자가 초기에 작업한 결과를 확인할 수 있어 프로젝트가 작동하지 않을지도 모른다고 의심할 때보다 개발자의 사기가 높아진다.

진행 상황을 좀 더 잘 관찰할 수 있다. 자주 통합하면 현재 지원되는 기능과 그렇지 않은 기능이 분명해진다. 관리자도 코드가 "99% 완료되었습니다"라는 말보다 시스템 기능의 50%가 작동 중인 것을 눈으로 확인함으로써 진행 상황을 좀 더 잘 파악할 수 있다.

고객과의 관계가 향상될 것이다. 빈번한 통합이 개발자의 사기에 영향을 미친다면 이는 곧 고객의 사기에도 영향을 미치게 된다. 고객은 무언가 진행되는 것을 좋아하며 증분 빌드는 빈번하게 진행되고 있다는 신호를 제공한다.

시스템 요소를 더 완전히 테스트한다. 통합은 프로젝트 초기 단계에 시작한다. 각 클래스가 개발되면 한 번에 통합하려고 마지막까지 기다리지 않고 곧바로 통합한다. 두 경우 모두 개발자가 클래스를 테스트하겠지만, 각 클래스는 단계별 통합보다는 점증적 통합을 사용할 때 전체 시스템의 일부로 더 자주 사용된다.

더 짧은 개발 일정으로 시스템을 만들 수 있다. 통합을 신중하게 계획하면 한 부분을 작성하는 동안 시스템의 다른 부분을 설계할 수 있다. 이렇게 한다고 해서 완전한 설계와 코드를 개발하는 데 필요한 전체 작업 시간이 줄어들지는 않지만, 작업을 병렬로 처리할 수 있어 일정이 무엇보다 중요할 때는 큰 도움이 된다.

점증적 통합은 다른 점증적인 전략을 지지하고 장려한다. 통합에 적용된 점증적인 방법의 이득은 빙산의 일각이다.

29.3 점증적 통합 전략

단계별 통합에서는 프로젝트 컴포넌트를 만드는 순서를 계획할 필요가 없다. 모든 컴포넌트가 동시에 통합되므로 마감 날짜까지 준비가 완료된다면 순서에 상관없이 작성할 수 있다.

점증적 통합에서는 더 신중하게 계획해야 한다. 대부분의 시스템은 다른 컴포넌트를 통합하기 전에 몇몇 컴포넌트가 미리 통합되어 있어야 한다. 따라서 통합 계획은 구현 계획에 영향을 미친다. 즉, 컴포넌트를 구현하는 순서가 통합되는 순서와 맞아야 한다.

통합 순서 전략은 형태나 규모가 다양하고 모든 상황에서 최고인 전략은 없다. 가장 훌륭한 통합 접근 방법은 프로젝트에 따라 다르며 최고의 해결책은 언제나 프로젝트에 특화된 요구사항을 충족하도록 만든 전략이다. 여러 방법론의 핵심 사항을 알고 있으면 가능한 해결책을 찾을 수 있는 통찰력이 생길 것이다.

하향식 통합

하향식 통합에서는 계층 구조의 상위에 있는 클래스를 먼저 작성하고 통합한다. 상위 클래스라고 하면 메인 윈도우나 응용 프로그램 제어 루프, 자바의 *main()* 함수나 마이크로소프트 윈도우 프로그래밍의 *WinMain()* 함수와 같은 것을 포함하는 객체를 말한다. 상위 클래스를 사용해 보기 위해 스텁 코드를 작성해야 한다. 그리고 나서 클래스가 하향식으로 통합되면서 스텁 클래스가 실제 클래스로 대체된다. 이러한 통합은 그림 29-5와 같이 진행된다.

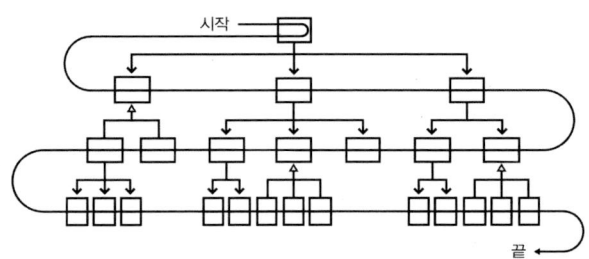

그림 29-5 하향식 통합에서는 상위 클래스를 먼저 추가하고 하위 클래스를 마지막에 추가한다.

하향식 통합의 중요한 특징은 클래스 사이의 인터페이스를 신중하게 명시해야 한다는 것이다. 디버깅하기 가장 어려운 오류는 어느 한 클래스에 영향을 미치는 오류가 아니라 클래스 사이의 미묘한 상호작용으로 발생하는 오류다. 주의 깊게 인터페이스를 명시하면 그런 문제를 줄일 수 있다. 인터페이스 명세서가 통합 작업은 아니지만, 인터페이스가 잘 명시되었는지 확인할 수 있다.

하향식 접근 방법은 점증적 통합에서 얻는 여러 가지 이점뿐만 아니라 시스템의 제어 논리 구조를 비교적 일찍 테스트할 수 있다는 장점을 제공한다. 계층 구조의 상위에 있는 클래스는 모두 많이 사용되기 때문에 크고 개념적인 설계상 문제점이 빨리 노출된다.

하향식 통합이 제공하는 또 다른 장점은 제대로만 계획한다면 프로젝트 초기 단계부터 부분적으로 작동하는 시스템을 완성할 수 있다는 것이다. 사용자 인터페이스와 관련된 부분이 상위에 있다면 기본 인터페이스를 빠르게 완성하고 세부 사항은 나중에 채워도 된다. 무언가 작동하는 것이 초기에 보이면 사용자와 개발자의 사기에도 도움이 된다.

또한 하향식 점증적 통합을 통해서 하위 수준 설계 세부사항이 완성되기 전에 코드 작성을 시작할 수 있다. 일단 설계가 상당히 낮은 수준까지 유보되면 세부 사항에 대해서 상위 수준에서 클래스를 구현하고 통합하는 작업을 시작할 수 있다.

이러한 장점에도 불구하고 순수한 하향식 통합은 일반적으로 개발자를 괴롭히는 단점을 수반한다. 순수한 하향식 통합에서는 까다로운 시스템 인터페이스를 마지막까지 사용해볼 수 없다. 시스템 인터페이스가 버그를 포함하고 있거나 성능 문제가 있다면 프로젝트의 마지막까지 가기 전에 문제점을 알고 싶을 것이다. 하위 수준에서의 문제점이 시스템의 상위 수준까지 영향을 미쳐 상위 수준을 변경해야 하는 바람에 초기 통합 작업으로 얻은 이득을 반감시키는 경우가 많다. 그러한 문제점은 초기 단계부터 주의 깊게 개발자 테스트를 진행하고 시스템 인터페이스를 다루는 클래스의 성능을 분석하여 최소화하라.

순수한 하향식 통합의 또 다른 문제점은 하향식으로 통합하기 위해 엄청나게 많은 스텁 코드가 필요하다는 점이다. 많은 저수준 클래스가 통합되지 않았다는 것은 통합의 중간 단계에서 수많은 스텁이 필요할 것이라는 뜻이다. 스텁은 테스트 코드처럼 주의 깊게 설계한 제품 코드보다 오류를 포함할 확률이 높다는 면에서 문제의 소지가 있다. 새로운 클래스를 지원하는 새로운 스텁에 있는 오류는 새로운 클래스에 대한 오류의 원인을 제한하고자 하는 점증적 통합의 목적 자체를 무너뜨린다.

관련 정보 하향식 통합은 하향식 설계와 이름만 비슷하다. 하향식 설계에 대한 자세한 내용은 5.4절의 "하향식과 상향식 설계 접근 방법"을 살펴본다.

하향식 통합은 또한 이론대로 진행하기가 거의 불가능하다. 책에 적힌 하향식 통합에서는 최상위 단계(레벨 1이라고 하자)에서 시작해 다음 단계(레벨 2)에 있는 모든 클래스를 통합한다. 레벨 2에 있는 모든 클래스를 통합하고 나서 레벨 3에 있는 클래스를 통합한다. 순수한 하향식 통합이 갖는 엄격함은 지나치게 독단적이다. 순수한 하향식 통합을 사용하는 사람이 과연 있을까 싶다. 대부분의 사람은 부분적으로만 하향식 접근 방법을 사용하는 하이브리드 접근 방법을 사용한다.

마지막으로 클래스 집합에 최상위라는 개념이 없으면 하향식 통합을 사용할 수가 없다. 많은 대화식 시스템에서는 "상위"의 위치가 주관적이다. 많은 시스템에서 사용자 인터페이스가 최상위다. 다른 시스템에서는 $main()$ 함수가 최상위다.

순수한 하향식 통합의 좋은 대안은 그림 29-6과 같이 수직으로 나누는 접근 방법이다. 이 접근 방법에서는 시스템을 부문별로 나누어 하향식으로 구현한다. 아마 기능별로 하나씩 구현한 후 다음 영역으로 이동할 것이다.

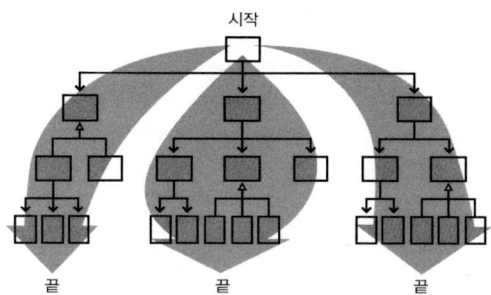

그림 29-6 엄격하게 하향식으로 진행하는 대신 수직으로 나누어 하향식으로 통합할 수 있다.

순수한 하향식 통합을 실무에 적용하기는 불가능하지만, 하향식 통합을 생각하는 것이 일반적인 접근 방법을 결정하는 데 도움이 된다. 순수한 하향식 접근 방법의 몇 가지 장단점은 수직으로 통합하는 방법처럼 느슨한 하향식 접근 방법에도 어느 정도 적용되므로 명심해야 한다.

상향식 통합

상향식 통합에서는 계층 구조의 맨 아래부터 클래스를 작성하고 통합한다. 상향식 통합을 그대로 점증적 통합 전략이라고 할 수 있는 이유는 저수준 클래스를 한꺼번에 추가하지 않고 한 번에 하나씩 추가하기 때문이다. 초기에 저수준 클래스를 사용할 테스트 드라이버를 작성한 다음, 테스트 드라이버 비계가 작성되면 클래스를 추가한다. 수준이 높은 클래스를 추가함에 따라 드라이버 클래스를 실제 클래스로 대체한다. 그림 29-7은 상향식 통합에서 클래스가 통합되는 순서를 보여준다.

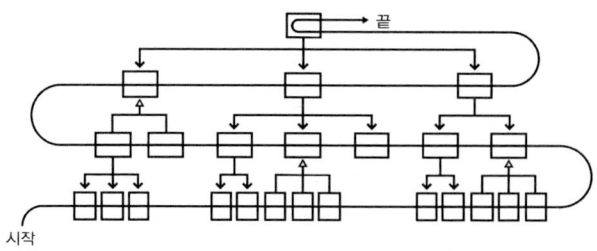

그림 29-7 상향식 통합에서는 하위 클래스를 먼저 추가하고 상위 클래스를 마지막에 추가한다.

상향식 통합에서는 점증적인 통합에서 얻는 이점이 한정되어 있다. 상향식 통합에서는 오류의 원인을 통합되고 있는 단일 클래스로 제한하기 때문에 오류를 찾기가 쉽다. 통합은 프로젝트 초기 단계에서 시작할 수 있다. 상향식 통합은 또한 까다로울 수 있는 시스템 인터페이스를 초기에 사용한다. 시스템의 제약 조건이 종종 시스템이 그 목표를 달성할 수 있는지를 결정하므로 시스템이 문제가 될 수 있는 부분을 처리했는지 확인해야 한다.

상향식 통합의 가장 큰 문제점은 마지막에 가서야 고수준 시스템 인터페이스를 통합할 수 있다는 점이다. 시스템이 상위 수준에서 개념적인 설계상 문제점을 갖고 있다면 모든 세부 작업이 처리될 때까지 구현 과정에서는 그러한 문제점을 발견할 수 없을 것이다. 설계가 크게 변경되어야 한다면 구현 세부 사항의 일부는 사용하지 못하게 될 것이다.

상향식 통합에서는 통합을 시작하기 전에 전체 시스템 설계를 마쳐야 한다. 그렇지 않으면 설계 시 다루지 않았던 가정이 저수준 코드에 깊게 포함되게 될 것이며 결국 저수준 코드에서 발생한 문제점을 해결하려고 상위 수준 클래스를 설계해야 하는 난처한 상황이 벌어지게 된다. 저수준의 세부 사항이 상위 수준 클래스의 설계에 영향을 미치는 것은 정보 은닉과 객체지향 설계의 원칙에 어긋난다. 고수준 클래스의 통합에서 발생하는 문제점은 저수준 코드 작성을 시작하기 전에 상위 수준 클래스 설계를 완성하지 않았을 때 발생하는 문제에 비하면 새 발의 피다.

하향식 통합과 마찬가지로 순수한 상향식 통합은 드물다. 따라서 그림 29-8과 같이 부분적으로 통합하는 하이브리드 접근 방법을 사용할 수 있다.

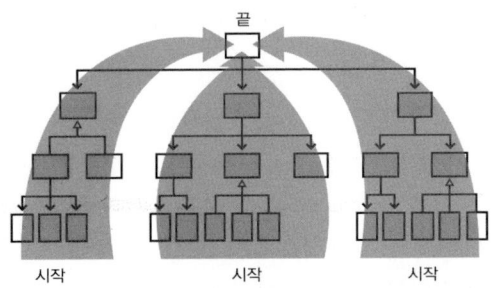

그림 29-8 순수하게 상향식으로 진행하는 대신 여러 부분으로 나누어 상향식으로 통합할 수 있다. 이 방법은 상향식 통합과 뒤에서 다룰 기능 지향적 통합 사이의 구분을 모호하게 한다.

샌드위치 통합

순수한 하향식 통합과 순수한 상향식 통합이 갖는 문제점 때문에 몇몇 전문가들은 샌드위치 접근 방법을 권장한다(Myers 1976). 우선 상위 수준에서 고수준 비즈니스 객체 클래스를 통합한다. 그리고 장치-인터페이스 클래스와 하위 수준에서 널리 사용되는 유틸리티 클래스를 통합한다. 여기서 고수준 클래스와 저수준 클래스가 샌드위치의 빵 역할을 한다.

중간 수준의 클래스는 나중까지 남겨둔다. 이 클래스가 샌드위치의 고기와 치즈, 토마토 역할을 한다. 채식주의자라면 샌드위치를 콩과 두부로 채울 것이다. 하지만 샌드위치를 통합하는 사람은 이 부분에 대해서 아무 말도 하지 않는다. 아마도 입이 먹을 것으로 가득 차서 그럴 것이다. 그림 29-9는 샌드위치 접근 방법의 예를 보여준다.

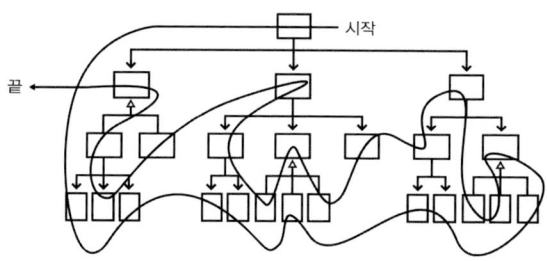

그림 29-9 샌드위치 통합에서는 상위 수준과 널리 사용되는 하위 수준의 클래스를 우선 통합하고 중간 수준의 클래스는 나중을 위해 남겨둔다.

이러한 접근 방법은 순수한 상향식이나 하향식 통합의 엄격함을 피해간다. 이 방법은 자주 문제가 되는 클래스를 우선 통합하여 필요한 비계의 양을 최소화할 수 있다. 이는 현실적이며 실용적인 접근 방법이다. 다음에 소개할 접근 방법도 이와 비슷하지만, 중점을 두는 부분이 다르다.

위험 지향적인 통합

위험 지향적인 통합은 "어려운 부분 우선 통합"이라고 불리기도 한다. 순수한 하향식 또는 상향식 통합의 본질적인 문제점을 피하려고 한다는 점에서는 샌드위치 통합과 비슷하다. 우연히 이 방법도 최상위와 최하위에 있는 클래스를 먼저 통합하고 중간 수준 클래스는 나중을 위해서 남겨두는 경향도 있다. 하지만 동기는 다르다.

위험 지향적인 통합에서는 각 클래스와 연관된 위험 수준을 규명한다. 구현하기 가장 어려운 부분이 무엇인지를 결정하여 그 부분을 먼저 구현한다. 경험적으로 최상위 인터페이스에 위험 요소가 많기 때문에 일반적으로 최상위 인터페이스는 위험 요소 목록의 상위에 오른다. 또한 최하위 수준에 있는 시스템 인터페이스도 어려운 부분이기 때문에 역시 위험 요소 목록의 상위를 차지한다. 게다가 구현하는 데 어려움이 있을 것 같은 중간 수준의 클래스도 알 것이다. 어쩌면 어떤 클래스가 제대로 이해하지 못한 알고리즘을 구현하거나 클래스의 성능을 향상시키고 싶을 수도 있다. 그러한 클래스도 위험 요소가 높은 것으로 간주해 비교적 초기에 통합할 수 있다.

나머지 코드, 즉 쉬운 부분은 나중까지 기다려도 된다. 몇몇 코드는 생각보다 어려운 것으로 판명되겠지만, 그러한 상황은 피할 수가 없다. 그림 29-10은 위험 지향적인 통합을 표현한 그림이다.

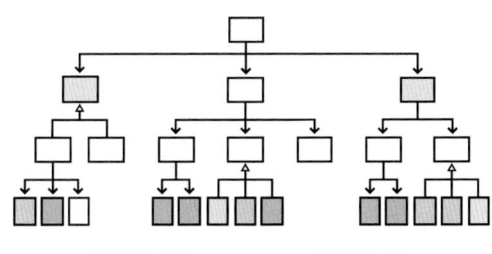

그림 29-10 위험 지향적인 통합에서는 가장 난해할 것 같은 클래스를 먼저 통합하고 쉬운 클래스는 나중에 구현한다.

기능 지향적인 통합

또 다른 접근 방법은 한 번에 하나의 기능을 통합하는 것이다. "기능"이라는 용어는 대단한 게 아니고 통합하고 있는 시스템의 구체적인 기능을 말한다. 워드 프로세서를 만들고 있다면 화면에 밑줄을 표시한다거나 자동으로 문서 서식을 맞춰주는 것을 기능이라고 할 수 있다.

통합할 기능이 단일 클래스보다 클 때는 점증적 통합의 "증분"이 단일 클래스보다 커진다. 이렇게 되면 새로운 오류의 원인에 대한 확신이 줄어들어 증분적인 방법으로부터 얻을 수 있는 이점이 약간 줄어든다. 하지만 새로운 기능을 가진 클래스를 통합하기 전에 완벽하게 테스트한다면 크게 문제는 없다. 점증적 통합 전략을 사용해 기능을 구성하는 작은 부분을 반복적으로 통합하고 나서 점증적으로 기능을 통합해 하나의 시스템을 구성할 수 있다.

일반적으로 다른 기능을 지원하려고 선택한 기본 골격부터 시작하고 싶을 것이다. 대화식 시스템에서는 첫 번째 기능이 대화식 메뉴 시스템이 될 것이다. 가장 먼저 통합한 기능에 나머지 기능을 붙일 수 있다. 그림 29-11은 이러한 과정을 그림으로 보여준다.

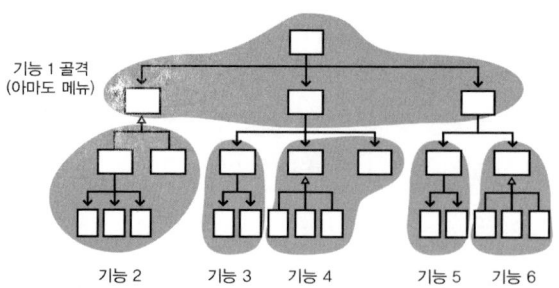

그림 29-11 기능 지향적인 통합에서는 식별 가능한 기능을 구성하는 클래스를 그룹 단위로 통합한다. 항상 그렇지는 않지만, 일반적으로 한 번에 여러 개의 클래스를 통합한다.

컴포넌트는 하나의 기능을 이루고 있는 계층적인 클래스의 집합인 "기능 트리"에 추가된다. 각 기능이 비교적 독립적이면 통합하기가 더 쉽다. 이때 다른 기능을 가진 클래스와 같은 저수준 라이브러리 코드를 호출하지만, 다른 기능과 공유하는 중간 수준의 코드는 없어야 한다(이렇게 공유되는 저수준 라이브러리 클래스는 그림 29-11에 표시하지 않았다).

기능 지향적인 통합은 세 가지 주요 장점을 제공한다. 첫째, 저수준 라이브러리 클래스를 제외하고는 실질적으로는 어떠한 기능에도 비계가 필요 없다. 기본 골격에서는 약간의 비계가 필요하거나 골격의 어떤 부분이 특정한 기능이 추가될 때까지 작동하지 않는 정도일 것이다. 하지만 각 기능이 골격에 붙으면 추가적인 비계가 필요 없다. 각 기능이 독립적이기 때문에 자신에게 필요한 모든 코드를 담고 있다.

두 번째 장점은 새로 통합되는 기능을 점증적으로 추가한다는 점이다. 이는 프로젝트가 꾸준히 앞으로 나가고 있다는 증거를 제공한다. 또한 평가용으로 고객에게 제공하거나 원래 계획된 것보다 기능 면에서 떨어지지만, 초기에 배포할 수 있는 소프트웨어를 만들게 된다.

세 번째 장점은 기능 지향적인 통합이 객체지향 설계에서 잘 작동한다는 점이다. 객체가 기능에 매핑되기 때문에 객체지향적인 시스템에서 기능 지향적인 통합을 당연하게 선택하고 있다.

순수한 기능 지향적인 통합은 순수한 하향식 또는 상향식 통합처럼 추구하기가 어렵다. 보통 일부 저수준 코드가 특정한 기능이 통합되기 전에 먼저 통합되어야 한다.

T-자형 통합

상향식 통합과 하향식 통합에 관련된 문제점을 해결하기 위해 자주 사용되는 마지막 접근 방법은 "T-자형 통합"이다. 이 접근 방법에서는 초기 개발과 통합을 위해 특정한 수직적인 부분이 선택된다. 그 부분은 시스템을 구석구석 사용해야 하며 시스템의 설계 시 가정한 중요한 문제점을 제거할 수 있어야 한다. 일단 수직적인 부분이 구현되고 연관된 문제점이 수정되면 시스템의 전체적인 부분(예: 데스크톱 응용 프로그램의 메뉴 시스템)을 개발할 수 있다. 그림 29-12에 그림으로 표시한 이 접근 방법은 종종 위험 지향적인 통합이나 기능 지향적인 통합과 함께 사용된다.

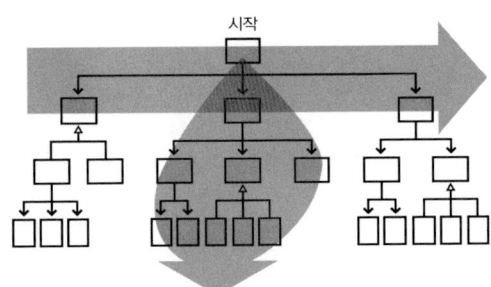

그림 29-12 T-자형 통합에서는 아키텍처적인 가정을 검증하는 시스템 일부분을 빌드하고 통합한 다음, 나머지 기능을 개발하기 위한 프레임워크를 제공할 시스템의 나머지 부분을 빌드하고 통합한다.

통합 접근 방법 요약

상향식, 하향식, 샌드위치, 위험 지향적, 기능 지향적, T-자형. 이러한 이름을 만든 사람들의 심정을 이해할 수 있겠는가? 어떠한 접근 방법도 1단계부터 47단계까지 철저하게 따른 다음, 일을 끝냈다고 할 수 있을 만큼 견고한 절차는 아니다. 소프트웨어 설계 접근 방법처럼 이 접근 방법들도 알고리즘이라기보다는 경험 법칙이며 어느 한 가지를 독단적으로 따르기보다는 진행하는 프로젝트에 맞게 바꿔 자기만의 전략을 만들어야 한다.

29.4 일일 빌드와 스모크 테스트

참고 서적 이 내용의 상당 부분은 스티브 맥코넬 《프로젝트 쾌속 개발 전략》(한빛미디어, 2003)의 18장에서 인용한 것이다. 그 내용을 읽었다면 "지속적인 통합"으로 넘어가라.

어떠한 통합 전략을 선택하든 소프트웨어를 통합하는 좋은 접근 방법의 하나는 "일일 빌드(daily build)와 스모크 테스트(smoke test)"이다. 모든 파일을 매일 컴파일하고 링크하며 실행 프로그램으로 만든다. 그러고 나서 해당 프로그램을 실행했을 때 "연기를 내뿜는지" 확인하는 비교적 간단한 "스모크 테스트"를 거친다.

이 간단한 과정은 몇 가지 커다란 장점을 제공한다. 우선 실패하거나 문제가 있는 통합 위험과 관련된 위험인 품질 저하 위험을 줄여준다. 모든 코드를 매일 스모크 테스트하면 품질 문제가 프로젝트를 장악하는 것을 예방할 수 있다. 시스템을 좋은 상태로 만든 다음 그 상태를 유지한다. 시간 소모가 큰 품질 문제가 생길 수 있는 지점의 상태가 더 나빠지지 않게 하는 것이다.

이 프로세스를 이용하면 더 쉽게 결함을 진단할 수 있다. 제품을 매일 빌드하고 테스트하면 어떤 날에 왜 제품이 작동하지 않는지 알아내기가 쉽다. 제품이 작업 17일차에는 작동했는데 작업 18일차에는 작동하지 않는다면 두 빌드 사이에 발생한 무언가가 제품을 망가뜨린 것이다.

이 프로세스는 사기 진작에도 도움이 된다. 실행되는 제품을 보는 것 자체가 사기를 올리는 데 큰 도움이 된다. 제품이 무엇을 처리하는지는 중요하지 않다. 개발자들은 단지 화면에 사각형을 그리는 것만 봐도 흥분한다! 일일 빌드로 제품이 조금씩 매일 완성되어 가면 높은 사기를 유지할 수 있을 것이다.

빈번한 통합이 가져오는 부수적인 효과 중 하나는 통합을 함으로써 프로젝트 마지막에 가서야 갑자기 나타날 때까지 숨겨진 채 쌓일 수 있는 작업을 겉으로 드러나게 한다는 점이다. 그렇게 겉으로 드러나지 않은 작업이 축적되면 프로젝트가 끝날 때쯤 문제가 발생하여 이를 해결하는 데 몇 주 혹은 몇 달이 걸릴 수 있다. 일일 빌드 프로세스를 사용해 보지 않은 팀은 때때로 일일 빌드가 프로젝트의 진행을 늦춘다고 생각한다. 실제로는 일일 빌드가 프로젝트 전체에 지속해서 작업 성과를 돌려주고 프로젝트 팀은 처음부터 프로젝트가 얼마나 빠르게 작동하는지 더 정확하게 알 수 있다.

다음은 일일 빌드를 사용할 때의 몇 가지 장단점이다.

매일 빌드한다. 일일 빌드의 가장 기본적인 부분은 "일일" 부분이다. 짐 맥카시(Jim McCarthy)가 말했듯이 일일 빌드를 프로젝트의 심장 박동으로 생각하라(McCarthy 1995). 심장이 뛰지 않으면 프로젝트는 죽은 것이다. 마이클 쿠수마노(Michael Cusumano)와 리차드 W. 셀비(Richard W. Selby)는 이보다 덜 은유적인 표현으로 일일 빌드를 프로젝트의 동기화 펄스라고 표현했다(Cusumano and Selby 1995). 서로 다른 개발자의 코드는 이 펄스 사이의 동기화가 약간 어긋날 수 있지만, 동기화가 맞는 펄스가 있을 때마다 모든 코드를 정리해야 한다. 펄스의 주기를 짧게 유지하면 전체적으로 개발자가 동기화에 어긋나는 것을 예방할 수 있다.

어떤 회사에서는 매일 빌드하는 대신 매주 빌드한다. 매주 빌드할 때의 문제점은 어떤 빌드가 망가지면 다음 빌드로 넘어가기 전에 몇 주 동안 더 작업해야 할 수도 있다는 점이다. 그러한 일이 발생하면 사실상 빈번하게 빌드하여 얻은 모든 장점을 잃게 된다.

깨진 빌드를 확인한다. 일일 빌드 프로세스로 효과를 보려면 빌드된 소프트웨어가 작동해야 한다. 해당 소프트웨어를 사용할 수 없으면 그 빌드는 깨진 것으로 간주하고 그것을 고치는 것이 가장 높은 우선순위를 차지한다.

각 프로젝트는 "빌드를 깨뜨리는 것"이 무엇인지에 대한 나름의 기준을 정해야 한다. 그 기준은 심각한 결함이 들어가지 않을 정도로 엄격하고 지나치게 신경 쓰면 프로젝트 진행이 마비될 수 있는 사소한 결함은 무시할 만큼 관대한 품질 수준을 설정해야 한다.

"좋은" 빌드는 최소한 다음과 같아야 한다.

- 모든 파일과 라이브러리, 다른 컴포넌트를 성공적으로 컴파일해야 한다.
- 모든 파일과 라이브러리, 다른 컴포넌트를 성공적으로 링크해야 한다.
- 프로그램이 실행되지 못하게 하거나 실행하기 위험하게 만드는 심각한 버그를 포함하지 않아야 한다. 즉, 좋은 빌드는 스모크 테스트를 통과해야 한다.

매일 스모크 테스트한다. 스모크 테스트는 전체 시스템을 처음부터 끝까지 실행해야 한다. 완전할 필요는 없지만, 중요한 문제점을 노출할 수는 있어야 한다. 스모크 테스트는 해당 빌드가 통과했을 때 좀 더 철저하게 테스트할 수 있을 만큼 안정적이라고 가정할 수 있을 정도로 철저해야 한다.

스모크 테스트 없는 일일 빌드는 팥 없는 찐빵과 같다. 스모크 테스트는 제품의 품질을 떨어뜨리고 통합 문제를 서서히 악화시키지 못하게 보호하는 파수꾼이다. 스모크 테스트가 없다면 일일 빌드는 단순히 매일 빌드가 제대로 됐는지만 확인해주는 시간 낭비 작업일 뿐이다.

스모크 테스트를 최신으로 유지한다. 스모크 테스트는 시스템이 발전함에 따라 함께 발전해야 한다. 처음에는 스모크 테스트가 시스템이 "Hello, World"를 말할 수 있는지와 같은 간단한 내용을 테스트할 것이다. 시스템이 개발됨에 따라 스모크 테스트는 좀 더 완전해질 것이다. 첫 번째 테스트는 실행하는 데 몇 초 정도가 걸릴 것이다. 하지만 시스템이 커지면 스모크 테스트가 10분이나 한 시간, 또는 그 이상이 될 수 있다. 스모크 테스트가 최신으로 유지되지 않는다면 일일 빌드는 테스트 케이스 일부가 제품의 품질에 대한 잘못된 자신감을 느끼게 하여 자기기만에 빠질 수 있는 작업이 될 수 있다.

일일 빌드와 스모크 테스트를 자동화한다. 빌드를 관리하는 것이 시간 낭비가 될 수 있다. 빌드와 스모크 테스트를 자동화하면 코드가 빌드되고 스모크 테스트가 실행되도록 하는 데 도움이 된다. 자동화하지 않고 매일 빌드하고 스모크 테스트하는 것은 실용적이지 않다.

빌드 그룹을 만든다. 대부분의 프로젝트에서는 일일 빌드를 하고 스모크 테스트를 최신으로 유지하는 일이 누군가가 전담해야 할 정도로 큰일이다. 큰 프로젝트에서는 한 명 이상 필요한 일이 될 수 있다. 예를 들면 마이크로소프트 윈도우 NT의 첫 번째 배포판에서는 빌드 그룹에 4명의 정규 직원이 있었다(Zachary 1994).

타당한 경우에만 빌드에 수정된 내용을 추가한다. 일반적으로 개발자는 매일 시스템에 의미 있는 기능을 추가할 만큼 코드를 빨리 작성하지 않는다. 많은 양의 코드를 작업한 다음 안정된 코드가 모였을 때 통합해야 한다. 일반적으로 며칠에 한 번 이 작업을 수행한다.

하지만 수정된 내용을 추가하는 데 너무 오래 기다리지는 않는다. 코드가 자주 테스트되지 않는 경우를 주의하라. 어떤 개발자가 수정한 내용에 휘말려 시스템에 있는 모든 파일이 서로 얽혀 있는 것처럼 보일 수도 있다. 그렇게 되면 일일 빌드가 망가진다. 나머지 팀원은 점증적 통합의 이점을 계속 깨닫고 있겠지만, 그 개발자만은 그렇지 않을 것이다. 개발자가 변경된 사항을 검사하지 않고 이틀 이상 개발을 진행한다면 그가 작성한 코드는 위험하다고 간주하라. 켄트 벡이 지적했듯이 빈번한 통합을 하게 되면 때때로 하나의 기능에 대한 구현을 여러 부분으로 나누어야 할 때가 있다. 그러한 오버헤드는 통합에서 발생하는 위험을 줄이고 테스트를 쉽게 하고 상태 확인이 쉬워지고 빈번한 통합으로 얻는 다른 이득을 생각하면 충분히 지불할 만하다(Beck 2000).

개발자가 작성한 코드를 시스템에 추가하기 전에 스모크 테스트하게 한다. 개발자들은 빌드에 코드를 추가하기 전에 자신이 작성한 코드를 테스트할 필요가 있다. 개발자는 개인 컴퓨터에 시스템에 대한 개인 빌드를 만들어서 개별적으로 테스트할 수 있다. 아니면 개발자가 개발자 코드를 집중적으로 다루는 테스터인 "테스트 동료"에게 개인 빌드를 배포할 수 있다. 어느 경우든 목적은 시스템의 다른 부분에 영향을 미치기 전에 새로운 코드를 스모크 테스트하는 것이다.

빌드에 추가되는 코드를 보관할 장소를 만든다. 일일 빌드에 성공하는 비법 중 하나는 좋은 빌드와 그렇지 않은 빌드를 아는 데 있다. 개발자들이 자신이 작성한 코드를 테스트할 때는 잘 알려진 좋은 시스템에 의존할 수 있어야 한다.

대부분의 그룹에서는 개발자가 빌드에 추가해도 좋다고 생각하는 코드를 보관할 장소를 만드는 방법으로 이러한 문제를 해결한다. 새로운 코드가 보관 장소로 이동하고 새로 빌드한 다음, 빌드가 성공적이면 그 새로운 코드가 마스터 소스에 통합된다.

크기가 작거나 중간인 프로젝트에서는 버전 관리 시스템이 이러한 기능을 제공할 수 있다. 개발자들은 새로운 코드를 버전 관리 시스템에 저장한다. 잘 알려진 좋은 빌드를 사용하고 싶은 개발자는 자신의 버전 관리 옵션 파일에서 날짜 플래그를 설정해 시스템이 가장 최근에 알려진 좋은 빌드로부터 파일을 가져올 수 있도록 한다.

큰 프로젝트나 정교하지 않은 버전 관리 소프트웨어를 사용하는 프로젝트에서는 보관 장소 기능을 직접 처리해야 한다. 새로운 코드를 작성한 사람이 빌드 그룹에 이메일을 보내 체크인되어야 하는 새로운 파일이 어디에 있는지 알려준다. 또는 빌드 그룹이 개발자가 새로운 소스 파일을 올려놓을 수 있도록 파일 서버에 "체크인" 공간을 만든다. 그러면 빌드 그룹은 새로운 코드가 빌드를 망가뜨리지 않는다는 것을 검증하고 난 후 새로운 코드를 버전 관리에 추가한다.

빌드를 망치는 사람을 위한 벌칙을 정한다. 일일 빌드를 사용하는 대부분의 그룹은 빌드를 망친 데 대한 벌칙을 만든다. 처음부터 확실하게 빌드를 완전하게 유지하는 것을 프로젝트의 최우선 순위로 둔다. 망가진 빌드는 규칙이 아니라 예외가 되어야 한다. 빌드를 망친 개발자가 빌드를 고칠 때까지 다른 작업을 하지 못하게 해야 한다. 빌드가 너무 자주 망가진다면 빌드를 망가뜨리지 않는 사람으로 교체할 것을 심각하게 고려해 봐야 한다.

가벼운 벌칙으로 이러한 우선순위를 강조하는 데 도움을 줄 수 있다. 어떤 그룹은 빌드를 망친 개발자에게 막대 사탕을 준다. 그러면 이 개발자는 그가 문제를 고칠 때까지 사무실 앞에 막대사탕을 걸어 놔야 한다. 다른 그룹은 그런 개발자에게 염소 뿔을 씌우거나 사기 진작 기금으로 5,000원을 기부하도록 한다.

더 강력한 벌칙을 세우는 프로젝트도 있다. 윈도우 2000과 마이크로소프트 오피스와 같이 중요한 프로젝트에 참여하는 마이크로소프트 개발자들은 프로젝트 막바지 단계에 호출기를 지니고 다녀야 한다. 그들이 빌드를 망치면 새벽 3시에 결함이 발견되었더라도 바로 호출해 문제를 해결하게 했다.

아침에 빌드를 배포한다. 어떤 그룹은 밤새 빌드하고 새벽에 스모크 테스트한 후 새로운 빌드를 오후가 아니라 아침에 배포하는 것을 선호한다. 아침에 스모크 테스트와 빌드 배포를 하면 여러 가지 장점이 있다.

우선 빌드를 아침에 배포하면 테스터가 그날 새로운 빌드로 테스트할 수 있다. 일반적으로 빌드를 오후에 배포하면 테스터는 퇴근하기 전에 자동화된 테스트를 실행하고 싶을 것이다. 종종 있는 일이지만, 빌드가 지연되면 테스터는 테스트를 시작하기 위해 늦게까지 대기해야 한다. 테스터들이 늦게까지 대기하는 것은 그들의 잘못이 아니기 때문에 빌드 프로세스가 사기를 떨어뜨린다.

아침에 빌드를 완성하면 빌드에 문제가 생겼을 때 개발자들에게 좀 더 의지할 수 있다. 낮 동안에는 개발자들이 회사에서 근무하지만, 밤이 되면 그것을 보장할 수 없다. 개발자들이 호출기를 갖고 있다고 하더라도 항상 위치를 파악하기란 쉽지 않다.

스모크 테스트를 퇴근하기 전에 시작해 문제를 발견하면 밤중에 사람들을 부를 수도 있지만, 그렇게 되면 팀원들이 힘들어하고 시간을 낭비하게 되어 득보다는 실이 많아진다.

일정의 압박이 있더라도 빌드와 스모크 테스트를 진행한다. 일정의 압박이 있으면 일일 빌드를 유지하는 작업이 지나친 오버헤드처럼 보일 수 있다. 하지만 그와 반대다. 압박이 있으면 개발자들은 원칙을 잊어버린다. 그들은 스트레스를 받지 않는 환경에서라면 선택하지 않았을 구현 방법을 선택하고 싶은 충동을 느낄 것이다. 그들은 평상시보다 경솔하게 자신이 작성한 코드를 검토하고 테스트한다. 그러한 코드는 스트레스를 받지 않았을 때 작성한 것보다 훨씬 더 혼란스러운 경향이 있다.

이러한 상황과 반대로 일일 빌드는 원칙을 강화하고 프로젝트를 계획대로 진행하게 해준다. 코드는 계속해서 복잡해지겠지만, 빌드 프로세스가 어느 정도 억제해줄 것이다.

어떤 종류의 프로젝트에 일일 빌드 프로세스를 사용할 수 있는가?

어떤 개발자들은 자신이 진행하는 프로젝트의 크기가 너무 크기 때문에 매일 빌드하는 일은 불가능하다고 항의한다. 하지만 최근의 가장 복잡했던 소프트웨어 프로젝트들은 일일 빌드를 성공적으로 수행했다. 배포 당시 마이크로소프트 윈도우 2000은 수만 개의 소스 파일에 5천만 줄 정도의 코드로 구성되어 있었다. 여러 컴퓨터에서 빌드를 마치는 데 19시간이 걸렸지만, 윈도우 2000 개발팀은 여전히 매일 빌드를 진행했다. 윈도우 2000팀은 이를 귀찮아하기는 커녕 거대한 프로젝트의 성공이 일일 빌드 덕분이라고 생각했다. 프로젝트의 크기가 클수록 점증적인 통합의 중요성도 더욱 커진다.

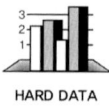

미국과 인도, 일본, 유럽에서 수행된 104개의 프로젝트를 살펴본 결과, 20~25%만이 프로젝트의 시작이나 중간 단계에서 일일 빌드를 사용했다(Cusumano et al. 2003). 그러니 크게 발전할 기회가 있다는 뜻이다.

지속적인 통합

몇몇 소프트웨어 제작자들은 일일 빌드를 출발점으로 여기고 *지속적인 통합*을 권장해왔다(Beck 2000). 지속적인 통합을 언급하는 대부분의 참고 서적은 "적어도 매일"이라는 의미로 "지속적인"이라는 용어를 사용한다(Beck 2000). 저자도 그렇게 생각한다. 하지만 종종 "지속적인"이라는 용어를 글자 뜻대로 받아들이는 사람들을 만나곤 한다. 그들은 변경된 내용을 두 시간마다 최신 빌드에 통합하려고 한다. 대부분의 프로젝트에서 문자 그대로 해석하는 지속적인 통합은 지나치다고 생각한다.

개인적으로 여가 시간에 Amazon.com이나 보잉, 익스피디아, 마이크로소프트, 노드스톰을 비롯한 그 밖의 시애틀에 위치한 회사에 있는 최고 기술 책임자로 구성된 토론 그룹을 운영한다. 이 최고 기술자들에게 설문 조사를 해보니 지속적인 통합이 일일 빌드보다 뛰어나다고 생각하는 사람은 *아무도* 없었다. 중간 크기의 프로젝트와 큰 프로젝트에서는 코드가 동기화를 벗어나는 기간을 짧게 유지하는 것이 중요하다. 개발자들은 큰 변경 사항이 있을 때 자주 동기가 어긋난다. 그러면 잠시 후 다시 동기화할 수 있다. 일일 빌드를 이용하면 프로젝트 팀이 충분히 자주 모이게 된다. 팀이 매일 동기를 맞추는 한 계속해서 모일 필요가 없다.

> ### 체크리스트: 통합
>
> **통합 전략**
> - 전략이 서브시스템과 클래스, 루틴을 통합하는 최적의 순서를 파악하고 있는가?
> - 클래스를 적절한 시기에 통합할 수 있도록 통합 순서가 구현 순서와 맞는가?
> - 전략이 결함 진단을 쉽게 해주는가?
> - 전략이 비계를 최소로 유지하는가?
> - 전략이 다른 접근 방법보다 더 좋은가?
> - 컴포넌트끼리 인터페이스가 잘 명시됐는가(인터페이스를 명시하는 것이 통합 작업은 아니지만, 잘 명시되어 있는지 검증하는 것은 통합 작업에 속한다)?
>
> **일일 빌드와 스모크 테스트**
> - 프로젝트가 점증적 통합을 지원하기 위해 빈번하게(이상적으로는 매일) 빌드하고 있는가?
> - 빌드가 작동하는지 알기 위해서 빌드할 때마다 스모크 테스트를 하는가?
> - 빌드와 스모크 테스트를 자동화했는가?
> - 개발자들이 빈번하게 코드를 체크인하는가? 즉, 체크인하는 간격이 하루나 이틀 이상이 아닌가?
> - 스모크 테스트를 코드가 커질 때 함께 확장하면서 최신으로 유지하고 있는가?
> - 망가진 빌드가 드물게 발생하는가?
> - 일정 압박이 심할 때도 소프트웨어를 빌드하고 스모크 테스트를 하는가?

참고 자료

cc2e.com/2999

다음은 이 장의 주제와 관련된 참고 자료다.

통합

존 라코스(John Lakos) 《Large-Scale C++ Software Design》(Addison-Wesley, 1996). 라코스는 시스템의 "물리적인 설계"(파일과 디렉터리, 라이브러리의 계층구조)가 소프트웨어를 빌드하는 개발팀의 능력에 중대한 영향을 미친다고 주장한다. 물리적인 설계에 관심을 기울이지 않는다면 빌드 시간이 너무 길어져 빈번하게 통합할 수 없게 될 것이다. 라코스는 C++ 중심으로 설명하고 있지만, "물리적인 설계"와 관련된 통찰은 다른 언어로 작성된 프로젝트에도 충분히 적용할 수 있다.

글렌포드 마이어스(Glenford J. Myers) 《소프트웨어 테스팅의 정석 이론과 실제》(에이콘출판, 2012). 이 고전적인 테스트 책은 테스트 작업을 통한 통합에 관해 설명한다.

점증적인 개발 개념

스티브 맥코넬 《프로젝트 쾌속 개발 전략》(한빛미디어, 2003). 7장 "생명주기 계획"은 더 유연하고 덜 유연한 생명 주기 모델의 트레이드오프에 관해 상세하게 설명한다. 20장, 21장, 35장, 36장은 다양한 점증적인 개발 개념을 지원하는 구체적인 생명 주기 모델을 설명한다. 19장은 반복적이고 점증적인 개발 모델을 지원하기 위한 핵심 활동인 "변경을 염두에 둔 설계"에 대해서 설명한다.

배리 보엠 "A Spiral Model of Software Development and Enhancement" 61~72쪽(1988년 5월). 이 논문에서 보엠은 소프트웨어 개발의 "나선형 모델"을 설명한다. 그는 소프트웨어 개발 프로젝트에서 위험을 관리하는 접근 방법으로 이 모델을 소개한다. 그래서 이 논문은 통합에 대해 구체적으로 설명하기보다는 개발에 관련된 일반적인 내용을 설명한다. 보엠은 소프트웨어 개발의 전체적인 이슈를 다룰 수 있는 세계적인 전문가 중 한 명이며 그의 설명을 들어보면 그가 얼마나 잘 이해하고 있는지 알 수 있다.

톰 길브 《Principles of Software Engineering Management》(Addison-Wesley, 1988). 7장과 15장은 초기에 사용된 점증적 개발 접근 방법의 하나인 진화적인 개발에 관해 전체적으로 설명하고 있다.

켄트 벡 ≪*익스트림 프로그래밍*≫(인사이트, 2006) 이 책은 길브의 책에 있는 많은 개념을 더 현대적이고 간결하며 전도적으로 표현하고 있다. 개인적으로 길브의 책에 소개된 분석의 깊이를 선호하지만, 독자에 따라 벡의 표현 방식이 더 접근하기 쉬울 수 있으며 작업 중인 프로젝트에 곧바로 적용할 수 있다.

요점 정리

- 구현 순서와 통합 접근 방법은 클래스를 설계하고 개발하고 테스트하는 순서에 영향을 미친다.
- 통합 순서를 신중하게 고려하면 테스트하는 데 드는 노력을 줄일 수 있고 디버깅을 쉽게 할 수 있다.
- 점증적인 통합은 다양한 형태가 있으며 프로젝트가 아주 작지 않다면 이들 중 하나를 사용하는 것이 단계적 통합보다 더 나은 결과를 얻을 수 있다.
- 특정한 프로젝트에 대한 최고의 통합 접근 방법은 일반적으로 하향식, 상향식, 위험 지향적 통합과 다른 통합 접근 방법을 조합한 것이다. T-자형 통합과 수직적인 부분 통합도 자주 적용되는 접근 방법이다.
- 일일 빌드는 통합에서 발생하는 문제를 줄여주고 개발자의 사기를 향상시키고 프로젝트 관리에 유용한 정보를 제공할 수 있다.

30장 프로그래밍 도구

cc2e.com/3084

내용

30.1 설계 도구
30.2 소스코드 도구
30.3 실행 가능한 코드 도구
30.4 도구 지향적인 환경
30.5 자신만의 프로그래밍 도구 개발
30.6 도구에 대한 환상

관련 주제

- 버전 관리 도구: 28.2절
- 디버깅 도구: 23.5절
- 테스트 지원 도구: 22.5절

최신 프로그래밍 도구는 개발 시간을 줄여준다. 최첨단 도구를 사용하고 그 도구에 익숙해지면 생산성을 50% 이상 향상시킬 수 있다(Jones 2000; Boehm et al. 2000). 또한 프로그래밍 도구는 프로그래밍에 필요한 지루하고 세세한 작업을 줄여준다.

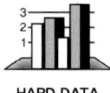
HARD DATA

인간의 가장 좋은 친구는 반려견이고 개발자의 가장 좋은 친구는 훌륭한 도구다. 배리 보엠이 오래전에 발견했듯이 20%의 도구가 전체 도구 사용의 80%를 차지한다(Boehm 1987b). 유용한 도구 중 하나라도 사용하지 않는다면 사용할 수 있는 기능을 놓치고 있는 것이다.

이 장은 두 가지 면에 초점을 두었다. 첫째, 이 책은 개발 도구만 다룬다. 요구사항 명세나 관리, 엔드투엔드(end-to-end) 개발 도구는 이 책의 범위를 벗어난다. 그러한 소프트웨어 도구에 대한 자세한 정보는 이 장의 마지막에 있는 "참고 서적"을 참고한다. 둘째, 이 장은 도구의 브랜드가 아닌 종류를 다룬다. 몇몇 도구는 이름만 대도 알 수 있을 만큼 유명하지만, 구체적인 버전과 제품, 회사 정보는 이 책의 잉크가 마르기도 전에 구식이 되어버릴 만큼 매우 빠르게 변한다.

개발자는 가장 유용한 도구들을 사용하지 않고도 오랫동안 작업할 수 있다. 이 장의 목표는 그러한 도구를 살펴보면서 유용하게 쓰일 수 있는 도구를 그냥 지나친 것은 아닌지 스스로 판단할 수 있게 돕는 것이다. 평소에 도구를 많이 사용한다면 이 장에서 새로운 정보를 많이 얻지 못할 것이다. 그런 사람은 이 장의 첫 부분은 그냥 넘어가고 30.6절 "도구에 대한 환상"을 읽고 나서 다음 장으로 이동하면 된다.

30.1 설계 도구

관련 정보 설계에 관한 자세한 내용은 5장부터 9장까지 내용을 살펴본다.

요즘 사용하는 설계 도구는 주로 설계 다이어그램을 만드는 그래픽 도구로 이루어져 있다. 때때로 설계 도구는 다양한 기능을 제공하는 컴퓨터 지원 소프트웨어 공학(CASE, Computer-Aided Software Engineering) 도구에 포함된다. 그런데 어떤 벤더들은 CASE 도구를 독립적인 설계 도구라고 광고한다. 그래픽 설계 도구는 일반적으로 널리 사용되는 그래픽 표기법(UML이나 아키텍처 블록 다이어그램, 계층적 차트, 엔티티 관계 다이어그램(ERD), 클래스 다이어그램)으로 설계를 표현할 수 있는 기능을 제공한다. 어떤 그래픽 설계 도구들은 한 가지 표기법만 지원하고 어떤 도구들은 여러 가지 표기법을 지원한다.

어떤 면에서 보면 이러한 설계 도구는 단순히 고급스러운 그리기 도구일 뿐이다. 간단한 그래픽 도구나 연필과 종이를 사용하면 그러한 도구가 그릴 수 있는 모든 것을 그릴 수 있다. 하지만 그러한 도구는 간단한 그래픽 도구가 제공할 수 없는 가치 있는 기능을 제공한다. 버블 차트를 그린 후 버블 한 개를 삭제하면 그래픽 설계 도구는 자동으로 삭제된 버블과 연결되어 있던 화살표와 하위 수준의 버블을 포함한 다른 버블을 재정렬할 것이다. 새로운 버블을 추가할 때도 마찬가지로 그러한 작업을 처리해준다. 설계 도구를 이용하면 추상화 수준을 높이거나 낮출 수 있다. 설계 도구는 설계의 일관성을 검사할 것이며 어떤 도구들은 설계에서 바로 코드를 생성할 수도 있다.

30.2 소스코드 도구

소스코드를 다루는 데 사용할 수 있는 도구는 설계를 다루는 도구보다 풍부하고 기능도 만족스럽다.

편집

이 도구들은 소스코드 편집과 관련이 있다.

통합 개발 환경(IDE)

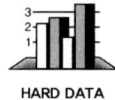

일부 개발자들은 작업 시간의 40%를 소스코드를 편집하는 데 보낸다고 예측한다(Parikh 1986, Ratliff 1987). 그런 경우라면 최고의 IDE를 구입하는 데 돈을 좀 더 쓰는 것이 좋다.

훌륭한 IDE는 기본적인 워드 프로세싱 기능과 더불어 다음 기능도 제공한다.

- 편집기 내에서 컴파일과 오류 검출
- 소스코드 제어와 빌드, 테스트, 디버깅 도구와 통합
- 프로그램에 대한 집약적 뷰나 개략적인 뷰(클래스 이름만 표시하거나 내용 없이 논리적인 구조만 표시, "폴딩(folding)"이라고도 한다).
- 클래스와 루틴, 변수 정의로 이동
- 클래스나 루틴, 변수가 사용된 모든 위치로 이동
- 언어에 따른 형식화
- 편집 중인 언어에 대한 상호작용하는 도움말
- 괄호(시작-끝) 일치
- 공통적인 언어 구현에 대한 템플릿(예: 개발자가 for를 입력하고 난 후 for 반복문에 대한 구조를 완성해주는 편집기)
- 똑똑한 들여쓰기(논리 구조가 변경되었을 때 명령문 블록의 들여쓰기를 쉽게 변경할 수 있는 기능 포함)
- 자동화된 코드 변형이나 리팩터링
- 친숙한 프로그래밍 언어로 프로그래밍할 수 있는 매크로
- 자주 사용되는 문자열을 재입력할 필요가 없도록 검색 문자열을 나열하는 기능
- 찾고 바꾸기의 정규 표현식
- 여러 파일에서 찾아 바꾸기
- 여러 개의 파일 동시에 편집하기
- 파일의 차이점 비교
- 여러 단계의 실행 취소

아직도 사용되는 몇 가지 원시적인 편집기를 보면 그러한 편집기가 여기서 소개한 모든 기능을 포함한다는 사실에 놀랄 것이다.

다중 파일 문자열 검색 및 바꾸기

사용하는 편집기가 다중 파일에 대한 검색 및 바꾸기 기능을 지원하지 않는다면 그러한 기능을 수행하는 보조 도구를 찾을 수 있다. 이러한 도구는 클래스 이름이나 루틴 이름이 나타나는 모든 위치를 검색할 때 유용하다. 코드에서 오류를 발견했을 때 다른 파일에 그와 유사한 오류가 있는지 검사하는 데도 그러한 도구를 사용할 수 있다.

정확한 문자열이나 유사한 문자열(대소문자 구분을 무시), 정규 표현식을 검색할 수 있다. 특히 정규 표현식은 복잡한 문자열 패턴을 검색하게 해주기 때문에 그 기능이 막강하다. 매직 넘버(숫자 0부터 9까지)를 포함하는 모든 배열 참조를 찾고 싶다면 "["으로 시작해서 공백을 넣지 않거나 하나 이상의 공백을 넣은 후 하나 이상의 숫자를 쓴 다음, 다시 공백을 넣지 않거나 하나 이상의 공백을 넣은 다음 마지막에 "]"을 써서 찾을 수 있다. "grep"은 널리 사용되는 검색 도구다. 매직 넘버를 찾는 grep의 쿼리는 다음과 같다.

```
grep "\[ *[0.9]+ *\]" *.cpp
```

더 자세히 검색하려면 더 정교한 검색 기준을 만들면 된다.

다중 파일에 있는 문자열을 변경할 수 있는 기능도 종종 유용하다. 가령 루틴이나 상수, 전역 변수의 이름을 좀 더 잘 짓고 싶다면 여러 파일의 이름을 변경해야 할 것이다. 다중 파일에 대해 문자열 변경이 가능한 유틸리티가 있으면 훌륭한 클래스 이름이나 루틴 이름, 상수 이름을 만드는 일이 어렵지 않기 때문에 그러한 작업을 더욱 쉽게 할 수 있다. 다중 파일 문자열 변경 기능을 지원하는 도구에는 펄, AWK, sed가 있다.

차이 비교 도구

개발자는 두 개의 파일을 비교해야 할 때가 많다. 오류를 수정하는 작업을 여러 번 수행하고 그중에서 잘못된 변경 사항을 제거해야 한다면 파일 비교 프로그램이 원본 파일과 변경된 파일을 비교하여 변경된 줄을 보여줄 것이다. 다른 사람과 함께 프로그램을 작성하고 있을 때 자신이 마지막으로 작성한 이후로 동료가 변경한 사항을 확인하고 싶다면 Diff와 같은 비교 도구가 자신이 작업한 마지막 버전의 코드와 현재 버전의 코드를 비교하여 차이점을 보여줄 것이다. 이전 버전에서 발견되었지만 기억하지 못하는 새로운 결함을 발견하면 정신과 의사에게 기억 상실에 대한 치료를 받지 말고 비교 도구를 사용해 소스코드의 현재 버전과 이전 버전을 비교하여 무엇이 변경되었는지 정확하게 알아본 후 문제의 원인을 찾으면 된다. 이러한 기능은 종종 변경 사항 관리 도구에 통합되어 있다.

병합 도구

변경 사항 관리 도구 중에는 한 번에 한 사람만 파일을 변경할 수 있도록 소스 파일을 잠그는 방법을 사용하는 것이 있다. 또 다른 방법은 여러 사람이 파일을 동시에 다른 다음 체크인할 때 변경 사항을 병합하는 방법이다. 이러한 작업 모드에서는 변경 사항을 병합하는 도구가 중요하다. 전형적으로 그러한 도구는 간단한 병합은 자동으로 수행하고 다른 병합과 충돌이 발생하거나 더 복잡한 경우에는 사용자에게 질문한다.

소스코드 정돈 도구

> 관련 정보 프로그램 레이아웃에 대한 자세한 내용은 31장 "레이아웃과 스타일"을 살펴본다.

소스코드 정돈 도구는 소스코드를 일관성 있게 보이도록 정돈해준다. 이 도구는 클래스와 루틴의 이름을 강조하고 들여쓰기 방식을 표준화하고 일관성 있게 주석의 형태를 맞추는 등 이와 유사한 기능을 수행한다. 몇몇 정돈 도구는 각 루틴을 별도의 웹 페이지나 출력된 페이지에 보내기도 하고 훨씬 더 멋진 형식화를 수행하기도 한다. 많은 도구가 사용자가 직접 코드 정돈 방식을 변경할 수 있는 기능을 제공한다.

현재 적어도 두 가지 부류의 소스코드 정돈 도구가 있다. 한 부류는 소스코드를 입력으로 받아들여 원본 소스코드를 변경하지 않고 더 보기 좋은 소스코드를 출력한다. 또 다른 부류의 도구는 들여쓰기를 표준화하고 매개변수 목록을 형식화하는 등 소스코드 자체를 변경한다. 이 기능은 상당히 많은 양의 오래된 코드를 다룰 때 유용하다. 이러한 도구는 오래된 코드를 새로운 코드 작성 방식 규약에 맞게 다시 만들어야 할 때 대부분의 지루한 형식화 작업을 수행해준다.

인터페이스 문서화 도구

몇몇 도구들은 소스코드 파일로부터 자세한 개발자 인터페이스 문서를 추출한다. 소스 파일에 있는 코드는 추출될 텍스트를 명시하는 데 @tag 필드와 같은 단서를 사용한다. 그러면 인터페이스 문서화 도구는 그러한 태그가 지정된 텍스트를 추출하여 보기 좋은 형태로 표현한다. Javadoc이 이러한 도구의 대표적인 예다.

템플릿

템플릿은 자주 수행하거나 일관성 있게 수행하고자 하는 키보드 입력 작업을 능률적으로 처리한다는 간단한 아이디어를 활용하게 도와준다. 가령 루틴의 시작 부분에 표준 주석을 입력하고자 한다고 하자. 정확한 문법으로 작성된 프롤로그 골격을 작성해 표준 프롤로그에 원하는 모든 항목을 입력할 수 있다. 이러한 골격이 파일이나 키보드 매크로에 저장한 "템플릿"이다. 새로운 루틴을 만들었을 때 간단히 소스 파일에 해당 템플릿을 추가하면 된다. 클래스나 파일 같이 더 큰 항목이나 반복문 같이 작은 작업 항목에 대해서도 그러한 템플릿 기술을 사용할 수 있다.

그룹 프로젝트를 진행하고 있다면 템플릿을 이용해 일관성 있게 코드의 문서화 방식을 쉽게 처리할 수 있다. 프로젝트의 시작 단계부터 전체 팀원이 사용할 수 있는 템플릿을 만들어 놓으면 일이 더 쉬워지므로 모든 팀원이 템플릿을 사용할 것이다. 일관성도 덤으로 얻을 수 있다.

참조 도구
참조 도구는 변수와 루틴, 그리고 그것들이 일반적으로 웹 페이지에 사용된 모든 위치를 나열한다.

클래스 계층 구조 생성기
클래스 계층 구조 생성기는 상속 트리에 관한 정보를 생성한다. 이 기능은 디버깅 시 유용하지만, 프로그램의 구조를 분석하거나 프로그램을 패키지나 서브시스템으로 모듈화할 때 자주 사용된다. 이 기능도 몇몇 IDE에서 지원된다.

코드 품질 분석

이 범주에 속하는 도구는 품질을 평가하기 위해 소스코드를 조사한다.

까다로운 문법 및 의미 검사기
문법 및 의미 검사기는 일반적으로 컴파일러가 수행하는 것보다 훨씬 광범위하게 코드를 검사함으로써 컴파일러의 부족한 부분을 채워준다. 아마도 현재 사용하고 있는 컴파일러는 기초적인 문법 오류만 검사할 것이다. 까다로운 문법 검사기는 언어의 뉘앙스를 사용해 컴파일러 관점에서 볼 때는 잘못되지 않았지만 의도하지 않았던 코드와 같은 미묘한 오류를 검사한다. 예를 들어 C++에서 다음 명령문은 완벽하게 타당한 명령문이다.

```
while ( i = 0 ) ...
```

하지만 보통은 다음 의미로 작성되었을 것이다.

```
while ( i = 0 ) ...
```

첫 번째 줄은 문법적으로 옳다. 하지만 =과 ==을 바꿔 사용하는 일은 흔히 있는 실수이며 그 줄은 아마 틀렸을 것이다. Lint는 C/C++ 환경에서 사용할 수 있는 까다로운 문법 및 의미 검사기다. Lint는 초기화되지 않은 변수나 전혀 사용되지 않은 변수, 값이 할당되었지만 사용되지 않은 변수, 값을 할당하지 않고 루틴에 전달된 매개변수, 의심스러운 포인터 연산, 의심스러운 논리 비교(앞에서 살펴봤던 예와 같은 비교), 접근할 수 없는 코드와 같은 많은 사항에 대해 경고한다. 다른 언어도 유사한 도구를 제공한다.

메트릭 보고 도구

> 관련 정보 메트릭에 대한 자세한 내용은 28.4절 "측정"을 살펴본다.

어떤 도구는 소스코드를 분석하여 코드의 품질을 보고한다. 예를 들면 각 루틴의 복잡성을 보고하는 도구를 사용하여 추가적인 검사나 테스트, 재설계가 필요한 가장 복잡한 루틴을 선택할 수 있다. 어떤 도구는 전체 프로그램이나 개별적인 루틴의 코드의 줄 수나 데이터 선언, 주석, 빈 줄의 수를 세기도 한다. 그러한 도구는 결점을 추적하여 코드를 작성한 사람과 변경 사항, 코드를 변경한 사람을 결합한다. 그 소프트웨어에서 변경된 횟수를 세어 가장 자주 변경되는 루틴을 알려준다. 지금까지 발견된 복잡성 분석 도구는 유지보수 생산성에 20% 정도의 긍정적인 효과를 가져왔다(Jones 2000).

소스코드 리팩터링

몇몇 도구는 소스코드를 다른 형태로 변환하는 데 도움을 준다.

리팩터링 도구

> 관련 정보 리팩터링에 대한 자세한 내용은 24장 "리팩터링"을 살펴본다.

리팩터링 프로그램은 개별적인 프로그램이거나 IDE에 통합되어 일반적인 코드 리팩터링을 지원한다. 리팩터링 브라우저를 이용하면 전체 코드의 클래스 이름을 쉽게 변경할 수 있다. 새로운 루틴으로 만들고 싶은 코드를 선택한 후 새로운 루틴의 이름과 매개변수 목록에 들어가는 매개변수의 순서를 지정함으로써 새로운 루틴을 추출하게 해준다. 리팩터링 도구는 더 빠르고 오류를 적게 일으키면서 코드를 변경한다. 그러한 도구는 현재 자바와 스몰토크에서 사용할 수 있고 다른 언어에서도 사용할 수 있게 될 것이다. 리팩터링 도구에 대한 더 자세한 내용은 14장 "리팩터링 도구"를 살펴본다(Fowler 1999).

재구성 도구

재구성 도구는 *goto* 문을 포함하는 스파게티 코드를 *goto* 문 없이 더 좋은 구조의 영양가 있는 요리로 변환할 것이다. 캐퍼스 존스는 유지보수 환경에서 코드 재구성 도구가 유지보수 생산성에 25%에서 30% 정도의 긍정적인 효과를 미칠 수 있다고 보고했다(Jones 2000). 재구성 도구는 코드를 변환할 때 많은 가정을 해야 하며 그러한 논리가 원본에서 엉망으로 구성되어 있다면 변환된 후에도 여전히 좋지 않을 것이다. 하지만 직접 코드를 재구성한다면 일반적인 경우는 재구성 도구를 사용하고 난해한 경우는 직접 처리하면 된다. 또는 재구성 도구를 사용한 다음 직접 작업할 때 참고용으로 사용해도 된다.

코드 변환 도구

어떤 도구들은 코드를 다른 언어로 변환한다. 변환 도구는 다른 환경으로 전환해야 하는 코드의 양이 많을 때 유용하다. 언어 변환 도구를 사용할 때 주의할 점은 나쁜 코드를 변환하면 다른 언어에서도 나쁜 코드가 만들어진다는 점이다.

버전 관리

> **관련 정보** 버전 관리 도구와 이 도구의 이득에 대한 내용은 28.2절의 "소프트웨어 코드 변경"에서 소개하고 있다.

다음 경우에 버전 관리 도구를 사용하면 급증하는 소프트웨어 버전을 다룰 수 있다.

- 소스코드 제어
- UNIX의 make 유틸리티가 제공하는 의존성 제어
- 프로젝트 문서 버전 관리
- 요구사항, 코드, 테스트 케이스와 같은 프로젝트와 연관된 결과물. 요구사항이 변경되면 이에 영향을 받는 코드와 테스트를 찾을 수 있어야 한다.

데이터 사전

데이터 사전은 프로젝트에서 중요한 모든 데이터를 설명하는 데이터베이스다. 많은 경우에 데이터 사전은 주로 데이터베이스 스키마를 다룬다. 큰 프로젝트에서는 수십만 개의 클래스 정의를 추적하고자 할 때 유용하게 사용된다. 큰 팀 프로젝트에서는 이름 충돌을 피하고자 사용된다. 여기서 충돌은 같은 이름이 두 번 사용되어 발생하는 직접적이고 구문적 충돌이 될 수도 있고 서로 다른 이름이 같은 것을 의미하고 있을 때나 같은 이름이 서로 다른 것을 나타내는 데 사용되어 발생하는 충돌이 될 수도 있다. 데이터 사전

은 각 데이터 항목(데이터베이스 테이블 또는 클래스)의 이름과 설명을 담고 있다. 그 사전은 해당 항목이 어떻게 사용되는지에 대한 주석도 포함하고 있을 수 있다.

30.3 실행 코드 도구

실행 코드를 다루는 도구는 소스코드를 다루는 도구만큼 많다.

코드 생성

이 절에서 소개하는 도구는 코드 생성을 도와준다.

컴파일러와 링커

컴파일러는 소스코드를 실행 가능한 코드로 변환한다. 여전히 인터프리터 방식의 프로그램이 있긴 하지만, 대부분의 프로그램은 컴파일된다.

표준 링커는 컴파일러가 소스코드로부터 생성한 하나 이상의 객체 파일과 실행 가능한 프로그램을 만드는 데 필요한 표준 코드를 연결(link)한다. 전형적으로 링커는 여러 언어로 만든 파일을 서로 연결할 수 있어 통합 관련 세부 사항을 직접 처리하지 않고도 프로그램의 각 부분에 가장 잘 맞는 언어로 코드를 작성할 수 있다.

오버레이 링커를 이용하면 프로그램이 사용하는 전체 메모리보다 더 적은 메모리로 실행되는 프로그램을 개발함으로써 5파운드 봉지에 10파운드를 넣을 수 있다. 오버레이 링커는 어떤 시점에서 메모리에 프로그램의 일부만 로드하고 나머지 부분은 필요할 때까지 디스크에 남겨두는 실행 파일을 생성한다.

빌드 도구

빌드 도구의 목적은 최신 버전의 소스코드를 사용하는 프로그램의 빌드 시간을 줄여주는 것이다. 프로젝트의 각 대상 파일에 대해 해당 파일을 만드는 방법과 그 파일이 의존하는 소스 파일을 지정한다. 빌드 도구는 모든 소스코드를 같은 상태에 있도록 해주기 때문에 엇갈린 상태에 있는 소스코드와 관련된 오류를 줄여준다. 일반적인 빌드 도구에는 UNIX용 make 유틸리티와 자바 프로그램에 사용되는 ant 도구가 있다.

*userface.obj*라는 이름의 대상 파일이 있다고 가정해 보자. make 파일에서 *userface.obj*를 만들려면 userface.cpp 파일을 컴파일해야 한다고 지정한다. 또한 *userface.cpp* 파일은 *userface.h*와 *stdlib.h*, *project.h* 파일에 의존한다고 지정한다. 여기서 "의존"이라는 개념은 단순히 *userface.h*나 *stdlib.h*, *project.h* 파일이 변경되면 *userface.cpp* 파일이 다시 컴파일되어야 한다는 의미다.

프로그램을 빌드할 때 make 도구는 개발자가 기술한 모든 의존성을 검사한 후 재컴파일되어야 하는 파일을 결정한다. 250개의 소스 파일 중에서 5개 파일이 *userface.h* 파일에 있는 데이터 선언에 의존하고 있고 그 내용이 변경된다면 make가 자동으로 해당 파일 다섯 개를 재컴파일한다. make는 *userface.h*와 관련이 없는 나머지 245개의 파일은 다시 컴파일하지 않는다. make나 ant를 사용하면 250개의 파일을 모두 다시 컴파일하거나 각 파일을 직접 다시 컴파일할 때 하나를 빼먹어서 상태가 일치하지 않는 오류가 발생하는 상황을 막을 수 있다. 전반적으로 make나 ant 같은 빌드 도구는 평균 컴파일-링크-실행 주기에 걸리는 시간과 신뢰성을 크게 향상시킨다.

몇몇 그룹이 make와 같은 의존성 검사 도구에 대한 흥미로운 대안을 찾아냈다. 예를 들어 마이크로소프트 워드 그룹은 소스 파일이 최적화되어 있다면 의존성을 검사하는 것보다 모든 소스 파일을 빌드하는 것이 더 빠르다는 사실을 발견했다. 이 접근 방법을 사용했을 때 워드 프로젝트에 사용되는 일반 개발자 컴퓨터는 코드 수백만 줄에 이르는 전체 Word 실행 파일을 약 13분 이내에 다시 빌드할 수 있었다.

코드 라이브러리

훌륭한 코드를 짧은 시간 안에 작성하는 좋은 방법은 모든 코드를 직접 작성하지 않고 오픈소스를 찾아보거나 그러한 코드를 사는 것이다. 최소한 다음 분야에 대해서는 훌륭한 라이브러리를 찾을 수 있다.

- 컨테이너 클래스
- 신용 카드 트랜잭션 서비스(전자상거래 서비스)
- 여러 플랫폼을 지원하는 개발 도구. 각 환경에서 단순히 컴파일만 해도 마이크로소프트 윈도우와 애플 매킨토시, X 윈도우 시스템에서 실행되는 코드를 작성할 수 있다.
- 데이터 압축 도구
- 데이터 형식 및 알고리즘
- 데이터베이스 연산 및 데이터-파일 처리 도구

- 다이어그램이나 그래프, 차트를 그리는 도구
- 이미지 처리 도구
- 라이선스 관리 도구
- 수학 연산
- 네트워크와 인터넷 커뮤니케이션 도구
- 보고서 생성 및 보고 쿼리 생성기
- 보안 및 암호화 도구
- 스프레드시트 및 그리드 도구
- 텍스트와 철자 확인 도구
- 음성 및 전화, 팩스 도구

코드 생성 마법사

원하는 코드를 찾을 수 없다면 다른 사람이 대신 그 코드를 작성하도록 하는 것은 어떨까? 누군가가 코드를 작성하게 하는 데는 격자무늬 재킷을 입고 자동차 판매원처럼 말을 빨리할 필요가 없다. 코드를 대신 작성해주는 도구를 찾으면 되는데 그러한 도구는 대개 IDE에 통합되어 있다.

코드 생성 도구가 주로 데이터베이스 응용 프로그램을 대상으로 하는 경향이 있지만, 많은 응용 프로그램을 다룬다. 일반적으로 널리 사용되는 코드 생성기는 데이터베이스와 사용자 인터페이스, 컴파일러를 위한 코드를 작성한다. 생성기가 생성하는 코드가 사람이 작성한 코드만큼 훌륭한 경우는 거의 없지만, 사람이 직접 코드를 작성할 필요가 없는 응용 프로그램도 많다. 아주 훌륭하게 작동하는 프로그램이 하나 있는 것보다는 그럭저럭 작동하는 응용 프로그램 10개가 유용한 경우도 있다.

코드 생성기는 제품 코드의 프로토타입을 만드는 데도 유용하다. 코드 생성기를 사용하면 사용자 인터페이스의 핵심 부분을 보여주는 프로토타입을 몇 시간 만에 만들 수 있으며 다양한 설계 접근 방법을 실험할 수 있다. 그러한 기능을 직접 작성한다면 몇 주가 걸릴 것이다. 그냥 실험 중이라면 가장 값싼 방법을 사용하는 편이 낫지 않겠는가?

코드 생성기의 일반적인 단점은 읽기가 거의 어려운 코드를 생성하는 경향이 있다는 점이다. 그러한 코드를 유지보수해야 하는 일이 생기면 처음부터 직접 작성하지 않은 것을 후회할 수 있다.

설정과 설치

다양한 벤더가 설치 프로그램을 생성하는 기능을 지원하는 도구를 제공한다. 전형적으로 그러한 도구는 디스크나 CD, DVD를 만드는 기능을 지원하며 웹에 설치하는 기능도 지원한다. 그 도구는 공용 라이브러리 파일이 설치 대상인 컴퓨터에 이미 존재하는지 검사하거나 버전 검사 등을 수행한다.

전처리기

> **관련 정보** 디버깅 보조물을 코드에 추가하거나 없애는 방법에 관한 자세한 내용은 8.6절의 "디버깅 보조 도구를 제거하는 계획을 세운다"를 살펴본다.

전처리기와 전처리기 매크로 함수는 개발 코드와 제품 코드를 전환하는 작업을 쉽게 해주기 때문에 디버깅에 유용하다. 개발 도중에 각 루틴의 시작 부분에서 메모리 조각을 검사하고 싶다면 각 루틴의 시작 부분에서 매크로를 사용하면 된다. 제품 코드에는 그러한 검사 코드를 남기고 싶지 않을 것이므로 그런 코드를 아예 생성하지 않도록 매크로를 재정의할 수 있다. 이와 유사한 이유로 전처리기 매크로는 윈도우와 리눅스 같은 여러 환경에서 컴파일할 코드를 작성할 때도 좋다.

어셈블러와 같은 원시적인 제어 구조를 갖는 언어를 사용한다면 *if-then-else*와 *while* 루프의 제어 구조를 모방하기 위해 제어-흐름 전처리기를 작성할 수 있다.

cc2e.com/3091

사용하는 언어에서 전처리기를 지원하지 않는다면 빌드 프로세스의 하나로 독립적인 전처리기를 사용하면 된다. 한 가지 쉽게 사용할 수 있는 전처리기는 *www.gnu.org/software/m4/*에서 제공하는 M4다.

디버깅

> **관련 정보** 이 도구와 도구가 제공하는 이득에 대한 내용은 23.5절의 "디버깅 도구 - 분명한 도구와 그렇지 않은 도구"에서 소개한다.

다음 도구는 디버깅에 도움을 준다.

- 컴파일러 경고 메시지
- 테스트 비계
- Diff 도구(소스코드 파일의 여러 버전을 비교)
- 실행 프로파일러
- Trace 모니터
- 소프트웨어와 하드웨어적인 대화식 디버거

다음에 소개하는 테스트 도구는 디버깅 도구와 연관되어 있다.

테스트

관련 정보 이 도구와 이 도구로부터 얻는 이득은 22.5절의 "테스트 지원 도구"에서 설명한다.

다음 기능과 도구는 효과적으로 테스트하는 데 도움이 된다.

- JUnit, NUnit, CppUnit 등과 같은 자동화된 테스트 프레임워크
- 자동화된 테스트 생성기
- 테스트 케이스 기록과 실행 유틸리티
- 커버리지 모니터(논리 분석기와 실행 프로파일러)
- 심볼릭 디버거
- 시스템 교란기(system perturber)(메모리 채우기(memory filler), 메모리 섞기(memory shaker), 선택적인 메모리 실패 발생기, 메모리 접근 확인).
- Diff 도구(데이터 파일과 캡처한 출력, 화면 이미지를 비교)
- 비계법
- 결함 주입 도구
- 결함 추적 소프트웨어

코드 튜닝

다음에 소개하는 도구는 코드를 미세 조정하는 데 도움을 줄 수 있다.

실행 프로파일러

실행 프로파일러는 프로그램이 실행되는 동안 코드를 감시한 후 각 명령문의 실행 횟수나 각 명령문을 실행하는 데 걸린 시간 또는 실행 경로를 말해준다. 실행 중인 코드를 프로파일링하는 것은 마치 의사가 가슴에 청진기를 대고 기침을 하라고 말하는 것과 같다. 프로파일러는 프로그램이 어떻게 작동하는지, 가장 문제가 될 만한 곳이 어디인지, 그리고 어느 코드를 집중적으로 튜닝해야 하는지 알려준다.

어셈블러 소스와 디스어셈블러

때때로 고급 언어로 생성된 어셈블러 코드를 살펴보고 싶을 때가 있을 것이다. 몇몇 고급 언어 컴파일러는 어셈블러 소스를 생성한다. 그렇지 않은 언어도 있으며 그런 경우에는 컴파일러가 생성한 기계 코드로부터 어셈블러를 재생산하는 디스어셈블러를 사용해야 한다. 컴파일러가 생성한 어셈블러 코드를 살펴보면 컴파일러가 얼마나 효율적으로 고급 언어 코드를 기계 코드로 변환하는지 확인할 수 있다. 또한 빨라 보이는 고급 언어

로 작성된 코드가 왜 느리게 작동하는지도 알려준다. 26장 "코드 튜닝 기법"에 있는 여러 벤치마크 결과는 바로 이해하기 어렵다. 그 코드를 벤치마킹하면서 종종 고급 언어에서 이해가 안 되는 결과를 이해하려고 어셈블러 소스를 참조했다.

어셈블리 언어에 익숙하지 않고 간단한 소개를 원한다면 고급 언어 명령문을 컴파일러에 의해 생성된 어셈블러 명령과 비교하는 것보다 좋은 방법은 없을 것이다. 어셈블러를 처음 접하게 되면 다소 놀란다. 컴파일러가 얼마나 많은 코드를 생성하는지, 얼마나 많은 코드가 필요한지 알게 되면 컴파일러를 전과 같은 시각으로 바라보지 않게 될 것이다.

반대로 말하면 어떤 환경에서는 컴파일러가 매우 복잡한 코드를 생성해야 한다. 컴파일러가 생성한 코드를 학습하면 저급 언어에서 프로그램을 작성하는 데 얼마나 많은 코드를 작성해야 하는지 제대로 생각할 수 있다.

30.4 도구 지향적인 환경

몇몇 환경은 다른 환경보다 도구 지향적인 프로그래밍에 훨씬 적합하다.

UNIX 환경은 grep, diff, sort, make, crypt, tar, lint, ctags, sed, awk, vi와 같이 서로 함께 잘 작동하는 재밌는 이름의 작은 도구를 모아 놓은 것으로 유명하다. UNIX와 밀접하게 연관된 C와 C++ 언어도 같은 철학을 담고 있다. 표준 C++ 라이브러리는 함께 잘 작동하기 때문에 큰 함수로 쉽게 구성할 수 있는 작은 함수로 이루어져 있다.

cc2e.com/3026

몇몇 개발자들은 UNIX 환경에서 작업할 때 생산성이 높아서 UNIX를 사용한다. 그들은 윈도우에서도 UNIX에서의 버릇을 유지하려고 UNIX 작업 환경과 비슷한 도구를 사용한다. UNIX 패러다임의 성공에 대한 한 가지 찬사는 UNIX 복장을 다른 머신에 입힐 수 있는 도구가 많다는 점이다. 예를 들어 cygwin은 윈도우 환경에서 작동하는 UNIX와 같은 도구를 제공한다(*www.cygwin.com*).

에릭 레이몬드(Eric Raymond) 《*The Art of Unix Programming*》(정보문화사, 2004)은 UNIX 프로그래밍 문화에 대해 탁월하게 설명하고 있다.

30.5 자신만의 프로그래밍 도구 개발

작업 시간이 5시간 주어지고 다음 중 한 가지를 선택해야 한다고 하자.

- 5시간 동안 마음 편히 일한다.
- 4시간 45분 동안 일을 처리하는 도구를 열심히 작성한 다음 15분 안에 그 일을 처리한다.

대부분의 훌륭한 개발자는 100만 번에 한 번쯤 첫 번째 방법을 선택하고 거의 모든 경우에는 두 번째 방법을 선택할 것이다. 도구를 만드는 것은 프로그래밍의 기본이다. 대부분 큰 회사(개발자가 1,000명 이상인 조직)에는 내부 도구와 지원팀이 있다. 많은 회사가 시장을 능가하는 회사만의 독자적인 요구사항과 설계 도구를 갖고 있다(Jones 2000).

이 장에서 언급한 도구의 상당수는 직접 작성할 수 있다. 그렇게 함으로써 비용을 절감할 수는 없겠지만, 기술적으로는 큰 어려움 없이 구현할 수 있다.

프로젝트에 특화된 도구

대부분 중간 크기 이상의 프로젝트는 프로젝트에 특화된 도구가 필요하다. 예를 들어 데이터 파일의 품질을 검증하기 위해 특별한 종류의 테스트 데이터를 만드는 도구가 필요할 수도 있고 아직 존재하지 않는 하드웨어를 흉내 내기 위한 도구가 필요할 수도 있다. 다음은 프로젝트에 특화된 도구를 사용한 몇 가지 사례다.

- 항공 우주 연구팀은 적외선 센서를 제어하고 적외선 센서로부터 얻은 데이터를 분석하기 위한 비행 소프트웨어를 개발해야 했다. 소프트웨어의 성능을 검증하기 위해 비행 데이터 기록기가 비행 소프트웨어의 활동을 기록했다. 엔지니어는 비행 시스템의 성능을 분석하기 위한 고유한 데이터 분석 도구를 작성했다. 매번 비행한 후에 그들은 직접 만든 도구를 사용해 주요 시스템을 검사했다.

- 마이크로소프트는 윈도우 그래픽 환경 배포판에 새로운 폰트 기술을 넣고자 했다. 폰트 데이터 파일과 해당 폰트를 표현하는 소프트웨어 모두 새로운 것이었기 때문에 데이터나 소프트웨어에서 오류가 발생할 수 있었다. 마이크로소프트 개발자들은 데이터 파일에 있는 오류를 검사하기 위해서 몇 가지 도구를 작성했다. 이 도구는 폰트 데이터 오류와 소프트웨어 오류를 구별하는 데 도움을 주었다.

- 한 보험 회사가 비율 증가를 계산하는 대규모의 시스템을 개발했다. 해당 시스템은 복잡했으며 정확성이 중요했기 때문에 비율을 직접 계산하는 데 몇 분이 걸림에도 수백 개의 계산된 비율을 주의 깊게 확인해야 했다. 회사는 비율을 한 번에 하나씩 계산하기 위한 별도의 소프트웨어 도구를 작성했다. 그 도구를 이용해 몇 초 만에 하나의 비율을 계산하고 메인 프로그램의 비율을 직접 계산하는 것보다 훨씬 짧은 시간에 메인 프로그램에서 비율을 검사할 수 있었다.

프로젝트의 계획을 세울 때는 필요한 도구를 생각하고 그러한 도구를 작성하는 데 걸리는 시간을 할당해야 한다.

스크립트

스크립트는 반복적인 작업을 자동화하는 도구다. 어떤 시스템에서는 스크립트를 레이아웃 파일이나 매크로라고 한다. 스크립트는 단순할 수도 있고 복잡할 수도 있으며 대부분의 유용한 스크립트는 작성하기 쉽다. 개인적으로 저널을 쓰는데, 사생활 보호를 위해 글을 작성할 때 외에는 글을 암호화한다. 항상 글을 제대로 암호화하고 해독하는지 확인하기 위해 글을 해석한 후 워드 프로세서를 실행한 다음, 다시 글을 암호화하는 스크립트를 작성했다. 그 스크립트는 다음과 같다.

```
crypto c:\word\journal.* %1 /d /Es /s
word c:\word\journal.doc
crypto c:\word\journal.* %1 /Es /s
```

%1은 암호를 위한 필드이며 당연히 이 스크립트에는 포함되어 있지 않다. 스크립트를 이용하면 모든 매개변수를 입력할 필요도 없고 항상 모든 작업을 수행하고 올바른 순서대로 수행하게 할 수 있다.

5자 이상의 문자열을 하루에 몇 번 이상 반복해서 입력하고 있다면 그것이 바로 레이아웃 파일이나 스크립트로 만들 수 있는 좋은 대상이다. 컴파일/링크 순서나 백업 명령, 많은 매개변수가 필요한 명령이 그 예가 될 수 있다.

30.6 프로그래밍 도구에 대한 환상

관련 정보 도구는 부분적으로 기술 환경의 성숙함에 의존한다. 이 부분에 대한 자세한 내용은 4.3절 "기술 흐름 파악"을 살펴본다.

수십 년 동안 도구 벤더와 업계 학자들은 프로그래밍을 없애는 데 필요한 도구가 바로 눈앞에 있다고 장담했다. 아이러니하게도 그러한 별칭을 받은 첫 번째 도구가 포트란이다. 포트란, 즉 수식 변환 언어("Formula Translation Language")는 과학자와 공학자가 공식에 간단히 입력할 수 있게 되어 있어서 개발자에게는 별로 필요 없을 거라고 여겼다.

포트란은 과학자와 공학자가 프로그램을 작성할 수 있게 했다는 점에서는 성공했지만, 요즘 관점으로 보면 비교적 저급 프로그래밍 언어처럼 보인다. 그것이 개발자의 필요성을 줄이지는 못했으며 포트란으로 얻은 경험을 통해 소프트웨어 산업은 전체적으로 더 발전했다.

소프트웨어 산업은 프로그래밍에서 가장 지루한 작업을 줄이거나 제거하기 위한 새로운 도구를 끊임없이 개발한다. 그러한 작업에는 소스 명령문의 세세한 레이아웃이나 프로그램 편집, 컴파일, 링크, 실행에 필요한 과정, 일치하지 않는 중괄호를 찾기 위한 작업, 표준 메시지 상자를 생성하는 데 필요한 단계의 수 등이 있다. 새로운 도구가 생산성에서 더 나은 결과를 보여주기 시작하면 학자들은 그러한 소득이 무한하리라 추정하고 언젠가는 "프로그래밍의 필요성을 없앨 것"이라고 가정한다. 하지만 현실에서는 새로운 프로그래밍 도구마다 몇 가지 결점을 갖고 있다. 시간이 지남에 따라 그러한 결점은 사라지고 도구의 잠재 능력도 확실하게 밝혀진다. 하지만 일단 도구의 기본적인 개념이 파악되면 새로운 도구 제작에 따른 부수 효과로 발생한 예기치 않은 어려움을 제거하여 추가로 이득을 얻는다. 이러한 부차적인 어려움을 제거한다고 해도 그 자체로는 생산성이 증가하지 않는다. 그저 "2보 전진, 1보 후퇴" 공식에서 "1보 후퇴"를 없애는 것뿐이다.

지난 수십 년 동안 개발자들은 프로그래밍을 없애기 위해 만들어진 수많은 도구를 봐왔다. 첫 번째는 3세대 언어였다. 그리고 4세대 언어, 그다음이 자동화 프로그래밍이었다. 그다음 CASE 도구가 있었고 그다음은 비주얼 프로그래밍이었다. 이렇게 새로운 것이 나올 때마다 컴퓨터 프로그래밍에 귀중하고 진보적인 발전을 가져왔으며 전체적으로 그것들이 나오기 전에 프로그래밍을 배웠던 사람들이 프로그래밍을 알아볼 수 없게 만들었다. 하지만 어느 것도 프로그래밍을 없애지는 못했다.

관련 정보 프로그래밍의 복잡성에 대한 원인은 5.2절의 "본질적 어려움과 비본질적 어려움"에 설명되어 있다.

이렇게 계속 변화하는 이유는 좋은 도구의 도움을 받더라도 본질적으로 프로그래밍은 *어렵기* 때문이다. 어떤 도구가 있더라도 개발자들은 복잡한 현실 세계와 싸워야 할 것이다. 순서와 의존성, 예외에 대해서 정확하게 생각해야 하고 마음을 정하지 못하는 고객을 상대해야 한다. 항상 엉망으로 정의된 다른 소프트웨어와 하드웨어에 대한 인터페이스와 싸워야 하며 규정과 비즈니스 규칙, 컴퓨터 프로그래밍 외부에서 발생하는 복잡성의 원인을 해결해야 할 것이다.

항상 해결되어야 할 현실 세계 문제와 그러한 문제를 해결하기 위한 컴퓨터 사이를 연결해줄 수 있는 사람이 필요하다. 어셈블러에서 머신 레지스터를 다루고 있든, 마이크로소프트 비주얼 베이직에서 대화상자를 다루고 있든 상관없이 그 사람을 개발자라고 부를 것이다. 컴퓨터를 갖고 있는 한 컴퓨터가 무엇을 하는지 말해줄 수 있는 사람들이 필요하며 그러한 행위를 프로그래밍이라고 부를 것이다.

도구를 만든 회사가 "이 새로운 도구가 컴퓨터 프로그래밍을 없애 줄 것이다."라고 말한다면 얼른 자리를 떠라! 아니면 적어도 그 회사의 순진한 낙관주의를 비웃어줘라.

참고 자료

cc2e.com/3098

프로그래밍 도구에 관한 다음 참고 자료를 살펴보라.

cc2e.com/3005

www.sdmagazine.com/jolts. 소프트웨어 개발 매거진(Software Development Magazine)에서 수여하는 그 해의 졸트 생산성(Jolt Productivity) 상 웹 사이트는 현재 사용되고 있는 최고의 도구에 관한 좋은 정보를 제공한다.

앤드루 헌트(Andrew Hunt), 데이비드 토머스(David Thomas) 《실용주의 프로그래머》(인사이트, 2014). 이 책의 3장에서는 편집기와 코드 생성기, 디버거, 소스코드 관리, 그 밖의 관련 도구를 포함한 프로그래밍 도구에 대해 깊이 있게 소개한다.

cc2e.com/3012

스티븐 본-니콜(Steven Vaughn-Nichols) "Building Better Software with Better Tools"(IEEE Computer, 2003년 10월) 12~14쪽. 이 글은 IBM과 마이크로소프트 연구소, Sun 연구소에서 개발한 도구를 소개한다.

로버트 L. 글래스(Robert L. Glass) 《Software Conflict: Essays on the Art and Science of Software Engineering》(Yourdon Press, 1991). "Recommended: A Minimum Standard Software Toolset"라는 제목의 단원에서 도구는 많을수록 좋다는 관점에 반하는 신중한 의견을 제시한다. 글래스는 모든 개발자가 사용할 수 있어야 할 최소한의 도구 모음을 구별할 것을 주장하고 스타팅 키트(starting kit)를 제안한다.

캐퍼스 존스 《Estimating Software Costs》(McGraw-Hill, 1998).

배리 보엠 외 《Software Cost Estimation with Cocomo II》(Addison-Wesley, 2000). 존스와 보엠 책은 도구가 생산성에 미치는 영향을 소개한다.

cc2e.com/3019

> **체크리스트: 프로그래밍 도구**
>
> - 효과적인 IDE를 사용하는가?
> - 사용하는 IDE가 소스코드 관리 도구와의 통합을 비롯해 빌드, 테스트, 디버깅 도구 및 기타 유용한 기능을 지원하는가?
> - 일반적인 리팩터링을 자동화하는 도구를 사용하는가?
> - 소스코드와 콘텐츠, 요구사항, 설계, 프로젝트 일정을 비롯해 다른 프로젝트 관련 사항을 관리하기 위해 버전 관리 도구를 사용하는가?
> - 매우 큰 프로젝트에서 작업하고 있다면 시스템에서 사용되는 각 클래스에 대한 믿을 만한 설명을 포함하는 중심적인 저장소나 데이터 사전을 사용하고 있는가?
> - 코드를 작성하는 대신 코드 라이브러리를 고려해봤는가?
> - 대화식 디버거를 활용하고 있는가?
> - 프로그램을 효율적이고 신뢰할 수 있게 빌드하기 위해 의존성 관리 소프트웨어나 make를 사용하는가?
> - 테스트 환경이 자동화된 테스트 프레임워크와 자동화된 테스트 생성기, 커버리지 모니터, 시스템 교란기, diff 도구, 결함 추적 소프트웨어를 포함하고 있는가?
> - 프로젝트에 특화된 사항을 도와주는 도구, 특히 반복적인 작업을 자동화하는 도구를 작성했는가?
> - 전반적으로 적절한 도구 지원 부서로부터 도움을 받고 있는가?

요점 정리

- 개발자들은 때로는 수년 동안 간과하고 있다가 가장 강력한 도구를 발견하기도 한다.
- 좋은 도구를 사용하면 삶이 더 편해진다.
- 편집, 코드 품질 분석, 리팩터링, 버전 관리, 디버깅, 테스트, 코드 튜닝에 사용할 수 있는 도구가 있다.
- 특수한 목적을 지닌 도구를 많이 만들 수 있다.
- 좋은 도구가 소프트웨어 개발에서 지루한 작업을 줄여줄 수는 있지만, 프로그래밍에 대한 필요성을 없앨 수는 없다. 그것들이 "프로그래밍"이라는 것을 계속 새로운 형태로 바꾸더라도 그 사실에는 변함이 없다.

/ 7부

소프트웨어 장인정신

31장 레이아웃과 스타일
32장 스스로를 설명하는 코드
33장 개발자 성격
34장 소프트웨어 장인(匠人)에 대한 주제
35장 더 많은 정보를 얻으려면

31장 레이아웃과 스타일

cc2e.com/3187

내용

31.1 레이아웃 기초 지식
31.2 레이아웃 기법
31.3 레이아웃 스타일
31.4 제어 구조 레이아웃
31.5 개별 명령문 레이아웃
31.6 주석 레이아웃
31.7 루틴 레이아웃
31.8 클래스 레이아웃

관련 주제

- 스스로를 설명하는 코드: 32장
- 코드 형식화 도구: 30.2절의 "편집"

이 장에서는 컴퓨터 프로그램의 미적인 측면인 프로그램 소스코드의 레이아웃(배치)을 다룬다. 잘 구성된 코드를 보면서 느끼는 지적인 쾌감은 개발자가 아닌 사람은 느낄 수 없는 기쁨이다. 하지만 자기 일에 자부심을 가진 개발자들은 자신이 작성한 코드의 시각적 구조를 다듬으면서 위대한 예술가가 느끼는 만족감을 느낀다.

이 장에서 소개하는 기법은 프로그램의 실행 속도나 메모리 사용, 프로그램 외부에서 보이는 프로그램의 다른 측면에는 영향을 미치지 않는다. 코드를 이해하고 검토하고 작성한 지 몇 달이 지난 후에 코드를 얼마나 쉽게 수정하느냐에 영향을 미친다. 또한 다른 사람들이 얼마나 쉽게 코드를 읽고 이해하고 수정하느냐에 영향을 미친다.

이 장은 사람들이 "세세한 부분에 대한 관심"에 대해서 얘기할 때 언급하는 까다로운 사항을 소개한다. 프로젝트를 진행하는 동안 그러한 세세한 사항에 대한 관심이 코드의 초기 품질과 최종 유지보수성에 큰 영향을 미친다. 그러한 세부 사항은 코드 작성 프로세스와 너무 밀접하게 관계를 맺고 있어 나중에 효과적으로 변경할 수 없다. 어쨌든 처리해야 한다면 초기 구현 중에 처리해야 한다. 팀 프로젝트에서 작업 중이라면 팀원들이 이 장을 읽고 나서 팀에서 사용할 스타일을 선정한 후에 코드를 작성하기 시작하라.

여기서 소개하는 모든 내용에 동의하지 않을지도 모르지만, 핵심은 동의를 얻는 것이 아니라 형식화 스타일과 관련된 사항을 고려하게 하는 데 있다. 고혈압이 있는 사람은 그냥 논쟁의 여지가 적은 다음 장으로 넘어가라.

31.1 레이아웃 기초 지식

이 절에서는 훌륭한 레이아웃에 대한 기초 지식을 설명한다. 이 장의 나머지 부분에서는 실무적인 부분을 설명한다.

극단적인 레이아웃

예제 31-1과 같은 루틴을 생각해 보자.

예제 31-1 자바 레이아웃 예제 #1

```
/* "data" 배열을 내림차순으로 정렬하기 위해 삽입 정렬 기법을 사용한다. 이 루틴은 data[ firstElement ]가 data의 첫 번째 요소가 아니며 data[ firstElement-1 ]로 접근할 수 있다는 것을 가정하고 있다. */ public void InsertionSort( int[] data, int firstElement, int lastElement ) { /* 가장 낮은 경계 값을 정렬된 리스트의 첫 번째 요소에 저장한다. */ int lowerBoundary =data[ firstElement-1 ]; data[ firstElement-1 ] = SORT_MIN; /* firstElement부터 sortBoundary -1까지의 모든 요소들은 항상 정렬되어 있다. 반복문을 돌 때마다 sortBoundary가 증가하고 새로운 sortBoundary에 위치한 요소는 정렬된 위치에 저장되어 있지 않을 것이다. 따라서 firstElement와 sortBoundary 사이의 적정한 위치에 삽입한다. */ for (int sortBoundary = firstElement+1; sortBoundary <= lastElement; sortBoundary++ ){ int insertVal = data[ sortBoundary ]; int insertPos = sortBoundary; while (insertVal < data[ insertPos-1 ] ) { data[ insertPos ] = data[ insertPos-1 ]; insertPos = insertPos-1; } data[ insertPos ] = insertVal; } /* 원래의 낮은 경계 요소의 값을 가져온다. */ data[ firstElement-1 ] = lowerBoundary; }
```

이 루틴은 문법적으로는 맞다. 전체적으로 주석도 달려있고 변수 이름도 좋고 논리도 명확하다. 믿기지 않는다면 코드를 읽어보고 문제가 있는지 찾아보라! 다만 이 루틴은 레이아웃이 좀 아쉽다. 이 루틴은 나쁜 레이아웃의 극단적인 면을 보여주는 예제다. 예제 31-2는 이보다는 덜 극단적인 예제다.

예제 31-2 자바 레이아웃 예제 #2

```
/* "data" 배열을 내림차순으로 정렬하기 위해 삽입 정렬 기법을 사용한다. 이 루틴은
data[ firstElement ]가 data의 첫 번째 요소가 아니며 data[ firstElement-1 ]로 접근할
수 있다는 것을 가정하고 있다. */
public void InsertionSort( int[] data, int firstElement, int lastElement ) {
```

```
/* 가장 낮은 경계 값을 정렬된 리스트의 첫 번째 요소에 저장한다. */
int lowerBoundary = data[ firstElement-1 ];
data[ firstElement-1 ] = SORT_MIN;
/* firstElement부터 sortBoundary -1까지의 모든 요소들은 항상 정렬되어 있다. 반복문을
돌 때마다 sortBoundary가 증가하고 새로운 sortBoundary에 위치한 요소는 정렬된 위치에
저장되어 있지 않을 것이다. 따라서 firstElement와 sortBoundary 사이의 적정한 위치에 삽
입한다. */
for (
int sortBoundary = firstElement+1;
sortBoundary <= lastElement;
sortBoundary++
) {
int insertVal = data[ sortBoundary ];
int insertPos = sortBoundary;
while ( insertVal < data[ insertPos-1 ] ) {
data[ insertPos ] = data[ insertPos-1 ];
insertPos = insertPos-1;
}
data[ insertPos ] = insertVal;
}
/* 원래의 낮은 경계 요소의 값을 가져온다. */
data[ firstElement-1 ] = lowerBoundary;
}
```

이 코드는 예제 31-1과 똑같다. 대부분의 사람이 이 코드의 레이아웃이 첫 번째 예제보다 훨씬 낫다는 점에 동의하겠지만, 그래도 여전히 가독성이 상당히 떨어진다. 이 코드의 레이아웃은 여전히 복잡하고 루틴의 논리적인 구조에 대한 아무런 단서도 제공하지 않는다. 이 코드는 좋은 레이아웃과 나쁜 레이아웃의 중간쯤에 위치한다. 첫 번째 예제는 억지로 만들었지만, 두 번째 예제는 전혀 드문 사례가 아니다. 개인적으로 수천 줄의 코드를 이 코드처럼 엉망으로 배치한 프로그램을 본 적이 있다. 그것은 문서도 없고 변수 이름도 잘못 지어서 전체적인 가독성이 이 예제보다 더 떨어졌다. 이 코드는 컴퓨터가 알아볼 수 있게 형식화한 코드다. 코드 작성자가 사람이 읽을 것을 고려하여 작성한 흔적을 찾아볼 수 없다. 예제 31-3은 개선된 코드다.

예제 31-3 자바 레이아웃 예제 #3

```
/* "data" 배열을 내림차순으로 정렬하기 위해 삽입 정렬 기법을 사용한다. 이 루틴은
data[ firstElement ]가 data의 첫 번째 요소가 아니며 data[ firstElement-1 ]로 접근할
수 있다는 것을 가정하고 있다.
*/
```

```
public void InsertionSort( int[] data, int firstElement, int lastElement ) {
    // 가장 낮은 경계 값을
    // 정렬된 리스트의 첫 번째 요소에 저장한다.
    int lowerBoundary = data[ firstElement-1 ];
    data[ firstElement-1 ] = SORT_MIN;

    /* firstElement부터 sortBoundary -1까지의 모든 요소들은
    항상 정렬되어 있다. 반복문을 돌 때마다 sortBoundary가
    증가하고 새로운 sortBoundary에 위치한 요소는 정렬된 위치에
    저장되어 있지 않을 것이다. 따라서 firstElement와
    sortBoundary 사이의 적정한 위치에 삽입한다.
    */
    for ( int sortBoundary = firstElement + 1; sortBoundary <= lastElement;
        sortBoundary++ ) {
        int insertVal = data[ sortBoundary ];
        int insertPos = sortBoundary;
        while ( insertVal < data[ insertPos - 1 ] ) {
            data[ insertPos ] = data[ insertPos - 1 ];
            insertPos = insertPos - 1;
        }
        data[ insertPos ] = insertVal;
    }

    // 원래의 낮은 경계 요소의 값을 가져온다.
    data[ firstElement - 1 ] = lowerBoundary;
}
```

이 루틴의 레이아웃은 상당히 좋은 레이아웃에 속한다. 이 루틴은 이 장에서 설명하는 원칙에 따라 배치되었다. 이 루틴은 가독성이 매우 높아졌으며 문서와 좋은 변수 이름에 들인 노력을 눈으로 확인할 수 있다. 변수 이름은 앞의 예제와 같지만, 앞의 예제에서는 레이아웃이 나빴기 때문에 변수의 이름이 도움이 되질 않았다.

이 예제와 처음 두 예제와의 유일한 차이점은 공백을 사용한 것뿐이다. 코드와 주석은 완전히 같다. 공백은 사람에게만 유용하다. 컴퓨터는 이 세 개의 코드를 똑같이 해석할 수 있기 때문이다. 컴퓨터처럼 할 수 없다고 해서 실망할 필요는 없다!

형식화 기본 법칙

형식화 기본 법칙은 훌륭한 시각적 레이아웃이 프로그램의 논리적인 구조를 보여준다는 것이다.

KEY POINT

코드를 보기 좋게 작성하는 것도 중요하지만, 코드의 구조를 보여주는 것이 더 중요하다. 구조를 더 잘 보여주는 기법과 외관상 보기 좋게 만드는 기법이 있다면 구조를 더 잘 보여주는 기법을 선택해야 한다. 이 장에서는 보기에는 좋지만, 코드의 논리적인 구조를 잘못 표현하는 다양한 형식화 스타일 사례를 보여준다. 실제로 코드의 논리가 엉망이 아니라면 논리적인 표현을 우선시한다고 해서 보기에 엉망인 코드가 생성되지는 않는다. 좋은 코드를 좋아 보이게 만들고 나쁜 코드를 나빠 보이게 만드는 기법이 모든 코드를 좋아 보이게 만드는 기법보다 더 유용하다.

프로그램에 대한 사람과 컴퓨터의 해석

> 컴퓨터가 이해할 수 있는 코드는 어떤 바보라도 작성할 수 있다. 훌륭한 개발자는 사람이 이해할 수 있는 코드를 작성한다.
> – 마틴 파울러
> *(Martin Fowler)*

레이아웃은 프로그램의 구조를 보여주는 유용한 단서다. 컴퓨터는 오로지 괄호나 시작과 끝에 신경 쓰는 반면, 사람은 코드의 외견상 표현으로부터 단서를 얻어내는 경향이 있다. 예제 31-4의 코드를 살펴보면 마치 3개의 명령문이 루프가 실행될 때마다 실행되는 것처럼 보이게 들여쓰기를 했다.

예제 31-4 사람과 컴퓨터에게 서로 다른 내용을 보여주는 자바 레이아웃 예제

```java
// 전체 배열에 대해서 왼쪽과 오른쪽 요소를 바꾼다.
for ( i = 0; i < MAX_ELEMENTS; i++ )
    leftElement = left[ i ];
    left[ i ] = right[ i ];
    right[ i ] = leftElement;
```

이 코드에 중괄호가 없다면 컴파일러는 첫 번째 명령문을 *MAX_ELEMENTS*번만큼 실행하고 두 번째와 세 번째 명령문은 한 번씩 실행할 것이다. 들여쓰기를 보면 이 코드를 작성한 사람이 세 개의 명령문을 모두 함께 실행하려고 명령문을 중괄호 안에 넣었다는 느낌을 준다. 하지만 컴파일러는 그렇지 받아들이지 않는다. 예제 31-5는 또 다른 예다.

예제 31-5 사람과 컴퓨터에게 서로 다른 내용을 보여주는 또 다른 자바 레이아웃 예제

```java
x = 3+4 * 2+7;
```

이 코드를 읽는 사람은 x에 *(3+4) * (2+7)*, 즉 *63*이라는 값을 할당하기 위한 명령문으로 이해하기 쉬울 것이다. 컴퓨터는 중간에 있는 공백을 무시하고 우선순위 규칙에 따라서 *3 + (4*2) + 7*, 즉 *18*로 해석할 것이다. 좋은 레이아웃 스키마는 프로그램의 외견상 구조와 논리적 구조를 일치시키거나 사람과 컴퓨터가 코드를 똑같은 내용으로 이해할 수 있게 해준다는 것이 핵심이다.

좋은 레이아웃은 얼마나 가치가 있는가?

> 그동안의 연구는 프로그래밍 계획 수립과 프로그래밍 작성 규칙에 대한 지식이 프로그램의 이해력에 큰 영향을 줄 수 있다는 주장을 뒷받침한다. [The] Elements of [Programming] Style 이라는 책에서 커니핸(Kernighan)과 플로거(Plauger)도 작성 규칙이라고 부르는 대상을 규명한다. 프로그램이 특별한 형식으로 작성되어야 한다는 점은 단순히 미학(美學)의 문제만은 아니다. 경험적인 결과가 이 규칙을 뒷받침한다. 오히려 프로그램을 규약에 따라 작성해야 하는 심리학적인 요인이 있다. 이를테면 프로그래머는 다른 개발자가 그러한 작성 규칙을 따를 것이라는 강한 기대를 갖고 있다. 규칙이 지켜지지 않으면 개발자들이 오랫동안 쌓아온 예측으로부터 얻을 수 있는 효용이 실제로 쓸모없어진다. 초보자와 숙련된 학생 개발자, 전문 개발자를 대상으로 한 실험 결과가 그러한 주장을 뒷받침한다.
>
> – 엘리엇 솔로웨이(Elliot Soloway)와 케이트 에이를리히(Kate Ehrlich)

> 관련 정보 좋은 레이아웃은 가독성의 핵심 요소 중 하나다. 가독성의 가치에 관한 자세한 정보는 34.3절 "컴퓨터보다 사람을 위한 프로그램을 작성하라"를 살펴본다.

아마 프로그래밍의 다른 어떤 측면에서보다 레이아웃에서는 컴퓨터와의 의사소통과 사람과의 의사소통의 차이가 중요하다. 프로그래밍 작업에서 컴퓨터가 읽을 수 있도록 프로그램을 작성하는 것은 작은 부분을 차지하고 다른 사람들이 읽을 수 있도록 프로그램을 작성하는 것은 큰 부분을 차지한다.

체이스(Chase)와 사이먼(Simon)은 논문 "Perception in Chess"에서 전문가와 초보자가 체스에서 말의 위치를 기억하는 능력을 비교한 연구 결과를 발표했다(Chase and Simon 1973). 게임 중에 있을 만한 위치로 게임 판에 말을 정렬하면 전문가의 기억력이 초보자의 기억력보다 월등히 우월했다. 말을 무작위로 배치했을 때는 전문가와 초보자의 기억력에 거의 차이가 없었다. 이 결과에 대한 전통적인 해석은 전문가의 기억력이 본질적으로 초보자의 기억력보다 좋지는 않지만, 전문가는 특별한 정보를 기억하는 데 도움을 주는 지식 구조를 갖고 있다는 식이다. 이 경우에는 체스 말의 위치라는 그 새로운 정보가 그 지식 구조를 따를 때 전문가는 그것을 쉽게 기억할 수 있다. 체스 말이 무작위로 놓인 경우처럼 새로운 정보가 지식 구조와 일치하지 않으면 전문가가 초보자보다 더 잘 기억할 수 없다.

몇 년이 지난 후 벤 슈나이더만(Ben Shneiderman)이 체이스와 사이먼의 결과를 컴퓨터 프로그래밍 분야에 가져다 적용해 그 결과를 "Exploratory Experiments in Programmer Behavior"라는 논문으로 발표했다(Shneiderman 1976). 슈나이더만은 프로그램 명령문이 분별력 있는 순서로 정렬되어 있을 때 전문가가 초보자보다 더 잘 기억할 수 있다는 것을 발견했다. 명령문이 엉망으로 배치되어 있을 때는 전문가의 우월성이 줄어들었다. 슈나이더만의 결과는 다른 연구에서도 입증되었다(McKeithen et al.

1981, Soloway and Ehrlich 1984). 그 기본 개념은 바둑과 카드 게임은 물론 전자 공학, 음악, 물리학에서도 입증되었다(McKeithen et al. 1981).

이 책의 초판을 출판하고 난 후 원고를 검수했던 개발자인 행크(Hank)는 "다음과 같은 중괄호 사용 스타일을 좀 더 강력하게 주장하지 않았다는 점에 놀랐습니다"라고 말했다.

```
for ( ... )
    {
    }
```

"다음처럼 중괄호를 사용한 내용을 넣었다는 것에도 놀랐습니다."

```
for ( ... ) {
}
```

"토니와 저는 첫 번째 스타일에 대해 논쟁을 했고 당신도 그럴 거라고 생각했습니다."

"당신은 첫 번째 스타일을 주장했고 토니는 두 번째 스타일을 주장했다는 말인가요? 토니는 첫 번째 스타일이 아니라 두 번째 스타일을 주장했다는 거군요."라고 내가 대답했다.

"재미있군요. 토니와 제가 함께 작업했던 지난 프로젝트에서는 저는 두 번째 스타일을 선호했고 토니는 첫 번째 스타일을 선호했습니다. 우리는 어떤 스타일이 가장 좋은지 프로젝트를 진행하는 내내 토론을 했습니다. 아마도 상대방이 다른 스타일을 선호하도록 설득했었던 것 같습니다!"라고 행크가 대답했다.

KEY POINT

앞에서 소개한 연구 사례와 함께 이 경험은 전문가들이 프로그램의 중요한 특징을 인지하고 이해하고 기억하는 데 구조가 도움이 된다는 것을 보여준다. 전문 개발자는 종종 다른 개발자가 사용하는 방법과 상당히 다르더라도 자신의 스타일을 고수하곤 한다. 중요한 점은 프로그램을 일관된 형태로 구조화하는 것이 프로그램을 구조화하는 구체적 방법보다 훨씬 중요하다는 것이다.

종교로서의 레이아웃

자신의 환경을 친숙한 방법으로 구조화하는 이해력과 기억력의 중요성 때문에 몇몇 연구원들은 레이아웃이 자신이 사용하는 스타일과 다른 경우, 전문가의 프로그램 읽는 능력에 해를 끼칠 수도 있다고 가정하게 되었다(Sheil 1981, Soloway and Ehrlich 1984). 레이아웃이 논리적이면서도 미적인 작업이라는 사실로 가중된 그 가능성은 프로그래밍 형식화에 대한 토론이 종종 철학적인 토론 이상의 종교 전쟁처럼 들리게 한다.

관련 정보 소프트웨어와 종교를 결부시키고 있다면 이 장의 나머지 부분을 읽기 전에 34.9절 "소프트웨어와 신조를 떼어 놓아라"를 읽어 보도록 한다.

상위 수준에서는 어떤 레이아웃 형태가 다른 레이아웃 형태보다 확실히 좋다. 이 장의 앞에서 같은 코드를 이용해 보여준 점차 나아진 레이아웃이 이를 확실하게 뒷받침한다. 이 책은 레이아웃에 관한 세밀한 부분에 논쟁의 여지가 있다고 해서 그에 대한 언급을 피하지는 않을 것이다. 훌륭한 개발자는 자신의 레이아웃 습관에 대한 편견이 없으며 적응하는 데 다소 어려움이 있더라도 더 좋은 습관이 있다면 그러한 습관을 받아들일 수 있어야 한다.

좋은 레이아웃의 목표

그 결과는 전문 프로그래밍 지식의 나약함을 지적한다. 숙련된 개발자는 프로그램이 어떻게 보여야 하는지에 대한 강한 기대를 하고 있으며 그러한 기대가 외관상 아무 문제가 없이 깨지면 그들의 수행 능력은 현저히 떨어진다.
– 엘리엇 솔로웨이와 케이트 에이를리히

레이아웃 세부 사항에 관한 많은 결정은 주관적인 미학에 관한 문제다. 똑같은 목표도 여러 가지 방법으로 달성할 수 있는 때가 종종 있기 때문이다. 선호하는 부분에 관한 기준을 명시적으로 지정한다면 주관적인 사항에 대한 논쟁을 덜 주관적이게 만들 수 있다. 좋은 레이아웃 스키마는 분명 다음과 같은 것을 해야 한다.

코드의 논리 구조를 정확하게 표현한다. 이것이 형식화의 기본 정리다. 다시 한번 말하자면 좋은 레이아웃의 주된 목적은 코드의 논리적인 구조를 보여주는 것이다. 전형적으로 개발자들은 논리적인 구조를 보여주는 데 들여쓰기나 공백을 사용한다.

코드의 논리 구조를 일관되게 표현한다. 어떤 레이아웃 스타일은 예외 사항이 너무 많아서 일관되게 규칙을 따르기가 어렵다. 좋은 스타일을 대부분의 경우에 적용한다.

가독성을 향상시킨다. 논리적이지만 코드를 읽기 어렵게 만드는 들여쓰기 스타일은 쓸모가 없다. 컴파일러가 필요로 하는 곳에만 공백을 입력해야 하는 레이아웃 스키마는 논리적이기는 하지만 가독성은 떨어진다. 좋은 레이아웃 스키마는 코드를 읽기 쉽게 만든다.

변경 사항에 대한 내성을 지닌다. 가장 훌륭한 레이아웃 스키마는 코드 변경을 잘 견딘다. 코드 한 줄을 변경한다고 해서 여러 줄을 변경할 필요가 없어야 한다.

이러한 기준과 더불어 때때로 간단한 명령문이나 블록을 구현하는 데 필요한 코드의 줄 수를 최소화하는 것도 고려해야 한다.

레이아웃 목표를 사용하기 위한 방법

KEY POINT

좋은 레이아웃 스키마를 위한 이러한 기준을 레이아웃에 대한 토론의 근거로 삼아 다른 스타일보다 어떤 스타일을 선호하는 주관적인 이유를 공개적으로 표명할 수 있다.

기준의 중요도에 차이를 두면 다른 결과를 얻게 될 것이다. 가령 컴퓨터 화면이 작아서 화면에 표시되는 줄 수를 최소화하는 것이 중요하다고 느낀다면 루틴 매개변수 목록에 다른 것보다 두 줄 더 사용하는 스타일을 비난할 것이다.

31.2 레이아웃 기법

몇 가지 레이아웃 도구를 다양한 방법으로 사용함으로써 좋은 레이아웃을 만들 수 있다. 이 절에서는 각 방법을 설명한다.

공백

"공백을 사용해 가독성을 높여라." 스페이스, 탭, 줄 바꿈, 빈 줄 등의 공백이 프로그램의 구조를 보여주기 위해 주로 사용하게 될 도구다.

관련 정보 몇몇 연구원들은 책의 구조와 프로그램의 구조의 유사성을 연구했다. 이에 대한 자세한 정보는 32.5절 "프로그램 문서화에 대한 책 패러다임"을 살펴본다.

띄어쓰기를 하지 않거나 단락을 나누지 않거나 단원 구분을 하지 않고 책을 쓴다는 것은 생각도 못할 것이다. 그런 책을 처음부터 끝까지 읽을 수는 있겠지만, 한 가지 관점으로 훑어보거나 중요한 단락을 찾는 일은 현실적으로 불가능할 것이다. 어쩌면 더 중요한 것은 책의 레이아웃이 저자가 정보를 어떻게 구성하고자 했는지 독자에게 보여주지 못한다는 점일 것이다. 저자의 구성은 주제의 논리적인 구성을 이해하기 위한 중요한 단서다.

한 권의 책을 장과 단락, 문장으로 나누면 독자에게 머릿속에서 주제를 어떻게 구성했는지 보여줄 수 있다. 구성이 명확하지 않다면 독자가 직접 구성을 생각해야 하는데, 이는 독자에게 큰 짐을 지우고 어쩌면 독자가 주제가 어떻게 구성되었는지 아예 알아내지 못할 수도 있다.

어떤 프로그램에 포함된 정보는 대부분의 책에 포함된 정보보다 이해하기가 어렵다. 책의 경우, 한 페이지를 1분이나 2분 이내에 읽고 이해할 수 있지만, 대부분의 개발자는 프로그램 소스코드를 절대 그 속도로 읽고 이해할 수 없다. 프로그램은 책보다 훨씬 많은 구조적인 단서를 제공해야 한다.

그룹화 다른 측면에서 보면 공백은 관련된 명령문이 서로 그룹화되어 있다는 것을 알려주는 것이라고 볼 수 있다.

작문에서는 생각이 단락으로 그룹화된다. 잘 쓴 단락은 특정한 생각과 관련된 문장만 들어 있다. 특정한 생각과 관련 없는 문장이 들어가서는 안 된다. 마찬가지로 코드 단락에도 하나의 기능만 수행하고 서로 연관된 명령문이 들어가야 한다.

빈 줄 관련된 명령문을 그룹화하는 것이 중요한 것처럼 관련 없는 명령문을 구분하는 것도 중요하다. 영어에서 새로운 단락의 시작은 들여쓰기나 빈 줄로 표현한다. 코드에서 새로운 단락의 시작은 빈 줄로 나타내야 한다.

빈 줄 사용은 프로그램이 어떻게 구성되는지 보여주는 방법이다. 빈 줄을 사용해 연관된 명령문의 그룹을 단락으로 나누거나 루틴을 구분하거나 주석을 강조할 수 있다.

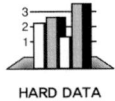

이 통계 자료를 실제로 적용하기는 어렵겠지만, 고를라, A. C. 베난더, B. A. 베난더의 연구에서는 한 프로그램에 사용되는 최적의 빈 줄 수는 약 8%에서 16% 사이라는 사실을 알아냈다. 16% 이상이 되면 디버깅 시간이 급격하게 증가한다(Gorla, A. C. Benander and B. A. Benander 1990).

들여쓰기 들여쓰기를 사용해 프로그램의 논리적인 구조를 보여줘라. 대개 논리적으로 하위에 있는 명령문은 들여쓰기해야 한다.

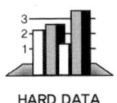

들여쓰기가 개발자의 이해력 향상과 관련이 있다는 점은 이미 여러 차례 증명되었다. "프로그램 들여쓰기와 이해 가능성(Program Indentation and Comprehensibility)"이라는 기사는 여러 연구 사례가 들여쓰기와 이해력 향상의 상호 관계를 발견했다고 보고했다(Miaria et al. 1983). 들여쓰기가 전혀 없는 프로그램보다 빈칸 2개에서 4개 정도로 들여쓰기한 프로그램이 이해도 테스트에서 20%에서 30% 정도의 높은 점수를 얻었다.

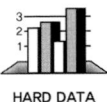

같은 연구에서 프로그램의 논리적인 구조의 중요성을 떨어뜨리거나 지나치게 강조하지 않는 것이 중요하다는 점도 발견했다. 가장 낮은 이해도 점수는 들여쓰기가 전혀 이루어지지 않은 프로그램에서 나왔다. 두 번째로 낮은 점수는 빈칸 6개로 들여쓰기한 프로그램에서 나왔다. 이 연구에서는 2개에서 4개 사이의 공백을 사용한 들여쓰기가 가장 적합하다고 결론을 내렸다. 흥미롭게도 실험 참여자들은 빈칸 6개로 들여쓰기한 경우에 점수는 더 낮게 나왔지만 빈칸을 더 조금 사용한 경우보다 코드를 사용하기 더 쉽다고 느끼고 있었다. 아마도 6개의 공백을 사용한 들여쓰기가 보기에 좋았기 때문일 것이다. 하지만 아무리 보기 좋아도 6개의 공백을 사용한 들여쓰기는 가독성이 떨어지는 것으로 판명되었다. 이는 미적인 호감과 가독성이 일치하지 않음을 보여주는 예다.

괄호

필요하다고 생각하는 것보다 훨씬 많은 괄호를 사용하라. 괄호를 사용해 항이 두 개 이상인 표현식을 명확하게 나타내라. 필요 없을 수도 있지만, 괄호를 사용하면 표현식이 명확해지고 비용도 들지 않는다. 예를 들면 다음 식은 어떻게 계산되는가?

C++ 버전: 12 + 4 % 3 * 7 / 8

비주얼 베이직 버전: 12 + 4 mod 3 * 7 / 8

이 표현식이 어떻게 계산되는지 고민해야 하는지가 질문의 핵심이다. 다른 참고 자료를 확인하지 않고 자신의 답변을 확신할 수 있는가? 숙련된 개발자도 이런 질문에 자신 있게 대답하지 못하며 그러한 이유로 표현식이 어떻게 계산되는지 의심스러울 때마다 괄호를 사용해야 한다.

31.3 레이아웃 스타일

레이아웃과 관련된 대부분의 사항은 제어 명령문 아래에 있는 명령문 그룹인 블록을 레이아웃하는 것과 관련되어 있다. 블록은 중괄호(C++와 자바에서 {와 })나 키워드(비주얼 베이직에서 *if-then-endif*), 그리고 다른 언어에서는 이와 유사한 구조로 감싼다. 간단히 하기 위해서 많은 경우에 *begin*과 *end*를 사용한다. 물론 일반적으로 C++와 자바의 중괄호나 다른 언어의 블록 메커니즘에 이 방법을 어떻게 적용할지 알 수 있다고 가정한다. 다음 절에서는 4가지 일반적인 레이아웃 스타일을 설명한다.

- 순수 블록
- 순수 블록 흉내 내기
- 블록 경계를 나타내는 데 *begin-end* 쌍(중괄호) 사용
- 줄 끝 레이아웃

순수 블록

레이아웃에 관한 논쟁 중 상당 부분은 인기 있는 프로그래밍 언어가 가진 선천적인 어려움으로 인한 것이다. 잘 설계된 언어는 자연스러운 들여쓰기 스타일에 알맞은 명확한 블록 구조로 되어 있다. 예를 들면 비주얼 베이직은 각 제어 구조가 고유한 종결자를 갖고 있으며 종결자를 사용하지 않고는 제어 구조를 사용할 수 없다. 코드는 자연스럽게 블록으로 묶인다. 예제 31-6, 예제 31-7, 예제 31-8은 비주얼 베이직 예제다.

예제 31-6 비주얼 베이직의 순수 if 블록 예제

```
If pixelColor = Color_Red Then
    statement1
    statement2
    ...
End If
```

예제 31-7 비주얼 베이직의 순수 while 블록 예제

```
While pixelColor = Color_Red
    statement1
    statement2
    ...
Wend
```

예제 31-8 비주얼 베이직의 순수 case 블록 예제

```
Select Case pixelColor
    Case Color_Red
        statement1
        statement2
        ...
    Case Color_Green
        statement1
        statement2
        ...
    Case Else
        statement1
        statement2
        ...
End Select
```

비주얼 베이직의 제어 구조는 예제의 *If-Then*과 *While*, *Select-Case*와 같은 시작 명령문을 항상 가지고 그에 따른 *End* 명령문을 갖는다. 해당 구조 내부의 들여쓰기는 논

쟁의 대상이 아니며 다른 키워드를 정렬하기 위한 선택 사항은 다소 제한적이다. 예제 31-9는 이러한 종류의 형식화가 어떻게 작동하는지 추상적으로 표현한 것이다.

예제 31-9 순수 블록 레이아웃 스타일의 추상적인 예제

이 예제에서는 명령문 A가 제어 구조를 시작하고 명령문 D가 제어 구조를 끝낸다. 두 명령문 사이에 있는 코드의 정렬 상태가 코드가 폐쇄되어 있음을 보여준다.

제어 구조의 형식화에 대한 논쟁은 어떤 언어는 블록 구조를 *필요*로 하지 않기 때문에 일어난다. 명령문이 하나만 있는 *if-then* 문을 작성할 수도 있고 형식에 맞춘 블록을 작성하지 않을 수도 있다. 각 제어 구조와 함께 자동으로 생성되는 것을 사용하기보다는 *begin-end* 쌍이나 열린 괄호와 닫힌 괄호를 추가해 블록을 만들어야 한다. {와 }를 사용하는 C++나 자바 같은 언어처럼 제어 구조로부터 *begin*과 *end*를 떼어놓으면 *begin*과 *end*를 입력하는 위치가 문제가 된다. 그 때문에 많은 들여쓰기 문제가 잘못 설계된 언어의 구조를 개발자가 직접 보충해야 해서 생긴다. 다양한 보충 방법은 다음 절에서 소개한다.

순수 블록 흉내 내기

순수 블록을 제공하지 않는 언어에서 취할 수 있는 좋은 접근 방법은 *begin*과 *end* 키워드(또는 {와 } 토큰)를 제어 구조의 확장된 형태로 보는 것이다. 그러면 사용하는 언어에서 비주얼 베이직 형식화를 흉내 낼 수 있다. 예제 31-10은 흉내 내고자 하는 외견상 구조에 대한 추상적인 모습이다.

예제 31-10 순수 블록 레이아웃 스타일에 대한 추상적인 예제

이 스타일에서는 제어 구조가 명령문 A에서 블록을 열고 명령문 D에서 블록을 마친다. 이것은 곧 시작(*begin*)이 명령문 A의 끝에 있어야 하고 끝(*end*)이 명령문 D에 있어야 한다는 뜻이다. 추상적으로 순수 블록을 흉내 내려면 예제 31-11과 같이 작업해야 한다.

예제 31-11 순수 블록 스타일을 흉내 내는 추상 예제

```
A ▬▬▬▬▬▬▬▬▬▬▬▬▬▬ {
B   ▬▬▬▬▬▬▬
C   ▬▬▬▬▬▬▬▬▬▬▬▬
D }
```

예제 31-12와 예제 31-13, 예제 31-14는 이 스타일을 C++로 나타낸 예제다.

예제 31-12 순수 *if* 블록을 흉내 내는 C++ 예제

```cpp
if ( pixelColor == Color_Red ) {
    statement1;
    statement2;
    ...
}
```

예제 31-13 순수 *while* 블록을 흉내 내는 C++ 예제

```cpp
while ( pixelColor == Color_Red ) {
    statement1;
    statement2;
    ...
}
```

예제 31-14 순수 *switch/case* 블록을 흉내 내는 C++ 예제

```cpp
switch ( pixelColor ) {
    case Color_Red:
        statement1;
        statement2;
        ...
    break;
    case Color_Green:
        statement1;
        statement2;
        ...
    break;
    default:
        statement1;
        statement2;
        ...
    break;
}
```

이런 스타일의 정렬은 상당히 좋은 결과를 가져온다. 보기에 좋고 일관성 있게 적용할 수 있으며 유지보수가 가능하다. 그것은 코드의 논리적인 구조를 보여주는 데 도움이 된다는 면에서 형식화의 기본 정리를 뒷받침한다. 이 스타일은 바람직한 선택이다. 그리고 이 스타일은 자바에서는 표준이며 C++에서는 널리 사용된다.

블록 경계를 나타내는 데 begin-end 쌍(중괄호) 사용

순수 블록 구조의 대안으로 *begin-end* 쌍을 블록 경계로 보는 방법이 있다(이어지는 내용에서 *begin-end* 쌍과 중괄호, 다른 언어의 이와 같은 구조를 일반화하여 나타내기 위해 *begin-end*를 사용한다). 그 접근 방법을 선택한다면 *begin*과 *end*를 해당 코드의 일부가 아니라 제어 구조를 따르는 명령문으로 보게 된다. 그림으로 표현하면 예제 31-15와 같이 순수 블록을 흉내 낸 이상적인 형태가 된다.

예제 31-15 순수 블록 레이아웃 스타일에 대한 추상적인 예제

하지만 이 스타일에서 *begin*과 *end*를 제어 명령문 대신 블록 구조의 일부로 취급하려면 블록의 시작에 *begin*을 입력하고(제어 명령문의 끝이 아니다) 블록의 끝에 *end*를 입력해야 한다(제어 명령문을 끝내는 것이 아니다). 추상적으로 예제 31-16과 같은 코드를 작성해야 할 것이다.

예제 31-16 블록 경계로 *begin*과 *end*를 사용한 추상적인 예제

예제 31-17과 예제 31-18, 예제 31-19는 *begin*과 *end*를 블록 경계로 사용하는 방법을 보여주는 예제를 C++로 작성한 것이다.

예제 31-17 if 블록에서 *begin*과 *end*를 블록 경계로 사용한 C++ 예제

```
if ( pixelColor == Color_Red )
    {
```

```
    statement1;
    statement2;
    ...
    }
```

예제 31-18 *while* 블록에서 *begin*과 *end*를 블록 경계로 사용한 C++ 예제

```
while ( pixelColor == Color_Red )
    {
    statement1;
    statement2;
    ...
    }
```

예제 31-19 *switch/case* 블록에서 *begin*과 *end*를 블록 경계로 사용한 C++ 예제

```
switch ( pixelColor )
    {
    case Color_Red:
        statement1;
        statement2;
        ...
        break;
    case Color_Green:
        statement1;
        statement2;
        ...
        break;
    default:
        statement1;
        statement2;
        ...
        break;
    }
```

이러한 정렬 스타일은 좋은 결과를 가져온다. 다시 한번 말하지만, 코드에 깔린 논리적 구조를 보여줌으로써 형식화의 기본 원리를 뒷받침해주기 때문이다. 단 한 가지 제약 사항은 예제 31-19처럼 C++와 자바의 *switch/case* 명령문에서는 이 형식을 적용할 수 없다는 점이다(*break* 키워드가 닫힌 중괄호를 대신하지만, 열린 괄호를 대신할 수 있는 키워드가 없다).

줄 끝 레이아웃

또 다른 레이아웃 전략은 "줄 끝 레이아웃"이다. 이는 코드가 줄의 중간이나 끝에 들여쓰기 되는 레이아웃 전략의 통칭이다. 줄 끝 들여쓰기는 키워드로 시작하는 블록을 정렬하거나 루틴의 매개변수를 첫 번째 매개변수에 정렬하거나 *case* 명령문에서 *case*를 정렬하는 것을 비롯해 이와 유사한 목적을 위해 사용된다. 예제 31-20은 추상적인 예제다.

예제 31-20 줄 끝 레이아웃 스타일의 추상적인 예제

```
A ▬▬ ▬▬▬▬▬▬▬▬▬▬▬▬▬▬
B    ▬▬▬▬▬▬▬▬▬▬
C    ▬▬▬▬▬▬▬▬▬▬▬▬
D    ▬▬
```

이 예제에서는 명령문 A가 제어 구조를 시작하고 명령문 D가 끝낸다. 명령문 B와 C, D는 명령문 A에서 블록을 시작하는 키워드 아래로 정렬되어 있다. B와 C, D를 똑같이 들여쓰기해 그것들이 그룹화되어 있음을 보여준다. 예제 31-21은 이러한 전략을 사용해 형식화된 덜 추상적인 예제 코드다.

예제 31-21 *while* 블록에서 줄 끝 레이아웃을 사용한 비주얼 베이직 예제

```
While ( pixelColor = Color_Red )
        statement1;
        statement2;
        ...
        wend
```

이 예제에서는 *begin*이 키워드 아래가 아니라 줄의 끝에 있다. 어떤 사람들은 키워드 아래에 *begin*을 입력하기를 선호하지만, 어느 방법을 선택하느냐는 이 스타일의 문제가 아니다.

줄 끝 레이아웃 스타일은 몇 가지 경우에서는 어느 정도 좋은 결과를 가져온다. 예제 31-22는 좋은 결과를 가져오는 예제다.

예제 31-22 줄 끝 레이아웃을 사용하면 좋을 것 같은 흔치 않은 비주얼 베이직 예제

```
If ( soldCount > 1000 ) Then
                markdown = 0.10
                profit = 0.05
            Else         ◀──────────    else 키워드가 위에 있는 then 키워드와
                markdown = 0.05                     나란히 맞춰 있다.
            End If
```

이 경우에는 Then과 Else, End If 키워드가 나란히 정렬되어 있으며 각 키워드 다음에 나오는 코드도 정렬되어 있다. 외견상 논리적 구조가 명확하다는 효과가 있다.

앞서 소개한 case 명령문 예제를 정밀하게 살펴본다면 아마도 이 스타일의 문제점을 예상할 수 있을 것이다. 조건 표현식이 더 복잡해질수록 이 스타일은 논리적인 구조에 대해서 쓸모 없거나 잘못된 단서를 제공할 것이다. 예제 31-23은 이 스타일이 좀 더 복잡한 조건식에서 사용되었을 때 어떻게 망가지는지를 보여주는 예제다.

예제 31-23 줄 끝 레이아웃이 망가지는 복잡한 비주얼 베이직 예제

```
If ( soldCount > 10 And prevMonthSales > 10 ) Then
    If ( soldCount > 100 And prevMonthSales > 10 ) Then
        If ( soldCount > 1000 ) Then
                                    markdown = 0.1
                                    profit = 0.05
                                Else
                                    markdown = 0.05
                                End If
                                            Else
                                                markdown = 0.025
                                            End If
                                                        Else
                                                            markdown = 0.0
                                                        End If
```

예제의 마지막에 있는 Else 절의 형식이 이상한 이유는 무엇일까? 이 코드는 키워드에 맞춰서 일관된 형태로 들여쓰기 되어 있지만, 그 들여쓰기가 논리적인 구조를 이해하기 쉽게 보여준다고 주장하기는 어렵다. 그리고 코드가 변경되어 첫 번째 줄의 길이가 바뀌면 줄 끝 스타일에서는 다른 명령문의 들여쓰기도 변경되어야 한다. 이는 순수 블록과 순수 블록 흉내 내기, 블록 경계를 나타내는 begin과 end 스타일에서는 나타나지 않는 유지 관리 문제를 일으킨다.

이 예제들이 들여쓰기를 설명하기 위해 만들어졌을 것으로 생각하겠지만, 이러한 스타일은 앞에서 설명한 결함에도 불구하고 계속 사용되었다. 수많은 교과서와 프로그래밍 서적이 이 스타일을 권장했다. 이러한 스타일을 권장했던 가장 처음 접했던 책은 1970년대 중반에 출판되었고 최근에 읽은 책은 2003년에 출판되었다.

전반적으로 줄 끝 레이아웃은 부정확하고 일관성 있게 적용하기가 어려우며 유지보수하기도 어렵다. 이 장 전체에서 줄 끝 레이아웃과 관련된 다른 문제들을 보게 될 것이다.

어떤 스타일이 가장 좋은가?

비주얼 베이직을 사용하고 있다면 순수 블록 들여쓰기를 사용하라(비주얼 베이직 IDE를 이용하면 이 스타일을 사용할 수밖에 없다).

자바에서는 표준 방법이 순수 블록 들여쓰기를 사용하는 것이다.

C++에서는 좋아하는 스타일을 선택하거나 팀원의 다수가 선호하는 스타일을 선택할 것이다. 순수 블록 흉내 내기나 *begin-end* 블록 경계 스타일 모두 비슷하게 좋은 결과를 가져온다. 두 가지 스타일을 비교한 유일한 연구에서는 이해도에 관한 한 두 가지 스타일에서 통계상 뚜렷한 차이가 없다는 것을 발견했다(Hansen and Yim 1987).

어떤 스타일도 실패할 염려가 없으며 각 스타일은 이따금 "합리적이고 분명한" 타협이 필요하다. 미학적인 이유로 어떤 스타일을 선호할 수도 있다. 이 책은 코드 예제에서 순수 블록 스타일을 사용한다. 따라서 예제를 살펴보는 것만으로도 이 스타일이 어떻게 작동하는지에 대한 많은 실례를 확인할 수 있다. 한 가지 스타일을 선택해 일관성 있게 그 스타일을 적용하면 좋은 레이아웃으로부터 최고의 효과를 거둘 수 있다.

31.4 제어 구조의 레이아웃

> **관련 정보** 제어 구조의 문서화에 관한 자세한 내용은 32.5절 "제어 구조에 주석 작성"을 살펴본다. 제어 구조의 다른 측면에 관한 설명은 14장부터 19장까지 살펴본다.

몇 가지 프로그램 요소의 레이아웃은 미학적인 문제가 주를 이룬다. 하지만 제어 구조의 레이아웃은 가독성과 이해력에 영향을 미치기 때문에 실질적으로 우선시된다.

제어 구조 블록의 형식화에 대한 세세한 부분들

제어 구조 블록 처리에는 몇 가지 세밀한 부분에 대한 주의가 필요하다. 다음은 몇 가지 지침이다.

들여쓰기 되지 않은 *begin-end* 쌍을 피하라. 예제 31-24와 같은 형식에서는 *begin-end* 쌍이 제어 구조와 나란히 정렬되어 있으며 *begin*과 *end*가 감싸는 명령문이 *begin* 아래로 들여쓰기 되어 있다.

예제 31-24 들여쓰기 되지 않은 *begin-end* 쌍에 대한 자바 예제

```
for ( int i = 0; i < MAX_LINES; i++ )
{
    ReadLine( i );
    ProcessLine( i );
}
```
- *begin*이 *for*와 나란히 정렬되어 있다.
- 명령문이 *begin* 아래로 들여쓰기 되어 있다.
- *end*가 *for*와 나란히 정렬되어 있다.

이러한 접근 방법이 보기에는 문제가 없어 보이지만, 형식화의 기본 정리를 어기고 있다. 즉, 코드의 논리적인 구조를 보여주지 않는다. *begin*과 *end*가 이러한 방법으로 사용되면 제어 구조의 일부가 아닌데, 그렇다고 해서 명령문의 일부도 아니다.

예제 31-25는 이 접근 방법에 대한 추상적인 모습이다.

예제 31-25 잘못된 들여쓰기에 대한 추상적인 예제

```
A ████████████████████
B ██████████
C ████████████
D ██████████████████
E ████████
```

이 예제에서 명령문 B가 명령문 A에 종속되어 있는가? 이 그림에서는 명령문 B가 명령문 A의 일부로도 보이지 않고 종속된 것처럼 보이지도 않는다. 이러한 접근 방법을 사용해왔다면 앞에서 설명한 두 가지 레이아웃 스타일 중 하나로 변경하라. 그러면 일관성을 갖게 될 것이다.

*begin*과 *end*에서 이중 들여쓰기를 피하라. 들여쓰기 되지 않은 *begin-end* 쌍에 대한 규칙과 함께 오는 것이 이중으로 들여쓰기 된 *begin-end* 쌍에 대한 규칙이다. 예제 31-26과 같이 이 스타일에서는 *begin*과 *end*가 들여쓰기 되고 그것들이 감싸고 있는 명령문이 다시 들여쓰기 된다.

예제 31-26 *begin-end* 블록에 대해 이중으로 잘못 들여쓰기한 자바 예제

```
for ( int i = 0; i < MAX_LINES; i++ )
    {
        ReadLine( i );
        ProcessLine( i );
    }
```
- 이 명령문은 마치 *begin*에 종속된 것처럼 *begin* 아래로 들여쓰기 되어 있다.

이 예제는 보기는 좋지만, 형식화의 기본 정리를 어기는 또 다른 예다. 한 번 들여쓰기한 프로그램과 두 번 들여쓰기한 프로그램이 이해력에 있어서 아무런 차이를 보여주지 못

한다는 연구 결과가 있었지만(Miaria et al. 1983), 이 스타일은 프로그램의 논리 구조를 정확하게 보여주지 않는다. *ReadLine()* 과 *ProcessLine()* 은 실제로는 그렇지 않은데 마치 논리적으로 *begin-end* 쌍에 종속되는 것처럼 보인다.

또한 이 방법은 프로그램의 논리적인 구조의 복잡성을 증가시킨다. 예제 31-27의 구조와 예제 31-28의 구조 중 어느 것이 더 복잡해 보이는가?

예제 31-27 추상적인 구조 1

예제 31-28 추상적인 구조 2

둘 다 *for* 반복문의 구조를 추상적으로 표현한 것이다. 추상적인 구조 1은 추상적인 구조 2와 같은 소스를 표현하고 있지만, 더 복잡해 보인다. 두세 개 수준으로 명령문을 중첩해야 했다면 이중 들여쓰기는 대여섯 단계로 들여쓰기 해야 할 것이다. 그 결과 레이아웃은 실질적인 코드보다 훨씬 더 복잡해 보일 것이다. 순수 블록 흉내 내기나 *begin* 과 *end* 를 블록 경계로 사용하거나 *begin* 과 *end* 가 감싸는 명령문을 *begin* 과 *end* 와 나란히 정렬하여 이 문제를 피한다.

기타 고려 사항

블록 들여쓰기가 제어 구조를 형식화하는 데 중요한 사항이기는 하지만, 다른 문제에도 부딪힐 테니 여기에 몇 가지 지침을 소개한다.

단락 사이에 빈 줄을 사용하라. 어떤 코드 블록은 *begin-end* 쌍으로 구분하지 않는다. 같은 성질이 있는 명령문의 그룹인 논리적인 블록은 영어의 단락과 같은 방법으로 다루어야 한다. 각 블록을 빈 줄로 구분한다. 예제 31-29는 반드시 구분되어야 하는 단락의 예다.

예제 31-29 그룹화되거나 구분되어야 하는 C++ 예제 코드

```
cursor.start = startingScanLine;
cursor.end   = endingScanLine;
window.title = editWindow.title;
window.dimensions       = editWindow.dimensions;
window.foregroundColor = userPreferences.foregroundColor;
cursor.blinkRate        = editMode.blinkRate;
window.backgroundColor = userPreferences.backgroundColor;
SaveCursor( cursor );
SetCursor( cursor );
```

관련 정보 의사코드 프로그래밍 프로세스를 사용한다면 코드 블록이 자동으로 구분될 것이다. 더 자세한 내용은 9장 "의사코드 프로그래밍 프로세스"를 살펴본다.

이 코드가 보기에는 괜찮지만, 빈 줄을 이용하면 두 가지 방법으로 코드가 향상된다. 첫째, 특정한 순서대로 실행될 필요가 없는 명령문 그룹이 있을 때 이렇게 한 덩어리로 만들어버리고 싶은 마음이 생긴다. 컴퓨터를 위해서는 명령문의 순서를 더 이상 개선할 필요가 없지만, 사람에게는 어떤 명령문이 특정한 순서대로 실행될 필요가 있고 어떤 명령문은 그냥 한 묶음으로 놓아두어도 되는지에 대한 단서를 제공해 도움이 될 것이다. 프로그램 전체에 빈 줄을 입력하는 원칙을 갖고 있으면 어떤 명령문이 실제로 함께 속해 있는지 더 많은 생각을 하게 된다. 예제 31-30은 앞의 코드가 실제로 어떻게 구성되어야 하는지를 보여준다.

예제 31-30 적절하게 그룹화하고 분리한 C++ 예제 코드

```
window.dimensions = editWindow.dimensions;
window.title = editWindow.title;
window.backgroundColor = userPreferences.backgroundColor;
window.foregroundColor = userPreferences.foregroundColor;

cursor.start = startingScanLine;
cursor.end = endingScanLine;
cursor.blinkRate = editMode.blinkRate;
SaveCursor( cursor );
SetCursor( cursor );
```

→ 이 코드는 텍스트 창을 설정한다.

→ 이 코드는 커서를 설정하고 앞의 코드와 구분되어야 한다.

재구성된 코드는 두 가지 변화를 보여준다. 명령문 구성과 빈 줄을 사용하지 않고 구식 정렬 스타일(등호 기호에 정렬)을 사용한 첫 번째 예제에서는 명령문들이 실제보다 더 많은 연관 관계를 가진 것처럼 보인다.

빈 줄을 사용하여 코드를 향상시킨 두 번째 방법은 주석을 입력할 수 있는 공간이 자연스럽게 생긴다. 예제 31-30에서 각 블록 위에 주석을 입력하면 향상된 레이아웃을 멋지게 보충하게 될 것이다.

단일 명령문 블록을 일관성 있게 형식화하라. 단일 명령문 블록은 *if* 테스트 다음에 오는 단일 명령문처럼 제어 구조 다음에 오는 단일 명령문이다. 그런 경우에 *begin*과 *end*가 컴파일에 필요하지 않으며 예제 31-31과 같은 세 가지 스타일을 사용할 수 있다.

예제 31-31 단일 명령문 블록에 대해 선택할 수 있는 스타일을 보여주는 자바 예제

```
if ( expression )              ←─── 스타일 1
    one-statement;

if ( expression ) {            ←─── 스타일 2a
    one-statement;
}

if ( expression)               ←─── 스타일 2b
    {
    one-statement;
    }

if ( expression ) one-statement;    ←─── 스타일 3
```

각 접근 방법에 대해 찬반론이 있다. 스타일 1은 블록과 함께 사용된 들여쓰기 체계를 따라서 다른 접근 방법과 일관성이 있다. 스타일 2(2a와 2b 모두)도 일관성을 유지하며 *begin-end* 쌍은 *if* 테스트 다음에 명령을 추가하더라도 *begin*과 *end*를 추가하는 것을 깜박 잊을 가능성을 줄여준다. 이러한 문제는 들여쓰기를 봤을 때는 모든 것이 잘 돌아가는 것 같지만 실제로는 컴파일러가 해석하는 것과 다르게 작동하기 때문에 특히 감지하기 힘든 오류다. 스타일 3이 스타일 2보다 좋은 점은 입력하기가 쉽다는 것이다. 스타일 3이 스타일 1보다 좋은 점은 이 코드를 다른 부분에 복사할 때 제대로 복사될 가능성이 크다는 점이다. 스타일 3의 단점은 줄 단위 디버거에서는 디버거가 이 코드를 한 줄로 취급하기 때문에 *if* 테스트 다음에 명령문을 실행하는지 보여주지 않는다는 점이다.

개인적으로는 스타일 1을 사용해왔으며 잘못된 변경으로 여러 번 문제를 겪었다. 스타일 3 때문에 들여쓰기 전략에 예외를 두고 싶지 않았기 때문에 그 스타일은 전혀 사용하지 않았다. 프로젝트를 진행할 때는 일관성 있고 안전한 변경을 지원하는 스타일 2의 변형을 좋아한다. 어떤 스타일을 사용하든지 일관성 있게 사용하고 *if* 테스트와 모든 반복문에 대해서 같은 스타일을 사용하라.

복잡한 표현식인 경우에는 독립적인 조건을 별도의 줄에 입력하라. 복잡한 표현식은 별도의 줄에 입력한다. 예제 31-32는 가독성에 신경 쓰지 않고 형식화한 표현식이다.

예제 31-32 형식화하지 않은(읽기 어려운) 복잡한 표현식을 보여주는 자바 예제

```
if ((('0' <= inChar) && (inChar <= '9')) || (('a' <= inChar) &&
   (inChar <= 'z')) || (('A' <= inChar) && (inChar <= 'Z')))
   ...
```

이 예제는 사람보다는 컴퓨터를 위해서 코드를 구성한 예제다. 예제 31-33처럼 표현식을 여러 줄로 나누면 가독성을 향상시킬 수 있다.

예제 31-33 읽기 편한 복잡한 표현식에 대한 자바 예제

```
if ( ( ( '0' <= inChar ) && ( inChar <= '9' ) ) ||
     ( ( 'a' <= inChar ) && ( inChar <= 'z' ) ) ||
     ( ( 'A' <= inChar ) && ( inChar <= 'Z' ) ) )
     ...
```

> **관련 정보** 복잡한 표현식을 읽기 편하게 만드는 또 다른 기술은 코드를 불린 함수로 작성하는 것이다. 이 기법과 가독성과 관련된 다른 기법에 대한 자세한 내용은 19.1절 "불린 표현식"을 살펴본다.

두 번째 소스코드는 들여쓰기, 간격 조절, 줄 번호 정렬, 불완전한 줄을 명확하게 만드는 여러 가지 형식화 기법을 사용하고 있으며, 그 결과 읽기 편한 표현식이 나왔다. 게다가 테스트의 의도도 명확해졌다. 표현식에 Z 대신 z를 사용하는 것과 같은 사소한 오류가 있다면 이런 식으로 형식화된 코드에서는 오류가 확실하게 보이지만, 형식화가 잘 되어 있지 않은 코드에서는 오류가 잘 보이지 않을 것이다.

> **관련 정보** goto 사용에 대한 자세한 내용은 17.3절 "goto"를 살펴본다.

goto를 피하라. goto를 피하는 근본적인 이유는 goto를 사용하면 프로그램이 정확한지 증명하기가 어렵기 때문이다. 자신이 작성한 프로그램이 정확한지 증명하고 싶은 사람들(실제로는 한 명도 없지만)에게는 좋은 이유가 된다. 대부분의 개발자에게 더욱 긴급한 문제점은 goto를 사용하면 코드를 형식화하기가 어려워진다는 점이다. goto와 레이블 사이에 있는 모든 코드를 들여쓰기할 생각인가? 같은 레이블에 여러 개의 goto가 있다면 어떻게 할 것인가? 이전 goto 아래에 있는 새로운 goto마다 들여쓰기를 할 것인가? 다음은 goto를 형식화하기 위한 몇 가지 조언이다.

> Goto 레이블은 반드시 대문자이면서 왼쪽 끝으로 정렬해야 하며 개발자의 이름, 집 전화번호, 신용카드 번호까지 포함해야 한다.
> – 압둘 니자르
> *(Abdul Nizar)*

- *goto*를 피한다. 이것이 형식화 문제를 회피하는 방법이다.
- 코드가 이동해야 하는 레이블을 대문자로 입력한다. 이렇게 하면 레이블이 분명해진다.
- *goto*를 포함하는 명령문을 한 줄에 입력한다. 이렇게 하면 *goto* 문이 분명해진다.
- goto가 이동하는 레이블을 한 줄에 입력하고 명령문 주위에 빈 줄을 추가한다. 이렇게 하면 해당 레이블이 분명해진다. 레이블을 포함하는 코드를 왼쪽 끝으로 정렬하면 레이블이 훨씬 더 분명해진다.

예제 31-34는 *goto* 레이아웃 규약을 보여준다.

예제 31-34 나쁜 상황(goto 문 사용)을 잘 활용한 C++ 예제

관련 정보 이러한 문제를 해결하기 위한 다른 방법을 확인하려면 17.3절 "오류 처리와 goto 문"을 살펴본다.

```cpp
void PurgeFiles( ErrorCode & errorCode ) {
    FileList fileList;
    int numFilesToPurge = 0;
    MakePurgeFileList( fileList, numFilesToPurge );

    errorCode = FileError_Success;
    int fileIndex = 0;
    while ( fileIndex < numFilesToPurge ) {
        DataFile fileToPurge;
        if ( !FindFile( fileList[ fileIndex ], fileToPurge ) ) {
            errorCode = FileError_NotFound;
            goto END_PROC;          ◀── goto가 있다.
        }

        if ( !OpenFile( fileToPurge ) ) {
            errorCode = FileError_NotOpen;
            goto END_PROC;          ◀── goto가 있다.
        }

        if ( !OverwriteFile( fileToPurge ) ) {
            errorCode = FileError_CantOverwrite;
            goto END_PROC;          ◀── goto가 있다.
        }

        if ( !Erase( fileToPurge ) ) {
            errorCode = FileError_CantErase;
            goto END_PROC;          ◀── goto가 있다.
        }
        fileIndex++;
    }

END_PROC:      ◀── 여기에 goto 레이블이 있다. 대문자를 쓰고 레이아웃을 이렇게 한 목적은
                    레이블을 눈에 띄게 하기 위한 것이다.
    DeletePurgeFileList( fileList, numFilesToPurge );
}
```

관련 정보 case 문 사용에 대한 자세한 내용은 15.2절 "case 문"을 살펴본다.

예제 31-34에 있는 C++ 예제는 전문가가 goto가 최고의 설계 선택이라고 결정할 만큼 비교적 긴 코드다. 그런 경우에는 앞에서 보여준 것과 같은 형식화가 최고의 선택일 것이다.

case 문에 대한 줄 끝 예외를 두지 말라. 줄 끝 레이아웃이 갖는 위험 요소 중 하나는 *case* 문을 형식화할 때 나타난다. *case* 문을 형식화하는 가장 일반적인 스타일은 예제 31-35에서 확인할 수 있는 것처럼 각 *case* 문의 오른쪽에 맞춰 들여쓰기하는 것이다. 이 스타일의 가장 큰 문제점은 유지보수가 골치 아프다는 점이다.

예제 31-35 유지보수하기 어려운 case 문의 C++ 줄 끝 레이아웃 예제

```
switch ( ballColor ) {
    case BallColor_Blue:              Rollout();
                                      break;
    case BallColor_Orange:            SpinOnFinger();
                                      break;
    case BallColor_FluorescentGreen:  Spike();
                                      break;
    case BallColor_White:             KnockCoverOff();
                                      break;
    case BallColor_WhiteAndBlue:      if ( mainColor == BallColor_White ) {
                                          KnockCoverOff();
                                      }
                                      else if ( mainColor == BallColor_Blue ) {
                                          RollOut();
                                      }
                                      break;
    default:                          FatalError( "Unrecognized kind of ball." );
                                      break;
}
```

기존 이름보다 더 긴 이름의 *case* 문을 추가하면 모든 *case* 문과 코드를 옮겨야 한다. *WhiteAndBlue* 경우처럼 초기에 들여쓰기가 길면 더 많은 로직을 수용하기가 어려워진다. 해결책은 표준 들여쓰기만큼만 들여쓰는 방법을 사용하는 것이다. 반복문에서 공백 세 칸만큼 명령문을 들여 쓴다면 예제 31-36과 같이 *case* 문에서도 같은 수의 공백만큼 들여 쓴다.

예제 31-36 *case* 문에 대해서 표준 들여쓰기를 한 C++ 예제

```
switch ( ballColor ) {
   case BallColor_Blue:
      Rollout();
      break;
   case BallColor_Orange:
      SpinOnFinger();
      break;
```

```
        case BallColor_FluorescentGreen:
            Spike();
            break;
        case BallColor_White:
            KnockCoverOff();
            break;
        case BallColor_WhiteAndBlue:
            if ( mainColor == BallColor_White ) {
                KnockCoverOff();
            }
            else if ( mainColor == BallColor_Blue ) {
                RollOut();
            }
            break;
        default:
            FatalError( "Unrecognized kind of ball." );
            break;
    }
```

이 코드는 많은 사람이 첫 번째 예제의 모습을 선호하는 예를 보여준다. 하지만 좀 더 많은 코드를 수용하고 일관성을 유지하고 유지보수할 수 있는 능력을 따져보면 두 번째 접근 방법이 단연 우위다.

모든 경우가 동등하고 모든 작업이 짧게 마무리되는 *case* 문이 있다면 *case*와 작업을 같은 줄에 입력하는 방법을 고려해 볼 수 있다. 하지만 대부분의 경우에는 후회하게 될 것이다. 그러한 형식은 처음에도 어렵고 변경 사항이 있으면 완전히 망가진다. 짧은 작업이 길어지면 모든 *case*의 구조를 동등하게 유지하기가 어렵다.

31.5 개별 명령문 레이아웃

이 절에서는 프로그램에서 개별 명령문을 향상시키는 많은 방법을 설명한다.

명령문 길이

관련 정보 개별 명령문 문서화에 대한 자세한 내용은 32.5절의 "개별 줄에 주석 작성"을 살펴본다.

일반적이면서 다소 낡은 규칙은 명령문의 길이를 80자로 제한하는 것이다. 이 규칙을 적용하는 이유는 다음과 같다.

- 80자를 넘는 줄은 읽기가 어렵다.
- 80자로 길이를 제한하면 깊은 중첩을 막을 수 있다.
- 80자를 넘는 줄은 보통 8.5" × 11" 용지에 들어맞지 않는다. 특히 용지 한 장에 두 페이지의 코드를 출력할 때는 더욱 그렇다.

화면이 크고 글꼴이 작고 세로 화면을 사용할 때는 80자로 길이를 제한하면 더 말이 안 되게 보인다. 보통 80째 열을 넘어가는 것을 피한다는 이유만으로 코드 한 줄을 나누는 것보다는 90자 길이를 사용하는 것이 훨씬 더 읽기 쉽다. 현대 기술로는 80자를 넘어가도 문제가 없을 것이다.

명료함을 위한 공백 사용

가독성을 위해서 명령문 내에 공백을 추가한다.

논리적인 표현식을 읽기 쉽게 만들기 위해서 공백을 사용하라. 다음 표현식은 Idareyoutoreadthis 만큼이나 읽기가 어렵다.

```
while ( pathName[ startPath+position ] <> ';' ) and
    (( startPath + position ) < length( pathName )) do
```

일반적으로 구별자는 공백으로 구분해야 한다. 이 규칙을 사용하면 while 표현식이 다음과 같이 작성된다.

```
while ( pathName[ startPath+position ] <> ';' ) and
    (( startPath + position ) < length( pathName )) do
```

어떤 소프트웨어 예술가들은 다음과 같이 이 표현식에 공백을 추가해 논리적인 구조를 강조하는 방법을 추천하기도 한다.

```
while ( pathName[ startPath + position ] <> ';' ) and
    ( ( startPath + position ) < length( pathName ) ) do
```

이전에 사용한 공백만으로도 가독성을 보장하기에는 충분하지만, 이 스타일도 좋다. 하지만 공백을 추가해서 더 나빠지는 경우는 거의 없으니 공백을 마음껏 사용하라.

배열 참조를 읽기 쉽도록 공백을 사용하라. 다음 표현식은 앞에서 처음에 소개한 while 표현식만큼이나 읽기가 쉽지 않다.

```
grossRate[census[groupId].gender,census[groupId].ageGroup]
```

인덱스를 읽기 쉽게 만들기 위해서 배열 안에 있는 각 인덱스 주위에 공백을 사용한다. 이 규칙을 사용한다면 이 표현식은 다음과 같이 보일 것이다.

```
grossRate[ census[ groupId ].gender, census[ groupId ].ageGroup ]
```

루틴의 인자를 읽기 쉽도록 공백을 사용하라. 다음 루틴의 4번째 인자가 무엇인가?

```
ReadEmployeeData(maxEmps,empData,inputFile,empCount,inputError);
```

이번에는 다음 루틴의 4번째 인자는 무엇인가?

```
GetCensus( inputFile, empCount, empData, maxEmps, inputError );
```

어떤 코드가 더 찾기 쉬운가? 이러한 질문은 대부분의 절차적 언어에서 인자의 위치가 중요하기 때문에 상당히 현실적이고 가치 있는 질문이다. 화면의 절반이 루틴에 대한 명세로 가득 차고 나머지 반절은 해당 함수를 호출하는 코드로 작성되어 실질적인 매개변수와 형식적인 매개변수를 비교하는 일이 비일비재하다.

연속된 줄 형식화하기

프로그램 레이아웃에서 가장 성가신 문제 중 하나는 다음 줄로 나누어져 있는 명령문의 일부를 어떻게 다룰 것인지 결정하는 것이다. 일반적인 들여쓰기만큼 들여 쓸 것인가? 키워드 아래로 정렬할 것인가? 할당은 어떤가?

다음은 자바와 C, C++, 비주얼 베이직, 그리고 긴 이름을 지원하는 다른 언어에서 특히 유용한 일관성 있는 접근 방법이다.

불완전한 명령문을 명확하게 만들어라. 때때로 프로그래밍 표준에서 허용하는 길이보다 길거나 한 줄로 작성하기에는 너무 길어서 명령문을 여러 줄로 나누어야 할 때가 있다. 첫 번째 줄에 있는 명령문이 전체 명령문의 일부라는 점을 분명하게 나타내라. 그렇게 하는 가장 쉬운 방법은 첫 번째 줄의 일부분이 단독으로는 문법적으로 맞지 않는다는 점을 확실하게 보여줄 수 있도록 명령문을 나누는 것이다. 몇 가지 예를 예제 31-37에서 확인할 수 있다.

예제 31-37 자바로 작성한 확실하게 완성되지 않은 명령문 예제

```
while ( pathName[ startPath + position ] != ';' ) &&     ← &&는 이 명령문이 끝나지
    ( ( startPath + position ) <= pathName.length() )         않았다는 신호다.
    ...
```

```
totalBill = totalBill + customerPurchases[ customerID ] +     ← 더하기 기호(+)는 이 명령문이
    SalesTax( customerPurchases[ customerID ] );                 끝나지 않았다는 신호다.
...

DrawLine( window.north, window.south, window.east, window.west,  ← 콤마(,)는 이 명령문이
    currentWidth, currentAttribute );                              끝나지 않았다는 신호다.
...
```

이 코드는 첫 번째 줄에서 명령문이 완성되어 있지 않다는 사실을 말해줄 뿐만 아니라, 타당하지 않은 수정을 막는 데 도움을 준다. 명령문의 연결 부분이 삭제된다면 첫 번째 줄은 단순히 괄호나 세미콜론을 놓친 것처럼 보이지는 않을 것이다. 확실히 무언가가 더 필요하다는 것을 보여줄 것이다.

다른 접근 방법으로는 예제 31-38처럼 연결되는 줄의 시작 부분에 연결자를 입력하는 것이다.

예제 31-38 자바로 작성한 확실하게 완성되지 않은 명령문 예제 – 다른 스타일

```
while ( pathName[ startPath + position ] != ';' )
    && ( ( startPath + position ) <= pathName.length() )
...

totalBill = totalBill + customerPurchases[ customerID ]
    + SalesTax( customerPurchases[ customerID ] );
```

이 스타일은 &&나 +로 문법 오류를 일으키지 않을 뿐만 아니라 들쑥날쑥한 오른쪽 끝보다 텍스트가 정렬된 칼럼의 왼쪽 끝에서 연산자를 쉽게 찾을 수 있다. 이것은 예제 31-39처럼 연산 구조를 분명히 해주는 추가적인 장점이 있다.

예제 31-39 복잡한 연산을 분명히 해주는 스타일에 대한 자바 예제

```
totalBill = totalBill
    + customerPurchases[ customerID ]
    + CitySalesTax( customerPurchases[ customerID ] )
    + StateSalesTax( customerPurchases[ customerID ] )
    + FootballStadiumTax()
    - SalesTaxExemption( customerPurchases[ customerID ] );
```

관련이 있는 요소를 가까운 위치에 둬라. 줄을 나눌 때 배열 참조나 함수에 대한 인자 등 같은 기능을 하는 요소를 묶어 놓는다. 예제 31-40의 예제는 잘못된 형태다.

예제 31-40 줄을 잘못 나눈 자바 예제

```
customerBill = PreviousBalance( paymentHistory[ customerID ] ) + LateCharge(
    paymentHistory[ customerID ] );
```

이 코드의 줄 나눔이 불완전한 명령문을 눈에 띄게 만드는 지침을 따르고 있다는 것은 인정하지만, 명령문을 불필요하게 읽기 어렵게 만드는 방법을 이용한다. 줄 나눔이 필요한 경우가 있지만, 이 경우에는 그렇지 않다. 배열 참조를 모두 한 줄에 입력하는 것이 더 좋은 방법이다. 예제 31-41은 더 좋은 형식이다.

예제 31-41 줄을 잘 나눈 자바 예제

```
customerBill = PreviousBalance( paymentHistory[ customerID ] ) +
    LateCharge( paymentHistory[ customerID ] );
```

여러 줄로 나뉜 함수 호출은 보통만큼 들여쓰기하라. 일반적으로 반복문이나 조건문에 있는 명령문을 세 개의 공백으로 들여쓰기한다면 루틴에서 연장된 줄 역시 세 개의 공백만큼 들여쓰기한다. 예제 31-42는 이에 대한 예제다.

예제 31-42 연장된 함수 호출 코드에 대해서도 일반적인 들여쓰기만큼 들여쓰기한 자바 예제

```
DrawLine( window.north, window.south, window.east, window.west,
   currentWidth, currentAttribute );
SetFontAttributes( faceName[ fontId ], size[ fontId ], bold[ fontId ],
   italic[ fontId ], syntheticAttribute[ fontId ].underline,
   syntheticAttribute[ fontId ].strikeout );
```

이 접근 방법에 대한 다른 대안으로는 예제 31-43처럼 루틴의 첫 번째 인자에 연장된 줄을 맞추는 것이다.

예제 31-43 루틴의 이름을 강조하기 위해서 함수 호출의 연장된 줄을 들여쓰기한 자바 예제

```
DrawLine( window.north, window.south, window.east, window.west,
          currentWidth, currentAttribute );
SetFontAttributes( faceName[ fontId ], size[ fontId ], bold[ fontId ],
                   italic[ fontId ], syntheticAttribute[ fontId ].underline,
                   syntheticAttribute[ fontId ].strikeout );
```

미학적인 관점에서 봤을 때 이 코드는 첫 번째 접근 방법보다 약간 지저분해 보인다. 또한 루틴 이름이 변경되거나 인자의 이름이 변할 때 유지보수하기가 어렵다. 대부분의 개발자는 첫 번째 스타일을 선호한다.

연장된 줄의 끝을 찾기 쉽게 만들어라. 앞에서 소개한 접근 방법의 한 가지 문제점은 각 줄의 끝을 쉽게 찾을 수 없다는 점이다. 이에 대한 대안으로는 한 줄에 하나의 인자를 입력하고 괄호를 달아 그룹의 끝을 명시하는 방법이 있다. 예제 31-44는 이에 대한 예제다.

예제 31-44 인자 하나를 한 줄에 입력하여 함수 호출의 연장된 줄을 형식화하는 자바 예제

```
DrawLine(
   window.north,
   window.south,
   window.east,
   window.west,
   currentWidth,
   currentAttribute
);

SetFontAttributes(
   faceName[ fontId ],
   size[ fontId ],
   bold[ fontId ],
   italic[ fontId ],
   syntheticAttribute[ fontId ].underline,
   syntheticAttribute[ fontId ].strikeout
);
```

확실히 이 접근 방법은 많은 공간을 차지한다. 하지만 루틴의 인자가 마지막 두 인자처럼 긴 객체 필드에 대한 참조이거나 포인터 이름이라면 한 줄에 하나의 인자를 입력했을 때 가독성이 확실히 향상된다. 블록의 마지막에 있는);는 호출의 끝을 분명히 보여준다. 또한 매개변수를 추가할 때 재구성할 필요 없이 새로운 줄을 추가하면 된다.

사실 일반적으로 여러 줄로 나누어야 하는 루틴의 수는 많지 않다. 대부분의 루틴 호출은 한 줄로 처리할 수 있다. 앞에서 소개한 세 가지 방법 중 어느 것을 선택하더라도 일관성 있게 사용한다면 모두 좋은 결과를 가져올 것이다.

여러 줄로 나뉜 제어 명령문은 보통만큼 들여쓰기하라. *for* 문이나 *while* 문, *if* 문이 공간을 벗어난다면 반복문이나 *if* 문 내에서 명령문을 들여쓰기하는 만큼 연장된 줄을 들여쓰기한다. 예제 31-45에 두 가지 예가 있다.

예제 31-45 연장된 제어문에 대해서도 일반적인 들여쓰기만큼 들여쓰기한 자바 예제

```java
while ( ( pathName[ startPath + position ] != ';' ) &&
    ( ( startPath + position ) <= pathName.length() ) ) {
    ...
}

for ( int employeeNum = employee.first + employee.offset;
    employeeNum < employee.first + employee.offset + employee.total;
    employeeNum++ ) {
    ...
}
```

이 연장된 줄은 일반적인 들여쓰기 공백만큼 들여쓰기 되어 있다.

이것도 마찬가지다.

관련 정보 때때로 복잡한 테스트에 대한 최고의 해결책은 불린 함수로 작성하는 것이다. 이에 대한 예제는 19.1절의 "복잡한 표현식을 단순하게 만들기"를 살펴본다.

이 코드는 이 장의 앞에서 소개한 기준을 만족한다. 명령문의 연장된 부분은 논리적으로 처리되어 항상 연결된 명령문의 아래로 들여쓰기가 되어 있다. 들여쓰기는 일관성 있게 처리할 수 있다. 원래 있던 줄보다 약간 더 많은 공백을 사용할 뿐이다. 다른 코드만큼이나 읽기 쉽고 유지하기도 쉽다. 때에 따라 들여쓰기나 공백을 조정하여 가독성을 향상시킬 수 있지만, 미세 조정을 고려할 때 유지보수성의 트레이드오프를 명심해야 한다.

할당문의 오른쪽으로 정렬하지 말라. 이 책의 초판에서는 다음 예제 31-46과 같이 할당문을 포함하는 명령문의 오른쪽으로 정렬할 것을 권장했었다.

예제 31-46 할당문 연장에 대해서 줄 끝 레이아웃을 사용한 자바 예제 - 나쁜 습관

```java
customerPurchases = customerPurchases + CustomerSales( CustomerID );
customerBill     = customerBill + customerPurchases;
totalCustomerBill = customerBill + PreviousBalance( customerID ) +
                    LateCharge( customerID );
customerRating   = Rating( customerID, totalCustomerBill );
```

10년 동안 사용해 보니 이 들여쓰기 스타일이 매력적이기는 하지만, 변수 이름이 변경되고 코드가 탭을 공백으로 대체하거나 공백을 탭으로 대체하는 도구를 거치게 되면 등호 기호를 정렬하는 일이 골치 아프다는 것을 알게 되었다. 또한 코드를 들여쓰기 수준이 서로 다른 부분으로 옮길 때도 유지보수하기가 어렵다.

유지보수성뿐만 아니라 다른 들여쓰기 지침과 일관성을 유지하기 위해서라도 예제 31-47처럼 할당 연산을 포함하고 있는 명령문을 다른 명령문처럼 취급하라.

예제 31-47 할당문 연장에 대해서 표준 들여쓰기를 사용한 자바 예제 - 좋은 습관

```java
customerPurchases = customerPurchases + CustomerSales( CustomerID );
customerBill = customerBill + customerPurchases;
```

```
totalCustomerBill = customerBill + PreviousBalance( customerID ) +
   LateCharge( customerID );
customerRating = Rating( customerID, totalCustomerBill );
```

할당문의 연장된 줄을 표준 너비만큼 들여쓰기하라. 예제 31-47에서는 세 번째 할당문의 연장된 줄을 표준 너비만큼 들여쓰기했다. 할당문은 보편적인 가독성과 유지보수성만 있으면 되기 때문에 특별한 방법으로 형식화되지 않는다.

한 줄에 한 명령문만 사용하기

C++와 자바 같은 현대 언어는 한 줄에 여러 개의 명령문을 작성할 수 있다. 하지만 자유로운 형식은 한 줄에 여러 개의 명령문을 입력할 때 좋을 수도 있고 나쁠 수도 있다. 다음 코드는 논리적으로 여러 줄로 나눌 수 있는 여러 개의 명령문을 포함하고 있다.

```
i = 0; j = 0; k = 0; DestroyBadLoopNames( i, j, k );
```

한 줄에 여러 개의 명령문을 입력하는 것을 찬성하는 쪽의 주장은 화면 공간이나 용지를 아낄 수 있으며 한 번에 더 많은 코드를 볼 수 있다는 것이다. 또한 그것이 관련 있는 명령문을 그룹화하는 방법이며 어떤 개발자들은 그렇게 함으로써 컴파일러에 최적화 단서를 제공한다고 믿는다.

이런 이유가 나쁘다고 말할 수는 없지만, 한 줄에 한 명령문만 입력해야 하는 이유가 더 호소력 있다.

> 관련 정보 코드 수준의 성능 최적화는 25장 "코드 튜닝 전략"과 26장 "코드 튜닝 기법"에서 소개한다.

- 한 줄에 한 명령문을 입력하면 프로그램의 복잡성을 정확하게 볼 수 있다. 복잡한 명령문을 평범한 것처럼 보이게 만든다고 해서 복잡성이 감춰지지는 않는다. 복잡한 명령문은 복잡해 보여야 한다. 간단한 명령문은 간단해 보여야 한다.

- 한 줄에 여러 개의 명령문을 입력해도 최신 컴파일러에 최적화 단서를 제공하지는 않는다. 최신 컴파일러의 최적화 기능은 형식화에서 그 단서를 찾지 않는다. 이에 대한 내용은 이 장의 뒷부분에서 소개한다.

- 한 줄에 한 명령문을 입력하면 코드를 상하좌우로 읽는 대신 위아래로만 읽는다. 특정한 코드를 찾을 때 시선이 왼쪽 여백을 따라가야 한다. 한 줄에 두 개의 명령을 포함하고 있지는 않은지 모든 줄을 자세히 살펴볼 필요가 없다.

- 한 줄에 한 명령문을 입력하면 컴파일러가 오류가 발생한 줄 번호를 제공하는 것만으로도 문법 오류를 쉽게 찾을 수 있다. 한 줄에 여러 개의 명령문을 입력하면 줄 번호로 어떤 명령문에 오류가 있는지 알아낼 수 없다.

- 한 줄에 한 명령문을 입력하면 줄 단위 디버거에서 한 명령씩 살펴보기가 쉬워진다. 한 줄에 여러 개의 명령문을 입력하면 디버거가 한 번에 모든 명령을 실행하기 때문에 한 명령씩 실행하기 위해서 어셈블러 모드로 전환해야 한다.

- 한 줄에 한 명령문을 입력하면 한 줄을 삭제하거나 일시적으로 코드를 주석으로 만드는 것과 같이 각 명령을 편집하기가 쉬워진다. 한 줄에 여러 개의 명령문을 입력하면 명령문을 편집해야 한다.

C++에서는 한 줄에 여러 개의 연산을 넣지 말라(부수 효과). 부수 효과란 원래 의도했던 결과가 아닌 다른 결과가 나오는 것이다. C++에서는 다른 연산을 포함하는 코드에서 ++ 연산자가 부수 효과를 유발한다. 마찬가지로 조건식에서 값을 변수에 할당하고 왼쪽에 할당된 값을 사용하는 것도 부수 효과다.

부수 효과는 코드를 읽기 어렵게 만드는 경향이 있다. 예를 들어 다음 예제 31-48에서 *n*이 4라면 어떤 값이 출력될까?

예제 31-48 예측이 불가능한 부수 효과를 보여주는 C++ 예제

```
PrintMessage( ++n, n + 2 );
```

4와 6일까? 5와 7일까? 5와 6일까? 정답은 "모두 틀림"이다. 첫 번째 인자인 *++n*은 5다. 하지만 C++ 언어는 표현식이나 루틴에 대한 인자에서 계산되는 순서를 정의하지 않는다. 따라서 컴파일러는 두 번째 인자인 *n + 2*를 첫 번째 인자보다 먼저 계산할 수도 있고 나중에 계산할 수도 있다. 그 결과 컴파일러에 따라서 정답은 *6*이나 *7*이 된다. 예제 31-49는 코드의 작성 목적이 명확해지게 하려면 명령문을 어떻게 작성해야 하는지를 보여준다.

예제 31-49 예측 불가능한 부수 효과를 피하는 C++ 예제

```
++n;
PrintMessage( n, n + 2 );
```

아직도 예제 31-49에서 부수 효과가 발생한다는 점을 깨닫지 못했다면 다음 예제 31-50에 있는 루틴이 무엇을 하는지 알아내 보자.

예제 31-50 한 줄에서 지나치게 많은 연산을 수행하는 C 예제

```
strcpy( char * t, char * s ) {
   while ( *++t = *++s )
      ;
}
```

일부 숙련된 C 개발자들은 이 함수가 친숙하기 때문에 이 예제가 복잡하다고 느끼지 않는다. 그들은 이 코드를 보고 "*strcpy()* 함수입니다."라고 말한다. 하지만 이 코드는 *strcpy()*가 아니다. 이 코드에는 오류가 있다. 이 코드를 보고 "*strcpy()* 함수입니다."라

고 말했다면 이 코드를 알아보기는 하지만, 읽지는 않고 있는 것이다. 이러한 상황은 프로그램을 디버깅할 때 발생한다. 이러한 코드는 읽기보다는 "인식"하므로 대충 훑어봤을 때 찾기 어려운 오류를 포함할 수 있다.

예제 31-51에 있는 코드는 첫 번째 코드와 같은 기능을 수행하면서 읽기는 더 쉽다.

예제 31-51 한 줄에 읽기 쉬운 정도의 연산을 수행하는 C 예제

```
strcpy( char * t, char * s ) {
   do {
      ++t;
      ++s;
      *t = *s;
   }
   while ( *t != '\0' );
}
```

재구성된 코드에서는 오류가 명백히 보인다. 분명히 *t*와 *s*가 **s*가 **t*에 복사되기 전에 증가한다. 따라서 첫 번째 문자가 빠진다.

두 번째 예제는 첫 번째 예제와 같은 연산을 수행하지만, 첫 번째 예제보다 더 정교해 보인다. 그 이유는 연산의 복잡함을 감추지 않았기 때문이다.

> **관련 정보** 코드 튜닝에 대한 자세한 내용은 25장 "코드 튜닝 전략"과 26장 "코드 튜닝 기법"을 살펴본다.

성능이 향상된다고 해서 여러 개의 연산을 한 줄에 입력하는 것을 합리화하지는 못한다. 두 개의 *strcpy()* 루틴이 논리적으로 같으니 컴파일러가 두 루틴에 대해서 같은 코드를 생성할 것이라고 예상할 것이다. 하지만 두 루틴을 프로파일링했을 때 500만 개의 문자열을 복사하는 데 첫 번째 버전은 4.81초가 걸렸고 두 번째 버전은 4.35초가 걸렸다.

이 경우에는 "똑똑한" 버전이 11% 정도 속도가 느렸으며 결국 쓸데없이 머리를 굴린 꼴이 되었다. 결과는 컴파일러마다 다르지만, 일반적으로 성능 이득을 측정할 때까지는 성능보다 명료하고 정확한 코드를 개발하기 위해 노력하는 것이 좋다.

부수 효과가 있는 명령문을 쉽게 읽을 수 있다고 하더라도 코드를 읽게 될 사람을 불쌍히 여겨라. 실력이 있는 대부분의 개발자도 부수 효과가 있는 표현식을 이해하려면 두 번 생각해야 한다. 그들이 특정한 표현식의 문법적인 사항이 아니라 코드가 작동하는 스타일을 이해하는 데 두뇌를 사용하게 해야 한다.

데이터 선언 레이아웃

관련 정보 데이터 선언 문서화에 대한 자세한 내용은 32.5절의 "데이터 선언에 주석 작성"을 살펴본다. 데이터 사용에 대한 부분은 10장부터 13장까지 살펴본다.

한 줄에 데이터 선언은 하나만 사용한다. 이전 예제에서 확인할 수 있는 것처럼 데이터 선언은 한 줄에 하나만 작성해야 한다. 그렇게 하면 각 데이터 선언 옆에 주석을 입력하기가 쉬워진다. 각 선언이 독립적이기 때문에 선언을 수정하기도 쉬워진다. 그리고 각 줄을 읽기보다는 한 칼럼만 살펴볼 수 있기 때문에 특정한 변수를 찾기도 쉬워진다. 또한 컴파일러가 제공하는 줄 번호에 해당하는 줄에 선언이 하나뿐이기 때문에 문법 오류를 찾고 수정하기가 쉽다.

예제 31-52의 데이터 선언에서 *currentBottom*의 타입은 무엇인가? 빨리 답해 보자.

예제 31-52 한 줄에 한 개 이상의 변수 선언이 있는 C++ 예제

```
int rowIndex, columnIdx; Color previousColor, currentColor, nextColor; Point
previousTop, previousBottom, currentTop, currentBottom, nextTop, nextBottom; Font
previousTypeface, currentTypeface, nextTypeface; Color choices[ NUM_COLORS ];
```

이 예제가 극단적이기는 하지만, 예제 31-53에 있는 훨씬 일반적인 스타일과 크게 다르지는 않다.

예제 31-53 한 줄에 한 개 이상의 변수 선언이 있는 C++ 예제

```
int rowIndex, columnIdx;
Color previousColor, currentColor, nextColor;
Point previousTop, previousBottom, currentTop, currentBottom, nextTop, nextBottom;
Font previousTypeface, currentTypeface, nextTypeface;
Color choices[ NUM_COLORS ];
```

이 코드가 변수를 선언하는 일반적인 스타일은 아니며 모든 선언이 한곳에 몰려있기 때문에 여전히 변수를 찾기가 어렵다. 변수의 타입 역시 찾기가 어렵다. 그럼 예제 31-54에서 *nextColor*의 타입은 무엇인가?

예제 31-54 한 줄에 변수 선언 하나만 입력함으로써 읽기 쉬워진 C++ 예제

```
int rowIndex;
int columnIdx;
Color previousColor;
Color currentColor;
Color nextColor;
Point previousTop;
Point previousBottom;
Point currentTop;
```

```
Point currentBottom;
Point nextTop;
Point nextBottom;
Font previousTypeface;
Font currentTypeface;
Font nextTypeface;
Color choices[ NUM_COLORS ];
```

예제 31-53의 *nextTypeface*보다 *nextColor* 변수를 찾기가 더 쉬울 것이다. 이 스타일은 한 줄에 하나만 선언하고 각 줄에 변수 타입을 포함한 완벽한 선언을 하는 것이 특징이다.

당연히 이 스타일은 화면 공간을 많이 차지한다. 첫 번째 예제의 세 줄짜리 코드가 상당히 엉망이긴 했지만, 그에 반해 이 스타일은 20줄을 차지한다. 이 스타일로 했을 때 버그가 적다거나 이해력이 매우 높아진다는 것을 보여주는 연구 결과는 없다. 하지만 직원인 샐리가 작성한 코드를 검토해달라고 했는데 데이터 선언을 첫 번째 예제처럼 했다면 "이런, 읽기가 너무 어렵군요."라고 말할 것이다. 두 번째 예제처럼 작성했다면 "음……다시 연락할게요."라고 말할 것이다. 마지막 예제처럼 작성했다면 "물론이죠. 좋습니다."라고 말할 것이다.

처음으로 사용되는 위치와 가까운 곳에 변수를 선언하라. 큰 블록에서 모든 변수를 선언할 때 바람직한 스타일은 변수가 처음 사용되는 위치와 가까운 곳에 변수를 선언하는 것이다. 이렇게 하면 "범위"와 "수명"을 줄일 수 있고 필요한 경우에 좀 더 작은 루틴으로 코드를 리팩터링할 수 있다. 자세한 내용은 10.4절의 "변수의 수명을 가능한 한 짧게 유지하라"를 살펴본다.

분별력 있게 데이터 선언을 나열하라. 예제 31-54에서 데이터 선언은 타입으로 그룹화되어 있다. 같은 타입의 변수는 관련된 연산에서 사용되는 경향이 있기 때문에 타입으로 그룹화하면 알아보기 쉽다. 다른 경우로 변수 이름을 알파벳 순으로 정렬하는 방법을 선택할 수 있다. 알파벳 순서를 많은 사람이 옹호하지만, 개인적으로는 그 방법이 제공하는 가치에 비해 너무 많은 작업이 필요하다고 생각한다. 변수의 이름을 알파벳 순서로 정렬함으로써 도움을 받을 수 있을 정도로 변수 목록이 매우 길다면 루틴도 매우 클 것이다. 더 적은 수의 변수를 갖도록 작은 루틴으로 나눠라.

C++에서는 포인터를 선언하거나 포인터 타입을 선언할 때 변수 이름 옆에 별표(*)를 입력한다. 예제 31-55처럼 타입 옆에 별표(*)를 입력하는 포인터 선언을 자주 볼 수 있다.

예제 31-55 별표를 사용하여 포인터를 선언하는 C++ 예제

```
EmployeeList* employees;
File* inputFile;
```

별표를 변수 이름이 아닌 타입 이름 옆에 입력할 때의 문제점은 한 줄에 하나 이상 선언할 때 보기에는 모든 변수에 적용되는 것처럼 보이지만 실제로는 첫 번째 변수에만 적용된다는 점이다. 이러한 문제는 예제 31-56처럼 타입 이름 대신 변수 이름 옆에 별표를 입력하여 피할 수 있다.

예제 31-56 포인터 선언에서 별표를 사용하는 C++ 예제

```
EmployeeList *employees;
File *inputFile;
```

이 접근 방법은 별표가 변수 이름의 일부처럼 보이는 약점이 있다. 변수는 별표와 함께 사용되기도 하고 별표 없이 사용되기도 한다. 가장 좋은 접근 방법은 포인터에 대한 타입을 선언하여 사용하는 것이다. 예제 31-57을 살펴본다.

예제 31-57 선언에서 포인터 타입을 사용하는 C++ 예제

```
EmployeeListPointer employees;
FilePointer inputFile;
```

이러한 접근 방법으로 발생하는 특별한 문제점은 예제 31-57과 같이 모든 포인터를 포인터 타입을 사용해 선언하게 하거나 한 줄에 하나 이상의 변수를 선언할 수 없게 만들어 해결할 수 있다. 적어도 이 중에서 한 가지 해결책을 선택해야 한다!

31.6 주석 레이아웃

관련 정보 주석에 대한 다른 측면에 대한 자세한 내용은 32장 "스스로를 설명하는 코드"를 살펴본다.

잘 작성된 주석은 프로그램의 가독성을 크게 향상시킬 수 있다. 잘못 작성된 주석은 프로그램의 가독성을 해칠 수 있다. 주석의 레이아웃은 주석이 가독성을 높여줄지, 해칠지에 중요한 역할을 한다.

주석이 설명하는 코드와 나란히 주석을 들여써라. 외견상 들여쓰기는 프로그램의 논리적인 구조를 이해하는 데 상당한 도움을 주며 훌륭한 주석은 외견상 들여쓰기를 방해하지 않는다. 예를 들면 예제 31-58에 작성된 루틴의 논리적인 구조가 무엇인가?

예제 31-58 잘못 들여쓰기한 주석에 대한 비주얼 베이직 예제

```
For transactionId = 1 To totalTransactions
' 거래 데이터를 구한다
   GetTransactionType( transactionType )
   GetTransactionAmount( transactionAmount )

' 거래 타입에 따라 거래를 처리한다
   If transactionType = Transaction_Sale Then
      AcceptCustomerSale( transactionAmount )

   Else
      If transactionType = Transaction_CustomerReturn Then

' 자동으로 처리하거나 필요한 경우 관리자 승인을 받는다
         If transactionAmount >= MANAGER_APPROVAL_LEVEL Then

' 관리자 승인을 받고 승인 결과에 따라
' 수락하거나 거절한다
            GetMgrApproval( isTransactionApproved )
            If ( isTransactionApproved ) Then
               AcceptCustomerReturn( transactionAmount )
            Else
               RejectCustomerReturn( transactionAmount )
            End If
         Else

' 관리자 승인이 필요하지 않으므로 반환 값을 수락한다
            AcceptCustomerReturn( transactionAmount )
         End If
      End If
   End If
Next
```

이 예제에서는 주석이 코드의 들여쓰기를 완전히 감춰버리고 있어 논리적인 구조에 대한 단서를 얻지 못한다. 이런 식으로 들여쓰기하는 사람이 있을 거라고 믿기지 않겠지만, 예전에 이 코드를 전문적인 프로그램에서 본 적이 있고 이러한 스타일을 추천했던 책을 적어도 한 권은 알고 있다.

예제 31-59에 있는 코드는 주석을 들여쓰기했다는 점을 제외하면 예제 31-58과 같다.

예제 31-59 훌륭하게 들여쓰기한 주석에 대한 비주얼 베이직 예제

```vb
For transactionId = 1 To totalTransactions
    ' 거래 데이터를 구한다
    GetTransactionType( transactionType )
    GetTransactionAmount( transactionAmount )

    ' 거래 타입에 따라 거래를 처리한다
    If transactionType = Transaction_Sale Then
        AcceptCustomerSale( transactionAmount )

    Else
        If transactionType = Transaction_CustomerReturn Then

            ' 자동으로 처리하거나 필요한 경우 관리자 승인을 받는다
            If transactionAmount >= MANAGER_APPROVAL_LEVEL Then

                ' 관리자 승인을 받고 승인 결과에 따라
                ' 수락하거나 거절한다
                GetMgrApproval( isTransactionApproved )
                If ( isTransactionApproved ) Then
                    AcceptCustomerReturn( transactionAmount )
                Else
                    RejectCustomerReturn( transactionAmount )
                End If
            Else
                ' 관리자 승인이 필요하지 않으므로 반환 값을 수락한다
                AcceptCustomerReturn( transactionAmount )
            End If
        End If
    End If
Next
```

예제 31-59에서는 논리적인 구조가 좀 더 알아보기 쉽다. 주석의 효과성에 관한 한 연구에서는 주석을 작성함으로써 얻는 장점이 확실하지 않다는 점을 발견했으며 개인적으로 그 이유를 주석이 "프로그램을 살펴보는 것을 방해하기" 때문이라고 추측했다 (Shneiderman 1980). 이러한 예를 보면 주석 작성 스타일이 주석이 코드에 악영향을 미칠 것인지 좌우한다는 것을 알 수 있다.

적어도 빈 줄 하나를 입력하고 주석을 시작하라. 프로그램의 개요를 알고자 하는 경우, 가장 효과적인 방법은 코드를 읽지 않고 주석을 읽어보는 것이다. 빈 줄로 주석을 시작하면 코드를 훑어보는 데 도움을 준다. 예제 31-60이 이에 대한 예제다.

예제 31-60 빈 줄로 주석을 시작하는 자바 예제

```
// comment zero
CodeStatementZero;
CodeStatementOne;

// comment one
CodeStatementTwo;
CodeStatementThree;
```

어떤 사람들은 주석의 시작과 끝에 빈 줄을 입력한다. 빈 줄을 양쪽에 사용하면 화면을 더 많이 차지하지만, 어떤 사람들은 하나보다 양쪽에 사용하는 것이 더 보기 좋다고 생각하기도 한다. 예제 31-61은 이에 대한 예제다.

예제 31-61 주석의 앞뒤로 빈 줄을 사용한 자바 예제

```
// comment zero

CodeStatementZero;
CodeStatementOne;

// comment one

CodeStatementTwo;
CodeStatementThree;
```

화면 공간이 부족하지 않다면 이것은 순전히 미학적인 결정이며 그에 맞게 적용할 수 있다. 다른 분야도 마찬가지지만, 이 문제도 규약이 존재한다는 사실이 규약의 구체적인 내용보다 훨씬 중요하다.

31.7 루틴 레이아웃

관련 정보 루틴 문서화에 대한 자세한 내용은 32.5절의 "루틴에 주석 작성"을 살펴본다. 루틴을 작성하는 프로세스에 대한 자세한 내용은 9.3절 "PPP를 이용한 루틴 구현"를 살펴본다. 좋은 루틴과 나쁜 루틴의 차이점에 대한 자세한 내용은 7장 "고급 루틴"을 살펴본다.

루틴은 명령문과 데이터, 제어 구조, 주석으로 구성되며 이러한 요소는 이 장의 앞에서 모두 언급했다. 이 절에서는 루틴의 레이아웃에 대한 지침을 제공한다.

빈 줄을 사용해 루틴의 각 부분을 구분하라. 루틴 헤더와 데이터, 이름 상수 선언(만약 있다면), 본문(body) 사이에 빈 줄을 사용한다.

루틴 인자에 대해서 표준 들여쓰기를 사용하라. 루틴 헤더 레이아웃에 대해서 선택할 수 있는 방법은 다른 분야에서처럼 의식 없는 레이아웃이나 줄 끝 레이아웃, 표준 들여쓰기 같은 방법이 있다. 대부분의 다른 경우처럼 표준 들여쓰기는 정확성과 일관성, 변경 가능성 측면에서 좋다. 예제 31-62는 의식 없이 레이아웃한 루틴 헤더를 보여주는 두 가지 예제다.

예제 31-62 의식 없이 레이아웃한 루틴 헤더를 보여주는 C++ 예제

```
bool ReadEmployeeData(int maxEmployees,EmployeeList *employees,
   EmployeeFile *inputFile,int *employeeCount,bool *isInputError)
...

void InsertionSort(SortArray data,int firstElement,int lastElement)
```

이 루틴 헤더들은 순수하게 실용성을 강조했다. 컴퓨터는 이 헤더를 포함한 모든 형식의 헤더를 읽을 수 있지만, 사람들은 읽는 데 어려움을 겪는다. 일부러 헤더를 읽기 어렵게 만들려고 한 게 아니라면 이보다 더 나쁠 수는 없을 것이다.

루틴 헤더 레이아웃의 두 번째 접근 방법은 보통 좋은 결과를 만들어 내는 줄 끝 레이아웃이다. 예제 31-63은 똑같은 루틴 헤더를 재구성한 것이다.

예제 31-63 루틴 헤더에 줄 끝 레이아웃을 사용한 C++ 예제

```
bool ReadEmployeeData( int            maxEmployees,
                       EmployeeList   *employees,
                       EmployeeFile   *inputFile,
                       int            *employeeCount,
                       bool           *isInputError )
...
void InsertionSort( SortArray   data,
                    int         firstElement,
                    int         lastElement )
```

관련 정보 루틴 매개변수 사용에 대한 자세한 내용은 7.5절 "매개변수 처리"를 살펴본다.

줄 끝 접근 방법은 깔끔하고 미학적으로도 끌리는 방법이다. 가장 큰 문제점은 그것이 유지보수하는 데 손이 많이 가고 유지보수하기 어려운 스타일은 결국 유지보수가 되지 않는다는 점이다. 함수 이름을 *ReadEmployeeData()*에서 *ReadNewEmployeeData()*로 변경했다고 가정해 보자. 그러면 첫 번째 줄의 정렬이 다른 네 줄과 달라질 것이다. 함수 이름이 길어졌기 때문에 다른 네 줄에 있는 매개변수 리스트를 *maxEmployees*와 나란히 정렬시키기 위해 코드를 재구성해야 한다. 또한 요소가 오른쪽으로 많이 이동해서 오른쪽에 더 이상 공간이 없을 것이다.

표준 들여쓰기를 사용하여 재구성한 예제 31-64의 예제는 미학적으로도 끌리면서 유지보수하는 데 손이 덜 간다.

예제 31-64 읽기 쉽고 유지보수가 가능한 표준 들여쓰기로 루틴 헤더를 작성한 C++ 예제

```
public bool ReadEmployeeData(
    int maxEmployees,
    EmployeeList *employees,
    EmployeeFile *inputFile,
    int *employeeCount,
    bool *isInputError
)
...
public void InsertionSort(
    SortArray data,
    int firstElement,
    int lastElement
)
```

이 스타일은 변경에 영향을 별로 받지 않는다. 루틴의 이름이 변경되어도 매개변수에는 아무런 영향을 미치지 않는다. 매개변수가 추가되거나 삭제되면 한 줄만 수정하거나 콤마를 추가하거나 빼면 된다. 외견상 단서는 루프나 if 문의 들여쓰기 스키마와 비슷하다. 의미 있는 정보를 찾기 위해서 모든 루틴의 각 부분을 살펴볼 필요가 없다. 그러한 정보가 어디에 있는지 항상 알 수 있다.

예제 31-65처럼 줄 연결 문자를 사용해야 하긴 하지만, 이 스타일은 비주얼 베이직을 직관적인 방법으로 변환한다.

예제 31-65 읽기 쉽고 유지보수가 가능한 표준 들여쓰기로 루틴 헤더를 작성한 비주얼 베이직 예제

```
Public Sub ReadEmployeeData ( _       ← 줄 연결 문자로 사용된 "_" 문자다.
    ByVal maxEmployees As Integer, _
```

```
    ByRef employees As EmployeeList, _
    ByRef inputFile As EmployeeFile, _
    ByRef employeeCount As Integer, _
    ByRef isInputError As Boolean _
)
```

31.8 클래스 레이아웃

이 절에서는 클래스에 있는 코드를 배치하는 지침을 제공한다. 우선 클래스 인터페이스를 배치하는 방법을 설명하고 다음으로 클래스 구현을 배치하는 방법을 설명한다. 마지막으로 파일과 프로그램의 레이아웃에 대해 설명한다.

클래스 인터페이스 레이아웃

> 관련 정보 클래스 문서화에 대한 자세한 내용은 32.5절의 "클래스와 파일, 프로그램에 대한 주석 작성"을 살펴본다. 좋은 클래스와 나쁜 클래스의 차이점에 대한 내용은 6장 "클래스 다루기"를 살펴본다.

클래스 인터페이스의 레이아웃에 대한 규약은 다음 순서로 클래스 멤버를 작성하는 것이다.

1. 클래스를 설명하고 클래스의 전체적인 사용법에 관한 내용을 제공하는 헤더 주석
2. 생성자와 소멸자
3. 공개 루틴
4. 보호 루틴
5. 비공개 루틴과 멤버 데이터

클래스 구현 레이아웃

클래스 구현은 일반적으로 다음 순서로 배치한다.

1. 클래스가 들어 있는 파일의 내용을 설명하는 헤더 주석
2. 클래스 데이터
3. 공개 루틴
4. 보호 루틴
5. 비공개 루틴

한 파일에 하나 이상의 클래스가 있다면 각 클래스를 명확하게 구별하라. 관련 있는 루틴은 반드시 하나의 클래스로 그룹 지어야 한다. 코드를 읽는 사람이 어떤 클래스가 무엇인지 쉽게 말할 수 있어야 한다. 클래스 사이에 빈 줄을 많이 입력하여 클래스를 명확하게 구별한다. 클래스는 책의 장과 같다. 책에서는 새 페이지에서 장을 시작하고 장의 제목을 크게 작성한다. 클래스의 시작도 비슷하게 강조하라. 클래스를 구별하는 예제를 예제 31-66에서 볼 수 있다.

예제 31-66 클래스를 구별하는 C++ 형식화 예제

```cpp
// sourceString으로부터 공백으로 밑줄로 대체한
// 문자열을 생성한다.
void EditString::ConvertBlanks(
   char *sourceString,
   char *targetString
   ) {
   Assert( strlen( sourceString ) <= MAX_STRING_LENGTH );
   Assert( sourceString != NULL );
   Assert( targetString != NULL );
   int charIndex = 0;
   do {
      if ( sourceString[ charIndex ] == " " ) {
         targetString[ charIndex ] = '_';
      }
      else {
         targetString[ charIndex ] = sourceString[ charIndex ];
      }
      charIndex++;
   } while sourceString[ charIndex ] != '\0';
}
```
← 클래스의 마지막 루틴이다.

```cpp
//-----------------------------------------------------------
// 수학 함수
//
// 이 클래스는 프로그램에서 사용하는 수학 함수들을 포함한다.
//-----------------------------------------------------------
```
← 새로운 클래스의 시작은 여러 개의 빈 줄과 클래스 이름으로 표시한다.

```cpp
// arg1과 arg2 중에서 최댓값을 구한다
int Math::Max( int arg1, int arg2 ) {
   if ( arg1 > arg2 ) {
      return arg1;
   }
   else {
```

```
        return arg2;
    }
}

// arg1과 arg2 중에서 최솟값을 구한다
int Math::Min( int arg1, int arg2 ) {
    if ( arg1 < arg2 ) {
        return arg1;
    }
    else {
        return arg2;
    }
}
```

- 이것이 새로운 클래스의 첫 번째 루틴이다.
- 이 루틴은 빈 줄만 이용해 이전 루틴과 구별되어 있다.

클래스 내에서 주석을 지나치게 강조하지 않도록 한다. 빈 줄 대신 별표를 이용하여 모든 루틴과 주석을 표시하면 새로운 클래스의 시작을 효과적으로 강조하는 방법을 생각해내기가 어려울 것이다. 예제 31-67을 보자.

예제 31-67 클래스를 지나치게 형식화한 C++ 예제

```
//*************************************************************
//*************************************************************
// 수학 함수
//
// 이 클래스는 프로그램에서 사용하는 수학 함수들을 포함한다.
//*************************************************************
//*************************************************************


//*************************************************************
// arg1과 arg2 중에서 최댓값을 구한다
//*************************************************************
int Math::Max( int arg1, int arg2 ) {
//*************************************************************
    if ( arg1 > arg2 ) {
        return arg1;
    }
    else {
        return arg2;
    }
}


//*************************************************************
// arg1과 arg2 중에서 최솟값을 구한다
```

```
//****************************************************************
int Math::Min( int arg1, int arg2 ) {
//****************************************************************
   if ( arg1 < arg2 ) {
      return arg1;
   }
   else {
      return arg2;
   }
}
```

이 예제는 별표로 강조된 내용이 너무 많아서 실제로는 아무것도 강조되지 않는다. 프로그램은 별표 숲이 되었다. 형식화에서 이 문제는 기술적이기보다는 미학적인 부분이지만 지나침은 모자람만 못하다.

특별한 문자를 길게 나열하여 프로그램의 각 부분을 구별해야 한다면 별표에만 의존하지 말고 문자의 계층을 개발하도록 한다. 예를 들면 클래스를 구분하는 데 별표를 사용하고 루틴을 구분하는 데 대시(-)를 사용하라. 중요한 주석을 구분하는 데는 빈 줄을 사용한다. 별표나 대시, 주석 줄을 함께 사용하는 방법은 사용하지 않는다. 예제 31-68을 보자.

예제 31-68 주석을 자제하여 형식화한 C++ 예제

```
//****************************************************************
// 수학 함수
//
// 이 클래스는 프로그램에서 사용하는 수학 함수들을 포함한다.
//****************************************************************


//----------------------------------------------------------
// arg1과 arg2 중에서 최댓값을 구한다
//----------------------------------------------------------
int Math::Max( int arg1, int arg2 ) {
   if ( arg1 > arg2 ) {
      return arg1;
   }
   else {
      return arg2;
   }
}
```

별표와 비교했을 때 외견상 이 줄의 밝기가 이 루틴이 클래스에 종속된다는 사실을 강조하고 있다.

```
//-----------------------------------------------
// arg1과 arg2 중에서 최솟값을 구한다
//-----------------------------------------------
int Math::Min( int arg1, int arg2 ) {
   if ( arg1 < arg2 ) {
      return arg1;
   }
   else {
      return arg2;
   }
}
```

하나의 파일 내에서 여러 개의 클래스를 구별하는 방법에 관한 이러한 충고는 프로그램에서 사용할 수 있는 파일의 수가 제한되어 있을 때만 적용한다. 여러 개의 소스 파일을 지원하는 C++이나 자바, 비주얼 베이직 같은 언어를 사용한다면 특별한 이유(하나의 패턴을 구성하는 작은 클래스를 여럿 포함하고 있음)가 없는 한 파일에 하나의 클래스만 입력한다. 그렇지만 하나의 클래스 내에 여러 개의 하부 루틴을 가질 수 있으며 여기서 소개한 방법을 사용하여 그러한 루틴을 묶을 수 있다.

파일과 프로그램 레이아웃

관련 정보 문서화에 대한 자세한 내용은 32.5절의 "클래스와 파일, 프로그램에 대한 주석 작성"을 살펴본다.

클래스에 대한 형식화 기술을 넘어서는 더 큰 형식화 관련 사항이 있다. 그것은 바로 "하나의 파일 내에서 클래스와 루틴을 어떻게 구성하고 어떤 클래스를 파일의 가장 첫 부분에 작성할 것인가?"이다.

한 클래스를 하나의 파일에 작성하라. 파일은 단순히 코드를 보관하는 보관소가 아니다. 사용하는 언어에서 허용한다면 하나의 목적을 위한 여러 루틴을 하나의 파일에 보관해야 한다. 파일은 루틴들의 집합이 같은 클래스에 있다는 개념을 뒷받침한다.

관련 정보 클래스와 루틴의 차이점과 루틴의 집합을 하나의 클래스로 만드는 방법에 대한 자세한 내용은 6장 "클래스 다루기"를 살펴본다.

한 파일 내에 있는 모든 루틴은 클래스를 구성한다. 클래스는 프로그램이 실제로 인식하는 단위일 수도 있고 설계 시 만들게 되는 논리적인 개념일 수도 있다.

클래스는 의미론적인 언어 개념이다. 파일은 물리적인 운영체제 개념이다. 클래스와 파일 간의 유사성은 우연의 일치일 뿐이고 개발 환경이 데이터베이스나 루틴, 클래스, 파일 사이의 관계를 불명확하게 만드는 다른 무언가에 코드를 작성하는 기능을 지원함에 따라 시간이 갈수록 점점 약해진다.

클래스 이름과 관련 있는 파일 이름을 작성하라. 대부분의 프로젝트는 클래스 이름과 파일 이름을 일대일로 매칭시킨다. 예를 들어, 클래스 이름이 *CustomerAccount*이면 파일 이름은 *CustomerAccount.cpp*와 *CustomerAccount.h*다.

파일 내에서 루틴을 명확하게 분리하라. 적어도 빈 줄 두 개를 사용하여 루틴을 분리한다. 빈 줄은 별표나 대시로 채운 줄만큼이나 효과적이며 입력하기 쉽고 유지보수하기도 쉽다. 루틴 내의 각 부분과 루틴끼리의 차이를 두기 위해서 두 개나 세 개 정도의 빈 줄을 사용한다. 예제 31-69를 살펴본다.

예제 31-69 루틴 사이에 빈 줄을 사용한 비주얼 베이직 예제

```
'arg1과 arg2 중에서 최댓값을 구한다
Function Max( arg1 As Integer, arg2 As Integer ) As Integer
    If ( arg1 > arg2 ) Then
        Max = arg1
    Else
        Max = arg2
    End If
End Function



'arg1과 arg2 중에서 최솟값을 구한다
Function Min( arg1 As Integer, arg2 As Integer ) As Integer
    If ( arg1 < arg2 ) Then
        Min = arg1
    Else
        Min = arg2
    End If
end Function
```

← 두 루틴을 구분하는 데 최소 두 개의 빈 줄을 사용한다.

빈 줄은 어떠한 구분자보다도 입력하기 쉬우며 잘 어울린다. 이 예제에서는 루틴 내에 있는 빈 줄보다 루틴들의 구분을 더 알아보기 쉽게 만들기 위해서 빈 줄을 세 개 사용했다.

루틴을 알파벳 순서로 나열하라. 관계가 있는 루틴을 그룹화하는 방법에 대한 대안은 루틴을 알파벳 순서로 나열하는 것이다. 프로그램을 클래스로 분리할 수 없거나 편집기가 함수를 쉽게 찾는 기능을 제공하지 않는다면 알파벳 순서에 따른 접근 방법을 사용하여 검색 시간을 줄일 수 있다.

C++에서는 소스 파일을 신중하게 정렬하라. 다음은 전형적인 C++ 소스 파일 정렬 방법이다.

1. 파일 설명 주석
2. #include 파일
3. 한 파일에 한 개 이상의 클래스가 있을 경우 하나 이상의 클래스에 적용되는 상수 선언
4. 한 파일에 한 개 이상의 클래스가 있을 경우 하나 이상의 클래스에 적용되는 열거자
5. 매크로 함수 정의
6. 한 파일에 한 개 이상의 클래스가 있을 경우 하나 이상의 클래스에 적용되는 타입 정의
7. 임포트되는 전역 변수와 함수
8. 익스포트되는 전역 변수화 함수
9. 파일에만 적용되는 변수와 함수
10. 각 클래스 내에서 상수 정의와 열거자, 타입 선언을 포함한 클래스

체크리스트: 레이아웃

일반적인 내용
- 코드의 논리적인 구조를 분명히 하기 위해서 형식화가 이루어졌는가?
- 형식화 스키마가 일관성 있게 사용될 수 있는가?
- 형식화 스키마가 유지보수하기 쉬운 코드를 만드는가?
- 형식화 스키마가 코드의 가독성을 향상시키는가?

제어 구조
- 코드가 이중으로 들여쓰기 된 *begin-end*나 *{}* 쌍을 피하고 있는가?
- 연속적인 블록을 서로 빈 줄로 구분했는가?
- 복잡한 표현식을 가독성을 위해서 구성했는가?
- 단일 명령문 블록을 일관성 있게 구성했는가?
- *case* 문을 다른 제어 구조와 일관성 있는 방법으로 구성했는가?
- *goto* 문의 사용이 분명하도록 구성했는가?

개별 명령문
- 논리적인 표현과 배열 참조, 루틴 인자들을 읽기 쉽게 만들기 위해서 공백을 사용했는가?
- 미완성된 명령문이 정확하지 않다는 것을 명확하게 알 수 있도록 코드를 끝냈는가?
- 연장된 줄을 표준 들여쓰기만큼 들여쓰기했는가?

cc2e.com/3194

- 각 줄에 한 명령만 포함하는가?
- 각 명령을 부수 효과 없이 작성했는가?
- 데이터 선언을 각각 한 줄에 했는가?

주석
- 주석을 코드와 같은 수의 공백으로 들여쓰기했는가?
- 주석 작성 스타일이 유지보수하기 쉬운가?

루틴
- 각 루틴에 대한 각 인자들을 읽기 쉽고 수정하기 쉽고 주석을 작성하기 쉽게 작성했는가?
- 루틴의 각 부분을 구분하기 위해 빈 줄을 사용했는가?

클래스, 파일, 프로그램
- 대부분의 클래스와 파일에 대해서 클래스와 파일이 일대일 관계인가?
- 파일이 여러 개의 클래스를 포함하고 있다면 각 클래스에 모든 루틴을 그룹화하고 각 클래스를 분명하게 구분했는가?
- 파일 내에 있는 루틴들을 빈 줄로 분명하게 구분했는가?
- 강력한 구성 원칙 대신 모든 루틴을 알파벳 순서로 정렬했는가?

참고 서적

cc2e.com/3101

대부분의 프로그래밍 서적이 레이아웃과 스타일에 대해서 언급하기는 하지만 프로그래밍 스타일에 대한 깊이 있는 논의는 좀처럼 찾아보기 어렵다. 레이아웃에 대한 논의는 더욱 그렇다. 다음에 소개하는 책은 레이아웃과 프로그래밍 스타일에 대해 언급하고 있다.

브라이언 커니핸(Brian W. Kernighan)과 롭 파이크(Rob Pike) 《프로그래밍 수련법》(인사이트, 2008). 1장에서 C와 C++ 중심의 프로그래밍 스타일을 설명한다.

앨런 페르뮐런(Allan Vermeulen) 외 《The Elements of Java Style》(Cambridge University Press, 2000).

트레보 미스펠트(Trevor Misfeldt), 그렉 범가드너(Greg Bumgardner), 앤드루 그레이(Andrew Gray) ≪The Elements of C++ Style≫(Cambridge University Press, 2004).

브라이언 커니핸과 P. J. 플로거 ≪The Elements of Programming Style≫ 2판(McGraw-Hill, 1978). 이 책은 프로그래밍 스타일에 대한 고전에 속하며 프로그래밍 스타일을 다룬 첫 번째 책이다.

가독성에 대한 서로 다른 접근 방법에 대한 내용은 다음 책을 살펴본다.

도널드 커누스(Donald Knuth) ≪Literate Programming≫(Cambridge University Press, 2001). 이 책은 프로그래밍 언어와 문서 작성 언어를 결합한 "문학적 프로그래밍"에 대해 설명하는 논문을 모아놓은 것이다. 커누스는 20년 동안 문학적 프로그래밍의 덕목에 관한 글을 썼으며 "지구상 가장 훌륭한 개발자"라는 그의 강력한 주장에도 불구하고 문학적 프로그래밍은 인기를 얻지 못하고 있다. 커누스의 코드를 읽어보고 그 이유에 대한 결론을 각자 내려보자.

요점 정리

- 레이아웃의 우선순위는 코드의 논리적인 구조를 분명히 하는 데 있다. 우선순위가 달성되었는지 평가하는 데 사용되는 기준에는 정확성, 일관성, 가독성, 유지보수성이 있다.
- 보기 좋은 것은 다른 기준보다 중요하지 않다. 그렇지만 다른 기준이 충족되고 기본적인 코드가 훌륭하다면 레이아웃도 보기 좋을 것이다.
- 비주얼 베이직은 블록을 지원하고 자바에서도 블록 기능을 제공하기 때문에 그러한 언어로 프로그램을 개발하면 블록 레이아웃을 사용할 수 있다. C++에서는 블록 시뮬레이션이나 *begin-end*로 블록 경계를 사용하면 좋을 것이다.
- 코드를 구조화하는 것은 그 자체로 중요하다. 규약의 구체적인 내용보다는 어떠한 규약을 일관성 있게 따르고 있다는 사실이 더 중요하다.
- 레이아웃의 많은 측면이 종교적인 사항이다. 주관적으로 선호하는 것과 객관적인 것을 떼어놓고 생각해 본다. 선호하는 스타일의 논의를 지지하는 데 도움이 되는 명시적인 기준을 사용한다.

32장 스스로를 설명하는 코드

cc2e.com/3245

내용

32.1 외부 문서
32.2 문서화를 위한 프로그래밍 스타일
32.3 주석을 작성할 것인가? 작성하지 않을 것인가?
32.4 효과적인 주석을 위한 핵심 사항
32.5 주석 스타일
32.6 IEEE 표준

관련 주제

- 레이아웃: 31장
- 의사코드 프로그래밍 프로세스: 9장
- 클래스 다루기: 6장
- 고급 루틴: 7장
- 의사소통을 통한 프로그래밍: 33.5절과 34.3절

> 프로그램을 유지보수하는 사람이 개발자가 어디 사는지 아는 난폭한 정신병자라고 가정하고 코드를 작성하라.
> – 작자 미상

문서화 표준이 합리적이면 대부분의 개발자가 즐겁게 문서를 작성한다. 레이아웃과 마찬가지로 훌륭한 문서는 개발자가 프로그램에 적극적으로 남기는 전문가적인 자부심의 흔적이다. 소프트웨어 문서에는 많은 형태가 있을 수 있으며, 이 장에서는 문서화에 대한 전체적인 내용을 살펴보고 난 후 "주석"이라고 알려진 특별한 형태의 문서화를 알아볼 것이다.

32.1 외부 문서

관련 정보 외부 문서에 대한 더 자세한 정보는 32.6절 "IEEE 표준"을 참고한다.

소프트웨어 프로젝트에 관한 문서는 소스코드 내부와 소스코드 외부에 일반적으로 별도의 문서나 단위 개발 일지의 형태로 정보를 보관한다. 크고 형식적인 프로젝트에서는 문서 대부분이 소스코드 밖에 있다(Jones 1998). 외부 구현 문서는 문제 정의와 요구사항, 아키텍처 작업의 문서와 비교했을 때 상대적으로 낮은 수준에 있는 코드에 비해 수준이 높은 경향이 있다.

참고 자료 더 자세한 내용은 "*The Unit Development Folder (UDF): An Effective Management Tool for Software Development*"(Ingrassia 1976) 또는 "*The Unit Development Folder (UDF): A Ten-Year Perspective*"(Ingrassia 1987)를 살펴본다.

단위 개발 일지(Unit Development Folders) 단위 개발 일지(UDF) 또는 소프트웨어 개발 일지(SDF, software-development folder)는 개발자가 구현 중에 사용했던 기록이 담겨 있는 비공식적인 문서다. "단위"는 패키지나 컴포넌트를 의미할 수도 있지만, 일반적으로 하나의 클래스를 의미한다. UDF의 주된 목적은 다른 곳에 문서화되어 있지 않은 설계 결정 사항에 대한 정보를 제공하는 것이다. 많은 프로젝트가 프로젝트와 관련 있는 요구사항의 복사본, 해당 단위가 구현하는 상위 수준 설계의 일부, 개발 표준 복사본, 코드 목록, 단위 개발자의 설계 노트와 같은 UDF가 가져야 할 최소한의 내용을 명시한 표준을 갖고 있다. 때때로 고객이 소프트웨어 개발자에게 프로젝트의 UDF를 요구하기도 하지만, 일반적으로는 내부적으로만 사용된다.

상세 설계 문서 상세 설계 문서는 하위 수준 설계 문서다. 이 문서는 클래스 수준 또는 루틴 수준의 설계 시 결정 사항과 고려했던 대안, 그리고 최종 접근 방법을 선택한 이유를 기술한다. 때때로 이 정보는 공식 문서에 포함되기도 한다. 이런 경우에는 일반적으로 상세 설계를 구현과 분리하여 생각한다. 때때로 이러한 내용은 주로 UDF에 수집된 개발자 노트로 구성되기도 한다. 때에 따라서 코드 자체 안에 존재하는 경우도 자주 있다.

32.2 문서화를 위한 프로그래밍 스타일

외부 문서와 달리 내부 문서는 프로그램 코드 안에 존재한다. 그것은 소스 명령문 수준의 가장 상세한 문서다. 내부 문서는 소스코드와 가장 밀접한 관련이 있어 코드가 수정될 때 거의 항상 수정되어야 하는 문서이기도 하다.

코드 수준의 문서에 가장 크게 기여하는 것은 주석이 아니라 좋은 프로그래밍 스타일이다. 스타일에는 좋은 프로그램 구조, 직관적이고 이해하기 쉬운 접근 방법의 사용, 좋은 변수 이름, 좋은 루틴 이름, 리터럴 대신 이름 상수 사용, 명확한 레이아웃, 제어 흐름과 데이터 구조 복잡성의 최소화가 포함된다.

다음은 나쁜 스타일로 작성된 코드다.

나쁜 프로그래밍 스타일로 인한 잘못된 문서화 자바 예제

```
for ( i = 2; i <= num; i++ ) {
    meetsCriteria[ i ] = true;
}
for ( i = 2; i <= num / 2; i++ ) {
    j = i + i;
```

```
while ( j <= num ) {
meetsCriteria[ j ] = false;
j = j + i;
}
}
for ( i = 1; i <= num; i++ ) {
if ( meetsCriteria[ i ] ) {
System.out.println ( i + " meets criteria." );
}
}
```

이 루틴이 무슨 일을 한다고 생각하는가? 이 루틴은 지나칠 정도로 애매하다. 주석이 없어서가 아니라 프로그래밍 스타일이 안 좋아서 문서화도 제대로 되어 있지 않다. 변수 이름은 정보를 포함하고 있지 않으며 레이아웃도 엉망이다. 다음은 같은 루틴을 향상시킨 코드다. 프로그래밍 스타일을 향상시키는 것만으로 의미를 훨씬 더 명확하게 만들었다.

관련 정보 이 코드에서 *factorableNumber* 변수를 추가한 이유는 오직 연산을 명확하게 하기 위한 것이다. 연산을 분명하게 하려고 변수를 추가하는 방법에 관한 자세한 설명은 19.1절의 "복잡한 표현식을 단순하게 만들기"를 살펴본다.

주석 없이 좋은 스타일만으로 문서화한 자바 예제
```
for ( primeCandidate = 2; primeCandidate <= num; primeCandidate++ ) {
    isPrime[ primeCandidate ] = true;
}

for ( int factor = 2; factor < ( num / 2 ); factor++ ) {
    int factorableNumber = factor + factor;
    while ( factorableNumber <= num ) {
        isPrime[ factorableNumber ] = false;
        factorableNumber = factorableNumber + factor;
    }
}

for ( primeCandidate = 1; primeCandidate <= num; primeCandidate++ ) {
    if ( isPrime[ primeCandidate ] ) {
        System.out.println( primeCandidate + " is prime." );
    }
}
```

첫 번째 코드와 달리 이 코드는 한눈에 소수와 관련되어 있음을 알 수 있다. 좀 더 자세히 살펴보면 *1*과 *Num* 사이의 소수를 찾고 있음을 알 수 있다. 첫 번째 코드에서는 반복문이 언제 끝나는지 찾아내는 데 한참 걸린다.

이 두 코드의 차이는 주석과 아무런 관련이 없다. 두 코드 모두 주석이 없다. 하지만 두 번째 코드가 훨씬 이해하기 쉽고 스스로 설명하고 있는 코드에 가깝다. 이런 코드는 문서화 부담의 상당 부분을 좋은 프로그래밍 스타일로 해결한다. 잘 작성한 코드에 주석이 있으면 가독성은 더욱 좋아진다.

cc2e.com/3252

체크리스트: 스스로를 설명하는 코드

클래스
- 클래스 인터페이스가 일관된 추상화를 제공하는가?
- 클래스 이름을 잘 지었고 그 이름이 클래스의 중심 목적을 기술하는가?
- 클래스 인터페이스를 통해서 클래스를 어떻게 사용해야 하는지 명확하게 이해할 수 있는가?
- 클래스 인터페이스가 구현에 대해서 생각할 필요가 없을 만큼 추상적인가? 클래스를 블랙박스로 다룰 수 있는가?

루틴
- 각 루틴의 이름이 그 기능을 정확하게 기술하는가?
- 각 루틴이 하나의 명확하게 정의된 작업을 수행하는가?
- 여러 개의 내부 루틴을 사용하여 이득을 볼 수 있는 부분을 내부 루틴으로 분리했는가?
- 각 루틴의 인터페이스가 명확하고 분명한가?

데이터 이름
- 데이터 선언을 문서화하는 데 도움이 될 정도로 데이터 이름이 설명적인가?
- 변수 이름을 잘 지었는가?
- 변수가 이름에 맞게 사용되고 있는가?
- 루프의 카운터에 *i, j, k*보다 설명적인 이름을 사용하는가?
- 임시 플래그나 불린 변수 대신 이름을 잘 지은 열거형 타입을 사용하는가?
- 매직 넘버나 매직 문자열 대신 이름 상수가 사용되는가?
- 이름 규칙이 타입 이름, 열거형 타입, 이름 상수, 지역 변수, 클래스 변수, 전역 변수 사이를 구별하는가?

데이터 구성
- 필요할 때 명확성을 위해 추가 변수를 사용하는가?
- 변수에 대한 참조가 서로 가까이 있는가?
- 복잡성을 최소화할 수 있도록 데이터형이 간단한가?
- 복잡한 데이터를 추상 접근 루틴(추상 데이터형)을 통해 접근하는가?

> **제어**
> - 코드의 정상적인 흐름이 명확한가?
> - 관련 명령문이 서로 그룹화되어 있는가?
> - 상대적으로 독립적인 명령문 그룹을 고유한 루틴으로 패키지화했는가?
> - *else*보다 *if*가 일반적인 경우인가?
> - 복잡성을 최소화할 수 있도록 제어 구조가 간단한가?
> - 각 반복문이 제대로 정의된 루틴처럼 하나의 기능만 수행하는가?
> - 중첩이 최소화되어 있는가?
> - 추가적인 불린 변수나 불린 함수, 결정 테이블을 사용하여 불린 표현식을 간략하게 만들었는가?
>
> **레이아웃**
> - 프로그램의 레이아웃이 논리 구조를 보여주는가?
>
> **설계**
> - 코드가 직관적이며 교묘한 방법을 피하는가?
> - 구현 상세 부분을 최대한 감추고 있는가?
> - 프로그램이 컴퓨터 과학이나 프로그래밍 언어 구조가 아니라 가능한 한 문제 도메인의 관점에서 작성되었는가?

32.3 주석을 작성할 것인가? 작성하지 않을 것인가?

주석은 잘 작성하기보다 서투르게 작성하기가 쉽고 주석을 다는 것은 이롭기보다는 해로운 경우가 많다. 주석의 가치에 대한 뜨거운 토론은 종종 도덕적 가치에 대한 철학적 논쟁처럼 들리기도 한다. 이는 마치 소크라테스를 컴퓨터 개발자라고 했을 때 그와 그의 제자들이 다음과 같은 토론을 하는 것과 같다.

<u>주석</u>

등장인물

    트라시마코스 읽는 것은 모두 믿는 풋내기 이론적 순수주의자

    칼리클레스 전쟁에 단련된 구 학파(the old school) 베테랑. "진짜" 개발자

    글라우콘 젊고 자신감 넘치며 유능한 컴퓨터 개발자

    이스메네 큰바람은 없고 그저 실질적인 방법을 찾고 있는 수석 개발자

소크라테스 현명한 노장 개발자

장면

일일 팀 회의를 마무리하는 시점

소크라테스가 물었다. "자리로 돌아가기 전에 다른 의견 있습니까?"

트라시마코스가 말했다. "프로젝트에서 사용할 주석 작성 표준을 제안하고 싶습니다. 일부 개발자가 코드에 주석을 거의 달지 않는데 알다시피 주석 없는 코드는 읽을 수가 없습니다."

칼리클레스가 대답했다. "생각했던 것보다 풋내기군. 주석은 이론적으로는 만병통치약이지만, 실제로 프로그래밍을 해 본 사람이라면 누구나 주석이 코드를 읽기 쉽게 만들기보다는 어렵게 만든다는 사실을 알고 있다네. 영어는 자바나 비주얼 베이직보다 덜 명확하고 지나치게 장황한 표현을 위해 만들어졌지. 프로그래밍 언어 명령문은 짧고 명료하지. 코드를 명확하게 만들 수 없다면 어떻게 주석을 명확하게 달 수 있겠나? 더구나 주석은 코드가 변경되면 구식이 되어버리지. 구식이 된 주석을 믿는다면 곤란한 상황에 부닥치게 될 거야."

글라우콘이 끼어들었다. "저도 그 점엔 동의합니다. 지나치게 주석이 많은 코드는 읽을 내용이 많아서 코드를 읽기가 더 어렵습니다. 이미 코드를 읽어야 하는데, 왜 그 많은 주석까지 읽어야 합니까?"

"잠깐만요," 이스메네가 커피잔을 내려놓으면서 말했다. "주석이 남용될 수 있다는 사실은 알고 있지만, 훌륭한 주석은 금과 같이 가치가 있습니다. 주석이 달린 코드와 그렇지 않은 코드를 유지보수해야 했던 적이 있었는데, 주석이 있는 코드를 선택했습니다. 몇 줄마다 한 번씩 주석을 달아야 한다는 식의 표준이 필요하다고 생각하지는 않지만, 주석을 다는 것은 권장해야 한다고 생각합니다."

"주석이 시간 낭비라면 왜 사람들이 주석을 사용하는 거지, 칼리클레스?" 소크라테스가 물었다.

"그런 요청을 받았거나 어디선가 주석이 유용하다는 글을 읽었기 때문입니다. 주석에 대해 생각해 본 사람 중에 주석이 유용하다고 결론을 내릴 수 있는 사람은 아무도 없습니다."

"이스메네는 주석이 유용하고 생각하고 있다네. 그녀는 이곳에 3년 동안 있었고 주석이 없는 자네의 코드와 주석이 있는 다른 코드를 유지보수해왔는데, 주석이 있는 코드를 선호한다고 했네. 이 점에 대해서는 어떻게 생각하나?"

"주석은 장황하게 코드를 반복할 뿐이기 때문에 불필요합니다."

KEY POINT

"잠깐만요," 트라시마코스가 끼어들었다. "좋은 주석은 코드를 반복하거나 설명하지 않습니다. 그런 주석은 의도를 분명히 설명합니다. 주석은 코드보다는 좀 더 높은 추상화 수준에서 개발자가 구현하고자 하는 바를 설명해야 합니다."

"맞습니다," 이스메네가 말했다. "저는 제가 변경하거나 수정해야 하는 부분을 찾기 위해서 주석을 살펴봅니다. 코드가 이미 모든 것을 말해주고 있으므로 코드를 반복하는 주석이 아무런 도움이 되지 않는다는 점은 맞습니다. 주석을 읽을 때 저는 주석이 책의 표제나 목차와 같기를 바랍니다. 주석은 올바른 섹션을 찾는 데 도움을 주며 그다음부터 코드를 읽기 시작합니다. 프로그래밍 언어로 작성된 20줄의 코드를 읽는 것보다는 영어로 작성된 한 문장을 읽는 것이 훨씬 더 빠릅니다." 이스메네는 자기 잔에 다시 커피를 따랐다.

"주석 작성을 거부하는 사람들은 (1) 자신이 작성한 코드를 실제보다 명확하다고 생각하거나 (2) 다른 개발자들이 실제보다 자신이 작성한 코드에 매우 많은 관심을 두고 있다고 생각하거나 (3) 다른 개발자들이 실제보다 똑똑하다고 생각하거나 (4) 아니면 게으르거나 (5) 다른 사람들이 코드가 어떻게 작동하는지를 알아내는 것을 두려워하기 때문이라고 생각합니다."

"소크라테스, 여기서는 코드 검토가 큰 도움이 될 것 같습니다," 이스메네가 말을 이었다. "누군가가 주석을 작성할 필요가 없다고 주장했는데 검토를 진행하는 도중에 많은 사람으로부터 '도대체 이 코드로 무엇을 구현하려고 한 것인가요?'라는 질문 공세를 받게 된다면 그 사람은 주석을 넣기 시작할 것입니다. 만약 자기가 알아서 작성하지 않는다면 관리자가 나서서 주석을 작성하게 할 것입니다."

"칼리클레스 당신이 게을러서 혹은 다른 사람들이 당신이 작성한 코드를 이해하는 것이 두려워서 주석을 작성하지 않는다고 생각하지는 않습니다. 지금까지 당신이 작성한 코드를 봤고 당신은 이 회사에서 가장 훌륭한 개발자 중 한 명입니다. 하지만 부탁 좀 하겠습니다. 당신 코드에 주석을 넣으면 작업하기가 훨씬 수월할 것 같습니다."

"하지만 그건 자원 낭비입니다." 칼리클레스가 대답했다. "훌륭한 개발자의 코드는 스스로 문서의 역할을 해야 합니다. 알아야 할 모든 정보가 코드에 있어야 합니다."

"그렇지 않습니다!" 트라시마코스가 의자에서 일어났다. "컴파일러가 알아야 하는 정보가 코드에 있는 것입니다! 차라리 이진 실행 파일에 있는 정보만 알면 된다고 주장하는 게 낫겠네요! 이진 파일을 읽을 수 있을 만큼 똑똑하다면 말이죠! 의도한 바는 코드에 있지 않습니다!"

트라시마코스는 자기가 서 있다는 사실을 깨닫고 자리에 앉았다. "소크라테스, 이건 말도 안 되는 얘기입니다. 왜 우리가 주석이 가치가 있는지, 없는지를 논쟁해야 하죠? 제가 지금까지 읽은 모든 자료에는 주석이 가치가 있으며 자유롭게 사용되어야 한다고 말하고 있습니다. 지금 우리는 시간을 낭비하고 있는 겁니다."

"진정하게, 트라시마코스. 칼리클레스에게 프로그래밍 경력이 얼마나 되는지 물어보게나."

"프로그래밍을 얼마나 오래 했죠, 칼리클레스?"

"음, 약 15년 전 아크로폴리스 IV에서 시작했습니다. 10여 개 정도의 큰 시스템을 그것이 태어났을 때부터 사라질 때까지 다루었던 것 같습니다. 그리고 큰 시스템 10개 정도를 더 작업했습니다. 그중 두 개는 코드만 50만 줄이 넘는 것이어서 제가 뭘 말하고 있는지 압니다. 주석은 전혀 쓸모가 없습니다."

소크라테스는 젊은 개발자를 바라보았다. "칼리클레스가 말했듯이 주석은 많은 문제점을 갖고 있으며 경험을 더 쌓지 않고는 그러한 사실을 깨닫지 못할 거네. 제대로 작성되지 않으면 없는 것만도 못하다네."

"제대로 작성해도 쓸모 없기는 마찬가지입니다." 칼리클레스가 말했다. "주석은 프로그래밍 언어보다 명확하지 않습니다. 저는 주석을 전혀 작성하지 않는 쪽을 택하겠습니다."

"잠깐만," 소크라테스가 말했다. "이스메네도 주석이 덜 명확하다는 점에는 동의하고 있다네. 그녀의 요점은 주석이 상대적으로 높은 추상화 수준을 제공한다는 것이고 우리 모두 추상화가 개발자가 지닌 가장 강력한 도구 중 하나라는 사실을 알고 있지 않나."

"저는 그렇게 생각하지 않습니다." 글라우콘이 대답했다. "주석에 집중하는 대신 코드의 가독성을 높이는 데 집중해야 합니다. 리팩터링은 제가 작성해야 하는 주석의 대부분을 없애 주었습니다. 리팩터링하고 나면 주석이 전혀 필요 없는 20에서 30개 정도의 함수

분명히 어느 정도는 주석이 유용하다. 그렇지 않다고 믿는 것은 프로그램의 이해도가 읽는 사람이 알고 있는 정보의 양과는 관련이 없다고 믿는 것과 같을 것이다.
— B.A. 셰일(B.A. Sheil)

호출로 구성된 코드를 갖게 됩니다. 훌륭한 개발자는 코드 자체에서 코드가 의도하는 바를 알 수 있으며 코드에 에러가 있다는 것을 알고 있는데 코드 작성자의 의도를 읽는 것이 무슨 도움이 될까요?" 글라우콘은 자신의 의견에 만족했다. 칼리클레스가 고개를 끄덕였다.

"마치 한 번도 다른 사람이 작성한 코드를 수정해야 했던 적이 없던 사람들이 하는 말 같군요," 이스메네가 말했다. 칼리클레스는 갑자기 천장 타일에 있는 글씨에 큰 흥미를 느끼고 있는 것 같았다. "자기가 작성한 코드를 6개월이나 1년 후에 읽어보는 게 어때요? 그러면 코드를 읽는 능력 뿐만 아니라 주석을 다는 능력도 향상시킬 수 있습니다. 둘 중 하나를 선택할 필요도 없습니다. 소설을 읽고 있다면 아마 표제가 필요 없을 겁니다. 하지만 기술 서적을 읽고 있다면 원하는 내용을 빨리 찾을 수 있기를 바랄 것입니다. 바꾸고자 하는 두 줄짜리 코드를 찾으려고 엄청나게 집중해서 수백 줄의 코드를 읽을 필요는 없다고 생각합니다."

"좋아요. 주석이 코드를 훑어보는 데는 유용하다는 사실은 알겠습니다." 글라우콘이 말했다. 그는 이전에 이스메네가 작성한 프로그램의 코드를 보고 깊은 인상을 받은 적이 있다. "하지만 칼리클레스가 말하는 또 다른 관점, 즉 코드가 변할 때 주석은 구식이 되어 버린다는 점에 대해서는 어떻게 생각하는지요? 저는 프로그래밍 경력이 2년 남짓 되었지만, 주석을 갱신하는 사람은 아무도 없다는 사실 쯤은 알고 있습니다."

"글쎄요. 그건 그렇기도 하지만 아니기도 합니다." 이스메네가 말했다. "주석을 신성시하고 코드를 의심한다면 심각한 문제에 빠질 것입니다. 실제로 주석과 코드가 일치하지 않는다면 둘 다 잘못되었다는 것을 의미하는 경향이 있습니다. 어떤 주석이 잘못되었다는 것이 주석을 다는 것 자체가 나쁘다는 것을 의미하지는 않는다는 점입니다. 저는 커피를 좀 더 가지러 잠시 식당에 다녀오겠습니다." 이스메네가 회의실을 나갔다.

"주석을 반대하는 저의 주된 이유는 주석이 자원 낭비이기 때문입니다." 칼리클레스가 말했다.

"주석을 작성하는 데 걸리는 시간을 최소화하는 방법에 대한 아이디어가 있는 사람은 없나요?" 소크라테스가 물었다.

"루틴을 의사코드에 설계한 다음 의사코드를 주석으로 바꾸고 주석 사이에 코드를 채우면 됩니다." 글라우콘이 말했다.

"좋아요. 주석이 코드를 반복하지 않는다면 좋은 방법일 것 같군요." 칼리클레스가 말했다.

"주석을 작성하면 당신이 작성한 코드가 무슨 일을 하는지 좀 더 진지하게 생각하게 될 것입니다." 식당에서 돌아온 이스메네가 말했다. "주석을 작성하기 어렵다면 코드가 나쁘거나 코드를 충분히 이해하고 있지 않다는 것을 의미합니다. 어느 경우든지 코드 작성에 시간을 좀 더 투자해야 하니 주석 작성에 보내는 시간은 낭비하는 게 아닙니다. 주석이 당신이 해야 할 일을 알려주니까요."

"좋습니다." 소크라테스가 말했다. "더 이상 질문이 떠오르지 않는군요. 오늘은 이스메네가 최고의 답을 이야기한 것 같습니다. 주석을 달도록 권장하겠지만, 제대로 작성해야 할 것입니다. 누구나 실질적으로 도움이 되는 주석이 어떤 것인지 알 수 있도록 코드 리뷰를 하겠습니다. 다른 사람의 코드를 이해하는 데 어려움이 있는 사람에게는 어떻게 그 문제를 개선할 수 있는지 알려주세요."

32.4 효과적인 주석을 위한 핵심 사항

다음 루틴이 무엇을 하고 있는가?

> 잘못 수립된 목표와 엉뚱한 버그, 비현실적인 일정이 있는 한 문서 작성 시간을 줄이고 바로 문제를 해결하려고 하는 진정한 개발자가 있을 것이다. 포트란 만세!
> – *에드 포스트(Ed Post)*

첫 번째 신비로운 자바 루틴

```java
// 1부터 num까지 모든 n에 대해서 1부터 n까지의 합을 출력한다.
current = 1;
previous = 0;
sum = 1;
for ( int i = 0; i < num; i++ ) {
    System.out.println( "Sum = " + sum );
    sum = current + previous;
    previous = current;
    current = sum;
}
```

답이 무엇이라고 생각하는가?

이 루틴은 *num*까지의 피보나치 수열을 계산한다. 이 코드 작성 스타일이 앞 장에서 소개했던 루틴 스타일보다는 낫지만, 주석이 틀렸다. 주석을 맹목적으로 믿으면 엉뚱한 결과를 기대하게 될 것이다.

그렇다면 다음 코드는 어떤가?

> **두 번째 신비로운 자바 루틴**
>
> ```
> // product를 "base"로 설정한다.
> product = base;
>
> // 2부터 "num"까지 반복한다.
> for ( int i = 2; i <= num; i++ ) {
>     // "product"에 "base"를 곱한다.
>     product = product * base;
> }
> System.out.println( "Product = " + product );
> ```

이 루틴은 *base*를 *num*만큼 거듭제곱한다. 이 루틴의 주석은 정확하지만, 코드에 아무런 정보도 제공하지 않는다. 이 주석은 단순히 코드를 말로 표현한 것에 불과하다.

다음은 마지막 루틴이다.

> **세 번째 신비로운 자바 루틴**
>
> ```
> // 뉴턴-랩슨법¹을 사용하여 num의 제곱근을 구한다.
> r = num / 2;
> while ( abs( r - (num/r) ) > TOLERANCE ) {
>     r = 0.5 * ( r + (num/r) );
> }
> System.out.println( "r = " + r );
> ```

이 루틴은 *num*의 제곱근을 계산한다. 코드는 훌륭하지 않지만, 주석이 정확하다.

어떤 루틴이 제대로 이해하기 가장 쉬운가? 어떤 루틴도 특별하게 잘 작성되지는 않았다. 특히 변수 이름이 형편없다. 하지만 한 마디로 이 루틴들은 내부 주석의 장단점을 보여준다. 첫 번째 루틴은 틀린 주석이 있다. 두 번째 루틴의 주석은 코드 내용을 그대로 반복하고 있으므로 쓸모가 없다. 세 번째 루틴의 주석만이 제 몫을 하고 있다. 형편없는 주석은 없는 것만 못하다. 첫 번째와 두 번째 루틴은 차라리 주석이 없는 것이 좋을 것이다.

다음 절에서는 효과적인 주석을 작성하기 위한 핵심 사항을 설명한다.

주석의 종류

주석은 여섯 가지 종류로 구분할 수 있다.

---

1 (옮긴이) 방정식 f(x) = 0의 해를 근사적으로 찾는 방법 방법

코드 반복

장황한 주석은 코드가 하는 일을 말만 바꾸어 다시 말한다. 이러한 주석은 추가적인 정보는 제공하지 않고 읽어야 하는 코드 양만 늘린다.

코드 설명

설명적인 주석은 일반적으로 복잡하거나 교묘하거나 미묘한 코드를 설명하는 데 사용된다. 코드가 그렇다면 이러한 주석이 유용하지만, 일반적으로는 코드가 혼란스럽기 때문이다. 코드가 설명이 필요할 정도로 복잡하다면 주석을 추가하는 것보다는 코드를 향상시키는 것이 대부분의 경우 더 낫다. 코드 자체를 명확하게 만들고 나서 개요나 의도를 나타내는 주석을 사용하도록 한다.

코드 표시 기능

표시 주석은 코드에 남겨서는 안 되는 주석이다. 이러한 주석은 개발자에게 해당 작업이 구현이 아직 끝나지 않았음을 알려주는 것이다. 어떤 개발자들은 문법적으로 맞지 않는 표시(예를 들면, ******)를 입력해 컴파일러가 이를 알아차리고 개발자에게 할 일이 더 있다는 것을 알려주게 한다. 또 어떤 개발자들은 주석에 컴파일을 방해하지 않는 특정한 문자열을 입력하여 코드를 찾을 때 활용한다.

고객이 코드의 문제점을 보고해 문제를 디버깅했는데, 다음과 같은 코드를 보게 되면 정말 기분 나쁠 것이다.

```
return NULL; // ****** 아직 구현되지 않았음! 배포하기 전에 수정할 것!
```

결함이 있는 코드를 고객에게 배포하는 것도 충분히 잘못된 일이지만, 결함이 있다는 것을 아는 코드를 배포하는 건 더 나쁜 일이다.

개인적으로는 표시 주석 스타일을 표준화하는 것이 도움이 된다는 사실을 발견했다. 표준화하지 않는다면 어떤 개발자는 ********을 사용하고 어떤 개발자는 *!!!!!*을 사용하고 또 어떤 개발자는 TBD를 사용하고 다른 개발자는 그 밖의 다양한 스타일을 사용할 것이다. 다양한 형태의 표기법을 사용하면 완성되지 않은 코드를 기계적인 방법으로 검색할 때 오류가 발생하거나 아예 검색 자체가 불가능할 수 있다. 특정 표시 스타일을 표준화하면 배포 검사 항목의 한 과정으로 완성되지 않은 코드를 기계적으로 검색할 수 있으며 '*배포하기 전에 수정할 것!!!*'과 같은 문제를 피할 수 있다. 어떤 편집기는 "to do" 태그를 지원하여 그러한 부분을 쉽게 찾는 기능을 제공한다.

코드 요약

코드를 요약하는 주석은 그저 요약만 한다. 이러한 주석은 몇 줄의 코드를 한두 개의 문장으로 나타낸다. 그러한 주석은 코드를 읽는 사람이 코드를 더 **빠르게** 살펴볼 수 있어 단순히 코드를 반복하는 주석보다는 훨씬 가치가 있다. 요약 주석은 코드를 작성한 사람보다는 다른 사람이 코드를 수정할 때 특히 유용하다.

코드의 의도를 설명

의도 수준의 주석은 코드의 목적을 설명한다. 의도 주석은 해결책 수준보다는 문제 수준에서 사용된다. 다음은 의도 주석의 한 가지 예다.

    -- 현재 직원 정보를 가져온다.

반면에 다음은 해결책에 대한 요약 주석이다.

    -- employeeRecord 객체를 갱신한다.

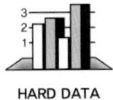
HARD DATA

IBM이 6개월 동안 수행한 연구는 유지보수 개발자들이 "코드를 작성한 개발자의 의도를 파악하는 것이 가장 어려운 점"이라고 가장 자주 말한다는 것을 밝혀냈다(Fjelstad and Hamlen 1979). 의도 주석과 요약 주석의 차이는 항상 명확하지 않으며 일반적으로는 중요하지 않다. 의도 주석의 예는 이 장 전체에서 보여주고 있다.

코드 자체로는 표현할 수 없는 정보

코드로는 표현할 수 없지만, 반드시 소스코드에 포함시켜야 하는 정보가 있다. 이러한 주석의 범주에는 저작권 설명, 기밀 사항, 버전 번호를 비롯해 다른 세부 사항이 포함된다. 또한 코드의 설계에 관한 기록, 관련 요구사항이나 아키텍처 문서에 대한 참고 문서, 온라인 참고 문서에 대한 링크, 최적화에 대한 기록, Javadoc이나 Doxygen과 같은 편집 도구에서 필요한 주석도 여기에 포함된다.

완성된 코드에 허용되는 세 가지 주석은 코드로 표현할 수 없는 정보와 의도 주석, 요약 주석이다.

효율적인 주석 작성

주석을 효과적으로 작성하는 데는 그리 많은 시간이 걸리지 않는다. 너무 많은 주석은 주석이 너무 적은 것만큼이나 좋지 않으며, 경제적으로 중도를 취할 수 있다.

주석은 두 가지 일반적인 이유로 작성하는 데 시간이 오래 걸린다. 첫째, 주석을 작성하는 스타일이 시간이 오래 걸리거나 장황한 경우가 있다. 그렇다면 새로운 스타일을 찾아라. 많은 작업이 필요한 주석 작성 스타일은 유지보수할 때 골치 아프다. 주석을 변경하기 어렵다면 아무도 변경하지 않을 것이고 그렇게 되면 정확하지 않거나 오해의 소지가 생겨 없는 것만 못하게 된다.

둘째, 프로그램이 무엇을 하는지 설명하기 위한 단어가 쉽게 떠오르지 않아서 주석을 작성하기가 어렵다. 그것은 대개 개발자가 프로그램이 하는 일을 제대로 이해하지 못한다는 신호다. "주석 작성"을 위한 시간이 프로그램을 제대로 이해하는 진짜 시간이며 이 시간은 주석을 작성하든 안 하든 상관없이 투자해야 하는 시간이다.

다음은 주석을 효율적으로 작성하기 위한 가이드라인이다.

변경하기 어렵지 않은 스타일을 사용하라. 지나치게 화려한 스타일을 이용하면 유지보수하기가 귀찮아진다. 예를 들면 다음 예제는 유지보수가 되지 않는 주석을 보여준다.

```
유지보수하기 어려운 주석 작성 스타일 자바 예제
// 변수              의미
// --------         ------
// xPos ..........  XCoordinate 좌표 (미터 단위)
// yPos ..........  YCoordinate 좌표 (미터 단위)
// ndsCmptng......  계산 필요 여부 (= 0 계산 필요하지 않음,
//                               = 1 계산 필요함)
// ptGrdTtl.......  전체 합산 포인트
// ptValMax.......  최고 포인트
// psblScrMax.....  최대 점수
```

생략 기호(......)가 유지보수하기 어렵다고 말했다면 맞는 말이다! 보기는 좋지만, 없어도 괜찮다. 이 기호는 주석을 수정할 때 할 일만 더해준다. 정확한 주석과 보기 좋은 주석 중 하나를 선택하라고 하면 분명 전자를 택하려고 할 것이고 다른 사람도 그럴 것이다.

다음은 유지보수하기 어려운 주석 작성 스타일의 또 다른 예다.

```
유지보수하기 어려운 주석 작성 스타일의 C++ 예제
/*****************************************************************
* 클래스: GigaTron (GIGATRON.CPP)                                *
*                                                                *
* 작성자: Dwight K. Coder                                        *
```

```
 *   작성일: 2014년 7월 4일                                                    *
 *                                                                            *
 * 21세기 코드 평가 도구를 제어하기 위한 루틴들이다.                             *
 * 이 루틴의 시작 포인트는 이 파일의 마지막에 위치한                            *
 * EvaluateCode() 루틴이다.                                                    *
 ******************************************************************************/
```

이것은 멋있는 블록 주석이다. 확실히 전체 블록이 모여 있고 블록의 시작과 끝이 분명하다. 이 주석에서 확실하지 않은 부분은 변경하기가 얼마나 쉬우냐는 것이다. 주석의 맨 아래에 파일 이름을 추가해야 한다면 새로 추가한 줄의 오른쪽 별표를 맞추려고 신경 써야 할 것이다. 문장(절) 주석을 변경해야 한다면 왼쪽과 오른쪽에 별표를 맞추느라 신경 써야 할 것이다. 현실에서 이렇게 되면 할 일이 너무 많아서 이 블록은 유지보수가 되지 않을 것이다. 키보드 키를 눌러 깔끔한 별표로 이루어진 칼럼을 얻을 수 있다면 정말 좋은 일이다. 그러한 방법을 사용하라. 문제는 별표가 아니라 그렇게 하면 유지보수하기가 어렵다는 사실이다. 다음 주석은 멋져 보일 뿐만 아니라 유지보수하기도 확실히 쉽다.

유지보수하기 쉬운 주석 작성 스타일의 C++ 예제

```
/******************************************************************
클래스: GigaTron (GIGATRON.CPP)

작성자: Dwight K. Coder
작성일: 2014년 7월 4일

21세기 코드 평가 도구를 제어하기 위한 루틴들이다.
이 루틴의 시작 포인트는 이 파일의 마지막에 위치한
EvaluateCode() 루틴이다.
******************************************************************/
```

다음은 유지보수하기 매우 어려운 스타일이다.

유지보수하기 어려운 주석 작성 스타일의 마이크로소프트 비주얼 베이직 예제

```
' Color 열거형을 설정한다.
' +---------------------------+
    ...

' Vegetable 열거형을 설정한다.
' +------------------------------+
    ...
```

대시 기호의 양쪽 끝에 있는 더하기 기호가 주석에 어떤 의미가 있는지는 정말 모르겠지만, 주석을 변경할 때마다 오른쪽 정확한 위치에 더하기 기호가 오게 밑줄을 조절해야 한다는 것은 쉽게 추측할 수 있다. 그리고 주석이 두 줄로 나뉘면 어떻게 할 것인가? 더하기 기호는 어떻게 맞출 것인가? 한 줄 안에 넣으려고 주석에서 몇 가지 단어만 추출할 것인가? 두 줄을 같은 길이로 만들 것인가? 이러한 접근 방법의 문제점은 일관된 형태로 적용하려고 할 때 많이 증가한다.

자바와 C++에 대한 일반적인 가이드라인은 다음 예처럼 한 줄 짜리 주석에는 //를 사용하고 두 줄 이상에는 /* ... */ 문법을 사용하는 것이다.

목적에 따라 서로 다른 주석 문법을 사용한 자바 예제

```
// 짧은 주석이다.
...
/* 이것은 훨씬 더 긴 주석입니다. 여든 하고도 일곱해 전, 우리의 선조들은 자유속에 잉태
된 나라, 모든 사람은 평등하다는 믿음에 바쳐진 새 나라를 이 대륙에 낳았습니다.
지금 우리는 그 나라, 혹은 그같이 잉태되고 그같이 헌신된 나라들이 오래도록 버틸 수가
있는가 시험받는 내전을 치르고 있습니다. 그리고 우리는 그 전쟁의 거대한 격전지가 되었
던 싸움터에 모였습니다. 우리는 그 땅의 일부를, 그 나라를 살리기 위하여 이 곳에서 생명
을 바친 이들에게 마지막 안식처로서 바치고자 모였습니다. 이것은 우리가 그들에게 해 줘
야 마땅하고 옳은 일인 것입니다.[2]
*/
```

첫 번째 주석은 짧게만 유지하면 유지보수하기가 쉽다. 좀 더 긴 주석에 대해 이중 슬래시를 계속해서 만들고 줄을 바꾸는 등 비슷한 작업을 계속하는 것은 그다지 의미가 없으므로 여러 줄 주석인 경우에는 /* ... */ 문법을 사용하는 게 더 좋다.

KEY POINT

핵심은 시간을 어떻게 소비할 것인지 주의해야 한다는 점이다. 더하기 기호를 맞추기 위해서 대시를 입력하고 삭제하는 데 많은 시간을 보낸다면 그건 프로그래밍을 하는 것이 아니라 시간을 낭비하는 것이다. 좀 더 효율적인 스타일을 찾아라. 더하기 기호와 함께 밑줄을 사용하는 경우에는 밑줄 없이 주석을 작성하는 방법을 선택할 수 있다. 강조하려고 밑줄을 사용한다면 다른 방법을 찾아본다. 주석의 길이에 상관없이 항상 밑줄의 길이를 일정하게 쓰는 것도 한 가지 방법이다. 그러한 밑줄은 유지보수가 필요 없고 처음에 텍스트 편집기의 매크로를 이용해 밑줄을 입력할 수 있다.

관련 정보 의사코드 프로그래밍 프로세스에 대한 자세한 정보는 9장 "의사코드 프로그래밍 프로세스"를 살펴본다.

주석 작성 시간을 줄이기 위하여 의사코드 프로그래밍 프로세스를 사용하라. 코드를 작성하기 전에 주석에 코드를 개략적으로 작성한다면 다양한 이득을 볼 수 있다. 코드가

---

2 (옮긴이) 위키피디아에서 발췌. 링컨의 게티즈버그 연설문

완료되면 주석도 함께 완성된다. 주석을 작성하는 데 시간을 할애할 필요가 없다. 또한 저수준 프로그래밍 언어 코드를 작성하기 전에 고수준 의사코드를 작성함으로써 얻는 설계상 이득을 취할 수 있다.

주석을 개발 스타일에 포함시켜라. 주석을 개발 스타일에 포함시키기 위한 다른 방안은 프로젝트가 끝날 때까지 주석을 작성하지 않는 것인데, 이 방법은 단점이 너무 많다. 이렇게 하면 한 번에 조금씩 수행할 때보다 작업량이 많아 보여 그 자체가 별도의 작업이 되어 버린다. 주석을 나중에 작성하면 이미 생각하고 있는 사실을 작성하는 것이 아니라 해당 코드가 무엇을 하는지 기억해내거나 알아내야 해서 시간이 훨씬 오래 걸린다. 또한 설계할 때의 가정이나 미묘한 사항을 잊기 쉬워 정확하지도 않다.

코드를 작성하면서 주석을 다는 것에 반대하는 사람은 "코드에 집중할 때는 주석을 작성하느라 집중력을 떨어뜨려서는 안 된다."라고 주장한다. 이러한 주장에 대해서 답변을 하자면 주석을 작성함으로써 생각하는 데 방해가 될 정도로 코드 작성에 집중해야 한다면 우선 의사코드로 설계를 구현한 다음 의사코드를 주석으로 변환해야 한다. 코드가 그 정도로 집중력을 요구한다면 문제가 있다는 징조다.

KEY POINT

설계가 코드를 작성하기에 너무 어렵다면 주석이나 코드에 대해 걱정하기 전에 설계를 단순화하라. 의사코드를 사용해 생각을 명확하게 정리하면 코드 작성도 쉽고 주석은 자동으로 완성될 것이다.

성능 때문에 주석을 작성하지 않는다는 것은 핑계일 뿐이다. 4.3절의 "기술 흐름 파악"에서 설명했던 기술의 흐름에 끊임없이 제기되는 특성은 주석이 성능 저하를 초래한다고 해석되는 환경이다. 1980년대, IBM PC에서 작동하는 베이직 프로그램에서는 주석 때문에 프로그램이 느려졌다. 1990년대에는 .asp 페이지가 그랬다. 2000년대에는 네트워크 연결로 전송해야 하는 자바스크립트 코드와 다른 코드가 같은 문제를 겪고 있다.

이 모든 경우에 궁극적인 해결책은 주석을 안 쓰는 것이 아니었다. 대신에 개발자 버전과 배포 버전의 코드를 다르게 생성했다. 이 작업은 전형적으로 빌드 과정의 일부로 주석을 없애는 툴을 통해 코드를 실행해 수행했다.

가장 적당한 주석 수

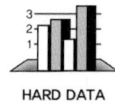
HARD DATA

캐퍼스 존스(Capers Jones)는 IBM의 연구에서 명령문 10개마다 주석을 하나 작성했을 때 이해도가 가장 높다는 것을 발견했다. 이보다 주석이 적으면 코드를 이해하기가 어려워졌다. 이보다 많은 주석도 코드에 대한 이해도를 떨어뜨렸다(Jones 2000).

이러한 연구는 자칫 남용될 수 있으며 때때로 어떤 프로젝트는 "프로그램에 적어도 다섯 줄마다 주석이 하나 있어야 한다."와 같은 표준을 채택하기도 한다. 이러한 표준은 개발자가 명확한 코드를 작성하고 있지 않다는 징후지만, 그것이 그 원인을 처리해주지는 못한다.

의사코드 프로그래밍 프로세스를 효과적으로 사용한다면 거의 모든 줄마다 주석을 갖게 될 것이다. 하지만 주석의 수가 이 프로세스의 부수 효과로 남을 것이다. 주석의 수를 문제 삼기보다는 각 주석이 효율적인지에 초점을 맞춰라. 주석이 코드가 작성된 이유를 설명하고 이 장에서 소개하는 다른 기준을 만족한다면 충분한 주석을 갖게 될 것이다.

32.5 주석 스타일

주석을 다는 방법은 주석을 적용하고자 하는 수준(프로그램, 파일, 루틴, 단락, 개별 줄)에 따라 여러 다른 기법을 적용할 수 있다.

개별 줄에 주석 작성

좋은 코드에서는 줄마다 주석을 작성할 필요가 거의 없다. 코드 줄마다 주석을 작성해야 하는 두 가지 가능한 경우는 다음과 같다.

- 해당 줄의 코드가 설명이 필요할 정도로 복잡하다.
- 해당 줄에서 오류가 발생한 적이 있어 이를 기록하고 싶다.

다음은 줄마다 주석을 작성하는 경우의 몇 가지 가이드라인이다.

제 멋대로인 주석은 피하라. 오래전에 기능에 문제가 생긴 프로그램을 수정하기 위하여 회사로 호출된 한 유지보수 개발자의 얘기를 들었다. 이 프로그램을 작성한 개발자는 이미 회사를 떠난 상태였고 연락이 닿지 않았다. 그 유지보수 개발자는 이 프로그램 작업에 참여하지 않았고 문서를 주의 깊게 살펴보고 난 후 다음과 같은 주석 하나만 발견할 수 있었다.

```
MOV AX, 723h ; R. I. P. L. V. B.
```

밤새 프로그램을 살펴보고 이 주석을 곰곰이 생각한 후에 그 개발자는 문제를 성공적으로 해결하고 집에 가서 잠을 잘 수 있었다. 몇 달이 지나 그는 그 프로그램을 작성한 개발자를 한 컨퍼런스에서 만났다. 그리고 그때 그 주석이 "베토벤이여, 편안히 잠들 소서

(Rest in peace, Ludwig van Beethoven)"을 의미한다는 것을 알게 되었다. 베토벤은 1827년(10진수, 16진수로 723)에 죽었다. 723h가 그 코드에 필요하다는 사실이 주석과는 아무런 관련이 없었다. 악!!!!!!!

줄 끝 주석의 문제점

줄 끝 주석은 코드 줄의 끝에 입력하는 주석이다.

```
줄 끝에 주석을 입력한 비주얼 베이직 예제
For employeeId = 1 To employeeCount
    GetBonus( employeeId, employeeType, bonusAmount )
    If employeeType = EmployeeType_Manager Then
        PayManagerBonus( employeeId, bonusAmount ) ' 전체 금액 지불
    Else
        If employeeType = EmployeeType_Programmer Then
            If bonusAmount >= MANAGER_APPROVAL_LEVEL Then
                PayProgrammerBonus( employeeId, StdAmt() ) ' 표준 금액 지불
            Else
                PayProgrammerBonus( employeeId, bonusAmount ) ' 전체 금액 지불
            End If
        End If
    End If
Next
```

환경에 따라 유용할 수도 있지만, 줄 끝 주석은 여러 가지 문제점을 제기한다. 이 주석은 코드의 시각적 구조를 방해하지 않으려면 오른쪽으로 정렬되어야 한다. 깔끔하게 레이아웃하지 않으면 주석이 마치 세탁기에 돌린 빨래처럼 보일 것이다. 줄 끝 주석은 형식을 맞추기가 쉽지 않다. 이 주석을 많이 사용한다면 주석을 가지런히 정렬하는 데 시간이 들 것이다. 그러한 시간은 코드를 알아가는 데 보내는 시간이 아니라 그저 스페이스 바(spacebar)와 탭(tab) 키를 누르는 지루한 작업에 들어간다.

줄 끝 주석은 관리하기도 어렵다. 줄 끝 주석을 포함하는 코드가 길어지면 그 줄의 주석만 튀어나오게 돼 다른 모든 줄 끝 주석을 다시 맞추어야 한다. 관리하기 어려운 스타일은 관리가 되지 않으며 수정 시 주석이 향상되기보다는 악화된다.

또한 줄 끝 주석은 모호한 경우가 많다. 일반적으로 줄 끝의 오른편에는 공간이 많지 않기 때문에 주석을 한 줄에 넣으려면 당연히 주석이 짧아져야 한다. 그렇게 되면 주석을 가능한 한 명확하게 작성하는 것보다는 주석을 짧게 만드는 작업에 치중하게 된다.

한 줄짜리 줄 끝 주석을 피하라. 줄 끝 주석은 실질적인 문제와 더불어 여러 개념적인 문제를 제기한다. 다음은 줄 끝 주석을 사용한 예다.

불필요한 줄 끝 주석을 사용한 C++ 예제
```
memoryToInitialize = MemoryAvailable();        // 가능한 메모리를 구한다.
pointer = GetMemory( memoryToInitialize );     // 해당 메모리를 가리키는 포인터를 구한다.
ZeroMemory( pointer, memoryToInitialize );     // 메모리를 0으로 세팅한다
...
FreeMemory( pointer );                         // 할당된 메모리를 해제한다
```

이 주석들은 코드 내용을 반복하고 있을 뿐이다.

줄 끝 주석의 전체적인 문제점은 코드 한 줄에 대한 의미 있는 주석을 작성하기가 어렵다는 점이다. 대부분의 줄 끝 주석이 해당 줄의 코드를 반복하고 있기 때문에 이롭기보다는 해로운 경우가 많다.

코드 여러 줄에 대한 줄 끝 주석을 피하라. 하나의 줄 끝 주석을 한 줄 이상의 코드에 적용하고자 하면 주석이 어떤 줄에 해당하는 것인지 나타낼 수 없다.

줄 끝 주석을 코드 여러 줄에 적용하여 혼란을 일으키는 비주얼 베이직 예제
```
For rateIdx = 1 to rateCount                        ' 할인율을 계산한다
    LookupRegularRate( rateIdx, regularRate )
    rate( rateIdx ) = regularRate * discount( rateIdx )
Next
```

이 주석은 내용은 좋지만, 위치는 좋지 않다. 주석이 특정한 명령문에 적용되는지, 아니면 전체 반복문에 적용되는지 알기 위해 주석과 코드 모두 읽어야 한다.

줄 끝 주석을 사용해야 할 때

줄 끝 주석을 사용할 수 있는 세 가지 예외적인 상황이 있다.

관련 정보 데이터 선언에 대한 줄 끝 주석의 다른 형태는 이 절의 뒤에서 소개하는 "데이터 선언에 주석 작성"에서 설명한다.

데이터 선언에 주석을 작성하기 위해서 줄 끝 주석을 사용하라. 너비가 충분하면 줄 끝 주석을 코드에 사용하더라도 전체적으로 문제가 없어서 줄 끝 주석이 데이터 선언에 주석을 작성할 때 유용하다. 너비가 132칸 정도 되면 각 데이터 선언 옆에 의미 있는 주석을 작성할 수 있다.

데이터 선언에 대해서 줄 끝 주석을 잘 사용한 자바 예제
```
int boundary = 0;              // 배열에서 정렬된 부분의 상위 인덱스
String insertVal = BLANK;      // 정렬된 위치에 삽입하기 위한 데이터 elmt
int insertPos = 0;             // 정렬된 위치에 elmt를 삽입하기 위한 위치
```

유지보수 기록을 위해서 줄 끝 주석을 사용하지 말라. 때때로 줄 끝 주석이 초기 개발 이후로 코드에 대한 수정 사항을 기록하는 데 사용되기도 한다. 이러한 주석은 전형적으로 날짜와 개발자 이름의 머리글자, 또는 오류 보고 번호 등으로 이루어져 있다. 다음은 이러한 주석의 예다.

```
for i = 1 to maxElmts . 1 -- 오류 수정 #A423 10/1/05 (scm)
```

늦은 밤까지 개발 중인 소프트웨어를 디버깅하고 난 후에 기쁜 마음으로 주석을 추가할 수는 있지만, 그러한 주석이 제품 코드에 있으면 절대 안 된다. 그러한 주석은 버전 관리 소프트웨어에 입력되어야 한다. 주석은 왜 이전에는 작동하지 않았는데 지금은 작동하는지에 대한 이유를 설명해야 한다.

> 관련 정보 블록의 끝을 표시하기 위한 줄 끝 주석의 사용은 이 절의 뒷부분에 있는 "제어 구조에 주석 작성"에서 설명한다.

블록의 끝을 표시하기 위해서 줄 끝 주석을 사용하라. while 문이나 if 문과 같이 길이가 긴 코드 블록의 끝을 표시하는 데 줄 끝 주석을 유용하게 사용할 수 있다. 이에 대해서는 이 장의 뒷부분에서 자세히 소개한다.

특별한 두 가지 경우를 제외하면 줄 끝 주석은 개념적인 문제를 갖고 있고 코드를 복잡하게 만들기 쉽다. 또한 줄 끝 주석은 코드의 포맷을 맞추고 관리하기도 어렵다. 결론적으로 피하는 게 상책이다.

코드 단락에 주석 작성

문서화가 잘된 프로그램의 주석 대부분은 한두 문장으로 코드 단락을 설명한다.

코드 단락에 대해서 좋은 주석을 작성한 자바 예제
```
// root를 교체한다.
oldRoot = root[0];
root[0] = root[1];
root[1] = oldRoot;
```

이 주석은 코드를 반복하지 않고 코드가 의도하는 바를 설명한다. 이러한 주석은 비교적 관리하기도 쉽다. 예를 들어 *root* 값을 교환하는 방법에 문제가 있더라도 주석을 변경할 필요가 없을 것이다. 의도 수준에서 작성되지 않은 주석은 관리하기가 더 어렵다.

코드의 의도를 나타내기 위한 주석을 작성하라. 주석 다음에 오는 코드 블록의 목적을 설명하라. 다음은 의도 수준에서 작성한 것이 아니어서 비효과적인 주석의 한 예다.

관련 정보 간단한 문자열 검색을 수행하는 이 코드는 설명을 위해 작성한 코드일 뿐이다. 실제 코드에서는 자바가 기본 제공하는 문자열 라이브러리 함수를 사용할 것이다. 언어의 기능을 이해하는 것의 중요성에 대해서는 33.3절의 "읽어라!"를 살펴본다.

비효과적인 주석을 작성한 자바 예제

```java
/* $ 기호를 만나거나 모든 문자를 검사할 때까지
   "inputString"의 각 문자를 검사한다.
*/
done = false;
maxLen = inputString.length();
i = 0;
while ( !done && ( i < maxLen ) ) {
    if ( inputString[ i ] == '$' ) {
        done = true;
    }
    else {
        i++;
    }
}
```

이 코드를 읽으면 루프가 $를 찾고 있다는 사실을 알 수 있고 그러한 내용이 주석에 요약되어 있기 때문에 어느 정도 도움이 될 것이다. 이 주석의 문제는 단순히 코드 내용을 반복할 뿐이며 코드가 무엇을 해야 하는지에 대한 정보를 제공하지 않는다는 점이다. 다음과 같은 주석이 더 좋다.

```
// inputString에서 '$'를 찾는다.
```

이 주석은 루프의 목적이 $를 찾는다는 것을 알려주기 때문에 이전 주석보다 낫다. 하지만 여전히 왜 루프에서 $를 찾아야 하는지에 대한 정보는 제공하지 않는다. 다음 주석이 더 좋다.

```
// 명령어 종결자($)를 찾는다.
```

이 주석은 소스코드에는 포함되어 있지 않은 정보, 즉 $ 기호가 명령어의 끝을 나타낸다는 정보를 담고 있다. 그러한 사실은 코드를 읽어서는 절대로 유추할 수 없기 때문에 이 주석은 정말로 도움이 된다.

의도 수준의 주석에 대해서 생각하는 또 다른 방법은 주석을 작성하고자 할 때 같은 작업을 수행하는 루틴의 이름을 어떻게 지을 것인지 생각해보는 것이다. 한 가지 목적만 갖는 코드 단락을 작성할 때는 그것이 어려운 일이 아니다. 앞 예제 코드의 주석이 한 가지 좋은 예다. *FindCommandWordTerminator()*는 적당한 루틴 이름이다. *Find$InInputString()*이나 *CheckEachCharacterInInputStrUntilADollarSignIsFoundOrAllCharactersHaveBeenChecked()*와 같은 이름은 부적절한(또는 타당하지 못한) 이름이다. 루틴의 이름을 축약이나 생략 없이 기술해야 한다. 그러한 설명이 주석으로 작성되어야 하며 그것이 아마 의도 수준의 주석이 될 것이다.

KEY POINT

문서화에 들일 노력을 코드 작성에 들여라. 언제나 코드 자체가 확인해야 할 가장 첫 번째 문서라는 점을 다시 한번 확실히 해두자. 앞의 예제에서 리터럴 $는 이름 상수로 대체해야 하며 변수가 진행되는 상황에 대한 단서를 제공해야 한다. 가독성을 높이고 싶다면 검색 결과가 들어갈 변수를 추가한다. 그렇게 함으로써 반복문의 인덱스와 반복문의 결과를 확실하게 구분할 수 있다. 다음은 훌륭한 주석과 스타일로 재작성한 코드다.

훌륭한 주석과 훌륭한 코드로 작성된 자바 예제
```java
// 명령어 종결자를 찾는다.
foundTheTerminator = false;
commandStringLength = inputString.length();
testCharPosition = 0;
while ( !foundTheTerminator && ( testCharPosition < commandStringLength ) ) {
    if ( inputString[ testCharPosition ] == COMMAND_WORD_TERMINATOR ) {
        foundTheTerminator = true;
        terminatorPosition = testCharPosition;    ←── 이 변수가 검색 결과를 포함한다.
    }
    else {
        testCharPosition = testCharPosition + 1;
    }
}
```

코드가 아주 좋다면 의도 수준에 근접하여 읽힐 것이므로 코드의 목적에 대한 주석의 설명이 무색해진다. 그때는 주석과 코드가 다소 많아 보일 수도 있지만, 그러한 문제를 겪는 프로그램은 거의 없다.

관련 정보 코드의 일부를 고유한 루틴으로 옮기는 방법에 관한 자세한 정보는 24.3절의 "루틴 추출/메서드 추출"을 살펴본다.

이 코드를 작성하는 또 다른 방법은 *FindCommandWordTerminator()* 와 같은 이름의 루틴을 만든 다음, 샘플에 있는 코드를 해당 루틴으로 옮기는 것이다. 그러한 생각을 기술하는 주석이 유용하겠지만, 소프트웨어가 진화할수록 주석이 루틴의 이름보다 부정확해질 수 있다.

단락 주석을 작성할 때 방법보다는 그 이유를 집중적으로 다루어라. 어떤 것이 어떻게 처리되는지 설명하는 주석은 일반적으로 문제 수준보다는 프로그래밍 언어 수준으로 작성된다. 연산이 처리되는 방법을 중점적으로 다루는 주석이 연산의 목적을 설명하기란 거의 불가능하며 방법을 설명하는 주석은 필요 이상으로 작성되는 경우가 많다. 다음 주석이 코드가 말해주지 않는 내용을 말해주는가?

방법에 대해서 주석을 작성한 자바 예제
```java
// 만약 account flag가 0이라면
if ( accountFlag == 0 ) ...
```

이 주석은 코드 자체에서 말하는 내용 이외에는 아무것도 말해주지 않는다. 그렇다면 다음 주석은 어떤가?

이유에 대해서 주석을 작성한 자바 예제
```java
// 만약 새로운 계정을 만들고 있다면
if ( accountFlag == 0 ) ...
```

이 주석은 코드 자체에서는 추론할 수 없는 무언가를 말해주고 있기 때문에 훨씬 좋다. 코드 자체도 0 대신 의미 있는 열거형 타입 이름을 사용하고 더 나은 변수 이름을 사용하여 향상시킬 수 있다. 다음은 이 주석과 코드를 가장 훌륭하게 작성한 버전이다.

"이유"에 대한 주석을 작성하고 훌륭한 스타일을 사용한 자바 예제
```java
// 만약 새로운 계정을 만들고 있다면
if ( accountType == AccountType.NewAccount ) ...
```

코드가 이 정도 수준의 가독성을 갖게 되면 주석이 필요한지 의문을 가져도 된다. 이 경우에는 코드가 향상되어 주석이 중복되어버렸기 때문에 아마 주석을 제거해야 할 것이다. 아니면 주석의 목적을 다음과 같이 약간 변경할 수 있다.

"섹션 제목" 주석을 사용한 자바 예제
```java
// 새로운 계정을 개설한다.
if ( accountType == AccountType.NewAccount ) {
    ...
}
```

이 주석이 *if* 테스트 다음에 오는 전체 코드 블록을 문서화하면 요약 수준의 역할을 수행하고 주석이 참조하는 코드 단락에 대한 섹션 제목으로 남는다.

코드를 읽는 개발자에게 다음에 오는 내용을 알려주기 위하여 주석을 작성하라. 훌륭한 주석은 코드를 보는 사람에게 다음에 무엇이 올지 말해준다. 개발자는 주석만 읽고도 코드가 무엇을 수행하고 특정한 기능을 어디서 찾아야 하는지에 대한 아이디어를 얻을 수 있어야 한다. 이러한 규칙이 성립하려면 주석이 설명하는 코드보다 항상 앞에 위치해야 한다. 이러한 개념은 프로그래밍 수업에서 항상 가르치지는 않지만, 업계에서는 잘 정리된 규약이다.

주석을 소중하게 여겨라. 지나치게 많은 주석은 가치가 없다. 주석이 너무 많으면 오히려 주석이 설명하고자 했던 코드를 모호하게 만든다. 더 많은 주석을 작성하기보다는 코드 자체의 가독성을 높이기 위해 노력한다.

일반적이지 않은 내용을 문서화하라. 코드 자체만으로 명확하지 않은 내용이 있다면 그러한 내용을 주석에 넣어라. 성능을 향상시키기 위해 직관적인 방법 대신 교묘한 기술을 사용했다면 직관적인 기술에는 무엇이 있으며 교묘한 기술을 사용해 어느 정도의 성능 향상을 얻었는지 주석으로 작성한다. 다음은 이에 대한 예제다.

일반적이지 않은 내용을 문서화한 C++ 예제
```cpp
for ( element = 0; element < elementCount; element++ ) {
    // 2로 나누기 위해서 오른쪽 시프트를 사용한다.
    // 루프 시간을 75% 줄이기 위해서 오른쪽 시프트를 사용한다.
    elementList[ element ] = elementList[ element ] >> 1;
}
```

이 예제에서 오른쪽 시프트는 의도적으로 선택한 방법이다. 숙련된 개발자들 사이에 정수형에 대해서 오른쪽 시프트가 2로 나누는 것과 같다는 것은 널리 알려진 상식이다.

이 내용이 상식이라면 왜 문서화해야 할까? 왜냐하면, 이 연산의 목적이 오른쪽 시프트를 수행하기 위한 것이 아니고 2로 나누기 위한 것이기 때문이다. 이 코드가 목적에 가장 적합한 방법을 사용하지 않는다는 사실이 중요하다. 게다가 대부분의 컴파일러가 정수 나누기 2 연산을 오른쪽 시프트로 최적화하므로 이러한 방법을 사용하여 명확성을 떨어뜨릴 필요가 없다는 것을 의미하기도 한다. 이렇게 특별한 경우에는 컴파일러가 나누기 2 연산을 최적화할 필요가 없고 시간이 크게 절약될 것이다. 문서화하면 이 코드를 읽는 개발자가 이 명확하지 않은 기술을 사용하는 동기를 이해하게 된다. 주석이 없다면 이 코드는 성능에 아무런 도움도 되지 않는데 쓸데없이 "똑똑하다"는 불평을 듣기가 쉬울 것이다. 일반적으로 그러한 불평은 당연하므로 예외적인 상황은 문서화하는 것이 중요하다.

축약하지 마라. 주석은 축약된 내용을 이해하려는 노력 없이도 명백하고 읽기 쉬워야 한다. 주석에서는 매우 일반적인 축약을 제외하고는 축약하지 않아야 한다. 줄 끝 주석을 사용하는 경우가 아니라면 보통 축약하고 싶지 않을 것이다. 줄 끝 주석을 사용하는데 주석을 축약해 사용하고 있다면 그로 인해 더 많은 문제가 발생한다는 점을 알아야 한다.

중심 주석과 부차적인 주석을 구별하라. 어떤 경우에는 상세한 주석이 이전의 광범위한 주석의 일부라는 사실을 가리키기 위하여 주석의 수준을 구별하고 싶을 것이다. 이러한 상황은 두 가지 방법으로 처리할 수 있다. 중심 주석에는 밑줄을 긋고 부차적인 주석에는 밑줄을 긋지 않는 방법이다.

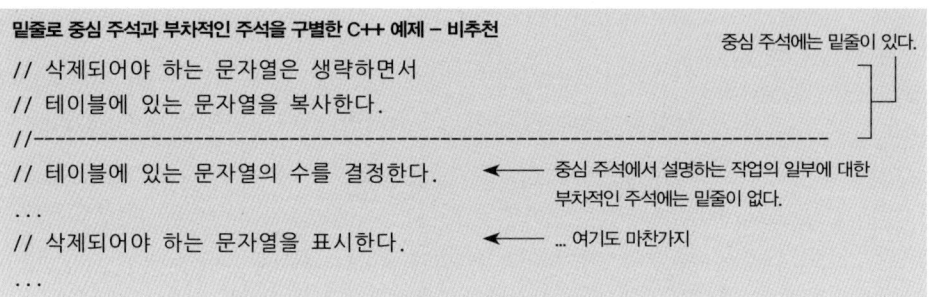

밑줄로 중심 주석과 부차적인 주석을 구별한 C++ 예제 – 비추천

```
// 삭제되어야 하는 문자열은 생략하면서
// 테이블에 있는 문자열을 복사한다.
//-----------------------------------------------------------------
// 테이블에 있는 문자열의 수를 결정한다.     ← 중심 주석에서 설명하는 작업의 일부에 대한
...                                           부차적인 주석에는 밑줄이 없다.
// 삭제되어야 하는 문자열을 표시한다.       ← ... 여기도 마찬가지
...
```

중심 주석에는 밑줄이 있다.

이러한 접근 방법의 단점은 실제 원하는 것보다 더 많은 주석에 밑줄을 그어야 한다는 점이다. 어떤 주석에 밑줄을 긋는다면 밑줄이 없는 나머지 모든 주석이 그 주석에 종속되어 있다고 생각할 것이다. 결과적으로 밑줄이 있는 주석에 종속되어 있지 않은 첫 번째 주석을 작성할 때는 반드시 밑줄을 그어야 하고 계속해서 이와 같은 작업을 반복해야 한다. 그 결과 밑줄이 너무 많아지거나 밑줄의 위치가 마구잡이거나 밑줄이 없는 경우도 생기게 된다.

이 방법은 모두 같은 문제점을 가진 다양한 형태로 존재한다. 중심 주석을 모두 대문자로 입력하고 부차적인 주석을 소문자로 입력한다면 밑줄이 있는 주석이 너무 많았던 상황에서 대문자가 너무 많은 주석으로 바뀔 뿐이다. 어떤 개발자들은 중심 주석은 대문자로 시작하고 부차적인 주석은 소문자로 시작하는 방법을 사용하지만, 이는 시각적으로 너무 눈에 띄지 않는다.

더 나은 접근 방법은 부차적인 주석 앞에 생략기호(...)를 사용하는 것이다.

생략 기호로 중심 주석과 부차적인 주석을 구별한 C++ 예제

```
// 삭제되어야 하는 문자열은 생략하면서       ← 중심 주석은 일반적인 형태로 작성되었다.
// 테이블에 있는 문자열을 복사한다.
// ... 테이블에 있는 문자열의 수를 결정한다.   ← 중심 주석에서 설명하는 작업의 일부에 대한
...                                            부차적인 주석 앞에 생략 기호가 추가되었다.
// ... 삭제되어야 하는 문자열을 표시한다.     ← ... 여기도 마찬가지
...
```

가장 좋은 또 다른 방법은 중심 주석을 특정한 루틴에 입력하는 것이다. 루틴들은 논리적으로 "수평적"이고 모든 기능의 논리적 수준이 대략 비슷해야 한다. 코드가 한 루틴에서 중심 작업과 부차적인 작업을 구별하고 있다면 그 루틴은 수평적이지 않다. 일련의 복잡한 작업을 각각의 고유한 루틴에 작성함으로써 논리적으로 뒤죽박죽인 하나의 루틴 대신 논리적으로 수평적인 두 개의 루틴으로 만들 수 있다.

중심 주석과 부차적인 주석에 관한 이러한 논의를 반복문과 조건문 내의 들여쓰기 코드에는 적용하지 않는다. 그러한 경우에는 종종 반복문의 맨 위에 전체적인 주석을 작성하고 들여쓰기 된 코드 내에서 해당 작업에 관한 더 상세한 주석을 작성하게 될 것이다. 이 경우에는 들여쓰기가 주석의 논리적인 구조에 대한 단서를 제공한다. 이러한 논의는 복잡한 연산을 구성하는 여러 개의 단락과 다른 단락에 종속되어 있는 단락 내에 있는 일련의 코드에만 적용한다.

프로그래밍 언어나 개발 환경에서의 오류나 문서화되어 있지 않은 기능에 관한 내용을 주석으로 작성하라. 그것이 오류라면 아마도 문서화되어 있지 않을 것이다. 별도로 문서화되어 있는 기능이라도 코드에 다시 기록한다고 해서 나쁠 건 없다. 문서화되어 있지 않은 기능이라면 당연히 다른 곳에도 문서화되어 있지 않으므로 코드에서 문서화해야 한다.

라이브러리 함수 *WriteData(data, numItems, blockSize)*는 *blockSize*가 *500*인 경우를 제외하고는 정상적으로 작동하는 것을 발견했다고 가정해 보자. *499*와 *501*, 그리고 시도했던 다른 모든 값에서는 제대로 작동하는데, *blockSize*가 *500*일 때만 버그가 발생하는 것을 알아냈다. *WriteData()*를 사용하는 코드에는 *blockSize*가 *500*인 경우를 특별히 처리한 이유를 기록으로 남겨야 한다. 다음은 이에 대한 예제다.

오류 처리를 문서화한 자바 예제
```
blockSize = optimalBlockSize( numItems, sizePerItem );

/* 다음 코드는 WriteData()에서 세 번째 매개변수가 500일 때만
발생하는 오류를 해결하는 데 필요하다.
명확하게 하기 위해서 '500'을 이름 상수로 대체했다.
*/
if ( blockSize == WRITEDATA_BROKEN_SIZE ) {
    blockSize = WRITEDATA_WORKAROUND_SIZE;
}
WriteData ( file, data, blockSize );
```

좋은 프로그래밍 스타일을 어긴 이유를 설명하라. 좋은 프로그래밍 스타일을 어겼다면 이유를 설명한다. 그렇게 해야 좋은 의도를 가진 개발자가 그 코드를 더 좋은 스타일로 변환하여 코드를 망가뜨리지 못한다. 그러한 설명은 코드를 작성 당시에 마음 내키는 대로 작성한 것이 아니라 무슨 일을 하고 있었는지 알고 있었다는 것을 분명히 밝혀줄 것이다. 신용이 필요한 곳에는 자신이 믿을 만하다는 것을 보여줘야 한다!

교묘한 코드에는 주석을 작성하지 않는다. 코드를 다시 작성하라. 다음은 내가 참여했던 프로젝트에서 가져온 주석이다.

똑똑한 코드에 주석을 작성한 C++ 예제
```
// 매우 중요한 사항:
// 이 클래스의 생성자는 UiPublication에 대한 참조를 매개변수로 받는다.
// UiPublication 객체는 DatabasePublication 객체보다 먼저 소멸되어서는 안 된다.
// 그렇게 되면 DatabasePublication이 프로그램을 비참한 죽음으로 몰 것이다.
```

이 예제는 "주석은 특히 '교묘'하거나 '미묘한' 부분을 문서화하는 데 사용되어야 한다"는 가장 널리 행해지는 프로그래밍 습관의 한 예다. 이러한 주석을 작성하는 근거는 사람들이 특정 부분을 작업하고 있을 때 주의할 필요가 있다는 것을 알아야 한다는 것이다.

이는 매우 위험한 생각이다.

교묘한 코드에 주석을 다는 것은 확실히 잘못된 접근 방법이다. 주석이 어려운 코드를 쉽게 만들어주지는 않는다. 커니핸과 플로거가 강조했듯이 "나쁜 코드를 문서화하지 말라. 그런 코드는 다시 작성하라."(Kernighan and Plauger 1978)

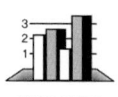

한 연구에서는 많은 주석이 달린 코드는 결함이 있을 확률이 가장 높고 개발자가 가장 많은 노력을 들여야 한다는 것을 밝혀냈다(Lind and Vairavan 1989). 이 연구자들은 개발자가 어려운 코드에 아주 많은 주석을 다는 경향이 있다고 가설을 세웠다.

개인적으로 "이 코드는 정말 *교묘한* 코드입니다."라는 말은 "이 코드는 정말 *나쁜* 코드입니다."로 이해한다. 어떤 코드가 교묘해 보인다면 다른 사람들은 그 코드를 이해할 수 없을 것이다. 심지어 전혀 교묘해 보이지 않는 코드도 그러한 기술을 한 번도 본 적이 없는 사람에게는 엄청나게 복잡해 보일 수 있다. 개발자 스스로 "이 코드가 교묘한가?"라고 물어봐야 한다. 교묘하지 않은 방법은 언제나 찾을 수 있으니 코드를 다시 작성해라. 주석이 필요 없을 정도로 코드를 작성한 다음, 주석으로 코드를 한층 더 향상시켜라.

이러한 조언은 주로 코드를 처음 작성할 때 유념할 사항이다. 프로그램 유지보수를 하고 있는데 잘못된 코드를 다시 작성할 수 있는 권한이 없다면 교묘한 부분에 대해서 주석을 작성하는 것이 좋은 습관이다.

데이터 선언에 주석 작성

관련 정보 주석 형식에 관한 자세한 정보는 31.5절의 "데이터 선언 레이아웃"을 살펴본다. 데이터를 효과적으로 사용하기 위한 방법에 관한 자세한 정보는 10장부터 13장까지의 내용을 살펴본다.

변수 선언에 작성한 주석은 변수 이름으로는 설명할 수 없는 변수의 특성을 설명한다. 신중하게 데이터에 주석을 작성하는 것이 중요하다. 이를 연구한 한 회사는 데이터가 사용되는 곳에 작성된 주석보다 데이터가 선언된 곳에 작성된 주석이 훨씬 중요하다는 결론을 내렸다(SDC, in Glass 1982). 다음은 데이터에 주석을 작성하기 위한 몇 가지 가이드라인이다.

수치 데이터의 단위를 주석으로 작성하라. 어떤 숫자가 길이를 표현한다면 그 길이가 인치나 피트, 미터, 킬로미터 중 어떤 단위로 표현되는지 명시해야 한다. 시간을 나타낸다면 1980년 1월 1일 이후의 초 시간으로 표현되는지, 아니면 프로그램이 시작된 이후의 밀리초로 나타내는지를 명시해야 한다. 좌표를 나타낸다면 위도와 경도, 고도를 나타내는지, 라디안 값이나 각도를 나타내는지, 아니면 지구의 중심을 원점으로 하는 X, Y, Z 좌표계를 표현하는지 명시해야 한다. 그러한 단위를 누구나 쉽게 안다고 생각해서는 안 된다. 새로운 개발자는 그렇지 않을 것이다. 시스템의 다른 부분을 다루는 사람도 마찬가지일 것이다. 프로그램이 많이 변경되면 그러한 단위는 명백해지지 않을 것이다.

또 다른 방법으로 많은 경우에 변수의 단위를 주석으로 작성하기보다는 변수의 이름에 포함시켜야 한다. *distanceToSurface = marsLanderAltitude* 같은 표현식은 아마 올바른 것처럼 보이지만 *distanceToSurfaceInMeters = marsLanderAltitudeInFeet* 같은 표현식은 단위와 관련된 오류를 분명하게 드러낸다.

관련 정보 변수의 허용 가능한 범위를 문서화하는 더욱 강력한 방법은 변수의 값이 예상 범위에 있어야 한다는 것을 보장하기 위해서 루틴의 처음과 끝에서 어설션을 사용하는 것이다. 더 자세한 정보는 8.2절 "어설션"을 살펴본다.

허용 가능한 값의 범위를 주석으로 작성하라. 변수가 어떤 범위 내에 있어야 한다면 기대 범위를 주석으로 작성한다. 에이다 프로그래밍 언어의 가장 강력한 기능의 하나가 숫자 변수의 허용 가능한 값을 특정 범위로 제한할 수 있다는 것이었다. 사용하는 언어가 그러한 기능을 제공하지 않는다면(대부분의 언어가 지원하지 않는다) 주석을 이용해 값의 기대 범위를 작성한다. 가령 변수가 달러를 표현한다면 그 값이 1달러부터 100달러 사이의 값이어야 한다는 것을 명시하라. 변수가 전압을 나타낸다면 105볼트부터 125볼트 사이의 값이어야 한다는 것을 명시해야 한다.

코드의 의미를 주석으로 작성하라. C++와 비주얼 베이직처럼 사용하는 언어가 열거형을 지원한다면 코드의 의미를 표현하는 데 열거형을 사용한다. 지원하지 않는다면 주석을 사용해 각 값이 무엇을 표현하는지 나타내고 각 값에 대해 리터럴 대신 이름 상수를 사용한다. 변수가 전류의 종류를 표현한다면 1이 교류를 나타내고 2가 직류, 3은 *무정전* 상태를 표현한다는 사실을 주석으로 작성한다.

다음은 앞에서 설명한 세 가지 방법을 설명하기 위하여 변수 선언을 문서화하는 예제다. 예제에서는 모든 범위 정보를 주석으로 제공한다.

변수 선언을 훌륭하게 문서화한 비주얼 베이직 예제
```
Dim cursorX As Integer    ' 수평선 상의 커서의 위치; 1부터 MaxCols 사이의 범위
Dim cursorY As Integer    ' 수직선 상의 커서의 위치; 1부터 MaxRows 사이의 범위

Dim antennaLength As Long      ' 미터 단위의 안테나 길이; 범위는 >= 2
Dim signalStrength As Integer  ' 킬로와트 단위의 신호 세기; 범위는 >= 1

Dim characterCode As Integer       ' ASCII 문자 코드; 0부터 255 사이의 범위
Dim characterAttribute As Integer  ' 0=일반; 1=기울임; 2=굵게; 3=굵은 기울임
Dim characterSize As Integer       ' 포인트 단위의 문자 크기; 4부터 127 사이의 범위
```

입력 데이터의 한계를 주석으로 작성하라. 입력 데이터는 입력 매개변수나 파일, 직접적인 사용자 입력으로부터 올 것이다. 앞에서 설명한 가이드라인은 루틴 입력으로 들어오는 매개변수뿐만 아니라 다른 데이터에도 적용할 수 있다. 예상된 값과 예상되지 않은 값을 문서화하도록 한다. 주석은 어떤 루틴이 특정한 값을 절대로 받아서는 안 된다는 것을 문서화하는 한 가지 방법이다. 어설션은 타당한 값의 범위를 문서화하는 또 다른 방법이며 어설션을 사용하면 코드가 훨씬 더 자기 점검적이 된다.

비트 수준의 플래그를 문서화하라. 변수가 비트 필드로 사용된다면 각 비트의 의미를 문서화한다.

> **관련 정보** 플래그 변수의 명명에 관한 자세한 내용은 11.2절의 "상태 변수 이름"을 살펴본다.

비트 수준의 플래그를 문서화한 비주얼 베이직 예제
```
' statusFlags에 있는 최상위 비트부터 최하위 비트까지의
' 의미는 다음과 같다.
' MSB    0       오류 검출: 1=예, 0=아니오
'        1-2     오류의 종류: 0=문법, 1=경고, 2=심각함, 3=치명적임
'        3       예약되어 있음 (반드시 0이어야 한다)
'        4       프린터 상태: 1=준비, 0=준비 안 됨
' ...
```

```
'       14         사용되지 않음(반드시 0이어야 한다.)
' LSB   15-32     사용되지 않음(반드시 0이어야 한다.)
Dim statusFlags As Integer
```

이 예제가 C++로 작성되었다면 비트-필드 문법을 사용하여 비트-필드 의미가 그 자체로 설명될 것이다.

변수와 연관된 주석에 변수의 이름을 입력하라. 특정한 변수를 가리키는 주석이 있다면 변수가 갱신될 때마다 주석이 갱신되게 해야 한다. 일관된 변경을 향상시키는 한 가지 방법은 해당 주석에 변수 이름을 함께 입력하는 것이다. 그렇게 하면 변수 이름으로 문자열을 검색해서 변수와 주석을 함께 찾을 수 있을 것이다.

> 관련 정보 전역 데이터 사용에 관한 자세한 내용은 13.3절 "전역 데이터"를 살펴본다.

전역 데이터를 문서화하라. 전역 데이터가 사용된다면 데이터가 선언된 부분에 주석을 잘 작성해야 한다. 주석은 데이터의 목적과 이 데이터가 전역으로 선언되어야 하는 이유를 설명해야 한다. 데이터가 사용되는 곳에서도 해당 데이터가 전역 데이터임을 분명히 밝혀야 한다. 변수가 전역 변수임을 강조하는 가장 좋은 방법은 이름 규칙이다. 이름 규칙을 사용하지 않는다면 주석이 그 역할을 대신할 수 있다.

제어 구조에 주석 작성

> 관련 정보 제어 구조에 관한 다른 세부적인 내용은 31.3절 "레이아웃 스타일"과 31.4절 "제어 구조 레이아웃", 그리고 14장부터 19장까지의 내용을 살펴본다.

제어 구조 앞에 있는 공간이 일반적으로 주석을 입력하기 좋은 위치이다. 제어 구조가 *if* 나 *case* 문이라면 결정하는 이유와 결과에 대한 요약을 제공할 수 있다. 반복문이라면 반복문의 목적을 설명할 수 있다.

제어 구조의 목적을 주석으로 작성한 C++ 예제

```
// 콤마(,)까지 입력 필드를 복사한다.          ◄── 다음에 오는 루프의 목적
while ( ( *inputString != ',' ) && ( *inputString != END_OF_STRING ) ) {
    *field = *inputString;
    field++;
    inputString++;
} // while -- 입력 필드를 복사한다.          ◄── 루프의 끝(길고 중첩된 루프에서 유용하다. 물론 이런 주석이 필요하다는 것은 해당 코드가 지나치게 복잡하다는 것을 가리킨다).

*field = END_OF_STRING;
                                            루프의 목적. 주석의 위치가 *inputString* 뒤
if ( *inputString != END_OF_STRING ) {      에 오는 루프를 위해서 설정되고 있다는 것
    // 콤마를 지나서 다음 입력 값을 읽기 위하여 공백을 읽는다. ◄── 을 분명하게 해주고 있다.
    inputString++;
    while ( ( *inputString == ' ' ) && ( *inputString != END_OF_STRING ) ) {
```

```
        inputString++;
    }
} // if -- 문자열의 끝
```

이 예제는 몇 가지 가이드라인을 제시한다.

if나 case, 반복문, 명령문 블록 앞에 주석을 입력하라. 그러한 위치는 주석이 들어가기 좋은 자리이며 일반적으로 그러한 코드는 설명이 필요하다. 제어 구조의 목적을 분명히 하기 위하여 주석을 사용한다.

각 제어 구조의 끝에 주석을 작성하라. 무엇이 끝났는지를 보여주는 데 주석을 사용하라. 예를 들면 다음과 같다.

```
} // clientIndex - 각 클라이언트의 레코드를 처리한다.
```

주석은 긴 루프의 끝에 있을 때와 중첩된 루프를 분명히 만들고자 할 때 특히 유용하다. 다음은 루프의 끝을 분명히 하기 위해 주석을 사용한 자바 예제다.

중첩을 보여주기 위하여 주석을 사용한 자바 예제
```
for ( tableIndex = 0; tableIndex < tableCount; tableIndex++ ) {
    while ( recordIndex < recordCount ) {
        if ( !IllegalRecordNumber( recordIndex ) ) {
            ...
        } // if
    } // while    ─ 이 주석들은 어떤 제어 구조가 끝나고 있는지를 가리킨다.
} // for
```

이 주석 작성 기법은 코드의 들여쓰기로 구현되는 논리적인 구조에 대한 시각적 단서를 보완해준다. 중첩되지 않은 짧은 루프에는 이 기법을 사용할 필요가 없다. 하지만 중첩이 깊거나 루프가 길 때는 이 방법이 유용하다.

루프의 끝을 가리키는 주석을 코드가 복잡하다는 것을 알리는 경고로 생각하라. 루프의 끝을 알리는 주석이 필요할 만큼 루프가 복잡하다면 그러한 주석을 경고 신호로 받아들여라. 즉, 해당 루프는 단순해질 필요가 있다. 같은 규칙을 *if* 문과 *case* 문에도 적용한다.

루프의 끝 주석은 논리적인 구조에 대한 유용한 단서를 제공하지만, 처음에 그러한 주석을 작성하고 나중에 주석을 관리하는 일은 지루한 일이 될 수 있다. 그러한 지루한 작업을 피하는 가장 좋은 방법은 주석이 필요할 정도로 복잡한 코드는 코드를 다시 작성하는 것이다.

루틴에 주석 작성

관련 정보 루틴의 형식화에 대한 자세한 정보는 31.7절을 살펴본다. 좋은 루틴을 만드는 방법에 관한 자세한 내용은 7장을 살펴본다.

루틴 수준의 주석은 일반적인 컴퓨터 과학 서적에서 가장 나쁜 조언을 제공하는 주제다. 많은 교과서가 루틴의 크기나 복잡함과는 상관없이 모든 루틴의 위에 정보를 입력하도록 강요한다.

```
루틴 도입부에 루틴에 대한 모든 정보를 한꺼번에 제공하는 비주얼 베이직 예제
'*************************************************************
' 이름: CopyString
'
' 목적:     이 루틴은 소스 문자열(source)로부터 대상 문자열(target)로
'           문자열을 복사하는 루틴이다.
' 알고리즘: "source"의 길이를 구해서 각 문자를 한 번에 하나씩 "target"에 복사한다.
'           반복문의 인덱스를 "source"와 "target"에 대한 배열의 인덱스로 사용한다.
'           그리고 각 문자가 복사되고 난 후 반복문과 배열의 인덱스를 증가시킨다.
'
' 입력:     input      복사될 문자열
'
' 출력:     output     "input"의 복사본을 갖게 될 문자열
'
' 인터페이스 가정: 없음
'
' 변경 이력: 없음
'
' 작성자:    Dwight K. Coder
' 작성일:    10/1/04
' 전화번호:  (555) 222-2255
' SSN :     111-22-3333
' 눈의 색깔: 녹색
' 결혼 전 성: 없음
' 혈액형:    AB-
' 어머니의 결혼 전 성: 없음
' 좋아하는 자동차: 폰티악 아즈텍
' 자동차번호판: "Tek-ie"
'*************************************************************
```

이 주석은 정말 어처구니가 없다. *CopyString*은 아마 코드 다섯 줄도 안 되는 사소한 루틴일 것이다. 이 주석은 루틴의 크기와 전혀 균형이 맞지 않는다. 루틴의 목적과 알고리즘 부분은 "문자열 복사"와 코드 사이의 상세 수준으로 *CopyString*만큼 간단하게 설명하기가 어렵기 때문에 억지스러운 느낌이 든다. 인터페이스 가정과 변경 이력에 대한 획일적인 주석도 유용하지 않다. 이들은 단순히 공간만 차지할 뿐이다. 작성자의 이름도

변경 사항 관리 시스템에서 더 정확하게 확인할 수 있으므로 불필요한 정보다. 모든 루틴에 이러한 정보를 입력한다면 부정확한 주석과 유지보수 실패라는 결과를 낳을 것이다. 여기에는 불필요하게 일을 시키기 위한 작업이 너무 많다.

루틴 헤더가 무거울 때의 또 다른 문제점은 코드 리팩터링을 꺼리게 만든다는 점이다. 새로운 루틴을 만드는 데 드는 오버헤드가 너무 높아서 개발자들이 더 많은 루틴이 아니라 더 적은 루틴을 만들려고 할 것이다. 코드 작성 규약은 훌륭한 습관을 장려하지만 무거운 루틴 헤더는 반대의 효과를 낳는다.

다음은 루틴 주석을 위한 몇 가지 가이드라인이다.

설명하는 코드와 가까운 곳에 주석을 작성하라. 루틴 도입부에 너무 많은 내용이 들어가면 안 되는 한 가지 이유는 설명하는 루틴으로부터 멀리 떨어진 곳에 주석을 작성하게 되기 때문이다. 유지보수 중에 코드에서 멀리 떨어진 주석은 코드와 함께 관리되지 않는 경향이 있다. 주석과 코드가 불일치하기 시작하면 주석은 쓸모가 없어진다. 대신에 근접성 원칙에 따라 주석을 가능한 한 관련 코드와 가까운 곳에 입력하도록 한다. 그러한 주석은 관리하기도 쉽고 계속 가치를 지닐 것이다.

루틴의 도입부를 구성하는 다양한 요소를 다음에 설명했으며 필요한 경우에만 넣어야 한다. 편의를 위해 문서 도입부를 획일적으로 만들어라. 하지만 언제나 모든 정보를 포함해야 한다는 의무감을 가질 필요는 없다. 중요한 부분만 채우고 나머지는 삭제하라.

> 관련 정보 좋은 루틴 이름은 루틴 문서화의 핵심이다. 좋은 이름을 만드는 방법에 관한 자세한 내용은 7.3절 "좋은 루틴 이름"을 살펴본다.

루틴의 위에 한두 문장으로 각 루틴을 설명하라. 루틴을 짧게 한두 문장으로 기술할 수 없다면 루틴의 역할이 무엇인지에 대해 더 심각하게 생각해 봐야 할 것이다. 설명을 짧게 작성하는 데 어려움이 있다는 사실은 설계가 좋지 않다는 신호다. 설계를 그렸던 게시판으로 돌아가서 다시 작성한다. 짧은 요약문이 Get과 Set 같은 간단한 접근자 루틴을 제외하고는 거의 모든 루틴에 있어야 한다.

매개변수를 선언한 곳에서 문서화하라. 입력과 출력 변수를 문서화하는 가장 쉬운 방법은 매개변수 선언 옆에 주석을 입력하는 것이다.

입출력 데이터를 선언된 곳에서 문서화한 자바 예제
```java
public void InsertionSort(
    int[] dataToSort, // firstElement와 lastElement 위치에 있는 정렬할 요소
    int firstElement, // 정렬하기 위한 첫 번째 요소의 인덱스(>=0)
    int lastElement // 정렬하기 위한 마지막 요소의 인덱스 (<= MAX_ELEMENTS)
)
```

관련 정보 줄 끝 주석에 대한 자세한 내용은 앞의 "줄 끝 주석의 문제점"에서 설명하고 있다.

이 습관은 줄 끝 주석을 사용하지 말라는 규칙의 좋은 예다. 줄 끝 주석은 입출력 매개변수를 문서화할 때 예외적으로 유용하게 사용할 수 있다. 이 주석 예제는 또한 루틴 매개변수에 대해서 줄 끝 들여쓰기보다는 표준 들여쓰기를 사용하는 게 낫다는 것을 보여주는 좋은 예다. 줄 끝 들여쓰기를 사용했다면 의미 있는 줄 끝 주석을 작성할 공간이 없었을 것이다. 이 예제의 주석은 표준 들여쓰기를 했는데도 공간이 다소 부족해 보인다. 이 예제는 또한 주석이 유일한 문서화 형태는 아니라는 것을 보여준다. 변수의 이름이 아주 좋다면 주석을 생략할 수도 있다. 마지막으로 입출력 변수를 문서화할 필요가 있다는 점은 전역 데이터 사용을 피할 수 있는 좋은 이유가 되기도 한다. 전역 데이터는 어디에 문서화할 것인가? 아마도 도입부에 어마어마한 크기로 전역 데이터를 문서화해야 할 것이다. 그렇게 되면 일이 더 많아지며 불행하게도 현실에서는 일반적으로 전역 데이터가 문서화되지 않는다는 뜻이다. 전역 데이터도 다른 데이터처럼 문서화되어야 할 필요가 있기 때문에 이는 매우 불행한 일이다.

Javadoc과 같은 코드 문서화 유틸리티를 활용하라. 이전 예제의 코드가 자바로 작성되었더라면 자바의 문서 생성 유틸리티인 Javadoc을 활용할 수 있는 코드를 구성할 수 있을 것이다. 그러한 경우라면 "매개변수가 선언된 곳에 매개변수를 문서화하라."는 다음과 같이 변할 것이다.

Javadoc을 활용하기 위해서 입출력 데이터를 문서화한 자바 예제
```
/**
 * ... <루틴에 대한 설명> ...
 *
 * @param dataToSort firstElement와 lastElement 사이의 데이터를 정렬하기 위한 요소들
 * @param firstElement 정렬하기 위한 첫 번째 요소의 인덱스(>=0)
 * @param lastElement 정렬하기 위한 마지막 요소의 인덱스(<= MAX_ELEMENTS)
 */
public void InsertionSort(
    int[] dataToSort,
    int firstElement,
    int lastElement
)
```

Javadoc 같은 툴을 사용하여 문서를 추출할 수 있게 코드를 구성하는 것이 매개변수 선언과 매개변수 설명을 분리할 때보다 더 좋다. Javadoc과 같이 문서 추출을 지원하는 환경에서 작업하고 있지 않다면 일반적으로 매개변수 이름 옆에 주석을 작성하여 이름의 중복과 일관성 없는 수정을 피하는 것이 좋다.

입력과 출력 데이터를 구별하라. 어떤 데이터가 입력으로 사용되고 어떤 데이터가 출력으로 사용되는지 아는 것은 유용하다. 비주얼 베이직은 출력 데이터 앞에는 *ByRef* 키워드가 있고 입력 데이터 앞에는 *ByVal* 키워드를 입력하기 때문에 상대적으로 이를 구분하기가 쉽다. 사용하는 언어가 그러한 구별 기능을 자동으로 지원하지 않는다면 그 내용을 주석에 넣는다. 다음은 C++ 예제다.

> **관련 정보** 이 매개변수들의 순서는 C++ 루틴의 표준 순서를 따르지만, 더 일반적인 습관들과는 상반된다. 더 자세한 내용은 7.5절의 "입력-수정-출력 순서로 매개변수를 입력하라"를 살펴본다. 입력과 출력 데이터를 구별하기 위한 이름 규약 사용에 관한 자세한 내용은 11.4절을 살펴본다.

입력과 출력 데이터를 구별하는 C++ 예제
```
void StringCopy(
    char *target,         // out: 복사할 문자열
    const char *source    // in: 복사될 문자열
)
...
```

C++ 언어 루틴 선언은 다소 미묘하다. 왜냐하면 별표(*)가 해당 인자가 출력 인자라는 것을 가리키는 경우도 있지만, 해당 변수를 단순히 포인터로 처리하는 게 더 쉽다는 의미인 경우도 많기 때문이다. 일반적으로 입력과 출력 인자를 명시적으로 지정하는 것이 좋다.

루틴이 상당히 짧을 때 입력과 출력 데이터를 명확하게 구별하고 있다면 아마도 데이터의 입력이나 출력 상태를 문서화할 필요가 없을 것이다. 하지만 루틴이 길다면 그러한 내용이 루틴을 읽는 사람에게 유용할 것이다.

> **관련 정보** 루틴 인터페이스에 관한 다른 고려 사항에 대한 자세한 내용은 7.5절 "루틴 매개변수 처리"를 참고한다. 어설션을 사용하여 가정을 문서화하기 위해서는 8.2절의 "선행 조건과 후행 조건을 문서화하고 검증하는 데 어설션을 사용하라."를 살펴본다.

인터페이스 가정을 문서화하라. 인터페이스 가정에 대한 문서화는 아마도 다른 주석 내용의 일부처럼 보일 것이다. 입력받는 변수의 상태(유효한 값과 유효하지 않은 값)나 순서대로 정렬된 배열, 초기화되거나 좋은 데이터만 포함하는 멤버 데이터와 같은 내용을 가정하고 있다면 루틴 도입부나 데이터가 선언된 곳에 그러한 내용을 기록해야 한다. 이러한 기록은 사실상 모든 루틴에 존재해야 한다.

사용되는 전역 변수를 문서화하라. 전역 변수도 다른 것과 마찬가지로 루틴에 대한 인터페이스이며 때때로 그렇게 보이지 않기 때문에 매우 위험하다.

루틴을 작성하고 있을 때 인터페이스에 대해 가정을 하고 있다는 것을 인식하고 있다면 즉시 그 가정 내용을 기록하라.

루틴의 한계에 대해서 주석을 작성하라. 루틴이 숫자를 결과로 제공한다면 결과의 정확성을 설명한다. 계산이 어떤 조건에서 불명확하다면 그러한 조건을 문서화하라. 루틴이

문제가 발생했을 때 취하는 기본 행동이 있다면 그러한 행동을 문서화하라. 특정한 크기의 배열이나 테이블만 처리해야 한다면 이를 설명하라. 변경으로 인해 해당 루틴이 망가질 수 있다는 것을 알고 있다면 그러한 내용을 문서화하라. 루틴을 개발하는 도중에 난해한 문제에 부딪혔었다면 그러한 내용도 문서화하라.

루틴이 미치는 전역적인 효과를 문서화하라. 루틴이 전역 데이터를 변경한다면 전역 데이터에 무엇을 하는지 정확하게 기술한다. 13.3절 "전역 데이터"에서 언급했듯이 적어도 전역 데이터를 변경하는 것이 전역 데이터를 읽는 것보다 더 위험하므로 변경할 때 신중하게 처리함과 동시에 명확한 문서를 기록해야 한다. 일반적으로 문서를 작성하는 것이 지나치게 부담이 되면 코드를 재작성해 전역 데이터를 줄인다.

사용된 알고리즘의 출처를 문서로 작성하라. 책이나 잡지에서 가져온 알고리즘을 사용했다면 제목과 페이지 번호를 문서로 작성한다. 자신이 알고리즘을 개발했다면 알고리즘에 관한 내용을 어디서 찾을 수 있는지 설명해야 한다.

프로그램의 위치를 표시하기 위하여 주석을 사용하라. 어떤 개발자들은 프로그램의 특정 위치를 표시하여 쉽게 찾을 수 있도록 주석을 사용한다. C++와 자바에서 사용하는 한 가지 방법은 다음 문자들로 시작하는 주석으로 각 루틴의 맨 앞을 표시하는 것이다.

　/**

이 방법은 /** 문자열 검색을 통해 루틴과 루틴 사이를 이동하거나 편집기가 기능을 지원하는 경우에는 편집기를 사용해 자동으로 이동할 수 있게 해준다.

이와 유사한 기술로 설명하는 내용에 따라서 서로 다른 종류의 주석을 다르게 표시하는 방법이 있다. 예를 들면, C++에서 *keyword*가 주석의 종류를 가리키는 데 사용하는 코드일 때 *@keyword*를 사용할 수 있다. *@param*은 주석이 루틴에 대한 매개변수를 기술하고 있다는 것을 가리킬 수 있다. *@version*은 파일 버전 정보를 가리킬 수 있으며 *@throws*는 루틴이 던지는 예외를 기록할 수 있다. 이러한 기술을 이용하면 소스 파일로부터 서로 다른 종류의 정보를 추출하는 데 도구를 사용할 수 있다. 예를 들어 프로그램에 있는 모든 루틴이 던지는 모든 예외에 대한 문서를 가져오는 데는 *@throws*를 검색하면 된다.

cc2e.com/3259

이러한 C++ 규약은 *Javadoc* 규약에 근거하고 있다. *Javadoc*은 자바 프로그램을 위하여 정의된 인터페이스 문서 규약이다(*java.sun.com/j2se/javadoc/*). 다른 언어에서도 고유한 규약을 정의할 수 있다.

클래스와 파일, 프로그램에 대한 주석 작성

관련 정보 레이아웃에 대한 자세한 내용은 31.8절 "클래스 레이아웃"을 살펴본다. 클래스 사용에 관한 자세한 내용은 6장 "클래스 다루기"를 살펴본다.

클래스와 파일, 프로그램은 모두 여러 개의 모듈을 포함하고 있다는 특징이 있다. 파일이나 클래스는 연관된 루틴의 집합을 포함해야 한다. 프로그램은 프로그램에 있는 모든 루틴을 포함한다. 이러한 경우의 문서 작업은 파일이나 클래스, 프로그램의 내용에 대해 의미 있고 상위 수준의 관점을 제공해야 한다.

클래스 문서를 작성하기 위한 일반적인 가이드라인

각 클래스에 대해서 주석 블록을 사용해 클래스의 일반적인 특성을 설명한다.

클래스에 대한 설계 접근 방법을 기술하라. 코드로부터 쉽게 얻어낼 수 없는 정보를 제공하는 개요 주석은 매우 유용하다. 클래스의 설계 철학과 전체적인 설계 접근 방법, 고려했지만 결국 사용하지 않은 대안 등의 내용을 기술한다.

한계와 사용 가정 등을 기술하라. 루틴과 비슷하게 클래스 설계 시 발생한 모든 한계를 기술해야 한다. 또한 입출력 데이터에 관한 가정, 오류 처리 책임, 전역적인 효과, 알고리즘의 출처 등을 기술해야 한다.

클래스 인터페이스를 기술하라. 다른 개발자가 클래스의 구현을 살펴보지 않고 클래스 사용법을 이해할 수 있는가? 그렇지 않다면 클래스의 캡슐화에 심각한 문제가 있는 것이다. 클래스의 인터페이스는 클래스를 사용하는 데 필요한 모든 정보를 포함해야 한다. Javadoc 규약은 최소한 각 매개변수와 반환 값에 대한 최소한의 문서를 필요로 한다 (Sun Microsystems 2000). 이러한 내용은 각 클래스가 노출하는 모든 루틴에 적용되어야 한다(Bloch 2001).

클래스 인터페이스에 세부 구현 내용을 기술하지 마라. 캡슐화의 기본 원칙은 꼭 알아야 하는 정보만 노출하는 것이다. 어떤 정보가 노출될 필요가 있는지 의문이 든다면 기본은 감추는 것이다. 결과적으로 클래스 인터페이스 파일은 클래스를 사용하는 데 필요한 정보만 포함해야 하고 구현이나 내부 작업을 유지 관리하는 데 필요한 정보는 포함해서는 안 된다.

파일 문서화를 위한 일반적인 가이드라인

파일의 맨 위에 파일의 내용을 설명하는 주석 블록을 사용한다.

각 파일의 목적과 내용을 설명하라. 파일 헤더 주석은 파일에 포함된 클래스나 루틴을 기술해야 한다. 프로그램에 대한 모든 루틴이 한 파일에 있다면 해당 파일의 목적은 매우 분명하다. 이 파일은 전체 프로그램을 담고 있는 파일이다. 파일의 목적이 하나의 특정한 클래스를 포함하기 위한 것일 때도 목적은 분명하다. 그 파일은 비슷한 이름을 가진 클래스를 담고 있는 파일이다.

파일이 하나 이상의 클래스를 포함하고 있다면 왜 클래스를 하나의 파일에 넣었어야 했는지 설명한다.

모듈화 이외의 이유로 파일을 여러 개의 소스 파일로 나눈 경우, 파일에 대한 목적을 자세히 설명하면 프로그램을 수정하는 개발자에게 큰 도움이 될 것이다. 누군가가 x라는 작업을 수행하는 루틴을 찾고 있다면 파일의 헤더 주석이 이 파일이 그러한 루틴을 포함하는지 판단하는 데 도움을 줄 것인가?

주석 블록에 이름과 이메일 주소, 전화번호를 입력하라. 큰 프로젝트에서는 소스코드의 특정 부분에 대한 책임감과 작성자가 중요해진다. 10명 이하의 작은 프로젝트에서는 모든 팀원이 모든 코드에 대해서 똑같이 책임지는 협력 개발 접근 방법을 사용할 수 있다. 큰 시스템에서는 개발자가 서로 다른 부분을 전문적으로 담당해야 하므로 전체 팀원이 코드를 공유하는 스타일은 비실용적이다.

그러한 경우에는 코드 안에 작성자를 명시하는 것이 중요하다. 그러한 정보는 해당 코드를 다루는 다른 개발자에게 프로그래밍 스타일에 관한 단서를 제공하며 도움이 필요한 경우에는 연락처를 제공하기도 한다. 개별적인 루틴이나 클래스, 프로그램을 다루느냐에 따라 루틴이나 클래스, 프로그램 수준에서 작성자 정보를 표시해야 한다.

버전 관리 태그를 넣어라. 많은 버전 관리 툴이 파일에 버전 정보를 입력할 것이다. 예를 들면 CVS는 다음 주석을 자동으로 확장한다.

```
// $Id$
```

확장된 주석은 다음과 같다.

```
// $Id: ClassName.java,v 1.1 2004/02/05 00:36:43 ismene Exp $
```

이것은 개발자들이 처음에 Id를 입력하면 아무런 노력도 들이지 않고 파일 내에 현재 버전 정보를 유지해준다.

주석 블록에 법적인 사항을 넣어라. 많은 회사가 프로그램에 저작권이나 기밀 사항, 다른 법적인 사항을 포함하는 것을 좋아한다. 자신의 회사도 그런 경우에 해당한다면 다음과 비슷한 코드를 포함시켜라. 어떤 정보를 파일에 넣을지 결정하기 위해서 회사의 법률 고문에게 확인하라.

저작권에 관한 자바 예제
```
// (c) Copyright 1993-2004 Steven C. McConnell. All Rights Reserved.
...
```

파일 이름은 내용과 관련된 이름으로 지어라. 일반적으로 파일 이름은 파일에 포함된 public 클래스의 이름과 밀접하게 연관되어 있어야 한다. 가령 클래스 이름이 *Employee*라면 파일의 이름은 *Employee.cpp*이어야 한다. 자바와 같은 언어에서는 파일 이름이 클래스 이름과 반드시 일치해야 한다.

프로그램 문서를 위한 책 패러다임

> 참고 서적 이 주제는 *"The Book Paradigm for Improved Maintenance"*(Oman and Cook 1990a)와 *"Typographic Style Is More Than Cosmetic "*(Oman and Cook 1990b)의 내용을 응용한 것이다. 이와 유사한 분석이 ≪*Human Factors and Typography for More Readable Programs*≫(Baecker and Marcus 1990)에 자세히 나와 있다.

대부분의 경력 개발자는 앞에서 설명한 문서화 기술이 유용하다는 점에 동의한다. 이러한 기술의 가치에 대한 과학적인 근거는 여전히 약하다. 하지만 이 기술을 조합했을 때의 효과에 대한 근거는 매우 강하다.

1990년에 폴 오만과 커티스 쿡은 문서화를 위한 "책 패러다임(Book Paradigm)"에 대한 한 쌍의 연구를 책으로 출판했다(Oman and Cook 1990a, 1990b). 그들은 일곱 가지 코드 읽기 스타일을 지원하는 코드 작성 스타일을 찾고 있었다. 한 가지 목표는 하향식, 상향식, 관심 부분 검색을 지원하는 것이었다. 또 다른 목표는 개발자가 쉽게 이해할 수 있게 긴 코드를 작은 부분으로 나누는 것이었다. 오만과 쿡은 코드 조직에 관한 상위 수준과 하위 수준의 단서를 제공할 수 있는 스타일을 원했다.

그들은 코드를 특별한 종류의 책으로 생각하고 적절하게 형식화함으로써 그들의 목표를 달성할 수 있다는 사실을 발견했다. 책 패러다임에서는 개발자가 프로그램에 대해 고수준 관점을 갖는 데 도움을 줄 수 있도록 책의 구성 요소와 비슷하게 코드와 문서를 여러 가지 구성 요소로 구성했다.

"서문"은 보통 파일의 시작 부분에서 발견되는 것처럼 소개 주석의 그룹이다. 그것은 책의 서문과 같은 기능을 하며 개발자에게 프로그램의 전체적인 개요를 제공한다.

"목차"는 최상위 파일, 클래스, 루틴(단원)을 보여준다. 이 주석은 전형적인 책의 단원이 그렇듯이 목록이나 구조적인 차트로 그려 나타낼 수 있다.

"단락"은 루틴 선언, 데이터 선언, 실행 명령문 등 루틴을 구성하는 부분이다.

"상호 참조"는 줄 번호를 포함한 코드의 상호 참조 맵이다.

오만과 쿡이 책과 코드 사이의 유사점을 활용하려고 사용한 하위 수준 기술은 31장의 "레이아웃과 스타일"과 이 장에서 설명한 기법과 유사하다.

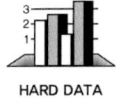

오만과 쿡이 경험 많은 전문 개발자 그룹에 유지보수 작업을 맡겼는데, 그들의 코드 구성 기술을 사용해 1,000줄 짜리 프로그램을 유지보수하는 데 걸린 평균 시간이 전형적인 소스코드로 같은 작업을 했을 때보다 3/4정도 덜 걸렸다(Oman and Cook 1990b). 게다가 책 패러다임으로 문서화한 코드에 대한 개발자들의 유지보수 점수는 전형적으로 문서화된 코드보다 평균 20% 정도 높았다. 오만과 쿡은 책 디자인에 대한 인쇄 원칙에 주의를 기울이면 이해력이 10%에서 20%까지 향상될 수 있다는 결론을 내렸다. 토론토 대학의 개발자들에 대한 한 연구에서도 비슷한 결과를 내놓았다(Baecker and Marcus 1990).

책 패러다임은 프로그램에 대한 고수준과 저수준 구성을 설명하는 문서를 제공하는 것의 중요성을 강조한다.

32.6 IEEE 표준

소스코드 수준을 벗어난 문서화에 대해서는 IEEE(Institute for Electronics and Electrical Engineers, 국제전기전자기술자협회) 소프트웨어 공학 표준 위원회가 훌륭한 정보를 제공한다. IEEE 표준은 특정한 분야에 숙련된 전문가와 학술회 회원으로 구성된 그룹이 개발한다. 각 표준은 표준이 다루는 분야에 대한 요약을 포함하며 전형적으로 해당 분야 작업에서 적절한 문서화를 위한 요점을 포함하고 있다.

다양한 국내외 조직들이 표준화 작업에 참여하고 있다. IEEE는 소프트웨어 공학 표준을 정의하는 작업을 이끄는 그룹이다. 몇몇 표준은 ISO(International Standards Organization, 국제표준화기구)나 EIA(Electronic Industries Alliance, 전자공업협회), IEC(International Engineering Consortium, 국제전기기술위원회)가 함께 채택했다.

표준 이름은 표준 번호와 표준이 채택된 연도, 표준의 이름으로 구성된다. 따라서 *IEEE/EIA 표준 12207-1997, Information Technology-Software Life Cycle Processes*는 표준 번호가 12207.2이며 1997년에 IEEE와 EIA가 채택했다는 것을 가리킨다.

다음은 소프트웨어 프로젝트에 가장 적합한 몇 가지 국내외 표준이다.

cc2e.com/3266

최상위 표준은 *ISO/IEC 표준 12207, Information Technology, Software Life Cycle Processes*이다. 이것은 소프트웨어를 개발하고 관리하기 위한 생명 주기 프레임워크를 정의하는 국제 표준이다. 이 표준은 미국에서 *IEEE/EIA 표준 12207, Information Technology-Software Life Cycle Processes*로 채택되었다.

소프트웨어 개발 표준

cc2e.com/3273

다음은 고려할 만한 소프트웨어 개발 표준이다.

IEEE 표준 830-1998, Recommended Practice for Software Requirements Specifications

IEEE 표준 1233-1998, Guide for Developing System Requirements Specifications

IEEE 표준 1016-1998, Recommended Practice for Software Design Descriptions

IEEE 표준 828-1998, Standard for Software Configuration Management Plans

IEEE 표준 1063-2001, Standard for Software User Documentation

IEEE 표준 1219-1998, Standard for Software Maintenance

소프트웨어 품질 보증 표준

cc2e.com/3280

다음은 소프트웨어 품질 보증 표준이다.

IEEE 표준 730-2002, Standard for Software Quality Assurance Plans

IEEE 표준 1028-1997, Standard for Software Reviews

IEEE 표준 1008-1987 (R1993), Standard for Software Unit Testing

IEEE 표준 829-1998, Standard for Software Test Documentation

IEEE 표준 1061-1998, Standard for a Software Quality Metrics Methodology

관리 표준

cc2e.com/3287

다음은 소프트웨어 관리 표준이다.

IEEE 표준 1058-1998, Standard for Software Project Management Plans

IEEE 표준 1074-1997, Standard for Developing Software Life Cycle Processes

IEEE 표준 1045-1992, Standard for Software Productivity Metrics

IEEE 표준 1062-1998, Recommended Practice for Software Acquisition

IEEE 표준 1540-2001, Standard for Software Life Cycle Processes – Risk Management

IEEE 표준 1490-1998, Guide – Adoption of PMI Standard – A Guide to the Project Management Body of Knowledge

표준에 대한 개요

cc2e.com/3294

다음은 표준에 대한 개요를 제공하는 자료다.

cc2e.com/3201

《*IEEE Software Engineering Standards Collection*》(IEEE 협회, 2003). 이 포괄적인 책은 2003년 당시 소프트웨어 개발에 관한 최근 ANSI/IEEE 표준 40개를 포함하고 있다. 각 표준은 문서 요점과 각 요소에 대한 설명, 각 요소에 대한 논리적인 근거를 포함한다. 이 문서는 품질 보증 계획과 구성 관리 계획, 테스트 문서, 요구사항 명세서, 확인 및 검증 계획, 설계 기술, 프로젝트 관리 계획, 사용자 문서화에 대한 표준을 포함한다. 이 책은 자신의 분야에서 최고의 위치에 있는 수백 명의 전문 지식을 집대성한 것이다. 몇몇 표준은 따로 구할 수 있다. 캘리포니아 로스앨러미터스에 있는 IEEE 컴퓨터 협회와 www.computer.org/cspress에서 구할 수 있다.

제임스 W. 무어(James W. Moore) 《*Software Engineering Standards: A User's Road Map*》(IEEE 협회, 1997) 무어는 IEEE 소프트웨어 공학 표준에 대한 개요를 제공한다.

참고 자료

cc2e.com/3208

IEEE 표준과 더불어 프로그램 문서화에 대한 수많은 자료가 있다.

디오미디스 스피넬리스(Diomidis Spinellis) 《*CODE READING* 오픈소스 관점에서 본 코드 읽기》(정보문화사, 2004). 이 책은 코드를 읽는 방법과 코드의 위치를 찾는 방법, 대량 코드를 읽기 위한 팁, 코드를 읽는 데 도움을 주는 도구를 비롯해 다른 유용한 의견에 관한 실질적인 기술을 소개한다.

cc2e.com/3215

SourceForge.net 수십 년 동안 소프트웨어 개발을 가르치면서 계속 겪어온 문제는 학생들과 공유할 수 있는 실질적인 크기의 코드 예제를 찾는 것이었다. 많은 사람이 실질적인 예제를 학습함으로써 가장 빨리 배우지만, 대부분의 실제 크기 코드는 코드를 만든 회사가 소유하는 정보로 취급된다. 이러한 상황은 인터넷과 오픈소스 소프트웨어의 조합으로 상당히 좋아졌다. SourceForge 웹 사이트는 C와 C++, 자바, 비주얼 베이직, PHP, 펄, 파이썬을 비롯한 다른 언어로 작성된 수천 개의 프로그램 코드를 보관하고 있다. 그리고 모든 코드를 무료로 다운로드할 수 있다. 개발자라면 《*Code Complete*》 2판에 실린 짧은 코드 예제보다 그러한 웹 사이트에 있는 훨씬 큰 실제 예제 코드를 살펴보면서 도움을 받을 수 있을 것이다. 이전에 다양한 제품 코드를 본 적이 없는 초보 개발자는 이러한 웹 사이트가 좋거나 나쁜 코드 작성 습관을 살펴보기에 특히 유용하다는 것을 알게 될 것이다.

> 다른 사람의 작품을 읽어본 적 없는 위대한 소설가나 다른 화가의 붓질을 연구해 본 적 없는 유명한 화가, 어깨너머로 동료에게서 배운 적 없는 유능한 외과 의사가 과연 얼마나 될까? 그렇다 하더라도 우리는 개발자가 누군가로부터 배우길 바란다.
> — 데이브 토마스

cc2e.com/3222

썬 마이크로시스템즈. *"How to Write Doc Comments for the Javadoc Tool"* (2000). *http://www.oracle.com/technetwork/java/javase/documentation/writingdoccomments-137785.html*에서 다운로드 가능하다. 이 글은 자바 프로그램을 문서화하는 데 Javadoc을 사용하는 방법을 설명한다. 이 글은 *@tag* 스타일의 표기법을 사용하여 태그 주석을 작성하는 상세한 방법을 포함하고 있다. 또한 주석 자체를 전문적으로 작성하는 방법에 관한 구체적인 사항도 담고 있다. Javadoc 규약은 아마 현존하는 규약 중에서 가장 완전하게 개발된 코드 수준의 문서화 표준일 것이다.

다음은 소프트웨어 문서화의 다른 주제에 관한 정보를 포함하는 자료다.

스티브 맥코넬 《소프트웨어 프로젝트 생존 전략》(인사이트, 2011). 이 책은 중간 크기의 비즈니스용 프로젝트에서 요구되는 문서를 설명한다. 관련 웹 사이트에서 많은 문서 템플릿을 제공한다.

cc2e.com/3229

www.construx.com 이 웹 사이트(저자가 운영하고 있는 회사의 웹 사이트)는 다양한 문서 템플릿과 코드 작성 규약, 기타 소프트웨어 개발과 소프트웨어 문서에 관련된 다른 리소스를 제공한다.

cc2e.com/3236

에드 포스트 *"Real Programmers Don't Use Pascal"* (Datamation, 1983년 7월) 263~265쪽. 이 놀림조의 논문은 개발자가 가독성과 같은 까다로운 사항에 신경 쓰지 않으면 포트란 프로그래밍의 시대가 올 것이라고 주장하고 있다.

체크리스트: 좋은 주석 작성 기법

일반적인 내용

- 누군가가 코드를 보면 곧바로 이해할 수 있는가?
- 주석이 단순히 코드 내용을 반복하는 것이 아니라 코드의 의도를 설명하거나 코드가 무엇을 하는지 요약하고 있는가?
- 주석을 작성하는 시간을 줄이기 위해서 의사코드 프로그래밍 프로세스가 사용되는가?
- 미묘한 코드는 주석을 다는 대신 다시 작성했는가?
- 주석이 최신 내용인가?
- 주석이 명확하고 정확한가?
- 주석을 쉽게 수정할 수 있는 주석 작성 기법을 사용하고 있는가?

명령문과 단락

- 코드가 줄 끝 주석을 피하고 있는가?
- 주석이 방법보다는 이유를 집중적으로 다루는가?
- 주석이 코드를 읽는 사람에게 다음에 올 코드를 준비할 수 있도록 하는가?
- 모든 주석이 중요한가? 장황하거나 필요 없고 제멋대로인 주석을 제거하거나 향상시켰는가?
- 특별한 사항이 기록되었는가?
- 축약을 피했는가?
- 중심 주석과 부차적인 주석의 구분이 명확한가?
- 오류나 문서화되지 않은 기능을 해결한 코드가 주석으로 작성되었는가?

데이터 선언

- 데이터가 선언된 곳에 주석을 작성했는가?
- 숫자 데이터 값의 범위가 주석으로 작성되었는가?
- 코드로 작성된 의미가 주석으로 작성되었는가?
- 입력 데이터에 대한 제한사항이 주석으로 작성됐는가?
- 플래그를 비트 수준으로 문서화했는가?
- 각 전역 변수가 선언된 곳에 주석을 작성했는가?
- 전역 변수가 이름 규약이나 주석, 또는 두 가지 방법 모두를 사용하여 명시되었는가?
- 매직 넘버를 단순히 주석을 작성하는 대신 이름 상수나 변수로 대체했는가?

제어 구조

- 각 제어 명령문에 주석을 작성했는가?
- 길거나 복잡한 제어 구조의 끝에 주석을 작성했는가? 아니면 주석이 필요 없을 정도로 단순화시켰는가?

루틴
- 각 루틴의 목적을 주석으로 작성했는가?
- 입출력 데이터, 인터페이스 가정, 한계, 오류 수정, 전역적인 효과, 알고리즘의 출처 등 각 루틴에 대한 다른 사항을 코드와 관련이 있는 경우에 주석으로 작성했는가?

파일, 클래스, 프로그램
- 프로그램이 책 패러다임에서 설명했던 것과 같이 전체적으로 어떻게 구성되었는지 보여주는 짧은 문서를 포함하고 있는가?
- 각 파일의 목적이 기술되어 있는가?
- 작성자의 이름과 이메일 주소, 전화번호가 코드 안에 있는가?

요점 정리

- 주석을 작성할 것인지에 대한 질문은 합당하다. 주석은 잘못 작성하면 시간 낭비일 뿐만 아니라 때로는 해롭기도 하다. 주석이 잘 작성되면 가치가 있다.
- 소스코드는 프로그램에 대해 대부분의 중요한 정보를 포함해야 한다. 프로그램이 실행되는 한 소스코드가 다른 어떤 리소스보다 최신으로 유지될 가능성이 높고 중요한 정보를 코드에 포함시키는 것이 유용하다.
- 좋은 코드는 그 자체가 최고의 문서다. 코드가 추가적인 주석이 필요할 정도로 나빠지면 우선 추가적인 주석이 필요 없게 코드를 향상시키려고 해야 한다.
- 주석은 그 자체로는 설명되지 않는 코드에 대해 요약 수준이나 의도 수준에서 말해야 한다.
- 어떤 주석 스타일은 지루한 사무 작업이 많이 요구된다. 관리하기 쉬운 스타일을 개발하라.

33장 개발자의 성격

cc2e.com/3313

내용

33.1 성격은 주제를 벗어난 것 아닌가?
33.2 지성과 겸손
33.3 호기심
33.4 지적인 정직함
33.5 의사소통과 협동
33.6 창의성과 훈련
33.7 게으름
33.8 덜 중요한 특성
33.9 습관

관련 주제

- 소프트웨어 장인정신에 대한 주제: 34장
- 복잡성: 5.2절과 19.6절

성격은 소프트웨어 개발에서 좀처럼 주목받지 못했다. 에츠허르 데이크스트라의 획기적인 1965년 기사인 "인간 활동으로서의 프로그래밍" 이후로 개발자의 성격은 타당하고 풍부한 연구 영역으로 간주되어 왔다. "*교량 건축 심리학*"이나 "대리 행위에 대한 탐구적인 실험" 같은 제목을 보면 터무니없다고 생각하지만, 컴퓨터 분야에서는 "*컴퓨터 프로그래밍 심리학*"이나 "개발자 행위에 대한 탐구적인 실험", 그리고 이와 비슷한 제목이 오래 전부터 있었다.

엔지니어는 훈련을 통해 그들이 사용하는 도구와 재료의 한계를 배운다. 전기 기술자라면 다양한 금속의 도전(導電)율과 전압계를 사용하는 수백 가지 방법을 알고 있을 것이다. 건축 공학자라면 나무와 콘크리트, 강철의 내력을 알고 있을 것이다.

소프트웨어 공학자에게 기본 재료는 인간의 두뇌이며 도구는 바로 자기 자신이다. 상세한 부분에 대한 구조를 설계한 다음, 다른 사람이 구현할 수 있도록 청사진을 넘겨주기보다는 일단 상세한 부분까지 소프트웨어를 설계하면 일이 끝났다는 것을 안다. 프로그래밍의 전체적인 작업은 공중누각을 쌓는 것과 같다. 그것은 사람이 할 수 있는 가장 순수한 정신적 활동의 하나다.

결론적으로 소프트웨어 공학자가 자신의 도구와 원료의 본질적인 특성을 연구할 때는 나무와 콘크리트, 강철보다는 지성이나 성격 등 사람을 연구하고 있다는 사실을 알게 된다.

구체적인 프로그래밍 팁을 찾고 있다면 이 장의 내용은 너무 추상적이어서 쓸모가 없을 것이다. 하지만 이 책의 나머지에서 설명하는 조언을 제대로 이해하게 된다면 계속 향상시키기 위해 무엇을 해야 할지 이 장의 내용이 설명해줄 것이다. 다음 절을 읽고 보고 나서 이 장을 건너뛸 것인지 결정하라.

33.1 성격은 주제를 벗어난 것 아닌가?

프로그래밍의 내적 탐구에 있어서 개인의 성격이 특히 중요하다. 하루에 8시간 동안 집중하기가 얼마나 힘든지 알 것이다. 누구나 전날 너무 열심히 일해서 그다음 날을 완전히 날려버리거나 한 달 전에 너무 열심히 일해서 다음 달을 완전히 날려버린 경험이 있을 것이다. 그리고 오전 8시부터 오후 2시까지 너무 열심히 일해서 오늘은 그만 쉬고 싶다는 느낌을 받은 적이 있을 것이다. 물론 그만두지는 않는다. 오후 2시부터 5시까지 열심히 일하고 나서 이때 작성한 코드를 수정하느라 그 주의 나머지 날을 보낸다.

프로그래밍 작업은 개발자가 무엇을 작업하고 있는지 아무도 알 수 없으므로 본질적으로 관리가 불가능하다. 프로젝트 전체 작업 시간의 80%는 흥미롭게 느낀 작은 부분을 작업하느라 보내고 작업 시간의 20%는 프로그램의 나머지 80% 부분을 작업하느라 보낸다.

고용주는 개발자에게 훌륭한 개발자가 되라고 강요할 수 없다. 대개는 고용주가 훌륭한 개발자인지 판단할 수 있는 위치에 있지도 못하다. 훌륭한 개발자가 되고 싶다면 그것은 철저히 자기 하기에 달려 있다. 그것은 개인적 성격 문제다.

일단 뛰어난 개발자가 되기로 했다면 발전 가능성은 어마어마하다. 연구에 연구를 거듭한 결과, 프로그램을 작성하는 데 드는 시간이 10에서 1까지의 범위로 차이가 있다는 점을 발견했다. 또한 프로그램을 디버깅하는 데 드는 시간과 프로그램의 크기, 속도, 오류율, 발견된 오류의 수도 10에서 1까지의 범위로 차이가 있다는 점을 발견했다 (Sackman, Erikson, and Grant 1968; Curtis 1981; Mills 1983; DeMarco and Lister 1985; Curtis et al. 1986; Card 1987; Valett and McGarry 1989).

지성은 어떻게 할 수가 없고 고전의 지혜도 마찬가지지만, 개인의 성격에 대해서는 무언가를 할 수 있다. 그리고 성격은 훌륭한 개발자를 만드는 결정적인 요소라는 사실이 증명되었다.

33.2 지성과 겸손

> 많은 개별 활동과 수많은 작업 시간을 통해 실용적이고 과학적인 범주에서 권위자와 전문가가 된다. 어떤 사람이 업무 시간마다 성실히 일한다면 어느 날 아침 눈 떴을 때 당대 가장 유능한 사람 중 하나가 되어 있을 거라고 생각해도 된다.
> – 윌리엄 제임스
> (William James)

지성은 성격의 한 측면으로 보이지 않을 뿐만 아니라 실제로도 그렇지 않다. 공교롭게도 뛰어난 지성은 뛰어난 개발자가 되는 것과 직접적인 관계도 없다.

그렇다면 뛰어난 지성은 필요가 없을까?

그렇다. 컴퓨터를 프로그래밍할 수 있을 만큼 똑똑한 사람은 아무도 없다. 일반적인 프로그램을 완전하게 이해하려면 세부 사항을 받아들이는 무한한 능력과 그것들을 파악할 수 있는 능력이 동시에 필요하다. 생각을 집중하는 방법이 지능보다 더 중요하다.

5장("구현 설계")에서 언급했듯이, 에츠허르 데이크스트라는 1972년 튜링상 강의(Turing Award Lecture)에서 "The Humble Programmer(겸손한 프로그래머)"라는 제목의 논문을 발표했다. 그는 대부분의 프로그래밍은 엄격히 제한된 크기를 가진 두개골을 보완하기 위한 시도라고 주장했다. 프로그래밍에 뛰어난 사람은 자신의 두뇌가 얼마나 작은지 깨달은 사람이다. 그들은 겸손하다. 프로그래밍을 가장 못 하는 사람은 자신의 두뇌가 작업을 따라가지 못한다는 사실을 거부하는 사람이다. 그런 사람들의 자아는 뛰어난 개발자가 되기를 방해한다. 작은 두뇌를 보완하는 방법을 배울수록 더 나은 개발자가 될 것이다. 더 겸손할수록 더 빨리 발전할 것이다.

다양한 좋은 프로그래밍 습관의 목표는 두뇌 세포의 부담을 덜어주는 것이다. 다음은 몇 가지 예다.

- 시스템 "분해"의 핵심은 그것을 이해하기 쉽도록 더욱 간단하게 만드는 것이다(자세한 내용은 5.2절의 "설계 수준"을 살펴본다).
- 재검토와 조사, 테스트 작업은 예상된 인간의 오류 가능성을 보완하는 한 가지 방법이다. 재검토 기술은 원래 "비자아적 프로그래밍(egoless programming)"(Weinberg 1998)에서 비롯되었다. 절대로 실수를 하지 않는다면 소프트웨어를 재검토할 필요도 없을 것이다. 하지만 인간의 지적 능력은 한계가 있다는 것을 알고 있기 때문에 자신의 지적 능력을 다른 사람의 지적 능력을 이용해 높인다.
- 루틴을 짧게 만들면 두뇌의 부담이 줄어든다.
- 구현 세부 사항 수준의 관점 대신 문제 도메인 관점에서 프로그램을 작성하면 정신적 부담이 줄어든다.
- 모든 종류의 규약을 사용하면 이득이 거의 없는 비교적 흔한 프로그래밍 작업으로부터 머리를 해방시킨다.

정신적 능력을 개발하는 것이 가장 확실한 방법이므로 이러한 프로그래밍 버팀목은 필요 없다고 생각할 것이다. 정신적 버팀목을 사용하는 개발자는 저급한 방법을 택하고 있다고 생각할 것이다. 하지만 경험적으로 자신의 오류 가능성을 보완하는 겸손한 개발자는 자신뿐만 아니라 다른 사람도 이해하기 쉽고 오류가 적은 코드를 작성하는 것으로 밝혀졌다. 정말 저급한 방법은 오류를 발생시키고 일정을 지연시키는 방법이다.

33.3 호기심

대부분의 프로그램을 이해하기에는 두뇌가 너무 작다는 사실을 인정하고 효과적인 프로그래밍은 이러한 현실을 보완하기 위한 방법을 찾는 것이라는 점을 깨닫게 되면 그 방법을 찾기 시작할 것이다. 뛰어난 개발자가 되는 과정에서 기술적인 문제에 대한 호기심은 매우 중요하다. 가치 있는 기술적 정보는 끊임없이 변한다. 많은 웹 개발자가 마이크로소프트 윈도우 환경에서 프로그램을 작성할 필요가 없었으며 많은 윈도우 개발자들은 DOS나 UNIX, 천공 카드를 다룰 필요가 없었다. 기술적 환경의 특정 기술은 5년에서 10년마다 바뀐다. 그러한 변화를 따라갈 만큼 호기심이 없다면 한물간 개발자의 집에서 백악기나 쥐라기 공룡과 카드 게임을 하는 자신을 발견하게 될 것이다.

개발자들은 너무 바빠서 종종 자기 일을 개선할 방법에 대해 생각할 시간조차 없다. 그러한 경우가 다반사다. 이어지는 절에서는 호기심을 훈련하고 배우는 것에 우선순위를 두기 위해 할 수 있는 몇 가지 구체적인 활동을 설명한다.

관련 정보 소프트웨어 개발에서 프로세스의 중요성에 대한 완전한 설명은 34.2절 "자신만의 프로세스를 선택하라"를 살펴본다.

개발 과정에 대한 자신의 인식을 구축하라. 책에서 읽거나 소프트웨어 개발 과정을 직접 관찰하면서 개발 프로세스에 대해 더 많이 알게 될수록 변경 사항을 이해하고 좋은 방향으로 나아갈 수 있는 더 좋은 위치에 있을 수 있다.

주어진 일 전체가 기술을 발전시키지 않는 기간이 짧은 일로만 구성되어 있다면 불만을 가져라. 경쟁이 심한 소프트웨어 시장에서 일하고 있다면 지금 일을 하기 위해 알아야 하는 지식의 절반은 3년 안에 구식이 될 것이다. 학습하지 않으면 구석기 시대의 공룡이 되어 버린다.

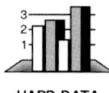

흥미가 없는 관리 업무에 너무 오랜 시간을 보내도록 강요받고 있다. 어느 정도의 기복이 있고 해외로 이동하는 일도 있기는 하지만, 미국에서 일할 수 있는 평균 소프트웨어 일자리 수는 2002년과 2012년 사이에 급격하게 증가할 것으로 예상된다. 시스템 분석가 일자리는 60% 정도, 소프트웨어 공학자 자리는 50% 정도 증가할 것으로 예상된다.

컴퓨터 관련 모든 직업을 대상으로 하면 현재 존재하는 3백만 개에 추가로 약 백만 개의 새로운 일자리가 창출될 것이다(Hecker 2001, BLS 2004). 자신의 직업에서 배울 수 없다면 새로운 직업을 찾아라.

관련 정보 프로그래밍에 대한 몇 가지 핵심적인 특징이 실험이라는 개념과 관련이 있다. 더 자세한 내용은 34.9절의 "실험"을 살펴본다.

실험하라. 프로그래밍에 대해 배우는 한 가지 효과적인 방법은 프로그래밍과 개발 프로세스를 써보는 것이다. 사용하는 언어의 기능이 어떻게 작동하는지 모른다면 그러한 기능을 사용할 수 있는 간단한 프로그램을 작성한 다음 어떻게 작동하는지 확인해본다. 프로토타입을 만드는 것이다! 디버거에서 프로그램의 실행을 살펴본다. 제대로 이해하지 못하는 큰 프로그램으로 기능을 살펴보기보다는 개념을 확인할 수 있는 간단한 프로그램을 작성하는 것이 더 좋다.

짧게 만든 프로그램이 기능이 원하는 대로 작동하지 않는 것을 보여준다면 어떻게 할 것인가? 바로 그 점을 알아내야 한다. 큰 프로그램보다 작은 프로그램에서 찾아내는 것이 더 좋다. 효과적인 프로그래밍을 위한 한 가지 핵심은 실수를 빨리하고 매번 실수로부터 배우는 것이다. 실수하는 것은 죄가 아니지만, 실수로부터 배우지 못하는 것이 죄다.

참고 자료 제임스 애덤스(James Adams) 《*아이디어 대폭발*》(21세기북스, 2012)은 문제 해결을 가르쳐주는 뛰어난 책이다.

문제 해결에 관한 책을 읽어라. 문제 해결은 컴퓨터 소프트웨어 구축에서 가장 핵심적인 활동이다. 허버트 사이먼(Herbert Simon)은 인간의 문제 해결에 관한 일련의 실험을 발표했다. 그들은 사람들이 같은 전략을 다른 사람들로부터 쉽게 학습할 수 있는데도 현명한 문제 해결 전략을 항상 찾아내지는 못한다는 점을 발견했다(Simon 1996). 이 말은 곧 바퀴를 다시 발명하려고 해도 성공 여부는 확신할 수 없다는 뜻이다. 어쩌면 동그란 바퀴 대신 네모난 바퀴를 발명할지도 모른다.

행동하기 전에 분석하고 계획을 세워라. 분석과 행동 사이에 긴장 관계가 있음을 알게 될 것이다. 어느 시점이 되면 데이터 수집을 중단하고 행동을 취해야 한다. 하지만 대부분 개발자의 문제점은 분석을 지나치게 하는 것이 아니다. 그 방향이 지나치게 "행동" 쪽으로 쏠려있어 "과도한 분석"에 너무 집중하는 것은 아닐까 하는 걱정은 그야말로 쓸데없는 걱정이다.

cc2e.com/3320

성공적인 프로젝트를 학습하라. 프로그래밍을 배우기 위한 특히 좋은 한 가지 방법은 훌륭한 개발자의 작업을 학습하는 것이다. 존 벤틀리(Jon Bentley)는 한 잔의 브랜디와 담배를 들고 소설을 읽는 것처럼 프로그램을 읽을 수 있어야 한다고 생각한다. 이 말이 그렇게까지 얼토당토않은 것은 아니다. 대부분의 사람은 500페이지 소스코드를 분석하는 데 여가 시간을 사용하고 싶어 하지 않지만, 고급 설계를 학습하고 선택된 영역에 대한 자세한 소스코드를 살펴보는 것은 즐기는 사람은 많다.

소프트웨어 공학 분야는 과거의 성패 경험을 매우 제한적으로 활용한다. 건축에 관심이 있다면 루이스 설리번(Louis Sullivan)과 프랭크 로이드 라이트(Frank Lloyd Wright), I. M. 페이(I. M. Pei)의 작품을 연구해야 한다. 그들이 지은 건물도 방문할 것이다. 건축 공학에 관심이 있다면 브루클린 다리, 타코마 협교와 함께 콘크리트와 강철, 나무로 지은 다양한 건축물을 연구해야 한다. 자신의 분야에서의 성공과 실패의 예를 연구할 것이다.

토마스 쿤(Thomas Kuhn)은 성숙한 과학은 그 분야의 훌륭한 업적으로 인정받고 미래의 작업을 위한 예를 제공하는 해결된 문제를 모아놓은 것이라고 지적했다(Kuhn 1996). 소프트웨어 공학은 이러한 수준으로 발전하기 위한 시작 단계일 뿐이다. 1990년에 컴퓨터과학기술위원회(Computer Science and Technology Board)는 소프트웨어 분야에는 성공이나 실패, 어느 경우든지 문서화되어 있는 사례 연구가 거의 없다고 결론지었다(CSTB 1990).

"Communications of the ACM"의 한 기사는 프로그래밍 문제에 관한 사례 연구에서 배워야 한다고 주장했다(Linn and Clancy 1992). 누군가가 이러한 주장을 해야만 했다는 사실이 중요하다. 가장 인기 있는 컴퓨팅 칼럼 중 하나인 존 벤틀리 《생각하는 프로그래밍》(인사이트, 2014)이 프로그래밍 문제에 관한 사례 연구로 만들어졌다는 사실 역시 시사하는 바가 크다. 소프트웨어 공학에서 가장 유명한 책 중 하나는 IBM OS/360 프로젝트의 프로그래밍 관리에 관한 사례 연구인 프레더릭 브룩스 《맨먼스 미신》(인사이트, 2015)다.

프로그래밍에서 사례 연구에 관한 책의 유무에 상관없이 뛰어난 개발자가 작성한 코드를 찾아서 읽어보라. 존경하는 개발자의 코드를 살펴보고 존경하지 않는 개발자의 코드를 살펴본다. 두 코드를 비교해 보고 자기가 작성한 코드와 비교해 본다. 무엇이 다른가? 왜 다를까? 어떤 것이 더 나은가? 왜 그런가?

다른 사람의 코드를 읽는 것과 더불어 우수한 개발자에게 자기가 작성한 코드에 대해 어떻게 생각하는지 들어보자. 코드를 평가해줄 세계적 수준의 개발자를 찾아라. 그들의 비평에 귀를 기울일 때는 그들의 개인적인 성향과 관련이 있는 사항은 걸러내고 중요한 부분에만 집중한다. 그리고 프로그램이 더 좋아질 수 있도록 변경한다.

문서를 읽어라. 개발자들 사이에는 문서 공포증이 만연해 있다. 컴퓨터 문서를 제대로 못 쓰고 잘못 구성하는 경향이 있지만, 그러한 문제에도 불구하고 컴퓨터 화면에 있는

문서나 인쇄물에 대한 극도의 두려움을 극복해서 얻는 것이 많다. 문서에는 성으로 들어가는 열쇠가 있으며 시간을 투자해 읽을 만한 가치가 있다. 쉽게 이용할 수 있는 정보를 간과하는 것은 뉴스그룹이나 게시판에서 "X 같은 설명서를 읽어보시라!"라는 뜻의 "RTFM!"과 같은 친숙한 두문자어(頭文字語)를 보지 못하는 것과 같다.

최신 프로그래밍 언어 제품은 대개 많은 양의 라이브러리 코드를 제공한다. 라이브러리 설명서를 살펴보는 데 투자하는 시간은 제대로 투자하는 시간이다. 보통 프로그래밍 언어 제품을 제공하는 회사는 미리 필요한 클래스의 상당 부분을 만들어 놓는다. 그러한 클래스가 제공된다면 클래스에 대해서 알아야 한다. 두 달에 한 번쯤은 설명서를 훑어보도록 한다.

> 관련 정보 개인적으로 읽을 만한 책에 대한 정보는 35.4절 "소프트웨어 개발자의 독서 계획"을 살펴본다.

다른 책과 정기 간행물들을 읽어라. 이 책을 읽도록 자신을 격려하라. 소프트웨어 산업에 종사하는 사람들이 1년에 한 권의 책도 읽지 않기 때문에 여러분은 이미 이 분야에서 일하는 다른 사람보다 많은 것을 배우고 있다(DeMarco and Lister 199). 독서를 많이 하지 않으면 기술적으로 발전하기가 어렵다. 훌륭한 프로그래밍 책을 두 달마다 한 권씩 읽는다면(대략 일주일에 35페이지) 머지않아 이 산업을 확실히 이해하게 되고 다른 사람과 차별화될 것이다.

다른 전문가들과 관계를 맺어라. 소프트웨어 개발 기술을 연마하는 데 열중인 다른 사람들을 찾아라. 컨퍼런스에 참여하거나 지역 사용자 그룹에 가입하거나 온라인 토론 그룹에 참여하라.

> 참고 서적 개발자 단계에 대한 또 다른 소개는 스티브 맥코넬 《*Professional 소프트웨어 개발*》(인사이트, 2005)의 16장 "construx 전문성 개발 프로그램"을 살펴본다.

전문적인 개발자가 될 수 있도록 노력하라. 훌륭한 개발자는 더 나아지기 위한 방법을 지속적으로 찾는다. 다음은 우리 회사를 비롯한 몇몇 회사에서 사용하는 전문적인 개발 단계다.

- *1단계: 초보* 초보자란 한 가지 언어의 기본 기능을 사용할 수 있는 개발자를 말한다. 초보자는 클래스와 루틴, 루프, 조건문을 작성할 수 있으며 해당 언어의 많은 기능을 사용할 수 있다.
- *2단계: 입문* 초보 단계를 넘어온 중급 수준의 개발자는 여러 언어의 기본 기능을 사용할 수 있으며 적어도 한 가지 언어를 능숙하게 다룬다.
- *3단계: 유능* 유능한 개발자는 한 가지 언어나 환경, 또는 둘 모두에 관한 전문적 기술을 갖고 있다. 이 단계에 있는 개발자는 J2EE의 모든 복잡한 부분을 알고 있거나 《*Annotated C++ Reference Manual*》(Addison-Wesley, 1990)을 암기하고 있을 것이다. 이 단계에 있는 개발자들은 회사에 중요하며 많은 개발자가 이 단계를 넘어서지 못한다.
- *4단계: 리더십* 리더는 3단계 개발자의 전문적인 지식을 갖고 있으며 프로그래밍이 컴퓨터와의 의사소통 15%와 사람과의 의사소통 85%로 이루어진다는 사실을 알고 있다. 일반 개발자는 30% 정도만 혼자서 일한

다(McCue 1978). 심지어는 그보다 더 적은 시간을 컴퓨터와 작업하는 데 보낸다. 전문가는 기계보다는 사람을 위해서 코드를 작성한다. 진정한 전문가 수준의 개발자는 보석처럼 명확한 코드를 작성하고 문서화한다. 그들은 한 줄의 주석으로 표현하여 이해할 수 있는 코드의 로직을 다시 작성하느라 머리를 쓰고 싶어 하지 않는다.

가독성을 강조하지 않는 훌륭한 코더[3]는 아마도 3단계에 머물러 있거나 아마 보통은 그 아래 단계에 있을 것이다. 경험상 사람들이 읽기 어려운 코드를 작성하는 가장 큰 이유는 코드에 대한 이해가 불충분하기 때문이다. 그들은 스스로 "내 코드가 엉망이라서 읽기 어려운 거야."라고 말하지 않는다. 그들은 단지 코드를 읽기 쉽게 작성할 수 있을 만큼 충분히 이해하고 있지 못하며 그래서 낮은 단계에 머물러 있는 것이다.

지금까지 본 코드 중에서 최악의 코드는 자신이 만든 프로그램에 아무도 얼씬거리지 못하게 했던 사람이 작성한 것이었다. 결국엔 그녀의 매니저가 그녀에게 다른 사람과 협력하지 않으면 해고하겠다고 경고했다. 그녀의 코드에는 주석이 전혀 없었고 변수의 이름도 x, xx, xxx, xx1, xx2와 같았으며 모두 전역 변수로 선언되어 있었다. 그녀의 관리자의 상사는 그녀가 오류를 빠르게 수정하기 때문에 훌륭한 개발자라고 생각하고 있었다. 그녀가 작성한 코드의 품질은 오류를 수정하는 그녀의 능력을 보여주기에 충분할 만큼 오류가 많았다.

초보자 혹은 중급자 자체가 나쁜 것은 아니다. 리더 대신 유능한 개발자가 된다고 해서 나쁘다고는 볼 수 없다. 죄악은 발전해야 한다는 것을 알고 난 후 초급자 또는 중급자로 얼마나 오랫동안 남아 있느냐로 그 여부가 결정된다.

33.4 지적인 정직함

전문적인 개발자가 되기 위해서는 지적인 정직함과 타협하지 않는 능력을 개발해야 한다. 지적인 정직함은 다음과 같은 방법으로 명백하게 드러난다.

- 전문가가 아님에도 전문가인 것처럼 행동하지 않는 것
- 실수를 기꺼이 인정하는 것
- 오류 메시지를 막기보다는 컴파일러 경고를 이해하려고 노력하는 것
- 컴파일해서 프로그램 작동 여부를 확인하기보다는 프로그램을 명백하게 이해하는 것

---

[3] (옮긴이) 코드 작성이 주 업무임을 강조하기 위하여 Coder를 개발자로 번역하지 않았다.

- 현실적인 상황 보고서를 제공하는 것
- 현실적인 일정표를 제공하고 관리자가 일정을 조절할 수 있는지 물었을 때 자기 뜻을 지키는 것

모르는 게 있고 실수할 수 있다는 것을 인정하는 것과 관련된 처음 두 항목은 앞서 설명한 지적인 겸손에 대해서 다시 한번 설명한 것이다. 이미 모든 것을 알고 있는 것처럼 행동하면 어떻게 새로운 것을 배울 수 있겠는가? 차라리 아무것도 모르는 것처럼 행동하는 게 더 좋을 것이다. 사람들의 설명을 귀담아듣고 새로운 것을 배운 다음, 그들이 제대로 알고 말하고 있는지 평가하라.

어떤 이슈에 관해서도 확실성이 어느 정도인지 평가해 볼 준비를 해라. 그 결과가 대체로 100%라면 주의해야 한다는 신호다.

> 어떤 바보라도 자신의 실수에 대해서 정당성을 주장할 수 있으며 대부분의 바보가 그렇게 한다.
> – 데일 카네기
> (Dale Carnegie)

실수를 인정하지 않는 것은 매우 짜증 나는 습관이다. 샐리가 실수를 인정하지 않는다면 그녀는 자신이 실수를 인정하지 않으면 다른 사람들이 실수한 것을 모를 것이라고 믿고 있는 게 틀림없다. 사실은 그 반대다. 모든 사람이 그녀가 실수했다는 것을 알고 있을 것이다. 실수를 복잡한 지적 활동이 계속해서 변하는 상황으로 받아들인다. 그녀가 부주의하지 않았다면 아무도 그녀에게 책임을 돌리지 않을 것이다.

샐리가 실수를 인정하지 않는다면 그녀를 바보로 만들 유일한 사람은 바로 그녀 자신이다. 다른 사람 모두가 정직함이라고는 눈곱만큼도 없이 자만심만 가득한 개발자와 일하고 있다는 것을 알게 될 것이다. 그것은 단순한 실수가 아니라 더 많은 비판을 초래하는 잘못이다. 실수했다면 빠르고 단호하게 인정하도록 한다.

컴파일러 메시지를 이해하지 못하면서 이해하는 것처럼 행동하는 것도 또 다른 일반적인 맹점이다. 컴파일러 경고를 이해하지 못하거나 무엇을 의미하는지는 알고 있지만 확인할 시간이 없다는 생각이 들면 정말 시간 낭비는 무엇일까? 대부분의 사람은 컴파일러가 눈앞에 해결책을 보여주는 동안에도 처음부터 문제를 해결하려고 노력하고 있을 것이다. 나에게 많은 사람이 프로그램 디버깅에 관해 도움을 요청했었다. 내가 컴파일 오류 메시지가 없는지 물어보면 그들은 그렇다고 말한다. 그러면서 그들은 문제의 증상에 관해서 설명하기 시작한다. 그러면 나는 "음. 이 문제는 초기화되지 않은 포인터 때문에 생긴 것 같은데, 그렇다면 컴파일러가 경고했을 텐데요."라고 말한다. 그러면 그들은 "아. 맞습니다. 전에 경고했어요. 저희는 그 경고가 다른 뜻인 줄 알았습니다."라고 말한다. 자신이 저지른 실수로 다른 사람을 바보로 만들기는 어렵다. 컴퓨터를 바보로 만들기는 훨씬 더 어려우니 쓸데없는 데 시간을 낭비하지 않도록 한다.

지적으로 깊이가 없는 것과 관련된 사례는 프로그램을 제대로 이해하지 못하여 "일단 컴파일해서 작동하는지 봅시다."라고 말할 때 발생한다. 한 가지 예로 <를 써야 하는지 <=를 써야 하는지 확인하려고 프로그램을 실행해 보는 것이 있다. 그러한 상황에서는 프로그램이 왜 작동하는지 알 수 있을 만큼 충분히 이해하고 있지 못하기 때문에 프로그램의 작동 여부는 실제로 중요하지 않다. 테스트는 오류가 있는지 보여줄 뿐, 오류가 없는지는 알려주지 못한다. 프로그램을 이해하지 못하면 완전히 테스트할 수 없다. "어떻게 작동하는지를 보려고" 프로그램을 컴파일하고 싶은 충동이 생기면 주의해야 한다. 그러한 상황은 설계를 다시 할 필요가 있다는 의미거나 무엇을 할지 확신이 없는 상태에서 코드부터 작성하려 한다는 뜻이다. 컴파일러에 넘기기 전에 프로그램에 대해 충분히 이해하도록 한다.

> 코드의 90%는 개발 시간의 90%를 설명해준다. 나머지 10%는 그 시간에 일어났던 다른 일의 90%를 설명해준다.
> – 톰 커질(Tom Cargill)

상황 보고는 악명 높은 이중성과 관련된 부분이다. 개발자는 프로젝트의 50%를 진행하고 있으면서도 "90% 완성"이라고 말하는 것으로 악명이 높다. 문제점이 자신의 진행 상황을 제대로 파악하지 못하는 데 있다면 일하는 방법을 배워 해결할 수 있다. 하지만 관리자가 듣고 싶어 하는 대답을 하기 위해서 자신의 의견을 표현하지 못하는 것이라면 문제가 달라진다. 관리자가 듣고 싶어 하는 의견이 아니더라도 대개 관리자들은 프로젝트의 상황에 대한 솔직한 의견을 좋아한다. 충분히 생각한 의견이라면 가능한 한 냉정하게 사적으로 보고한다. 관리자가 개발 활동을 조율하기 위해서는 정확한 정보가 필요하며 완전한 상호 협동도 필수적이다.

cc2e.com/3341

부정확한 상황 보고와 관련된 문제점은 부정확한 프로젝트 견적이다. 전형적인 시나리오는 다음과 같다. 관리자가 버트에게 새로운 데이터베이스 제품을 개발하는 데 얼마나 걸릴지 견적을 내보라고 했다. 버트는 몇몇 개발자들과 얘기하여 수치를 계산한 다음, 8명의 개발자와 6개월이라는 견적을 만든다. 관리자가 이렇게 말한다. "이건 우리가 원하는 게 아닙니다. 더 짧은 시간에 더 적은 개발자로 제품을 만들 수는 없습니까?" 버트는 자리로 돌아가서 일정에 대해 다시 생각한 후 교육과 휴가를 모두 없애고 모든 사람의 야근을 늘려 일정을 줄일 수 있다고 결정한다. 6명의 개발자와 4달로 견적을 낸 후 관리자에게 돌아온다. 관리자가 말한다. "아주 좋습니다. 이 프로젝트는 우선순위가 상대적으로 낮으니 야근 없이 일정에 맞추려고 해보세요. 야근 수당을 줄 만한 예산이 없습니다."

버트가 저지른 실수는 견적은 협상할 수 없다는 것을 깨닫지 못했다는 것이다. 견적은 더 정확하게 고칠 수 있지만, 상사와의 협상에서 소프트웨어 프로젝트를 개발하는 데 걸리는 시간을 변경하지 못할 것이다. IBM의 빌 바이메르(Bill Weimer)는 "일반적으로 기술자들이 프로젝트 요구사항과 일정을 매우 훌륭하게 측정한다는 것을 발견했다. 문제는 자신의 결정 사항을 지키기가 어렵다는 데 있다. 그들은 자신의 의견을 지키는 방법을 배워야 한다."라고 말한다(Weimer in Metzger and Boddie 1996). 버트가 어차피 6개월 차에 결과물을 제출할 거면서 프로젝트를 6개월 안에 끝내기로 약속하지 않고 4개월 안에 끝내기로 약속한다고 해서 관리자가 더 기뻐하지는 않을 것이다. 협상하면 신뢰를 잃을 것이고 견적에 대해서 확고한 태도를 보이면 존경받을 것이다.

관리자가 견적을 바꾸도록 압력을 넣는다면 궁극적으로 프로젝트 수행 여부에 대한 결정권이 관리자에게 있음을 깨달아야 한다. "보십시오. 이게 앞으로 들어갈 비용입니다. 이게 회사에 그만한 가치가 있는지는 모르겠습니다. 그건 관리자의 몫입니다. 하지만 소프트웨어를 개발하는 데 얼마나 많은 시간이 걸릴지는 말해드릴 수 있습니다. 그건 제 일이니까요. 일정은 "협상"할 수 없습니다. 그건 마치 1 마일이 몇 피트인지를 협상하는 것과 같습니다. 자연 법칙을 협상할 수는 없습니다. 하지만 일정에 영향을 미치는 다른 부분은 협상할 수 있으며 그러고 나면 일정을 다시 산정할 수 있습니다. 기능을 줄이거나 성능을 줄이거나 프로젝트를 단계별로 개발하거나 더 적은 사람을 이용하여 일정을 늘리거나 더 많은 사람을 투입하여 일정을 단축할 수 있습니다."

지금까지 들었던 가장 위험한 대화는 소프트웨어 프로젝트 관리에 대한 강의에서 들은 것이었다. 강사는 가장 잘 팔리는 소프트웨어 프로젝트 관리에 관한 책을 쓴 저자였다. 청중 한 명이 물었다. " 관리자가 일정을 측정하라고 했는데 정확한 일정을 제시할 경우 비용이 너무 비싸서 프로젝트를 할 수 없다고 결정하리라는 것을 알고 있다면 어떻게 합니까?" 강사는 견적을 낮추어 관리자가 프로젝트에 돈을 투자하도록 해야 한다고 대답했다. 그는 일단 프로젝트에 돈을 투자하면 끝까지 투자하게 될 거라고 말했다.

그것은 잘못된 답이다! 관리자는 거시적인 면에서 회사 운영 사항을 책임진다. 어떤 소프트웨어가 회사에 25만 달러의 가치가 있는데 개발 비용이 75만 달러라면 회사는 그 제품을 개발하지 말아야 한다. 그러한 결정을 내리는 것이 관리자의 책임이다. 말하는 사람이 프로젝트의 비용에 대한 거짓을 옹호하여 관리자에게 실제 비용보다 더 낮은 비용을 말한다면, 그건 역으로 관리자의 권한을 훔치는 것을 옹호하는 것과 같다. 프로젝트가 흥미롭고 회사에 새로운 기반을 제공하거나 중요한 훈련을 제공한다면 그렇게 말하라. 관리자도 그러한 요소를 평가할 수 있다. 하지만 관리자를 속여 잘못 결정하게 하면 정말로 회사가 수십만 달러를 지불하게 될 수 있다. 그로 인해 직업을 잃을 위기에 처하면 그렇게 될 수밖에 없을 것이다.

33.5 의사소통과 협동

진정 뛰어난 개발자는 다른 사람들과 어떻게 원만하게 일하고 노는지 학습한다. 읽을 수 있는 코드를 작성하는 것은 팀원이 되는 일부분이다. 컴퓨터도 다른 사람들만큼 자주 프로그램을 읽겠지만, 컴퓨터는 사람들보다 품질이 떨어지는 코드를 훨씬 잘 읽는다. 가독성을 위한 한 가지 가이드라인은 자기가 작성한 코드를 수정해야 할 사람을 명심하라는 것이다. 프로그래밍은 다른 개발자와의 의사소통이 우선이며 그다음이 컴퓨터와의 의사소통이다.

33.6 창의성과 훈련

> 학교를 졸업했을 때 나는 내가 세상에서 가장 뛰어난 개발자라고 생각했었다. 나는 절대로 이길 수 없는 틱-택-토 프로그램(Tic-Tac-Toe, 3X3 게임)을 작성할 수 있었고 다섯 가지 컴퓨터 언어를 사용할 수 있었으며 1,000줄짜리 작동하는 프로그램도 만들 수 있었다(진짜로!). 그리고 세상으로 나왔다. 세상에서 내가 맡은 첫 번째 임무는 20만 줄짜리 포트란 프로그램을 읽고 이해하여 수행 속도를 두 배 빠르게 하는 것이었다. 진정한 개발자는 세상의 모든 구조화된 코드 작성은 그와 같은 문제를 해결하는 데 도움이 되지 않을 것이라고 말해줄 것이다. 그 문제를 해결하는 데는 실질적인 재능이 필요하다.
>
> – 에드 포스트

이제 갓 컴퓨터 과학과 대학원에 들어간 대학생에게 규약과 공학 규칙이 필요한 이유를 설명하기란 어려운 일이다. 저자가 대학생이었을 때 작성해 본 가장 큰 프로그램은 500줄 정도의 실행 코드였다. 전문가일 때에도 500줄보다 작은 코드의 유틸리티를 여러 개 작성했지만, 일반적인 프로젝트의 크기는 약 5,000줄에서 2만5,000줄 크기였으며 50만 줄 정도 되는 프로젝트에도 참여했다. 이러한 노력에는 큰 프로젝트에서 사용하는 것과 같은 기술이 아니라 완전히 새로운 기술이 요구된다.

몇몇 창의적인 개발자들은 표준 규칙과 규약이 그들의 창의력을 억제한다고 생각한다. 그 반대가 사실이다. 페이지마다 폰트와 색상, 텍스트 배치, 그래픽 스타일, 탐색 방법이 다른 웹 사이트를 상상할 수 있는가? 그 결과는 창의적이라기보다는 혼란스러울 것이다. 큰 프로젝트에 표준과 규약이 없다면 완성 자체가 불가능하다. 창의력은 상상할 수조차 없다. 중요하지 않은 것에 창의력을 낭비하지 마라. 중요하지 않은 분야에 규약을 만들어두면 중요한 분야에 창조력을 집중시킬 수 있다.

맥개리와 파제르스키(Pajerski)는 NASA의 소프트웨어 공학 연구실에서 일했던 15년을 회고하면서 인간의 훈련을 강조한 방법과 도구가 특히 효과적이었다고 보고했다(McGarry and Pajerski 1990). 매우 창의력이 뛰어난 사람 중 상당수가 매우 규칙적이다. "형식은 자유를 준다."라는 속담처럼 말이다. 훌륭한 건축가는 물리적인 재료와 시간, 비용의 제약 속에서 일을 처리한다. 뛰어난 예술가도 마찬가지다. 다 빈치의 그림을 본 사람은 저마다 세부적인 표현에 대한 그의 훈련된 주의력에 경의를 표한다. 미켈란젤로는 시스티나 성당의 지붕을 설계했을 때 지붕을 삼각형과 원, 사각형과 같은 기하학 형태의 대칭적인 묶음으로 나누었다. 그는 그것을 플라톤적인 세 가지 단계에 따라서 세 영역으로 설계했다. 이러한 자기 내면적인 구조와 규율이 없었다면 그림에 그려진 300명의 사람은 걸작의 통일성보다는 혼란스러움만 줄 것이다.

프로그래밍 걸작 또한 그만큼의 규칙이 필요하다. 코드를 작성하기 전에 요구사항을 분석하고 설계하지 않으면 프로젝트에 대한 상당 부분을 코드를 작성하면서 배우게 될 것이며 작업한 결과는 걸작보다는 세 살짜리 아이가 그린 손가락 그림처럼 보일 것이다.

33.7 게으름

게으름은 다음과 같은 방법으로 표출된다.

- 재미없는 작업을 미루는 것
- 재미없는 작업을 신경 쓰이지 않도록 빨리 처리하는 것
- 재미없는 작업을 다시 수행할 필요가 없도록 툴을 작성하는 것

> 게으름: 전체적인 에너지 소모를 줄이기 위해서 엄청난 노력을 들이게 하는 특성. 게으름은 작업을 줄이는 프로그램을 작성하도록 하며 덕분에 다른 사람들이 유용하게 사용할 수 있다. 또한 자신이 작성한 코드에 대해서 답변할 필요가 없도록 문서를 작성하게 한다.
> — 래리 월(Larry Wall)

이러한 게으름의 징후 중 몇 가지는 좋은 결과를 가져온다. 첫 번째 징후를 유익하다고 말하기는 어렵다. 어쩔 수 없이 처리해야 하는 비교적 덜 중요한 작업에 직면할 필요가 없도록 하려고 실제로 할 필요가 없었던 일을 하느라 몇 시간을 보낸 경험이 있을 것이다. 저자는 데이터 입력을 싫어하며 많은 프로그램은 크기가 작은 데이터 입력을 요구한다. 나는 여러 페이지를 직접 입력해야 하는 어쩔 수 없는 작업을 미루려고 며칠 동안 프로그래밍 작업을 하지 않는 것으로 유명했다. 이러한 습관이 "진정한 게으름"이다. 머릿속으로 클래스를 검사해 보는 훈련을 피하고자 클래스를 컴파일하여 작동하는지 확인하는 습관에서도 게으름이 나타난다.

작은 일은 결코 보기만큼 나쁘지 않다. 작은 일을 곧바로 하는 습관을 지니면 일을 미루는 식의 게으름을 피할 수 있다. 이러한 습관은 게으름의 또 다른 형태인 "발전된 게으름"이다. 여전히 게으르지만, 재미없는 무언가에 최소한의 시간을 투자함으로써 문제를 해결하고 있다.

세 번째 사항은 재미없는 일을 처리하기 위해서 툴을 작성하는 것이다. 이것은 "장기적인 게으름"이다. 이 게으름은 말할 필요도 없이 가장 생산적인 게으름이다(물론 툴을 작성하여 결과적으로 시간을 절약했을 때만 해당한다). 이러한 상황에서라면 어느 정도의 게으름이 도움이 된다.

거울을 통해 보면 게으름의 또 다른 모습을 보게 된다. "무리하게 시키기"나 "노력하는 것"은 고등학교 물리학 시간만큼 장밋빛 열정을 갖고 있지 않다. 무리함은 부가적이고 불필요한 노력이다. 이는 노력은 하고 있지만 일을 마무리하지 못하고 있음을 보여준다. 단순한 움직임을 진행이라고 생각하기 쉽고 바쁨을 생산적이라고 오해하기 쉽다. 효과적인 프로그래밍에서 가장 중요한 작업은 생각하는 것인데, 사람들은 무언가를 생각하고 있을 때 바빠 보이지 않는 경향이 있다. 항상 바빠 보이는 개발자와 일했다면 그가 훌륭한 개발자가 아니라고 생각했을 것이다. 왜냐하면, 그는 가장 유용한 도구인 머리를 활용하고 있지 않기 때문이다.

33.8 덜 중요한 특성

개인에게는 소중하지만, 소프트웨어 개발에는 별로 도움이 안 되는 특성 중에 무리함만 있는 것이 아니다.

인내심

상황에 따라서 인내심은 자산이 될 수도 있고 부채가 될 수도 있다. 대부분의 가치 중립적인 개념처럼 인내심도 좋게 생각하느냐 나쁘게 생각하느냐에 따라서 달리 사용된다. 인내심을 나쁘게 이야기하면 "고집"이나 "황소고집"이라고 말할 수 있다. 좋게 말한다면 "불굴"이나 "끈기"라고 말할 수 있다.

대부분 소프트웨어 개발에서 인내심은 거의 도움이 안 되는 고집으로 비춰진다. 가치가 거의 없는 새로운 코드 때문에 작업을 진행할 수 없을 때 고집을 부린다고 해 보자. 클래스를 재설계하거나 다른 접근 방법으로 코드를 작성해 보거나 나중에 다시 처리해 볼 수 있다. 어떤 접근 방법이 해결책이 아니라는 것은 다른 방법을 시도해 볼 수 있는 좋은 때라는 뜻이다(Pirsig 1974).

관련 정보 디버깅에서의 인내심에 대한 상세한 설명은 23.2절의 "결함을 찾는데 도움이 되는 팁"을 살펴본다.

디버깅 시 4시간 동안 화나게 했던 오류를 해결하여 만족할 수도 있지만, 어느 정도 시간이 지났을 때도(15분이라고 하자) 진척이 없을 땐 오류를 포기하는 것이 좋을 때가 있다. 잠시 잠재의식이 문제를 해결하게 두자. 그러한 문제를 피할 수 있는 다른 접근 방법을 생각해 보자. 처음부터 문제가 발생한 코드를 다시 작성해 본다. 머리가 깨끗해지면 다시 자리로 돌아온다. 컴퓨터 문제와 싸우는 것은 아무런 도움이 되지 않는다. 피하는 게 상책이다.

포기할 때를 알기란 어렵지만, 그 시기를 묻는 것은 중요하다. 좌절하고 있다는 것을 알아차릴 때가 그러한 질문을 하기 좋은 시기다. 물음 자체가 포기할 시간이라는 의미는 아니지만, 아마도 다른 요소를 적용할 때라는 뜻일 것이다. "이 접근 방법을 사용하여 30분 안에 문제를 해결할 수 없다면 10분 동안 다른 접근 방법을 생각해 본 후 최적의 해결책을 한 시간 동안 시도해 볼 것이다."

경험

소프트웨어 분야에서 책에서 얻는 학습과 비교한 직접 경험의 가치는 여러 가지 이유로 다른 분야에 비해서 작다. 다른 분야에서는 10년 전에 학교에서 배운 내용과 지금 배우고 있는 내용이 같을 정도로 기초 지식이 느리게 변한다. 소프트웨어 개발에서는 기초 지식조차 급변하고 있다. 10년 전보다 지금 졸업한 사람들이 아마도 효과적인 프로그래밍 기법을 두 배 이상은 배웠을 것이다. 나이 든 개발자는 단순히 특정한 기법을 다루지 않아서가 아니라 그들이 학교를 떠난 후 유명해진 기초 프로그래밍 개념을 배우지 않았기 때문에 의심의 눈초리로 바라보게 된다.

다른 분야에서는 오늘 배운 것이 내일 도움이 되는 경향이 있다. 소프트웨어에서는 이전에 사용했던 프로그래밍 언어의 사고 습관이나 오래된 장비에서 작동했던 코드 튜닝 기법을 떨쳐버릴 수 없으면 그 경험이 차라리 없는 것만 못하다. 수많은 소프트웨어 개발자가 미래보다는 과거와의 싸움을 준비하는 데 많은 시간을 보낸다. 시간의 흐름에 발맞춰 변화할 수 없다면 경험은 도움보다는 장애가 될 것이다.

소프트웨어 개발에서의 급격한 변화는 논외로 하더라도 사람들은 종종 경험으로부터 잘못된 결론을 내린다. 인생을 객관적으로 보기는 어렵다. 알고 있었다면 다른 결론을 끌어냈을 경험의 핵심 요소를 간과할 수 있다. 다른 개발자들의 연구는 그 사람들의 경험을 드러내기 때문에 읽어보는 것이 도움이 된다. 또한 그러한 연구는 객관적으로 평가할 수 있을 정도로 충분히 여과된 것들이다.

사람들은 또한 개발자의 경험의 양을 터무니없이 강조한다. "우리는 C 프로그래밍 경험이 5년인 개발자를 원한다."라는 문장은 우스꽝스러운 문장이다. 개발자가 C 언어를 1~2년 배운 후에 더 이상 학습하지 않았다면 다음 3년은 별로 차이가 없을 것이다. 이러한 종류의 "경험"은 수행 능력과는 아무런 관련이 없다.

프로그래밍에서 정보가 빠르게 변한다는 사실은 "경험"이라는 영역에 이상한 동적인 힘을 만들었다. 많은 분야에서 많은 업적을 이루어낸 전문가는 성공으로부터 얻은 존중으로 아무런 어려움 없이 인생을 즐기면서 편안하게 살 수 있다. 소프트웨어 개발에서는 편안하게 지내는 사람들은 도태한다. 가치를 유지하기 위해서는 최신 상태를 유지해야 한다. 젊고 굶주린 개발자들에게는 이것이 득이 된다. 나이 든 개발자들은 때때로 이미 충분히 승진했다고 느끼며 매년 자신을 증명해야 한다는 사실에 분개한다.

경험에 대한 결론은 다음과 같다. 10년 동안 일하면 10년짜리 경험을 얻는가, 아니면 1년짜리 경험을 10번 얻는가? 진정한 경험을 쌓으려면 그에 맞게 행동해야 한다. 지속적으로 학습한다면 경험을 얻게 될 것이다. 그렇지 않으면 아무리 많은 시간이 지나더라도 경험을 얻지 못할 것이다.

별난 프로그래밍

하루에 16시간 일하고 나머지 8시간 동안 편안히 잠을 자지도 못하면서 프로그래밍에 대한 꿈을 꾸고 "마지막 남은 버그 하나"를 없애려고 며칠 밤을 새워 본 경험이 없다면 실제로 복잡한 컴퓨터 프로그램을 작성해 보지 않은 것이다. 그리고 프로그래밍이라는 것에 흥미로운 무언가가 있다는 것도 알지 못할 것이다.

– 에드워드 요든(Edward Yourdon)

프로그래밍 기백에 대한 이러한 찬사는 순전히 거짓말이며 실패로 가는 지름길이다. 밤을 꼬박 새우면서 프로그래밍을 했다는 것이 자신을 세상에서 가장 훌륭한 개발자라고 느끼게 해줄 수는 있지만, 영광의 순간을 즐기는 동안 자기가 만든 결함을 해결하느라 여러 주를 보내야만 한다. 반드시 프로그래밍에 흥분해야 한다. 하지만 흥분이 유능함을 대체할 수 없다. 무엇이 더 중요한지를 기억하라.

33.9 습관

> 도덕적 미덕은 우리 안에서 본성에 의해서 발생하는 것도, 본성에 반해서 발생하는 것도 아니다…… 도덕적 미덕은 습관으로 인한 것이다…… 우리가 배워야 하는 모든 것은 실제로 그것을 행함으로써 배운다…… 인간은 건물을 잘 지음으로써 훌륭한 건축가가 되고 건물을 잘못 지음으로써 형편없는 건축가가 될 것이다…… 따라서 어린 시절의 습관이 무엇이냐가 매우 중요하다. 그러한 습관이 엄청난 차이, 또는 세상의 모든 차이를 만든다.
>
> — 아리스토텔레스

개발자는 대부분의 일을 의식적으로 생각하지 않고 하기 때문에 좋은 습관이 중요하다. 예를 들어 한때는 반복문 들여쓰기를 어떻게 구성할 것인지 생각해 봤겠지만, 지금은 새로운 반복문을 작성할 때마다 그것에 대해서 생각하지 않는다. 그러한 작업을 습관적으로 처리한다. 이것이 프로그래밍 형식화의 진정한 모습이다. 가장 최근에 형식화 방법에 대해서 고민했던 적이 언제인가? 5년 동안 프로그래밍을 해왔다면 4년 반 전에 고민했을 확률이 높다. 그 이후로는 습관에 의존해온 것이다.

> **관련 정보** 할당문의 오류에 관한 자세한 정보는 22.4절의 "오류의 분류"를 살펴본다.

사람들은 여러 분야에서 습관을 갖고 있다. 예를 들면 개발자들은 루프의 인덱스는 주의 깊게 검사하지만, 루프의 인덱스에서 발생한 오류보다 찾아내기가 훨씬 어려운 오류를 만들어내는 할당문은 검사하지 않는 경향이 있다(Gould 1975). 다른 사람의 비평에 호의적으로나 그 반대로 반응을 보인다. 항상 코드를 읽기 쉽게 만들거나 빠르게 만들기 위한 방법을 찾는다. 물론 그렇지 않을 수도 있다. 빠르게 실행되는 코드와 가독성 높은 코드 중 하나를 선택해야 하는데 매번 선택 결과가 같다면 사실상 '선택'하는 것이 아니라 습관을 따르는 것이다.

앞에서 소개한 아리스토텔레스의 인용문에서 "도덕적 미덕"을 "프로그래밍 미덕"으로 바꿔보자. 그는 좋거나 나쁜 행동을 하는 경향이 있는 것이 아니라 좋거나 나쁜 개발자가 되는 것이라고 지적했다. 자신의 분야에서 좋거나 나쁘게 되는 주된 방법은 건축가는 건물을 짓고 개발자는 프로그래밍을 하는 등 행동을 취하는 것이다. 행하는 것은 습관이 되고 시간이 지나면 습관이 좋은지 나쁜지가 좋은 개발자인지 아닌지를 결정한다.

빌 게이츠는 훌륭한 개발자가 될 사람은 처음 몇 년 동안에도 훌륭한 개발자라고 말한다. 그 후로 그 개발자가 좋은지 아닌지는 콘크리트로 만든 것처럼 굳어진다(Lammers 1986). 프로그래밍을 오랫동안 하면 어느 날 갑자기 "이 반복문을 어떻게 빠르게 만들지?"나 "이 코드의 가독성을 어떻게 높일 수 있지?"라고 말하기가 쉽지 않다. 이런 것들은 훌륭한 개발자가 초기에 개발하는 습관이다.

처음에 무언가를 배울 때 올바른 방법으로 배워야 한다. 처음으로 행할 때 능동적으로 생각하면 좋은 방법으로 할지 나쁜 방법으로 할지를 선택하기가 쉽다. 몇 번 해 본 다음부터는 무엇을 할지 거의 신경을 쓰지 않게 되고 "습관의 힘"이 처리한다. 일을 처리하는 방식이 자기가 원하는 습관이 되도록 해야 한다.

가장 효과적인 습관을 갖고 있지 않다면 어떻게 해야 할까? 어떻게 나쁜 습관을 바꿔야 할까? 이 문제에 대한 명확한 해답이 있었다면 아마도 심야 TV에서 자가 학습 테이프를 팔 수 있었을 것이다. 하지만 정답의 일부는 소개할 수 있다. 나쁜 습관을 전혀 그렇지 않은 습관으로 바꿀 수는 없다. 갑자기 담배나 과음, 과식을 끊은 사람들이 풍선 껌을 씹는 것과 같은 다른 일을 찾을 때까지 그렇게 힘든 시간을 보내는 이유가 그것이다. 오래된 습관을 없애기보다는 좋은 습관으로 바꾸기가 쉽다. 프로그래밍에서는 도움이 되는 새로운 습관을 개발하도록 노력해야 한다. 예를 들면 코드를 작성하기 전에 의사코드에 클래스를 작성하는 습관을 들이고 컴파일하기 전에 코드를 주의 깊게 읽어보는 습관을 들인다. 나쁜 습관을 버리는 것은 새로운 습관이 자리를 차지하게 되면 자연스럽게 떨어져 나갈 테니 걱정할 필요가 없을 것이다.

참고 자료

cc2e.com/3327

다음은 소프트웨어 개발의 사람 측면에서의 참고 자료다.

cc2e.com/3334

에츠허르 데이크스트라의 튜링상 강의 *"The Humble Programmer"*(Communications of the ACM 15, 10호, 1972년 10월) 859~66쪽). 이 고전적인 논문은 컴퓨터 프로그래밍이 개발자의 정신적인 활동에 얼마나 의존하는지에 대한 탐구를 시작하는 데 도움을 주었다. 데이크스트라는 프로그래밍의 핵심 작업이 컴퓨터 과학의 엄청난 복잡성을 마음대로 다루는 것이라는 메시지를 지속적으로 역설해왔다. 그는 프로그래밍이야 말로 세세한 부분부터 최상위 부분까지의 모든 차이점에 정통해야 하는 유일한 활동이라고 주장한다. 이 논문은 역사적인 가치만으로도 흥미로운 읽을거리이지만, 논문이 다루고 있는 주제 중 상당수가 수십 년이 지난 후에도 새로운 느낌을 준다. 또한 컴퓨터 과학 초기에 개발자가 어땠는지에 대한 내용도 제공한다.

제럴드 M. 와인버그 ≪*프로그래밍 심리학*≫(인사이트, 2014) 이 고전적인 책은 비자아적인 프로그래밍과 컴퓨터 프로그래밍에서의 인간에 관한 많은 부분에 대한 개념을 상세하게 설명하고 있다. 또한 흥미로운 일화를 많이 포함하고 있으며 소프트웨어 개발에 관해 쓰인 책 중에서 가장 읽을 만한 책 중 하나다.

로버트 피어시그 《선과 모터사이클 관리술》(문학과지성사, 2006). 피어시그는 표면상 오토바이 유지보수와 관련된 "품질"에 관해 광범위하게 설명한다. 이 책을 썼을 당시 그는 소프트웨어 기술서 저자로 활동하고 있었으며 그의 통찰력 깊은 의견을 소프트웨어 프로젝트에 관한 철학뿐만 아니라 오토바이 유지보수에도 적용했다.

빌 커티스 《Tutorial: Human Factors in Software Development》(IEEE Computer Society Press, 1985). 이 책은 컴퓨터 프로그램을 작성하는 인간의 측면을 기술한 뛰어난 논문집이다. 45개의 논문이 프로그래밍 지식, 프로그래밍 학습, 문제 해결 및 설계, 설계 표현 방식의 효과, 언어의 특성, 오류 진단, 방법론에 관한 내용으로 분류되어 있다. 프로그래밍이 인간이 직면했던 지능적으로 가장 어려운 문제 중 하나라면 인간의 정신 능력에 대해 더 많이 학습하는 것이 노력을 성공으로 이끄는 데 중요하다. 또한 정신적인 요소에 관한 이 논문은 개발자가 자신의 마음을 살펴보고 더욱 효과적으로 프로그램을 작성하는 방법을 배우는 데 도움을 줄 것이다.

스티브 맥코넬 《Professional 소프트웨어 개발》(인사이트, 2003). 7장 "고아 출신 특별 우대"는 개발자 인격과 성격의 역할에 대한 자세한 정보를 제공한다.

요점 정리

- 성격은 컴퓨터 프로그램을 작성하는 능력에 직접 영향을 미친다.
- 가장 중요한 성격은 겸손과 호기심, 지적인 정직함, 창의성과 훈련, 현명한 게으름이다.
- 뛰어난 개발자의 성격은 대부분 재능과는 아무런 상관이 없으며 개인적인 발전을 위한 노력과 연관이 있다.
- 놀랍게도 지력과 경험, 인내심, 지구력은 이로운 만큼 해롭다.
- 많은 개발자가 능동적으로 새로운 정보와 기술을 찾지 않는다. 대신 그들은 우연히 일을 통해 새로운 정보를 얻는다. 프로그래밍에 관한 책을 읽고 배우는 데 약간의 시간을 투자한다면 몇 달 혹은 몇 년이 지난 후 다른 일반 개발자와 확연히 차별화된 자신의 모습을 발견할 수 있을 것이다.
- 훌륭한 성격은 주로 올바른 습관 형성의 문제다. 뛰어난 개발자가 되려면 올바른 습관을 개발하여 나머지가 자연스럽게 따라올 수 있도록 해야 한다.

34장 소프트웨어 장인정신에 대한 주제

cc2e.com/3444

내용

34.1 복잡성 정복
34.2 자신에게 맞는 프로세스 선택
34.3 컴퓨터보다 사람을 위한 프로그램을 작성하라
34.4 언어에 제약을 받지 않고 언어를 활용한 프로그래밍
34.5 규약을 활용하여 핵심에 집중
34.6 문제 중심의 프로그래밍
34.7 낙석을 주의하라
34.8 반복, 반복, 또 반복
34.9 소프트웨어와 신조를 떼어 놓아라

관련 주제

- 책 전체

이 책은 주로 고급 클래스, 변수 이름, 반복문, 소스코드 레이아웃, 시스템 통합과 같은 소프트웨어 구현에 관한 사항을 다룬다. 이 책은 더 구체적인 주제를 강조하기 위하여 추상적인 주제는 덜 강조했다.

책의 전반부에 구체적인 주제에 대한 내용을 소개했으니 여러 장에서 소개된 주제를 골라 그것들이 어떤 관련이 있는지 살펴보면 추상적인 개념을 파악할 수 있을 것이다. 이 장은 복잡성과 추상화, 프로세스, 가독성 등과 같이 추상적인 주제를 소개한다. 이러한 주제는 해킹이냐 소프트웨어 개발의 장인 정신이냐의 차이를 많은 부분에서 설명한다.

34.1 복잡성 정복

관련 정보 복잡성을 정복하는 자세의 중요성에 대한 자세한 사항은 33.2절의 "지성과 겸손"을 살펴본다.

5장 "구현 설계"에서 소프트웨어의 주요 기술적인 의무로서의 복잡성 관리에 관해서 설명한 수준까지 복잡성을 줄이는 것이 소프트웨어를 개발할 때 매우 중요하다. 영웅이 되어 모든 단계에서 발생하는 컴퓨터 과학의 문제점을 처리하고 싶겠지만, 그렇게까지 자세한 정보를 처리할 수 있는 인간의 두뇌는 없다. 컴퓨터 과학과 소프트웨어 공학은 그러한 복잡성을 처리하기 위한 여러 가지 지적 도구를 개발했으며, 이 책의 다른 주제에 대한 설명도 다음과 같이 새롭게 정리했다.

- 한 번에 시스템의 작은 부분에 집중할 수 있도록 하나의 시스템을 아키텍처 수준에서 서브시스템으로 나눈다.
- 클래스의 내부 작업을 무시할 수 있도록 클래스 인터페이스를 신중하게 정의한다.
- 불필요한 사항을 기억할 필요가 없도록 클래스 인터페이스 수준에서의 추상화를 유지한다.
- 전역 데이터는 한 번에 살펴볼 코드의 비율을 증가시키기 때문에 피한다.
- 깊은 상속 관계는 생각할 것이 많으므로 피한다.
- 여러 단계로 중첩되는 반복문과 조건문은 더 간단한 제어 구조로 대체할 수 있으니 사용하지 않는다.
- *goto* 문은 대부분의 사람이 흐름을 따라가기가 어렵기 때문에 피한다.
- 서로 다른 오류 처리 기술을 사용하지 말고 일관된 접근 방법을 신중하게 정의한다.
- 내장형 예외 메커니즘은 자칫 *goto* 문처럼 이해하기 어려운 구조를 만들 수 있으니 체계적으로 사용하도록 한다.
- 클래스가 전체 프로그램 크기 만한 괴물 클래스로 자라지 않도록 주의한다.
- 루틴을 간략하게 유지한다.
- 명확하고 설명이 없어도 명백한 변수 이름을 지어서 "*i*는 계정의 인덱스를 나타내고 *j*는 고객의 인덱스를 나타낸다. 아니, 그 반대였나?" 같은 사항을 기억하는 데 능력을 낭비하지 않도록 한다.
- 루틴에 전달되는 매개변수의 수를 최소화하고 루틴 인터페이스의 추상화를 유지하는 데 필요한 매개변수만을 전달한다.
- 서로 다른 코드의 차이점을 기억하느라 기억력을 낭비하지 않도록 규약을 사용한다.
- 일반적으로 5장에서 언급한 "부수적인 어려움"을 해결한다.

복잡한 테스트를 불린 함수로 구현하여 테스트의 목적을 추상화하면 코드를 좀 덜 복잡하게 만들 수 있다. 복잡한 일련의 로직을 하나의 참조 테이블로 대체하여 같은 효과를 얻을 수 있다. 명확하게 정의되고 일관성 있는 클래스 인터페이스를 만들면 클래스의 세부 구현 사항에 대해 걱정할 필요가 없게 되어 결과적으로 작업을 단순화할 수 있다.

또한 코드 작성 규약을 갖는 가장 큰 이유도 복잡성을 줄이기 위한 것이다. 형식이나 루프, 변수 이름, 모델링 표기법 등과 같은 사항에 대한 결정을 표준화할 수 있으며 그렇게 함으로써 더 어려운 프로그래밍 문제에 집중할 수 있다. 코드 작성 규약이 논쟁의 대상이 되는 한 가지 이유는 옵션 중의 선택 사항이 코드의 미적인 부분에 제한을 가하기 때문이지만, 본질적으로는 임의적이다. 사람들은 아주 작은 차이점 때문에 엄청난 논쟁을 벌인다. 규약은 임의의 결정을 내리고 이를 옹호하는 수고를 덜어준다는 점에서 매우 유용하다. 더 의미 있는 분야에 제한을 가하면 그 가치는 떨어진다.

다양한 형태의 추상화는 복잡성을 관리하는 데 특히 강력한 도구다. 프로그래밍은 프로그램 컴포넌트의 추상성을 증가시킴으로써 크게 진화해왔다. 프레드 브룩스는 컴퓨터 과학에서 가장 눈에 띄는 발전은 기계어에서 고급 언어로 이동할 때 이루어졌다고 주장한다. 덕분에 개발자가 하드웨어의 개별적인 사항까지 세세하게 걱정할 필요 없이 프로그래밍에 집중할 수 있게 되었다(Brooks 1995). 루틴에 대한 개념도 또 다른 큰 발전이며 클래스와 패키지 역시 마찬가지다.

기능에 따라서 변수의 이름을 지으면, 즉 구현 수준에서 "어떻게"보다는 문제가 "무엇"인지 나타내기 위하여 변수 이름을 지으면 추상화 수준이 증가한다. "스택을 팝(pop)하고 있고 그것은 최근에 입사한 사원을 가져온다는 의미다."라고 말한다면 추상화를 통해서 "스택을 팝하고 있다."를 생략할 수 있다. 간단히 "최근에 입사한 사원을 가져온다."라고 말하면 된다. 이를 통해서 얻는 이득은 크지 않지만, 1에서 10^9까지의 복잡성의 범위를 줄이고자 한다면 모든 단계가 중요하다. 리터럴 대신 이름 상수를 사용해서도 추상화 수준이 증가한다. 객체지향 프로그래밍은 알고리즘과 데이터에 동시에 적용할 수 있는 추상화 수준을 제공한다. 즉, 기능 분리만 단독으로 제공하지는 않는다.

요약하면 소프트웨어 설계와 구현의 주요 목적은 복잡성을 정복하는 것이다. 많은 프로그래밍 습관의 내부적인 목적은 프로그램의 복잡성을 줄이는 것이며 복잡성을 줄이는 일은 효과적인 개발자가 되기 위한 핵심 요소다.

34.2 자신에게 맞는 프로세스 선택

이 책에서 두 번째로 중요한 맥락은 소프트웨어를 개발하는 데 사용하는 프로세스가 매우 중요하다는 개념이다. 작은 프로젝트에서는 개발자 개인의 능력이 소프트웨어의 품질에 가장 큰 영향을 끼친다. 개발자 개인의 성공 여부는 그가 선택한 프로세스에 달려 있다.

한 명 이상의 개발자로 구성된 프로젝트에서는 조직적인 특성이 프로젝트에 참여한 개인의 능력보다 큰 영향을 미친다. 훌륭한 팀이 있다고 할지라도 전체적인 능력이 단순히 팀원 개개인의 능력을 합한 것과 같지는 않다. 사람들이 함께 작업하는 방법이 서로에게 긍정적인 영향을 미칠지, 부정적인 영향을 미칠지를 결정한다. 팀이 사용하는 프로세스가 개인의 작업이 나머지 팀원의 작업을 도와줄지, 방해할지 결정한다.

관련 정보 요구사항을 견고하게 만드는 방법에 대한 자세한 사항은 3.4절의 "요구사항 선행 조건"을 살펴본다. 여러 가지 형태의 개발 접근 방법에 대한 자세한 사항은 3.2절의 "작업 중인 소프트웨어의 종류 결정"을 살펴본다.

프로세스가 중요하다는 것을 보여주는 한 가지 예가 설계와 코드 작성을 시작하기 전에 요구사항을 견고하게 만들지 않았을 때의 결과다. 무엇을 만들고 있는지 모른다면 뛰어난 설계를 만들 수 없다. 소프트웨어를 개발하는 중에 요구사항과 설계가 변경된다면 코드 역시 변경해야 하며 이는 곧 시스템의 품질을 떨어뜨리는 위험을 초래한다.

이에 대해서 사람들은 이렇게 말한다. "맞습니다. 하지만 현실적으로는 절대로 견고한 요구사항을 만들 수 없기 때문에 그 정체를 알 수가 없습니다." 다시 한번 말하지만, 사용하는 프로세스가 요구사항이 얼마나 견고한지와 얼마나 견고해야 하는지를 결정한다. 요구사항에 융통성을 갖고 싶다면 한 번에 완성하기보다는 여러 번의 점진적인 과정을 통해서 소프트웨어를 배포할 수 있도록 계획을 세우는 점진적인 개발 접근 방법을 사용할 수 있다. 그것이 바로 프로세스에 대한 관심이며 궁극적으로 프로젝트의 성패를 결정하는 프로세스다. 3.1절의 표 3-1에서 요구사항의 오류가 구현상 오류보다 해결하는 데 더 큰 비용이 든다는 점을 명백하게 보여주고 있기 때문에 프로세스 중에서 그러한 부분에 집중하는 것도 비용과 일정에 영향을 미친다.

> 진지한 개발자는 작업 시간의 일부를 자신이 만든 메서드를 살펴보고 개선하는 데 투자해야 한다고 말하고 싶다. 개발자가 항상 미래나 이미 지난 기한을 맞추려고 노력하기는 하지만, 방법론적인 추상화는 현명한 장기 투자다.
> – 로버트 W. 플로이드
> (Robert W. Floyd)

프로세스에 대한 의식적인 관심이라는 같은 원칙을 설계에도 적용한다. 집을 짓기 전에는 반드시 기초 공사를 튼튼히 해야 한다. 기초 공사가 끝나기도 전에 코드 작성에 바로 들어간다면 시스템 아키텍처의 근본적인 사항을 변경하기가 더욱 어려워질 것이다. 사람들은 구현하고자 하는 코드를 이미 작성했기 때문에 설계에 감정을 실을 것이다. 일단 집을 짓기 시작하면 잘못된 토대를 버리기가 힘들다.

프로세스가 중요한 주요 이유는 소프트웨어에서 품질을 첫 번째 과정을 시작할 때부터 미리 고려해야 하기 때문이다. 이 말은 코드를 엉망으로 만들어놓고 나중에 모든 실수를 테스트할 수 있다는 격언과 정면으로 부딪치는 것이다. 그러한 생각은 매우 잘못된 것이다. 테스트는 작성한 소프트웨어에서 특정한 방법으로 사용할 때에 결함이 있다는 것을 알려줄 뿐이다. 테스트는 프로그램을 사용하기 쉽거나 빠르거나 작거나 가독성이 좋거나 확장성이 좋게 만들어주지 않을 것이다.

성급한 최적화도 프로세스 오류에 속한다. 효과적인 프로세스는 처음에 굵직하게 조절하고 마지막에 미세하게 조절한다. 조각가라면 개별적인 부분을 갈고 닦기 전에 전체적인 모양을 대충 만들 것이다. 성급하게 최적화하면 다듬을 필요가 없는 코드를 다듬느라 시간을 보내야 하므로 시간을 낭비하게 된다. 충분히 작고 빠른 코드를 다듬을 수도 있고 나중에 버릴 코드를 다듬을 수도 있으며 이미 많은 시간을 다듬느라 보냈기 때문에 버리지 못하는 코드가 있을 수도 있다. 항상 이렇게 생각해 보라. "올바른 순서대로 작업하고 있는가? 순서를 바꾸면 결과가 달라질까?" 의식적으로 훌륭한 프로세스를 따르도록 한다.

관련 정보 반복에 대한 자세한 내용은 이 장의 뒤에서 소개하는 34.8절 "반복, 반복, 또 반복"을 살펴본다.

하위 수준 프로세스에서도 마찬가지다. 의사코드를 작성하고 나서 의사코드에 코드를 채우는 프로세스를 따른다면 하향식 설계 방식의 장점을 취할 수 있다. 또한 나중에 주석을 추가하지 않고도 주석을 갖게 된다.

큰 프로세스와 작은 프로세스를 관찰하는 것은 잠시 멈춰 소프트웨어 작성 방법에 주의를 기울인다는 의미다. 이는 시간을 잘 활용하는 것이다. "코드 자체가 중요하다. 추상적인 프로세스보다는 코드가 얼마나 훌륭한지에 집중해야 한다."라고 말하는 것은 근시안적이며 실험적이고 실질적인 근거를 무시하는 처사다. 소프트웨어 개발은 창조적인 작업이다. 창조적인 프로세스를 이해하지 못하면 소프트웨어를 작성하는 데 가장 많이 사용하는 두뇌를 제대로 활용하지 못하게 된다. 나쁜 프로세스는 두뇌를 낭비한다. 좋은 프로세스는 두뇌를 최대한 활용할 수 있도록 한다.

34.3 컴퓨터보다 사람을 위한 프로그램을 작성하라

> *너의 프로그램* 명사. 똑똑한 티를 내기 위한 트릭과 부적절한 주석이 넘치는 혼란 그 자체. '나의 프로그램'과 비교해 보라.
>
> *나의 프로그램* 명사. 간결하며 효율적인 측면과 다음 개발자를 위해서 완벽하게 주석을 단 최고로 균형 잡힌 정교한 코드의 결정체. '너의 프로그램'과 비교해 보라.
>
> — 스탠 켈리-부틀(Stan Kelly-Bootle)

이 책에서 소개하는 또 다른 주제는 코드의 가독성을 강조하는 것이다. 다른 사람과의 의사소통이 이해하기 쉬운 코드를 지향하는 동기다.

컴퓨터는 코드의 가독성에 대해 신경 쓰지 않는다. 컴퓨터는 고급 언어 표현식을 읽는 것보다는 바이너리 기계 명령을 읽는 데 더 능숙하다. 개발자는 다른 사람들이 코드를 읽는 데 도움이 되기 때문에 가독성 있는 코드를 작성한다. 가독성은 프로그램의 다음과 같은 측면에 긍정적인 영향을 준다.

- 이해도
- 검토 용이성
- 오류 비율

- 디버깅
- 수정 용이성
- 개발 시간 – 상기 과정의 결과
- 외적 품질 – 상기 과정의 결과

> 프로그래밍 초기에는 프로그램을 개발자의 개인 소유물로 여겼다. 동료의 프로그램을 허락 없이 읽는 것은 연애편지를 몰래 읽는 것과 마찬가지로 여겼다. 이게 근본적으로 프로그램이었다. 개발자가 하드웨어로 보내는 연애편지, 친한 동료만 그 사실을 알고 있는 은밀한 것이었다. 결과적으로 프로그램은 자신들이 이 세상에서 유일한 존재라고 생각하는 행복한 추상화 속에 사는 연인들 사이에 유행하는 애완동물 이름과 약칭으로 가득 차게 되었다. 그러한 프로그램은 동료가 아닌 사람은 이해할 수 없다.
> – 마이클 마코티
> (Michael Marcotty)

읽기 쉬운 코드를 작성하는 것은 적어도 장기적인 측면에서 보면 혼란스러운 코드를 작성하는 것보다 시간이 오래 걸리지 않는다. 코드가 읽기 쉽다면 코드가 작동하는지 쉽게 확인할 수 있다. 이것만으로도 읽기 쉬운 코드를 작성하기에 충분한 이유가 된다. 하지만 코드는 검토 시 다시 읽힌다. 오류를 수정할 때도 코드를 읽는다. 코드가 수정될 때도 읽힌다. 누군가가 비슷한 프로그램에서 코드의 일부를 사용하려고 할 때도 읽힌다.

읽기 쉬운 코드를 만드는 일은 개발 프로세스에서 선택적인 부분이 아니며 읽을 때의 편리함보다 작성할 때의 편리함을 추구하는 것은 잘못된 절약 방법이다. 나쁜 코드를 계속해서 읽는 데 노력을 기울이기보다는 한 번에 읽을 수 있는 훌륭한 코드를 작성하려고 노력해야 한다.

"개인적으로만 사용할 코드를 작성하고 있다면 어떻게 할까? 왜 읽기 쉽도록 작성해야 할까?" 그 이유는 지금으로부터 한두 주 지나면 다른 프로그램을 작성하면서 이렇게 생각할 것이기 때문이다. "이봐! 이미 이 클래스는 지난주에 작성했어. 이미 테스트하고 디버깅한 코드를 가져다 쓰면 시간이 절약될 거야." 그런데 코드가 읽기 어렵다면 행운을 빈다!

프로젝트를 진행하는 사람이 나뿐이기 때문에 읽기 쉬운 코드를 작성할 필요가 없다는 생각은 위험한 전례를 만든다. 어머니는 이렇게 말하곤 한다. "그런 표정으로 굳어지면 어떻게 하려고 그러니?" 아버지는 이렇게 말한다. "연습한 대로 해." 습관은 모든 일에 영향을 미친다. 습관은 의지대로 시작하거나 멈출 수 없기 때문에 지금 하는 일이 습관으로 만들고 싶은 것인지 생각해 봐야 한다. 전문 개발자는 읽기 쉬운 코드를 작성한다는 점만 명심하라.

또한 어떤 코드가 전적으로 자기 소유인지는 논쟁의 여지가 있다는 점을 인정하는 것이 좋다. 더글라스 코머(Douglas Comer)는 개인 프로그램과 공용 프로그램을 구별할 수 있는 유용한 구별 기준을 제시했다(Comer 1981). "개인 프로그램"은 개발자의 개인적인 목적을 위한 프로그램이다. 그러한 프로그램은 다른 사람이 사용하지 않을 뿐만 아니라 수정하지도 않으며 프로그램의 존재조차 모른다. 일반적으로는 사소하고 예외 사항도 많지 않다. "공용 프로그램"은 만든 사람 이외의 사람이 사용하거나 수정하는 프로그램이다.

공용 프로그램과 개인 프로그램을 위한 표준은 다를 수 있다. 개인 프로그램은 말끔하지 않게 작성되고 개발자 이외의 사람에게는 영향을 미치지 않는 제한 사항이 가득할 수 있다. 공용 프로그램은 더 신중하게 개발해야 한다. 제한 사항이 문서화되어야 하며 신뢰할 수 있고 수정 가능해야 한다. 개인 프로그램이 종종 공용 프로그램이 되는 경우가 있다. 그러한 프로그램은 배포하기 전에 공용 프로그램으로 변환해야 한다. 개인 프로그램을 공용 프로그램으로 만드는 일 중 하나가 읽기 쉽게 만드는 것이다.

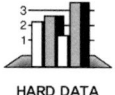

코드를 읽게 될 사람은 자기밖에 없다고 생각하더라도 현실 세계에서는 다른 사람이 그 코드를 수정할 가능성이 상당히 높다. 한 연구 결과에 따르면 유지보수 개발자의 상당수가 프로그램이 재작성되기 전까지 그런 프로그램에서 작업한다고 한다(Thomas 1984). 유지보수 개발자는 작업할 코드를 이해하는 데 애쓰느라 50%에서 60%의 시간을 보내며 개발자가 코드를 문서화하느라 보낸 시간에 고마워한다(Parikh and Zvegintzov 1983).

이 책의 앞부분에서 훌륭한 클래스, 루틴, 변수 이름, 신중한 형식화, 작은 코드, 불린 함수에 복잡한 불린 테스트 감추기, 복잡한 계산을 명확하게 하기 위하여 중간 결괏값을 변수에 할당하기와 같이 이해하기 쉬운 코드를 작성하는 데 도움을 주는 기술을 살펴봤다. 한 가지 기술을 사용했다고 해서 읽기 쉬운 프로그램과 그렇지 않은 프로그램의 차이가 만들어지지는 않겠지만, 코드를 좀 더 이해하기 쉽게 만드는 작은 기술이 많이 축적되면 그 효과는 상당할 것이다.

코드를 아무도 살펴보지 않기 때문에 읽기 쉽게 만들 필요가 없다고 생각한다면 원인과 결과를 혼동하지 않도록 한다.

34.4 언어에 제약을 받지 않고 언어를 활용한 프로그래밍

프로그래밍에 대한 모든 행위는 프로그래밍 언어가 기본적으로 제공하는 개념에 의해서 제약을 받지 않아야 한다. 최고의 개발자들은 그들이 무엇을 원하는지 생각한 다음 그들이 원하는 대로 프로그래밍 도구를 사용하여 목표를 달성할 방법을 결정한다.

일관성을 제공하는 것보다 더 편리하다는 이유만으로 클래스의 추상화에 맞지 않는 클래스 멤버 루틴을 사용해야 하는가? 가능한 한 클래스의 인터페이스에 표현된 추상화를 유지할 수 있는 방법으로 코드를 작성해야 한다. 프로그래밍 언어가 지원한다는 이유로 전역 데이터나 *goto* 문을 사용할 필요는 없다. 그러한 위험한 프로그래밍 기능을 사용하기보다는 그러한 약점을 보완할 수 있는 프로그래밍 규약을 사용하면 된다. 가장 명확한 방법을 사용하는 프로그래밍은 언어에 얽매이기보다는 언어를 활용하는 것이다. 이는 개발자 세계에서 "친구 따라 강남 갈래?"라는 말과 같다. 기술적인 목표에 대해서 생각해본 후 언어를 활용하여 그러한 목표를 달성할 수 있는 최선의 방법을 선택하라.

언어에서 어설션을 지원하지 않는가? 그렇다면 *assert()* 루틴을 직접 작성하라. 기본 제공되는 *assert()* 루틴과 같은 기능을 제공하지는 않겠지만, 직접 작성함으로써 *assert()* 루틴이 제공하는 이점을 깨달을 수 있다. 언어가 열거형이나 이름 상수를 지원하지 않는가? 상관없다. 명확한 이름 규약으로부터 전역 변수를 규칙적으로 사용하여 열거형과 이름 상수를 정의할 수 있다.

최악의 경우, 특히 최신 기술 환경에서는 툴이 너무나 원시적이어서 원하는 프로그래밍 접근 방법을 상당히 많이 바꾸어야 할지도 모른다. 그러한 경우에는 언어 때문에 원하는 프로그래밍 접근 방법이 지나치게 부담이 되어 발생하는 어려움과 언어를 활용하는 프로그래밍 사이의 균형을 유지해야 할 것이다. 하지만 그러한 경우, 그 환경에서 가장 어려운 기능을 해결하는 데 도움을 주는 프로그래밍 규칙으로부터 훨씬 많은 이익을 얻을 수 있을 것이다. 더 일반적인 경우에는 하고자 하는 바와 툴이 제공하는 기능의 차이를 극복할 수 있도록 약간의 조율만 하면 될 것이다.

34.5 규약을 활용하여 핵심에 집중

> 관련 정보 프로그램 레이아웃에 규약을 적용했을 때의 가치 분석에 대한 설명은 31.1절의 "좋은 레이아웃은 얼마나 가치가 있는가?"와 "좋은 레이아웃의 목표"를 살펴본다.

규약은 복잡성을 관리하기 위해 사용하는 지적인 도구 중의 하나다. 앞 장에서 구체적인 규약에 대해서 말했다. 이 절에서는 많은 예를 통해서 규약의 이점을 설명한다.

프로그래밍의 상당 부분은 다소 임의적이다. 루프를 들여쓰기할 때 공백을 몇 개 사용하는가? 주석을 어떤 형식으로 표현하는가? 클래스 루틴을 어떻게 정렬해야 하는가? 이와 같은 질문 대부분은 정답이 여러 개다. 그러한 질문에 대한 답변의 내용보다는 답변이 매번 일관성 있느냐가 더 중요하다. 규약은 개발자들이 같은 질문에 답하고 같은 결정을 반복해서 해야 하는 수고를 덜어준다. 많은 개발자가 참여하는 프로젝트에서는 규약을 사용하여 서로 다른 개발자들이 임의의 결정을 내릴 때 발생하는 혼란을 막아준다.

규약은 중요한 정보를 간결하게 전달한다. 이름 짓기 규약에서는 하나의 문자로 지역 변수와 클래스, 전역 변수를 구분할 수 있다. 대문자는 타입과 이름 상수, 변수를 간결하게 구분할 수 있다. 들여쓰기 규약은 프로그램의 논리적인 구조를 간결하게 보여줄 수 있다. 정렬 규칙은 표현식이 서로 연관되어 있음을 간결하게 나타낼 수 있다.

규칙은 알려진 위험을 막아준다. 위험한 습관을 없애거나 그러한 습관을 필요한 경우로만 제한하거나 알려진 위험을 보완하는 규약을 만들 수 있다. 예를 들면 전역 변수 사용이나 한 줄에 여러 표현식을 사용하는 것을 금지하여 위험한 습관을 제거할 수 있다. 복잡한 표현식을 괄호로 묶거나 허상 포인터를 막기 위해서 포인터가 삭제되고 난 후에는 즉시 널로 설정하도록 하여 위험한 습관을 보완할 수 있다.

규약을 이용하면 하위 수준 작업에 대해 예측이 가능하다. 메모리 요청 처리와 오류 처리, 입/출력, 클래스 인터페이스에 대한 규약이 있다면 코드에 의미 있는 구조를 추가하게 되고 다른 개발자가 규약을 알고 있는 경우에 더욱 쉽게 코드를 이해할 수 있다. 이 장의 앞에서 언급했듯이 전역 데이터를 없앰으로써 얻게 되는 가장 큰 이점은 서로 다른 클래스와 서브시스템 사이의 잠재적인 상호작용을 제거하는 것이다. 코드를 읽는 사람은 지역 변수와 클래스 데이터로부터 무엇을 얻을 것인지 대충 알고 있다. 하지만 전역 데이터를 변경했을 때 4개의 서브시스템의 코드가 깨질 거라고 말하긴 어렵다. 전역 데이터는 코드를 읽는 사람의 불확실성을 증가시킨다. 훌륭한 규약이 있다면 작업에 참여하는 사람들이 좀 더 당연하게 받아들일 것이다. 그러면 이해해야 할 세부 사항도 적어지고 그 결과 프로그램의 이해도도 증가할 것이다.

규약은 언어의 약점을 보완할 수 있다. 이름 상수를 지원하지 않는 언어(파이썬, 펄, UNIX 셸 스크립트 등)에서는 규약을 이용해 읽고 쓰기 위한 변수와 읽기 전용 상수를 모방하기 위한 변수를 구분할 수 있다. 전역 데이터와 포인터에 대한 규약도 규약을 통해 언어의 약점을 보완하는 또 다른 예다.

큰 프로젝트를 진행 중인 개발자들은 때때로 규약을 지나치게 많이 사용한다. 너무 많은 표준과 가이드라인을 정해서 그것을 이해하는 것 자체가 큰일이 되어 버린다. 반면에 작은 프로젝트를 진행 중인 개발자들은 지적으로 표현된 규약의 장점을 제대로 깨닫지 못하여 규약을 무시하는 경향이 있다. 규약의 진정한 가치를 이해하여 십분 활용할 수 있도록 해야 한다. 구조가 필요한 곳에 구조를 제공하기 위해서 규약을 사용해야 한다.

34.6 문제 중심의 프로그래밍

복잡성을 다루는 또 다른 방법은 가능한 가장 높은 추상화 단계에서 작업하는 것이다. 높은 추상화 단계에서 작업하는 한 가지 방법은 컴퓨터 과학의 해결책보다는 프로그래밍 문제 중심으로 작업하는 것이다.

최상위 수준 코드는 파일과 스택, 큐, 배열 i, j, k와 같은 문자에 대한 세부 사항으로 채워져서는 안 된다. 최상위 수준 코드는 해결하려는 문제를 기술해야 한다. 이 코드는 설명적인 클래스 이름과 "읽기 전용"으로 파일을 연다는 것과 같이 상세한 정보가 아닌 프로그램이 수행하고 있는 작업을 정확하게 가리키는 루틴 호출로 구성되어야 한다. 최상위 수준 코드는 "i는 직원 파일에서 얻은 레코드의 인덱스를 나타내며 잠시 후에는 고객의 계정 파일의 인덱스를 나타내기 위해서 사용된다."와 같은 주석 덩어리를 포함해서는 안 된다.

그것은 서툰 프로그래밍 습관이다. 최상위 수준에서는 직원 데이터가 레코드로 제공되는지 파일로 저장되는지 알 필요가 없다. 그러한 수준의 자세한 정보는 감춰야 한다. 최상위 수준에서는 데이터가 어떻게 저장될 것인지 생각해서는 안 된다. i가 무엇이고 그것이 두 가지 목적으로 사용된다는 것을 설명하는 주석을 읽을 필요도 없다. 대신 두 가지 목적에 사용될 서로 다른 변수를 볼 수 있어야 하며 변수 이름 또한 *employeeIndex*와 *clientIndex*와 같이 쉽게 구별되는 이름이어야 한다.

프로그램을 추상화 수준으로 나누기

분명히 어느 단계가 되면 구현 중심의 관점으로 작업해야 하지만, 문제 도메인 관점으로 작업하는 부분에서 구현 수준 관점으로 작업하는 부분을 분리할 수 있다. 프로그램을 설계 중이라면 그림 34-1과 같은 추상화 수준을 고려할 수 있다.

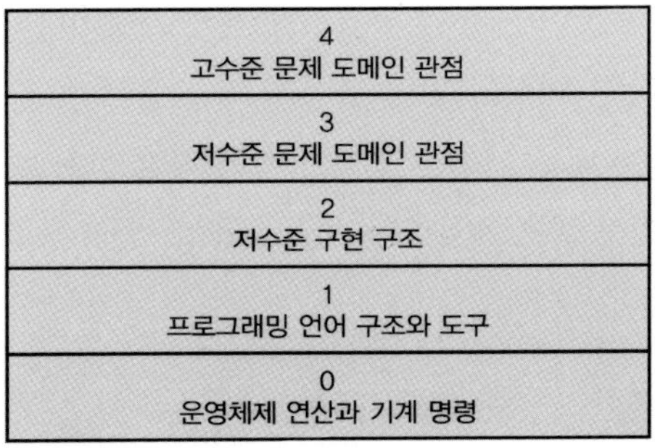

4 고수준 문제 도메인 관점
3 저수준 문제 도메인 관점
2 저수준 구현 구조
1 프로그래밍 언어 구조와 도구
0 운영체제 연산과 기계 명령

그림 34-1 프로그램은 여러 추상화 수준으로 나뉠 수 있다. 좋은 설계는 오직 상위 계층에 집중하는 데 많은 시간을 보내고 하위 계층은 무시할 수 있도록 할 것이다.

0 수준: 운영체제 연산과 기계 명령어

고급 언어를 사용하고 있다면 가장 낮은 수준, 즉 0 수준에 대해 걱정할 필요가 없다. 사용하고 있는 언어가 자동으로 처리해줄 것이다. 저급 언어를 사용하고 있다면 많은 개발자가 그렇게 하지는 않지만, 상위 계층을 만들려고 노력해야 한다.

1 수준: 프로그래밍 언어 구조와 도구

프로그래밍 언어 구조는 해당 언어의 기본 데이터 형식, 제어 구조 등을 의미한다. 또한 대부분의 일반적인 언어는 추가적인 라이브러리와 운영체제 호출에 대한 접근 방법 등을 제공한다. 이러한 구조와 도구를 사용하는 것은 이들 없이는 프로그램을 작성할 수 없기 때문에 당연한 것으로 받아들여진다. 많은 개발자가 이러한 추상화 수준을 넘어서 작업하지 못해 필요 이상으로 어려움을 겪는다.

2 수준: 저수준 구현 구조

저수준 구현 구조는 언어 자체에 의해서 제공되는 것보다는 약간 높은 수준의 구조다. 이 구조는 알고리즘과 데이터 형식에 대해 대학 수업 시간에 배운 연산과 데이터 형식이다. 즉, 스택, 큐, 연결 리스트, 트리, 인덱스된 파일, 순차적인 파일, 정렬 알고리즘, 검색 알고리즘 등이다. 프로그램이 이 수준에서 작성된 코드만으로 구성되어 있다면 복잡성과의 전쟁에서 이기기에 너무 세부적인 사항으로 넘쳐날 것이다.

3 수준: 저수준 문제 도메인 관점

이 수준에서는 문제 도메인의 관점에서 작업하는 데 필요한 기초 정보를 갖게 된다. 이 수준은 아래의 컴퓨터 과학 구조와 위의 문제 도메인 코드 사이의 아교와 같은 역할을 하는 계층이다. 이 수준에서 코드를 작성하려면 문제 영역에서 사용되는 어휘들을 찾아내 프로그램이 해결하려는 문제를 다루는 데 사용할 수 있는 빌딩 블록을 생성해야 한다. 많은 응용 프로그램에서 이 계층은 비즈니스 객체 계층이나 서비스 계층이 될 것이다. 이 수준에서의 클래스는 어휘와 빌딩 블록을 제공한다. 이 클래스들은 이 수준에서 문제를 직접 해결하기에는 너무 기초적일 것이다. 하지만 상위 수준 클래스들이 문제를 해결하는 데 사용할 수 있는 틀을 제공한다.

4 수준: 고수준 문제 도메인 관점

이 수준은 글자 그대로 문제를 다루는 추상적인 능력을 제공한다. 이 수준에서의 코드는 컴퓨터 과학 전문가가 아닌 다른 사람, 어쩌면 기술에 대해 잘 알지 못하는 고객이 읽을 수 있어야 한다. 자신이 앞으로 문제를 해결하는 데 필요한 도구들을 만들 것이기 때문에 이 수준의 코드는 프로그래밍 언어의 특정한 기능에 의존하지 않을 것이다. 결과적으로 이 수준의 코드는 사용하는 언어의 능력보다는 3 수준에서 직접 작성한 도구에 의존한다.

컴퓨터 과학 구조 계층에서 구현 세부 사항은 이 수준 아래에 있는 두 계층을 감추어야 한다. 그렇게 함으로써 하드웨어나 운영체제의 변경 사항이 이 계층에 영향을 주지 않도록 한다. 프로그램이 변경될 때 사용자의 관점에 의해서 변경되기 때문에 이 수준에서 프로그램에 사용자의 관점을 포함시킨다. 문제 도메인의 변경 사항이 이 계층에 많은 영향을 미치겠지만, 문제 도메인 빌딩 블록의 프로그래밍을 쉽게 수용할 수 있어야 한다.

이러한 개념적인 계층과 더불어 많은 개발자가 프로그램을 여기에서 언급한 계층과 어긋나는 다른 "계층"으로 나누는 것이 유용하다고 생각한다. 예를 들면 전형적인 3-티어 (tier) 아키텍처는 여기에서 언급한 계층과 어긋나며 설계와 코드를 지적으로 관리할 수 있도록 많은 도구를 제공한다.

문제 도메인에서 작업하기 위한 저수준 기법

문제 영역의 어휘에서 작업하기 위한 완벽한 구조적인 접근 방법이 없다고 하더라도 이 책에 있는 많은 기법을 활용해 컴퓨터 과학에서의 해결책보다는 현실 세계의 문제 관점에서 작업할 수 있다.

- 문제 도메인 관점에서 의미 있는 구조를 구현하기 위하여 클래스를 사용한다.
- 데이터형에 대한 정보와 구현 세부 사항을 감춘다.
- 문자열과 숫자 리터럴의 의미를 기술하기 위하여 이름 상수를 사용한다.
- 중간 계산 결과를 기술하기 위하여 중간 변수에 할당한다.
- 복잡한 불린 테스트를 명료하게 하기 위해 불린 함수를 사용한다.

34.7 낙석을 주의하라

프로그래밍은 완전한 예술도 아니고 완전한 과학도 아니다. 일반적으로 그렇듯이 예술과 과학의 중간 어딘가에 있는 "기술"이다. 최고의 표현을 빌려 말하면 프로그래밍은 예술과 과학을 시너지 효과를 발휘하도록 융합한 공학 분야다(McConnell 2004). 예술이나 과학, 기술, 공학에 상관없이 작동하는 소프트웨어 제품을 만들기 위해서는 여전히 많은 개인적인 판단을 내려야 한다. 그리고 컴퓨터 프로그래밍에서의 좋은 판단을 내리기 위해서는 경고 표시와 프로그램의 문제점에 대한 세밀한 표시에 민감해져야 한다. 경고 표시는 문제 발생 가능성에 대해서 경고하지만, 일반적으로 "낙석 주의"와 같은 도로 표지판처럼 떠들썩하지는 않다.

누군가가 "이것은 참으로 교묘한 코드다."라고 말한다면 이는 경고 표시이며 보통은 엉터리 코드라는 뜻이다. "교묘한 코드"는 "나쁜 코드"를 의미하는 코드 용어다. 코드가 교묘하다고 생각한다면 교묘하지 않게 코드를 다시 개발하는 것이 좋다.

평균 이상으로 많은 오류를 갖고 있는 클래스도 경고 표시다. 오류가 많은 클래스는 주로 프로그램에서 가장 비싼 부분인 경향이 있다. 평균보다 많은 오류를 갖는 클래스가 있다면 계속 평균보다 많은 오류를 갖게 될 것이다. 그런 클래스는 다시 개발하는 것이 좋다.

프로그래밍이 과학이었다면 경고 표시는 구체적이고 잘 정의된 교정 작업을 내포하고 있을 것이다. 하지만 프로그래밍은 여전히 기술이기 때문에 경고 표시는 살펴봐야 하는 문제점을 가리키기만 한다. 언제나 교묘한 코드를 다시 작성하거나 오류를 내포하고 있는 클래스를 개선할 수는 없다.

클래스에 있는 비정상적인 결함의 수가 클래스의 품질이 낮다는 것을 경고하는 것처럼 프로그램의 비정상적인 결함 수는 프로세스에 결함이 있음을 암시한다. 좋은 프로세스는 오류를 내포하는 코드가 작성되지 않게 한다. 그런 프로세스는 아키텍처에는 아키텍처 검토, 설계에는 설계 검토, 코드 작성에는 코드 검토가 따르는 검사와 조율 과정을 포함한다. 코드가 테스트할 준비가 됐을 때쯤에는 대부분의 오류가 제거되었을 것이다. 뛰어난 성과를 내려면 열심히 일하는 것뿐만 아니라 현명하게 일하는 것도 필요하다. 프로젝트가 디버깅을 많이 해야 한다면 사람들이 현명하게 일하고 있지 않다는 경고 표시다. 하루에 많은 코드를 작성하고 2주 동안 디버깅하는 것은 현명하게 일하는 것이 아니다.

또 다른 경고 표시로 설계 측정법을 사용할 수 있다. 대부분의 설계 측정법은 설계의 품질에 대한 증거를 제공하는 발견적 방법이다. 클래스가 7개 이상의 멤버를 포함하고 있다는 것이 반드시 설계가 엉망이라는 것을 의미하지는 않지만, 클래스가 복잡하다는 경고다. 이와 유사하게 루틴에 10개 이상의 의사결정 지점이 있거나 논리적 중첩이 세 단계 이상이거나 변수가 너무 많거나 다른 클래스와 높은 결합도를 보이고 있거나 클래스나 루틴의 응집력이 낮으면 경고 표시가 발생해야 한다. 이러한 징후가 반드시 클래스 설계가 엉망이라는 의미는 아니지만, 이러한 증상이 있다면 클래스를 의심의 눈초리로 살펴봐야 한다.

경고 표시가 있다면 프로그램의 품질을 의심해봐야 한다. 찰스 샌더스 퍼스(Charles Saunders Peirce)는 "의심은 자유롭고 신뢰할 수 있는 상태로 가기 위해 노력함으로써 느끼는 불편하고 불만족스러운 상태다."라고 말했다. 경고 표시를 "의심으로부터 오는 짜증"으로 여겨 만족스러운 상태를 찾도록 한다.

반복되는 코드나 여러 곳에서 비슷하게 수정하는 식의 작업을 진행 중이라면 "불편하고 불만족스러움"을 느끼고 클래스나 루틴에서 제어가 적절하게 집중되어 있는지를 의심해야 한다. 개별적인 클래스를 쉽게 사용할 수 없기 때문에 테스트 케이스를 위한 발판을 만드는 것이 어렵다고 느낀다면 "의심으로부터 오는 짜증"을 느끼고 클래스가 너무 긴밀하게 다른 클래스와 결합되어 있지는 않은지 의문을 가져야 한다. 몇몇 클래스가 지나치게 상호의존적이어서 다른 프로그램에 코드를 재사용할 수 없다면 이 또한 클래스가 너무 긴밀하게 결합되어 있다는 경고 표시다.

프로그램에 깊이 빠져 있을 때 프로그램 설계의 일부분이 코드를 작성하기에 충분할 정도로 잘 정의되어 있지 않다는 경고 표시에 주의를 기울인다. 주석을 작성하고 변수 이름을 짓고 문제를 명확한 인터페이스를 갖는 응집된 클래스로 분리하는 데 어려움이 있다면 코드를 작성하기 전에 설계에 대해서 더 열심히 생각해 봐야 한다는 뜻이다. 우유부단한 이름이나 일련의 코드를 간결한 주석으로 기술하는 데 어려움을 겪는 것도 문제가 있다는 표시다. 설계가 머릿속에서 명확할 때 저수준의 세부 사항은 쉽게 따라온다.

프로그램이 이해하기 어렵다는 증상에 민감해야 한다. 불편함이 단서다. 자신이 이해하기 어렵다면 다른 개발자에게는 더 어려울 것이다. 그들은 개발자가 코드를 향상시키기 위해서 기울인 노력에 고마워할 것이다. 읽기보다는 이해하려고 애쓰고 있다면 그 코드는 너무 복잡한 것이다. 어려운 것은 잘못된 것이다. 단순하게 만들어라.

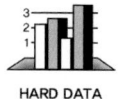

경고 표시를 제대로 이용하고 싶다면 자신만의 경고를 만드는 방법으로 프로그램을 작성한다. 이렇게 하면 그 경고 표시가 무엇인지 알고 난 후에도 경고 표시를 간과하기가 놀라울 정도로 쉽기 때문에 유용하다. 오류 수정에 관한 연구를 수행한 글렌포드 마이어스는 찾을 수 없는 오류의 가장 일반적인 원인은 경고를 그냥 무시해버리기 때문이라는 것을 발견했다. 오류가 테스트 결과에 보이지만 알아채지 못한다(Myers 1978b).

프로그램에서 문제점을 쉽게 간과하지 못하게 하라. 하나의 예는 포인터를 해제한 후에 널로 설정하여 잘못 사용한 경우 심각한 문제가 발생하도록 하는 것이다. 해제된 포인터가 해제된 후에도 유효한 메모리 위치를 가리킬 수도 있다. 포인터를 널로 설정함으로써 포인터가 유효하지 않은 위치를 가리키고 있음을 보장하여 오류를 쉽게 간과하지 못하도록 만든다.

컴파일러 경고는 자주 간과되는 경고 신호다. 프로그램이 경고나 오류를 발생시키면 그것을 고쳐서 오류가 발생하지 않게 만든다. "경고(WARNING)"로 표시된 메시지를 무시하면 포착하기 어려운 경고 표시를 발견할 기회는 더 적어진다.

왜 경고 표시에 주의를 기울이는 것이 소프트웨어 개발에서 특히 중요할까? 프로그램에 대한 사고의 질이 프로그램의 질을 결정하기 때문에 사고의 질에 대한 경고에 주의를 기울이는 것은 최종 제품에 직접적인 영향을 준다.

34.8 반복, 반복, 또 반복

반복은 많은 소프트웨어 개발 행위에 적합하다. 시스템의 초기 명세화 과정에는 모든 요구사항에 동의할 때까지 다양한 버전의 요구사항을 놓고 사용자와 작업하는 것도 포함된다. 이것은 반복적인 프로세스다. 시스템을 여러 단계로 나누어 만들고 배포하여 프로세스에 융통성을 주는 것도 반복적인 프로세스다. 최종 제품을 만들기 전에 빠르고 비용이 적게 드는 대안 해결책을 개발하기 위하여 프로토타이핑하는 것도 반복적인 프로세스다. 요구사항의 반복은 소프트웨어 개발 프로세스의 다른 부분만큼이나 중요할 것이다. 프로젝트는 대안을 살펴보기 전에 한 가지 해결책에 대해서만 작업을 수행하기 때문에 실패한다. 반복은 제품을 만들기 전에 제품에 대해서 알 수 있는 길을 제공한다.

28장 "구현 관리"에서 지적했듯이 초기 프로젝트 계획 단계에서 일정 측정은 사용하는 측정 기법에 따라서 상당히 달라질 수 있다. 측정에 반복적인 접근 방법을 사용하면 하나의 기법에 의존하는 것보다 정확하게 측정할 수 있다.

소프트웨어 설계는 발견적 프로세스며 모든 발견적 프로세스처럼 반복적으로 개정하고 향상시켜야 한다. 소프트웨어는 검증되기보다는 확인되는 경향이 있다. 즉, 정확하게 답할 때까지 반복적으로 테스트하고 개발된다. 상위 수준과 하위 수준 설계 시도도 반복되어야 한다. 첫 번째 시도에서 작동하는 해결책을 만들 수는 있겠지만, 최적의 해결책을 만들어내지는 않는다. 여러 번 반복하고 서로 다른 접근 방법을 취함으로써 한 가지 접근 방법만으로는 얻을 수 없는 문제에 대한 통찰력을 얻게 된다.

반복의 개념은 코드 튜닝에서 다시 나타난다. 일단 소프트웨어가 작동하면 전체적인 시스템 성능을 크게 향상시키기 위해 작은 부분을 다시 작성할 수 있다. 하지만 많은 최적화를 위한 시도가 코드를 도와주기보다는 해친다. 이는 반복적인 프로세스가 아니며 시스템을 더 작고 빠르게 만드는 것처럼 보이는 몇몇 기법은 실제로 시스템을 크고 느리게 만든다. 최적화 기법의 효과에 대한 불확실성은 튜닝과 측정, 그리고 다시 튜닝하는 과정을 필요로 한다. 병목 현상이 시스템 성능에 치명적이라면 코드를 여러 차례 튜닝할 수 있으며 나중에 시도하는 것이 처음보다 성공적일 것이다.

검토는 그것이 수행되어야 하는 단계에 반복을 삽입함으로써 개발 프로세스에 영향을 미친다. 검토의 목적은 특정한 시점에서 작업의 질을 검사하기 위한 것이다. 제품이 검토를 통과하지 못한다면 작업을 다시 하기 위해 되돌려진다. 성공하면 더 이상 반복할 필요가 없다.

공학에 대한 한 가지 정의는 1달러로 할 수 있는 일을 10센트에 하는 것이다. 늦은 단계의 반복은 1달러로 할 수 있는 일을 2달러로 하는 것과 같다. 프레드 브룩스는 "버리기 위해서 만들어보라. 어떻게 해서든지 만들 수 있을 것이다."라고 제안했다(Brooks 1995). 소프트웨어 공학의 기교는 쓰고 버릴 수 있는 부분을 가능한 한 빨리, 적은 비용으로 만드는 것이다. 이것이 초기 단계에서 반복의 요점이다.

34.9 소프트웨어와 신조를 떼어 놓아라

신조는 소프트웨어 개발 시 매우 구체화되어 나타난다. 이는 하나의 설계 방법에 대한 교리적인 집착이나 특정한 형식화나 주석 작성 방식에 대한 확고한 믿음, 전역 데이터를 반드시 피하려는 모습 등의 형태를 띤다. 어떤 경우든 부적절하다.

소프트웨어 신탁(Oracles)

관련 정보 프로그래밍 신조에 대한 자세한 내용은 28.5절의 "신앙적인 문제"를 살펴보도록 한다.

안타깝게도 열성적인 태도는 업계의 우수한 몇 사람에 의해 높은 곳에서 정해진다. 새로운 제도는 공표하여 종사자들이 새로운 방법을 시험해볼 수 있게 해야 한다. 새로운 방법은 완벽하게 검증되거나 의미 없다고 판단되기 전에는 지속해서 사용해야 한다. 연구 결과가 종사자들에게 배포되는 것을 "기술적 전파"라고 하며 소프트웨어 개발의 실행 단계를 진보시키는 데 중요한 역할을 한다. 하지만 새로운 기술을 전파하는 것과 소프트웨어를 파는 것은 다르다. 기술 전파의 개념은 모든 경우에 적용할 수 있는 첨단의 새로운 기술이 모든 문제를 해결해줄 것이라고 확신시키려고 애쓰는 교리적인 방법론자들에 의해 악용된다. 이 새로운 기술이 매우 대단해서 생산성을 100% 향상시켜줄 것이기 때문에 이전에 배운 모든 것을 잊어버리라고 한다.

최신 유행에 집착하기보다는 여러 방법을 혼합하여 사용하라. 호기심을 자극하는 최신 방법을 경험하는 것도 좋지만, 오래되고 신뢰할 수 있는 방법에 의존하라.

절충주의

관련 정보 알고리즘적인 접근 방법과 발견적 접근 방법의 차이점에 대한 더 많은 정보는 2.2절 "소프트웨어 비유 사용법"을 살펴본다. 설계에서의 절충주의에 대한 정보는 5.4절의 "반복"을 살펴본다.

프로그래밍 문제에 대한 가장 효과적인 해결책을 찾을 때 한 가지 방법에 대한 맹목적인 믿음은 다양한 선택에 대한 가능성을 미리 배제한다. 소프트웨어 개발이 결정적이고 일련의 규칙을 따르는 프로세스라면 해결책에 맞는 견고한(rigid) 방법론을 따를 수 있다. 하지만 소프트웨어는 결정적인 프로세스가 아니라 발견적이다. 즉, 견고한 프로세스가 부적절하며 성공할 가능성도 거의 없다. 설계를 예로 들면 때때로 하향식이 잘 맞을 때가 있다. 때로는 객체지향적 접근 방법이나 상향식 방법, 데이터 구조 접근 방법이 더 잘 들어맞을 때도 있다. 여러 가지 접근 방법을 사용해 봐야 한다. 이때 어떤 것은 실패하고 어떤 것은 성공하겠지만, 시도해 보고 나서도 어떤 것이 제대로 작동할 것인지 모른다. 개발자는 절충적이어야 한다.

하나의 방법만 고집하는 것도 문제를 해결책에 강제로 끼워 맞추는 것이기 때문에 해롭다. 문제를 완벽하게 이해하기 전에 해결 방법을 결정한다면 너무 성급하게 행동하는 것이다. 가능한 해결책을 지나치게 강요하면 가장 효과적인 해결책을 배제할 수 있다.

새로운 방법론이 처음에는 불편할 것이다. 프로그래밍에서 신조를 피하라는 충고는 그것으로 문제를 해결할 때 약간의 어려움이 생기자마자 새로운 방법을 사용하지 말아야 한다는 것을 의미하지는 않는다. 새로운 방법도 공정하게 대우하고 오래된 방법도 마찬가지로 공정하게 대우하라.

관련 정보 도구 상자 은유에 대한 자세한 정보는 2.3절 "소프트웨어 기법의 적용: 지적 도구 상자"를 살펴본다.

절충주의는 다른 자료에서 소개하는 기법과 마찬가지로 이 책에서 소개하는 기법을 대하는 유용한 태도다. 여기서 소개한 여러 가지 주제에 대한 논의는 동시에 사용할 수 없는 대안에 관해 설명했다. 문제에 따라 하나의 기법을 선택해야 한다. 기법을 도구 상자에 있는 도구로 취급하여 일에 맞는 최고의 도구를 선택해야 한다. 대부분의 경우, 도구 선택은 크게 중요하지 않다. 상자 렌치나 바이스-그립 집게, 초승달 모양 렌치 중 어느 것이라도 사용할 수 있다. 하지만 어떤 경우에는 도구 선택이 매우 중요하기 때문에 항상 조심스럽게 선택해야 한다. 공학은 서로 상충하는 기법들 사이에서 흥정하는 훈련이라고 할 수 있다. 하나의 도구만 선택할 수 있다고 미리 제한한다면 흥정할 수 없다.

도구 상자 은유는 절충주의의 추상적인 개념을 구체적으로 만들기 때문에 유용하다. 당신이 건축업자인데, 동료인 심슨이 항상 바이스-그립 집게를 사용한다고 가정해 보자. 그리고 그는 상자 렌치나 초승달 모양 렌치를 사용하지 않는다고 가정해 보자. 선택할 수 있는 도구가 많은데도 다른 도구를 사용하지 않는 게 이상하다고 생각할 것이다. 소프트웨어 개발에서도 마찬가지다. 높은 수준에서는 설계 방법에 대안이 있다. 더 구체적인 수준에서는 주어진 설계를 표현하기 위해서 여러 가지 데이터 형식 중 하나를 선택할 수 있다. 좀 더 구체적인 수준에서는 형식과 코드에 주석 달기, 변수 이름 짓기, 클래스 인터페이스 정의하기, 루틴 매개변수 전달하기에 대한 여러 가지 서로 다른 체계를 선택할 수 있다.

독단적인 자세는 소프트웨어 구현에 대한 절충적인 도구 상자 접근 방법과 상충한다. 이는 품질이 뛰어난 소프트웨어를 만드는 데 필요한 자세와 맞지 않는다.

실험

절충주의는 실험과 밀접한 관련이 있다. 개발 프로세스 전체를 실험해야 하지만, 융통성 없는 태도는 추진력을 감퇴시킨다. 효과적으로 실험하기 위해서는 실험 결과에 따라서 기꺼이 신념을 변경할 수 있어야 한다. 그렇게 하지 않는다면 실험은 쓸데없는 시간 낭비일 뿐이다.

소프트웨어 개발에서 유통성 없는 접근 방법의 상당수는 실수에 대한 공포 때문이다. 실수를 피하기 위한 시도 전체가 가장 큰 실수다. 설계는 큰 실수를 피하고자 작은 실수를 조심스럽게 계획하는 과정이다. 소프트웨어 개발에서 실험은 접근 방법이 성공할 것인지 실패할 것인지를 알 수 있는 테스트를 설정하는 과정이다. 실험 자체는 문제를 해결했다면 성공이다.

실험은 절충주의만큼이나 많은 수준에서 적합하다. 선택할 준비가 된 각 수준에서 어떤 접근 방법이 가장 잘 작동할 것인지를 결정하기 위하여 적절한 실험을 제안할 수 있을 것이다. 아키텍처 설계 수준에서 실험은 세 가지 서로 다른 설계 접근 방법을 사용하여 소프트웨어 아키텍처를 기술하는 것으로 구성될 것이다. 상세 설계 수준에서 실험은 세 가지 서로 다른 하위 수준 설계 접근 방법을 사용하여 상위 수준 아키텍처를 따르는 것으로 구성될 것이다. 프로그래밍 언어 수준에서 실험은 완벽하게 익숙하지 않은 언어의 기능을 실험하기 위해서 간단한 실험적인 프로그램을 작성하는 것이다. 이 실험은 코드를 튜닝한 후 코드가 실제로 작아지거나 빨라졌는지 확인하기 위한 벤치마킹으로 구성될 것이다. 전체적인 소프트웨어 개발 프로세스 수준에서 실험은 품질과 생산성 데이터를 수집하여 조사가 검토하는 것보다 실제로 더 많은 오류를 발견했는지를 확인할 수 있도록 구성된다.

핵심은 소프트웨어 개발의 모든 측면에 대해 열린 마음을 유지해야 한다는 것이다. 제품뿐만 아니라 프로세스에 대한 기술적인 정보를 얻어야 한다. 열린 마음으로 하는 실험과 기존에 정의된 접근 방법에 대한 신앙적인 고집은 서로 어울리지 않는다.

요점 정리

- 프로그래밍의 한 가지 중요한 목표는 복잡성을 관리하는 것이다.
- 프로그래밍 프로세스는 최종 제품에 큰 영향을 미친다.
- 팀 프로그래밍은 컴퓨터보다 사람들과의 의사소통 작업이다. 개인 프로그래밍은 컴퓨터보다 자신과의 의사소통 작업이다.
- 프로그래밍 규약을 남용하면 병보다 더 나쁜 약이 될 수 있다. 하지만 심사숙고하여 사용한다면 규약은 개발 환경에 가치 있는 구조를 추가하고 복잡성을 관리하고 의사소통에 도움이 된다.
- 해결책보다는 문제의 관점에서 프로그래밍하는 것이 복잡성을 관리하는 데 도움을 준다.
- "의심으로부터 오는 짜증"과 같이 지적인 경고 표시에 특히 주의해야 한다.
- 각 개발 활동을 반복하면 할수록 제품은 더욱더 좋아질 것이다.
- 독단적인 방법론과 품질이 뛰어난 소프트웨어는 어울리지 않는다. 지적인 도구 상자를 프로그래밍 대안으로 채우고 일에 맞는 올바른 도구를 선택할 수 있는 기술을 향상시켜라.

35장 | 더 많은 정보를 얻으려면

cc2e.com/3560

내용

35.1 소프트웨어 구현에 관한 정보
35.2 구현 외의 주제
35.3 정기 간행물
35.4 소프트웨어 개발자의 독서 계획
35.5 전문가 단체에 가입하기

관련 주제

- 웹 출처: www.cc2e.com

여기까지 읽었다면 효과적인 소프트웨어 개발 방법에 관한 책이 엄청나게 많다는 사실을 알고 있을 것이다. 사실 정보의 양은 대부분의 사람이 알고 있는 것보다 훨씬 많다. 지금 저지르는 모든 실수를 이미 많은 사람이 저질렀으며 같은 실수를 반복하고 싶지 않다면 그들이 쓴 책을 통해 예전에 발생했던 문제의 또 다른 형태로 나타나는 문제를 겪는 실수를 피할 수 있다.

이 책은 소프트웨어 개발에 대해 소개하는 수백 권의 책과 기사를 소개하기 때문에 무엇을 먼저 읽어야 할지 선택하기가 쉽지는 않다. 소프트웨어 개발에 관한 정보는 여러 가지 형태로 구성되어 있다. 핵심적인 프로그래밍 책은 효과적인 프로그래밍에 관한 기초적인 개념을 설명한다. 그와 관련된 책은 더 광범위한 기술과 관리적인 측면, 지적인 상황을 함께 설명한다. 그리고 언어와 운영체제, 환경, 하드웨어에 관한 참고 서적은 특정 프로젝트에 유용한 정보를 담고 있다.

cc2e.com/3581

마지막 분류에 해당하는 책은 일반적으로 하나의 프로젝트에 대해서 처음부터 끝까지 다룬다. 그러한 내용은 당시 상황에만 유용한 것이어서 여기에서는 소개하지 않는다. 다른 책으로, 소프트웨어의 주요 단계를 깊이 있게 다룬 책도 유용하다. 예를 들면 요구사항, 설계, 구현, 관리, 테스트에 관한 책이 이에 속한다. 다음 절부터 구현에 대해서 깊이 있게 다룬 책을 소개하고 다른 소프트웨어 분야에서 참고할 수 있는 내용에 대한 개괄적인 설명을 제공할 것이다. 35.4절에서는 이러한 참고 서적을 소프트웨어 개발자의 독서 계획이라는 간단한 패키지로 만들었다.

35.1 소프트웨어 구현에 관한 정보

cc2e.com/3588

처음 이 책을 쓴 이유는 소프트웨어 구현을 완벽하게 소개한 책을 찾을 수 없었기 때문이었다. 하지만 이 책의 초판이 나온 이후로 지난 수년 동안 훌륭한 책이 많이 출판되었다.

앤드루 헌트(Andrew Hunt), 데이비드 토머스(David Thomas) 《*실용주의 프로그래머*》(인사이트, 2014)는 테스트와 디버깅, 어설션 사용 등의 내용과 함께 주로 코드 작성과 관련된 작업을 중점적으로 다룬다. 이 책은 코드 자체를 심도 있게 다루는 것이 아니라 훌륭한 코드를 작성하기 위한 여러 가지 원칙을 소개한다.

존 벤틀리(John Bently) 《*생각하는 프로그래밍*》(인사이트, 2014)은 소프트웨어 설계에 관한 예술과 과학을 간략하게 소개한다. 이 책은 상당히 잘 쓰인 여러 개의 수필로 이루어져 있으며 소프트웨어 구현에 대한 순수한 열정뿐만 아니라 효과적인 구현 기법에 관한 상당한 통찰을 소개한다. 개인적으로 프로그램을 작성할 때마다 벤틀리의 책에서 얻은 무언가를 사용하고 있다.

관련 정보 익스트림 프로그래밍과 기민한 프로그래밍의 실용성에 대한 자세한 정보는 cc2e.com/3545를 살펴본다.

켄트 벡(Kent Beck) 《*익스트림 프로그래밍*》(인사이트, 2006)은 소프트웨어 개발에 대한 구현 중심적인 접근 방법을 정의한다. 3.1절("선행 조건의 중요성")에서 설명했던 것처럼 익스트림 프로그래밍의 실용성에 관한 이 책의 주장은 연구 결과에서 얻은 것은 아니지만, 이 책의 권고 사항 중 상당수가 팀이 익스트림 프로그래밍을 사용하든 다른 접근 방법을 사용하든 상관없이 구현 시 많은 도움을 준다.

더 전문적인 책으로 스티브 맥과이어(Steve Maguire) 《*Writing Solid Code: 버그 안녕*》(높이깊이, 2001)이 있다. 이 책은 저자가 마이크로소프트 오피스 응용 프로그램을 개발할 때 겪었던 경험을 토대로 상업적인 품질의 소프트웨어 응용 프로그램을 작성하기 위한 구현 방법을 중점적으로 다룬다. 이 책은 C 언어에서 사용할 수 있는 기술을 소개한다. 객체지향 프로그래밍 이슈는 다루지 않지만, 이 책에서 설명하는 대부분의 주제는 모든 환경에서 사용할 수 있다.

또 다른 전문 서적으로 브라이언 W. 커니핸(Brian W. Kernighan)과 롭 파이크(Rob Pike) 《프로그래밍 수련법》(인사이트, 2008)을 들 수 있다. 이 책은 학교에서 가르치는 컴퓨터 과학 지식과 실무적인 내용의 차이를 연결해주기 위해 프로그래밍에서 중요하고 실무적인 측면을 중점적으로 다룬다. 이 책은 프로그래밍 스타일과 설계, 디버깅, 테스트에 관하여 설명한다. 그리고 이 책은 C와 C++에 익숙한 독자를 대상으로 한다.

cc2e.com/3549

출판되지도 않았고 찾기도 힘들지만, 수잔 래머스(Susan Lammers) 《*Programmers at Work*》(Lammers 1986)라는 책은 충분히 찾을 만한 가치가 있다. 이 책은 이 업계에서 저명한 프로그래머와의 인터뷰를 소개한다. 인터뷰에서는 그들의 개성과 업무 습관, 프로그래밍 철학 등을 살펴본다. 인터뷰한 사람 중에는 빌 게이츠(마이크로소프트 설립자)와 존 워녹(John Warnock, Adobe의 설립자), 앤디 헤르츠펠드(Andy Hertzfeld, 매킨토시 운영체제의 초기 개발자), 버틀러 램슨(Butler Lampson, DEC 수석 엔지니어. 현재는 마이크로소프트 직원), 웨인 래틀리프(Wayne Ratliff, dBase 창시자), 댄 브릭클린(Dan Bricklin, VisiCalc 창시자)과 그 외 수많은 사람들이 포함되어 있다.

35.2 구현 외의 주제

앞 절에서 소개한 핵심적인 책 이외에 소프트웨어 구현의 범위를 벗어나는 책을 소개한다.

개괄적인 자료

cc2e.com/3595

다음에 소개하는 책은 다양한 관점에서 소프트웨어 개발에 대한 개괄적인 내용을 제공한다.

로버트 L. 글래스 《소프트웨어 공학의 사실과 오해》(인사이트, 2004)는 소프트웨어 개발 시 해야 할 일과 해서는 안 될 일에 관한 일반적인 통념을 읽기 쉽게 소개한다. 이 책은 훌륭한 연구 결과며 추가적인 자료도 많이 소개하고 있다.

저자의 다른 도서인 《*Professional* 소프트웨어 개발》(인사이트, 2003)은 현재 진행되고 있거나 과거에 잘 진행되었던 소프트웨어 개발 분야를 조사한 내용을 담고 있다.

"The Swebok: Guide to the Software Engineering Body of Knowledge"(Abran 2001)는 소프트웨어 공학에서 알려진 지식을 여러 분야로 나누어 자세히 소개한다. 이 책은 소프트웨어 구현 분야에 대해서도 상세하게 소개하고 있다. "The Guide to the Swebok"은 이 분야에 얼마나 다양한 지식이 존재하는지 소개한다.

제럴드 M. 와인버그 《프로그래밍 심리학》(인사이트, 2014)은 프로그래밍과 관련된 흥미로운 일화의 묶음이다. 이 책은 소프트웨어와 관련된 일이라면 무엇이든 프로그래밍으로 여길 당시에 쓰인 책이라서 내용이 광범위하다. "ACM Computing Reviews"가 작성했던 이 책의 초기 리뷰는 오늘날에도 읽어볼 만한 가치가 있다.

> 모든 프로그래머 관리자는 이 책을 갖고 있어야 한다. 그들은 반드시 이 책을 읽어야 하며 이 책의 내용을 마음속 깊이 받아들여서 그대로 행동해야 한다. 또한 그가 관리하는 프로그래머가 이 책을 훔쳐갈 수 있도록 책상에 놓아두어야 한다. 그리고 그는 모든 사람이 이 책을 다 읽을 때까지 계속해서 이 책을 사야 한다(Weiss 1972).

《프로그래밍 심리학》을 찾을 수 없다면, 프레더릭 브룩스 《맨먼스 미신》(인사이트, 2015)이나 드마르코와 리스터 《피플웨어》(인사이트, 2014)를 찾아본다. 두 책 모두 프로그래밍은 사람에 의해 가장 먼저 뭔가를 수행하고 그다음으로 컴퓨터와 관련된 것이 수행된다는 주제를 설명한다.

소프트웨어 개발과 관련해서 마지막으로 소개할 훌륭한 책은 로버트 L. 글래스 《소프트웨어 크리에이티비티 2.0》(위키북스, 2009)이다. 이 책은 《피플웨어》가 소프트웨어 팀과 관련된 내용을 소개했듯이 소프트웨어 독창성을 소개하는 위대한 책이다. 글래스는 독창성과 훈련, 이론과 실습, 경험적 학습법과 방법론, 프로세스와 제품뿐만 아니라 소프트웨어 분야를 정의하는 여러 가지 이분법적인 논리를 설명한다. 개인적으로 함께 일하는 프로그래머들과 이 책에 관해서 토론해본 결과, 이 책의 내용이 글래스가 혼자서 작성한 것이 아니라 그가 편집한 에세이를 모아놓은 것이라서 다소 어렵다는 결론을 내렸다. 사람에 따라서는 이 책이 미완성되었다는 느낌을 받을 수 있지만, 우리 회사에 있는 모든 개발자는 이 책을 읽기를 독려하고 있다. 이 책은 절판되어 찾기 힘들지만, 찾을 수 있다면 충분히 읽을 만한 가치가 있다.

소프트웨어 공학 관련 서적 개요

현재 활동하고 있는 모든 컴퓨터 프로그래머나 소프트웨어 공학자는 반드시 소프트웨어 공학과 관련된 고급 서적을 갖고 있어야 한다. 그러한 책은 특정한 부분을 자세히 설명하기보다는 방법론을 조사한다. 이 책들은 효과적인 소프트웨어 공학 방법에 대한 개요와 구체적인 소프트웨어 공학 기법에 대한 간결한 설명을 제공한다. 간략한 설명만으로는 해당 기법을 몸에 익힐 수 있을 만큼 자세하지는 않지만, 아마 그러한 내용을 제공하기 위해서는 별도의 책에서 수천 페이지를 할애해야 할 것이다. 이 책은 소프트웨어 공학 기법이 어떻게 서로 어울리는지에 대한 내용을 배우고 더 많은 조사를 위해서 어떤 기법을 선택할지에 대한 많은 정보를 제공한다.

로저 S. 프레스맨(Roger S. Pressman) ≪소프트웨어공학(Software Engineering A Practitioner's Approach)≫(한국맥그로힐, 2001)는 요구사항과 설계, 품질 보증, 관리에 대한 내용을 골고루 다루고 있다. 총 900페이지 분량 중에서 프로그래밍 실습에 대해 언급하는 부분은 거의 없지만, 그건 작은 단점일 뿐이다. 특히 구현에 대해 소개하는 책을 찾고 있다면 지금 읽고 있는 이 책과 함께 충분히 읽어볼 가치가 있다.

이안 썸머빌(Ian Sommerville) ≪소프트웨어 공학≫(홍릉과학출판사, 1998)의 6판은 바로 앞에 소개한 프레스맨의 책에 견줄 만하고 소프트웨어 개발 프로세스에 대한 상위 수준 개요 또한 훌륭하게 제공한다.

기타 참고할 만한 문헌

cc2e.com/3502

추천할 만한 훌륭한 컴퓨팅 관련 참고 문헌은 드물다. 다음은 구할 만한 가치가 있는 참고 문헌 목록이다.

"*ACM Computing Reviews*"는 컴퓨터와 컴퓨터 프로그래밍과 관련된 모든 책을 리뷰하기 위해서 만든 미국 컴퓨터 협회(ACM)의 특별한 간행물이다. 이것은 관심 있는 분야의 책을 쉽게 찾을 수 있도록 광범위한 분류 방법에 따라 구성되었다. 이 간행물이나 ACM 회원제에 관한 정보를 알고 싶다면 www.acm.org를 방문해 보라.

cc2e.com/3509

컨스트럭스 소프트웨어(Construx Software)의 "*Professional Development Ladder*"(*www.construx.com/ladder/*). 이 웹 사이트는 소프트웨어 개발자와 테스터, 관리자를 위한 추천 도서 목록을 제공한다.

35.3 정기 간행물

구하기 쉬운 프로그래머 잡지

이 잡지들은 신문 가판대에서 쉽게 구할 수 있는 것들이다.

cc2e.com/3516

"Software Development" www.sdmagazine.com 이 잡지는 실무에서 일하는 프로그래머가 직면하는 일반적인 문제보다는 특정한 환경에서의 프로그래밍 이슈를 중점적으로 다룬다. 기사의 내용은 매우 훌륭하며 제품에 대한 리뷰도 들어 있다.

cc2e.com/3523

"Dr. Dobb's Journal" www.ddj.com 이 잡지는 하드코어 프로그래머를 대상으로 발행되었다. 기사는 주로 구체적인 문제점에 대한 해결책을 다루는 경향이 있으며 많은 코드를 포함하고 있다.

이 잡지를 신문 가판대에서 찾을 수 없다면 많은 출판사가 무료로 보내주고 있으니 그러한 출판사를 찾아보거나 온라인에서 확인할 수 있다.

구하기 어려운 프로그래머 저널

다음에 소개할 잡지들은 일반적으로 신문 가판대에서 살 수 없다. 유명한 대학 도서관에 가거나 회사 또는 개인 차원에서 잡지를 구독해야 할 것이다.

cc2e.com/3530

"IEEE Software" www.computer.org/software/ 격월로 발행되는 이 잡지는 소프트웨어 구현과 관리, 요구사항, 설계와 함께 최신 소프트웨어 주제를 소개한다. 이 잡지의 목적은 "훌륭한 소프트웨어 개발자들의 커뮤니티"를 만드는 것이다. 1993년에 저자가 이 책을 "프로그래머가 구독할 수 있는 최고의 잡지"라고 언급한 이후로 이 잡지의 편집장으로 활동하고 있으며 여전히 이것이 최고의 잡지라고 믿고 있다.

cc2e.com/3537

"IEEE Computer" www.computer.org/computer/ 이 월간지는 IEEE(Institute of Electrical and Electronics Engineers, 전기전자기술자협회) Computer Society가 발행하는 최고의 간행물이다. IEEE는 컴퓨터 관련 주제에 대한 광범위한 기사를 발행하고 있으며 IEEE가 발행하는 모든 기사의 품질을 보장하기 위한 꼼꼼한 리뷰 기준을 갖고 있다. 범위가 광대하기 때문에 아마 "IEEE Software"에서보다는 관심 가는 기사가 그리 많지 않을 것이다.

cc2e.com/3544

"Communications of the ACM" www.acm.org/cacm/ 이 잡지는 현존하는 컴퓨터 간행물 중에서 가장 오래되고 가장 높이 평가되는 잡지 중 하나다. 이 잡지는 컴퓨터 과학에 관한 전반적인 내용을 소개하고 있으며 이 잡지에서 다루는 주제는 몇 년 전보다 훨씬 방대해졌다. "IEEE Computer"처럼 분야가 너무 광범위하기 때문에 아마 관심 밖의 기사를 확인하게 될 것이다. 이 잡지는 학술적인 분위기를 풍기지만, 장단점이 있다. 단점은 몇몇 필자가 다소 확실하지 않은 학술적인 형태로 글을 작성한다는 점이고 장점은 수년 동안 앞서 언급한 잡지에서는 소개하지 않을 최신 정보를 소개한다는 점이다.

전문적인 간행물

많은 간행물이 특별한 주제를 깊이 있게 소개하고 있다.

전문적인 간행물

cc2e.com/3551

IEEE 컴퓨터 학회에서는 소프트웨어 공학과 보안 및 개인정보 보호, 컴퓨터 그래픽스와 애니메이션, 인터넷 개발, 멀티미디어, 정보 시스템, 컴퓨팅의 역사 등에 대한 전문적인 잡지를 발행한다. 자세한 사항은 www.computer.org를 살펴본다.

cc2e.com/3558

미국 컴퓨터 협회(ACM)도 인공 지능과 컴퓨터와 인간의 상호작용, 데이터베이스, 임베디드 시스템, 그래픽스, 프로그래밍 언어, 수학 소프트웨어, 네트워킹, 소프트웨어 공학 등에 대한 전문적인 잡지를 발행한다. 자세한 사항은 www.acm.org을 참고한다.

유명 간행물

cc2e.com/3565

이 잡지들은 모두 제목에 있는 내용을 다룬다.

"The C/C++ Users Journal" www.cuj.com

"Java Developer's Journal" www.sys-con.com/java/

"Embedded Systems Programming" www.embedded.com

"Linux Journal" www.linuxjournal.com

"Unix Review" www.unixreview.com

"Windows Developer's Network" www.wd-mag.com

35.4 소프트웨어 개발자의 독서 계획

cc2e.com/3507

이 절에서는 컨스트럭스 소프트웨어의 소프트웨어 개발 전문가가 되기 위한 권장 서적을 단계별로 설명할 것이다. 여기서 설명하는 단계는 개발에 초점을 맞추고자 하는 소프트웨어 전문가를 위한 일반적인 과정이다. 이 현명한 프로그램은 개인의 관심 분야에 따라서 계획을 수정할 수 있는 기능을 제공하며 컨스트럭스에서는 이 프로그램이 교육 자료로 제공되고 전문적인 경험을 지도하는 데 사용된다.

입문자 수준

컨스트럭스에서 "기초" 단계를 넘어서기 위해서는 다음 책을 반드시 읽어야 한다.

제임스 애덤스 《아이디어 대폭발》(21세기북스, 2012)

존 벤틀리 《생각하는 프로그래밍》(인사이트, 2014)

로버트 L. 글래스 《소프트웨어 공학의 사실과 오해》(인사이트, 2004)

스티브 맥코넬 《소프트웨어 프로젝트 생존 전략》(인사이트, 2011)

스티브 맥코넬 《Code Complete》 2판(위키북스, 2017)

중급자 수준

컨스트럭스에서 중급자 수준이 되기 위해서는 다음 책을 읽어야 한다.

스티븐 P. 베르주크(Stephen P. Berczuk)과 브래드 애플톤(Brad Appleton) 《*Software Configuration Management Patterns: Effective Teamwork, Practical Integration*》(Addison-Wesley, 2003)

마틴 파울러 《UML DISTILLED 표준 객체 모델링 언어 입문》 3판(홍릉과학출판사, 2005).

로버트 L. 글래스 《소프트웨어 크리에이티비티 2.0》(위키북스, 2009).

셈 카너(Cem Kaner)와 잭 포크(Jack Falk), 홍 Q 응우엔(Hung Q. Nguyen) 《*Testing Computer Software*》 2판(John Wiley & Sons, 1999)

크레이그 라먼(Craig Larman) 《UML과 패턴의 적용》(홍릉과학출판사, 2003)

스티브 맥코넬 《프로젝트 쾌속 개발 전략》(한빛미디어, 2003)

칼 위거스(Karl Wiegers) 《Software Requirements》 3판(위키북스, 2017)

cc2e.com/3514　NASA 고더드 우주 비행 센터 "Manager's Handbook for Software Development" 다음 사이트에서 다운로드할 수 있다. sel.gsfc.nasa.gov/website/documents/online-doc.htm

전문가 수준

소프트웨어 개발자가 컨스트럭스에서 전문가 입지(리더 역할)를 얻기 위해서는 다음과 같은 책을 반드시 읽어야 한다. 추가적인 요건은 개발자에 따라서 조율하고 이 책에서는 일반적인 요건만 나열했다.

렌 배스(Len Bass)와 폴 클레멘츠(Paul Clements), 릭 캐즈먼(Rick Kazman) 《Software Architecture in Practice》 2판(Addison-Wesley, 2003)

마틴 파울러 《리팩토링: 코드 품질을 개선하는 객체지향 사고법》(한빛미디어, 2012)

에릭 감마(Erich Gamma) 외 《GoF의 디자인 패턴》(프로텍미디어, 2015)

톰 길브 《Principles of Software Engineering Management》(Addison-Wesley, 1988)

스티브 맥과이어 《Writing Solid Code: 버그 안녕》(높이깊이, 2001)

베르트랑 메이어 《오브젝트 디자인》(인포북, 2004)

cc2e.com/3521　NASA 고더드 우주 비행 센터 "Software Measurement Guidebook". 다음 사이트에서 다운로드 할 수 있다. sel.gsfc.nasa.gov/website/documents/online-doc.htm

cc2e.com/3528　전문성 개발 프로그램에 대한 자세한 사항과 최근에 업데이트된 자료는 www.construx.com/professionaldev/에서 제공하는 전문성 개발 과정에서 확인할 수 있다.

35.5 전문가 협회에 가입

cc2e.com/3535

프로그래밍에 대해 배우는 가장 좋은 방법 중 한 가지는 전문가가 되려고 노력하는 다른 프로그래머와 연락을 주고받는 것이다. 특정한 하드웨어나 언어 제품을 위한 지역의 사용자 그룹이 그러한 그룹에 속한다. 다른 종류로는 국내외 전문가 협회가 있다. 최고의 실무자 위주의 협회는 "IEEE Computer"와 "IEEE Software" 잡지를 발행하는 IEEE 컴퓨터 학회다. 이 협회의 회원이 되기 위한 정보는 *www.computer.org*에서 확인할 수 있다.

cc2e.com/3542

최초의 전문가 협회는 "Communications of the ACM"과 많은 전문적인 잡지를 발행하고 있는 미국 컴퓨터 협회(ACM)였다. 이 협회는 IEEE 컴퓨터 학회보다는 다소 학술적인 경향을 띤다. 회원이 되기 위한 정보는 *www.acm.org*에서 확인할 수 있다.

참고 문헌

"A C Coding Standard." 1991. *Unix Review* 9, no. 9 (September): 42–43.

Abdel-Hamid, Tarek K. 1989. "The Dynamics of Software Project Staffing: A System Dynamics Based Simulation Approach." *IEEE Transactions on Software Engineering* SE-15, no. 2 (February): 109–19.

Abran, Alain, et al. 2001. *Swebok: Guide to the Software Engineering Body of Knowledge: Trial Version 1.00-May 2001*. Los Alamitos, CA: IEEE Computer Society Press.

Abrash, Michael. 1992. "Flooring It: The Optimization Challenge." *PC Techniques* 2, no. 6 (February/March): 82–88.

Ackerman, A. Frank, Lynne S. Buchwald, and Frank H. Lewski. 1989. "Software Inspections: An Effective Verification Process." *IEEE Software*, May/June 1989, 31–36.

Adams, James L. 2001. *Conceptual Blockbusting: A Guide to Better Ideas*, 4th ed. Cambridge, MA: Perseus Publishing.

Aho, Alfred V., Brian W. Kernighan, and Peter J. Weinberg. 1977. *The AWK Programming Language*. Reading, MA: Addison-Wesley.

Aho, Alfred V., John E. Hopcroft, and Jeffrey D. Ullman. 1983. *Data Structures and Algorithms*. Reading, MA: Addison-Wesley.

Albrecht, Allan J. 1979. "Measuring Application Development Productivity." *Proceedings of the Joint SHARE/GUIDE/IBM Application Development Symposium, October 1979*: 83–92.

Ambler, Scott. 2003. *Agile Database Techniques*. New York, NY: John Wiley & Sons.

Anand, N. 1988. "Clarify Function!" *ACM Sigplan Notices* 23, no. 6 (June): 69–79.

Aristotle. *The Ethics of Aristotle: The Nicomachean Ethics*. Trans. by J.A.K. Thomson. Rev. by Hugh Tredennick. Harmondsworth, Middlesex, England: Penguin, 1976.

Armenise, Pasquale. 1989. "A Structured Approach to Program Optimization." *IEEE Transactions on Software Engineering* SE-15, no. 2 (February): 101–8.

Arnold, Ken, James Gosling, and David Holmes. 2000. *The Java Programming Language*, 3d ed. Boston, MA: Addison-Wesley.

Arthur, Lowell J. 1988. *Software Evolution: The Software Maintenance Challenge*. New York, NY: John Wiley & Sons.

Augustine, N. R. 1979. "Augustine's Laws and Major System Development Programs." *Defense Systems Management Review*: 50–76.

Babich, W. 1986. *Software Configuration Management*. Reading, MA: Addison-Wesley.

Bachman, Charles W. 1973. "The Programmer as Navigator." Turing Award Lecture. *Communications of the ACM* 16, no. 11 (November): 653.

Baecker, Ronald M., and Aaron Marcus. 1990. *Human Factors and Typography for More Readable Programs*. Reading, MA: Addison-Wesley.

Bairdain, E. F. 1964. "Research Studies of Programmers and Programming." Unpublished studies reported in Boehm 1981.

Baker, F. Terry, and Harlan D. Mills. 1973. "Chief Programmer Teams." *Datamation* 19, no. 12 (December): 58–61.

Barbour, Ian G. 1966. *Issues in Science and Religion*. New York, NY: Harper & Row.

Barbour, Ian G. 1974. *Myths, Models, and Paradigms: A Comparative Study in Science and Religion.* New York, NY: Harper & Row.

Barwell, Fred, et al. 2002. *Professional VB.NET*, 2d ed. Birmingham, UK: Wrox.

Basili, V. R., and B. T. Perricone. 1984. "Software Errors and Complexity: An Empirical Investigation." *Communications of the ACM* 27, no. 1 (January): 42–52.

Basili, Victor R., and Albert J. Turner. 1975. "Iterative Enhancement: A Practical Technique for Software Development." *IEEE Transactions on Software Engineering* SE-1, no. 4 (December): 390–96.

Basili, Victor R., and David M. Weiss. 1984. "A Methodology for Collecting Valid Software Engineering Data." *IEEE Transactions on Software Engineering* SE-10, no. 6 (November): 728–38.

Basili, Victor R., and Richard W. Selby. 1987. "Comparing the Effectiveness of Software Testing Strategies." *IEEE Transactions on Software Engineering* SE-13, no. 12 (December): 1278–96.

Basili, Victor R., et al. 2002. "Lessons learned from 25 years of process improvement: The Rise and Fall of the NASA Software Engineering Laboratory," *Proceedings of the 24th International Conference on Software Engineering*, Orlando, FL.

Basili, Victor R., Richard W. Selby, and David H. Hutchens. 1986. "Experimentation in Software Engineering." *IEEE Transactions on Software Engineering* SE-12, no. 7 (July): 733–43.

Basili, Victor, L. Briand, and W.L. Melo. 1996. "A Validation of Object-Oriented Design Metrics as Quality Indicators," *IEEE Transactions on Software Engineering*, October 1996, 751–761.

Bass, Len, Paul Clements, and Rick Kazman. 2003. *Software Architecture in Practice*, 2d ed. Boston, MA: Addison-Wesley.

Bastani, Farokh, and Sitharama Iyengar. 1987. "The Effect of Data Structures on the Logical Complexity of Programs." *Communications of the ACM* 30, no. 3 (March): 250–59.

Bays, Michael. 1999. *Software Release Methodology.* Englewood Cliffs, NJ: Prentice Hall.

Beck, Kent. 2000. *Extreme Programming Explained: Embrace Change.* Reading, MA: Addison-Wesley.

Beck, Kent. 2003. *Test-Driven Development: By Example.* Boston, MA: Addison-Wesley.

Beck, Kent. 1991. "Think Like An Object." *Unix Review* 9, no. 10 (October): 39–43.

Beck, Leland L., and Thomas E. Perkins. 1983. "A Survey of Software Engineering Practice: Tools, Methods, and Results." *IEEE Transactions on Software Engineering* SE-9, no. 5 (September): 541–61.

Beizer, Boris. 1990. *Software Testing Techniques*, 2d ed. New York, NY: Van Nostrand Reinhold.

Bentley, Jon, and Donald Knuth. 1986. "Literate Programming." *Communications of the ACM* 29, no. 5 (May): 364–69.

Bentley, Jon, Donald Knuth, and Doug McIlroy. 1986. "A Literate Program." *Communications of the ACM* 29, no. 5 (May): 471–83.

Bentley, Jon. 1982. *Writing Efficient Programs.* Englewood Cliffs, NJ: Prentice Hall.

Bentley, Jon. 1988. *More Programming Pearls: Confessions of a Coder.* Reading, MA: Addison-Wesley.

Bentley, Jon. 1991. "Software Exploratorium: Writing Efficient C Programs." *Unix Review* 9, no. 8 (August): 62–73.

Bentley, Jon. 2000. *Programming Pearls*, 2d ed. Reading, MA: Addison-Wesley.

Berczuk, Stephen P. and Brad Appleton. 2003. *Software Configuration Management Patterns: Effective Teamwork, Practical Integration*. Boston, MA: Addison-Wesley.

Berry, R. E., and B. A. E. Meekings. 1985. "A Style Analysis of C Programs." *Communications of the ACM* 28, no. 1 (January): 80–88.

Bersoff, Edward H. 1984. "Elements of Software Configuration Management." *IEEE Transactions on Software Engineering* SE-10, no. 1 (January): 79–87.

Bersoff, Edward H., and Alan M. Davis. 1991. "Impacts of Life Cycle Models on Software Configuration Management." *Communications of the ACM* 34, no. 8 (August): 104–18.

Bersoff, Edward H., et al. 1980. *Software Configuration Management*. Englewood Cliffs, NJ: Prentice Hall.

Birrell, N. D., and M. A. Ould. 1985. *A Practical Handbook for Software Development*. Cambridge, England: Cambridge University Press.

Bloch, Joshua. 2001. *Effective Java Programming Language Guide*. Boston, MA: Addison-Wesley.

BLS 2002. *Occupational Outlook Handbook 2002-03 Edition*, Bureau of Labor Statistics.

BLS 2004. *Occupational Outlook Handbook 2004-05 Edition*, Bureau of Labor Statistics.

Blum, Bruce I. 1989. "A Software Environment: Some Surprising Empirical Results." *Proceedings of the Fourteenth Annual Software Engineering Workshop, November 29, 1989*. Greenbelt, MD: Goddard Space Flight Center. Document SEL-89-007.

Boddie, John. 1987. *Crunch Mode*. New York, NY: Yourdon Press.

Boehm, Barry and Richard Turner. 2004. *Balancing Agility and Discipline: A Guide for the Perplexed*. Boston, MA: Addison-Wesley.

Boehm, Barry W. 1981. *Software Engineering Economics*. Englewood Cliffs, NJ: Prentice Hall.

Boehm, Barry W. 1984. "Software Engineering Economics." *IEEE Transactions on Software Engineering* SE-10, no. 1 (January): 4–21.

Boehm, Barry W. 1987a. "Improving Software Productivity." *IEEE Computer*, September, 43–57.

Boehm, Barry W. 1987b. "Industrial Software Metrics Top 10 List." *IEEE Software* 4, no. 9 (September): 84–85.

Boehm, Barry W. 1988. "A Spiral Model of Software Development and Enhancement." *Computer*, May, 61–72.

Boehm, Barry W., and Philip N. Papaccio. 1988. "Understanding and Controlling Software Costs." *IEEE Transactions on Software Engineering* SE-14, no. 10 (October): 1462–77.

Boehm, Barry W., ed. 1989. *Tutorial: Software Risk Management*. Washington, DC: IEEE Computer Society Press.

Boehm, Barry W., et al. 1978. *Characteristics of Software Quality*. New York, NY: North-Holland.

Boehm, Barry W., et al. 1984. "A Software Development Environment for Improving Productivity." *Computer*, June, 30–44.

Boehm, Barry W., T. E. Gray, and T. Seewaldt. 1984. "Prototyping Versus Specifying: A Multiproject Experiment." *IEEE Transactions on Software Engineering* SE-10, no. 3 (May): 290–303. Also in Jones 1986b.

Boehm, Barry, et al. 2000a. *Software Cost Estimation with Cocomo II*. Boston, MA: Addison-Wesley.

Boehm, Barry. 2000b. "Unifying Software Engineering and Systems Engineering," *IEEE Computer*, March 2000, 114–116.

Boehm-Davis, Deborah, Sylvia Sheppard, and John Bailey. 1987. "Program Design Languages: How Much Detail Should They Include?" *International Journal of Man-Machine Studies* 27, no. 4: 337–47.

Böhm, C., and G. Jacopini. 1966. "Flow Diagrams, Turing Machines and Languages with Only Two Formation Rules." *Communications of the ACM* 9, no. 5 (May): 366–71.

Booch, Grady. 1987. *Software Engineering with Ada*, 2d ed. Menlo Park, CA: Benjamin/Cummings.

Booch, Grady. 1994. *Object Oriented Analysis and Design with Applications*, 2d ed. Boston, MA: Addison-Wesley.

Booth, Rick. 1997. *Inner Loops : A Sourcebook for Fast 32-bit Software Development*. Boston, MA: Addison-Wesley.

Boundy, David. 1991. "A Taxonomy of Programmers." *ACM SIGSOFT Software Engineering Notes* 16, no. 4 (October): 23–30.

Brand, Stewart. 1995. *How Buildings Learn: What Happens After They're Built*. Penguin USA.

Branstad, Martha A., John C. Cherniavsky, and W. Richards Adrion. 1980. "Validation, Verification, and Testing for the Individual Programmer." *Computer*, December, 24–30.

Brockmann, R. John. 1990. *Writing Better Computer User Documentation: From Paper to Hypertext: Version 2.0*. New York, NY: John Wiley & Sons.

Brooks, Frederick P., Jr. 1987. "No Silver Bullets—Essence and Accidents of Software Engineering." *Computer*, April, 10–19.

Brooks, Frederick P., Jr. 1995. *The Mythical Man-Month: Essays on Software Engineering, Anniversary Edition* (2d ed.). Reading, MA: Addison-Wesley.

Brooks, Ruven. 1977. "Towards a Theory of the Cognitive Processes in Computer Programming." *International Journal of Man-Machine Studies* 9:737–51.

Brooks, W. Douglas. 1981. "Software Technology Payoff—Some Statistical Evidence." *The Journal of Systems and Software* 2:3–9.

Brown, A. R., and W. A. Sampson. 1973. *Program Debugging*. New York, NY: American Elsevier.

Buschman, Frank, et al. 1996. *Pattern-Oriented Software Architecture, Volume 1: A System of Patterns*. New York, NY: John Wiley & Sons.

Bush, Marilyn, and John Kelly. 1989. "The Jet Propulsion Laboratory's Experience with Formal Inspections." *Proceedings of the Fourteenth Annual Software Engineering Workshop, November 29, 1989*. Greenbelt, MD: Goddard Space Flight Center. Document SEL-89-007.

Caine, S. H., and E. K. Gordon. 1975. "PDL–A Tool for Software Design." *AFIPS Proceedings of the 1975 National Computer Conference 44*. Montvale, NJ: AFIPS Press, 271–76.

Card, David N. 1987. "A Software Technology Evaluation Program." *Information and Software Technology* 29, no. 6 (July/August): 291–300.

Card, David N., Frank E. McGarry, and Gerald T. Page. 1987. "Evaluating Software Engineering Technologies." *IEEE Transactions on Software Engineering* SE-13, no. 7 (July): 845–51.

Card, David N., Victor E. Church, and William W. Agresti. 1986. "An Empirical Study of Software Design Practices." *IEEE Transactions on Software Engineering* SE-12, no. 2 (February): 264–71.

Card, David N., with Robert L. Glass. 1990. *Measuring Software Design Quality*. Englewood Cliffs, NJ: Prentice Hall.

Card, David, Gerald Page, and Frank McGarry. 1985. "Criteria for Software Modularization." *Proceedings of the 8th International Conference on Software Engineering*. Washington, DC: IEEE Computer Society Press, 372–77.

Carnegie, Dale. 1981. *How to Win Friends and Influence People*, Revised Edition. New York, NY: Pocket Books.

Chase, William G., and Herbert A. Simon. 1973. "Perception in Chess." *Cognitive Psychology* 4:55–81.

Clark, R. Lawrence. 1973. "A Linguistic Contribution of GOTO-less Programming," *Datamation*, December 1973.

Clements, Paul, ed. 2003. *Documenting Software Architectures: Views and Beyond*. Boston, MA: Addison-Wesley.

Clements, Paul, Rick Kazman, and Mark Klein. 2002. *Evaluating Software Architectures: Methods and Case Studies*. Boston, MA: Addison-Wesley.

Coad, Peter, and Edward Yourdon. 1991. *Object-Oriented Design*. Englewood Cliffs, NJ: Yourdon Press.

Cobb, Richard H., and Harlan D. Mills. 1990. "Engineering Software Under Statistical Quality Control." *IEEE Software* 7, no. 6 (November): 45–54.

Cockburn, Alistair. 2000. *Writing Effective Use Cases*. Boston, MA: Addison-Wesley.

Cockburn, Alistair. 2002. *Agile Software Development*. Boston, MA: Addison-Wesley.

Collofello, Jim, and Scott Woodfield. 1989. "Evaluating the Effectiveness of Reliability Assurance Techniques." *Journal of Systems and Software* 9, no. 3 (March).

Comer, Douglas. 1981. "Principles of Program Design Induced from Experience with Small Public Programs." *IEEE Transactions on Software Engineering* SE-7, no. 2 (March): 169–74.

Constantine, Larry L. 1990a. "Comments on 'On Criteria for Module Interfaces.'" *IEEE Transactions on Software Engineering* SE-16, no. 12 (December): 1440.

Constantine, Larry L. 1990b. "Objects, Functions, and Program Extensibility." *Computer Language*, January, 34–56.

Conte, S. D., H. E. Dunsmore, and V. Y. Shen. 1986. *Software Engineering Metrics and Models*. Menlo Park, CA: Benjamin/Cummings.

Cooper, Doug, and Michael Clancy. 1982. *Oh! Pascal!* 2d ed. New York, NY: Norton.

Cooper, Kenneth G. and Thomas W. Mullen. 1993. "Swords and Plowshares: The Rework Cycles of Defense and Commercial Software Development Projects," *American Programmer*, May 1993, 41–51.

Corbató, Fernando J. 1991. "On Building Systems That Will Fail." 1991 Turing Award Lecture. *Communications of the ACM* 34, no. 9 (September): 72–81.

Cornell, Gary and Jonathan Morrison. 2002. *Programming VB .NET: A Guide for Experienced Programmers*, Berkeley, CA: Apress.

Corwin, Al. 1991. Private communication.

CSTB 1990. "Scaling Up: A Research Agenda for Software Engineering." Excerpts from a report by the Computer Science and Technology Board. *Communications of the ACM* 33, no. 3 (March): 281–93.

Curtis, Bill, ed. 1985. *Tutorial: Human Factors in Software Development*. Los Angeles, CA: IEEE Computer Society Press.

Curtis, Bill, et al. 1986. "Software Psychology: The Need for an Interdisciplinary Program." *Proceedings of the IEEE* 74, no. 8: 1092–1106.

Curtis, Bill, et al. 1989. "Experimentation of Software Documentation Formats." *Journal of Systems and Software* 9, no. 2 (February): 167–207.

Curtis, Bill, H. Krasner, and N. Iscoe. 1988. "A Field Study of the Software Design Process for Large Systems." *Communications of the ACM* 31, no. 11 (November): 1268–87.

Curtis, Bill. 1981. "Substantiating Programmer Variability." *Proceedings of the IEEE* 69, no. 7: 846.

Cusumano, Michael and Richard W. Selby. 1995. *Microsoft Secrets*. New York, NY: The Free Press.

Cusumano, Michael, et al. 2003. "Software Development Worldwide: The State of the Practice," *IEEE Software*, November/December 2003, 28–34.

Dahl, O. J., E. W. Dijkstra, and C. A. R. Hoare. 1972. *Structured Programming*. New York, NY: Academic Press.

Date, Chris. 1977. *An Introduction to Database Systems*. Reading, MA: Addison-Wesley.

Davidson, Jack W., and Anne M. Holler. 1992. "Subprogram Inlining: A Study of Its Effects on Program Execution Time." *IEEE Transactions on Software Engineering* SE-18, no. 2 (February): 89–102.

Davis, P. J. 1972. "Fidelity in Mathematical Discourse: Is One and One Really Two?" *American Mathematical Monthly*, March, 252–63.

DeGrace, Peter, and Leslie Stahl. 1990. *Wicked Problems, Righteous Solutions: A Catalogue of Modern Software Engineering Paradigms*. Englewood Cliffs, NJ: Yourdon Press.

DeMarco, Tom and Timothy Lister. 1999. *Peopleware: Productive Projects and Teams*, 2d ed. New York, NY: Dorset House.

DeMarco, Tom, and Timothy Lister. 1985. "Programmer Performance and the Effects of the Workplace." *Proceedings of the 8th International Conference on Software Engineering*. Washington, DC: IEEE Computer Society Press, 268–72.

DeMarco, Tom. 1979. *Structured Analysis and Systems Specification: Tools and Techniques*. Englewood Cliffs, NJ: Prentice Hall.

DeMarco, Tom. 1982. *Controlling Software Projects*. New York, NY: Yourdon Press.

DeMillo, Richard A., Richard J. Lipton, and Alan J. Perlis. 1979. "Social Processes and Proofs of Theorems and Programs." *Communications of the ACM* 22, no. 5 (May): 271–80.

Dijkstra, Edsger. 1965. "Programming Considered as a Human Activity." *Proceedings of the 1965 IFIP Congress*. Amsterdam: North-Holland, 213–17. Reprinted in Yourdon 1982.

Dijkstra, Edsger. 1968. "Go To Statement Considered Harmful." *Communications of the ACM* 11, no. 3 (March): 147–48.

Dijkstra, Edsger. 1969. "Structured Programming." Reprinted in Yourdon 1979.

Dijkstra, Edsger. 1972. "The Humble Programmer." *Communications of the ACM* 15, no. 10 (October): 859–66.

Dijkstra, Edsger. 1985. "Fruits of Misunderstanding." *Datamation*, February 15, 86–87.

Dijkstra, Edsger. 1989. "On the Cruelty of Really Teaching Computer Science." *Communications of the ACM* 32, no. 12 (December): 1397–1414.

Dunn, Robert H. 1984. *Software Defect Removal*. New York, NY: McGraw-Hill.

Ellis, Margaret A., and Bjarne Stroustrup. 1990. *The Annotated C++ Reference Manual*. Boston, MA: Addison-Wesley.

Elmasri, Ramez, and Shamkant B. Navathe. 1989. *Fundamentals of Database Systems*. Redwood City, CA: Benjamin/Cummings.

Elshoff, James L. 1976. "An Analysis of Some Commercial PL/I Programs." *IEEE Transactions on Software Engineering* SE-2, no. 2 (June): 113–20.

Elshoff, James L. 1977. "The Influence of Structured Programming on PL/I Program Profiles." *IEEE Transactions on Software Engineering* SE-3, no. 5 (September): 364–68.

Elshoff, James L., and Michael Marcotty. 1982. "Improving Computer Program Readability to Aid Modification." *Communications of the ACM* 25, no. 8 (August): 512–21.

Endres, Albert. 1975. "An Analysis of Errors and Their Causes in System Programs." *IEEE Transactions on Software Engineering* SE-1, no. 2 (June): 140–49.

Evangelist, Michael. 1984. "Program Complexity and Programming Style." *Proceedings of the First International Conference on Data Engineering*. New York, NY: IEEE Computer Society Press, 534–41.

Fagan, Michael E. 1976. "Design and Code Inspections to Reduce Errors in Program Development." *IBM Systems Journal* 15, no. 3: 182–211.

Fagan, Michael E. 1986. "Advances in Software Inspections." *IEEE Transactions on Software Engineering* SE-12, no. 7 (July): 744–51.

Federal Software Management Support Center. 1986. *Programmers Work-bench Handbook*. Falls Church, VA: Office of Software Development and Information Technology.

Feiman, J., and M. Driver. 2002. "Leading Programming Languages for IT Portfolio Planning," Gartner Research report SPA-17-6636, September 27, 2002.

Fetzer, James H. 1988. "Program Verification: The Very Idea." *Communications of the ACM* 31, no. 9 (September): 1048–63.

FIPS PUB 38, *Guidelines for Documentation of Computer Programs and Automated Data Systems*. 1976. U.S. Department of Commerce. National Bureau of Standards. Washington, DC: U.S. Government Printing Office, Feb. 15.

Fishman, Charles. 1996. "They Write the Right Stuff," *Fast Company*, December 1996.

Fjelstad, R. K., and W. T. Hamlen. 1979. "Applications Program Maintenance Study: Report to our Respondents." *Proceedings Guide 48*, Philadelphia. Reprinted in *Tutorial on Software Maintenance*, G. Parikh and N. Zvegintzov, eds. Los Alamitos, CA: CS Press, 1983: 13–27.

Floyd, Robert. 1979. "The Paradigms of Programming." *Communications of the ACM* 22, no. 8 (August): 455–60.

Fowler, Martin. 1999. *Refactoring: Improving the Design of Existing Code*. Reading, MA: Addison-Wesley.

Fowler, Martin. 2002. *Patterns of Enterprise Application Architecture*. Boston, MA: Addison-Wesley.

Fowler, Martin. 2003. *UML Distilled: A Brief Guide to the Standard Object Modeling Language*, 3d ed. Boston, MA: Addison-Wesley.

Fowler, Martin. 2004. *UML Distilled*, 3d ed. Boston, MA: Addison-Wesley.

Fowler, Priscilla J. 1986. "In-Process Inspections of Work Products at AT&T." *AT&T Technical Journal*, March/April, 102–12.

Foxall, James. 2003. *Practical Standards for Microsoft Visual Basic .NET*. Redmond, WA: Microsoft Press.

Freedman, Daniel P., and Gerald M. Weinberg. 1990. *Handbook of Walkthroughs, Inspections and Technical Reviews*, 3d ed. New York, NY: Dorset House.

Freeman, Peter, and Anthony I. Wasserman, eds. 1983. *Tutorial on Software Design Techniques*, 4th ed. Silver Spring, MD: IEEE Computer Society Press.

Gamma, Erich, et al. 1995. *Design Patterns*. Reading, MA: Addison-Wesley.

Gerber, Richard. 2002. *Software Optimization Cookbook: High-Performance Recipes for the Intel Architecture*. Intel Press.

Gibson, Elizabeth. 1990. "Objects—Born and Bred." *BYTE*, October, 245–54.

Gilb, Tom, and Dorothy Graham. 1993. *Software Inspection*. Wokingham, England: Addison-Wesley.

Gilb, Tom. 1977. *Software Metrics*. Cambridge, MA: Winthrop.

Gilb, Tom. 1988. *Principles of Software Engineering Management*. Wokingham, England: Addison-Wesley.

Gilb, Tom. 2004. *Competitive Engineering*. Boston, MA: Addison-Wesley. Downloadable from www.result-planning.com.

Ginac, Frank P. 1998. *Customer Oriented Software Quality Assurance*. Englewood Cliffs, NJ: Prentice Hall.

Glass, Robert L. 1982. *Modern Programming Practices: A Report from Industry*. Englewood Cliffs, NJ: Prentice Hall.

Glass, Robert L. 1988. *Software Communication Skills*. Englewood Cliffs, NJ: Prentice Hall.

Glass, Robert L. 1991. *Software Conflict: Essays on the Art and Science of Software Engineering*. Englewood Cliffs, NJ: Yourdon Press.

Glass, Robert L. 1995. *Software Creativity*. Reading, MA: Addison-Wesley.

Glass, Robert L. 1999. "Inspections—Some Surprising Findings," *Communications of the ACM*, April 1999, 17–19.

Glass, Robert L. 1999. "The realities of software technology payoffs," *Communications of the ACM*, February 1999, 74–79.

Glass, Robert L. 2003. *Facts and Fallacies of Software Engineering*. Boston, MA: Addison-Wesley.

Glass, Robert L., and Ronald A. Noiseux. 1981. *Software Maintenance Guidebook*. Englewood Cliffs, NJ: Prentice Hall.

Gordon, Ronald D. 1979. "Measuring Improvements in Program Clarity." *IEEE Transactions on Software Engineering* SE-5, no. 2 (March): 79–90.

Gordon, Scott V., and James M. Bieman. 1991. "Rapid Prototyping and Software Quality: Lessons from Industry." *Ninth Annual Pacific Northwest Software Quality Conference, October 7–8*. Oregon Convention Center, Portland, OR.

Gorla, N., A. C. Benander, and B. A. Benander. 1990. "Debugging Effort Estimation Using Software Metrics." *IEEE Transactions on Software Engineering* SE-16, no. 2 (February): 223–31.

Gould, John D. 1975. "Some Psychological Evidence on How People Debug Computer Programs." *International Journal of Man-Machine Studies* 7:151–82.

Grady, Robert B. 1987. "Measuring and Managing Software Maintenance." *IEEE Software* 4, no. 9 (September): 34–45.

Grady, Robert B. 1993. "Practical Rules of Thumb for Software Managers." *The Software Practitioner* 3, no. 1 (January/February): 4–6.

Grady, Robert B. 1999. "An Economic Release Decision Model: Insights into Software Project Management." In *Proceedings of the Applications of Software Measurement Conference*, 227–239. Orange Park, FL: Software Quality Engineering.

Grady, Robert B., and Tom Van Slack. 1994. "Key Lessons in Achieving Widespread Inspection Use," *IEEE Software*, July 1994.

Grady, Robert B. 1992. *Practical Software Metrics For Project Management And Process Improvement*. Englewood Cliffs, NJ: Prentice Hall.

Grady, Robert B., and Deborah L. Caswell. 1987. *Software Metrics: Establishing a Company-Wide Program*. Englewood Cliffs, NJ: Prentice Hall.

Green, Paul. 1987. "Human Factors in Computer Systems, Some Useful Readings." *Sigchi Bulletin* 19, no. 2: 15–20.

Gremillion, Lee L. 1984. "Determinants of Program Repair Maintenance Requirements." *Communications of the ACM* 27, no. 8 (August): 826–32.

Gries, David. 1981. *The Science of Programming.* New York, NY: Springer-Verlag.

Grove, Andrew S. 1983. *High Output Management.* New York, NY: Random House.

Haley, Thomas J. 1996. "Software Process Improvement at Raytheon." *IEEE Software*, November 1996.

Hansen, John C., and Roger Yim. 1987. "Indentation Styles in C." *SIGSMALL/PC Notes* 13, no. 3 (August): 20–23.

Hanson, Dines. 1984. *Up and Running.* New York, NY: Yourdon Press.

Harrison, Warren, and Curtis Cook. 1986. "Are Deeply Nested Conditionals Less Readable?" *Journal of Systems and Software* 6, no. 4 (November): 335–42.

Hasan, Jeffrey and Kenneth Tu. 2003. *Performance Tuning and Optimizing ASP.NET Applications.* Apress.

Hass, Anne Mette Jonassen. 2003. *Configuration Management Principles and Practices*, Boston, MA: Addison-Wesley.

Hatley, Derek J., and Imtiaz A. Pirbhai. 1988. *Strategies for Real-Time System Specification.* New York, NY: Dorset House.

Hecht, Alan. 1990. "Cute Object-oriented Acronyms Considered FOOlish." *Software Engineering Notes*, January, 48.

Heckel, Paul. 1994. *The Elements of Friendly Software Design.* Alameda, CA: Sybex.

Hecker, Daniel E. 2001. "Occupational Employment Projections to 2010." *Monthly Labor Review*, November 2001.

Hecker, Daniel E. 2004. "Occupational Employment Projections to 2012." *Monthly Labor Review*, February 2004, Vol. 127, No. 2, pp. 80-105.

Henry, Sallie, and Dennis Kafura. 1984. "The Evaluation of Software Systems' Structure Using Quantitative Software Metrics." *Software–Practice and Experience* 14, no. 6 (June): 561–73.

Hetzel, Bill. 1988. *The Complete Guide to Software Testing*, 2d ed. Wellesley, MA: QED Information Systems.

Highsmith, James A., III. 2000. *Adaptive Software Development: A Collaborative Approach to Managing Complex Systems.* New York, NY: Dorset House.

Highsmith, Jim. 2002. *Agile Software Development Ecosystems.* Boston, MA: Addison-Wesley.

Hildebrand, J. D. 1989. "An Engineer's Approach." *Computer Language*, October, 5–7.

Hoare, Charles Anthony Richard, 1981. "The Emperor's Old Clothes." *Communications of the ACM*, February 1981, 75–83.

Hollocker, Charles P. 1990. *Software Reviews and Audits Handbook.* New York, NY: John Wiley & Sons.

Houghton, Raymond C. 1990. "An Office Library for Software Engineering Professionals." *Software Engineering: Tools, Techniques, Practice*, May/June, 35–38.

Howard, Michael, and David LeBlanc. 2003. *Writing Secure Code,* 2d ed. Redmond, WA: Microsoft Press.

Hughes, Charles E., Charles P. Pfleeger, and Lawrence L. Rose. 1978. *Advanced Programming Techniques: A Second Course in Programming Using Fortran.* New York, NY: John Wiley & Sons.

Humphrey, Watts S. 1989. *Managing the Software Process.* Reading, MA: Addison-Wesley.

Humphrey, Watts S. 1995. *A Discipline for Software Engineering.* Reading, MA: Addison-Wesley.

Humphrey, Watts S., Terry R. Snyder, and Ronald R. Willis. 1991. "Software Process Improvement at Hughes Aircraft." *IEEE Software* 8, no. 4 (July): 11–23.

Humphrey, Watts. 1997. *Introduction to the Personal Software Process.* Reading, MA: Addison-Wesley.

Humphrey, Watts. 2002. *Winning with Software: An Executive Strategy.* Boston, MA: Addison-Wesley.

Hunt, Andrew, and David Thomas. 2000. *The Pragmatic Programmer.* Boston, MA: Addison-Wesley.

Ichbiah, Jean D., et al. 1986. *Rationale for Design of the Ada Programming Language.* Minneapolis, MN: Honeywell Systems and Research Center.

IEEE Software 7, no. 3 (May 1990).

IEEE Std 1008-1987 (R1993), *Standard for Software Unit Testing*

IEEE Std 1016-1998, *Recommended Practice for Software Design Descriptions*

IEEE Std 1028-1997, *Standard for Software Reviews*

IEEE Std 1045-1992, *Standard for Software Productivity Metrics*

IEEE Std 1058-1998, *Standard for Software Project Management Plans*

IEEE Std 1061-1998, *Standard for a Software Quality Metrics Methodology*

IEEE Std 1062-1998, *Recommended Practice for Software Acquisition*

IEEE Std 1063-2001, *Standard for Software User Documentation*

IEEE Std 1074-1997, *Standard for Developing Software Life Cycle Processes*

IEEE Std 1219-1998, *Standard for Software Maintenance*

IEEE Std 1233-1998, *Guide for Developing System Requirements Specifications*

IEEE Std 1233-1998. *IEEE Guide for Developing System Requirements Specifications*

IEEE Std 1471-2000. *Recommended Practice for Architectural Description of Software Intensive Systems*

IEEE Std 1490-1998, *Guide - Adoption of PMI Standard - A Guide to the Project Management Body of Knowledge*

IEEE Std 1540-2001, *Standard for Software Life Cycle Processes - Risk Management*

IEEE Std 730-2002, *Standard for Software Quality Assurance Plans*

IEEE Std 828-1998, *Standard for Software Configuration Management Plans*

IEEE Std 829-1998, *Standard for Software Test Documentation*

IEEE Std 830-1998, *Recommended Practice for Software Requirements Specifications*

IEEE Std 830-1998. *IEEE Recommended Practice for Software Requirements Specifications.* Los Alamitos, CA: IEEE Computer Society Press.

IEEE, 1991. *IEEE Software Engineering Standards Collection, Spring 1991 Edition.* New York, NY: Institute of Electrical and Electronics Engineers.

IEEE, 1992. "Rear Adm. Grace Hopper dies at 85." *IEEE Computer*, February, 84.

Ingrassia, Frank S. 1976. "The Unit Development Folder (UDF): An Effective Management Tool for Software Development." TRW Technical Report TRW-SS-76-11. Also reprinted in Reifer 1986, 366–79.

Ingrassia, Frank S. 1987. "The Unit Development Folder (UDF): A Ten-Year Perspective." *Tutorial: Software Engineering Project Management*, ed. Richard H. Thayer. Los Alamitos, CA: IEEE Computer Society Press, 405–15.

Jackson, Michael A. 1975. *Principles of Program Design.* New York, NY: Academic Press.

Jacobson, Ivar, Grady Booch, and James Rumbaugh. 1999. *The Unified Software Development Process.* Reading, MA: Addison-Wesley.

Johnson, Jim. 1999. "Turning Chaos into Success," *Software Magazine*, December 1999, 30–39.

Johnson, Mark. 1994a. "Dr. Boris Beizer on Software Testing: An Interview Part 1," *The Software QA Quarterly*, Spring 1994, 7–13.

Johnson, Mark. 1994b. "Dr. Boris Beizer on Software Testing: An Interview Part 2," *The Software QA Quarterly*, Summer 1994, 41–45.

Johnson, Walter L. 1987. "Some Comments on Coding Practice." *ACM SIGSOFT Software Engineering Notes* 12, no. 2 (April): 32–35.

Jones, T. Capers. 1977. "Program Quality and Programmer Productivity." *IBM Technical Report TR 02.764*, January, 42–78. Also in Jones 1986b.

Jones, Capers. 1986a. *Programming Productivity*. New York, NY: McGraw-Hill.

Jones, T. Capers, ed. 1986b. *Tutorial: Programming Productivity: Issues for the Eighties*, 2d ed. Los Angeles, CA: IEEE Computer Society Press.

Jones, Capers. 1996. "Software Defect-Removal Efficiency," *IEEE Computer*, April 1996.

Jones, Capers. 1997. *Applied Software Measurement: Assuring Productivity and Quality*, 2d ed. New York, NY: McGraw-Hill.

Jones, Capers. 1998. *Estimating Software Costs*. New York, NY: McGraw-Hill.

Jones, Capers. 2000. *Software Assessments, Benchmarks, and Best Practices*. Reading, MA: Addison-Wesley.

Jones, Capers. 2003. "Variations in Software Development Practices," *IEEE Software*, November/December 2003, 22–27.

Jonsson, Dan. 1989. "Next: The Elimination of GoTo-Patches?" *ACM Sigplan Notices* 24, no. 3 (March): 85–92.

Kaelbling, Michael. 1988. "Programming Languages Should NOT Have Comment Statements." *ACM Sigplan Notices* 23, no. 10 (October): 59–60.

Kaner, Cem, Jack Falk, and Hung Q. Nguyen. 1999. *Testing Computer Software*, 2d ed. New York, NY: John Wiley & Sons.

Kaner, Cem, James Bach, and Bret Pettichord. 2002. *Lessons Learned in Software Testing*. New York, NY: John Wiley & Sons.

Keller, Daniel. 1990. "A Guide to Natural Naming." *ACM Sigplan Notices* 25, no. 5 (May): 95–102.

Kelly, John C. 1987. "A Comparison of Four Design Methods for Real-Time Systems." *Proceedings of the Ninth International Conference on Software Engineering*. 238–52.

Kelly-Bootle, Stan. 1981. *The Devil's DP Dictionary*. New York, NY: McGraw-Hill.

Kernighan, Brian W., and Rob Pike. 1999. *The Practice of Programming*. Reading, MA: Addison-Wesley.

Kernighan, Brian W., and P. J. Plauger. 1976. *Software Tools*. Reading, MA: Addison-Wesley.

Kernighan, Brian W., and P. J. Plauger. 1978. *The Elements of Programming Style*. 2d ed. New York, NY: McGraw-Hill.

Kernighan, Brian W., and P. J. Plauger. 1981. *Software Tools in Pascal*. Reading, MA: Addison-Wesley.

Kernighan, Brian W., and Dennis M. Ritchie. 1988. *The C Programming Language*, 2d ed. Englewood Cliffs, NJ: Prentice Hall.

Killelea, Patrick. 2002. *Web Performance Tuning*, 2d ed. Sebastopol, CA: O'Reilly & Associates.

King, David. 1988. *Creating Effective Software: Computer Program Design Using the Jackson Methodology*. New York, NY: Yourdon Press.

Knuth, Donald. 1971. "An Empirical Study of FORTRAN programs," *Software–Practice and Experience* 1:105–33.

Knuth, Donald. 1974. "Structured Programming with go to Statements." In *Classics in Software Engineering*, edited by Edward Yourdon. Englewood Cliffs, NJ: Yourdon Press, 1979.

Knuth, Donald. 1986. *Computers and Typesetting, Volume B, TEX: The Program*. Reading, MA: Addison-Wesley.

Knuth, Donald. 1997a. *The Art of Computer Programming*, vol. 1, *Fundamental Algorithms*, 3d ed. Reading, MA: Addison-Wesley.

Knuth, Donald. 1997b. *The Art of Computer Programming*, vol. 2, *Seminumerical Algorithms*, 3d ed. Reading, MA: Addison-Wesley.

Knuth, Donald. 1998. *The Art of Computer Programming*, vol. 3, *Sorting and Searching*, 2d ed. Reading, MA: Addison-Wesley.

Knuth, Donald. 2001. *Literate Programming*. Cambridge University Press.

Korson, Timothy D., and Vijay K. Vaishnavi. 1986. "An Empirical Study of Modularity on Program Modifiability." In Soloway and Iyengar 1986: 168–86.

Kouchakdjian, Ara, Scott Green, and Victor Basili. 1989. "Evaluation of the Cleanroom Methodology in the Software Engineering Laboratory." *Proceedings of the Fourteenth Annual Software Engineering Workshop, November 29, 1989*. Greenbelt, MD: Goddard Space Flight Center. Document SEL-89-007.

Kovitz, Benjamin, L. 1998 *Practical Software Requirements: A Manual of Content and Style*, Manning Publications Company.

Kreitzberg, C. B., and B. Shneiderman. 1972. *The Elements of Fortran Style*. New York, NY: Harcourt Brace Jovanovich.

Kruchten, Philippe B. "The 4+1 View Model of Architecture." *IEEE Software*, pages 42–50, November 1995.

Kruchten, Philippe. 2000. *The Rational Unified Process: An Introduction, 2d Ed.*, Reading, MA: Addison-Wesley.

Kuhn, Thomas S. 1996. *The Structure of Scientific Revolutions*, 3d ed. Chicago: University of Chicago Press.

Lammers, Susan. 1986. *Programmers at Work*. Redmond, WA: Microsoft Press.

Lampson, Butler. 1984. "Hints for Computer System Design." *IEEE Software* 1, no. 1 (January): 11–28.

Larman, Craig and Rhett Guthrie. 2000. *Java 2 Performance and Idiom Guide*. Englewood Cliffs, NJ: Prentice Hall.

Larman, Craig. 2001. *Applying UML and Patterns: An Introduction to Object-Oriented Analysis and Design and the Unified Process*, 2d ed. Englewood Cliffs, NJ: Prentice Hall.

Larman, Craig. 2004. *Agile and Iterative Development: A Manager's Guide*. Boston, MA: Addison-Wesley, 2004.

Lauesen, Soren. *Software Requirements: Styles and Techniques*. Boston, MA: Addison-Wesley, 2002.

Laurel, Brenda, ed. 1990. *The Art of Human-Computer Interface Design*. Reading, MA: Addison-Wesley.

Ledgard, Henry F., with John Tauer. 1987a. *C With Excellence: Programming Proverbs*. Indianapolis: Hayden Books.

Ledgard, Henry F., with John Tauer. 1987b. *Professional Software*, vol. 2, *Programming Practice*. Indianapolis: Hayden Books.

Ledgard, Henry, and Michael Marcotty. 1986. *The Programming Language Landscape: Syntax, Semantics, and Implementation*, 2d ed. Chicago: Science Research Associates.

Ledgard, Henry. 1985. "Programmers: The Amateur vs. the Professional." *Abacus* 2, no. 4 (Summer): 29–35.

Leffingwell, Dean. 1997. "Calculating the Return on Investment from More Effective Requirements Management," *American Programmer*, 10(4):13–16.

Lewis, Daniel W. 1979. "A Review of Approaches to Teaching Fortran." *IEEE Transactions on Education*, E-22, no. 1: 23–25.

Lewis, William E. 2000. *Software Testing and Continuous Quality Improvement*, 2d ed. Auerbach Publishing.

Lieberherr, Karl J. and Ian Holland. 1989. "Assuring Good Style for Object-Oriented Programs." *IEEE Software*, September 1989, pp. 38f.

Lientz, B. P., and E. B. Swanson. 1980. *Software Maintenance Management*. Reading, MA: Addison-Wesley.

Lind, Randy K., and K. Vairavan. 1989. "An Experimental Investigation of Software Metrics and Their Relationship to Software Development Effort." *IEEE Transactions on Software Engineering* SE-15, no. 5 (May): 649–53.

Linger, Richard C., Harlan D. Mills, and Bernard I. Witt. 1979. *Structured Programming: Theory and Practice*. Reading, MA: Addison-Wesley.

Linn, Marcia C., and Michael J. Clancy. 1992. "The Case for Case Studies of Programming Problems." *Communications of the ACM* 35, no. 3 (March): 121–32.

Liskov, Barbara, and Stephen Zilles. 1974. "Programming with Abstract Data Types." *ACM Sigplan Notices* 9, no. 4: 50–59.

Liskov, Barbara. "Data Abstraction and Hierarchy," *ACM SIGPLAN Notices*, May 1988.

Littman, David C., et al. 1986. "Mental Models and Software Maintenance." In Soloway and Iyengar 1986: 80–98.

Longstreet, David H., ed. 1990. *Software Maintenance and Computers*. Los Alamitos, CA: IEEE Computer Society Press.

Loy, Patrick H. 1990. "A Comparison of Object-Oriented and Structured Development Methods." *Software Engineering Notes* 15, no. 1 (January): 44–48.

Mackinnon, Tim, Steve Freeman, and Philip Craig. 2000. "Endo-Testing: Unit Testing with Mock Objects," *eXtreme Programming* and Flexible Processes Software Engineering - XP2000 Conference.

Maguire, Steve. 1993. *Writing Solid Code*. Redmond, WA: Microsoft Press.

Mannino, P. 1987. "A Presentation and Comparison of Four Information System Development Methodologies." *Software Engineering Notes* 12, no. 2 (April): 26–29.

Manzo, John. 2002. "Odyssey and Other Code Science Success Stories." *Crosstalk*, October 2002.

Marca, David. 1981. "Some Pascal Style Guidelines." *ACM Sigplan Notices* 16, no. 4 (April): 70–80.

March, Steve. 1999. "Learning from Pathfinder's Bumpy Start." *Software Testing and Quality Engineering*, September/October 1999, pp. 10f.

Marcotty, Michael. 1991. *Software Implementation*. New York, NY: Prentice Hall.

Martin, Robert C. 2003. *Agile Software Development: Principles, Patterns, and Practices*. Upper Saddle River, NJ: Pearson Education.

McCabe, Tom. 1976. "A Complexity Measure." *IEEE Transactions on Software Engineering*, SE-2, no. 4 (December): 308–20.

McCarthy, Jim. 1995. *Dynamics of Software Development*. Redmond, WA: Microsoft Press.

McConnell, Steve. 1996. *Rapid Development*. Redmond, WA: Microsoft Press.

McConnell, Steve. 1997a. "The Programmer Writing," *IEEE Software*, July/August 1997.

McConnell, Steve. 1997b. "Achieving Leaner Software," *IEEE Software*, November/December 1997.

McConnell, Steve. 1998a. *Software Project Survival Guide*. Redmond, WA: Microsoft Press.

McConnell, Steve. 1998b. "Why You Should Use Routines, Routinely," *IEEE Software*, Vol. 15, No. 4, July/August 1998.

McConnell, Steve. 1999. "Brooks Law Repealed?" *IEEE Software*, November/December 1999.

McConnell, Steve. 2004. *Professional Software Development*. Boston, MA: Addison-Wesley.

McCue, Gerald M. 1978. "IBM's Santa Teresa Laboratory—Architectural Design for Program Development." *IBM Systems Journal* 17, no. 1:4–25.

McGarry, Frank, and Rose Pajerski. 1990. "Towards Understanding Software—15 Years in the SEL." *Proceedings of the Fifteenth Annual Software Engineering Workshop, November 28–29, 1990*. Greenbelt, MD: Goddard Space Flight Center. Document SEL-90-006.

McGarry, Frank, Sharon Waligora, and Tim McDermott. 1989. "Experiences in the Software Engineering Laboratory (SEL) Applying Software Measurement." *Proceedings of the Fourteenth Annual Software Engineering Workshop, November 29, 1989*. Greenbelt, MD: Goddard Space Flight Center. Document SEL-89-007.

McGarry, John, et al. 2001. *Practical Software Measurement: Objective Information for Decision Makers*. Boston, MA: Addison-Wesley.

McKeithen, Katherine B., et al. 1981. "Knowledge Organization and Skill Differences in Computer Programmers." *Cognitive Psychology* 13:307–25.

Metzger, Philip W., and John Boddie. 1996. *Managing a Programming Project: Processes and People*, 3d ed. Englewood Cliffs, NJ: Prentice Hall, 1996.

Meyer, Bertrand. 1997. *Object-Oriented Software Construction*, 2d ed. New York, NY: Prentice Hall.

Meyers, Scott. 1996. *More Effective C++: 35 New Ways to Improve Your Programs and Designs*. Reading, MA: Addison-Wesley.

Meyers, Scott. 1998. *Effective C++: 50 Specific Ways to Improve Your Programs and Designs*, 2d ed. Reading, MA: Addison-Wesley.

Miaria, Richard J., et al. 1983. "Program Indentation and Comprehensibility." *Communications of the ACM* 26, no. 11 (November): 861–67.

Michalewicz, Zbigniew, and David B. Fogel. 2000. *How to Solve It: Modern Heuristics*. Berlin: Springer-Verlag.

Miller, G. A. 1956. "The Magical Number Seven, Plus or Minus Two: Some Limits on Our Capacity for Processing Information." *The Psychological Review* 63, no. 2 (March): 81–97.

Mills, Harlan D. 1983. *Software Productivity*. Boston, MA: Little, Brown.

Mills, Harlan D. 1986. "Structured Programming: Retrospect and Prospect." *IEEE Software*, November, 58–66.

Mills, Harlan D., and Richard C. Linger. 1986. "Data Structured Programming: Program Design Without Arrays and Pointers." *IEEE Transactions on Software Engineering* SE-12, no. 2 (February): 192–97.

Mills, Harlan D., Michael Dyer, and Richard C. Linger. 1987. "Cleanroom Software Engineering." *IEEE Software*, September, 19–25.

Misfeldt, Trevor, Greg Bumgardner, and Andrew Gray. 2004. *The Elements of C++ Style*. Cambridge University Press.

Mitchell, Jeffrey, Joseph Urban, and Robert McDonald. 1987. "The Effect of Abstract Data Types on Program Development." *IEEE Computer* 20, no. 9 (September): 85–88.

Mody, R. P. 1991. "C in Education and Software Engineering." *SIGCSE Bulletin* 23, no. 3 (September): 45–56.

Moore, Dave. 1992. Private communication.

Moore, James W. 1997. *Software Engineering Standards: A User's Road Map*. Los Alamitos, CA: IEEE Computer Society Press.

Morales, Alexandra Weber. 2003. "The Consummate Coach: Watts Humphrey, Father of Cmm and Author of Winning with Software, Explains How to Get Better at What You Do," *SD Show Daily*, September 16, 2003.

Myers, Glenford J. 1976. *Software Reliability*. New York, NY: John Wiley & Sons.

Myers, Glenford J. 1978a. *Composite/Structural Design*. New York, NY: Van Nostrand Reinhold.

Myers, Glenford J. 1978b. "A Controlled Experiment in Program Testing and Code Walkthroughs/Inspections." *Communications of the ACM* 21, no. 9 (September): 760–68.

Myers, Glenford J. 1979. *The Art of Software Testing*. New York, NY: John Wiley & Sons.

Myers, Ware. 1992. "Good Software Practices Pay Off—Or Do They?" *IEEE Software*, March, 96–97.

Naisbitt, John. 1982. *Megatrends*. New York, NY: Warner Books.

NASA Software Engineering Laboratory, 1994. *Software Measurement Guidebook*, June 1995, NASA-GB-001-94. Available from http://sel.gsfc.nasa.gov/website/documents/online-doc/94-102.pdf.

NCES 2002. National Center for Education Statistics, *2001 Digest of Educational Statistics*, Document Number NCES 2002130, April 2002.

Nevison, John M. 1978. *The Little Book of BASIC Style*. Reading, MA: Addison-Wesley.

Newcomer, Joseph M. 2000. "Optimization: Your Worst Enemy," May 2000, www.flounder.com/optimization.htm.

Norcio, A. F. 1982. "Indentation, Documentation and Programmer Comprehension." *Proceedings: Human Factors in Computer Systems, March 15–17, 1982, Gaithersburg, MD*: 118–20.

Norman, Donald A. 1988. *The Psychology of Everyday Things*. New York, NY: Basic Books. (Also published in paperback as *The Design of Everyday Things*. New York, NY: Doubleday, 1990.)

Oman, Paul and Shari Lawrence Pfleeger, eds. 1996. *Applying Software Metrics*. Los Alamitos, CA: IEEE Computer Society Press.

Oman, Paul W., and Curtis R. Cook. 1990a. "The Book Paradigm for Improved Maintenance." *IEEE Software*, January, 39–45.

Oman, Paul W., and Curtis R. Cook. 1990b. "Typographic Style Is More Than Cosmetic." *Communications of the ACM* 33, no. 5 (May): 506–20.

Ostrand, Thomas J., and Elaine J. Weyuker. 1984. "Collecting and Categorizing Software Error Data in an Industrial Environment." *Journal of Systems and Software* 4, no. 4 (November): 289–300.

Page-Jones, Meilir. 2000. *Fundamentals of Object-Oriented Design in UML*. Boston, MA: Addison-Wesley.

Page-Jones, Meilir. 1988. *The Practical Guide to Structured Systems Design*. Englewood Cliffs, NJ: Yourdon Press.

Parikh, G., and N. Zvegintzov, eds. 1983. *Tutorial on Software Maintenance*. Los Alamitos, CA: IEEE Computer Society Press.

Parikh, Girish. 1986. *Handbook of Software Maintenance*. New York, NY: John Wiley & Sons.

Parnas, David L. 1972. "On the Criteria to Be Used in Decomposing Systems into Modules." *Communications of the ACM* 5, no. 12 (December): 1053–58.

Parnas, David L. 1976. "On the Design and Development of Program Families." *IEEE Transactions on Software Engineering* SE-2, 1 (March): 1–9.

Parnas, David L. 1979. "Designing Software for Ease of Extension and Contraction." *IEEE Transactions on Software Engineering* SE-5, no. 2 (March): 128–38.

Parnas, David L. 1999. ACM Fellow Profile: David Lorge Parnas," *ACM Software Engineering Notes*, May 1999, 10–14.

Parnas, David L., and Paul C. Clements. 1986. "A Rational Design Process: How and Why to Fake It." *IEEE Transactions on Software Engineering* SE-12, no. 2 (February): 251–57.

Parnas, David L., Paul C. Clements, and D. M. Weiss. 1985. "The Modular Structure of Complex Systems." *IEEE Transactions on Software Engineering* SE-11, no. 3 (March): 259–66.

Perrott, Pamela. 2004. Private communication.

Peters, L. J., and L. L. Tripp. 1976. "Is Software Design Wicked" *Datamation*, Vol. 22, No. 5 (May 1976), 127–136.

Peters, Lawrence J. 1981. *Handbook of Software Design: Methods and Techniques*. New York, NY: Yourdon Press.

Peters, Lawrence J., and Leonard L. Tripp. 1977. "Comparing Software Design Methodologies." *Datamation*, November, 89–94.

Peters, Tom. 1987. *Thriving on Chaos: Handbook for a Management Revolution*. New York, NY: Knopf.

Petroski, Henry. 1994. *Design Paradigms: Case Histories of Error and Judgment in Engineering*. Cambridge, U.K.: Cambridge University Press.

Pietrasanta, Alfred M. 1990. "Alfred M. Pietrasanta on Improving the Software Process." *Software Engineering: Tools, Techniques, Practices* 1, no. 1 (May/June): 29–34.

Pietrasanta, Alfred M. 1991a. "A Strategy for Software Process Improvement." *Ninth Annual Pacific Northwest Software Quality Conference, October 7–8, 1991.* Oregon Convention Center, Portland, OR

Pietrasanta, Alfred M. 1991b. "Implementing Software Engineering in IBM." Keynote address. *Ninth Annual Pacific Northwest Software Quality Conference, October 7–8, 1991.* Oregon Convention Center, Portland, OR.

Pigoski, Thomas M. 1997. *Practical Software Maintenance*. New York, NY: John Wiley & Sons.

Pirsig, Robert M. 1974. *Zen and the Art of Motorcycle Maintenance: An Inquiry into Values*. William Morrow.

Plauger, P. J. 1988. "A Designer's Bibliography." *Computer Language*, July, 17–22.

Plauger, P. J. 1993. *Programming on Purpose: Essays on Software Design*. New York, NY: Prentice Hall.

Plum, Thomas. 1984. *C Programming Guidelines*. Cardiff, NJ: Plum Hall.

Polya, G. 1957. *How to Solve It: A New Aspect of Mathematical Method*, 2d ed. Princeton, NJ: Princeton University Press.

Post, Ed. 1983. "Real Programmers Don't Use Pascal," *Datamation*, July 1983, 263–265.

Prechelt, Lutz. 2000. "An Empirical Comparison of Seven Programming Languages," *IEEE Computer*, October 2000, 23–29.

Pressman, Roger S. 1987. *Software Engineering: A Practitioner's Approach*. New York, NY: McGraw-Hill.

Pressman, Roger S. 1988. *Making Software Engineering Happen: A Guide for Instituting the Technology*. Englewood Cliffs, NJ: Prentice Hall.

Putnam, Lawrence H. 2000. "Familiar Metric Management – Effort, Development Time, and Defects Interact." Downloadable from *www.qsm.com*.

Putnam, Lawrence H., and Ware Myers. 1992. *Measures for Excellence: Reliable Software On Time, Within Budget*. Englewood Cliffs, NJ: Yourdon Press, 1992.

Putnam, Lawrence H., and Ware Myers. 1997. *Industrial Strength Software: Effective Management Using Measurement.* Washington, DC: IEEE Computer Society Press.

Putnam, Lawrence H., and Ware Myers. 2000. "What We Have Learned." Downloadable from *www.qsm.com*, June 2000.

Raghavan, Sridhar A., and Donald R. Chand. 1989. "Diffusing Software-Engineering Methods." *IEEE Software*, July, 81–90.

Ramsey, H. Rudy, Michael E. Atwood, and James R. Van Doren. 1983. "Flowcharts Versus Program Design Languages: An Experimental Comparison." *Communications of the ACM* 26, no. 6 (June): 445–49.

Ratliff, Wayne. 1987. Interview in *Solution System*.

Raymond, E. S. 2000. "The Cathedral and the Bazaar," *www.catb.org/~esr/writings/cathedral-bazaar*.

Raymond, Eric S. 2004. *The Art of Unix Programming*. Boston, MA: Addison-Wesley.

Rees, Michael J. 1982. "Automatic Assessment Aids for Pascal Programs." *ACM Sigplan Notices* 17, no. 10 (October): 33–42.

Reifer, Donald. 2002. "How to Get the Most Out of Extreme Programming/Agile Methods," *Proceedings, XP/Agile Universe 2002*. New York, NY: Springer; 185–196.

Reingold, Edward M., and Wilfred J. Hansen. 1983. *Data Structures*. Boston, MA: Little, Brown.

Rettig, Marc. 1991. "Testing Made Palatable." *Communications of the ACM* 34, no. 5 (May): 25–29.

Riel, Arthur J. 1996. *Object-Oriented Design Heuristics*. Reading, MA: Addison-Wesley.

Rittel, Horst, and Melvin Webber. 1973. "Dilemmas in a General Theory of Planning." *Policy Sciences* 4:155–69.

Robertson, Suzanne, and James Robertson, 1999. *Mastering the Requirements Process*. Reading, MA: Addison-Wesley.

Rogers, Everett M. 1995. *Diffusion of Innovations*, 4th ed. New York, NY: The Free Press.

Rombach, H. Dieter. 1990. "Design Measurements: Some Lessons Learned." *IEEE Software*, March, 17–25.

Rubin, Frank. 1987. "'GOTO Considered Harmful' Considered Harmful." Letter to the editor. *Communications of the ACM* 30, no. 3 (March): 195–96. Follow-up letters in 30, no. 5 (May 1987): 351–55; 30, no. 6 (June 1987): 475–78; 30, no. 7 (July 1987): 632–34; 30, no. 8 (August 1987): 659–62; 30, no. 12 (December 1987): 997, 1085.

Sackman, H., W. J. Erikson, and E. E. Grant. 1968. "Exploratory Experimental Studies Comparing Online and Offline Programming Performance." *Communications of the ACM* 11, no. 1 (January): 3–11.

Schneider, G. Michael, Johnny Martin, and W. T. Tsai. 1992. "An Experimental Study of Fault Detection in User Requirements Documents," *ACM Transactions on Software Engineering and Methodology*, vol 1, no. 2, 188–204.

Schulmeyer, G. Gordon. 1990. *Zero Defect Software*. New York, NY: McGraw-Hill.

Sedgewick, Robert. 1997. *Algorithms in C, Parts 1-4*, 3d ed. Boston, MA: Addison-Wesley.

Sedgewick, Robert. 2001. *Algorithms in C, Part 5*, 3d ed. Boston, MA: Addison-Wesley.

Sedgewick, Robert. 1998. *Algorithms in C++, Parts 1-4*, 3d ed. Boston, MA: Addison-Wesley.

Sedgewick, Robert. 2002. *Algorithms in C++, Part 5*, 3d ed. Boston, MA: Addison-Wesley.

Sedgewick, Robert. 2002. *Algorithms in Java, Parts 1-4*, 3d ed. Boston, MA: Addison-Wesley.

Sedgewick, Robert. 2003. *Algorithms in Java, Part 5*, 3d ed. Boston, MA: Addison-Wesley.

SEI 1995. *The Capability Maturity Model: Guidelines for Improving the Software Process*, Software Engineering Institute, Reading, MA: Addison-Wesley, 1995.

SEI, 2003. "Process Maturity Profile: Software CMM®, CBA IPI and SPA Appraisal Results: 2002 Year End Update," Software Engineering Institute, April 2003.

Selby, Richard W., and Victor R. Basili. 1991. "Analyzing Error-Prone System Structure." *IEEE Transactions on Software Engineering* SE-17, no. 2 (February): 141–52.

SEN 1990. "Subsection on Telephone Systems," *Software Engineering Notes*, April 1990, 11–14.

Shalloway, Alan, and James R. Trott. 2002. *Design Patterns Explained*. Boston, MA: Addison-Wesley.

Sheil, B. A. 1981. "The Psychological Study of Programming." *Computing Surveys* 13, no. 1 (March): 101–20.

Shen, Vincent Y., et al. 1985. "Identifying Error-Prone Software–An Empirical Study." *IEEE Transactions on Software Engineering* SE-11, no. 4 (April): 317–24.

Sheppard, S. B., et al. 1978. "Predicting Programmers' Ability to Modify Software." *TR 78-388100-3*, General Electric Company, May.

Sheppard, S. B., et al. 1979. "Modern Coding Practices and Programmer Performance." *IEEE Computer* 12, no. 12 (December): 41–49.

Shepperd, M., and D. Ince. 1989. "Metrics, Outlier Analysis and the Software Design Process." *Information and Software Technology* 31, no. 2 (March): 91–98.

Shirazi, Jack. 2000. *Java Performance Tuning*. Sebastopol, CA: O'Reilly & Associates.

Shlaer, Sally, and Stephen J. Mellor. 1988. *Object Oriented Systems Analysis–Modeling the World in Data*. Englewood Cliffs, NJ: Prentice Hall.

Shneiderman, Ben, and Richard Mayer. 1979. "Syntactic/Semantic Interactions in Programmer Behavior: A Model and Experimental Results." *International Journal of Computer and Information Sciences* 8, no. 3: 219–38.

Shneiderman, Ben. 1976. "Exploratory Experiments in Programmer Behavior." *International Journal of Computing and Information Science* 5:123–43.

Shneiderman, Ben. 1980. *Software Psychology: Human Factors in Computer and Information Systems*. Cambridge, MA: Winthrop.

Shneiderman, Ben. 1987. *Designing the User Interface: Strategies for Effective Human-Computer Interaction*. Reading, MA: Addison-Wesley.

Shull, et al. 2002. "What We Have Learned About Fighting Defects," *Proceedings, Metrics 2002*. IEEE; 249–258.

Simon, Herbert. 1996. *The Sciences of the Artificial*, 3d ed. Cambridge, MA: MIT Press.

Simon, Herbert. *The Shape of Automation for Men and Management*. Harper and Row, 1965.

Simonyi, Charles, and Martin Heller. 1991. "The Hungarian Revolution." *BYTE*, August, 131–38.

Smith, Connie U., and Lloyd G. Williams. 2002. *Performance Solutions: A Practical Guide to Creating Responsive, Scalable Software*. Boston, MA: Addison-Wesley.

Software Productivity Consortium. 1989. *Ada Quality and Style: Guidelines for Professional Programmers*. New York, NY: Van Nostrand Reinhold.

Soloway, Elliot, and Kate Ehrlich. 1984. "Empirical Studies of Programming Knowledge." *IEEE Transactions on Software Engineering* SE-10, no. 5 (September): 595–609.

Soloway, Elliot, and Sitharama Iyengar, eds. 1986. *Empirical Studies of Programmers*. Norwood, NJ: Ablex.

Soloway, Elliot, Jeffrey Bonar, and Kate Ehrlich. 1983. "Cognitive Strategies and Looping Constructs: An Empirical Study." *Communications of the ACM* 26, no. 11 (November): 853–60.

Solution Systems. 1987. *World-Class Programmers' Editing Techniques: Interviews with Seven Programmers.* South Weymouth, MA: Solution Systems.

Sommerville, Ian. 1989. *Software Engineering*, 3d ed. Reading, MA: Addison-Wesley.

Spier, Michael J. 1976. "Software Malpractice—A Distasteful Experience." *Software—Practice and Experience* 6:293–99.

Spinellis, Diomidis. 2003. *Code Reading: The Open Source Perspective.* Boston, MA: Addison-Wesley.

SPMN. 1998. *Little Book of Configuration Management.* Arlington, VA; Software Program Managers Network.

Starr, Daniel. 2003. "What Supports the Roof?" *Software Development.* July 2003, 38–41.

Stephens, Matt. 2003. "Emergent Design vs. Early Prototyping," May 26, 2003, *www.softwarereality.com/design/early_prototyping.jsp*.

Stevens, Scott M. 1989. "Intelligent Interactive Video Simulation of a Code Inspection." *Communications of the ACM* 32, no. 7 (July): 832–43.

Stevens, W., G. Myers, and L. Constantine. 1974. "Structured Design." *IBM Systems Journal* 13, no. 2 (May): 115–39.

Stevens, Wayne. 1981. *Using Structured Design.* New York, NY: John Wiley & Sons.

Stroustrup, Bjarne. 1997. *The C++ Programming Language*, 3d ed. Reading, MA: Addison-Wesley.

Strunk, William, and E. B. White. 2000. *Elements of Style*, 4th ed. Pearson.

Sun Microsystems, Inc. 2000. "How to Write Doc Comments for the Javadoc Tool," 2000. Available from *http://java.sun.com/j2se/javadoc/writingdoccomments/*.

Sutter, Herb. 2000. *Exceptional C++: 47 Engineering Puzzles, Programming Problems, and Solutions.* Boston, MA: Addison-Wesley.

Tackett, Buford D., III, and Buddy Van Doren. 1999. "Process Control for Error Free Software: A Software Success Story," *IEEE Software*, May 1999.

Tenner, Edward. 1997. *Why Things Bite Back: Technology and the Revenge of Unintended Consequences.* Vintage Books.

Tenny, Ted. 1988. "Program Readability: Procedures versus Comments." *IEEE Transactions on Software Engineering* SE-14, no. 9 (September): 1271–79.

Thayer, Richard H., ed. 1990. *Tutorial: Software Engineering Project Management.* Los Alamitos, CA: IEEE Computer Society Press.

Thimbleby, Harold. 1988. "Delaying Commitment." *IEEE Software*, May, 78–86.

Thomas, Dave, and Andy Hunt. 2002. "Mock Objects," *IEEE Software*, May/June 2002.

Thomas, Edward J., and Paul W. Oman. 1990. "A Bibliography of Programming Style." *ACM Sigplan Notices* 25, no. 2 (February): 7–16.

Thomas, Richard A. 1984. "Using Comments to Aid Program Maintenance." *BYTE*, May, 415–22.

Tripp, Leonard L., William F. Struck, and Bryan K. Pflug. 1991. "The Application of Multiple Team Inspections on a Safety-Critical Software Standard," *Proceedings of the 4th Software Engineering Standards Application Workshop*, Los Alamitos, CA: IEEE Computer Society Press.

U.S. Department of Labor. 1990. "The 1990–91 Job Outlook in Brief." *Occupational Outlook Quarterly, Spring.* U.S. Government Printing Office. Document 1990-282-086/20007.

Valett, J., and F. E. McGarry. 1989. "A Summary of Software Measurement Experiences in the Software Engineering Laboratory." *Journal of Systems and Software* 9, no. 2 (February): 137–48.

Van Genuchten, Michiel. 1991. "Why Is Software Late? An Empirical Study of Reasons for Delay in Software Development." *IEEE Transactions on Software Engineering* SE-17, no. 6 (June): 582–90.

Van Tassel, Dennie. 1978. *Program Style, Design, Efficiency, Debugging, and Testing*, 2d ed. Englewood Cliffs, NJ: Prentice Hall.

Vaughn-Nichols, Steven. 2003. "Building Better Software with Better Tools," *IEEE Computer*, September 2003, 12–14.

Vermeulen, Allan, et al. 2000. *The Elements of Java Style.* Cambridge University Press.

Vessey, Iris, Sirkka L. Jarvenpaa, and Noam Tractinsky. 1992. "Evaluation of Vendor Products: CASE Tools as Methodological Companions." *Communications of the ACM* 35, no. 4 (April): 91–105.

Vessey, Iris. 1986. "Expertise in Debugging Computer Programs: An Analysis of the Content of Verbal Protocols." *IEEE Transactions on Systems, Man, and Cybernetics* SMC-16, no. 5 (September/October): 621–37.

Votta, Lawrence G., et al. 1991. "Investigating the Application of Capture-Recapture Techniques to Requirements and Design Reviews." *Proceedings of the Sixteenth Annual Software Engineering Workshop, December 4-5, 1991.* Greenbelt, MD: Goddard Space Flight Center. Document SEL-91-006.

Walston, C. E., and C. P. Felix. 1977. "A Method of Programming Measurement and Estimation." *IBM Systems Journal* 16, no. 1: 54–73.

Ward, Robert. 1989. *A Programmer's Introduction to Debugging C.* Lawrence, KS: R & D Publications.

Ward, William T. 1989. "Software Defect Prevention Using McCabe's Complexity Metric." *Hewlett-Packard Journal*, April, 64–68.

Webster, Dallas E. 1988. "Mapping the Design Information Representation Terrain." *IEEE Computer*, December, 8–23.

Weeks, Kevin. 1992. "Is Your Code Done Yet?" *Computer Language*, April, 63–72.

Weiland, Richard J. 1983. *The Programmer's Craft: Program Construction, Computer Architecture, and Data Management.* Reston, VA: Reston Publishing.

Weinberg, Gerald M. 1983. "Kill That Code!" *Infosystems*, August, 48–49.

Weinberg, Gerald M. 1998. *The Psychology of Computer Programming: Silver Anniversary Edition.* New York, NY: Dorset House.

Weinberg, Gerald M., and Edward L. Schulman. 1974. "Goals and Performance in Computer Programming." *Human Factors* 16, no. 1 (February): 70–77.

Weinberg, Gerald. 1988. *Rethinking Systems Analysis and Design.* New York, NY: Dorset House.

Weisfeld, Matt. 2004. *The Object-Oriented Thought Process*, 2d ed. SAMS, 2004.

Weiss, David M. 1975. "Evaluating Software Development by Error Analysis: The Data from the Architecture Research Facility." *Journal of Systems and Software* 1, no. 2 (June): 57–70.

Weiss, Eric A. 1972. "Review of *The Psychology of Computer Programming*, by Gerald M. Weinberg." *ACM Computing Reviews* 13, no. 4 (April): 175–76.

Wheeler, David, Bill Brykczynski, and Reginald Meeson. 1996. *Software Inspection: An Industry Best Practice.* Los Alamitos, CA: IEEE Computer Society Press.

Whittaker, James A. 2000 "What Is Software Testing? And Why Is It So Hard?" *IEEE Software*, January 2000, 70–79.

Whittaker, James A. 2002. *How to Break Software: A Practical Guide to Testing*. Boston, MA: Addison-Wesley.

Whorf, Benjamin. 1956. *Language, Thought and Reality*. Cambridge, MA: MIT Press.

Wiegers, Karl. 2002. *Peer Reviews in Software: A Practical Guide*. Boston, MA: Addison-Wesley.

Wiegers, Karl. 2003. *Software Requirements*, 2d ed. Redmond, WA: Microsoft Press.

Williams, Laurie, and Robert Kessler. 2002. *Pair Programming Illuminated*. Boston, MA: Addison-Wesley.

Willis, Ron R., et al. 1998. "Hughes Aircraft's Widespread Deployment of a Continuously Improving Software Process," Software Engineering Institute/Carnegie Mellon University, CMU/SEI-98-TR-006, May 1998.

Wilson, Steve, and Jeff Kesselman. 2000. *Java Platform Performance: Strategies and Tactics*. Boston, MA: Addison-Wesley.

Wirth, Niklaus. 1995. "A Plea for Lean Software," *IEEE Computer*, February 1995.

Wirth, Niklaus. 1971. "Program Development by Stepwise Refinement." *Communications of the ACM* 14, no. 4 (April): 221–27.

Wirth, Niklaus. 1986. *Algorithms and Data Structures*. Englewood Cliffs, NJ: Prentice Hall.

Woodcock, Jim, and Martin Loomes. 1988. *Software Engineering Mathematics*. Reading, MA: Addison-Wesley.

Woodfield, S. N., H. E. Dunsmore, and V. Y. Shen. 1981. "The Effect of Modularization and Comments on Program Comprehension." *Proceedings of the Fifth International Conference on Software Engineering*, March 1981, 215–23.

Wulf, W. A. 1972. "A Case Against the GOTO." *Proceedings of the 25th National ACM Conference*, August 1972, 791–97.

Youngs, Edward A. 1974. "Human Errors in Programming." *International Journal of Man-Machine Studies* 6:361–76.

Yourdon, Edward, and Larry L. Constantine. 1979. *Structured Design: Fundamentals of a Discipline of Computer Program and Systems Design*. Englewood Cliffs, NJ: Yourdon Press.

Yourdon, Edward, ed. 1979. *Classics in Software Engineering*. Englewood Cliffs, NJ: Yourdon Press.

Yourdon, Edward, ed. 1982. *Writings of the Revolution: Selected Readings on Software Engineering*. New York, NY: Yourdon Press.

Yourdon, Edward. 1986a. *Managing the Structured Techniques: Strategies for Software Development in the 1990s*, 3d ed. New York, NY: Yourdon Press.

Yourdon, Edward. 1986b. *Nations at Risk*. New York, NY: Yourdon Press.

Yourdon, Edward. 1988. "The 63 Greatest Software Books." *American Programmer*, September.

Yourdon, Edward. 1989a. *Modern Structured Analysis*. New York, NY: Yourdon Press.

Yourdon, Edward. 1989b. *Structured Walk-Throughs*, 4th ed. New York, NY: Yourdon Press.

Yourdon, Edward. 1992. *Decline & Fall of the American Programmer*. Englewood Cliffs, NJ: Yourdon Press.

Zachary, Pascal. 1994. *Showstopper!* The Free Press.

Zahniser, Richard A. 1992. "A Massively Parallel Software Development Approach." *American Programmer*, January, 34–41.

기호

0으로 나눔 오류	312
80/20 규칙	627
80/20 법칙	637

[A – C]

Abstract Factory	109
accuracy	501
Ada	64
adaptability	501
Adapter	107, 109
aggregate	92
ant	778
ASCII	49, 318
Assembler	64
Assembly Language	64
Assert	145
assertion	189
Assertion	201
auto_ptrs	358
Base class	92
BDUF(Big Design Up Front)	125
begin-end 쌍	804
binary coded decimal	317
binding	112
binding time	268
black-box test	538
break	407
breakpoint	259
break 블록	483
Bridge	107, 109
buffer overrun	208
bug	575
C	62, 64
C#	65
C++	62, 64
case	270
CASE(Computer-Aided Software Engineering)	771
case 문	387, 493
chunking	158
clock tick	651
CMM(Capability Maturity Model)	529
Cobol	65
Cocomo II 예측 모델	741
cohesion	178
Composite	109
const	187
const 참조	357
containment	152
context switching	645
continue 문	407
correctness	500
CRC 카드	125

[D – F]

daily build	761
dangling pointer	354
DBCS	49
decision point	496
Decorator	107, 109
deep copy	161
default 문	389
delegate	165
diff	564
Diff	600, 773
Diff 도구	782
divide-by-zero	312
dog-and-pony shows	530
dummy parameter	192
EBCDIC	49
efficiency	500
egoless programming	891
EIA(Electronic Industries Alliance)	883
else 절	493
entity	88
exit 문	419
facade	107, 109
Factory Method	107, 109
false	465
fan-in	82
fan-out	82
final	153
finalizer	167
flexibility	501
for	271
foreach 반복문	399
formal inspection	70
Fortran	65
for 반복문	398

[G – I]

garbage collection	267
Garbage in	200
garbage out	200
glass-box test	538
god class	166
goto	407, 813

goto 문	427
grep	773
guard clause	382
has a 관계	152
high-touch	738
hot spot	637
hybrid coupling	272
I18n	48
IDE(Integrated Development Environment)	772
IEC(International Engineering Consortium)	883
IEEE 표준	883
if-then-else	270, 435
if-then-else 문	493
if-then 절	493
if 문	380
integrity	501
Internationalization	48
is a 관계	94, 144, 153
ISO 8859	49
ISO 8859 문자 집합	318
ISO(International Standards Organization)	883
iterator	618
Iterator	109

[J – O]

Javadoc	877
JavaScript	65
JIT(Just-In-Time)	663
L10n	49
lazy evaluation	663
loose coupling	104
LSP: Liskov Substitution Principle	153
magic number	311
maintainability	501
make	777
MBCS	49
memory filler	782
memory shaker	782
middle man	165
mixin	158
mnemonic	280
mock object	563
module	104
named constant	97
named parameter	191
namespace	260
null	320
Observer	107, 109
off-by-one	318
override	153

[P – S]

page fault	645
Paging	644
Pareto Principle	637
Pascal	64
Pass by Reference	357
Pass by Value	357
Perl	66
PHP	66
polymorphic dispatch	382
portability	501
pretty-printer	742
private	147
protected	147
prototyping	505
pseudo code	74
Pseudocode Programming Process	228
public	147
Python	66
qualifier	279
readability	501
reliability	501
repeat	271
return 문	419
reusability	501
robustness	501
rounding	312
rules of thumb	657
scaffolding	562
SCM(Software Configuration Management)	721
SDF(software-development folder)	844
sentinel value	670
shallow copy	161
Singleton	107, 109
Smart pointer	358
smoke test	761
SQL	66
SQL 명령문 주입	200
Strategy	107, 109
stub object	563
substring	318
switching	664
system perturber	782

[T – Z]

Template Method	107, 109
testability	501
test-first programming	542
true	465

try-catch 블록	211
try-finally	211, 435
T-자형 통합	761
UML	115, 771
UML(Unified Modeling Language)	125
understandability	501
unit	540
Unit Development Folders	844
UNIX	64
UNIX 환경	783
usability	500
User-Defined Type	298
while	271
while 반복문	394
white-box test	538
work-throughs	530

[ㄱ]

가독성	150, 501, 797
가비지 컬렉션	267
가상 루틴	619
가상 머신	65
가설	587
가시도	259
가시성	104
가장 가까운 유효한 값	207
간결성	82
갈릴레오	8
감시 값	670
값 객체	619
값으로 전달	357
개념적 무결성	53
개념적인 무결성	44
개발 버전	219
개발 시간	913
개발 프로세스	505
개인 차이	740
개인 테스트 기록	570
개체	88
객체	88, 90
객체 결합	106
객체 매개변수 결합	106
객체지향 설계	88, 95
객체지향적인 접근법	452
객체 팩토리	491
건설 비유	18
검토 용이성	912
검토자	524
게으름	901

견고성	501
견고한 요구사항	39
견고함	51, 209
결과 측정	505
결함	28, 581
결함 주입 도구	782
결함 추적 소프트웨어	782
결합	104, 112, 665
결합 시점	268
겸손	891
경계 검사	567
경계 분석	552
경고 메시지	208
경험	903
경험 법칙	77, 657
계약에 의한 설계	204, 248
계층	110
계층적 차트	771
계층화	83
고객 인수 테스트	538
고수준 언어	62
골드버그의 장치	6
공개 루틴	144
공개 메서드	229
공개 인터페이스	91
공격적인 프로그래밍	219
공동 소유권	519
공백	798
공식 검토	70
공통적인 연산	183
공통 하위 표현식	689
과도한 엔지니어링	51
과열지점	637, 649
과학적인 디버깅 방법	581
관료주의	723
관리자	524
괄호	800
교묘한 코드	870
구성 테스트	538
구조적 데이터형	190
구조적 설계	95
구조적인 실행 가능성	51
구조적 프로그래밍	492
구조체	341
구현	2, 3
구현 가이드라인	67
구현 결함	560
구현 계획 수립	3
구현 오류	558, 560
국제전기기술위원회	883
국제표준화기구	883

국제화	48, 318
규약	915
그룹화	799
글래스박스 테스트	538
글을 쓰는 듯한 프로그래밍	12
기계어	167
기능	759
기능 명세	37
기능적 응집성	179
기능 지향적인 통합	759
기본 데이터형	310
기본 생성자	167
기본 클래스	151
기술 흐름	68
기초 테스트	541, 544
깊은 복사	161
깨끗한 테스트	542
깨진 빌드	763
끝나지 않는 문자열	320

[ㄴ]

나쁜 데이터	553
내부 루틴	89
내적인 품질 특성	500
널	320
널 객체	617
널 명령문	479
널 종결자	476
네임스페이스	260
논리 구조	657, 797
논리 분석기	782
논리적 설득	26
논리적 응집성	180
논리적 접근 방식	451
논리 커버리지" 테스트	544
누산기	258
느슨한 결합	82, 104

[ㄷ]

다운캐스팅	618
다이아몬드 상속 문제	158
다이어그램	74, 113
다중 명령문 매크로	195
다중 상속	158
다차원 배열	332
다형성	94, 157
다형성 디스패치	382
단계별 통합	750

단계적 접근 방식	460
단방향 클래스 관계	621
단위 개발 일지	844
단위 테스트	3, 537
단일 지점 제어	329
단정도 부동 소수점	317
단정도 부동 소수점	334
단축 회로 평가	473
닫힌 구조	139
대수 항등식	680
대체 형	338
대화식 애플리케이션	269
더러운 테스트	542
더미 매개변수	192
더미 클래스	15
더미 파일	563
데모	530, 533
데미테르의 법칙	151, 160
데이터	45, 46, 132, 251
데이터 매개변수 결합	106
데이터 멤버	229
데이터베이스	46
데이터베이스 접근	87
데이터 변환	674
데이터 사전	777
데이터 선언 레이아웃	826
데이터 설계	46
데이터 수준 리팩터링	615
데이터	238
데이터에 근거한 설득	28
데이터 중심적인 관점	9
데이터 클래스	616
데이터형	236, 251
데이터 흐름 테스트	547
데코레이터	107, 109
독립적인 병렬 인덱스 구조	677
동료 검토	244
동음이의어	305
동치 연산자	167
동치 비교	315
드라이버	563
드모르간의 법칙	470
들여쓰기	481, 799
등가 분할	551
디버거	566, 602
디버깅	3, 575, 913
디버깅 모드	356
디버깅 보조 도구	218
디버깅을 위한 루틴	222
디스어셈블러	782
디자인 패턴	74, 107

디프	564
뜨내기 데이터	610

[ㄹ]

라운딩	312
라운딩 오류	317
라이브러리 코드	215
래퍼 클래스	144
레이블 break	409
레이아웃	790, 794
레이아웃 스타일	800
레이아웃 파일	785
루틴	45, 88, 171, 690
루틴 길이	184
루틴 레이아웃	832
루틴 매개변수	185
루틴 수준 리팩터링	617
루틴의 이름	235
루틴 이름	181
루프 제어 변수	617
리스코프 치환 원칙	153
리턴 값	182
리턴 경로	194
리팩터링	165, 247, 608
리팩터링 도구	776
리팩터링 전략	627
링커	778

[ㅁ]

매개변수	185
매개변수 전달	164
매개변수화	329
매직 넘버	269, 311, 615
매직 문자	317
매직 문자열	317
매크로	785
매크로 루틴	194
매크로 표현식	194
메모리 섞기	567, 782
메모리 접근 검사	567
메모리 접근 도구	259
메모리 채우기	567, 782
메모리 충돌	348
메트릭 보고 도구	776
멤버 루틴	619
멤버 변수	292
명령문 수준 리팩터링	616
명령줄 인터페이스	47

명세	37, 75
명세화	37
명시적 요구사항	38
모델링	7, 162
모듈	104
모듈화	47, 113
목 객체	563
무결성	501
무차별 대입	590
문맥 전환	645
문법 및 의미 검사기	775
문서화	843
문서화 표준	843
문자	317
문자열	49, 317
문자열 길이 인덱스	677
문제 도메인	891
문제 정의	36, 234
문제 중심의 프로그래밍	917
물리적인 환경	743
미리 정의된 형	338
미션 설명서	36
믹스인	158

[ㅂ]

바리케이드	217
반복	116, 494, 922
반복 기법	32
반복되는 데이터	271
반복문	393, 494
반복문 변수	411
반복문 인덱스	282
반복문 제어 변수	481
반복자	618
반복적인 방법	34
반의어	183, 281
발견적 학습	10, 89
방어적 프로그래밍	199
방화벽	217
배열	251, 332
배정도 부동 소수점	317, 334
배포 버전	219
백업 계획	725
버그	575
버전 관리	777
버전 관리 도구	220
버전 관리 소프트웨어	724
버전 관리 태그	881
버전 번호	52

버퍼 오버런	208, 346
버퍼 오버플로	200
범위	259
범위를 최소화	264
베타 테스트	538
변경 관리	720
변경 관리 과정	505
변경 관리 위원회	41, 722
변경 관리 절차	722
변경 비용	722
변경 연산	618
변경의 효과	163
변경 전략	52
변수	251
변수 선언	253
변수의 수명	261
변수 이름	275
변수 초기화	255
별칭	361
병합 도구	774
보안	48
보조 인덱스	677
보호 인터페이스	91
보호절	382
복잡도	495
복잡도 측정법	496
복잡성	163, 174
복잡성 관리	78, 79
복잡성 정복	908
복잡성 최소화	81
복합 경계	553
복합 데이터형	190
복합문	478
본질적 어려움	78
부동 소수점 수	314
부분 문자열	318
부수 효과	360, 824
부정문	469
부정적 테스트	587
분석	37
분할과 정복	117
분할 정복	592
분할-정복 프로세스	118
분해 코드	612
불린 변수	285, 321
불린 테스트	175
불린 표현식	465, 616
불린 함수	617
불명확한 문제	75
불완전한 명령문	818
브레인스토밍	587
브룩스의 법칙	733
브리지	107, 109
블랙박스	95, 400
블랙박스 테스트	538
블록	478
비계	562, 601
비계법	782
비공개 루틴	88
비본질적 어려움	78
비어있는 catch 블록	214
비유	8
비유적 설득	27
비자아적 프로그래밍	891
비전 설명서	36
비주얼 베이직	62, 66
비즈니스 규칙	45, 47, 87, 101
비형식적인 기술적 검토	504
빅뱅 통합	750
빈 줄	799
빌드 도구	220, 778
빌딩 블록	45

[ㅅ]

사용성	500
사용성 테스트	538
사용자 인터페이스	47, 87
사용자 인터페이스 설계	47
사용자 정의 불린 형	323
사용자 정의형	298
사피어-워프 가설	63
상세 설계	3
상세 설계 문서	844
상속	94, 153
상속 트리	167
상수	288
상위 수준 설계	43
상태 패턴	149
상태 변수	102, 188, 283
상향식 설계	117
상향식 통합	756
상호운용성	48
상황 보고	898
샌드위치 통합	757
생성자	161
서기	524
서브시스템	84
서브클래스	153
서브클래싱	175
선언부	239
선택	493

선택적 데이터	270
선택적 메모리 실패	567
선행 조건	23, 111, 204, 234
설계	74
설계 도구	771
설계 빌딩 블록	89
설계 수준	83
설계 정밀 검토	523
설정 코드	612
성격	890
성급한 최적화	911
성능	48, 632
성능 테스트	538
소극적 평가	473, 663
소멸자	161, 167
소스코드	5, 151
소스코드 도구	771
소스코드 비교 도구	600
소스코드 정돈 도구	774
소프트웨어	2
소프트웨어 개발 일지	844
소프트웨어 건설	16
소프트웨어 공학 가이드라인	504
소프트웨어 글쓰기	12
소프트웨어 농사	13
소프트웨어 비유	11
소프트웨어 설계	75
소프트웨어 시스템	84
소프트웨어 신탁	924
소프트웨어 아키텍처	43
소프트웨어 예측	728
소프트웨어 요구사항	37
소프트웨어 조개 양식	14
소프트웨어 진화	607
소프트웨어 컴포넌트	748
소프트웨어 품질	500
소프트웨어 형상 관리	721
속성	90
수정 매개변수	193
수정 용이성	913
순서가 중요하지 않은 명령문	376
순서가 중요한 명령문	372
순수 블록	801
순차적 데이터	270
순차적 명령문	270, 492
순차적 응집성	179
순차적인 방법	34
순환 의존성	98
순환적인 재귀 호출	425
숫자	311
숫자 리터럴	324

슈퍼클래스	619
스레드	47
스마트 포인터	358
스모크 테스트	761, 763
스몰토크	62
스위칭	664
스위칭 해제	664
스크립트	785
스택	142, 426
스텝 객체	563
스트래티지	107, 109
스트레스 테스트	538
습관	905
시간적 응집성	179
시스템	711, 748
시스템 교란기	567, 782
시스템 수준 리팩터링	621
시스템 아키텍처	43
시스템 의존성	87
시스템 제품	711
시스템 테스트	5, 23, 537
시스템 호출	645
신뢰성	501
신앙적인 문제	741
신 클래스	166
실질적인 매개변수	192
실행 프로파일러	601, 782
실험	893, 925
심리적인 거리	599
심볼릭 디버거	566, 782
싱글턴	107, 109
싱글턴 속성	161
싱글턴 클래스	160
쓰레기를 넣으면 쓰레기가 나온다	200

[ㅇ]

아리스토텔레스	8, 78
아키텍처	6, 53
아키텍처 가이드라인	67
아키텍처 명세서	43
아키텍처 블록 다이어그램	771
아키텍처 선행 조건	43
아키텍처 설계	16
안전 카운터	406, 425
알고리즘	10, 236
암시적 선언	253
양방향 클래스 관계	621
얕은 복사	161
어댑터	107, 109

어려운 부분 우선 통합	758	유연성	105, 501
어설션	189, 201, 376	유지보수	45
어셈블러	64, 691	유지보수성	501
어셈블리	62	유지보수의 편리함	81
어셈블리어	64	유추	7
에이다	64	유효성 검사	217
엔트로피	85	유효성 검사기	245
엔티티	88	유효한 데이터	207
엔티티 관계 다이어그램(ERD)	771	유휴 루프	219
역량 성숙도 모델	529	음성 축약	302
연산	132, 639	응집도	146
연상 기호	280	응집력	110, 142
연속적인 if-then-else 문	384	응집성	178
열거형	287, 292, 323	의미론적인 결합	106
열역학 제2법칙	85	의미론적인 위반	150
예외	211	의미론적인 인터페이스	145
예외 처리	167	의미적 접두사	299
예외 핸들러	215	의사결정 지점	496
예측	727	의사결정 테이블	469
오류	647	의사소통	704, 900
오류 데이터베이스	567	의사소통 경로	704
오류 변수	188	의사코드	74, 231, 236
오류 비율	912	의사코드 프로그래밍 프로세스	228
오류 처리	49, 207, 235	의존성	373
오류 처리 객체	208	이름 매개변수	191
오류 처리 루틴	208	이름 규약	183, 288
오류 처리 코드	376	이름 상수	97, 292, 329, 331, 615
오류 추측	551	이식성	82, 175, 501
오류 코드	208	이전과 같은 값	207
오버라이드	153, 167	이진 검색법	463
오타	558	이진화 십진 표기법	317
오픈소스 소프트웨어	51	이터레이터	109
옵저버	107, 109	이해도	912
외부 루틴	620	이해 용이성	501
외부 문서	843	익스트림 프로그래밍	519, 520
외적인 품질 특성	500	인내심	902
외적 품질	913	인덱스	332
요구사항	38	인덱스 접근 방식	459
요구사항 개발	37	인덱스 혼선	333
요구사항 변경 비용	40	인라인 루틴	194, 196
요구사항 변경 절차	41	인라인화	615
요구사항 분석	37	인스턴스	88
요구사항 정의	37	인식표	349
우연적 응집성	181	인터페이스	92
운영제제 상호작용	635	인터페이스 가정	878
워크스루	244, 530	인터페이스 계약	156
위임	165, 620	인터페이스 문서	151
위험 지향적인 통합	758	인터페이스 문서화 도구	774
유니코드	49, 318	인터프리트 언어	646
유닉스	64	일반적인 결함	589
유닛	540	일일 빌드	761

임시 변수	271, 285
입력	49, 102
입력 매개변수	193
입력/출력 연산	643

[ㅈ]

자동 테스트	569
자동화된 테스트 생성기	782
자동화된 테스트 프레임워크	782
자바	62, 65
자바스크립트	65
자원 관리	47
작성자	523
잘못된 입력	200
장애 허용	50
재구성 도구	777
재귀문	422
재귀 호출	425
재사용	52, 362
재사용성	501
재진입	362
재현	582
저수준 데이터형	137
적응성	501
전역 네임스페이스	279
전역 데이터	98, 99, 164, 360
전역 변수	99, 292
전자공업협회	883
전처리기	220, 781
절차를 따르는 기술적 검토	504
절차적 응집성	180
절충주의	924
점증적 개발	15
점증적 비유	15
점증적인 개선	117
점증적 통합	751
접근 루틴	190, 365
접근성	147
정밀 검토	522
정밀 검토 보고	526
정밀성	501
정보 은닉	95
정수	251, 313
정수 오버플로	200, 313
정적 변수	267
정확성	209, 500
제약 사항	77
제어 구조	270
제어 지점	112

제품	711
제품 모드	356
제품 비전	36
제품 정의	36
조건문	380
종결자	167
종결점	410, 463
종료 조건	404
좋은 데이터	554
좋은 레이아웃	797
주먹구구식 기법	112
주석	240, 843
주석 레이아웃	828
주석 블록	881
주석 스타일	860
주차장	624
줄 끝 레이아웃	806
줄 끝 주석	862
중간 변수	615
중간자	165
중개자	620
중괄호 사용 스타일	796
중단점	259
중립적인 값	207
중복 코드	174
중앙 집중 관리	164
중앙 집중화된 예외 보고 시스템	215
중재자	523
중첩 구조	481
중첩된 if 문	432
증분	759
지나친 선행 설계	125
지동설	9
지성	891
지속성	267
지속적인 통합	767
지역 변수	615
지역화	48, 318
지적 도구 상자	19
지적인 정직함	896
직접 접근	445
집합체	92
짝 프로그래밍	520

[ㅊ]

차이 분석 도구	564
차이 비교 도구	773
참조 객체	619
참조 도구	775

참조로 전달	357
참조 매개변수	187
참조 키 변경	458
창의성	900
책임	111
천동설	9
청킹	158
체크리스트	541
체크아웃	366, 724
체크인	724
체크포인트	625
초기화	255
최상위 설계	43
추가 회의	527
추상 객체	162
추상 데이터형	132
추상 팩토리	109
추상화	92, 174
추상화 수준	917
축약어	301
출력	49, 102
출력 매개변수	193
측정	649, 735

코드 읽기	530, 532
코드 작성	4
코드 재사용	164
코드 정밀 검토	523
코드 커버리지 테스트	544
코드 컴파일	635
코드 튜닝	631, 635
코드 풀어쓰기	666
코볼	65
코코모 II 예측 모델	62
코페르니쿠스	9
쿼리 연산	618
클래스	45, 46, 88
클래스 계약	111
클래스 계층 구조 생성기	775
클래스 구현 레이아웃	834
클래스 구현 리팩터링	619
클래스 다이어그램	771
클래스 레이아웃	834
클래스 인터페이스	140
클래스 인터페이스 레이아웃	834
클래스 인터페이스 리팩터링	620
클래스 인터페이스 설계	96
클럭 틱	651

[ㅋ]

카운터	258
캐시	663
캐싱	678
캡슐화	93, 147
커맨드 패턴	158
커뮤니케이션	85
커버리지 모니터	565, 782
컬렉션	616, 618
컴파일	245
컴파일러	778
컴파일러 경고	625, 922
컴파일러 경고 메시지	600
컴파일러 최적화	642
컴포넌트 테스트	537
컴포지트	109
컴퓨터 중심적인 관점	9
컴퓨터 지원 소프트웨어 공학	771
코더	27
코드	3
코드 라이브러리	779
코드 문서화 유틸리티	877
코드 변환 도구	777
코드 생성기	52
코드 생성 마법사	780
코드의 실행 순서	175

[ㅌ]

타입	97
타입 검사	157
타입 선언	292
타코마 다리	75
탁상 검사	244
탈출이 가능한 반복문	395
태그 필드	349
테스트	235, 537
테스트 계획	568
테스트 데이터 생성기	564
테스트 용이성	501
테스트 우선 프로그래밍	542
테스트 장비	563
테스트 전략	504
테스트 주도 개발	247
테스트 지원 도구	562
테스트 커버리지	541
테스트 케이스	562, 583
테스트 프레임워크	562, 564, 601
테이블	443
테이블을 활용한 접근법	453
테이블 참조	662
테이블 활용 기법	443
템플릿	774

템플릿 메서드	107, 109
통신적 응집성	179
통합	3, 748
통합 개발 환경	772
통합 테스트	3, 537
특이한 데이터형	341
팀별 차이	740

[ㅍ]

파레토 법칙	637
파사드	107, 109
파생 클래스	151
파스칼	64
파이썬	66
파일 레이아웃	838
패키지	84, 165
패키지화	165
패턴	108
팩토리 메서드	107, 109, 621
팬 아웃	160
팬아웃	82
팬인	82
펄	66
페이지 오류	645
페이징	644
편지 쓰기 비유	12
포인터	187, 346
포인터 연산	175
포트란	65
포함	152
표준	717
표준 기법	83
표준 라이브러리	235
표준 접두사	298, 300
표준 축약어 문서	304
표현식	680
품질 관문	504
품질 보증	503
품질 보증 전략	23
품질 보증 활동	511
프렌드 클래스	149
프로그래밍	3
프로그래밍 규약	67
프로그래밍 도구	770
프로그래밍 언어	61
프로그램	711
프로그램 가독성	12
프로그램 구조	45
프로그램 레이아웃	838
프로세스	911
프로시저	182
프로토타이핑	120, 505
프리티 프린터	742
프톨레마이오스	9
플래그	872
플랫폼 테스트	538

[ㅎ]

하나 차이로 인한 오류	318
하나 차이로 인한 오류	552
하드웨어	87, 635
하드웨어 의존성	102
하위 수준 프로세스	912
하이브리드 커플링	272
하이터치	738
하향식 설계	117
하향식 통합	754
한정자	279
할당문	822
할당 연산자	167
해킹	248
핸들	47
허상 포인터	354
헝가리언 이름 규약	294
현실 세계 인터페이스	628
협동	900
협력 구현	517
협력적인 설계	121
형 변환	312
형상 관리	720
형식적인 매개변수	192
형식적인 정밀 검토	522
호기심	892
화이트박스 테스트	538
확장 기능	102
확장성	48, 82
확장 클래스	620
회귀 테스트	206, 537, 568
효율성	236, 500
후속 조치	526
후행 조건	111, 204
훈련	900